DAS GROSSE BUCH DER PORSCHE-TYPEN

Alle Fahrzeuge von 1948 bis heute

Lothar Boschen/Jürgen Barth

DAS GROSSE BUCH DER
PORSCHE-TYPEN

MOTORBUCH VERLAG STUTTGART

Redaktionelle Mitarbeit: Gustav Büsing
Detlef Jung

Einbandgestaltung: Johann Walentek, unter Verwendung von Farbdias der Dr.-Ing. h. c. F. Porsche AG. sowie H. P. Seufert und Heide Nicot.

Fotos und Zeichnungen: Auto-Zeitung, Dr.-Ing. h. c. F. Porsche AG, Willy Bister, Wolfgang Drehsen, Thomas D. Heere, Lobo-Press, Archiv Bilstein, Klaus Reichert

ISBN 3-613-01284-7

2. Auflage 1994

Ein Unternehmen der Paul Pietsch-Verlage GmbH & Co.

Satz und Druck: Ernst Kieser GmbH, 86356 Neusäß.
Bindung: E. Riethmüller, 70176 Stuttgart
Printed in Germany.

INHALT

Zum Gedenken an unsere Väter

EINLEITUNG

Es lag wohl im Wesen von Professor Ferdinand Porsche, daß er sich Zeit seines Lebens nie mit dem, was er erreichte, zufrieden gab. Als er seine erste Erfindung machte und ihm diese Idee »abhanden kam«, bedrängte ihn seine Braut und spätere Ehefrau, den Dieb doch zu verfolgen und zur Rede zu stellen. Er selber aber, Professor Porsche, zeigte diesbezüglich keinerlei Regungen. Er wollte die Angelegenheit auf sich beruhen lassen. Das stetige Drängen seiner Braut beendete er mit den Worten: »Ach laß doch, ich habe längst etwas Besseres!«

So blieb es auch in der Zukunft: Immer, wenn etwas fertig war, mußte gleich etwas Neues her, oder das Bestehende verbessert werden. Wenn er einen Personenwagen konstruierte, plante er meist eine Leistungssteigerung mit ein. Aber es gab auch immer die Überlegung mit einem speziell vorbereiteten Serienwagen in Rennen diesen Typ zu einer Produktionsreife erster Güte zu bringen. Porsche ging da von Anfang an mit gutem Beispiel voran. Mit seinem Radnaben-Wagen unternahm er selbst Rekordfahrten, um die Fachwelt und Käufer von seinem Produkt zu überzeugen. Der Professor hat es deshalb nie verstanden, warum sich die großen Automobilwerke aus dem Rennsport zurückzogen und in die Labors übersiedelten.

Kaum hatte der gebürtige Österreicher, zum Teil gegen den starken Widerstand der einheimischen Autoindustrie, das Volkswagen-Projekt begonnen, drängte es ihn, davon eine spezielle sportliche Version herauszubringen. So präsentierte er, obwohl anfänglich gar nicht geplant, 1935 ein VW-Cabriolet auf der Basis der Limousinen-Versuchsreihe Nummer 2. Zwei Jahre später folgte der erste offene Wagen der VW-Typenreihe 60, von der nur 30 Fahrzeuge gebaut wurden.

Von Beginn an verstanden sich die beiden Österreicher in Deutschland, Ferdinand Porsche und Adolf Hitler, auf technischem Gebiet gut. Hitler vertraute dem Automobil-Konstrukteur aus Böhmen und holte ihn in sein Domizil nach Berlin, wenn es galt, technische Probleme zu lösen. So erbrachte eine der ersten Zusammenkünfte den Auftrag zur Entwick-

lung des Auto Union-Rennwagens und auch die Erstellung eines potentiellen Siegerwagens für die 1939 geplante internationale Fernfahrt Berlin–Rom ist, zumindest indirekt, ein Abfallprodukt eines dieser Gespräche.
Offizieller Auftraggeber des Renn-Coupé auf VW-Basis war die Oberste Nationale Sportkommission, bzw. dessen damaliger Korpsführer und gleichzeitiger Sport- und Automobilchef Hünlein. Er wollte seine Abteilungen, die OSK und die NSKK – letztere zuständig für die Serien-Mobile – durch spektakuläre Erfolge in aller Munde wissen.
In den drei fertiggestellten Fahrzeugen, die durch den Ausbruch des zweiten Weltkrieges nicht mehr zu ihrem vorgesehenen Einsatz kamen, muß man die allerersten Vorläufer der heute so bekannten Porsche-Wagen sehen.
Wen wundert es, wenn Jahre später nach Anlauf der Produktion des Porsche-Sportwagens in Stuttgart, sich ein Slogan einprägte, der schon auf alle von Professor Porsche konstruierten Personenwagen paßte: »Porsche – Fahren in seiner schönsten Form.«

DIE GEBURT EINER LEGENDE

Deutschland bringt die hektischen zwanziger Jahre mit Anstand hinter sich. Das Tausendjährige Reich steht vor der Tür. Industrie und Wissenschaft erfahren staatliche Unterstützung und Förderung in einem bis dato nicht gekannten Ausmaß. Allerdings nur, wenn es den Zielen der politischen Führer dient. In diesem Klima arbeitet Ferdinand Porsche bereits seit 1931 mit seinem eigenen Konstruktionsbüro erfolgreich für die europäische Auto-Industrie.
Der Zweite Weltkrieg und seine Folgen verschonen auch nicht das Büro »Porsche«. Auf höchsten Befehl muß das gesamte Team im November 1944 nach Gmünd/Kärnten (Österreich) umsiedeln. Als der fast 70jährige Professor Porsche im Juli 1945 von den Franzosen unter bis heute merkwürdigen Anschuldigungen verhaftet wird, übernimmt Sohn Ferdinand (»Ferry«) Porsche die Leitung der Firma. Er greift als eine der ersten Handlungen die Vorkriegs-Idee wieder auf – die Basis des Volkswagens nutzend – einen zweisitzigen offenen Sportwagen, eben den »Porsche« zu bauen.
Die erste Zeichnung zum heute als »Nummer Eins« bezeichneten Urahn aller Porsche-Wagen entsteht Mitte 1947. Das offizielle »Geburtsdatum« des Porsche 356 wird mit dem 8. Juni 1948 angegeben. Die Nummer Eins, ein Mittelmotor-Zweisitzer, wird von einem auf 40 PS getrimmten 1,1-Liter-VW-Motor beschleunigt und ist nur 650 kg schwer.
Das folgende, schon überarbeitete Modell hat einen geänderten Rahmen und den Vierzylindermotor im Heck. Dieser, intern 356/2 genannte Wagen nähert sich der Form des klassischen »356«. Die ersten 50 Exemplare mit Aluminium-Karosserie entstehen in mühsamer Handarbeit im Gmündner Exil zwischen 1948 und 1950. Wagen aus dieser Serie sind, wenn sie überhaupt in den »Handel« kommen, nahezu unbezahlbare Raritäten.
Ende 1949 beauftragt Porsche die Reutter-Werke in Stuttgart 500 Karosserien zu fertigen. Der »356« erhält noch einmal einen Feinschliff und

damit die Form, mit der er berühmt wird. Die 356-Modellreihe (mit zweigeteilter Frontscheibe) startet als Coupé und Cabriolet – mit 1,1-Liter-Vierzylindermotor und 40 PS Leistung. Das 2+2-Coupé erreicht dank guter Aerodynamik rund 140 km/h und kostet etwa 12.000 Mark. Von diesem Wagen, so glaubt selbst Ferry Porsche, wird man nicht mehr als ein paar hundert Exemplare absetzen können. Ein mehr als erfreulicher Irrtum, wie man heute weiß.
Als im Februar 1951 die letzten »356« aus der Gmündner Serie ausgeliefert sind – der Umzug nach Stuttgart-Zuffenhausen beginnt Anfang 1950 – reift im Porsche-Team der Entschluß, die Einladung zum »24-Stunden-Rennen« von Le Mans/Frankreich anzunehmen. Nach vielen Widrigkeiten, schon im Vorfeld dieser Veranstaltung, endet dieses weltberühmte Langstrecken-Rennen mit einem Klassensieg für die schwäbischen Konstrukteure. In einem gerade neu erwachenden Automobilmarkt finden die auch in anderen Disziplinen erfolgreichen Sportwagen aus Zuffenhausen einen zunehmend besseren Absatz. Schon Ende 1951 wird die einstmals ins Auge gefaßte 500er-Serie leicht übertroffen.
Als die Bundesrepublik Deutschland 1954 die Fußball-Weltmeisterschaft gewinnt, verläßt bereits der 5000. Porsche 356 das Werk. Hubraum und Leistung sind inzwischen auf 1,3 Liter (44 PS und 60 PS) sowie 1,5 Liter (55 PS und 70 PS) gestiegen; die Höchstgeschwindigkeit der stärksten Ausführung erreicht die 170 km/h-Marke. Seit dem Sommer 1952 ist die Windschutzscheibe einteilig; das vollsynchronisierte Viergang-Porsche-Getriebe gibt es ab 1953 und zur selben Zeit taucht erstmals das Porsche-Wappen am Wagen auf.
Weit mehr als 100 Händler auf der Welt betreuen die noch sehr junge Sportwagenmarke. An zahlreichen Orten entstehen Porsche-Clubs, die bis zum heutigen Tag Flüge und Gruppenreisen nach Stuttgart organisieren, das Werk besichtigen und häufig sogar mit ihrem »Porsche« nach Hause fahren.
Heute sehr begehrte Sammlerstücke vergangener Porsche-Produktionen laufen von 1954 bis 1958 vom Band: die 356-Speedster, eine abgestrippte Cabrioversion mit Notverdeck (ca. 100 kg leichter als das Coupé), deren rund 4900 gebauten Einheiten fast ausschließlich nach Amerika verkauft werden. Der Speedster hat einen 1,6-Liter-Motor, der 60 PS, wahlweise 75 PS, oder auch in der raren Carrera-Ausführung 100 PS leistet. Der »Convertible« – gebaut von Drauz in Heilbronn – wird 1958 eingeführt und ersetzt praktisch den Speedster. Die folgenden Roadster (ca. 725 Stück) kommen von der belgischen Karosseriebau-Firma D'Iteren. Für guterhaltene Exemplare aus dieser Epoche werden heute stolze Summen gezahlt. So beispielsweise für 356-Speedster im

unrestaurierten, aber guten Originalzustand werden Ende 1988 zwischen 40.000 bis 70.000 Mark (!) verlangt und auch bezahlt.
Die zunehmende Konkurrenz, sowohl bei den Serienwagen als auch auf dem Rennsektor, zwingen Porsche zu immer neuen und besseren Antworten: Der »356« findet einen technischen Höhepunkt im Carrera mit Viernockenwellenmotor. Zuerst 1955 als »356 A« mit 1,5-l-Hubraum und 100 PS, über den »356 B« (1,6 l und 115 PS sowie 2,0 l und 130 PS) bis zum »356 C« (Carrera 2) von 1963/64 mit 130 PS und gut 200 km/h Spitze. Dazwischen gibt es noch den ausschließlich für Sportzwecke gedachten, später sehr berühmten »Abarth Carrera GT« mit handgefertigter Alu-Karosserie in kleinster Stückzahl, wahlweise mit 1,6- oder 2,0-l-Vierzylinder.
Im April 1965, nach über 17jähriger Bauzeit, verläßt der letzte Wagen der 356-Typenreihe, ein »1600 SC« in Cabrio-Ausführung das Produktionsband. Exakt 81.003 dieser Sportwagen der ersten Serie sind als Coupé, Cabriolet, Speedster, Roadster, Hardtop und Convertible gebaut und rund um den Erdball verkauft worden. Dazu kommen noch 1194 Exemplare des »356« in den verschiedenen Carrera-Ausführungen. Der Slogan »Porsche – Fahren in seiner schönsten Form« wird zu einem festen Begriff.

SERIENWAGEN

Typen 114/64/356-Alu (1938-1951)

Die Verbindung von Rennwagen-Konstruktion und Serien-Fahrzeug im Hause Porsche trat einmal mehr ganz deutlich zu Tage, als man im Jahr 1937 über die Spielerei mit den biederen VW-Triebwerken – mehr unbewußt – den Grundstein zum echten Porsche-Modell legte. Zu diesem Zeitpunkt lief die Vorserie des »Volkswagens« gerade an und doch experimentierten schon Motoren-Ingenieure von Porsche zwecks Leistungssteigerung am VW-Aggregat. Mit zwei Vergasern, Rootes-Gebläse und später sogar mit einer Einspritzanlage, anderen Zylinderköpfen und Ventilen hob man die Serien-PS-Leistung kräftig an. Zu diesem Motor wollte man dann irgendwann eine sportliche Variante des konservativen »Volks«-Personenwagen schaffen. Immer wieder regte Professor Porsche bei Gesprächen und Verhandlungen mit der Deutschen Arbeitsfront – dem offiziellen Auftraggeber des VW-Projekts – an, doch auch eine etwas sportlichere Version des »Kraft-durch-Freude«-Wagens (KdF) zu erstellen. Immer wieder lehnten die Verantwortlichen jedoch Porsches Pläne ab. Meist mit der lapidaren Erklärung: ». . . ein Sportwagen sei doch kein Wagen für das Volk.«

Ungeachtet dieser Ablehnungen wurden Sportwagen-Ideen weiterhin auf dem Reißbrett fixiert und im engsten Kreis durchgespielt. So entstanden innerhalb einer Woche, zwischen dem 10. und 16. September 1938, Zeichnungen eines aerodynamischen Sportwagens auf VW-Basis. Die mit den Bezeichnungen 114, 114 K 1 und 114 K 2 versehenen Zeichnungen unterschieden sich nur in Details. Allen war jedoch die Plazierung des Antriebs-Aggregates gemein: Ein modifiziertes VW-Triebwerk vor der Hinterachse – also ein Mittelmotorwagen! Der Radstand betrug 2750 mm, die Spur vorn und hinten je 1350 mm, der Wendekreis 10,5 Meter. Auf Scheibenrädern von Kronprinz der Größen 3,25×17 Zoll waren Reifen des Formates 5,50×17 aufgezogen. Von der Firma Ate kamen Teile der Bremsanlage und von Boge die Stoßdämpfer.

Beim »K 1« sah man noch Platz für drei Passagiere vor: Fahrer, Beifahrer und eine dritte Person quer hinter den beiden Vordersitzen auf

einem Notsitz plaziert. Beim »K 2« fehlte dann der Notsitz. Die Nachfolgetypen 115 und 116 unterschieden sich jeweils nur durch die vorgesehene Antriebsquelle. Beim 115 sollte ein Kompressor-Motor zum Einbau kommen, und beim 116 ein auf 1,5 Liter aufgebohrter VW-Motor. Im Gegensatz zu dieser Typenreihe zeichnete für das später folgende Projekt »64« das Volkswagenwerk in Fallersleben als Auftraggeber. Auf dessen Wunsch und eingedenk der Erfahrungen mit den damals noch schlechten Reifenqualitäten sahen die Konstrukteure für den VW-Sportwagen gleich zwei Reservereifen vor – plaziert unter der vorderen Haube, hintereinander angeordnet!
Alle diese Pläne schienen nur für die Schublade gemacht, als eine Motorsport-Veranstaltung für neuen Auftrieb sorgte. Im Frühjahr 1939 versandten die Organisatoren einer geplanten Fernfahrt von Berlin nach Rom ihre Ausschreibung. Eine Reihe bekannter Automobil-Hersteller begann sogleich mit der Entwicklung von Spezial-Fahrzeugen oder modifizierte vorhandene Serienwagen. Da unter anderem die ersten 600 Kilometer dieser Langstrecken-Veranstaltung auf der Autobahn von Berlin bis München abgespult werden sollten, versprachen sich die Konstrukteure insbesondere von Stromlinien-Karossen große Vorteile. Auch das Volkswagenwerk sollte sich – auf nachdrücklichen Wunsch einiger Herren von der Arbeitsfront! – beteiligen. Und so erinnerte man sich an die Sportwagen-Ideen von Professor Porsche. Er bekam grünes Licht auf der Basis des KdF-Wagens ein konkurrenzfähiges Modell für den im Herbst 1939 geplanten Langstrecken-Wettbewerb zu entwikkeln. Mit Begeisterung stürzten sich die Mitarbeiter von Porsche in diese Aufgabe. Sie setzten ihre Arbeit dort fort, wo sie im September 1938 mit den ersten Zeichnungen zum »Typ 114« aufgehört hatten. Die erste Zeichnung für das neue Projekt, datiert auf den 9. Januar 1939, basiert noch auf einem modifizierten Fahrgestell vom Typ 114 und ist vom Konstrukteur Karl Fröhlich signiert. In Verbindung mit einer aerodynamischen Karosse und dem Fahrgestell »60 K 10«, erstellte man drei Prototypen, die die Bezeichnung »Typ 64« erhielten. Die »64« besaßen das fast original übernommene VW-Chassis mit einem auf 40 PS gesteigerten Vierzylinder-VW-Motor und liefen über 140 km/h!
Beim »64« – ein fast kompromißloser Renn-Sportwagen – rückte der Fahrersitz bis in die Chassis-Mitte. Ein Mitfahrer konnte, wenn überhaupt, nur in einer leichten Sitzschale – versetzt hinter dem Fahrerschemel angeordnet – Platz nehmen!
Aber: Berlin – Rom wurde nicht mehr ausgefahren. Der im September 1939 beginnende Krieg verhinderte dieses Vorhaben. Von den drei gebauten Wagen überstand nur einer die Kriegswirren. Ein Modell ist

wahrscheinlich bei einem Bombenangriff zerstört worden. Ein weiteres schlachteten die Amerikaner bei ihrem Einmarsch aus, nachdem der Motor infolge von Ölmangel seinen Geist aufgegeben hatte. Den dritten Wagen der Berlin-Rom-Serie brachte der Österreicher Otto Mathé heil über den Krieg und fuhr mit ihm bis 1951 noch recht erfolgreich Rennen.

Nach dem Ende der Kriegshandlungen beschäftigte sich die nach Gmünd/Kärnten in Österreich emigrierte Firma Porsche in erster Linie mit der Reparatur, Umbau und dem Service an Fahrzeugen aller Art. Aber der Tatendrang war ungebrochen. Bereits im Sommer 1946 arbeiteten die verbliebenen Porsche-Mitarbeiter – Professor Porsche saß zu diesem Zeitpunkt noch in einem französischen Gefängnis – wieder an Sport- und Rennwagen-Projekten! Zusammen mit dem damaligen Chefkonstrukteur Karl Rabe und dem Leiter der Karrosserie-Abteilung Erwin Kommenda entwickelte man den Cisitalia-Grand-Prix-Wagen. Ihn hatte der italienische Industrielle Piero Dusio in Auftrag gegeben. Zur gleichen Zeit entstand auf dem Zeichenbrett – exakt am 17. Juli 1947 – wieder ohne bestimmten Auftrag ein »VW-Zweisitzer-Sportwagen« mit der Zeichnungs-Nummer 356.00.105!

Für einen kleinen finanzkräftigen Kundenkreis wollte man eventuell eine kleine Serie – kalkuliert auf maximal 500 Exemplare! – fertigen. Doch bevor Porsche daran ging, diese Idee in die Tat umzusetzen, ließ Ferry Porsche junior erst einmal den in Frage kommenden Markt sondieren. War es doch ziemlich ungewiß, ob so kurz nach dem Weltkrieg ein entsprechender Bedarf in Europa aufgetan werden konnte. Porsche ließ seinen Plan in interessierten Kreisen – insbesondere in der Schweiz – kursieren. Die Antworten waren ermutigend und nach dem finanziellen Engagement zweier Schweizer Bürger – von Senger und Blank – konnte die Produktion in Angriff genommen werden.

Zu diesem Zeitpunkt war der »Porsche Nummer 1«, ein Cabriolet-Modell auf einem Rohrrahmen-Chassis (nach der Zeichnung vom 17. 7. 47) bereits fertig. Der Motor lag vor der Hinterachse, das Getriebe dahinter. Der Mittelmotor-Zweisitzer wurde von einem 1131-cm^3-Aggregat angetrieben, das seine Verwandtschaft zum luftgekühlten VW-Triebwerk nicht leugnen konnte. Mit Hilfe neuer Zylinderköpfe – mit V-förmig angeordneten Ventilen – und verschiedenen anderen Detailmodifikationen ergaben sich 40 PS bei 4000 U/min. Bei der Vorder- und Hinterachsfederung griff man noch auf Original-VW-Teile zurück, ebenso bei der Lenkung und beim Getriebe.

Mit einem fahrfertigen Gewicht von 596 Kilo (!) schaffte die »Nummer 1« gute 135 km/h und mit einem abgedeckten Beifahrersitz sogar noch

5 km/h mehr. Im März 1948 legte dieses Fahrzeug seine ersten Testkilometer zurück.
In Auftrag waren zur gleichen Zeit eine Cabrio- und Coupé-Version, die einen Blechpreßrahmen hatten. Denn schon während der Erstellung des Rohrrahmen-Porsche hatte man festgestellt, daß sich die Idee eines Sportwagens wie beim Prototyp exerziert, wirtschaftlich nicht vertreten ließ. Wichtig schien vor allen Dingen die Schaffung eines akzeptablen Gepäckraumes. Die für Ferry Porsche logische Konsequenz: Der Motor wanderte wieder hinter die Hinterachse, und der raumfressende Rohrrahmen mußte einem flacheren Blechrahmen weichen. Damit gewann man hinter den Vordersitzen Platz für Notsitze oder Gepäck. Der Porsche in seiner bekannten Form war geboren!
Inzwischen war der Rohrrahmen-Porsche an seinen Auftraggeber, den Züricher R. von Senger ausgeliefert und von der »Schweizer Automobil Revue« einem Kurztest unterzogen worden. Der Fahrbericht liest sich so: »Mitten in der Atmosphäre des sich mit Riesenschritten nähernden Grand Prix (damals gab es in der Schweiz noch einen F-1-Grand Prix!) jagten wir die Maschine um die Rennstrecke von Bremgarten und faßten in kürzester Zeit volles Vertrauen zu ihr. So stellt man sich tatsächlich die Fahreigenschaften eines modernen Wagens vor, der die Vorzüge moderner Aufhängungssysteme und ihres guten Fahrkomforts mit der zähen Bodenhaftung eines ebenso modernen wie niedrigen und handlichen Sportwagens vereinigt.«
Als dieses 001-Cabrio am 8. Juni 1948 seine Einzelgenehmigung von der Kärntner Landesbaudirektion (!) erhalten hatte, war der Blechrahmen-356 – ein Aluminium-Coupé – in Gmünd bereits fertig. Noch vor der Einzelabnahme dieses Typs – Allgemeine Betriebs-Erlaubnis (ABE) genannt – beschäftigte sich die Automobil Revue auch mit diesem Modell. Am 7. Juli 1948 schrieb der Tester: »Bei diesem Wagen, der aus dem Volkswagen abgeleitet ist, sind auch die reichen Erfahrungen von Porsche und seinem Stab verwendet worden, die diese Equipe beim Bau der Auto Union-Rennwagen sammeln konnte. Mit geringfügigen Änderungen entsprechen Motor, Kraftübertragung und Aufhängung aller vier Räder der im Volkswagen angewendeten Lösung. Grundsätzlich neu ist der außerordentlich torsionssteife Rahmen mit seitlichen Kastenträgern und durchgehendem Boden entwickelt worden, und dazu passend auch eine aerodynamisch günstige Karosserie in Form eines zweisitzigen Coupé.«
Nahezu gleichzeitig mit dem Coupé erstellte man noch ein Cabriolet, das ebenso wie die Limousine als Typisierungs-Muster gedacht war und sich deshalb in einigen technischen Daten von den späteren Pro-

duktions-Modellen unterschied. Beide Fahrzeuge erhielten am 7. August 1948 vom Landeshauptmann in Klagenfurt/Österreich ihre technische Unbedenklichkeitsbescheinigung ausgestellt. Kurz darauf, im Winter 1948, lief dann eine Mini-Produktion an. Fünf handgearbeitete Wagen verließen pro Monat Gmünd. Alle Alu-Karossen klopfte ein Wiener Spengler über ein Holzmodell in stundenlanger, künstlerischer Arbeit.

In den Werks-Informationen gab man das Gewicht eines fahrfertigen Modelles anfänglich mit 680 Kilo an. Wenig später, bei Auslieferung an die Kunden, waren es dann schon gut 100 Kilo mehr. Die Leichtmetall-Karossen besaßen seitliche Ausstellfenster und eine Duplex-Bremsanlage vorn. Zwei Jahre später liefen die in Zuffenhausen gefertigten Stahl-Porsche wieder mit der einfachen VW-Bremse vom »Band«. Die Stoßstangen waren direkt mit der Karosse verbunden, die Windschutzscheibe geteilt; wechselweise kamen Einzelsitze oder eine Sitzbank zum Einbau! Die Maße für Radstand, Spur vorn und hinten blieben ab diesem Typ für die gesamte 356-Bauserie identisch. Die Höchstgeschwindigkeit lag bei knapp über 140 km/h.

Am 20. März 1951 schloß die Gmündner-Produktion ihre Pforten. Insgesamt waren 46 Fahrzeuge der Typenreihe 356-Alu (23 Coupé und 23 Cabriolet) in knapp zweieinhalb Jahren gefertigt worden. Nur wenige Fahrzeuge verblieben im Werk zu Testzwecken, wobei insbesondere die Alu-Coupé-Modelle in späteren Jahren bei Renneinsätzen noch Geschichte machten.

In das Stuttgarter Handelsregister wurde am 25. April 1931 die Firma „Dr. Ing. h. c. F. Porsche Gesellschaft mit beschränkter Haftung, Konstruktionen und Beratungen für Motoren- und Fahrzeugbau“ eingetragen.

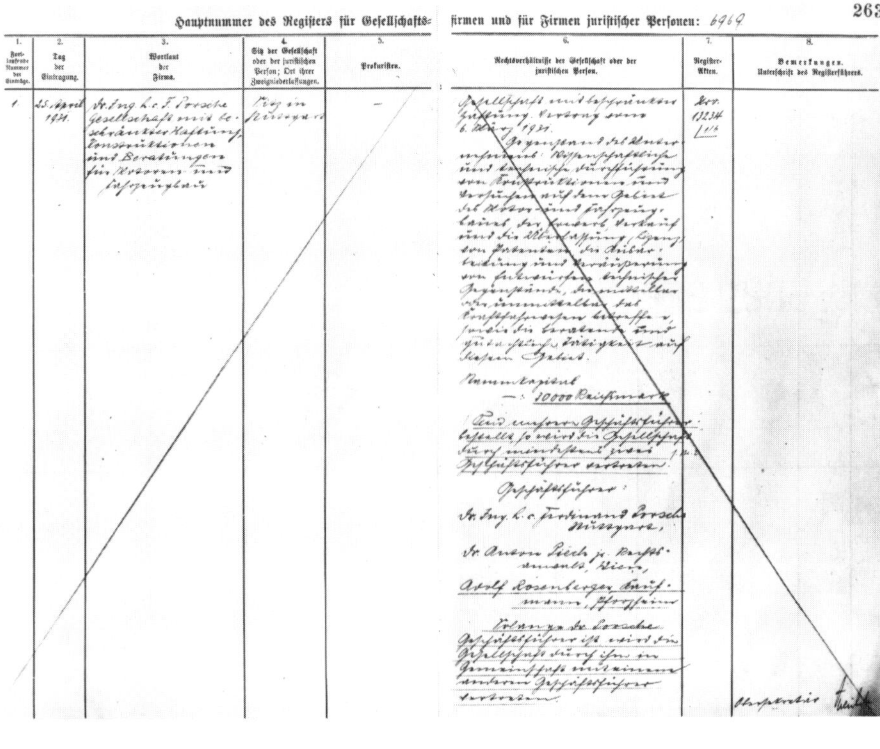

263

Hauptnummer des Registers für Gesellschaftsfirmen und für Firmen juristischer Personen: 6969

1. Fortlaufende Nummer der Eintragungen	2. Tag der Eintragung	3. Wortlaut der Firma	4. Sitz der Gesellschaft oder der juristischen Person; Ort ihrer Zweigniederlassungen	5. Prokuristen	6. Rechtsverhältnisse der Gesellschaft oder der juristischen Person	7. Register-Akten	8. Bemerkungen. Unterschrift des Registerführers
1.	25. April 1931	Dr. Ing. h. c. F. Porsche Gesellschaft mit beschränkter Haftung, Konstruktionen und Beratungen für Motoren- und Fahrzeugbau	Sitz in Stuttgart	–	Gesellschaft mit beschränkter Haftung. Vertrag vom 6. März 1931. Gegenstand des Unternehmens: [illegible] Stammkapital: 10000 Reichsmark. [illegible] Geschäftsführer: Dr. Ing. h. c. Ferdinand Porsche, [illegible], Dr. Anton Piëch jr., Rechtsanwalt, Wien, Adolf Rosenberger, Kaufmann, Pforzheim. [illegible]	Rer. 13234	[illegible]

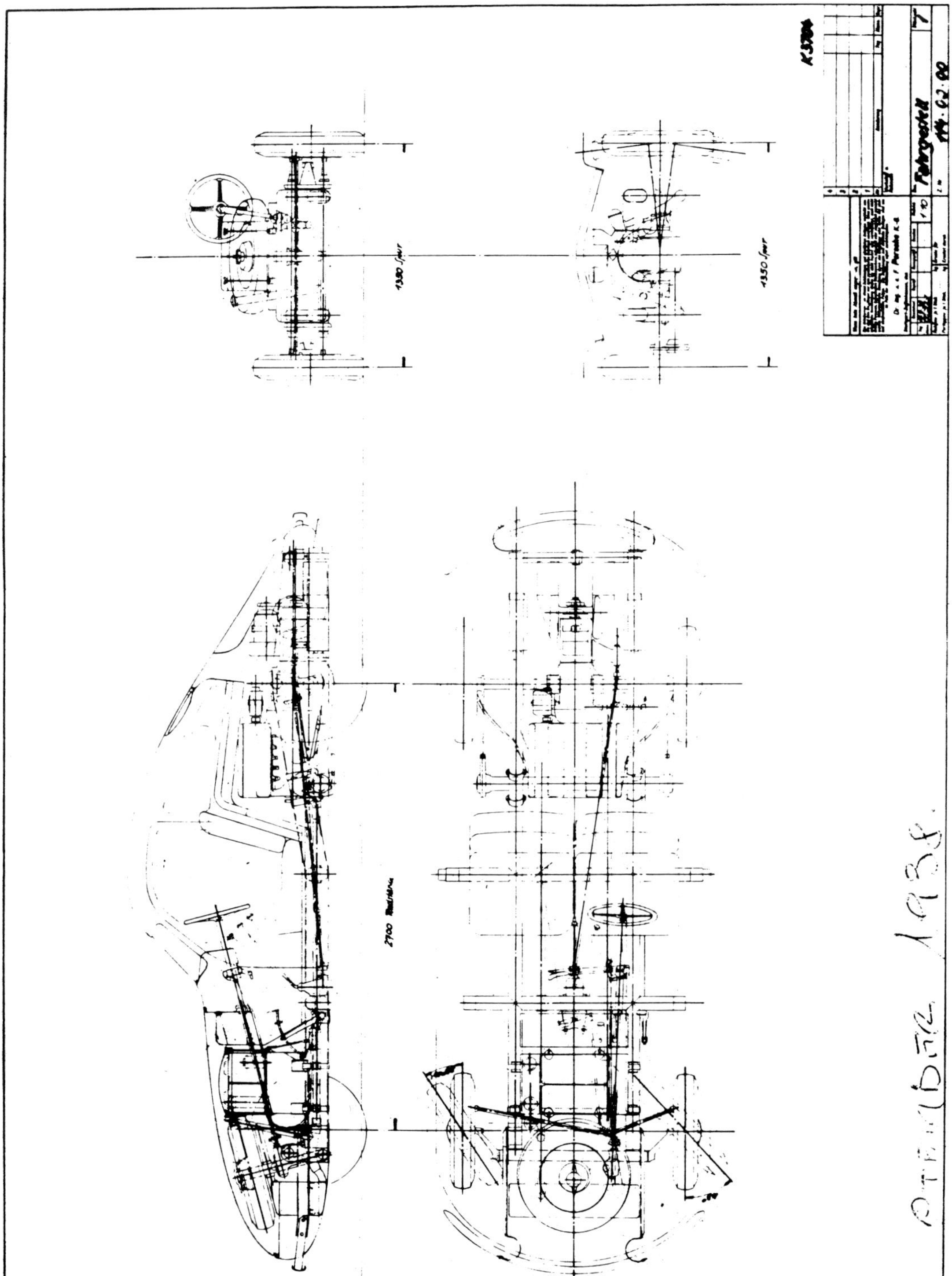

Zeichnung vom September 1938. Aerodynamischer Aufbau auf einem VW-Chassis

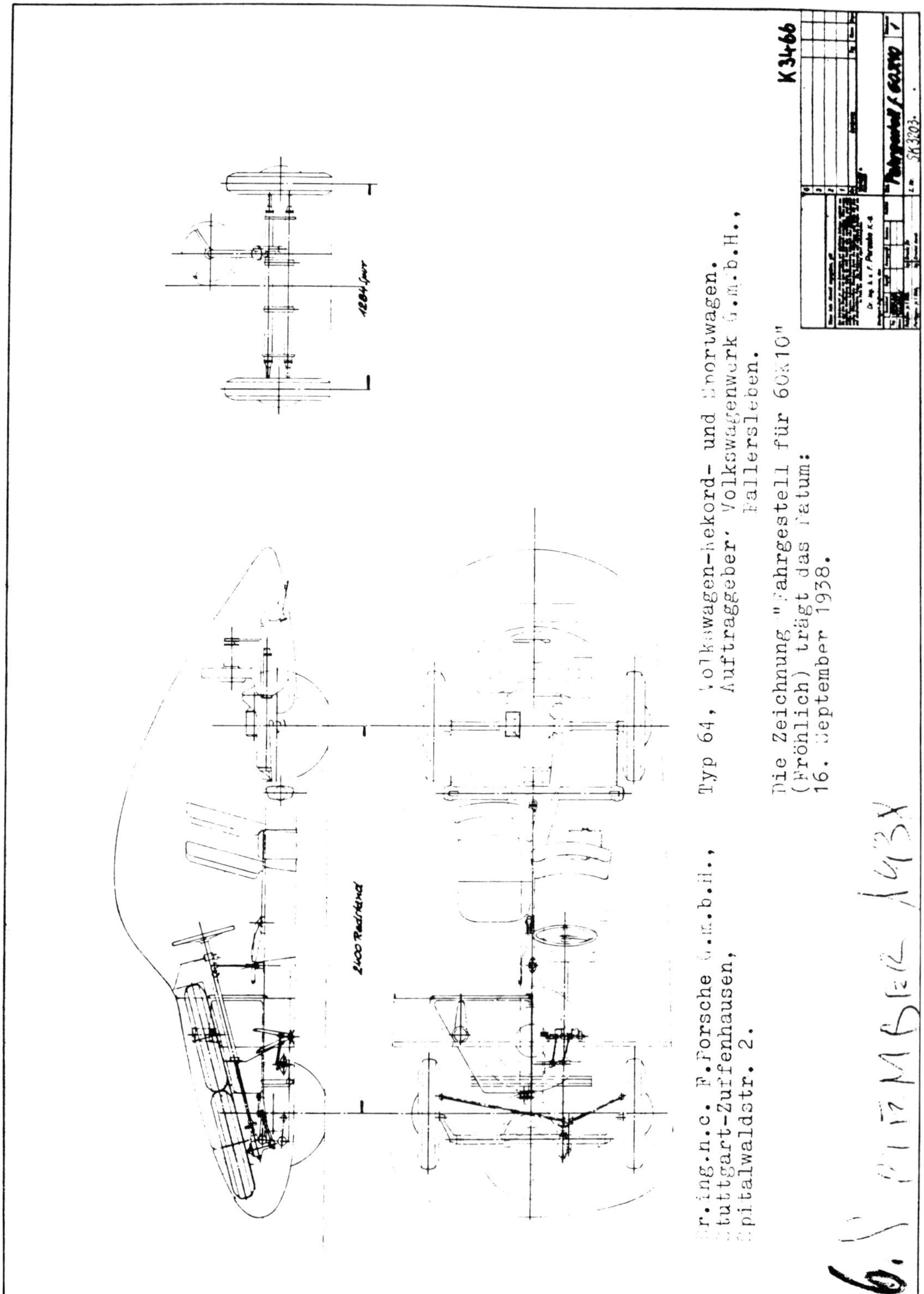

»Typ 64«: Ein vom Volkswagen-Werk in Auftrag gegebener Sportwagen von 1938

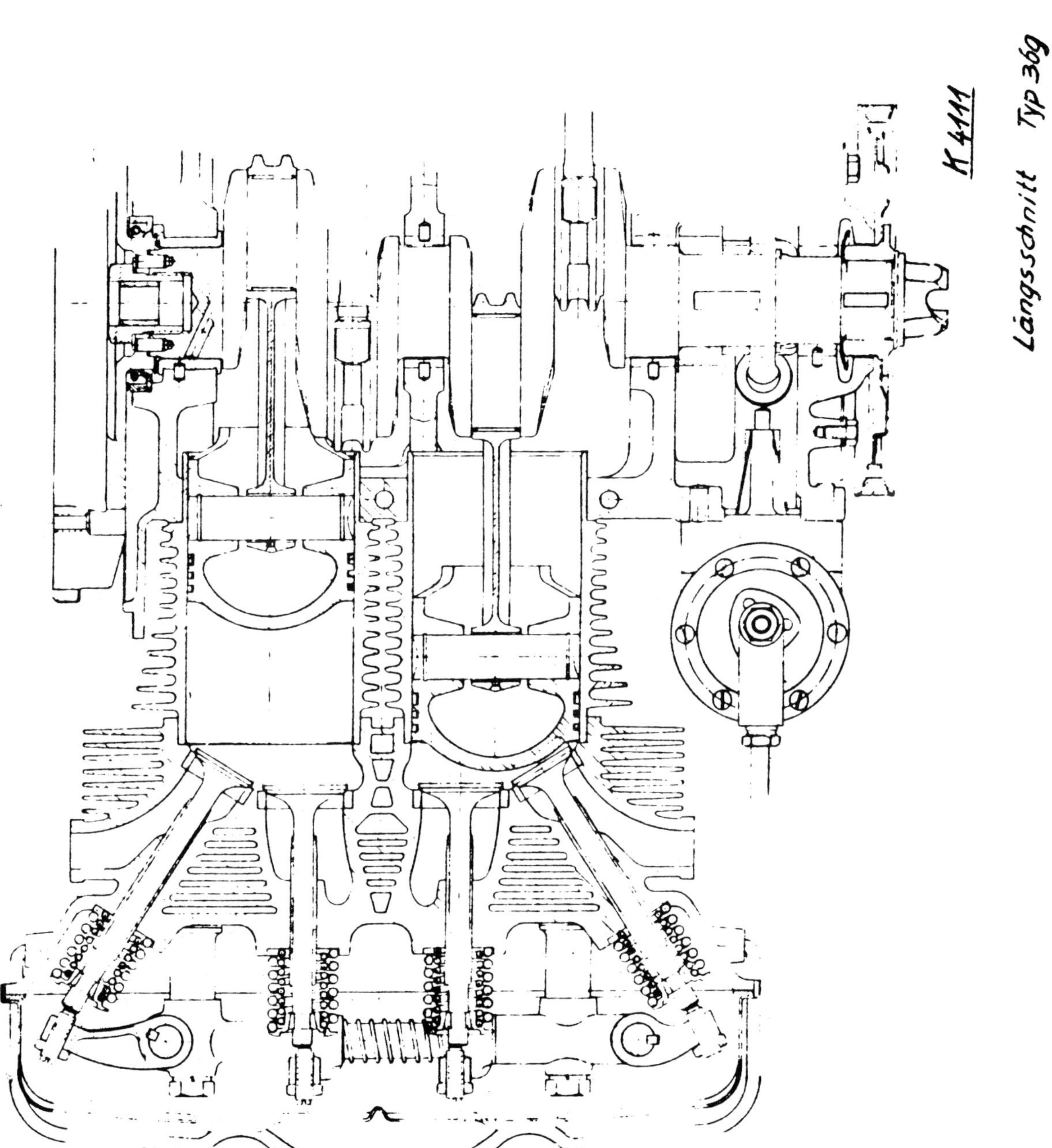

Längsschnitt-Zeichnung durch den Vierzylinder-VW-Motor Typ 369 für den Porsche 356

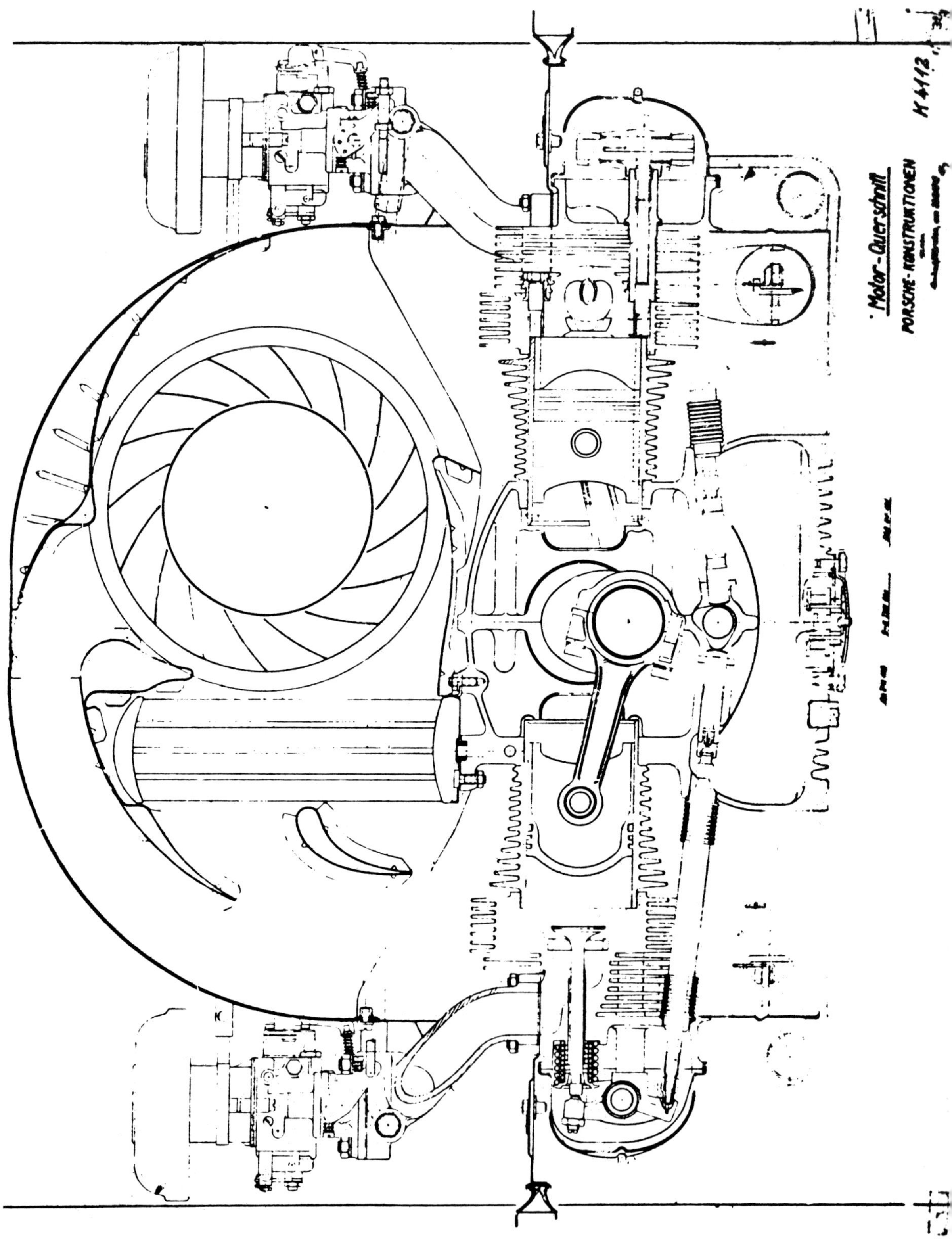

 Motor-Querschnitt des Typ 369. VW-Motor mit 1086 cm³ Hubraum und 40 PS Leistung

Holzmodell des Typs 114 von 1938. Studie zu einem Wettbewerbswagen auf VW-Basis

Von diesem Typ 64 genannten Porsche-Vorläufer gab es insgesamt nur drei Wagen

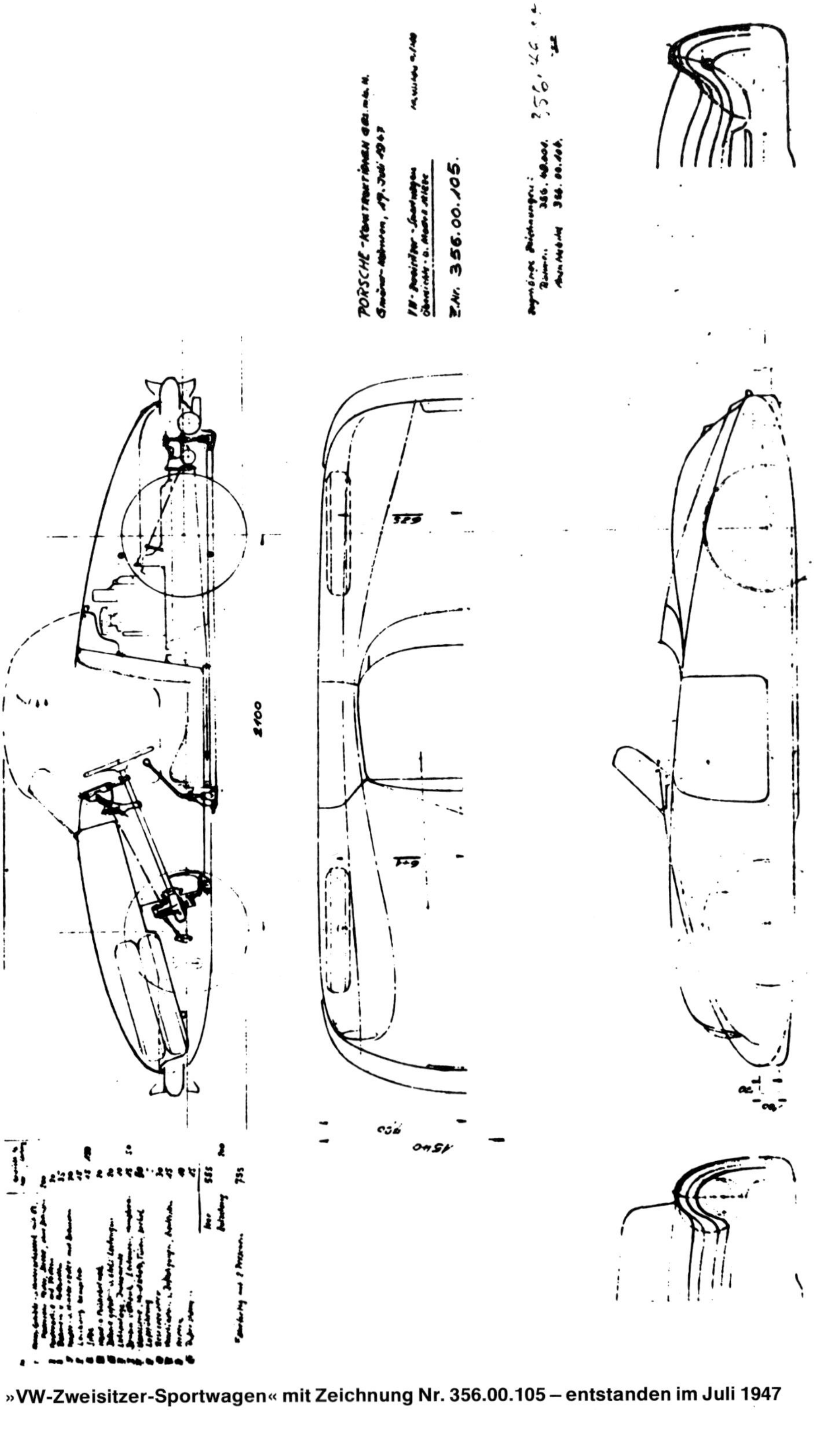

»VW-Zweisitzer-Sportwagen« mit Zeichnung Nr. 356.00.105 – entstanden im Juli 1947

Nach der Zeichnung vom Juli 1947 gebauter »Porsche Nr. 1« mit Rahmen-Chassis

u. Elektrotechnik
5, Tel. 1981-82

Einzelgenehmigung

Prägestempel

Bescheid

An P o r s c h e, Konstruktionen Ges.m.b.H.

G m ü n d

Zl. 28-30/48.

Prüf.-Nr. 4328

1. Das ~~(Der)~~ von Ihnen vorgeführte, nachstehend beschriebene Kraftfahrzeug ~~(Anhänger)~~ wurde am 8. Juni 1948 gemäß dem Kraftfahrgesetz 1937, B. G. Bl. Nr. 29/1937, in der Fassung 1946, geprüft und genehmigt. Es ~~(Er)~~ entspricht (~~unter Berücksichtigung der in diesem Bescheid niedergelegten Einschränkungen~~)* den Vorschriften der Kraftfahrverordnung 1937 in der Fassung 1947. Gemäß § 29, Absatz 3, der Kraftfahrverordnung muß jede beabsichtigte Änderung an diesem genehmigten Fahrzeuge der nach dem Standort des Fahrzeuges zuständigen Landesbehörde zur Entscheidung angezeigt werden.

2. Besondere Bedingungen:

k e i n e

3. Name und Wohnort des Erzeugers des Fahrgestelles und des Aufbaues:

Porsche Konstruktionen Ges.m.b.H. Gmünd, Kärnten

Motor: Volkswagenwerke Fallersleben

4. Firmenmäßige Typenbezeichnung des Fahrgestelles:

Sport 356/1

* Nichtzutreffendes streichen.

St. Dr. Lager-Nr. 777. — Österreichische Staatsdruckerei, Verlag. (St.) 742 47

5. Technische Beschreibung des Fahrzeuges:

Art des Fahrzeuges		Personenkraftwagen Sport-Zweisitzer, Motor im Heck
Erzeugungsnummer sowie Jahr der Erzeugung des	a) Motors b) Fahrgestelles c) Aufbaues	a) Nr. 356-2-034969 Jahr 1948 b) Nr. 356-001 Jahr 1948 c) Nr. .... Jahr ....
Eigengewicht des betriebsfertigen Fahrzeuges Zulässige Belastung Mithin zulässiges Gesamtgewicht		585 kg 200 kg 785 kg Nutzlast .... kg
Kraftquelle		Verbrennungskraftmaschine
Bei Verbrennungs-kraftmaschinen Bauart des Motors	a) Arbeitsweise* b) Anzahl der Zylinder c) Hub d) Gesamthubraum e) Größte Nutzleistung des Motors	a) Vergaser, Viertakt b) Vier c) 64 mm (Bohrung 75 mm) d) 1.131 Liter e) 35 PS bei 4000 Umdrehungen i. d. Min.
Art des Schalldämpfers		Ovaler Resonanz-Schalldämpfer ohne Querwände mit seitlichen Einführungen u. fischschwanzförmigem Auspuff
Art der Kraftübertragung (Bei Anhängern: Hauptkupplung, Sicherheitskupplung)		Motor, Einscheiben-Trockenkupplung, Viergang-Schaltgetriebe u. 1 Rückwärtsgang, Hinterachse mit Ausgleichgetriebe.
Zahl und Art der Bremsvorrichtungen		Handbremse-mechanische Vierrad-Innenbackenbremse Fußbremse-mechanische Vierrad-Innenbackenbremse
Art und Ausmaß der Bereifung		Luft, 5,00 - 16
Bei Fahrzeugen, deren Gesamtgewicht 5 t übersteigt: Die Achsdrücke im beladenen Zustand		vorne .... kg hinten .... kg

* Anzugeben ist nicht nur die Taktzahl, sondern auch Vergaser-, Diesel-, Gasmotor usw.

Bei nicht mit Luftreifen versehenen Fahrzeugen: Raddrücke auf 1 cm Reifenbreite im beladenen Zustand, bezogen auf die Breite der Auflagefläche des Reifens auf der Felge	vorne .... kg/cm hinten .... kg/cm
Radstand in Millimetern Spurweite in Millimetern Kleinster fahrbarer Kreis in Metern	2150 mm a) vorne 1290 mm b) hinten 1250 mm 10.2 m
Größte Länge " Breite " Höhe	3860 mm 1670 mm 1250 mm
Wesentliche Abweichung von den üblichen Bauarten	k e i n e

6. Das in dem unten angeschlossenen Lichtbild dargestellte Kraftfahrzeug ist bei Einhaltung der in vorstehendem Bescheid unter Punkt 2 enthaltenen besonderen Bedingungen und bei Übereinstimmung mit den im Punkt 5 angeführten technischen Angaben für den Verkehr auf Straßen geeignet.

Rechtsmittelbelehrung:
Gegen diesen Bescheid kann binnen zwei Wochen nach Zustellung bei der Behörde, die ihn erlassen hat, Berufung eingebracht werden.

Klagenfurt, am 8. Juni 1948

Für den Landeshauptmann:

Amt der Kärntner Landesregierung Landesbaudirektion VI

Anlage: Lichtbild des Fahrzeuges 9 × 12 cm.

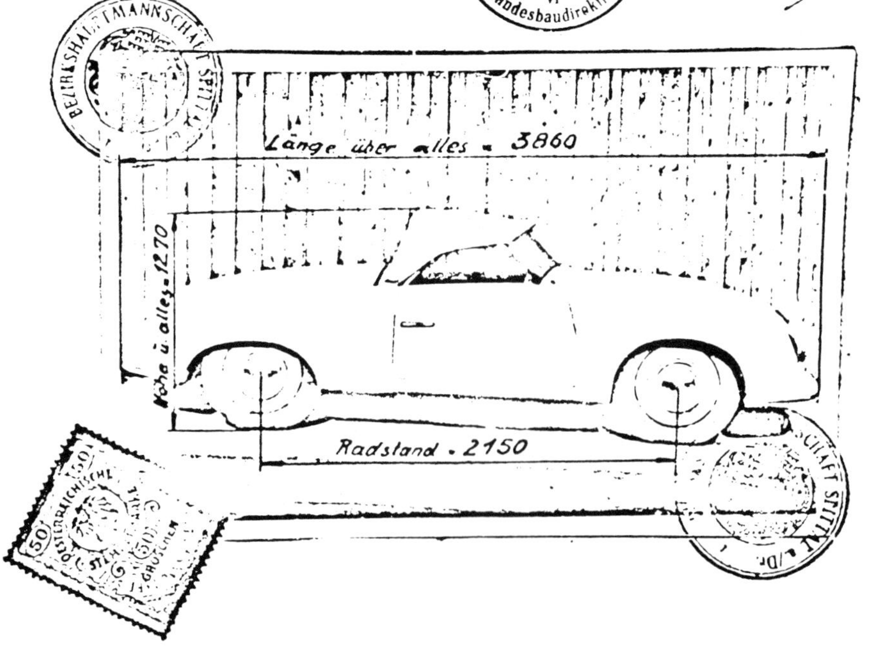

Wortlaut des Bescheides, mit dem die Type genehmigt wurde:

Raum für Stempelmarken.

Bescheid.

Prägestempel

An Fa.

Porsche Konstruktionen G.m.b.H.,

Gmünd /Kärnten

Zahl 7512-30/48

Prüf-Nr.

1. Auf Grund der Prüfung vom 13. Juli 1948 wird die nachstehend beschriebene und in der beigegebenen Zeichnung wiedergegebene Type gemäß dem Kraftfahrgesetz, BGBl. Nr. 29/1937 in der Fassung des Jahres 1946, und der Kraftfahrverordnung, BGBl. Nr. 106/1937 in der Fassung des Jahres 1947, unter Berücksichtigung der im Bescheid, insbesondere in der technischen Beschreibung, festgelegten Einschränkungen genehmigt.
   Es wird darauf hingewiesen, daß zufolge § 28, Abs. 1, der Kraftfahrverordnung der Inhaber des Bescheides berechtigt und verpflichtet ist, für jedes der von ihm erzeugten oder in Handel gebrachten Fahrzeuge (Fahrgestelle) dieser Type Typenscheine, die eine getreue Abschrift dieses Bescheides enthalten, nach Anlage 2 der genannten Verordnung auszustellen, ferner daß gemäß § 28, Abs. 3, der Kraftfahrverordnung jede beabsichtigte Änderung an der Type bei der Behörde, die diesen Bescheid erlassen hat, zur Entscheidung anzuzeigen ist.
2. Besondere Bedingungen, Fristen:

   keine

3. Name und Wohnort des Erzeugers des Fahrgestelles und des Aufbaues:

   Porsche Konstruktionen Ges.m.b.H., Gmünd/Kärnten

4. Firmenmäßige Typenbezeichnung: 356/2

5. Begründung und Rechtsmittelbelehrung:
   Die Type entspricht unter den vom Prüfer im vorstehenden Bescheid gemachten Vorschriften den gesetzlichen Bestimmungen.
   Gegen diesen Bescheid steht binnen 2 Wochen nach Zustellung bei der Behörde, die ihn erlassen hat, die einzubringende Berufung offen.

Klagenfurt, am 7. August 1948

Für den Landeshauptmann:

Buschberger e.h.

34 Front- und Heckansicht des Urahn aller folgenden Porsche-Sportwagen, die »Nr. 1«

Echter Zweisitzer mit Notverdeck. Gleich hinter dem Fahrerrücken: der Mittelmotor

Breite Einstiegs-
schweller, bedingt
durch das platz-
raubende Rohr-
rahmen-Chassis

Spartanische
Instrumentierung.
Fahrer und Bei-
fahrer teilen sich
eine flache Sitz-
bank

Fahrversuche mit einem unverkleideten Porsche 356 vor interessiertem Publikum

In allen wesentlichen Punkten noch Original: Der »Nr. 1« aus dem Porsche-Museum

Dr. Ferry Porsche (rechts) neben dem ersten 356-Aluminium-Coupé aus Kärnten

Bei dieser Heckansicht eines 356-Modells ist die Porsche-Form schon gut erkennbar

Seitenansicht des 356 mit Leichtmetallkarosse aus der Gmünder Produktion

40 Seiten- und Frontansicht eines Alu-Coupé, gebaut im Juli 1948

..2. Ausfertigung

Allgemeine Betriebserlaubnis Nr. 625

für die Personenkraftwagen Typ : 356 der Firma
Dr. Ing. h.c. F. P o r s c h e KG in Stuttgart-Zuffenhausen

Auf Grund des anliegenden Gutachtens der Technischen Prüfstelle für den Kraftfahrzeugverkehr beim Technischen Überwachungsverein Stuttgart in Stuttgart vom 29. August 195o wird für die reihenweise gefertigten Personenkraftwagen Typ 356 der Firma Dr. Ing. h.c. F. Porsche KG in Stuttgart-Zuffenhausen widerruflich die Allgemeine Betriebserlaubnis gemäß § 2o Abs. 1 der Verordnung über die Zulassung von Personen und Fahrzeugen zum Straßenverkehr vom 13. November 1937 (StVZO) erteilt.
Ferner wird versuchsweise und unter Vorbehalt jederzeitigen Widerrufs der Abstand der Schlußlichter voneinander mit 89 Zentimeter genehmigt (§ 53,1 StVZO).
Der Hersteller hat für jedes dem Typ entsprechende Fahrzeug einen Kraftfahrzeugbrief auszufüllen sowie die Richtigkeit der Angaben über die Beschaffenheit des Fahrzeugs und dessen Übereinstimmung mit dem genehmigten Typ zu bescheinigen. Die Vordrucke für die Briefe sind von der Sammelstelle für Nachrichten über Kraftfahrzeuge und Kraftfahrzeugführer in Bielefeld, Herforder Straße 8, zu beziehen.

Im Falle einer Änderung des Typs ist ein entsprechender Nachtrag zu der Allgemeinen Betriebserlaubnis zu beantragen.

Durch die Erteilung der Allgemeinen Betriebserlaubnis werden Schutzrechte Dritter nicht berührt.

Die auf der Allgemeinen Betriebserlaubnis ruhenden Befugnisse erlöschen mit Ablauf des 16. 11. 1953, wenn sie nicht nach § 2o Abs. 4 StVZO verlängert werden.

Offenbach (Main), den 17. November 195o

Der Bundesminister für Verkehr

Im Auftrag

(Schumann)

Anlage:
Gutachten d. Techn. Prüfstelle f.d. Kraftfahrzeugverkehr beim TÜV Stuttgart vom 29.8.195o
Nr. StV 7 - 1o7/716/5o

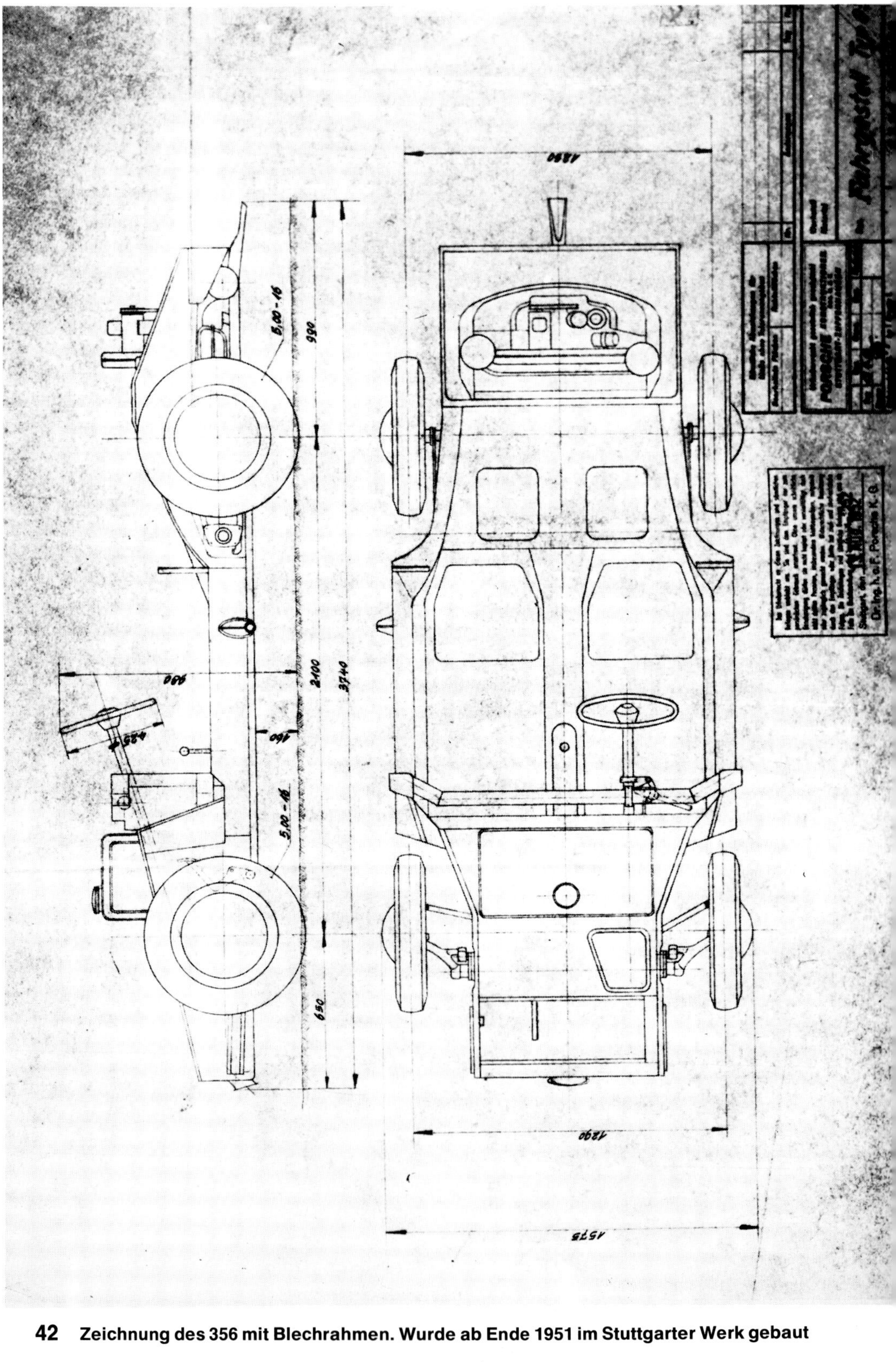

42 Zeichnung des 356 mit Blechrahmen. Wurde ab Ende 1951 im Stuttgarter Werk gebaut

114/64/356

Baujahr	Modell Karosse	Modell Typ	Fahrgestell-Nr.	Motor-Nr.	Motor-Typ	Getr.-Typ	Zyl.	Bohrung x Hub	Hubraum	DIN-PS bei U/min.	mkp bei U/min	Verdtg.	Radstand	Spur vorn/hinten	Länge	Gewicht	Produkt. Stck.
1938 10.9	Coupé	114	Zeichnung[1])		VW 341-44	VW 539/40	4						2750	1350/1350			–
1938 14.9	Coupé	114 K 1	Zeichnung[2])	–			4										–
1938 16.9	Coupé	114 K 2	Zeichnung[3])	–			4										–
1938 16.9	Coupé	64	60 K 10[4])	–									2400	1284/1284			3
1947	Cabrio	356	Zeichnung[5])[6])	–	VW 369	VW	4	73,5 x 64	1086	40/4200	7,0/2600	7:1	2100	1290/1250	3860	555	–
																605	–
1948	Coupé	356	[7])	–	VW 369	VW	4	73,5 x 64	1086	40/4200	7,0/2600	7:1	2100	1290/1250	3870	765	–
	Cabrio		[8])	–			4	75,0 x 64	1131	40/4000	7,0/2600	7:1	2100	1290/1250	3860	600	–
	Cabrio	1100	356-001[9])	356.2-034969	VW 369	VW	4	73,5 x 64	1086	35/4000	7,0/2600	7:1	2150	1290/1250	3860	585	1
	Coupé		356.2-001-006	356.2-021343	VW 369	VW	4	75,0 x 64	1131	40/4000	7,0/2600	7:1	2100	1290/1250	3860	780	6
			356.2-008														1
			356.2-010														1
			356.2-012-030														15
	Cabrio		356.2-007														1
			356.2-009														1
			356.2-011														1
			356.2-031-050														18
			356.2-052														1

Bemerkungen zu den Porsche-Vorläufern 356
1) Mittelmotor, Z-Nr. 114.0000-01 – 2) dreisitzig – 3) zweisitzig – 4) Wettbewerbswagen Rom–Lüttich–Rom, 2 Reserveräder hintereinander unter der Fronthaube – 5) Z.-Nr. 356.000.105 vom 17. 7. 47, Cabrio mit Mittelmotor – 6) Gitterrohrrahmen – 7) Motor hinter der Hinterachse, Blechpreßrahmen – 8) Motor wieder vor der Hinterachse, mit diesen technischen Daten wurde der erste 356 an den Kunden Herr v. Senger in Zürich ausgeliefert – 9) Mit diesen Daten wurde durch die Landesbaudirektion Kärnten (Sittal), Österreich, am 8. 6. 48 eine Einzelgenehmigung erteilt

Typenverzeichnis – Porsche 356, Produktion Gmünd/Kärnten–Österreich					
Chassis	**Motor**	**Karosse**	**Name**	**Datum**	**Bemerkungen**
356.001	356-2-034969	Cabriolet	v. Senger, Zürich	8. 6. 48	
356-2.001	356-6-028199	Limousine	v. Senger, Zürich	8. 6. 48	
356-2.002	356-6-021343	Limousine	v. Senger, Zürich	8. 6. 48	
356-2.003	356-6-014106	Limousine	v. Senger, Zürich	28. 10. 49	Fertigstellung bei Tatra in Wien
356-2.004	356-6-014109	Limousine	v. Senger, Zürich	–	Fertigstellung bei Kastenhofer in Wien
356-2.006	356-6-063663	Limousine	Pekarek, Günther	7. 3. 49	Tatra
356-2.005	356-6-020896	Limousine	Walter, Helmuth	21. 2. 49	Tatra
356-2.007	356-7-037315	Cabriolet	Günther, Herbert	6. 2. 49	Tatra – Vorführwagen
356-2.008	356-1-000010	Limousine	v. Senger, Zürich	–	
356-2.009	356-2-040673	Cabriolet	Aschauer, Peter	7. 3. 49	
356-2.010	356-1-026857	Limousine	Porsche	12. 1. 49	Vorführwagen
356-2.011	356-2-000029	Cabriolet	Pichler, Martin	17. 11. 49	
356-2.012	356-1-102845	Limousine	Walek, Franz	9. 3. 49	
356-2.013	356-1-000019	Limousine	Meyer's - Schruns	–	
356-2.014	356-1-000016	Limousine	Mayer, Robert	9. 3. 49	
356-2.015	356-1-000021	Limousine	Liewers - Wien	29. 3. 49	
356-2.016	356-1-000018	Limousine	Reisch, Fritz	22. 4. 49	Tatra
356-2.017	356-1-000030	Limousine	Henschel, Ernst	28. 6. 49	
356-2.018	356-1-000024	Limousine	Degerdon, Fritz	14. 6. 49	
356-2.019	356-1-000028	Limousine	Hruschka, Ing.	–	
356-2.020	356-1-000022	Limousine	Schindler-Paulus	12. 5. 49	Tatra
356-2.021	356-1-000023	Limousine	Müller, Dr. F.	14. 6. 49	
356-2.022	–			–	
356-2.023	356-1-000025	Limousine	Günther, Herbert	6. 5. 49	Tatra
356-2.024	–			–	
356-2.025	356-1-102835	Limousine	Jaeger, Rene Dr.	11. 2. 49	
356-2.026	356-1-000011	Limousine	Mautner, Markhoff	–	
356-2.027	356-1-000026	Limousine	Friedwagner, Franz	15. 6. 49	
356-2.028	–	–		–	
356-2.029	356-1-000020	Limousine	Müller, Josef	–	Tatra
356-2.030	–	–		–	
356-2.031	356-2-000027	Cabriolet	Scania Vabis/S	12. 6. 50	
356-2.032	356-2-000036	Cabriolet	Scania Vabis/S	12. 6. 50	
356-2.033	356-2-000032	Cabriolet	S. E. Mohamed Taher	–	Präsident des AC Ägypten (Tatra)
356-2.034	356-2-000037	Cabriolet	Scania Vabis/S	12. 6. 50	
356-2.035	356-2-000031	Cabriolet	S. K. H. Prz. Abdel Moneim	–	Fertigstellung außer Haus – nur Rohkarosse
356-2.036	356-2-000034	Cabriolet	Autohaus Ebner	–	
356-2.037	356-2-000035	Cabriolet	Scania Vabis/S	18. 7. 50	
356-2.038	356-2-000038	Cabriolet	Scania Vabis/S	12. 6. 50	
356-2.039	356-2-000033	Cabriolet	Scania Vabis/S	18. 7. 50	
356-2.040	–	–		–	
356-2.041	356-2-000040	Cabriolet	Scania Vabis/S	12. 6. 50	
356-2.042	356-2-000039	Cabriolet	Scania Vabis/S	12. 6. 50	
356-2.043	356-2-000041	Cabriolet	Scania Vabis/S	18. 7. 50	
356-2.044	356-2-000042	Cabriolet	Scania Vabis/S	11. 5. 50	
356-2.045	356-2-000043	Cabriolet	Scania Vabis/S	18. 7. 50	
356-2.046	–	–	–	–	
356-2.047	356-2-000045	Cabriolet	Scania Vabis/S	18. 7. 50	
356-2.048	356-2-000044	Cabriolet	Scania Vabis/S	16. 11. 50	
356-2.049	356-2-000047	Cabriolet	Scania Vabis/S	15. 2. 51	
356-2.050	356-2-000046	Cabriolet	Scania Vabis/S	20. 3. 51	
356-2.052	356-2-000048	Cabriolet	Mathé, Otto	9. 2. 51	

Typ 356 (1949-1955)

Im Sommer 1949 begannen ein Dutzend »Porschisten« in Stuttgart, in der Augustenstraße, in Untermiete bei der Firma Reutter-Karosserie, mit der Vorbereitung für eine »einheimische« Produktion. Die Geschäftsleitung hatte Informationen bekommen, daß im Sommer 1950 das noch von den Amerikanern beschlagnahmte Werk in Zuffenhausen freigegeben würde und man wollte pünktlich zur Stelle sein.
Ein Jahr zuvor, am 17. September 1948, hatten das Volkswagen-Werk und Porsche einen Vertrag geschlossen, der in seinen groben Zügen bis Mitte 1974 seine Gültigkeit behielt. Einer der wesentlichen Punkte war dabei der Anschluß von Porsche an das VW-Service-Netz. Dieser erfreuliche Vertrag und die Hoffnung auf eine bald in Stuttgart anlaufende Produktion, ließ Porsche erstmals mit seinem Sportwagen in die Öffentlichkeit gehen. Auf dem Genfer Salon 1949 präsentierte man ein 356-Coupé, das begeisternden Anklang fand. In den ausgelegten Prospekten – mit gezeichneten Porsche-Wagen! – warb man euphorisch mit den vielen Vorzügen des »356«. Außer dem gezeigten Coupé bot man Interessenten auch eine Cabriolet-Variante an. Für die offene Version konnte als Fabrikant die schweizerische Karosserie-Firma Beutler in Thun gewonnen werden.
Ausgehend von der Freigabe des richtigen Werkes begann man dann Ende 1949 mehr recht als schlecht mit der Fertigung. Der leitende Stab um Dr. Porsche hauste in einem rund 100 qm großen Fertighaus, das man für 19000,– DM gekauft hatte. Die »Produktion« konnte sich immerhin auf 500 qm austoben, denn größer waren die Räumlichkeiten der Firma Reutter nicht! Aus der für 1,– DM pro qm und Monat gemieteten Holzbaracke kamen die ersten 1100er-Porsche mit dem 40-PS-VW-Aggregat, die zu einem Preis von DM 9950,– angeboten wurden. Recht günstig wenn man berücksichtigt, daß diese Modelle immer noch in nahezu hundertprozentiger Handarbeit ihre Form erhielten. Beinahe ohne technische Hilfsmittel produzierten die vielen Künstler gleich vom Zeichenbrett im Maßstab 1:1 Chassis und Karosse. Erst nach und nach

gab es Vorrichtungen, die dann die Fertigung beschleunigten. Doch es dauerte lange, ehe mehr als ein Auto pro Tag die Baracke verließ. Zwischenzeitlich gab es immer wieder Rückschläge. So beschämte einmal der alte Professor Porsche seine Karosserieschneider, als er mit bloßem Auge eine nicht exakt gefluchste Außenhaut eines 356 reklamierte. Beim Nachmessen ergab sich tatsächlich eine Verschiebung aus der Mittelachse um zwei Zentimeter nach rechts!

Doch ging auch diese Pionierzeit zu Ende; die Zuffenhausener konzentrierten sich auf eine Erweiterung der Produktion und des Vertriebs-Netzes. Professor Prinzing, damals neben Ferry Porsche Geschäftsführer, machte sich mit einem entsprechenden Auftrag im Frühjahr 1950 auf den Weg zum VW-Werk nach Wolfsburg. Mit einem der ersten Wagen aus der Stuttgarter-Produktion als Anschauungs-Objekt wollte er die dort versammelten VW-Großhändler und Importeure aus ganz Europa und Übersee zum Kauf animieren. Es gelang ihm tatsächlich: Innerhalb kürzester Zeit konnten 37 Porsche-Wagen als feste Bestellung verbucht werden! Aus den Unterlagen von 1950 ist zu entnehmen, daß sich u. a. die Firmen Glöckler/Frankfurt a. M., Krauss/Nürnberg, Islinger/Mannheim, Mahag/München, Hahn/Stuttgart und die Südbadische Automobil-Gesellschaft/Freiburg die ersten 20 Porsche-Wagen »teilten«. Die restlichen Mobile gingen an ausländische Firmen wie z. B. Scania Vabis in Schweden, Guerin in Portugal oder Pon in Holland.

Am Gründonnerstag 1950 war der erste Stuttgarter-356 endlich fertiggeworden und stand viel bestaunt auf dem Hof in der Augustenstraße. Die graue Limousine wurde über die Oster-Feiertage eingefahren und diente danach dem Werk als Vorführwagen.

Verschiedene Ereignisse beschleunigten von Anfang an den Verkauf des Porsche-Sportwagens. Berühmte Namen in der Kundenliste aus Film, Funk und Finanz schmückten sich mit einem Porsche. Das sprach sich herum, und so interessierte sich auch bald das finanzkräftige Publikum im Ausland für einen »Porsche«.

Dann waren da noch die sportlichen Erfolge. Der allererste Porsche-Sieg geht wohl zu Lasten vom Dr.-Porsche-Cousin Ing. Herbert Kaes. Er meldete mit dem Rohrrahmen-Cabriolet am 11. Juli 1948 bei einem Stadtrennen in Innsbruck und gewann prompt seine Klasse überlegen. Schon 1950 übernahmen dann die Privatfahrer die Initiative. Mit ihren ungezählten Erfolgen brachten sie die Kunde von dem zuverlässigen, schnellen, luftgekühlten Sportwagen aus Stuttgart bis in die letzten Winkel der Erde.

Das Werk beteiligte sich erstmals 1951 offiziell an einem Rennen mit einem leicht modifizierten Serienwagen. Der französische Importeur

August Veuillet hatte seinen ersten Porsche – ein adriablaues Coupé – wenige Tage vor dem Pariser Salon 1950 erhalten und war begeistert. Er überredete seinen Besuch, den 75jährigen Professor Porsche, sein Fabrikat weltweit durch einen Einsatz bei den »24 h Le Mans« bekannt zu machen. Ein Jahr später konnte diese Idee in die Wirklichkeit umgesetzt werden. Einer der beiden Piloten des einzigen gestarteten Porsche 1100: August Veuillet! Er gewann auch prompt, zusammen mit dem zweiten Fahrer Mouche, die Klasse. Der internationale Durchbruch war geschafft.

Als am 21. März 1951 die Fertigstellung des 500. Porsche vermeldet wurde, war man darüber eigentlich nur beim Hersteller verwundert. Kaum jemand hatte nämlich zu Beginn der 356-Serie innerhalb des Hauses mit einer solchen Stückzahl gerechnet. Doch als man knapp ein halbes Jahr später bereits den 1000sten Wagen ausliefern konnte, war das schon nichts Außergewöhnliches mehr. Das Jahr schloß mit einem Umsatz von 12,5 Millionen Mark, wobei 214 Mitarbeiter 1103 Fahrzeuge produzierten.

Im August 1952 fand auch der erste Stuttgarter-356-Porsche ein – wenig rühmliches – Ende. Das mit dem Spitznamen »Windhund« versehene Coupé hatte bis zu diesem Zeitpunkt rund 80000 Versuchs-Kilometer mit einem 1,5-l-Motor hinter sich gebracht und schickte sich an, die Viertelmillion Gesamtkilometer zu machen. Aber infolge eines Abdräng-Unfalles auf der Autobahn verwandelte sich das Reutter-Coupé in einen Schrotthaufen. Dem Fahrer passierte nichts, doch wenige Jahre später sollte der Pilot mit einem noch spektakuläreren Unfall aufwarten. Der begabte Motoren-Monteur Rolf Wütherich – später noch Beifahrer in vielen Renn- und Rallyeschlachten – überlebte auf dem Co-Sitz im Porsche-Spyder des amerikanischen Film-Idols James Dean. Während Dean seinen Verletzungen erlag, konnte Wütherich einmal mehr zurechtgeflickt werden.

Zur selben Zeit – etwa Ende 1952 – gab es auch die ersten Überlegungen, ein unverwechselbares Symbol, Zeichen oder Wappen für das Porsche-Fahrzeug zu schaffen. Der Anstoß dazu kam vorwiegend aus der ausländischen Händlerschaft und von Kunden. Speziell die Porsche-Besitzer in Übersee äußerten den Wunsch nach einer Art »Qualitäts-Siegel« an ihrem Wagen. Man machte sich also daran, neben dem Schriftzug eine bildliche Darstellung zu schaffen. Zwei Themen legte man von Anfang an den Überlegungen zugrunde: Die Heimat des Professor Porsche und den Standort der Firma in Stuttgart. Nach längeren Überlegungen rang man sich zum Motiv »Stuttgart« durch, unter anderem auch aus Dankbarkeit und Freude darüber, den Neubeginn nach

dem zweiten Weltkrieg im Schwabenland geschafft zu haben. Da Stuttgart im Bundesland Württemberg liegt war es naheliegend, auch dieses Wappen zusammen mit dem Schriftzug »Porsche« zu einem Zeichen zu vereinigen. Diese Entwicklung lag in den Händen von Dr. Ferry Porsche, auf dessen Anregung die Herren Lapper – damals Werbeleiter – und – und Reimspiess – Konstrukteur bei Porsche und Hobby-Graphiker – die Rohentwürfe fertigten.
Nach fast einem Vierteljahrhundert mag es unglaubwürdig klingen, daß das in dem neuen Bildzeichen zur Verwendung vorgesehen Wappen des Landes Württemberg allen Beteiligten viel Kopfzerbrechen bereitete. So war 1952 das Papier allgemein noch nicht von der geforderten Qualität, ebenso die Druckform. Die Beschaffung des Goldes für die Ausfüllung des Negativ-Druckes war zur damaligen Zeit ein Problem. Zu den gestalterischen und technischen Problemen kam ein nicht geringer Schriftwechsel mit den verschiedensten Behörden. Die Stadt Stuttgart und das Wirtschafts-Ministerium des Landes mußten die Zustimmung zur Benutzung ihrer Wappen in dem »Phantasiewappen« des Hauses Porsche geben. Die Graphiker gaben sich nach der Freigabe die größte Mühe, alle Einzelheiten der Wappen, insbesondere des Stuttgarter »Pferdes«, zu erfassen und im Porsche-Wappen niederzulegen.
Man schrieb bereits 1953, als die ersten 356 mit Wappen in den Signalknöpfen der Lenkräder zur Auslieferung kamen. Seither wird das Porsche-Wappen, in vielen Ländern geschützt, in unveränderter Form und Ausstattung verwendet.

ALLGEMEINE BESCHREIBUNG: TYP 356 (BASISMODELL)

Karosserie/Fahrgestell

Der Rahmen des Stuttgarter-356 ist aus Stahlblech gefertigt, kastenförmig ausgebildet und mit der Bodengruppe fest verbunden. Die Stoßstangen bilden an Front- und Heckschürze einen bündigen Abschluß mit der Karosserie. Die Windschutzscheibe von Sekurit ist bei den 356-Coupé- und Cabriolet-Modellen zweigeteilt und in der Mitte durch einen Steg fixiert. Die Felgen haben 16-Zoll-Durchmesser (Größen: 3.00-D-16) ohne Kühllöcher. Die Blinker sind klein und rund, über diesen sind am Heck rechteckige Schlußleuchten angebracht. Nummernschildbeleuchtung und Bremslicht sind in einem Chromgehäuse über dem Kennzeichen montiert. Der Motordeckel hat ein Luftgitter und

auf der Kofferraumhaube (vorn) sitzt ein schmaler Chromgriff. Die Scheibenwischer zeigen in der Ruhestellung nach links außen.
Alle Räder sind unabhängig mit Drehstäben gefedert. Die Stoßdämpfer wirken vorn einfach und hinten doppelt. Einen vollen Einschlag der Vorderräder erreicht man mit 2,4 Umdrehungen am Lenkrad. Dieser wirkt über eine Spindellenkung nach dem System Porsche (mit geteilter Spurstange) auf das Lenkgetriebe. Die Bremsen werden mechanisch über Seilzüge betätigt und wirken auf eine Zweibacken-Anlage. Die Bremstrommeln haben 230 mm Durchmesser. Die Reifen das Format 4.75-16 oder 5.00-16.

Motor

Abgeleitet vom Volkswagen-Aggregat bringt der luftgekühlte Vierzylinder im Heck des Porsche 356 gut 40 PS bei 4000 U/min. Diese Leistung schöpft der Viertakt-Vergaser-Motor aus 1086 cm^3 Hubraum bei einer Verdichtung von 7,0:1. Für das richtige Benzin-Luft-Gemisch sorgen zwei Solex-Fallstrom-Vergaser des Typs 26 VFJ. Die Motoröltemperatur wird mit einem im Kühlluftstrom des Gebläses stehenden Röhrenkühler normalisiert.

Kraftübertragung

Über eine Einscheiben-Trockenkupplung von Fichtel & Sachs greifen die vier Vorwärtsgänge und ein Rückwärtsgang (3., 4. geräuschlos). Die Motorkraft wird über Palloid-Kegelräder (7:31 = 4,43) und ein Kegel-Differential an die Antriebsräder (hinten) weitergegeben.

Ausstattung

Fahrer und Beifahrer begnügen sich meist mit einer noch durchgehenden Sitzbank, die allerdings auf Wunsch auch gegen Einzelsitze getauscht wurde. Die Sitzfläche ist mit Ausgleichskissen (!) in der Höhe verstellbar und nur die Rückenlehnen (bei Sitzbank) einzeln zum Vorklappen. Die heute bekannten Notsitze im Fond gab es noch nicht, allerdings konnte ein weiterer Mitfahrer behelfsmäßig hinter den beiden vorn sitzenden untergebracht werden. Die Schalttafel ist ohne gepolsterte Abdeckung, mit zwei großen Instrumenten und einem rechteckigen Ausschnitt in der Mitte für Radio oder Zeituhr. Ein weißes Dreispeichen-Lenkrad wird später durch ein ähnliches mit nur zwei Speichen ersetzt. Die Seitenscheiben sind als Kurbelfenster ausgelegt. Die Innenausstattung ist nach Wahl kombinierbar.

1951

Gut ein Jahr nach Produktionsbeginn in dem Stuttgarter Werk wird das Modellprogramm um den 1,3-Liter (1286 cm^3) erweitert. Alle Modelle erhalten die Duplex-Bremse mit Kühlrippen vorn. Im Oktober 1951 gibt es zusätzlich einen 1,5-Liter-Motor (60 PS) mit Sport-Nockenwelle und rollengelagerten Pleuel.

1952

Die Windschutzscheibe wird einteilig, behält aber in der Mitte einen Knick (ungeteilt). Die Stoßstangen sind nun etwas höher montiert und von der Karosserie abgesetzt. Die rechteckigen Heckleuchten entfallen und werden durch runde ersetzt, die die gleiche Größe wie die Blinker haben. Die Lochstahlfelgen (16-Zoll) können lackiert oder verchromt geliefert werden. Das Cabriolet bekommt eine größere Heckscheibe. Im Fond ist nun eine, wenn auch nur einteilige, umklappbare Notsitzrücklehne vorhanden. Das vor der Batterie aufrecht gestellte Reserverad ermöglicht nun kleinere Gepäckstücke im Bugkofferraum mitzuführen.
Die 60-PS-Version des 1,5 l wird durch eine 55-PS-Variante (»Dame«) abgelöst. In diesem Aggregat taucht erstmals die bekannte Alfinger-Kurbelwelle auf – benannt nach ihrem Herstellungsort Wasseralfingen. Diese geschmiedete Gleitlagerwelle hat einen Hub von 74 mm. Mit dem 1500-S-Triebwerk (70 PS) rundet man das Programm nach oben ab. Das Synchron-Getriebe mit der patentierten Porsche-Ringsynchronisierung ist jetzt bei allen Modellen serienmäßig. Der Bremstrommel-Durchmesser erhöht sich auf 280 mm.
Zu Beginn des Jahres 1952 kommt aus Amerika die Anregung, eine Variante des populären Cabriolets zu bauen. Die Amerikaner denken dabei an einen schnellen, offenen Wagen, den man in Übersee »Speedster« nennt. Porsche baut eine Exklusivserie von 15 Exemplaren, die alle bis auf einen nach Amerika verkauft werden. Der offiziell »American Roadster« genannte Typ (Typ 540) – ein direkter Vorläufer der erst knapp zwei Jahre später gebauten Speedster – kommt hervorragend an. Der Roadster ist 60 Kilo leichter als das Coupé. Er hat statt der Polstersitze nur leichte Schalen, keine Kurbelfenster, ein mager bestücktes Armaturenbrett, eine niedrige Frontscheibe und ein Behelfs-Klappverdeck. Angetrieben wird der Roadster von einem 1500-S-Motor (70 PS). Mit seinen 605 Kilo fahrfertigem Gewicht (8,7 kg/PS) läßt der »American« auch größere Sportwagen schlecht aussehen.

1953

Die Karosserie wird in der Qualität ständig verbessert. Speziell in der Entdröhnung und in der Ausstattung erzielt man Fortschritte. Neu im Angebot: Ein Porsche 356 mit 1300-S-Motor (1290 cm^3, 60 PS) und rollengelagerter Kurbelwelle von Hirth, die Porsche ein Jahr später selber fertigt.
Ein Ende 1953 laufender Versuch, die Original-VW-Achse zu ersetzen, schlägt fehl. Die Federbeinachse von W. Eyb bringt dem damit ausgestatteten Versuchswagen den Spitznamen »Storch« ein, weil die Karosserie so hoch steht.

1954

An der Vorderachse des »356« werden die Achsschenkel verstärkt und ein Stabilisator eingebaut. Der normale 1300-Motor erhält nun auch die Alfinger-Welle. Um durch die Hubveränderung nicht über 1,3 Liter zu kommen, verringert man die Bohrung von 80 auf 74,5 mm. Neue Typenbezeichnung: »1300 A«. Alle Aggregate erhalten ab September 1954 ein dreiteiliges Kurbelgehäuse. Bis zu diesem Zeitpunkt verwendet Porsche bis einschließlich dem 1,5 Liter immer noch das alte VW-Gehäuse – wenn auch entsprechend nachgearbeitet. Die Produktion des 1100er-Triebwerkes läuft zum Jahresende aus.
Im Innenraum wandert der Heizungsknopf vom Armaturenbrett weg auf den Mitteltunnel; eine Scheibenwaschanlage geht in die Serie.
Anfangs ausschließlich für den US-Export bestimmt, kommt im September 1954 noch der Typ 540 »Speedster« neu ins Programm. Der Speedster hat eine flache, an den Seiten stark gerundete Windschutzscheibe, die durch ein feines U-Profil gehalten wird. Das leichte und voll versenkbare Allwetterverdeck ist wesentlich niedriger und kürzer als beim Cabriolet. Die Türhöhe liegt um 35 mm niedriger. Für die Türen gibt es Steckscheiben. In der Höhe des Türgriffes ist eine Seitenleiste angebracht.
Völlig neu ist das Armturenbrett: Zwei große und ein kleines Instrument befinden sich unter einer gewölbten Abdeckung unmittelbar vor dem Lenkrad. Der obere Teil der Schalttafel ist gepolstert. Schalensitze mit je zwei Langlöchern in den Rücksitzlehnen unterstreichen die sportliche Note des schnittig aussehenden Speedster. Bis zum Erscheinen des Porsche 356 A hat der Speedster 16-Zoll-Felgen und wahlweise einen 1500- (55 PS) oder 1500-S-Motor (70 PS) im Heck eingebaut und kostet ab 12200 Mark.
Bei der Typisierungsabnahme beim TÜV Stuttgart findet dieser »manch Haar in der Suppe«. Im Protokoll zur Speedster-Abnahme steht u. a.

folgendes: Bei offenem Verdeck ist auf den Notsitzen kein Platz für weitere Personen; bei geschlossenem Verdeck sind die Notsitze für Personen über 1,60 Meter nur dann benutzbar, wenn für den Kopf jeden Mitfahrers ein Loch in das Verdeck geschnitten wird! Weiterhin bemängelt: Der Einstieg erfordert ausgereifte akrobatische Fähigkeiten, wenn das Verdeck geschlossen ist, und zudem muß man dann auf den Vordersitzen in gebückter Stellung verharren!

356

Baujahr	Modell Karosse	Typ	Fahrgestell-Nr.	Motor-Nr.	Motor-Typ	Getr.-Typ	Zyl.	Bohrung x Hub	Hubraum	DIN-PS bei U/min.	mkp bei U/min	Verdtg.	Radstand	Spur vorn/hinten	Länge	Gewicht	Produkt. Stck.
1950	Coupé	1100	5001-5410	0101-0411	369	VW	4	73,5 x 64	1086	40/4200	7,15/2800	7:1	2100	1290/1250	3850	745	410
1951	Cabrio	1100	5132-5162	0412-0099	369	VW	4	73,5 x 64	1086	40/4200	7,15/2800	7:1	2100	1290/1250	3880	810	31
			5411-5600	10001-10137													190
	Coupé		10001-10170	1001- 1099													170
	Cabrio	1300	10350-10432	20001-20821	506	VW	4	80 x 64	1286	44/4200	8,3/2500	6,5:1					183
		1500	10531-11125	30001-30737	527	VW	4	80 x 74	1488	60/4400	10,4/3000	7:1					595
1952	Coupé	1100	11126-12084	10138-10151	369	VW	4	73,5 x 64	1086	40/4200	7,15/2800	7:1	2100	1290/1250	3880	810	959
		1300	50001-50098	20822-21297	506	519-2	4	80 x 64	1286	44/4200	8,3/2500	6,5:1					98
	Cabrio	1500	10433-10469	30738-30750	527		4	80 x 74	1488	60/5000	10,8/2800	7:1				830	37
		1500	12301-12387	30751-31025	546		4	80 x 74	1488	55/4400	10,8/2800	6,8:1					87
		1500S	15001-15116	40001-40117	528		4	80 x 74	1488	70/5000	11,0/3600	8,2:1					116
1953	Coupé	1100	50099-51645	10152-10161	369	519-2	4	73,5 x 64	1086	40/4200	7,15/2800	7:1	2100	1290/1250	3950	810	1547
	Cabrio	1300	60001-60394	21298-21636	506		4	80 x 64	1286	44/4200	8,3/2500	6,5:1				830	394
		1500	–	31026-32569	546		4	80 x 74	1488	55/4400	10,8/2800	6,8:1					
		1500S	–	40118-40685	528		4	80 x 74	1488	70/5000	11,0/3600	8,2:1					
		1300S	–	50001-50017	589		4	74,5 x 74	1290	60/5500	9,0/3600	8,2:1					
1954	Coupé	1100	51646-53008	10162-10199	369	519-2	4	73,5 x 64	1086	40/4200	7,15/2800	7:1	2100	1290/1250	3950	830	1363
	Cabrio	1300	60395-60722	21637-21780	506		4	80 x 64	1286	44/4200	8,3/2500	6,5:1				830	328
	Speed.	1300S	80001-80200	50018-50099	589		4	74,5 x 74	1290	60/5500	9,0/3600	8,2:1				760	200
		1300A	–	21781-21999	506-1		4	74,5 x 74	1290	44/4200	7,15/2800	7:1					
		1500	–	32570-33899	546		4	80 x 74	1488	55/4400	10,8/2800	6,8:1					
		1500S	–	40686-40999	528		4	80 x 74	1488	70/5000	11,0/3600	8,2:1					
		1300	–	22001-22021	506-2		4	74,5 x 74	1290	44/4200	8,3/2500	6,5:1					
		1300S	–	50101-	589-2		4	74,5 x 74	1290	60/5500	9,0/3600	8,2:1					
		1500	–	33901-34119	546-2	519-2	4	80 x 74	1488	55/4400	10,8/2800	6,5:1					
		1500S	–	41001-41048	528-2		4	80 x 74	1488	70/5000	11,0/3600	8,2:1					

356

Baujahr	Modell Karosse	Typ	Fahrgestell-Nr.	Motor-Nr.	Motor-Typ	Getr.-Typ	Zyl.	Bohrung x Hub	Hubraum	DIN-PS bei U/min.	mkp bei U/min	Verdtg.	Radstand	Spur vorn/hinten	Länge	Gewicht	Produkt. Stck.
1955	Coupé	1300	53009-55000	22022-22245	506-2	519-2	4	74,5 x 74	1290	44/4200	8,3/2500	6,5:1	2100	1290/1250	3950	830	1992
	Cabrio	1300S	60723-61000	-50127	589-2		4	74,5 x 74	1290	60/5500	9,0/3600	8,2:1				830	278
	Speed.	1500	80201-81900	34120-35790	546-2		4	80 x 74	1488	55/4400	10,8/2800	6,5:1				760	1700
		1500S	–	41049-41999	528-2		4	80 x 74	1488	70/5000	11,0/3600	8,2:1					

Bemerkungen:
Typ 356: VW-Standard-Getriebe ab Mai 1950 bis 1952 (zweiteiliges Gehäuse). Nicht synchronisiert. Aufhängung zentral.
Synchron-Getriebe Typ 519 (zweiteiliges Gehäuse) ab Juni/Juli 1952.

Aufhängung: Zentral-Zwischenplatte
Motor: Zweiteiliges Kurbelgehäuse wurde im November 1954 durch dreiteiliges abgelöst.

Porsche 356 Cabriolet von 1950. Motor: VW-Vierzylinder mit 40 PS bei 4200 U/min

Porsche 356 Coupé. Die Windschutzscheibe ist zweiteilig und in der Mitte geknickt

56 Porsche 356 Coupé (ab Modell 1952). Es gab jetzt 1,3- und 1,5-Liter-Motoren (ab 44 PS)

Front- und Heckansicht des 356-Speedster: Ab September 1954 im Programm

356-Speedster: Versenkbares Allwetterverdeck, geändertes Armaturenbrett

Verbesserte Ausstattung gegenüber den ersten Modellen: hier ein 50er-Cabriolet

60 Ab Ende 1952 erhielt der 356 optische Retuschen, u. a. eine freihängende Stoßstange

Porsche 356 Cabriolet ab Modell 1953: Gebogene Frontscheibe, klare Instrumentierung

62 **Heck- und Seitenansicht des 1086-cm^3-Motors mit 40 PS. Man beachte: Nur ein Auspuff**

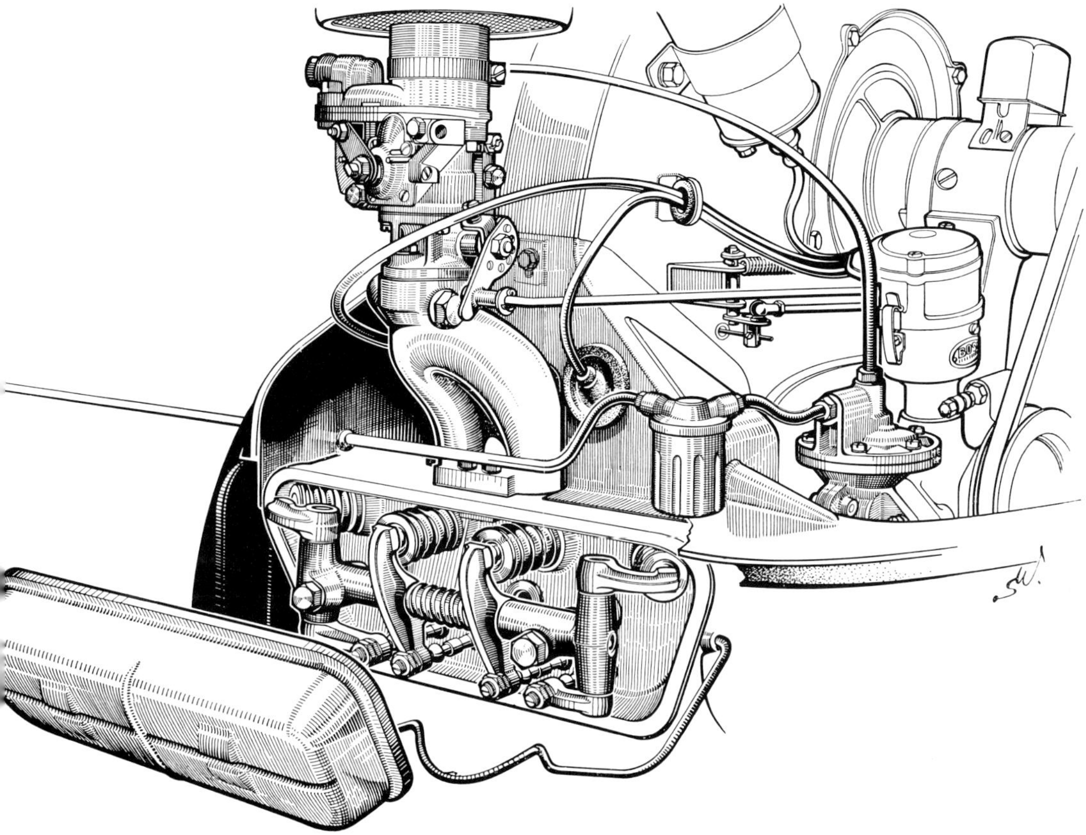

Seitenansicht des 1300-cm³-Motors: zwischen 44 PS (1300) und 60 PS (1300 S)

1300-Super-Motor: Solex-Vergaser, 60 PS bei ca. 5200 U/min, u. a. Hirth-Kurbelwelle

Typ 356 A (1955-1959)

Mit einem großen Fest feiert die Porsche-Belegschaft am 12. März 1956 das 25jährige Bestehen der Dr. Ing. h.c. F. Porsche GmbH, die exakt am 16. März 1931 gegründet worden ist. Anläßlich dieser Feier präsentiert man auch den 10000. Porsche, einen 356 A, der von Dr. Porsches jüngstem Sohn Wolfgang aus der Werkshalle gefahren wird.
Zu dieser Zeit beträgt der Exportanteil von verkauften Porsche-Mobilen 70 Prozent! Zufriedene Kunden benützen ihren Wagen nicht nur für den täglichen Gebrauch, sondern auch zur Erholung und zum Sport. Allein in der Zeit von 1954 bis 1956 werden jeweils weit über 400 internationale Erfolge erzielt, so daß es umgerechnet an jedem Tag des Jahres irgendwo auf der Welt mindestens einen strahlenden Sieger auf einem Porsche-Wagen gibt!
Doch nicht nur darüber freuen sich die Porschisten, sondern auch darüber, daß 1956 endlich das bisher beschlagnahmte Werk I wieder in eigener Regie übernommen werden kann. Dort etablieren sich sogleich das Konstruktionsbüro, Versuch, Reparatur und Finanzverwaltung.
Aus einer Unfall-Karosse entsteht im selben Jahr der »Gottlieb« (Versuchswagen Nr. 35), der zu Studienzwecken eine Daimler-Benz-Achse einschließlich Fahrschemel und Kugelumlauflenkung erhält. Die Porsche-Hinterachse wird entsprechend angepaßt. Doch weder während des laufenden Versuches noch zu einem späteren Zeitpunkt erscheint der »Gottlieb« in der Öffentlichkeit; daß traurige Finish – u. a. kein Decklack – verhindert jegliche Repräsentation.
Im letzten Jahr des 356 A fertigt die Firma Reutter 25 Karossen mit Porsche-Standard pro Tag – und bekommt dafür je Stück von Porsche rund 5000,– DM! Im Frühjahr 1959 kann endlich der dringend notwendige Neubau bezogen werden, der die Wagenauslieferung und das Ersatzteilelager aufnimmt. Im Zuge eines Erweiterungs- und Rationalisierungs-Programms kommt neben der Firma Reutter ein zweites Karosserie-Werk, die Spenglerei Drauz in Heilbronn, als Hersteller dazu. Während Reutter Coupé, Hardtop und Cabriolet fertigt, liefert Drauz die

Convertible »D«-Typen, die den Speedster ablösen. Letzteres Modell wird erstmals auf dem Pariser Salon 1958 vorgestellt und kommt ab August desselben Jahres zur Auslieferung.
Für den verstorbenen Professor Porsche nimmt dessen Sohn Ferry Porsche am 13. November 1958 in New York den »Elmer A. Sperry-Preis« in Empfang. Eine Auszeichnung, die für besondere Verdienste auf dem Gebiet des Verkehrswesens vergeben wird.

ALLGEMEINE BESCHREIBUNG: TYP 356 A (BASISMODELL)

Karosserie/Fahrgestell

Der im Herbst 1955 den Porsche 356 ablösende Typ 356 A ist ebenfalls eine Ganzstahlausführung und zwar ein selbsttragender Verbundbau mit Bodenrahmen. Die Federung der Vorderräder übernehmen zwei durchgehende Vierkant-Blattfederstäbe. Bei den Hinterrädern übernimmt dies ein runder Drehstab auf jeder Seite. Die Vorderräder sind an längsliegenden Traghebeln, die Hinterräder an Pendelhalbachsen durch Federstreben geführt. Die Federungs-Charakteristik ist geändert, zudem gibt es neu abgestimmte Stoßdämpfer. Die Aufnahme der Federstäbe wird verstellbar angeordnet, ebenso die für den Stabilisator. Anstelle der bis dahin in Kunststoffbüchsen gelagerten Traghebeln treten solche in Nadellagerausführung.
Über ein Zweispeichen-Lenkrad arbeitet die Spindellenkung (System Porsche) mit einem kleinsten Wendekreis von 11 Meter. Vier hydraulisch betätigte Trommelbremsen der Firma Teves mit 280 mm Durchmesser verzögern die Geschwindigkeit. Die 4.50-J×15-Zoll-Felgen (nicht mehr 16-Zoll!) sind mit 5.60-15-Sportreifen (nicht 1500 GS) bestückt.

Motor

Mit Beginn der 356-A-Serie bietet Porsche fünf Motortypen an: Einen 1300 mit 44 PS, 1300 S mit 60 PS, 1600 mit 60 PS, 1600 S mit 75 PS und als Krönung der Baureihe der 1500 GS »Carrera« mit 100 PS. Kurbelgehäuse, Zylinderkopf und Kolben sind bei allen Typen aus Leichtmetall. Die Zylinderlaufflächen sind verchromt. Die Steuerung erfolgt über eine zentrale Nockenwelle (1500 GS: vier obenliegende Nockenwellen), die Kurbelwelle ist gleitgelagert (1500 GS: rollengelagert), rollengelagerte

Pleuelstangen bei den 1300-S- und 1600-S-Modellen. Die Schmierung geschieht über eine Zahnradpumpe und Druckumlauf. Die Produktion des 1,5-l-Motors läuft aus.

Kraftübertragung

Alle – inzwischen vollsynchronisierten Gänge – werden durch eine Einscheiben-Trockenkupplung getrennt. Die Hinterachse hat spiralverzahnte Kegelräder mit einem Übersetzungsverhältnis von 8:35.

Ausstattung

Die Windschutzscheibe ist nun einteilig und gebogen (»Panorama«). Die Türscheiben bestehen aus Hartglas (Sekurit). Das Armaturenbrett ist nach oben mit einem Kunstleder bezogenem Gummihaarwulst abgeschlossen und hat jetzt drei große Instrumente. Serienmäßig: elektrischer Zigarettenanzünder und Aschenbecher, sowie eine Radioblende. Ein Haltegriff für den Beifahrer befindet sich rechts neben dem Ablagekasten. Die Heizungsbetätigung sitzt auf dem Mitteltunnel hinter dem Schalthebel. Die Handbremse ist als Stockbremse ausgebildet und liegt links neben der Lenksäule. Der Blinker stellt sich automatisch zurück, die Scheibenwaschanlagen-Betätigung erfolgt über eine Fußpumpe am Bodenbrett. Die Warmluftöffnungen zur Beheizung des Wageninnern können durch Schieber ganz oder teilweise geschlossen werden. Außerdem: zwei verstellbare Liegesitze, im Fond eine zweisitzige Notsitzbank dessen Rückenlehnen, nach vorn geklappt, als zusätzlicher Gepäckraum dienen. Das Porsche-Zeichen ist vorn und hinten (vergoldet) angebracht. Im Innenraum sind der Vorderraum, Längsträger und Fond mit Boucle-Teppichen überzogen. Die vorderen Blinker sind neu gestaltet und in einem Schallgitter integriert. Spezielles Carrera-Merkmal (1500 GS): Seitlich vom normalen Motordeckelgitter sind zusätzliche Luftschlitze angebracht.

ÄNDERUNGEN ZUM BAUJAHR/MODELLJAHR

1956

An den Serienwagen gibt es kaum technische Neuerungen. Einzig das Getriebegehäuse ist nicht mehr in der Mitte geteilt. Das neue Getriebe – Typ 644 – ist als sogenanntes Tunnelgehäuse ausgebildet.

1957

Zur Internationalen Automobil-Ausstellung (IAA) in Frankfurt/Main prä-

sentiert Porsche den »356 A« mit einer Reihe von Verbesserungen. Die Spindellenkung wird durch das ZF-Einfinger-Lenkgetriebe abgelöst. Der Doppel-Auspuff führt bei den 1600er durch die hintere Stoßstange, um mehr Bodenfreiheit zu bekommen. Für sportliche Fahrer gibt es Chromfelgen mit Zentralverschluß (System Rudge). Unter dem Bug ist eine Abschleppöse angeschweißt. Für Sicherheitsgurte sind im Karosserieboden Verstärkungen angebracht. Gleichzeitig mit den neuen Türschlössern hat man auch den Kurbelmechanismus der seitlichen Fenster günstiger übersetzt. Im Coupé sind zwei Innenleuchten serienmäßig. Schwenkbare Belüftungsfenster sorgen für eine bessere, zugfreie Belüftung (nur Cabriolet). Eine Türhalterung verhindert das Zufallen der Türen auch im Gefälle. Es gibt neue, tropfenförmige Blink-, Brems- und Schlußleuchten. Die Kennzeichenbeleuchtung ist jetzt unterhalb des Nummernschildes angebracht. Die Heckscheibe ist sphärisch gewölbt und beim Cabriolet nochmals vergrößert.
Aufgrund neuester Forschungen gibt es völlig neu konstruierte Sitze, bei der die Rückenlehne der Körperform anatomisch angepaßt ist. Zum Cabriolet und Speedster kann auch ein sogenanntes Hardtop erworben werden. Dieser feste Aufsatz ermöglicht es den Stoffverdeckfahrern, ihren Porsche schonend durch einen Winter zu bringen. Das Hardtop ist aus einem Stück und schnell demontiert.
Die 1300er laufen zum Jahresende aus, dafür gibt es den Carrera als »de Luxe« (1498 cm^3, 100 PS) mit einer benzinelektrischen Heizung anstelle der motorabhängigen Heizung und 10 PS weniger Leistung als der Carrera GT. Auch die schwächeren Aggregate erhalten, wie vordem nur der Carrera, die Zenith-Doppelfallstrom-Vergaser Typ 32 NDIX. Der 1600 S hat eine geräuscharme Gleitlagerwelle bekommen und ist trotz der 15 Mehr-PS gegenüber dem 1600 genauso elastisch.
Eine neue Kupplung – Tellerfeder – soll auch den Damen unter den Porschefahrern das Kuppeln erleichtern. Ein neues Motorgehäuse bringt einen verbesserten Ölkreislauf und eine günstigere Ölverteilung, wodurch höhere Öldrücke bei niedrigen Drehzahlen erreicht werden. Ein zusätzlich eingebauter Thermostat regelt die Öltemperatur nun automatisch.

1958

Nicht mehr gebaut wird der Speedster. Seine Nachfolge tritt der Convertible D (D = Drauz, Karosseriefirma in Heilbronn) an. Er hat eine höhere Windschutzscheibe, ein Verdeck mit größerer Heckscheibe und Kurbelfenster. Die Schalensitze sind normal aufgepolsterten Sitzen ge-

wichen. Der Convertible hat teilweise ein oder auch zwei Motorluftgitter im Motordeckel.
Bei allen Modellen sind die Achsschenkel nochmals verstärkt. Die Carrera werden weiter in zwei Versionen angeboten, allerdings mit einem erweiterten Hubraum: »de Luxe« 1600 (105 PS) und »GT« 1600 (115 PS). Beide Motoren laufen mit Gleitlagerwellen. Die Carrera sind durch Verwendung von Leichtmetallhauben und anderen Abmagerungstricks erheblich leichter als die sonstigen Serien-Porsche und finden daher hauptsächlich im Motorsport aktive Betätigung.

356A

Baujahr	Modell Karosse	Modell Typ	Fahrgestell-Nr.	Motor-Nr.	Motor-Typ	Getr.-Typ	Zyl.	Bohrung x Hub	Hubraum	DIN-PS bei U/min.	mkp bei U/min	Verdtg.	Radstand	Spur vorn/hinten	Länge	Gewicht	Produkt. Stck.
1955	Coupé	1300	55001-55390	22246-22273	506-2	519-2	4	74,5 x 74	1290	44/4200	8,25/2800	6,5:1	2100	1306/1272	3950	860	390
	Cabrio	1300S	61001-61069	50128-50135	589-2		4			60/5500	9,0/3600	8,2:1				880	69
	Speed.	1600	81901-82000	60001-60608	616-1		4	82,5 x 74	1582	60/4500	11,2/2800	7,5/1				815	100
		1600S	–	80001-80110	616-2		4			75/5000	11,9/3700	8,5:1					
1956	Coupé	1300	55391-58311	22274-22471	506-2	519-2	4	74,5 x 74	1290	44/4200	8,25/2800	6,5:1	2100	1306/1272	3950	880	2921
	Cabrio	1300S	61070-61499	50136-50155	589-2	644	4			60/5500	9,0/3600	8,2:1				900	430
	Speed.	1600	82001-82850	60609-63926	616-1		4	82,5 x 74	1582	60/4500	11,2/2800	7,5:1				835	850
		1600S	–	80111-80756	616-2		4			75/5000	11,9/3700	8,5:1					
1957	Coupé	1300	58312-59090	22472-22999	506-2	644	4	74,5 x 74	1290	44/4200	8,25/2800	6,5:1	2100	1306/1272	3950	930	779
		1300S	100001-101692	50156-50999	589-2		4			60/5500	9,0/3600	8,2:1					1692
		1600	101693-102504	63927-66999	616-1		4	82,5 x 74	1582	60/4500	11,2/2800	7,5:1					812
	Cabrio	1600S	61500- 61700	80757-81199	616-2		4			75/5000	11,9/3700	8,5:1				950	201
		1600	61701- 61892	67001-68216	616-1		4			60/4500	11,2/2800	7,5:1					192
		1600S	150001-150149	81201-81521	616-2		4			75/5000	11,9/3700	8,5:1					149
	Speed.		82851- 83691													885	841
			83792- 84366														575
1958	Coupé	1600	102505-106174	68217-72468	616-1	644	4	82,5 x 74	1582	60/4500	11,2/2800	7,5:1	2100	1306/1272	3950	885	3670
	Cabrio	1600S	150150-151531	81522-83145	616-2	716	4			75/5000	11,9/3700	8,5:1				905	1382
	Speed.		84367- 84922													815	556
	Convert.		85501- 85886													855	386
1959	Coupé	1600	106175-108917	72469-79999	616-1	716	4	82,5 x 74	1582	60/4500	11,2/2800	7,5:1	2100	1306/1272	3950	885	2743
	Cabrio	1600S	151532-152475	83146-84770	616-2		4			75/5000	11,9/3700	8,5:1				905	944
	Convert.		85887- 86830													855	944

Bemerkungen:
Typ 356A: Synchrongetriebe Typ 519 ab Juni/Juli 1952. Aufhängung: Zentrale Zwischenplatte bzw. Aufhängung 644 mit zwei Auslegern ab Oktober 1955. Synchrongetriebe Typ 716 ab September 1958. Aufhängung 644 mit zwei Auslegern.

Porsche 356 A Coupé, das ab Herbst 1955 den 356 ablöste

Der Carrera der Modellreihe 356 A von 1956 mit Zweirohrauspuff

Heckansicht des 356-A-Cabriolet mit 1600er-Motor aus dem Baujahr 1956

72 Oben Convertible D (= Drauz) von 1958, Nachfolger des Speedster (unten)

Porsche 356-A-Cabriolet in der überarbeiteten Version ab Baujahr 1957

Porsche 356 A Cabriolet. Im Gegensatz zum zweisitzigen Speedster ein echter 2+2

Ein 356 A Hardtop mit Carrera-Maschine und Karosserie-Änderungen ab Baujahr 1957

Typ 356 A, Baujahr 1957: Auspuff durch Stoßstange, neue Nummernschild-Beleuchtung

Armaturenbrett eines 356- A-Coupé ab Baujahr 1957. Reichhaltige Ausstattung

Die Speedster-Ausstattung eines A-Modelles von 1955 ist bewußt zweckmäßig gehalten

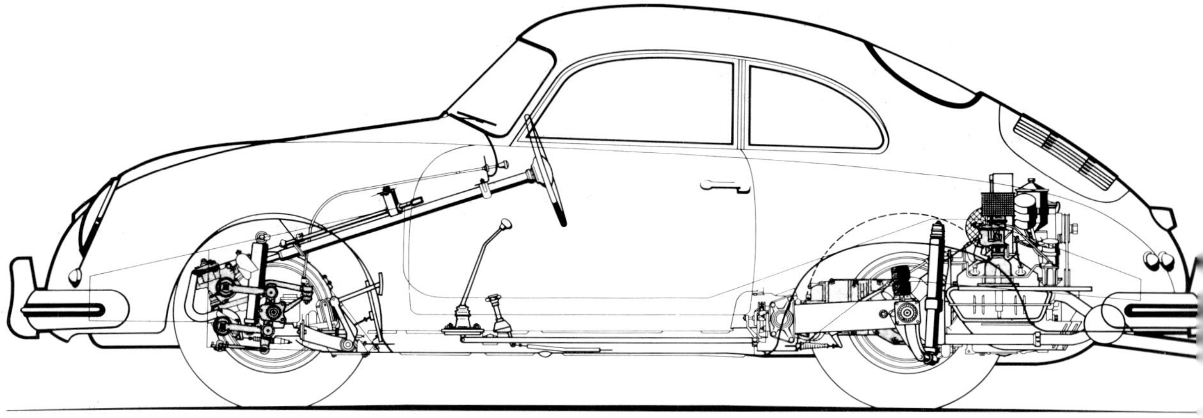

Schnittzeichnung des Porsche 356 A Coupé in der ersten Ausführung (mit Fahrwerk)

Porsche 356 A Hardtop. Letzte Version der A-Baureihe, 1959 vom »B« abgelöst

Aufsicht auf den 1500-cm^3-Vierzylinder-Motor. Später 1,6 Liter mit bis zu 75 PS.

Typ 356 B (1959-1963)

Mit dem Anstieg der Produktion erhöht sich auch die Belegschaft, die Anfang 1960 schon bei 1250 Arbeitern und Angestellten liegt. Parallel dazu verfeinert Porsche das System der Qualitäts-Überwachung, denn auf den technisch hohen Stand der Fertigung und Zuverlässigkeit gründet sich ein Großteil des inzwischen schon weltumspannenden Images. Fast jeder Fünfte in der Produktion Angestellte hat eine Inspektionsaufgabe. Von 255 Personen der mechanischen Abteilung und vom Band gehören allein 56 (!) zu den verschiedenen Kontrollfunktionen. 172 Ingenieure und Zeichner sind in der Konstruktions-Abteilung tätig; 204 Angestellte arbeiten in Versuch und Rennabteilung. Der Rest verteilt sich auf die anderen Zweige im Hause. Bis zum 31. 12. 1960 haben 39747 Wagen das Werk verlassen, von denen die Kundendienst-Abteilung jeweils vier »Geburtsurkunden« anlegt: Motoren-, Getriebe-, Fahrzeug-Prüf-, und Extra-Meßkarte.
Am 1. November 1960 wird das nur wenige Meter vom Werk I gelegene Werk III bezogen, das u. a. die Verkaufsabteilung, den Kundendienst, das Zentralersatzteillager und die Wagenauslieferung aufnimmt. Damit operieren die Porsche-Angestellten und -Arbeiter auf einer Gesamt-Grundfläche von 41600 qm, davon reine Nutzungsfläche 28800 qm. Durch die insgesamt günstige Auftragslage und weiteren Produktionssteigerungen kann Porsche 1960 erstmals die 100 Millionen Mark (exakt 108 Mill.) Umsatzgrenze überschreiten. Auf der sozialen Ebene geht Porsche – für damalige Zeit – einen großen Schritt voraus. Im Mai 1960 wird mit Wirkung zum 1. Juni 1960 beschlossen, alle gewerblichen Arbeitnehmer (Stundenlohn-Empfänger) in den Monatslohn zu übernehmen und im Krankheitsfall für die Dauer von 6 Wochen den vollen Monatslohn weiterzuzahlen.
Der »356 B« entfernt sich immer mehr von seinem Urahnen, dem Volkswagen. Nur noch die beiden Traghebel und Lagerbügel, die Hinterachswelle, Kegelrad und das Gehäuse für das Ausgleichs-Getriebe stammen vom Volks-Mobil. Die anfänglich noch verwandte Lenkungs-Kupplung

und das Gehäuse für das Kühlgebläse aus Wolfsburg verschwinden bald.
Um den ständig zunehmenden Nachfragen nach Porsche-Modellen entgegenkommen zu können, werden in das Lieferanten-Netz zwei Firmen neu aufgenommen: Die Wilhelm Karmann GmbH in Osnabrück und die belgische Firma Anciens Etablissements d'Ieteren Fréres, S.A., mit Sitz in Brüssel. Beide Hersteller hatten in langen Jahren der Zusammenarbeit mit dem VW-Werk ihre Qualität bewiesen, wobei sich insbesondere die Firma D'Ieteren als Allein-Importeur der Porsche-Wagen für Belgien noch weiter hervorgetan hatte. Als Lieferant steigt die Firma Drauz aus, die die Roadster und Convertible-Karossen fertigte. Die Produktion verteilt sich zu Beginn des Jahres 1961 wie folgt: Reutter übernimmt die Coupé- und Cabriolet-Fertigung (wahlweise mit Verdeck oder abnehmbarem Aufsatz); Karmann das Hardtop mit aufgeschweißtem Dach und D'Ieteren den Roadster.
Im Laufe des Jahres 1963 kauft die Porsche KG das Karosseriewerk Reutter. Dadurch wächst die Belegschaft des Hauses Porsche schlagartig um rund 1000 Personen und die Gesamtgrundfläche des Karosseriewerkes von 4100 qm auf 8300 qm.

ALLGEMEINE BESCHREIBUNG: TYP 356 B (BASISMODELL)

Karosserie/Fahrgestell

Starke Veränderungen in der Karosserieform gibt es beim Porsche 356 B ab 1959. Höher gelegte Scheinwerfer ergeben einen anderen Kotflügelverlauf. Die Stoßfänger legt man höher (V: 95 mm, h: 105 mm) und zieht sie an den Enden weiter um die Karosserie herum. Die durch die höhere Stoßstange sichtbar gewordene Frontschürze legt man stark nach hinten. Die Stoßstangenhörner haben eine neue Form. Zur besseren Kühlung der neuen Leichtmetall-Trommelbremsen sind in der Frontschürze zwei ovale Lufteinlässe angebracht. Die Bremsen sind zudem durch eine zusätzliche Querverrippung besser gekühlt. Der Kofferdeckelgriff ist breiter; die Radkappen bekommen eine neue Form und beide das Porsche-Wappen eingeprägt. Die vorderen Blinker inklusive Schallgitter erhalten ein neues Gesicht. Zwei Nummernschildleuchten sitzen in der Stoßstange, während der Rückfahrscheinwerfer nun unter der Stoßstange hängt. Für Nebelscheinwerfer ist eine Einbaumöglichkeit unter der vorderen Stoßstange eingeplant. Eine Ausgleichsfeder für die Hinterachse haben nur der Super 90 und Carrera serienmäßig. Sie stützt sich am Getriebegehäuse ab.

Motor

Beim 1,6-l-Motor verstärkt man die Ventilfederteller; die Ventilfedern haben zudem eine andere Charakteristik.

Kraftübertragung

Die Tellerfeder-Kupplung hat keinen Druckring mehr. Mit Einführung des Getriebetyps 741 wird auch die vordere Aufhängung tiefer gelegt. Analog zur neuen Lagerung sind Innenschalthebel, Abstützung, Schaltgabel für den Rückwärtsgang, Schaltstangen, Zwischenplatte und das Kupplungsausrücklager geändert. Neu: Sperrsynchronisierung.

Ausstattung

Die Möglichkeit über Drehfenster Frischluft in das Wageninnere zu leiten wird beim »B«-Modell auf das Coupé erweitert. Das Lenkrad erhält eine versenkte Nabe (Tulpen- oder Schüsselform) und drei asymmetrisch angeordnete Signalspeichen. Die Heckscheibe wird über ein Heizkanal-Verbindungsrohr mit Ausströmöffnung beschlagfrei gehalten. Der Schalthebel ist auf 290 mm – vorher 330 mm – verkürzt.
Besondere Aufmerksamkeit wird dem Fahrkomfort geschenkt. Außer den weiter verbesserten Vordersitzen kann jetzt die bisher einteilige Rücksitzbank – nach Änderung des Rahmentunnels – zweigeteilt vorgeklappt werden.
Das Convertible-Modell erscheint im neuen Gewand als »Roadster« sowohl mit 1600, 1600 S als auch mit S-90-Motor. Dem Charakter eines Roadster entsprechend hat er im Gegensatz zum luxeriösen Cabriolet wieder nur ein leichtes Allwetterverdeck und stellt, in Beschränkung auf das Wesentliche, beinahe das Idealfahrzeug für den jungen, sportlichen Fahrer dar.
Im Gegensatz zum Speedster, der ja auch schon längere Zeit nicht mehr gebaut wird, besitzt der Roadster seitliche Kurbelscheiben und wiegt nur knapp 30 Kilo weniger als ein Coupé oder Cabriolet. Der Roadster hat zudem ein etwas anders gestaltetes Armaturenbrett, bei dem mehr Wert auf sportliche Funktionalität gelegt wird. Den Roadster baut bis Februar 1961 noch die Firma Drauz, anschließend geht die Produktion nach Brüssel zur Firma D'Ieteren.

1960

Bei Karmann werden Cabriolets gebaut, mit denen ein Hardtop fest verschweißt wird. Von Abarth erscheint eine Miniserie der »Abarth-Carrera« für den Sportfahrer. Anfänglich mit 1600 cm^3 (135 PS) und später mit 2000 cm^3 (180 PS).

1961

Der »356 B« wird noch einmal gründlich überarbeitet (intern T 6). Die Änderungen: vergrößerte Heckscheibe, großer Motordeckel mit zwei Luftgittern, ein mehr eckiger Kofferraumdeckel. Der Benzintank kommt tiefer, um Platz für Gepäck zu schaffen. Der Tankfüllstutzen liegt unter einer Klappe auf dem rechten vorderen Kotflügel. Vor der Windschutzscheibe sorgen Luftschlitze für eine bessere Luftzuführung. Auf Sonderwunsch ist ein elektrisch betätigtes Schiebedach erhältlich. Regelbare Klappenkästen verteilen die Frischluft zu den Defrosterdüsen oder in den Fußraum. Der Sitzbeschlag hat Lehnensicherung (Ausnahme Roadster), die Sitzschienen eine bessere Führung, ein Schaltschloß (nur Europa) und einen neuen Scheibenwaschbehälter. Die Wischeranlage ist stufenlos einstellbar, der Innenspiegel abblendbar.
Für das Gebläsegehäuse fällt bei den Motoren das Lufteintrittsgitter weg, wie bereits beim »S 90«. Beim 1600er-Motor sind Kraftstoffleitung und die Lagerung des Vergasergestänges geändert. Der 1600 S erhält 4-Ringkolben (verbleit) und Graugußzylinder, kombinierte Leichtmetall-Stahl-Stößelstangen und einen verbesserten Ölkühler. Der S 90 bekommt eine vergrößerte Tellerfeder-Kupplung und ein neues Schwungrad. Der bereits Ende 1961 vorgestellte »Carrera 2« mit dem 2-Liter-Motor (130 PS) und Porsche-eigenen Scheibenbremsen kommt erst im Frühjahr 1962 auf den Markt.

356B

Bau-jahr	Modell Karosse	Modell Typ	Fahrgestell-Nr.	Motor-Nr.	Motor-Typ	Getr.-Typ	Zyl.	Bohrung x Hub	Hub-raum	DIN-PS bei U/min.	mkp bei U/min	Ver-dtg.	Rad-stand	Spur vorn/hinten	Län-ge	Ge-wicht	Produkt. Stck.
1959	Coupé	1600	108918-110237	600101-601500	616-1	741-1	4	82,5 x 74	1582	60/4500	11,2/2800	7,5:1	2100	1306/1272	4010	905	1320
	Cabrio	1600S	152476-152943	84771- 85550	616-2		4			75/5000	11,9/3700	8,5:1				925	468
	Roadster		86831- 87391													875	561
1960	Coupé	1600	110238-114650	601501-604700	616-1	741-2	4	82,5 x 74	1582	60/4500	11,2/2800	7,5:1	2100	1306/1272	4010	920	4413
	Cabrio	1600S	152944-154560	85551- 88320	616-2		4			75/5000	11,9/3700	8,5:1				940	1617
	Roadster	1600S	87392- 88920	800101-802000	616-7		4			90/5500	12,3/4300	9,0:1				890	1529
		–90															
1961	Coupé	1600	114651-117476	604701-606799	616-1	741-2	4	82,5 x 74	1582	60/4500	11,2/2800	7,5:1	2100	1306/1272	4010	935	2826
	K-Hardt.	1600S	200001-201048	88321- 89999	616-2	741-A	4			75/5000	11,9/3700	8,5:1				955	1048
	Cabrio		154561-155569	085001-085670												955	1009
	Coupé	1600S	117601-118950	802001-803999	616-7		4			90/5500	12,3/4300	9,0:1				950	1350
	K-Hardt.	–90	201601-202200													970	600
	Cabrio	1600	155601-156200	606801-607760	616-1		4			60/4500	11,2/2800	7,5:1				970	600
	Roadster	1600S	88921-89483	700001-701200	616-12		4			75/5000	11,9/3700	8,5:1				905	563
		1600S	89601- 89849	804001-804630	616-7		4			90/5500	12,3/4300	9,0:1					
		–90															
1962	Coupé	1600	118951-121099	607751-608900	616-1	741-A	4	82,5 x 74	1582	60/4500	11,2/2800	7,5:1	2100	1306/1272	4010	950	2149
	K-Hardt.	1600S	202201-202299	701201-702800	616-2		4			75/5000	11,9/3700	8,5:1				970	99
	K-Coupé	1600S	210001-210899	804631-805600	616-7		4			90/5500	12,3/4300	9,0:1				950	899
	Cabrio	–90	156201-156999													970	799
	Coupé	1600	121100-123042	608901-610000	616-1		4			60/4500	11,2/2800	7,5:1				950	1943
	K-Coupé	1600S	210900-212171	702801-705050	616-12		4			75/5000	11,9/3700	8,5:1				950	1272
	Cabrio	1600S	157000-157768	805601-806600	616-7		4			90/5500	12,3/4300	9,0:1				970	769
		–90															

356B

Bau-jahr	Modell Karosse	Typ	Fahrgestell-Nr.	Motor-Nr.	Motor-Typ	Getr.-Typ	Zyl.	Bohrung x Hub	Hub-raum	DIN-PS bei U/min.	mkp bei U/min	Ver-dtg.	Rad-stand	Spur vorn/hinten	Län-ge	Ge-wicht	Produkt. Stck.
1963	Coupé	1600	123043-125239	610001-611000	616-1	741A	4	82,5 x 74	1582	60/4500	11,2/2800	7,5:1	2100	1306/1272	4010	950	2197
	K-Coupé		212172-214400	0600501-0600600												950	2229
	Cabrio		157769-158700	611001-611200												970	932
	Coupé	1600S	–	705051-706000	616-12	741A	4	82,5 x 74	1582	75/5000	11,9/3700	8,5:1	2100	1306/1272	4010	950	–
	K-Coupé		–	0700501-0701200												950	–
	Cabrio		–	706001-707200												970	–
	Coupé	1600S -90	–	806601-807000	616-7	741A	4	82,5 x 74	1582	90/5500	12,3/4300	9,0:1	2100	1306/1272	4010	950	–
	K-Coupé		–	0800501-0801000												950	–
	Cabrio		–	807001-807400												970	–

Bemerkungen:
Typ 356B: Synchrongetriebe Typ 741 (Ausführung 1) vom 4. August 1959 bis 15. Januar 1960. Aufhängung: 741 Zentral. Synchrongetriebe Typ 741 (Ausführung 2) vom 15. Januar 1960 bis September 1961. Aufhängung: 644 mit zwei Auslegern. Synchrongetriebe Typ 741A vom September 1961 bis 10. Juli 1963. Aufhängung: 741 mit zwei Auslegern. K-Coupé/K-Hardtop: Karmann-Karosse

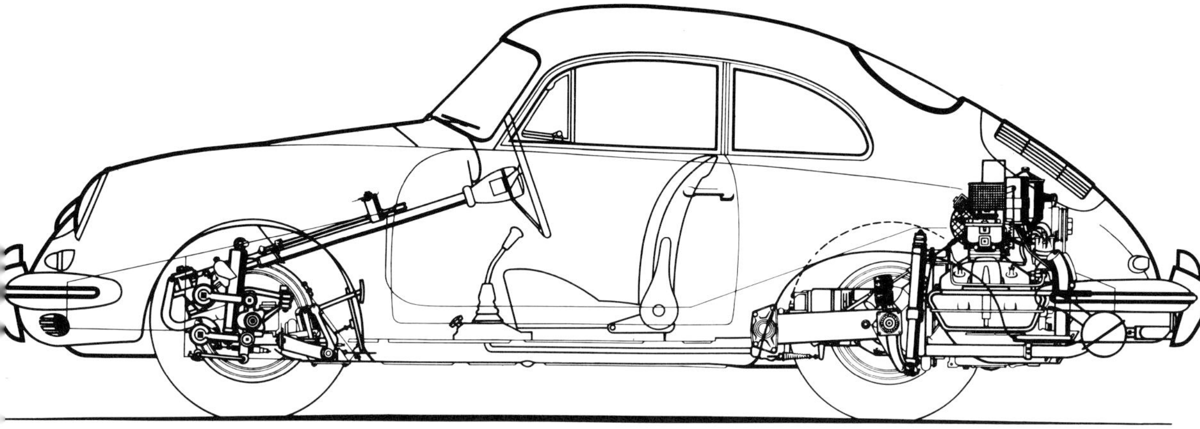

Schnittzeichnung des Porsche 356 B Coupé mit Karosserie-Retuschen. Ab Herbst 1959

Links der Typ 356 A, rechts der Typ 356 B. Unterschiede: Frontpartie und Stoßstange

84 Porsche 356 B Cabriolet (oben) und 356 B-Hardtop (unten) mit 1,6-Liter-Aggregaten

Die Coupé- und Cabriolet-Modelle des Typ 356 B. Ab 1961 mit drei Motor-Varianten

Typ 356 B »Carrera 2«. Mit neuen Hauben, größeren Scheiben u. a. Modifikationen

Die Roadster-Versionen (luxuriöse Speedster-Ausgabe) baute u. a. die Firma D'Ieteren

Porsche 356 B, Modell 1600 Super, mit Vierzylinder-Motor und 90 PS

Hintere Einzelsitze (mit Klapplehnen) und Armaturenbrett des 356 B. Ab Baujahr 1951

Armaturenbrett für 356 B Cabriolet, Hardtop und Coupé (unten) mit zentralen Instrumenten

Instrumentenbrett des Porsche 356 B Roadster mit höher gerücktem Drehzahlmesser

Rückansicht des 2-Liter-Viernockenwellen-Motors »Carrera«. 130 PS bei 6200 U/min

Typ 356 C (1963-1965)

Am 1. März 1964 gehen die Gesellschafter-Anteile von der Firma Reutter an die Familie Porsche über. Von der Übernahme der Karosseriefirma sind allerdings die Produktion von Liegesitzbeschlägen und Fahrzeugsitzen ausgeschlossen. Diese Teile werden von der neu firmierten Gruppe Recaro gebaut, die bis 1973 im Stammsitz von Reutter in Stuttgart, in der Augustenstraße, produzierte. Recaro inzwischen in Kirchheim/Teck – rund 30 km südlich von Stuttgart – ansässig, liefert die Seriensitze für alle Porsche-Modelle und qualitativ hochwertige und konstruktiv aufwendige Sondersitze zum Nachrüsten für fast jeden Personenwagen.

Im Spätherbst 1964 läuft die Produktion für den neuen Porsche-Sechszylinder (2 Liter) an. Zu dieser Zeit verlassen etwa fünf Wagen des neuen Modells 911 pro Tag das Werk. Weiterhin werden parallel dazu noch 356 C und 356 SC gebaut, etwa 40 Wagen am Tag.

Aufgrund der außergewöhnlichen Verdienste und Erfolge der Firma Porsche und der Gesellschafter Porsche und Piëch häufen sich in diesen Jahren die Ehrungen. Im Spätsommer 1964 erhält die Mitgesellschafterin der Porsche KG, Frau Kommerzialrat Louise Piëch, Schwester des Firmenchefs Ferry Porsche und Inhaberin der Porsche-Konstruktionen KG in Salzburg/Österreich, aus den Händen des damaligen österreichischen Bundeskanzlers Dr. Klaus das »Große Ehrenzeichen« für ihre Verdienste um die Republik Österreich.

Knapp ein Jahr später, am 9. November 1965, verleiht die Technische Hochschule Wien, aus Anlaß ihres 150jährigen Jubiläums, Ferry Porsche für seine Verdienste um die Entwicklung des Automobils die Ehrendoktorwürde. Nach 17jähriger überaus erfolgreicher Produktion verläßt der letzte Wagen des Typs 356, ein C-Cabriolet, im April 1965 das Band. 76302 Porsche-Sportwagen mit der Bezeichnung 356 trugen den Namen erfolgreich in alle Welt.

ALLGEMEINE BESCHREIBUNG: TYP 356 C (BASISMODELL)

Karosserie/Fahrgestell

Rein äußerlich entspricht der »356 C« der letzten Ausführung des Porsche 356 B. Einziger optischer Unterschied: Der 356 C hat neue Felgen mit einem kleineren Lochkranz und neue Radkappen. Scheibenbremsen an allen vier Rädern von Ate (System Dunlop) bedingten diese Änderungen. Die Reifendimension bleibt allerdings unverändert 15 Zoll. Durch einen 1 mm dickeren Stabilisator wird die Straßenlage nochmals verbessert. Die Spurstangen sind wartungsfrei. Die Drehstäbe an der Hinterachse sind weicher und vorgespannt. Die Stoßdämpfer-Aufhängung wird wegen der Scheibenbremsanlage verändert. Eine Gummizusatzfeder dient dem zusätzlichen Achsanschlag nach oben zur Begrenzung des Federweges und zur Verhütung von Stoßdämpferschäden. Ausgerüstet sind die C-Modelle mit Boge-Stoßdämpfern – der 1600 SC mit verstellbaren Koni-Dämpfern. Die noch bei den B-Typen eingebaute Ausgleichsfeder entfällt. Durch Neuabstimmung der Federcharakteristik kann der Fahrkomfort auch so verbessert werden. Allerdings ist die Ausgleichsfeder auf Sonderwunsch noch zu erhalten. Die Verbindung vom Lenkgetriebe zur Lenksäule wird von Hardischeibe auf Giubo-Gelenk geändert. Das bringt u. a. auch eine Verkürzung der Lenksäule mit sich.

Motor

Die Motoren 1600 C (75 PS) und 1600 SC (95 PS) lösen die bisherigen Motortypen 1600, 1600 S und S 90 ab. Verbessert werden: Kolbenbodenform, Steuerzeiten, Ein- und Auslaßkanäle, Federteller, Kurbelgehäuse-Entlüftung, Luft- und Leerlaufdüse und die Bearbeitung der Kurbelwelle sowie Hauptlager. Die Ventilführungen sind jetzt ein- und auslaßseitig gleich. Der Motor-Typ 2000 GS wird nicht geändert. Die »Dame« getaufte 60-PS-Version wird nicht mehr gebaut.

Kraftübertragung

Anstelle der Tellerfeder-Kupplung von Fichtel & Sachs kommt eine – mit demselben Bauprinzip – von Häussermann zum Einbau. Zur Verbesserung der Lebensdauer der Synchronisation verstärkt man die Synchronringe. Ein Sperrdifferential ist auf Wunsch erhältlich.

Ausstattung

Die Schalttafel ist im mittleren Bereich nach unten erweitert. Die Schalter für Scheibenwischer, Lichtschalter und Zigarettenanzünder wandern nach rechts, neben die Lenksäule. Die Bedienungsschalter für Belüftung, Hebel und Blende erfahren eine Überarbeitung. Im Coupé gibt es nun eine »Leselampe« für den Beifahrer serienmäßig. Im Kombininstrument ist eine Warnleuchte für die angezogene Handbremse installiert. Die Heizung wird nicht mehr über einen Drehgriff, sondern über einen Hebel bedient – die Heckscheibe mit zwei Ausströmöffnungen angestrahlt. Der Schalthebel wird infolge des neuen Instrumentenbrettes verkürzt. Die Sitzkissentiefe (Schenkellänge) vergrößert, außerdem die Abschlußkante bei den Notsitzen erhöht, damit Gepäckstücke nicht mehr darüber rutschen können. Zur Befestigung der rückwärtigen Lehnen sind spezielle Strammer vorgesehen. Die Armstütze auf der Beifahrerseite ist als Türzuziehgriff ausgebildet. Das Cabrioletverdeck erhält für das Rückfenster einen Reißverschluß mit zwei Läufern, die unabhängig von innen oder außen zu bedienen sind. Die Wagenschlüssel werden auf zwei Exemplare reduziert. Einen Roadster gibt es im C-Programm nicht mehr.

356C

Baujahr	Modell Karosse	Modell Typ	Fahrgestell-Nr.	Motor-Nr.	Motor-Typ	Getr.-Typ	Zyl.	Bohrung x Hub	Hubraum	DIN-PS bei U/min.	mkp bei U/min	Verdtg.	Radstand	Spur vorn/hinten	Länge	Gewicht	Produkt. Stck.
1963	Coupé	1600C	126001-128104	710001-711870	616/15	741A	4	82,5 x 74	1582	75/5200	12,5/3600	8,5:1	2100	1306/1272	4010	935	2104
	K-Coupé		215001-216738	730001-731102		741C										935	1738
	Cabrio	1600SC	159001-159832	810001-811001	616/16		4			95/5800	12,6/4200	9,5:1				935	832
				820001-820522													
1964	Coupé	1600C	128105-131927	731103-733027	616/15		4	82,5 x 74	1582	75/5200	12,5/3600	8,5:1	2100	1306/1272	4010	935	3823
	K-Coupe		216739-221482	811002-813562												935	4744
	Cabrio	1600SC	159833-161577	820523-821701	616/16		4			95/5800	12,6/4200	9,5:1				935	1745
1965	Coupé	1600C	131928-131930	716805-	616/15		4	82,5 x 74	1582	75/5200	12,5/3600	8,5:1	2100	1306/1272	4010	935	3
	K-Coupé		221483-222579	733028-												935	1097
	Cabrio	1600SC	161578-162165	813563-	616/16		4			95/5800	12,6/4200	9,5:1				935	588
				821702-													

Bemerkungen:
Typ 356C: Synchrongetriebe Typ 741C ab Juli 1963 bis 12. April 1965.
Aufhängung: 741 mit zwei Auslegern.

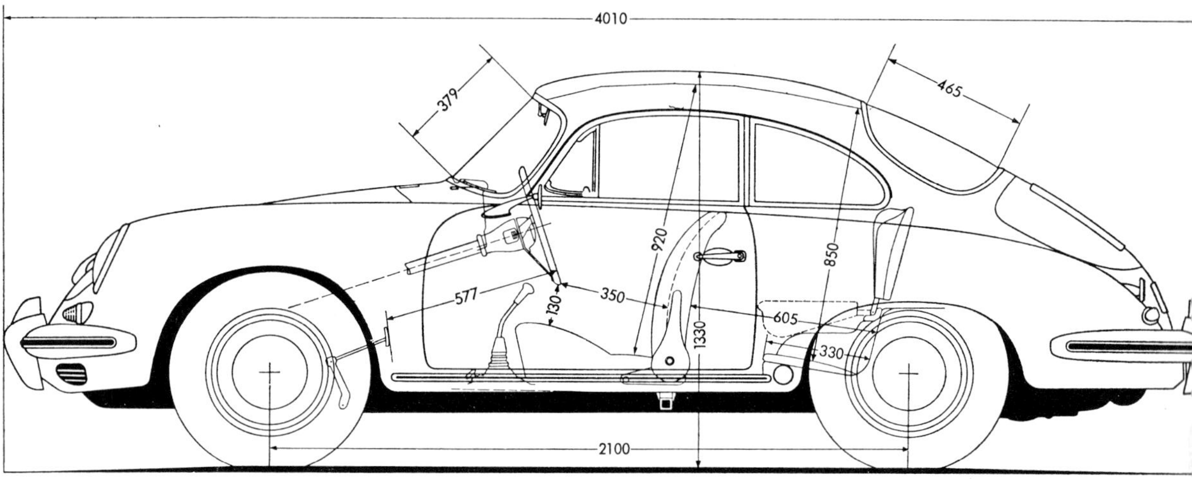

Schnittzeichnung des Porsche 356 C Coupé mit Innen- und Außenmaßen. Ab 1963

Beim C-Cabriolet konnte man das rückwärtige Fenster mittels Reißverschluß entfernen

Hardtop- (oben) und Coupé-Version (unten) des 356 C. Nur noch zwei Motoren

Der B-Typ (hinten) unterschied sich von seinem Nachfolger u. a. durch kleinere Fenster

Außerdem erhielten die C-Modelle in der Motorklappe ein zweites Lüftungsgitter

Die Schalttafel wurde im mittleren Bereich nach unten erweitert. Kürzerer Schalthebel

Eingebauter 1600-SC-Motor mit 95 PS bei 5800 U/min. (C-Motor: 75 PS). Naßluftfilter

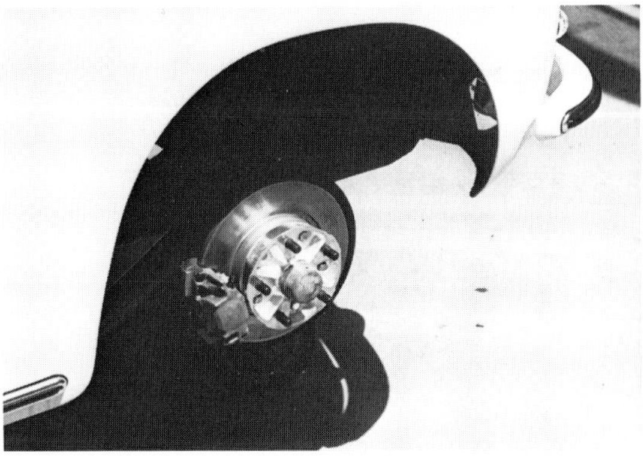

Der 356 C: Porsches erster Serienwagen mit Scheibenbremsen an allen vier Rädern

Nach 17jähriger Produktionszeit verließ der letzte 356, ein C-Cabrio, 1965 das Band

PORSCHE 356 Typen- und Stückzahlen 1950–1965

Typ	Bauzeit	Hubraum	PS	Karosserie	Stück	Bemerkungen
Porsche 356–356C						
356 –1100	1950–54	1100	40	Coupé, Cabrio	4670	–
–1300	1951–57	1300	44	Coupé, Cabrio	7085	1955: 356A
–1500	1951–52	1500	60	Coupé, Cabrio	632	–
–1500	1952–55	1500	55	Coupé, Cabrio, Speedster	3869	–
–1300S	1953–57	1300	60	Coupé, Cabrio, Speedster	2669	1955: 356A
–1500S	1952–55	1500	70	Coupé, Cabrio, Speedster	116	–
356A –1600	1955–59	1600	60	Coupé, Cabrio, Speedster	8367	–
–1600S	1955–59	1600	75	Coupé, Cabrio, Speedster	5981	[1]
356B –1600	1959–63	1600	60	Coupé, Cabrio, Roadster*)	18609	*) bis 1962
–1600S	1959–63	1600	75	Coupé, Cabrio, Roadster*)	6637	*) bis 1962
–S90	1960–63	1600	90	Coupé, Cabrio, Roadster*)	5694	*) bis 1962
356C –1600C	1963–65	1600	75	Coupé, Cabrio	13509	–
–1600SC	1963–65	1600	95	Coupé, Cabrio	3165	–
				GESAMT	81003	
Porsche 356A Carrera – 356C Carrera						
356A –1500GS	1955–56	1500	100	Coupé, Cabrio, Speedster	700	inkl. 1600GS
–1600GS	1958–59	1600	105	Coupé, Cabrio/Hardtop	–	–
356B –1600GS	1960–61	1600	115	Coupé	40	–
–1600GTL	1960	1600	115	Coupé	18	inkl. Abarth
–Abarth	1960	1600	128	Coupé	–	bis 135 PS
–2000GS	1961–63	2000	130	Coupé	310	–
356C –2000GS	1963–64	2000	130	Coupé	126	–
				GESAMT	1194	

[1] Convertible bis 1958/59

Typ 912 (1965-1968)

Als ab September 1964 der Porsche 911 als Nachfolgemodell der 356-Typenserie zu kaufen war, mußten einige der Interessenten aus finanziellen Überlegungen verzichten. Der Sechszylinder hatte sich im Kaufpreis um einiges vom Vierzylinder entfernt: Ein 356 C mit 1600-SC-Motor kostete in der Coupé-Ausführung 16450 Mark, der 911 aber 22900 Mark. Als dann 1965 auch die Produktion des 356 C auslief, war für diesen Kundenkreis kein Porsche-Modell mehr in der Verkaufspalette.

Die immer stärker werdende Nachfrage nach einer billigeren, aber technisch nicht schlechteren Ausführung des Typs 911 verhallten bei Porsche nicht ungehört. Man entschloß sich, ein neues Modell zu schaffen: den Typ 912.

In den ersten Apriltagen 1965 stellte Porsche seine neueste Schöpfung erstmals der Öffentlichkeit vor. Man präsentierte es als »Europa-Typ«, das heißt es wurde anfänglich nur an die europäischen Verkaufsorganisatoren ausgeliefert und ist aufgrund seiner Spezifikation und Ausstattung in Übersee und England zumindest 1965 noch nicht zugelassen. Als dann die Gesetzeshürden geschafft waren, wurde der 912 speziell in den USA zu einem Verkaufsrenner und hielt sich dort bis Ende 1968, ehe ihn der 911 T-2.0 vom Markt verdrängte.

Im 912 arbeitet ein auf 90 PS gedrosselter Vierzylinder-Motor mit 1,6 Liter. Optisch ist der 912 kaum vom Original, dem Typ 911 zu unterscheiden. Im Herbst 1965, zur Frankfurter Automobil-Ausstellung, erweitert man das Programm um den Typ »Targa«. Um der Leistungs-Charakteristik des Vierzylinder-Triebwerkes gerecht zu werden, bietet man das Fünfgang-Getriebe des Porsche 911 für den 912 auf Wunsch an – das dann auch die meisten Käufer bevorzugen.

In Automobil-Tests von maßgeblichen Zeitschriften betitelt man den 912 als »Brot-und-Butter-Auto« mit einem für die meisten Porsche-Liebhaber an der Grenze des Vertretbaren, hohen Anschaffungspreis. Der 912 war aber nie in allen Punkten ein Wagen der Superlative, aber er

stellte zu seiner Zeit ein vernünftiges Sportwagenangebot dar. Für »heißes Fahren« war der 912 weniger geeignet, es gab 1965 bereits Limousinen, die in der Beschleunigung einem 912 davonzogen. Aber er war ein schnelles und fahrsicheres Instrument zum Fahren um seiner selbst willen.
Gut zehn Jahre nach der Vorstellung des ersten 912, präsentierte Porsche eine aktuelle Neuauflage dieses beliebten Modells, den 912 E. Im Gegensatz aber zu seinem Vorgänger ist der 912 E ausschließlich für den Übersee-Markt gedacht. In Europa wird der Markt des 912 E durch den ebenfalls 1975 vorgestellten Porsche-Neuling Typ 924 abgedeckt. Auch der neue 912 ist von seinem direkten Vorläufer, dem 911, optisch kaum zu unterscheiden. Der 912 E zeigt sich in äußeren und auch inneren Ausstattungsdetails etwas magerer, behält aber den Standard der 911-Serie bei. Als Antriebsquelle dient ihm der Zweiliter-Vierzylinder-Motor wie er vom Typ 914-4 her schon bekannt ist. Dieser Motor erhält eine elektronisch gesteuerte Kraftstoffeinspritzung mit Luftmengenmesser – »L-Jetronic« – und eine Abgasanlage mit Thermoreaktoren und leistet 90 PS bei 4900 U/min. Im fünften Gang läuft der 912 E knapp 180 km/h und kostet in Amerika 3000 Dollar weniger als der 911 S und gar 15000 Dollar weniger als der Porsche Turbo. Für umgerechnet rund 27500 Mark erhalten die Amerikaner aber einen echten Porsche, der alle Vorzüge des ausgereiften Fabrikates in sich vereint und dazu im Unterhalt und Verbrauch das günstigste Angebot ist. Ein harter Konkurrent zum VW-Porsche 914-4.

ALLGEMEINE BESCHREIBUNG: TYP 912 (BASISMODELL)

Karosserie/Fahrgestell

Ins Auge fällt auf den ersten Blick die neue von Ferry Porsche junior entworfene und nach modernsten Gesichtspunkten konzipierte Karosserie. Trotz geringerer äußerer Breite gegenüber dem Typ 356 entstand in Verbindung mit dem um 11 Zentimeter verlängerten Radstand ein bedeutend größerer Innenraum. Durch die Vergrößerung der Fensterflächen um über 50 Prozent gegenüber dem 356 wurde der Fahrgastraum lichter und heller.
Durch die Verlängerung des Radstandes steht auch für die Fondplätze mehr Raum zur Verfügung. Der flache, unter dem Kofferraum angebrachte neue Kraftstoffbehälter faßt 62 Liter.
Das Fahrgestell ist ebenfalls völlig neu. Die Aufhängung und Führung der Vorderräder erfolgt über ein Stoßdämpferbein und einen querlie-

genden Dreieckslenker unten; die Federung über einen Torsionsstab – jetzt längsliegend. Die Lenkungsbetätigung erfolgt über ein direkt ausgelegtes Lenkgetriebe (Zahnstange). Die Hinterradaufhängung und -führung übernimmt ein schräg gestellter Längslenker. Auch hier erfolgt die Abfederung über einen Torsionsstab, der quer zur Fahrtrichtung liegt.
Die Fußbremse arbeitet hydraulisch über vier Scheibenbremsen. Sie ist wartungsfrei und stellt sich automatisch nach. Die Handbremse wirkt auf eine von der Scheibenbremse unabhängige Trommelbremse. Bereifung und Felgenbreite ist mit den ersten 911-Typen identisch.

Motor

Der vom 356 C stammende 95-PS-Motor wird nicht unverändert in den Porsche 912 übernommen. Die Leistung wurde bei gleichem Hubraum von 1,6 Liter auf 90 PS gedrosselt. Dieser Motor ist ein Zwitter zwischen dem zuverlässigen und mit guter Laufkultur ausgestatteten 75-PS-Aggregat und dem Sprinter-Triebwerk mit 95 PS. Porsche übernimmt für den 912-Motor die Vorteile des 75-PS-Motor, ohne leistungsmäßig hinter der 95-PS-Variante herzuhinken.
Im Gegensatz zum SC-Motor hat der 912 (mit den gleichen Solex-Vergasern bestückt) zwei Ansaug-Geräuschdämpfer, der u. a. das bekannte röhrende Ansauggeräusch beseitigt und sicherlich auch einige PS kostet. Bei Anhebung der maximal erlaubten Drehzahlen von 5500 auf 6000 U/min ändert man den Verlauf der Drehmomentkurve und erreicht eine größere Elastizität.

Kraftübertragung

Es wird ein neues Getriebe entwickelt, das in 4- und 5-Gang-Ausführung angeboten wird. Insbesondere in der Fünfgang-Version bietet sich für den Fahrer eine fast optimale Kombination von Motorleistung und Übersetzung. Es erfordert mehr Schaltvorgänge, im Stadtverkehr und auf engen Straßen, und auch viel Zurückschalten in den ersten Gang, der, da links hinten angeordnet, etwas unbequemer als beim Viergang-Getriebe einzulegen ist. Die Anordnung der Synchronisation wird hinsichtlich der Betätigung, Lebensdauer und Geräuschentwicklung geändert.
Die direkte Kraftübertragung erfolgt über Doppelgelenkwellen.

Ausstattung

Durch Verbreiterung und Überarbeitung der Porsche-Sitze konnte der Sitzkomfort weiter verbessert werden. Das völlig neu gestaltete Armaturenbrett enthält drei große Instrumente, die alle wichtigen Anzeigen zusammenfassen. Zwei Betätigungsschalter am Lenkrad setzen einmal Fern-/Abblendlicht, Lichthupe und Blinker, zum anderen Scheibenwascher und den in drei Stufen regulierbaren Scheibenwischer in Funktion. Das Armaturenbrett ist nicht nur oben, sondern auch am unteren Rand gepolstert. Ein Faktor, der zusammen mit der doppelt geknickten Lenksäule und der Schichtglas-Windschutzscheibe einen wesentlichen Beitrag zur inneren Sicherheit leistet.
Wie schon bisher können durch das Umklappen der rückwärtigen Sitzlehnen zusätzlicher Kofferraum geschaffen werden. Bedingt durch die ebenfalls neue Anordnung der Vorderachse ist ein größerer Frontkofferraum entstanden.
Wie beim Porsche 911 wird auch die Bordspannung des Vierzylinders auf 12 Volt angehoben. Für die ersten Porsche 912 mit Viergang-Getriebe muß der Käufer 16250 Mark hinblättern. Die Fünfgang-Ausführung kostet 340 Mark Aufpreis.

ÄNDERUNGEN ZUM BAUJAHR/MODELLJAHR

1966

Für das Modell '67, Produktionsbeginn ab 1. 8. 66, und der Fahrgestell-Nummern 354.001 (Porsche-Karosse) und 458.101 (Karmann-Karosse) ändert man die Motor- und Getriebeaufhängung, verbreitert die Spur (durch verstärkte Bremsscheiben) und ändert Details. So u. a.: Neue Türschlösser, Instrumente, neue Griffe am Aschenbecher und Handschuhfach, eine andere Signaltaste und einen neu gestylten Porsche-Schriftzug.

1967

Für die 912- und drei 911-Modelle gibt es zum Modelljahr '68 eine Reihe von Änderungen. Nach den Werksferien liefert man den 912 mit folgenden Neuerungen aus: Der Radstand wird um 57 mm auf 2268 mm verlängert, die Kotflügel vorne und hinten seitlich herausgezogen. Die Türtafeln werden verändert und haben nun mehr Ablagefläche, der Türöffner ist als Zughebel in der Armlehne eingelassen, ein kleineres Lenkrad

mit abgepolsterter Huptaste neu im Programm. Ein Klapp-Aschenbecher kommt in der Unterkante des Armaturenbretts zum Einbau, ein neues Heizungs- und Belüftungssystem mit dreistufigem Frischluftgebläse läßt sich fortan vom Instrumentenbrett aus bedienen. Ein abblendbarer Innenspiegel wird direkt an der Frontscheibe befestigt, der Sicherungskasten nach vorn (innen hinter den Frontscheinwerfern) verlegt. Für den »Targa« gibt es erstmals die drei Lüftungsschlitze rechts und links am Sicherheitsbügel. Eine Sitzlehnenverriegelung ist nun am rechten Vordersitz angebracht. Die Bremssegmente werden beim 912 hinten vergrößert. Weiterhin gibt es nun serienmäßig eine elektrisch beheizte Heckscheibe, eine Warnblinkanlage, Licht im Handschuhkasten und Teppiche in den Farben der Innenausstattung anstelle Gummimatten. Die Rückstrahler (»Katzenaugen«) sitzen nun direkt auf der Stoßstange, neben den Stoßstangenhörnern. Als Sonderwunsch und gegen Aufpreis erhältlich: Leichtmetallfelgen 5,5×14-Zoll (Reifen 185HR 14) oder 6×15-Zoll (Reifen 185/70 CVR 15).
Der vordere Stabilisator entfällt und für die USA werden die Motoren mit einer Abgasanlage gebaut.

Im Herbst 1965 auf der IAA in Frankfurt erstmals gezeigt: Der Porsche 912 »targa«

Porsche 912 targa des Modelljahres 1968: Längerer Radstand und bessere Ausstattung

Das 912-Coupé in der letzten Ausführung des Modelljahres 1968

Ein gegenüber den 356-Typen vollständig neu gestaltetes Armaturenbrett im Typ 912

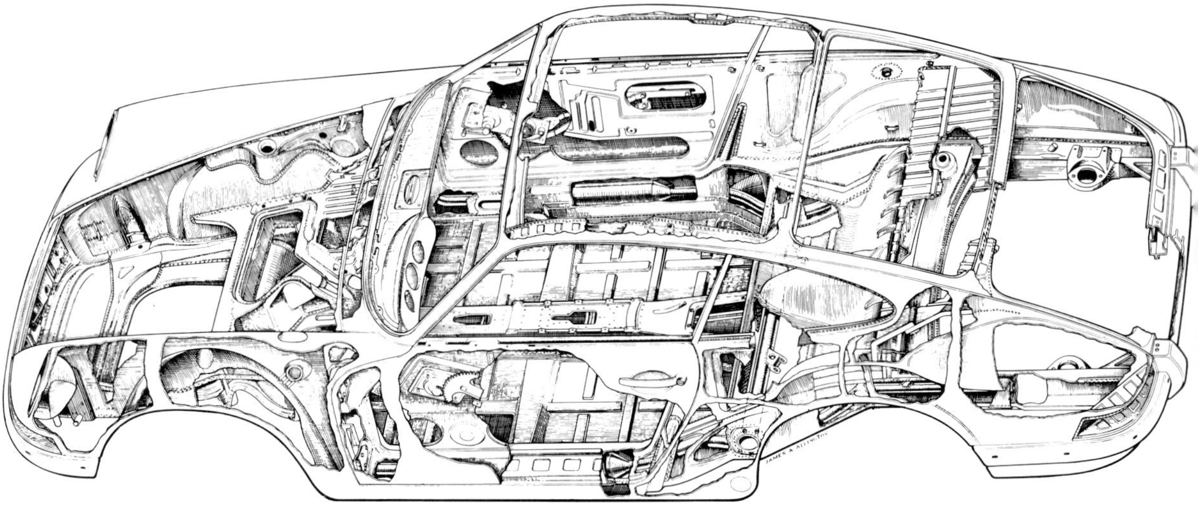

Karosserieschnitt-Zeichnung des ab April 1965 gebauten Porsche 912 (ohne Aggregate)

Das 912-Coupé mit Vierzylinder-Motor (1,6 Liter, 90 PS) kostete rund 16 000 Mark

Der auf 90 PS gedrosselte Vierzylinder-Motor. Naß- (oben) bzw. Trockenfilter (unten)

108 Vorderachse (oben): Stoßdämpferbein mit D-Lenker. Hinterachse (unten): Längslenker

Typ 912 E (1975)

ALLGEMEINE BESCHREIBUNG: TYP 912 E (BASISMODELL)

Karosserie/Fahrgestell

Der 912 E ist mit einer Karosserie ausgestattet wie der 911-2.7, jedoch mit fest eingeglasten Fondseitenfenstern (auf Wunsch ausstellbar) und minimalsten sonstigen Abweichungen.
Auch das Fahrwerk ist mit dem des kleinsten 911 nahezu identisch: Zweikreis-Scheibenbremse, allerdings haben die Scheiben keine Innenbelüftung.
Serienmäßig gibt es Stahlfelgen, die 5,5 J × 15 Zoll breit sind, mit 165-HR-15-Reifen.
An der Hinterachse werden wahlweise Dämpfer von Boge oder Woodhead eingebaut, die entsprechend gekennzeichnet sind. Der 912 E erhält einen Kraftstoffbehälter mit Pralltopf und 80 Liter Inhalt.

Motor

Kurbelgehäuse und Zylinder entsprechen den Teilen des VW-Porsche-Motors 914-2.0. Neu ist der Motorträger. Auch alle Teile des Kurbeltriebs sind mit dem Grundmotor identisch. Für den Antrieb der Sekundärluftpumpe gibt es eine zusätzliche Keilriemenscheibe. Die Zylinderverblechung wurde an den 912-Motorraum angepaßt. Die Kraftstoffpumpe ist am Vorderachshilfsträger montiert. Der Kraftstoffilter ist gleich wie bei den K-Jetronic-Anlagen. Der 912-Motor ist mit einer elektronischen Kraftstoff-Einspritzanlage mit Luftmengenbeimesser ausgerüstet, der L-Jetronic von Bosch. Das Steuergerät dazu ist im Motorraum, in der rechten Radlaufwand untergebracht. Für die Abgasanlage mit Sekundärlufteinblasung, Thermoreaktoren und Abgasrückführung wurden Schalldämpfer und Wärmetauscher neu entwickelt. Die Funktion der Abgasrückführungs-Anlage muß in Abständen von 30000 Meilen (rund 45000 km) überprüft werden. Zur Laufzeitüberwachung ist ein Zählwerkschalter hinter dem Tachometer angeordnet, der beim Erreichen dieser Meilenzahl eine Kontrolleuchte »EGR« einschaltet.
Bei einem Bohrung-Hub-Verhältnis von 94×71 mm hat der VW-Motor exakt 1971 ccm Hubraum. Bei einer Verdichtung von 7,6:1 leistet er 90 PS bei 4900 U/min. Das maximale Drehmoment von 14 kpm stellt sich bei 4000 U/min ein.

Kraftübertragung

Das Fünfgang-Schaltgetriebe Typ 923/02 ist aus dem Getriebetyp 915/44 (911-Fünfgang) entstanden und weicht von diesem in folgenden Punkten ab: Kupplung und Kupplungsbetätigung, Verzahnung der Antriebswelle für Mitnehmerscheibe, Übersetzung Teller-, Kegelrad und Übersetzung 4. und 5. Gang. Auf Sonderwunsch steht ein Sperrdifferential mit 40 Prozent Wirkung zur Verfügung.

Ausstattung

Äußeres Kennzeichen des 912 E ist der Schriftzug auf dem Motordeckel. Sonstige Änderungen gegenüber 911-Modell: Die Heckscheibe ist serienmäßig nur einstufig beheizt. Zur Innenausstattung gehören einfachere Nylonvelours-Teppiche, Sitze mit Kunstlederbezug, wobei die Lautsprecherperforation in der Instrumententafel entfällt, weil bei einer Ausstattung mit Radio die Türtafeln links und rechts eine entsprechende Perforation erhalten. Der Sicherungsknopf für die Türverriegelung wurde ebenso geändert wie die Verbindungsstange zwischen Türöffner und Türschloß.

Porsche 912 E (ab 1975). Ausstattung wie 911-2.7, aber Vierzylinder-2-Liter-Motor.

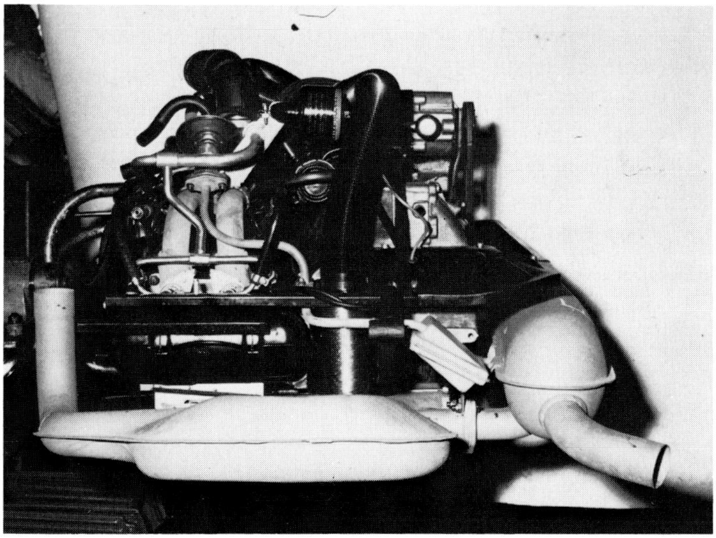

In den 912 E eingebauter 2-Liter-Motor (90 PS) der nahezu dem 914-Aggregat entspricht

Typen 914-4/914-6/916 (1969–1976)

Eingehende Studien im Hause Porsche für ein neues Konzept eines echten Sportwagens zeigten, daß eine Lösung mit einer sogenannten Mittelmotoranordnung die besten Voraussetzungen bieten würde, einen auf Jahre hinaus fortschrittlichen Wagen dieser Art zu erstellen.
Da auch das Volkswagenwerk bei eigenen Studien zu ähnlichen Ergebnissen gekommen war, schloß man sich zu einer Entwicklungs-Gemeinschaft zusammen. Im Rahmen des ohnehin bestehenden Zusammenarbeits-Vertrages begann Porsche mit der Konstruktion eines VW-Porsche-Roadster Typ 914.
Aus der Erfahrung von jahrzehntelangen Renneinsätzen wußte man bei Porsche, daß die Mittelmotor-Anordnung zur Optimierung der Fahreigenschaften die beste Voraussetzung bieten würde, außerdem ist eine gute Handhabung gewährleistet.
Allerdings machte man insofern einen Kompromiß, als man die Sitzreihe bewußt in die Mitte zwischen die Achsen und somit kurz vor den Schwerpunkt legte. Dadurch erhalten die Passagiere einen von Radkästen nur unwesentlich beeinträchtigten Fußraum. Der Motor liegt deshalb nicht exakt in der Mitte, sondern kurz vor der Hinterachse. Der Achsanteil von rund 53 Prozent des Gesamtgewichtes auf der Hinterachse spiegelt diesen Umstand wider.
Die wesentliche Verbesserung der Fahreigenschaften wird aber nicht allein durch die Lage des Motors charakterisiert, sondern durch das verringerte Trägheitsmoment des Wagens um die Hochachse.
Die Addition der Längen des Passagierraumes und des Motors führte zu einem größeren Radstand als beim Porsche 911. Ein relativ kurzer Überhang vorn und hinten ergibt eine kurze, kompakte Karosserie und ein handliches Fahrzeug.
Während der Verkauf des 914-4 teilweise recht gut lief, hatte der stärkere Bruder – Typ 914-6 – von Anfang an rechte Schwierigkeiten.
Optisch unterschieden sich beide Modelle – mit Ausnahme der Felgen – fast nicht. Allerdings sorgte der 914-6 für eine ganz andere Art der Fort-

bewegung. Während der Vierzylinder-914 seine Leistung aus einem Serien-Aggregat mit 85 PS (1,8 l) und 100 PS (2,0 l) bezieht, kam der Besitzer eines Sechszylinders in den Genuß hochwertigen Motorbaues. Mit dem Zweiliter-Vergaser-Motor des 911 T bestückt, erbrachte der 914-6 hervorragende Fahrwerte. Bei Höchstgeschwindigkeits-Messungen lief er knapp 210 km/h, und von 0–100 km/h schlug er seinen direkten Kontrahenten aus dem Porsche-Stall, den 911 T mit 125 PS aus 2,2 Liter, recht deutlich.
Die geringe Preisdifferenz zum 911 (anfänglich nur 999 Mark) ließen die Produktions-Stückzahlen immer weiter zurückgehen. Auch sportliche Einsätze – unter anderem in der Rallye Monte Carlo 1971 – halfen nicht mehr. Sanft entschlummerte der 914-6 im Laufe der Jahres 1971.
Im Gegensatz dazu wurde der 914-4 ständig verfeinert und erreichte mit dem Modelljahr 1976 einen fertigungstechnischen Höhepunkt. Allerdings dürfte mit Erscheinen des Porsche 924 Ende 1975 das Grab für den Mittelmotorwagen aus der Ehe zwischen Volkswagen und Porsche bereits geschaufelt sein.

ALLGEMEINE BESCHREIBUNG: TYPEN 914 (BASISMODELLE)

Karosserie/Fahrgestell

Bei der Entwicklung der Rohbaukarosserie werden vornehmlich in bezug auf Haltbarkeit und Torsionssteifigkeit – obgleich ein offener Wagen – die Maßstäbe des Porsche 911 Coupé angelegt. Das Fahrzeug hat einen zweitürigen selbsttragenden Ganzstahlaufbau mit angeschweißtem Überrollbügel und einem abnehmbaren Dach aus glasfaserverstärktem Kunststoff. Neben einem Kofferraum im Bug befindet sich im Heck ein etwa gleichgroßer, vollwertiger Ablageraum, so daß insgesamt ein Ladevolumen von 370 Liter zur Verfügung steht. Hinter einer Schottwand liegt der abgedeckte Raum für den 62 l fassenden Tank. Die beiden elekrischen Antriebsmotoren für die Klappscheinwerfer liegen unter der vorderen Haube auf den Radkästen. Das Dach, durch vier Halterungen fixiert, kann klapperfrei im hinteren Ablageraum verstaut werden. Zwischen dem Fahrgast und diesem Raum liegt die Motorhöhle. Die Türscheibe wird in einem Kastenprofil über Kunststoffrollen geführt; die Windschutzscheibe elektrothermisch eingeklebt. Auf eine strömungsgünstige Karosseriegestaltung wird viel Wert gelegt. Zugunsten eines größeren Kofferraumes hebt man die Bugpartie an, wo-

durch allerdings der Luftwiderstandsbeiwert ansteigt. Durch die geringe Bauhöhe (1,24 m) erreicht der 914 jedoch den gleichen Luftwiderstandswert wie der 911. Bei geöffnetem Klappscheinwerfern wird die Höchstgeschwindigkeit dadurch um 2 km/h reduziert. Eine Reihe Maßnahmen gehen über die geforderten Sicherheitsnormen hinaus, so z. B.: glattflächige Türgriffe, Sicherheits-Innenspiegel, zusätzlicher Schutz des Benzintanks, tiefliegende Lenkradnabe mit breitem Aufschlagpolster und die an den Stoßstangen angebrachten Polyurethanschaumleisten.
Der Aufbau ist durch vier Querwände unterteilt und verstärkt. Alle 914-Typen erhielten die ZF-Zahnstangen-Sicherheitslenkung. Lenkhebel-, Lenkzwischenwelle und Lenkrohr sind geknickt angeordnet und mit verzahnten wartungsfreien Kreuzgelenken verbunden. Der VW-Porsche hat vier selbstnachstellende Scheibenbremsen – plus Handbremse, die links vom Fahrersitz angeordnet ist. Das Zweikreisbremssystem ist mit einem Druckminderventil zur Verhütung von Überbremsungen der Hinterachse ausgerüstet. Beim 914/6 sind entsprechend der höheren Leistung vorn innenbelüftete Scheiben montiert.
Die Vorderachse hat doppelwirkende Stoßdämpferbeine, die oben über ein Stützlager an der Karosserie befestigt sind. Ein Hilfsträger dient zur Aufnahme der Querlenker und der Zahnstangenlenkung. Die Querlenker tragen das Kugelgelenk für die Stoßdämpferbeinlagerung und die Aufnahme des Torsionsstabes. Pro Seite gibt es davon je einen mit 17,9 mm ∅. Eine progressiv wirkende Gummihohlfeder im Dämpferbein begrenzt den Radhub nach oben.
Die Führung der Hinterräder erfolgt durch eine Schräglenkerachse, deren Kinematik so gewählt ist, daß sich für das Fahrverhalten günstige Sturz- und Vorspuränderungen der Räder ergeben. Die Abfederung der Räder übernehmen Federbeine, eine Kombination von Schraubenfeder und Schwingungsdämpfer.

Motor

Der 914 wird mit zwei Motorvarianten ausgeliefert: Mit dem identischen Vierzylinder-Einspritz-Aggregat (Bosch-Elektronik) des Volkswagens 411 E (80 PS bei 4900/min) und später 1,8 Liter aus dem VW 412 LS sowie dem bekannten Porsche-Sechszylinder-Vergasermotor des 911 T. Letzerer brachte in der im 914-6 eingebauten Version 110 PS bei 5800 U/min und 16 kpm bei 4200/min. da der Sechszylinder-Motor an anderer Stelle ausführlich beschrieben ist, hier nur einige Daten zum Vierzylinder aus dem Hause Volkswagen. Je zwei der liegenden, aus

Sondergrauguß gegossenen Zylinder mit Kühlrippen, sind mit einem Leichtmetall-Zylinderkopf verschraubt. Die parallel hängenden Ventile werden über Kipphebel von einer zentralen Nockenwelle gesteuert. Der Nockenwellen-Antrieb erfolgt durch Stirnräder von der Kurbelwelle aus. Die geschmiedete Kurbelwelle ist vierfach gelagert. Die Motorschmierung erfolgt durch eine Druckumlaufschmierung mit Zahnradpumpe, die von der Nockenwelle aus angetrieben wird. Die Motorkühlung erfolgt durch ein direkt auf der Kurbelwelle sitzendem Radialgebläse. Durch das Verdichtungs-Verhältnis von 8,2:1 ist der 914-Motor unproblematisch in bezug auf niedere Benzinqualitäten.

Kraftübertragung

Bei beiden Typen kommen die bekannten 5-Gang-Getriebe aus dem Hause Porsche zum Einbau, wobei ab Anfang 1970 wahlweise auch die Sportomatic-Version zur Verfügung steht. Durch den »verkehrten« Einbau des Getriebes, d. h. es liegt hinter dem Motor, sind einige entsprechende Änderungen an der Schaltübertragung notwendig. Die Betätigung der Kupplung (Einscheiben-Trocken) erfolgt über Seilzug. Doppelgelenkwellen übertragen die Motorleistung auf die Hinterräder.

Ausstattung

Die Innenraumbreite ermöglicht die Mitnahme einer dritten Person – zwischen Fahrer und Beifahrer – auf kurzen Distanzen. Der Fahrersitz wird als Schale mit angeformter Kopfstütze ausgebildet und ist in der Längsrichtung um 160 mm verstellbar, außerdem in drei Stufen um die horizontale Querachse schwenkbar. Der nicht verstellbare, etwas breitere Beifahrersitz hat eine Sitzschale aus Kunststoff mit auswechselbarem Sitzkissen. Die Anpassung an die unterschiedliche Körperlänge von Mitfahrern erfolgt durch eine Fußstütze, dem sogenannten »Hundeknochen«. Die Türverkleidung hat links eine Tasche, rechts zusätzlich noch eine Armlehne mit Haltegriff. Der Boden ist mit Nadelfilz ausgelegt, der Sturzbügel und die vordere Dachkante gepolstert. Die Entlüftung des Innenraumes erfolgt über zwei Kanäle, die links und rechts im Fahrgastraum hinter den Sitzlehnen angebracht sind.
Kofferraum vorn (160 l) und hinten (210 l) sind mit einfachem Nadelfilz ausgekleidet. Das gepolsterte Armaturenbrett enthält drei Kombiinstrumente, Zigarettenanzünder, Aschenbecher, Handschuhkasten und das stufenlos regelbare Heizungs- und Belüftungssystem. Die Heizungs- und Handgashebel liegen auf dem Mitteltunnel.

1971

Bedingt durch geänderte Abgasgesetze in einigen europäischen Ländern werden folgende Teile der elektronischen Kraftstoffeinspritzanlage geändert: Druckfühler, Zündverteiler, Drosselklappenstutzen und das Steuergerät.
Als Sonderausstattung – gegen Aufpreis – gibt es: 5,5×15-Zoll-Felgen (Leichtmetall oder Stahl) mit Reifen der Dimension 165 HR 15. Die gekürzte Heckschürze wird mit senkrechten Luftschlitzen versehen, um eine bessere Wärmeabfuhr im Bereich des Auspufftopfes zu erreichen. An der rechten Innenseite des Überrollbügels wird ein weiterer Kleiderhaken angebracht. Alle 914- und 914/6-Modelle erhalten eine Mitteldüse als zusätzliche Entfrostung für die Windschutzscheibe. Mit der Änderung der Schaltung der Klapp-Scheinwerfer (nur in Schaltstellung Null werden die Scheinwerfer eingefahren), gibt es auch ein geändertes Zündanlaßschloß. Der Motor erhält einen neuen Zündverteiler.
Als Sonderwunsch (M 471) werden breite Kotflügel, zwei Stabilisatoren und geschmiedete 7-Zoll-Felgen mit 185/70-Reifen angeboten (Optik wie Marathon de la Route-Wagen).

1972

Die Änderungen am '72er-Modell beziehen sich hauptsächlich auf die Abstimmung des Motors und der Einspritzanlage, sowie an der Innenausstattung und einzelnen Bedienungselementen. Zur Verbesserung der Belüftung im Fahrgastraum und zur Entfrostung der Seitenscheiben werden zusätzliche Luftdüsen angebracht. Die Düsen sitzen links und rechts an der Schalttafel. Die Verkleidung der Türtafeln erfolgt in Flechtnarbung. Der Beifahrersitz ist jetzt nach vorn, hinten und in der Höhe verstellbar. In einer Schaltereinheit am Lenkrad sind Wischer-Wascher zusammengefaßt. Ab Modell '72 werden Änderungen an der Lenksäule durchgeführt.
Nicht mehr im Programm ist der VW-Porsche 914-6, der im Porsche-Angebot mit dem Typ 911 T kollidiert und diesem unterlegen ist.

1973

Auf der Basis des bewährten 1,7-l-Einspritzmotors entwickeln die Porsche-Ingenieure den neuen 2-l-Motor. Er hat elektronische Benzineinspritzung, 100-PS-Leistung und beschleunigt den 914/2.0 in nur 10,5 Sekunden von 0 auf 100 km/h. Die Höchst- und Dauergeschwindigkeit liegt nun über 190 km/h.

Sein günstigstes Drehmoment entwickelt der »Neue« bereits bei 3500 U/min (16 mkp); entsprechend verkürzen sich die Überholvorgänge: Von 80 bis 140 km/h werden nur noch 13 Sekunden benötigt. Um den Fahrgastraum leiser zu bekommen, wird der Motor neu gelagert, es kommt ein anderer Trockenluftfilter zum Einbau und eine Isoliermatte an die Rückwand des Innenraumes. Eine neue Fahrwerksabstimmung mit weicherer Federung erhöht den Fahrkomfort. Die Heckschürze wird verkürzt, um ein Aufsetzen auf welligem Untergrund zu vermeiden. Den Wärmestau im hinteren Kofferraum mildert man durch eine neuartige Dämm-Matte. Optisch unterscheiden sich die neuen 914-Modelle von ihren Vorgängern durch mattschwarze Stoßstangen und dem schwarzen Schriftzug am Heck.
Im Innenraum sind neu: Eine feste, schräge Fußstütze für den Beifahrer, eine Innenverkleidung des Kunststoffdaches die aus demselben Material ist wie der Stoffbezug der Sitze. Die Türgriffschalen und Fensterkurbeln sind mattschwarz. Mehr Spaß am sportlichen Fahren soll die neue Schaltführung bringen: Die Führung ist nun exakter und der Schalthebel ist kürzer. Der Tachometer reicht bis 250 km/h.
In einer Komfort-Ausstattung werden angeboten: Ein Vinylbezug am Überrollbügel mit begrenzenden Chromleisten, ein Doppeltonhorn, Mittelkonsole mit Zeituhr, Voltmeter und Ölthermometer, eine Ledermanschette am Schalthebel und einen unempfindlicheren Veloursteppich am Wagenboden. Eine außerdem erhältliche Sportausstattung bietet: Geschmiedete Leichtmetallfelgen, Stabilisatoren vorn und hinten, sowie Halogen-Hauptscheinwerfer.

1974

Die Motoren des Fahrzeug-Typs 914/2.0 werden nur geringfügig überarbeitet, wobei sich innerhalb der technischen Daten nichts ändert. Das Gasgestänge der US-Motoren erhält im Bereich der Drosselklappenwelle eine zusätzliche Rückzugfeder. Die Übersee-Modelle erhalten zudem an den hinteren Stoßfängern große Gummipuffer. Für alle Fahrzeuge gibt es in der Grundausstattung eine neu gestaltete Sportfelge. Am Armaturenbrett änderte man teilweise die Symbolik. Eine zusätzliche Abschleppöse ist in einer Bohrung an der vorderen Schloßquerwand montiert. Die Sitzlängsverstellung der beiden Sitze nach vorne ist aus Sicherheitsgründen ab Modell '74 verringert. Alle Typen sind serienmäßig mit Automatik-Dreipunktgurten ausgerüstet.
Anstelle der bisherigen 1,7-l-Aggregate mit elektronisch gesteuerter Kraftstoffeinspritzung werden ab diesem Modell Motoren mit 1,8-l-Hub-

raum eingesetzt. Angeboten werden zwei Varianten: Mit einer Zwei-Vergaseranlage für Europa sowie für USA und Kanada mit der neu entwickelten L-Jetronic-Einspritzanlage von Bosch. Der Vergaser-Motor erreicht eine maximale Leistung von 85 PS bei 5000 U/min, und das höchste Drehmoment von 13,8 mkp bei 3400 U/min. Die US-Ausführung erreicht mit L-Jetronic 76 PS bei 4800 U/min und ein Drehmoment von 13,0 mkp bei 3400 U/min. Detailliert haben sich beim 1,8-l-Triebwerk geändert: Vergrößerung der Bohrung von 90 auf 93 mm ∅, die Brennraumform des Zylinderkopfes, Ein- und Auslaßkanäle, Ventilteller-Durchmesser, Kipphebel, verstärkte Kupplungs-Druckplatte.

1975

Sicherheits-Stoßfänger an Bug und Heck sind die markanten Merkmale des 914 von 1975. Kräftige Stahlblech-Profile mit gummiähnlicher Verkleidung überstehen Aufprall und Stöße bis zu 8 km/h. Rechteckige Zusatzscheinwerfer, oder auf Wunsch Nebellampen, sind tief versenkt in den Öffnungen der Stoßfänger-Front untergebracht. Die Signalhörner hängen links und rechts am vorderen Kofferraumboden. Das hintere polizeiliche Kennzeichen wird, wie auch bei den neueren Porsche-Modellen, von den Seiten beleuchtet.
An den Motoren – 1,8-l-Vergaser und 2,0-l-Jetronic (Europa-Ausführung) – sind keine Änderungen zu verzeichnen. Hingegen gibt es an den für die USA und Kalifornien bestimmten Aggregaten auf Grund neuer Bestimmungen Neuerungen zur Verbesserung der Abgasemission.
Die Abgasanlage für Kalifornien besteht aus einem Reaktionsrohr, Wärmetauschern, sowie der Aufteilung der Abgasanlage in Vordämpfer, Katalysator und Nachschalldämpfer. Bei den USA-Triebwerken wird auf den Katalysator verzichtet und an dessen Stelle ein einfaches Verbindungsrohr eingesetzt. Für die Kalifornien-Ausführung kommt noch die Abgasrückführung hinzu. Die Kraftstoffpumpe wird nach vorn, direkt unter den Kraftstoffbehälter verlegt; der Ausdehnungsbehälter für den Kraftstofftank wird in Form und Material anders ausgelegt.
Als Sonderausstattung ist ein neu gestalteter, aus Kunststoff gefertigter Frontspoiler erhältlich. Das 75er-Farbprogramm umfaßt fünf neue Farben für die Serie und vier neue Sonderfarben und neun verschiedene Schottenstoffe für den Sitzmittelstreifen.
Vom 914-2.0 gibt es zwei Sondermodell-Varianten: schwarz-gelb und weiß-rot. Sie sollten ursprünglich »CanAm« heißen, wurden dann aber »GT« getauft, weil sich Porsche zwischenzeitlich aus der CanAm-Rennserie (Canadisch-Amerikanische) zurückgezogen hatte.

Die Sorgen der auf Exklusivität bedachten Reichen sind jenen Glücklichen fremd, die sich rechtzeitig einen der elf Prototypen des Porsche 916 gesichert haben. Offiziell gab es den Porsche 916 nie, doch Eingeweihte kennen dieses Modell schon seit 1972. Als die Kostenrechnung (ca. 45000 Mark) auf dem Tisch lag, blasen die Zuffenhausener Marktstrategen das ganze Unternehmen ab. Übrig bleiben lediglich die Prototypen, von denen die Großfamilie Porsche und Piëch gleich fünf der elf Exemplare für sich reserviert. Ein 916 wird nach den USA verschifft, die restlichen fünf Modelle in Deutschland unter der Hand an treue Porsche-Liebhaber verkauft.

Die beim 914 nur durch Schnellverschlüsse mit der Karosserie verbundene Dachschale aus Kunststoff muß einem Stahldach weichen, das fest mit der Karosse verbunden wird. Die Längsträger im Bodenblech sind verstärkt und zusätzlich noch mit Kunststoff ummantelt.

Das Fahrwerk stimmt konstruktiv mit den Radaufhängungen des 1971 eingestellten 914/6 überein. Reifen der Dimension 185/70 auf sieben Zoll breiten Leichtmetallfelgen sorgen für den gewünschten Bodenkontakt und Seitensteifigkeit. Platz findet diese Kombination unter Kotflügelverbreiterungen, die den 914 um neun Zentimeter verbreitern. Gegen die Entlastung der Vorderachse bei hohen Geschwindigkeiten kommt ein neu konstruierter Frontspoiler zur Anwendung, auch die Heckschürze ist neu gestaltet. Der Eintrittskanal für den Frontölkühler und die Öffnungen für die unteren Scheinwerfer sind geschickt in den Spoiler integriert.

So wurden die elf Wagen zum Verkauf ausgerüstet: Vorgesehen für die Serie und in den Versuchswagen waren 2,6-l-Motoren mit 210 PS (Super-Benzin). Aus diesem Motor entstand dann der 2,7-l-Sechszylinder mit ebenfalls 210 PS, aber Normal-Kraftstoff-Versorgung (identisch mit dem Carrera-RS-Triebwerk). Die 2,4-l-Motoren vom 911 S (190 PS) kamen nur wegen der Ersatzteilversorgung für die Kunden in die 916.

Das Fahrwerk steht auf Bilstein-Dämpfern. Vorn und hinten sind Querstabilisatoren montiert. Vier innenbelüftete Scheibenbremsen vom 911 S verzögern die rund 230 km/h Höchstgeschwindigkeit optimal. Die 100-km/h-Marke wird aus dem Stand nach knapp sieben Sekunden erreicht!

Selbst überschnell angegangene Kurven lassen zunächst nicht den Grenzbereich des 916 erkennen. Fast ohne spürbare Driftwinkel folgt der Wagen leicht untersteuernd den Befehlen am Lenkrad bis zu Kurvengeschwindigkeiten, die das Vermögen aller Limousinen weit überschreiten. Doch sobald in einer solchen Situation das Gas zurückgenommen wird, bekommt der Fahrer Arbeit. Schlagartig dreht sich der 916 in die Kurve hinein – mit Gegenlenken und neuem Leistungseinsatz kann man diese Schwierigkeit meistern. Wohl fühlt sich der 916 bei schnellen Kurvenkombinationen, wo er fast ohne Verzögerung den am Lenkrad vorgenommenen Richtungswechseln Folge leistet.

Der 916 war und bleibt ein Exote. Äußerlich dokumentiert das seine sportliche Aufmachung, innerlich die aufwendige Technik. Auch wenn der 916 nie öffentlich präsentiert wurde, markiert er doch einen interessanten Baustein in der Entwicklungsgeschichte des Stuttgarter Werkes.

912/914.4/914.6/916

Baujahr	Modell Karosse	Modell Typ	Fahrgestell-Nr.	Motor-Nr.	Motor-Typ	Getr.-Typ	Zyl.	Bohrung x Hub	Hubraum	DIN-PS bei U/min.	mkp bei U/min.	Verdtg.	Radstand	Spur vorn/hinten	Länge	Gewicht	Produkt. Stck.
1965	K-Coupé	912	450001-454470	830001-832090	616/36	902/0	4	82,5 × 74	1582	90/5800	12,4/3500	9,3:1	2211	1337/1317	4163	970	4470
	Coupé	912	350001-351970	740001-744210		902/1											1970
1966	K-Coupé	912	454470-458100 458101-461140	832091-836000 744211-750001	616/36	902/0	4	82,5 × 74	1582	90/5800	12,4/3500	9,3:1	2211	1337/1317 1353/1321	4163	995	3630 3040
	Coupé	912	351971-354000 354001-354970											1337/1317 1353/1321			2030
1967	K-Coupé	912	461141-463204	836001-836610	616/36	902/0	4	82,5 × 74	1582	90/5800	12,4/3500	9,3:1	2211	1337/1317	4163	995	2064
	Coupé	912	354971-355601	750001-753430													631
	Targa	912	550001-550544	836611-837070 753431-756195													544
1968	K-Coupé	912	12800001-12805598	1080001-1080351	616/36	902/50	4	82,5 × 74	1582	90/5800	12,4/3500	9,3:1	2211	1337/1317	4163	995	5598
	Coupé	912	12820001-12820427			902/02											427
	Targa	912	12870001-12871217	1085001-1086115		902/01											1217
	Coupé	912	12900001-12900428		616/39	902/04											428
	K-Coupé	912	129020001-129023450	1280001-1285847		902/06											3450
	Targa	912	129010801-129010801			902/05											801
1969	Coupé	914.4	4702900001-4702913312	W0000001-0013312	W80	914/11	4	90 × 66	1679	80/4900	13,6/2700	8,2:1	2450	1337/1374	3985	900	13312
	Coupé	914.6	9140430011-9140432668	6400001-6400889 6404001-6405781	901/36 901/38	914/01	6	80 × 66	1991	110/5800	16,0/4200	8,6:1	2450	1361/1382	3985	940	2657

912/914.4/914.6/916

Baujahr	Modell Karosse	Typ	Fahrgestell-Nr.	Motor-Nr.	Motor-Typ	Getr.-Typ	Zyl.	Bohrung x Hub	Hubraum	DIN-PS bei U/min.	mkp bei U/min.	Verdtg.	Radstand	Spur vorn/hinten	Länge	Gewicht	Produkt. Stck.
1970	Coupé	914.4	4712900001-4712916231	W1000001-1016231	W80	914/11	4	90 x 66	1679	80/4900	13,6/2700	8,2:1	2450	1337/1374	3985	900	16231
	Coupé	914.6	9141430011-9141430443	6410011-6410268	901/36	914/01	6	80 x 66	1991	110/5800	16,0/4200	8,6:1	2450	1361/1382	3985	940	432
				6414001-6414163	901/38												
1971	Coupé	914.4	4722900001-4722921580	W2000001-2021580	W80 EA 80	914/11	4	90 x 66	1679	80/4900	13,6/2700	8,2:1	2450	1337/1374	3985	9000	21440
		914.6	9142430011-9142430260	6420001-6420270	901/38	914/01	6	80 x 66	1991	110/5800	16,0/4200	8,6:1	2450	1361/1382	3985	940	229
	Coupé	914.8	914111+914006	908046-9180001		916	8	85 x 66	2997	300/8000							2
						916	8	85 x 66	2997	250/8000							
	Coupé	916	91423300011-9142330020	6325001-6325002	911/56	923/01	6	84 x 70,4	2341	190/6500	22,0/5200	8,5:1	2450	1386/1480	3985	910	11
				6325021-6325027			6	90 x 70,4	2687	210/6300	26,0/5100	8,5:1	2450	1386/1480	3985	1080	
1972	Coupé	914.4	4732900001-4732927660	W3000001-	W80	914/12	4	90 x 66	1679	80/4900	13,6/2700	8,2:1	2450	1343/1383	3985	950	27660
				EA3000001-	EA80												
				EB3000001-	EB72		4	90 x 66	1679	72/4900	13,6/2700	7,3:1	2450	1343/1383	3985	970	
				GB3000001-	GB100		4	94 x 71,1	1971	100/5000	16,0/3500	8,0:1	2450	1343/1383	3985	950	
				GA3000001-	GA95		4	94 x 71,1	1971	95/4900	16,0/3500	7,6:1	2450	1343/1383	3985	970	
1973	Coupé	914.4	4742900001-4742921379	AN4000001-	AN85	914/12	4	93 x 66	1795	85/5000	13,8/3400	8,6:1	2450	1343/1383	3985	950	21379
				EC4000001-	EC76		4	93 x 66	1795	76/4800	13,8/3400	7,5:1			4050	970	
				GB4000001-	GB100		4	94 x 71,1	1971	100/4900	16,0/3500	8,0:1	2450	1343/1383	3985	950	
				GA4000001-	GA95		4	94 x 71, 1	1971	95/4900	16,0/3500	7,6:1			4050	970	

912/914.4/914.6/916/912 E

Baujahr	Modell Karosse	Typ	Fahrgestell-Nr.	Motor-Nr.	Motor-Typ	Getr.-Typ	Zyl.	Bohrung x Hub	Hubraum	DIN-PS bei U/min.	mkp bei U/min.	Verdtg.	Radstand	Spur vorn/hinten	Länge	Gewicht	Produkt. Stck.
1974	Coupé	914.4	4752900001- 4752911369		EN85 EC76 GB100	914/12	4 4 4	93 x 66 93 x 66 94 x 71,1	1795 1795 1971	85/5000 76/4800 100/4900	13,8/3400 13,8/3400 16,0/3500	8,6:1 7,5:1 8,0:1	2450	1343/1383	4050 4050 3985	970 970 950	11369
1975	Coupé	914,4	4762900001- 4762914100		GA95		4	94 x 71,1	1971	95/4900	16,0/3500	7,6:1			4050	970	14100
1975	Coupé	912E	9126000001- 9126002099	4060001- 4062115	923/02	923/02	4	94 x 71,1	1971	90/4900	14,0/4000	7,6:1	2271	1360/1330	4291	1160	2099

Bemerkungen:
Typ 912: Synchrongetriebe 902/1 (5-Gang) bis Modell 1965, außer USA.
Bauart: 5-Gang-Getriebe und Ausgleichsgetriebe in einem Gehäuse.
Synchrongetriebe 902/0 USA (5-Gang) Modell 1966 bis 1967.
Bauart: wie 902/1.
Synchrongetriebe 902/02 (5-Gang) Europa ab Modell 1968.
Bauart: wie 902/1.
Synchrongetriebe 902/01 (4-Gang) USA und Inland ab Modell 1968.
Bauart: wie 902/1.

Typ 914: Motor W80: 1,7 Liter mit 80 PS/4900. EC oder EC-a: US-Ausführung mit 76 PS. EC-b; Kalifornien-Ausführung mit 76 PS. AN: 85 PS. GC-a; US-Ausführung mit 88 PS. GC-b: Kalifornien-Ausführung mit 88 PS. GB: 100 PS.
Getriebe 914/11 (5-Gang) bis 1971. Ab 1972 914/12 (5-Gang).
Getriebe für 914-6 vom Porsche 911, Typ 901-Fünfgang.

124 Schnitt-Zeichnungen der VW-Porsche-Modelle 914-4 (oben) und 914-Sechszylinder

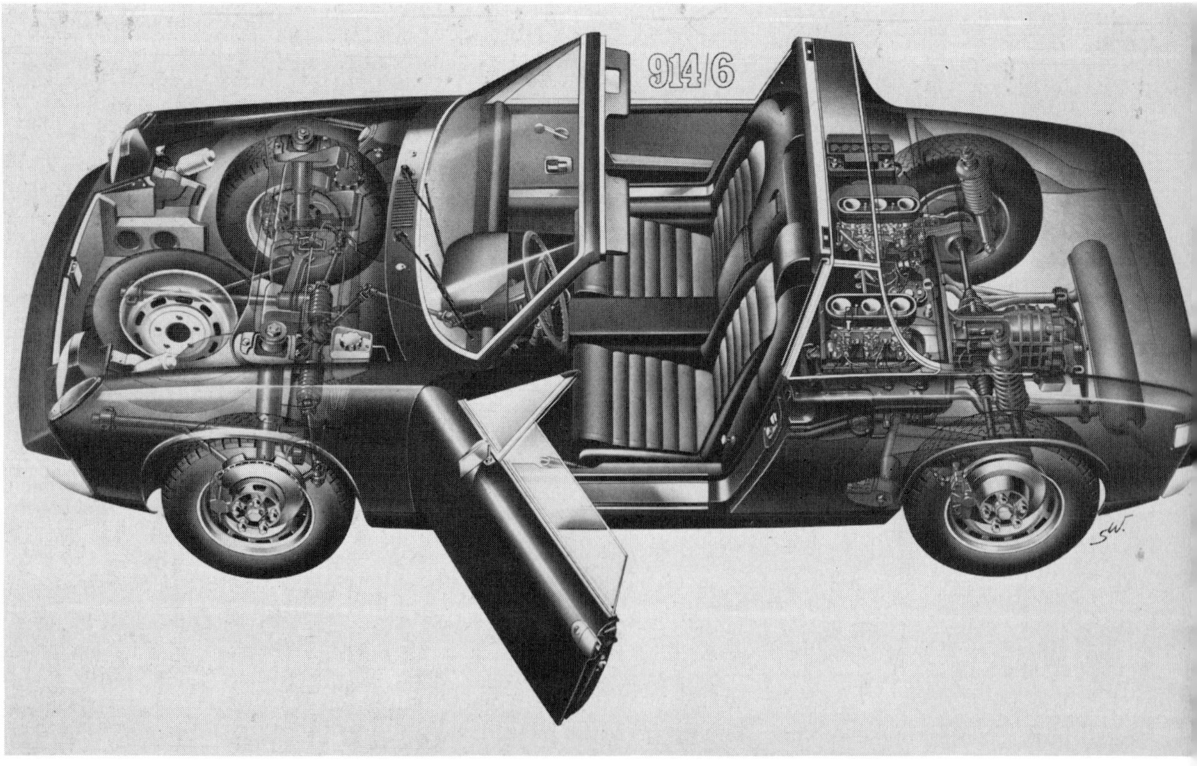

Optisch unterschieden sich die Typen 914-4 und 914-6 fast nur durch die Felgenbreiten

Die 914-Typen hatten fast zwei gleich große Kofferräume: Vorn (oben), hinten (unten)

Die Rückenlehnen des für zwei Personen zugelassenen 914 grenzen direkt an den Motor

Die Scheinwerfer sind »Schlafaugen«, die beim Einschalten des Lichts herauskommen

Der Sechszylinder-Motor im Typ 914-6 stammte von Porsche und hatte 2000 cm^3

Das Cockpit war ausgesprochen funktionell und bei beiden Typen fast identisch

128 Ab dem Baujahr 1975 erhielt der 914-4 Sicherheits-Stoßstangen an Front und Bug, der Cw-Wert verbesserte sich dadurch nur von 0,38 auf 0,377.

Der 914 mit 2-Liter-Vierzylinder-Modell erreichte 1975/76 eine ausgereifte Qualität

Nur in elf Exemplaren gebaut: Porsche 916. Eine Luxusversion des 914 mit 2,4-l-Motor

Das Fahrwerk stimmte weitgehend mit dem 914-6 überein – allerdings mit 7-Zoll-Felgen

Ein neu konstruierter Frontspoiler gegen die Entlastung der Vorderachse bei Vollgas

Wuchtige Kotflügel verbreiterten den Porsche 916 um neun Zentimeter

Die Innenausstattung durften die Käufer nach ihren eigenen Wünschen wählen

Typ 924 (1975–1985)

Wechselvoll wie selten bei einem Automobil verlief die Entstehungsgeschichte des Porsche 924. Aus dem Entwicklungsauftrag EA 425, den das Volkswagenwerk bereits 1970 an Porsche vergab, sollte ursprünglich ein Nachfolgemodell des VW-Porsche 914 werden. Dann sollte es ein reinrassiger VW werden, bis VW-Chef Schmücker den Sportwagen ganz aus dem Modellprogramm strich. Die Lösung: Porsche übernahm den fertigen Wagen und läßt ihn seitdem im Neckarsulmer Audi-NSU-Werk bauen.

Die Karosserie ist eine komplett neue Entwicklung, im Gegensatz zu den meisten Aggregaten. Das 2+2-Coupé hat eine große Heckklappe, abfallende Motorhaube, in die Stoßstange einbezogene Blinker und Fernscheinwerfer, ausklappbare Hauptscheinwerfer und einen integrierten Frontspoiler.

Unbestritten sind die Vorteile des glatten Blechkleides: Es ist ausgesprochen windschlüpfrig und erreicht einen cw-Wert von 0.36 – günstig für eine hohe Endgeschwindigkeit und niedrigen Verbrauch. Praktisch ist die gläserne Heckklappe, die bequemen Zugang zum glattflächigen, recht geräumigen Gepäckabteil gewährt. Der Gepäckraum ist zudem durch Vorklappen der Rückenlehne beträchtlich zu erweitern.

Die Sitze stammen aus dem 911-Bauprogramm und lassen keine Wünsche offen. Zudem ist auf den vorderen Plätzen reichlich Bewegungsfreiheit gegeben. Hinten geht es dafür um einiges enger zu: Die muldenförmigen, durch den recht hohen Antriebstunnel getrennten Notsitze sind höchstens für kleinere Kinder zumutbar.

Kaum etwas auszusetzen gibt es an der Anordnung und Betätigung der einzelnen Bedienungsorgane. Außer den drei Rundinstrumenten hinter dem Lenkrad befinden sich in einer Mittelkonsole noch Zusatzinstrumente für Öltemperatur und -druck, sowie Uhrzeit – allerdings nur gegen Aufpreis von 125,– DM erhältlich.

Die Karosserieteile sind feuerverzinkt und erhalten von Porsche eine Rostschutzgarantie von sechs Jahren – wie auch die 911-Baureihe.

Wesentliches Merkmal des 924 ist die Transaxle-Bauweise: Der wassergekühlte Motor ist vorn eingebaut, das Getriebe liegt an der angetriebenen Hinterachse. Der einschließlich Kupplung vorn liegende Motor ist durch ein fast zwei Meter langes starres Tragrohr verbunden, in dem vierfach gelagert die 20 mm dünne drehelastische Antriebswelle läuft.
Der um 40 Grad geneigt eingebaute Zweiliter-Vierzylindermotor ist eine Weiterentwicklung des Audi-100-Triebwerkes mit obenliegender Nokkenwelle und Bosch-K-Jetronic. In gedrosselter Version treibt dieses Aggregat auch den VW-LT (Last-Transporter) an. Im 924 leistet der Motor 125 PS bei 5800 U/min.
Von diesen Leistungsdaten sind naturgemäß keine überragenden Fahrleistungen zu erwarten. Das Werk gibt für die Beschleunigung von 0 auf 100 km/h 10,5 Sekunden an und eine Spitze von exakt 200 km/h. Da das verwendete Audi-Getriebe nur vier Gänge zuläßt, stimmt auch die Getriebeabstufung nicht hundertprozentig. Abhilfe schuf hier erst das bei Porsche entwickelte Fünfgang-Getriebe, welches ab Modelljahr 1978 beim 924 wahlweise angeboten wird. Die lange Übersetzung des Viergang-Getriebes hat allerdings auch Vorteile: Auf Autobahnen hält man mühelos Dauergeschwindigkeiten von 180 km/h und schont dabei den Benzinvorrat. Die Sparsamkeit des 924 ist dann auch ausgesprochen erfreulich. Nur selten werden mehr als 12 Liter Superbenzin verbraucht!
Mit einer Federbein-Vorderachse, einer Schräglenker-Hinterachse und einer ausgeglichenen Gewichtsverteilung bietet der 924 günstige Voraussetzungen für gutes, weitgehend problemloses Fahrverhalten. Kurven aller Art lassen sich mit überdurchschnittlichen Geschwindigkeiten umrunden. Dabei verhält sich das Auto neutral bis leicht untersteuernd, um im Grenzbereich mit dem Heck auszubrechen. Gute Bodenhaftung der Antriebsräder und ausgezeichneter Geradeauslauf runden das durchweg positive Bild ab. Dabei sind die gegen Aufpreis lieferbaren Stabilisatoren sportlichen Fahrern unbedingt zu empfehlen.
Die Zahnstangenlenkung arbeitet exakt, ausreichend direkt und im Fahrbetrieb angenehm leichtgängig. Die gemischte Bremsanlage – vorn Schwimmsattel-Scheiben, hinten Trommel – ist ausreichend dimensioniert. Für ein sportliches Auto dieser Größenordnung ist der Federungskomfort durchaus ansprechend und wird mit Straßenunebenheiten recht gut fertig.
Durch Anpassung an das bekannt hohe Level der Porsche-Modelle darf man von dem 924 in Zukunft noch einiges erwarten. Auf jedenfall war er Ende 1977 schon der meistgekaufte Sportwagen in der ganzen Welt.

Karosserie/Fahrgestell

Die Karosserie des 924 wurde speziell im Hinblick auf einen geringen Luftwiderstand gebaut. Die selbsttragende Stahlkarosse erfüllt jedoch noch eine ganze Anzahl weiterer Bedingungen. In dem Porsche-Entwicklungszentrum Weissach gibt man dem 924 jene passive Sicherheit, die dem neuesten Stand der Technik und Forschung entsprechen. In zahllosen Crash-Versuchen werden Struktur und Ausstattung erfolgreich auf optimale Sicherheit getestet.

Seine besonderen stilistischen Akzente erhält der 924 durch den glattflächigen Bug mit elektrisch angetriebenen Klappscheinwerfern, integrierter Stoßstange und unauffällig angeordnetem Kühllufteinlaß. Weiterhin durch die geschwungene Seitenlinie und das großflächige, seitlich herumgezogene Heckfenster. Diese sorgfältige aerodynamische Durchbildung der Karosserie macht sich nicht nur durch geringen Luftwiderstand, sondern auch durch geringe Windgeräusche bei hohem Tempo bemerkbar.

Das 2+2-Coupé ist so konzipiert, daß auf den Rücksitzen Kinder, oder auch kurzfristig Erwachsene transportiert werden können. Der große Kofferraum ist durch die bei Entriegelung automatisch nach oben klappende Heckscheibe leicht zugänglich. Zusätzlicher Stau- und Ablageraum entsteht durch Vorklappen der Rücksitzlehnen. Im Boden des Kofferraumes gibt es abgedeckte Gepäckfächer.

In den beiden Original-Porschesitzen finden Fahrer und Beifahrer ausreichend Platz und Bewegungsfreiheit und sind dennoch durch den hochliegenden Antriebstunnel cockpitartig voneinander getrennt. Die Sicht aus dem nur 127 Zentimeter hohen Coupé ist für normal große Fahrer dank reichlicher Verglasung recht gut.

Auch die Fahr- und Komforteigenschaften des Porsche 924 zeigen deutlich, daß der Zweiliter ein Sportwagen der neuen Generation ist. Im Fahrverhalten gibt es für den Piloten keine Probleme zu meistern. Die Auslegung ist neutral und das Eigenlenkverhalten in Kurven gut kontrollierbar. Auch der Geradeauslauf bei hohen Geschwindigkeiten ist tadellos. Diese guten Radführungs- und Federungseigenschaften bringen die Einzelradaufhängung an Querlenkern und Federbeinen – System McPherson – (vorn) und Schräglenkern hinten. Die Federung übernehmen vorn koaxiale Schraubenfedern mit doppelt wirkenden hydraulischen Stoßdämpfern. Hinten arbeitet dasselbe Dämpfersystem mit querliegenden Drehstäben. Zur Lagerung der Schräglenker dient

ein stabiles Querrohr. Übrigens: Die Hinterachse stammt vom VW-Käfer und die Vorderachse ist der des VW-Golf nicht unähnlich.
Auf Handlichkeit, guten Fahrbahnkontakt und leichte Betätigung ist die Zahnstangenlenkung angelegt, die mit einer Übersetzung von 1:19,15 arbeitet. Die Diagonal-Zweikreisbremsanlage (vorn Schwimmsattel-Scheibenbremsen) erhält zur Minderung der Betätigungskräfte einen Bremskraftverstärker. Die Handbremse wirkt mechanisch auf die Trommelbremsen an der Hinterachse.

Motor

Beim Antriebsaggregat greift Porsche auf Großserienteile zurück. So verrichtet z. B. der Motor in schwächerer Form im VW-Lastentransporter seinen Dienst. Der wassergekühlte Vierzylinder-Reihenviertakt-Motor hat im 924 knapp zwei Liter Hubraum (1984 cm^3, Bohrung/Hub: 86,5/84,4 mm) und leistet mit einer obenliegenden Nockenwelle 125 PS bei 5800 U/min. Eine K-Jetronic-Benzineinspritzung, eine spezielle Doppelrohr-Abgasanlage (Verdichtungsverhältnis von 9,3:1) sorgen für ein recht sportliches Leistungsniveau. Das maximale Drehmoment von 16,8 kpm wird bereits bei 3500 U/min erreicht, die Höchstdrehzahl liegt bei 6500 U/min.
Die stahlgeschmiedete Kurbelwelle ist fünffach gelagert; die in einer Reihe hängenden Ventile werden durch die mit Zahnriemen angetriebene Nockenwelle und Tassenstößel gesteuert. Die Schmierung geschieht mit Druckumlauf durch eine Sichel-Zahnradpumpe, der dazu gehörende Ölfilter liegt im Hauptstrom. Eine elektrische Benzinpumpe fördert das mit mindestens 98 Oktan zu fahrende Superbenzin aus dem 66-Liter-Tank in das Einspritzsystem.
Das Kühlsystem wurde mit einem raumsparend gebauten Hochleistungs-Wasserkühler den besonderen Anforderungen des Sportwagenbetriebes angepaßt. Die Abgasanlage ist schwingungsarm am Transaxlerohr und am Achsantrieb montiert.

Kraftübertragung

Die als »Transaxle«-Bauweise bezeichnete Antriebskonzeption mit hinten liegendem Schaltgetriebe hat unter anderem den Vorzug besserer Gewichtsverteilung. Beim Porsche 924 beträgt sie 48 zu 52 Prozent (vorn/hinten). Abweichend von anderen Fahrzeugen, die mit demselben oder einem ähnlichen System arbeiten (Alfa Romeo Alfetta, Ferrari GTB 4), zeichnet sich die Porsche-Konstruktion noch durch eine Besonderheit aus. Der inklusive Kupplung vorn liegende Motor ist mit der Getriebeeinheit durch ein fast zwei Meter langes, starres Tragrohr

verbunden. In diesem Tragrohr läuft die vierfach gelagerte Antriebswelle, die nur 20 mm dick ist!
Die gesamte Transaxle-Einheit ist an vier Punkten mit der Karosserie verbunden. Weitere Vorteile dieses Systems: Dadurch, daß Schaltgestänge und Schalthebel direkt und ohne zusätzliche Gelenke auf dem Zentralrohr sitzen, läßt sich eine nahezu spielfreie Schaltübertragung realisieren. Kupplung (Einscheiben) und Getriebe (4-Gang) sind für Reparaturen durch Lösen der Flansch-Schrauben gut erreichbar; das System als Ganzes, aber auch der Motor und die übrigen Aggregate einzeln sind leicht demontierbar. Statt des Viergang-Getriebes kann ab dem Herbst 1976 auch eine Vollautomatik, die aus dem VW-Audi-Programm stammt, eingebaut werden.
Vom mit dem Getriebe verblockten Differential wird die Antriebskraft über Doppelgelenkwellen – mit Längenausgleich zu den Hinterrädern – übertragen.

Ausstattung

Im Innenraum des 924 ist die Funktionalität zu spüren, die die Porsche-Modelle der letzten Jahre berühmt machte. Klar, wenn auch nicht ganz so übersichtlich wie beim 911, liegen die drei Hauptinstrumente vor dem Fahrer. In der Mitte der Dreiergruppe der bis 250 km/h reichende Geschwindigkeitsmesser. Rechts davon der Drehzahlmesser, dessen Warnbereich bei 6500 U/min anfängt. Im linken Instrument verbergen sich Tank- und Temperaturanzeige so wie einige Funktionslichter. In der Mitte, vor dem Schalthebel, liegen drei etwas kleinere Instrumente. Diese zeigen Öldruck und -Temperatur sowie die Uhrzeit an. Darunter die Heizanlage und Platz für das Radio. Über diesem Mitteltunnel befinden sich die Heizdüsen, von denen noch zwei kleinere links und rechts von der Instrumententafel plaziert sind. Ein griffiges Zweispeichen-Lenkrad, ein abschließbarer Handschuhkasten und der sehr kurze Schaltknüppel vervollständigen den gefälligen Eindruck.
Für den Sitzkomfort von Fahrer und Beifahrer sorgen die bewährten Sitze mit integrierter Kopfstütze aus dem 911-Programm. Hochwertige Bezüge in geschmackvoll abgestimmten Farben verhelfen zu behaglicher Eleganz.
Auch der Fahrer des Porsche 924 kann sich für eine Variante mit herausnehmbarem Mitteldach entscheiden – ähnlich wie beim 911 Targa. Beim 924 wird das Kunststoffdach abgenommen und im Kofferraum verstaut.
Weitere Ausrüstungsdetails: Halogenlicht, mehrstufige Scheibenwischer, überdimensionierte Heizungs- und Belüftungsanlage, beheiz-

bare Heckscheibe. Auf Wunsch gibt es eine Scheinwerfer-Reinigungs-Anlage und den Heckscheibenwischer.

ÄNDERUNGEN ZUM BAUJAHR/MODELLJAHR

1977

Im Rahmen der Modellpflege des Porsche 924 haben sich die Ingenieure ganz auf die Kundenwünsche konzentriert. Ein häufig geäußerter Wunsch galt der Gepäckbefestigung und der Kofferraumabdeckung gegen Einblicke von außen. Ihm wurde entsprochen durch ein leicht zu bedienendes Rollo, das das mitgeführte Gepäck verdeckt.
Das bereits bei der Vorstellung des 924 angekündigte vollautomatische Getriebe wird ab Oktober 1976 in Produktion gehen.
Die Serienausstattung wird im einzelnen wie folgt erweitert: Zusatzinstrumente in der Mittelkonsole (Öldruckmesser und Voltmeter, die bisher nur gegen Aufpreis geliefert wurden). Halterung im Kofferraum zur Befestigung von Gepäckstücken. Rollo zur Kofferraumabdeckung. Flankenschutzleiste aus Hartgummi.
Anfang Januar 1977 wurde aus Anlaß des Gewinns zweier Weltmeisterschaften im Automobilsport des Jahres 1976 eine Sonderserie des Porsche 924 aufgelegt. Die in der Grundfarbe weiß lackierten Fahrzeuge tragen die leuchtenden Farben des Porsche-Martini-Werksteams in Form von blauen und roten Seitenstreifen. Sitze und Rücksitze sind mit roten Stoff-Mittelbahnen und blauen Nahtkanten ausgestattet. Der Teppichboden und die Kofferraumauskleidung sind wieder in Rot gehalten.
Als Mehrausstattung erhält das Sondermodell Stabilisatoren vorn und hinten, weiß lackierte Leichtmetallfelgen, Stahlgürtelreifen der Größe 185/70 HR 14 und ein Lederlenkrad. Eine spezielle Plakette erinnert an die von Porsche errungenen Weltmeistertitel.

1978

Ein Porsche-Fünfgang-Getriebe auf Wunsch, das ist die wichtigste Neuerung für den Porsche 924. Daneben gibt es aber eine Reihe von Detailverbesserungen für das erfolgreiche Porsche-Produkt, dessen konstruktive Philosophie vom legendären Typ 356 übernommen wurde (vollwertiger Sportwagen zu erschwinglichem Preis, dank Verwendung von Großserienteilen).

So gibt es jetzt drei neue Innenausstattungen in den Farben braun, beige und schwarz. Dazu kommt die Kofferraumabdeckung in entsprechendem Farbton.

Für die Außenhaut sind jetzt vier neue Farben lieferbar, nämlich: malagarot, alpinweiß, cockneybraun und kolibigrün metallic. Weitere Neuerungen umfassen ein optisch und akustisch verbessertes Auspuffsystem mit großem, ovalem Endrohr, sowie als Sonderwunsch gegen Aufpreis Sport-Stoßdämpfer, elektrische Fensterheber und Leichtmetallräder in schwarzem Schrumpflack.
Nach einer Produktionsdauer von nur 26 Monaten lief am 24. April 1978 der 50.000 Porsche 924 vom Band und am 4. Februar 1981 durfte bereits das 100.000ste Exemplar der neuen Sportwagen-Generation vom Typ 924 gefeiert werden. In enger Kooperation mit Audi-NSU wird der Porsche 924 in Neckarsulm hergestellt, wo jetzt arbeitstäglich bis zu 100 Wagen dieses Typs vom Band laufen.

1979

Der Porsche 924, der am stärksten gefragte Sportwagen, den Porsche je entwickelt hat, enthält mit Beginn des neuen Modelljahres serienmäßig ein Audi-Fünfgang-Getriebe. Vom bisher schon auf Wunsch lieferbaren Fünfgang-Getriebe unterscheidet es sich durch das Schaltschema: Mit den je in einer Ebene liegenden Gängen 1 und 2, 3 und 4 sowie 5 und R entspricht es nun dem Schaltschema des Porsche 911 SC. Damit hat Porsche dem Wunsch zahlreicher 924-Kunden schnell Rechnung getragen.
Größerem Komfort dient der von 7 Zoll auf 9 Zoll vergrößerte Bremskraft-Verstärker, der die aufzuwendende Fußkraft spürbar reduziert.
Serienmäßig verfügt der Porsche 924 jetzt über einen manuell von innen verstellbaren Außenspiegel. Die Kofferraumleuchte wird automatisch durch Öffnen der großen Heckhaube eingeschaltet. Die Tankdeckelklappe ist nun mehr verdeckt.
Auch äußerlich ist der Porsche 924 noch attraktiver geworden. Außer durch neue Farben, Zweifarbenlackierungen und neue Innenausstattungen unterscheidet er sich durch schwarze Seitenfenster-Einfassungen von der bisherigen Serie.
Das technische Konzept wurde nicht geändert. Der Zweiliter-Vierzylinder-Motor des über 200 km/h schnellen 924 leistet 92 kW/125 PS bei 5800/min. Er ist im Transaxle-System über ein zentrales, starres Rohr mit dem an der Hinterachse angeordneten Getriebe und Differential verbunden. Dadurch hat Porsche eine praktisch ausgeglichene Gewichtsverteilung und optimales Fahrverhalten erreicht. Zumal auch die Wirtschaftlichkeit des Porsche 924 schon sprichwörtlich geworden ist. Neben der Langzeit-Garantie von sechs Jahren und extrem großen Inspektionsintervallen von 20.000 Kilometern macht ihn sein sehr be-

scheidener Benzin-Verbrauch heute noch attraktiver: Nach den neuen, praxisbezogenen Normen verbraucht er nur 6,6 Liter auf 100 km bei konstant 90 km/h, 8,1 Liter bei konstant 120 km/h und 12,4 Liter bei Stadtfahrt.

1980

Das funktionelle Konzept des Porsche 924 geht fast unverändert ins sechste Modelljahr. Die nun auf sieben Jahre und die gesamte Karosserie (bisher auf sechs Jahre und die Bodengruppe eingeschränkt) ausgedehnte Garantie gegen Durchrostungsschäden verbrieft seine Wertbeständigkeit.

Serienmäßig verfügt der Porsche 924 zusätzlich über Seitenblinkleuchten in den vorderen Kotflügeln und über eine Nebelschlußleuchte. Eine Zusatzdämmung bewirkt weitere Geräuschminderung.

Ein vorne nun serienmäßig installierter Stabilisator sowie stärkere Drehstäbe hinten tragen zur Verminderung von Seitenneigung in scharf gefahrenen Kurven und zu noch besserem Fahrververhalten bei.

Neue Farben und Innenausstattungen sowie Porsche-Schriftzüge auf den Türtafeln unterscheiden den neuen 924 äußerlich vom letztjährigen Modell. Akustisch kann er sich durch die Fanfare bemerkbar machen, die bisher dem 924 Turbo vorbehalten war. Zu den möglichen neuen Sonderwünschen bei der 924-Ausstattung zählen eine Kassettenkonsole, Ganzstoffsitze mit neuem Berberbezug oder Sportsitze. Außerdem ist der 924 auch mit Speichenrädern und 60er-Reifen zu haben.

In begrenzter Serie bietet Porsche bis zum Spätherbst 1980 auch ein Sondermodell des 924 an: den 924-Le-Mans. Dieser Sportwagen erinnert äußerlich in seiner alpinweißen Lackierung mit umlaufenden dreifarbigen Streifen und seitlichen »Le Mans«-Schriftzügen an das sensationelle Debüt der 924-Rennversion in LeMans 1980. Die Innenausstattung besteht aus schwarzem Kunstleder mit schwarz-weißem Nadelstreifenstoff und weißer Paspelierung. Technisch unterscheidet sich das LeMans-Modell vom normalen 924 vor allem durch ein noch sportlicher abgestimmtes Fahrwerk: Der 924 LeMans verfügt über schwarze Leichtmetall-Speichenräder 6J × 15-Zoll mit blanken Fronten und 60er-Reifen der Größen 205/60 HR 15, Sport-Stoßdämpfer sowie Stabilisatoren vorne und hinten. Er ist serienmäßig mit dem sonst nur auf Sonderwunsch lieferbaren kleineren Vierspeichen-Lederlenkrad von 36 cm Durchmesser ausgestattet. Der vom 924 Turbo übernommene Heckspoiler verleiht ihm einen Luftwiderstandsbeiwert von sensationellen 0,33, dem wohl weltbesten cw-Wert eines Serien-Coupés überhaupt.

Seit Mitte 1979 laufen in praktischer Erprobung zehn Porsche-Testfahrzeuge, die im Rahmen eines Großversuches mit 800 anderen Autos neue Energiequellen für den Straßenverkehr erproben sollen. Bei diesem großenteils vom Bundesministerium für Forschung und Technologie finanzierten Projekt soll auch festgestellt werden, wie sich Methanol allein oder in Verbindung mit Benzin bei der Verbrennung im Motor verhält und welche Verbrauchs- und Abgasemissionswerte sich dabei ergeben.
Für den Porsche-Versuch wurden dem Benzin 15% Methanol beigemischt. Der Mager-Motor des Methanol-Porsche 924 hat ein Verdichtungsverhältnis von 12,5:1 gegenüber 9,3:1 in der Serien-Ausführung. Durch das höhere Verdichtungsverhältnis und die dadurch mögliche Abmagerung des Gemisches ergeben sich auch günstigere Abgaswerte. Die Energieersparnis wird zwischen 5 und 15 Prozent liegen, obwohl die Leistung gegenüber dem Serien-924 von 125 auf 130 PS erhöht wurde.
Die Änderungen, die der 924 für die Umstellung auf Methanol-Betrieb erfuhr, betrafen zunächst einige Kunststoffteile im Kraftstoffsystem. Sie mußten ersetzt werden, da sie vom Methanol angegriffen würden. Darüber hinaus wurde der Motor thermodynamisch optimiert. Neben dem erhöhten Verdichtungsverhältnis erhielt er auch neugestaltete Brennräume und eine vollelektronische Zündung mit automatischer Zündzeitpunkt-Verstellung. Für optimales Kraftstoff-Luftgemisch sorgt wie bei allen Porsche-Sportwagen serienmäßig die Bosch-K-Jetronic-Einspritzung.
Diese Versuchs-Porsche 924 lassen sich nicht nur mit dem aus Kohle oder Erdgas gewonnenen Methanol, sondern auch nach Änderung der Motor-Einstellung mit Aethanol betreiben.
Aethanol ist biologisch herstellbar, zum Beispiel aus Zuckerrüben, Maniokwurzeln, Zuckerrohr oder Getreide. In Teilen Brasiliens werden dem Benzin bereits seit mehreren Jahren 25 Prozent Aethanol beigemischt. Im amerikanischen Bundesstaat Nebrasca gibt es an den Tankstellen »Gasohol«, das zu 90 Prozent aus Benzin und zu 10 Prozent aus Aethanol besteht. Dort wird Aethanol aus vergorenem Weizen gewonnen.

1981

Das funktionelle Konzept des Porsche 924 geht fast unverändert ins siebte Modelljahr. Das Design des 924-Lenkrades entspricht nunmehr jenem des 924 Turbo und des 924 Carrera. Neue Farben und Innenausstattungen sowie das Porsche-Wappen über dem Handschuhfachschloß

und mit dem Teppich ausgelegte Türtaschen unterscheiden den neuen 924 äußerlich vom letztjährigen Modell.
Für Freizeitsportler hat Porsche die zulässige Dachlast von 35 auf 75 Kilogramm erhöht. Damit lassen sich z. B. zwei Surfbretter auf dem Dach transportieren.
Die anderen, noch wichtigen Änderungen auf einen Blick: geänderte Einbaulage des Luftfiltereinsatzes; Tankentlüftung; Abweisblech an der Getriebeentlüftung, verbesserte Synchronringe; 40prozentiges Sperrdifferential (Sonderwunsch); Detailverbesserungen am Automatikgetriebe; geänderte Nachlaufeinstellwerte. Außerdem: neue Heizung mit verbessertem Luftdurchsatz und eine auf die Heizung abgestimmte Klimaanlage; Turbo-Heckspoiler (Sonderwunsch) und statische Gurte hinten.
Nach nur fünf Jahren Produktionszeit lief im Januar 1981 das 100000. Exemplar des Porsche 924 vom Band. Ein auch für Porsche neuer Rekord. Vom legendären Typ 356 verließen in 15jähriger Bauzeit nur 79000 Wagen das Werk. Und der inzwischen klassische Porsche-Sechszylinder, der 911, brauchte immerhin zwölf Jahre um 1975 die 100000-Marke zu überspringen. Die Gesamtstückzahl verteilt sich ähnlich wie bei den anderen Porsche-Sportwagen: 45000 Exemplare wurden in die USA verkauft, 31000 in der Bundesrepublik Deutschland, 24000 im Rest der Welt, vor allem aber in den Ländern der Europäischen Gemeinschaft und nach Japan.

1982

Der integrierte Heckspoiler unterscheidet den 924 des Modelljahres 1983 optisch von seinen Vorgängern. Funktionell ist die Bedeutung dieses Spoilers freilich wichtiger: er verbessert den Luftwiderstandsbeiwert von Cw = 0,36 auf Cw = 0,33. Bei einer unveränderten Frontfläche von 1,79 m^2 bedeutet dies Weltbestleistung unter den Serien-Sportwagen. Obwohl auch Fahrleistungen und Verbrauch unverändert bleiben, wird die Höchstgeschwindigkeit um einige km/h ansteigen und der Autobahn-Verbrauch dabei geringer sein.
Elf neue Farben sowie die Angleichung des Interieurs an den Porsche 944 tragen weiter bei zur Aufwertung des 924. Auf Wunsch sind Fahrer- und Beifahrersitz in Teillederausstattung lieferbar. Großen Wert legte Porsche auf die Akustik. So verfügt der 924 nun auch über die umfangreiche Innenraum-Dämmung des 924 Turbo (der nur noch in Italien angeboten wird) und auf Wunsch über eine neue Stereo-Radio-Kassettenanlage mit vier Lautsprechern, von denen zwei in den Türtafeln und zwei im Fond montiert sind. Ihre Musikbelastbarkeit ist von fünf auf fünfzehn

Watt gestiegen. Die geöffnete Motorhaube wird mit Gasfedern gestützt. Es entfallen u. a.: Die USA-, Kanada- und Japan-Modelle, die Automatic und die Zweifarben-Lackierung.

1983

Das funktionelle Konzept des Porsche 924 geht fast unverändert ins neunte Modelljahr. Mit inzwischen fast 130000 verkauften Exemplaren ist er einer der erfolgreichsten Porsche-Sportwagen überhaupt. Der Zweiliter-Vierzylinder-Motor des 204 km/h schnellen Wagens leistet 92 kW (125 PS) bei 5800 Umdrehungen pro Minute. Er ist im Transaxle-System über ein zentrales, starres Rohr mit dem an der Hinterachse angeordneten Getriebe und Differential verbunden. Dadurch hat Porsche eine praktisch ausgeglichene Gewichtsverteilung und optimales Fahrverhalten erreicht und gleichzeitig auch die passive Sicherheit erhöht.
Zur Wirtschaftlichkeit des 924 trägt vor allem der bescheidene Benzinverbrauch bei. Trotz seiner Leistungsfähigkeit begnügt er sich bei 90 km/h mit 6,6 Litern, bei 120 km/h mit 8,1 Litern und im dichten Stadtverkehr mit 12,4 Litern auf 100 Kilometern. Die Inspektionsintervalle von 20000 Kilometern halten den Wartungsaufwand in engen Grenzen, und die siebenjährige Langzeitgarantie gegen Durchrostungsschäden verbrieft seine Wertbeständigkeit.
Ein neues Innenausstattungsprogramm und Make-up-Spiegel in beiden Sonnenblenden tragen zur Aufwertung des 924 im Modelljahr 1984 bei. Hinzu kommt ein Komfortdetail, das vielen Kundenwünschen entspricht: den Heckdeckel des Porsche 924 kann der Fahrer nun elektrisch von innen entriegeln, ohne aussteigen oder den Zündschlüssel abziehen zu müssen.
Das auf Wunsch lieferbare herausnehmbare Dach ist erstmals mit einer elektrischen Hubeinrichtung versehen. Dadurch läßt es sich auch während der Fahrt innen hochstellen und wieder schließen. Ebenfalls auf Wunsch ist der Porsche 924 ab sofort mit Tempostat lieferbar, der automatisch die eingestellte Geschwindigkeit hält.

1984

Das für einen Sportwagen sehr wirtschaftliche Auto, das sich bei einem Tempo von 120 km/h mit einem Benzinkonsum von 8,1 Liter begnügt, präsentiert sich im Modelljahr 1985 mit neuen Farben, einer grün getönten Rundumverglasung und beheizten Waschdüsen. Zusätzlich sind für den 924, der wie alle Porsche eine siebenjährige Garantie gegen Durchrostung hat, die neuen Radios »Hamburg« und »Boston« lieferbar.

Gewichtsverteilung bei verschiedenen Bauweisen

Standard Bauweise

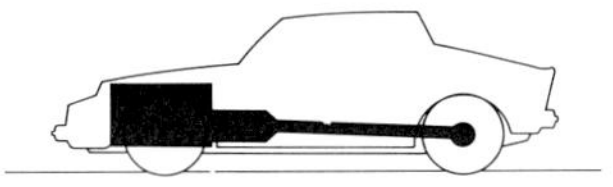

− Leer: Geringe Belastung der Hinterachse = schlechte Traktion der Antriebsräder (besonders im Winter und auf schlechten Straßen)

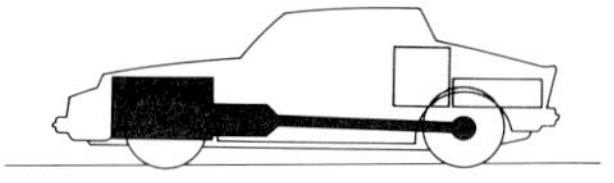

+ Beladen: Hohe Belastung der Hinterachse = gute Traktion der Antriebsräder

+ Großer variabel gestaltbarer Kofferraum

Heckmotor

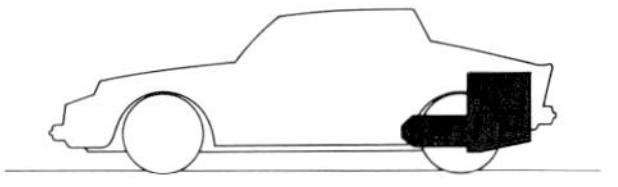

+ Leer: Hohe Belastung der Hinterachse = gute Traktion der Antriebsräder

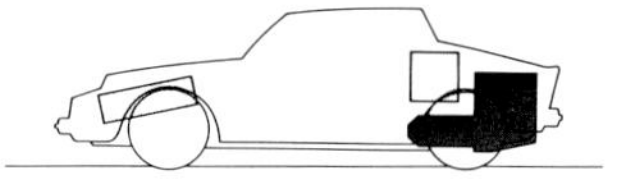

+ Beladen: Hohe Belastung der Hinterachse = gute Traktion der Antriebsräder

− geteilter Kofferraum

Vorderradantrieb

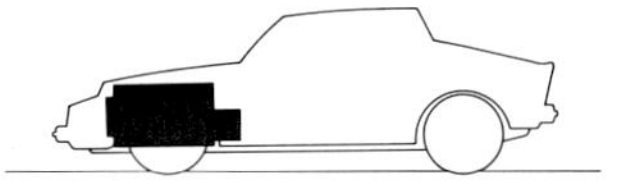

+ Leer: Hohe Belastung der Vorderachse = gute Traktion der Antriebsräder

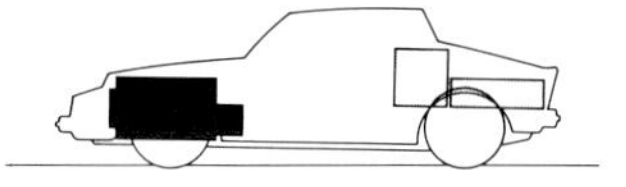

− Beladen: Geringe Belastung der Vorderachse = schlechte Traktion der Antriebsräder (Winter u. schlechte Straßen).

+ Großer variabel gestaltbarer Kofferraum

Transaxle-Bauweise – Porsche 924

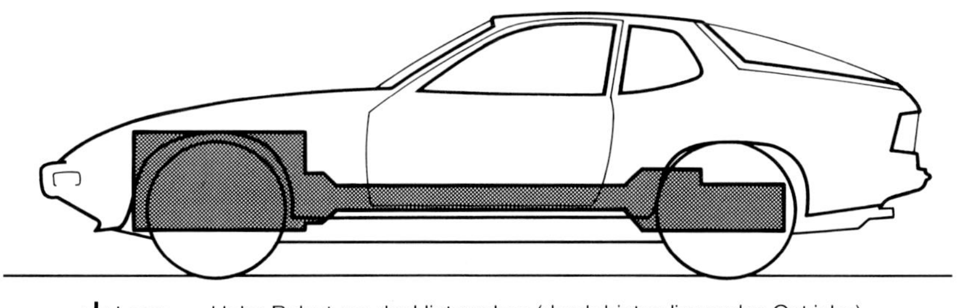

+ Leer: Hohe Belastung der Hinterachse (durch hinten liegendes Getriebe) dadurch gute Traktion der Antriebsräder.

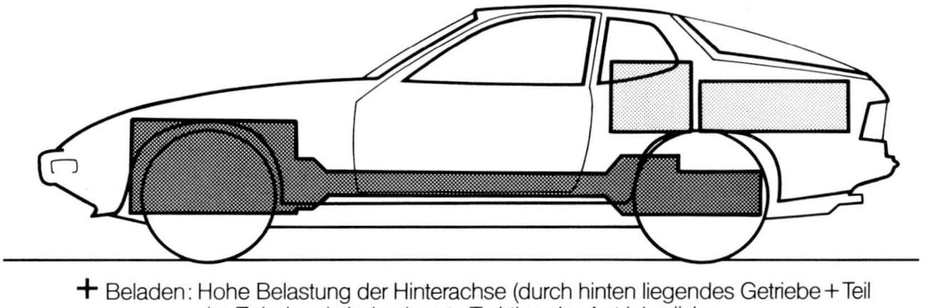

+ Beladen: Hohe Belastung der Hinterachse (durch hinten liegendes Getriebe + Teil der Zuladung) dadurch gute Traktion der Antriebsräder.

+ Großer, variabel gestaltbarer Kofferraum

144 Seiten-, Front- und Heckansicht des neuen, kleinen Porsche – Typ 924 – aus Stuttgart

Beim »924« ist der Innenraum und die Instrumentierung dem Porsche-Level angepaßt

Ein starres Rohr verbindet Motor und Getriebe, darin läuft eine 20 mm starke, verdrehelastische Welle mit identischer Motor-Drehzahl

Wassergekühlter Zwei-Liter-Motor mit obenliegender Nockenwelle, K-Jetronic, 125 PS

Kofferraumabdeckung durch ein leicht zu bedienendes Rollo im Porsche 924

Martini-Porsche 924: Sonderserie anläßlich des Gewinns zweier Weltmeisterschaften

Porsche 924, Baujahr 1980: Nahezu unverändert geht das funktionelle Konzept ins sechste Modelljahr. Äußerlich an den seitlichen Blinkleuchten vorn zu identifizieren

Porsche-5-Gang-Getriebe ab Baujahr 1979 – klar und funktionell: Cockpit des 924

Seitenansichten des Vierzylinder Audimotors mit 125 PS aus zwei Liter Hubraum

Vorder- (links) und Hinterachse (rechts) des Porsche 924, ab Baujahr 1980

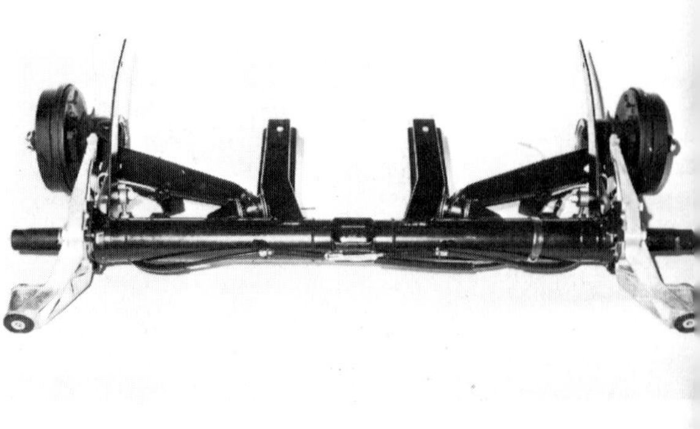

Nach nur fünf Jahren Produktionszeit lief im Januar 1981 der 100000. Porsche 924 vom Band (oben Dr. Ferry Porsche neben dem Jubelauto). Unten der 924 in der Ausführung des Baujahres 1982, mit 2 l und 125 PS.

150 Porsche 924 S: ab 1985 im Programm, löst er den 924 ab, der seit 1976 in über 130 000 Exemplaren gebaut wurde

Typ 924 Turbo (1978–1980)

Der Wunsch nach Leistungssteigerung beim 924 war in den drei Jahren seit Erscheinen des revolutionären neuen Porsche-Konzepts immer wieder geäußert worden. Er stieß keinesfalls bei den Weissacher Ingenieuren auf taube Ohren. Insbesondere nicht, weil man inzwischen ein Mittel zur Leistungssteigerung in der Hand hatte, das bei anderen Modellen aus der Porsche-Produktionspalette erfolgreich eingesetzt worden war: der Abgasturbolader.

Doch waren die Voraussetzungen für die Übernahme aus dem 911-Baukonzept in die 924-Baureihe ganz andere. Während der 911-Turbo (exakt 930 Turbo 3.3) nur eine kleine exklusive Auflage bleiben sollte, wurde der 924 turbo von vornherein als leistungstärkere Serienversion des normalen 924 geplant. In gleicher Weise sollte hier hohe Motorleistung mit Laufkultur und Straßenkomfort verbunden werden. In der Porsche-Modellpalette schließt der 924 nun die Lücke zwischen 924 Normal und 911 SC. Viel Mühe gab man sich in Weissach mit dem Motor. Das Ziel die gleiche Robustheit und Lebensdauer zu realisieren wie beim Normal-Triebwerk erforderte umfamgreiche technische Änderungen. So ergab es sich dann auch, daß diese Turbomotoren nicht bei Audi, sondern im Zuffenhausener Werk auf einem eigens eingerichteten Band montiert werden. Auch den verschiedenen Tests werden sie dort unterzogen, dann erst gehen sie auf den Weg zum Einbau nach Neckarsulm.

Wichtigster Unterschied an der 170 PS starken Kraftquelle gegenüber der nicht aufgeladenen 924-Version ist der völlig neu gestaltete Zylinderkopf mit geändertem Brennraum. Zurückgesetzte Ventile, am Auslaß um 3 mm vergrößert, und an die Ansaugseite verlegte Zündkerzen ermöglichten einen speziellen Turbo-Verhältnissen angepaßten Verbrennungsablauf. Niedrige Temperaturen trotz um 36 Prozent gesteigerter Literleistung sind unter anderem das Ergebnis. Ein mechanischer Drehzahlbegrenzer im Verteiler der wartungsfreien Transistor-Zündung verhindert zuverlässig ein Überdrehen.

Viel Aufmerksamkeit wurde darauf verwendet, den Übergang vom

unaufgeladenen in den aufgeladenen Arbeitsbereich fließend zu gestalten. So wurde das geometrische Verdichtungsverhältnis mit 7,5:1 relativ hoch angesetzt. Zugleich wurde der Lader so dimensioniert, daß seine Wirkung schon bei niedriger Drehzahl einsetzt. Mit maximal 0,7 bar Ladedruck ab ca. 2800/min erhöht sich dann das effektive Verdichtungsverhältnis auf bis zu 10,8:1.
Bei der Präsentation des 924 turbo wurde übrigens mit Nachdruck darauf hingewiesen, daß erst die beim 930 Turbo serienmäßig eingeführte abgasseitige Ladedruckregelung den Abgas-Turbolader für den Pkw-Ottomotor straßentauglich gemacht hat. Sie wurde dann naturgemäß auch für den 924 turbo übernommen: Steigt der Ladedruck über den vorgesehenen Wert, dann öffnet sich ein Bypass-Ventil. Die Abgase umgehen dann die Turbine, der Ladedruck bleibt konstant.
Die Bosch-K-Jetronic-Einspritzung mußte der höheren Leistung angepaßt werden. Der 924 turbo braucht auch mehr Kühlung: Ein separater Hauptstrom-Ölkühler führt die beim gesteigerten Energiedurchsatz entstehende Wärme ab. Zusätzliche Schlitze belüften den Motorraum, in dem es jetzt recht eng zugeht. Eine sogenannte NACA-Öffnung rechts oben in der Motorhaube führt Wärme ab, ohne den Luftwiderstand zu erhöhen. Ein Gummispoiler unten am Motorabdeckblech verbessert durch Unterdruck ebenfalls die Belüftung, die außer dem Motor auch den Bremsen zugute kommt.
Das über 50 Prozent höhere Drehmoment machte eine größere Kupplung und eine weiter verstärkte Antriebswelle notwendig, die jetzt jedoch wegen ihrer größeren Steifigkeit nur noch drei statt bisher vier Führungslager im Transaxlerohr benötigt. Auch die Achswellen wurden verstärkt und das Porsche-Fünfgang-Getriebe in der Abstufung leicht verändert. Durch den größeren Radius der 15-Zoll-Räder ergibt sich ein etwas niedriges Drehzahl-Niveau während der Fahrt.

ALLGEMEINE BESCHREIBUNG: TYP 924 TURBO (BASISMODELL)

Karosserie/Fahrgestell

Bei der Karosserie des 924 turbo ging es nicht darum, spektakuläre Effekte zu erzielen. Die wichtigsten Änderungen – speziell gegenüber dem Normal-924 – ergaben sich demnach überwiegend aus der Funktion: Vorn aus dem erhöhten Kühlluftbedarf, an den Rädern durch die Fünfloch-15-Zoll-Alufelgen mit speziellem Speichen-Design, am Heck durch den im Heckdeckel integrierten Spoiler aus Polyurethan.
Weitere Änderungen dienen mehr der optischen Unterscheidung:

Schwellerblende, schwarze Fensterzierleisten, zweifarbige Lackierung auf Wunsch. Innen ist der Turbo durch das vom 930 Turbo übernommene Leder-Lenkrad (auf Wunsch auch Vierspeichen-Lenkrad) gekennzeichnet. Der Schalthebel erhielt eine einteilige Ledermanschette und die Mittelkonsole einen seitlichen Teppichbezug. Auch der Schottenkaro-Polsterstoff bleibt dem 924 turbo vorbehalten.
Die Instrumente unterscheiden sich farblich vom normalen 924. Im Heck nimmt das Falt-Ersatzrad nur bescheidenen Raum in Anspruch, was dem Gepäckraum voll zugute kommt. Zum Aufpumpen dient ein elektrischer Kompressor, der auch für andere Gelegenheiten nutzbringend eingesetzt werden kann. Dem 924 in seinen aktuellen Versionen wird bescheinigt, daß sein Fahrwerk schneller sei als die angebotene Motorleistung. Die 25 km/h höhere Endgeschwindigkeit des Turbo gegenüber der Normalausführung des 924 stellen allerdings auf jeden Fall höhere Anforderungen an das Fahrwerk. Dennoch erweisen sich weitreichende Fahrwerksänderungen als unnötig. Da der Turbomotor mit seinen ganzen Neben-Aggregaten um 29 Kilogramm schwerer ist, mußte die Federung neu abgestimmt werden. Der sportlich-komfortable Grundcharakter blieb dabei erhalten. Vorn und hinten sind serienmäßig Stabilisatoren eingebaut, auf Wunsch gibt es dazu sportliche Stoßdämpfer. Die Lenkung wurde, um das Parken zu erleichtern, um fünf Prozent indirekter ausgelegt, was aber auf die Handlichkeit keinen Einfluß hat.
Die deutlich erhöhte Motorleistung mußte jedoch beim Fahrwerk in einigen Punkten berücksichtigt werden. Das geschah durch teilweise Übernahme von im 911, zum Teil auch im 928 erprobten Teilen. Neben verstärkten Radlagern sind dies insbesondere die fünffache Radbefestigung (statt vierfach beim Normal-924) und die Zweikreis-Bremsanlage mit vier innenbelüfteten Scheibenbremsen. Voraussetzung dafür war der Übergang auf 15-Zoll-Felgen mit Reifen 185/70 VR 15, die erst ausreichend Platz für die größere Bremsanlage bietet. Der Bremskraftverstärker wurde von sieben auf neun Zoll vergrößert, die Handbremse wirkt nun wie beim 928 auf eine separate Trommelbremse an beiden Hinterrädern. Die Hinterradspur vergrößerte sich geringfügig um 20 mm. Alle sonstigen Vorteile des 924-Fahrwerkes, besonders das ausgeglichene Achslastverhältnis leer und beladen, blieben erhalten oder kommen noch positiver zum Ausdruck.

Motor

Auf der Basis des sportlichen und im täglichen Einsatz bewährten Vierzylinder-Reihenmotors des 924 hat Porsche unter Beibehaltung des

Hubraumes von 1984 cm^3 und Herabsetzung der Motor-Nenndrehzahl von 5800/min auf 5500/min ein Triebwerk geschaffen, das 170 PS/125 kW leistet. Dennoch stellt sich das maximale Drehmoment von 25 kpm/245 Nm schon bei 3500/min ein.
Der Turbolader besteht aus einem Turbinen- und einem Verdichterrad, die auf einer gemeinsamen Welle befestigt sind. Die Auspuffgase des Motors treiben das Turbinenrad an und bringen es bei Vollast auf Drehzahlen bis zu 90.000/min. Das Verdichterrad dreht sich mit derselben Geschwindigkeit und saugt Luft an, die auf etwa 0,7 bar Überdruck verdichtet den Brennräumen zugeführt wird. Diese erhalten so wesentlich mehr Luft, als die Kolben bei einem konventionellen Motor ansaugen können.
Wie auch der 930 turbo verfügt der neue Porsche 924 turbo über einen zusätzlichen Ölkühler, der im Hauptstrom liegt, sowie über eine absolut verschleiß- und wartungsfreie, kontaktlose Transistorzündung und Platin-Zündkerzen. Mit diesen Maßnahmen gelang Porsche die Synthese von sportlicher Hochleistung und problemloser Alltagstauglichkeit.
Für die 924-Turbomotoren wurde in Zuffenhausen eine neue Motorenfertigung eingerichtet. Hier werden sie montiert und ebenso wie die 911-SC-, 928- und 930-Aggregate Stück für Stück sorgfältig getestet.
Die Kupplung mit 225 mm Durchmesser wird hydraulisch betätigt. Dadurch entfällt jegliches Nachstellen.
Erheblichen Aufwand leistete das Entwicklungszentrum Weissach, um insbesondere die Außengeräusche des 924 turbo zu minimieren. Umfangreiche Maßnahmen zur Schalldämpfung haben dazu geführt, daß der 924 turbo trotz der wesentlich höheren Leistung sogar leiser ist als der normale 924. Bei dem Anteil, den das Auspuffgeräusch am gesamten Außengeräusch hat, wirkt sich bei dem neuen Wagen die Turboaufladung zusätzlich günstig aus: Die Turbine nimmt einen Teil der thermischen und dynamischen Energie der sie antreibenden Abgase auf und wirkt dadurch wie ein zusätzlicher Schalldämpfer.

Getriebe

Wie die Porsche 924 und 928 verfügt auch der 924 turbo über das achslastausgleichende Transaxle-System: Der vorn eingebaute Motor ist mit dem an der Hinterachse angeordneten Porsche-Getriebe und Differential über ein zentrales, starres Rohr zu einer Einheit verschraubt. Dadurch wird eine annähernd ausgeglichene Gewichtsverteilung mit leichtem Mehrgewicht auf den angetriebenen Hinterrädern erreicht. Entsprechend der höheren Motorleistung beträgt der Durchmesser der Transaxlewelle im 924 turbo 25 mm (20 mm beim Normal-924).

Das serienmäßige Porsche-Fünfgang-Getriebe und die Achswellen wurden dem höheren Motordrehmoment und der größeren Endgeschwindigkeit angepaßt.

Ausstattung

Die funktionsgerechte und aerodynamisch günstige Karosserie entspricht im wesentlichen jener des bewährten 924. Der Heckspoiler, der auch die Bodenhaftung der Hinterräder verbessert, verringert den Luftwiderstand bei hohen Geschwindigkeiten jedoch nochmals: Der cw-Wert von nur 0,33 ist für einen Serienwagen sehr günstig. Typische Kennzeichen des Porsche 924 turbo sind darüber hinaus die Kühlluftschlitze in der Front und die sogenannte NACA-Öffnung auf der rechten Seite der Motorhaube. Sie verbessern die Abführung warmer Luft aus dem Motorraum. Zusätzliche Schlitze im Bugspoiler belüften den Ölkühler und die Vorderradbremsen.
In den 924-Sportwagen von Porsche sitzen Fahrer und Beifahrer körpergerecht, entspannt und fahrorientiert. Die Rücksitze sind als bequeme Kindersitze ausgelegt, für kurze Strecken jedoch auch für Erwachsene geeignet. Der große Kofferraum wird durch die nach oben klappbare Heckscheibe geöffnet und ist leicht zugänglich. Dabei läßt sich der Stauraum von 340 Litern durch Vorklappen der Rücksitzlehnen auf 540 Liter vergrößern. Der 924 turbo wird serienmäßig mit einem platzsparenden Falt-Ersatzrad ausgestattet. Eine selbstaufrollende Abdeckung schützt mitgeführtes Gepäck vor neugierigen Blicken ebenso wie vor direkter Sonnenbestrahlung.

ÄNDERUNGEN ZUM BAUJAHR/MODELLJAHR

1979

Der 924 turbo, auf dem deutschen Markt erst seit einem halben Jahr zu haben, geht technisch praktisch unverändert ins Baujahr 1979/80. Wie der 924 ist auch der 924 turbo in neuen Farben, Zweifarben-Lackierungen und mit neuen Innen-Ausstattungen lieferbar. Serienmäßig ist der fahrerseitige Außenspiegel von innen manuell verstellbar, die Tankklappe verdeckt angeordnet. Ebenfalls serienmäßig wird der 924 turbo von nun an mit elektrischen Fensterhebern und mit einer Nebelschlußleuchte geliefert.

Schon bisher hat der Porsche 924 turbo bewiesen, daß der Ottomotor mit Turboaufladung hohe Leistung bei gleichzeitig niedrigem Kraftstoffverbrauch erzielt. Der Einsatz einer neu entwickelten elektronischen Zündanlage schöpft die Möglichkeiten dieses Motorsystems jetzt noch weiter aus: Bei einer Leistungssteigerung um rund fünf Prozent auf nunmehr 177 PS/130 kW hat Porsche den Verbrauch des 924 turbo um etwa 13 Prozent senken können.
Diese Verbesserung wurde durch zwei Maßnahmen erreicht: Erstens durch die neuartige digitalelektronische Zündzeitpunktverstellung (DZV), die den Motor unter allen Bedingungen mit dem verbrauchs- und leistungsgünstigsten Zündzeitpunkt fahren läßt. Dies ermöglichte auch die zweite Maßnahme: das geometrische Verdichtungsverhältnis wurde von 7,5:1 auf den für einen Turbomotor hohen Wert von 8,5:1 angehoben.
Herz der DZV ist ein elektronischer Rechner, der aus Betriebsgrößen wie Drehzahl, Ladedruck und Ladelufttemperatur den jeweils optimalen Zündzeitpunkt ermittelt und einstellt. Da die Elektronik ohne Verschleißteile auskommt, wird die hohe Genauigkeit ihrer Funktion sogar wartungsfrei für die gesamte Motorlebensdauer erreicht.
Außerdem hat Porsche auch den Leerlauf-Kraftstoffverbrauch, der vor allem im Stadtverkehr ins Gewicht fällt, beim 924 turbo reduziert: In die elektronische Zündanlage ist eine Leerlaufstabilisierung integriert. Sie regelt den Zündzeitpunkt zusätzlich so, daß die Leerlauf-Drehzahl selbst dann konstant bleibt, wenn etwa Klimaanlage oder Licht eingeschaltet werden.
Der geringere Verbrauch ist gleichbedeutend mit höherem Gesamtwirkungsgrad des Motors: Die aus der Verbrennung des Kraftstoffes gewonnene Energie wird besser genutzt, weniger Energie wird in Kühlwasser und Abgas abgeführt. Die thermische Entlastung des Triebwerkes erlaubt im 924 turbo auch den Einsatz einer kleinen Abgasturbine, die außerdem das Drehmoment auf 22,5 kpm/250 Nm bei 3500/min verbessert. Deutlich größere Elastizität im unteren Drehzahlbereich ist die Folge speziell dieser Maßnahme.
Er ist nun aber nicht nur einer der sparsamsten und schnellsten Sportwagen, sondern dank der neuen Technik auch wohl der sparsamste seiner Klasse: Der Benzinverbrauch beträgt nach DIN 70.030 bei 90 km/h 6,7 Liter, bei 120 km/h 8,6 Liter und im Stadtverkehr 11,3 Liter – im Mittel also knapp 9 Liter. Während der Verbrauch um 13 Prozent gesenkt werden konnte, wuchs das Volumen des Kraftstofftanks des 924 turbo in der Deutschland-Ausführung auf 84 Liter Inhalt. Neue Farben und In-

nen-Ausstattungen, Porsche-Schriftzüge auf den Türtafeln, sowie zusätzliche Seitenblinkleuchten an den vorderen Kotflügeln unterscheiden den neuen 924 turbo äußerlich vom bisherigen Modell. Auf Wunsch bietet Porsche für diesen Wagen auch eine Musik-Kassettenkonsole auf dem Mitteltunnel, Ganzstoffsitze oder Sportsitze sowie ein neues Digital-Kassettenradio an.
Auch für die Werterhaltung hat Porsche einen neuen Maßstab gesetzt: Auf die gesamte Karosserie seiner Sportwagen gewährt Porsche jetzt eine Langzeit-Garantie von sieben Jahren gegen Durchrostungsschäden (bisher sechs Jahre auf die Bodengruppe).

1981

Zum Modell-Jahreswechsel ist der 924 Turbo mit neuen Farben und Innenausstattungen erhältlich. Die Türtaschen sind mit Teppichboden ausgestattet und das Handschuhfachschloß ist mit einem verschiebbaren Porsche-Wappen verdeckt.
Zugunsten der Beförderungsmöglichkeit auch schwerer sperriger Gerätschaft hat Porsche die zulässige Dachbelastung von 35 auf 75 Kilogramm erhöht.
Mitte des Jahres 1982 fällt dann bei Porsche die Entscheidung, den 924 Turbo mit einer Ausnahme – Italien – vom gesamten Inland und allen Exportländern zurückzuziehen. Der inzwischen angelaufene Typ 944 gräbt dem 924 Turbo das Wasser ab, so daß das Ende dieses schnellen und sparsamen 924 Turbo schneller kam als erwartet. In Italien wird er noch angeboten werden, weil dort eine Gesetzgebung Fahrzeuge bis zwei Liter Hubraum steuerlich erheblich günstiger stellt. Wenn allerdings der 944 mit zwei Liter Hubraum auf den Markt kommt (vorgesehen für 1984/85), wird der 924 Turbo auch in Italien schnell verschwinden.

Porsche 924 turbo: Kam erst Mitte 1979 auf den Markt. Der 2-l-Motor leistete anfänglich 170 PS, ab Baujahr 1980 sogar 177 PS. Die Verbrauchswerte sind ungewöhnlich günstig.

enbelüftete Bremsscheiben hinten

924-Turbomotor: 177 PS bei 5500/min

derachse mit Federbeinen

Porsche-Fünfgang-Getriebe

enbelüftete Bremsscheiben vorne

Transaxlesystem zur Kraftübertragung

terachse mit Antriebswellen

Der Turbolader dreht max. 90000/min

Die Turboversion des Audi-Zweiliter-Motors wird bei Porsche aufbereitet

Typ 924 Carrera GT (1979-1980)

Zu den Traditionen des Hauses Porsche gehört es, seinen Kunden Wettbewerbs-Fahrzeuge anzubieten; hochkarätige für den Profi-Rennsport wie früher den Spyder RS, den Carrera 6, den 917 oder den Typ 935. Aber auch straßentaugliche wie den Abarth Carrera, den Carrera 904 GTS oder den Carrera RS. Bis zum heutigen Tag basieren diese Fahrzeuge mehr oder weniger direkt auf den klassischen Heckmotor-Modellen 356 und 911.

Auf der IAA (Internationale Automobil-Ausstellung) in Frankfurt 1979 zeigte Porsche erstmals die Studie eines Hochleistungs-Fahrzeuges auf der Basis eines Modells der neuen Porsche-Generation, des Porsche 924 turbo. Die Typenbezeichnung »Carrera GT« deutete an, welche Tradition sich in dieser Studie fortsetzen sollte: die Reihe der straßentauglichen Porsche-Sportwagen hoher Leistung, die seinem Besitzer mit entsprechender Wettbewerbs-Ausstattung auch bei Rallyes und Rundstrecken-Rennen Spaß und Chancen sichern.

Beim 924 Carrera GT sind im Vergleich zum normalen 924 turbo der Komfort abgeschwächt und die Leistung erhöht. Durch eine in Umfang und Gewicht reduzierte Innen-Ausstattung verringert sich das Wagengewicht um rund 150 Kilogramm. Gleichzeitig ist die Karosserie zur Aufnahme breiterer Sportreifen und nochmals verbesserter Aerodynamik leicht modifiziert worden.

Fahrwerksseitig werden durch großdimensionierte Bremsen und Reifen, Sperrdifferential sowie härtere Federn und Stoßdämpfer optimale Traktion und Fahreigenschaften angestrebt.

Hintergrund der Präsentation der Studie des »924 Carrera GT« war ganz eindeutig der Sport: Auf der Basis des 924 turbo ein Fahrzeug zu entwickeln, das für Rennzwecke geeignet ist und in der für die Homologation erforderlichen Jahresstückzahl (400 Exemplare in 12 Monaten für den Einsatz in der Gruppe 4) hergestellt werden könnte. Die IAA war eine gute Gelegenheit, die Publikumsreaktion zu testen. Das Ergebnis übertraf alle Erwartungen. Das Echo trug erheblich zur Klärung der Situa-

tion bei – in Weissach wurde gleich mit Hochdruck an diesem Modell weitergearbeitet. Denn wie schon vor Jahren beim 911 turbo, so zeigte sich auch hier, daß neben dem Sportgerät auch das sportliche Straßenfahrzeug sehr gefragt ist.
Die ausgeprägt sportliche Optik des IAA-Carrera GT ergab sich aus der Notwendigkeit u. a. breitere Sportreifen unterzubringen. Die Bugschürze und der vergrößerte Heckspoiler sorgten für wettbewerbsgerechte Aerodynamik, wobei außer dem Luftwiderstand auch der verstärkte Abtrieb eine Rolle spielt.
Am Fahrwerk des Studien-Objektes nahm man keine größeren Änderungen gegenüber dem 924 turbo vor. Gefordert waren in erster Linie Leistungssteigerung und Gewichtsminderung. Bei der IAA-Studie wurden 210 PS/155 kW bei 6000/min als Realität angegeben. Wichtigste Abweichung am Motor gegenüber dem 924 turbo ist der zusätzliche Ladeluftkühler. Die Kurbelwelle ebenso wie der Zylinderkopf wurden angepaßt. Weiter wurde Gewicht an der Innen-Ausstattung, an der Kraftübertragung (Alu-Transaxlerohr), an der Hinterachs-Aufhängung und an der Karosserie eingespart. Dünnblech an nicht tragenden Karosserieteilen, Motorhaube und Türen aus Aluminium, Kunststoff für Bugspoiler, vordere Kotflügel und hintere Kotflügelverbreiterungen tragen dazu bei, daß der Carrera GT schon in seiner Studien-Version um über 150 Kilogramm leichter als der 924 turbo ist. Knapp ein Jahr nach der Vorstellung auf der IAA als Studien-Objekt wurde er Wirklichkeit: In einer Serie von mindestens 400 Exemplaren, von denen 200 allein für die Bundesrepublik zur Verfügung stehen werden, legte Porsche den »924 Carrera GT« auf.

ALLGEMEINE BESCHREIBUNG: TYP 924 CARRERA GT (BASISMODELL)

Karosserie/Fahrgestell

Trotz Bugschürze und vergrößerter Lufteinlässe gelang es, durch Windkanal-Optimierung am Detail den mit 0,33 sehr niedrigen cw-Wert des 924 turbo in etwa beizubehalten. Die wegen der breiteren Spur und Reifendimensionen geänderten Kotflügel bestehen aus glasfaserverstärktem Polyurethan. Sie sind – ähnlich wie Bug und Heck des Typs 928 – flexibel gegen kleine Stöße, Steinschlag und korrosionsunempfindlich. Bei größeren Schäden lassen sie sich leicht auswechseln.
Der Carrera GT von 1980, abgeleitet vom 924 turbo, ist wiederum ein voll straßentaugliches Auto: komfortabel, geräumig, leise. Aber er bedarf

nur weniger Modifikationen, um zum konkurrenzfähigen Rennfahrzeug zu werden. Im Juni 1980 wurde der »Carrera GT« und die davon abgeleitete Rennversion »924 LeMans« der internationalen Sportpresse in Weissach vorgestellt.
Die 1180 Kilogramm schwere Carrera-Serienausführung steht vorne auf McPherson-Bilstein-Federbeinen mit Schraubenfedern. Die Räder sind einzeln an Querlenkern aufgehängt. Hinten ebenfalls Einzelradaufhängung, hier allerdings mit Schräglenkern und Bilstein-Stoßdämpfern mit Drehstäben.
Innenbelüftete Zweikreisscheibenbremsen mit zusätzlicher Bremsbelüftung und Bremskraftverstärker verzögern optimal auch aus der Höchstgeschwindigkeit von rund 240 km/h, aus dem Stand werden die 100 km/h bereits nach 6,9 Sekunden erreicht. Die Aluminium-Schmiede-Felgen sind 7J×15-Zoll breit und mit Reifen der Dimensionen 215/60 VR 15 vorn und hinten bestückt. Auf Wunsch gibt es Felgen mit 16-Zoll-Durchmesser, wobei sich die Reifengrößen wie folgt ändern: Vorn 205/55 VR auf sieben Zoll und hinten acht Zoll breit mit 225/50 VR.

Motor

Eine besonders interessante Neuerung ist die Zündanlage mit digitaler Zündzeitpunkt-Verstellung (DZV). Sie sichert nicht nur die respektable Leistung von 210 PS/155 kW bei 6000/min, sondern auch einen Leistungszuwachs in den unteren Drehzahlbereichen. Die exakte Anpassung des Zündzeitpunktes an die unterschiedlichen Verhältnisse bei Voll- und Teillast ist seit langem der Traum eines jeden Motorkonstrukteurs, der jetzt nun mit Hilfe der Elektronik verwirklicht werden konnte. Die Basis-Verdichtung konnte von 7,5 auf 8,5:1 heraufgesetzt werden, so daß die Leistung beim Beschleunigen gleichmäßig, ohne Turbo-Ruck ansteigt.
Das zweite große Plus der DZV-Anlage ist ein angenehm niedriger Benzin-Verbrauch: Nach der neuen DIN-Norm verbraucht der Carrera GT kaum mehr als der normale 924 turbo. Der Mittelwert liegt bei 9,1 Liter Super.
Der Vierzylinder-Viertakt-Reihenmotor ist wassergekühlt, mit einem Turbolader bestückt und einem Ladeluftkühler ausgerüstet. Das Bohrung-Hub-Verhältnis beträgt 86,5×84,4 mm. Der Hubraum beträgt 984 cm^3, was bei einer Verdichtung von 8,5:1 eine Leistung von 210 PS/155 kW bei 6000/min und ein maximales Drehmoment von 28 mkp bei 3500/min ergibt.

Getriebe

Die Kraftübertragung ist im wesentlichen mit der aus dem 924 turbo identisch, also Transaxle-System mit Frontmotor und Porsche-Fünfgang-Getriebe im Heck, auf Wunsch ein Sperrdifferential. Einscheiben-Trockenkupplung.

Ausstattung

Auch hier angelehnt an den 924 turbo aber mit in Details verbesserter Ausstattung und dem sportlichen Charakter mehr angepaßten Charakter.

Typ 924S (1985–1988)

Das neueste Modell im Programm, der Porsche 924 S, zusammengefügt aus den bewährten und erfolgreichen Komponenten 944-Triebwerk und 924-Karosserie, löst den seit 1976 produzierten Porsche 924 ab, von dem weit über 130 000 Exemplare gebaut wurden.
Auch mit dem neuen Motor, einer 150 PS starken 944-Variante, besticht der sehr strömungsgünstige 2+2-Sportwagen sowohl durch seine hohen Fahrleistungen als auch durch seine Wirtschaftlichkeit. Dieses Modell erreicht eine Höchstgeschwindigkeit von 215 km/h, der Verbrauch liegt bei einem Tempo von 120 km/h bei nur 8,1 Liter.
Der 2,5 Liter Vierzylinder begnügt sich dabei mit Normalbenzin (91 ROZ). Die Katalysatorversion, die gleichfalls mit einer Leistung von 150 PS angeboten wird, konsumiert bleifreies Normalbenzin. Serienmäßig rollt der 924 S auf großem Fuß: Auf den 6-Zoll breiten Druckguß-Felgen im Telefonscheiben-Design sind 195/65 VR 15-Reifen montiert. Auf Wunsch werden auch Schmiedefelgen im Format 6Jx16 mit 205/55 VR 16-Reifen angeboten.
Während der 924 noch mit Trommelbremsen an der Hinterachse ausgerüstet war, besitzt der deutlich stärkere und auch schnellere Porsche 924 S vorn und hinten innenbelüftete Scheibenbremsen. Ebenso sind die aus dem »944« stammenden Hinterachslenker aus Leichtmetall und damit den höheren Anforderungen angepaßt.
Gleichfalls der 944-Serie entstammen die Fensterkurbeln und die Sicherungsknöpfe für die Türverriegelungen. Wie bei allen Porsche-Modellen beherbergen auch die beiden Türen des 924 S integrierte Planken, die bei seitlichen Kollisionen größtmöglichen Schutz der Passagiere garantieren.
Auch für den 924 S gibt es zahlreiche Mehrausstattungen, die das Fahren leichter oder bequemer machen. Dazu zählen unter anderem Servolenkung, Tempostat, Kälteanlage, Sportsitze, elektrische Fensterheber oder ein herausnehmbares Hubdach.

1986

Im Modellprogramm des Stuttgarter Sportwagen-Herstellers hat sich der »924 S«, zusammengefügt aus den beiden bewährten Komponenten 944-Motor und 924-Karosserie, einen festen Platz gesichert. Mit dem neuen Motor, einer 150 PS starken Variante des 944-Triebwerks, besticht der mit einem cW-Wert von nur 0,33 strömungsgünstige Sportwagen sowohl durch exzellente Fahrleistungen als auch durch besonders hohe Wirtschaftlichkeit. Das sparsame Modell aus der Transaxle-Baureihe konsumiert bei Tempo 120 km/h nur 8,1 l/100 km, die Höchstgeschwindigkeit liegt bei 215 km/h.

Der 2,5-Vierzylinder begnügt sich dabei mit Normalbenzin (91 ROZ), wobei auch die Version ohne Katalysator bleifreies Benzin verdaut. Der »924 S« mit Katalysator ist – nach dem Porsche 944 Turbo – das zweite Auto im Porsche-Programm, das mit und ohne Kat die gleiche Leistung besitzt (ab 1. August 1987) und dadurch das Vergnügen beim Fahren eines Katalysator-Modells nicht durch eine reduzierte Leistung schmälert. Es wundert daher nicht, daß vom Porsche 924 S in Deutschland inzwischen 28 Prozent mit Katalysator-Paket geordert werden.

Serienmäßig rollt der Porsche 924 S auf breitem Fuß: Auf 6" breiten Leichtmetall-Druckgußfelgen im Lochscheiben-Design sind 195/65 VR 15-Reifen montiert, auf Wunsch werden auch Schmiedefelgen im Format 6"×16" mit 205/55 VR 16-Pneus angeboten.

Neu im Programm für den »924 S« sind außer neuen Farben auch der mit einer kleinen Lampe kombinierte Zünd- und Türschlüssel, der bei Dunkelheit das Aufschließen und Starten des Autos erleichtert. Um Langfingern die Arbeit zu erschweren, sind die bei Porsche verwendeten Radios mit einer Diebstahl-Codierung versehen: Nach dem Diebstahl lassen sich die so gesicherten Radios nicht mehr verwenden und sind damit wertlos.

Zahlreiche Mehrausstattungen, die das Fahren leichter und bequemer machen, gehören auch ab 1986 zu den Dingen, die auf Wunsch und gegen Aufpreis geordert werden können: Servolenkung, Tempostat, Kälteanlage, elektrische Fensterheber, Sportsitze und ein herausnehmbares Hubdach.

1987

Mit einem Leistungszuwachs von 10 PS und einer wesentlich umfangreicheren Serien-Ausstattung als bisher, geht der »924 S« in das neue Baujahr. Der strömungsgünstige und besonders wirtschaftliche Sportwagen glänzt mit dem erstarkten Motor, der mit und ohne Katalysator jeweils 160 PS/118 kW leistet, durch hervorragende Fahrleistungen: Null auf 100 km/h erreicht der Vierzylinder-Wagen in Transaxle-Bauweise in 8,2 Sekunden, die Höchstgeschwindigkeit liegt bei 220 km/h.

Bedingt durch die Leistungssteigerung von 150 PS auf 160 PS konsumiert der Porsche 924 S jetzt Super-Benzin der Euroqualität von 95 ROZ. Während bei der Kat-Ausführung bleifreies Benzin ohnehin obligatorisch ist, kann nunmehr auch die katalysatorlose Version umweltfreundlicher gefahren werden: Bleifreies Benzin ist für diesen Typ ab sofort freigegeben.

Der »924 S« erfuhr zu Beginn des neuen Modelljahrgangs eine deutliche Erweiterung der Serienausstattung. Folgende Ausstattungen sind neu und zusätzlich im Serienprogramm:

- elektrisch verstell- und beheizbarer Fahrerspiegel
- elektrisch verstell- und beheizbarer Beifahrerspiegel
- Antenne und vier Lautsprecher
- Heckscheibenwischer
- Stabilisatoren hinten
- elektrische Fensterheber
- Kassetten- und Münzbehälter
- Dreispeichen-Lederlenkrad
- Lederbezug für Schalthebel.

Gegenüber einem identisch ausgerüsteten »924 S« des Vorjahres bedeutet dieses zusätzliche Ausstattungspaket für den Kunden einen deutlichen Preisvorteil.

Auf der Basis des Porsche 924 S offeriert Porsche zwei interessante Exklusiv-Modelle, die neben der besonderen Farbgebung auch noch sportlich besonders attraktive Werte besitzen. Die Details der beiden angebotenen »924 S«-Versionen:

	Version 1	Version 2
Exterieur:	– schwarz	alpinweiß
	– Flankenschutzleiste in Wagenfarbe lackiert	Flankenschutzleiste in Wagenfarbe lackiert
	– LM-Räder gegossen, schwarz lackiert, Felgenrand türkisfarben abgesetzt vorn: 6 J × 15 hinten: 7 J × 15 mit Serienbereifung 195/65 VR 15	LM-Räder gegossen, alpin-weiß lackiert, Felgenrand ockerfarben abgesetzt vorn: 6 J × 15 hinten: 7 J × 15 mit Serienbereifung 195/65 VR 15

Interieur:	– Kunstleder schwarz	Kunstleder schwarz
	– Sportsitze	Sportsitze
	– Ganzstoff-Sitzanlage mit Sonderstoff Flanell grau/türkis	Ganzstoff-Sitzanlage mit Sonderstoff Flanell grau/ockergelb
	– Kunstlederkern türkis	Kunstlederkern ocker
	– Türtafeln in Stoff	Türtafeln in Stoff
Zusätzliche Ausstattung:	– Sport-Fahrwerk	
	– herausnehmbares Hubdach	
	– Leder-Sportlenkrad 360 mm	auch Version 2
	– Spritzschutzecken	
Preis:	– DM 52 950,–	

Die mit dem 160 PS starken Vierzylinder bestückten Modelle »924 S« besitzen ein sportlich abgestimmtes Fahrwerk, das höchstes Fahrvergnügen garantiert. So sind unter anderem dickere Drehstäbe und Stabilisatoren vorhanden, es gibt härtere und einstellbare Dämpfer und daneben lassen sich die vorderen Federn je nach Belieben einstellen. Härtere Gummilager gehören gleichfalls zu dem Sportfahrwerk der 924 S-Exklusiv-Modelle.

1988

Mit dem Beginn des Modelljahrgangs 1989 (ab 1. 8. 1988) fällt der Porsche 924 S aus dem Programm. Die Vierzylinder-Typenreihe umfaßt jetzt noch vier Ausführungen in drei Leistungsstufen:

- Porsche 944: 2,7 l Hubraum, 165 PS
- Porsche 944 S2: 3,0 l Hubraum, 211 PS, Turbo-Look
- Porsche 944 S2 Cabriolet: 3,0 l Hubraum, 211 PS, Turbo-Look
- Porsche 944 Turbo: 2,5 l Hubraum, 250 PS

Porsche 924 Carrera GT: Studie, wie 1979 auf der IAA in Frankfurt präsentiert wurde.
Die Reaktion des Publikums übertraf selbst hochgeschraubte Erwartungen

170 Die ausgeprägte sportliche Optik des 924 Carrera GT (hier die Vorstudie) ergab sich aus den breiten Reifen, Front- und Heckspoiler, sowie den Kotflügelverbreiterungen

Knapp ein Jahr nach der IAA-Vorstellung zu kaufen: Porsche 924 Carrera GT

Die wegen der breiteren Spur geänderten Kotflügel sind aus Polyurethan

Unter der vorderen Haube steckt der Vierzylinder mit 210 PS aus 2-l-Hubraum

Gut 1200 kg schwer, rund 240 km/h schnell und über 50 000 Mark teuer: Carrera GT

172 Trotz optischer Aufwertungen des »924 S« für die Modelljahre 1987 (oben) und 1988 (unten), wurde die Produktion dieses Typs zum 1. 8. 1988 eingestellt

924 / 924 Turbo / 924 Carrera GT

Bau- jahr	Modell Karosse	 Typ	Fahrgestell-Nr.	Motor- Typ	Getr.- Typ	Zyl.	Bohrung x Hub	Hub- raum	DIN-PS bei U/min.	mkp bei U/min.	Ver- dtg.	Rad- stand	Spur vorn/hinten	Län- ge	Ge- wicht	Produkt. Stck.
1976	Coupé	924	9246100001- 9246105145	924XK	924YR	4	86,5x84,4	1984	125/5800	16,8/3500	9,3:1	2400	1418/1372	4213	1080	5145
1977	Coupé- Autom.	924	9247100001- 9247108512	047/8 047/9	088/6 087/3	4	86,5x84,4	1984	125/5800	16,8/3500	9,3:1	2400	1418/1372	4213	1080	8512
	Coupé- US- Autom.	924	9247230001- 9247235789	047/9 047/6	087/6	4	86,5x84,4	1984	115/5750	16,8/3500	8,5:1	2400	1418/1372	4320	1190	5789
	Coupé	924	9247200001- 9247209163	047/8	088/A	4	86,5x84,4	1984	100/5500	15,6/3000	8,0:1	2400	1418/1372	4320	1190	9163
	Coupé- Japan	924	9247300001- 9247300261	047/4		4	86,5x84,4	1984	100/5500	15,6/3000	8,0:1	2400	1418/1372	4320	1190	261
	Coupé- Japan Autom.	924	9247330001- 9247330164	047/5		4	86,5x84,4	1984	115/5750	15,9/3500	8,5:1	2400	1418/1372	4320	1190	164
	Coupé US- Autom.	924	9247210001- 9247211707			4	86,5x84,4	1984	115/5750	15,9/3500	8,5:1	2400	1418/1372	4320	1190	1707
1978	Coupé Autom.	924 Rechts- lenker	9248100001- 92481009474	924XK 924XJ	YR VA RK	4 4	86,5x84,4 86,5x84,4	1984 1984	125/5800 125/5800	16,8/3500 16,8/3500	9,3:1 9,3:1	2400	1418/1372	4213	1130	9474
	Coupé- US- Californ. Autom.	924	9248200001- 9248211638	924XG 924XE	VB RL	4 4	86,5x84,4 86,5x84,4	1984 1984	115/5750 115/5750	15,9/3500 15,9/3500	8,5:1 8,5:1	2400	1418/1372	4320	1190	11638
	Coupé- Japan Autom.	924	9248330001- 9248330450	924XG	VB RL	4	86,5x84,4	1984	115/5750	15,9/3500	8,5:1	2400	1418/1372	4320	1190	450

924 / 924 Turbo / 924 Carrera GT

Baujahr	Modell Karosse	Modell Typ	Fahrgestell-Nr.	Motor-Typ	Getr.-Typ	Zyl.	Bohrung x Hub	Hubraum	DIN-PS bei U/min.	mkp bei U/min.	Verdtg.	Radstand	Spur vorn/hinten	Länge	Gewicht	Produkt. Stck.
1979	Coupé	924	9249100001-	924XK	YR	4	86,5x84,4	1984	125/5800	16,8/3500	9,3:1	2400	1418/1372	4212	1130	10475
	Autom.	Rechtslk	9249110475	924XJ	VA/RK	4	86,5x84,4	1984	125/5800	16,8/3500	9,3:1				1130	
	Coupé-US-Californ.	924	9249200001-9249209636	924XG	VB	4	86,5x84,4	1984	115/5750	15,9/3500	8,5:1	2400	1418/1372	4320	1190	9636
	Autom.			924XE	RL	4	86,5x84,4	1984	115/5750	15,9/3500	8,5:1	2400	1418/1372	4320	1190	
	Coupé-Japan	924	9249330001-9249330508	924XG	VB	4	86,5x84,4	1984	115/5750	15,9/3500	8,5:1	2400	1418/1372	4320	1190	508
	Autom.				RL	4	86,5x84,4	1984	115/5750	15,9/3500	8,5:1	2400	1418/1372	4320	1190	
	Coupé	924 Turbo	9249400001-9249401982	M 31/01	G 31/01	4	86,5x84,4	1984	170/5500	25/3500	7,5:1	2400	1418/1392	4212	1180	1982
	Coupé-US	924 Turbo	9249500001-924950	M 31/02	G 31/01	4	86,5x84,4	1984	150/5500	21/3500	7,5:1	2400	1418/1392	4320	1280	
1980	Coupé	924 Rechts-lenker	92A0410001-	924XK	016/8-VQ	4	86,5x84,4	1984	125/5800	16,8/3500	9,3:1	2400	1418/1372	4212	1130	9094
			92A0419094	924XJ		4	86,5x84,4	1984	125/5800	16,8/3500	9,3:1	2400	1418/1372	4212	1130	
	Autom.				RK											
	Coupé-US-Californ.	924	92A0430001-	924XG	016/9-VR	4	86,5x84,4	1984	115/5750	15,9/3500	8,5:1	2400	1418/1372	4320	1190	3700
			92A0433700	924XE		4	86,5x84,4	1984	115/5750	15,9/3500	8,5:1	2400	1418/1372	4320	1190	
	Autom.				RL											
	Coupé-Japan	924	92A0440001-92A0	924XG	016/9-VR	4	86,5x84,4	1984	115/5750	15,9/3500	8,5:1	2400	1418/1372	4320	1190	
	Autom.				RL											
	Coupé	924 Turbo	93A0140001-93A0141803	M 31/01	G 31/01	4	86,5x84,4	1984	170/5500	25/3500	7,5:1	2400	1418/1392	4212	1180	1803
	Coupé-US	924 Turbo	93A0150001-93A0153440	M 31/02	G 31/01	4	86,5x84,4	1984	150/5500	21/3500	7,5:1	2400	1418/1392	4320	1280	3440
	Coupé	924 Carrera GT	93BN700001-00006 93BN700051-00450	M 31/50	G 31/03	4	86,5x84,4	1984	210/6000	28,5/3500	8,5:1	2400	1477/1476	4320	1180	406

924 / 924 Turbo / 924 Carrera GT

Baujahr	Modell Karosse	Modell Typ	Fahrgestell-Nr.	Motor-Typ	Getr.-Typ	Zyl.	Bohrung x Hub	Hubraum	DIN-PS bei U/min.	mkp bei U/min.	Verdtg.	Radstand	Spur vorn/hinten	Länge	Gewicht	Produkt. Stck.
1981	Coupé	924 Rechtslenker		924XK 924XJ	016/8- VQ	4 4	86,5x84,4 86,5x84,4	1984 1984	125/5800 125/5800	16,8/3500 16,8/3500	9,3:1 9,3:1	2400 2400	1418/1372 1418/1372	4212 4212	1130 1130	
	Autom.				RK											
	Coupé-US-Californ.	924		924XG 924XE	016/9- VR	4 4	86,5x84,4 86,5x84,4	1984 1984	115/5750 115/5750	15,9/3500 15,9/3500	8,5:1 8,5:1	2400 2400	1418/1372 1418/1372	4320 4320	1190 1190	
	Autom.				RL											
	Coupé-Japan	924		924XG	016/9- VR	4	86,5x84,4	1984	115/5750	15,9/3500	8,5:1	2400	1418/1372	4320	1190	
	Autom.				RL											
	Coupé	924 Turbo		M 31/03	G 31/01	4	86,5x84,4	1984	177/5500	25,5/3500	8,5:1	2400	1418/1392	4212	1180	
	Coupé-US-Japan	924 Turbo		M 31/04	G 31/02 016 GMX	4	86,5x84,4	1984	150/5750	21,4/3500	8,0:1	2400	1418/1375	4300	1260	
1981	Coupé	924	WPOZZZ92ZBN 400001-409669	XK 924 XJ924	016/8 VQ	4	86,5x84,4	1984	125/5800	16,8/3500	9,3:1	2400	1418/1372	4212	1130	9669
	Autom.			XK924	RK											
	Coupé US	924	WPOAAO92BN 450001-452155	XG924 XE924	016/9 VR	4	86,5x84,4	1984	115/5750	15,9/3500	8,5:1	2400	1418/1372	4320	1180	2155
	Autom.			XG924	RL											
	Coupé	924 Turbo	WPOZZZ9323N 100001-101783	M 31/03	G 31/01	4	86,5x84,4	1984	177/5500	25,5/3500	8,5:1	2400	1418/1392	4212	1180	1783
	Coupé US-/Calif. Japan	924 Turbo	WPOAAO93BN 150001-151529	M 31/04	G 31/02	4	86,5x84,4	1984	150/5750	21,4/3500	8,0:1	2400	1418/1375	4300	1260	1529
1982	Coupé	924	WPOZZZ92ZCN 400001-407814	XG924 XJ924	016/8 VQ	4	86,5x84,4	1984	125/5800	16,8/3500	9,3:1	2400	1418/1372	4212	1130	7814
	Autom.			SK924	RK											

924/924 Turbo/924 Carrera GT/924 S

Bau-jahr	Modell Karosse	Modell Typ	Fahrgestell-Nr.	Motor-Typ	Getr.-Typ	Zyl.	Bohrung x Hub	Hub-raum	DIN-PS bei U/min.	mkp bei U/min.	Ver-dtg.	Rad-stand	Spur vorn/hinten	Län-ge	Ge-wicht	Produkt. Stck.
1982	Coupé	924	WPOAAO92CN	VC924	016/9	4	86,5x84,4	1984	115/5750	15,9/3500	8,.5:1	2400	1418/1372	4320	1190	2277
	US		450001-		VR											
	Autom.		452277		RL											
	Coupé	924	WPOZZZ93ZCN	M31/03	G31/01	4	86,5x84,4	1984	177/5500	25,5/3500	8,5:1	2400	1418/1392	4212	1180	943
	Japan	Turbo	100001-	M31/04	G31/02	4	86,5x84,4	1984	150/5750	21,4/3500	8,0:1	2400	1418/1392	4300	1260	
			100943													
	Coupé	924	WPOAAO93CN	M31/04	G31/02	4	86,5x84,4	1984	150/5750	21,4/3500	8,0:1	2400	1418/1375	4300	1260	876
	US-	Turbo	150001-													
	Californ.		150876													
	Canada															
1983	Coupé	924	WPOZZZ92ZDN	XK924	016/8	4	86,5x84,4	1984	125/5800	16,8/3500	9,3:1	2400	1418/1372	4212	1130	5785
			400001-	XJ924	VQ											
	Autom.		405785	XK924	RK											
	Coupé	924	WPOZZZ93ZDN	M31/03	G31/01	4	86,5x84,4	1984	177/5500	25,5/3500	8,5:1	2400	1418/1392	4212	1180	310
	nur	Turbo	100001-													
	Italien		100310													
1984	Coupé	924	WPOZZZ92ZEN	XK924	016/8	4	86,5x84,4	1984	125/5800	16,8/3500	9,3:1	2400	1418/1372	4212	1130	4659
			400001-	XJ924	VQ											
	Autom.		404659	XK924	RK											
1985	Coupé	924	WPOZZZ92ZFN	XK924	016/8	4	86,5x84,4	1984	125/5800	16,8/3500	9,3:1	2400	1418/1372	4212	1130	3214
	RL	RDW	400001-403214	XJ924												
		Autom.			087.3											
1986	Coupé	924S	WPOZZZ92GN	M44/07	QK7Q	4	100x78,9	2479	150/5800	19,9/3000	9,7:1	2400	1419/1393	4212	1190	3536
		RDW	400001-403536	M44/08	RCD	4	100x78,9	2479	150/5800	19,9/3000	9,7:1	2400	1419/1393	4212	1190	
		Autom.														

924 S

Baujahr	Modell Karosse	Modell Typ	Fahrgestell-Nr.	Motor-Typ	Getr.-Typ	Zyl.	Bohrung x Hub	Hubraum	DIN-PS bei U/min.	mkp bei U/min.	Verdtg.	Radstand	Spur vorn/hinten	Länge	Gewicht	Produkt. Stck.
1987	Coupé	924 S	WPOZZZ92ZHN	M44/07	QK	4	100/78,9	2479	150/5800	19,4/3000	9,7:1	2400	1419/1393	4212	1210	1993
		RDW	400001-401993		7Q											
		Autom.		M44/08	RCD	4	100/78,9	2479	150/5800	19,4/3000	9,7:1					
		Kat.		M44/07		4		2479								
		Autom.		M44/08	RCD	4	100/78,9	2479								
		924 S	WPOAAO92OHN	M44/07	QK	4	100/78,9	2479				2400	1419/1393	4290	1240	6947
		USA	450001-456947		7Q											
		Autom.		M44/08	RCB	4	100/78,9	2479								
1988	Coupé	924 S	WPOZZZ92ZJN	M44/09	QK	4	100/78,9	2479	160/5900	21,4/4500	10,2:1	2400	1419/1393	4212	1240	2003
		RDW	400001-402003		7Q											
		Autom.		M44/10	RCD	4	100/78,9	2479	160/5900	21,4/4500	10,2:1	2400				
		Kat.		M44/09		4	100/78,9	2479								
		Autom.		M44/10	RCD	4	100/78,9	2479								
		924 S	WPOAA0920JN	M44/09	QK	4	100/78,9	2479						4290	1240*	2190
		USA	450001-452190		7Q											
		Autom.		M44/10	RCB	4	100/78,9	2479								

Bemerkungen: * Sportpaket Gewicht 1210 nur USA

Typ 960 (Forschungs-Studie)

Auf der IAA 1981 in Frankfurt/Main präsentierte Porsche die Fahrzeug-Studie »Porsche 960«. Dieser Sportwagen in der äußeren Erscheinung des Porsche 928 enthält eine Reihe von Neu- und Weiterentwicklungen. Sie bringen insbesondere geringeren Benzinverbrauch sowie noch mehr Sicherheit und Komfort und könnten in nicht allzu ferner Zukunft in die Serie einfließen.

Die Spar-Technologie beginnt beim thermodynamisch optimierten Porsche-Motor (TOP-Motor). Zu dessen besonderen Merkmalen gehören ein optimales Verdichtungsverhältnis von 12,5:1 l, eine ausgeprägte Turbulenz des Kraftstoff-Luft-Gemisches im Brennraum sowie Optimierung von Zündzeitpunkt und Luftzahl-Kennfeld mittels einer digitalen Motor-Elektronik.

Um Energieverluste auch bei der Kraftübertragung zu minimieren, wählte Porsche ein lastschaltbares Fünfgang-Getriebe mit Doppelkupplung. Während des Schaltvorganges sind zwei Gänge eingelegt, aber nur ein Gang ist eingekuppelt. Der eigentliche Gangwechsel erfolgt durch simultanes Auskuppeln des einen und Einkuppeln des nächsten Ganges. Dabei kann der Fuß des Fahrers auf dem Gas bleiben. In Verbindung mit einer elektronischen Steuerung dieses Getriebes läßt es sich zur Vollautomatik fortentwickeln, insbesondere mit einer Auslegung nach Spar-/Sport-Gesichtspunkten. Die Vorzüge dieses Getriebes liegen nicht zuletzt in seinem Wirkungsgrad und geringem Baugewicht im Vergleich etwa zu einem Wandler-Viergang-Getriebe.

Die extensive Verwendung leichter Materialien reduzierte das Gesamtgewicht des Wagens auf 1090 kg. Vorderwagen, Türe, vordere Kotflügel und Motorhaube bestehen aus Aluminium. An einzelnen Bauteilen beträgt der realisierte Gewichtsvorteil gegenüber Stahl bis zu 50 Prozent. Vier- bis fünffachen Materialkosten pro Kilogramm Aluminium im Vergleich zu Stahl stehen hohe Werterhaltung durch geringere Korrosionsempfindlichkeit und konstruktionsbedingt hohe Reparaturfreundlichkeit gegenüber: Bei Aufprallgeschwindigkeiten bis zu 40 Kilometern

pro Stunde kann sich eine Reparatur auf den Tausch der vorderen Doppelrohre beschränken.
Erstmals hat Porsche in der Studie »960« auch neuartige hochfeste Stähle (HSLA) verwendet – unter anderem bei Teilen der Seitenstruktur, den Fondseitenteilen, dem Fahrzeugdach und dem Heckdeckel.
Bleche aus HSLA-Stählen besitzen bei nahezu vergleichbarem Umformvermögen wie übliche Karosseriestähle eine bis zu 100% höhere Streckgrenze. Dadurch ist es möglich, bei Teilen, deren Dimensionierung primär von der Festigkeit beeinflußt wird, Gewicht einzusparen.
Da auch die Energieaufnahme bei plastischer Umformung von höherfesten Stählen gegenüber Karosseriestahl zunimmt, kann bei energieabsorbierenden Strukturen das Gewicht reduziert werden. Der realisierte Gewichtsvorteil bei einzelnen Bauteilen beträgt 43%.
Völlig neuartig ist auch das Stoßfänger-Material. Hierbei handelt es sich um gewickelten, glasfaserverstärkten Kunststoff, der im Vergleich zu gleichschwerem Stahl- oder Aluminiumrohr zwei- bis dreimal mehr Energie aufnehmen kann. Die Wickeltechnik ermöglicht gezielten Leichtbau, weil die Verstärkungsfasern in Beanspruchungsrichtung angeordnet sind. Allein bei diesem Bauteil hat Porsche gegenüber heutiger Serientechnik 4,8 kg Gewicht eingespart.
Und eine Gewichtsreduktion von 32 Prozent ergab sich beim Transaxle-Zentralrohr: statt aus Stahl besteht es in der Studie »Porsche 960« aus glasfaserverstärktem Kunststoff. Um Unfallfolgen so gering wie möglich zu halten, hat Porsche bei der Studie »960« erheblichen Entwicklungsaufwand zur Steigerung der passiven Sicherheit betrieben – zugunsten der Insassen einerseits, aber im wesentlichen Maße auch zugunsten von betroffenen Fußgängern und von anderen Fahrzeugen.
Bei Frontalkollisionen wurde die Energieaufnahme durch formoptimierte beidseitige Doppelrohrlängsträger verbessert. Das untere Doppelrohr entspricht in seiner Höhe der Schwellerhöhe von immerhin 42 europäischen Fahrzeugen. Dies kommt dem Schutz von Kollisionspartnern beim Aufprall auf deren Fahrzeugseite zugute. Ohne Gewichtszunahme hat Porsche außerdem eine Steigerung der Wandaufprallgeschwindigkeit von 48 auf 59 km/h realisiert. Durch diese und andere Maßnahmen erwartet Porsche eine Verminderung der Anzahl von Verletzungen allein bei Frontalkollisionen um zehn Prozent.
Mit einer um 20 bis 30 Prozent verminderten Verletzungszahl rechnet Porsche sogar bei Seitenkollisionen. Dazu sollen die Türverklammerung, Türverstärkung und eine Verstärkung des Fahrzeugbodes in Querrichtung beitragen.
Für einen optimierten Fußgängerschutz sorgt die ausladende V-förmige

Frontstruktur, der mehr als zwei Meter betragende Abstand zwischen Straße und unterem Windchutzscheibenrahmen sowie energieabsorbierende integrierte Stoßfänger, Motorhaube und Kotflügel. Durch diese konstruktiven Maßnahmen dürfte die Zahl von Fußgängerverletzungen um 20 Prozent zurückgehen.
Dem direkten Insassenschutz dienen Fahrzeugsitze mit neuartigem integriertem Gurtsystem, Gurtstrammer und dehnungsarmem Gurtband mit optimalem Gurtverlauf in allen Sitzpositionen. Bei diesem System hat Porsche eine Verminderung der Kopfbelastung von 30 bis 50 Prozent realisiert. Leichte, aber hochwirksame Elemente zur Innenraumpolsterung sorgen dafür, daß Kopfaufschläge selbst bei Aufprallgeschwindigkeiten bis 25 km/h unterhalb der Belastungsgrenzen bleiben.
Ein zentrales Informations- und Warnsystem mit mikroprozessorgesteuertem Anzeigesystem in LCD-Technologie soll auftretende Mängel, Fehler und notwendige Informationen erkennen, logisch verarbeiten, auswerten und in geeigneter Form dem Fahrer anzeigen.
Die Anzeige selbst erfolgt auf einem im primären Gesichtsfeld des Fahrzeugführers angebrachten Display, das die Darstellung von alphanumerischen Zeichenketten ermöglicht.
Das bereits rennerprobte, von Bosch und Porsche gemeinschaftlich entwickelte Reifendruck-Kontrollsystem informiert den Fahrer außerdem über kritische Abweichungen vom Solldruck. Untersuchungen haben gezeigt, daß über 50% aller Kraftfahrzeuge mit zu niedrigem Reifendruck gefahren werden. Dies ergibt einen höheren Rollwiderstand und damit Kraftstoffverbrauch und kann insbesondere bei hohen Geschwindigkeiten zur plötzlichen Zerstörung des Reifens führen.
Komfort und Sicherheit gehen im Automobil oft Hand in Hand. So auch in der Studie »Porsche 960«. Die Sitze verfügen über eine hydropneumatische Federung, die die mittlere Schwingungsbelastung der Insassen um die Hälfte verringert. Die Dämpfung läßt sich an Insassengewicht, Fahrgeschwindigkeit und Straßenzustand anpassen. Diese Sitze gestatten außerdem eine noch straffere und damit sicherere Fahrwerksauslegung ohne Komforteinbuße.
Um den Fahrzeuginnenraum vor zu starker Aufheizung durch Sonneneinstrahlung zu schützen, hat Porsche auf der Heckscheibe außen und innen in definiertem Abstand lichtundurchlässige Streifen aufgebracht, die die Einstrahlfläche bei senkrecht stehender Sonne um 60 Prozent verringert. Die Durchsichtigkeit der Heckscheibe nimmt dabei jedoch nur um 30 Prozent ab.

Porsche-Aluminium-Karosserie

(Studienprojekt)

Erkenntnisse aus dem Forschungsprojekt »Langzeitauto«: Mit neuer Aluminium-Legierung fast 50% Gewichtsersparnis.

Je leichter ein Automobil ist, desto weniger Energie verbraucht es, um eine bestimmte Fahrleistung zu erreichen. Und je länger ein Auto hält, umso besser wird auch die zur Herstellung benötigte Energie genutzt – vom Rohstoff bis zum fertigen Wagen.
Deshalb verfolgen Porsche und Alusuisse/Alusingen das Studienprojekt Porsche-Aluminium-Karosserie. Auf der Internationalen Automobil-Ausstellung 1981 in Frankfurt stellten Alusuisse/Alusingen dieses gemeinsam mit Porsche entwickelte Projekt vor: eine 928er-Karosserie, die ausschließlich aus der neuen Legierung »Anticorodal-120 ^{R}« hergestellt wurde.
Diese nur 161 kg wiegende Rohkarosserie bringt schon gegenüber der Teil-Aluminium-Karosserie des serienmäßigen Porsche 928 einen Gewichtsvorteil von 106 kg, gegenüber einer vergleichbaren Ganz-Stahlversion sogar von 141 kg. Porsche hat errechnet, daß ein Fahrzeug gemäß dieser Karosserie-Studie unter Berücksichtigung der Herstellenergie und bei weitgehendem Recycling über einen Fahrbetrieb von 300000 Kilometern gegenüber einer herkömmlichen Stahl-Karosserie den Energieinhalt von 1500 bis 2000 Liter Kraftstoff einsparen würde.
In der Praxis könnten sich bei Verwendung von Ganzaluminium-Karosserien im Vergleich zu herkömmlichen aus Stahlblech bei einer Jahresfahrleistung von 35000 Kilometern nach den heutigen Benzinpreisen (August 1981 etwa 1,60 DM/Liter Superbenzin) je nach Fahrzeuggröße bis zu 400,– DM pro Jahr einsparen lassen.
Die Ganzaluminium-Karosserie stellt einen Betrag zur Diskussion über kommende Karosseriekonzepte dar. Aufgrund der bisher vorliegenden Erkenntnisse werden vom Aluminium als Karosseriewerkstoff in bezug auf mögliche Gewichtseinsparungen, die Gesamtenergiebilanz, das

Recycling und das Korrosionsverhalten gute Zukunftsaussichten erwartet.

Die Ziele der Studie:

- Selbsttragende Ganz-Aluminium-Karosserie;
- Lebensdauer 300000 km im normalen Straßenbetrieb;
- Steifigkeit des Rohbaus entsprechend der Porsche-928-Stahl-Karosserie;
- Überwiegende Verwendung der Widerstandspunktschweißung als Verbindungsart;
- Alle Bleche aus Legierung Anticorodal 120^R (AlMg 0,4 Si 1,2);
- Beibehaltung der Porsche-928-Außenhautkonturen sowie der Innenabmessungen;
- Weitgehende Verwendung von Serienteilen, wie Kotflügel, Türen, Motordeckel, sowie Übernahme der Antriebsaggregate, der Ausstattung und der Elektrik.

Der gemeinsame Arbeitsumfang beinhaltet folgende Grundlagenuntersuchungen, deren Ergebnisse in Arbeitspaketen vorliegen:

- Verwendbarkeit von Aluminium-Werkstoffen im Automobil-Karosseriebau
- Verfügbarkeit von Aluminium (Rohstoff bis Recycling)
- Energiebedarf von Aluminium (Rohstoff bis Recycling)
- Recycling
- Werkstofftechnologie (vom Rohstoff bis zur Legierungstechnik)
- Werkstoffprüfungen bezüglich mechanischer, thermischer und korrosiver Belastungen
- Elastomechanik
- Plastomechanik
- Umformtechnik
- Fügetechnik
- Oberflächentechnik
- Reparaturtechnik
- Akustik

Forschungs-Studie »Porsche 960«: geringerer Verbrauch, mehr Sicherheit und Komfort

Auf dem IAA-Stand von Alusingen 1981: Studienprojekt Porsche 928 mit einer Aluminium-Karosserie

50 Jahre Porsche

JUBILÄUMS-MODELLE 924 – 911 – 928

Zu ihrem 50jährigem Firmen-Jubiläum präsentierte Porsche 1981 drei-exklusiv ausgestattete Sondermodelle in begrenzter Stückzahl: Nur 600 Porsche 924 in der Farbe Zinnmetallic, 200 Porsche 911 SC in Meteormetallic und 140 Porsche 928 S, ebenfalls in Meteormetallic, wurden in der Bundesrepublik angeboten.
Allen gemeinsam sind eine aufwendige Ausstattung, die sonst nicht einmal auf Sonderwunsch erhältlich ist, und ein markantes Signum: Die Kopfstützen der Jubel-Porsche ziert der eingestickte Schriftzug »F. Porsche«.

Typ 924
Innenausstattung: Kunstleder schwarz; Vordersitze Leder schwarz; Sitzmittelstreifen vorne und hinten in Stoff schwarz-silber; Teppich grau; Kopfstützen mit Schriftzug.
Ausstattung: Elektrischer Außenspiegel rechts und links; Kassettenbehälter; Vierspeichen-Lederlenkrad; Antenne mit Lautsprecher und Entstörung; Gußspeichen-Felgen 6x15 mit Reifen 205/60 HR 15; getönte Verglasung; elektrische Fensterheber; Heckspoiler. Endpreis: 34500,– DM.

Typ 911 SC (Coupé oder Targa)
Innenausstattung: Leder-Stoff-Kombination weinrot; Sitzmittelstreifen vorne und hinten in Stoff rot-silber; Türtafeln, Fondseitenverkleidung und Rückwand in Stoff rot-silber; Dreispeichen-Lederlenkrad in weinrot; Dachverkleidung in weinrot; Kopfstützen mit Schriftzug.
Ausstattung: Sondermodell-Ausführung mit elektrischem Außenspiegel rechts; Heckscheibenwischer; elektrische Antenne mit Lautsprecher und Entstörung; zwei Lautsprecher auf der Hutablage; grün getönte

Scheiben; Leichtmetall-Felgen geschmiedet, vorn 7Jx15, hinten 8x15 (Stern schwarz) lackiert, mit Reifen vorn 185/70 VR 15 und hinten 215/60 VR 15.
Endpreis: 911 SC Coupé 57500,– DM und 911 SC Targa 60500,– DM.

Typ 928 S
Innenausstattung: Ganzleder weinrot; Sitzmittelstreifen vorn und hinten in Stoff rot-silber; Türspiegel vorn und hinten in Stoff rot-silber; Gepäckabdeckung in weinrot; Kopfstützen mit Schriftzug; Teppich weinrot; grün getönte Scheiben. Endpreis: 81775,– DM.

50 Jahre Porsche: Die Jubiläums-Modelle 924, 911 SC und 928 S. Alle mit Top-Ausstattung zum Vorzugspreis

Die Keimzelle von »Volkswagen« und »Porsche« – das heute noch existierende erste Gebäude des Konstruktionsbüros Porsche von 1938

50 Jahre Porsche Zuffenhausen

Vor 50 Jahren, im Juni 1938, bezogen 176 Porsche-Mitarbeiter ihr neuerbautes Domizil in der Spitalwaldstraße 2 in Zuffenhausen, einem Vorort nodwestlich von Stuttgart. Der dreistöckige Ziegelbau mit seinen Büros, Werkstätten, Garagen und kopfsteingepflasterten Höfen wurde damit zur Zentrale des aufstrebenden, 1931 gegründeten Porsche-Konstruktionsbüros. Hier wurde noch im selben Jahr die Entwicklung eines Autos abgeschlossen, das Porsche weltberühmt machte: der Volkswagen. Im Herbst 1944 wiesen jedoch die Kriegswirren dem Porsche-Team neue Standorte zu und machten somit Gmünd in Kärnten (Österreich) zum vorläufigen Porsche-Exil.

Das Werk in Zuffenhausen wurde nach dem Krieg durch den »First Motor Pool« der US-Armee beschlagnahmt. Erst Ende 1955 konnten wieder die Unternehmensspitze, verschiedene Verwaltungsstellen, die Werksreparatur sowie das Konstruktionsbüro und die Versuchsabteilung in das Werk einziehen.

Mit Ausnahme der Konstruktions- und Versuchsabteilung, die mittlerweile im Porsche-Entwicklungszentrum in Weissach beheimatet sind, ist das älteste Porsche-Werk noch immer Sitz von Vorstand, Verwaltung und Werksreparatur.

SERIENSPORT-WAGEN

Porsche 356-356 C

Nur langsam kam nach dem zweiten Weltkrieg der Wagen-Rennsport wieder auf Touren. Neue Fahrzeuge gab es nicht. Ersatzteile und Treibstoff waren meist nur unter abenteuerlichen Umständen zu beschaffen. Notgedrungen griff man auf Fahrzeuge aus den 40er Jahren zurück oder baute mit Teilen aus verschiedenen Modellen eigene »Rennwagen«. Die selbstgestrickten Konstruktionen hatten – aus Kostengründen – meist zwischen 1100- und 1500-cm^3-Motoren, die wiederum überwiegend vom Volkswagen stammten. Sehr beliebt war der 1086-cm^3-VW-Motor, den es in einer kleinen Serie statt des gebräuchlicheren 1131-cm^3-Aggregates gegeben hatte. Dieses Triebwerk wurde frisiert, teilweise für Alkohol-Treibstoff verdichtet, mit leistungssteigernden V-Köpfen und sogar mit vier Vergasern bestückt. VW-Fahrgestelle durch mehr kräftiges als planvolles Bohren von Löchern erleichtert. Doch sei es wie es sei, diesen Bastlern gebührt ein historisches Verdienst – sie brachten den deutschen Nachkriegs-Motorsport wieder in Gang.
Langsam begannen sich die Fließbänder der Automobil-Hersteller zu drehen. Die Aktiven unter den Motorsportlern griffen dankbar auf die neuen Modelle zurück. Porsches erster in Stuttgart gebauter 356 mit dem 1100er-Motor fand bald Eingang in die Motorsport-Szenerie. Vom legendären Alu-Coupé – gebaut in Gmünd/Kärnten – hatte sich das Porsche-Werk alle übriggebliebenen Modelle reserviert. Die Zuffenhausener tauchten damit erstmals 1951 auf der internationalen Bühne auf. Sie stellten einen Wagen einem französischen Team für das 24-Stunden-Rennen in Le Mans/Frankreich zur Verfügung. Einer von ihnen war August Veuillet, damals und auch heute noch Porsche-Importeur in Frankreich, der mit einem Teamkollegen auf Anhieb einen Klassensieg herausfuhr. Ein Sieg, der Porsche ungeheueres Prestige einbrachte und den Grundstein für eine Erfolgsserie legte, die bis heute anhält.

In Le Mans wurde die »Alu-Büchse« (Mechaniker-Jargon) zur Anhebung der Spitzengeschwindigkeit mit verkleideten Hinterrädern eingesetzt und der Motor um 4 PS in der Leistung gesteigert. Als 1100-cm^3-Wagen lief der knapp 640 Kilo schwere Porsche 162 km/h!

Bei der ebenfalls 1951 gefahrenen Langstrecken-Rallye Lüttich–Rom–Lüttich wurde ein 1100er zweiter in der Klasse unter Huschke von Hanstein und Peter-Max Müller. Ein weiteres Alu-Coupé hatte ein 1,5-Liter-Aggregat – nur werksseitig eingesetzt –, das 60 PS leistet. Mit diesem Zwitter wurden Paul von Guillaume/Graf von der Mühle bei derselben Veranstaltung Klassensieger und Dritter im Gesamtklassement.

Vom 29. September bis 2. Oktober 1951 fuhren Peter-Max Müller, Walter Glöckler, Huschke von Hanstein, Richard von Frankenberg und Hermann Ramelow im Autodrom von Montlhéry bei Paris mit einem Leichtmetall-Coupé und 1500er-Motor eine Reihe von Klassenrekorden. So legte das Fünfmann-Team in 72 Stunden 10968 Kilometer zurück – mit einem Schnitt von 152,35 km/h.

Die Privatfahrer maßen sich mit dem in Stahl gefertigten 356, dessen 1100er-Motor 40 PS abgab, hauptsächlich in Rallye-Veranstaltungen. Auch mit dem Nachfolge-Typ, dem 356 A, konnte man noch keine Bäume ausreißen. Erst der 1300 S und 1600 S mit 60 bzw. 75 PS bedeuteten einen gewaltigen Sprung nach vorn. Aber bei Porsche hatte man bereits erkannt, daß man den Privatfahrern ein speziell ausgesuchtes bzw. gebautes Sport-Instrument in die Hand geben mußte, um die Privatfahrer bei der Stange zu halten.

So tauchte 1955 erstmals ein »Carrera« – eine heiße Sportversion des 356 A auf. Dem »1500 GS« genannten 356-Typ verpaßte man einen 1,5-Liter-Motor, der 100 PS leistete. Drei Jahre später wurde die Leistung noch einmal um 10 PS angehoben.

Das Nachfolgemodell, das 1958 Premiere hatte, bot man gleich in zwei Versionen an. Einmal für den leistungsverwöhnten Straßenfahrer einen »Carrera de Luxe« genannten 1,6-Liter-Porsche mit 105 PS und für den aktiven Sportfahrer einen »1600 GS Carrera GT« mit 115 PS.

Mit der 1959 beginnenden 356-B-Serie konzentrierte sich das Interesse anfänglich auf den »S 90«, der 1961 durch den »1600 GS« mit 110 PS bzw. »2000 GS« mit 130 PS abgelöst wurde. Der 1600 GS hatte eine erleichterte Coupé-Karosserie von Reutter und nannte sich »Carrera GT«. Mit Ausnahme eben jener Karosse war die restliche Technik weitgehend vom Super 90 übernommen worden. Etwa 40 Wagen dieses Typs wurden zum Stückpreis von 21500 Mark verkauft.

Ende 1959 löste der »Carrera GTL« – ebenfalls mit 1,6-Liter-Motor – den erleichterten Super 90 ab. Für die projektierte Kleinserie von nur 20 Wagen vergab man den Auftrag an den Italiener Carlo Abarth, der sich damals auf Sonderkarossen und dazugehörende Renntriebwerke auf Serien-Fahrwerken spezialisiert hatte. Der »Abarth Carrera« genannte Wagen sollte in erster Linie die immer stärker werdende Konkurrenz aus der 1300er-Klasse in Schach halten, die verschiedentlich den 1600er-Porsche in Rennen recht nahe gekommen waren.

Gegenüber dem von der Karosserie-Firma Reutter gebauten Carrera unterschieden sich die Abarth-Coupé hauptsächlich durch eine bessere aerodynamische Außenform. Denn die Abarth-Coupé waren mit 780 Kilo kaum 20 Kilo leichter als die Reutter-Carrera, liefen aber mit dem 135-PS-Vierzylinder-Motor über 230 km/h!

Mit dem ersten gebauten Abarth – an den folgenden Typen nahm Porsche noch einige kleine Änderungen vor – siegten Linge/Walther 1960 bei den 24 Stunden von Le Mans in ihrer Klasse. Porsche bot den Abarth in drei Leistungsstufen an: Mit 82-Phon-Serienauspuff und 115 PS bei 6500 U/min, mit Sportauspuff 128 PS bei 6700 U/min, mit dem offenen Rennauspuff »Sebring« und guten 135 PS bei 7400 U/min.

Mit dem Serien-Aggregat beschleunigte der Abarth von 0–100 km/h in 10 Sekunden und lief über 210 km/h Spitze. In der stärksten Rennausführung beschleunigte der »Carrera GTL« bis 100 km/h in 8,8 Sekunden, war in 26,5 Sekunden bei 180 km/h und brauchte für den stehenden Start nur 29,6 Sekunden bis zur 1000-Meter-Marke.

Trotz der überwiegend schlechten Verarbeitung von Abarth überzeugten die technischen Daten. Die 21 gebauten Wagen waren innerhalb kürzester Zeit verkauft, und zwar zum Stückpreis von 25000 Mark.

Hinter den überzeugenden Leistungen des Abarth Carrera mußten auch die 1961 bzw. 1963 auf dem Markt erscheinenden 2000 GS-Carrera 2 (Basis 356 B/C) mit ihrem Viernockenwellen-Motor zurückstecken. Trotz 130 PS aus 1991 cm^3 Hubraum konnte der Carrera 2 seinem Vorgänger das Wasser nicht reichen – er war mit 1020 Kilo dazu auch erheblich zu schwer. Da auch der 356 C in seiner Serienversion keine große Motorsport-Karriere machte – es gab ihn nur mit 75 bzw. 90 PS – darf man den Abarth Carrera getrost als Schluß- und auch Höhepunkt der sportlichen 356-Serie ansehen. Immerhin wurden aber vom 356-B-Carrera noch 107 Exemplare verkauft, vom 356 C mit dem Carrera-Motor noch 84 Stück.

Für den Privatfahrer kam erst mit den 911-Modellen ab 1964/65 eine echte Alternative zum Abarth auf den Markt – der 911 mit Zweiliter-Sechszylinder-Motor.

ALLGEMEINE BESCHREIBUNG: TYP 356 ALU-COUPÉ

Karosserie/Fahrgestell

Der aus Stahlblech in Kastenbauweise hergestellte Rahmen ist, im Verein mit der aus Aluminiumblech gefertigten Karosserie, ungewöhnlich biege- und verdrehungssteif. Das 2+2-Coupé hat zwei Türen. Die Windschutzscheibe ist anfänglich noch zweigeteilt. Ausstattung wie 356-Serie.

Die Radführung der Vorderräder erfolgt exakt parallel durch Kurbelarme, die durch querliegende, im Rahmen eingekapselte Drehstäbe abgefedert werden. Für die Hinterachsaufhängung dienen Pendelhalbachsen, welche durch Schubstreben geführt und wiederum durch querliegende Drehstäbe gefedert werden.

Die Trommelbremse wirkt auf alle vier Räder mit Seilzugbetätigung (Originalausführung, die später in Öldruck geändert wurde). Der Benzintank faßt 50 Liter, was bei einem Verbrauch von 8 Liter/100 km rund 650 Kilometer Distanz ergab.

Motor

Vierzylinder-Boxer-Heckmotor mit quer zur Fahrtrichtung angeordneten Zylindern. Bohrung/Hub: 73,5×64 mm; Hubraum 1086 cm^3. Leistung 40 PS bei 4000 U/min. Hängende Ventile. Kraftstoffzuführung durch Membran-Pumpe. Zwei Fallstromvergaser mit zwei Trockenfiltern. Batteriezündung 6 Volt. Luftkühlung durch Gebläse. Ölkühler als Röhrenkühler. Schmierung durch Druckumlauf.

Kraftübertragung

Zur Kraftübertragung dient eine Einscheiben-Trockenkupplung und ein leicht schaltbares Getriebe mit vier Vorwärts- und einem Rückwärtsgang.

ALLGEMEINE BESCHREIBUNG: TYP 356-1100

Karosserie/Fahrgestell

Der Ganzstahl-Aufbau ist auf den Kastenrahmen aufgesetzt und mit

diesem verschweißt. Das Coupé (auch Cabriolet) ist zweitürig und hat zwei vollwertige und zwei Notsitze. Die Front-Windschutzscheibe ist einteilig, schräg gestellt und etwas nach außen gebogen, »gekielt«. Das Coupé hat vier Seitenfenster, das Cabriolet nur zwei. Die Frontscheinwerfer sind fest in den Kotflügeln eingebaut. Das Coupé hat ein stufenlos abfallendes Heck.
Die Vorderradaufhängung besteht aus zwei längsliegenden Traghebeln und zwei Vierkant-Blatt-Federdrehstäben. Hinten wird die Pendelachse durch Federstreben und zwei runden Drehfederstäben geführt. Die Öldruckbremse hat vorn Duplex-, hinten Einzylinder-Ausführung. Zwei Felgengrößen (3,25 bzw. 3,50 D $\times$ 16) und drei Reifengrößen stehen zur Wahl (4,50/5,00/5,25 $\times$ 16).

Motor

Der 1100er-Motor (Typ 369) ist ein Viertakt-Boxermotor und liegt im Heck des Fahrzeuges. Die Einzelzylinder sind aus Grauguß. Gehäuse, Kolben und Zylinderkopf aus Leichtmetall. Die vier Hauptlager sind ebenfalls aus Leichtmetall und die Pleuellager aus einem Stahl-Blei-Bronze-Gemisch. Die Luftkühlung wird durch ein Gebläse verstärkt. Das Benzin-Luftgemisch wird über zwei Solex-Fallstromvergaser vom Typ 32 PBI mit 32 mm Durchmesser angesaugt.

Kraftübertragung

Außer dem serienmäßigen Viergang-Getriebe gibt es zum zweiten, dritten und vierten Gang jeweils zwei mögliche Zahnräder-Varianten. Die Übersetzung der Antriebsachse bleibt serienmäßig.

ALLGEMEINE BESCHREIBUNG: TYP 356 A-1300 S

Karosserie/Fahrgestell

Ganzstahlaufbau auf Kastenrahmen aufgesetzt und mit diesem verschweißt. Das Modell ist zweitürig und 2+2-sitzig. Die Windschutzscheibe ist einteilig, schräg und zylindrisch gebogen. Beim Coupé gibt es vier, beim Cabriolet zwei Seitenfenster. Die Scheinwerfer sind in die Kotflügel eingebaut. Das Coupé hat ein stufenlos abfallendes Heck.

Die Vorderradaufhängung besteht aus zwei längsliegenden Traghebeln, zwei Vierkant-Blattfeder-Drehstäben und einem Rollstabilisator. Hinten: zwei runde Drehfederstäbe. Die Führung der Pendel-Hinterachse erfolgt durch Federstreben. Die Öldruckbremse arbeitet vorn über Duplex-, hinten in Einzylinder-Ausführung. Die Felgengröße beträgt 4,50J × 15-Zoll. Zwei Reifengrößen (5,60/5,90-15) sind nach Wahl zugelassen.

Motor

Der 1300-S-(1600-S-)Motor hat Einzelzylinder (vier insgesamt) mit hartverchromter Laufbahn. Gehäuse, Kolben, Zylinder und Zylinderkopf sind aus Leichtmetall. Ebenfalls aus Leichtmetall sind die vier Hauptlager. Die Pleuel sind rollengelagert. Die Luftkühlung erfolgt durch ein stehendes Gebläse. Als Vergaser kommt entweder zwei Solex-Fallstrom-Vergaser vom Typ 32 PBIC oder 40 PBIC zum Einbau, die sich nur durch den Durchmesser unterscheiden (32 bzw. 40 mm).

Kraftübertragung

Für das serienmäßige Viergang-Getriebe gibt es für den zweiten, dritten und vierten Gang jeweils jeweils zwei Alternativ-Möglichkeiten. Auch von der Antriebsachs-Übersetzung gibt es zwei Varianten neben der serienmäßigen.

Sonstiges

Auf Wunsch ab Werk lieferbar: Eine elektrische Benzinpumpe und vier belüftete Bremsträgerbleche.

Die in Österreich gebauten 356 Alu-Coupé eigneten sich vorzüglich für den Motorsport

Front-, Heckansicht eines 356-Alu-Coupé, die bis Ende 1950 erfolgreich aktiv waren

Rekordversuche in Montlhéry/Paris 1951: 10 968 Kilometer in einer 72-Stunden-Fahrt

356-Alu waren in allen Motorsportarten erfolgreich: Hier bei einem Sandbahnrennen

Seiteansicht des 356 mit 1100-cm^3-Motor: Favorit auf Klassensiege bei Rallyes

Front-, Heckansicht des 356-1100: Die »Sportwagen« waren damals noch serienmäßig

Auch der Innenraum eines 356 von 1953 wurde für den Sporteinsatz nicht verändert

Zweivergaser-Vierzylinder-Motor: Aus bescheidenen 1086 cm^3 holte man gut 40 PS

Seitenansicht des VW-Aggregates Typ 369 mit Getriebe und Auspuff. Ein Zentralrohr

Vorderachse: Noch ein Original VW-Teil: Zwei längsliegende Traghebel und Drehstäbe

Erfolgreiche Einsätze des 356-1100 bei den damals populären Langstrecken-Rallyes

Französisches Privatteam bei der Rallye Monte Carlo 1953. 356: Neueste Ausführung

Porsche 356 A mit 1300-S-Motor. Diese 60-PS-Version wurde bis Ende 1955 produziert

Front-, Heckansicht des 356 A-1300 S: Ohne Extras für den sportlichen Einsatz geeignet

Cockpit und Instrumentierung: Wie in der serienmäßigen Straßenversion unverändert

Der 1300-S-Motor hatte rollengelagerte Pleuel und Leichtmetall-Hauptlager (60 PS)

Hinterachse des 356 A-1300 S komplett mit Getriebe und Motor. Zweirohr-Auspuff

Vorderradaufhängung: Zwei längsliegende Traghebel, zwei Drehstäbe und Stabilisator

Mille Miglia 1955: Richard v. Frankenberg gewinnt mit einem 1300 S klar seine Klasse

ALLGEMEINE BESCHREIBUNG: TYP 356-A-1500 GS (CARRERA)

Der A-Carrera mit 1,5-Liter-Motor ist nahezu identisch mit dem Basismodell, dem 356 A-1300 S. Ausnahmen gibt es bei folgenden Punkten: Zunächst einmal der Motor: Kurbelgehäuse, Zylinder und Köpfe sind aus Leichtmetall, wobei die Laufflächen hartverchromt sind. Die zusammengesetzte Hirth-Kurbelwelle besitzt vier Rollenlager und auch die vier Pleuel sind auf Rollen gelagert. Mit 85×66 mm für Bohrung und Hub ist der Motor stark überquadratisch, was sich u. a. in einer niedrigen Kolbengeschwindigkeit auswirkt. Die V-förmig angeordneten Ventile werden über je zwei obenliegende Nockenwellen durch Schlepphebel gesteuert. Die Nockenwellen ihrerseits durch Königswellen angetrieben. Doppelzündung mit zwei Kerzen pro Zylinder, zwei direkt von den Einlaß-Nockenwellen angetriebene Verteiler und zwei Zündspulen sowie zwei Doppelvergaser von Solex (Typ 40 PJJ-4) kommen zur Anwendung. Das Motoröl wird von einer Rückförderpumpe aus dem Kurbelgehäuse abgesaugt und in den separaten Öltank (Trockensumpfschmierung) befördert. Das über dem Motor stehende Kühlluftgebläse wird durch Keilriemen mit Kurbelwellendrehzahl über die Lichtmaschine angetrieben. Die Verdichtung beträgt 9:1. Die Höchstleistung dieses 1,5-Liter-Motors liegt bei 100 PS und 6200 U/min. Die gemessene Höchstgeschwindigkeit des 1500 GS liegt knapp unter 200 km/h. Die Beschleunigung von 0–100 km/h beträgt 11,8 Sekunden. Der stehende Kilometer wird in 31,3 Sekunden durcheilt. Der Verbrauch liegt bei unter 13 Liter Super-Benzin.
Das Getriebe entspricht der bekannten Porsche-Ausführung, nur daß die beiden oberen Gänge gegenüber der Serie etwas länger sind. Für den Sporteinsatz gibt es noch zwei Wahlmöglichkeiten. Sonstige Unterschiede zur Serie: Auf Wunsch ist der Auspufftopf ohne Heizanschluß lieferbar. Der GS hat mit 5.90-15 bereits serienmäßig etwas breitere Reifen. Das Lenkrad ist etwas größer und aus Holz. Die Instrumente sind für die höheren Anzeigewerte ausgelegt (8000 U/min und 250 km/h). Schalensitze für Fahrer und Beifahrer.

Porsche 356-A-1500 GS »Carrera«. Optisch fast identisch mit einem 1300 S, Typ 356 A

Carrera 1500 GS in Aktion. Ohne Stoßstangen, Radkappen, Gummileisten etc.

Heckansicht des 1500 GS, wie er an Kunden ausgeliefert wurde. Reifen 5,90-15

Schalensitze für Fahrer und Beifahrer. Extras: Holzlenkrad und andere Instrumente

1500-GS-Motor: 1498 cm^3 Hubraum, 100 PS bei 6200 U/min, knapp 200 km/h schnell

Hinterachse mit Motor und Getriebe. Für Sporteinsatz mehrere Getriebemöglichkeiten

Technisch war die Vorderachse beim 1500 GS mit der vom Typ 356 A-1300 identisch

Ein Carrera in Aktion bei der berühmten Fernfahrt Lüttich–Rom–Lüttich im Jahr 1955

ALLGEMEINE BESCHREIBUNG: TYP 356 A-1600 GS (CARRERA)

Technisch ist der 1,6-Liter-Carrera weitgehend mit seinem um 100 cm^3 Hubraum kleineren Vorgänger identisch. An der Karosserie gibt es kleinere Modifikationen, so u. a.: Auf den Stoßstangen fehlen die Hörner. Anstelle von zwei Einzelleuchten links und rechts auf dem Heck des 1500er hat der schnellere Carrera GS nur noch zwei längliche Einzelleuchten. Die Nummernschild-Beleuchtung wanderte bis fast auf die Stoßstange und strahlt die Zulassungs-Nummer nun von unten an (vorher von oben). Links und rechts von dem Motorluftgitter sind je sechs zusätzliche Luftschlitze in die Haube gemacht worden.
Gewicht spart man im Innenraum, indem man u. a. anstelle der Kurbelfenster-Betätigung die Seitenfenster nur an schmalen Riemen betätigen kann. Das Instrumentenbrett umfaßt nur die notwendigsten Anzeigegeräte. Die Auskleidung mit Teppichen im Innenraum ist ausgesprochen spärlich (Nadelfilz oder Skai). Fahrer und Beifahrer sitzen je in einem Schalensitz. Der Motor hat eine Gleitlager-Kurbelwelle und Doppelzündung. Außerdem zwei Doppelfallstrom-Vergaser von Solex (Typ 40 PJJ-4) oder Weber (40 DCM-1).
Beim Viergang-Getriebe gibt es nur für den zweiten, dritten und vierten Gang jeweils eine Alternative. Die Antriebsachs-Übersetzung bleibt serienmäßig. Lieferbar sind: Sperrdifferential, elektrisch beheizte Frontscheibe, Sport-Auspuff, Radzentralverschlüsse (Rudge-Naben) und Ansaug-Lufttrichter anstelle von Luftfiltern.

Porsche 356 A-1600 GS »Carrera«. Technisch mit dem 1,5-Liter-Modell fast identisch

Karl Federhofer im Porsche Carrera 1600 GS. Favorisiertes Modell bei den Serien-Grand-Tourisme

Retuschen an der Karosserie: Fehlende S-Hörner, Beleuchtung, Motorluftgitter etc.

Sparausstattung im Innenraum: Seitenfenster mit Riemen, weniger Armaturen

1600-GS-Motor: Gleitlager-Kurbelwelle und Doppelzündung 115 PS bei 6500 U/min

Hinterachse mit Motor und Getriebe. Auf Wunsch: Sperrdifferential, Sportauspuff u. a.

Auch die Vorderachse des 1,6-Liter-Carrera Typ 356 basierte noch auf den 1300er

Bei den Grand Tourisme bis 1600 cm^3 fast unschlagbar – der 356 A-Carrera in Aktion

ALLGEMEINE BESCHREIBUNG: TYP 356 B-1600

Karosserie/Fahrgestell

Ganzstahlaufbau auf Kastenrahmen aufgesetzt und mit diesem verschweißt. Zweitürig, 2+2sitzig, einteilige schräge, zylindrisch gebogene Windschutzscheibe. Vier Seitenfenster (Cabriolet und Roadster nur zwei). Drehfenster beim Coupé und Cabriolet mit Hardtop. Die Scheinwerfer sind in die Kotflügel eingebaut. Das Coupé hat ein stufenlos abfallendes Heck.

Vorderradaufhängung mit zwei längsliegenden Traghebeln, zwei Vierkant-Blattfederstäbe und Querstabilisator. Hinterradaufhängung mit zwei Rund-Drehfederstäben, Pendelachse durch Federstreben geführt, außerdem eine Ausgleichsfeder (Blattfeder). Vier hydraulisch zu betätigende Trommelbremsen, vorn Duplex-, hinten Simplex-Ausführung. Felgen: 4,50 S × 15 Zoll mit 5.90 bzw. 165-15-Reifen. Gewicht: 870 Kilo für Coupé und Cabriolet, 30 Kilo weniger für den Roadster.

Sonderausstattung für den Sportbetrieb: 80-Liter-Benzintank, elektrisch beheizte Frontscheibe, Radzentralverschlüsse, Schalensitze und für den Motor Sportauspuff, spezielle Ansaug-Lufttrichter. Außerdem ein Sperrdifferential.

Motor

Luftgekühlter, kompakter Viertakt-Boxermotor im Heck des Wagens. Der Block ist aus Leichtmetall, die Einzelzylinder haben eine Ferral-Laufbahn oder sind wahlweise hartverchromt. Außerdem aus Leichtmetall: Kolben und Zylinderköpfe. Zwei Doppel-Fallstrom-Vergaser von Weber oder Solex. Die V-förmig hängenden Stößelstangen und Kipphebel werden über eine zentrale Nockenwelle bedient. Der Antrieb erfolgt über Stirnräder. Die Kurbelwelle ist geschmiedet und läuft in vier Hauptlagern (Gleitlager). Lager im vorderen Kurbelgehäuse aus Leichtmetall. Laufbahnen aus Dreistoff-Legierung. Die Luftkühlung erfolgt über ein Gebläse, die Motorschmierung durch Druckumlauf.

Bohrung/Hub = 82,5×74 mm. Hubraum 1582 cm^3 und 90 PS bei 5500 U/min.

Kraftübertragung

Viergang-Getriebe wie Serie mit mehreren Zahnräder-Varianten und außerdem zwei Antriebsachsen mit differenter Übersetzung. Einscheiben-Trockenkupplung.

Porsche 356 B-1600. Das Sportgerät für den »kleinen« Privatfahrer. Mit vielen Extras

Front-, Heckansicht des 356 B-1600. S-Ausstattung, großer Tank, Sportauspuff, Sperre

Serienmäßiger Innenraum. Für Veranstaltungen Schalensitze, beheizte Front-Scheibe

Der Motor blieb serienmäßig; spezielle Ansaugtrichter durften montiert werden

Hinterachseinheit mit Motor und Getriebe. Hydraulisch betätigte Trommelbremse

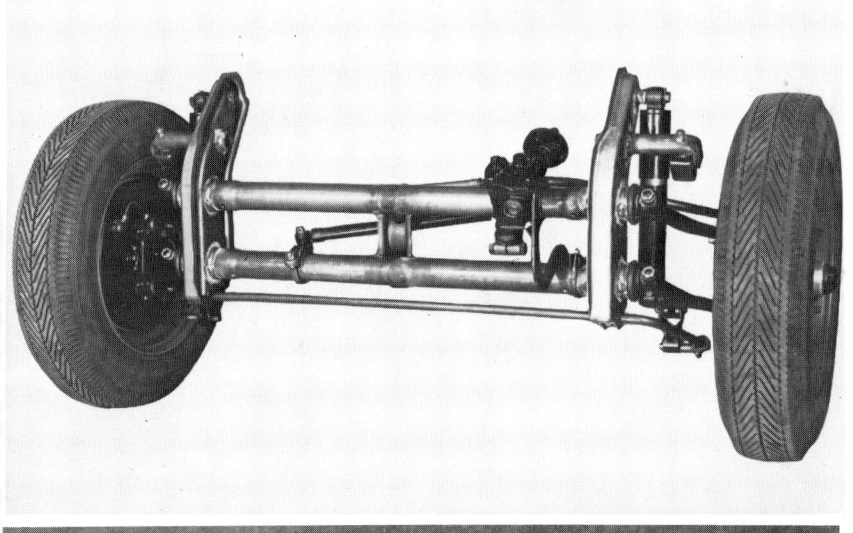

Vorderradaufhängung mit zwei längsliegenden Traghebeln, Federstäbe und Stabis

Ein 356 B-1600 mit Sportausstattung bei der »Tour de France Automobile« von 1960

Karosserie/Fahrgestell

Der Rahmen ist ein gepreßter (geschweißter) Kastenrahmen und mit der Karosserie verschweißt. Die Karosserie besteht aus Stahlblech. Die beiden Türen sowie der vordere und hintere Deckel sind aus Leichtmetall. Die Sitzschalen der beiden Sitze bestehen ebenfalls aus Leichtmetall.
Die Hinterachse ist als Pendelachse ausgebildet und wird durch Federstreben geführt. Ihre Abfederung erfolgt mittels eines runden, querliegenden Drehstabes auf jeder Seite. Hydraulische Teleskop-Stoßdämpfer verhindern ein Nachschwingen des Fahrzeuges. Die beiden Drehfederstäbe können durch Differentialteilung in engen Grenzen verstellt werden. Zusätzlich zur Hinterachsfederung ist eine Ausgleichsfeder montiert. Diese Feder wirkt als Antistabilisator.
Die Vorderräder sind einzeln aufgehängt und mittels zweier Kurbellängslenker parallel geführt. Sie werden über zwei querliegende Drehstäbe abgefedert, die aus einzelnen Federblättern zu einem Vierkant gebündelt sind. Zur Erhöhung der Kurvenfestigkeit dient ein Stabilisator.
Die Fußbremse ist als Scheibenbremse (Sonderwunsch Trommelbremse) ausgebildet und wirkt hydraulisch auf alle vier Räder.
Coupé und Cabriolet stellte Reutter her, die Roadster D'Ieteren in Belgien und ein Coupé-Sonderaufbau kam aus Italien von Carlo Abarth.
Die Stahlschüssel mit Leichtmetallfelge ist 4,5J × 15 Zoll breit. Montiert werden vorn und hinten 165-15-Reifen. Die ZF-Lenkung hat eine Übersetzung von 1:16,0. Von Anschlag zu Anschlag werden 2,5 Umdrehungen des Lenkrades benötigt. Der Kraftstofftank faßt 80 Liter.
Der 1600 GS kann zusätzlich für den Sportbetrieb mit folgenden Extras ausgestattet werden: 5-Zoll-Felgen mit 185-15-, bzw. 5.50-15-Reifen. Wahlweise gibt es einen 50- bzw. 100-Liter-Benzintank. Außerdem: Benzinelektrische Heizung, Differential ohne Sperre, geänderte Nokken, Weber-Vergaser des Typs 46 JDM mit Ansaugrohren, Sport-Auspuffanlage, stärkere Lichtmaschine, beheizte Windschutzscheibe, Überrollbügel, Sicherheitsgurte, Trommelbremse Typ 356 B Normal- und GT-Ausführung, Naßluftfilter, Zentralverschlüsse, LM-Radzierkappen und Schwunggewichte für Nockenwellen. Höchstgeschwindigkeit ca. 200 km/h.

Motor

Der Vierzylinder leistet bei einem Hubraum von 1587,5 cm^3 115 PS bei 6500 U/min (Bohrung/Hub: 87,5×66 mm). Motorschmierung über Trockensumpf.

Zylinderblock, Laufbuchsen, Zylinderkopf und Kolben sind aus Leichtmetall. Die Verdichtung beträgt 9,8:1. Kurbelwelle und Pleuel liegen in Dreistofflager. Vier obenliegende Nockenwellen werden durch Königswellen mit Kegelrädern angetrieben. Zwei Ventile pro Zylinder.

Zwei Fallstrom-Vergaser von Solex (Typ 44 PII-4). Zwei elektrisch angetriebene Kraftstoffpumpen von Bendix. Batterie-Doppelzündung. Spannung 12 Volt.

Kraftübertragung

Einscheiben-Trockenkupplung mit 200 mm Durchmesser von Häussermann, deren Betätigung mechanisch mit Seilzug erfolgt. Viergang-Getriebe von Porsche mit wahlweisen Übersetzungen. Achsübersetzung 7:31. Kraftübertragung über Pendelhalbachsen auf die Hinterräder.

356 A-1600 GS. Huschke v. Hanstein mit einer älteren Ausführung (1959) am Berg

Der 1600 GS »GT« mit geänderter Frontpartie. Hier bei einem Flugplatzrennen 1961

Der 1,6-Liter 356 B hatte in der GT-Ausführung 115 PS. Schöne Erfolge auch bei Rallyes

TYP 356 B-2000 GS/2000 GS-GT (CARRERA 2)

Karosserie und Fahrwerk sowie Ausstattung sind mit dem 1600 GS identisch, mit folgenden Ausnahmen: Zweiliter-(exakt 1966-cm^3-)Viernockenwellen-Triebwerk mit 130 PS bei 6200 U/min für die Straßen-Ausführung und 140 bzw. 155 PS bei 6200 und 6600 U/min für die GT-Versionen. Verdichtung: Serie 9,5:1, Sport 9,8:1. Solex-Vergaser (40 PII-4) für den Serienwagen und Weber-Vergaser (46 IDM-2) für die Rennausführungen, jeweils zwei Doppelfallstrom-Typen. Nockenwelle mit steilerem Hub bei dem Rennmotor, der auch weichnitrierte Pleuel hat. 12-Volt-Anlage bei allen drei Motorvarianten, aber mit höherer Leistung in den GT-Modellen. Die Zündkerzen von Bosch mußten entsprechend der Leistung getauscht werden.
Der GS bekam einen 50-Liter-Benzintank, der GT dagegen einen 110-Liter-Behälter, der zudem durch einen Einfüllstutzen durch den vorderen Deckel gefüllt wurde.
Gibt es für den 2000 GS außer der Standard- und USA-Übersetzung keine weiteren Wahlmöglichkeiten, so sind für den 2000 GT gleich vier verschiedene Übersetzungen greifbar. Alle Getriebeübersetzungen werden mit der Kegel-Tellerrad-Übersetzung 7:31 ausgeliefert. Das beim GS nur auf Wunsch erhältliche Sperrdifferential ist beim GT serienmäßig vorhanden.
Die GT-Ausstattung hat Türen, vorderen sowie hinteren Haubendeckel aus Leichtmetall. Die Drehfenster sind festgestellt, die Hubscheibe aus Plexiglas steckt in Leichtmetall-Profilrahmen. Die Fondscheibe verzichtet auf Rahmen und ist aus Plexiglas, ebenso die Heckscheibe. Bei der Frontscheibe verzichtet man nur auf die Zierleiste. Die Rücksitze entfallen. Das Lenkrad ist aus Holz und vorn wie hinten fehlen die Stoßstangenhörner. Am Heck gibt es zusätzlich zwei Kennzeichenleuchten in Höhe der Stoßstangenmitte.
Der 2000 GS bleibt dagegen in seiner äußeren und inneren Ausstattung wie der normale 356 B.

Porsche 356 B-2000 GS-GT. In Karosserie, Fahrwerk und Ausstattung wie Typ 1600 GS-GT

Heck-, Frontansicht des 2000 GS-GT: Hauben, Türen aus Leichtmetall. Plexischeiben

Hinterachse mit Motor und Getriebe des 2000 GS-GT. Erstmals mit Scheibenbremsen

Vorderachse wie 1600 GS: Zwei Kurbellängslenker, zwei Drehstäbe (quer), Stabilisator

Motor für den 2000 GS/GT: Viernockenwellen-Triebwerk mit 130 PS, 140 oder 155 PS

222 Klassensiege bei der »Monte« für den 2000 GT 1963 und Rallye Mitternachtsfahrt

ALLGEMEINE BESCHREIBUNG: TYP 356 B-CARRERA GTL-ABARTH

Die Technik ist weitgehend mit den GS-Typen der Modellreihe 356 B identisch, mit folgenden Ausnahmen: Aerodynamisch durchgeformte Karosserie von Carlo Abarth in Turin. Die Silhouette ist länger gestreckt und der Wagen insgesamt flacher. Die Fensterflächen sind gegenüber dem Serienmodell sogar noch vergrößert, was auch eine bessere Sicht für den Fahrer auf die Straße mit sich bringt.
Im Innenraum fehlen sämtliche luxeriösen Attribute, dafür gibt es aber funktionelles Interieur und zwei formal angenehme Schalensitze. Auf Dämmaterial ist möglichst verzichtet worden. Eingespartes Gewicht gegenüber dem 356 B: rund 140 Kilo.
Der serienmäßig eingebaute Motor hat 1588 cm^3 Hubraum (Bohrung/Hub: 87,5×66 mm) und leistet 115 PS bei 6500 U/min. Batterie-Doppelzündung; V-förmig hängende Stößelstangen und Kippelhebel, die über je zwei obenliegende Nockenwellen angetrieben werden. Deren Antrieb erfolgt über Königswellen. Die geschmiedete Kurbelwelle läuft in vier Gleitlagern. Der Motor wird separat über Trockensumpf (8 Liter Öl Inhalt) versorgt.
Das Elektronetz ist auf 12 Volt umgestellt, um für die eingebaute Doppelzündung genügend Energie zu liefern.
Viergang-Getriebe mit einer Reihe wahlweise zu liefernden Übersetzungen. Einscheiben-Trockenkupplung von Häussermann. Sperrdifferential. 80-Liter-Benzintank. Extras: Sport-Auspuff, Spezial-Lufttrichter, geänderter Zündverteiler-Antrieb, Sicherheitsgurte, Überrollbügel, Zentralverschlüsse.

Porsche Abarth Carrera GTL: Aerodynamische Karosserie auf 356 B-Basis von Abarth

224 Im Innenraum fehlten sämtliche luxuriösen Attribute. Funktionelles überwiegt

Eigenwillig gestaltetes Heck mit vielen Motorluftschlitzen und kleiner Lufthutze

Vorder- und Hinterachse (mit Motor) stammen vom 356 B, aber mit Trommelbremsen

Die günstigere Karosserieform und das Gewicht machten den Abarth zum Favoriten

Basis für diesen GT-Wagen war das Fahrgestell des Porsche 356 B

Das unter Porsche 2000 GS-GT bekannte Modell wurde wegen seiner Form intern »Dreikantschaber« genannt.

Der GT-Europa-Bergmeister Herbert Müller am Schauinsland mit einem »Schaber«

Karosserie/Fahrgestell

Gepreßter und geschweißter Kastenrahmen mit Karosserie verschweißt. Vorderrad: Einzelradaufhängung mit je zwei Kurbellängslenkern als Traghebel ausgebildet und Rollstabilisator. Die Federung übernehmen zwei je aus einzelnen Federblättern gebündelte Vierkant-Drehfederstäbe. Hinterrad: Pendelhalbachsen durch Längslenker geführt. Federung durch je einen runden Drehstab auf beiden Seiten. Vorn und hinten übernehmen hydraulische, doppeltwirkende Teleskop-Stoßdämpfer die Dämpfung.

Die Fußbremse ist eine auf alle vier Räder wirkende Scheibenbremse, die hydraulisch betätigt wird. Die Handbremse wirkt mechanisch auf die Hinterräder. Auf den 4,5 J×15 Zoll breiten Tiefbett-Stahlfelgen sind Gürtelreifen der Größen 165-15 aufgezogen. Der Kraftstofftank faßt 50 Liter.

Wahlweise: 70- oder 90-Liter-Tank, benzinelektrische Heizung, Ansaugtrichter, Frischluftgebläse, Überrollbügel, Unterschutz für Motor und Getriebe, Plexischeiben für das Heckfenster des Cabriolet, Schalensitze, beheizte Windschutzscheibe, Fünf-Zoll-Felgen aus Leichtmetall, Ausgleichsfeder hinten und eine Fichtel-&-Sachs-Kupplung.

Motor

Der 1600-SC-Motor hat ein aus Leichtmetall gegossenes Kurbelgehäuse, das dreiteilig ist. Hubraum 1582 cm^3 (Bohrung/Hub: 82,5×74,0 mm). Bei einer Verdichtung von 9,5:1 leistet der Vierzylinder 95 PS bei 5800 U/min. Die geschmiedete Kurbelwelle ist im Gehäuse viermal gelagert. Die Kurbelwellenzapfen I und IV sind in Spezial-LM-Lagern, die Kurbelwellenzapfen II und III in Stahlstützlagerschalen gelagert. Die Pleuel sind in Dreistofflagern gelagert. Sämtliche Pleuel tragen eingezogene Bronzebüchsen für die Kolbenbolzen. Die Zylinder sind aus Leichtmetall, die durch eine Ferral-Laufschicht behandelt sind. Je zwei Zylinder tragen einen gemeinsamen, stark verrippten Zylinderkopf aus Leichtmetall, mit eingepreßten Ventilsitzringen und Ventilführungen. Als Zündkerzengewinde sind Heli-Coil-Gewindesätze eingeschraubt. Die Nockenwelle ist dreimal gelagert. Der Antrieb erfolgt über schräg verzahnte Stirnräder. Die Ventilsteuerung wird von den Nocken über Tellerstößel, Stößelstangen und Kipphebel übertragen. Die Auslaßventile sind mit hochwertigem Chromnickelstahl gepanzert und mit Natrium gefüllt.

Zur Herstellung des Kraftstoff-Luftgemisches dienen zwei Solex-Vergaser (40 PII-4). Die Kühlung erfolgt durch ein Radialgebläse, welches über einen Keilriemen von der Kurbelwelle aus angetrieben wird.

Die Motor-Schmierung arbeitet nach dem Druckumlauf-System. Der Ölkühler ist dem Gebläseluftstrom ausgesetzt.

Nur für 75-PS-Motor: Kurbelwelle ohne Gegengewichte, Grauguß-Zylinder mit passenden Kolben, Zenith-Doppelfallstrom-Vergaser vom Typ 32 NDIX, Ansauggeräuschdämpfer und Nockenwelle mit anderem Ventilhub.

Kraftübertragung

Einscheiben-Trockenkupplung mit mechanischer Seilzugbetätigung (∅ 202 mm). Über die auf dem Rahmentunnel sitzende Knüppelschaltung wird das mit vier synchronisierten Gängen ausgerüstete Getriebe geschaltet. Vom ersten Gang gibt es eine Alternative, von allen anderen jeweils drei Wahlmöglichkeiten. Ebenfalls eine Alternative gibt es zur serienmäßigen Übersetzung der Antriebsachse. Das Differential hat keine Sperre.

Der normale Porsche 356 C mit 1600-SC-Motor (95 PS) lief nur in wenigen Rennen

Porsche 914-6

Zwar war der Porsche 914-6 auf der internationalen Rennbühne nur kurz vertreten, doch kann ihm niemand nachsagen, daß er sich nicht achtbar geschlagen hätte. Diesem Modell fehlten die großen, spektakulären Erfolge, die zur selben Zeit die 911-Typen einheimsten. Eine ausgezeichnete Figur gab der 914-6 bei Langstreckenrennen ab. Hier konnte er die mangelnde Motorleistung – 220 PS aus 2 Liter Hubraum – mit Zuverlässigkeit ausgleichen.

Als die Franzosen Guy Chasseuill und Claude Ballot-Lena 1970 bei den 24 Stunden von Le Mans ihren 914-6 auf einen sechsten Platz im Gesamtklassement fuhren und zudem die GT-Kategorie gewannen, schien die Karriere des Mittelmotorwagens vorgezeichnet. Im selben Jahr gab es noch eine Reihe weiterer schöner Plazierungen, so u. a. beim 1000-km-Rennen auf dem Nürburgring (5. und 6. im GT-Klassement), 6 Stunden Watkins Glen/USA (5. GT-Klassement) und Platz eins bis drei beim 86-Stunden-Rennen »Marathon de la Route«.

Doch immer mehr Privatfahrer entscheiden sich für den zur gleichen Zeit – und zum selben Preis von 49680 Mark angebotenen 911 S, weil sie damit auf Gesamtsieg fahren können. Die 500 cm^3, die der 911 S mehr Hubraum als der 914-6 hatte, brachten diesem gut 50 Mehr-PS. Die ohnehin nur recht selten ausgeschriebene GT-Klasse bis 2000 cm^3 mit einem Porsche 914-6 zu gewinnen war dagegen nicht reizvoll.

Als Porsche diesen Trend merkt und zudem der Serienverkauf stagnierte, setzt man alles auf eine Karte und meldet 1971 drei Werkswagen vom Typ 914-6 zur Rallye Monte Carlo. Zwei fallen aus. Nur Waldegaard, der zweimal vorher die »Monte« mit einem 911 gewonnen hatte, kommt als Dritter ins Ziel. Praktisch ist das der Tod des 914-6 für den internationalen Renn- und Ralleysport.

Seine internationale Karriere wird voraussichtlich 1976 enden, nachdem deutsche Privatfahrer mit dem 914-6 teilweise noch respektable Erfolge in der Saison 1975/76 erzielen konnten.

Karosserie/Fahrgestell

Gegenüber dem 914-6-Serienmodell gibt es für die Renn-Version (auch Rallye) nachstehende Änderungen: Front- und Heckdeckel, Stoßstangen vorn und hinten und die Schwellerverkleidungen links und rechts sind aus Kunststoff. Die Heckscheibe ist aus Plexiglas. Der Motorraumdeckel ist erleichtert und die Kotflügel ringsum verbreitert. Die Innenausstattung ist stark vereinfacht, die Aufpolsterungen sind abgemagert. Der Fahrer hat eine ausgepolsterte Schale, auf der Beifahrerseite ist diese nur noch aus nacktem Kunststoff. Im Wagenbug ist der Motorölkühler eingelassen und unter der vorderen Haube befindet sich ein 100-Liter-Stahltank, der durch die Haube mit einem Schnellverschluß betankt wird. Das abnehmbare Targadach ist mit einem Hilfsrahmen verstärkt und fest mit der Karosserie durch Schrauben verbunden.
Die Radaufhängung hat vorn Einzelradaufhängung an Dreiecksquerlenkern und Dämpferbeinen; hinten an Längslenkern, die gegenüber der Serie verstärkt sind. Federung und Dämpfung übernehmen vorn längsliegende Drehstäbe und Dämpferbeine; hinten Dämpferbeine mit Schraubenfedern. Stabilisatoren gibt es vorn und hinten. Die Zahnstangenlenkung ist 1:17,8 übersetzt. Die vier innenbelüfteten Scheibenbremsen werden hydraulisch betätigt (Zweikreissystem). Die Bremssättel sind vorn vom Porsche 908, hinten vom Porsche 911. Auf 6-Zoll- bzw. 7-Zoll-Felgen vorn und hinten sind Reifen der Größen 5.00 M 15 oder 4.75/10.00-15 (vorn) und 4.75/10.00 oder 4.75/11.30-15 montiert.

Motor

Der Motor (Typ 901/25) hat sechs Zylinder und 1991 cm^3 Hubraum (Bohrung/Hub: 80×66 mm). Gegenüber dem Serien-Triebwerk ist folgendes geändert: Hartverchromte Leichtmetallzylinder, Rennkolben und Zylinderköpfe mit feinbearbeiteten Ein- und Auslaßkanälen. Der Kurbeltrieb bleibt wie in der Serie. Die zwei Weber-Dreifach-Vergaser (Typ 46 IDA) sitzen auf Spezialansaugrohren. Mit Renn-Nockenwellen, Transistor-Doppelzündung und einer Rennauspuffanlage leistet der 2 Liter 220 PS bei 8000 U/min.

Kraftübertragung

Das Fünfgang-Getriebe (901) wird übernommen. Alle Radpaare können ausgetauscht werden. Die Hinterachse hat eine Übersetzung von 7:31 mit einem Sperrdifferential. Die Kupplung ist der Mehrleistung angepaßt.

356/914-6

Bau- jahr	Modell Karosse	Typ	Fahrgestell-Nr.	Motor- Typ	Getr.- Typ	Zyl.	Bohrung x Hub	Hub- raum	DIN-PS bei U/min.	mkp bei U/min.	Ver- dtg.	Rad- stand	Spur vorn/hinten	Län- ge	Ge- wicht
1949	Coupé	356-Alu	356/2.053-055	369	VW	4 4	73,5 x 64 75 x 64	1086 1131	40/4200 40/4000	7,15/2800 7,2/2700	7:1 7:1	2100	1250/1290	3870	600
1950	Coupé	356- 1100	5001- 5600 10531-12387 50001-51570	369	519	4	73,5 x 64	1086	40/4200	7,15/2800	7:1	2100	1290/1250	3950	790
1955	Coupé Cabriolet	356A- 1300S	55001-55390 61001-61892	589/2	644	4	74,5 x 74	1290	60/5500	9,0/3600	7,5:1	2100	1306/1272	3950	845
1955	Coupé Cabriolet	356A- 1600S	55001-55390 61001-61892	616/2	716/0 716/2 644	4	82,5 x 74	1582	75/5000	11,9/3700	8,5:1	2100	1306/1272	3950	845
1955	Coupé Cabriolet	356A- 1500GS	12235-12387 53456-59090 55001-55390 61001-61892	547/1	716/5 644 716/1 716/4	4	85 x 66	1498	100/6500	12,0/5200	9:1	2100	1306/1272	3950	835
1957	Coupé	356A- 1500GS de luxe	58312-59090	547/1	741/1	4	85 x 66	1498	100/6200	12,1/5200	9:1	2100	1306/1272	3950	950
1957	Coupé	356A- 1500 GS-GT	58312-59090	547/1	741/1	4	85 x 66	1498	110/6400	12,6/5200	9:1	2100	1306/1272	3950	835
1958	Coupé Cabriolet Speed.	356A- 1600GS de luxe	150001-153334 104524-106174 84938- 85886	692/2	741/3	4	87,5 x 66	1588	105/6500	12,3/5000	9,5:1	2100	1306/1272	3950	840

356/914-6

Baujahr	Modell Karosse	Modell Typ	Fahrgestell-Nr.	Motor-Typ	Getr.-Typ	Zyl.	Bohrung x Hub	Hubraum	DIN-PS bei U/min.	mkp bei U/min.	Verdtg.	Radstand	Spur vorn/hinten	Länge	Gewicht
1959	Coupé Cabriolet Speed.	356A- 1600 GS-GT	150001- 15334 104524-106174 84938- 85886	692/3	741/1	4	87,5 x 66	1588	115/6500	12,8/5500	9,8:1	2100	1306/1272	3950	880
1960	Coupé „Abarth"	356B- 1600 GTL	11001-1021	692/3A	741/5 741/6 741/7 741/8	4	87,5 x 66	1588	115/6500	12,8/5500	9,8:1	2100	1306/1272	3980	778
1960	Coupé	356B- 1600 GS-GT	104524-106174	692/3	741/1 741/3 741/4	4	87,5 x 66	1588	115/6500	12,8/5500	9,8:1	2100	1306/1272	4010	900
1961	Coupé	356B- 2000GS	119289-121099	587/1	741/9A 741/20A	4	92 x 74	1966	130/6200	16,5/4600	9,5:1	2100	1306/1272	4010	1020
1963	Coupé	356C- 2000GS	119289-125239 156566-158700	587/2	741/9A	4	92 x 74	1966	130/6200	16,5/4600	9,5:1	2100	1306/1272	4010	1020
1971	Coupé	914-6	9141430139- 0141	901/25	914	6	80 x 66	1991	220/7800	20,5/6500	10,3:1	2450	1377/1427	3985	880

Erste Ausführung des VW-Porsche 914-6 mit allerdings noch nicht originalen Kotflügeln

Front-, Heckansicht des 914-6 für das Langstrecken-Rennen »Marathon de la Route«

Front-, Heckdeckel, Stoßstangen und Schwellerverkleidungen aus Kunststoff

100-l-Benzintank, verstärkte Stoßdämpferbefestigung, Scheinwerfer-Handbetätigung

Erleichterte Innenausstattung, abgemagerte Aufpolsterung, Rennschalen

VW-Porsche 914-6-Rennausführung: 2-Liter-Sechszylinder-Motor mit 220 PS

Der Schwede Aake Andersson beim Training zur Rallye Monte Carlo 1971 auf 914-6

Typ 924 Rallye (ab 1978)

Ende September 1978 fiel in Biertisch-Gesprächen von Porsche-Sportreferent Jürgen Barth (32) mit den Porsche-Technikern Roland Kußmaul (37) und Helmut Ristl (34) die Entscheidung für ein ganz privates Rallye-Engagement mit einem Porsche der neuen Generation, dem 924. Alex Janda (36) Verkaufsleiter beim Porsche-Händler Spindler in Würzburg, stieß erst später zu dem »Haufen« der drei Aufrechten, brachte dafür aber einen Sponsor und einen sportbegeisterten Werkstatteigner mit ins Team ein.

Für den ersten vorgesehenen Einsatz, bei der Rallye Monte Carlo 1979, mit zwei leicht vorbereiteten Porsche 924-Turbo, wurden rund 120000 Mark Einstandskosten veranschlagt, inklusive der beiden günstig erstandenen Turbo 924.

Seit Ende November '78 werkelten Barth, Kußmaul und Ristl in schlauchender Feierabendarbeit an den beiden Turbo-Rallyeversionen. Ingenieur Kußmaul addierte allein über 600 Einsatz-Stunden auf seiner Strichliste. Da traf mitten in den Monte-Vorbereitungen alle eine schokkierende Meldung: Bedingt durch einen sechswöchigen Stahlstreik war auch Porsche gezwungen die Produktion zu drosseln. Die notwendigen 400 Einheiten, die für die Homologation des »924 Turbo« per 1. 1. 79 unabdinglich gewesen wären, rollten bis zum Stichtag 31. 12. 78 nicht mehr vom Band.

Trotz der guten Verbindungen von Jürgen Barth, er ist schließlich im Hause Porsche u. a. für die Abwicklung von Homologationsdingen zuständig, blieb die FIA (Oberste Motorsportbehörde) und dessen Chef Jean-Marie Balestre hart: Keine Stückzahl, keine Homologation.

So wurde der 924 Turbo erst zum 1. 2. 79 homologiert, eine Woche nach dem Ende der »Monte« also. Auch Barth mußte nun einen Kompromiß machen und baute den 924 auf konventionellen Saugmotor-Antrieb um, wobei das Turbofahrwerk, die modifizierte Bremsanlage und ein gestripptes Armaturenbrett aus der Turbo-Homologation für den »Sauger« erhalten blieben, d. h. übernommen werden durften. Die Devise: Raus mit dem 170-PS-Turbomotor, rein mit dem 125-PS-Saugmotor.

Die Arbeiten an technischen Finessen – verstärkte Querlenker vorn, Schräglenker hinten, Fünfgang-Getriebe, innenbelüftete Scheibenbremsen rundum, waren bereits abgeschlossen. Auch das leichtere Armaturenbrett, die doppelte Zündanlage, die zweifache Benzinpumpenbestückung installiert. Kotflügelverbreiterungen brauchten für die 15-Zoll-Racing-Reifen nur am Vorderwagen angebracht zu werden.
»Bei über 1000 Kilogramm Fahrzeug-Gewicht fehlt uns jetzt natürlich die Leistung. Andererseits gilt der Start bei der »Monte« nur als Testeinsatz. Erst bei der Safari geht es dann mit dem Turbo-Triebwerk richtig zur Sache,« beruhigte Jürgen Barth alle Skeptiker vorab.
Der erste Einsatz eines Porsche 924 – jetzt mit dem 170 PS-Turbomotor – unter Barth/Kußmaul bei der Safari-Rallye 1979 litt unter Fahrwerksschäden.
Den ersten Klassensieg eines Porsche 924 gab es bei der Australien-Repco-Rallye im Juli 1979. Mit Start und Ziel in Melbourne führte die Rallye 19870 Kilometer durch Wüste, Wasser, Busch und Berge – davon 13250 Kilometer Sonderprüfungen auf Schotter. Die Umrundung des fünften Kontinents wurde zu einer besonderen Strapaze für das Team Jürgen Barth/Roland Kußmaul.
Mit einem vom australischen Porsche-Händler Alan Hamilton vorbereiteten Porsche 924-Sauger gelang nach einer Reihe von kleineren technischen Defekten und einem Überschlag noch der achte Platz im Gesamtklassement und der erste internationale Klassensieg in der Zweiliter-Klasse für einen Porsche 924.
Anschließend war Barth, erstmals seit mehr als zehn Jahren, wieder bei einer deutschen Rallye unterwegs. Mit einem Porsche 924 Turbo, seinem Safari-Trainingswagen und Christa Herrmann als Beifahrerin, stürzte er sich ins Getümmel der Rheinhessen-Rallye, einem Lauf zur Deutschen Rallye-Meisterschaft 1979. Besonders auf Asphalt wirkte die Kombination Barth/924 recht spektakulär, wozu ihm sicherlich auch die montierten Pneus verhalfen, denn Barth fuhr die Rallye ausschließlich mit Gürtelreifen! Probleme gab es, als sich die Schmierölzufuhr zum Turbolader löste – trotzdem noch Platz 14 bei 70 in Wertung angekommenen Teams. Trotz der hoffnungsvollen Bemühungen von Barth/Kußmaul, daß Porsche sich vielleicht schon 1981 offiziell zur Rückkehr in den internationalen Rallyesport entschließen könnte und dabei auf die von ihnen gemachten Erfahrungen mit dem 924-Sauger, bzw. 924-Turbo zurückgreifen könnte, entschied das Management im Oktober 1980 gegenteilig. Einzig Kunden erhalten ab Frühjahr 1981 eine Gruppe-4-Ausführung des 924 Carrera GT (Basis wie 1980 in Le Mans am Start) für Rallye- und Rundstrecken-Einsätze.

Porsche 924 Rallye in der Ausführung für die Rallye Monte Carlo 1979

Kühlanlagen für den fast serienmäßigen Saugmotor (125 PS) im 924-Rallye

Details: Schräglenker hinten, Fünf-Gang-Getriebe, Rallye-Fahrwerk

Porsche 924-Rallye von Buchautor Jürgen Barth: 1979 noch ohne Turbo-aufladung

Stark erleichtertes Armaturenbrett, mit Platz für die wichtigsten Instrumente

Wegstreckenzähler und Scheinwerfer-Bedienungsknöpfe für den Beifahrer

Bei der Safari-Rallye 1979 Premiere mit dem 170-PS-Turbomotor

Trotz spartanischer Ausstattung liegt das Fahrzeuggewicht über 1000 kg

Nur wenige Änderungen im Innenraum beim Wechsel vom Sauger zum Turbo-924

Äußerlich präsentiert sich der 924-Rallye-Turbo recht unauffällig

Ausführung für verschiedene Einsätze in der Saison 1981 unter Barth/Kußmaul

Der privat vorbereitete 924-Rallye lehnt sich an den später erscheinenden 924 GTR an

Der Porsche 924-Rallye von Jürgen Barth geht – immer aktualisiert – in die 3. Saison

Im Januar 1979 Premiere für den 924-Saug im internationalen Rallyesport – hier bei der Rallye Monte Carlo unter Jürgen Barth/Roland Kußmaul

Typ 924 SCCA (ab 1979)

Im Sommer 1979 entstand in Weissach eine Rennversion des 924 – gebaut für die amerikanische SCCA-Rennserie. Damit wurde erstmals ein Porsche der neuen Generation für diese populäre Serie vorbereitet, in der schon der 356 und der 911 ihre Karriere im US-Sport begonnen hatten.
Der neue Renn-924 ist auf die Kategorie »D-Production« des Sports Car Club of America (SCCA) zugeschnitten, in der seriennahe Fahrzeuge konkurrieren. Die Teilnehmer qualifizieren sich in mehreren Ausscheidungsrennen für das große Saisonfinale auf der Road-Atlanta-Rennstrecke in Georgia.
Der in Weissach entwickelte Wagen – Projektleiter Ing. Rainer Wüst – ist als Muster für ausgewählte USA-Händlerteams und Tuning-Betriebe vorgesehen. Die ersten Exemplare wurden im September 1979 an die Competition-Abteilung von Porsche-Audi in New Jersey übergeben. Sie dienten als Pilotfahrzeuge für den Nachbau. Schon für die Rennsaison 1980 konnten nach diesem Ablauf eine ganze Anzahl 924-SCCA zur Verfügung gestellt werden. Wichtigste Konkurrenten des 924 sind der Triumph TR 7 und der Datsun 2000.
Um die Kosten dieses mehr für den Breitensport entwickelten Wagens so gering wie möglich zu halten, wurden weitgehend Serienteile übernommen, bzw. beibehalten. Die Karosserie wurde stark gestrippt – innen blieb nur das nackte Blech, außen kamen Kotflügelverbreiterungen und ein Frontspoiler aus Kunststoff hinzu. Das fahrfertige Gewicht beträgt rund 970 Kilogramm.
Der eingeschweißte Überrollkäfig hat zugleich die Funktion einer zusätzlichen Karosserieversteifung. Im Innern des 924 SCCA gibt es nichts brennbares mehr, der bewährte Porsche-Rennschalensitz aus Nomex wurde mit geringen Änderungen vom Typ 934/935 übernommen. Abgeänderte 924-Instrumente, ein erleichterter Schalthebel-Mechanismus und ein zentraler Elektrikschalter bilden die spartanische Ausrüstung. Das Gewicht von 970 Kilogramm entspricht übrigens den

amerikanischen Homologationsbedingungen und liegt laut Projektleiter Wüst »gut 90 Kilogramm über dem Gewicht das problemlos zu erreichen ist«. Die 90 kg Differenz werden in Form von gut plazierten Bleiplatten in den Innenraum des 924 gelegt.
Das Fahrwerk mit verstärkten Radlagern und hinteren Schraubenfedern wurde speziell den Rundstrecken-Bedingungen angepaßt, die Zweikreis-Bremsanlage stammt vom Porsche 924 Turbo. Vorn und hinten sind Rennfelgen 7J×15 montiert, die mit reglementsmäßigen Goodyear-Racing-Reifen bestückt werden.
Der Vierzylinder-Audi-Reihenmotor (Hubraum 2039 cm^3) wurde durch homologierte Spezialteile auf eine Leistung von 132 kW (180 PS) bei 7000/min gebracht. Wüst: »Damit bleibt der Vierzylinder noch gut 30 PS unter seinen Möglichkeiten.« Wichtigste Änderung ist die mechanische Bosch-Kugelfischer-Benzineinspritzung, die erweiterte Luftwege und damit eine deutliche Drehzahlsteigerung erlaubt. Durch eine leicht vergrößerte Bohrung wurde der Gesamthubraum vergrößert, die Verdichtung stieg auf 11,5:1! Der Wasserkühler und der zusätzliche seitliche Ölkühler arbeiten ohne Ventilator. Für das Porsche-Fünfgang-Getriebe gibt es auswechselbare Übersetzungen zur Anpassung an die jeweilige Rennstrecke. Im Differential ist eine 80prozentige Sperre eingebaut. Die Einscheiben-Trockenkupplung mit Sinterbelägen ist von Fichtel & Sachs. Der Kraftstoff-Sicherheitstank faßt 50 Liter.
Innerhalb der D-Production der SCCA-Serie feierte der 924 schon Ende 1980 seinen ersten großen Erfolg und wurde damit standesgemäßer Nachfolger der 356 bzw. 911-Typen. Beim großen Finalrennen, für das sich vorher in verschiedenen lokalen Einzelläufen übers ganze Jahr die Teilnehmer qualifizieren mußten, gewann ein US-924, ein weiterer wurde Gesamtvierter.
1981 erhält der 924-Sauger indirekt Unterstützung durch die Turboversion, die allerdings in der C-Production starten muß. Eine weiter verbesserte Version soll für die GTO-Kategorie innerhalb der IMSA-Serie (Klasse 2,5–3,0 Liter Hubraum) Erfolge einfahren und zu einem späteren Zeitpunkt den IMSA-Porsche 935 ablösen.

Typ 924 - Gruppe 4 (ab 1979)

Im Verlaufe der Rennsaison 1979 tauchte auf Deutschlands Rennstrekken ein etwas ernsthafter vorbereiteter Porsche 924 auf, der in der Gruppe 4 startete. Der 36jährige Friedrich Winkelmann aus Essen, der Rennfahren aus Hobby betreibt, hat diesen 924 in der eigenen kleinen Porsche-Service-Werkstatt vorbereitet, während ihm bei der Präparierung des Motors die Firma Pierburg (Solex) unter die Arme griff.
Im Renn-924 nimmt man eine angenehme Sitzposition ein. Sportwagenmäßig tief über der Fahrbahn ist der Oberkörper leicht zurückgeneigt, die Arme nahezu gestreckt. Das tief angeordnete kleine Lenkrad steht fast senkrecht. Der Schalthebel liegt auf dem hohen Mitteltunnel (Transaxle) optimal zur Hand. Die Kupplung – eine Einscheiben-Rennkupplung mit Sinterbelag von Fichtel & Sachs – arbeitet mit fast normal zu bezeichnenden Fußkräften. Anfahrmanöver verlaufen problemlos.
Lenk- und Rückstellkräfte sind ab zügigem Rollen kaum höher als bei der normalen Straßenversion. Bei ersten Tests überzeugte das Brems- und Kurvenverhalten. Die Bremsanlage des Winkelmann-924 – belüftete Scheiben vorn und hinten – stammt vom 924 Turbo bzw. 928. Trotz amputierter Servounterstützung verläuft jeder Bremsvorgang wie beim Serienwagen. Mit seinen 950 Kilogramm (gut 140 kg über dem erlaubten Minimum!) fahrfertiges Renngewicht gab es erstaunlicherweise auch keine Fadingprobleme.
In bezug auf das Kurvenverhalten ist es Winkelmann mit Hilfe der Firma Bilstein und seinen Gasdruck-Stoßdämpfern fast auf Anhieb gelungen dem 924 eine gute Charakteristik zu verpassen. Das Coupé liegt neutral, mit einer leichten Tendenz zum Übersteuern. Der Drift über beide Achsen ist gut zu beherrschen.
Der Audi-Vierzylinder-Motor, in seiner Tuning-Entwicklung erst am Anfang, ist recht konventionell leistungsstärker gemacht worden: Höhere Verdichtung (12:1) dank anderer Kolben, Schrick-Nockenwelle, größere Ventile, Solex-Renneinspritzung plus Fächer-Auspuffkrümmer ergeben 195 PS bei 7100/min und maximal zulässigen 8000/min. Der Drehmomentverlauf ist dabei noch recht bullig – die 100 km/h-Marke wird nach rund 5,5 Sekunden erreicht.

Die derzeitigen Nachteile entstehen dem 924-Gruppe 4 aber nicht nur durch die geringere Leistung gegenüber Konkurrenzmodellen, sondern auch durch die für Rennzwecke ungünstigen Abstufungen des Serien-Fünfgang-Getriebes und die viel zu lange Achsübersetzung.
Vorn und hinten steht der Winkelmann-924 auf dreiteiligen Felgen die 9,5 bzw. 10,5-Zoll breit sind. Die Goodyear-Racing sind 9.5/20.0×15 breit (vorn) bzw. 10.0/22.0×15 (hinten). Das Differential hat eine 80prozentige Sperre von ZF.
Dieser 924-Sauger in der noch bis Ende 1981 gültigen Gruppe-4-Spezifikation wird in Europa keine Zukunft haben, sondern das Einzelmodell eines rennfahrenden Idealisten bleiben. Denn für den Rundstrecken- und Rallyesport hat die Firma Porsche 1980 ein Basis-Modell, den 924 Carrera GT, vorgestellt, der alle Voraussetzungen für ein künftiges Siegerauto in sich vereint und dem Normal-924 keine Chance läßt.

Porsche 924 SCCA: Im Sommer 1979 geplant, am Ende der Saison 1980 bereits Sieger in der D-Production-Kategorie der SCCA-Serie in Amerika

Abgeänderte 924-Instrumente, erleichterter Schalthebel, Zentralelektrik

Der Vierzylinder-Motor (2039 cm³) wurde auf über 180 PS bei 7000/min gebracht

Die 924-Karosserie wurde stark gestrippt – das fahrfertige Gewicht beträgt 970 kg

Der eingeschweißte Überrollkäfig hat die Funktion einer Karosserieversteifung

Das Fahrwerk mit verstärkten Serienteilen wurde den speziellen Bedingungen angepaßt

Typ 924 Carrera GT-LeMans (ab 1980)

Spät, in der ersten Oktober-Woche 1979, lief das Count-down für das Projekt »924 Le Mans« unter der Leitung von Dipl.-Ing. Norbert Singer (41) an. Und fast noch einmal sechs Wochen vergingen, bis der Auftrag ganz exakt definiert war: Es ist ein 924-Turbo in Rennausführung zu bauen, der seine Premiere 1980 in Le Mans haben soll und danach so weiterentwickelt werden kann, daß er – mit wenigen Änderungen – imstande ist, in der Gruppe 4, in der ab 1982 gültigen Gruppe B, in der GTO-Serie der amerikanischen IMSA-Serie und in der C-Production nach SCCA-Reglement mit Aussicht auf Erfolg mitmischen kann.
Im Februar 1980 rollte das erste fertige Testexemplar auf einem Transporter zur südfranzösischen Rennstrecke Paul Ricard. Die ersten, noch abtastenden Versuche galten der Kontrolle und Funktionsprüfung von Fahrwerk und Motor.
Beim Aufgalopp in Paul Ricard gab es überraschend wenig Probleme. Die Testmannschaft zog zurück nach Weissach und begann die nächsten Punkte auf der Checkliste abzuhaken. So gingen die Porsche-Mannen auch in den Windkanal nach Wolfsburg. Resultat: An der Karosserie brauchte nichts wesentliches mehr geändert zu werden. Der cw-Wert lag bei recht guten 0,35. Es folgten vier Motoren-Dauerläufe auf dem Prüfstand über 30 bis 35 Stunden – exakt gefahren nach dem vorgegebenem Le Mans-Rhythmus. Im Klartext: Der Prüfstandbediener simuliert eine rund vier Minuten dauernde Rennrunde auf dem Sarthe-Kurs. So müssen die Motoren u. a. dabei 1,15 Minuten fast Vollgas (6300/min) aushalten, was in etwa der langen Geraden in Le Mans entspricht.
Fast parallel zu diesen Tests startete ein Dauerlauf auf der Klimarolle. Damit können in Weissach verschiedene Wetterbedingungen, auch Seiten- und Gegenwind, simuliert werden. Bei diesem Programm wechseln sich im Zwei-Stunden-Rhythmus mehrere Fahrer ab. Der Renn-Porsche steht dabei mit den angetriebenen Rädern auf einer Rolle, auf der der 924-Le Mans bis zur Höchstgeschwindigkeit beschleunigt und natürlich auch auf Null abgebremst werden kann.

Um gegen alle Eventualitäten beim Original-24-Stunden-Rennen gewappnet zu sein, nutzte die Crew sogar das schlechte Wetter Anfang 1980: Zum einen wurde der 924-Rennturbo bei strömendem Regen auf die Weissacher Teststrecke geschickt und mußte dort – mit verschiedenen Versuchs-Ingenieuren hinter dem Lenkrad – in der Gischtfahne eines dicht vorausfahrenden Porsche 928 S einen Wassertest über sich ergehen lassen! Anschließend blieb derselbe Wagen die ganze Nacht im Regen ohne Haube draußen stehen! Den am Morgen folgenden Anlaß- und Elektriktest schaffte der 924 jedesmal problemlos.
Als dann noch der 1000-Kilometer lange Rütteltest auf dem Weissacher Gelände in nur anderthalb Tagen ohne Defekte abgespult werden konnte, bekam Projektleiter Singer leichte Sorgenfalten. Es lief bis hierhin zu glatt.
Im April 1980 ging es dann noch einmal nach Paul Ricard, wo man den geplanten Dauerlauf über 24 Stunden aufgrund der guten Vorergebnisse auf 30 Stunden verlängerte. Schlußendlich wurden »nur« 28 Stunden geschafft, weil das Transaxlerohr brach (die Verbindung vom vorn liegenden Motor zum hinten liegenden Getriebe-Differential). Auf dem kleinen Kurs von Paul Ricard wurde bis dahin ein Schnitt von unter 2.10 Minuten erreicht, mit Spitzenzeiten um 2.05 Minuten. Zum Vergleich: Der Porsche Carrera 2.8 (Ende 1972) erreichte ebenfalls 2.10 Minuten, der Porsche 934-Turbo (Frühjahr 1976) kam auf 2.05 Minuten.
Bis es soweit war, hatten die rund drei Dutzend Mitarbeiter unter Leitung von Dipl.-Ing. Norbert Singer in knapp vier Monaten eine Menge Vorarbeit erbracht. Ausgangsbasis des 924 Turbo »Le Mans« war dabei der Straßen-Carrera GT.
Zuerst nahm man an einer Rohkarosse dieses Typs Verwindungsmessungen vor und versteifte danach das erleichterte Coupé mit einem Überrollkäfig an den notwendigen Stellen. Durch diese Maßnahme geriet der 924 schon beim ersten Anlauf fast doppelt so steif wie der Porsche 935! Außen wurde die Karosse fast serienmäßig belassen. Innen formte man ein neues Instrumentenbrett, wobei die wichtigsten Schalter auf einer Mittelkonsole zusammengefaßt plaziert wurden. Die Elektrik für den gesamten Wagen wurde zentralisiert und auf einem Alubrett im Beifahrerraum installiert. Das System ist komplett steckbar ausgeführt und kann bei einem eventuellen Defekt sekundenschnell an der Boxe ausgetauscht werden.
Die Lage des Motors (Audi-Vierzylinder mit zwei Liter Hubraum) ist die gleiche wie in der Serie. Der Turbolader wurde allerdings nach links, der Auspuff unter dem Motor entlang nach rechts verlegt. Den vorderen Querträger mußte man aus Festigkeitsgründen einschweißen, so daß

der Motor bei einem eventuellen Wechsel nach oben ausgehoben werden muß. Die gesamte Antriebseinheit ist starr gelagert, da sonst der Audi-Motor alles bewegliche locker geschüttelt hätte.
Am überarbeiteten Fahrwerk funktionieren die Dämpferbeine von Bilstein im Prinzip wie beim Typ 935 – sie sind vorne und hinten mit Titan-Schraubenfedern ausgerüstet. Der hintere Achslenker ist aus Stahl, aber neu gezeichnet. Die hinteren hohlen Wellen sind ebenfalls aus Titan und stammen aus dem 935-Programm. Das Getriebe besitzt kein Differential sondern starren Durchtrieb (wie Porsche 917-10). Gekühlt wird das Fünfgang-Getriebe durch einen separaten Ölkühler, der im Transaxle-Tunnel untergebracht wurde.
Die Radnaben mit Zentralverschluß haben die gleichen Abmessungen wie die vom Typ 935. Die Bremsanlage ist vergleichbar mit derjenigen des Typs 917-10, allerdings weist sie die verstärkte Bremszange auf wie der 936-Spyder. Das Gewicht des 924 Le Mans beträgt weniger als 930 Kilogramm.
Wenn alles gut geht, so kalkulierte man vorher in Weissach, wäre ein Platz unter den ersten zehn im Gesamtklassement mit einem der drei Einsatzwagen als großer Erfolg zu werten. Denn mit seinen 320 PS läuft der Le Mans-Carrera in der Spitze »nur« etwa 280 km/h, womit er in Le Mans allein auf der Geraden zum Porsche 935 gut 15 Sekunden verliert.
Für den Le Mans-Einsatz plante Porsche ein Engagement mit einem Drei-Nationen-Team aus Großbritannien, den USA und Deutschland. Kriterien für die Auswahl der Piloten: Ein Dankeschön für lange und enge Verbundenheit zum Hause Porsche und ein weiteres Dankeschön für Erfolge auf Produkten aus dem Hause Porsche. So wurden die Briten Tony Dron, Andy Rouse und Derek Bell eingeladen. Das Stars-and-Stripes-Auto wurde Peter Gregg und Al Holbert offeriert. Das Steuer des schwarz-rot-goldenen Carrera teilten sich Jürgen Barth und Manfred Schurti, letzterer zwar gebürtiger Lichtensteiner, aber für das Rennen kurzfristig eingedeutscht. Allerdings konnte Gregg nach einem Unfall im normalen Straßenverkehr nicht antreten und so wurde Bell zum Partner von Holbert bestimmt.
Das Training der Le Mans-Carrera verlief problemlos. Es wurden noch kleine Abtriebsspoiler an den Scheibenwischerarmen montiert, den 5. Gang wählte man kürzer – danach wurde die Höchstgeschwindigkeit mit 285 km/h gemessen – und eine Dichtung am Benzintank mußte gewechselt werden.
Die Zeiten im freien Mittwoch-Training brachten Bestwerte um 4.07 Minuten, während der Weissacher Computer 4.05 Minuten berechnet

hatte. Der Start zu den 24 Stunden erfolgte bei Nässe, was den Carrera mit ihrer hohen Kurvengeschwindigkeit und der exellenten Bremsverzögerung zugute kam. Da es anfänglich $2^1/_2$ Stunden regnete und später niemals für längere Zeit abtrocknete, machten die drei Carrera Platz um Platz gut und lagen nach acht Stunden auf den Plätzen 10 (Barth/Schurti), 14 (Holbert/Bell) und 15 (Dron/Rouse).
Es kam noch besser: Zeitweilig stießen die 924 auf den 6., 7. und 8. Platz im Gesamtklassement vor. Störungsfrei verlief sogar der erstmalige Einsatz einer Reifenüberwachungsanlage. Membranen in allen vier Felgen melden berührungslos Hochfrequenz-Empfängern an den Bremszangen, ob die Luftdrücke in Ordnung sind.
Noch ehe die Hälfte des Rennens vorbei war, kam der erste Rückschlag: Ein Hase nahm es mit dem Carrera GT von Barth auf, zertrümmerte den Wasserkühler und zwang zu einem fast halbstündigen Reparaturaufenthalt. Dann wieder stundenlange Routine, bis um 9.35 Uhr am Sonntag-Vormittag der US-Carrera mit verdächtig klingendem Motor an die Boxe rollte. Diagnose: Keine Kompression mehr in Zylinder 1. Man entschließt sich diesen Zylinder stillzulegen – eine halbe Minute pro Runde ist der »Dreizylinder-Wagen« danach langsamer. Später zeigt der England-924 ähnliche Smyptome. Sofort werden die Rundenzeiten aller Carrera zurückgenommen. Barth/Schurti fahren mit ihrem noch einwandfrei laufenden Wagen 4.15 Minuten, Dron/Rouse 4.30 und Holbert/Bell 4.45 Minuten. Ohne weitere Zwischenfälle für das Werksteam geht das 24 h-Rennen zu Ende, dem 30 von 55 Startern vorzeitig zum Opfer fielen. Die 924 Carrera GT-Le Mans belegen die Plätze 6, 12. und 13. Als auf Anhieb gelungen erwies sich im Nachhinein die Aerodynamik des Le Mans-924-Carrera GT, das auf den schnellen und kurvenreichen Le Mans-Kurs ohne spektakuläre Zusatzflügel auskam. Auch der Benzinverbrauch gab zur Zufriedenheit Anlaß: Nur alle 21 Runden (im Durchschnitt) mußten die Coupé zum Tanken an die Boxe. Die Porsche 935 tankten dagegen alle 11 bis 14 Runden bei gleichem Tankinhalt von 120 Litern! Trotzdem verschenkten auch die Carrera noch Benzin. Denn da die neue elektronische Kugelfischer-Einspritzpumpe noch nicht fertig war, mußte man sich für Le Mans mit einer mechanischen Anlage bescheiden, die keine Abregelung im Schubbetrieb hat. So fördert die Pumpe auch dann Benzin, wenn eigentlich gar keins benötigt wurde.
1981 werden in Leistung und Aerodynamik verbesserte Le Mans-Carrera Porsches Interessen bei den 24 h von Le Mans vertreten. Ein Start mit Werkswagen ist wieder in der GTP-Kategorie vorgesehen.

Porsche 924 Carrera GT »LeMans«: Premiere bei den 24 h von Le Mans/F 1980

Im Oktober 1979 begann das Count-down für das Projekt »924 Le Mans«

Karosserie im Windkanal von VW entwickelt – der cw-Wert liegt bei 0,35

Äußerlich fast serienmäßig die 924-Karosserie – innen stark erleichtert

Aufgeladener Audi-Vierzylinder mit 320 PS bei 7000/min aus zwei Liter Hubraum. Bei den Vortests liefen sie ohne Probleme, in Le Mans gab es Schwierigkeiten

Die Lage des Audi-Triebwerks ist identisch mit der Serie. Der Lader wurde nach links, der Auspuff unter dem Motor nach rechts verlegt. Der Motor ist starr gelagert

Der hintere Achslenker ist aus Stahl, die Antriebswellen aus Titan und vom »935«

Drei Carrera GT gingen 1980 in Le Mans an den Start – alle kamen ins Ziel

Jürgen Barth/Manfred Schurti fahren »ihren« 924 auf den sechsten Platz

Typ 924 Carrera GTS/GTR (ab 1980)

Nach Produktionsende der 400 Straßensportwagen 924 Carrera GT Anfang Dezember 1980 wird Porsche eine kleine Evolutionsserie reiner Wettbewerbswagen auflegen: 924 Carrera GTS.
Der mit maximal 1,0 bar turbo-aufgeladene Zweiliter-Motor des Gruppe 4-Wagens 924 Carrera GTS leistet 245 PS (180 kW) bei einer Drehzahl von 6250 Umdrehungen pro Minute. Sein maximales Drehmoment von 335 Nm steht dennoch schon bei 3000 Umdrehungen pro Minute zur Verfügung. Von 0 auf 100 km/h beschleunigt der 924 Carrera GTS in 6,2 Sekunden, seine Höchstgeschwindigkeit beträgt 250 km/h.
Das Sportfahrwerk verfügt über Dreieckslenker und McPherson-Federbeine vorn, Aluminiumguß-Schräglenker mit Schraubenfedern hinten, Stabilisatoren und Bilstein-Gasdruckstopdämpfer. Die innenbelüfteten und gelochten Zweikreis-Scheibenbremsen stammen ebenso wie die Radnaben vom 911 Turbo.
Dem schon an diesen Fahrleistungen abzulesenden reinen sportlichen Charakter des Fahrzeuges entspricht auch sein Komfort: Es gibt nämlich keinen, sieht man einmal davon ab, daß Sportfahrer die aus dem Porsche 935 stammenden Rennsitze für komfortabel halten mögen. Der Innenraum ist lediglich mit schwarzem Nadelfilz bezogen und ausgelegt. Selbst auf das beim 924 Carrera GT verwandte Dämpfungsmaterial hat Porsche aus Gewichtsgründen verzichtet. Der 924 Carrera GTS wiegt 1121 kg. Sein Preis beträgt DM 110000,– einschließlich Mehrwertsteuer. Dieser Wagen kann durch Einzelabnahme entsprechend der StVZO für den Straßenverkehr zugelassen werden.

Für Wettbewerbe: 924 Carrera GTR

Aktive Sportler können den 924 Carrera GTS ab Werk auch in einer Rallye- und in einer Rennversion erwerben.
Das Rallye-Paket umfaßt einen auf 280 PS leistungsgesteigerten Motor sowie ein in Bodenfreiheit und Radaufhängung für diesen Zweck modifiziertes Fahrwerk. Dazu gehören auch Unterbodenschutz und Überroll-

bügel. Der Preis dieser Fahrzeugversion wird etwa DM 145000,– betragen.
Direkt vom 1980 vom Werk bei den 24 Stunden in Le Mans eingesetzten Carrera GT ist die Rennversion abgeleitet.
Mit einem Gesamtgewicht von gar nur 945 kg – entsprechend dem vorgeschriebenen Minimum für Gruppe-4-Wagen – stellt sie einen wiederum schnelleren und härteren Ableger des GTS dar. Die gleiche Basis-Maschine entwickelt in diesem Fahrzeug eine Höchstleistung von 375 PS (276 kW) bei 6400 Umdrehungen pro Minute. Ihr höchstes Drehmoment von 405 Nm erreicht sie bei 5600 Umdrehungen pro Minute – in einem Bereich also, in dem zivile Maschinen schon ihre Höchstleistung erleben. Die Spitzengeschwindigkeit dieses Boliden beträgt über 290 Kilometer pro Stunde. Er beschleunigt von 0 auf 100 km/h in 4,7 Sekunden. Für optimale Negativbeschleunigung hat Porsche freilich ebenso gesorgt: Der 924 Carrera GTR verfügt über die Bremsanlage der legendären Porsche 917 und 935.
Der Preis dieses Porsche 924 Carrera GTR (Gruppe 4) wird DM 180000,– einschließlich Mehrwertsteuer betragen.

Typ 924 Carrera GTS-Rallye (1981)

Bei der »Int. ADAC-Metz-Rallye« begann für das Monnet-Porsche-Team die Punktejagd in der Deutschen Automobil-Rallyemeisterschaft 1981, deren 7 Läufe unter der Einsatzleitung von Schmidt Motorsport aus Nürnberg auf dem Programm von Röhrl/Geistdörfer stehen.
Die Weltpremiere des Monnet-Porsche, eines Porsche 924 Carrera GTS-Rallye, der in nur zweimonatiger Aufbauzeit im Werk Zuffenhausen fertiggestellt wurde, erfolgt gegen stärkste Konkurrenz. Vize-Weltmeister Hannu Mikkola im rund 350 PS starken Audi-Quattro und seine französische Team-Kollegin Michèle Mouton, Ex-Europameister Jochi Kleint aus Hamburg im bärenstarken Opel Ascona 400 und der amtierende Deutsche Meister Achim Warmbold im nahezu gleichstarken Toyota Celica 2000 sind nur einige der Gegner, an denen der Newcomer aus Stuttgart gemessen werden wird.
»Unsere Absicht ist es, vor allem durchzukommen«, umreißt Weltmeister Walter Röhrl das erste Ziel, das sich er, Porsche und Einsatzleiter Konrad Schmidt gesetzt haben. »Wir haben die schwierige Aufgabe, mit einem neuen, noch nie im harten Ralleyeinsatz gefahrenen und von der Motorleistung her unterlegenen Auto gegen erprobte und bereits erfolgreiche Konkurrenten antreten zu müssen«, bestimmt Porsche-PR- und Sportchef Manfred Jantke die Position des Monnet-Porsche-Teams vor dem ersten Einsatz. Alle Beteiligten sind sich deshalb darüber einig, daß

von Sieg gleich bei der ersten Veranstaltung überhaupt nicht die Rede sein kann.
Die »Metz«, wie die zum neunten Male im nordbayerischen Raum rund um Nürnberg zur Durchführung kommende Meisterschaftsveranstaltung von Insidern genannt wird, soll daher dem Monnet-Porsche-Team in erster Linie als Test-Ralley für das neue Fahrzeug dienen.

MONNET-PORSCHE-TEAM

Der Ausgangspunkt für die Gründung des Monnet-Porsche-Teams war die Tatsache, daß Deutschlands erster Automobil-Weltmeister, Walter Röhrl, nach dem Ausstieg von Daimler Benz aus dem Sportgeschehen praktisch auf der Straße stand. Sofort angeknüpfte Verhandlungen mit anderen Werken wegen Beteiligung an der Rallye-Weltmeisterschaft 1981 brachten dem Weltmeister keinen Erfolg – die Sportetats waren verplant, andere Fahrer verpflichtet, die Saison hatte bereits begonnen.
Einer Privatinitiative blieb es vorbehalten, Porsche für den Einsatz bei der Deutschen Automobil-Rallyemeisterschaft 1981 zu interessieren. Als mit Monnet auch der passende Sponsor gefunden war, stand das Monnet-Porsche-Team.

Technik: Porsche
Porsche stellt für das Projekt einen neu aufgebauten Porsche 924 Carrera GTS-Rallye in spezieller Rallyeausstattung, sowie ein identisches Trainingsauto zur Verfügung. Das mit Hilfe des technischen Know-How der Rennabteilung Weissach konzipierte Fahrzeug wird auch zwischen den Einsätzen im Hause Porsche betreut. »Für uns war es eine Selbstverständlichkeit, dem Weltmeister so weit wie irgendmöglich zu helfen«, begründet PR- und Sportchef Manfred Jantke das Engagement.

Einsatzleitung: Schmidt Motorsport GmbH
Ingenieur Konrad Schmidt, Inhaber eines 15-Mann-Tuningbetriebes am Rande Nürnbergs und seit Jahren mit Weltmeister Walter Röhrl eng befreundet, leitet die Einsätze des Teams. Der Initiator des Projektes gilt seit Jahren als intimer Kenner der deutschen Rallye-Szene, der 1977 und 1978 VW-Werksinteressen und während der letzten 2 Jahre Audi-Werksinteressen in der Deutschen Rallyemeisterschaft vertrat. Der Gewinn des Vize-Titels 1979 und des VW-Rallyepokals 1980 mit den derzeitigen VW-Werksfahrern Stock/Schmuck waren nur zwei der unzähligen Rallyeerfolge Schmidts.

Porsche 924 Carrera GTS: Turboaufgeladener 2-l-Motor mit 245 PS bei 6250/min. Höchstgeschwindigkeit 250 km/h

Röhrl/Geistdörfer im 924 Carrera GTS mit Rallyetrimm: 280 PS, ca. 290 km/h Höchstgeschwindigkeit zum Preis von knapp 150000 Mark

Das Basissportgerät kostete ab Werk 110000 Mark und konnte mit einer Einzelabnahme auch für die Straße zugelassen werden

Der Porsche 924 GTR stellt einen schnelleren Ableger des »GTS« dar: 375 PS bei 6400/min, knapp 300 km/h Höchstgeschwindigkeit. Bremsanlage aus den Typen 917 und 935. Kostenpunkt: etwa 180000 Mark

Direkt vom 1980 bei den 24 h von LeMans so erfolgreichen Carrera GT ist der Carrera GTR (R = Racing) abgeleitet. Viele Öffnungen in der Frontpartie für Luftzuführung an die Bremsen, Motor und Ladeluft

Der Engländer Richard Lloyd beim 6h-Rennen in Silverstone 1982 mit einem Porsche Carrera 924 GTR.
Unten: Parade der zur Homologation notwendigen 50 Exemplare des 924 Carrera GTS (1981)

924 Turbo Rallye / 924 SCCA / 924 Le Mans / 924 Carrera GT-Le Mans / 924 Carrera GTR / 924 Carrera GTS

Baujahr	Modell Karosse	Modell Typ	Fahrgestell-Nr.	Motor-Typ	Getr.-Typ	Zyl.	Bohrung x Hub	Hubraum	DIN-PS bei U/min.	mkp bei U/min.	Verdtg.	Radstand	Spur vorn/hinten	Länge	Gewicht	Produkt. Stck.
1978	Coupé	924 Tur. Rallye	9247100016 9248100013 9248100015 9248100019	M 31/01	G 31/01	4 4 4	86,5x84,4 86,5x84,4 86,5x84,4	1984 1984 1984	170/5500 140/5800 150/5800	25/3500 16,8/3500	7,5:1 11,5:1 11,0:1	2400 2400	1418/1392 1418/1392	4212 4212	1184	4
1979	Coupé	924 Tur. Rallye	93A0190001	M 31/50	931/30	4	86,5x84,4	1984	210/6000	28,5/3500	8,5:1	2400	1477/1476	4212	1050	1
1979	Coupé SCCA	924	92A0490001-16	M 31/50	931/30	4	87,7/84,4	2039	180/7000	20/5750	11,5:1	2400	1513/1466	4320	970	16
1980	Coupé	924 LeMans GTP	924 001 924 002 924 003 924 004	924GTP	937/50	4	86,5x84,4	1984	320/7000	39/4500	6,8:1	2400	1534/1504	4200	930	4
1981	Coupé	924 Carrera GTR	WPOZZZ93ZBS 720001 -710012 720014 -720017 720022	924 GTR M 31/70	937/50	4	86,5x84,4	1984	375/6400	41,3/5600	7,0:1	2400	1534/1504	4244	945	17
1981	Coupé	924 Carrera GTS	WPOZZZ93ZBS 710001 -0059	M 31/60	937/50	4	86,5x84,4	1984	245/6250	34/3000	8,0:1	2400	1475/1481	4240	1121	59

RENNWAGEN

Formel 2/Formel 1

Im Training zum Formel-2-Rennen auf dem Nürburgring 1957 fuhr überraschend ein Porsche Bestzeit, der eigentlich gar kein echter Formel 2 war. Edgar Barth kam mit einem nur wenig modifizierten Spyder RS auf 10.02,2 Minuten und stand damit in der pole position! Im Rennen lag dann eine Zeitlang Roy Salvadori mit einem Cooper-Monoposto vorn, fiel aber aus, so daß der bis dahin an zweiter Position liegende Barth gewinnen konnte!
Ein Jahr später setzte Porsche in Reims/Frankreich Jean Behra mit einem sogenannten »Mittellenker« im Formel-2-Rennen ein. Auch an diesem Modell gab es kaum Unterschiede zu der normalen Spyder-Version, außer daß eben der Fahrer genau in der Mitte des Wagens zu sitzen kam. Überraschend blieb der Porsche erneut vor allen anderen, echten Formel 2 siegreich. Diese Erfolge ermutigten Porsche, sich nun mit einem richtigen Formel 2 der Konkurrenz zu stellen. Im Winter 1958/59 wurde er gebaut, und auf dem Nürburgring bei anschließenden Testfahrten mit v. Trips am Lenkrad kam dieser auf hervorragende 9.29 Minuten. Der erste Einsatz, der Große Preis von Monte Carlo endete für Trips bereits in der Zweiten Runde, als er an einer Mauer »hängen« blieb. Man baute einen neuen Porsche, der für das große Formel-2-Rennen in Reims gerade fertig wurde. Inzwischen hatte auch der beim Avus-Rennen 1959 tödlich verunglückte Franzose Jean Behra, der in der ganzen Saison 1958 Sportwagen-Rennen für Porsche gefahren war, mit Unterstützung von Porsche in Italien einen eigenen F-2-Wagen bauen lassen. Er nannte den Monoposto, an dem der Modenser Ingenieur Colotti mitgearbeitet hatte »Behra-Porsche«. Natürlich war auch das ein Heckmotorwagen, der einen Original-Porsche-RSK-Motor besaß, ein Porsche-Getriebe und die Porsche-Federung vorn und hinten. Da Behra selber keine Zeit hatte, stellte er für Reims seinen Wagen Hans Herrmann zur Verfügung. Herrmann kam im Rennen hinter Moss auf Cooper auf den zweiten Platz. Joakim Bonnier beendete das Rennen in einem Werks-Porsche auf Rang drei.

Auf der Rundstrecke von Goodwood in England testete Moss wenig später den schon wieder verbesserten Porsche-Monoposto und äußerte sich begeistert über die Straßenlage und die Bremsen – Trommelbremsen wohlgemerkt. Aufgrund dieser Aussagen kaufte sich Rob Walker, der Teamchef von Stirling Moss, einen Porsche-Formel-2 für die Saison 1960, der blau-weiß lackiert wurde.
Beim fünften Start im englischen Aintree gab es endlich den lang erwarteten Porsche-Tag. Ein Sieg hatte bis dahin schon dreimal greifbar nahe gelegen: In Syrakus lag Moss im Walker-Porsche klar in Führung bis ein Ventil brach. In Brüssel gewann Moss den ersten Lauf, drehte sich aber im zweiten und wurde dadurch auch in der Gesamtwertung nur Zweiter. In Goodwood lag ein Lotus 6,5 Sekunden vor Moss. In Pau kam Gendebien als Dritter – dort hatte der Porsche allerdings keine Siegeschancen – hinter Brabham und Trintignant ins Ziel. Für Aintree waren zusätzlich zum Moss-Wagen von Zuffenhausen noch zwei weitere Wagen gemeldet worden. Alle drei Wagen kamen ins Ziel, und zwar auf den Plätzen eins bis drei! Die Piloten: Moss, Bonnier und Hill.
Beim Großen Preis der Solitude vor den Toren Stuttgarts – mit 250000 Zuschauern – starteten nicht weniger als fünf Porsche Formel 2. Nur John Surtees im Moss-Walker-Porsche (Moss laborierte noch an einem Unfall) kam nicht ins Ziel. Hinter Trips auf Ferrari folgten die vier verbliebenen Porsche. Dan Gurney fuhr dabei einen neu karossierten Werkswagen. Fahrgestell und Motor waren unverändert geblieben, die Schnauze hatte man etwas tiefer gezogen und das Heck stufenförmig ausgebildet. Übrigens bremste der mit Scheibenbremsen ausgerüstete und motorisch den Porschewagen überlegene Ferrari unter Trips am gleichen Punkt wie die Trommelbremsen-bestückten Porsche!
Ein ebenso großes Aufgebot brachte Porsche zum Großen Preis von Deutschland für Formel 2 auf den Nürburgring. Immerhin ging es um den Gewinn der »Coupe des Constructeurs«, einer inoffiziellen F-2-Marken-Meisterschaft. Durch einen Gesamtsieg (Bonnier) schaffte Porsche den Punktegleichstand mit Cooper und gewann die »Coupe« durch die besseren Plazierungen.
Fast automatisch rutschte Porsche mit Beginn der Saison 1961 in die Formel 1. Mit kleinen Modifikationen waren nämlich die ehemaligen 1,5-Liter-Formel-2 zur neuen Formel-1-Kategorie aufgestiegen. Dafür aber, und das hatte am deutlichsten Ferrari gezeigt, würde man mit dem alten Vierzylinder-Motor nicht mehr mitmischen können. Und so begannen dann ganz konzentriert die Entwicklungsarbeiten an einem neuen Triebwerk – dem Achtzylinder mit 1,5 Liter Hubraum. In den ersten Tagen des Dezember 1960 lief der Achtzylinder zum ersten Mal

auf dem Motorenprüfstand. Es war eine völlig neu konstruierte Maschine, bei der allerdings die beiden Porsche-Grundprinzipien, die Luftkühlung und die gegenläufige Anordnung der Zylinder (Boxermotor), beibehalten wurden. Recht bescheiden gab Porsche 180 PS bei 9200 U/min an.
Zum neuen Motor gab es auch ein neues Fahrgestell. Die zwei bemerkenswertesten Neuerungen: Verlängerung des Radstandes und keine Drehstabfederung mehr. Bei der ersten Vorstellung hatte auch der Formel 1 noch Trommelbremsen, als einziger aller teilnehmenden Formel-1-Wagen!
Das erste Formel-1-Rennen für Porsche fand am 9. April 1961 in Brüssel statt. Wenngleich dieses denkwürdige Ereignis für Porsche enttäuschend endete – am Ende der Distanz war keiner der beiden Wagen (mit altem Vierzylinder-Motor!) mehr in der Wertung – so zeigte es doch, daß Porsche mit der Konkurrenz mithalten konnte. War Brüssel ein Vorgeplänkel, so wurde Syrakus für Porsche zur Generalprobe, aber auch hier unterlagen die Vierzylinder-Porsche. Es gewann überraschend der junge Italiener Giancarlo Baghetti auf Ferrari.
Das für den GP von Monaco erwartete Achtzylinder-Debüt fand nicht statt. An seiner Stelle brachte man Vierzylinder-Aggregate mit indirekter Benzineinspritzung, neue Fahrgestelle und etwas geänderte Karosserie in das Fürstentum. Die Wagen von Bonnier und Gurney hatten 2,30 Meter Radstand, der von Herrmann nur 2,26 Meter. Herrmann hatte Schwierigkeiten mit dem Schaltgestänge und Bonnier mußte mit einem Einspritzdefekt – nach guter Vorstellung – ausscheiden. Gurney kam zwei Runden zurück auf den fünften Platz ins Ziel.
Was der enge Stadtkurs noch nicht gezeigt hatte, wurde auf dem mittelschnellen Dünenkurs von Zandvoort um so deutlicher: Die Porsche waren motorisch und auch vom Fahrwerk her klar der Konkurrenz unterlegen. Man hatte zwar nach den Luftblasenstörungen von Monaco das gesamte Benzinfördersystem umgestellt und auch Schotten in die Tanks eingesetzt und noch einmal Detailarbeit geleistet, aber alles half nichts. Gurney wurde Zehnter und der Holländer Godin de Beaufort auf einem alten Vergaser-Porsche konnte noch den Werks-Porsche mit dem Einspritzer-Vierzylinder-Motor unter Herrmann niederhalten. Beim Belgischen Grand Prix fuhren die Werks-Porsche wieder mit den bekannten Vergaser-Motoren und konnten sich hier recht achtbar schlagen: Gurney und Bonnier kamen als Sechste bzw. Siebente ins Ziel.
In Reims – hier schnitt Porsche eigentlich immer recht gut ab – hätte es dann auch beinahe den ersten Sieg eines Porsche in der Formel 1 gegeben. Aber im Schlußduell unterlag Dan Gurney um $^{1}/_{10}$ Sekunde (!)

Giancarlo Baghetti auf Ferrari. Beim Solitude-Rennen hatte dann Ines Ireland auf Lotus knapp die Nase vorn. Einen Versuchswagen fuhr Edgar Barth: Zwar hatte auch dieser Monoposto den bewährten Vergaser-Vierzylinder-Motor, auf diesem saß aber ein Horizontalgebläse, wie es für den Achtzylinder entwickelt wurde. Barths Porsche hatte auch eine etwas geänderte Karosserie mit niedrigerer Stirnfläche. Außerdem war der »Prototyp« vorn und hinten mit Scheibenbremsen ausgerüstet, die Porsche entwickelt hatte. Vorn hatten die Scheibenbremsen Leichtmetallbacken und hinten solche aus Grauguß.
Selbst vor heimischem Publikum, beim Nürburgring-Grand-Prix, wollte es nicht klappen: Bonnier fiel zuerst mit einem Reifendefekt zurück und dann mit Motordefekt aus. Herrmann rutschte mit Kupplungsproblemen an das Ende des Feldes und Gurney – Porsches letzte Hoffnung – touchierte mit Hills BRM und wurde nur Siebenter.
Im März 1962 führte Porsche die ersten Fahrversuche mit einem völlig neuen Formel 1 durch, der zudem – endlich – mit dem Achtzylinder-Motor bestückt war. Der Neue besaß vorn und hinten Einzelradaufhängung mit Torsionsstäben und Scheibenbremsen eigener Entwicklung. Bei den gleichen Versuchsfahrten lief auch ein überarbeiteter Vierzylinder-Motor mit direkter Benzineinspritzung. Dieser Michael-May-Motor brachte rund 20 PS mehr als die bisherigen Vierzylinder, auf der Bremse angeblich über 180 PS.
Das Achtzylinder-Debüt auf der Rennstrecke fand in Zandvoort statt. Nach über zweijährigem Experimentieren war es Porsche möglich geworden, ein flaches und auch formal geglücktes Fahrzeug vorzustellen, das auf Anhieb einen sehr robusten Eindruck machte. Seine Stirnfläche war gegenüber den älteren Typen erheblich kleiner und schmaler geworden. Kurz ein gelungener Entwurf, dem aber – mit Pech – der erste Erfolg versagt blieb. Dan Gurney als schnellster Porsche-Pilot rutschte von der Strecke und fiel weit zurück.
Nach einer Pause von gut vier Wochen, in denen sich die Porsche-Ingenieure noch einmal intensiv mit dem Wagen beschäftigten, schickte man zwei von ihnen zum GP Frankreich in Rouen. Mit dem Achtzylinder-Triebwerk kam Dan Gurney im Training auf den sechsten Platz, lag nach 20 Runden im Rennen an dritter Position und übernahm nach den Ausfällen der beiden vor ihm fahrenden Piloten die Führung. Unter dem erlösenden Jubel aller Porsche-Beteiligten hatte damit der Amerikaner Porsche zum ersten Grand-Prix-Sieg in seiner Geschichte verholfen. Die Porsche-Mechaniker, die sich geschworen hatten sich nicht mehr zu rasieren, bis der erste Sieg ausgefahren war, durften ihre stattlichen Bärte abrasieren.

Eine viertel Million Zuschauer am Nürburgring wollte natürlich nach diesem Erfolg die Porsche-Crew auch auf heimischer Strecke siegen sehen. Sie kamen trotz Regen und Nebel. Doch die Schwaben konnten den sehnlichsten Wunsch ihrer Fans nicht erfüllen: Nur 4,4 Sekunden hinter dem ersten und zweiten im Klassement, Graham Hill auf BRM und John Surtees auf Lotus, langte es für Gurney »nur« zu einem dritten Rang.

Auch die folgenden Einsätze standen unter keinem glücklichen Stern – es lief in der Formel 1 einfach nicht so gut wie vorher in der Formel 2. Am Ende der Saison 1962 ließ Porsche langsam durchsickern, daß man gedenke sich nur noch sporadisch in der Monoposto-Kategorie zu engagieren. Tatsächlich war dann der Große Preis von Amerika 1962 der letzte offizielle Einsatz von Porsche in der Formel 1.

Drei Gründe waren für die Entscheidung, sich hier nicht mehr zu beteiligen, maßgebend: Die Teilebeschaffung für die wenig seriennahe Formel-Klasse stieß bei den deutschen Zulieferanten auf große Schwierigkeiten. So arbeitete Porsche schon aus diesem Grund u. a. mit der englischen Dunlop und BP zusammen und nicht, wie es eigentlich sinnvoller gewesen wäre, mit den deutschen Stammhäusern. Dazu kam, daß man nicht auf drei Hochzeiten (Monoposto, Sportwagen/Prototypen und GT-Wagen) gleichzeitig tanzen konnte und wollte. Grund drei war ein mehr finanzieller. Die Übernahme der Karosseriefirma Reutter mit fast so vielen Mitarbeitern wie Porsche damals selbst hatte, stand bevor. Und dieser Brocken mußte verdaut werden.

Bedauert wurde aber allgemein, daß Porsche zu schnell »die Flinte ins Korn geworfen« habe. Doch wer weiß, vielleicht kommen die Zuffenhausener noch einmal zurück in diese imageträchtige Kategorie.

ALLGEMEINE BESCHREIBUNG: FORMEL 2

Karosserie/Fahrgestell

Nicht näher eingehen brauchen wir auf den direkten Vorläufer des Porsche Formel 2, den »Mittellenker« einzugehen. Dieser Spyder war nahezu identisch mit dem Typ 1500 RS-K.

Die Alublech-Karosserie des Formel 2 wurde in mühsamer Handarbeit über einer Holzschablone getrieben. Unter dem Alukleid saß ein Gitterrohrrahmen, der aus nahtlosem Stahlrohr geschweißt war. Das Gewicht des fahrfertigen Monoposto betrug ca. 470 Kilo. Hinter dem Drei-

speichen-Lenkrad war der Drehzahlmesser beherrschendes Element. Links und rechts davon: die obligatorischen Öldruck- und Öltemperatur-Anzeiger. Der Tank faßte 100 Liter Benzin. Die Höchstgeschwindigkeit betrug rund 250 km/h.
Wegen des etwas schmaleren Aufbaues des echten Formel 2 mußten die zwei vorderen Kurbellängslenker – als Traghebel ausgebildet – stärker gekröpft werden. Hinten übernahmen schrägliegende Doppel-Dreieckslenker die Radaufhängung. Zwei durchgehende Vierkant-Drehfederstäbe aus einzelnen, querliegenden Blättern übernahmen vorn die Federung. Hinten besorgten dies je eine Schraubenfeder, die um den Stoßdämpfer angeordnet war. Die Stoßdämpfer (doppelwirkend) kamen von Koni. Vorn war zusätzlich ein querliegender Stabilisator eingebaut.
Die ZF-Einfinger-Lenkung arbeitete mit geteilten Spurstangen. Die Übersetzung betrug im Mittel 1:16. Vorn waren Reifen der Größen 5.50 × 15 R und hinten 6.00 × 15 R montiert. Die Bremstrommeln hatten einen Innendurchmesser von 280 mm und eine wirksame Bremsfläche von 558 cm^3 vorn und 372 cm^3 hinten. Die Trommelbremse wirkte über ein Zweikreisbremssystem; die Feststellbremse mechanisch auf beide Hinterräder.
1959 kam eine geänderte Hinterradaufhängung zur Verwendung, die einen Dreiecks-Schräglenker und einen unteren Längslenker hatte.

Motor

Der Motor Typ 547/3 mit 1498-cm^3-Hubraum war weitgehend mit dem Aggregat aus den Spyder-Typen 550 und 718 identisch. Im Formel 2 leistete er anfänglich bei einer Verdichtung von 9,8:1 über 150 PS bei 7800 U/min. Der Motor war ein Viertakt-Otto mit je zwei gegenüberliegenden Zylindern. Das Kurbelgehäuse war aus Leichtmetall, ebenso die Einzelzylinder, deren Laufflächen hartverchromt waren. Die Kurbelwelle bestand nicht aus einem Stück, sondern war zusammengesetzt und in drei Rollen- und einem Kugellager gelagert. Ebenfalls in Rollenlagern liefen die Pleuel. Die Kolbenbolzen lagerten schwimmend in Bronzebüchsen. Die Kolben waren aus Leichtmetall gepreßt und hatten je drei Verdichtungs- und eine Ölabstreifring.
Die Ventilsteuerung geschah über zwei obenliegende Einlaß- und zwei Auslaß-Nockenwellen und Schlepphebel. Den Nockenwellenantrieb übernahmen zwei Königswellen. Die Ventile waren V-förmig hängend angeordnet. Pro Ventil gab es zwei Schraubenfedern.
Durch ein doppelflutiges Radialgebläse wurde der Motor gekühlt. Der Gebläseantrieb erfolgte von der Kurbelwelle aus über einen Keilriemen.

Eine Trockensumpf-Schmierung mit separatem Ölbehälter sorgte für ausreichende Motorschmierung – der Ölfilter lag im Hauptstrom.
Die Batterie lieferte die Energie für die Doppelzündung (zwei getrennte Systeme), wobei die Zündverteiler von der Kurbelwelle angetrieben wurden. Zündfolge: 1-4-3-2. Über die elektrisch arbeitende Kraftstoffpumpe erhielten die zwei Doppelfallstrom-Vergaser vom Typ Weber 46 IDM 1 ihr Benzin-Luft-Gemisch. Der Schweizer Einspritz-Spezialist Michael May stellte den Vierzylinder auf direkte Benzineinspritzung – im Werksauftrag – um. Zu Beginn der Saison 1962 gab der Viernockenwellen-Motor Typ 547/6 mit 1,5 Liter Hubraum auf der Bremse 187 PS ab. Mit einem zweiten Aggregat, bei dem alle Teile neu waren, wurden sogar 189 PS erreicht.

Kraftübertragung

Das Getriebe Typ 718 besaß sechs synchronisierte Gänge, von denen allerdings der erste Gang nicht nur zum Anfahren, sondern auch während des Rennens benutzt werden konnte. Getriebe und Ausgleichs-Getriebe saßen in einem Tunnelgehäuse. Der Achsantrieb erfolgte über spiralverzahnte Kegelräder und ZF-Sperrdifferential.

E. Barth gewann 1957 ein F-2-Rennen auf dem »Ring« mit einem umgebauten Spyder

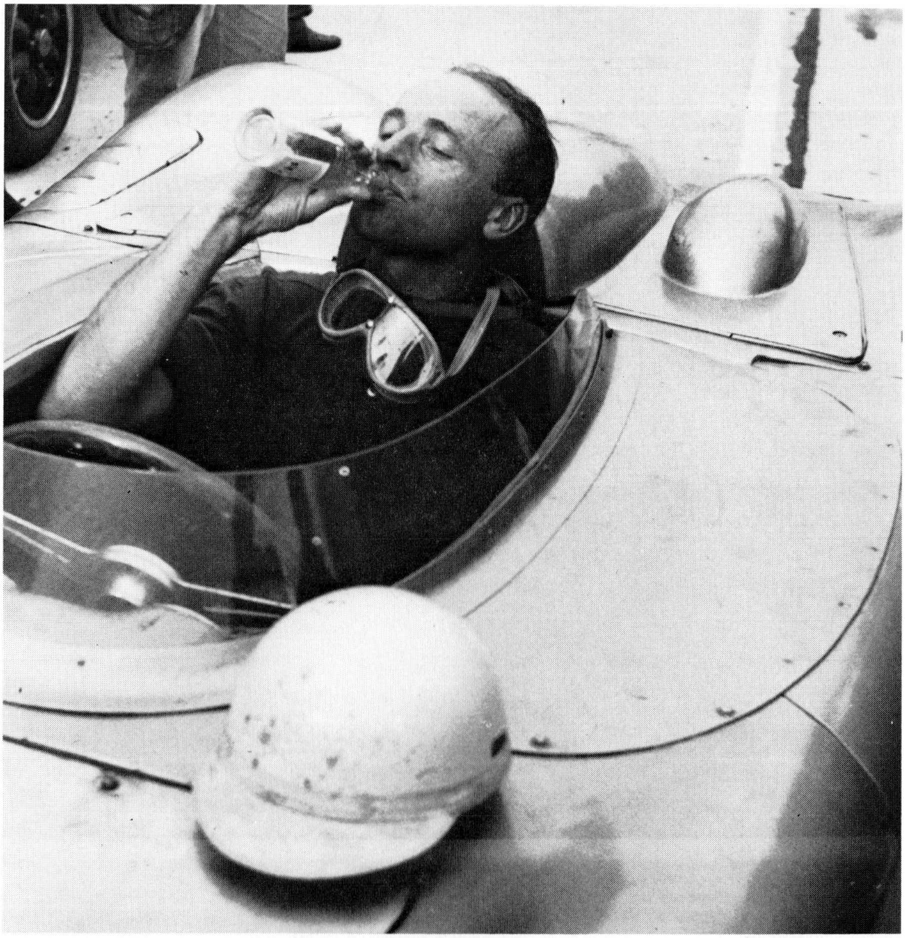

Frontansicht des Porsche Spyder RSK, der als »Mittellenker« Vorläufer zum Formel 2 war

Bei der Heckansicht ist deutlich die in die Mitte versetzte Fahrerposition zu sehen

Edgar Barth im F-2-Mittellenker beim Großen Preis von Deutschland 1958

Der Porsche Formel-2-Prototyp von 1959 mit der Fahrgestell-Nummer 718-2-01

Der erste Formel 2 wirkte nicht nur aus der Heckperspektive noch recht plump

Die modifizierte Ausführung des F 2 von 1960. Gut sichtbar die Kurbellenker-Achse

Unter diesem begitterten Heck arbeitete der bis knapp 190 PS leistende Vierzylinder

Durchsichtszeichnung des 1960er-Monoposto: Sieg in der F-2-Meisterschaft

Dan Gurney im Versuchs-Werkswagen (1960 Solitude) mit Stufenheck, flacher Bug

Karosserie/Fahrgestell

Über einem Gitterrohrrahmen aus geschweißtem, nahtlosem Stahlrohr war eine Alu-Außenhaut gezogen. Beiderseits des Fahrersitzes und im Vorderteil des Wagens lagen die Benzintanks aus Alu. Die Kapazität betrug 150 Liter. Hinter dem abschraubbaren Lenkrad saßen in einem Mini-Armaturenbrett drei Instrumente: Drehzahlmesser, Öldruck- und Öltemperatur-Messer. Fahrfertiges Gewicht: 452 Kilo, gerade zwei Kilo über der Minimum-Grenze wie sie das Reglement vorschrieb. Höchstgeschwindigkeit: 270 km/h.
Das Fahrwerk hatte einen Rohrrahmen mit einzeln an je zwei ungleichen Querlenkern aufgehängten Vorder- und Hinterrädern. Der hintere Arm des unteren Dreiecklenkers der Vorradaufhängung war als Längsschubstrebe ausgebildet. Nach dem GP Holland in Zandvoort erhielt die Vorderradaufhängung eine zusätzliche obere Längsschubstrebe. Die Abfederung bewirkten vorn und hinten Torsionsstabfedern und im Rahmen angeordnete Stoßdämpfer. Je ein Stabilisator lagen vorn bzw. hinten quer zur Fahrtrichtung. Die Zahnstangenlenkung war von ZF. Reifenbreite vorn 5.00×15 R und hinten 6.50×15 R. Die Scheibenbremsenanlage war eine Eigenentwicklung von Porsche.
Porsches Formel 1 von 1961 hatte anstelle der Drehstabfederung Schraubenfedern mit innenliegenden Stoßdämpfern. Zu Beginn der Saison 1962 wechselte man wieder auf die Drehstabfederung zurück.

Motor

Der Achtzylinder Typ 753 hatte eine Bohrung von 66 mm und einen Hub von 54,6 mm. Das ergab einen Hubraum von 1494,4 cm^3 und bei einer Verdichtung von 10:1 knapp leistete er 180 PS bei 9200 U/min. Das Kurbelgehäuse war aus Leichtmetall, ebenfalls die Einzelzylinder, deren Lauffläche hartverchromt war. Die geschmiedete Kurbelwelle war neunfach gelagert (1 Kugellager). Die Pleuellager waren dreistoff-gleitgelagert. Als Kolbenbolzenlager nahm man Bronzebüchsen. Die Kolben selbst waren aus Leichtmetall gepreßt. Es gab zwei Verdichtungs- und einen Ölabstreifring. Die vier obenliegenden Nockenwellen wurden über Kegelräder und Königswellen angetrieben. Pro Ventil (zwei je Zylinder) nahm man zwei Schraubenfeder.
Die Kühlung erfolgte über ein Gebläse mit horizontal angeordnetem Gebläserad aus Kunststoff. Die Motorschmierung geschah über eine

Trockensumpfanlage mit separatem Ölbehälter. Die Batterie-Doppelzündung – zwei getrennte Systeme – war von Bosch und hatte vier Zündspulen und zwei Verteiler. Letztere wurden von der Zwischenwelle angetrieben. Die Gemischaufbereitung übernahmen vier Doppelfallstrom-Vergaser von Weber mit 38 mm Durchmesser.

Kraftübertragung

Der Monoposto hatte ein Sechsgang-Getriebe Typ 718 eigener Konstruktion, eine verbesserte Ausführung des 1961er-Getriebe. Das Getriebe war zusammen mit dem Ausgleichs-Getriebe in einem Tunnelgehäuse untergebracht. Über ein ZF-Sperrdifferential und spiralverzahnten Kegelrädern arbeitete der Achsantrieb über eine Doppelgelenkachse auf die Hinterräder.

Chassis des Porsche-F-1-Wagens von 1961, das allerdings nicht befriedigen konnte

Der Formel 1 (718-2-05) für den Grand Prix von Monaco 1961 mit Vierzylinder-Motor

Das neue und endgültige Chassis des Formel 1 ab 1962. Mit vier Scheibenbremsen

Im März 1962 machte man mit dem neuen Formel 1 die ersten Testfahrten (8-Zylinder!)

Gut zu sehen: Der hinter dem Fahrer eingebaute Achtzylinder mit liegendem Gebläse

Der Achtzylinder-F-1 mit 1500 cm^3 Hubraum hatte sein Renndebüt 1962 in Zandvoort/NL

Deutlich sind die Fortschritte vom Formel 1 von 1961 (rechts) zum Modell von 1962

Heckansichten der beiden Porsche-F-1. Links der Wagen von 1961, rechts von 1962

Vierzylinder-F-1-Versuchsmotor von 1962. Benzineinspritzung und Horizontalgebläse

Vierzylinder 1,5 Liter im Formel-1-Wagen von 1961 (stehendes Gebläse)

Michael-May-Motor (180 PS) im überarbeiteten Formel 1 von Anfang 1962

284

Zum Vergleich: Der Porsche-Monoposto von 1961, hier mit Dan Gurney

Achtzylinder-Motor Typ 753 mit 1,5 Liter und Vergaserbestückung. Leistung: 180 PS

Formel 2 / Formel 1

Bau-jahr	Modell Karosse	Typ	Fahrgestell-Nr.	Motor-Typ	Getr.-Typ	Zyl.	Bohrung x Hub	Hub-raum	DIN-PS bei U/min.	mkp bei U/min.	Ver-dtg.	Rad-stand	Spur vorn/hinten	Län-ge	Ge-wicht
1958	Spyder	F2-718	718201-718204	547/3	718	4 4	85 x 66 85 x 66	1498 1498	150/7800 165/7800	14,9/6300 15,1/6300	9,8:1 10,3:1	2200	1300/1260	3350	470
1960	Spyder	F2-718/787	718205	547/3	718	4	85 x 66	1498	150/7800	14,9/6300	9,8:1	2200	1300/1260	3350	470
1960	Mono-posto	F2-787	78701	547/6	718	4	85x66	1498	190/8000	15,0/6500	10,3:1	2300	1300/1290	3420	456
			78702	547/6	718										
1961	Mono-posto	F1-804	80401-80404	547/6	718	4	85 x 66	1498	190/8000	15,0/6500	10,3:1	2300	1300/1330	3600	450
1962	Mono-posto	F1-804	80401-80404	753	718	8	66 x 54,6	1494	180/9200	15,6/7200	10:1	2300	1300/1330	3600	455

Glöckler-Porsche / RS 61

Noch bevor Porsche werksseitig mit speziellen Rennsportwagen seinen Einstand gab, hatte dieses bereits ein Privatmann getan. Der Frankfurter VW-Händler Walter Glöckler hatte sich bereits im Winter 1949 mit seinem Betriebsleiter, dem Ingenieur Ramelow, zusammengesetzt und einen Spyder für Rennzwecke gebaut. Die schräg gegenüber der Firma Glöckler liegende Karosserie-Werkstatt Weidenhausen erarbeitete eine gekonnt gestylte zweisitzige Karosserie. Durch einen sehr leichten Rohrrahmen blieb man unter 450 Kilo Gewicht! Das ergab in Verbindung mit dem 1086-cm^3-VW-Porsche-Motor – der mit Alkohol-Treibstoff 58 PS lieferte – ein recht gutes Leistungsgewicht.
Der bald »Glöckler-Porsche« getaufte Spyder trug Walter Glöckler 1950 zu einem deutschen Meistertitel. Unter anderen Fahrern kam dieser Spyder noch 1951 und 1952 zu Titelehren! Walter Glöckler selbst fuhr inzwischen einen neuen Spyder mit 1,5-Liter-Porsche-Motor und gewann die Deutsche Meisterschaft in dieser Klasse. Mit 90 Alkohol-Pferden erreichte dieser »Glöckler-Porsche« bereits eine Spitzengeschwindigkeit von 210 km/h! Dieser Wagen wurde anschließend nach Amerika verkauft und staubte dort noch einige Jahre Sieges-Pokale ab.
Inzwischen war jedoch Konkurrenz aus dem Ausland aufgetaucht, die es dem Privatmann Glöckler kaum noch erlaubte, mit seinem »Eigenbau« mitzuhalten. Ein neuerer und schnellerer Spyder mußte her, und zwar vom Werk. Im Winter 1952 machte man sich in Zuffenhausen an die Arbeit. Man orientierte sich beim Wagen als Vorbild stark an dem »Glöckler-Porsche«, begann aber zur gleichen Zeit mit der Konstruktion eines gänzlich neuen Motors – dem später berühmt gewordenen Viernockenwellen-Aggregat von Dr. Fuhrmann.
Beim Eifelrennen 1953 fuhr Helm Glöckler – ein Vetter von Walter – den neuen Wagen. Allerdings war hier noch nicht der neue Motor eingebaut, sondern ein ganz serienmäßiger 1500 S. Mit Alkohol-Treibstoff (damals offiziell erlaubt) steigerte man die Leistung um wenige PS. In Le Mans, wo man unbedingt mit den neuen Wagen aber ohne den neuen Motor

starten wollte, war jedoch handelsüblicher Treibstoff vorgeschrieben. Um mit den knapp über 75 PS leistenden Stoßstangen-Aggregaten in etwa mithalten zu können, verpaßte man den zwei Rohrrahmen-Spydern einen Dachaufsatz. Die beiden eingesetzten Wagen errangen den Klassensieg bei den 1500ern und wurden auf der Geraden mit knapp unter 200 km/h Spitze gestoppt.
Als gemeinsame Vorläufer der in den 50er-Jahren berühmten 550-Spyder darf man mithin also den »Glöckler-Porsche« und das Le-Mans-Coupé ansehen. Die ebenfalls von der Frankfurter Karosserie-Werkstatt Weidenhausen karossierten Werks-Coupé für Le Mans waren aus Aluminium und wogen 560 Kilo.
Beim Sportwagenrennen zum Großen Preis von Deutschland auf dem Nürburgring tauchten die beiden Le-Mans-Wagen wieder auf, allerdings ohne Dachaufsatz. Mit einem auf 98 PS gebrachten 1500-Super-Motor (Alkohol-Treibstoff) fuhr Hans Herrmann seine schnellste Runde in 11.02 Minuten! Im Training fuhr noch ein weiterer Spyder mit – der erste Einsatz des Viernockenwellen-Triebwerkes. Eine Woche später fuhr Hans Stuck senior diesen Wagen im ersten Renneinsatz im Bergrennen Freiburg-Schauinsland.
Die »550«-Spyder mit dem Viernockenwellen-Motor vom Typ 547 (1498 cm^3) liefen offiziell erstmals in der Saison 1954 und waren von der Karosserie-Firma Weinsberg gebaut worden. Für den offenen »550« bürgerte sich zunehmend die Bezeichnung Spyder ein, die dann auch übernommen wurde. Intern hießen diese Sportwagen – auf Wunsch von Dr. Porsche – 1500 RS. Um die optisch identischen Werks-Spyder besser unterscheiden zu können, erhielten die »550« in verschiedenen Farben lackierte Heckpartien. So fuhr Hans Herrmann meist einen »550« mit rot lackierter Heckpartie, der dann als »Rotschwänzchen« bekannt wurde.
In der Mille Miglia 1954 fuhren Hans Herrmann/Herbert Linge einen 550-Spyder erstmals im Rennen und wurden trotz kleinerer Probleme sechste im Gesamtklassement. In Le Mans setzte das Werk einen »550« ein, der einen auf 1300 cm^3 verkleinerten 1,5-Liter-Motor (Typ 547-1) hatte. Nachstehend die Daten des Zwitter (auch mit vier Nockenwellen), der auch noch 1955 in Le Mans eingesetzt wurde: 93 PS bei 5500 U/min, Verdichtung 8:1 und 9,3 mkp bei 4000 U/min.
Ende 1954 kamen die ersten 550-Spyder in Privathand. Sie wurden bei der Firma Wender in Reutlingen gebaut und unterschieden sich technisch kaum von den Werkswagen. Eingebaut war der 1,5-Liter-Viernockenwellen-Motor mit 110 PS bei 6200 U/min. Stückpreis des 550-Spyder: 24600 Mark. Insgesamt sind etwas mehr als einhundert Fahrzeuge

dieses Typs auf den Markt gekommen; der weitaus größte Teil davon ging in die USA. Den ersten in Deutschland zur Auslieferung kommenden Typ 550 erhielt Kurt Ahrens senior. Die Erfolge des Porsche-550-Spyder reichten werksseitig noch bis zum Ende der Saison 1957 – in Privathand sogar noch bis zum Anfang der 60er-Jahre. Einige herausragende Leistungen aus dieser Epoche: Beim Avus-Rennen 1954 waren die 1500-Spyder fast so schnell wie die F-2-Monoposto. So fuhren z. B. die Asse die berühmte Steilkurve mit ca. 190 km/h, wobei der damalige Werksfahrer Richard von Frankenberg mit seinem Spyder einen Rundenschnitt von 198,8 km/h erreichte.

Die Begeisterung für den 1500 RS machte auch vor berühmten Persönlichkeiten nicht halt. Guatamalas Staatspräsident unterstützte z. B. Jaroslav Juhan, einen Sohn seines Landes tatkräftig, damit dieser in aller Welt Siege auf dem »550« herausfahren konnte. In einem solchen Privat-Spyder verunglückte 1955 der amerikanische Film-Schauspieler James Dean, als er auf dem Weg zu einem Rennen war, tödlich.

Beim Eifelrennen auf dem Nürburgring mußten die Werks-Porsche 1955 überraschend eine Niederlage einstecken. Edgar Barth auf einem ostzonalen EMW-Wagen schlug die Stuttgarter auf ihrer Hausstrecke. Doch wenige Wochen später rehabilitieren sich die Zuffenhausener. Bei den 24 Stunden Le Mans hinterließen die vier eingesetzten 1,5-Liter-Spyder – mit neuen, größeren Bremsen – einen ausgezeichneten Eindruck. Die eigens für dieses Rennen gebauten zwei 1100-cm^3-Coupé mit Viernockenwellen-Triebwerk errangen ebenfalls einen deutlichen Doppelsieg in ihrer Klasse.

Für das Avus-Rennen 1955 erhielt der »550« für den Werkspiloten von Frankenberg einige Verbesserungen, um die immer schneller werdenden EMW aus der DDR niederhalten zu können. Die PS-Leistung wurde von 110 auf 125 angehoben. Dazu kam ein Fünfgang-Getriebe und Detailänderungen an der Karosserie. Die Spitzengeschwindigkeit stieg auf 255 km/h. Im entscheidenden Meisterschafts-Rennen rangen Edgar Barth und Richard von Frankenberg rundenlang, zur Begeisterung der 30000 Zuschauer, hautnah miteinander. Erst als bei Barths EMW das Gasgestänge brach, fiel die Entscheidung zugunsten des Westdeutschen. Richard von Frankenberg gewann damit den Titel eines gesamtdeutschen Meisters der Rennsportklasse bis 1500 cm^3.

Für die Mille Miglia 1956 verbessert man den »550« so erheblich, daß man ihm die neue Bezeichnung »550 A« gibt. Die A-Typen erhielten für das Langstrecken-Rennen Rahmenverstärkungen, Modifikationen an der Hinterachse, einen auf gut 130 PS gesteigerten Viernockenwellen-Motor und ein Fünfgang-Getriebe mit Ringsynchronisation. Hans Herr-

mann pilotierte den einzigen fertig gewordenen Rohrrahmen-Spyder, der nur 515 Kilo wog. Die anderen »550 A« fuhren noch mit dem alten Flachrahmen-Chassis, das allein 16 Kilo schwerer war. Ebenfalls neu: Eine Zweikreis-Bremsanlage, mit der es allerdings unerwartet viele Probleme gab.
Sein Renndebüt gab der neue Spyder beim 1000-km-Rennen auf dem Nürburgring. Einen sensationellen Erfolg gab es aber bei der Targa Florio: Der Italiener Umberto Maglioli brachte den 1500er zu einem vielumjubelten Gesamtsieg. Ein Erfolg, der um so erstaunlicher ist, wenn man weiß, daß die Entscheidung nach Sizilien zu fahren, erst elf Tage vor dem Rennen gefaßt wurde, nachdem der neue Spyder auf dem Nürburgring so hervorragend gelaufen war. Mit dem damaligen Porsche-Rennleiter Huschke von Hanstein, einem Wagen (!), zwei Mechanikern und eben dem Piloten machten sich die Schwaben überhastet auf den Weg in den Süden! Der 1500 RS lief im Training und Rennen ohne Probleme, kam nur zum Tanken an die Boxe – selbst die Conti-Rennreifen brauchten nicht gewechselt zu werden – und siegte mit fast 15 Minuten Vorsprung. In der Renngeschichte von Porsche war dies der bis dahin größte und schönste Erfolg. Als die erfolgreichen Streiter nach Stuttgart zurückkamen, stand die Produktion still. Nahezu alle Belegschafts-Mitglieder versammelten sich auf dem Werkshof und begrüßten die Sieger stürmisch. Der damalige Stuttgarter Oberbürgermeister hielt eine festliche Rede und Dr. Ferry Porsche dankte allen seinen Mitarbeitern in bewegten Worten!
Zum Ende der Saison 1956 tauchte beim Solitude-Rennen (in der Nähe von Stuttgart gelegen) ein Prototypen-Spyder auf, der sich in folgenden Punkten von einem normalen »550 A« unterschied: Ein auf zwei Meter verkürzter Radstand, eine schmalere Spur und Karosserie und eine geänderte Hinterachse. Die Hinterräder waren an je zwei asymmetrischen Dreieckslenkern aufgehängt und mittels Drehstäben und Teleskop-Dämpfern alter Anordnung abgefedert. Der Rahmen war über der Hinterachse durch eine Traverse verstärkt. Allerdings bewährte sich der »Micky Maus« getaufte Mischling nicht. Als der Wagen nach einem spektakulären Unfall auf der Avus verbrannte, baute man keinen neuen mehr.
Die Rennsaison 1957 begann gleich mit einem Paukenschlag. Die jahrelang hartnäckigsten Gegner von Porsche, die ostzonalen EMW-Wagen zogen sich für immer vom Rennsport zurück. Die finanziellen Unterstützungen der DDR-Regierung – auf 60 Millionen Ostmark jährlich geschätzt – wurden ersatzlos gestrichen. Die EMW-Werksfahrer Barth und Rosenhammer engagierte Porsche.

In der Mitte der Saison – beim 1000-km-Rennen auf dem Nürburgring – wurde wenige Minuten vor dem Training ein bis dahin sorgfältig gehütetes Geheimnis gelüftet: Eine überarbeitete Version des 550 A-Spyder. Er hatte den gleichen Radstand wie sein Vorläufer, aber eine etwas niedrigere Karosserie mit Heckflossen. Nach der neuen Vorderachse, die man K-Achse nannte, weil zwei Tragrohre quer zur Fahrtrichtung in einer K-Form angebracht waren, hieß dieser Spyder nun »1500 RS-K« oder auch Typ 718. Zwar kam man bei den 1958 und 1959 eingesetzten Spydern wieder von dieser Achsform ab, doch die Bezeichnung blieb.

Auch der RS-K, wie auch vorher alle anderen Spyder-Modelle, konnten entweder neu oder als gebrauchte Ex-Werkswagen von Privatkunden erworben werden. In der 58er Kunden-Ausführung leistete der 1498-cm^3-Motor 142 PS bei 7500 U/min (ein Jahr später 148 PS bei 8000 U/min). Rund 30 Exemplare wurden verkauft.

Ab der Saison 1958 setzte Porsche nur noch den RSK ein, dessen Auftaktrennen, die 1000 km von Buenos Aires, hervorragend endete. Den Spyder fuhren Stirling Moss/Jean Behra auf den dritten Rang, hinter zwei 3-Liter-Ferrari. In Sebring gab es durch Harry Schell/Wolfgang Seidel die gleiche Plazierung, und bei der Targa Florio brachten Behra/Scarlatti den RS-K sogar auf den zweiten Platz. Nach ausgezeichneten Plazierungen in den großen Langstreckenrennen der Saison 1958 wurde Porsche Vize-Weltmeister in der Sportwagen-Kategorie.

In Le Mans kamen von den fünf gestarteten Spydern vier als 3., 4., 5. und 9. ins Ziel. Nur ein 3-Liter-Ferrari und ein Aston Martin lagen vor den Zuffenhausenern. Um die Standfestigkeit zu erhöhen, hatte man die Leistung etwas gedrosselt, so u. a. die Verdichtung von 9,8:1 auf 9,4:1 zurückgenommen.

Das Mittellenker-Debüt (1500 RS-K) gestaltete sich in Reims zu einem großen Erfolg. Im Rahmen eines Formel-2-Rennens vor dem Großen Preis von Frankreich in der Formel 1, fuhr Jean Behra einen normalen RS-K-Spyder gegen »echte« Monoposto zum überlegenen Sieg. Beim Porsche-Spyder hatte man lediglich die Fahrerposition in die Mitte verlegt und die Seiten des ansonsten offenes Spyders verkleidet. Die hinteren Räder waren halb abgedeckt und auf dem Heck saßen kleine Flossen. Der 1500er-Motor brachte 164 PS.

Ein Jahr später, wieder in Reims, fuhren dann auch Porsche mit richtigen Monoposto bei den Formel 2 mit, aber es liefen auch noch die windschlüpfrigen Mittellenker, gefahren von Wolfgang v. Trips und Colin Davis. Le Mans 1959 endete mit einem Debakel für Porsche: Alle Werkswagen und auch privat gemeldeten Spyder schieden vorzeitig aus. Bei allen brach die Kurbelwelle!

Kaum besser erging es Porsche im folgenden Jahr: Auch dieses Mal fielen alle vier Werks-Spyder mit Defekten aus. Einzig ein Abarth-Carrera unter Linge/Walter rettete die Ehre des Hauses durch einen 11. Platz im Gesamtklassement und einen Klassensieg. Um den beträchtlichen Geschwindigkeitsverlust durch die vorgeschriebene hohe Windschutzscheibe auszugleichen, hatten die Porsche-Ingenieure so lange mit Verkleidungen und Abdeckungen experimentiert, bis der anfängliche Drehzahlverlust bis auf ganze 100 U/min aufgeholt war. Was dabei herauskam war ein Auto, das aussah wie ein Coupé ohne Dach. Für den Fall, daß bei Regen die Scheibe von innen beschlagen sollte, war ein weiterer Scheibenwischer-Motor mit Wischerarm auf der Innenseite der Frontscheibe montiert.
Zwei dieser verkleideten RS 60 waren um 0,5 mm aufgebohrt, um mit einem Hubraum von 1605 cm^3 in der Zweiliter-Klasse starten zu können, ein weiterer RS 60 fuhr mit einem 1,5-Liter-Motor. Diese Spyder wogen knapp über 600 Kilo und erreichten 225 km/h Spitze.
Bei der Targa Florio 1961 fuhr Porsche mit einem Motor, der nicht, wie inzwischen üblich, 1687 cm^3 Hubraum hatte, sondern knapp zwei Liter. Äußerlich bestand kein Unterschied, es war nach wie vor ein luftgekühlter Vierzylinder mit der gleichen Ventilsteuerung. Für die Targa Florio hatte Porsche gleich zwei solcher Motoren eingesetzt, die allerdings in der PS-Leistung kaum höher lagen als die 1,7-Liter-Triebwerke, aber der Drehmomentverlauf war wesentlich günstiger. Unter Joakim Bonnier/Dan Gurney kam einer der Zwei-Liter-RS 61 an zweiter Stelle im Gesamtklassement ein.
Doch beim 1000-km-Rennen auf dem Nürburgring zeigte sich Porsches Dilemma, das sich in den letzten zwei Jahren zugespitzt hatte: Der bereits 1952/53 konstruierte Motor war nun endgültig am Ende seiner Möglichkeiten. Man hatte gehofft, die Zeit bis zur Reife des Achtzylinders mit dem bewährten Vierzylinder überbrücken zu können. Aber die Entwicklung in der Formel-Kategorie, in die Porsche inzwischen ebenfalls engagiert war, ließ keine Zeit mehr übrig. Von den drei Werkswagen fielen trotz kühlen und feuchten Wetters zwei mit Motorschaden aus und einer humpelte angeschlagen ins Ziel!
Entsprechend gedrückte Stimmung herrschte im Porsche-Lager, als man sich wenige Wochen später nach Le Mans aufmachte, dort das berühmte 24-Stunden-Rennen zu fahren. Fünf Porsche wurden eingesetzt: Zwei neue Coupé waren mit je einem 1,7- bzw. 1,6-Liter-Motor ausgerüstet. Dazu kam ein offener Spyder mit Zwei-Liter-Aggregat und zwei Werks-Abarth-Carrera. Da die Devise hieß: Ankommen um jeden Preis, hatte man – mit Ausnahme des Spyders – zahme Gleitlagermoto-

ren eingebaut, wie sie ansonsten in den Carrera gefahren wurden. Der Spyder wurde Fünfter (Fahrer: Gregory/Holbert), das von den Fahrern Barth/Herrmann sehr gelobte RS-Coupé lief auf Platz sieben ein und der Abarth-Carrera unter Linge/Pon kam auf Rang zehn.
Bei der Targa Florio 1962 erfolgte dann die langersehnte Wettbewerbs-Premiere des Achtzylinders von Porsche. Die 2-Liter-Ausführung brachte gut 210 PS. Der neue Motor erwies sich als durchaus standfest, allerdings scheiterte ein in greifbare Nähe gerückter Erfolg an den ebenfalls neu entwickelten Scheibenbremsen. Ab der vierten Runde – von zehn zu fahrenden – ließ die Wirkung der Bremsen ständig nach. Zwei Achtzylinder kamen zum Einsatz: Ein Spyder und ein Coupé mit der Le-Mans-Karosserie von 1961. Letzterer war rot lackiert worden, weil er von dem italienischen Rennstall »SSS Venezia« gemeldet wurde. Der Spyder mußte schon nach der zweiten Runde abgeschrieben werden, als ihn Dan Gurney an eine Mauer setzte.
Am Nürburgring kam einer der beiden gestarteten Achtzylinder-Spyder auf den dritten Platz. Der zweite Wagen schied mit Defekt am neuen Sechsgang-Getriebe in der vorletzten Runde aus. In Le Mans verzichtete Porsche auf den Einsatz der Achtzylinder-Spyder zugunsten der bewährten Carrera mit 1,6-Liter-Hubraum. Durch den siebten bzw. 12. Platz im Gesamtklassement sicherte sich Porsche endgültig die GT-Weltmeisterschaft in der 2-Liter-Klasse.
Bei der 45. Targa Florio (1963) gab es für den Zweiliter-Prototyp mit Achtzylinder-Motor den ersten großen internationalen Sieg. Gefahren wurde der Sieger-Spyder von der schwedisch-italienischen Paarung Joakim Bonnier und Carlo Abate. Doch es kündigte sich bereits der Nachfolger der Spyder-Bauserie an, die ihren Ursprung schon 1953 hatte und damit – mit allen Spezial- und Sonderversionen – nahezu zehn Jahre im Rennsport mitgemischt hatte: Der Porsche 904 GTS. Er feierte sein Debüt in Sebring 1964, und auch die Europa-Premiere, bei der Targa Florio, wurde zu einem glänzenden Erfolg. Nach dem Ausfall der beiden Achtzylinder-Spyder (Halbachs- und Hinterachsschaden) siegten Colin Davis/Baron Pucci im 904 GTS.
Die Sportkarriere des Spyders war damit auf der Rundstrecke zu Ende, aber in der Europa-Bergmeisterschaft, für die sich damals noch die Werke interessierten, blieb der Spyder noch lange aktiv. Edgar Barth wurde mit dem Achtzylinder-Spyder (2 Liter Hubraum), den man scherzhaft wegen seines langen Lebens und der vielen Erfolge »Großmutter« nannte, 1963 und 1964 Europa-Bergmeister.

Im Frühjahr 1950 erschien Walter Glöckler, ein Frankfurter VW-Vertreter und schon vor dem Krieg ein bekannter Sportwagen-Fahrer, zu den Rennen um die Deutsche Sportwagen-Meisterschaft mit einem Eigenbau. Sein Wagen unterschied sich aber von denen der Konkurrenz speziell in zwei Punkten: Das Fahrgestell war ein Rohrrahmen, und zum Antrieb seines Spyders nahm er ein Porsche-Aggregat mit 1086 cm^3 Hubraum und serienmäßigen 40 PS, die bei Alkoholbetrieb bis auf 58 PS hochgekitzelt wurden.
Der »Glöckler Spyder« – Gewicht 445 Kilo – hatte, genau wie der erste Porsche-Roadster und die Porsche-Prototypen, den Motor vor der Hinterachse. Im Frühsommer 1951 baute Glöckler ein weiteres Modell, dieses Mal mit einem 1500-cm^3-Motor, das eine Serie von Rennerfolgen und Rekorden erringen konnte. Gleich bei einer seiner ersten Veranstaltungen, dem Bergrennen Freiburg-Schauinsland, stellt Glöckler einen neuen Klassenrekord auf.
Am Ende der Saison 1951 verkauft Walter Glöckler seinen maßgeblich von dem Frankfurter Ingenieur Ramelow entworfenen Porsche-Eigenbau nach Amerika. Den Wagen erwarb der Amerikaner Maxie Hoffmann – zeitweilig Porsche- und BMW-Importeur – und fuhr damit noch einige Jahre recht erfolgreich selbst Rennen.

Seitenansicht des »Glöckler Spyders«, der als Vorläufer der Porsche-Werks-Spyder gilt

Mit 90 PS (Alkohol-Treibstoff) erreichte der Glöckler-Porsche gut 210 km/h Spitze

Cockpit des Glöckler-Porsche. Das sauber gearbeitete Modell wog knapp 450 Kilo!

Karosserie/Fahrgestell

Die ersten 1953 von Porsche gebauten 550-Modelle wurden in einer geschlossenen und einer offenen Version ausgeführt. Das Zwei-Mann-Kabinen-Fahrzeug hatte einen wesentlich günstigeren Widerstandsbeiwert als die offene Form mit der kleinen Einmann-Windschutzscheibe. Im Spyder hatten die schlanken, langgezogenen Abströmkörper hinter dem Fahrerkopf die Funktion, als Kopfstütze und Nackenschutz die von der Windschutzscheibe kommenden Luftwirbel zu ordnen. Sie hatten allerdings nicht die Fähigkeit, die Wirbel hinter dem Fahrer wieder zu schließen und so den Luftwiderstand zu verringern.

Bei Modellversuchen im Windkanal mit dem Spyder-Typ wurden übrigens recht interessante Beobachtungen gemacht. Man brachte zur Förderung der Motorraumbelüftung eine Lufthutze hinter den Sitzen einmal mit der Öffnung nach vorn und einmal mit der Öffnung nach hinten an. Die Anordnung mit der Öffnung nach hinten brachte einen vollen Erfolg. Ein Wollfaden, der vor dem Modell in den Luftstrom gehalten wurde, fädelte sich ganz allein in die Eintrittsöffnung ein. Bei der anderen Anordnung war das Einfädeln selbst mit Hilfeleistung unter keinen Umständen zu bewirken.

Die Einschalen-Außenhaut des Typ 550-Spyder war aus Leichtmetall und lief vom Bug über die Kotflügel bis zum Heck in einer sauberen Linienführung – ein sogenannter selbsttragender Verbundbau mit Bodenrahmen. Der Flachrahmen wurde aus Rohren geschweißt. Beide Türen waren ebenfalls aus Leichtmetall, wobei die Scharnierseite vorn und die Schloßseite hinten angeschlagen waren. Beide Türaußengriffe waren von außen mit einem Schlüssel abzuschließen, denn immerhin konnten diese Sportwagen noch auf der Straße gefahren werden!

Der Bug- und Heckdeckel waren mit verdeckten, in Offenstellung selbsttätig einrastenden Scharnieren angelenkt. Die fest eingebauten Schlösser waren nur vom Wageninnern aus durch Betätigung eines Drahtzuges zu öffnen. Im Heckdeckel war das Belüftungsgitter eingeschnitten. Die Windschutzscheibe war einteilig, etwas zylindrisch gebogen und aus Schichtglas. Am Oberrahmen konnte mit zwei Laschen das Verdeck befestigt werden (auch Coupé-Aufsatz), wobei die Plastikrückscheibe in die Verdeckrückwand eingenäht war. Die komplette Frontscheibe konnte mit wenigen Handgriffen entfernt werden.

Die Schalttafel war mittragend verschweißt und enthielt die Aufnahmeöffnungen für Instrumente und Betätigungen. Eingebaut waren Schalter für Scheibenwischer, Instrumenten-Beleuchtung und Scheinwerfer, Kontroll-Leuchten für Ladestrom, Öldruck und Fernlicht, Zündschalter, Steckdose und ein Anlasser-Druckknopf. Die Warmluft wurde vom Motor durch Kanäle in den Längsträgern zum Wageninnern geleitet. Die Regulierung dieser Heizung war durch Betätigung einer Schließklappe vom Innern aus möglich. Die seitlichen Warmluftöffnungen wurden durch Schieber ganz oder teilweise geschlossen. Eine spezielle Defroster-Anlage war nicht installiert.

Die zwei Schalensitze waren auf Gleitschienen in der Längsrichtung verstellbar. Im Fond befand sich eine Notsitzauflage ohne Rückenlehne. Vor den Frontsitzen, über dem Tunnel, im Fond und als Trittbrettbelag wurden Gummimatten als Schutz verlegt.

Das Verdeck beim Spyder war umleg- und abnehmbar (Scherenausführung). Der Verdeckbezug war aus leichtem Cabrioletstoff und unwattiert. Die Türinnenverkleidungen waren aus Pappe und mit Kunstleder aufwattiert; die noch sichtbaren Restflächen mit Bouclé-Teppich verkleidet. Die Schalttafel-Oberseite, der Instrumentenschirm und der umlaufende Wulst waren ebenfalls mit Kunstleder bezogen. Der Rückspiegel war am Windschutzscheiben-Spannbügel befestigt.

Mögliche Sonderwünsche ab Werk: Steckfenster, vorderer Deckelriemen, Einsitzer-Windschutz und eine Sitzabdeckung mit Reißverschluß für den Fahrereinstieg.

Das Fahrwerk hatte vorn und hinten Einzelradaufhängung – vorn längsliegende Traghebel und zwei querliegende Vierkant-Blatt-Federstäbe, zusätzlich einen Stabilisator. Hinten war die Pendelachse mit Längslenkern geführt, mit je einem runden quer liegenden Drehstab. Die Teleskop-Stoßdämpfer wirkten doppelt. Die Spindel-Lenkung hatte eine 14,1:1-Übersetzung (2,4 Lenkradumdrehungen).

Die hydraulisch arbeitende Fußbremse wirkte auf vier Trommelbremsen mit je 280 mm Durchmesser. (Vorn Duplex, hinten Simplex.) Vorn waren 5.00-16 RS- und hinten 5.25-16 RS-Reifen auf 3,50D × 16 Felgen montiert. Das Wagengewicht betrug in der ersten Ausführung rund 550 Kilo und später 590 Kilo. Die 550-Spyder liefen ca. 220 km/h Höchstgeschwindigkeit, wobei sie aus dem Stand die 100-km/h-Marke nach knapp zehn Sekunden erreichten. Im Rennen reichten die 68 Liter Super-Benzin (Tank vorn im Bug, mit Schnellverschluß) für rund 350 Kilometer.

Der 1956 erschienene 550 A-Spyder unterschied sich in folgenden Punkten vom Vorläufer: Der Flachrahmen wurde gegen einen Gitterrohrrahmen ausgetauscht, da die Vorteile des Gitterrohrrahmens eindeutig für diesen sprachen. Das Gewicht verminderte sich um 16 Kilo

auf 43 Kilo, während sich das gesamte Karosserie-Gewicht um 27 Kilo auf 63 Kilo verringerte. Der räumliche Gitterrohrrahmen bot zahlreiche hochliegende Aufhängungspunkte, weshalb viele tragende Karosserie-Versteifungen entfallen konnten. Außerdem: Beträchtliche Versteifung des Rahmens gegen Verdrehung auf das Dreifache und gegen Durchbiegung auf das Fünffache der alten Werte!
Gleichzeitig mit dem neuen Rahmen wurde die Radaufhängung hinten von der normalen Pendelachse in eine Pendelachse mit tiefgelegtem Drehpunkt geändert, und an der Vorderradaufhängung wurde ein Stabilisator vorgesehen. Diese Änderungen zusammen ergaben eine wesentliche Verbesserung der Fahreigenschaften. Die Räder wurden durch Drehstäbe abgefedert. Die Drehstäbe der Vorderradfederung waren aus einzelnen Blättern geschichtet. Die Hinterräder waren über einen runden Torsionsstab abgefedert.
An der Weiterentwicklung der Bremsen wurde fortlaufend gearbeitet. Verschiedene Entwicklungsstufen führten zu ständig anwachsendem Trommel-Durchmesser und zu größeren Belagbreiten. Von der Simplex-Ausführung für Vorder- und Hinterachse wechselte man bald zur Duplex-Bremse an der Vorderachse. Der Durchmesser an der Vorderachse der Bremstrommel wuchs von 230 auf 280 mm. An der Hinterachse wuchs der Durchmesser im gleichen Maß, allerdings waren die Vorderradbremsen mit 60 mm um 20 mm breiter als die an der Hinterachse. Die Bremse arbeitete mit Zweikreissystem. Der 550 A wog fahrfertig mit Reserverad, aber ohne Kraftstoff, 530 Kilo und verfügte anfänglich über eine effektive Motorleistung von 135 PS an der Kupplung. Der »A« durchfuhr bei stehendem Start den Kilometer nach 26.6 Sekunden und erreichte dabei eine Geschwindigkeit von 205 km/h. Die Höchstgeschwindigkeit lag bei rund 240 km/h. Der Benzintank faßte nun 80 Liter Kraftstoff, bei Langstrecken-Rennen mit Hilfe eines Zusatztanks bis zu 130 Liter.

Motor

Im Spätsommer 1952 waren die ersten Entwürfe für einen völlig neuen Motor fertig, nachdem man bei Porsche die stark nachrückende Konkurrenz von Borgward und Osca mit den alten 1,1- bzw. 1,5-Liter-Motoren nicht, oder nur noch unter größten Anstrengungen in den Griff bekommen konnte. Wesentlichen Anteil an der Ausarbeitung hatte der damalige Konstrukteur und heutige Geschäftsführer des Hauses Porsche, Dr. Ernst Fuhrmann.
Der Motor, intern 547 genannt, war mit vier obenliegenden Nockenwel-

len ausgerüstet, die durch Königswellen angetrieben wurden. Der Vierzylinder hatte einen Leichtmetallblock und erreichte in seiner ersten Version aus 1498 cm^3 110 PS bei 7800 U/min. Zylinder und Zylinderkopf waren ebenfalls aus Leichtmetall. Zwei Doppelfallstrom-Vergaser von Solex, Typ 40 PJJ, sorgten für das Gemisch. Die Ventile waren V-förmig hängend angeordnet. Die Kurbelwelle von Hirth war mehrteilig und vierfach rollengelagert. Von Anfang an hatte der Motor Doppelzündung, also zwei Kerzen pro Zylinder, zwei Verteiler und zwei Zündspulen. Die beiden Verteiler wurden in der Verlängerung der beiden oberen Nokkenwellen montiert. Später erfolgte der Antrieb V-förmig von der Kurbelwelle aus.
Gekühlt wurde der Motor mit einem stehenden Gebläse, während die Schmierung des Motors eine Druckumlaufanlage mit separatem Öltank von acht Liter Ölinhalt übernahm. Das Bordnetz hatte nur sechs Volt Spannung, wobei die Lichtmaschine 160 Watt lieferte. Der Motor lag vor, das Getriebe hinter der Hinterachse.
Beim 550 A, der ab 1956 zum Einsatz kam, steigerte man bei gleichem Grundaufbau des Viernockenwellen-Motors die Leistung auf 135 PS bei 7200 U/min. Die Verdichtung hob man von 9,5:1 auf 9,8:1 an. Von den bisherigen Solex-Vergasern wechselte man auf zwei Doppelfallstrom-Vergaser von Weber, Typ 40 DCM. Die Elektrik verfügte jetzt über 12 Volt.

Kraftübertragung

Die ersten Spyder-Modelle (1954) hatten ein normales 4-Gang-Getriebe. Bei der TT-England im September 1955 fuhr Richard von Frankenberg versuchsweise eine 5-Gang-Ausführung, die dann ab 1956 in »Serie« ging. Allerdings enthielt das 5-Gang-Getriebe nur vier echte Fahrgänge und einen zusätzlichen, Anfahrgang genannten Gang. Dieser – der ein eigenes kleines Getriebe-Zusatzgehäuse besaß – war nicht synchronisiert und konnte, genau wie der Rückwärtsgang, nur über eine Sperre eingeschaltet werden. Dadurch verlängerte sich der Schaltweg etwas, weil die Fahrer über die Sperre des ersten Ganges erst in das Normal-Getriebe hineinkommen mußten.
Obwohl die Synchronisierung der restlichen Gänge als mustergültig galt, fuhren die Werkspiloten – wie auch heute noch überwiegend – beim Herunterschalten mit Zwischengas. Die Einscheiben-Trockenkupplung dankte es seinem Fahrer mit einer wesentlich längeren Belastbarkeit. Der Achsantrieb erfolgte durch spiralverzahnte Kegelräder – den Schlupf der Antriebsräder reduzierte ein ZF-Sperrdifferential.

Der Prototyp des Porsche Typ 550 in der Coupé-Ausführung. Fahr-Gewicht: 550 Kilo

Heckansicht des 550 für die 24 h Le Mans 1953 (ursprüngliche, erste Form)

Mit dem 1500-S-Stoß-stangen-Motor (ca. 75 PS) fuhr dieses Coupé knapp 200 km/h Spitze

Heckansicht des »Le Mans-Coupés« von 1953. Aus Alu gefertigt, und ca. 560 Kilo schwer

Blick in den Innenraum des Le Mans-Coupés von 1953. Extrem sparsame Ausstattung

Die Coupés holten beim französischen 24-Stunden-Rennen Klassensiege

Unter dem Bug des Le-Mans-Coupés befand sich nur ein Reserverad und ein Benzintank

Die Seitenansicht des 550-Spyder mit Coupé-Aufsatz zeigt deutlich die gute Form

Eine Spyderversion (Versuchsausführung) von 1953 mit einem hochgezogenen Heckteil

Dieser 550-Spyder wurde in leicht modifizierter Form in Übersee-Rennen eingesetzt

Porsche 550-Spyder: Lief in der Saison 1954 offiziell erstmals mit dem neuen Motor

Unter diesem Heck verbarg sich der 1,5-Liter-Vier-nockenwellen-Motor mit 110 PS

Für Privatkunden war der 550-Spyder Ende 1954 zum Preis von 24 600 Mark zu erwerben

Unter der selbsttragenden Außenhaut des »550« verbarg sich dieser Flachrahmen-Typ

306 Geänderter 550-Spyder ohne Heckbuckel und mit strömungsgünstigerer Frontpartie

1956 erschien der 550-A-Spyder als Nachfolger des »550«

Für den Flachrahmen des »550« gab es einen leichteren Gitterrohrrahmen im 550 A

Bei der Hinterachse wurde eine Pendelachse mit tiefgelegtem Drehpunkt eingebaut

Spyder 550 A-1500 RS. Kleiner Aerodynamik-Buckel hinter dem Fahrerkopf

Ein 1,5-Liter-Spyder bei der Targa Florio 1956. Mit ihm holte Umberto Maglioli den Gesamtsieg

Graf Berghe v. Trips/Maglioli beim 1000-km-Rennen auf dem Nürburgring 1956. Debüt des »550 A«

Der Targa-Sieger Maglioli auf dem Nürburgring 1957 im Rahmenrennen zum Grand Prix

310 Sonderanfertigung für die 24 Stunden Le Mans 1956: Ein 550 A-1500 RS mit Coupé-Dach

Die Le-Mans-Coupés unterschieden sich technisch wenig von normalen Werksspydern

Der berühmte Viernockenwellen-Motor Typ 547 mit 1,5 Liter: 110 PS bis 150 PS im Spyder

Die Zündverteiler wurden anfänglich direkt von den oberen Nockenwellen angetrieben

Karosserie/Fahrgestell

Der Nachfolger des 550-A-Spyder hatte einen leichteren Gitterrohrrahmen, der aus nahtlosem Stahlrohr geschweißt war. Die Leichtmetall-Karosserie war insgesamt niedriger und aerodynamisch besser durchgebildet als beim RS-Spyder. Anfänglich hatte der RS-K, wie es das damalige Reglement für Sportwagen vorschrieb, eine 20 Zentimeter hohe und eine ein Meter breite Windschutzscheibe. Aus aerodynamischen Gründen lief die Scheibe voll um beide Sitze herum. In der sich vorn verjüngenden Karosserie saßen zwei Scheinwerfer links und rechts unter Plexiglasabdeckungen. Unter der »Nase« war der Motorölkühler – als Oberflächenkühler – installiert. Ansonsten war die Vorderfront ganz glatt und ohne größere Lufteintrittsöffnungen. Das für Sportwagen zwingend vorgeschriebene Reserverad lag im Wagenbug. Dahinter der ca. 80 Liter fassende Benzintank, der über einen Schnellverschluß durch die Haube gefüllt wurde. Der Öleinfüllstutzen befand sich auf der rechten Seite, knapp vor dem hinteren Rad. Das rundlich, bauchige Heck hatte zwei mit einem Gitter verschlossene Luftöffnungen. Vierschlitzige Öffnungen waren jeweils links und rechts auf den hinteren Kotflügeln angebracht. Sie dienten der Luftzuführung zu den großen Trommelbremsen und konnten für Arbeiten an diesem Teil des Wagens entfernt werden.

Die äußere Karosserieform wurde mehrfach geändert. So gab es senkrecht stehende Heckflossen – meist bei schnellen Rennstrecken eingesetzt – und einen sogenannten Aerodynamik-Buckel nur hinter dem Kopf des Fahrers oder auch über die gesamte Heckbreite. Verschiedentlich – u. a. Le Mans 1958 – deckte man sogar noch den Beifahrersitz mit einer Aluplatte ab. Das fahrfertige Gewicht betrug knapp 530 Kilo.

Gegenüber dem Vormodell wurde die Vorderachse weiter verbessert. Die mehr V-förmig ausgelegte Achse lagerte nunmehr in Kugelgelenken statt wie bisher in Bundbolzen. Die Lenksäule hatte zwei Kreuzgelenke mit gleichlangen Spurstangen. Zwar saß das Lenkrad nach wie vor an der alten Stelle links, doch bestand die Möglichkeit, dem Sportwagen eine Mittellenkung zu verpassen, wenn er als Formel 2 eingesetzt wurde.

Die Hinterachse bekam eine neue Feder mit progressiver Wirkung, die mit den Stoßdämpfern kombiniert war. Die Federwege vergrößerten sich, die Pendel-Hinterachse erhielt einen tiefergelegten Drehpunkt und

Gradführung. Die Bremstrommeln hatten eine neue Verrippung, schrägstehend in einem Winkel von 30 Grad zur Achse, das sogenannte »Turboprinzip«. Die Fußbremse arbeitete hydraulisch als Zweikreisbremse auf die vier Trommelbremsen mit je 280 mm Durchmesser. Die Handbremse wirkte mechanisch auf beide Hinterräder. Die gesamte Bremsfläche betrug 930 cm^2.

Motor

Das Antriebs-Aggregat basierte auf dem Motor, wie er auch im Typ 550 eingebaut war. Im Nachfolge-Modell »718« hob man die Leistung auf 142 PS bei 7500 U/min. Ein Jahr später war man auf 148 PS bei 8000 U/min. Im Rennen durften die Fahrer auf Dauer nicht mehr als 7600 U/min drehen, ganz kurzfristig waren aber bis zu 8000 U/min erlaubt. Anstelle von zwei Weber-Fallstromvergasern (doppelt) vom Typ 40 DCM kamen später solche vom Typ 46 IDM zum Einbau.

Kraftübertragung

Einscheiben-Trockenkupplung. Fünfgang-Getriebe im Tunnelgehäuse mit Knüppelschaltung, davon zweiter bis fünfter Gang synchronisiert. Achsantrieb durch spiralverzahnte Kegelräder. ZF-Sperrdifferential. Variable Getriebe- und Hinterachs-Übersetzungen.

Links der Spyder 1500 RSK, Typ 718, rechts der Vorläufer: Spyder 550 A-1500 RS

Umberto Maglioli beim Bergpreis Freiburg-Schauinsland 1957 auf einem 1500 RSK

Kleine, senkrechtstehende Heckflossen am RSK-Spyder für das Sebring-Rennen

Front-, Heckansicht des »Sebring Spyders« mit Zusatzscheinwerfern und Flossen

Zur Erhöhung der Endgeschwindigkeit auf der Avus: »RSK« mit Hinterradabdeckung

24 Stunden Le Mans 1958: Edgar Barth fuhr einen RSK-Spyder mit Beifahrerabdeckung

Aufsicht auf einen Porsche RSK-Spyder ('59er-Modell): Hochgezogene Seitenscheiben

Der Rahmen des 1500 RSK war leichter als der vom »550 A« (Nahtloses Stahlror)

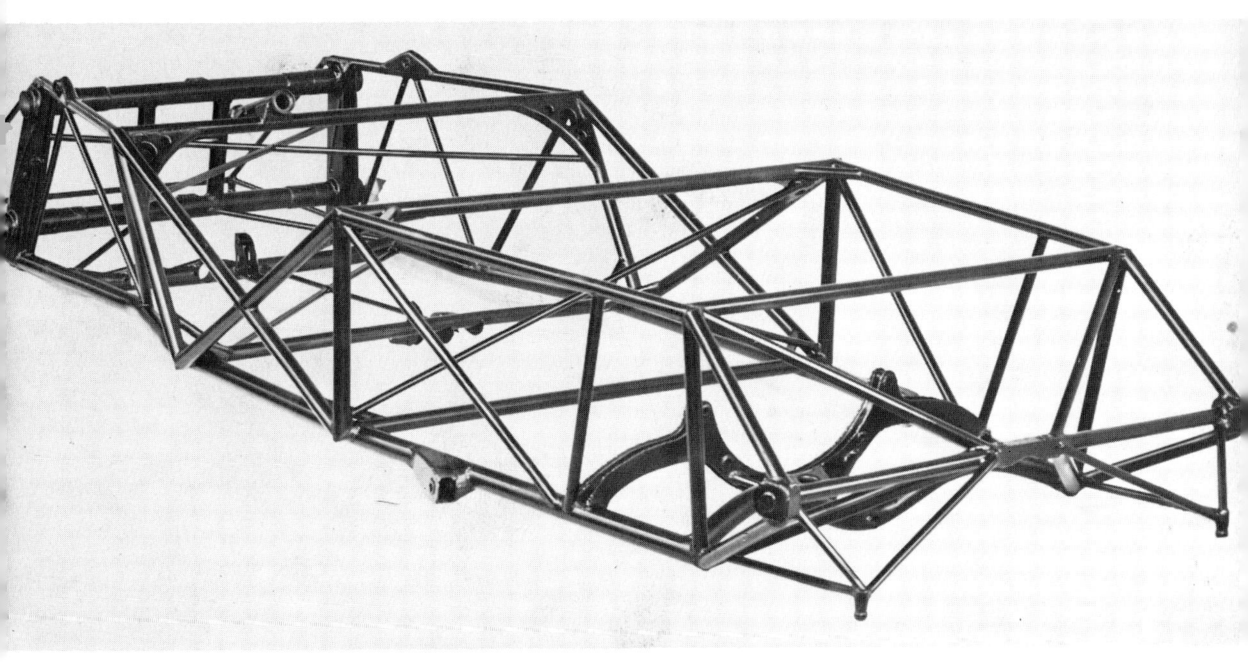

Viernockenwellen-Motor 547 mit Luftfilter auf den Vergasern

Karosserie/Fahrgestell

Gegenüber dem Typ 718 unterschieden sich die Modelle RS 60 und RS 61 nicht wesentlich. Über einem aus nahtlosem Stahlrohr geschweißten Gitterrohrrahmen war die offene, zweisitzige Spyder-Karosserie aus Leichtmetall gezogen. Die zwei Türen öffneten nach vorn. Die Windschutzscheibe hatte Sicherheitsglas. Eingebaut waren zwei Schalensitze. Der vordere und hintere Deckel waren abnehmbar. Die zwei Benzintanks unter der Fronthaube – zu betanken durch die Haube – faßten zusammen mindestens 80 Liter. Die neuen Spyder hatten eine runde tiefgezogene Front. Hinter dem Kopf des Fahrers verlief ein nach hinten auslaufender Buckel. Am Heck saßen zwei große Luftgitter. Hinter dem Vierzylinder-Motor war Platz für den obligatorischen »Kofferraum«. Die Frontfläche war bis auf die kleinen Öffnungen für die Vorderradbremsen und den Ölkühler vollkommen geschlossen. Die Scheinwerfer lagen unter Plexiglas verkleidet.

Für Le Mans entwickelte man eine neue Karosserie, die aussah wie ein flaches, langgezogenes Coupé, bei dem man über dem Fahrer- und Beifahrersitz das Dach vergessen hatte. Für Le Mans 1961 war von dem vorher bis zum Heckluftgitter verlaufenden Aufsatz nur noch ein knapp halb so langer Bügel übrig geblieben. Bei diesem französischen Langstrecken-Rennen gab es auch das später so bekannt gewordene »Le-Mans-Coupé« zum ersten Mal. Der Unterbau war absolut identisch mit dem Spyder RS 61, aber mit einem sanft nach hinten abfallenden Coupé-Aufsatz, der ungefähr in Höhe der Radnaben der Hinterräder endete. Der Spyder RS 61 wurde bis ungefähr 1964 (Europa-Bergmeisterschaft) noch recht erfolgreich eingesetzt. Mit Edgar Barth am Lenkrad gab es 1963 und 1964 für den Achtzylinder-bestückten Spyder – Spitzname: »Großmutter« – noch zwei Europa-Bergtitel.

Die Radaufhängung bestand vorn aus zwei Kurbellängslenkern, die als Traghebel ausgebildet waren. Die Aufhängung hinten war eine Doppelgelenkachse mit schrägliegenden Dreieckslenkern. Federung vorn: zwei durchgehende Vierkant-Drehfederstäbe aus einzelnen Blättern, querliegend. Federung hinten: eine Schraubenfeder um den Stoßdämpfer angeordnet. Vorn und hinten gab es weiterhin doppeltwirkende Koni-Teleskop-Stoßdämpfer. Ein Stabilisator war vorn querliegend eingebaut.

Die ZF-Einfingerlenkung (Ross) arbeitete mit geteilten, gleichlangen Spurstangen mit einer Übersetzung von 1:16 im Mittel.

Als Reifen kamen folgende Größen zur Montage: 5.50-15 R (vorn) oder 5.90 bzw. 6.00-15 R (hinten) auf Tiefbettfelgen 4.00 J×15 aus Leichtmetall. Die Betriebsbremse arbeitete über eine Zweikreis-Ausführung, wobei die Trommeln einen Durchmesser von 280 mm Durchmesser hatten. Die Handbremse wirkte mechanisch auf beide Hinterräder.
Der RS 61 hatte eine vollständig neue Hinterachse mit je zwei Dreieckslenkern, von denen der untere mit einem Längslenker kombiniert war. Die Kurbellängslenker für die Vorderachse waren stärker gekröpft. Der Rahmen wurde, entsprechend einer FIA-Vorschrift, ebenfalls etwas breiter und die Frontscheibe auf 25 Zentimeter Höhe gebracht. Wichtiges Detail: Der Radstand wurde von 2100 auf 2200 mm verlängert.

Motor

Den schon aus den Typen 550 und 718 bekannten Viernockenwellen-Motor Typ 547 finden wir auch im Typ 718 RS 60 und auch im RS 61. Bei letzterem Modell wurde der Hubraum von 1,5 Liter auf 1,6 Liter (exakt 1587,5 cm^3) erhöht. In der »kleineren« Version leistete der Vierzylinder bei einer Verdichtung von 9,8:1 gut 150 PS bei 7800 U/min. Der 89 cm^3 größere Nachfolge-Motor brachte mindestens 160 PS bei gleicher Drehzahl auf die Beine.
Identisch waren beide Aggregate jedoch in folgenden Daten und in der mechanischen Ausführung. Das Kurbelgehäuse bestand aus Leichtmetall. Die Einzelzylinder waren aus Leichtmetall, wobei die Lauffläche hartverchromt war. Die geteilte Kurbelwelle lief auf drei Rollenlagern und einem Kugellager und war gegenüber den Aggregaten in den Vormodellen verstärkt. Ebenfalls in Rollenlagern liefen die Pleuel. Die Kolbenbolzenlager waren schwimmende Bronzebüchsen. Die Kolben waren aus Leichtmetall und gepreßt, sie hatten drei Verdichtungs- und einen Ölabstreifring.
Die Ventilsteuerung erfolgte über zwei obenliegende Ein- und zwei Auslaß-Nockenwellen und Schlepphebel. Der Nockenwellenantrieb erfolgte durch Königswellen. Die Ventile (zwei pro Zylinder) waren V-förmig hängend angeordnet, pro Ventil gab es zwei Schraubenfedern. Zwei Doppelfallstrom-Vergaser von Weber (Typ 46 IDM 1) sorgten für das Benzin-Luft-Gemisch. Die Kraftstoffpumpe arbeitete elektrisch. Der Kraftstoff wurde durch ein Siebfilter im Tank geleitet, ein Wasserabscheider saß am Druckminderventil.
Die Kühlung übernahm ein doppeltflutiges Radialgebläse, dessen Antrieb von der Kurbelwelle aus über einen Keilriemen erfolgte. Die Motorschmierung übernahm die Trockensumpf-Anlage. Die Zündung

arbeitete über die Batterie, und zwar als Doppelzündung mit zwei getrennnten Zündsystemen. Die Zündverteiler wurden von der Kurbelwelle angetrieben.
Ebenfalls wurde der 8-Zylinder-Motor Typ 771 verwendet. Genaue Beschreibung dieses Aggregates finden Sie unter den Porsche-Typen 904–908.

Kraftübertragung

Fünfgang-Getriebe Typ 718 und Ausgleichsgetriebe in einem Tunnelgehäuse aus Elektron. Von den Vorwärtsgängen war der erste Gang nicht synchronisiert. Die Schaltung wurde mit Gestänge über einen Kugelschalthebel in der Wagenmitte betätigt. Der Achsantrieb hatte spiralverzahnte Kegelräder, ein ZF-Sperrdifferential und eine Doppelgelenkachse.

Der Porsche RS 60 unterschied sich kaum von seinem Vorläufer vom Typ 1500 RSK

Heckansicht des Spyder RS 60: Zwei große Motorluftgitter, davor der »Kofferraum«

Direkt hinter dem Fahrer-, Beifahrersitz befand sich der Motor, ebenfalls mit 1500 cm^3

Die neuen Spyder hatten eine rundere Frontpartie und einen modifizierten Aerobuckel

1000-km-Rennen Nürburgring 1960: Paul Frere im Porsche Spyder RS 60

Bis auf die Öffnungen für die Vorderradbremsen und Ölkühler geschlossene Front

Ein Spyder RS 60 für Le Mans 1960: Coupé-Aufsatz mit einem offenen Mittelteil

E. Barth fuhr dieses »Le Mans-Coupé« 1960. Beachtenswert: Scheibenwischer innen

328 Für das Le-Mans-Rennen 1961 blieb von dem 60er-Aufsatz nur noch ein Bügel übrig

Ein Coupé, das als Prototyp 1961 in Le Mans startete. Unterbau identisch mit »RS 61«

330 In diesem RS 61-Coupé arbeitete ebenfalls der Viernockenwellen-Vierzylinder (150 PS)

Der erstmals von Porsche vorgeführte Hochgeschwindigkeits-Wischer am RS 61-Coupé

Achtzylinder-Zweiliter-Motor vom Typ 771 mit 210 PS bei 8400 U/min im Spyder RS 61

332 RS 61-Coupé mit Achtzylinder-Triebwerk. Kam bei der Targa Florio 1962 zum Einsatz

Ein RS 61-Spyder mit Achtzylinder. In dieser Kombination erster Sieg 1963 bei der Targa

Der wegen seines langen Lebens scherzhaft »Großmutter« genannte RS 61-Spyder

Zwei-Liter-Achtzylinder-Rennmotor von 1962 (Typ 771). Premiere 1962 bei der Targa

Glöckler-Spyder/550/718 (RS 60-61)

Baujahr	Modell Karosse	Modell Typ	Fahrgestell-Nr.	Motor-Typ	Getr.-Typ	Zyl.	Bohrung x Hub	Hubraum	DIN-PS bei U/min.	mkp bei U/min.	Verdtg.	Radstand	Spur vorn/hinten	Länge	Gewicht
1950	Spyder	Glöckl.	–		VW	4	73,5x 64	1086	58			2000			445
1954	Spyder	550-1500RS	5500001-5500015	547	718	4	85 x 66	1498	110/7800	12,1/5000	9,5:1	2100	1290/1250	3600	550
1955	Spyder	550-1500RS	5500016-5500090	547/1	718	4	85 x 66	1498	110/6200	13,2/5300	9,5:1	2100	1290/1250	3600	590
1956	Spyder	550A-1500RS	550A0101-0104 0111-0113 0131	547/1	718	4	85 x 66	1498	135/7200	14,8/5900	9,8:1	2100	1290/1250	3600	550
1957	Spyder	550A-1500RS	550A0114-0144	547/1	718	4	85 x 66	1498	135/7200	14,8/5900	9,8:1	2100	1290/1250	3600	550
1958	Spyder	718-1500 RSK	718001-718034	547/3	718	4	85 x 66	1498	148/8000 142/7500	14,9/6300	9,8:1	2100	1290/1250	3600	530
1959	Spyder	718-RS 60	718051-718064	547/3 547/4 547/5	718	4 4 4	85 x 66 87,5 x 66 87,5 x 66	1498 1587 1587	150/7800 160/7800 180/7800	14,3/6600 15,0/7000 15,5/7500	9,8:1 9,8:1 9,8:1	2200	1290/1250	3700	550
1960	Spyder	718-RS 61	718065-718078	547/3 547/4 547/5	718	4 4 4 4	85 x 66 87,5 x 66 87,5 x 66 88 x 66	1498 1587 1587 1605	150/7800 160/7800 180/7800	14,3/6600 15,0/7000 15,5/7500	9,8:1 9,8:1 9,8:1	2200	1290/1250	3700	550
1961	Coupé „Le Mans"	718-RS 61	718044-718045	547/3 547/4 547/5 587/3	718	4 4 4 4	85 x 66 87,5 x 66 87,5 x 66 92 x 74	1498 1587 1587 1966	150/7800 160/7800 180/7800 185/7200	14,3/6600 15,0/7000 15,5/7500 21,5/5000	9,8:1 9,8:1 9,8:1 9,8:1	2200	1290/1250	3700	590

Glöckler-Spyder/550/718 (RS 60-61)

Baujahr	Modell Karosse	Modell Typ	Fahrgestell-Nr.	Motor-Typ	Getr.-Typ	Zyl.	Bohrung x Hub	Hubraum	DIN-PS bei U/min.	mkp bei U/min.	Verdtg.	Radstand	Spur vorn/hinten	Länge	Gewicht
	Coupé „Le Mans"	718GTR	718046-718047	771/0 771/01	718	8 8	76 x 54,6 80 x 54,6	1981 2195	210/8400 270/8600	19,6/6600 23,5/7000	10:1 10,2:1	2335	1300/1280	4020	670
1962	Spyder	718	718046-718047	771/0 771/01	718	8 8	76 x 54,6 80 x 54,6	1981 2195	210/8400 270/8600	19,6/6600 23,5/7000	10:1 10,2:1	2335	1300/1280	4020	640

Porsche 904 GTS/ 908.03

In der Entwicklung der Wettbewerbwagen des Hauses Porsche stellt der Typ 904 einen Wendepunkt dar. Der auch »Carrera GTS« genannte Mittelmotorwagen war eine vollkommen neue Entwicklung – mit Ausnahme des Antriebs-Aggregates. Um den damaligen Homologationsbestimmungen zu genügen, die für einen »Grand Tourisme« mindestens 100 gebaute Fahrzeuge verlangte, legte man sich bei Porsche auf diese Stückzahl fest. Um zudem die Käufer stärker zu interessieren, »köderten« die Zuffenhausener die Privatfahrer mit einem außerordentlich günstigen Verkaufspreis in Höhe von 29700 Mark. Die folgende rege Nachfrage verlangte nach der Fertigstellung der geforderten 100 Stück noch einmal eine Mini-Auflage von 20 Exemplaren, von denen noch 16 unter die Leute kamen. Die restlichen vier Karossen wurden nicht komplett fertiggestellt, sie dienten später als Ersatzteillager.

Zunächst erstellten die Renn-Ingenieure drei Prototypen-904, die mit 160-PS-Carrera-Motoren Typ 547 bestückt waren, die die ersten Meter Ende August 1963 auf der hauseigenen Versuchsstrecke in Weissach zurücklegten. Danach folgten permanente Versuchsfahrten auf dem Nürburgring und in Hockenheim. Mit dem noch unfertigen 904 wurden auf dem »Ring« 9.55,3 Minuten als Bestzeit festgehalten. Knapp vier Wochen später und nach einer Reihe von Verbesserungen, war man bereits zehn Sekunden schneller.

Doch durfte und konnte man sich bei Porsche auf diesen »Lorbeeren« nicht ausruhen, denn im Februar 1964, beim 12-Stunden-Rennen in Sebring, sollte der 904 seine Premiere feiern. Ende November 1963 schloß man die umfangreichen Versuchsarbeiten ab und begann mit der Produktionsaufnahme der Kunststoffkarosserie bei den Flugzeugwerken Heinkel in Speyer.

Die ersten fertigen Porsche 904 GTS – 12 Stück – wurden sofort in die USA geschickt. Bis Anfang 1964 liefen die Bestellungen auf 102 Fahrzeuge auf. 31 davon gingen in die USA, fünf nach Holland, vier nach Großbritannien, neun in die Schweiz, 15 nach Frankreich, sieben nach

Italien, vier nach Belgien und je ein 904 nach Argentinien und Spanien. 25 Modelle blieben in Deutschland, inklusive der zehn Wagen, die sich das Werk reservierte.
Für die Kunden tunte man die Vierzylinder-Aggregate Typ 587 und erreichte bis zu 185 PS aus dem Alt-Triebwerk. Für Werkseinsätze entwickelte man hauptsächlich die 6- und 8-Zylinder-Motoren, Typen 901 bzw. 771 weiter, weil diese Motoren zu gegebener Zeit den am Ende seiner Möglichkeiten angelangten Vierzylinder ablösen sollten.
Der Einstand auf dem Sportsektor gestaltet sich von Beginn an recht erfolgreich. Noch als Prototyp startend, gewannen die Amerikaner Briggs Cunningham und Lake Underwood bei den 12 h Sebring überlegen ihre Kategorie. Wenige Wochen später blieb der inzwischen als Grand-Tourisme homologierte 904 GTS mit Colin Davis und Antonio Pucci im Gesamtklassement der Targa Florio 1964 vor einem identischen Wagen unter Herbert Linge/Gianni Balzarini siegreich!
Die Standfestigkeit des 904 überzeugte immer mehr aktive Rennfahrer. Bis zu einem Dutzend Wagen dieses Typs traten bei einem Rennen gleichzeitig an und selten fiel ein Fahrzeug mit technischem Defekt aus. Es gab Erfolge in Spa, Le Mans, Reims, Nürburgring und bei der Tour de France.
Ende 1964 begann man bei Porsche intensiver den 904 weiterzuentwikkeln und das Feld der GT immer mehr den Privatkunden zu überlassen. Bei den »1000 km von Paris« brachten Edgar Barth und Colin Davis einen Werks-904 mit Achtzylinder-Zweiliter-Motor auf den dritten Rang. Im Januar 1965 verpaßten Eugen Böhringer mit Beifahrer Rolf Wütherich nur knapp den Gesamtsieg bei der Rallye Monte Carlo mit einem Vierzylinder-Porsche 904 GTS!
Ein interessantes und aufschlußreiches Sammelsurium von 904-Varianten gab es bei der 65er-Targa. Mit dem serienmäßigen 904 erreichten Klass/Pucci den GT-Sieg, ein 904 mit dem Sechszylinder-Motor des 911 langte unter Maglioli/Linge als Gesamtdritter ein. Nicht recht befriedigen konnten dagegen die beiden Prototypen mit Achtzylinder-Aggregaten. Davis/Mitter fuhren einen 904-Spyder mit dem 2-l-Achtzylinder-Motor Typ 771 aus dem Grand-Prix-Wagen von 1962. Bauartgleich war der 904 von Bonnier/Hill, allerdings behielt er seine Coupé-Form. Das Resümee nach dem Rennen: der Sechszylinder Typ 901 ist der Zukunfts-Motor für Langstrecken-Rennen, mit dem Achtzylinder ist diesbezüglich kein Staat zu machen!
Aber schon mit dem Erscheinen des Gitterrohr-Bergwagens kündete sich der Nachfolger des Porsche 904 GTS an: Der 906, auch »Carrera 6« genannt.

Auf der Basis des bewährten 904-Coupé entwickelten die Porsche-Ingenieure für die Europa-Bergmeisterschaft 1965 einen Spyder mit Achtzylinder-Motor. Der optisch recht häßlich anzusehende Spyder – »Känguruh« genannt – wog 570 Kilo und war damit rund 120 Kilo leichter als das Original-Coupé. Nach den ersten Fahrversuchen im April 1965 kam wenig später die erste Bewährungsprobe, die auch recht erfolgreich verlief. Unter Mitter/Davis lief dieser Typ bei der Targa Florio als Zweiter hinter einem 3,3-l-Ferrari ein. Nach weiteren Einsätzen zur Erprobung, wobei das zu weiche Fahrgestell bemängelt wurde, diente er dann dem Werk als Versuchskaninchen.

Zwei neue »Känguruhs« mit den Erfahrungen vom Vorläufer wurden zum Europa-Berglauf nach Trento-Bondone geschickt. Doch Mitter und Fischhaber, die beiden Piloten, mußten sich mit den Plätzen drei und vier hinter Scarfiotti/Ferrari und Herrmann/Abarth zufriedengeben! Auch bei den folgenden Bergrennen konnte sich Ludovico Scarfiotti durchsetzen. Immer noch wurde von Mitter, der das ständig weiter verbesserte Modell fuhr, die miserable Straßenlage beklagt. Drei Rennen vor Schluß der Europa-Bergmeisterschafts-Serie reifte bei Porsche der Entschluß zu einem gänzlich neuen Modell.

Zwei Wochen vor dem Lauf in Ollon-Villars begann Porsche mit der Konstruktion eines »neuen« Bergspyders. Vom alten Modell übernahm man lediglich das Getriebe. Den Achtzylinder-Motor modifizierte man durch eine neue Auspuffanlage. Allerdings fuhr Mitter diesen Motor dann nicht im Rennen, da der ältere Motor elastischer war. Den Kastenrahmen des ehemaligen 904-Spyders löste man durch einen leichteren Gitterrohrrahmen ab. Die Radaufhängungen entstanden ganz neu, jedoch erwarb man – da unter Zeitdruck stehend – von Lotus-Chef Chapman Radträger und Felgen des neuen Lotus-Formel-1. Unverändert blieben die Federhärte und die Stoßdämpfer-Einstellung vom 904, ebenfalls aus Zeitmangel!

Tag und Nacht arbeiteten Ingenieure und Mechaniker an der Fertigstellung des Lotus-Porsche – scherzhaft »Contergan« genannt. Und mit Sicherheit wäre der Bergspyder noch ausgefeilter an den Start gekommen, hätte nicht der damalige Betriebsrat gegen die dringend notwendige Wochenendarbeit Einspruch erhoben! Auch die Bereitschaft der Monteure, dies auf freiwilliger Basis zu schaffen, wurde nicht akzeptiert. Man verfiel bei Porsche auf den Ausweg, die Mannschaft auf eine »Dienstreise« nach Böblingen in die Nähe von Stuttgart, den Sitz der Garage von Gerhard Mitter zu schicken. Leider ließ sich auch dieser Vorschlag nicht realisieren.

Mitter verlor auf Scarfiotti in den zwei Einzelläufen 2,5 Sekunden, womit der Europa-Bergmeistertitel dem Italiener nicht mehr zu nehmen war. Beim Gaisbergrennen trat Mitter mit einem weiter modifizierten Bergspyder an. Ohne Öl wog der »Contergan« nur noch 488 Kilo und der Motor brachte es auf 250 PS. Nebel verhinderte den direkten Vergleich mit dem Ferrari DinoV6 von Ludovico Scarfiotti und dem »Lotus-Porsche«. Dieser in Ollon-Villars startende und in wenigen Wochen aufgebaute Spyder gilt als Basiswagen für die 910- und 906-Modelle, speziell für deren Fahrwerke.

Bis zum Beginn der Saison 1966 wollte man in Zuffenhausen für die neugeschaffene Sportwagen-Kategorie die notwendige 50er-Stückzahl vom Typ 906 fertigen. Um Kosten zu sparen und weil noch ausreichend 904-Teile vorhanden waren, erhielt der 906 praktisch das gleiche Fahrwerk wie sein Vorläufer, der 904 GTS. Bei dem nur knapp ein Meter hohen Coupé war der Gitterrohrrahmen wieder das tragende Element, auf dem die Kunststoff-Karosserie aufgesetzt ist. Der in Mittelmotorlage eingebaute Sechszylinder-Motor leistete anfänglich knapp über 200 PS und trieb den 906 auf eine Spitzengeschwindigkeit von 280 km/h. Privatfahrer konnten den auch »Carrera 6« genannten Sportwagen für 45000 Mark ab Werk erwerben. Dieses für einen Rennwagen günstige Angebot ließ dann auch die Produktionszahlen dieses Typs in ungeahnte Höhen schnellen. Bereits wenige Wochen nach dem Bekanntwerden der 906-Offerte war die vorgesehene 50er-Serie verkauft! Aufgrund der noch weiter vorliegenden Bestellungen fertigte Porsche noch einmal 15 Fahrzeuge. Insgesamt gab es 52 Original-Carrera 6, neun Prototypen mit einem Einspritz-Sechszylinder und vier mit 2,0-Liter-Achtzylinder-Aggregaten.

Auch der Carrera 6 debütierte mit Erfolg: Noch nicht als Sportwagen homologiert, startete ein Wagen unter Linge/Herrmann in der Prototypen-Kategorie bei den 24 h Daytona in Amerika und gewann. Das erste große europäische Rennen war die 50. Targa Florio. Vom Werk wurden fünf Carrera 6 bereitgestellt – vier vom Werk selbst und ein Privater. Zwei liefen völlig »serienmäßig« in der Sportwagen-Klasse, die anderen drei als Prototypen. Von den Prototypen 906 waren zwei mit Einspritz-Sechszylinder ausgerüstet, die etwa 15 PS Mehrleistung gegenüber der Vergaserversion erbrachten. In dem fünften Wagen installierte man einen Achtzylinder Typ 771 mit 2,2 Liter, der damit in dieser Version seine Rennpremiere erlebte.

Für die 24 h Le Mans wurden fünf Carrera 6 vorbereitet, zwei davon mit Sechszylinder-Vergaser-Motoren in der Sportwagen-Klasse. Die anderen drei Wagen hatten den Einspritzmotor mit 220 PS bei 8200 U/min, der außer dem Leistungsplus auch ein besseres Drehmoment im unte-

ren Bereich mitbrachte. Zusätzlich hatte man den 906 einen Langheckansatz verpaßt, der trotz des geringfügig höheren Gewichts (ca. 710 kg) gut 15 km/h mehr Spitzengeschwindigkeit brachte. Vier der fünf Carrera 6 kamen ins Ziel und belegten die Plätze 4 bis 7, gewannen die hochdotierte Index-Wertung und die Sportwagen-Kategorie.
Beim letzten Rennen der Saison 1966 experimentierte man mit dem 906-Langheck. Da auch die Versuche mit Alu-Bremszangen und Beryllium-Bremsscheiben positiv verliefen, ließ man zu Testzwecken drei Langheck-Wagen in Hockenheim mit dieser Ausrüstung im Rennen antreten, die dieses auch klar gewannen.
Der Ollon-Villars-Spyder wurde weiter entwickelt. Entsprechend dem Reglement verpaßte man dem Spyder zuerst eine hohe Windschutzscheibe und danach einen Coupé-Aufsatz. Im wesentlichen entsprach der jetzt »910« genannte Rennwagen dem ihm vorangegangenen 906-Bergspyder. Geändert wurden Details beim Radstand und bei der Spur. Der Durchmesser der Felgen betrug jetzt 13 und nicht mehr wie beim Carrera 6 15 Zoll.
Seine Premiere feierte der »910« beim Europa-Bergmeisterschafts-Lauf im italienischen Trento-Bondone. Mit Achtzylinder-Motor Typ 771 (2 Liter Hubraum) wog der Sport-Prototyp exakt – wie vorgeschrieben – 575 Kilo. Für die später folgenden Rundstreckenrennen griff man überwiegend auf den bewährteren Sechszylinder-Motor Typ 901 zurück. Bei den 24 Stunden von Daytona und den 12 Stunden Sebring – beides Rennen in den USA – bewährten sich die 910 hervorragend. Die Werksfahrer Hans Herrmann und Joseph Siffert wurden Vierte in Daytona und Sebring. Mitter/Patrick kamen in Sebring, hinter zwei 7-l-Ford, sogar auf den dritten Platz.
Es war seitens Porsche nicht vorgesehen, diesen Wagen an Kunden abzugeben, die ja knapp ein Jahr zuvor erst den Carrera 6 erhalten hatten. Aus diesem Grund fuhr 1967 der 910 nur werksseitig und in der Prototypen-Klasse. Da aber Porsche in allen wichtigen Rennen möglichst neue Rennwagen einsetzte und die meist nur wenige Rennkilometer gefahrenen Werkswagen günstig an Interessenten verkaufte, vermischten sich zusehends Privat- und Werkswagen. Als dann die Homologations-Stückzahl für Sportwagen von 50 auf 25 gebaute Exemplare reduziert wurde, gelang dem 910 sogar der Sprung in diese Kategorie. Bis Ende 1967 hatte Porsche nämlich 28 Exemplare gefertigt.
Im 910 feierte auch eine neue Motorvariante Premiere, und zwar bei der Targa Florio 1967. Nicht weniger als sechs Werks-910 wurden nach Sizilien geschickt, von denen drei mit den bekannten Sechszylinder-Motoren (2 Liter) Typ 901 ausgerüstet waren. In den anderen kamen

Achtzylinder-Triebwerke Typ 771 zum Einbau, die 2,2 Liter hatten und mit einer Einspritzanlage versehen waren. Porsche belegte im Ziel die Plätze eins bis drei. Es gewannen die Targa-Neulinge Rolf Stommelen/Paul Hawkins auf einem 2,2-Liter, vor den beiden Zweilitern von Cella/Biscaldi und Neerpasch/Elford.

Aber noch im gleichen Jahr bei den 24 Stunden von Le Mans und beim 6-Stunden-Rennen in Brands Hatch trat das Nachfolge-Modell des Typs 910 auf der Langstrecke, der Typ 907, in Erscheinung. Die Karriere des 910 lief aber bei den Europa-Bergmeisterschaftsläufen noch eine Zeitlang, insbesondere weil Porsche dank des recht freien Reglements ständig Neuerungen ausprobieren konnte. So kam zum Europa-Bergrenn-Lauf nach Ollon-Villars ein 910-Spyder mit einer Reihe recht interessanter Details. Der Gitterrohrrahmen war zum ersten Mal aus Aluminium – vorher Stahl – gefertigt, viele Teile aus Titan, der Motor hatte Magnesium-Gußteile und verschiedene Wellen aus Alu bekommen, und es gab nur noch einen 10-Liter-Öltank und einen 15-Liter-Benzintank! Fahrfertiges Gewicht, mit vollem Öltank: Knapp 420 Kilo.

Auch für die Saison 1968 wurde der 910-Bergspyder weiterentwickelt. Insbesondere durch die Verwendung von »Edelmetallen« konnte das Gewicht noch einmal verringert werden. Gerhard Mitters Einsatzwagen wog beim Bergrennen Montseny exakt nur noch 382 Kilo!

Doch das ständige Herumbasteln war dem 910-Spyder nicht gut bekommen. Das Fahrverhalten wurde immer diffiziler, und so baute Porsche noch in der laufenden Saison 1968 einen neuen Bergwagen, den Typ 909. Beim vorletzten Bergrennen des Jahres am Gaisberg fuhr Rolf Stommelen den 909. Im Aufbau entsprach der Wagen weitgehend dem 910, konnte allerdings das extrem niedrige Gewicht nicht ganz erreichen: Er wog 430 Kilo. Die wesentlichen Unterschiede zum Vorläufer: Der Motor war weiter nach vorn gerückt. Dadurch kam das Fünfgang-Getriebe zwischen Motor und Differential zu liegen. Analog dazu rückte auch der Fahrersitz weiter nach vorn, so daß die Pedalerie vor der Vorderachse stand. Weiteres interessantes technisches Detail: Anstelle des Benzintanks und der dazu gehörenden elektrischen Pumpe kam ein Druckspeicher zum Einsatz. Dieser bestand aus einer fußballgroßen Titankugel, in der sich eine mit Benzin gefüllte Gummiblase befand. Ausgerechnet mit diesem System gab es unerwartete Probleme, und so konnte sich Rolf Stommelen gegen Gerhard Mitter – der noch den 910-Spyder fuhr – weder am Gaisberg noch am Mont Ventoux durchsetzen. Dem Porsche 909-Spyder war ein recht kurzes Leben beschieden, doch gilt er als der Urahn der ab 1970 in Erscheinung tretenden Typenreihe 908.03.

Mitte der Saison 1967 erfolgte der Einsatz des Porsche 907. Dieser Typ unterschied sich eigentlich nicht wesentlich vom 910. Da man aber weder über die Karosserieform des 904 und 906 so recht happy war, widmete man sich diesem Punkt beim 907 um so energischer. Ausschlaggebend dafür war auch der erste Einsatzort des 907: Die 24 Stunden von Le Mans. Der 907 erhielt einen Langheckansatz, der einen besseren cw-Wert brachte als das 910-Langheck und den gleichen wie der Langheck-Carrera 6 hatte.
Außer der Karosserie änderte man beim 907 auch die Anordnung der Lenkung. Diese wanderte auf die rechte Seite, da die meisten Rennstrecken im Uhrzeigersinn befahren werden und diese Fahrerposition einige Vorteile brachte. Zudem verpaßte man dem 907 eine neue Vorderachse und belüftete Vorderrad-Bremsscheiben, die erstmals versuchsweise am 910 mit Achtzylinder-Motor bei den »1000 km Nürburgring« 1967 getestet worden waren.
Zwei 907-Langheck wurden zum Rennen nach Le Mans geschickt. Die mit Sechszylinder-Einspritzmotoren ausgerüsteten Wagen erreichten von den Organisatoren auf der langen Geraden gestoppte 298 bzw. 302 km/h! Der Wagen von Siffert/Herrmann beendete das Rennen an fünfter Stelle im Gesamtklassement – mit einem Schnitt für die 24 Stunden von 201 km/h. Eine sensationelle Leistung für einen 2-Liter-Rennwagen, die diesem auch die Index-Wertung sicherte und einen zweiten Platz in der Verbrauchswertung einbrachte. Der Typ 907 kam 1967 mit Sechszylinder-Motor nur noch einmal zum Einsatz, und zwar beim 6-Stunden-Rennen in Brands Hatch/England. In der Kurzheck-Version landete der von Neerpasch/Herrmann pilotierte 907 auf dem vierten Platz.
Für die Saison 1968 stand dann endlich der 2,2-Liter-Achtzylinder in einer auch für Langstreckenrennen zuverlässigen Ausgabe zur Verfügung. In den beiden Übersee-Rennen in Daytona und Sebring gab es mit der neuen Fahrzeug-Motor-Kombination auch gleich hervorragende Erfolge. In Daytona endeten die 907-2.2 auf den Plätzen eins bis drei, in Sebring gab es einen Doppelsieg. Erwähnenswert: In Daytona wurde erstmals ein Porsche-Rennwagen mit Alu-Rohrrahmen und verschiedenen Titanteilen in ein Langstreckenrennen geschickt, das dieser beinahe gewonnen hätte, wenn nicht die Lichtmaschine defekt gegangen wäre. Eine weitere Neuerung, die heute in verschiedenen Straßenautos serienmäßig eingebaut ist: Die Bremsverschleiß-Kontroll-Leuchte. Sie leuchtet auf, wenn der Bremsbelag über eine zulässige Grenze hinaus abgefahren ist.
Da sich bereits im Sommer 1967 abzeichnete, daß die FIA eine Hub-

raumerweiterung für Sportwagen (mindestens 25 produzierte Wagen) auf 5 Liter und für Prototypen auf 3 Liter für die Saison 1968 plante, entschloß sich Porsche noch 1967 zum Bau eines 3-Liter-Achtzylinder-Rennmotors (Typ 908).
Der unter der Leitung von Dipl.-Ing. Hans Mezger konstruierte Motor feierte seine öffentliche Premiere ein knappes Jahr später, beim Le-Mans-Vortraining, im April 1968. In zwei umgebauten 907-Langheckwagen, optisch kaum von echten 907 zu unterscheiden, waren die Achtzylinder mit drei Liter Hubraum erstmals eingebaut. Diese zwei Modelle erhielten die Fahrgestell-Nummern 908.000 bzw. 908.002 – die Geburt der 908-Typenreihe.
In den ersten Trainingssitzungen für die Rennen in Le Mans, auf dem Nürburgring und in Monza machte der 908 noch einigen Kummer. Unter Zeitdruck stehend, tauchten z. B. beim inoffiziellen Vortraining für das 1000-km-Nürburgring-Rennen »Zwitter« auf. Sie hatten ein Fahrgestell, das nahezu identisch mit dem 907 war und noch 13-Zoll-Räder hatte.
Der Einsatz von zwei 908 unter Siffert/Herrmann und Mitter/Scarfiotti beim Marken-Weltmeisterschaftsrennen in Monza endete wenig hoffnungsvoll. Nach diversen Problemen kamen die beiden Werksteams auf den 19. bzw. 11. Rang ein! Drei Wochen später auf dem Nürburgring ging dann ein 908 unter Siffert/Elford überraschend als Erster durchs Ziel. Der anstelle der 13-Zoll-Räder des Monza-Wagens mit 15-Zoll-Rädern ausgerüstete »Ring«-Wagen hatte nämlich in einem privaten Training von Porsche, wenige Tage vor dem Rennen, noch eine Reihe von kleineren Defekten gehabt.
Ganz intensiv bereitet man sich nach dem Nürburgring auf die 24 Stunden Le Mans vor. Aber Glück für Porsche: Wegen der Studenten-Unruhen in Frankreich verlegte man die 24 Stunden um drei Monate auf den September. Die Ingenieure hatten nun Zeit, in den davor stattfindenden Rennen dem 908 seine Kinderkrankheiten erfolgreich abzugewöhnen.
Die einzelnen interessanten technischen Neuerungen am 908 im Telegrammstil: Alu-Rahmen und bewegliche Heckklappen in Watkins Glen; verschiedene Änderungen an Vorder- und Hinterachse; Versuche mit einem leichteren Getriebe (Gehäuse Magnesium) und mehrfache Änderungen der Achskinematik. Doch trotz ununterbrochener Tests am 908-Kurz- und -Langheck war man sich bei Porsche über die Zuverlässigkeit der 908 noch nicht ganz sicher, als man für Le Mans meldete. Außer den vier Werks-908 mit Langheck standen noch drei 907-Langheckwagen in der Teilnehmerliste. Auch wenn diese privat gemeldet waren, darf man sie doch als Semi-Werkswagen bezeichnen, die quasi die Rückendekkung der 908 übernehmen sollten. Daß diese Maßnahme nicht unbe-

rechtigt war, zeigte der Einlauf der 24 Stunden von Le Mans 1968: Hinter dem siegreichen Ford GT 40 von Bianchi/Rodriguez kam der »privat« eingesetzte 907-2.2 von Spoerry/Steinemann als Zweiter ins Ziel vor dem 908 von Stommelen/Neerpasch!
Auch für die Saison 1969 konnte man noch nicht auf den 908 verzichten, obwohl der Nachfolger – der Porsche 917 – bereits seit Mitte 1968 in der Entwicklung war. Da das Reglement für 1969 kein Mindestgewicht, Gepäckraum und Ersatzrad mehr für die Prototypenklasse vorschrieb, wurde aus dem 908 Coupé ein Spyder.
Mangels ausreichender Testmöglichkeiten vor den beiden US-Langstreckenrennen in Daytona und Sebring endeten beide Veranstaltungen für Porsche mit einem Desaster. In Daytona fielen alle fünf eingesetzten 908-Spyder noch vor Ablauf des Rennens aus. Häufigster Defekt: Auspuffbrüche und defekter Kettenantrieb zur Nockenwelle. In Sebring rafften Rahmenbrüche die Einsatzwagen von Herrmann/Ahrens, Siffert, Mitter und Stommelen dahin. Der Stommelen-Wagen konnte nach einer Reparatur zwar noch den dritten Platz heimfahren, doch einen solchen Einbruch hatte es bei Porsche schon lange nicht mehr gegeben.
In Brands Hatch gab es dann den ersten Sieg in einem Marken-WM-Lauf für den Porsche-908-Spyder. Es siegten Siffert/Redman vor Mitter/Schütz und Elford/Attwood!
Doch trotz weiterer Erfolge mit Kurz- und Langheck-Spydern befriedigte die Porsche-Techniker das 908-Modell noch nicht. Für das 1000-km-Rennen auf dem Nürburgring brachte man einen modifizierten Spyder, den 908.02 »Flunder« – an den Start. Von den drei vorbereiteten Spydern fielen aber im privaten Vortraining von Porsche zwei durch Unfälle aus. Der verbliebene Wagen wurde unter den drei Fahrerteams ausgelost – die Wahl fiel auf Herrmann/Stommelen. Wie sich übrigens später herausstellte, hatten die im Vortraining demolierten 908.02 die Straße unter ihren Piloten verlassen, weil sie durch die neue Flunder-Form zu wenig Abtrieb hatten. Angesetzte Spoiler schafften hier Abhilfe. Daß diese schmalen Metallappen dringend notwendig waren, zeigte später ein Unfall des finnischen Privatfahrers Hans Laine. Er überschlug sich mit seinem 908, weil er übersehen hatte, daß ein Frontspoiler verlorengegangen war, auf der schnellen Döttinger Höhe des Nürburgrings.
In Le Mans 1969 traten wieder Coupés an. Sie hatten das bekannte Langheck, auf dem allerdings die vorher beweglichen Heckklappen starr fixiert worden waren. Nach den spektakulären Unfällen beim Grand Prix von Spanien, infolge brechender Heckflügel an den Formel 1 von Hill und Rindt, hatte die CSI bewegliche Klappen verboten. Eben-

falls gemeldet: Eine geänderte »Flunder«. Ihr hatte man ein verkürztes Langheck verpaßt und zur Stabilisierung senkrecht stehende Flossen am Heck montiert. Das brachte gegenüber dem ersten 908-Spyder gut 20 km/h und gegenüber dem Kurzheck-Spyder immer noch knapp 10 km/h in der Endgeschwindigkeit. Der dann von Siffert/Redman gefahrene Langheck-Spyder fiel wegen mangelnder Getriebe-Kühlung (keine direkte Belüftung durch Schläuche wie beim Coupé!) recht früh aus.
Um weiter konkurrenzfähig in der Marken-Weltmeisterschaft mitfahren zu können, wollte Porsche neben dem stark forcierten Typ 917 noch ein Modell im Stall haben, das speziell auf kurvenreichen Strecken mithalten konnte. Die Entscheidung fiel noch während der Saison 1969. Zum Ende dieses Jahres wurden alle Porsche-908.02-Typen, die sich im Werksbesitz befanden, an Privatfahrer oder -Teams verkauft. Porsche konzentrierte sich auf den Nachfolger des »02« den 908.03.
Ein 1:1-Modell war bereits im Sommer 1969 fertig geworden. Es hatte mit seinen Vorgängern eigentlich nur noch den 3-Liter-Achtzylinder-Motor gemeinsam. Mit 350 bis 360 PS – wenige Spitzen-Triebwerke hatten 370 PS – und 545 Kilo Gewicht waren die 908.03 bei ihren nur vier Werkseinsätzen 1970 und 1971 mit einer Ausnahme sehr erfolgreich. Porsche gewann damit die Targa Florio 1970 und das 1000-km-Rennen auf dem Nürburgring 1970 und 1971. Der Unterschied zwischen dem 70er- und 71er-Modell bestand fast allein in der Anbringung von senkrecht stehenden Heckflossen. Auch wurde der Durchmesser der Felgen von anfänglich 13 Zoll – wie sie auch der Ideenvorläufer des 908.03, der 909-Bergspyder hatte – auf 15 Zoll (nur hinten) geändert.
Ein bis zur Einsatzreife entwickelter neuer 3-Liter-Rennmotor kam nicht mehr zum Einbau, weil Porsche sich entschloß, ab 1972 nicht mehr in der Marken-Weltmeisterschaft anzutreten. Der 3-Liter hatte luftgekühlte Zylinder, wassergekühlte Zylinderköpfe (!) und 32 Ventile.
Am Ende der Saison 1971 wurden die meisten der noch existierenden 908.03 – elf Stück wurden insgesamt nur gebaut – an private Interessenten verkauft. Zum Stückpreis zwischen 150000 und 180000 Mark. Einige Kunden fuhren damit Europa-Bergmeisterschaftsläufe, wo der 908.03 aber durch sein vom Gesetz vorgeschriebenens hohes Mindestgewicht von 650 Kilo (Original über 100 Kilo leichter!) gehandicapt war. Einzig der deutsche Privatfahrer Reinhold Jöst konnte Erfolge mit dem 908.03 vorweisen, und zwar bis ins Jahr 1976! Er setzte auf die Zuverlässigkeit dieses Porsche-Modells bei Langstreckenrennen und schnitt fast überall hervorragend ab. Etwas Pech hatte er, als er seinen braven »03« für die Saison 1975 mit einem Sechszylinder-Turbolader-Triebwerk

(2,1 Liter, ca. 500 PS Typ 911) versah und damit in Marken-WM- und Interserie-Rennen agierte. Jöst bekam, wie auch zwei weitere Teams, die mit einem 908.03-Turbo auftauchten, die Lader-Technologie nur unzureichend in den Griff.

ALLGEMEINE BESCHREIBUNG: TYP 904 GTS

Karosserie/Fahrgestell

Aus Kostengründen wurde bei der Konstruktion des 904 GTS – einem zweisitzigen Mittelmotor-Coupé – weder ein Rohrrahmen noch eine Alukarosserie verwandt, sondern ein Kastenrahmen aus Stahlblech und eine Kunstharz-Karosserie. Der Rahmen besteht aus zwei Längsträgern mit kastenförmigen Querverbindungen. Die einzelnen Blechteile waren in ihrer Form einfach (Reparatur!) gehalten und miteinander punktverschweißt. Diese Arbeit erforderte einiges weniger an Zeit als das Verschweißen zahlreicher Rohre von Hand.

Die Karosserie war aus glasfaserverstärktem Kunstharz im Handauflegeverfahren hergestellt. Auch diese Arbeitsmethode war zeitsparend und erforderte zudem weniger geschulte Kräfte als die Alufertigung. Der Kastenrahmen und die Karosserie waren durch einen speziellen Klebstoff unlösbar miteinander verbunden und zusätzlich an den Enden noch verschraubt. Durch die mittragende Wirkung der Karosserie erhielt der gesamte Aufbau eine große Steifigkeit, die insbesondere deshalb überraschte, weil nur mit sehr geringen Gewichten gearbeitet wurde. Für den Kastenrahmen rechnete Porsche 45 Kilo und für die Karosserie 100 Kilo Gewicht.

Der Innenraum war sportlich-spartanisch ausgerüstet, es gab keine Kurbel-, sondern nur Plexiglas-Schiebefenster. Die Sitze waren dünn gepolstert, und da Bestandteil der Karosserie, nicht verstellbar. Dafür ließen sich Lenkrad und Pedale in Längsrichtung verstellen. Trotz tiefer Sitzlage in den Schalensitzen war die Sicht nach vorn völlig ungehindert, weil der vordere Haubendeckel entsprechend niedrig war. Das Reserverad war im Bug flach geneigt angeordnet. Der Kraftstofftank mit 110 Liter Inhalt füllte den restlichen Raum nahezu voll aus.

In den Türen befanden sich größere Ablagefächer. Der Türausschnitt reichte bis auf wenige Zentimeter an den Boden heran – ein Öffnen der Tür bei sehr hoher Bordsteinkante war nicht möglich. Der große, parallel geführte einzelne Scheibenwischer verrichtete seine Arbeit selbst bei

250 km/h noch zur vollsten Zufriedenheit. Der 904 war gegen Seitenwind nahezu unempfindlich und bewies bei allen Geschwindigkeiten eine ausgezeichnete Richtungsstabilität. Korrekturen seitens des Fahrers waren kaum notwendig.
Die Radaufhängung erfolgte vorn an zwei schräg angestellten Querlenkern, ebenso hinten, wo man zusammen mit langen Schubstreben eine gute Radführung erreichte. Als Federelemente dienten Schraubenfedern. Die Querlenker waren in Gummibüchsen gelagert. Vorn und hinten sind querliegende Stabilisatoren eingebaut. Die durch Tandemzylinder hydraulisch betätigte Zweikreis-Scheibenbremse wirkte auf alle vier Räder und war dem Serienfahrzeug Typ 911 entnommen – allerdings mit größerem Durchmesser und verstärkter Ausführung. Sie stammten von Ate-Dunlop.
Auf 15-Zoll-Lochscheibenräder in den Breiten 5″, $5^1/_2$″, 6″ oder 7″ waren wahlweise Gürtelreifen (185-15) oder Rennreifen (5.00/5.50-15) aufgezogen.

Motor

Entgegen den ersten Überlegungen installierte man in den 904 GTS nicht den neuen Sechszylinder-Boxer vom 911, sondern griff auf den bewährten und altgedienten Vierzylinder-Carrera-Motor Typ 587 mit zwei Liter Hubraum zurück. Dazu die Argumentation aus dem Hause Porsche: Wenn man ein Rennfahrzeug an eine internationale Kundschaft verkauft, muß es dafür ausreichend Ersatzteile geben und die Monteure sollen sich mit dem Triebwerk auskennen, bzw. Zeit haben, sich mit einer Neukonstruktion zu befreunden. Diese Forderung erfüllte natürlich der Vierzylinder-Carrera nahezu optimal, denn zum Zeitpunkt der Vorstellung des Porsche 904 GTS waren von dem Viernockenwellen-Triebwerk mehr als 200 Stück (2 Liter) gebaut worden.
In Verbindung mit dem gut 650 Kilo leichten 904 ergab sich mit dem 180 PS leistenden Rennaggregat (Serie: 155 PS) ein ausgezeichnetes Leistungsgewicht von 3,6 kg/PS. Nach einer im Frühjahr 1964 vorgenommenen Messung einer Automobilzeitschrift (auto, motor und sport) ergaben sich folgende Meßwerte: 0–100 km/h = 5,5 sec.; 0–160 km/h = 12,4 sec.; 0–200 km/h = 21,2 sec.; 1 km mit stehendem Start = 24,8 sec. und die Höchstgeschwindigkeit wurde mit 252 km/h gemessen.
Selbst in der Rennausführung – mit offenem Auspuff – ließ sich der 904 im Straßenverkehr leicht bewegen. Die Kupplung griff weich. Aus

1000 U/min nahm der Vierzylinder Gas an, eine spürbare Beschleunigung war allerdings erst ab 4500 U/min merkbar.
Einige technische Daten zu dem im 904 um 180 Grad gedreht eingebauten Carrera-Motor 587 (Motor vor der Hinterachse, das Getriebe dahinter): Luftgekühlter Vierzylinder, je 2 Zylinder gegenüberliegend, Ventile hängend in V-Form von je 2 obenliegenden Nockenwellen über Schlepphebel betätigt. Antrieb der Nockenwellen über Königswellen. Die Kurbelwelle ist geschmiedet und dreimal gleitgelagert. Kurbelgehäuse, Zylinderköpfe und Zylinder bestehen aus Leichtmetall – letztere besitzen eine Ferral-Laufschicht. Trockensumpf-Schmierung, Ölkühler im Fahrzeugbug. Zwei Weber-Fallstrom-Vergaser oder auch Solex. 12-V-Anlage, 450-W-Lichtmaschine. Zwei Zündverteiler und je zwei Zündkerzen pro Zylinderkopf.

Kraftübertragung

Im 904 GTS war ein Fünfgang-Getriebe eingebaut, eine Neukonstruktion Typ 904 (verripptes, steifes Tunnelgehäuse). Die fünf Vorwärtsgänge und ein Rückwärtsgang waren in drei Schaltebenen angeordnet: der erste konnte ebenso wie der Rückwärtsgang – dem er gegenüberliegt – nur über eine Sperre betätigt werden. Die vier oberen Gänge wiesen die klassische Anordnung eines Viergang-Getriebes auf. Zum Schalten war ein ziemlich großer Kraftaufwand erforderlich und in der Führung zudem etwas schwammig. Für saubere Schaltvorgänge war exakte Bedienung notwendig.
Die PS-Leistung wurde über eine Einscheiben-Trockenkupplung mit Tellerfeder weitergegeben – ein Sperrdifferential von ZF nach einer amerikanischen Lizenz war serienmäßig. Die vom Getriebe zu den Antriebsrädern führenden Gelenkwellen hatten einen Längenausgleich (System Nadella).

Porsche 904 GTS: Schnittzeichnung des neuen Sportwagens mit Vierzylinder-Motor

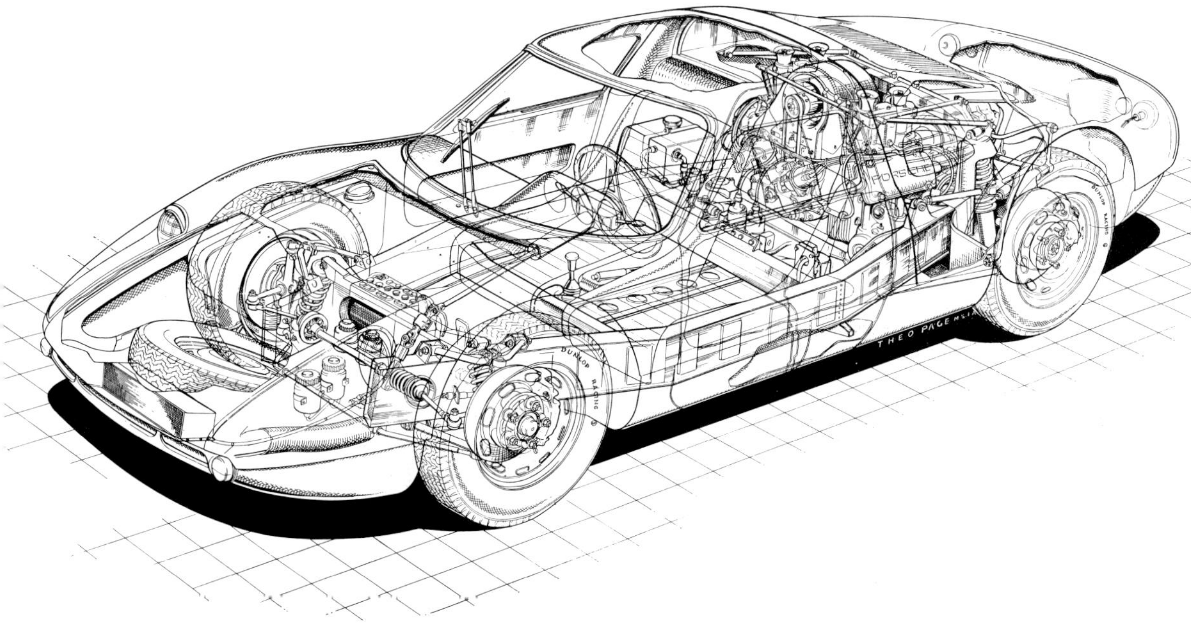

350 Front- und Seitenansicht des »904 GTS« in der Prototypen-Ausführung

Bei der Aufsicht ist deutlich zu sehen, wie das komplette Hinterteil weggeklappt wird

Links der Porsche 904 GTS mit seiner Kunststoffkarosserie, daneben das Chassis

Heckansicht des »904 GTS« in der ersten Ausführung mit 160-PS-Carrera-Triebwerk

Kastenrahmen aus Stahlblech für den »904 GTS«: Ihn zog man aus Kostengründen vor

Fast 120 Wagen des »904« wurden von Porsche gebaut und für 29700 Mark verkauft

Die Kunden fuhren überwiegend den Vierzylinder-904 mit dem 185-PS-Motor Typ 587

Die ’64er-Ausführung des Porsche 904 für die 24 h Le Mans (mit 8-Zylinder-771-Motor)

In der Saison 1965 erhielten die »904« größere Motoreinlässe und Bremsluftöffnungen

Dieser Sechszylinder-Motor (Typ 901) kam nur in Werkswagen zum Einsatz (210 PS)

Da der Porsche-Spyder auch mit dem Achtzylinder-Motor nicht mehr auf dem neuesten technischen Stand war, aber inzwischen die Entwicklung des 904 die Arbeiten an dem Renn-Spyder unterbrochen hatte, behalf man sich bei Porsche mit einer Notlösung. Für die damals noch attraktive Europa-Bergmeisterschaft erbat man sich von der englischen Rennwagen-Firma Elva Amtshilfe. Elva, die für ihre Sportwagen-Chassis 15 Porsche-Vierzylinder-Renntriebwerke (547) gekauft hatten, verkauften an Porsche eines ihrer recht erfolgreichen Chassis. Für die Saison 1964 pflanzten die Zuffenhausener ein eigenes Achtzylinder-Aggregat ein. Der Elva-Porsche wog knapp 520 Kilo, rund 170 Kilo (!) weniger als das Alternativ-Modell, der 904-Achtzylinder.
Zwar siegte Edgar Barth mit diesem Zwitter beim Roßfeld-Bergrennen 1964, doch entschloß er sich, die folgenden Rennen wieder mit dem Oldtimer-Spyder, der »Großmutter«, zu bestreiten. Den Elva-Porsche pilotierte verschiedentlich noch der Schweizer Herbert Müller bei den Europa-Bergrennen, doch mußte er sich immer von Edgar Barth geschlagen geben.

Konkurrenten am Berg: E. Barth (718 Bergspyder) und H. Müller im Elva-Porsche (r.)

Karosserie/Fahrgestell

Die zweisitzige Kunststoff-Karosserie über dem Gitterrohrrahmen hatte einen Einstieg mit Flügeltüren. Die Schnauze war ganz niedrig und weit nach vorne gezogen. Das gesamte Heck ließ sich aufklappen, damit lagen Motor und die gesamte Antriebseinheit frei. Das Cockpit war betont leicht und einfach gehalten; Fahrersitz und Lenkrad verstellbar. Der Drehzahlmesser saß direkt vor dem Fahrer in einem eigenen Gehäuse – in einer Vertiefung – um Spiegelungen auszuschalten.

Die Aerodynamik war das Leitmotiv für die äußere Form: weit ausgewölbte Frontscheibe, Heckform nach dem K-Prinzip. Die Frontscheinwerfer befanden sich, zusammen mit dem Blinker, in einer Plexiverkleidung. Das Reserverad lag im Bug vor dem Ölkühler. Das Coupédach lief in einer geneigten Form bis zum Wagenende. Hinter den Sitzen war dieses Dach aus Plexiglas und überdeckte den Motor, der seine Luft über seitliche Schlitze erhielt. Ab Werk wurden die Carrera 6 (906) mit neuen Dunlop-Rennreifen in den Dimensionen 5.50 × 15 ausgerüstet.

Ein Unikum: Das damalige Sportwagen-Reglement verlangte bei jedem Wagen die Unterbringung eines Koffers (!) einer bestimmten Größe. Dieser »Kasten« befand sich beim 906 im Heck, hinter dem Sechszylinder-Motor.

Auszüge von einem Bericht über eine Probefahrt mit dem Porsche 906: 906: »Imposant ist die äußere Erscheinung, wenn die Flügeltüren geöffnet sind. Unerhört wuchtig sieht das Fahrzeug von hinten aus. Ohne diese Türen wäre das Einsteigen, richtiger wäre Besteigen, dieses Wagens kaum möglich. Es bedarf einiger Gewandtheit, um sich über die relativ hohen Seitentanks und unter der verbleibenden Dachmittelrippe hindurchzuschwingen, in den Schalensitz hinunterrutschen zu lassen und gleichzeitig die Füße mit fast ganz gestreckten Beinen zu den angenehm weit vorn liegenden Pedalen zu bringen. Dann entdeckt man mit Freuden, wie gut alle Bedienungselemente zu Hand, zu Fuß und zu Auge liegen. Man greift gleich zum Zündschlüssel, startet mit einem Viertel Gas den gutmütigen Sechszylinder-Motor, legt den ersten Gang ein und und fährt los.«

»In der ersten Kurve die erste Überraschung: Die Frontpartie beeinträchtigt die Sicht auf den Straßenrand keineswegs. Die Beschleunigung ist zwar atemberaubend, aber keineswegs brutal. Die Gänge legen

sich wie Butter ein. Erstaunlich, wie leicht sich die Motorleistung dosieren läßt. Ein Gedicht sind die Bremsen: Die vier ATE-Scheibenbremsen verzögern bei durchaus mittelmäßigem Pedaldruck hervorragend.«
Soweit der Carrera 6 aus der Sicht eines Journalisten – zurück zur Technik: Die Vorderräder, deren Abfederung durch Schraubenfedern und doppelt wirkende Teleskop-Stoßdämpfer erfolgt, waren einzeln an schräggestellten Querlenkern aufgehängt. Ein Stabilisator verringerte die Querneigung des Fahrzeuges bei Kurvenfahrt. Der Achsschenkel war am unteren und oberen Querlenker in verstellbaren Kugelgelenken gelagert.
Die Hinterachse mit ihren schrägangestellten Querlenkern wurde durch zwei Längsstreben in Fahrtrichtung geführt. Die Teleskop-Stoßdämpfer dienten zugleich als Aufnahme für die Schraubenfedern. Ein Stabilisator erhöhte die Fahrsicherheit.
Die Ausrüstung des 906 mit 15-Zoll-Rädern fand eine recht plausible Erklärung: Komplette Brems- und Aufhängungssätze von der zweiten 904-Serie – die dann aber nicht gebaut wurde – lagen in ausreichender Stückzahl vor. Aus Kostengründen beschloß Dr. Porsche, daß der 906 das Fahrwerk des 904 erhielt. Die Felgenbreiten: Vorn 7 K×15, hinten 9 K×15.
Während im Frühjahr 1966 die ersten Wagen an die Kunden zur Auslieferung kamen und gleich Erfolge feiern konnten, konzentrierte man sich im Werk auf drei Punkte bei der Weiterentwicklung des Porsche 906: Gewichtseinsparung, Fahrwerksverbesserung und Motorenbau. Am Fahrwerk kam verstärkt anstelle von Stahlteilen Titan zum Einbau (Achsschenkel) und Beryllium anstatt Stahl bei den Bremsscheiben.
Für Le Mans entwickelte man eine sogenannte Langheck-Ausführung, die sich in erster Linie durch eine längere Frontpartie und ein stark verlängertes Heck von der Normalversion unterschied.

Motor

Der Motor im Carrera 6 unterschied sich vom 911-Triebwerk, dem Basis-Aggregat, doch um einiges mehr, als man auf den ersten Blick annehmen möchte. Das Gehäuse des 901/20 (Werksbezeichnung) war aus Gewichtsgründen aus Elektron gefertigt – in der Serie verwandte man eine Aluminiumlegierung. Ähnlich verhielt es sich mit dem Kurbel-, Ventiltrieb und Zylindern. Im Aufbau unterschied sich der Wettbewerbsmotor allerdings nicht von seinem zivilen Kollegen. Es handelte sich um einen gebläsegekühlten Sechszylinder-Boxermotor (901/20: axial arbeitendes Gebläse) mit je einer obenliegenden Nockenwelle pro

Zylinderreihe. Auf der Motoreinlaßseite stand je Zylinderreihe ein Weber-Dreifach-Fallstrom-Vergaser vom Typ 46 IDA mit 42 mm Lufttrichter-Durchmesser. Links neben dem Gebläseradantrieb saß der Marelli-Verteiler für die Doppelzündanlage.
Das Ölreservoir des mit einer Trockensumpfanlage versehenen Motors betrug 14 Liter. Es durfte nur ein spezielles Öl gefahren werden, das eine höhere Schmierfähigkeit hatte und die Schaumbildung weitgehend unterdrückte. Die Kurbelwelle stammte aus dem Serien-Triebwerk, allerdings war die Schwungscheibe von sechs Kilo auf 3,5 Kilo abgemagert. Die Pleuel waren im 901/20 aus Titan, im Gegensatz zu den geschmiedeten Stahlpleuel im Serien-Motor. Gewichtsunterschied: Titan = 400 g und Stahl = 550 g! Die Kolben stellte Mahle her – sie waren aus Leichtmetall geschmiedet. Die Leichtmetallzylinder hatten eine hartverchromte Lauffläche, die außerdem mit kleinen Vertiefungen in regelmäßigen Abständen versehen war, um die Gleitfähigkeit zu erhöhen. Die Zylinderköpfe bestanden wie beim 911 S aus einer Alulegierung. Doch waren die Köpfe in aufwendiger Handarbeit nachgearbeitet, unter anderem war ein zweiter Kerzensitz eingefräst.
Beide Ventile (beim 911 nur Auslaß) waren natriumgekühlt und gegenüber der Serie im Durchmesser vergrößert. Die Nockenwellen bestanden, wie in der Serienausführung, aus weichnitriertem Hartguß, doch unterschieden sich die Steuerzeiten erheblich vom Serien-Triebwerk.
Durch entsprechende Feinarbeit und Verwendung von leichteren Metallen verringert sich das Gesamtgewicht des Renntriebwerkes 901/20 gegenüber dem 911-Motor um 54 Kilo!

Kraftübertragung

Das vollsynchronisierte Fünfgang-Getriebe Typ 906 wurde über drei Schaltgabeln geschaltet. Es saß gemeinsam mit dem ZF-Sperrdifferential in einem Elektron-Tunnelgehäuse. Im Testblatt waren insgesamt sechs verschieden gestufte Radsätze homologiert, deren einzelne Paare untereinander austauschbar waren. Zusammen mit den drei möglichen Hinterachsübersetzungen ergab sich eine reichliche Auswahl. Beim Wechseln der Getriebeübersetzungen blieb das Getriebe eingebaut, lediglich Abschlußdeckel und Zwischenflansch des Gehäuses wurden entfernt.
Die Kupplung entsprach der des Typs 911, doch war die Mitnehmerscheibe nur gegen Torsionsschwingungen abgefedert, nicht jedoch die beiden Belagscheiben in Druckrichtung gegen die Druckplatte, mit der sie statt dessen verklebt war. Sie wurde über Seilzug betätigt.

Bergspyder auf der Basis des »904« mit Achtzylinder-Motor. 1965 zweiter bei der Targa Florio

Bergspyder 906010. Nachfolger des 904-Spyders mit Gitterrohrrahmen und Lotus-F-1-Teilen

Porsche 906 »Carrera 6«. Ein Gitterrohrrahmen-Coupé mit Sechszylinder-Motor

Die 50 zur Homologation notwendigen Exemplare waren in kürzester Zeit verkauft

Privatfahrer konnten den »906« zum Preis von 45000 Mark rennfertig erwerben

Typisch für den »Carrera 6« die Flügeltüren, der flache Bug und hohe Kotflügel

Aerodynamik war das Leitmotiv für die äußere Form des »906« (Scheinwerfer!)

Das Heck führte in einer geneigten Form (K-Prinzip) bis zum Wagenende (Plexiglas)

Die 906-Hinterachse wurde durch zwei Längsstreben in Fahrtrichtung geführt

Extrem einfaches Cockpit: Fahrersitz und Lenkrad sind verstellbar, Holzlenkrad

Die Privatfahrer fuhren die Sechszylinder-Version – das Werk auch Achtzylinder-Typen

Seitenansicht eines privaten »906«: Beliebtes Sportinstrument für viele Jahre

Carrera-6-Langheck: Drei Wagen wurden 1966 zu Versuchszwecken fertiggestellt

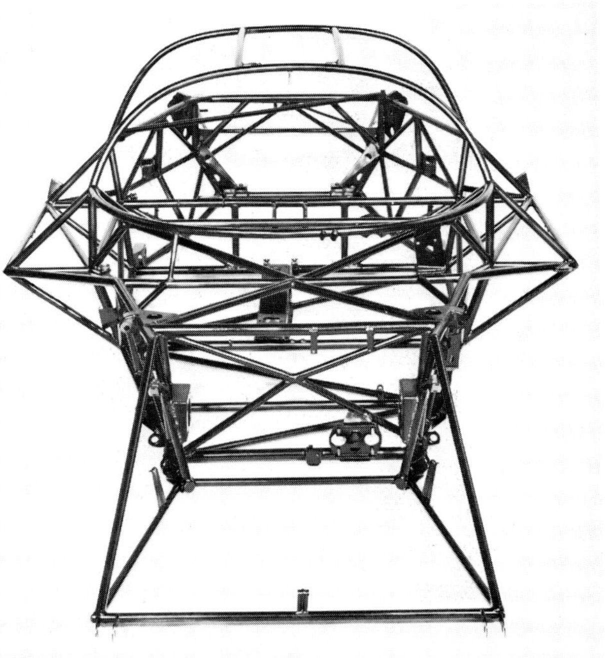

Front- und Seitenansichten eines Porsche-Carrera-6-Gitterrohrrahmens von 1966

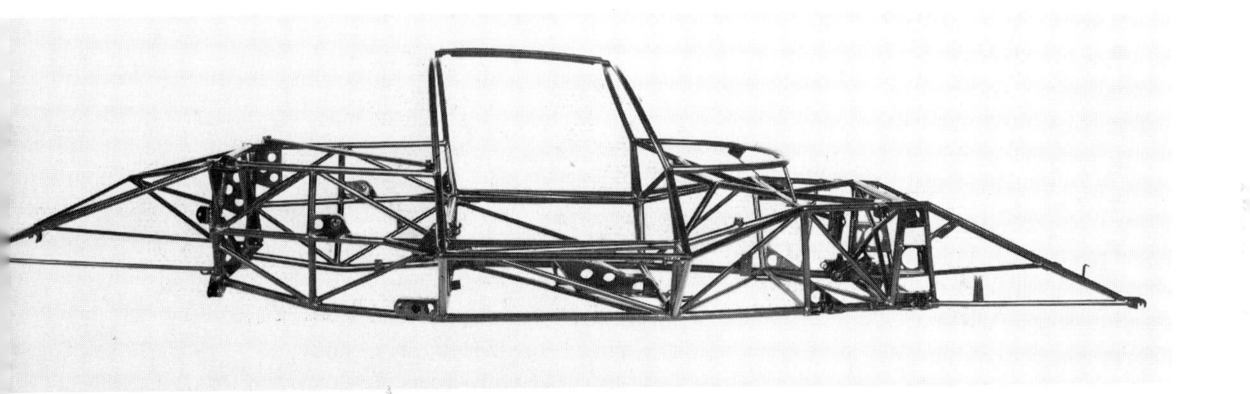

Motor-Typ 901: Mit Webervergaser und Doppelzündung im »906«: Leistung: ca. 220 PS

Karosserie/Fahrgestell

Die Kunststoffkarosserie war mit dem Gitterrohrrahmen verklebt; das Mittelmotor-Coupé, ein Roadster mit aufsetzbarem Dach, zweisitzig, und mit zwei vorn angeschlagenen Türen ausgerüstet. Das Heckteil war nach hinten aufklappbar. Der »910« konnte wahlweise mit oder ohne Dach gefahren werden. Das Reserverad lag im Bug.
Der 910 erhielt 13-Zoll-Räder mit 8″ bzw. 9,5″ breiten Felgen. Die Felgen waren nicht mehr wie beim »906« aus Stahl, sondern aus Magnesium-Druckguß. Erstmals kam an diesem Typ der Zentralverschluß – übernommen für alle später folgenden Werksrennwagen – mit einer Leichtmetall-Mutter zur Verwendung. Vorn bereifte man den 910 mit 5.25-13, hinten mit 7.00-13-Racingreifen. Gegenüber dem »906« änderte man auch die vordere Spurweite von 1337 mm auf 1430 mm, während die hinteren Spurabmessungen nahezu gleich blieben.
Die Einzelradaufhängung vorn und hinten wurde durch Querlenker und Längszugstreben (vorn) bzw. Längsschubstreben (hinten) geführt. Federung und Dämpfung übernahmen vorn und hinten progressiv wirkende Schraubenfedern, kombiniert mit hydraulischen, doppeltwirkenden Teleskop-Stoßdämpfern. Die vorn und hinten querliegenden Stabilisatoren waren stufenlos verstellbar. Die Zahnstangenlenkung (Übersetzung 1:13) war so ausgelegt, daß sie nach zwei Lenkradumdrehungen jeweils den Anschlag erreichte.
Die hydraulisch betätigten vorderen Scheibenbremsen wurden erstmals bei der Targa Florio 1967, mit dem Einbau des Achtzylinder-Triebwerkes, gegen belüftete Bremsscheiben ausgewechselt. Das Zweikreissystem war in einen vorderen und hinteren Kreis getrennt – die Bremskraftverteilung einstellbar. Beim letzten Langstreckenrennen der Saison 1967 in Brands Hatch, das Porsche mit dem Typ 910 bestritt, wurden die Einsatzwagen mit sogenannten Schnellwechselbremsen ausgestattet. Hier mußte zum Herausnehmen der Beläge nur ein Federsteg umgelegt werden.

Motor

Da die ersten Renneinsätze des 910 bei Europa-Bergmeisterschaftsläufen erfolgten, baute man in eine Spyder-Version den 2-Liter-Achtzylinder-Rennmotor Typ 771 ein. Das 1981-cm³-Aggregat leistete bei einer Verdichtung von 10,4:1 über 270 PS bei 9000 U/min. Bei den Langstrek-

kenrennen kam jedoch überwiegend das Sechszylinder-Triebwerk Typ 901 mit 2 Liter Hubraum zum Einsatz. 1967 bei der Targa Florio tauchte erstmals der 2,2-Liter-Achtzylinder-Einspritzer-Motor Typ 771 auf. Dieses Aggregat hatte 2195 cm^3 Hubraum (Bohrung/Hub: 80×54,6 mm) und leistete 270 PS bei 8600 U/min.
Dieser Achtzylinder wog 145 Kilo und hatte eine Literleistung von 123 PS/l. Das Kurbelgehäuse war aus Magnesium, die Zylinder mit Chromal beschichtet und die Zylinderköpfe aus Leichtmetall. Die zwei Ventile pro Zylinder (Ein-/Auslaß) wurden von je zwei obenliegenden Nockenwellen pro Reihe angetrieben. Die Nockenwellen waren kugelgelagert und wurden über Königswellen angetrieben. Die geschmiedete Stahl-Kurbelwelle lief in neun Gleitlagern. Die aus Titan geschmiedeten Pleuel liefen in Gleitlagern. Den Gebläseantrieb übernahm ebenfalls eine Königswelle. Die Schmierung war durch die Trockensumpfanlage sicher gestellt. Die Kraftstofförderung für die Bosch-Einspritzanlage übernahmen zwei elektrische Benzinpumpen. Über eine Transistor-Doppelzündung wurde die Energie an Platin-Kerzen weitergegeben.
Die wichtigsten Daten des Sechszylinder-Motors Typ 901: Bohrung/Hub = 80×66 mm; Hubraum 1991 cm^3. Bei einer Verdichtung von 10,3:1 brachte der »kleine« Motor 220 PS bei 8000 U/min. Die Literleistung des 135 Kilo schweren Triebwerkes lag bei 111 PS/l. Die Ventilsteuerung erfolgte nur über eine obenliegende Nockenwelle pro Zylinderseite, die zudem nicht über eine Welle, sondern über Kette angetrieben wurde. Die Kurbelwelle lief in acht Gleitlagern; den Gebläseantrieb übernahm ein Keilriemen.

Kraftübertragung

Das Fünfgang-Getriebe Typ 906 (plus Rückwärtsgang) war zusammen mit dem Ausgleichsgetriebe in einem Gehäuse montiert. Die Porsche-Synchronisierung arbeitete in allen fünf Gängen. Die Knüppelschaltung wurde über Gestänge betätigt. Spiralverzahnte Kegelräder im Ausgleichsgetriebe, Lamellen-Sperrdifferential und Doppelgelenkwellen mit Längenausgleich. Die Giubo-Gelenke ersetzte man später durch Ganzmetall-Nadella-Wellen. Im Laufe der Saison gab es mit diesen Antriebswellen häufig Ärger, so daß dieses Teil mehrfach verstärkt wurde.

Der Bergwagen – eingesetzt in den Europa-Bergmeisterschafts-Läufen 1967 und 1968 – unterschied sich in einigen, zum Teil wesentlichen Punkten, von einem Rundstrecken-910. Durch die Verwendung einer dünnwandigen Karosserie ohne Türen, niedriger Windschutzscheibe, Titanteilen, kleinem Benzintank (15 Liter) und anderen Maßnahmen, brachte man den 910-8-Bergwagen auf etwas über 500 Kilo! Ein Bergspyder hatte anstelle des Stahlrohr-Rahmens einen solchen aus Aluminium. Ansonsten hatte man die Teile des normalen 910 übernommen.
Von Rennen zu Rennen folgten weitere Abmagerungsversuche. Man baute Beryllium-Bremsscheiben ein und sparte allein dadurch 14 Kilo. Es wurden erleichterte Felgen montiert, die ohnehin schon leichte Karosserie weiter erleichtert, noch mehr Titanteile eingebaut, und selbst am Motor (8 Zylinder, 2 Liter Typ 771) schaffte man Kilos weg, indem man Magnesium und Alu dort verwandte, wo es nur vertretbar schien. Immerhin hatte dieses Modell nur noch ein fahrfertiges Gewicht von 419 Kilo vorzuweisen.
Auch in der Saison wurde im Sinne eines geringeren Gewichtes zielbewußt weiterentwickelt. So ließ man die Lichtmaschine ganz weg und verwendete anstelle der schweren Bleibatterien nur noch solche aus Silber. Die vorderen Schraubenfedern wurden weggelassen und dafür ein erheblich leichterer Ausgleichsfederstab montiert. Als aerodynamische Hilfe erhielt dieser Spyder zwei bewegliche Klappen am Heck, um den hinteren Raddruck immer möglichst konstant zu halten. Dieser 910-Bergwagen dürfte sicherlich ein Rekordhalter als Leichtgewicht in der Rennszenerie sein: Vor dem Bergrennen in Montseny brachte er sage und schreibe nur 382 Kilo auf die Waage! Im Rennen selbst war dann der von Mitter gefahrene Spyder einige Kilo schwerer, weil man einige Verstärkungen anbrachte.
Das Renngewicht – fahrfertig mit Öl – betrug dann für die restlichen Läufe knapp über 400 Kilo. Zusammen mit dem 270-PS-Motor langte dies Mitter, um 1968 zum dritten Mal Europa-Bergmeister zu werden.

Ollon-Villars-Bergwagen von 1966. Weiterentwicklung des 906010 von 1965

Lotus-Porsche mit Gitterrohrrahmen. Radträger und Felgen vom Lotus-F-1-Monoposto

In der »Serien-Ausführung« hatte der Typ »910« einen Sechszylinder-Einspritz-Motor

Porsche fuhr 1967 den »910« werksseitig nur in der Prototypenklasse (Achtzylinder)

Der Porsche 910 war trotz seiner kurzen Karriere recht erfolgreich (Targa 1967)

Frontansicht eines Porsche 910 in der Normalversion: Roadster mit variablem Dach

Dieser »910« des Schweizers Dieter Spoerry hatte einen geschlossenen Dachaufbau

Die 13-Zoll-Räder des Porsche 910 hatten erstmals eine Zentralverschluß-LM-Mutter

Porsche 910-Bergspyder: Dank einer kräftigen Abmagerung nur knapp 500 Kilo schwer

Gerhard Mitter beim Bergrennen Freiburg-Schauinsland 1967: Achtzylinder, 270 PS

Der Porsche 910-Bergspyder in der Ausführung von 1967

910-Bergspyder von 1968: Mit beweglichen Heckklappen. Trockengewicht von 382 Kilo

In dieser Kurve gut sichtbar, wie die Heckklappen die Hinterräder verschieden belasten

Mit dem 910-Bergspyder beim Bergrennen Freiburg-Schauinsland 1968: Gerhard Mitter

Sechszylinder-Einspritzer: 2 Liter, 220 PS, Bosch-Einspritzung – für 910

Karosserie/Fahrgestell

Zwischen dem »910« und »907« gab es keine grundlegenden Unterschiede. Die Karosserie des »907« wurde aerodynamischer gestaltet und fiel dadurch etwas schlanker aus als beim Vorgänger-Typ. Da man außerdem festgestellt hatte, daß eine Rechtslenkung auf den meist im Uhrzeigersinn befahrenen Rennstrecken Vorteile brachte, versetzte man beim 907 die bisher immer links plazierte Lenkung nach rechts.

An der Vorderachse änderten die Ingenieure die Kinematik der Aufhängung, beließen aber ansonsten das Fahrgestell wie beim 910. Die in diesem Modell nur versuchsweise gefahrenen belüfteten Scheibenbremsen an der Vorderachse erhielt der »907« von Beginn an.

Die im Durchmesser 13 Zoll großen Leichtmetall-Felgen waren 1967 vorn 8″ und hinten 9,5″ breit. Ein Jahr später kamen für die Hinterachse 12 Zoll breite Felgen zum Einsatz. Allerdings fuhr man 1968 in Le Mans wieder die schmalere Original-Bereifung aus aerodynamischen Überlegungen.

Motor

Als Antriebsquellen wurden die vom 910 bekannten 2-Liter-Sechszylinder Typ 901 oder 2,2-Liter-Achtzylinder Typ 771 eingebaut.

Kraftübertragung

Das Fünfgang-Getriebe Typ 906 war identisch mit dem vom Typ 910.

Porsche 907: Aerodynamische Karosserie wie Typ 910 und erstmals Rechtslenkung

Heck- und Frontansicht des Typ 907: Gegenüber dem »910« kaum Unterschiede

Die Kurzheck-Ausführung des »907« in Langstrecken-Rennen der Saison 1968

Beim 1000-km-Rennen in Monza 1968 fuhren Mitter/Scarfiotti den 907-Langheck

Seiten- und Heckansicht des 907-Langheck für Le Mans 1968 mit Achtzylinder

Frontansicht des Porsche 907-Langheck in der Ausführung von 1968

Achtzylinder-Motor Typ 771 (2 Liter, 260 PS) mit Einspritzung für »907«, »909«, »910«

Karosserie/Fahrgestell

Offene Kunststoffkarosserie, die mit dem Alu-Gitterrohrrahmen verschraubt wurde; zweisitzig mit zwei vorn angeschlagenen Türen. Das Bug- und Heckteil waren abnehmbar. Am Heck befanden sich zwei vom Radfederwerk gesteuerte Klappen. Der 909 war der Nachfolger des 910 Bergspyders, der durch ständige Modifikationen immer schwerer zu fahren war. Der 909 entsprach dabei weitgehend der Leichtbau-Technologie des Typ 910-Spyder. Allerdings lag der wesentliche Unterschied unter der Karosserie: Dadurch, daß der 2-Liter-Achtzylinder-Motor weit nach vorn gerückt war, lag das Fünfgang-Getriebe nun zwischen Motor und Differential vor der Hinterachse. Da auch noch der Radstand verkürzt wurde, saß der Pilot fast auf der Vorderachse.

Radaufhängung: Vorn und hinten Querlenker mit Längszugstreben (nur vorn) und Längsschubstreben (hinten). Federung und Dämpfung: vorn und hinten progressiv wirkende Schraubenfedern, kombiniert mit hydraulischen, doppeltwirkenden Teleskop-Stoßdämpfern. Bei den vorderen Schraubenfederbeinen waren die Federn aus Titan. Die vorn und hinten querliegenden Stabilisatoren waren in den Hebellängen stufenlos verstellbar. Die Zahnstangenlenkung arbeitete mit einer 12,2:1-Übersetzung. An allen Rädern verzögerten hydraulisch betätigte Beryllium-Scheibenbremsen den 909. Um die geringere hintere Radlast auszugleichen, bekam der insgesamt nur 430 Kilo schwere Bergspyder sehr breite Räder und Reifen verpaßt: Die im Durchmesser 13 Zoll großen Leichtmetall-Gußräder waren vorn 8 Zoll breit, auf denen 4.75/10.00-13-Reifen montiert wurden. Hinten waren die Felgen schon 12 Zoll breit, mit 6.00/12.00-13-Reifen.

Obwohl der 909 nur bei Versuchsfahrten und zwei Bergrennen zum Einsatz kam – und sieglos blieb, weil er in der kurzen Zeit nicht rennreif gemacht werden konnte – erfüllte er eine wichtige Aufgabe. An ihm orientierten sich die Porsche-Techniker, als sie zwei Jahre später den Typ 908.03 mit Drei-Liter-Achtzylinder-Motor präsentierten.

Motor

Der 909 fuhr seine zwei Rennen nur mit dem bekannten 2-Liter-Achtzylinder-Motor 771. Für dieses Aggregat gab Porsche 275 PS bei 9000 U/min als Leistung an. Fünf PS mehr als bei den bis dato gefahrenen Achtzylindern. Die Mehr-Leistung resultierte aus einer höheren Verdichtung und einer angehobenen maximalen Drehzahlgrenze – für die nur wenige Minuten dauernden Bergrennen war dies zu vertreten. Aber durch ein neuartiges Benzinzufuhrsystem (Druckspeicher mit 15 Liter Benzin) lief der Motor nicht optimal. Detaillierte Angaben: unter Porsche 910.

Kraftübertragung

Das bekannte Fünfgang-Getriebe war umgebaut worden, weil das Ausgleichsgetriebe im Gegensatz zu der sonst gepflegten Anordnung hinter dem Getriebe lag, jetzt Typ 909. Der erste bis fünfte Gang waren Porsche-ringsynchronisiert, die Schaltung wurde mit einem »Knüppel« über Gestänge betätigt. Im Ausgleichsgetriebe waren die Kegelräder spiralverzahnt und zudem ein Lamellen-Sperrdifferential eingebaut. Der Achsantrieb erfolgte über Doppelgelenkwellen mit Längenausgleich. Die Einscheiben-Trockenkupplung war mit erhöhtem Anpreßdruck der Leistung angepaßt.

Porsche 909-Bergspyder: (430 Kilo) Das Getriebe lag zwischen Motor und Differential

Rennpremiere des 909: 1968 am Gaisberg. Der Spyder gilt als 908.03-Vorläufer

Karosserie/Fahrgestell

Als die FIA im Oktober 1967 die Hubraumgrenze für Prototypen in der Marken-Weltmeisterschaft auf maximal 3 Liter Hubraum (Sportwagen: maximal 5 Liter) senkte, war man bei Porsche bereits bestens gewappnet. Verschiedene Anzeichen hatten die Zuffenhausener vor der offiziellen Verkündigung in der angegebenen Richtung arbeiten lassen. Während schon im Juli 1967 – ein Vierteljahr vor der Verkündigung des Reglements durch die FIA – die Motoren-Ingenieure darangingen, einen 3-Liter-Achtzylinder (Typ 908) zu entwerfen, bauten die Fahrwerks- und Karosserie-Fachleute auf der Basis des Typs 907 einen neuen Rennwagen: das Porsche 908 Coupé. Die ersten Tests mit dem neuen 3-Liter-Triebwerk fanden noch in umgebauten 907-Langheckwagen, anläßlich des Vortrainings zu den 24 Stunden von Le Mans 1968, statt. Die beiden Langheckwagen (Fahrgestell-Nummern 000 und 002) konnten noch nicht überzeugen. Auch der erste 908-Kurzheck (001) war praktisch noch mit dem Typ 907 identisch, einschließlich 13-Zoll-Fahrwerk.
Am Nürburgring 1968 standen die 908 K (K = Kurzheck) zum erstenmal auf 15-Zoll-Felgen im Durchmesser. Analog des größeren Felgen-Durchmessers wuchsen auch die Durchmesser der vier Grauguß-Bremsscheiben – mit Alu-Bremszangen. In Watkins Glen kam auch ein 908 K zum Einsatz, der einen Alu-Rahmen hatte und damit rund 20 Kilo weniger wog als seine »Stahlrohr-Kollegen«. Ab Fahrgestell-Nummer 908.012 bekamen alle 908 den leichten Alu-Gitterrohrrahmen. Für Le Mans 1969 nahmen sich die Karosserieleute noch einmal die Kurz- und Langheckformen des 908 vor. Man ging mit beiden Wagentypen in den Stuttgarter Windkanal, wo sich u. a. herausstellte, daß beide Modelle die gleichen Stirnflächen hatten. Das Langheck erhielt ein Leitwerk, das aus zwei Heckflossen mit einem querliegenden Flügel bestand. Der Querflügel hatte an den Enden bewegliche Klappen, die mit der Aufhängung verbunden waren, ähnlich wie bei den Bergwagen-Ausführungen.
Nach ausgiebigen Testfahrten verstärkte man die vorderen Radträger, Achswellen, Vorgelegewelle, vergrößerte die Flanschschrauben der Achswellen und verbesserte die Kühlung des Getriebes durch eine geänderte Verrippung.
Die in Le Mans eingesetzten Langheckwagen mit beweglichen Heckklappen liefen ca. 320 km/h und wogen knapp über 700 Kilo. Da aber für die 69er-Saison das Reglement für Prototypen großzügiger geworden war, z. B. kein Mindestgewicht, ohne Ersatzrad und Gepäckraum, ver-

zichtete man bei Werkseinsätzen gänzlich auf Kurzheck-Coupés. Zusätzlich zu den Langheck-Wagen kamen nur noch Spyder zu den Rennen. Der erste Spyder stand bereits Ende 1968 im Windkanal zur Überprüfung der Karosserieform. Zwar verringerte sich das Gewicht des Spyders um gut 100 Kilo gegenüber den Langheck-Versionen, doch der cw-Wert wurde schlechter. Der Gitterrohr-Rahmen entsprach weitgehend der Coupé-Ausführung, jedoch verzichtete man – zumindest bei den ersten Einsätzen des Spyders – auf die am Heck sitzende Hilfspyramide. Nach ausführlichen Dauerläufen wurden die Spyder grundsätzlich mit Titan-Vorderachszapfen und alle Wagen vorn und hinten mit Titan-Radnaben ausgerüstet. In diese Zeit fiel auch eine andere interessante Neuerung: Der Alu-Rahmen eines jeden Wagens wurde durch einen speziellen Anschluß unter Luftdruck gesetzt. Nach einiger Zeit überprüfte man den Druckabfall und konnte aus den Ergebnissen entnehmen, ob der Rahmen verborgene Risse oder gar Brüche hatte. Dieser Test wurde bis in die heutige Zeit übernommen.
Für das 1000-km-Rennen auf dem Nürburgring 1969 brachte Porsche einen neuen Spyder an den Start: den 908.02 »Flunder«. Der neue Spyder unterschied sich in erster Linie durch eine höhere Fronthaube und gestrecktere Gürtellinie von seinen direkten Vorgängern. Eine Langheck-Ausführung dieses Spyders startete 1969 – zusammen mit drei Langheck-Coupés – unter Siffert/Redman in Le Mans und war praktisch gleich schnell wie die Coupé! Um den störenden Seitenwind etwas zu mildern, bekam der Langheck-Spyder zwei Heckflossen.
Inzwischen war der 917 soweit ausgereift, daß sich Porsche mit ihm ab Mitte der Saison 1969 auf die Rennstrecken wagte. Für 1970 sah man demnach keine Einsatzmöglichkeiten mehr für die 908-Typen und verkaufte am Ende der Saison 1969 alle noch einsatzfähigen Exemplare an Privatfahrer. Da man jedoch annahm, daß man insbesondere auf kurvenreichen Strecken mit dem Typ 917 unterlegen sein könnte, entwikkelte man für die zwei Rennstrecken Targa Florio und Nürburgring einen neuen Spyder – den 908.03.
Dieser Spyder war so neu, daß er mit den vorherigen 908 außer dem Motor nichts mehr gemeinsam hatte – er orientierte sich wesentlich am 909 Bergspyder. Erste Modellversuche reichten bis in den Herbst 1968 zurück, wurden aber einige Zeit auf Eis gelegt, weil die 917- und 908.02-Entwicklungen Vorrang hatten. Von vornherein konzentrierte man sich bei den Entwürfen zum »03« auf ein extrem niedriges Fahrgewicht. So wog die aus schaumverstärktem Kunststoff gefertigte Karosserie nur 12 Kilo. Durch Verwendung von Titan und anderen Spezialmetallen wogen die ersten 908.03 schließlich nur knapp 545 Kilo.

Der 908.03 hatte 13-Zoll-Räder, die vorn 9.5 und hinten 14.5 Zoll breit waren. Beim Wechsel von 13 auf 15 Zoll Durchmesser mußten auch die Achsträger verändert werden. Vorn ging man auf 11-Zoll-Breite – bei weiterhin 13 Zoll Durchmesser – und hinten auf 15 Zoll. Nach zwei Einsätzen in der 70er-Saison schob man die 908.03 in eine Halle. Dort harrten sie aus, bis sie praktisch unverändert 1971 wieder für zwei Rennen fit gemacht wurden. Wesentlicher Unterschied: Zwei senkrecht stehende Flossen auf dem Wagenheck. Durch zusätzliche Sicherheitseinrichtungen stieg das Gewicht auf 565 Kilo und die hintere Reifenbreite wurde auf 17 Zoll geändert. Am Ende der Saison 1971 bot man einige 908.03 Privatkunden an. Drei von ihnen tauchten 1975 (!) mit einem turboaufgeladenen Motor auf. Sie waren mit dem aus dem Werks-Prototypen-Carrera stammenden 2,1-Liter-Sechszylinder (Typ 911) bestückt und leisteten mindestens 450 PS. Sie wurden in dieser Version sogar bei Marken-WM-Rennen eingesetzt. Der Umbau erfolgte in der Kundenabteilung des Stuttgarter Werkes. Eine Karosserie, die größtenteils vom 917 CanAm-Spyder mit Saugmotor stammt, mit geänderter Frontpartie und großem Flügel, sorgt für den dringend benötigten Abtrieb bei hohem Tempo. Eine Lufthutze, wie aus der Formel 1 bekannt, führt dem Ladeluftkühler die Frischluft zu. (Diese Lufthutze und die Heckpartie wurden bei den drei gefertigten 908-Turbo mehrfach geändert.) Der Alurahmen mußte an einigen Stellen verstärkt und im Heckbereich sogar wenige Zentimeter verlängert werden.

Motor

Im Juli 1967 begannen die Motoren-Ingenieure mit den ersten Zeichnungen zum neuen 3-Liter-Achtzylinder-Porsche-Motor (Typ 908) – vier Monate später war der erste Motor zusammengebaut. Nach nochmaliger viermonatiger Erprobungszeit hatte der 3-Liter bereits seine Langstrecken-Tauglichkeit auf dem Prüfstand bewiesen – und er lieferte auf Anhieb 320 PS. Beim ersten Einsatz des Motors in Monza waren es schon 335 PS, und in seiner Schlußversion erreichten Spitzen-Exemplare schon knapp 370 PS. Trotz eines entsprechenden Versuches blieb man bei zwei Ventilen pro Zylinder und vier über Ketten angetriebenen Nockenwellen.

Die Ventile waren zur besseren Kühlung mit Natrium gefüllt. Das Verdichtungsverhältnis betrug 10,4:1. Das Trockensumpf-Schmiersystem war so ausgelegt, daß die Kurbelwelle von der Stirnseite aus gespeist wurde und durch durchgehende Bohrungen alle Lager mit Schmieröl versorgt wurden. Pleuelstangen und die dazu gehörenden Schrauben

waren aus Titan. Aus Zeitgründen erhielt der 908-Motor die gleichen Hub- und Bohrungsmaße wie der Sechszylinder (Typ 901), nämlich 84×66 mm. Die Bohrung wurde vor Le Mans um einen Millimeter erweitert, um die Hubraumgrenze voll ausnutzen zu können.
Aus Leichtmetall waren Zylinder und Zylinderköpfe (Alu), Kurbelgehäuse und sämtliche Deckel (Magnesium). Der fertig montierte 908-Motor wog 178 Kilo. Die anfänglich starke Vibrationen erzeugende Zündfolge wurde gleich nach dem ersten Rennen in Monza geändert. Versuchsweise baute man auch eine Kurbelwelle mit hohlgebohrten Zapfen und zusätzlichen Gegengewichten ein. Im Rahmen der Weiterentwicklung kamen 1969 folgende neue Teile zum Einbau: Eine neue Magnesium-Legierung für das Kurbelgehäuse, Einspritzpumpe mit neuen Raumnocken, Doppelkeilriemenantrieb für das Gebläse, neue Lichtmaschinen-Lagerung, Anlasser, Lichtmaschine.
Die Kurbelwelle wurde noch einmal umkonstruiert, weil sie noch immer keine Laufruhe brachte. Zwar wurde danach die Auspuffanlage wesentlich komplizierter, doch das Aggregat endlich ruhiger. Den neuen Motor nannte man »Krauskopf«, weil sich die Einspritzleitungen über dem Motor überkreuzten. Im Gegensatz dazu hieß der Vorläufer-Motor »Mittelscheitel«, weil hier die Einspritzleitungen im gleichmäßigen Zick-Zack über dem Motorkopf lagen.
Für den 908.03 wurde der 3-Liter-Motor weitgehend übernommen. Zur Verhütung der Gebläse-Keilriemenrisse baute man eine Flüssigkeitskupplung ein, die zu hohe Drehzahlsprünge elastisch auffing. Zwar gab es noch eine Weiterentwicklung am 908-Aggregat, die jedoch nie im Rennen eingesetzt wurde: Eine Vierventiler-Version. Zur Verbesserung der Kühlung hatte dieser Motor wassergekühlte Zylinderköpfe, aber weiterhin luftgekühlte Zylinder! Über Leistungen ist leider nichts bekannt, obwohl dieses Triebwerk bereits auf dem Prüfstand lief.
Der betagte 908.03 wurde zu Beginn der Saison 1975 von einigen Privatteams mit einem aufgeladenen Sechszylinder-Motor Typ 911 von 2142 cm^3 (wie im 74er-Carrera-Prototyp) in Marken-WM-Läufen eingesetzt. Mit 2,7 und sogar 3 Liter Hubraum lief der 908.03 auch in der Interserie. (Technische Daten: siehe »930-Turbo-Prototyp«.)

Kraftübertragung

Die bis zum Typ 907 verwendeten Getriebe erwiesen sich für den 3-Liter-Motor als zu schwach. Man baute in die neuen Wagen das Sechsgang-Getriebe vom Bergspyder ein, das eine separate Trockensumpf-Schmierung hatte. Um schnellere Schaltvorgänge zu ermöglichen,

hatte die Kupplung drei Scheiben, die über eine volle Welle angetrieben wurden. Das eigentliche Getriebe wurde von der Kupplung über schnell auswechselbare Räder angetrieben. Die Antriebswellen waren durch ein Giubo-Gummigelenk geteilt und hatte zwei Kreuzgelenke. Der große Nachteil dieses Getriebes: Es war mit rund 25 Kilo Gewicht viel zu schwer.
Man entwickelte deshalb ein gänzlich neues Getriebe, den Typ 916, mit fünf Gängen. Hier liefen die Zahnräder nicht im Ölbad, sondern eine kleine Zahnradpumpe spritzte über separate Leitungen Öl direkt auf die Zahnräder.
Beim 908.03-Turbo-Modell übernahm man das Fünfgang-Getriebe aus dem Original-908.03 und verpaßte dem Getriebe nur einen Ölkühler. Als Antriebswellen nahm man die vom Typ 917-10-Saugmotor-Modell.

Porsche-908-Kurzheck: Mit beweglichen Heckklappen und Zusatzspoiler vorn (1968)

Porsche 908-Langheck mit Heckflossen und einem beweglichen, querliegenden Flügel

1972 fuhr ein privater 908-Langheck (mit geänderter Front) auf Platz drei in Le Mans

In Le Mans eingesetzte Lang-Heckwagen: Er erreichte eine Spitze von 320 km/h!

Porsche 908.01-Spyder. Ende 1968 entstanden die ersten Spyder aus dem 908-Coupé

Das neue Prototypen-Reglement senkte das Gewicht des Spyders auf 630 Kilo

Porsche 908.01-Spyder von »Porsche Österreich« beim 1000-km-Rennen auf dem Nürburgring

Für die Saison 1969 kam der Porsche 908.02 »Flunder« – eine verbesserte 01-Version

Der neue Spyder (3-l-Achtzylinder): Höhere Fronthaube und gestrecktere Gürtellinie

Der Franzose Claude Ballot-Lena fuhr bei den 24 h Le Mans 1971 diesen 908.02-Spyder

Langheck-Ausführung des »02«: Fast genauso schnell wie das 908-Coupé mit Langheck

Von der Seite sind Langheckansatz und Flossen gut zu sehen (Le Mans 1969)

Porsche 908.03-Spyder. Trat 1970/71 werksseitig bei nur vier Rennen in Erscheinung

Die 908/03 wogen nur knapp 550 Kilo und hatten 13-Zoll-Räder

Die Fahrerposition beim 908.03 rutschte fast auf die Vorderachse (Foto: Targa 1970)

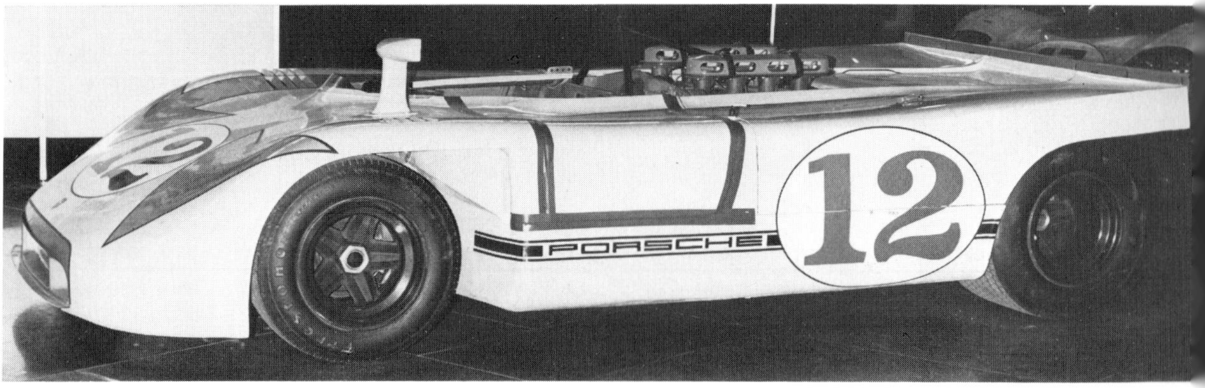

1971 tauchten die 908.03 praktisch unverändert auf. Am Heck gab es zwei Flossen

In Privathand – u. a. von Reinhold Jöst – werden einige 908.03 noch heute aktiv eingesetzt (1973)

Die Targa-Florio-Ausführung des 908.03 (mit Flossen) 1971. Am Steuer: P. Rodriguez

Der Engländer Vic Elford im 908.03 beim 1000-km-Rennen 1971 auf dem »Ring«

In den Farben des John-Wyer-Rennteams starteten 1971 u. a. auch die Porsche 908.03

Porsche 908.03 mit neuem Heckflügel wie der Porsche 917-10 (Spa 1975) vom Jöst-Team

Der Mitautor des Buches Jürgen Barth am Lenkrad eines privaten Porsche 908.03

In der Saison 1975 tauchten »908.03« mit aufgeladenen Motoren auf. (Pilot: L. Kinnunen)

Porsche 908.03-Turbo mit großer Lufthutze über dem Ladeluftkühler (Enna 1975)

Herbert Müller im 908.03-Turbo. Aufgeladener Motor (6-Zylinder, 2,1-Liter, ca. 450 PS)

Einsatz als Gruppe-6-Renn-Sportwagen – mit Erfolg in der Saison 1982. Basis 908/3 mit 800 kg Gewicht

Porsche 908/3: Alu-Gitterrahmen, Kunststoff-karosse, 2,1-l-Sechszylinder, Turbolader, 540 PS, 350 km/h

Mit einem 908.03-Langheck (3-l-Motor) wurde R. Jöst 1975 Vierter in Le Mans

Der 3-l-Achtzylinder-Rennmotor Typ 908. Anfängliche Leistung: 310 PS, später bis 370 PS

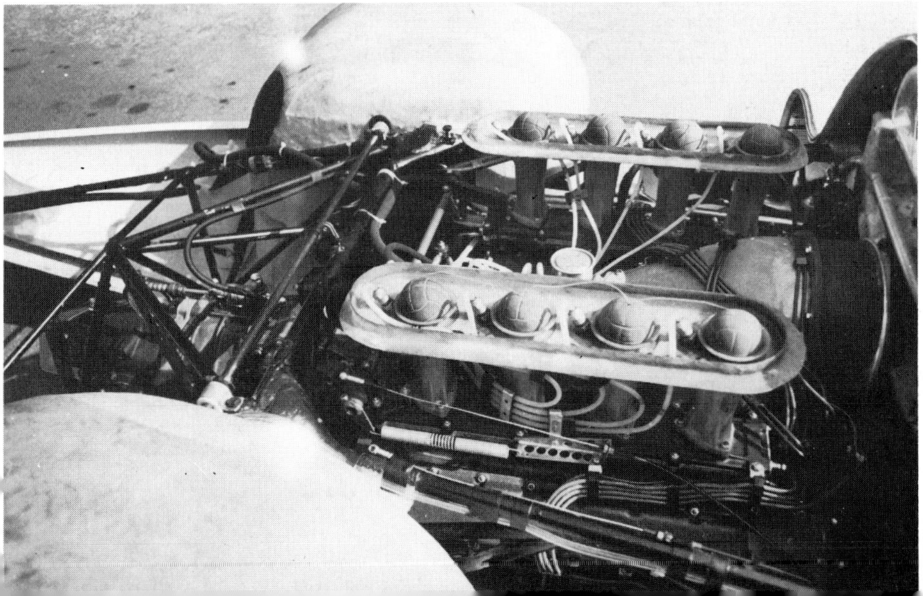

904/Elva/906/910/907/909/908

Baujahr	Modell Karosse	Modell Typ	Fahrgestell-Nr.	Motor-Typ	Getr.-Typ	Zyl.	Bohrung x Hub	Hubraum	DIN-PS bei U/min.	mkp bei U/min.	Verdtg.	Radstand	Spur vorn/hinten	Länge	Gewicht
1964	Coupé	904GTS	904007-904106	587/3	904/0	4	92 x 74	1966	180/7800	20,5/5000	9,8:1	2300	1316/1312	4090	650
				587/3-S	904/1	4	92 x 74	1966	155/6900	19,0/4800	9,8:1				
					904/2				185/7200						
					904/3										
1964	Coupé	904-8	904001-904006	771/1	904/0	8	80 x 54,6	2195	270/8600	23,5/7000	10,2:1	2300	1314/1312	4090	640
		904-6		901/20	904/1	6	80 x 66	1991	210/8000	20,0/6000	10,3:1				
					904/2										
					904/3										
	Spyder	Elva	–	771/1	904/0	8	80 x 54,6	2195	270/8600	23,5/7000	10,2:1	2286	1270/1350	3500	520
				771/0		8	76 x 54,6	1981	260/8800	21,0/7500	10,5:1				
1965	Spyder	906-8	906007/08/09	771/0	909	8	76 x 54,6	1981	260/8800	21,0/7500	10,5:1	2300	1338/1402	4113	650
			906004	771/1		8	80 x 54,6	2195	270/8600	23,5/7000	10,2:1				
	Spyder „Lotus"	906-8	906010	771/0	909	8	76 x 54,6	1981	260/8800	21,0/7500	10,5:1	2300	1340/1410	3580	500
1966	Coupé	906-6	906101-906158	901/20	906	6	80 x 66	1991	210/8000	200/6000	10,3:1	2300	1338/1402	4113	675
	Coupé-LH		906001-003 (906151-153)				80 x 66	1991	220/8000	21,0/6400				4600	710
	Coupé	910-6	910001-910012	901/21	906	6	80 x 66	1991	220/8000	21,0/6400	10,3:1	2300	1430/1380	4113	600
		910-8	910013-910028	771/0	906	8	80 x 54,6	2195	270/8600	23,5/7000	10,2:1		1430/1401		
	Spyder	910-8	910030-910034	771/0	909	8	76 x 54,6	1981	272/9000	21,5/7100	10,4:1		1430/1401	3860	450
	Coupé-LH	910-6	910020-910021	901/21	906	6	80 x 66	1991	220/8000	21,0/6400	10,3:1		1430/1401	4600	620
1967	Coupé	907-8	907001-004	771/1	907	8	80 x 54,6	2195	270/8600	23,5/7000	10,2:1	2300	1462/1403	4033	600
			907011 907022-907032	771/0		8	76 x 54,6	1981	260/8800	21,0/7500	10,4:1				575
	Coupé-LH	907-6	907005-008	901/21	907	6	80 x 66	1991	220/8000	21,0/6400	10,3:1	2300	1462/1403	4650	600

904/Elva/906/910/907/909/908

Baujahr	Modell Karosse	Modell Typ	Fahrgestell-Nr.	Motor-Typ	Getr.-Typ	Zyl.	Bohrung x Hub	Hubraum	DIN-PS bei U/min.	mkp bei U/min.	Verdtg.	Radstand	Spur vorn/hinten	Länge	Gewicht
1968	Spyder	909-8	909001-002	771/0	909	8	76 x 54,6	1981	275/9000	21,5/7100	10,4:1	2264	1470/1464	3448	430
1968	Coupé	908.01	908000-012	908	907-6	8	85 x 66	2997	310/8000	30,0/6600	10,4:1	2300	1484/1456	4020	650
			908017		916	8	85 x 66	2997	350/8400	30,0/6600	10,4:1	2300	1462/1454	4020	660
	Coupé-LH	908.01	908000	908	916	8	85 x 66	2997	350/8400	32,5/6600	10,4:1	2300	1484/1456	4650	650
			908002-004										1486/1454	4839	680
			908013-016												
			908022-026												
			908029-031												
1969	Spyder	908.02	90802002/009	908	916	8	85 x 66	2997	350/8400	32,5/6600	10,4:1	2300	1486/1454	4000	600
			90802006-008												
			90802010-019												
			90802024/028												
	Spyder-LH	908.02	90802005/014	908	916	8	85 x 66	2997	350/8400	32,5/6600	10,4:1	2300	1486/1454	4400	620
			90802024-028												
1970	Spyder	908.03	90803001-013	908	910	8	85 x 66	2997	350/8400	32,5/6600	10,4:1	2300	1504/1510	3540	545
													1542/1506		
													1542/1564	3540	565
1975	Spyder	908.03 Turbo	90803008/011	911/78	910	6	83 x 66	2142	450/8000	46,0/5500	6,5:1	2300	1542/1506	3540	670

Porsche 917 / 917-30 Turbo

Die in der Markenweltmeisterschaft gültige Hubraumgrenze von 3 Litern wurde von der FIA im Oktober 1967 mit Wirkung zum 1. Januar 1968 für Sportwagen auf 5 Liter Hubraum festgelegt. Das Porsche-Werk, das sich mit seinem 3 Liter, Typ 908, an den einzelnen Läufen beteiligte, wurde von dem kurzfristigen Entschluß der FIA – wie auch alle anderen beteiligten Werke – überrascht. Porsche hoffte jedoch darauf, mit seinem extrem leichten Typ 908.03 und auch 908.02-Spyder, zumindest in der Saison 1968 und 1969, ganz weit vorn mitfahren zu können. Als allerdings bekannt wurde, daß bei Ferrari eine Kleinserie von 5-Liter-Sportwagen aufgelegt werden sollte, stieg auch Porsche in diese Hubraum-Kategorie ein.

Man begann im Juli 1968 mit der Konstruktion des Typs 917. Für dieses Modell sah man anfänglich einen 4,5-Liter-Motor vor, der 12 Zylinder haben sollte. Dieser die Grenze nicht ganz ausnutzende Hubraum entstand aus der Überlegung, daß man dafür u. a. die gleichen Zylinderabmessungen, gleiches Material, Kolben, Pleuelstangenlänge, Ventilmaße und Steuerzeiten wie für den 908-Motor übernehmen konnte. Aus Zeitgründen orientierte sich auch das Fahrwerk weitgehend am Typ 908.02, denn schon am 13. März 1969 auf dem Genfer Automobil-Salon präsentierte Porsche seinen Rennwagen und bot ihn Interessenten zum Preis von 140000 Mark an. Ende April standen bereits die zur Homologation als Sportwagen notwendigen 25 Exemplare auf dem Porsche-Werkshof zur Abnahme durch die CSI-Kommission!

Im Mai 1969 startete die Kurzheck-Version des 917 beim 1000-km-Rennen von Spa-Francorchamps in Belgien. Ein Ventilbruch stoppte den Premierenlauf bereits nach der ersten Runde. Zwei Wochen später, beim 1000-km-Rennen auf dem Nürburgring, kam der 917 unter Frank Gardner und David Piper an achter Stelle ein. Eine riesige Sensation bahnte sich an, als bei den 24 Stunden von Le Mans – kaum drei Monate nach der öffentlichen Premiere – ein 917 das Rennen gut 20 Stunden anführte, dann aber ausfiel.

Doch eines hatte sich schon bei den wenigen Rennen in der Saison 1969 für Porsche herauskristallisiert: Das Engagement mit den Typen 908 und 917 belastete den gesamten Ingenieurs- und Technikerstab der Zuffenhausener über Gebühr. Man sah sich nach einem Partner um, der die Erfahrung mitbrachte, die noch unfertigen 917 in den folgenden zwei Jahren in den Marken-WM-Rennen erfolgreich führen konnte. Vertragspartner wurde »John Wyer Automotive Engineering« aus Slough in England, die von dem Mineralölkonzern Gulf gesponsort wurden. 1970 fuhr ein weiteres »privates« Porsche-Team mit, das von Porsche-Salzburg in Österreich unterstützt wurde. Ein Jahr später übernahm das Martini-Racing-Team den österreichischen Rennstall. Krasser Unterschied zwischen Wyer und den anderen Porsche-Aktiven auf dem Modell 917: Wyer erhielt sein Material wie z. B. die Motoren vom Versuch, die anderen mußten zur Kunden-Sportbetreuung.
Den ersten Gesamtsieg für den Porsche 917 gab es noch 1969, und zwar beim 1000-km-Rennen auf dem Österreichring durch Joseph Siffert/Kurt Ahrens auf einem privat vom Freiherrn von Wendt gemeldeten 917-Kurzheck-Coupé. Porsches Partner John Wyer kam gleich bei seinem ersten »Werkseinsatz«, den 24 Stunden von Daytona, zu einem Doppelsieg durch Rodriguez/Kinnunen und Siffert/Redman. Bis zur Einstellung des 917-Projekts Ende 1971 wurden 36 Kurzheck-, zwei Spyder- und fünf Langheck-Wagen dieses Typs gebaut! In den Läufen zur Internationalen Marken-Weltmeisterschaft zwischen 1969 und 1971 trat der Porsche 917 zwei Dutzend mal an und gewann 15 Rennen. Der Porsche 908 siegte in vier Rennen, so daß die Stuttgarter Firma nur fünf Rennen an andere Fabrikate abgeben mußte Das Wyer-Gulf-Team gewann elfmal mit dem blauorangen 917, das Werk selbst siegte einmal (1969), die Salzburger Mannschaft gewann einen Lauf 1970 und das Martini-Team ein Jahr später zwei Marken-WM-Rennen.
Porsches Engagement mit dem 917 kostete die Firma geschätzte 15 Millionen Mark, umgerechnet auf die 43 Modelle vom Typ 917 (Kurz- und Langheck) ergibt dies rund 350000 Mark für einen Wagen! Angeboten wurde der 917 für private Interessenten zu Beginn seiner Produktion für 140000 Mark. Ein rennfertiger 917-Kurzheck kostete 1971 bereits 280000 Mark, ein neuer 917-10 gut 325000 Mark und in der Turboversion noch einmal 125000 Mark Aufpreis!
Porsches größter Erfolg mit dem 917: Nach zwanzigjähriger Beteiligung im 24-Stunden-Rennen von Le Mans gab es 1970 den ersten Gesamtsieg. In einer Triumphfahrt über öffentliche Straßen von den Zuffenhausener Werken zum Stuttgarter Rathaus in der Innenstadt mit den 917-Rennwagen feierten die Schwaben diesen Erfolg.

Nachdem Porsche drei Jahre hintereinander, und zwar von 1969 bis 1971, die Marken-Weltmeisterschaft gewonnen hatte (zweimal mit dem Typ 917), zog sich das Werk aus dieser Rennserie zurück. Ab 1972 war nämlich der Hubraum der teilnehmenden Fahrzeuge wieder auf drei Liter beschränkt worden. Ein Beschluß, den auch Porsche noch akzeptiert hätte, wenn nicht zusätzlich ein Mindestgewicht von 650 Kilo gefordert worden wäre. Den konstruktionsbedingten Leistungs-Nachteil ihres luftgekühlten 3-Liter-Triebwerkes hätte man durch Gewichtsersparnis – und hierin sind die Schwaben Meister ihres Fachs – ausgleichen können. Aber 650 Kilo – das lag gut 100 Kilo über dem, was man in Zuffenhausen problemlos hätte erreichen können. Die Porsche 908.03 – eingesetzt 1970 und 1971 in Marken-WM-Rennen auf dem Nürburgring und bei der Targa Florio – hatten es ja bewiesen.
In der Zwischenzeit, das heißt, exakt seit dem Sommer 1969, hatte man im verkappten Werkseinsatz ein neues Betätigungsfeld getestet: Die CanAm. Werksfahrer Joseph Siffert war damals der Meinung gewesen, daß in der populären kanadisch-amerikanischen Rennserie ein zuverlässiger Porsche 917 wohl mithalten könnte. In aller Eile entwickelte man eine Spyder-Version, die, in einem einzigen Exemplar gebaut, in allen wesentlichen Teilen auf dem 917-Coupé basierte. Obwohl Siffert nur an sieben von insgesamt elf Läufen teilnahm, wurde er aufgrund der guten Plazierungen noch Vierter im Gesamtklassement. Porsche setzte den 917 PA (PA, nach dem amerikanischen Bewerber Porsche Audi) in der Saison 1970 nicht ein, weil man noch mit der Marken-WM alle Hände voll zu tun hatte. Als dann aber die Hubraumbeschränkung Mitte 1971 für 1972 bekannt wurde und außerdem die CanAm-Serie Aufnahme in den FIA-Kalender fand, gewann dieses Championat für Porsche erheblich an Interesse. Allerdings sahen sie sich veranlaßt, einen stärkeren Wagen zu bauen als den 917 PA. Die überlegene Konkurrenz kam aus dem Hause McLaren und fuhr mit 8-Liter-Chevrolet-V8-Motoren (gut 750 PS und nur 700 Kilo Gewicht) den anderen Teilnehmern meist »um die Ohren«.
Mit einem völlig neuen Porsche 917-Spyder – dem Vorläufer des Typs 917-10 – stieg Jo Siffert 1971 ab Mitte der Saison ein. Sein erstes Rennen in Watkins Glen beendete er mit dem 5-Liter-Spyder an dritter Stelle hinter zwei Werks-McLaren. Nach sechs Rennen lag Siffert an vierter Position, war keinmal ausgefallen und nie schlechter als auf dem fünften Platz ins Ziel gekommen. Als der großartige Schweizer Rennfahrer dann in Brands Hatch mit seinem BRM-Formel-1 tödlich verunglückte, beschickte Porsche in diesem Jahr kein CanAm-Rennen mehr.
Für die Rennsaison 1972 setzte Porsche den Weg der indirekten Renn-

beteiligung durch ein vorgeschobenes Privatteam weiter fort. Eine neue Konstruktion, der Porsche 917-10, wurde dem amerikanischen Roger-Penske-Team zur Verfügung gestellt. Als Fahrer des auch heute noch in Amerika sehr populären und erfolgreichen Rennstalles verpflichtete Penske den Indianapolis-Sieger Mark Donohue.
Zu Beginn der CanAm-Saison räumte man in Übersee und auch in Europa den »Tanks from Germany« kaum echte Siegeschancen ein. Zu unerprobt schien das, was Porsche bei seinem Premieren-Einsatz im kanadischen Mosport vorzeigte. In dem 917-10-Spyder war ein aufgeladener 12-Zylinder mit 5 Liter Hubraum installiert, der immerhin 1000 PS mobilisierte! Übertriebener Optimismus schien keinesfalls angebracht, denn es gab bis dato kein Rennfahrzeug mit einem Abgasturbolader, das auf normalen Rennstrecken konkurrenzfähig war. Der Ovalkurs von Indianapolis soll hier ausgeklammert werden, denn die aufgeladenen Indy-Wagen werden mit fast gleichbleibender Geschwindigkeit rundenlang über den Kurs gefahren.
Für Porsche stand auch nicht die PS-Leistung im Vordergrund, sondern die Beherrschung des Motor-Ansprechverhaltens. Entsprechend intensiv befaßten sich die Porsche-Ingenieure mit diesem Turboproblem. Heute hat Porsche auf diesem Gebiet einen Wissensstand, der es ihnen sogar ermöglicht, Straßenfahrzeuge serienmäßig mit einer Turboanlage zu bestücken (930 Turbo).
Da auch die komplizierten Zusammenhänge zwischen Motor und Abgasturbolader nicht auf dem Prüfstand reproduzierbar waren, tastete man sich in langwierigen Fahrversuchen an die Lösung der anstehenden Probleme heran. Das ehemals unbefriedigende Turbomotoren-Handling wurde schrittweise zu einer vorher nicht geahnten Reife entwickelt.
Die ersten Lader-Versuche wurden am 4,5-Liter-Motor durchgeführt, wobei von Anfang an zwei Abgasturbolader – pro Zylinderreihe einer – verwendet wurden. Mit einer Leistung von gut 850 PS wurde diese Version überwiegend bei der europäischen CanAm, der Interserie, eingesetzt und zu zahlreichen Siegen gefahren. Für die CanAm, in Erwartung der starken McLaren-Werkswagen, entwickelte man für den 917-10 gleich das aufgeladene 5-Liter-Triebwerk. Beide Aggregate unterschieden sich praktisch nur in der Bohrung (85 zu 86,8 mm) und im Hub (66 zu 70,4 mm). Die Leistung wuchs mit den rund 500 cm^3 Mehr-Hubraum gleich um 150 PS!
Bedauerlicherweise fiel Mark Donohue nach einem spektakulären Unfall mit dem 917-10-Turbo für die Saison 1972 aus. Doch der kurzfristig engagierte Ersatzfahrer, der Amerikaner George Follmer, brachte

die Turbo-Granate auch so zu einem überlegenen Sieg in der CanAm-Serie. Ein Jahr später stand Donohue wieder zur Verfügung. Ihm baute man den stärksten Rennwagen, der jemals in Rennen eingesetzt wurde: den Porsche 917-30. Follmer hatte die McLaren 1972 meistens schlagen können, doch so groß war der Vorsprung nicht, daß man es 1973 riskieren wollte, die inzwischen weiter verbesserten McLaren-Wagen vorbeiziehen zu lassen. Der »30«, der nur in zwei Exemplaren gebaut wurde, hatte den 5,4-Liter-Rennmotor, der aufgeladen gut 1100 PS abgab. Technisch unterschied sich der in den Farben des Penske Sponsor Sunoco eingesetzte 917-30 von seinem Vorläufer u. a. durch einen längeren Radstand, einer breiteren Spur vorn und einer schmaleren Spur hinten. Ebenfalls schmaler war die Karosserie und zudem etwas länger. Der Tankinhalt an Bord wurde auf insgesamt 400 Liter Treibstoff erhöht. Das Gewicht rutschte um 20 Kilo auf 800 Kilo rauf. Mark Donohue konnte vom Cockpit aus nicht nur die Leistung kurzfristig mit der sogenannten »PS-Schraube« anheben, er konnte während der Fahrt auch den hinteren Stabilisator verstellen!
Eine weitere Spyder-Variante des Porsche 917 tauchte in der Saison 1971 in Europa auf. Für die Interserie baute man Coupés um und versah sie mit einem 5-Liter-Saugmotor. Aus Kosten- und Zeitgründen wurden alle Chassis-Teile sowie auch die meisten mechanischen Aggregate vom 917-Coupé übernommen. Die Ate-Bremsanlage wurde gegen eine solche von Girling eingetauscht. Durch radikale Abmagerung (in der Gruppe 7 erlaubt) wog ein solcher Spyder rund 730 Kilo. Diese Spyder wurden 1972 auch in der Interserie vom Typ 917-10 abgelöst.
Während die Überlegenheit der Turbo-Porsche – CanAm-Siege 1972 und 1973 – in Amerika immer mehr Kritiker auf den Plan rief, sah es in Europa anfänglich anders aus. Doch als man die Ausschreibung der 74er-CanAm-Meisterschaft so abänderte, daß Turbo-Fahrzeuge keine Chance mehr hatten, wollte man ähnliches auch in Europa durchsetzen. Porsche nahm den Ausschluß der Turbos zum Anlaß, sich aus der CanAm zurückzuziehen und das Feld ganz den Privatfahrern zu überlassen. Nur in Europa durften die 917-10 (der Typ 917-30 fuhr nie in Europa!) – wenn auch mit einem begrenzten Hubraum – noch bis einschließlich Ende 1975 in Rennen auftreten.
Übrigens: Die CanAm lief nur noch 1974, dann stellten die Organisatoren die Serie wegen mangelnder Zuschauer-Interessen ein – der Schuß gegen Porsche ging nach hinten los. Da auch in der Interserie ab der Saison 1976 die großen Porsche-Turbo durch das Reglement ausgeschlossen wurden, kann man jetzt die Porsche 917 und alle Nachfolger-Typen nur noch in Museen bewundern.

Mit dem 1973er-CanAm-Siegerwagen, dem Porsche 917-30-Turbo, stellte Mark Donohue Mitte 1975 auf der amerikanischen Rennstrecke von Talladega einen absoluten Rundenrekord für Wettbewerbs-Rennwagen auf. Mark schaffte 355,846 km/h Höchstgeschwindigkeit – gemessen auf der Geraden des Ovalkurses mit Steilwandkurven.

ALLGEMEINE BESCHREIBUNG: TYP 917 K/917 LH

Karosserie/Fahrgestell

Die Karosserie des Porsche Typ 917 bestand aus glasfaserverstärktem Kunstharz. Sie war, von den abnehmbaren Front- und Heckhauben abgesehen, mit Hilfe von Glasfaser-Gewebestreifen und Kunstharz fest mit dem Rahmen verbunden. Die Außenhaut war durchweg nur 1,2 mm dick und deshalb an kritischen Stellen, wie Türen und Motorhaube, durch Alurohre oder Schaumstoffstreifen verstärkt.

Die Windschutzscheibe – 4,2 mm dick – war aus Verbundglas; die Türfenster aus Plexiglas. Die wegen der Sicht nach hinten und für die Motoransaugluft mit Schlitzen versehene Kabinenverlängerung ebenfalls aus Plexidur. Die komplette Karosserie wog einschließlich aller Verkleidungen, Sitzschalen, Verglasungen, Stabilisierungsflächen, Kabelstränge und der allein 12 Kilo wiegenden Heckverlängerung nur 95 Kilo.

Das Lenkgehäuse bestand aus einer Magnesiumlegierung. Die Zahnstange aus einer Aluknet-Legierung. Die Lenkübersetzung beträgt etwa 11,4:1.

Überlegungen, wie man durch die Einwirkung äußerer Kräfte das Fahrverhalten eines Rennwagens verbessern könnte, führten zur Entwicklung gesteuerter Luftklappen. Die an den Klappen auftretenden Luftkräfte bewirken einen erhöhten Bodendruck an entlasteten Rädern und umgekehrt. Die Klappen wurden von den Rädern über ein Gestänge betätigt, aber mit Verbot der beweglichen Spoiler Mitte 1969 durch die CSI verschwand diese interessante Konstruktion bald.

Der Fahrersitz besteht aus einer Grundschale und der eigentlichen Sitzschale. Diese ist der Körperform des Fahrers angepaßt. Jedem Fahrer ist eine spezielle Sitzschale zugeordnet, die beim Fahrerwechsel mit ausgetauscht wird. Der Fahrersitz ist in Längsrichtung, das Lenkrad sowohl in der Höhe als auch in der Tiefe verstellbar.

Der Fahrerraum wird über Schläuche mit Frischluft versorgt. Neben den Instrumenten für die Motordrehzahl, Motoröldruck und Motortemperatur

sind zusätzlich Kontrollampen für den Kraftstoffvorrat, Bremsbelagdicke, Lichtmaschinen-Ladung und Öldruck vorhanden.
Die beiden zusammen 140 Liter fassenden Kraftstofftanks aus Alublech sind an der Seite zwischen den Vorder- und Hinterrädern angeordnet. Ihre Lage trug zur Erzielung einer geringen Fahrzeug-Schwerpunkthöhe bei. Die beiden Tanks sind durch einen Schlauch miteinander verbunden. Die Betankung war auf jeder Wagenseite einzeln oder auf beiden Seiten gleichzeitig möglich.
Das Homologations-Modell – hergestellt wurden, wie vom Sportgesetz damals vorgeschrieben, 25 Exemplare – war ein Langheck-Wagen, der aber kurzfristig durch Demontage des Langheckansatzes in ein Kurzheck verwandelt werden konnte. Zwei LH-917 wurden 1969 werksseitig eingesetzt, einer von ihnen führte das Rennen 20 Stunden an! Doch zeigten sich weder Lang- noch Kurzheck technisch damit schon ausgereift. Trotzdem blieb bei den drei Einsätzen der Saison 1969 das Werksauto unverändert. Nur der private 917 des Engländers David Piper erschien zum Ende der Saison – in Kyalami – mit einem am Heck modifizierten Spoilerwerk. Für 1970 veränderte man auch an den Zuffenhausener Coupés die Karosserie recht kräftig. Zwar bleib die Frontpartie fast erhalten, doch hinter dem Fahrer-Cockpit zeigte sich der 917 in einem gänzlich neuen Kleid. Ab etwa der Cockpitmitte zog man die Verkleidungen bis über die hinteren Räder in einer ansteigenden Linie hoch. Die Plexdidur-Abdeckung fehlte ganz – die Ansaugtrichter und das waagerecht liegende Lüfterrad lagen frei im Luftstrom. Als erster erschien mit dieser Karosserieform wieder David Piper, und zwar beim 1000-km-Rennen in Buenos Aires 1970. Zwei Wochen später, bei den 24 Stunden von Daytona, kam der Werkswagen in den Farben des Bewerbers John Wyer zu seiner Premiere. In Le Mans beim 24-Stunden-Rennen trat John Wyer mit seinen Gulf-Porsche an, die am Heck zwischen den Radverkleidungen einen kleinen Heckspoiler hatten. Nachdem sich gezeigt hatte, daß dieser kleine Spoiler mehr Stabilität gab als beim Langheck und in der Endgeschwindigkeit kaum unter den Langheckversionen lag, benutzte Wyer überwiegend diese Ausführung in den 1970er-Rennen. Ein Jahr später setzte man auf das Heck links und rechts noch sogenannte »Haifischflossen«, die aber von Wyer nicht häufig gefahren wurden. Da bei der Flossen-Ausführung auch das gesamte Heckteil etwas flacher war, erreichte dieser 917-Typ einen 15 Prozent geringeren cw-Wert als seine Vorgänger. Eine getestete Schnorchel-Version, hier saugten zwei hohe Kunststofftrichter für jede Zylinderreihe zusätzlich Luft an, bewährte sich nicht und wurde im Rennen nie eingesetzt.

Eine Zwitter-Ausführung zwischen den Langheck-Typen und den Kurzheckmodellen war der Porsche 917-20, der nur ein einziges Mal gebaut wurde. Hier hatte man versucht, ein Fahrzeug zu entwickeln, das bei etwa gleicher Gesamtlänge wie das Kurzheck-Modell einen Luftwiderstand in der gleichen Größenordnung hatte wie die Langheckwagen. Seine Karosserie war die gemeinsame Entwicklung von Porsche und der französischen Firma Sera. Der 917-20 zeichnete sich durch sehr große seitliche Überhänge und stark abgerundete Radausschnitte aus. Der Rennwagen kam völlig unerprobt zum Le-Mans-Vortraining im April 1971, gewann aber das 3-Stunden-Rennen unter Willi Kauhsen zum Abschluß der drei Trainingstage. Beim 24-h-Rennen in Le Mans erwies sich seine Form günstiger als es die Windkanalversuche erwarten ließen. Leider fiel der 917-20 an hervorragender Stelle liegend kurz vor Schluß aus.
Wieder in Zusammenarbeit mit der französischen Firma Sera entwikkelte Porsche speziell für Le Mans Langheckwagen. Die Entwicklungsarbeit an diesen Typen zog sich 1970 bis wenige Wochen vor dem Rennen in Le Mans hin. Zum Einsatz kamen nur »private« Langheck-917, weil John Wyer, der ja Porsches Interessen vertrat, den »Langschwänzigen« nicht über den Weg traute und sie auch für nicht ausgereift hielt. Ein Langheck fuhr im Porsche-Salzburg-Team, das andere im Martini-Team. Dieser 917 LH kam unter Larrousse/Kauhsen auf den zweiten Platz.
Doch Porsche wollte es noch besser machen. Man verpaßte den neuen Modellen für Le Mans 1971 eine Karosserie aus einem Sandwich-Kunststoff-Material, änderte die Bugschürze, Bremsbelüftungseinläufe, Ölkühlerfront, Kotflügelausschnitte, Radlaufentwicklung, Fahrerraumbelüftung, setzte die hinteren Kotflügel tiefer und änderte die Heckflossenstellung. Die Fahreigenschaften des modifizierten Langhecks überzeugten auch Wyer. Er setzte 1971 gleich zwei davon ein. Als schnellster erzielte damals Jackie Oliver einen Rundenschnitt im Training von 250,457 km/h und wurde auf der langen Geraden mit 386 km/h Spitze gestoppt!
Für die WM-Läufe 1970 wurde der Tankinhalt um 20 Liter auf 120 Liter reduziert. Diese Menge konnte in einem Tank untergebracht werden, der in einer Sicherheits-Ausführung an der rechten Wagenseite plaziert wurde.
Die Konstruktion der Radaufhängung und die Auslegung der Kinematik stand im engen Zusammenhang mit der Form, dem Aufbau und sonstigen Eigenschaften des Reifens. Um die Verformungen an den Rahmenanlenkungen möglichst klein zu halten, durften Gummilager wie im

Serienbau nicht verwandt werden. Beim 917 Coupé wurden für die Aufhängungen einstellbare Kugelgelenke und spielfreie Schwenklager mit Teflonbüchsen eingebaut.
Der 917 hat Doppelquerlenker-Achsen, deren Vorteil das geringe Gewicht und der große Spielraum hinsichtlich der Auslegung der Kinematik ist. Um die Seitenneigungen, welche die Stellung der Räder zur Fahrbahn negativ beeinflussen, unter Kontrolle zu halten, waren an der Vorder- und Hinterachse Torsions-Querstabilisatoren eingebaut. Die 15-Zoll-Felgen (Durchmesser) und die Radkörper bestehen aus einer Magnesiumlegierung. Die vorderen und hinteren Radnaben sind aus Titan. Die um die Gasdruck-Stoßdämpfer geführten Schraubenfedern bestehen ebenfalls aus Titan.
Speziell für den Porsche 917 wurde eine Vierkolben-Bremszange entwickelt. Die beiden Zangen, die die Bremsscheiben umgreifen, sind in einer Titanlegierung geschmiedet. Die Brücken bestehen aus einer Alu-Legierung. Die Beläge haben eine Fläche von je 60 cm^2 und sind 18 mm dick. Die innenbelüftete Bremsscheibe ist 28 mm dick. Die Bremsanlage verfügt über zwei Kreise mit getrennten Hauptzylindern. Die höher belasteten Vorderradbremsen werden über Luftschlitze in der Karosserie und Luftschläuche zusätzlich mit Kühlluft versorgt bzw. entlüftet.
Für die Saison 1970 gab es an den Radaufhängungen keine prinzipiellen Änderungen. Aber man nahm Detailverbesserungen vor, die teilweise mit der Weiterentwicklung noch breiterer Reifen und den Geradelaufeigenschaften zusammenhingen. Gefahren wurde je nach Rennstrecke mit 10,5 Zoll bzw. 12 Zoll breiten Felgen an den Vorderrädern und 15 Zoll bzw. 17 Zoll breiten Felgen an den Hinterrädern.
Bei Porsche beschäftigte man sich speziell mit den Bremsen für die über 380 km/h schnellen 917. Wyer rüstete 1970 seine Wagen auf die von Girling stammende Vierkolben-Bremszangen-Anlage um; 1971 zog das Martini-Team nach. Die von Porsche-Salzburg weiter verwendete Ate-Anlage erhielt größere Kolben. Wie die Girling-Bremse, hatte auch die neue Ate-Bremse ein Joch aus Titan – später aus Alu – auf das beidseitig die Bremszylinder geschraubt waren. Eine weitere Entwicklung führte zur Verwendung von Bremsscheiben aus einer Kupfer-Chrom-Legierung. Praktische Erprobungen ergaben aber, daß diese Scheiben nur der thermischen Beanspruchung an der Hinterachse gewachsen waren. Prinzipiell bewährten sie sich und wurden in Rennen eingesetzt. Billiger und zuverlässiger war es jedoch, die belüfteten Scheiben nach einem bestimmten Muster zu durchbohren. Mit Ausnahme von Le Mans 1971 wurden die Lochscheiben-Bremsen in der ganzen Saison gefahren.

Mit dem im Januar 1971 gebauten 917.030 wurden unter Versuchsbedingungen Einsätze mit einer Antiblockieranlage gefahren. Erster Renneinsatz dieses Systems: Beim 1000-km-Rennen in Zeltweg/Österreich, dem letzten Langstrecken-Rennen dieser Saison in Europa. Bewerber war »Martini Porsche Racing«. Als Fahrer wurden Dr. Helmut Marko und Gerard Larrousse genannt. Im Training ergaben sich mit der ABS-Anlage nur kleinere Schwierigkeiten. Das Hauptproblem war die Gewöhnung der Fahrer an das »In-die-Kurve-Bremsen«. Diese Umstellung gelang nur teilweise. Im Rennen fiel der 917.030 nach einem Reifendefekt aus. Das Coupé diente nach seinem Rennen noch ein Jahr lang als Versuchsträger für die ABS-Anlage. Vor zwei Jahren kaufte es Graf Gregorio Rossi – Mitbesitzer der Firma Martini & Rossi –, ließ es für den Straßenverkehr (!) umbauen, und benutzt es u. a. in Paris und auf Fahrten zu seinen ländlichen Besitzungen.

Motor

Der Porsche- 4,5-l-Zwölfzylinder-Motor Typ 912 ist ein luftgekühlter Viertaktmotor mit zwei flachliegenden Zylinderreihen, vier obenliegenden Nockenwellen und Kraftstoffeinspritzung. Die Zylindereinheiten (85 mm Bohrung, 66 mm Hub) wurden vom 3-l-Achtzylinder-Motor des Typs 908 übernommen. Die Konstruktion wurde nach modernen Gesichtspunkten der Größe des 12-Zylinder-Aggregates entsprechend konzipiert. Das auffallendste Konstruktionsmerkmal des Zwölfzylinders ist der Mittelabtrieb. Ein in der Mitte der Kurbelwelle angeordnetes geradeverzahntes Rad mit 32 Zähnen gibt die Motorleistung über ein zweites Zahnrad mit 31 Zähnen an die Antriebswelle weiter.

Der Schaftdurchmesser der drehstabähnlich ausgeführten Abtriebswelle ist so klein wie möglich gehalten. Entscheidend beeinflußt wurde die Konstruktion des Motors durch das Drehschwingungsverhalten der Kurbelwelle. Bei Versuchen wurde festgestellt, daß der sogenannte Schwingungsknoten der Kurbelwelle in der Mitte liegt. Diese ruhige Zone wurde bei der Konstruktion insofern ausgenützt, als alle wichtigen Elemente von dem Zentralzahnrad angetrieben werden. Vor allem kommt dies dem Antrieb der vier Nockenwellen zugute. Die Kurbelwelle ist sechsfach gekröpft und besitzt mit sechs Pleuel- und acht Hauptlagerzapfen eine relativ einfache Form.

Von der Kurbelwelle existieren zwei unterschiedliche Versionen. In einem Fall besteht sie – mit Mittelabtrieb – aus einem Stück. Interessanter ist allerdings die zweite, versuchsweise angefertigte Version. Hier wurden die beiden Kurbelwellenhälften aus weichnitriertem Vergütungsstahl mit dem einsatzgehärteten Zahnrad mit Hilfe einer Elektronenstrahl-Schweißmaschine verschweißt. Für das Kurbelgehäuse wurde eine spezielle Magnesiumguß-Legierung verwendet. Es ist vertikal in eine rechte und linke Hälfte geteilt. Die 130 mm langen Pleuel sind in einer hochfesten Titanlegierung geschmiedet, wie auch die Pleuelschrauben. Die Zylinder sind aus einer geschmiedeten Alulegierung hergestellt. Die Rippenpartie ist mechanisch bearbeitet. Die Zylinderlauffläche ist verchromt und mit zahlreichen kleinen Vertiefungen versehen. Diese Vertiefungen nehmen kleinere Mengen Öl auf und verbessern damit die Laufeigenschaften. Die Kolben sind aus einer Alulegierung geschmiedet.

Der Verbrennungsraum hat jeweils zwei Zündkerzen. Verwendet werden Kerzen mit vorgezogener Platin-Doppelelektrode. Die Einzelzylinderköpfe werden aus einer warmfesten Alulegierung in einer Kokille gegossen. Der Antrieb der vier Nockenwellen erfolgt vom Mittelabtriebszahnrad der Kurbelwelle aus nach beiden Zylinderreihen über je fünf nadelgelagerte, geradeverzahnte Zahnräder. Als Übertragungsglied zwischen Nockenwelle und dem direkt angetriebenen Ventil dient ein Tassenstößel. Die einteiligen Nockenwellen sind achtfach gelagert, und zwar in 2 mm dicken Stahlstütz-Gleitlagern.

Als Kühlluftgebläse wird ein Axialgebläse verwendet. Das aus glasfaserverstärktem Kunststoff hergestellte Laufrad hat einen Außendurchmesser von 330 mm und sechs Schaufeln mit 58 mm Höhe.

Beim italienischen Marken-WM-Lauf im April 1970 in Monza wurde zum ersten Mal der Typ 917 mit vergrößertem Motorhubraum eingesetzt. Diese Version hatte eine Bohrung von 86 mm (vorher 85 mm) und einen Hub von 70,4 mm (vorher 66 mm), was einen Gesamthubraum von 4907 cm^3 (vorher 4494 cm^3) ergab. Die Nennleistung des 4,9-l-Motors betrug 600-DIN-PS. Alle übrigen technischen Daten des Triebwerkes änderten sich nicht.

Abweichend von der ersten 917-Version hatte der 70er-Typ ein neues Auspuffsystem erhalten. Die Auspuffrohre aller sechs Zylinder einer Seite münden in eine gemeinsame Auspufftüte. Die Länge der Auspuffleitungen – gemessen vom Ende der gemeinsamen Auspufftüte bis zu den Auslaßventilen der einzelnen Zylinder – ist für alle Zylinder gleich. Die unterschiedlichen Abstände der einzelnen Zylinder zur Auspufftüte mußten durch entsprechende Verlegung der einzelnen Rohre ausgeglichen werden.

Neben dem 420 g wiegenden Titanpleuel war inzwischen ein Einlaßventil aus Titan zur Einsatzreife entwickelt worden. Veranlaßt durch gelegentlich auftretende Verschleißerscheinungen im Kegelradpaar des

Gebläseantriebs, wurde in diesen Antrieb eine elastische Kupplung eingebaut. Die Kolben wurden über eine im Lagerstuhl des Kurbelgehäuses angebrachte 1 mm große Bohrung mit Öl angespritzt. Mit einem Anteil von 5 bis 10 Prozent an der insgesamt durchgesetzten Ölmenge wurde somit die Kolbenbodentemperatur um etwa 30 bis 35 Grad gesenkt.
Der Antrieb erfolgte von der im Kurbelgehäuse gelagerten Zwischenwelle aus über ein Kegelradpaar. Das Kühlgebläse liefert bei einer Nenndrehzahl des Motors von 8400 U/min 2400 Liter Luft in der Sekunde. Hierbei betrug die Leistungsaufnahme des Gebläses 17 PS. Das entspricht bei einer Motorleistung von 580 PS einem Kühlleistungsaufwand von nur 3%. Von der Gesamtkühlluftmenge entfallen 65% auf die Kühlung der Zylinderköpfe und 35% auf die Zylinderkühlung.
Beim 917-Motor wurde eine neuentwickelte Zwölfstempel-Einspritzpumpe mit Raumnockenregelung verwendet. Als Einspritzleitungen wurden Nylonrohre mit den Abmessungen 6×2 mm verwendet. Alle zwölf Leitungen hatten die gleiche Länge. Um eine Leichtgängigkeit der Schieber zu erreichen und das gefährliche Vollgasklemmen zu verhindern, waren diese in Kugeln gelagert. Ansaugtrichter und Motorabdekkung waren aus glasfaserverstärktem Kunststoff gefertigt.
Das Aggregat war mit Doppelzündung ausgerüstet. Die Doppelzündverteiler sind vorn in der linken und hinten in der rechten Kurbelgehäusehälfte untergebracht. Die vier Zündkreise sind volltransistorisiert. Die Zündfolge 1-9-5-12-3-8-6-10-2-7-4-11 ergibt für jeweils drei nebeneinanderliegende Zylinder gleichmäßige Zündabstände, so daß ein einfaches Auspuffsystem verwirklicht werden konnte.
Im Ölkreislauf sind sieben Ölpumpen (eine Druck- und sechs Absaugpumpen) angeordnet. Dieser Aufwand wurde getrieben, um den Motor so »trocken« wie möglich zu bekommen. Ein Thermostat in der Ölrückförderleitung leitet das Öl über den Ölkühler, wenn die Temperatur höher als 90 Grad ist.
Der Typ 917 ist mit einer 12-V-Anlage ausgerüstet. Eine Drehstrom-Lichtmaschine liefert 860 Watt Energie. Bei Nachtrennen wurde eine zweite Lichtmaschine des gleichen Typs angebaut. Die Batterie hatte eine Kapazität von 45 Ah.
Am Ende der Saison 1970 hatte Ferrari mit seinem neuen Typ 512 M ein dem Porsche 917 mehr Paroli bietendes Modell vorgestellt, das sogar bei einem Nicht-Marken-WM-Lauf unter Jacky Ickx den 917-Werkswagen unter Jo Siffert schlagen konnte. Porsche konterte diese Herausforderung mit einer weiteren Hubraumvergrößerung. Mit einer Bohrung von 86,8 mm (vorher 86 mm) erreichte man mit 4998 cm^3 fast die Hub-

raumgrenze. Erster Einsatz mit diesem Motor: Im April 1971 beim 1000-km-Rennen in Brands Hatch. Außer der Hubraumvergrößerung hatte es noch weitere Änderungen gegeben: An Stelle der Chromal-Zylinder traten solche aus Nikasil. Dank der besseren Laufeigenschaften dieses Materials brachte der neue Motor rund 30 PS Mehrleistung auf die Piste.
Ließ die Marken-Weltmeisterschaft nur Motoren bis maximal 5 Liter Hubraum zu, so änderte sich diese Begrenzung, als Porsche 1972 werksseitig in der CanAm antrat. Da hier keinerlei Hubraumbegrenzungen vorgesehen waren, erweiterten die Techniker den Hubraum nochmals, und zwar auf 5374 cm^3. Der Hub blieb gleich, die Bohrung wurde von 86,8 auf 90 mm erweitert. Das ergab 660 PS bei 8300 U/min (5 Liter: 630 PS).

Kraftübertragung

Das Getriebe wurde sowohl mit vier als auch mit fünf Gängen gefahren. In der Fünfgang-Version war die Schaltung mit einer Kulissensperre versehen, um Schaltfehler zu vermeiden. Die Vorwärtsgänge hatten eine Sperrsynchronisierung. Die Dreischeiben-Trockenkupplung war mit der Motorabtriebswelle verschraubt. Der Zahnkranz für den 0,9 PS starken Anlasser war an der Kupplung befestigt.
Das Getriebe hatte ein Lamellen-Sperrdifferential. Der Sperrwert konnte variiert werden und betrug bei Rennen meist 75 Prozent. Das Motor-Getriebe-Aggregat wurde an drei Punkten über elastische Lager und geschweißte Getriebeträger am Rahmen aufgehängt. Die Antriebswelle wies zwei Kreuzgelenke, einen Längenausgleich von etwa 400 mm mit Hilfe von Kugellaufbahnen und eine elastische Kupplung zur Dämpfung der Drehmomentstöße auf.
Das anfänglich gefahrene, neu konstruierte Fünfgang-Getriebe mit Fichtel-&-Sachs-Kupplung mußte im Laufe der Saison 1969 gegen eine 3-Scheiben-Kupplung, Typ Borg & Beck, gewechselt werden, die die Kraft besser übertrug. Den verschiedentlich auftretenden Rissen am Getriebegehäuse half man mit zusätzlichen Rippenversteifungen ab. In den Turboversionen bekam das Getriebe einen zusätzlichen Kühler.

Porsche 917: Die erste Ausführung von 1969 wurde in dieser Form nie gefahren

Frontansichten des Porsche 917 von 1969 mit 12-Zylinder-Motor und 4,5 Liter Hubraum

Porsche 917 mit Kurzheck. Der Motor brachte 520 PS, Gewicht 800 Kilo, Spitze 320 km/h

Zweiter Renneinsatz des »917«: Achter beim 1000-km-Rennen 1969 auf dem »Ring«.

Jo Siffert im Porsche 917 beim 1000-km-Rennen auf dem Österreichring 1969

Renneinsatz des 917-Langheck in seiner ersten Ausführung 1969 (Fahrer: Siffert)

Auf dem Hof des Porsche-Werkes: 25 Porsche 917 für die Sportwagen-Homologation

Porsche 917 in Kurzheck-Ausführung von 1970. Siegerwagen: 24 h von Le Mans

Seitenansicht des 917-Kurzheck von 1970. Die Plexidurheckabdeckung fehlt jetzt

Weiter modifizierte Ausführung des Porsche 917, u. a. kleine waagerechte Heckspoiler

In Daytona fuhr Pedro Rodriguez ein 917-Kurzheck mit Zusatzheckflügel und 17″-Felgen

Jo Siffert beim 1000-km-Rennen 1970 in Spa-Francorchamps (Team: John Wyer)

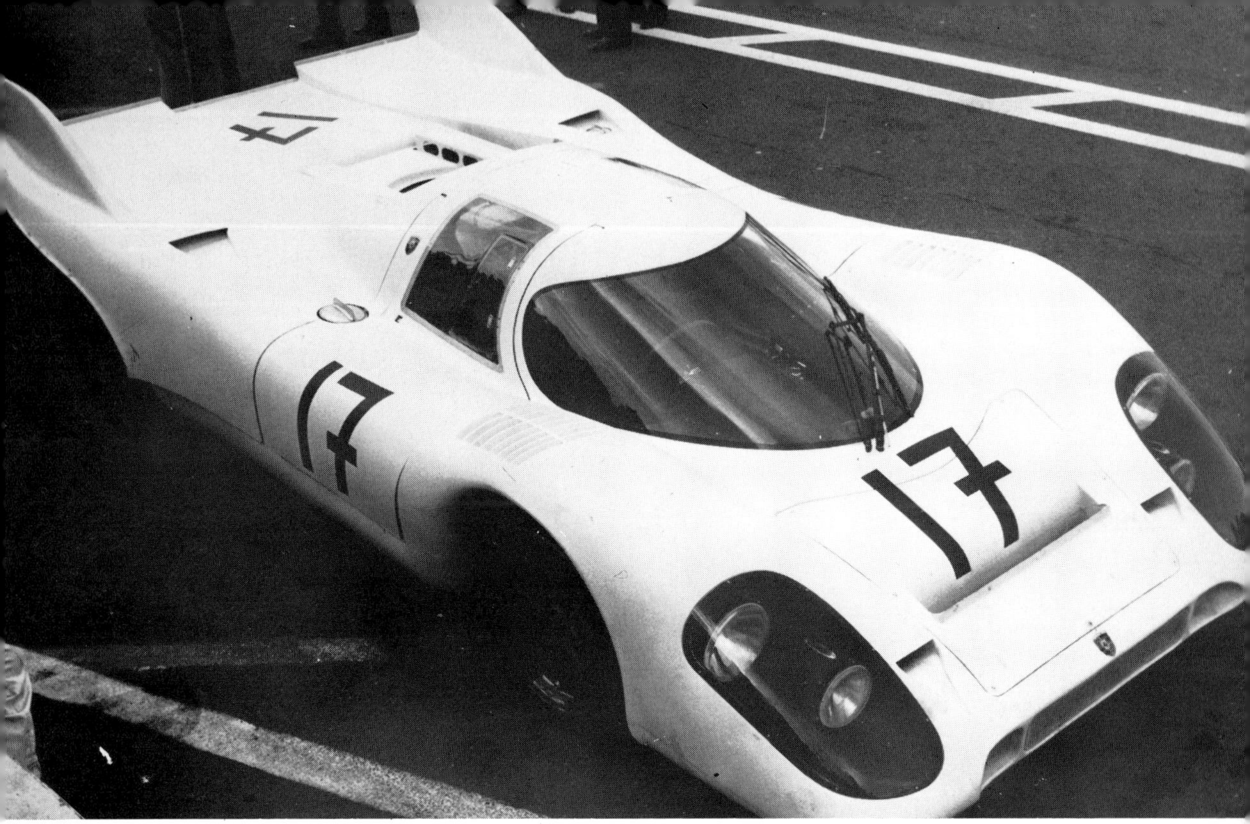

418 Für die 24 h Le Mans 1971 fuhr man eine 917-Kurzheckversion mit »Haifischflossen«

Die »917«-Flossenversion wurde in der Saison 1971 fast nur noch eingesetzt

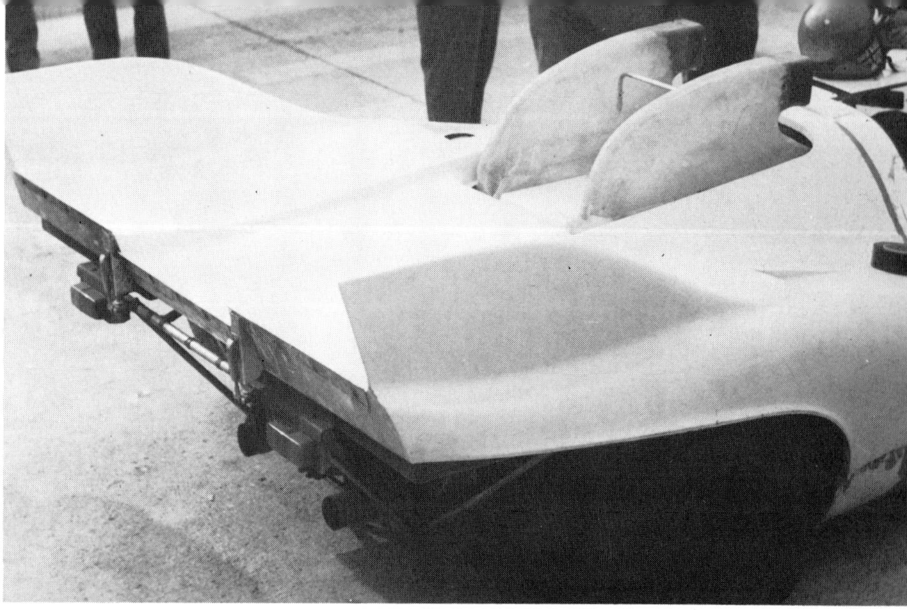

Diese Schnorchel-version wurde im Porsche-Versuch gefahren, kam aber nicht zum Renn-einsatz

Porsche 917-20 »Sau«. Eine Zwitter-Ausführung zwischen Lang- und Kurzheck

Die Karosserieform war eine gemeinsame Entwicklung von Porsche und der Firma Sera

Der 917-20 kam völlig unerprobt zum Vortraining der 24 h Le Mans 1971, gewann aber dieses Proberennen.

Heckansicht des 917-20, nur einmal in den 24 h Le Mans (plus Vortraining) gefahren

Eine Versuchsausführung für Le Mans 1970. Die 917-Karosserie ist fast geschlossen

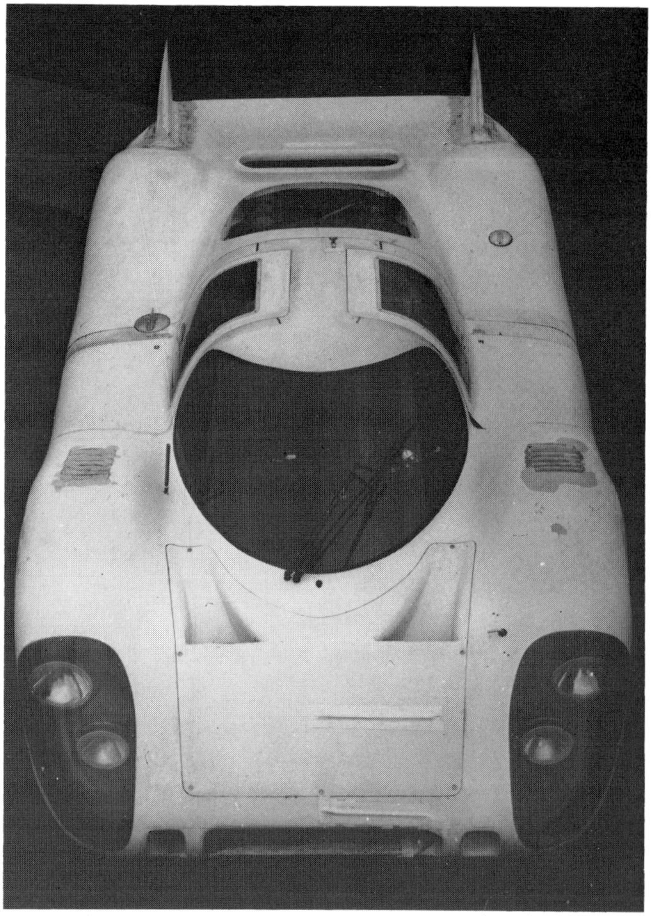

Bei der Heckansicht des »917-LH« kann man die Abkapselung des 12-Zylinders sehen

In Le Mans 1970 wurde diese verbesserte Langheckversion (mit Heckspoiler) gefahren

Das 917-Langheck von Le Mans 1971 mit neuer Schnauze und Hinterradabdeckung

Heckansicht der '71er-Langheckausführung, nur bei den 24 h Le Mans im Einsatz

Seitenperspektiven des Langheck-Coupé von 1971. Höchstgeschwindigkeit: 388 km/h

Porsche 917 von 1981: Nachbau mit Originalteilen von Porsche Kremer für die 24 h LeMans

Gebaut für zwei Rennen im Jahre 1981 – nun steht der »Renn-Oldie« in der Kremer-Garage

Zwölfzylinder-Rennmotor Typ 912 (vorn). Hinten ein 16-Zylinder (kein Einsatz)

Blick in das Cockpit eines Porsche 917, der 1970/71 zwei Marken-WM-Titel holte

Zwölfzylinder-Motor ausgebaut. Ihn gab es mit 4,5; 4,9; 5,0 und 5,4 Liter Hubraum

Karosserie/Fahrgestell

Die offene, zweisitzige Kunststoffkarosserie war aus einem Epoxy-Material, das mit dem Gitterrohrrahmen verklebt wurde. Die zwei Türen waren vorn angeschlagen, das Heckteil nach vorn aufklappbar. Der Spyder war als Rechtslenker ausgelegt. In aller Eile, in den Augusttagen des Jahres 1969, baute man eine Spyder-Version in einem einzigen Exemplar, mit dem Werkspilot Jo Siffert die noch ausstehenden Rennen zur CanAm-Serie in Nordamerika bestreiten wollte. Der 917 PA (PA = Porsche Audi Vertriebsgesellschaft, der amerikanische Bewerber) sollte mit Siffert in der CanAm die Möglichkeiten eines eventuellen Werkseinsatzes prüfen. Daß er bei seinem ersten Rennen nicht gewann, war deshalb auch nicht weiter tragisch. Denn allein schon von Leistung und Gewicht betrachtet, war der 917 PA den CanAm-Sonderkonstruktionen wie z. B. den von McLaren unterlegen. Der PA unterschied sich in seiner ersten Version von dem 917-Coupé praktisch nur durch seine offene und leichtere Karosserie. Anstelle von 140 Liter schleppte der Spyder 180 Liter Benzin mit und wog fahrfertig rund 780 Kilo.
Die äußere Form war keilförmig ausgelegt, wobei sich die Porsche-Ingenieure aus Zeitgründen auf Erfahrungen mit dem Porsche 908.03 stützen mußten. Mit Ausnahme von breiteren Felgen und erleichterten Bremsen entsprach der 917 PA dem Siegerwagen vom 1000-km-Rennen in Zeltweg/Österreich von 1969.
Aufgrund der Erfahrungen bei den Rennen in Amerika wurde der Spyder laufend weiterentwickelt. Für die CanAm-Saison 1971 baute man Siffert einen neuen Spyder, der mit dem 4,9-l-Saugmotor eingesetzt wurde. Auch der Neue basierte weitgehend auf den ersten 917-PA-Spyder, hatte aber einen anders gestylten Bug. Das Heck endete in zwei senkrecht stehenden Flossen, wie sie 1971 auch bei den Typen 908.03 und 917-Kurzheck zu sehen waren.
Nachstehend in Kurzform die Daten zum Fahrwerk, die sich ebenfalls stark an das 917-Coupé anlehnten. Radaufhängung: vorn und hinten an Querlenkern und Längszugstreben (vorn) bzw. Längsschubstreben (hinten). Federung und Dämpfung: vorn und hinten progressiv wirkende Schraubenfedern, kombiniert mit hydraulisch doppelt wirkenden Teleskop-Dämpfern. Die vorn und hinten querliegenden Stabilisatoren waren stufenlos verstellbar. Lenkung: Zahnstange mit einer 11,4:1-Übersetzung. Bremse: Hydraulisch betätigte Scheibenbremsen an allen Rädern, Zweikreissystem, vorderer und hinterer Kreis getrennt, Brems-

kraftverteilung einstellbar. Räder: Leichtmetall-Gußräder mit Zentralverschluß und 15 Zoll Durchmesser. Felgenbreite vorn 10,5″, hinten 15″ mit 4.25/10.20-15- (vorn) bzw. 12.5/26.0-15-Reifen (hinten).
Die letzte von Jo Siffert gefahrene Spyder-Form gilt als der direkte Vorläufer des Porsche 917-10, der ab 1972 mit 5,4-Liter-Saugmotor und später turboaufgeladenem Aggregat in Amerika Furore machte. Die 1971 in der europäischen CanAm, der Interserie, mitfahrenden drei 917 Spyder orientierten sich dagegen eng an dem 917 PA von Joseph Siffert, und zwar der 1969-Version. Nur der von Jürgen Neuhaus, dem Interserien-Sieger von 1970, in der 71er-Saison eingesetzte 917-Spyder unterschied sich von seinen beiden Mitstreiter-Modellen. Im Laufe der Saison bekam dieser Wagen auf die ansonsten unveränderte Karosserie zwei Heckflossen aufgesetzt. Gefahren wurden die europäischen 917-Spyder mit 4,5- und auch 4,9-Liter-Saugmotoren noch bis 1975 in Interserien-Läufen!

Motor

Die im 917 PA gefahrenen Motoren hatten 4,5 bzw. 4,9 Liter (12 Zylinder) und waren absolut identisch mit den im 917-Coupé gefahrenen Aggregaten. Da diese Motoren unter der Rubrik 917 bereits ausführlich beschrieben sind, kann hier auf eine detaillierte Ausführung verzichtet werden.

Porsche 917-Spyder PA (PA = Porsche Audi of America). 1. Ausführung des CanAm-Wagens

Der CanAm-Spyder von 1969 – gefahren von Jo Siffert. Auspuffende noch seitlich

Der Spyder mit geänderter Frontpartie und Heck mit kleinen Spoilern.

Porsche 917 wie er in der CanAm-Serie 1971 lief. Neuer Bug, Heckflossen, 4,9-l-Motor

Porsche 917-Spyder. Aus dem 917-Coupé umgebautes Modell. Mit Heckflossen wie 908.03

Genauso häufig gab es aber den sogenannten »Interserie«-Spyder auch ohne Flossen

Bestückt waren die 917-Spyder mit 4,5- und später 4,9-l-Zwölfzylinder-Aggregaten

Die europäischen Spyder – hier Privatfahrer Ernst Kraus – beherrschten die Interserie

Motoransichten des Zwolfzylinder-Aggregates Typ 912 im Porsche 917 PA-Spyder (4,5 l)

Karosserie/Fahrgestell
Der Gitterrohrrahmen des 917-10 – auch CanAm-Porsche genannt – stellte eine Weiterentwicklung des 917-Sportwagen-Rahmens dar. Wie dieser war er aus Alurohren gefertigt, die unter Schutzgas miteinander verschweißt wurden. Der optisch größte Unterschied zwischen dem Marken-WM-Coupé und dem 917-Spyder bestand natürlich in seiner Karosserieform. Für die äußere Form des 917-10 war jedoch nicht das Styling verantwortlich, sondern die Forderungen nach optimaler Handlichkeit und Fahrstabilität. Denn der aerodynamische Faktor spielt beim Rennfahrzeug eine gleich wichtige Rolle wie beispielsweise die kinematische Auslegung der Radaufhängung. So dienten der schaufelförmige Bug des CanAm-Porsche und der große Heckflügel der Fahrstabilität. Sie erzeugten den dringend benötigten Abtrieb, der bei hohen Geschwindigkeiten mehrere hundert Kilo beträgt. Leider gehen aber diese Stabilitätsvorrichtungen auf Kosten des Luftwiderstandes. So wurden z. B. für den fast doppelt so starken Turbo-Porsche auf dem kalifornischen Riverside-Rennkurs als Höchstgeschwindigkeit »nur« 343 km/h gemessen. Das Langheck-Coupé mit 630 PS und höherem Gewicht stoppte man auf der Mulsanne-Geraden von Le Mans mit 386 km/h.
Alle an private Teams verkauften 917-10 hatten einen Alu-Rohrrahmen mit angeklebter Karosse aus Epoxy-Material. Die verschiedenen Verstärkungen, die im Hinblick auf die hohe Turboleistung vorgenommen wurden, erhöhten das Rahmengewicht auf gut 60 Kilo. Für das Roger-Penske-Team, das die Interessen Porsches in Amerika wahrte und quasi eine Rennfiliale auf dem Übersee-Kontinent war, baute man einen 917-10 (Fahrgestell-Nr. 011) mit einem Magnesium-Rahmen. Mit allen Beschlägen wog dieser Rahmen nur 45 Kilo!
Mit der wesentlich höheren Leistung wuchsen die Anforderungen an das Chassis. Weiterhin schien es schwierig, das Verzögerungsproblem in den Griff zu bekommen. Nach Versuchen mit angelieferten Bremsanlagen baute sich Porsche dann seine Anlage selbst. So wurden die Vierkolben-Bremszangen aus Alu bei Porsche gegossen; man versah sie zur besseren Wärmeableitung mit Kühlrippen. Die 28 mm breiten hohlgegossenen, innenbelüfteten Bremsscheiben aus Spezialgrauguß wurden mit zahlreichen Querbohrungen versehen. Eine Maßnahme zur Temperaturabsenkung und besserem Naßbremsverhalten.
Entsprechend dem damals gültigen Motorsport-Reglement besaß der

normale 917-Sportwagen ein auf 120 Liter begrenztes Tankvolumen. Der 917-10-Turbo erhielt zwei Tanks mit zusammen 330, anfänglich 300 Liter Super-Benzin als Inhalt.

Das traditionelle Eröffnungsrennen der CanAm fand auch 1973 im kanadischen Mosport statt. Hier feierte der neue Porsche 917-30 seine Premiere, der Nachfolger des Typs 917-10. Die Modifikationen waren nur gering, so wurde u. a. der Radstand von 2316 mm (917-10) auf 2500 mm (917-30) verlängert. Dies bedingte eine neue Karosserieform, deren Bug so aussieht wie die Verkleidung der Saugmotor-917 in ihrer letzten Ausführung 1972. Das Heck wurde dagegen, zusammen mit dem breiteren Flügel, weiter über die Hinterachse hinaus verlängert. Der Luftwiderstandsbeiwert sank von 0,65 C_w beim 917-10 auf 0,60 C_w beim 917-30, die Höchstgeschwindigkeit (mit 5,4-Liter-Turbomotor) stieg von 343 km/h auf 370 km/h. Der Inhalt der Kraftstofftanks wuchs analog zur Leistungssteigerung: Von 330 Liter auf 400 Liter Inhalt im Super-Porsche. Das Gewicht betrug fahrfertig rund 800 Kilo und war damit um 20 Kilo höher als beim 917-10.

Motor

Der Basismotor für das Turbolader-Triebwerk war der bereits in den Jahren 1968/69 als Saugmotor für die Marken-Weltmeisterschaft entwickelte 12-Zylinder. Äußerer Anlaß, einen aufgeladenen Motor zu entwickeln, war die FIA-Bestimmung, daß ab 1972 keine Fahrzeuge mit mehr als drei Liter Hubraum mehr bei Marken-WM-Rennen starten durften. Nach Testeinsätzen von Jo Siffert mit einem 917 Spyder und Saugmotor entschloß sich Porsche, 1972 voll in die CanAm-Serie einzusteigen. Während in der Interserie anfänglich die privat eingesetzten 917-10 noch mit 5- bzw. 5,4-l-Saugmotoren gefahren wurden, fuhr man in der CanAm von Beginn an mit dem Turbo-Motor.

Bei der Umstellung des Motors von der Saugversion auf den aufgeladenen Typ blieb der Grundmotor nahezu unverändert. Die ersten Versuche mit Aufladung wurden am 4,5-Liter-Motor gemacht. Diese Version mit 850 PS wurde 1972 bei der Interserie eingesetzt. Die CanAm-Version hatte 5 Liter Hubraum mit gut 1000 PS. Für die Saison 1973 entwickelte man einen 5,4-Liter-Motor. Dieser Motortyp hatte eine Leistung von mindestens 1100 PS bei 7800 U/min und ein maximales Drehmoment von 112 mkp! Das Gewicht eines kompletten 12-Zylinder-Motors mit Abgasaufladung beträgt 285 Kilo.

Da unter der Rubrik Porsche 917 der 12-Zylinder-Motor ausführlich beschrieben ist, wird nachstehend nur auf die gegenüber der Normal-

version geänderten Details hingewiesen. Beim »Sauger« wurde eine Leistungsabtriebswelle mit einem Durchmesser von 22 mm aus Stahl oder mit einem Durchmesser von 24 mm aus Titan verwendet. Der aufgeladene Motor hat eine 24 mm dicke Stahlwelle. Die beiden Kegelräder für den Gebläseantrieb wurden vertauscht. Diese Maßnahme ergab für den Turbo eine 25prozentige Erhöhung der Kühlgebläsedrehzahl. Die Kühlluftmenge beträgt 3100 Liter (Sauger: 2400) pro Sekunde und die Leistungsaufnahme 31 PS (17 PS). Beim Abgasturbolader änderten sich die Ansaugtrichter, der Flachschieber und die Form der Kolbenboden.
Beim aufgeladenen Motor wurde der Einlaß-Nocken geändert. Der Auslaß-Nocken ist für beide Typen gleich. Jeweils eine Zylinderreihe, die wie ein Sechszylinder-Motor mit regelmäßigen Zündanständen arbeitet, ist ein Abgasturbolader-Aggregat sowohl abgasseitig als auch ladeluftseitig zugeordnet. Die von den Verdichtern kommende Ladeluft wird in zwei Sammelrohre geleitet. Die beiden Sammelrohre sind mit den Zylinderköpfen durch jeweils sechs Einzelrohre verbunden. In diesen Einzelrohren sind die Drosselklappen untergebracht.
Die beiden vorderen Enden der Sammelrohre sind durch eine Leitung verbunden, um eventuelle Druckunterschiede auszugleichen. Die Abgasturbolader sind so ausgelegt, daß sie schon bei einer relativ niedrigen Motordrehzahl einen hohen Ladedruck bringen. Bei Vollast und höherer Motordrehzahl muß dann aber der Ladedruck begrenzt werden. Die Begrenzung des Ladedrucks erreicht man mit folgenden Mitteln: Ein in der Auspuffleitung vor der Turbine angeordnetes Bypass-Ventil öffnet automatisch bei Erreichen eines bestimmten Ladedrucks, und die energiereichen Auspuffgase werden unter Umgehung der Turbine ins Freie geleitet. Das Bypass-Ventil wird durch eine Membrane betätigt, deren Federvorspannung mit Hilfe einer Einstellschraube verändert werden kann. Wird die Federkraft erhöht, dann steigt der maximale Ladedruck an, weil das Bypass-Ventil später öffnet. Die Motorleistung nimmt um etwa 50 PS zu, wenn der Ladedruck um 0,1 atü ansteigt.
Die Einstellschraube wurde in Rennfahrerkreisen unter dem Namen »PS-Schraube« bekannt. In Donohues Werks-CanAm-Wagen wurde eine Vorrichtung eingebaut, die dem Fahrer gestattete, vom Cockpit aus durch Verstellen eines Druckventils den Ladedruck und damit die Motorleistung während des Rennens anzuheben!
Normalerweise wurde der 5,0- und 5,4-Liter-Motor (1100 PS) mit 1,4 bis 1,5 atü Ladedruck gefahren. Die Ladeluft hat eine Temperatur von etwa 150 Grad und die Abgastemperatur beträgt bei Vollast rund 1000 Grad vor der Turbine. Die Gehäuse des Abgasturboladers stammen ebenso wie das Turbinen- und Verdichterrad von serienmäßig hergestellten

Dieselmotor-Ladern. Der einzige Unterschied besteht darin, daß die beim Typ 917-10 verwendeten Turbolader eine wälzgelagerte Laufradwelle haben. Dieser Lader erreicht unter Vollast eine Drehzahl von maximal 90000 U/min!
Außer den beschriebenen Änderungen modifizierte man noch folgende Teile: Lufteinlaß-System, Kühlluftmenge, Einspritzpumpe, ladedruckabhängige Kraftstoffregelung, unveränderlicher Zündzeitpunkt und die Verdichtung von 10,5:1 wurde auf 6,5:1 zurückgenommen. Während der Entwicklung gab es einige Schwierigkeiten mit der Auslaßventilführung infolge Überhitzung. Als Abhilfe wurde die Führung gekürzt, der Ventilschaft verchromt, das Laufspiel vergrößert und über eine Bohrung Öl in die Ventilführung geleitet. Schließlich mußte noch die Auspuffanlage an die veränderten Bedingungen des Abgasladers angepaßt werden. Beim CanAm-Wagen wurden je nach Rennstrecke Kraftstoff-Verbrauchswerte zwischen 76 und 97 Liter auf 100 Renn-Kilomter gemessen!
Die in den Spyder-Versionen eingesetzten Turbomotoren mit 4,5 Liter, 5,0 Liter und 5,4 Liter waren technisch absolut identisch und unterschieden sich nur durch Bohrung-Hub-Verhältnisse und die daraus resultierende PS-Mehrleistung. Die Daten der drei aufgeladenen Aggregate (die Saugmotoren, die in den Spyder-Versionen gefahren wurden, sind identisch mit denen vom 917-Coupé) in Stichworten: 4494 cm^3 (66×85 mm), 850 PS bei 8000 U/min, 85 mkp bei 6600 U/min; 4998 cm^3 (70,4×86,8 mm), 1000 PS bei 7800 U/min, 100 mkp bei 6400 U/min; 5374 cm^3 (70,4×90 mm), 1100 PS bei 7800 U/min, 112 mkp bei 6400 U/min.

Kraftübertragung

Um die wesentlich angestiegenen Drehmomentkräfte übertragen zu können, mußte ein gänzlich neues, verstärktes Getriebe (Typ 920) konstruiert werden. Es wurde als reines Viergang-Getriebe entwickelt, ist aber sonst dem vorherigen 917-Getriebe ähnlich. Es ist vollsynchronisiert und hat einen Ölsumpf mit zusätzlicher Umlaufpumpe, die das Öl durch einen Kühler sowie durch die gebohrten Getriebewellen zirkulieren läßt und auch die Düsen beliefert, die das Kegel- und Tellerradpaar bespritzen. Die Titanantriebswellen haben zur Gewichtsersparnis keinen Längenausgleich mehr.
Die 3-Scheiben-Kupplung wurde fast unverändert vom Typ 917 übernommen, nur die Federscheibe wurde verstärkt. Als Ausgleichsgetriebe kam wahlweise ein Lamellen-Sperrdifferential oder ein starrer Durchtrieb zum Einbau.

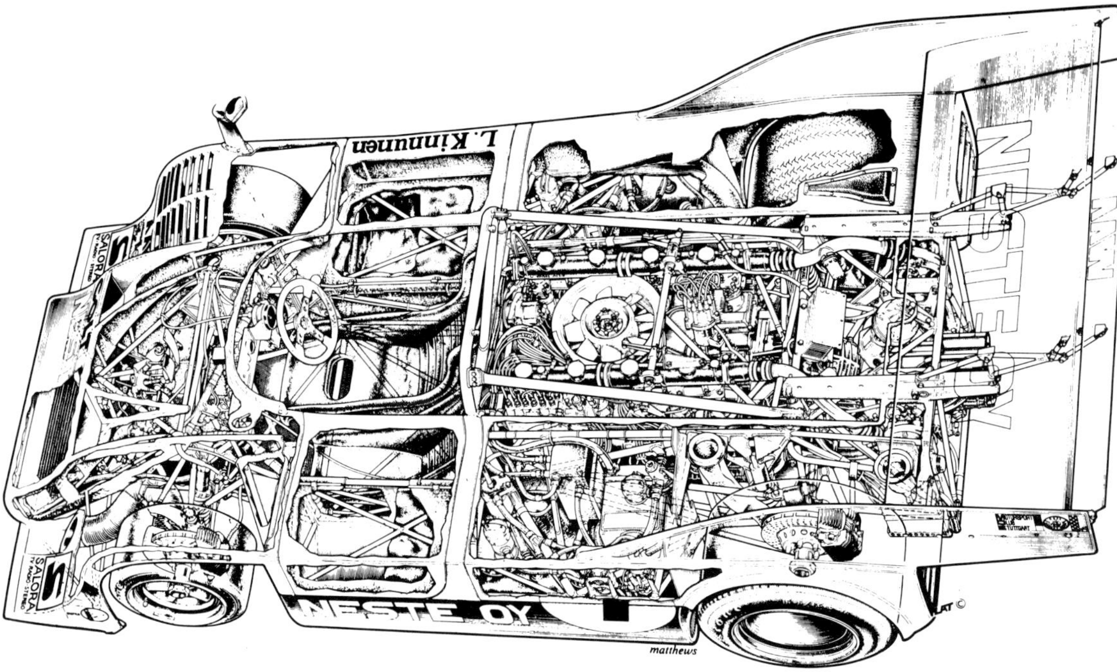

Durchsichts-Zeichnung eines Porsche 917-10-Spyder mit 5-Liter-Turbo-Motor (1000 PS)

Der Urahn aller Porsche 917-10. In der ersten Version fuhr dieser Wagen mit 5,4 l

Frontansicht des ersten Porsche 917-10. Dieser Typ fuhr in der CanAm- und Interserie

Der noch weiße Porsche 917-10 wird von dem US-Pilot Mark Donohue abgestimmt

Das Werk agierte in Amerika durch das Penske-Team, in Europa fuhren nur Privatleute

Porsche 917-10 mit aufgeladenem Zwölfzylinder-Motor (rechts), und mit »normalem« Saugmotor (unten)

Porsche 917-10 mit verschiedenen Bugformen. Rechts für den Turbo, unten für den Sauger

Porsche 917-30001: Zwitter zwischen 917-10 und 917-30 mit variablem Radstand (Müller)

Cockpit eines Porsche 917-10. Zu den üblichen Instrumenten noch die Ladedruckanzeige

Ausgebauter Porsche-Zwölfzylinder mit Abgaslader. Hier Typ 912-52 mit 5,4 Liter

440 Aufsicht auf den Porsche 917-30. Nur 2 Exemplare gebaut. Einsatz in der CanAm
Gegenüber dem 917-10 verlängerter Radstand. Dadurch bedingt: Andere Karosserie

Frontansicht 917-30 von 1973. Gewicht rund 800 Kilo, 400 Liter Benzin an Bord, 370 km/h

Cockpit eines 917-30: Auf der linken Seite zwei Geräte für System- und Ladedruck

Heckansicht (ohne Verkleidung) vom Porsche 917-30.

Weltrekord mit dem 917-30-TC: Donohue schaffte 355,846 km/h in einer Runde als Durchschnittsgeschwindigkeit

917/917 PA/917 Spyder/917-10/917-30

Baujahr	Modell Karosse	Typ	Fahrgestell-Nr.	Motor-Typ	Getr.-Typ	Zyl.	Bohrung x Hub	Hubraum	DIN-PS bei U/min.	mkp bei U/min.	Verdtg.	Radstand	Spur vorn/hinten	Länge	Gewicht
1969	Coupé	917-4.5	917001-917025	912/00	917	12	85 x66	4494	560/8300	50/6800	10,5:1	2300	1526/1533	4290	800
													1488/1457		
	Coupé-LH												1488/1457	4780	830
	Spyder	917PA	917028	912/00	917	12	85 x66	4494	560/8300	50/6800	10,5:1	2300	1526/1533	3905	775
													1584		
1970	Coupé	917K4.5	917001-917053	912/00	917	12	85 x66	4494	580/8400	52/6800	10,5:1	2300	1564/1584	4140	800
		-4.9		912/10		12	86 x70,4	4907	600/8400	56/6500	10,5:1		1564/1584		
		-5.0		912/11		12	86,8x70,4	4999	630/8300	60/6500	10,5:1		1526/1533		
		-5.4		912/12		12	90 x70,4	5374	660/8300	65/6400	10,5:1		1564/1584		
	Spyder	917-4.5	917027	912/00	917	12	85 x66	4494	580/8400	52/6800	10,5:1	2300	1564/1584	4100	780
		-4.9		912/10		12	86 x70,4	4907	600/8400	56/6500	10,5:1				
		-5.0		912/11		12	86,8x70,4	4999	630/8300	60/6500	10,5:1				
		-5.4		912/12		12	90 x70,4	5374	660/8300	65/6400	10,5:1				
1970	Coupé-LH	917LH-4.9	917042-043	912/10	917	12	86 x70,4	4907	600/8400	56/6500	10,5:1	2300	1564/1584	4780	800
													1526/1533		
1971	Coupé-LH	917LH-4.9	917026/045	912/10	917	12	86 x70,4	4907	600/8400	56/6500	10,5:1	2300	1564/1584	4780	800
			917042-043												
	Coupé	917-20-4.9	91720001	912/10	917	12	86 x70,4	4907	600/8400	56/6500	10,5:1	2300			
1972	Spyder	917-10-													
		TC 4.5	91710001-018	912/50	920/10	12	85 x66	4494	850/8000	87/7600	16,5:1	2316	1620/1638	4385	750
		TC 4.9		912/51	920/50	12	86,8x70,4	4999	1000/7800	100/6400	6,5:1	2500		4562	
		TC 5.4		912/52	920/50	12	90 x70,4	5374	1100/7800	112/6400	6,5:1				
		6.5	917027	917	917	16	86 x70,4	6543	755/8200	73,4/6800	10,5:1				
1973	Spyder	917-30 TC	91730002-003	912	920/50	12	90 x70,4	5374	1100/7800	112/6400	6,5:1	2500	1670/1564	4562	800

917-Fahrgestell-Nummern (Einsätze und Laufzeiten)

917.001	250 km	Versuche/Ausstellungswagen/Museum
917.002	400 km	Vortraining Le Mans 1969
	2080 km	Rüttelstrecke, verschrottet
917.003	350 km	Vortraining Le Mans 1969
	100 km	Training Spa 1969
	1380 km	Nürburg-Ring-Versuche 1969 nach Unfall verschrottet
917.004	1230 km	Training/Rennen Nürburgring 1969
	170 km	Versuche
	7:25 h	Training/Rennen Brands Hatch 1970
		Verkauft
917.005	280 km	Training/Rennen Spa 1969
		Verkauft
917.006	1550 km	Versuche 1969
	380 km	Training Le Mans 1969
	25 h	Rollendauerlauf – Verschrottet
917.007	2550 km	Training/Rennen Le Mans 1969
		Verkauft
917.008	4840 km	Training/Rennen Le Mans 1969
	900 km	Versuche 1969
	450 km	Versuche 1970
	2030 km	Rüttelstrecken-Dauerlauf 1970
	20 h	Rollendauerlauf
917.009	1320 km	Training/Rennen Zeltweg 1969 (1.)
	12:15 h	Training/Rennen Sebring 1970
	6:25 h	Training/Rennen Monza 1970
	5:35 h	Training Silverstone + Zeltweg 1970
	15:40 h	Training/Rennen Sebring 1971
917.010	1350 km	Training/Rennen Zeltweg 1969
		Verkauft an D. Piper
917.011	30:30 h	Vortraining Daytona 1969
	2300 km	Training/Rennen Daytona 1970
	200 km	Vortraining Targa Florida 1970 nach Unfall verschrottet
917.012	5:15 h	Vortraining Daytona 1969
		Verkauft
917.013	3:15 h	Training Daytona 1970
(917.034)	13:25 h	Training/Rennen Sebring 1970
		Filmaufnahmen Le Mans 1970
		Unfallschaden
917.014	22:40 h	Training/Rennen Daytona 1970
(917.023)	5:40 h	Training/Rennen Spa 1970 (1.)
	9:20 h	Training/Rennen Watkins Glen 1970
	2:15 h	Versuche in Goodwood
		Verkauft
917.015	26:45 h	Training/Rennen Daytona 1970 (1.)
(917.035)	9:10 h	Vortraining/Training Sebring 1970
	1:05 h	Training Brands Hatch 1970
	1090 km	Vortraining Monza 1970
	1:30 h	Training Spa 1970
	280 km	Versuche Nürburgring
	2:50 h	Training/Rennen Watkins Glen 1970
	1:10 h	Versuche in Goodwood
		Verkauft
917.016	8:45 h	Training/Rennen Brands Hatch 1970 (1.)
	6:00 h	Training/Rennen Monza 1970 (1.)
	0:35 h	Versuche in Goodwood 1970
	3:40 h	Training/Rennen Le Mans 1970
	8:05 h	Training/Rennen Watkins Glen 1970 (1.)
	2:30 h	Training/Rennen Imola 1970
	4:50 h	Training Daytona 1971
	1:10 h	Training Sebring 1971
	4:45 h	Vortraining Le Mans 1971
	0:50 h	Training Monza 1971
	3:00 h	Training Spa 1971
	1:55 h	Training Zeltweg 1971
917.017	5:05 h	Training/Rennen Spa 1970
	12:25 h	Training/Rennen Le Mans 1970
	8:10 h	Training/Rennen Daytona 1971
	5:55 h	Training/Rennen Monza 1971
	4:50 h	Training/Rennen Zeltweg 1971
917.018		Verkauft
917.019		Verkauft
917.020		Verkauft (1. Sebring 1971)
917.021		Verkauft
917.022		Verkauft
917.023		Verkauft (1. Le Mans 1970)
917.024		Verkauft
917.025		Vekauft
917.026	1:15 h	Versuche in Goodwood
(917.030)	5:15 h	Training/Rennen Le Mans 1970
		Verkauft
917.027	1500 km	Vesuche
Spyder	57:30 h	Rollendauerlauf
917.028		Verkauft
Spyder		
917.029	7:50 h	Training/Rennen Buenos Aires 1971 (1.)
	8:35 h	Training/Rennen Brands Hatch 1971
	6:35 h	Training/Rennen Spa 1971
		in Hockenheim am 18. 2. 74 bei Brandversuchen angezündet und verschrottet

917.030	450 km	Versuche
	1580 km	Training/Rennen Zeltweg 1971
		Verkauft an G. Rossi
917.031	4:25 h	Training/Rennen Imola 1970 (1.)
	8:40 h	Training/Rennen Zeltweg 1970 (1.)
	14:50 h	Training/Rennen Sebring 1971
	26:10 h	Training/Rennen Le Mans 1971
917.032	2080 km	Dauerlauf
	1720 km	Versuche
	32:00 h	Rollendauerlauf
917.034	24:45 h	Training/Rennen Daytona 1971 (1.)
	5:50 h	Training/Rennen Monza 1971 (1.)
	7:35 h	Training/Rennen Zeltweg 1971 (1.)
917.035	6:20 h	Training/Rennen Buenos Aires 1971
	4:20 h	Training/Rennen Brands Hatch 1971
	6:30 h	Training/Rennen Spa 1971 (1.)
917.040LH		Veschrottet nach Unfall
917.041LH	230 km	Vortraining Le Mans 1970
		Verschrottet nach Unfall
917.042LH	3490 km	Training/Rennen Le Mans 1970
	2390 km	Versuche
	1870 km	Training/Rennen Le Mans 1971
917.043LH	5090 km	Training/Rennen Le Mans 1970
	1785 km	Versuche
	890 km	Vortraining Le Mans 1971
	15:10 h	Training/Rennen Le Mans 1971
917.045LH	17:00 h	Training/Rennen Le Mans 1971
917.051	740 km	Rüttelstrecke 1971
		Verschrottet
917.052	200 km	Vortraining Le Mans 1971
	1020 km	Rüttelstrecke 1971
		Verschrottet
917.053	5830 km	Training/Rennen Le Mans 1971 (1.)
		Museum
917/20.001	930 km	Vortraining Le Mans 1971
„Sau"	440 km	Versuche 1971
	2970 km	Training/Rennen Le Mans 1971
		Museum

917/10/30-Fahrgestell-Nummern

917/10.001	Alu	Versuchswagen
		1972 an W. Kauhsen verkauft
917/10.002	Alu	Verkauft an J. Siffert
		1972 Unfall von W. Kauhsen am Nürburgring
917/10.003	Alu	Verkauft an R. Penske 1972
		weiterverkauft 1973 an B. Rinzler
917/10.004	Alu	Verkauft an Wihuri-Racing (L. Kinnunen) 1972
917/10.005	Alu	Verkauft an R. Penske 1972
		weiterverkauft 1973 an B. Rinzler
917/10.006	Alu	Verkauft an V. Polak 1972
		weiterverkauft 1973 an H. Wiedmer (Unfall)
917/10.008	Alu	Verkauft an P. Gregg 1972
		weiterverkauft 1973 an H. Haywood
917/10.010	Mg	Versuchswagen/Dauerlauf – Verschrottet
917/10.011	Mg	Verkauft an R. Penske 1972
		Unfall von M. Donohue (Road Atlanta)
917/10.015	Alu	Verkauft an W. Kauhsen 1973
917/10.016	Alu	Verkauft an E. Kraus 1973
917/10.017	Alu	Verkauft an G. Loos 1973
917/10.018	Alu	Verkauft an V. Polak 1973
917/30.001	Mg	Versuchswagen für veränderlichen Radstand. Bis auf Bug und größerer Spurweite vorn auf Typ 917/10 zurückgebaut.
917/30.002	Mg	Verkauft an R. Penske 1973
917/30.003	Mg	Verkauft an R. Penske 1973

Typ 936 (ab 1976)

Zur Sportwagen-Weltmeisterschaft und damit zu einem Rennwagen mit der Typenbezeichnung »936« kam Porsche wie die Jungfrau zum Kind. Denn dieses Championat stand ursprünglich gar nicht auf dem Programm für 1976. Erst wenige Monate vor dem ersten Rennen führten verschiedene sportpolitische Faktoren zur geheimen Kommandosache »936«. Die Unsicherheit über den sportlichen Wert der Marken-WM und der Sportwagen-WM, Gerüchte um eine eventuelle Zusammenlegung beider Championate, aber auch Kommentare aus Frankreich, Italien, Porsche wolle die Marken-WM (Gruppe-5-Wagen) gegen schwache Konkurrenz abstauben, sich in der Sportwagen-WM dem Favoriten Renault-Alpine und Titelverteidiger Alfa Romeo hingegen nicht stellen, veranlaßten die Verantwortlichen in Stuttgart zu einem ebenso mutigen wie riskanten Schritt: Mit der Erfahrung vergangener Jahre und teilweise bereits vorhandenen Aggregaten entwickelten sie in Rekordzeit einen Sportwagen der Gruppe 6, den »Martini-Porsche 936«. Daß dieses Auto dann von der Sportwagen-WM bis weit nach Le Mans einen einzigen Siegeszug antrat, ist eine kaum in vollem Umfang erkannte motorsportliche Sensation geworden.

Der mit Spannung erwartete erste Kräftevergleich der Porsche-Neukonstruktion mit den ein Jahr zuvor erprobten Renault-Alpine am Nürburgring fiel buchstäblich ins Wasser. In einem Regenrennen rutschten beide Werks-Renault schon in der ersten Runde miteinander in die Leitplanken (!), dem dann weit führenden Martini-Porsche 936 riß der Gaszug, und es blieb Porsche-Privatier Reinhold Jöst vorbehalten, die ersten Marken-Punkte für die Zuffenhausener zu holen.

Im Verlauf der nächsten Rennen erwiesen sich dann der Porsche, der Renault und auch der Alfa Romeo leistungsmäßig als etwa ebenbürtig. Aber ausgerechnet der neue Porsche erwies sich als der zuverlässigste: Der 936-Spyder blieb siegreich in Monza, Imola und Pergusa. Durch diesen Hattrick war Porsche schon nach vier von sieben Sportwagen-WM-Läufen Titelträger.

Den Sieg in diesem Championat untermauerte der Erfolg im 24-Stunden-Rennen von Le Mans. Zwar zählte Le Mans 1976 nicht zur Weltmeisterschaft, aber diese Langstreckenprüfung ist bedeutend genug, um die Weltelite zu versammeln. Das Starterfeld war an Zahl und Vielfalt kaum zu überbieten. Neben den Sportwagen von Lola, Mirage, Porsche und Renault und den Produktionswagen von BMW, Chevrolet, Datsun, Ford und Porsche fanden sich sogar amerikanische Stockcars im Feld der 55 Starter.

Für Porsche war es nach den Erfolgen von Herrmann/Attwood 1970 und Marko/van Lennep 1971 der dritte Gesamtsieg bei den 24 Stunden von Le Mans.

Trotz der Erringung von zwei Weltmeisterschaften (Sportwagen und Marken) – am Ende der Saison verkündeten die Zuffenhausener sich nur noch in der Marken-WM engagieren zu wollen. Die Aktivitäten innerhalb der Sportwagen-WM sollten 1977 nicht weitergeführt werden, nachdem auch der Hauptkonkurrent Renault sich angeblich aus diesem Championat zurückziehen wollte.

Schließlich änderte man später diese Meinung noch insoweit ab, als das man den Typ 936 nur noch bei den 24 h Le Mans einsetzen wolle und für die Marken-WM ein neues Fahrzeug, den Porsche 935-77 entwickeln werde. So wurde für 1977 dem 936-Spyder nach ausgedehnten Windkanalversuchen zwar eine neue, strömungsgünstigere Karosserie verpaßt, aber sonst hielt man sich aus Kostengründen mit Testfahrten ziemlich zurück. Die Vorjahreswagen waren in Paul Ricard nach den Modifikationen in der Spitze um 25 km/h schneller. Sogar ein 28-Stunden-Dauerlauf auf dem südfranzösischen Rennkurs verlief problemlos. Doch in Le Mans sah dann alles etwas anders aus.

Der 936-Spyder mit Barth/Haywood, später kam noch Jacky Ickx auf diesen Wagen, stand schon nach 1:05 Stunde außerplanmäßig an der Boxe. Defekt an der Einspritzpumpe. Die Sicherung an der Regulierung für die Druckverstellung hatte sich gelöst. Die Folge: Der Motor gab zu wenig Leistung. Nach 28 Minuten Reparaturdauer wurde das Rennen wieder aufgenommen – inzwischen auf Platz 41 liegend!

Der zweite Werks-936 mit Ickx/Pescarolo war nach 2:50 Stunden außer Gefecht. Ursache hier: Pleuelschaden. Doch hatte der verbliebene 936 inzwischen eine erbarmungslose Aufholjagd gestartet, wobei sich besonders Jacky Ickx hervortat. Und tatsächlich gelang das nicht mehr erwartete: Nach 18 Stunden war der Martini-Porsche wieder Spitzenreiter!

Doch um 15.14 Uhr, 46 Minuten vor Schluß des Rennens – alle direkten Konkurrenten des führenden Porsche waren inzwischen aus- oder weit

zurückgefallen – kam Hurley Haywood unerwartet an die Boxe: Ein Kolben am Sechszylinder-Turbomotor hatte gefressen. In aller Eile wurden an dem entsprechenden Zylinder Zündung und Benzinzufuhr abgeklemmt. Doch es blieben eine Menge Fragen: Wie stark hatte der Kolben schon gefressen, würde der Motor überhaupt noch einmal anspringen, wenn ja, wie lange würde er dann noch laufen?!
Alle diese Fragen beschäftigten Jürgen Barth, als er den schwer angeschlagenen Porsche 936 für die letzten zwei Runden in dem 24-h-Rennen noch einmal übernahm. Doch Barth und der Porsche-Spyder schafften es – Porsche gewann nach einem dramatischen Rennverlauf zum viertenmal in der Geschichte die 24 h Le Mans.
Was sich dagegen 1978 auf dem Sarthe-Kurs abspielte, das war mehr als eine Materialschlacht über 24 Stunden, das war schon eher eine Völkerschlacht. Da trat nicht mehr nur Porsche gegen Renault an, sondern da versuchte Frankreich durch seinen Automobilkonzeren Renault vertreten, Deutschland, mit dem Edelsportwagen-Hersteller Porsche sehr gut repräsentiert, eins aufs Haupt zu schlagen. Mit einer »Alles-oder-nichts-Strategie« gelang dem Staatskonzern dann auch die Revanche für die Niederlage im Vorjahr.
So wurde Jean-Pierre Jabouille im Renault-Alpine als »Hase« auf die Piste geschickt, das heißt: er legte ein so hohes Tempo vor, daß die Konkurrenten (u. a. Porsche) entgegen ihren Zeitplänen ebenfalls forcieren mußten um den Anschluß nicht zu verlieren. Aus dieser Tempoerhöhung sollten dann auch Probleme auftauchen.
Geplant war, daß die 936 (zwei mit Vierventil-Motoren, ein Zweiventiler) Rundenzeiten zwischen 3.40 und 3.50 Minuten fahren sollten. Doch Jabouille fuhr ständig unter 3.40 Minuten. Eine Folge davon: Ickx stand schon nach zwei Runden an der Boxe: Er beklagte ein schwergängiges Gaspedal. Während man noch daran arbeitete, kam Haywood an die Boxe: Hier öffnete das Turbolader-Ablasventil nicht. Kleinigkeiten zwar, aber die 936 lagen erst mal weit zurück.
Bei Einbruch der Nacht kam Ickx – inzwischen wieder an 6. Stelle im Gesamtklassement – herein: Fünfter Gang defekt! Die Reparatur dauerte über 40 Minuten, damit hatten Ickx/Pescarolo/Mass endgültig den Anschluß verloren. Ohne Zögern setzte man den Belgier wenig später auf den 936 von Barth/Wollek/Jöst. Bei dem älteren 936-Spyder mit Zweiventilmotor unter Haywood/Gregg hatte man in der Zwischenzeit einen Lader gewechselt, womit auch dieser Werkswagen ziemlich weit zurückfiel. Als dann noch Mass den von Ickx übernommenen Spyder kurz vor elf Uhr morgens in die Leitplanken schmiß, waren die Siegeschancen für die Zuffenhausener erheblich gesunken.

Trotzdem mußten auch die Renault-Leute noch zittern: Der lange führende Typ A 443 war mit Motorschaden ausgefallen, im A 442 unter Bell/Jarier hatte das Differential gestreikt und beide Renault-Mirage kämpften mit Elektrikproblemen. Doch schlußendlich blieben Pironi/Jaussaud im Renault-Alpine A 422 B mit sieben Runden Vorsprung vor Wollek/Barth/Ickx siegreich.
Renault erledigte seinen Staatsauftrag pflichtgemäß, um wenige Tage später zu verkünden, daß man werksseitig endgültig nicht mehr in Le Mans antreten wolle, da mit dem Einstieg in die Formel 1 neue, große Aufgaben warten würden, die die gesamte Mannschaft voll beanspruchen wird. Porsche aber versprach Revanche.

Gut 21 Stunden gaben deutsche Fahrer und deutsche Rennwagen den Ton bei den 24 h von Le Mans 1979 an. Die beiden Werks-936 – mit neuem Sponsor, der Ölhandelsfirma Essex – schienen klar auf den Sieg favorisiert, doch da die Entscheidung überhaupt in Le Mans zu fahren erst sehr spät gefallen war, fehlten eine Menge Testkilometer. Ein gravierender Nachteil wie sich bald zeigte.
Man hatte den Ansaugtrakt der Motoren, die Drosselklappen, das Auspuffsystem verändert, um mehr Zug im unteren Drehzahlbereich zu bekommen. Weiterhin war einiges an der Störquelle von 1978, dem Getriebe, geändert worden – vor allem in Form von Weglassen der Erleichterungsbohrungen im Gangrad des Fünften.
Die Porsche 936 legen ein strammes Tempo vor – Rundenzeiten zwischen 3.40 und 3.45 Minuten – bekamen aber nach noch nicht einmal drei Stunden erste Probleme: Redman brachte nach einem Reifenschaden einen lädierten 936-Spyder an die Boxe, Wollek steht mit Motoraussetzern ebenfalls zur Reperatur. An dem Wagen des Franzosen wurde dann einer der sechs Zylinder stillgelegt und so »kastriert« drehte der Essex-Porsche bis in den frühen Morgen noch seine Runden – dann nahm man ihn aus dem Rennen.
Damit war das Porsche-Werk komplett aus dem Rennen, denn schon in der Nacht war der Redman/Ickx-936 ausgefallen, genauer: disqualifiziert worden wegen fremder Hilfe. Angeblich war ein Einspritzkeilriemen von einem Mechaniker irgendwie in den stehenden 936 manipuliert worden, als dieser nach einem von Ickx auf der Strecke montierten Ersatzkeilriemen nach ein paar hundert Metern erneut stehen geblieben war.

An die Spitze hatten sich zwei Porsche-Privatteams vorgearbeitet, angeführt vom Kremer-935 unter Ludwig und den Brüdern Whittington vor der zweiten deutsch-amerikanischen Mannschaft Stommelen/Newman/Barbour. Trotz Probleme die beide Teams kurz vor Rennschluß noch bekamen blieb es bei dieser Rangfolge bis ins Ziel.

Das Werk hatte zwar verloren, doch Porsche dank seiner starken Privattteams gewonnen. Und so fiel den Zuffenhausenern die Entscheidung für Le Mans 1980 leicht: Keine Einsätze mehr mit den Sport- oder Produktionswagen, sondern Beginn einer neuen Entwicklung auf der Basis des Porsche 924. (siehe: Typ 924 Carrera GT-Le Mans)

Karosserie/Fahrgestell

Formal ist der neue Sportwagen-Spyder eine Mischung zwischen einem Typ 908.3 und einem 917.10. Basis bildet auch beim Typ 936 – so die offizielle Bezeichnung – die bewährte Alu-Gitterrohrrahmen-Konstruktion. Die dreigeteilte Karosserie besteht aus Polyester. Zusammen gehören das Vorderteil mit integriertem Scheinwerfern, das Mittelteil mit den beiden hochklappbaren Türen, und das Heckteil mit großem Flügel. Die Form ist rundlich weich und läuft scharf in einem Langheck aus. Auf diesem sitzen zwei senkrecht stehende Flossen, die in der Höhe der Hinterräder beginnen und ebenfalls in einer weichen Linie ansteigen. Über die gesamte Wagenbreite führt am Heck ein zweilippiger Flügel, der verstellbar ist und zudem in der Mitte zur Karosserie abgestützt wird. Die Fahrerposition ist etwas nach rechts von der Mitte angeordnet und in etwa so weit vorne plaziert, wie vom Porsche 908.03 bekannt.

Der »936« hat vorne Querlenker mit Längszustreben, hinten je einen untenliegenden Dreieckslenker und je eine obere und untere Längsschubstrebe. Weiterhin: progressiv wirkende Schraubenfedern mit Bilstein-Gasdruck-Stoßdämpfer. Die Zweikreis-Bremsanlage arbeitet mit belüfteten Bremsscheiben und Alu-Bremssätteln. Die Bremskraftverteilung ist einstellbar. Die Leichtmetallfelgen haben 15-Zoll Durchmesser, sind vorne 10,5 und hinten 15-Zoll breit. Bei einem fahrfertigen Gewicht von rund 700 Kilogramm liegt, je nach Übersetzung, die Höchstgeschwindigkeit bei ca. 330 km/h. Die 160 Liter fassenden Benzintanks liegen links und rechts vom Fahrer, sowie unmittelbar in der Querachse hinter dem Cockpit. Der Öltank befindet sich halbschräg hinter dem Pilotensitz.

Motor

Das Basis-Aggregat wurde bereits seit 1974 ausgiebig in den Werks-Carrera-Turbo getestet und ist technisch ausgereift. Der Sechszylinder-Zweiventiler produziert dank mechanischer Bosch-Einspritzung und KKK-Abgasturbolader 520 PS bei 8000/min. Der effektive Hubraum beträgt 2142 cm^3 (Bohrung 83 mm, Hub 66 mm), die Verdichtung liegt bei 6,5:1. In den vom Motoranfang bis fast zum Karosserieende verlaufenden Luftansaugrohren – für jede Zylinderreihe eines – sind zwei Ladeluftkühler integriert. Der Motor hat einen Magnesium-Block und Doppelzündung.

Kraftübertragung

Hinter dem Motor sitzt, getrennt vom Triebwerk durch ein ca. 30 Zentimeter breites Alu-Distanzstück, das Differential. Über eine kurze Extrawelle wird die Leistung vom Motor weitergegeben. Noch hinter dem Differential liegt das durch einen separaten Ölkühler gekühlte 5-Gang-Getriebe (Typ 917) aus der hauseigenen Fertigung. Die 3-Scheiben-Trockenkupplung stammt von Borg & Beck.

ÄNDERUNGEN ZUM BAUJAHR

1977

Über den Wintermonaten wurde der Typ 936 – wieder Nummer eins als Einsatzfahrzeug für die 24 h Le Mans – kräftig überarbeitet. Die modifizierte Karosse ist das Ergebnis einer aerodynamischen Optimierung im Windkanal. denn die aus der Karosserieform gewonnenen Pferdestärken bzw. Stunden-Kilometer sind oft wertvoller als die dem Motor abgerungenen.

Aber auch an den Triebwerken wurde die Arbeit der vergangenen Wochen sichtbar, sprich meßbar. Sowohl der 935-, als auch der 936-Motor wurden von einem auf zwei Abgasturbolader umgestellt, das heißt jede Zylinderreihe hat nun ihren eigenen Lader. Durch diese Maßnahme konnte die Leistung des 936-Aggregates von 520 auf 540 PS gesteigert werden; ferner zeigte sich das Ansprechverhalten des so modifizierten Turbomotors weiter optimiert. Angesichts dieser Leistungen verdient es Beachtung, daß es sich bei den derzeit von Porsche verwendeten Rennmotoren um echte Abkömmlinge des 911-Serientriebwerkes handelt, das heißt um rationell gebaute Sechszylindermotoren mit einer Nockenwelle, zwei Ventilen pro Zylinder und einem Drehzahllimit von 8000/min.

Wie rationell bei Porsche Rennen bestritten werden, zeigt u. a. auch die Tatsache, daß es sich bei den beiden für Le Mans vorbereiteten 936 um die Vorjahreswagen mit den Baunummern 001 und 002 handelt. Da die beiden einzigen bis zu diesem Zeitpunkt gebauten Wagen dieses Typs die Saison 1976 sowie sämtliche Testfahrten unbeschädigt überstanden, konnten sie für den neuen Le Mans-Einsatz modifiziert und aufgefrischt werden.

Die Leistung stieg – wie bereits gesagt – um 20 PS bei gleicher Drehzahl. Der Radstand wurde um 10 mm verlängert, die Spur vorne 50 mm und hinten 30 mm schmaler. In der Länge wurden fünf Zentimeter gekürzt und die Höhe um sechs Zentimeter verringert.

1978

Die »alten« waren auch ein Jahr später wieder mit dabei, wenn auch modifiziert und in Details kräftig überarbeitet. Das Porsche-Aufgebot schien auch '78 eine fast perfekte Sache. In den Jahren 1976 und 1977 gewann Porsche mit dem im Typ 935 installierten 2,8-l-Motor in der Marken-WM fast nach Belieben und holte beide Jahre den Titel. Der gleiche serienähnliche Motor wurde in einer 2,1-l-Version auch im Typ 936 gefahren. Dies ist insofern bemerkenswert, als nämlich Sportwagen der Gruppe keinen Serienbeschränkungen unterliegen. Der »936« hätte also mit einem reinrassigen Rennmotor ausgestattet werden können. Der Gewinn der Sportwagen-WM 1976 und die beiden Siege des Typs 936 in Le Mans 1976 und '77 hatten aber gezeigt, wie zuverlässig der 911-Motor auch in seiner Produktions-Rennversion noch ist.
Trotz der hohen Leistung – 640 PS entwickelte die 2,8-l-Version und 540 PS die 2,1-l-Version im Jahre 1977 – war die Grenze der mechanischen Beanspruchung noch nicht ganz erreicht. Mit Sicherheit hätte man es jedoch bei einer erneuten Leistungssteigerung des Turbomotors mit thermischen Problemen zu tun bekommen. Das zu ändern ging man an die Arbeit für die Rennen 1978. Eine Konzeptstudie ergab, daß unter Beibehaltung der reglementierten Serienbauteile die Leistungsfähigkeit des Sechszylindermotors nochmals deutlich angehoben werden konnte. Allerdings waren hierzu Änderungen in einem Ausmaß erforderlich, wie sie der 911-Motor in seiner bis dato 14jährigen Geschichte noch nie zuvor über sich ergehen lassen mußte.
Eine der wichtigsten Änderungen war die Umstellung von zwei auf vier Ventile je Zylinder. Diese Maßnahme verringerte die Wärmebeanspruchung der gefährdeten Auslaßventile erheblich. Die vier Ventile und die vier Kanäle schränkten den freien Querschnitt im Zylinderkopf aber so stark ein, daß eine ausreichende Luftkühlung nicht mehr gewährleistet war. Die Zylinderköpfe des Vierventilmotors wurden also in logischer Konsequenz wassergekühlt!
Da nach wie vor die luftgekühlten Einzelzylinder verwendet wurden, wählte man für die Zylinderköpfe ebenfalls eine Einzelkonstruktion. Der neue Motor hat also nicht zwei Dreifach-Zylinderköpfe, sondern sechs einzelne. Dieses außergewöhnliche Merkmal brachte aber einen Riesenvorteil: Zylinderkopf und Zylinder werden auf einer Elektronen-

strahlmaschine miteinander verschweißt, so daß auf eines der kritischsten Bauteile, die Zylinderkopfdichtung, verzichtet werden konnte. Was nicht vorhanden ist, macht selten Probleme.
Die Zylinderköpfe werden vom Kühlwasser quer von unten nach oben, von der Auslaß- zur Einlaßseite durchströmt, was eine gleichmäßige Kühlung garantiert.
Jede Zylinderseite besitzt eine von den Auslaß-Nockenwellen direkt angetriebene Wasserpumpe. Das Gebläse, das jetzt nur noch die Zylinder mit Luft versorgen muß, wurde verkleinert und die Kühlluftmenge von ca. 1700 l/s auf nur noch 500 l/s reduziert. Erfreulicherweise ging die Temperatur an den kritischen Stellen des Nikasil-Zylinders von etwa 280° Celsius beim luftgekühlten auf ca. 200° Celsius beim luft-wassergekühlten Motor zurück.
Kleine Neigungswinkel der Ventile ergaben einen modernen kompakten Brennraum mit nur einer – zentral angeordneten – Zündkerze und einer relativ kleinen Brennraum-Oberfläche. Statt bisher nur einer, hat der Vierventilmotor zwei obenliegende Nockenwellen pro Seite und Tassenstößel an Stelle der Kipphebel. Außerdem wurde die Kette für den Nockenwellenantrieb durch Zahnräder abgelöst. Schließlich wurde auch das HKZ-Zündsystem verbessert. Der bisher von der Kurbelwelle angetriebene Zündverteiler wurde in eine Induktivgeber- und Hochspannungsverteiler-Einheit getrennt. Sie werden von den beiden Einlaßnocken angetrieben.
Das Turboaufladesystem wurde im Prinzip unverändert übernommen. Sowohl für die 2,1-l-Version im Typ 936, als auch für die 3,2-l-Version des Typs 935 wird eine Anlage mit zwei Abgasturboladern verwendet.
Die Boxe zwei, ein für die Rennentwicklung reservierter Motorenprüfstand in Weissach kam in den Wintermonaten 77/78 nicht zum Stillstand.
Doch schon der erste Prototyp-Motor beruhigte alle, die Bedenken wegen der angestrebten Leistung hatten. Die Neuentwicklung erfüllte von Anfang an alle Erwartungen. Die weiteren Versuche konnten also auf Abstimmungsprobleme und, im Hinblick auf Le Mans, auf Zuverlässigkeit konzentriert werden.
Die Generalproben vor den wichtigen 24 h Le Mans liefen recht erfolgreich: Beim Marken-WM-Lauf in Silverstone fuhr der Werks-935 mit 3,2-Vierventiler-Motor einen überlegenen Sieg heraus. Die 2,1-l-Variante absolvierte im 936-Spyder einen 40stündigen Dauerlauf auf dem Paul-Ricard-Kurs erfolgreich.
Die dann nach Le Mans entsandte Truppe schien nicht nur auf den ersten Blick recht schlagkräftig und die einzig ernsthaften Konkurrenten, die vier Renault-Alpine, schlagen zu können. Doch selbst zwei 936-

Spyder mit dem neuen Vierventilmotor, ein 936 mit dem älteren Zweiventiler-Aggregat und der schnelle 935 – ebenfalls Vierventiler-Motor – konnten eine Niederlage nicht verhindern.
Zwanzig Minuten fehlten Porsche nach 24 Stunden zum Sieg, in etwa die Zeit, die die 936 bei der Reparatur der Getriebe verloren hatten, deren Verwendung aber nicht direkt mit den neuen Motoren in Zusammenhang steht.
Um die Getriebe an die höhere Leistung der Vierventiler anzupassen, hatten die Porsche-Techniker die einzelnen Gänge in ihren Abstufungen anders als im Vorjahres-936 auslegen müssen. Danach spielte in beiden Vierventil-getriebenen Spydern der fünfte Gang nicht mit. Die gewichtserleichterten Gangräder brachen – Schäden, die bei den Tests nicht aufgetreten waren – und zwangen zu entscheidenden Boxenstopps.
Bis auf sieben Runden konnten sich Barth/Wollek/Ickx auf dem 936 an die führenden Pironi/Jabouille/Jaussaud auf Renault-Alpine wieder herankämpfen, doch es langte nur zu Platz zwei. Den dritten Rang belegte der Zweiventiler-936 unter Haywood/Gregg/Jöst. Der dritte Gruppe-6-Porsche blieb, nach einem Mass-Dreher beträchtlich gekürzt, auf der Strecke.

1979

Den letzten Anstoß zur Teilnahme von Porsche an den 24 h Le Mans 1979 gab die Mineralölhandels-Firma Essex und ihr Boß David Thieme. Die dann Essex-gesponsorten Porsche 936 präsentierten sich technisch auf dem Stand des Vorjahres. Die 580 PS blieben, doch eine Änderung an der Benzineinspritzung brachte unten herum – bei niedrigen Drehzahlen – mehr Kraft. Ein breites Drehzahlband von 5500 bis 8500/min stand den Fahrern zur Verfügung. Den ehemals etwas empfindlichen Zylinderköpfen konnte Standfestigkeit bis zu einem Ladedruck von 1,6 bar anerzogen werden. Steifere Bremszangen und eine Belagverschleißanzeige trugen zur höheren Sicherheit bei. Alles wurde etwas verfeinert, vervollkommnet. Dennoch meinte Renn-Ingenieur Norbert Singer beim letzten Check vor der Fahrer-Besprechung: »Wir üben den Weitsprung aus dem Stand. Wir mußten vieles neu koordinieren, denn wir waren ja alle in letzter Zeit intensiv an Serienprodukten tätig.«
Im Rennen litt der Porsche 936 unter Bob Wollek/Hurley Haywood unter mysteriösen Defekten in der Benzinzufuhr, und als schließlich am Sonntag morgen mangelnde Kompression den Wagen vom zweiten Platz immer weiter zurückfallen läßt, holt man ihn endgültig aus dem Rennen.

Ganz früh erwischte es bereits das Spitzenteam Jacky Ickx/Brian Redman. Kaum hatte der Brite nach dem zweiten Tankstopp das Steuer von Ickx übernommen, als er einen Reifenschaden mit Folgen hinnehmen mußte. Ausgerechnet in der über 240 km/h schnellen Rechtskurve nach Start und Ziel verlor der linke hintere Reifen Luft. Eine fatale Korrelation, die mit einem vierfachen Dreher und einem demolierten Kühler endete. Um 16.45 Uhr war das Mißgeschick passiert, um 18.10 Uhr kann Redman das Rennen wieder aufnehmen.
Die Spitze ist inzwischen 18 Runden enteilt. Doch Ickx liebt solche Herausforderungen. Als es kurz vor Halbzeit zu regnen beginnt, da fliegt der Belgier geradezu durchs Feld. Der Belgier, der unbedingt seinen fünften Le-Mans-Sieg feiern möchte, macht Platz um Platz gut, doch nachts um zwei Uhr bleibt er auf der Hunaudieres-Geraden mit abgerissenem Zahnriemen von der Einspritzpumpe stehen. Der Ersatzriemen, eilig selber montiert, reißt nach wenigen Kilometern erneut. Jetzt steht Ickx in der Außenkurve von Mulsanne. Ein letzter verzweifelter, allerdings unerlaubter Versuch wird gewagt: Ein Mitarbeiter aus der Porsche-Mannschaft läßt »zufällig« in der Nähe des gestrandeten 936 einen neuen Zahnriemen fallen. Doch die Funktionäre sind wachsam in dieser Nacht: Ausschluß wegen erwiesener fremder Hilfe!

1980

In Le Mans stammen 24 der 55 gestarteten Autos aus der Stuttgarter Sportwagen-Schmiede, darunter einer der Favoriten, der zweisitzige Gruppe-6-Wagen unter Reinhold Jöst/Jacky Ickx. Der neuaufgebaute Spyder entsprach in etwa den Werkswagen von 1977 – hatte also keine wassergekühlten Zylinderköpfe und war ein echter Zweiventiler mit etwa 520 PS.
Leider vergab das Team in der Anfangsphase den Sieg, da es betont zurückhaltend und auf Sicherheit fuhr. Dadurch nicht den durchaus möglichen Vorsprung herausfuhr und dann durch eine einzige Reparatur – den Wechsel des Zahnradpaares für den fünften Gang – eine runde halbe Stunde verlor.
Im Ziel war der Gruppe-6-Porsche um nur knapp vier Minuten (!) von dem Le-Mans-Spezialisten Rondeau geschlagen, dessen aus der Formel 1 stammendem Motor (Ford Cosworth V8) man diese Standfestigkeit eigentlich nicht zugetraut hatte. Doch der ehemalige Siffert-Monteur Heini Mader hat die bislang alles zerstörenden Vibrationen weggezaubert und damit ein zuverlässiges Langstrecken-Triebwerk geschaffen.

1981

Im Jahre des 50jährigen Firmen-Jubiläums sowie des 30jährigen Porsche-Teilnahme-Jubiläums in LeMans geriet der Einsatz von insgesamt vier Werkswagen zum totalen Erfolg. In dem unter extremer Hitze ausgetragenen Langstrecken-Rennen erreichten alle Werkswagen das Ziel und stellten dabei bemerkenswerte Leistungen auf. Von den 53 gestarteten Fahrzeugen kamen nur 21 ins Ziel, darunter allein 10 Porsche.
Jacky Ickx und Derek Bell, die Sieger auf dem Porsche 936 mit der Start-Nummer 11, erzielten mit 201,065 km/h einen neuen Geschwindigkeits-Rekord für die 24 Stunden auf der neuen Strecke (mit Schikanen). Die Leistung wiegt um so höher, als das Rennen nach zwei Unfällen jeweils ca. 20 Minuten neutralisiert war. Das heißt, das Feld rollte mit etwa 150 km/h und Überholverbot hinter dem Führungswagen her.
Jacky Ickx gelang übrigens der sehnlichst erwünschte fünfte Gesamtsieg in LeMans, der ihn zum erfolgreichsten LeMans-Piloten aller Zeiten machte. Für Porsche war es nach 1970/71/76/77 und 1979 ebenfalls der sechste Erfolg in LeMans.
Jochen Mass und Vern Schuppan/Hurley Haywood auf dem zweiten Porsche 936 wurden durch Pech am großen Erfolg gehindert. Nachdem sie die größte Zeit des Rennens sicher den zweiten Platz besetzten, wurden sie durch Defekte an einer Motor-Zündkerze, an der Kupplung und an der Einspritzpumpe zurückgeworfen. Platz 13 fügte sich nahtlos an ein glückloses Rennen.

Porsche 936-Turbo. Der Spyder ist eine Mischung aus den Typen 908.03 und 917-10

Heckansicht des Typs 936. Darunter verbirgt sich der 2,1-Liter-Sechszylinder mit 500 PS

Jochen Mass am Lenkrad (1976 Werkspilot auf dem »936«) bei Versuchsfahrten

Bei dem gestrippten »936« sind die Aggregate und ihre Positionen sehr gut zu erkennen

Porsche 936: Basis auch hier der bewährte Alurohrrahmen, mit Turbomotor

Nach ausführlichen Tests entscheidet man sich 1976 für die flache Form (Nr. 6)

Seiten- und Frontansicht des 936-76, u. a. in Le Mans im Einsatz

Der zweite 936 in Le Mans 76 hatte die große Lufthutze und Motorabdeckung

Heckverkleidung des 936-77: Zwei differente Lufteinlässe bei Tests

Porsche 936-77: Flacher, kürzer und schmaler. Außerdem gut 30 PS mehr Leistung

Porsche 936-78: Erste Versuche mit der aerodynamisch überarbeiteten Version

Für die 24 h Le Mans mit dem neuen 2,1-l-Vierventilmotor (580 PS)

Zwanzig Minuten fehlten dem 936-78 am Ende der 24 h Le Mans zum Sieg

Im Heck arbeitete der Vierventilmotor mit Wasser-, (Kopf) bzw. Luft- (Block)-gekühlt

Porsche 936-79: Technisch präsentierten sich die Spyder auf dem Stand von 1978

Die Leistung, 580 PS, blieb und war bis 1,6 bar Ladedruck standfest

Die beiden Werks-936 wurden von der Mineralölfirma Essex gesponsort

Ein 936 litt unter Benzinzufuhrproblemen, der andere wurde disqualifiziert

Der privat von Reinhold Jöst eingesetzte Gruppe-6-Wagen für die 24 h Le Mans 1980 entsprach technisch den Werkswagen von 1977, also Zweiventil-Motor mit 520 PS

464 Porsche 936/81: Siegerwagen der 24 h LeMans 1981
Oben von Porsche-Chef P. W. Schutz gefahren (!),
unten von Derek Bell, der sich mit Jacky Ickx abwechselte

Typ 936 (Joest-Racing) – 1980

Schon im Jahre 1980 war bei Joest, neben den Gebrüdern Kremer der wohl bekannteste Porsche-Rennstall, ein Porsche 936 entstanden, der mit im Werk noch vorhandenen Teilen des Typs »936« aufgebaut worden war. Allerdings kam dieser Joest-936 erst richtig zum Zuge, als das Werk nach dem LeMans-Sieg 1981 beschloß, diesen Typ nicht mehr bei Rennen einzusetzen. Der Siegerwagen dieses LeMans-Rennens verblieb im Porsche-Museum.
Joest gab seinem Porsche 936 die Fahrgestell-Nummer »004«, sachlich korrekt, denn das Werk selber hat über einen Zeitraum von sechs Jahren nur drei Wagen des Typs 936 gebaut.
Der »936.004« wurde als offener Renn-Sportwagen der Gruppe 6 konzipiert und hat einen Gitterrohrrahmen mit Kunststoffkarosse. Bei einer Länge von 4,96 Meter war der Wagen 1,92 Meter breit und nur 1,17 Meter hoch.
Hinter dem Fahrer arbeitet ein 2,1-l-Sechszylindermotor (im Werkswagen war es schon der 2,65 Liter), der Luft-wassergekühlt und mit Hilfe von vier Nockenwellen und zwei KKK-Turboladern über 590 PS bei 8200/min verfügt. Über ein Fünfgang-Getriebe war diese Leistung gut an die Hinterachse zu bringen. Bei einem Leergewicht von rund 800 Kilogramm sind mit der längsten Übersetzung 350 km/h erreichbar.

Typ 936 C (Joest-Racing) - ab 1982

Auf der Basis des bekannten Porsche 936 – ein offener Renn-Sportwagen des alten Gruppe-6-Reglements – entstand reglementskonform ein sogenannter Gruppe-C-Wagen (siehe auch Typ 956). Der Joest-Porsche 936 C verfügt deshalb auch über den Gitterrohrrahmen des Typs 936, ähnlich wie der von den Gebrüdern Kremer gebaute C-Wagen (siehe auch Kremer-Porsche CK 5).
Die bewährte Gitterrohrrahmen-Konstruktion wurde den vorgegebenen Maßen angepaßt und auch der Radstand verlängert. Die geschlossene Kunststoff-Karosse wurde von Zimmermann-Design (Bensberg) gefertigt. Die Abmessungen: Länge 4,80 Meter, Breite 1,99 Meter und Höhe exakt 1,00 Meter.
Als Antriebsquelle ist der luftgekühlte Sechszylinder-Doppelturbomotor eingebaut, der allerdings nur über zwei Ventile bzw. zwei Nockenwellen verfügt. Die Leistung aus 2,1-l-Hubraum liegt demnach auch nur bei 560 PS bei 8000/min. Dank der aerodynamisch etwas günstigeren Außenform ist dieser private 936-C mit etwa 360 km/h Höchstgeschwindigkeit um gut 10 km/h schneller als sein offener Vorläufer.

Joest Porsche 936 von 1980 mit 2,1 Liter und 590 PS.
Unten der 936 C der 1982 aus dem obigen Spyder entstand – ebenfalls bei Joest

467

Typ 936 (Kremer-Racing) – ab 1982

Während Joest aus seinem 936-004 von 1980/81 einen Gruppe-C-Wagen für die Marken-WM ableitete, bauten die Brüder Manfred und Erwin Kremer das Erfolgsauto so gut es ging nach. Dabei wurden allerdings alle Erkenntnisse auf den neusten technischen Stand gebracht. Die Entscheidung zur Übergangslösung (das Reglement ließ diesen Typ zweisitziger Rennwagen nur noch 1982 zu) fiel im Dezember 1981. Das Porsche-Werk lieferte bereitwillig alle Konstruktionsunterlagen des 936, da die eigenen drei Chassis endgültig ins Museum abgestellt wurden.
Am 4. Januar 1982 begannen Kremers mit dem Bau des nur 52 Kilogramm leichten Rohrrahmens. Alle Fahrwerksteile außer den Guß-Radnaben, die Tanks und selbst die Titaschrauben wurden in Eigenregie hergestellt. Die Radnaben, Bremsen, Lenkung, eine komplette Karosserie und ein Getriebe hatte Weissach vom Typ 936 noch vorrätig und überließ sie den Kremer- Brüdern.
Den Motor – ebenfalls mit Teilen vom Werk – bauten die Kremers selbst zusammen. Der Kölner Tuningbetrieb entschied sich für den 2,1 Liter Sechszylinder (935-Motor) mit zweiventiligen, luftgekühlten Zylinderköpfen. Je nach Ladedruck und Lufttemperatur leistet dieser Motor zwischen 570 bis 600 PS. Die Kremers rechtfertigten ihre Triebwerkwahl gegenüber dem leistungsfähigeren Vierventil-Motor mit wassergekühlten Köpfen u. a. mit dem 40 kg geringeren Fahrzeuggewicht. Das fahrfertige Renngewicht des Kremer-936 konnte dadurch exakt am Limit von 800 kg gehalten werden.
Der »936-82«, wie er bezeichnet wird, ist laut Kremers keine Kopie der Werkswagen, sondern eine echte Wiedergeburt. Auf diesem Gebiet, des Neuaufbaus von bewährten Rennboliden aus den Hause Porsche, bekommen die Kremers langsam Routine: 1981 startete ein komplett neu aufgebauter Porsche 917 (er steht zur Zeit in der Tiefgarage von Kremers) und 1982 der offene 936 (ebenfalls in der Garage geparkt).

Typ Kremer CK 5 (Kremer-Racing)
ab 1982

Sowie das Reglement der neuen Gruppe C Gestalt annahm, reiften bei Kremer-Racing in Köln Pläne für ein eigenes Auto dieser Kategorie. Bereits im Sommer 1981 entstand der Karosserie-Entwurf der Firma Design Plastic. Die Entscheidung, das Auto auch tatsächlich zu bauen, fiel im Winter des gleichen Jahres. Es sollte ein eigenständiges Modell werden, allerdings unter Verwendung möglichst vieler Originalteile des Werkes.

Die Erfahrungen beim Bau des 936 ließen die Kremer-Brüder erneut eine Gitterrohr-Rahmenkonstruktion wählen, die in der eigenen Werkstatt entstand. Der Radstand wuchs gegenüber dem 936er um rund 20 Zentimeter auf 2,62 Meter. Die Radaufhängungen entsprechen denen des 917/30. Durch die Verwendung von 16-Zoll-Rädern konnten die großen 330-Millimeter-Bremsscheiben verwendet werden, die schon bei den Modellen 935 K3 und K4 für optimale Verzögerung sorgten.

Kremer verzichtete erneut auf die Verwendung des Vierventilers mit wassergekühlten Köpfen und entschied sich für einen luftgekühlten Zweiventiler-Sechszylinder mit etwa 2,8 Liter Hubraum. Das Lüftergebläse wurde horizontal angeordnet, vor dem großen Ladeluftkühler. Die zwei KKK-Turbolader fanden ihren Platz hinter dem Getriebe (4-Gang, Porsche-Typ 920), wo sie vom Fahrtwind gut gekühlt werden. Je nach Ladedruck erreichte der Motor eine Leistung zwischen 630 und 720 PS. Rennfertig wog der Wagen, der seine Premiere bei den 24 Stunden von LeMans erlebte, rund 865 kg. Er startete außerdem noch bei den Marken-WM-Läufen, in Spa und Brands Hatch.

Der Wagen mit der Fahrgestell-Nummer 001 wurde 1983 nach England verkauft. Der Rennstall von Richard Cleare setzte ihn in verschiedenen Marken-WM-Läufen ein. Kremer selbst baute für 1983 eine in zahlreichen Details verbesserte zweite Version, die ihre Premiere wiederum in LeMans erlebte.

Modell des Joest-Porsche 936 C, der u. a. bei den 24h LeMans 1982 den vierten Gesamtrang belegte

470

Typ 936, der von Porsche-Kremer für die nationale Rennsport-Saison 1982 unter Rolf Stommelen eingesetzt wurde

Kremer CK 5: Ein Gruppe-C-Wagen mit Rohrrahmen-Chassis und 2,8-l-Sechs-Zylindermotor (ca. 700 PS). Premiere in LeMans 1982

Blick auf das Instrumentarium des »CK 5«. Der Fahrer sitzt rechts, Schalthebel ebenfalls rechts, darüber das Ladedruck-Handrad

LeMans 1982: Premiere des Kremer-Gruppe-C-Wagen. Achter im Training, Ausfall im Rennen mit Motorschaden

Im Rennen (LeMans 1982) hielt sich der erste Gruppe C aus dem Hause der Gebrüder Kremer ausgezeichnet – bis zum Defekt

Unten links: Erkennungszeichen des »CK 5«: Die vier Luftansaugschnorchel genau im aerodynamischen Luftstrom. – Rechts: Mit 2,8 Liter, luftgekühltem zweiventiler Motor und rund 650 PS – ein gelungener Versuch. Dieser Wagen wurde Ende 1982 nach England an ein Privatteam verkauft

Lieber Bernd

Herzlichen Glückwunsch
zu Deinem „50"
mach weiter so

Danke für die Zusammenarbeit

[illegible]

Weissach Juli 98

DAS GROSSE BUCH DER PORSCHE-TYPEN

Lothar Boschen/Jürgen Barth

DAS GROSSE BUCH DER
PORSCHE-TYPEN

MOTORBUCH VERLAG STUTTGART

Redaktionelle Mitarbeit: Gustav Büsing
Detlef Jung

Einbandgestaltung: Johann Walentek, unter Verwendung von Farbdias der Dr.-Ing. h. c. F. Porsche AG. sowie H. P. Seufert und Heide Nicot.

Fotos und Zeichnungen: Auto-Zeitung, Dr.-Ing. h. c. F. Porsche AG, Willy Bister, Wolfgang Drehsen, Thomas D. Heere, Lobo-Press, Archiv Bilstein, Klaus Reichert

ISBN 3-613-01284-7

2. Auflage 1994

Ein Unternehmen der Paul Pietsch-Verlage GmbH & Co.

Satz und Druck: Ernst Kieser GmbH, 86356 Neusäß.
Bindung: E. Riethmüller, 70176 Stuttgart
Printed in Germany.

Dr. h.c. Ferdinand Porsche

Als Ferdinand Anton Ernst Porsche, genannt »Ferry«, 1909 in Wiener Neustadt geboren wurde, war sein Vater technischer Direktor der Firma Austro Daimler. Bereits in sein erstes Lebensjahr fällt ein großer Sporterfolg: Drei von seinem Vater konstruierte 5,4-l-Austro-Daimler gewannen überlegen eine der großen Langstrecken-Prüfungen jener Zeit, die »Prinz-Heinrich-Fahrt«. Den Siegerwagen fuhr Ferdinand Porsche.

Schon als 12jähriger wurde Ferry selbst aktiv. Er durfte den berühmten »Sascha«-Rennwagen einfahren. Die Rennatmosphäre blieb ihm auch vertraut, als sein Vater zu Daimler nach Stuttgart ging. 1931 wurde er Mitarbeiter seines Vaters im neugegründeten selbständigen Konstruktionsbüro »Porsche«.

Die süddeutsche Automobilstadt wurde für ihn zur zweiten Heimat – hier ging er zur Schule und lernte seine Frau Dorothea kennen, die treue Gefährtin seines Lebens und Mutter seiner vier Söhne. Sie heirateten 1935 – im ersten Jahr des berühmten Rennwagens der Auto Union, an dessen Konstruktion Ferry Porsche entscheidend mitgewirkt hatte. Der Auto Union Heckmotor-Rennwagen wurde unter Fahrern wie Bernd Rosemeyer und Tazio Nuvolari einer der erfolgreichsten Rennwagen der Vorkriegszeit. Gleichzeitig entstand im Porsche-Büro das meistgekaufte Auto aller Zeiten, der Volkswagen »Käfer«.

Der Krieg brachte auch im Leben des jungen Automobilbauers einen harten Einschnitt. Aus dem zerstörten Stuttgart für einige Jahre in das Kärtner Städtchen Gmünd umgesiedelt, mußten Ferry Porsche und wenige Mitarbeiter im Jahre 1945 wieder ganz von vorne anfangen: Mit Re-

paraturarbeiten und dem Bau landwirtschaftlicher Geräte. Vater Porsche war zu diesem Zeitpunkt noch in Frankreich inhaftiert. Durch einen Auftrag aus Italien ergab sich unerwartet die Möglichkeit, die Kaution für seine Befreiung zusammenzubringen. Es entstand der »Cisitalia«, ein revolutionärer Formel-1-Wagen mit Mittelmotor und Vierradantrieb. Danach konnte Ferry Porsche seine schon von 1939 stammenden Pläne wieder aus der Schublade holen, in denen er bereits einen Sportwagen auf VW-Basis skizziert hatte. Er machte Porsche damit zur Automobilfabrik: Im Nachkriegsjahr 1947 begann Ferry Porsche im österreichischen Gmünd mit den Konstruktionsarbeiten am »Typ 356«. Am 8. Juli 1948 wurde der erste Wagen ausgeliefert, im März 1950 begann die Produktion in Stuttgart. Noch von Gmünd aus schloß er 1948 einen Vertrag mit VW-Chef Heinz Nordhoff über Teile-Lieferungen: eine wichtige Voraussetzung für die Produktion des Porsche 356.
Daß sein Vater diese Anfänge des Porsche-Automobilbaues auch noch miterlebte (er starb im Januar 1951), erfüllt Ferry Porsche heute mit Freude und Befriedigung. Für den Chef der jungen Automobilfabrik begannen Jahrzehnte zäher und zielstrebiger Arbeit: Weiterentwicklung des von Anbeginn in hohem Ruf stehenden Produkts, Ausbau von Kundendienst und Vertrieb sowie, als persönliches Anliegen, weltweite Rennsport-Aktivitäten.
Er fordert viel von Ingenieuren, Monteuren und Fahrern, er investiert mutig in neue Entwicklungen und begründete damit den internationalen Ruf seines Hauses als exklusiver, kreativer Hersteller technisch führender Sport- und Rennwagen. Zugleich baute er das Konstruktionsbüro aus: Es entstand das Entwicklungszentrum Weissach, heute bekannt als Stätte hochentwickelter Forschungs- und Entwicklungsarbeit.
In Anerkennung seiner großen Leistungen auf vielen Gebieten des Automobilbaues erhielt Ferdinand Porsche bereits 1965 von der Technischen Universität Wien die Ehrendoktorwürde verliehen.

LEBENSLAUF

1909	Am 19. September wird Ferdinand Porsche in Wiener Neustadt geboren. Schulbesuch in Wiener Neustadt und Stuttgart-Bad Cannstatt. Technische Ausbildung in Stuttgart bei Bosch sowie Steyr (Österreich)
1923	Fahrerlaubnis für Leicht-Motorräder
1925	Führerschein für Kraftfahrzeuge
1931	Beginn seiner Tätigkeit als Konstrukteur im Entwicklungsbüro seines Vaters in Stuttgart
1932	Erweiterung der Aufgaben auf Versuchsüberwachung und Koordination
1933	2000-km-Fahrt mit 2-l-Wanderer
1934	Harz-Heide-Fahrt (einziges fehlerpunktfreies Fahrzeug) mit 2-l-Wanderer 2000-km-Fahrt mit 2-l-Wanderer
1935	Ferdinand Porsche wird Leiter der Versuchsabteilung im neu eingerichteten Porsche-Versuchswerk in Stuttgart-Zuffenhausen
1940	Übernahme der stellvertretenden Leitung des Gesamtbetriebes
1945	Leitung der während des Krieges nach Gmünd in Kärnten/Österreich verlagerten Firma. Beginn der Entwicklung des »356« auf der Basis des VW-Käfers, des ersten Wagens, der den Namen Porsche trägt.
1949	Nach Fertigstellung der ersten 50 Exemplare des Modells »356« kehrt Ferdinand Porsche mit seiner Firma und den meisten seiner Mitarbeiter nach Stuttgart-Zuffenhausen zurück. Wiederaufbau des Entwicklungsbüros für Fremdaufträge. Beginn der Serienfertigung des 356.
1959	Bundespräsident Prof. Theodor Heuss verleiht Ferdinand Porsche im September das Große Verdienstkreuz der Bundesrepublik Deutschland.

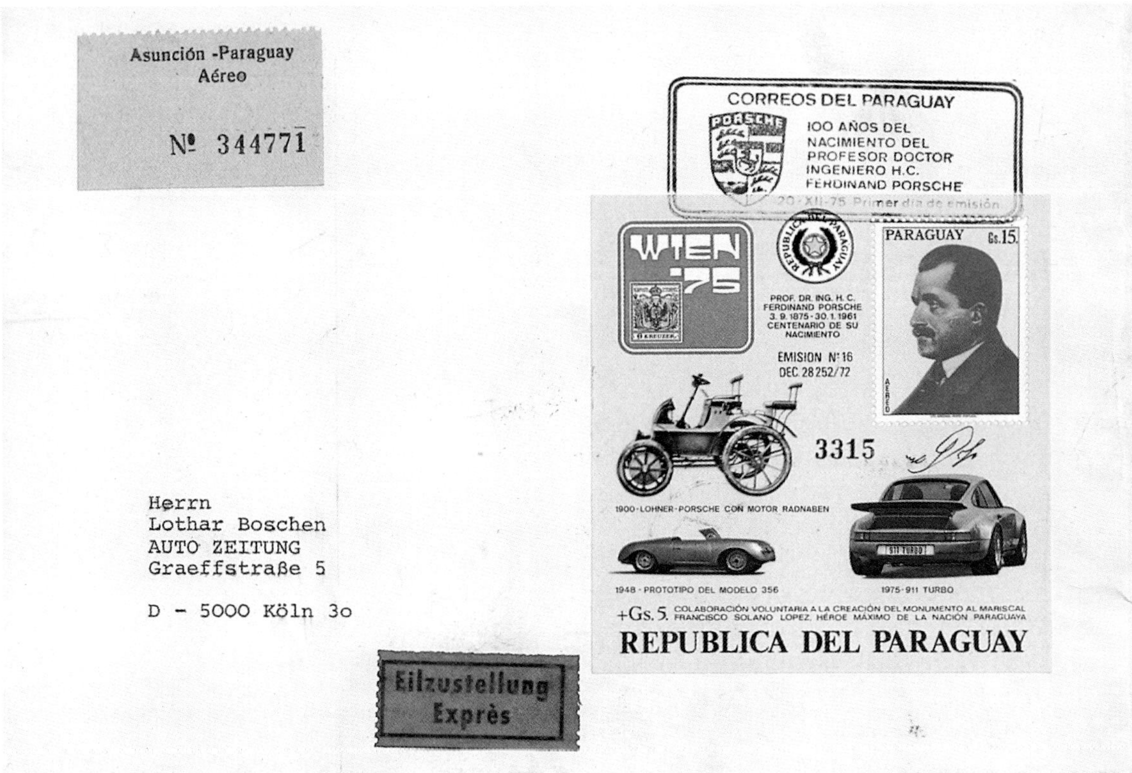

In Erinnerung an »Profesor Doctor Ingeniero H. C. Ferdinand Porsche« gab Paraguay 1975 diese Sonderbriefmarken heraus.

1965 Die Technische Hochschule Wien ehrt Ferdinand Porsche im November durch die Verleihung des Titels »Dr. techn. E. h.«

1972 Die Dr. Ing. h.c. F. Porsche KG wird in eine Aktiengesellschaft umgewandelt. Dr. Ferdinand Porsche übernimmt den Vorsitz im Aufsichtsrat

1975 Am 31. Januar wird Dr. Porsche in Wien das Große Goldene Ehrenzeichen der Republik Österreich verliehen

1979 Am 19. September erhält Dr. Porsche anläßlich seines 70. Geburtstages vom Baden-Württembergischen Ministerpräsidenten Lothar Späth das Große Verdienstkreuz mit Stern des Bundesverdienstordens

1984 Die Dr. Ing. h.c. F. Porsche AG geht Ende April an die Börse

PORSCHE - DIE BOSSE

PROFESSOR DR. FERDINAND PORSCHE

* 3. September 1875 – 30. Januar 1951

Professor Porsche entstammte einer sudetendeutschen Handwerker-Familie. Sein Vater war in Maffersdorf (bei Reichenberg) Klempner-Meister, sein Sohn sollte das gleiche Handwerk erlernen. Aber schon als Ferdinand junior auf der Volksschule war, zeigte sich seine technische Begabung: mit primitiven Mitteln bastelte er sich Akkumulatoren und Dynamos zusammen und versorgte – damals eine Sensation – das väterliche Haus mit elektrischem Licht.
1893 schickten ihn seine Eltern – unterstützt von dem Fabrikanten Ginzkey – zu Bela Egger (dem späteren Brown Boveri) nach Wien, wo er als Praktikant anfing. Mit 22 Jahren war er dann schon Leiter des Prüfraumes. 1899 holte ihn die k. u. k. Hofkutschen-Fabrik Jacob Lohner als Konstrukteur für ihre neuen Elektromobile. Er schuf dort für die Pariser Weltausstellung 1900 einen Wagen, der mit sogenannten Radnaben-Motoren ausgerüstet war.
1905 wurde Ferdinand Porsche als Technischer Direktor zu den Österreichischen Daimler-Werken berufen. Er schuf dort einige bekannte Pkw-Modelle wie die »Maja« und den 140 km/h schnellen Prinz Heinrich Wagen (1910), verschiedene Nutzfahrzeugtypen und die ersten österreichischen Flugzeug-Motoren. Seine Konstruktionen fuhr er damals noch selbst in zahlreichen Rennen – mit Erfolg.
Ferdinand Porsche wurde mit dem Franz-Josephs-Orden ausgezeichnet und avancierte zum Generaldirektor von Austro Daimler. Als solcher überwand er geschickt die Schwierigkeiten der ersten Jahre nach dem ersten Weltkrieg und brachte mit dem Austro Daimler »ADM« einen weiteren bekannten Personenwagen heraus. Daneben entwickelte er den 1,1-l-Sportwagen Typ Sascha.
1923 wechselte Ferdinand Porsche, inzwischen Ehrendoktor der Wiener Technischen Hochschule geworden, als Technischer Direktor zu Daim-

ler (später Daimler Benz) in Untertürkheim über. Der Wohnsitz wurde nach Stuttgart verlegt.
1929 folgt ein kurzer Abstecher zu Steyr, ein Jahr später machte sich Prof. Porsche mit der Gründung eines eigenen Konstruktionsbüros selbständig.
Die folgenden Jahre gehören zu den fruchtbarsten im Schaffen von Ferdinand Porsche. Mit seinem kleinen Stab hochqualifizierter Ingenieure, bei denen auch schon sein 1909 geborener Sohn Ferry mitzuarbeiten beginnt, entstehen die Entwürfe zum Volkswagen, die verschiedenen Wanderer-Pkw, der 16-Zylinder-Heckmotor-Rennwagen – später von der Auto Union übernommen – und die Drehstabfederung.
Im zweiten Weltkrieg entwickelt Professor Porsche aus dem VW den Kübelwagen und davon die schwimmfähige Version, er konstruiert mehrere Panzer-Typen, Ackerschlepper, Windkraftmaschinen u. v. a.
1944 wird seine Firma nach Gmünd/Kärnten evakuiert. Ihn verhaften nach dem Kriegsende zunächst die Amerikaner, dann wird er von den Franzosen zur Mitarbeit an einem französischen Volkswagen aufgefordert, denunziert und wieder verhaftet. Völlig unschuldig verbringt Professor Porsche fast zwei Jahre in französischen Gefängnissen, zum Teil davon in Einzelhaft. Sein Schwiegersohn Dr. Piëch, der im Kriege das VW-Werk führte, teilt seine Haftzeit; auch Ferry Porsche ist längere Zeit inhaftiert.
Der Betrieb in Gmünd, der nicht einmal Bahnverbindung besitzt, hat sich die ersten Jahre mit VW-Reparaturen und der Herstellung von Landmaschinenteilen beschäftigt. Dann kommt ein Auftrag der italienischen Firma Cisitalia für einen Grand-Prix-Rennwagen, der unter Leitung von Ferry Porsche begonnen wird.
Der Cisitalia kommt aber in Europa nicht mehr zum Einsatz: Fahrwerk und 1,5-l-Zwölfzylinder-Motor werden nach Argentinien verkauft.
Im August 1948 entsteht in den primitiven Baracken von Gmünd der erste Sportwagen, der den Namen Porsche trägt. Knapp zwei Jahre später zieht der Betrieb nach Stuttgart zurück. Professor Porsche erlebt noch die ersten Sporterfolge seines Wagens, des Typs 356, die seinen Namen in aller Welt berühmt machen, mit. Seine Gesundheit aber ist durch die lange Haftzeit geschwächt; der 75jährige stirbt am 30. Januar 1951 und wird in einer kleinen Kapelle auf dem Schüttgut bei Zell am See (Österreich) beigesetzt.

DR.-ING.H.C. FERDINAND „FERRY“ PORSCHE

* 19. September 1909

Am gleichen Tag, als Ferry Porsche, heute Vorsitzender im Aufsichtsrat der Porsche AG, am 19. September in Wiener Neustadt geboren wurde, errang sein Vater – damals Technischer Direktor von Austro Daimler, einen Klassensieg beim Semmering-Bergrennen. Kein Wunder also, daß den Sohn die Welt des Motors von seinem ersten Lebensjahr an gefangen nahm.

Ferry war gerade elf Jahre alt, als er an einem Geschicklichkeits-Wettbewerb des Wiener Automobilclubs teilnahm und die schnellste Zeit fuhr. Mit Genehmigung seines Vaters bastelte er sich seinen eigenen Sascha-Rennwagen aus alten Teilen zusammen. Mit 14 Jahren begann für Ferry Porsche der Ernst des Lebens. Sein Vater war im Frühjahr 1923 zur Daimler-Motoren AG nach Stuttgart-Untertürkheim als Technischer Direktor berufen worden. Ferry besuchte in Stuttgart–Bad Cannstatt die Gottlieb-Daimler-Schule. Nach der Schule trat er als Praktikant bei der Firma Bosch in Stuttgart ein, wo er eine gründliche Werkstatt-Schulung erhielt. Doch sein Vater holte ihn bald in das von ihm am 1. Dezember 1930 gegründete Konstruktionsbüro. Schon nach kurzer Zeit arbeitete er als Detail-Konstrukteur am Wanderer-Personenwagen sowie den Prototypen von Zündapp und NSU. Der damalige NSU-Versuchswagen kann als Vorläufer des »Volkswagens« gewertet werden. Auch an der Konstruktion des Formel-1-Wagens, den später die Auto Union übernahm (»P-Wagen«), arbeitete Ferry Porsche von Beginn an mit.

In dieser Zeit beteiligte sich Ferry Porsche noch selbst am Automobil-Rennsport. Er fuhr zum Beispiel in der siegreichen Auto-Union-Mannschaft (zusammen mit Bernd Rosemeyer) auf einem 2-l-Wanderer-Sportwagen die 2000-km-Fahrten 1933 und 1934 und blieb auch in der 3-Tage-Harz-Fahrt erfolgreich.

1934 wurde im Konstruktionsbüro der Firma Porsche mit der Arbeit am »Volkswagen« begonnen. Professor Porsche übertrug Sohn Ferry die Erprobung dieses Fahrzeuges und machte ihn zum Versuchsleiter seines Entwicklungs-Büros.

Als Prof. Porsche 1937 verschiedene Automobilwerke in den USA besichtigte, nahm er seinen Sohn mit. Nach der Rückkehr aus Amerika begann die Planung für das Volkswagen-Werk in Wolfsburg. Der Bau dieses Werkes erforderte die Anwesenheit des Professors sehr oft in Berlin und Wolfsburg, wo er die Arbeiten überwachte und auch an ungezählten Konferenzen teilnehmen mußte. Davon wurde der Profes-

sor so stark in Anspruch genommen, daß er seinen Sohn Ferry als seinen Stellvertreter im Stuttgarter Betrieb einsetzte.
1938 übersiedelte das Konstruktions-Büro in den neuerstellten Bau in Stuttgart-Zuffenhausen, das jetzige Werk I. Dem Büro wurden eine Versuchs- und eine Mechanische Abteilung – ausgerüstet mit den modernsten Maschinen – angeschlossen. Im selben Jahr nahm Professor Porsche seinen Sohn als Gesellschafter und Prokurist in die Dr.-Ing. h. c. F. Porsche KG auf. Bei Kriegsausbruch übernahm – gerade 30 Jahre alt – Ferry Porsche die Leitung des Betriebes in Zuffenhausen.
Die ab Mai 1944 nach Gmünd/Kärnten (Österreich) verlagerte Firma beginnt unter der Leitung von Ferry mit der Arbeit an einem Grand-Prix-Rennwagen (»Cisitalia«) und auf der Basis des Volkswagens mit der Entwicklung zum legendären »Porsche 356«-Sportwagen – des ersten Wagens, der ab jetzt den Namen Porsche trägt.
Sein Mitarbeiterstab überredet ihn, den »Porsche 356« auf dem Genfer Automobilsalon im März 1949 der Öffentlichkeit zu zeigen, was zu einer Sensation wurde. Denn trotz Drängens konnte sich Ferry Porsche nur schwer entschließen, den Wagen in Serie zu bauen, da er nicht sicher war, ob die Produktion eines solchen Fahrzeuges eine Zukunft haben würde. Außerdem hatte bis zu diesem Zeitpunkt die Firma hauptsächlich für andere Firmen Entwicklungsaufträge ausgeführt, die nur bis zur Fertigung von Prototypen liefen.
Nach Fertigstellung der ersten 50 Exemplare in Gmünd kehrt Ferry mit seiner Firma nach Stuttgart zurück, obwohl die eigentlichen Produktionshallen von den Besatzungstruppen noch beschlagnahmt waren. In Räumen der Karosseriefirma Reutter, dem heutigen Karosseriewerk der Firma Porsche, lief trotzdem die Serienfertigung des »Porsche 356« an.
Nach dem Tode Professor Porsches im Januar 1951 übernahm Ferry Porsche die Gesamtleitung der Sportwagen-Firma, in der heute über 5000 Arbeitnehmer tätig sind, im Geschäftsjahr 1978/79 über 1,1 Milliarden Mark umgesetzt wurden und 39500 Porsche verkauft werden konnten.

In den Jahren 1952, 1958 und 1959 fuhr Ferry Porsche nach Amerika. Er besuchte dort alle maßgeblichen Automobilwerke und andere Industriezweige. Zwischenzeitlich – am 16. März 1956 – rollte der 10000. Porsche vom Band. Gleichzeitig feierte man im Hause Porsche das 25jährige Firmen-Jubiläum. Weitere zwei Jahre später verließ bereits der 25000. Porsche-Wagen das Werk. Am 3. April 1962 waren es 50000, 1966 dann bereits 100000 Porsche aus der Typenreihe 356, und genau am 22. September 1970 erhielt ein amerikanischer Kunde den 150000 je gebauten Porsche.

Fünf Jahre zuvor – 1965 – ehrte die Technische Hochschule Wien Ferry Porsche durch die Verleihung des Titels Dr. techn. E. h. für seine Verdienste um die Entwicklung des Automobils. Das Große Verdienstkreuz der Bundesrepublik Deutschland hatte ihm der damalige Bundespräsident Professor Theodor Heuss bereits 1959 verliehen, um damit die Verdienste Ferry Porsches um die Entwicklung von Kraftfahrzeugen zu würdigen.
1972 wurde die Dr.-Ing. h. c. F. Porsche KG in eine Aktien-Gesellschaft umgewandelt. Dr. Ferry Porsche übernimmt den Vorsitz im Aufsichtsrat.
Am 31. Januar 1975 wird Dr. Porsche in Wien das Große Goldene Ehrenzeichen der Republik Österreich verliehen.
Dr. Ferry Porsche, verheiratet mit Frau Dorothea, geb. Reitz, hat vier Söhne: Ferdinand Alexander, Gerhard, Hans-Peter und Wolfgang, die ebenfalls alle verheiratet sind.
In seiner begrenzten Freizeit geht Dr. Porsche mit Begeisterung seinen Hobbies nach, nämlich dem Ski- und Wassersport sowie der Jagd und dem Golfspiel.

PROFESSOR DR.-ING. ERNST FUHRMANN

* 21. Oktober 1918

Nach dem Besuch der Grundschule und des Gymnasiums in Wien erfolgte das Studium an der Technischen Hochschule von 1936 bis 1941. Vier Jahre diente Ernst Fuhrmann (1939–1943) der Deutschen Wehrmacht. Nach der Entlassung 1943 Einsatz beim AEG-Forschungs-Institut in Berlin, und zwar bei der Entwicklung von Ultraschall- und Ultrarot-Geräten für Ortungs- und Steuerungszwecke.
Nach dem Krieg kehrte Ernst Fuhrmann nach Österreich zurück und übte verschiedene Tätigkeiten als Uhrmacher, Reparaturschlosser u. a. aus.
1947 erfolgte der Wechsel zur Firma Porsche, zuerst noch in Gmünd/Kärnten, dann nach Stuttgart-Zuffenhausen. Bei Porsche wurde Fuhrmann an der Entwicklung des Cisitalia-Rennwagen-Projektes beteiligt, ebenso in der Motoren-Konstruktion und im Motoren-Versuch für Serien- und Rennfahrzeuge eingesetzt.
Im Jahre 1950 promovierte Ernst Fuhrmann über Ventiltriebe bei schnellaufenden Verbrennungsmotoren bei Professor Richter in Wien.
Am 14. August 1950 heiratete er Frau Elfriede, geb. Gösseringer. Die beiden Söhne kamen 1955 bzw. 1956 zur Welt.

1956 verließ Fuhrmann die Firma Porsche, bei der er zuletzt Leiter des Motoren-Versuchs gewesen war, um bei der Firma Goetze AG in Burscheid zunächst die Leitung der technischen Entwicklung zu übernehmen. 1962 wurde er bei Goetze technischer Vorstand, womit ihm auch die Produktion sowie die Maschinen- und Anlagen-Verwaltung unterstellt wurde.
Bei der Firma Goetze, Spezialist auf dem Gebiet von Automobilzubehör wie Kolbenringe und Dichtungen, blieb Ernst Fuhrmann gut 15 Jahre. Im September 1971 kehrte er zur Firma Porsche zurück. Zunächst als technischer Geschäftsführer und Sprecher der Geschäftsführung und nach der Umwandlung des Unternehmens in eine Aktien-Gesellschaft als Vorsitzender des Vorstandes.
Am 21. September 1977 verlieh das Fakultätskollegium der Fakultät für Maschinenbau der Technischen Universität Wien Dr.-Ing. Fuhrmann die Lehrbefugnis als Honorar-Professor für das Fachgebiet »Kraftfahrzeugbau-Konstruktion«. Ernst Fuhrmann schied mit Wirkung zum 31. Dezember 1980 aus der Firma Porsche aus. Sein Nachfolger wurde der Deutsch-Amerikaner Peter W. Schutz.

PETER W. SCHUTZ

*20. April 1930

Peter W. Schutz, von Dr. Ferry Porsche am 28. November 1980 im Stuttgarter Hotel Graf Zeppelin erstmals der Öffentlichkeit vorgestellt, trat der Porsche AG, als Nachfolger von Ernst Fuhrmann, offiziell am 1. Januar 1981 als Vorstandsvorsitzender bei.
Peter W. Schutz wurde am 20. April 1930 in Berlin geboren. Im März 1939 emigriert die Familie, inklusive Bruder Rudy, nach Havanna auf Kuba. Von dort wechselt die Familie im März 1941 in die Vereinigten Staaten. Sie ließen sich in Chicago, Illinois, nieder, wo Peter W. Schutz zur Schule ging, 1946 die amerikanische Staatsbürgerschaft erhielt und 1952 sein Studium der Ingenieurs-Wissenschaften mit einem »Bachelor of Sciene, Mechanical Engineering«, abschloß.
Schon zu dieser Zeit begann sich sein Interesse an Automobiltechnik zu festigen und Peter W. Schutz stieg bei der Caterpillar Tractor Company in Peoria, Illinois, ein. Nach einem einjährigen Trainings-Programm wurde er in der Abteilung Diesel-Motoren und Kraftübertragung eingesetzt.

Im Juni 1954 folgte die Einberufung zur US-Army und nach Beendigung des Grunddienstes im Fort Belvoire, Virginia, die Verpflichtung als Ingenieurs-Instruktor zur armeeigenen Ingenieurs-Schule.
Nach seiner Rückkehr zu Caterpillar im Juni 1956 beschäftigte sich Schutz dann mit Diesel-Motoren und Gasturbinen-Aggregaten. In der Bradley University Evening School unterrichtet Schutz zur gleichen Zeit angehende Techniker in Abendkursen.
1962 lernte Schutz kleinere Privatmaschinen zu fliegen, machte seinen Pilotenschein und wurde gleich als Fluglehrer an seiner Abendschule eingesetzt.
Drei Jahre später, als er an einem Projekt für einen neuen Lkw-Diesel für die Ford Motor Company arbeitete, lernte er auch die Verkaufsseite dieses Geschäfts kennen. Schutz verließ Caterpillar im Januar 1967 und wechselte zu Cummins Engine Co., um sich dort als Direktor für die technische Planung um die Händler und Verkäufer zu kümmern. 1969 wurde er bereits Vize-Präsident für den Verkauf und Kundendienst der Cummins-Lastwagenmotore für Amerika und Kanada.
Die Klöckner-Humboldt-Deutz AG (KHD) in Köln berief Peter W. Schutz im April 1978 zum Vorstandsmitglied, verantwortlich für Antriebe, einschließlich deren Erforschung und Entwicklung sowie weltweiten Verkauf und Kundendienst.
Peter W. Schutz hat aus erster Ehe drei inzwischen erwachsene Kinder – Tochter Lori und die Zwillinge Mitchel sowie Michael. Im Dezember 1980 heiratete er Sheila Harris.
Privat ist Schutz begeisterter Flieger, Tennisspieler, Amateur-Photograph und Autonarr. Einen selbstrestaurierten 300-PS-Sportwagen amerikanischer Provienz hat er daheim in seiner Garage. Neben der starken Chevrolet Corvette steht dort noch ein Chevy-Cabriolet vom Baujahr 1970 eingemottet – für später. Der Nichtraucher trinkt (wenig) Wein oder Bier nur in Gesellschaft. Am liebsten greift er – eine amerikanische Eigenart – zu einem Glas mit eiskaltem Wasser.
Mit Wirkung vom 16. 12. 1987 schied Peter W. Schutz aus der Firma Porsche aus. Nachfolger wurde sein Stellvertreter, Heinz Branitzki.

Professor Dr. Ferdinand Porsche, Firmengründer

Dr.-Ing. h. c. Ferdinand »Ferry« Porsche,
Vorsitzender im Aufsichtsrat

Professor Dr.-Ing. Ernst Fuhrmann,
Vorsitzender des Vorstandes (1972 – 31. 12. 1980)

Peter W. Schutz, Vorsitzender des Vorstandes
(1. 1. 1981 – 16. 12. 1987)

HEINZ BRANITZKI

* 23. April 1929

In der schwierigen wirtschaftlichen Situation um die Jahreswende 1987/1988 übernahm mit Heinz Branitzki ein langgedienter Porsche-Mann den Vorsitz im Vorstand. Ein Kurssturz an den Börsen hatte kurz zuvor den florierenden Verkauf in die USA nahezu halbiert, zusätzlich drückte ein stark gesunkener Dollar-Kurs auf die Erträge. Vorübergehend mußte bei Porsche Kurzarbeit eingeführt werden. Der erfahrene Finanzfachmann Branitzki schien dem Aufsichtsrat in dieser Lage als der geeignete Mann, das Unternehmen in sicheres Fahrwasser zu führen.

Geboren wurde Heinz Branitzki am 23. April 1929 in Zülz/Oberschlesien. Nach dem Besuch eines humanistischen Gymnasiums in Berlin studierte Branitzki Betriebswirtschaft an der Freien Universität Berlin, wo er 1952 das Staatsexamen als Diplomkaufmann ablegte. Für acht Jahre war danach eine Wirtschaftsprüfungs- und Steuerberatungsgesellschaft, wo Branitzki als Prüfungsleiter tätig war, die erste berufliche Station.

1960 übernahm Branitzki die Finanzplanung und die Betreuung von Be-

**Heinz Branitzki, Vorsitzender des Vorstands
1. 1. 1988 – 9. 3. 1990**

teiligungsgesellschaften bei der Firma Carl Zeiss in Oberkochen. Von dort wechselte er 1965 als Prokurist und Finanzleiter zu Porsche.
Bei Porsche kletterte der passionierte Bergwanderer Branitzki weitere Stufen der Karriereleiter empor: zunächst Geschäftsführer für Finanzen (1971) und dann kaufmännischer Geschäftsführer (ab März 1972), wurde Branitzki am 6. November 1976 zum Stellvertretenden Vorstandsvorsitzenden berufen. In dieser Funktion war er verantwortlich für das gesamte Finanz- und Rechnungswesen. Am 1. Januar 1988 übernahm Branitzki dann den Vorstandsvorsitz.
Außer Bergwanderungen zählt Heinz Branitzki, der verheiratet ist und eine Tochter hat, Schwimmen, Skifahren, historische Literatur und Schach zu seinen persönlichen Hobbys.

ARNO BOHN

*29. März 1947

Heinz Branitzki hatte Porsche in der Zeit von 1988 bis März 1990 auf eine wirtschaftlich sehr gesunde Basis geführt, besonders der US-Markt prosperierte und auch der neue Carrera 2 führte zu den bis dahin höchsten Produktionszahlen der 911-Geschichte. Unter diesen überaus günstigen Vorzeichen trat Arno Bohn am 1.Januar 1990 als designierter Branitzki-Nachfolger in das Unternehmen ein. Der Finanzexperte Branitzki führte den Verkaufsprofi Bohn noch bis März in die höheren Weihen eines Vorstandsvorsitzenden ein, bevor Arno Bohn im März 1990 vom Aufrichtsrat zum Vorsitzenden des Vorstandes bestellt wurde. Damit lagen die Geschicke des Hauses Porsche erstmals in den Händen eines Verkaufs-Fachmannes.
Geboren wurde Arno Bohn am 29. März 1947 in Rheinfelden am Rhein, direkt an der Schweizer Grenze. Nach dem Besuch des Gymnasiums und dem Wehrdienst trat der junge Bohn im Jahre 1969 in die Nixdorf Computer AG als Junior-Verkäufer ein. Jetzt startete die überaus zügige Karriere des Arno Bohn. Schon 1978 berief schließlich Heinz Nixdorf himself den dynamischen Nachwuchsverkäufer Bohn in den Vorstand der Nixdorf AG. Von 1986 bis 1989 bekleidete Arno Bohn die Position eines stellvertretenden Vorstandsvorsitzenden und verantwortlich für den Vertrieb. Doch so steil sein Aufstieg sich darstellte - die Nixdorf AG kam in wirtschaftliche Schwierigkeiten, der begeisterte Flieger und

Pianist Arno Bohn entzog sich nicht der Verantwortung und stellte seine Position zur Verfügung.
1989 nutzte der Vater von drei Kindern die Zeit zu weiteren Studien an der Harvard Business School - dort ereilte ihn auch der Ruf zu Porsche. Doch der neue Vorstandsvorsitzende der Porsche AG agierte nicht sehr glücklich - erneute Probleme auf dem US-Markt, ein mißglücktes CART- und Formel 1-Engagement sowie eine überzogene Preispolitik brachten Arno Bohn in Schwierigkeiten. Nachdem die Familie Porsche ihn im März 1992 seines Amtes entheben wollte, konnte er seine Position mit Unterstützung des Betriebsrates noch halten. Doch im Oktober 1992 war die glücklose Ära Arno Bohn im Hause Porsche beendet – der Aufsichtsrat bestellte Dr. Wendelin Wiedeking zum Sprecher des Vorstandes der Porsche AG.

DR. WENDELIN WIEDEKING

*28. August 1952

In einer überaus schwierigen Phase mit stark rückläufigen Verkaufszahlen und drohenden Umsatzverlusten übernahm mit Wendelin Wiedeking im Oktober 1992 wieder ein erfahrener Porsche-Mann das Steuer der Sportwagenschmiede. Die weltweite Rezession sowie ein schwacher Dollarkurs drückten auf die Erträge, bei Porsche stand an dringlichster Stelle, die Kosten zu senken. Der Aufsichtsrat sah in dem Produktions-Profi Wiedeking den geeigneten Mann, die anstehenden Probleme in kurzer Zeit zu lösen.
Wendelin Wiedeking wurde am 28. August 1952 in Ahlen/Westfalen geboren, studierte nach dem Abitur an der RWTH Aachen Maschinenbau mit der Fachrichtung Fertigungstechnik. Hier lernte ihn der damalige Porsche-Produktionsvorstand Prof. Rudi Noppen kennen und dieser engagierte den wissenschaftlichen Referenten an der RWTH, Wendelin Wiedeking, im Oktober 1983 als seinen Referenten bei der Porsche AG. Im Dezember promovierte Wendelin Wiedeking zum Dr. Ing, im Juni 1984 ernannte Prof. Noppen seinen Assistenten zum Projektleiter für das neue Karosseriewerk und die neue Lackiererei im Werk Zuffenhausen. Hier konnte Wiedeking seine Talente beweisen und rechtfertigte das in ihn gesetzte Vertrauen mit einem modernen

**Dr. Wendelin Wiedeking,
Sprecher des Vorstands 1. 10. 1992 – 31. 7. 1993,
Vorsitzender des Vorstands seit 1. 8. 1993**

**Arno Bohn, Vorsitzender des Vorstands
9. 3. 1990 – 30. 9. 1992**

Karosseriewerk sowie einer zukunftsorientierten Lackieranlage.
Im Oktober 1988 wechselte Wiedeking als Bereichsleiter Technik zu Glyco Metallwerke nach Wiesbaden und übernahm im September 1990 als Vorsitzer der Geschäftsleitung die Führung dieses Automobilzulieferer-Unternehmens.
Im Oktober 1991 bestellte der Aufsichtsrat der Porsche AG Dr. Wendelin Wiedeking zum Vorstand Produktion und Materialwirtschaft der Porsche AG als Nachfolger des ausgeschiedenen Prof. Rudi Noppen. Im Oktober 1992 erfolgte dann die Ernennung zum Sprecher des Vorstandes der Porsche AG in Personalunion als Vorstand für Produktion. Im August 1993 bestellte der Aufsichtsrat der Porsche AG Wendelin Wiedeking zum bis dahin jüngsten Vorstandsvorsitzenden der Porsche AG und zollte gleichzeitig dem von Wendelin Wiedeking eingeleiteten Programm zur Kostensenkung Anerkennung.

SERIENWAGEN

Karriere eines Boxers

An seiner Wiege wurde dem »Porsche 911« der Erfolg und die Langlebigkeit sicher nicht gesungen, und daß er damals fast schon so aussah, wie wir ihn auch heute noch kennen, beruht nicht auf einer göttlichen Eingebung, sondern auf harter, konsequenter Entwicklungsarbeit.
Niemand im Porsche-Werk hatte Ende der 50er Jahre eine genaue Vorstellung darüber, wie der 356-Nachfolger aussehen sollte. Noch dominierte der Typ »356« mit dem Vierzylinder-Stoßstangenmotor, der seit 1948 eine ständige Anpassung an den schnell wachsenden Markt erhalten hatte. Dies veranlaßte einen Großteil der Fangemeinde, selbst noch Anfang der 60er Jahre eine Ablösung ihres »356« als unwahrscheinlich einzustufen.
Kritischen Beobachtern des Straßenverkehrs war jedoch nicht entgangen, daß große Limousinen wie Daimlers 220 SE, die 3,8-Liter-Jaguar ebenso wie der neue Citroen DS, insbesondere im Bereich der Höchstgeschwindigkeit, einen Porsche 356 ganz gehörig unter Druck setzen konnten und dabei sogar komfortabler bezüglich Platz und Geräusch unterwegs waren.
Wie üblich hinter verschlossenen Türen, wurde über den Nachfolger des »356« diskutiert. Zuerst entstand so der viersitzige Porsche-Prototyp »695«, ein Zwitter mit der sogenannten T7-Karosserie und einem Carrera-2-Motor. Doch Ferdinand »Ferry« Porsche selbst korrigierte alle Ansätze in diese Richtung: Ein 2+2-Coupé mit einem luftgekühlten Motor im Heck entsprach mehr der Philosophie des Hauses. Die optischen Vorstellungen setzte Ferry Porsches ältester Sohn Ferdinand Alexander »Butzi« Porsche um, der, quasi als sein Meisterstück, die auch nach über 25 Jahren (!) noch immer zeitlos schöne Außenhaut des »911« schuf.
Ähnlich intensiv wie über die Karosserieform wurde auch über die Tech-

nik wie Fahrwerk und Motor nachgedacht. Lange schien es so, als sollte im 356-Nachfolger wieder der bewährte, aber technisch ausgereizte Vierzylinder Verwendung finden. Doch schon bald war klar, daß damit die Vorgabe aus dem Lastenheft, ». . . der neue Wagen muß mindestens so schnell sein wie der alte Carrera 2«, weder aus Kostengründen, noch aus technischen Überlegungen heraus zu realisieren war. Das einzige dafür infrage kommende Aggregat, der Fuhrmann-Doppelnockenwellen-Motor (»Carrera 2«), war jedenfalls zu wenig großserientauglich.
Da sich damals auch im Programm des VW-Konzerns kein geeignetes Aggregat mehr fand, entstanden 1961 bei Porsche mehrere Entwürfe für einen Hochleistungsmotor mit sechs Zylindern in Boxeranordnung und Luftkühlung. Ein Entwurf hatte ölgekühlte Zylinder und zwei im Kurbelgehäuse unter der Kurbelwelle angebrachte Nockenwellen. Während aus dieser Idee heraus noch nicht einmal ein Prototyp entstand, kam die Entwicklungs-Nummer 745 immerhin bis ins Versuchsstadium. Erstaunlich war dabei – zumindest aus heutiger Sicht – daß dieser Zweiliter-Motor einen Stoßstangen-Ventiltrieb hatte. Dabei war je eine der Nokkenwellen über, respektive unter der Kurbelwelle plaziert.
Um die bei Boxermotoren (= gegenüberliegende Zylinder mit einer gemeinsamen Kurbelwelle) kritische Ölversorgung in Kurven sicherzustellen, erhielt der neue Sechszylinder eine Trockensumpfschmierung und wurde mittels zwei kleinen Axialgebläsen zusätzlich gekühlt. Mit Horizontalvergaser bestückt, lief dieser Motor versuchsweise auch imViersitzer-Porsche (»T 7«). Die Entwicklung wurde aber bald aufgegeben, weil der Stoßstangen-Sechszylinder zu laut, zu groß und etwas schwierig in der Beherrschung von technischen Detaillösungen war.
Wieder fällte Ferry Porsche die richtige Entscheidung, als er sich entschloß, aus diesem Prototyp einen Sechszylinder mit obenliegenden Nockenwellen zu machen. Er versprach sich davon mehr Laufruhe und – mit Blick auf Einsätze im Rennsport – höhere Leistungen durch höhere Motordrehzahlen.
Die schwierige Frage des Nockenwellen-Antriebs, der ja die große Entfernung von der Kurbelwelle zu den Zylinderköpfen überbrücken mußte, beschäftigte dann wieder intensiv die Techniker. Diese, diskutierend ob Königswellen á la 356-Carrera, Zahnriemen oder Kette, einigten sich auf Bewährtes: Weil zu aufwendig und laut, war das Thema Königswellen recht schnell vom Tisch. Zu dem noch recht neuen Zahnriemen fand man kein Vertrauen und so gaben die Ingenieure der klassischen Lösung mittels Kette und hydraulischem Kettenspanner den Vorzug. Zunächst als Typ 821 bezeichnet, bekam der so modifizierte Sechszylinder die interne Nummer »901«.

Ausgelegt auf zwei Liter Hubraum, wurde eine mögliche Erweiterung bis etwa 2,7 Liter ins Kalkül gezogen, ohne daß man es vorher ausprobierte. Daß ab dem Modelljahr 1984 dieser Sechszylinder sogar 3,2 Liter und ab dem Modelljahr 1989 im »Carrera 4« über 3,5 Liter Hubraum haben würde, hatte man bei der Konstruktion dieses Motors mit Sicherheit nicht vorhergesehen. Gottseidank muß man heute sagen, denn hätte Ferry Porsche schon damals gewußt, daß der Motor soviel Fleisch hat, wäre der Zweiliter, nach seinen eigenen Aussagen, noch kompakter ausgefallen.

Eine andere wesentliche Neuerung im Vergleich zum Stoßstangenmotor, war der Ersatz des noch von Volkswagen stammenden Radialgebläses durch ein Axialgebläse. Dank des besseren Wirkungsgrades des Axialgebläses hatte das neue Gebläserad nur einen Durchmesser von 245 mm. Angetrieben über die Welle der Wechselstrom-Lichtmaschine lief das Gebläse mit der 1,3fachen Kurbelwellen-Drehzahl. Bei 6100/min betrug der Luftdurchsatz immerhin 1390 Liter pro Sekunde.

Davon wurde ein Teil zu den Wärmetauschern abgezweigt, in denen sich die Luft an den Auspuffrohren erwärmte. Die, allerdings stark lastabhängige, warme Luft konnte dann vom Fahrersitz aus über eine Klappe entweder nach außen, oder zur Erwärmung des Fahrgastraumes, über in den Türschwellen befindlichen Schalldämpfern in den Innenraum geleitet werden. Übrigens: Bis auf kleine Änderungen blieb diese Einfachlösung bis 1974 unverändert.

Das Kurbelgehäuse war vertikal geteilt, womit sich die auftretenden maximalen Lagerdrücke gleichmäßig auf die Halbschalen verteilten. Die Verschraubung beider Gehäusehälften erfolgte durch eine Reihe von innen und außen liegenden Bolzen.

Die Auslaß-Ventile waren hohl und zum Zwecke einer besseren Kühlung mit Natrium gefüllt. Das Ventilspiel wurde durch eine vom Kipphebel getragene Einstellschraube mit Feststellmutter eingestellt. Motorgehäuse und Zylinderköpfe waren aus Aluminium-Druckguß und die Zylinder aus Biral, das sind Grauguß-Zylinder mit umgossenen Leichtmetall-Kühlrippen.

Ein großer Ölkühler mit thermostatischer Regulierung hielt die Öltemperatur von maximal 110 Grad konstant und Überdruckventile steuerten den Öldruck im gesamten Schmiersystem. Im Ölrücklauf befand sich ein zwischengeschalteter Hauptromfilter. Der Sechszylinder wurde mit im Winter und Sommer unterschiedlichen HD-Ölen betrieben, wobei die Ölwechsel-Intervalle jeweils 5000 km betrugen. Ein solcher, acht Liter umfassender Ölwechsel kostete Mitte der 60er Jahre zwischen 30 Mark (Shell Rotella) und 50 Mark (bestes HD-Öl).

Um die Kraftstoff-Aufbereitung mühten sich für jede Zylinderreihe drei auf einer gemeinsamen Platte montierte Solex-40-PI-Überlauf-Vergaser. Diese wurden durch eine elektrische Bendixpumpe versorgt, während zwei mechanische Membranpumpen das überlaufende Benzin in den Tank zurückbeförderten.

Diese Version, der Motortyp 901/01, wie er im Porsche 911 ab 1964 zum Einbau kam, leistete bei einem Hubraum von 1991 ccm und einer Verdichtung von 9:1 zuverlässige 130 PS bei 6100/min. Das beste Drehmoment von knapp 175 Nm lag bei 4200/min und der geringste spezifische Benzinverbrauch bei 222 g/PSh. Das Motorgewicht, mit Kupplung, betrug 184 Kilogramm. Gegenüber dem Serienmotor in der letzten 356-Ausführung (Typ C), war das Hubvolumen um 25 Prozent und die Leistung um immerhin 40 Prozent gestiegen.

Noch mehr als auf dem Papier überzeugte der neue Sechszylinder, als man ihn endlich im Elfer fahren konnte. Bis Porsche das Modell »911« allerdings an die Kunden auslieferte, wurde es Ende August 1964, obwohl ein Prototyp (noch mit der Typenbezeichnung »901«) im Herbst 1963 bereits auf der IAA gestanden hatte.

Das zweite große Problem neben dem diffizilen Fahrverhalten war die Gemischaufbereitung: Die Serien-911 der ersten anderthalb Baujahre hatten insbesondere beim Beschleunigen Schwierigkeiten mit den Übergängen. Wohl eine Folge der nicht ganz ausentwickelten Solex-Dreifach-Vergaser. Weil sich dieser Nachteil aber nie ganz ausmerzen ließ, fuhr beispielsweise die Sportversion des »911« in dieser Zeit schon mit zwei Weber-Dreifach-Vergaser. Ab Februar 1966 kamen auch die Serien-911, in Verbindung mit geänderten Ansaugrohren, in den Genuß dieser Gemischbatterie. Die Bezeichnung des ansonsten unveränderten Motors wurde von »901/01« auf »901/05« geändert.

Ein Porsche des Baujahres 1965, mit Solex-Vergaser und dem kurzen Fünfgang-Schaltgetriebe Typ 901/0 ausgerüstet, erreichte bei Messungen 211 km/h und beschleunigte in 8,8 Sekunden von 0 auf 100 km/h. Das Leergewicht (fahrfertig, mit vollem Tank) betrug 1080 kg, das Leistungsgewicht 8,3 kg/PS und der Cw-Wert 0,38.

Die folgenden 20 Jahre Chronik der Änderungen und Verbesserungen am Porsche 911 füllen Bände (siehe die verschiedenen, nachfolgenden Kapitel in diesem Buch). Was auch im Detail anders wurde, durch alle Jahre blieb eine der wichtigsten Charaktereigenschaften erhalten – seine erstaunliche Anpassungsfähigkeit an die aktuelle Technik.

Die gleichen sportlich aufgemöbelten 911-Motoren, die bereits imSeptember 1964 im Renn-Prototyp »904 GTS« erprobt wurden, lieferten den Ingenieuren wertvolle Erkenntnisse für ein weiteres interessantes Kraftwerk. Die mit einer Doppelzündung ausgerüsteten 210 PS starken Rennmotoren liefen jedenfalls so zuverlässig, daß auch einer Leistungssteigerung für die Serie nichts mehr im Wege stand.

Das Resultat entsprechender Überlegungen wurde im Juli 1966 präsentiert: der Porsche 911 S mit 160 PS bei unverändertem Hubraum. Im Herbst 1967 folgte mit dem »911 T(ouring)« ein Modell, welches die Palette nach unten abrundete (110 PS) – in seinen Fahrwerten aber dennoch als ausgesprochen agil galt.

Die erste wesentliche Weiterentwicklung des Sechszylinders gab es 1968 mit der Einführung der Bosch-Einspritzanlage für die Typen 911 E und S, wobei der »E« mit seinen 140 PS quasi den L-/T-Motor mit bis dato 130 PS ablöste. Die Leistung für den »911 S« stieg auf 170 PS. Während die Drehmomentkurven aller neuen Aggregate trotz der Leistungsanhebung praktisch unverändert blieben, verbesserte die, aus dem Rennsporteinsatz entwickelte Einspritzanlage mit Sechsstempelpumpe, die Durchzugskraft speziell im unteren Drehzahlbereich deutlich.

Indirekt hatte dieser Leistungsfeinschliff auch Auswirkungen auf die Straßenlage, denn diese Motorengeneration (auch der 911 T mit Vergaser und 110 PS) erhielt ein Kurbelgehäuse aus Magnesium statt Aluminium. Das ergab eine Gewichtsersparnis von etwa 10 kg! In Verbindung mit der gleichzeitig vorgenommenen Verlängerung des Radstandes – wobei die Position des Motors beibehalten wurde, die Hinterachse aber um 57 mm nach hinten versetzt wurde – und der Umstellung auf 6 Zoll »breite« Felgen mit 70er-Reifen (nicht 911 T), folgte daraus mit einem Schlag ein spürbar verbessertes Fahrverhalten.

Inzwischen hatte sich jedoch der Automobilmarkt weiter verändert. Aufgrund der Ankündigung von schärferen Abgas-Bestimmungen im In- und Ausland hätten auch die Porsche-Motoren an spezifischer Leistung verloren. Um aber die gewohnten Fahrleistungen nicht preis zu geben, wurde eine weitere Hubraumvergrößerung unumgänglich. Die Porsche-Techniker machten sich deshalb daran, das ursprünglich auf 2,7 Liter beschränkte Potential voll auszuschöpfen. Zunächst, im August 1969, wurden mit Einführung der C-Serie die nur ein Jahr lang gebauten 2-l-Motoren durch solche mit 2,2 Liter ersetzt. Durch Erweiterung der Zylinder-Bohrung von 80 mm auf 84 mm erhöhte sich der Hubraum von 1991 ccm auf 2195 ccm. Der Motor im »911 T« (125 PS) blieb dagegen, mit Ausnahme der Ventilgröße, technisch unverändert – allerdings wurden die Weber-Vergaser durch solche von Solex-Zenith abgelöst.

In Verbindung mit der Vergrößerung der Ventile für den 2,2-Liter erhielt der »911 E« (155 PS) wieder die Nockenwellen des Motortyps 901/06.

Dank der daraus resultierenden kürzeren Steuerzeiten erhöhte sich die Elastizität, bei allerdings geringem Rückgang der Höchstgeschwindigkeit auf etwa 220 km/h. Der Motor für den »911 S« (180 PS) erfuhr praktisch keine Änderungen, so daß ihn seine Fahrleistungen wieder an die Spitze der Sportwagen-Kategorie setzten: 230 km/h Spitze und in nur knapp sieben Sekunden aus dem Stand auf 100 km/h.

Es ging weiter im August 1971 über eine Verlängerung des Hubs von 66 mm auf 70,4 mm, was einen Hubraum von knapp 2,4 Liter erbrachte. Dann, erstmals im Carrera RS (210 PS), wurde durch Aufbohren des Zylinders um sechs Millimeter der Hubraum auf 2,7 Liter gesteigert. Diesem Topmodell folgten schließlich im August 1973 weitere Ausführungen mit ebenfalls 2,7 Liter Hubraum, wobei der »911 S« nun den Platz des alten »911 E« und der »911« den des beliebten »911 T« einnahm.

Um die strengeren amerikanischen Abgasgesetze zu erfüllen, wurden beide Motorvarianten (911/911 S) mit der damals neue K-Jetronic, einer mechanischen Benzineinspritzanlage von Bosch, ausgerüstet. Der nur in kleinen Stückzahlen gebaute »Carrera 3.0 RS« behielt allerdings die für hohe Leistungen besser geeignete Sechsstempelpumpe bei.

Eine spektakuläre Neuerung hatte Porsche bereits mit dem 2,4-l-Modell präsentiert: die drastische Senkung der Motorverdichtung (nicht Carrera). Der Grund war die in Deutschland vorgenommene Herabsetzung des Bleigehalts im Benzin, was in erster Linie den hochverdichteten Motoren Kummer bereitete.

Doch trotz der Herabsetzung der Verdichtung konnten Leistungssteigerungen von fünf Pferdestärken (911 T) und jeweils zehn PS für den »911 E« und »911 S« realisiert werden. Rein subjektiv profitierten davon insbesondere die T- und E-Modelle, wo sich beim Fahren – gegenüber dem Vormodell – das Gefühl einer deutlich verbesserten Elastizität einstellte.

Mit dieser E-Serie (ab August 1971) wurde auch der Motoröltank (9 l Inhalt), von seiner bisherigen Lage, hinter dem rechten Hinterrad vor dieses Rad verlegt. Der Einfüllstutzen für den Tank befand sich hinter der rechten Türe. Ein Jahr später verschwand der Öltank wieder in den Motorraum (es hatte Verwechslungen mit dem Benzintank gegeben!), ebenso die Klappe über dem Einfülloch.

Versuchten die Techniker noch zu Beginn der 70er Jahre mit solchen »Tricks« der Gewichtsverlagerung das Fahrverhalten zu beeinflussen, so ging man ab der E-Serie – mit neuen Erkenntnissen aus dem Rennsport – fortschrittlichere Wege. Als erstes erhielt der »911 S« eine als Spoiler ausgebildete Frontschürze. Diese verhinderte, daß zuviel Luft unter den Wagen strömte und einen unerwünschten Auftrieb erzeugte.

Ab der folgenden F-Serie (August 1972) erhielten alle Fahrzeuge diesen Frontspoiler. Mit Einführung der großen »Ziehharmonika«-Stoßstangen (G-Serie) wurden dann die »Schürzen« angepaßt. Es folgten die verschieden geformten und unterschiedlich großen Heckspoiler, um auch den Auftrieb an der Hinterachse zu reduzieren.
Mit den 2,4-l-Motoren hatte Porsche auch wieder den Zweijahres-Turnus der Modellanpassung übernommen. Allerdings wurde Ende 1972 die Palette erst einmal durch ein Fahrzeug mit noch höherer Leistung, den »Carrera RS«, ergänzt. In diesem Fall handelte es sich um eine Sonderausführung des »911 S« mit einer abgemagerten Karosserie, breiteren hinteren Radkästen zur Aufnahme von 7"-Felgen und einem hinteren Spoiler (»Birzel«), der den Auftrieb bei hoher Geschwindigkeit abbaute. Durch Erweiterung der Bohrung von 84 mm auf 90 mm erhöhte sich bei diesem Typ der Hubraum auf 2687 ccm. Mit ehrlichen 210 PS und einem Leergewicht von ca. 900 kg erreichte dieses für den Sporteinsatz gedachte Basismodell 240 km/h und aus dem Stand die 100 km/h-Marke unter sechs Sekunden. Der spartanisch ausgestattete, nicht unbedingt für den normalen Straßenbetrieb gedachte »Carrera RS 2.7« sollte in nur maximal 500 Exemplaren angeboten werden, doch avancierte er – nicht zuletzt durch seine Fahrleistungen – zum Verkaufsschlager.
Bis auf die Bohrung sowie den entsprechenden Kolben war dieser Motor identisch mit dem des »911 S«. Allerdings waren die Zylinder nicht mehr nach dem Biralsystem gefertigt, sondern mit einer Nikasil-Laufschicht versehen. Diese ergab nicht nur aufgrund ihrer hervorragenden Gleiteigenschaften einen Leistungsanstieg, sondern erlaubte, weil die Beschichtung nur wenige Millimeter dick war, auch dünnere Zylinderwände als in Verbindung mit dem Biral-Verfahren. Das alles zusammen ermöglichte eine Erweiterung der Bohrung für den Carrera RS sowie für den normalen Elfer auf drei Liter Hubraum (Bohrung 95 mm) und, in Verbindung mit der Verlängerung des Hubs, sogar den derzeit aktuellen 3,2-Liter-Carrera (3164 ccm). Der Carrera-Motor (2,7 Liter) blieb in Export-Fahrzeugen unverändert bis Ende 1976 in der Produktion.
Die mit dem Carrera gemachten Erfahrungen führten dazu, daß mit dem G-Modell (ab August 1973) alle »911« den 2,7-l-Motor erhielten. Gleichzeitig wurde das Modellprogramm gestrafft: es gab jetzt nur noch den »911« (150 PS), »911 S« (175 PS) und den »Carrera« (210 PS). Die Motoren für den 911/911 S erhielten das identische K-Jetronic-System, wie schon die seit einigen Monaten nach Amerika gelieferten 911-T-Modelle (2,4 Liter). Weil die 150 PS im Einstiegs-Elfer die Grauguß-Zylinder in einen kritischen Temperaturbereich brachten, erhielt auch der Grundmotor erstmals Leichtmetall-Zylinder. Da billiger in der Herstellung, er-

folgte für die 911/911 S-Motoren ebenfalls bald die Umstellung von Nikasil auf Alusil-Zylinder (= Alukolben mit eiserner Lauffläche gleiten direkt auf der Aluoberfläche der Zylinder).
Wieder wurde der Rennsport zum technischen Vorreiter einer Entwicklung, die ab 1976 auch der Serie zugute kam: Die Erweiterung des Hubraums auf 2994 ccm. Allerdings fielen die Änderungen am Motor diesmal etwas umfangreicher aus, denn mit Einführung des 3-l-Sechszylinders erweiterte sich die Bohrung des ursprünglich nur zwei Liter großen Boxermotors um 15 mm – von 80 mm auf 95 mm! Die ausgedünnten Stege zwischen den Zylindern im Kurbelgehäuse wurden zum Schwachpunkt. Um die bisher gegebene Zuverlässigkeit nicht aufs Spiel zu setzen, rüstete man den »neuen« Motor wieder, vom 1969 eingeführten Magnesium-Kurbelgehäuse, auf ein solches aus Aluminium zurück. Wesentlicher Unterschied zum ersten Versuch mit Aluminium war die geänderte Fertigungstechnik: Druckguß statt Kokillenguß.
Weil das K-Jetronic-Einspritzsystem keine großen Überschneidungen der Steuerzeiten zuließ, hatte der Carrera mit drei Liter Hubraum zehn PS weniger Leistung als der Vorgänger mit 2,7 Liter. Größere Ventilteller (Auslaßventile massiv, statt natriumgefüllt), eine Verdichtung von 8,5:1 (Normalbenzin) und ein Gewinn an Elastizität, waren die wesentlichen Unterschiede des »Carrera 3.0« gegenüber dem »911« mit 2,7 Liter Hubraum.
Durch die Einführung des »911 Turbo« (intern Typ 930) erweiterte sich das Modellangebot wieder auf vier Grundtypen, und so fiel aus Rationalisierungsgründen mit der Einführung der I-Serie (ab August 1975) der 150-PS-Motor aus dem Angebot. Der bisherige »911 S« wurde zum 911-Basismodell (165 PS), der »Carrera 3.0« (200 PS) nahm die mittlere Position ein, während der »911 Turbo« mit seinen 260 PS die Palette nach oben abrundete.
Bei den Porsche 911 aus der I-Serie zeigte sich erstmals auch recht deutlich eine Änderung der Philosophie im Hause Porsche. Teilweise gesetzliche Vorschriften bezüglich Lärm, Abgasen und Geschwindigkeit sowie eine immer stärker werdende Konkurrenz aus dem Bereich der schnellen Reise-Limousinen beeinflußten diesen Trend. Bei Porsche versuchte man deshalb, unter Beibehaltung der exzellenten Fahrleistungen, durch Reduzierung der Nenndrehzahl unter anderem die Drehmoment-Charakteristik, die spezifische Leistung, die Innen- und Außengeräusche sowie den Verbrauch zu mindern, um damit mehr Komfort in der Fahrdynamik und Bedienung des »911« zu erreichen.
Doch zuvor mußte der »911« eine weitere Krise durchstehen, denn als 1977 der Porsche 928 vorgestellt wurde, sprachen die Pessimisten von

einer baldigen Einstellung des inzwischen klassischen Elfers! Und eine Zeitlang schien es tatsächlich so, als hätten auch die Verantwortlichen im Hause den Spaß am »911« verloren. Doch davon ist heute keine Rede mehr: der als Technologieträger bereits 1983 vorgestellte und seit Mitte 1987 zur Auslieferung kommende Porsche 959 – ein mit dem »911« in Konzeption und Form eng verwandter Heckmotor-Sportwagen – weist deutlich darauf hin, daß die 911-Baureihe mehr denn je das Rückgrat des aktuellen Programms ist. Dazu tragen Umstände bei, die vor zehn Jahren noch nicht so deutlich zu erkennen waren: die Heckmotorbauweise wartet gegenüber Front- oder Mittelmotorwagen nicht nur mit spezifischen Vorteilen auf, sie bietet auch hinsichtlich der Ausbaufähigkeit, beispielsweise zum Allradantrieb, besonders günstige Voraussetzungen.

Zurück zu den mittsiebziger Jahren: Als 1976 auch der »Carrera 2.7«, der Nachfolger des »Carrera RS« mit Luxus-Ausstattung und normaler Karosserie, auslief, ersetzte ihn der »Carrera 3.0« mit K-Jetronic-Motor und 200 statt 210 PS. Für den Modelljahrgang 1978 wurden diese 2,7- und 3,0-Motoren durch den Einheitstyp »911 SC« (Sport-Carrera) ersetzt – die Leistung ging allerdings auf 180 PS zurück.

Speziell die letztgenannte Maßnahme bereitete bei den Kaufinteressierten allgemein wenig Freude und so verlangten die 911-Fans bald stürmisch wieder nach mehr Leistung. Das Werk gab sie ihnen, auch wenn die Umstellung einige Zeit dauerte. Ende 1979 erfolgte mit einem Zwischenschritt die Anhebung auf 188 PS und ein Jahr später war der Sprung über die magischen 200 PS erneut geschafft. Mit exakt 204 PS aus drei Liter Hubraum lief der »911 SC« nun wieder 235 km/h Höchstgeschwindigkeit und etablierte sich damit in der sportlichen Topklasse.

Heute sind es im »Carrera 3.2« wieder 231 PS. Sie werden dank der vollelektronischen Motronic – sie steuert Zündung und Benzin-Einspritzung – sparsamer denn je auf die Straße gebracht. Trotz zunehmend perfekterer Ausstattung, erhöhten Komforts, besserer Elastizität und größerer Laufruhe sowie rund 150 kg Mehrgewicht, erreicht der aktuelle »Carrera« praktisch die Beschleunigungswerte des unvergessenen »Carrera 2.7 RS«. Ja, er ist in der Höchstgeschwindigkeit mit 245 km/h sogar noch etwas schneller als dieses populäre Modell.

Für ambitionierte Liebhaber des fahraktiven Klassikers aus Stuttgart wurde ab dem Modelljahr 1986 auf Wunsch eine Mehrausstattung angeboten (ein um 10% verkürzter Schaltweg), die das Schalten des Fünfgang-Getriebes noch schneller machte.

Wichtigste Neuerungen im Modelljahr '87 waren die nunmehr hydraulisch betätigte und dadurch sehr leichtgängig wirkende und wartungsfrei arbeitende Kupplung sowie das neue Fünfgang-Getriebe.

Mehr Leistung und damit auch mehr Fahrvergnügen bietet der Porsche Carrera mit Katalysator: Statt bisher 207 PS (152 kW) beflügeln den auf bleifreies Eurosuper ausgelegten Kat-Carrera jetzt 217 PS (160 kW). Die Höchstgeschwindigkeit kletterte damit von bisher 235 km/h auf 240 km/h und, nur in der Kat-Version hat der »Carrera« serienmäßig ein im vorderen Radkasten installiertes und thermostatisch gesteuertes Ölkühlergebläse, welches auch unter schwierigen Bedingungen den Ölhaushalt in Ordnung hält.
24 Jahre nach der Premiere des Porsche 901/911 auf der IAA in Frankfurt 1963, steht 1988 eine 911-Baureihe, die keine Wünsche offen läßt. Sie zeigt sich als »Carrera« mit weiterhin 3,2-l-Hubraum und einer Leistung von 231 PS (170 kW), respektive als »Turbo« mit 3,3 Liter und 300 PS (221 kW) sowie in den unterschiedlichsten Karosserievarianten. Nachdem im vorhergehenden Modelljahr zahlreiche Detailmodifikationen erfolgt waren, geht der Klassiker unter den Automobilen nur mit geringen Änderungen ins 25. Baujahr. Nach Fertigstellung der neuen Produktionsanlagen in Stuttgart-Zuffenhausen 1988 – passend zum Jubeljahr des Elfers! – erfolgte allerdings eine kräftige optische und technische Überarbeitung des im positiven Sinne »Oldies«.
Mit einem dynamisch gesteuerten Allradantrieb, neuem Fahrwerk, optimierter Aerodynamik und teilgekapseltem 250-PS-Motor (3,6 l) erweitert die Allradversion des »911«, der in dieser technischen Ausstattung »Carrera 4« heißt, ab dem Baujahr 1989 das Modellprogramm.
Der leistungsstarke Doppelzündungsmotor mit 3,6 Liter Hubraum und einer Höchstleistung von 250 PS (184 kW) bei 6100/min, ist der stärkste bisher in der 911-Baureihe serienmäßig eingebaute Saugmotor und zugleich eine zukunftsträchtige Neuauflage des klassischen Sechszylinder-Boxers: Durch Teilkapselung wird das Motorgeräusch nach außen und innen wirksam gedämpft. Für alle Länder mit Bleifrei-Kraftstoff wird dieser Motor serienmäßig in Katalysator-Ausführung geliefert. Die Ausführung ohne Katalysator ist leistungsgleich.

Porsche 911 – Fahrwerk

Mindestens so viele Diskussionen wie über den Sechszylinder-Motor und die Karosserie gab es vorab intern, und auch später noch unter anderen Fachleuten, über das für den »911« gewählte Fahrwerk. Auch hier hatten die Vorgaben der Techniker zu neuen, scheinbar unpopulären Entscheidungen gezwungen. So sollte laut Lastenheft der vordere Kofferraum möglichst groß werden, die Achskonstruktionen kostengünstig

sein, Raum und Gewicht sparen sowie ein sportliches Handling ermöglichen.
Um aber unter der Haube mehr Platz für das übliche Zweipersonen-Gepäck zu erhalten, kam deshalb statt der Kurbellenkerachse eine solche nach dem Prinzip von McPherson zum Einsatz, wobei die aufwendigen Schraubenfedern durch Drehstäbe ersetzt wurden. Eine Lösung, die lange Zeit von vielen als Porsche-unwürdig, als zu amerikanisch, gesehen wurde. Doch ganz besonders das 911-Fahrwerk bewies, daß es bei Radaufhängungen weniger auf das Konstruktionsprinzip ankommt, als auf die Art und Weise, wie es verwirklicht wird.
Der Übergang zu den tief angeordneten Querlenkern und den seitlich stehenden Dämpferbeinen brachte den gewünschten Effekt: Platz für das vordere Gepäckabteil. Aber auch fahrtechnisch hat diese Aufhängung mit je einem hohen Anlenkpunkt ihre Vorteile und sie ließ sich gut mit einem anderen Porsche-Merkmal verbinden: den Drehstabfedern. Ganz sachlich betrachtet war ja auch nicht mehr geschehen, als daß man die Kurbeln nur gedreht hatte – sie bildeten nun Quer- statt Längslenker. Entsprechend lagen die Drehstäbe längs unter dem Wagenboden und beanspruchten so nicht mehr den kostbaren Raum zwischen den Vorderrädern. Wo bei den klassischen McPherson-Aufhängungen die Federbeine waren, gab es hier nur schlanke Teleskop-Stoßdämpfer – eine schlußendlich überzeugende Lösung. Am Rande: Die in Verbindung mit der neuen Vorderachse geschaffene dreiteilige Lenkung war eine der ersten ihrer Art und ein wichtiges Sicherheitsmerkmal.
Auch die Hinterachs-Konstruktion für den »911« entsprach nicht mehr der Tradition: Die pendelnden Achshälften des Porsche 356 wurden durch Doppelgelenk-Antriebswellen und Schräglenker ersetzt. Eine ebenfalls umstrittene Entscheidung, die sich aber dennoch als richtig erwies. Diese neue Aufhängung ergab wesentlich geringere Sturz- und Vorspuränderungen als die alte Pendelachse sowie größere Möglichkeiten, das Fahrwerk komfortabel oder sportlich auszulegen.
Bei Porsche war man zu dieser Lösung gekommen, weil sie in der Herstellung relativ billig und außerdem raumsparend ist, was für den Platzbedarf der hinteren Sitze nicht unbedeutend war. Doppelt wirkende Stoßdämpfer waren hinter der Radmitte angelenkt und hatten deshalb einen besonders großen Hub. Ein Stabilisator war hinten nicht vorgesehen, was in Anbetracht der natürlichen Tendenz eines Heckmotorwagens zum Übersteuern nur logisch erschien.
An der Fahrwerks-Entwicklung war maßgeblich ein junger Ingenieur beteiligt, der bis zum Herbst 1988 Chef des Porsche-Entwicklungszentrums war: Prof. Helmuth Bott. Die Fahrversuche lagen »in der

Hand« von Peter Falk, später viele Jahre für den Porsche-Rennsport verantwortlich.
Beide hatten allerdings bei der Vorstellung des »901« eine kritische Zeit durchzustehen, weil insbesondere das Fahrverhalten bei Lastwechselreaktionen, ein unterschiedliches Handling in Rechts- und Linkskurven (!), Seitenwindempfindlichkeit sowie ein schlechter Geradeauslauf bemängelt wurden.
Die Gründe waren schnell gefunden: ursprünglich für den längeren Viersitzer-Porsche entwickelt, paßte die Abstimmung nicht mehr optimal für den verkürzten Radstand (2211 mm). Die hintere Achslast war in der Praxis höher als gerechnet; die 4,5-Zoll-Felgen zu schmal und die notwendigen engen Fertigungstoleranzen in der Produktion anfänglich nicht zu realisieren.
Eine erste, schnelle Hilfe brachte die sogenannte »Stoßstangen-Verstärkung«. Das war nichts anderes, als das Auffüllen der vorderen Stoßstangenenden mit je 11 kg Graugußmasse! Diese 22 kg verbesserten das Fahrverhalten so positiv, daß es auch Normalfahrer sofort spürten. Kunden, die das Fahrverhalten des »911« der ersten Generation bemängelten, wurde auf diese Weise – häufig ohne ihr Wissen – geholfen.
Um noch mehr Gewicht vor die Vorderachse zu bekommen, wurde die Kapazität der einteiligen 45 Ah-Batterie auf zwei zu je 36 Ah verteilt und diese von innen unter den Front-Scheinwerfern installiert. In dieser Position blieben sie, schwer zugänglich, bis zum Juli 1973. Bei der dann folgenden G-Serie mit den Falt-Stoßstangen, war es dann wieder eine Batterie (66 Ah), die weit vorne links untergebracht wurde, während der Spezial-Ersatzreifen vorne rechts unterkam.
Ab dem Modelljahrgang 1969 verbesserte sich die ursprüngliche Gewichtsverteilung von 41,5:58,5 (Vorder- zu Hinterachse) auf 43:57. In dieser B-Serie gab es zur weiteren Verringerung des Fahrgewichtes und damit zur Verbesserung der Fahreigenschaften u. a. Leichtmetall-Bremszangen an der Vorderachse, ebenso wie einen Motorraumdeckel und hintere Abdeckschürze aus Alublech (nur 911 S). Gelöst wurden die Fahrwerks-Probleme aber schlußendlich erst, als der Radstand des »911« ab August 1971 auf 2271 mm verlängert wurde und sich damit die Gewichtsverteilung noch einmal deutlich zugunsten der Vorderachse veränderte.
Das übersteuernde Fahrverhalten wurde dagegen Schritt für Schritt abgebaut, bis der »911« schließlich ein im Normalfall untersteuerndes, im Grenzbereich gut kontrollierbares Übersteuern zeigte. So hat der aktuelle Porsche 911 diesbezüglich eine Ausgewogenheit entwickelt, die ihm seine Kritiker von 1964 nie zugetraut hätten. Der Porsche 911 schafft

heute bei Kurvenfahrten Querbeschleunigungswerte, die allen bekannten Straßenfahrzeugen überlegen sind. Mit Einführung der A-Serie (ab August 1967) wurden alle »911« mit einem Zweikreis-Bremssystem ausgerüstet. Die Modelle 911 L/S erhielten belüftete Scheibenbremsen, der »911 T« vorerst nur die massiven Scheiben. Wer aber diesen Typ mit einer Sportomatic orderte, bekam auch, wegen der höheren Bremsleistungen, den »911 T« mit ventilierten Scheiben ausgeliefert.
Seit der Produktionsaufnahme wurden an der Vorderachse Drehstäbe mit 19 mm Durchmesser verwendet – identisch bis zum Turbo. Die einzige Ausnahme von dieser Regel war der »911 E«, der zwischen 1968 bis 1971 hydropneumatische Federbeine von Boge mit automatischer Niveauregulierung erhielt. Diese gab es auf Wunsch noch bis zum Ende des Baujahres 1973.
Ab August 1969 erhielt auch der »911 T« serienmäßig rundum belüftete Scheibenbremsen. Mit Beginn dieses Baujahres hatten dann alle 911-Varianten diese aufwendige Bremsanlage – jeweils auf das Leistungsangebot abgestimmt.
Erstaunlich noch, daß es für die 911-Modelle lange Jahre kein Bremsservo gab, obwohl es schon einiger Muskelkraft bedurfte, den fast 1500 kg schweren Sportwagen, beispielsweise aus 200 km/h auf Null, abzubremsen. Erst ab August 1976 (K-Serie) gab es einen Bremskraftverstärker, der die Bremsbetätigung deutlich erleichterte.
Während der Elfer bis hinein in den Modelljahrgang 1989 praktisch unverändert blieb, setzte der Ende 1988 vorgestellte »Carrera 4« neue Maßstäbe. Mit ihm verwirklicht Porsche eine neue Form des Allradantriebs mit einem Kraftverhältnis im Normalfall von 31:69 Prozent (Vorder- zu Hinterachse), die auf der weiterentwickelten Technologie des Typs 959 beruht: einen differentialschlupfgesteuerten Antrieb aller vier Räder. Das Antriebssystem ist zudem serienmäßig mit einem speziell entwickelten Anti-Blockier-System (ABS) kombiniert. Die Vorderräder werden bei geänderter Achsgeometrie (negativer Lenkrollradius) einzeln an Dreieckslenkern und Federbeinen geführt. Die serienmäßige Servolenkung weist einen hohen Fahrbahnkontakt und eine vorbildliche Leichtgängigkeit und Exaktheit auf. Die neue Hinterradaufhängung erhielt Feder-Dämpfer-Einheiten, die inneren Schräglenkerarme wirken beim Auftreten von Seitenkräften spurkorrigierend und erhöhen damit die Fahrstabilität bei Lastwechseln in der Kurve und bei Richtungswechseln.

Porsche-911-Getriebe

Warum aus dem »901« kurz nach Produktionsbeginn im Herbst 1964 ein »911« wurde, darf als bekannt vorausgesetzt werden und ist zudem an anderer Stelle dieses Buches nachzulesen. Auf jeden Fall war damit der »Elfer« geboren. Die Bezeichnung »901« blieb jedoch noch lange als interne Numerierung für die Motoren und Aggregate erhalten: Vom Fünfgang-Getriebe »901/0« (1964) über die halbautomatische Sportomatic »901/07« und »901/08« reicht die Reihe bis zu den leistungsgesteigerten Motoren und Getrieben für den Renn- und Rallyeeinsatz (901/22 beziffert z. B. den 210-PS-Motor für den 911 R).

Das für den Porsche 911 entwickelte Fünfgang-Getriebe »901« besaß für alle Vorwärtsgänge die Porsche-eigene Synchronisierung. Dieses Getriebe hatte ein einteiliges Alu-Sandgußgehäuse für Kupplung, Differential und Zahnradsätze. Das Schaltschema für die oberen vier Gänge war das übliche »H«, während der erste und der Rückwärtsgang links neben dem »H« plaziert waren: der erste Gang oben, der R-Gang unten.

Dieses Getriebe »901« und die Ableitung »902« – für den Typ »912« – gab es jeweils mit vier, respektive fünf Gängen. Ursprünglich kam im Porsche 912 serienmäßig nur das Viergang-Getriebe zum Einbau, doch es dauerte nicht lange, bis auch das Fünfgang-Getriebe (zuerst für die USA) zu haben war.

Die »Sportomatic«, die halbautomatische Version des 901-Getriebes, entstand aus der Zusammenarbeit mit Fichtel & Sachs und wurde ab der A-Serie (1967) angeboten. In dieser Halbautomatik diente die Kupplung nur der Trennung des Getriebes vom Motor während des Schaltvorgangs. Beim Starten oder Anhalten besorgte dies ein Wandler. Sobald der Fahrer auf den Schalthebel eine Kraft ausübte (ein leichter Druck auf den Schalthebelknopf genügte), rückte die Kupplung aus.

Die Sportomatic ermöglichte ein Fahren ohne großen Aufwand und ohne daß beim Anfahren und Halten ein Kupplungsverschleiß eintrat. Andererseits konnte bei sportlicher Fahrweise das Getriebe wie in einer normalen Kraftübertragung geschaltet werden.

Um die Voreingenommenheit gegen diese Schaltautomatik abzubauen, setzte Porsche 1968 drei Werkswagen (zwei 911 S, ein 911 R) beim »Marathon de la Route«, einem 84-Stunden-Rennen auf der kombinierten Nord- und Südschleife des Nürburgrings, ein. Der »911 R« und ein »911 S« wurden mit der Sportomatic gefahren, ein »911 S« fuhr mit einem normalen Fünfgang-Getriebe. Alle drei Wagen hatten einen auf über 170 PS gesteigerten 2-l-Motor im Heck. Siegreich blieb der Porsche 911 R mit Sportomatic (Fahrer: Elford, Neerpasch, Herrmann), wobei der Vorsprung auf den Zweitplazierten 34 Runden, oder fast 1000 km betrug!

Interessant: Die Sportomatic-911 hatten auch den geringeren Benzinverbrauch gegenüber dem mit einem Fünfgang-Getrieb gefahrenen »911 S«.
Das Sportomatic-Getriebe »905« kam bis 1973 (911 T) zum Einsatz, während mit der Einführung des 2,4-l-Motors (Ende 1971) eine verstärkte Ausführung, Typ 925, zum Einbau in den »911 E« und »911 S« kam. Sie deckte auch noch den Bedarf für die Porsche 911 mit 2,7 Liter Hubraum. Als dann jedoch der Hubraum auf drei Liter anstieg, mußte auch die Sportomatic angepaßt werden. Der Typ 925/10 (drei statt vier Gänge!) kam für den US-Markt ab der H-Serie (ab August 1974) und in Deutschland ab der I-Serie (ab August 1975) zum Einbau. Die »Carrera 2.7/3.0« gab es dagegen nie mit einer Automatik.
Im Laufe der B-Serie (ab 1969) wurde das Alu-Kokillenguß-Getriebegehäuse durch ein solches aus Alu-Druckguß ersetzt, um dem Gehäuse eine größere Festigkeit zu geben – Voraussetzung für die Einführung des 2,2-l-Motors.
Mit der Einführung der 2,4-l-Motoren erhielten alle »911« ein Viergang-Getriebe serienmäßig – das Fünfgang war nur noch auf Wunsch erhältlich. Allerdings sind wohl die meisten Wagen damit ausgerüstet worden. Dieses Getriebe, Typ 915, war eine Ableitung eines für den Rennbetrieb mit dem Porsche 908 entwickelten Getriebes. Während die Gesamtübersetzung des neuen Getriebes gegenüber dem alten nicht verändert wurde, waren alle niedrigen Gänge etwas kürzer als zuvor. Dies ergab vor allem im dritten und vierten Gang deutlich bessere Beschleunigungswerte. Beim Viergang war der große Gang erstmals kürzer übersetzt als im Fünfgang-Getriebe.
Beim Viergang lagen die Vorwärtsgänge in der üblichen »H«-Anordnung, der R-Gang wurde jedoch durch Niederdrücken und Verschieben des Schalthebels nach rechts hinten eingerastet. Beim Fünfgang lagen die vier unteren Gänge wie beim Viergang, dafür mußte der fünfte Gang durch Durchdrücken nach rechts und vorwärts, der R-Gang auf der gleichen Ebene nach hinten, eingelegt werden. Diese Änderungen fanden anfänglich bei den Porsche-Fahrern wenig Gegenliebe, hatte man sich doch sehr an das alte Schaltschema gewöhnt. Es dauerte verhältnismäßig lange, bis die Diskussionen darüber abflachten.
Auch die 2,7-l-Ausführungen erhielten serienmäßig das Viergang-Getriebe. Auf Wunsch gab es jedoch nach wie vor das Fünfgang-Getriebe (auf einigen Exportmärkten schon serienmäßig!) und auch das Sportomatic-Getriebe.
Die ständige Weiterentwicklung der Motoren und die Aufnahme der Produktion des 911 Turbo, machten erneut ein neues, noch stärkeres

Getriebe notwendig. Deshalb wurde aus dem Renngetriebe 915/50 das Seriengetriebe, Typ 930, entwickelt. Weil die Getriebewellen und die Zahnräder breiter als im 915-Getriebe sind, gibt es das Turbo-Getriebe »930« nur als Viergang.

Das neue Getriebe für den »Carrera« des Modelljahrgangs 1987 weist ein erneut geändertes Schaltbild auf: Der R-Gang liegt jetzt in der Ebene links vorn. Bislang mußte dieser Gang in der Ebene rechts unten eingelegt werden. Optisch signalisiert ein neuer und etwas zierlicher ausgefallener Schalthebel das neue Getriebe, das sich leichter und präziser als das bis dato verwendete schalten läßt.

Porsche 911 »im Wandel der Zeit«: Typ 901 von 1963 mit 2-l-Sechszylinder und 130 PS (oben) und der 911 Turbo (Typ 930) von 1988 mit 3,3-l-Turbomotor und 300 PS

Typen 901/911-2.0 (1963-1969)

Selten ist ein Automobil so zwanglos entstanden wie der erste Porsche, der Typ 356. Er war ein netter Sportwagen aus VW-Teilen, der nur in wenigen Exemplaren gebaut werden sollte. Doch fast 15 Jahre blieb dieses »Spielzeug« für die Freude am Fahren auf dem Markt, ständig verbessert und mit mehr Leistung verpackt. Doch ein neuer Porsche mußte her. Ein ganz neuer, der nicht mehr auf Teile von irgendeinem braven Serien-Fahrzeug basierte. Aus vielen Einzelgesprächen und Ideen kristallisierte sich langsam – die ersten Studien zum Neuen stammen von 1956 – eine Form heraus, die wieder zeitlos und schön wurde.
Ferdinand »Butzi« Porsche tat sich mit dem Entwurf nicht leicht: »Es ist leichter und irgendwie auch einfacher für andere Firmen als die eigene zu arbeiten.« Es wurden Modelle mit Stufenheck entworfen, um eventuell aus dem Porsche einen echten Viersitzer zu machen. Doch es bleibt beim Sportwagenkonzept, dem klassischen 2+2. Außerdem will man die inzwischen weltbekannte Porsche-Form des Typs 356 nicht ganz untergehen lassen. Die Ähnlichkeit zum Oldtimer zeigt sich dann speziell am Heck und Vorderwagen des 901/911 recht deutlich.
Große Fensterflächen und eine niedrige Gürtellinie bringen mehr Übersichtlichkeit und optische Gefälligkeit. Bei allen Überlegungen muß der von Ferry Porsche selbst nachdrücklich fixierte Radstand von 2,20 Meter eingehalten werden.
So absichtslos der erste Porsche entstand, so überlegt bekommt der zweite Porsche seine äußere und auch technische Form. Man bleibt trotz aller Unkenrufe bei dem hinter der Hinterachse angeordneten Motor. Hier, wie auch in vielen anderen Fällen, spielen Überlegungen für den späteren Einsatz im Motorsport eine nicht unwesentliche Rolle. Ferry Porsche geht z. B. davon aus, daß die Frontmotorwagen auf lange Sicht nicht konkurrenzfähig sein können und daß man deshalb für den Renneinsatz auf ein Mittelmotor-Fahrzeug (z. B. Ferrari) zurückgreifen müsse. Da aber eine solche starke konstruktive Abweichung zwischen

Serien- und Wettbewerbswagen schon aus produktionstechnischen Gründen kaum möglich ist, geht man den bewährten Weg.
Für die Antriebsquelle stehen drei Motoren zur Auswahl. Auf jeden Fall sollte es ein Sechszylinder sein, von dem man sich den Laufkomfort versprach, den der »901« haben sollte. Die Wahl fiel schlußendlich auf den luftgekühlten Boxermotor, weil weder ein V-Triebwerk noch ein Reihen-Aggregat für den Einbau im Heck geeignet schienen.
Ausschlaggebend für diese Wahl war auch die große Erfahrung von Porsche mit der Luftkühlung. Man fürchtete keine Wärmeprobleme und auch den konzeptionell bedingten Geräuschnachteil hoffte man in den Griff zu bekommen.
Eine ganze Reihe neuer Ideen kommen bei der Fahrwerks-Konstruktion zum Tragen. Um den Gepäckraum unter der Vorderhaube zu vergrößern, verpaßten die Ingenieure dem 901 Querlenker und Federbeine nach dem bekannten McPherson-Prinzip. Detailverbesserungen erbringen weitere, dringend benötigte Zentimeter Platz für Gepäck. Hinten macht man aus der bisherigen Pendelachse eine Längslenker-Aufhängung. Grund: Die Längslenker ergeben eine korrektere Radführung.
Weiterhin wird gleich mit dem neuen Modell die Lenksäule entschärft. Der Unfallsicherheit dient auch das Lenkrad mit vier waagerecht angeordneten Speichen. Ursprünglich ist bereits bei den ersten Modellen vorgesehen, Instrumenteneinfassungen und die Scheibenwischerblätter mattschwarz (!) zu liefern, doch die Händler wehren sich mit Händen und Füßen dagegen. Chrom wird zu dieser Zeit noch als Ausdruck von wertvoll verstanden. Wie sich die Zeiten auch hier ändern. Heute ist es kaum noch möglich irgendein Fahrzeug mit Chrom zu bekommen und bei Porsche gibt es diesen »Schmuck« kaum noch.
Schon die ersten Modelle des neuen Porsche zeigen klar die Richtung, die Porsche in den letzten Jahren immer weiter vervollkommend hat: Ein komfortabler Reisewagen soll der 901 werden. Der Federungskomfort wird – für einen Wagen mit einem solchen kurzen Radstand – allgemein als erstaunlich gut empfunden. Der 901 ist deutlich weicher gefedert als der Carrera und auch als die 356 C-Typen. Das anfänglich auftretende »Heck-Lenken« wird ebenso beseitigt, wie die recht hohen Pedalkräfte der ausgezeichneten Vierscheiben-Bremsanlage von Ate.
Im Spätherbst des Jahres 1964 legt eine französische Automobil-Firma gegen die Typenbezeichnung 901 des neuen Porsche Einspruch ein, weil die Kombination mit drei Zahlen, davon eine Null in der Mitte, patentrechtlich geschützt ist.
Porsche reagierte prompt und bietet den Porsche als »911« auf dem

deutschen und internationalen Markt an. Sein Verkaufspreis: 21900 Mark.

ALLGEMEINE BESCHREIBUNG: TYPEN 901/911-2.0 (BASISMODELLE)

Karosserie/Fahrgestell

Das nutzbare Volumen des 901/911 ist im Verhältnis zum umbauten Raum sehr groß. Die Anordnung aller Aggregate, Bau- und Zubehörteile sind konsequent mit dem Ziel bester Raumnutzung gewählt. Es entsteht vor allem unter dem vorderen Haubendeckel ein Gepäckabteil, in dem auch größere Koffer Platz haben. Die beiden Vordersitze liegen genau zwischen den Achsen in schwingungstechnisch bester Position; dahinter zwei Behelfssitze oder nach dem Umklappen der Einzellehnen ein zusätzlicher Gepäckraum. Die konstruktiven Maßnahmen auf dem Weg zur erzielten Lösung sind recht zahlreich. Der Kraftstofftank ist ganz tief gesetzt und das Reserverad fast am Karosserieboden liegend (vorn) angeordnet. Das Zahnstangen-Lenkgetriebe befindet sich ebenfalls knapp über dem Karosserieboden. Die Lenksäule ist deshalb zweimal genickt, was einen zusätzlichen Aufwand darstellte, aber gleichzeitig einen Sicherheitsfaktor erster Ordnung ergibt. Die Lenkungsspindel wandert in die Fahrzeugmitte und so ist es fertigungstechnisch kein Problem, den Wagen als Links- oder Rechtslenker zu bauen.
Die Vorderradaufhängung – eine sogenannte Stoßdämpferachse – besteht aus einem Dreiecksquerlenker und dem Stoßdämpfer, der den Achsschenkel mit dem Rad trägt. Der leicht schrägstehende Stoßdämpfer ist gleichzeitig noch Radführung und Drehachse für die Lenkbewegung. Der Querlenker ist unter dem Karosserieboden in wartungsfreien Flan- und Silentblocks gelagert. Die längs liegende Drehstabfeder geht durch die Lenkerachse, ist vorn mit ihr verbunden und hinten gegen das Vorderachsquerrohr unter Zwischenschaltung einer Einstellschraube abgestützt. Eine Gummiholfeder wirkt stark progressiv im letzten Drittel des Federweges. Zusätzlich ist noch ein Querstabilisator eingebaut, der den Ausgleich noch verstärkt. Aufgrund der Kinematik sind die Änderungen der Radstellungskennwerte, wie Spurweite, Radsturz, Achszapfensturz und Nachlauf beim Durchfedern unbedeutend. Die linke und rechte Vorderradaufhängung sind am hinteren Lenkerlager durch ein Querrohr verbunden.

Die Hinterräder sind an Längslenker aufgehängt. Die Lagerstellen werden durch wartungsfreie Gummibüchsen gebildet. Die Aufhängung an Längslenkern erlaubt es, den Rädern einen wirksamen Sturz zu geben, der die übertragbare Reifenseitenkraft erhöht und der beim Einfedern praktisch gleich bleibt. Die Hinterräder sind durch querliegende Torsionsstäbe (Drehstäbe) abgestützt. Zusätzlich sind progressive Gummihohlfedern im letzten Drittel des Radhubes wirksam. Die Stoßdämpfer sitzen an langen Hebelarmen, so daß ihre Hübe größer als die Radwege sind.
An allen vier Rädern arbeiten hydraulische Scheibenbremsen mit einer Gesamtbremsfläche von 185 cm^2.

Motor

Raum- und gewichtssparend sind das neue Sechszylinder-Triebwerk, die Kühlanlage, das Auspuffsystem und der Wärmetauscher für die motorabhängige Heizung zusammengefaßt. Als erwähnenswerte Baumerkmale sind hervorzuheben: Vollagerung der Kurbelwelle (8 Lagerstellen), die eine solide Aufnahme der Gas- und Massenkräfte erlaubt und die Trockensumpfschmierung. Durch diese Einrichtung wird die Kurbelgehäuseentlüftung und Ölentschäumung wesentlich erleichtert, die Ölpantscharbeit vermindert. Weitere besondere Merkmale: Das Axialgebläse, das von der Kurbelwelle über Keilriemen angetrieben wird und auf der Lichtmaschinenwelle gelagert ist. Eine Wechselstromlichtmaschine gibt einen hohen Ladestrom bereits bei niedrigen Drehzahlen. Die Gemischaufbereitung geschieht durch sechs Solex-Überlauf-Vergaser des Typs 40 PJ. Für je drei Vergaser ist nur ein Schwimmergehäuse vorhanden. Die Auspuffanlage besteht aus einem Sammelrohr pro Seite, in das die drei Auslaßkanäle einmünden und das zum Vortopf führt. Von dort geht eine Rohrleitung zum Haupt-Auspuffschalldämpfer. Aufgrund der genannten Kennzeichen, wie die achtfache Kurbelwellenlagerung, die Trockensumpfschmierung und die gewählte Steuerungsanordnung, in Verbindung mit dem verhältnismäßig kleinen Hubvolumen pro Zylinder, ist der Sechszylinder sehr entwicklungsfähig. Es ist ein gutes Fundament für wesentliche Drehzahl- und Leistungssteigerungen vorhanden.
Der Boxermotor ist mit je einer Nockenwelle pro Zylinderreihe ausgerüstet. Der Antrieb geht von der Kurbelwelle auf ein Zwischenrad und von dort mit Ketten auf die Nockenwellen rechts und links. Die Kette wird ölhydraulisch und wartungsfrei gespannt und durch drei mit Gummi belegte Gleitschienen geführt. Die Nockenwelle und die sechs Kipp-

hebel sind im Steuergehäuse, das über drei Zylinderköpfe geht, gelagert. Die Ventile sind V-förmig gestellt. Der Verbrennungsraum hat die Form einer Kugelkalotte. Es können große Ventilquerschnitte untergebracht werden. Die Motorseiten lassen eine großflächige Verrippung erkennen; die Durchtrittsquerschnitte zwischen den Rippen sind dabei recht groß gehalten und die Rippenflächen führen bis dicht an die heißen Brennraumwände heran. Pro Zylinder ist ein Einzelkopf verwendet. Alle Motorgußteile sind aus Leichtmetall; die Zylinder aus Biral.

Kraftübertragung

Das 5-Gang-Getriebe ist eine Porsche-Neukonstruktion Typ 901 mit verripptem steifem Tunnelgehäuse. Alle Vorwärtsgänge sind mit der bewährten Porsche-Ringsynchronisation ausgerüstet. Das Ausgleichs-Getriebe ist im gleichen Gehäuse untergebracht. Ein Sperrausgleichs-Getriebe wird von ZF nach einer amerikanischen Lizenz gebaut. Vom Getriebe führen die Gelenkwellen zu den Rädern. Das äußere Kreuzgelenk hat die übliche Form, das innere »Nadalla«-Gelenk dagegen hat zum Längenausgleich eine schwingenförmige Verbindung der beiden Gelenkteile. Das Drehmoment wird mit einer Einscheiben-Trockenkupplung mit Tellerfeder übertragen.

Ausstattung

Die serienmäßige Ausstattung umfaßt: Elektrische Scheibenwaschanlage mit automatischer Wischerbetätigung, Wischer mit drei Geschwindigkeiten, Ausstellfenster vorn und hinten (mit Diebstahlsicherung), Schichtglas für Frontscheibe und Heckfensterbeheizung. Weiterhin: Asymmetrisches Abblendlicht, zwei Rückfahrscheinwerfer, regelbare Instrumentenbeleuchtung, zwei Nebellampen und Kofferraumleuchte. Zwei Signalhörner, Lichthupe, fünf große Instrumente (Geschwindigkeit, Drehzahl, Benzinuhr, Ölstand, Öltemperatur und Öldruck), diverse Kontrolleuchten und eine elektrische Zeituhr. Beide Türen sind von außen abschließbar, ebenso gibt es einen verschließbaren Handschuhkasten, der Benzineinfüllstutzen ist nur von innen zu öffnen und das Lenkradschloß mit dem Zündschloß kombiniert. Die Inneneinrichtung ist recht komplett und bietet im einzelnen: Schiebeascher, oben und unten gepolstertes Armaturenbrett, Zigarrenanzünder, Haltegriff für den Beifahrer an der rechten Türinnenseite, als Zuziehgriffe ausgebildete Armstützen, Befestigungsstellen für Sicherheitsgurte, zwei Kleiderhaken, zwei gepolsterte Sonnenblenden – rechts mit Make-up-Spiegel –, zwei Türtaschen, Liegesitze, Heizung und Frischluftzuführung, Veloursteppich mit Absatzschonerplatte auf der Fahrerseite. Mitgeliefert werden außerdem noch: Abschleppöse vorn, benzinelektrische Standheizung von Webasto, Entdröhnung und ein Lackstift für kleinere Ausbesserungsarbeiten (Steinschlag).

ÄNDERUNGEN ZUM BAUJAHR/MODELLJAHR

1965

Mit dem Porsche Targa präsentiert Porsche Anfang September das erste serienmäßige Sicherheits-Cabriolet der Welt. Mit der Sicherheitsbügel-Konzeption gehen die Zuffenhausener einen bahnbrechenden Weg: Einmal garantiert sie ein bisher beim offenen Wagen unbekanntes Maß an Sicherheit und zum anderen eröffnet sie völlig neue Variationsmöglichkeiten. In einer Pressemitteilung bietet Porsche vier Variationsmöglichkeiten des Targa unter den Bezeichnungen Spyder, Hardtop, Voyage und Bel Air an. Die Auslieferung des »Targa«, vorgesehen für alle 911- und 912-Ausführungen, beginnt im Frühjahr 1966.

1966

Im November 1966 wird die Einführung des Fahrzeugs Typ 911 S zum Modell- und Baujahr 1967 bekanntgegeben. Die Fahrgestell-Nummern haben die gleichen Zahlenkombinationen wie beim Typ 911-Normal verwandt, man schlägt aber zur Kennzeichnung hinter der Fahrgestell-Nummer ein »S« ein. Die wichtigsten Unterschiede gegenüber dem normalen 911: 160 PS bei 6600 U/min, Pleuel weichnitriert, die Kolben sind geschmiedet, Änderungen am Zylinderkopf, Vergrößerung der Ein- und Auslaßventile, geänderte Steuerzeiten bei der Nockenwelle. Die Vergaser (Weber) unterscheiden sich nur durch andere Düsen und einen größeren Lufttrichter. Bosch-Zündkerzen mit höherem Wärmewert, ein 5 mm kleineres Gebläserad und ein mitlaufendes Kupplungsausrücklager sind weitere Neuerungen. Der 911 S erhält Koni-Dämpfer, vorn und hinten einen Stabilisator und innenbelüftete Scheibenbremsen. Die vier 5-Zoll-Felgen sind erstmals aus Leichtmetall, die Spur vorn um 16 mm, hinten um 8,4 mm breiter, das Leergewicht mit 1030 kg genau um 50 kg niedriger als die Normalversion. Die Höchstgeschwindigkeit klettert von 210 km/h auf 225 km/h. Serienmäßig kommt erstmals ein mechanischer Drehzahlbegrenzer in den 911-Modellen zum Einbau.
Im Innenraum gibt es ein mit Leder überzogenes Lenkrad. Der rote Bereich des Drehzahlmessers wandert in den Bereich zwischen 7200–7400 U/min. Die Armaturenblende wird mit Kunstleder überzogen,

Aschenbecher und Handschuhfach erhalten einen neuen Griff, das Typenzeichen präsentiert sich silberfarben, in den Schalthebelknopf wird das Schaltschema eingraviert und die Fußmatten werden als Teppich ausgelegt. Die Stoßstangenhörner, die Stoßstangen und die Seitenleiste erhalten eine neue Gummiflagge.

1967

Ab dem 1. 8. 1967 wird das Typenprogramm um den 911 T erweitert. Die Modellpalette umfaßt nunmehr: 912 (90 PS, 4-Zylinder), 911 L (130 PS), 911 S (160 PS) und 911 T (110 PS), wobei Porsche das »T« für Touring stellt.
Im einzelnen ändert sich: Typ 911 L (entspricht weitgehendst dem früheren Typ 911 und wird in der Innenausstattung dem 911 S angeglichen). Der vordere Stabilisator verringert sich im Durchmesser von 13 auf 11 mm. Beim 911 S gibt es nur minimale Änderungen. Der 911 T löst den 911 des Modelljahres 1967 ab und entspricht im Fahrwerksaufbau und in der Ausstattung dem 912.
Mit dem neuen Getriebe für den sportlichen Fahrer, der Sportomatic, kommt Porsche zum Aufpreis von DM 990,– allen den Sechszylinder-Fahrern entgegen, die sich die Mühe des Kuppelns sparen wollen.
Mit zehn neuen Sicherheitspunkten für alle Modelle präsentiert Porsche seine Typen: Versenkte Türöffnungsknöpfe, mattierte Scheibenwischerblätter, Befestigungspunkte für Sicherheitsgurte an den Fondsitzen, großflächiger, runder Außenspiegel, Aschenbechergriffe aus Gummi, Verbundglas-Windschutzscheibe, blendfreies und nachgiebiges Armaturenbrett, Halogen-Nebelscheinwerfer, breitere Felgen (5,5 Zoll) und Zweikreis-Bremsanlage.

1968

Ab Modell '69 gibt es beim »B«-Programm gegenüber dem »A«-Programm eine Reihe von kleineren Änderungen. Die wichtigsten für den 911 T, E und S: Neues Heizungs- und Belüftungssystem mit dreistufigem Gebläse, Ausstellfenster vorn nur beim Targa, Radstandverlängerung um 57 mm auf 2268 mm. Vorn und hinten seitlich herausgezogene Kotflügel. Außerdem: Stärkere Lichtmaschine (770 W), zwei Batterien mit je 35 Ah im linken, bzw. rechten vorderen Radkasten, Halogen-Scheinwerfer, elektrisch beheizte Heckscheibe, Warnblinkanlage, beleuchtetes Handschuhkastenfach, Verlegung des Sicherungskastens in den vorderen Kofferraum, Handgashebel zwischen den Vor-

dersitzen, abblendbarer Innenspiegel, Türtafeln mit größerer Ablagemöglichkeit, Türöffner als Zughebel in die Armlehne eingelassen, kleineres Lenkrad mit abgepolsterter Hupentaste, Klapp-Ascher an der Armaturenbrett-Unterkante, Sitzlehnenverriegelung, Entlüftungsschlitze beim Targa links und rechts am Sicherheitsbügel, vergrößerte Bremssegmente hinten (nur 911 T), geänderte Rückleuchtenpartie.
Mit einem »Comfort«-Paket ausgerüstet, kann der »T« den anderen Modellen angepaßt werden: Hydropneumatische Federbeine, Fanfare, Veloursteppiche, Öldruck- und Ölstands-Anzeige, Lederlenkrad, verstärkte Gummileisten, Stoßstangenhörner mit Gummiauflage, Chromblende unter den Türschwellern und den Schriftzug in Großbuchstaben. Dazu kommen noch 5,5-Zoll-Leichtmetallfelgen mit 185-HR-14-Reifen.
Dieses T-Comfort-Paket ist beim 911 E und 911 S serienmäßig, einzig der »E« – Nachfolger des 911 L – unterscheidet sich durch den serienmäßigen Einbau von hydropneumatischen Federbeinen vorn, eine mechanische Saugrohreinspritzung (Leistung: 140 PS), KHZ-Zündung, vergrößerten Bremssegmenten und Leichtmetall-Bremssättel vorn von seinem kleinen Bruder. Während beim »E« entweder 5,5-Zoll- (Sportomatic-Ausführung) oder 6-Zoll-Felgen gefahren werden dürfen, ist die 6-Zoll-Ausrüstung beim 911 S (170 PS, ebenfalls Saugrohreinspritzung) serienmäßig. Dafür entfallen beim »S« die Webasto-Zusatzheizung und die Halogen-Nebellampen.
An der Vorderachse gibt es außer den selbstniveauregulierenden Federbeinen für den 911 E (Sonderwunsch beim 911 T und S) noch weitere Änderungen: Die Stoßdämpferbeine der neuen Ausführung werden mit dem Achsschenkel und Lenkhebel verschweißt, neue Querlenker, geändertes Lenkgetriebe-Gehäuse, Stabilisatoren (nur bei 911-S-Serie), veränderte Spurweite und 20 cm vergrößerter Wendekreis.
Durch Zurückverlegen der Hinterradmitte um 57 mm verlängerte sich der Radstand von 2211 mm auf 2268 mm. Die Hinterachsgelenkwelle »Löbro« wird verstärkt und die Radlagerung geändert. Der Stoßdämpfer bekommt kürzere Gummi-Hohlfedern, die Hinterachse beim 911 serienmäßig einen Stabilisator, verstärkte Federstäbe und mehr Spurweite.
Der wirksame Bremsscheiben-Durchmesser vorn wird vergrößert, ebenso die Belagfläche und der Druckzylinder.

901–911/2.0

Baujahr	Modell Karosse	Typ	Fahrgestell-Nr.	Motor-Nr.	Motor-Typ	Getr.-Typ	Zyl.	Bohrung x Hub	Hubraum	DIN-PS bei U/min.	mkp bei U/min	Verdtg.	Radstand	Spur vorn/hinten	Länge	Gewicht	Produkt. Stck.
1963	Coupé	901	–	–	901	901	6	80 x 66	1991	130/6200	16,5/4600	9,0:1	2204	1332/1312	4135	1000	–
1964	Coupé	911	300001-300235	900001-900360	901/01	901/0	6	80 x 66	1991	130/6100	17,8/4200	9,0:1	2211	1337/1317	4163	1080	235
1965	Coupé	911	300236-303390	900361-903550	901/01	902/1	6	80 x 66	1991	130/6100	17,8/4200	9,0:1	2211	1337/1317	4163	1080	3155
			303391-305100	903551-907000													1710
1966	Coupé	911	305101-307350	907001-911000	901/05	902/1	6	80 x 66	1991	130/6100	17,8/4200	9,0:1	2211	1353/1325	4163	1030	2250
			307351-308522	911001-911190	901/06	902/0											1172
	Targa	911	500001-500718	911191-912050													718
	Coupé	911S	305101S-308523S	960001-961144	901/02	901/02	6	80 x 66	1991	160/6600	18,2/5200	9,8:1	2211	1367/1339	4163	1030	523
				961145-962178													
	Targa	911S	500001S-500718S														718
1967	Coupé	911US	11830001-11830473	3280001-3281606	901/14	902/0	6	80 x 66	1991	130/6100	17,8/4200	9,0:1	2211	1353/1325	4163	1080	473
				3380001-3380463	901/17	902/1											
	K-Coupé	911	11835001-11835742			905/00											742
	Targa	911	11880001-11880268														268
	Coupé	911L	11810001-11810720	3080001-3080655	901/06	902/1	6	80 x 66	1991	130/6100	17,8/4200	9,0:1	2211	1353/1325	4163	1080	720
				3180001-3180347	901/07												
				3880001-3880028	901/30												
	Targa	911L	11860001-11860307														307

901–911/2.0

Baujahr	Modell Karosse	Typ	Fahrgestell-Nr.	Motor-Nr.	Motor-Typ	Getr.-Typ	Zyl.	Bohrung x Hub	Hubraum	DIN-PS bei U/min.	mkp bei U/min	Verdtg.	Radstand	Spur vorn/hinten	Länge	Gewicht	Produkt. Stck.
1967	Coupé	911T	11820001-11820928	2080001-2081754	901/03	901/10	6	80 x 66	1991	110/5800	16,0/4200	8,6:1	2211	1353/1325	4163	1080	928
	K-Coupé	911T	11825001-11825683														683
	Targa	911T	11870001-11870521														521
	Coupé	911S	11800001-11801267	4080001-4081549	901/02	901/02	6	80 x 66	1991	160/6600	18,2/5200	9,8:1	2211	1367/1335	4163	1080	1267
	K-Coupé	911S		4180001-4180227	901/08	905/01											
	Targa	911S	118500001-11850442														442
	Coupé	911L-US	11805001-118055449	3280001-3281606	901/14	902/0	6	80 x 66	1991	130/6100	17,8/4200	9,0:1	2211	1353/1325	4163	1080	5449
				3380001-3380464	901/17	902/1											
	Targa	911L-US	11855001-118555134			905/00											5134
1968	Coupé	911T	11900001-11900343	6190001-6192455	901/03	901/06	6	80 x 66	1991	110/5800	16,0/4200	8,6:1	2268	1367/1335	4163	1020	343
				6193001-6193297	901/13	901/12											
	K-Coupé	911T	119120001-119123561	6195001-6197292	901/16	905/13								1364/1345			3561
				6198001-6198184	901/19												
	Targa	911T	119100001-119111282														282
	Coupé	911E	119200001-119200954	6290001-6292270	901/09	901/07	6	80 x 66	1991	140/6500	17,8/4500	9,1:1	2268	1374/1355	4163	1020	954
				6298001-6298583	901/11	901/13											

901–911/2.0

Baujahr	Modell Karosse	Typ	Fahrgestell-Nr.	Motor-Nr.	Motor-Typ	Getr.-Typ	Zyl.	Bohrung x Hub	Hubraum	DIN-PS bei U/min.	mkp bei U/min	Verdtg.	Radstand	Spur vorn/hinten	Länge	Gewicht	Produkt. Stck.
1968	K-Coupé	911E	119220001-119221014			901/06 901/12	6	80 x 66	1991	140/6500	17,8/4500	9,1:1	2268	1374/1355	4163	1020	1014
	Targa	911E	119210001-119210858			905/13								1364/1345			858
	Coupé	911S	119300001-119301492	6390001-6392126	901/10	901/07	6	80 x 66	1991	170/6800	18,5/5500	9,9:1	2268	1374/1355	4163	995	1492
	Targa		119310001-119310614			901/13											614

Bemerkungen:
Typ 911-2.0: Synchrongetriebe 901/0 (5-Gang mit Ausgleichsgetriebe in einem Gehäuse). Modell 1965 bis 26. 7. 1965.
Synchrongetriebe 902/1, außer USA, Modell 1966 bis 1967.
Bauart: wie 901/0.
Synchrongetriebe 902/0 USA (4-Gang). Modell 1966 bis 1967.
Bauart: wie 901/0.
Synchrongetriebe 901/02 (5-Gang), außer Modell USA 1967.
Bauart: wie 901/0.
Synchrongetriebe 901/10 (4-Gang), außer USA, ab Modell 1968 In and und Europa. Bauart: wie 901/0.
Sportomatic 905/00 (4-Gang). Sonderwunsch ab Modell 1968 für 911 USA, 911 L-USA, 911 L Inland und Europa. Bauart: wie 901/0.
Sportomatic 905/01 (4-Gang). Sonderwunsch ab Modell 1968 für 911 S und 911 T, Inland und Europa. Bauart: wie 901/0.

Motoren: 901/01: Normalausführung mit Solex-Vergasern (ab Sept. 1964).
901/02: Supermotor (ab Juli 1966/67)
901/03: 4-Gang-Getriebe (ab Juli 1967)
901/05: wie 901/01, jedoch mit Weber-Vergasern (ab Februar 1966)
901/06: wie 901/05, jedoch mit geänderten Wärmetauschern und neuer Nockenwelle (ab November 1966). Mit Sportomatic ab Juli 1967.
901/07: wie 901/05, jedoch mit Sportomatic-Anschlußaggregaten (ab Juli 1967)
901/08: mit Sportomatic (ab Juli 1967)
901/13: mit Sportomatic (ab Juli 1967)
901/14: wie 901/06, jedoch mit US-Abgasanlage (ab Juli 1967)
901/17: wie 901/06, jedoch mit Abgasanlage und Sportomatic-Anschluß (ab Juli 1967)

Original-901, dessen Aussehen sich bis zum Produktionsbeginn noch änderte

Porsche 911-2.0. Erste Serien-Ausführung mit schräg montiertem »911«-Schriftzug

522 Seitenansichten des Porsche 911 mit Sechszylinder-Motor (2 Liter). Ab Baujahr 1965

Porsche 911 T Targa mit fester Heckscheibe, neuen Türgriffen und Sportomatic

524 Für das Modelljahr 1968 wurde das Programm auf drei Modelle erweitert: 911 T, L und S

Die 68er-Modelle des 911 erhielten Verbesserungen im Detail und Technik

Instrumentenbrett des Porsche 911, wie es auch heute noch im wesentlichen aktuell ist

Hintere Einzelsitze im 911, die durch Umklappen zusätzlichen Gepäckraum ergeben

526

Schnittzeichnung des Porsche-Sechszylinder-Triebwerkes Typ 901 (Erste Ausführung)

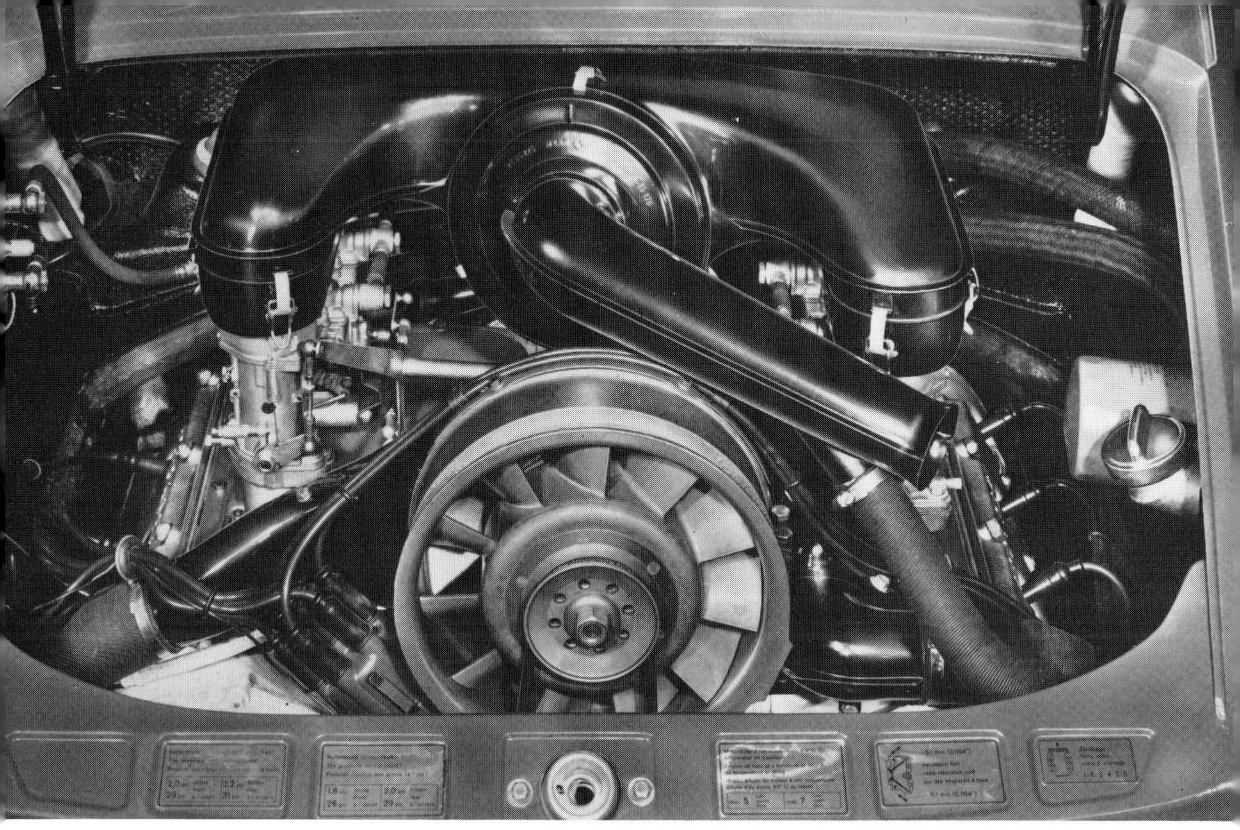

Versuchsausführung des 901-Motors (unten). Weber-Vergaser in der 130-PS-Version

Typ 911-2.2 (1969-1971)

Die Weiterentwicklung der Sechszylinder-Typen 911 wird auch nicht durch die 914-Baureihe unterbrochen. Im September 1969 stellt man in Zuffenhausen den 911 mit 2,2-Liter-Triebwerk vor. Die C-Modelle erfahren eine Reihe von Modifikationen, in deren Mittelpunkt allerdings die Hubraumvergrößerung steht.
Außer mehr PS für die drei Typen 911 T, E und S gibt es hauptsächlich mehr Drehmoment, was bequemeres Fahren – zum Beispiel in der Stadt – mit sich bringt.
Nicht angehoben werden die Höchstgeschwindigkeiten. Sie liegen ziemlich dicht bei den Vorläufer-Modellen, denn die Abgasanlagen fressen den Leistungsvorteil wieder auf. Erfreulicherweise bleibt aber auch das Benzinkonsum auf dem alten Standard.
Die auch bei den 2-Liter-Modellen häufig beanstandete kritische Übersteuerneigung, hatte man in der B-Serie (Vorläufer vom 2,2 Liter) durch eine Radstandverlängerung, bessere Gewichtsverteilung, breiteren Felgen und Reifen erheblich gemildert. Bei den C-Typen macht man einen weiteren Schritt nach vorn, wobei der ausgewogenste Typ ein 911 T mit zusätzlich montierten Stabilisatoren ist. Ganz auf Komfort getrimmt präsentiert sich der 911 E mit der etwas umstrittenen hydropneumatischen Federung. Für sportliches Fahren ist dieser Typ weniger geeignet und so verschwinden die Hydro-Federbeine an der Vorderachse bald wieder.
Weitere interessante Einzelheiten: Auch der 911 T erhält die als ausgezeichnet eingestufte, innenbelüftete Vierscheiben-Bremsanlage. Einzige Kritik: Speziell für Damenbeine ein etwas zu hoher Pedaldruck. Die Bedienungselemente werden an die Lenksäule konzentriert, so z. B. Scheibenwischer, Blinker und Fernlicht/Lichthupe.

Karosserie/Fahrgestell

Ab Modell 1970, das heißt mit Beginn der Produktion im September 1969 werden in die Fahrzeugtypen Porsche 911 T, E und S Sechszylinder-Motoren mit einem Hubraum von 2,2 Liter eingebaut.
Neben dieser wichtigsten Änderung gibt es eine Reihe von Detailverbesserungen. Unter anderem: Die Lagerung der Stoßdämpferbeine bzw. Federbeine an den vorderen Radkästen werden wegen Änderung der Nacheinstellung um etwa 14 mm nach vorn versetzt. Die gesamte Bodengruppe (Bodenplatte, Längsträger, Radlaufwände und Sitzmulden) ist aus verzinktem Blech.
Aus Gewichtsgründen wird an den Typen 911 E und S der hintere Dekkel (Motor) so wie das Stoßstangen-Mittelteil in Alu-Ausführung gebaut.
Die Schalttafel wird auf die neuen vom Innenraum montierbaren Instrumente (die Anzeigegeräte werden mit einer Gummilippe fixiert) abgestimmt.
Die Türaußengriffe werden neu gestaltet. Das Öffnen der Türen erfolgt über einen Betätigungshebel auf der Innenseite des Türgriffes. Die Targa-Modelle sind mit einem leichteren Faltdach ausgestattet. Alle Typen sind serienmäßig mit PVC-Unterbodenschutz gespritzt.
Die Vorderachse des Typs 911 E wird auf die selbsttragenden hydropneumatischen Federbeine abgestimmt. An der Vorderachse der anderen Typen werden neue Einstellschrauben zur Höheneinstellung verwendet. Mit Serienanlauf wird in allen 911-Typen die ZF-Lenkung in unveränderter Bauweise eingebaut. Zu einem späteren Zeitpunkt soll der 911 T die Lenkeinrichtung erhalten wie sie im 914-6 verbaut wird. Ebenfalls an allen Typen wird die Nachlaufeinstellung geändert. Dadurch reduziert man Lenkkräfte und Lenkstößigkeit.
Alle 2,2 Liter 911 sind jetzt mit innenbelüfteten Zweikreis-Scheibenbremsen vorn und hinten ausgerüstet. Beim 911 T sind die Sättel aus Grauguß, bei den Typen 911 E und S vorn aus Leichtmetall und nur hinten aus Grauguß.

Motor

Das Kurbelgehäuse wird etwas geändert, weil ein Innenlager neu hinzukommt (Zwischenwelle). Die Pleuel der 2,2-Liter-Modelle sind am Pleuelfuß verstärkt, wobei man unter anderem die Pleuelschrauben verlängert. Die Zylinder sind enger gerippt und am Zylinderfuß wegen der

verstärkten Pleuel verkürzt. Die Zylinderköpfe werden an der Sitzfläche der Zylinder verändert. Die Ein- und Auslaßventile haben für alle Motortypen jeweils die gleichen Abmessungen. Der Zylinderkopf des 911 S unterscheidet sich durch einen größeren Ansaug- und Auslaßkanal.
Alle 911-T-Motoren sind mit Zenith-Vergasern vom Typ 40 TIN bestückt. Besondere Merkmale dieses Vergasers: Drei Mischkammern und zwei Schwimmerkammern sind in einem Gehäuseblock vereinigt.
Alle 911-Modelle, die nach USA ausgeliefert werden, erhalten eine den dortigen Vorschriften entsprechende Tankentlüftung.

Kraftübertragung

Alle neuen Modelle sind mit einer Tellerfeder-Kupplung in gezogener Ausführung ausgerüstet. Bei der Konstruktion dieses neuen Typs verfolgt man neue Wege, um die Bedienungskräfte zu verringern und ein weiches Einkuppeln zu erreichen. Diese Ausführung erfordert eine völlig neu gestaltete Seilbetätigung.
Die Typen 911 E und S sind serienmäßig mit einem Fünfgang-Getriebe – Typ 911/01 – ausgerüstet. Der 911 T erhält das Viergang-Getriebe 911/00 serienmäßig eingebaut. Auf Sonderwunsch gibt es – nicht für 911 S – ein Sportomatic-Getriebe und für alle Modelle ein Sperrdifferential zwischen 40 und 80 Prozent von ZF.

Ausstattung

Innenraum und Armaturenbrett des 2,2-Liter-911 werden so gestaltet, daß man mühelos alle Schaltelemente bedienen kann und eine gute Übersicht über alle Kontroll-Instrumente hat. Ohne die Hände vom Lenkrad zu nehmen, kann man zwei Kombischalter an der Lenksäule (Wischer/Wascher, Blinker/Lichthupe) bedienen. Die Instrumente sind rund, blendfrei und liegen direkt im Blickfeld. Dazu gehören Drehzahlmesser, Geschwindigkeitsmesser, Öltemperatur- und Druckmesser, Benzin- und Zeituhr.
Die Belüftungsanlage ist zwangsentlüftet ausgelegt. Ein getrennt regulierbares Heizungs- und Belüftungssystem ist mit einem Dreistufengebläse versehen. Weiterhin serienmäßig: beheizbare Heckscheibe, elektrische Scheibenwaschanlage, Halogen-Hauptscheinwerfer, Rückfahrscheinwerfer und eine Warnblinkanlage. Als weitere Neuheiten gegenüber den Vormodellen kommen noch hinzu: Die US-911 erhalten eine sogenannte Schlüssel-Wächter-Anlage, die den Fahrer daran erinnert, den Zündschlüssel vor Verlassen des Fahrzeuges abzuziehen. Der

Aschenbecher wird beleuchtet, und das Lenk-Zündschloß funktioniert nun über vier Stellungen. Und auf Sonderwunsch gibt es eine beheizte Frontscheibe, die ein- oder auch zweistufig arbeitet.

ÄNDERUNGEN ZUM BAUJAHR/MODELLJAHR

1971

Bedingt durch geänderte Abgasgesetze in einigen europäischen Ländern werden folgende Teile der elektronischen Kraftstoff-Einspritzanlage geändert: Druckfühler, Zündverteiler, Drosselklappenstutzen und Steuergerät. Die Kraftstoffpumpe an den Fahrzeugen 911, bisher vorn unter dem Hilfsträger befestigt, wird nach hinten links, zwischen Querrohr und Hinterachslenker verlegt.

911-2.2

Baujahr	Modell Karosse	Modell Typ	Fahrgestell-Nr.	Motor-Nr.	Motor-Typ	Getr.-Typ	Zyl.	Bohrung x Hub	Hubraum	DIN-PS bei U/min.	mkp bei U/min	Verdtg.	Radstand	Spur vorn/hinten	Länge	Gewicht	Produkt. Stck.
1969	Coupé	911T	911010001-9110102418	6100001-6103000	911/03	911/00	6	84 x 66	2195	125/5800	18,0/4200	8,6:1	2268	1362/1343	4163	1020	2418
	K-Coupé	911T	9119120001-9110124126	6103501-6104547	911/07												4126
	Targa	911T	9110110001-9110112545	6103001-6103230	911/06												2545
	S-Matic	911T		6105001-6107999	911/08	905/20											
	Coupé	911E	9110200001-9110201304	6108501-6109955	911/01	911/01	6	84 x 66	2195	155/6200	19,5/4500	9,1:1	2268	1374/1355	4163	1020	1304
	K-Coupé	911E	9110220001-9110220667	6108001-6108374	911/04												667
	Targa	911E	9110210001-9110210933	6200001-6202476													933
	S-Matic	911E		6208001-6208434		905/20											
	Coupé	911S	9110300001-9110301744	6300001-6302480	911/02	911/01	6	84 x 66	2195	180/6500	20,3/5200	9,8:1	2268	1374/1355	4163	1020	1744
	Targa	911S	9110310001-9110310729														729
1970	Coupé	911T	9111100001-911110583	6110001-6113475	911/03	911/00	6	84 x 66	2195	125/5800	18,0/4200	8,6:1	2268	1362/1343	4163	1020	583
	K-Coupè	911T	9111120001-9111121934	6114001-6118119	911/07												1934
	Targa	911T	9111110001-9111113476	6119001-6119190	911/06												3476
	S-Matic	911T		6119501-619728	911/08	905/20											
	Coupé	911 E	9111200001-9111201088	6210001-6211767	911/01	911/01	6	84 x 66	2195	155/6200	19,5/4500	9,1:1	2268	1374/1355	4163	1020	1088
	Targa	911E	9111210001-9111210935														935

911-2.2

Baujahr	Modell Karosse	Modell Typ	Fahrgestell-Nr.	Motor-Nr.	Motor-Typ	Getr.-Typ	Zyl.	Bohrung x Hub	Hubraum	DIN-PS bei U/min.	mkp bei U/min	Verdtg.	Radstand	Spur vorn/hinten	Länge	Gewicht	Produkt. Stck.
	S-Matic	911E		6218001-6218260	911/04	905/20	6	84 x 66	2195	155/6200	19,5/4500	9,1:1	2268	1374/1355	4163	1020	
	Coupé	911S	9111300001-9111301430	6310001-6311959	911/02	911/01	6	84 x 66	2195	180/6500	20,3/5200	9,8:1	2268	1374/1355	4163	1020	1430
	Targa	911S	9111310001-9111310788														788

Bemerkungen:
Typ 911-2.2: Motor 911/01: 155 PS-Einspritzer mit Schaltgetriebe – 911/02: 180 PS-Einspritzer für 911 S – 911/03: 125 PS-Vergaser mit Schaltgetriebe, Europa-Ausführung – 911/04: 155 PS-Einspritzer mit Sportautomatic. 911/06: 125 PS-Vergaser mit Sportautomatic – 911/07: 125 PS-Vergaser mit Schaltgetriebe, US-Ausführung – 911/08: 125 PS-Vergaser mit Sportautomatic, US-Ausführung. Getriebe 911/01: 5-Gang für 911 E und 911 S – 911/00: 4-Gang für 911 T – 905/20: Sportautomatic-Getriebe auf Sonderwunsch für 911 T und 911 E

Der Porsche 911 mit 2,2-l-Motor (ab 1969) wurde u. a. auch im Innenraum aufgewertet

Den 2,2-Liter gab es in drei Varianten: Als T (125 PS), E (155 PS) und S (180 PS)

Porsche 911 T 2.2 mit einer schmalen Gummileiste auf der Stoßstange (ohne S-Hörner)

911 S in der USA-Ausführung mit dicker Gummileiste, S-Hörnern und US-Lampen

Mehr Drehmoment für die ab September 1969 gebauten 2,2 Liter

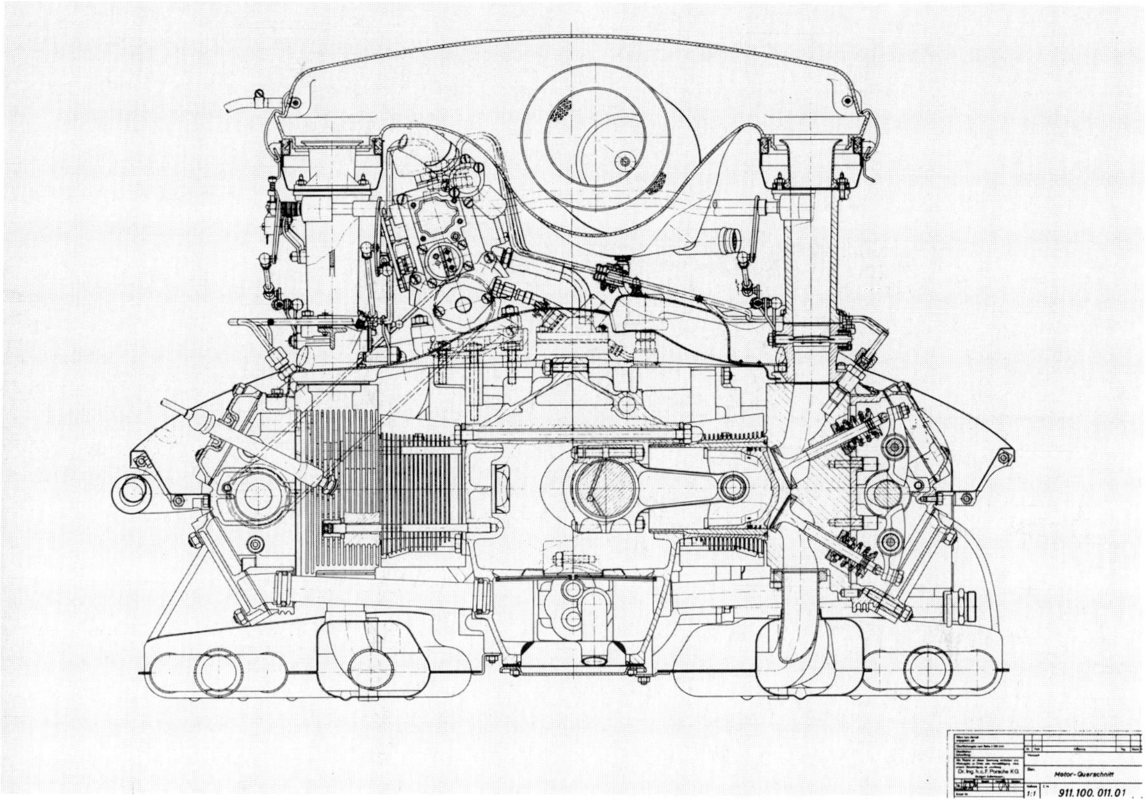

Motorquer- und Längsschnitt des 2,2-Sechszylinders für den Porsche 911 (ab Baujahr 1969)

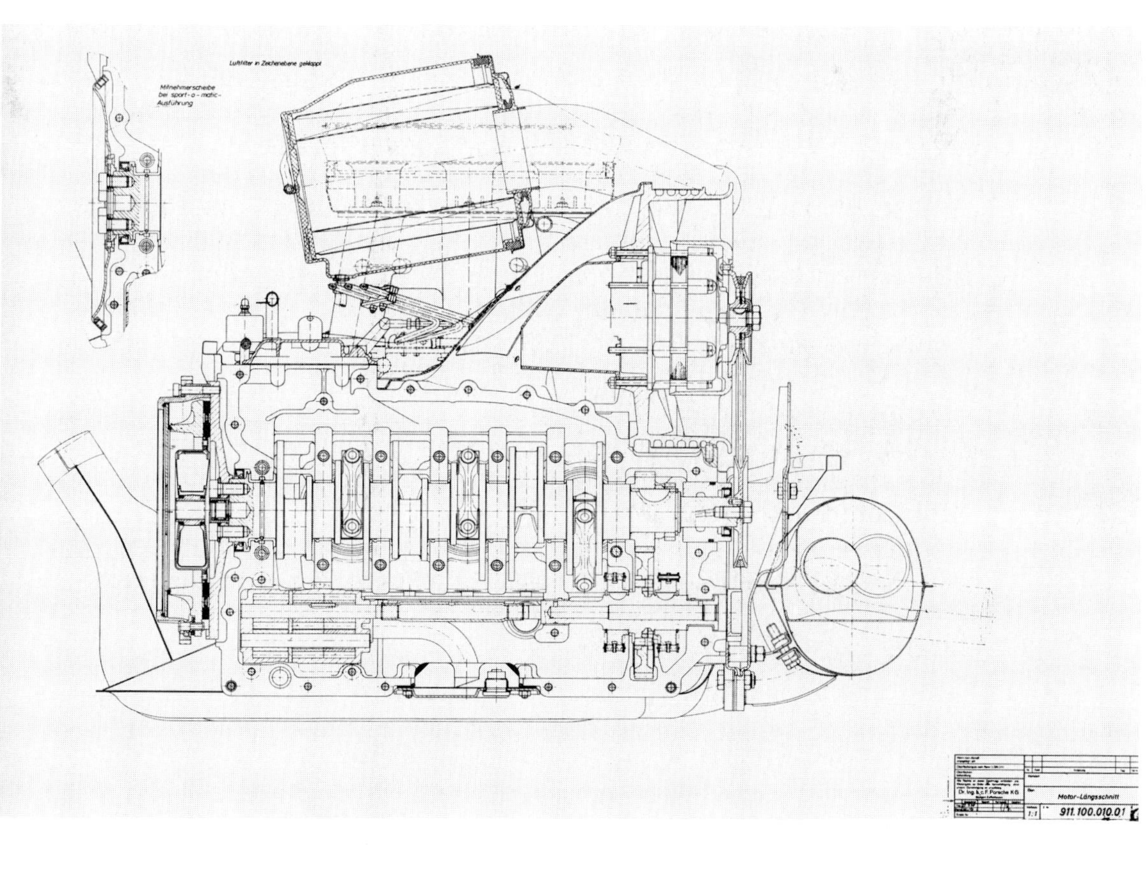

Typ 911-2.4 (1971-1973)

Nach sieben Jahren Produktion geht die 911er-Serie nunmehr in die dritte Hubraum-Generation. Reife und Tempo werden weiter verbessert bzw. erhöht. Unter dem Druck der scharfen Abgasbedingungen in den USA – nach wie vor Exportland Nummer eins für Porsche-Sportwagen – entwickeln die Motorenspezialisten den 2,4-Liter-Motor, der nur noch Normalbenzin verbraucht.

Trotz dieser einschneidenden Änderung – die Skepsis von Tankwarten ist selbst heute noch vorhanden, wenn ein Porschefahrer nur Normalbenzin für seinen 911 verlangt – geht am Temperament der einzelnen Typen nichts verloren. So gewinnt zum Beispiel der 911 S mit 10 PS Mehrleistung erstaunlich an Elastizität und Durchzugskraft. Erst oberhalb 5000 U/min bekommt man die ganze Kraft der 190 PS zu spüren.

Einziger Wermutstropfen: Der eingespritzte 911 S schluckt immerhin zwischen 15 und 20 Liter Normalbenzin und auch seine kleineren Brüder 911 T und E ziehen in der Verbrauchskurve nach oben. Passend zu der weiter angehobenen Leistung präsentiert Porsche ein neues Getriebe. Auffallendste Änderung in diesem Zusammenhang: Das neue Schaltschema. Der erste und zweite Gang liegen jetzt auf einer Ebene untereinander.

Mit zunehmend höherer Endgeschwindigkeit (ein 911 S läuft über 230 km/h Spitze) wird das Problem der Richtungsstabilität und des ruhigen Geradeauslaufes immer akuter. Durch geschickte Anordnung von verschiedenen Nebenaggregaten erreicht man unter anderem eine Gewichtsverteilung von 42 zu 58 Prozent (Vorder/Hinterachse). Durch breitere Felgen und Reifen in Verbindung mit einer geänderten Radgeometrie, versetzten Stoßdämpferaufhängungen an der Hinterachse, sowie einer Karosserieschürze (Spoiler) am Bug, verbessert sich die Fahrsicherheit der 2,4-Liter-Typen noch weiter. Anfänglich profitiert von dem Bugspoiler nur der 911 S, allerdings verlangen auch die Besitzer der 911 T und E in immer größer werdendem Umfang diese Stabilisierungshilfe, so daß sie schließlich zur Standardausrüstung wird.

Mit Ausnahme des 911-S-Spoilers gibt es für alle Typen noch zwei weitere Punkte, die sie gleich auf größere Distanz von ihren Vorgängern unterscheiden. Der Motorgrill und der rückwärtige Porsche-Schriftzug werden mattschwarz geliefert. Das Motoröl wird jetzt durch eine außenliegende Klappe (hinter der Beifahrertüre, in der Schloßsäule) nachgefüllt. Allerdings muß man die Beifahrertüre öffnen, um über einen großen Druckknopf diese Ölklape aufspringen zu lassen. Da es außerdem häufig Verwechselungen mit der Benzinöffnung (auf dem vorderen linken Kotflügel) gibt, geht man schnell wieder von dieser Lösung ab. Der Nachfüllstutzen wandert zurück unter die Motorhaube, wo er vorher war und auch heute noch ist.

ALLGEMEINE BESCHREIBUNG: TYP 911 – 2.4 (BASISMODELL)

Karosserie/Fahrgestell

Ab 1. September 1971 erhalten alle Porsche-Fahrzeuge eine Reihe von Konstruktions-Änderungen. Diese Änderungen stellen zum Teil wesentliche Verbesserungen dar oder stehen im Zusammenhang mit den Europa-Abgasgesetzen.

Eindeutiges Erkennungsmerkmal der 2,4-l-Typenmodelle ist die Einfüllöffnung für den Ölbehälter im rechten hinteren Seitenteil. Diese Anbringung war erforderlich, nachdem der Ölbehälter vor die Hinterachse transplantiert wird. Der Verschlußdeckel wird durch einen Druckknopf in der rechten Schloßsäule geöffnet. Der Öltank im hinteren rechten Radlauf ist mit einem Spannband fixiert. Die dazugehörenden Saug- und Rückförderungsschläuche zwischen Motorkonsole und Öltank haben größere Innendurchmesser erhalten.

Der Fahrkomfort der Modelle '72 ist durch weicher eingestellte Stoßdämpfer an der Vorder- und Hinterachse verbessert. Alle Fahrzeuge werden an der Vorderachse mit Boge-Dämpferbeinen ausgerüstet. Auf Sonderwunsch stehen Bilstein-, oder Koni-Dämpfer zur Verfügung. Die Fahrzeuge 911 T und 911 E werden ohne Stabilisatoren ausgeliefert, der 911 S erhält Stabilisatoren von 15 mm ∅ an der Vorder- und Hinterachse. Die Aufnahme des Kugelgelenkes im Dämpferbein erfährt eine Änderung. Im Einbauzustand liegen die Achsflansche des neuen Getriebes ca. 10 mm weiter hinten als bisher. Zusammen mit den neuen Stoßdämpferabmessungen wird daher eine Änderung der Dämpfereinbaulage erforderlich.

Beim Fahrzeugtyp 911 E wird als Serienausstattung eine lackierte Felge

aus Stahl in der Größe 6 J × 15 Zoll mit Reifen 185/70 VR 15 angeboten. Sonderwunsch für den 911 E: Eine 6-J-Felge aus Leichtmetall. Der 911 T wird weiterhin mit der 5,5-J × 15-Stahlfelge und Reifen 165 HR 15 ausgerüstet. Als Sonderwunsch erhältlich: Die Serienfelge mit 185-Reifen oder dieselbe Bestückung wie beim 911 E. Beim 911 S gibt es weiterhin die 6-J-Felge mit dem 185/70-VR-15-Reifen auf Leichtmetallfelgen.
Schwarz eloxierte Schriftzüge und Lufteintrittsgitter unterstreichen das sportliche Aussehen. Ebenso die vorderen Stoßstangen ohne Hörner bei den Typen 911 T und E. Der 911 S wird serienmäßig mit einer Front-Spoilerstoßstange ausgestattet, welche zur Stabilisierung des Vorderwagens bei Geschwindigkeiten über 150 km/h dient. Diese Stoßstange ist als Sonderwunsch auch für die beiden anderen Typen erhältlich. Der 911 E wird in der Grundausstattung dem 911 T angepaßt. Durch das neue Getriebe muß die Rücksitzmulde in der Form neu gestaltet werden. Die Lehnen der Rücksitze werden weiter nach hinten versetzt. Dadurch ist nunmehr das Rückwandoberteil für Coupé- und Targa-Modelle identisch.
Der Kofferraum erhält eine separate Beleuchtung; die Nebelleuchten wandern wegen des Spoilers auf die Schallaustrittsgitter. Der 911 E erhält die gleichen Instrumente wie der 911 T, die Ausführung bleibt dagegen bei allen Typen gleich.

Motor

Alle Porsche-Sechszylindermotoren erhalten ein Hubraumvolumen von exakt 2341 cm^3. Diese Steigerung erreicht man durch einen größeren Kolbenhub (70,4 mm). Der 911-T-Motor erhält für den europäischen Markt Solex-Zenith-Vergaser 40 TIN, mit einer Zusatzeinrichtung für den Schiebebetrieb. Er hat eine Leistung von 130 PS bei 5600 U/min. Der 911 T für den US-Markt ist mit einer mechanischen Benzin-Einspritzanlage ausgerüstet. Die Motorleistung beträgt 140 PS bei 5600 U/min. Die Leistungsdaten für den 911 E: 165 PS bei 6200 U/min, für den 911 S: 190 PS bei 6500 U/min.
Die Verdichtungsverhältnisse bei den drei Standard-Motortypen werden zurückgenommen. Damit sind alle neuen Porsche Normal-Benzin-Verbraucher. Das Kurbelgehäuse erhält zusätzliche Verstärkungsrippen. Die Aufnahme für den Zündverteiler wird geändert; der Verteiler wird jetzt durch einen Flansch am Kurbelgehäuse befestigt. Geändert werden weiterhin: Kurbelwelle, Pleuelzapfen und die Lager. Die Kolben werden in der Gesamthöhe kürzer, die Kolbenböden wesentlich flacher

gestaltet. Das gesamte Ansaugsystem wird neu gestaltet, wobei man die Ansaugrohre aus Kunststoff fertigt. Das Ansauggehäuse ist ebenfalls aus Kunststoff; die Ansaugluft-Vorwärmung wird überarbeitet. Bei den 2,4-l-Motoren werden wahlweise Zündverteiler der Hersteller Marelli und Bosch eingebaut.

Kraftübertragung

Bedingt durch die größere Motorleistung und das höhere Drehmoment der 2,4-l-Aggregate wird für die Porsche-Modelle ein neues Schaltgetriebe entwickelt. Mit der Typenbezeichnung 915 wird das neue Getriebe in der 4-Gang-Ausführung in allen Typen serienmäßig eingebaut. Auf Sonderwunsch gibt es auch eine 5-Gang-Version. Das Schaltschema wird in diesem Zusammenhang ebenfalls geändert. Der erste und zweite Gang liegen jetzt auf einer Ebene, ebenso der dritte und vierte Gang. Der Rückwärtsgang wird nach rechts hinten über eine Sperre geschaltet. Der fünfte Gang liegt jetzt rechts vorn. Das Getriebegehäuse wird nicht mehr in Tunnelbauweise gefertigt, sondern besteht aus drei Hauptteilen: Ausgleichs-Gehäuse, Rädergehäuse und vorderer Getriebedeckel. Der seitliche Getriebedeckel ist gegenüber den bisherigen Ausführungen stärker verrippt. Der Getriebeträger wurde breiter, und die Gummimetall-Lager sind angeschraubt und somit einzeln austauschbar. Weiterhin wurde die Kupplungsbetätigung neu gestaltet.

Ausstattung

Als Sonderzubehör wird ein 85-Liter-Benzintank eingebaut. Um durch diesen mächtigen Behälter keinen Kofferraumplatz unter der vorderen Haube zu verlieren, gibt es – ein technisches Novum – einen faltbaren Reservereifen, der durch eine mitgelieferte Preßluftflasche auf den vorgeschriebenen Luftdruck gebracht wird.

ÄNDERUNGEN ZUM BAUJAHR/MODELLJAHR

1973

Die Karosserie-Klappe für den Öleinfüllstutzen entfällt. Der Öltank kommt hinter die Hinterachse und die Öleinfüllung erfolgt wieder mo-

torseitig. Der Frontölkühler ist als Rohrschlangenkühler ausgebildet. Die Motoren erhalten eine geänderte Luftführung, bei welcher der Luftkanal im Bereich des Ölkühlers geteilt wird. Die Vergaser-Version erhält eine regelbare Vorwärmeinrichtung. Das Volumen des Ölbehälters wird vergrößert. Die Kurbelgehäuse aller 911-Motoren werden im Bereich der Lagerstühle verstärkt. Um eine Verbesserung der Schalthebelführung und der Rückwärtsgangsperre beim 5-Gang-Getriebe zu erhalten, ist der Schaltblock jetzt aus Druckguß hergestellt. Nach Änderung der Hinterachslenker-Befestigung ist ein Wechsel der Lenker ohne Motor-Getriebeausbau möglich.
Eine neue Druckgußfelge von der Firma ATS gibt es für den 911 E und als Sonderwunsch auch für den 911T. Die Ausstattungen mit 85-l-Tank, einem Falt-Reserverad und einem elektrisch betriebenen Kompressor zum Füllen des Faltrades sind jetzt serienmäßig. Die vorderen Schallgitter, sowie die Bug- und Heckleuchtenränder sind aus schwarzem Kunststoff gefertigt. Die Spoilerstoßstange ist für den 911 E nun ebenfalls serienmäßig und die Sitzverankerung – gemäß neuer Bestimmungen – geändert. Der Auspufftopf ist aus völlig rostfreiem Edelstahl und daher unlackiert.

911-2.4

Baujahr	Modell Karosse	Typ	Fahrgestell-Nr.	Motor-Nr.	Motor-Typ	Getr.-Typ	Zyl.	Bohrung x Hub	Hubraum	DIN-PS bei U/min.	mkp bei U/min	Verdtg.	Radstand	Spur vorn/hinten	Länge	Gewicht	Produkt. Stck.
1971	Coupé	911T	9112500001-9112501963	6520001-6523284	911/57	915/12	6	84 x 70,4	2341	130/5600	20/4000	7,5:1	2271	1360/1342	4147	1050	1963
	Targa	911T	9112510001-9112511523			915/02											1523
	S-Matic	911T		6529001-6529224	911/67	905/21								1372/1354			
	Coupé	911T-US	9112100001-9112102931	6120001-6124478	911/51		6	84 x 70,4	2341	140/5600	20/4000	7,5:1	2271	1360/1342	4147	1050	2931
	Targa	911T-US	9112110001-9112111821														1821
	S-Matic	911T-US		6129001-6129293	911/61	925/00								1372/1354			
	Coupé	911E	9112200001-9112201124	6220001-6221765	911/52	915/12	6	84 x 70,4	2341	165/6200	21/4500	8,0:1	2271	1372/1354	4147	1050	1124
	Targa	911E	9112210001-9112210861														861
	S-Matic	911E		6629001-6229248	911/62	925/00											
	Coupé	911S	9112300001-9112301750	6320001-6322586	911/53	915/12	6	84 x 70,4	2341	190/6500	22/5200	8,5:1	2271	1372/1354	4147	1050	1750
	Targa	911S	9112310001-9112310989														989
	S-Matic	911S		6329001-6329147	911/63	925/01											
1972	Coupé	911T	9113500001-9113501875	6530001-6533239	911/57	915/12	6	84 x 70,4	2341	130/5600	20/4000	7,5:1	2271	1360/1342	4127	1050	1875
	Targa	911T	9113510001-9113511541														1541
	S-Matic	911T		6539001-6539197	911/67	905/21											
	Coupé	911T-US	9113100001-9113101252	6130001-6131926	911/51	915/12	6	84 x 70,4	2341	140/5600	20/4000	7,5:1	2271	1360/1342	4127	1050	1252

911-2.4

Baujahr	Modell Karosse	Modell Typ	Fahrgestell-Nr.	Motor-Nr.	Motor-Typ	Getr.-Typ	Zyl.	Bohrung x Hub	Hubraum	DIN-PS bei U/min.	mkp bei U/min	Verdtg.	Radstand	Spur vorn/hinten	Länge	Gewicht	Produkt. Stck.
1972	Targa	911T-US	9113110001-9113110781		911/51		6	84 x 70,4	2341	140/5600	20/4000	7,5:1	2271	1360/1342	4127	1050	781
	S-Matic	911T-US		6139001-6139149	911/61	925/00											
	Coupé	911T-C	9113101501-9113103444	6133001-6136092	911/91	915/12	6	84 x 70,4	2341	140/5600	20/4000	7,5:1	2271	1360/1342	4127	1050	1944
	Targa	911T-C	911311001-9113112302														1302
	S-Matic	911T-C		6139301-6139502	911/96	925/00											
	Coupé	911E	9113200001-9113201366	6230001-6232125	911/52	915/12	6	84 x 70,4	2341	165/6200	21/4500	8:1	2271	1372/1354	4127	1075	1366
	Targa	911E	9113210001-9113211055														1055
	S-Matic	911E		6239001-6239319	911/62	925/00											
	Coupé	911S	9113300001-9113301430	6330001-6332231	911/53	915/12	6	84 x 70,4	2341	190/6500	22/5200	8,5:1	2271	1372/1354	4147	1075	1430
	Targa	911S	9113310001-9113310925														925
	S-Matic	911S		6339001-6339136	911/63	925/01											
	Coupé	911SC	9113600001-9113601590	6630001-6631551	911/83	915/08	6	84 x 70,4	2341	210/6300	26/5100	8,5:1	2271	1372/1394	4147	1075	1590

Bemerkungen:
Typ 911-2.4: Motor 911/51: T-Coupé/Targa mit Einspritz-Motor (140 PS) für Australien, Japan, Kanada und USA. 911/61: T-Coupé/Targa, 140 PS-Einspritzer. Für Sportomatic. 911/57: T-Coupé/Targa (130 PS). 911/67: T-Coupé/Targa (130 PS) für Sportomatic. 911/52: E-Coupé/Targa (165 PS). 911/62: E-Coupé/Targa (165 PS) für Sportomatic. 911/53: S-Coupé/Targa (190 PS). 911/63: S-Coupé/Targa (190 PS) für Sportomatic.
Getriebe 915/12: 4-Gang. Für T, E und S-Coupé/Targa. 915/02: 5-Gang. Für T, E und S-Coupé/Targa. 925/00: 4-Gang-Sportomatic. Für T-Coupé/Targa in US-Ausführung und E-Coupé/Targa. 905/21: 4-Gang-Sportomatic. Für T-Coupé/Targa in Europa-Ausführung. 925/01: 4-Gang-Sportomatic. Für S-Coupé/Targa.

Porsche 911 S mit 2,4-Liter-Motor (190 S). Auffälliges Merkmal: Großer Frontspoiler

Beim 2,4-Liter-Targa-Modell ist die Ölklappe (unter dem Bügel) deutlich zu sehen

Instrumentenbrett mit fünf Rundgeräten, wie sie auch heute noch eingebaut werden

546 Zum Modelljahr 1973 fällt die Ölklappe weg. Außerdem: Neue Felgen, Auspuff rostfrei

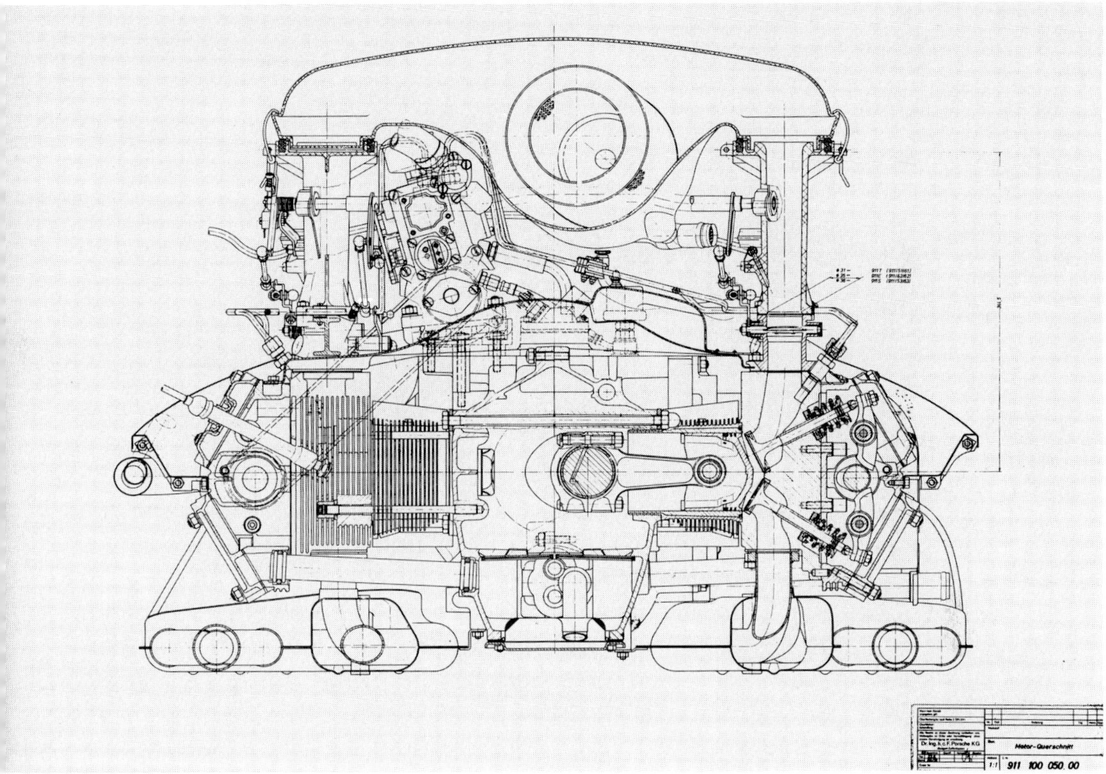

Motorquer- und Längsschnitt des 2,4-Sechszylinders für den Porsche 911 (ab Baujahr 1971)

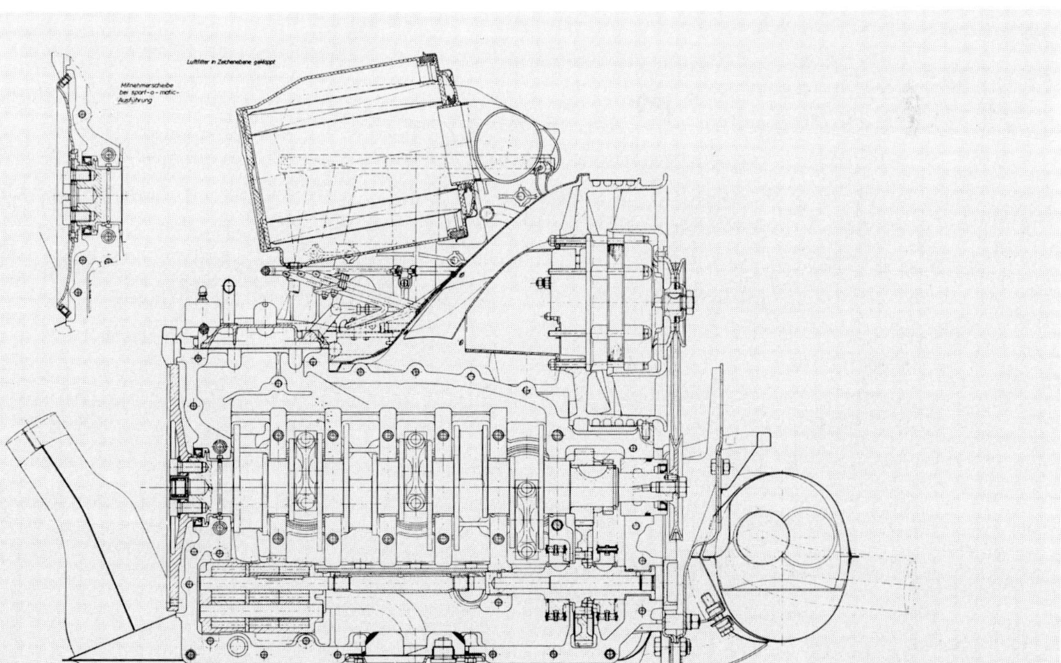

Typ Carrera RS 2.7 (1972-1973)

Nach fast zehnjähriger Carrera-Abstinenz – der letzte offiziell »Carrera« benannte Porsche-Typ war ein 356 C – legt Porsche sich diesen Typennamen erst wieder zu, als es auch ein entsprechendes Mobil gibt. Um bei den Grand-Tourisme-Wagen in der Motorsport-Szenerie den Anschluß wieder herzustellen, bedurfte es unbedingt eines neuen, konkurrenzfähigen Serienmodells. Um die Teilnahmeberechtigung in der GT-Kategorie zu erhalten, mußte zudem der entsprechende Typ mindestens in 500 Exemplaren gebaut werden. Porsche kalkuliert knapp und bietet Interessierten für 33000 Mark ein Fahrzeug an, das es in sich hat: Knapp 900 Kilo fahrfertiges Gewicht, ein 2,7-Liter-Motor mit 210 PS und über 240 km/h Höchstgeschwindigkeit.

Die Resonanz bei der Käuferschicht überrascht selbst Porsche. Die ersten 500 Stück sind bereits im November 1972 verkauft und auch eine zweite, gleich große Serie wird nahezu problemlos an die Leute gebracht. Man hat die eigene Kundschaft gewaltig unterschätzt, denn der Name »Carrera« hält mehr als sein ohnehin berühmter Name verspricht.

Da die Bezeichnung »Carrera« bei Porsche immer nur einem in Leistung und Präsentation exquisitem Modell ihrer Typenreihe verliehen wird, vertrauen auch diesesmal die Käufer dieser Klassifizierung und werden nicht enttäuscht. Die von einem mexikanischen Straßenrennen – »Carrera Panamericana« – übernommene Bezeichnung (Porsche schnitt dort immer sehr erfolgreich ab) für den neuen Porsche ist der Grundstein für ein Rennmodell, das selbst heute noch Siege in aller Welt feiert.

Mit teilweise aufwendigen Modifikationen zur Gewichtsersparnis bringt der Carrera gut 100 Kilo weniger Gewicht auf die Waage als der 911 S mit dem 2,4-Liter- Aggregat. Für die Besitzer, denen der gestrippte Carrera wieder zu mager ist, gibt es ein Sportpaket (ca. 700 Mark Aufpreis) oder ein Touringpaket (rund 2500 Mark Aufpreis) um ihn – zumindest optisch und im Innenraum – wieder luxuriöser aussehen zu lassen.

Das Wahrzeichen des Carrera ist jedoch sein Heckspoiler, auch Birzel genannt. Dieses aerodynamische Hilfsmittel darf der Käufer nur auf eigene Verantwortung gegen eine normale Heckklappe eintauschen, was dann auch kaum jemand tut. Dieser Heckspoiler, in Verbindung mit dem bekannten Bugspoiler, ergibt eine Steigerung der Höchstgeschwindigkeit und einen Abbau der Übersteuertendenz. Da sich ein solchermaßen aufgezäumter Porsche sehr schnell als der »Carrera« einprägt, ist der Nachahmeffekt bei den normalen Porsche-Modell-Piloten ein erheblicher. Wer es sich leisten kann, baut seinen 911 T, E oder S mit Hilfe der Spoiler optisch auf Carrera um.
Kann man ohne allzu große Schwierigkeiten die äußere Hülle des 911er-Typenangebotes dem Carrera anpassen, so muß man bei der Technik passen. Vorerst wird nämlich nur der Carrera RS mit dem 2,7-Liter-Motor angeboten. Über eine vergrößerte Bohrung schafft man recht problemlos den Hubraumsprung vom 2,4- zum 2,7-Liter-Motor. Trotz der damit verbundenen Anhebung der Leistung ist die spezifische Leistung des Carrera-Triebwerkes geringer als die vom 2,4-Liter-S-Motor. Der Carrera ist zudem ausgesprochen schaltfaul zu fahren, ab etwa 2000 U/min nimmt der Motor willig Gas an. Erfreulich auch bei diesem, Porsches schnellstem Serienauto: Der Benzinverbrauch (Normal!) pendelt sich zwischen 16 und 20 Liter ein.
Das recht kompromißlos auf schnelles Kurvenfahren ausgerichtete Fahrwerk bringt es zu beachtlichen Querbeschleunigungswerten. Der geübte Porsche-Carrera-Fahrer weiß, daß nun selbst ein erheblich teurerer Ferrari GTB 4 nicht mehr so mühelos an ihm vorbeiziehen kann. Ein Gefühl, das 1036 Kunden die 33000 Mark wert ist.

ALLGEMEINE BESCHREIBUNG: TYP CARRERA RS 2.7 (BASISMODELL)

Fahrgestell/Karosserie

Alle Carrera RS sind mit Bilstein-Dämpferbeinen und 15-mm- Stabilisatoren recht sportlich abgestimmt. Als Vorderachs-Hilfsträger wird eine leichte Ausführung aus Aluminium (geschmiedet) eingebaut. Der Hinterachslenker ist verstärkt. Durch drei Knotenbleche wird das Radlagergehäuse zusätzlich am Lenker abgestützt. Ebenfalls mit einem Verstärkungsblech wird das Hinterachsquerrohr zusätzlich abgestützt. Der Carrera RS erhält geschmiedete Alu-Felgen 6J×15 mit Reifen 185/70 VR 15 an der Vorderachse und 7J×15 mit Reifen 215/60 VR 15 auf der

Hinterachse. Hinten sind außerdem Distanzscheiben von 7 mm Dicke montiert.

Motor

Die Hubraumsteigerung von 2,4 Liter auf 2,7 Liter (exakt 2687 cm^3) erfolgt durch eine größere Zylinderbohrung von 90 mm statt 84 mm. Die maximale Leistung beträgt 210 PS bei 6300 U/min. Die neuen Zylinder sind mit einer Nikasil-Laufschicht versehen. Die Kühlrippen verringern sich von 15 auf elf. Das neue Triebwerk erhält einen geschmiedeten Kolben (Kasten). Der Kolbenboden ist flacher gestaltet. Alle übrigen Motorteile wie Kurbelwelle, Nockenwelle, Ventile, Zylinderköpfe, sowie die Steuerzeiten, entsprechen dem serienmäßigen 911-S-Motor.

Kraftübertragung

Das Schaltgetriebe Typ 915 für den Carrera RS 2.7 ist serienmäßig mit einer im vorderen Getriebedeckel eingesetzten Ölpumpe versehen. Der Antrieb erfolgt von der Getriebewelle aus.

Ausstattung

Die offizielle Carrera-Lackierung erhält die Bezeichnung »Grand Prix Weiß«. Ansonsten sind aber alle Serien- oder Sonderfarben als Lackierung möglich. Die seitlichen Schriftzüge »Carrera« und lackierte Felgen gibt es nur in den Farben Rot, Blau und Grün. Die Fahrzeuge werden grundsätzlich mit einem Heckspoilerdeckel (Birzel) aus Glasfiber-Material ausgerüstet. Der Carrera RS ist in drei Varianten lieferbar: Sport, Touring und Rennen. In der Ausführung Sport ist nur eine 12-Volt-Batterie eingebaut und anstelle von zwei Fanfaren nur ein Tieftonhorn. Während die Stoßstangen an der Touring-Version aus Stahlblech sind, sind sie für die anderen Typen aus Kunststoff. Die Innenausstattung beim Touring entspricht in etwa dem 911 S, der RS-Sport ist wie folgt ausgestattet: Die Zeituhr und Schalttafelblende entfällt, ebenso sämtliches Schallmaterial bis auf die Matten an der Motorraum-Vorderwand und an der Fondrückwand. Die komplette Notsitzanlage entfällt, die Fondseitenscheiben sind fest eingeglast. Als Fahrer- und Beifahrersitz kommt eine mager ausgepolsterte Recaro-Schale mit verstellbarer Rücklehne zum Einbau. Die Türtafel ist stark vereinfacht. Die Armlehne mit Ablagekasten entfällt, es wird ein einfacher Zuziehgriff angebracht. Der Motordeckel wird mit zwei Haubenhaltern verschlossen; Deckelschloß und -zug entfallen.

Porsche Carrera RS 2.7. Für 33000 Mark gab es 2,7 Liter, 210 PS und 240 km/h Spitze

Wahrzeichen des Carrera: Der Heck-»Birzel«: Nur in Verbindung mit dem Frontspoiler

Dieses Stück modellierter Kunststoff war bald auch an vielen Nicht-Carrera zu finden

Typ 911-2.7 (1973–1977)

Nur wenige Automobile auf dem Weltmarkt, die ihre Karosserieform über einen Zeitraum von fast zehn Jahren halten konnten, erreichen eine solche Vollkommenheit wie die Porsche-Modelle. Im Herbst 1963 stellt man den ersten 911 – noch mit 2-Liter-Motor – auf der Frankfurter Automobil-Ausstellung vor. Im Herbst 1973 folgen die G-Modelle, das heißt die siebte Detailvariante vom ehemaligen Basismodell. Der Wunsch, Sicherheit, Komfort und Umweltfreundlichkeit weiter zu verbessern und damit dem neuesten Stand der Technik immer die berühmte Nasenlänge voraus zu sein, ist auch bei Porsches Jahrgang 1974 (Produktionsbeginn: September 1973) zu spüren und auch zu sehen. Obwohl der Charakter der 911-Modellreihe unangetastet bleibt, sind die neuen Typen aus einem anderen Holz geschnitzt.

Die neue Serie verlangt auch nach einer neuen Nomenklatur, und so wird auf die traditionsreiche Bezeichnung T und E verzichtet. Basismodell ist nun der Porsche 911 mit 150 PS. Ihm folgt der 911 S (175 PS) und als Spitzenmodell der Carrera mit 210 PS. Durch die generelle Hubraumerhöhung bei allen diesen drei Typen auf 2,7 Liter und den Einbau der Bosch-K-Jetronic (Einspritzsystem) auf den 911- und 911-S-Motoren ist es möglich, die Motorcharakteristik auch den erschwerten Umwelt- und Verkehrsbedingungen anzupassen.

Der Carrera, wegen der hohen Leistung noch mit einer mechanischen Benzineinspritzung bestückt, wird aufgrund des Verkaufserfolges der limitierten ersten Serie in die Serienproduktion übernommen. Optisch auffälligster Unterschied zu den Vormodellen: Alu-Stoßstangen mit einem ziehharmonikaartigen Faltenbalg vorn und hinten, die die altbekannte Linie des alten 911 dennoch nur positiv verändern. Auch im Innenraum wird gründlich renoviert, so unter anderem die seitlichen Ablagetaschen stabiler ausgeführt, die Sitze überarbeitet und mit eingebauten Nackenstützen versehen. Ein Novum: Hinter der Benzintankklappe auf dem vorderen Kotflügel liegt ein Einfüllstutzen für die Waschanlage, die 8,5 Liter faßt!

Den Coupé- und Targa-Versionen der drei Typen muß eine erstklassige Verarbeitungsqualität bescheinigt werden. Es sind mehr denn je Autos die passen, mit denen man auf Anhieb zurechtkommt. So macht sich zum Beispiel die Hubraumerweiterung speziell beim 911 und 911 S positiv bemerkbar. Im täglichen Fahrbetrieb ist das im unteren Drehzahlbereich angewachsene Drehmoment verantwortlich für eine entspannte Fahrweise. Etwas anders produziert sich da der Carrera (nur ohne Heckspoiler und nicht in Mager-Ausführung lieferbar): Zwar kann man auch mit ihm im Stadtverkehr problemlos mitschwimmen, doch wenn die Drehzahlen die 4000er-Marke überqueren, drückt es den Piloten gewaltig an das Polster. Aus dem Stand wird die 100-km/h-Grenze bereits nach 6,1 Sekunden erreicht und die Höchstgeschwindigkeit liegt knapp unter 240 km/h. Überragend bei allen drei neuen Porsche-Modellen ist der tatsächliche Benzinverbrauch: Beim 911 rinnen zwischen 11 und 13 Liter Normal-Treibstoff durch die Ansaugkanäle. Beim 911 S sind es 13 bis 15 Liter, und selbst der Carrera schluckt nicht mehr als 17 Liter des billigen Normal-Benzins!
Der Reisekomfort ist für einen Sportwagen überdurchschnittlich, wenn auch Fahrbahnmängel in der Lenkung immer noch spürbar sind. Keinerlei Kritik gibt es an den exzellenten Bremsen, die selbst bei rennmäßiger Fahrweise keinerlei Anzeichen von Schwäche erkennen lassen.
Die internationale Fachpresse spendet globales Lob: Die Porsche-Modelle haben einen Qualitäts-Standard und eine so hohe Zuverlässigkeitsquote erreicht, wie man sie sonst nur von einem wesentlich unsportlicheren Verwandten kennt – dem VW-Käfer.
Am 3. Juni 1977 verließ mit einem 911-Coupé der 250000 Porsche-Sportwagen seit der Produktionsaufnahme im Jahre 1948/49 die Werkshallen. In einer Zeit, in der die Bekanntgabe von Erfolgszahlen zum Alltäglichen zählt, ist eine Jubiläumszahl wie diese, oberflächlich betrachtet, nicht umwerfend. Als Hersteller von Exklusiv-Automobilen mit einem relativ geringen Produktionsausstoß, kann das Haus Porsche jedoch ausgesprochen stolz auf dieses Ereignis sein. Ein paar Zahlen: Insgesamt wurden, laut Porsche, 75972 Porsche vom Typ 356 gebaut. Bis zum Juni 1977 exakt 154501 Exemplare der Modelle 911/912, außerdem 19168 Porsche 924, dazu 33 Porsche 928 (!) und nicht weniger als 326 Rennfahrzeuge.

Karosserie/Fahrgestell

Alle Fahrzeuge des Modells '74 werden serienmäßig mit einem vorderen Stabilisator in neuer, einteiliger Form ausgerüstet. Das seitherige Stabilisator-Gehänge entfällt. Der Durchmesser des Stabilisator beträgt beim 911 und 911 S 16 mm, beim Carrera 20 mm. Der Stabilisator ist an den beiden Querlenkern und am Hilfsträger in Gummibuchsen gelagert. Der neue Stabi macht auch eine Änderung der Befestigung am Querlenker notwendig. Der Carrera erhält an der Hinterachse einen Stabilisator von 18 mm ∅ in bisheriger Form serienmäßig. Mit Anpassung des vorderen Stabilisators kann auch der Carrera-Stabi an den Modellen 911 und 911 S übernommen werden. Der vordere Abschlepphaken ist jetzt am Schutzbügel des rechten Querlenkers befestigt.
An der Vorderachse werden Felgen und Naben mit Mittenzentrierung verwendet. Dadurch wird ein genaues Ausmitteln der Felge zur Drehachse erreicht und das Auftreten von Höhenschlag durch unsachgemäße Felgenmontage vermieden. An der Hinterachse findet ein geänderter Schräglenker Verwendung. Er besteht aus Leichtmetall und erhält ein vergrößertes Hinterachslager. Zur Verringerung der Pedalkräfte erhalten die 74er-Modelle eine zusätzliche Kupplungshilfe in Form einer am Kupplungspedal angreifenden Zugfeder. Die Hebelarmlänge des Bremspedals wird von 232 auf 250 mm verlängert.

Motor

Alle drei Fahrzeugtypen sind mit neuen 2,7-l-Motoren ausgerüstet. Die 911 und 911 S erhalten das K-Jetronic-Gemischbildungssystem. Der Carrera-Motor ist weiterhin mit der mechanischen Benzin-Einspritzung ausgerüstet. Abweichend hiervon werden für die USA nur zwei Motorversionen angeboten. Der 911 erhält ebenfalls den 150-PS-Motor, während die 175-PS-Maschine für den 911 S und den Carrera verwendet wird. Die 911- und 911-S-Aggregate erhalten, wie bereits der Carrera-Motor, Nikasil-Leichtmetall-Zylinder mit einer Bohrung von 90 mm Durchmesser. Bei den zwei kleinen Typen kommen gegossene Kastenkolben, beim Carrera geschmiedete Kolben zum Einbau. Die Ein- und Auslaßventile, Kipphebel, sowie der Nockenwellenantrieb haben sich nicht geändert. Lediglich die Nockenwellen der 911- und 911-S-Motoren haben neue Ventil-Steuerzeiten erhalten. Der Ölkühler wird nun direkt mit den Ölleitungen verbunden und nur noch mit einer Halterung an der Karosserie fixiert.

Beim 911 und 911 S ist die neue Kraftstoffanlage »K-Jetronic«, die bereits ab Modell 73 in den nach USA ausgelieferten Motoren des Typs 911 T vorhanden war, eingebaut. Das K-Jetronic-System ist eine Einspritzanlage, bei der die Kraftstoffmenge abhängig von der angesaugten Luftmenge dem Motor zugeteilt wird. Hierbei wird keine besondere Einspritzpumpe benötigt. Der Kraftstoff wird kontinuierlich (= K) eingespritzt. Das Kraftstoffsystem des Carrera-Triebwerkes bleibt ohne Änderungen erhalten und entspricht der Ausführung der Carrera-RS-Motoren.
Bedingt durch die neuen Stoßfänger, erhalten alle drei Motorvarianten einen abgeänderten Auspufftopf, bei welchem das Endrohr eine neue Lage erhält. Die Wärmetauscher erhalten einen verbesserten Korrosionsschutz durch eine feueraluminierte Verblechung.

Kraftübertragung

Die Fahrzeuge des Modelljahres 1974 werden serienmäßig mit dem 4-Gang-Schaltgetriebe, Typ 915, ausgestattet. Auf Wunsch ist das 5-Gang-Getriebe oder die Sportomatic (nicht Carrera) erhältlich. Einzig geändert: Die Übersetzungen. Die spezielle Getriebeölpumpe entfällt bei allen Getriebetypen.

Ausstattung

Die äußere Karosserieform der neuen Porsche-Modelle weicht durch die neu gestalteten Stoßfängerpartien deutlich von den bisherigen Fahrzeugen ab. Insgesamt wird bei der Innen- und Außenausstattung dem weiteren Ausbau der Sicherheits-Elemente besondere Beachtung geschenkt. Außerdem ist jetzt auch der Carrera in der Targa-Version erhältlich.
Die Stoßfänger bestehen aus Alu und sind vorn und hinten so angeordnet, daß sie sich bei einem Aufprall zur Fahrzeugmitte hin verschieben können. Die Verschiebbarkeit wird durch sogenannte Prallrohre ermöglicht, die bei einem Aufprall bis 8 km/h die entstehende Aufprallenergie absorbieren, so daß wichtige Fahrzeugteile nicht beschädigt werden. Alle Fahrzeuge sind mit einem Bugspoiler ausgerüstet, der die Fahrstabilität bei hohen Geschwindigkeiten verbessert. Die Bugleuchtenkombination ist im Stoßfänger untergebracht. Ein umlaufender Gummiwulst sorgt für zusätzlichen Rammschutz. Analog zu diesen Änderungen müssen die vorderen Kotflügel anders gestaltet werden. Der hintere Stoßfänger ist ebenfalls mit einer Rammschutzleiste und mit zusätzlichen Hörnern versehen. Die Kennzeichenleuchten sind in den Hörnern untergebracht. Die Stoßfänger sind über die Prallrohre mit der Karosserie verbunden. Der Bewegungsspielraum beträgt ca. 50 mm. Statt der

Prallrohre können die Stoßfänger auch mit Pralldämpfern (Sonderwunsch) ausgerüstet werden. Die Stoßenergie wird hier durch die hydraulische Wirkung der Dämpfer aufgefangen. Die Stoßfänger werden nach dem Aufprall durch die Dämpfer in ihre ursprüngliche Lage zurückgedrückt. Der Bewegungsraum der Stoßfänger wird durch Faltenbälge abgedeckt. Anstelle der bisherigen zwei Batterien in den vorderen Radkästen kommt jetzt nur noch eine, im Kofferraum vorn links montierte, zum Einbau.
Die Targa werden mit einem festen Dach ausgerüstet. Als Sonderwunsch ist das Faltdach weiterhin erhältlich, jedoch mit einem zusätzlichen Mittelzapfen. Alle drei Modelle erhalten einen Kraftstofftank aus Stahl mit ca. 80 Liter Inhalt, der eine Ablagemulde für das Falt-Ersatzrad besitzt.
Auffälligste Änderung im Innenraum sind die neuen Sitze mit angeformter Kopfstütze. Alle Typen erhalten Automatic-Gurte serienmäßig. An der Schalttafel sind die links und rechts verstellbar angeordneten Seitenscheiben-Entfrosterdüsen neu dazugekommen. Der Blinkerhebel erhält eine neue Form. Alle Lenkräder (400 oder 380 mm ∅) sind mit einer großen Prallfläche versehen. Die Türtafeln sind neu gestaltet. Die Ablageschalen haben jetzt einen aufklappbaren Deckel. Die Carrera-Modelle erhalten serienmäßig elektrische Fensterheber. An der elektrischen Anlage gibt es eine Reihe von kleinen Änderungen: Leuchten am Fahrzeugbug, Nummernleuchte und Rückstrahler, Batterie und Lage der Relais und Sicherungen, Zeituhr und Drehzahlmesser. Neu hinzugekommen sind: Scheinwerfer-Reinigungsanlage für Schweden (sonst Sonderwunsch), Scheibenwaschanlage und Anlaßsperre für USA-Modelle. Alle Armaturen, Schalter und Knöpfe sind weich gepolstert und so angeordnet, daß sie im Ernstfall keine Verletzungsgefahr darstellen.

ÄNDERUNGEN ZUM BAUJAHR/MODELLJAHR

1975

Mit Detailänderungen, die vor allem den Komfort der bewährten 911-Modelle weiter anheben, geht Porsche in das Modelljahr ’75. Im einzelnen gibt es folgende Neuerungen: Wirkung und Regulierbarkeit der Heizung sind durch neue kleinere und aluminierte Wärmetauscher verbessert. Bei den Modellen 911 und 911 S wird die Heizleistung im unte-

ren Drehzahlbereich zusätzlich durch ein Heizungszusatzgebläse unterstützt. Die Betätigung arbeitet über zwei unabhängige Hebel, mit denen sich die Warmluftzufuhr für die rechte bzw. linke Wagenseite individuell regulieren läßt. Die Lichtmaschinen-Leistung ist auf 980 Watt angehoben.
Der 911 S erfährt leichte Korrekturen in den Getriebeübersetzungen. Etwas länger übersetzt wurden der 3. und 4. Gang beim Viergang-Getriebe bzw. der 4. und 5. Gang beim Fünfgang-Getriebe. Die Karosserie erhält eine verbesserte Geräuschdämmung, ferner sind die Aufnahmeböcke für den hinteren Stabilisator jetzt serienmäßig vormontiert.
Die Ausstattung ist in Umfang und Art optisch aufgewertet. Das Basismodell 911 erhält Leichtmetallfelgen der Größe 6J×15 mit Reifen der Dimension 185/70 VR 15. Das Spitzenmodell Carrera hebt sich durch neue optische Differenzierungen – in Wagenfarbe lackierte Außenspiegel und Scheinwerferringe sowie ein mattschwarzer Sicherheitsbügel beim Targa – von den übrigen Modellen ab.

1976

Zwar ist karosserieseitig die neue Modellreihe mit der 75er-Serie weitgehendst identisch, doch bleibt vom 2,7-Liter-Programm nur noch ein Typ übrig: der 911 mit jetzt 165 PS. Weiterhin werden angeboten: der Carrera (3 Liter mit 200 PS) und der Turbo (3 Liter und 260 PS).
Die Änderungen beschränkten sich fast nur auf Detailverbesserungen. Die Türen erhalten ein verbessertes Umlenkschloß; die Ausstellfensterverriegelung am Targa-Modell wird neu gestaltet. Der Türaußenspiegel ist beheizt, in Wagenfarbe lackiert und kann von innen elektrisch verstellt werden.
Die Rückwandverkleidung ist mehr aufgepolstert, im Wageninnern liegen Langflor-Teppiche. Die mit Leder oder Kunstleder bezogenen Türtafeln sind schräg mit Doppelnähten abgesteppt und aufgepolstert. Für die in den Türen eingebauten Lautsprecher sind in den Türtafeln perforierte Abdeckungen aufgesetzt. Die Türablagekästen sind mit Langflor-Teppichen bezogen.
Als Sonderwunsch ist eine automatisch regulierende Heizanlage für den 911 lieferbar, die im Carrera und Turbo serienmäßig eingebaut wird. Diese Anlage besteht im wesentlichen aus einem elektrisch betriebenen Steuergerät, welches über dem Lagerbock für die Handbremse angeordnet ist. Das Steuergerät weist an seiner Oberseite einen stufenlos regulierbaren Drehschalter auf, mit welchem die gewünschte Temperatur eingestellt werden kann. Ein zwischen dem linken Heizklappenkasten angeordneter Thermofühler sowie ein im Fahrgastraum zwischen

den Sonnenblenden angeordneter zweiter Thermofühler melden dem Steuergerät die jeweilige Innen-Temperatur und regulieren automatisch die vorgewählte Heizstufe ein.
Ebenfalls auf Sonderwunsch für den 911 erhältlich: Die Geschwindigkeitsregulierung »Tempostat«. Diese Anlage übernimmt automatisch etwa erforderliche Verstellungen des Gaspedals. Auch bei Berg- und Talfahrten oder sich ändernden Windverhältnissen wird im Leistungsbereich des Motors eine konstante Geschwindigkeit eingehalten. Die im Augenblick gefahrene Geschwindigkeit wird von einem Steuergerät elektronisch gespeichert, welches dafür sorgt, daß diese Geschwindigkeit eingehalten wird. Die eingegebene Geschwindigkeit (Betätigung über einen kleinen Steuerhebel hinter dem Wischer-Wascher-Schalter am Lenkrad) kann jederzeit vergrößert bzw. verringert werden.
Technisch änderte sich ebenfalls recht wenig beim 911-165-PS-Modell. So erhält der 911, wie auch der Carrera, das Nockenwellengehäuse des Turbo. Zur besseren Schmierung gibt es eine verbreiterte Druckölpumpe mit größerer Förderungsmenge. Das Kühlgebläserad besitzt jetzt nur noch fünf Luftschaufeln (nicht Turbo). Der Kraftstoffbehälter wird auf seiner Innenseite verbleit, um Korrosionserscheinungen zu verhindern, und faßt 80 Liter. Die Benzinpumpe wird nach vorn verlegt, um eine Dampfblasenbildung zu vermeiden.
Der 911 erhält für ein verbessertes Warmlaufverhalten einen Zusatzluftschieber, welcher elektrisch beheizt wird und zwischen den Saugrohren der Zylinder 5 und 6 angeordnet ist.
Das 76er-911-Modell erhält serienmäßig das Viergang-Schaltgetriebe Typ 915/49. Als Sonderwunsch ist ein Fünfgang-Getriebe Typ 915/44 oder ein Dreigang-Sportomatic-Getriebe Typ 925/09/12/13 erhältlich. Damit gibt es das bekannte Viergang-Sportomatic-Getriebe nicht mehr. Die Getriebe können wahlweise mit Sperrdifferential (80 bzw. 40 Prozent) ausgerüstet werden.
Alle Fahrzeuge sind mit einem elektronisch gesteuerten Tachometer ausgerüstet. Von einer Magnetträgerscheibe, die auf dem Differentialgehäuse montiert ist, werden Impulse an einen Kontakt gegeben. Von hier aus werden diese Impulse an den Tachometer weitergegeben.
Die Dämpferbeine des 911-2.7 erhalten vorn eine vergrößerte Spreizung, wodurch die Sturzeinstellung erleichtert wird. Außerdem verpaßt man diesem Typ vorn einen neuen Bremssattel aus Grauguß, der in seinen Abmessungen dem S-Sattel entspricht.

1977

Die Kraftstoffpumpe von Bosch wurde technisch überarbeitet und hat sich in ihrer äußeren Form geändert. Der Kraftstoffdruckspeicher erhält wie die bisherigen Turbofahrzeuge eine zusätzliche Rücklaufleitung. Der Kraftstoffilter bekam eine verringerte Maschenweite und einen geänderten Filteraufbau. Der Stauscheibenhebel erhält eine angenietete Blattfeder, welche die Co-Einstellschraube umfaßt. Weiterhin wurde der Anschlag für den Stauscheibenhebel geändert. Das Drosselklappengehäuse bekam einen zusätzlichen Unterdruckanschluß für Bremskraftverstärker.

Zwischen Warmlaufregler und dem T-Stück ist in die Steuerleitung ein elektrisch beheiztes Thermoventil eingesetzt. Fahrzeuge mit der Komfort-Paket-Ausstattung M 470 (u. a. Bereifung 185HR14) erhalten eine automatische Geschwindigkeitsbegrenzung, welche die Höchstgeschwindigkeit auf 210 km/h begrenzt. Bei Erreichen dieser Geschwindigkeit wird der Motor durch Abschalten der Kraftstoffpumpe kurzzeitig außer Betrieb gesetzt. Nach Absinken der Geschwindigkeit um max. 10 km/h vom Abschaltpunkt, wird die Kraftstoffpumpe wieder eingeschaltet.

Alle nach USA, Californien, Kanada und Japan auszuliefernden Fahrzeuge erhalten folgende Einrichtungen serienmäßig: Zusatzlufteinblasung, Abgasanlage mit zwei Thermoreaktoren, Abgasrückführung (EGR).

Das Getriebe Typ 915 (911/Carrera) erhielt folgende Neuerungen: Doppelsperrband für ersten und zweiten Gang, asymmetrisch angespitzte Schaltzähne für ersten Gang, Verkleinerung des Durchmessers am Synchronring für den ersten Gang, verstärkte Führungsmuffe für 1./2. Gang.

Als Sonderwunsch kann beim 911 die Stabilisatorbestückung 20 mm ∅ vorn, bzw. 18 mm ∅ hinten eingebaut werden. Um die Höheneinstellung bei der Fahrzeugvermessung zu vereinfachen, wurde an der Federstrebe eine Einstellmöglichkeit mittels Exzenterschraube geschaffen.

Alle 911-Typen mit Sportomatic werden serienmäßig mit einem Bremskraftverstärker der Baureihe T52 ausgerüstet.

Zur Verbesserung der Diebstahlsicherung ist der Türverriegelknopf so angeordnet, daß er im gedrückten Zustand in der Schlüsselleiste versenkt ist. Der Druckknopf kann nicht mehr von Hand hochgezogen werden. Die Entriegelung erfolgt durch den Drehknopf. Ebenfalls zur Verbesserung der Diebstahlsicherung entfallen bei den Targafahrzeugen die vorderen Ausstellfenster.

Beim 911 gibt es auf Wunsch eine Mittelkonsole mit Ablagefach. Je

nach Ausstattung sind darin untergebracht: Stellknöpfe für Klimaanlage, Mikrofon, Verkehrsdecoder, Stationenwahlgerät, Kassettenetuis etc. Die Heiz- und Frischluftregulierung erfolgt jetzt durch getrennte Hebel. Zur besseren Innenraumbelüftung wird ab Modell 1977 zusätzlich eine Mitteldüse in der Instrumententafel angebracht.
Besonders ins Auge fällt die elegantere und wertvollere Innenausstattung der Modellreihe. Neue Stoffarben und die Änderung der Oberflächenstruktur der verwendeten Materialien runden das exklusive Gesamtbild vorteilhaft ab. Der Hochflorteppich gehört jetzt auch beim 911 zur Serienausstattung.
Für das Modell 911 ist auf Sonderwunsch nicht nur ein 5-Gang-Getriebe, sondern auch die 3-Gang-Sportomatic lieferbar. Sie ersetzt die bisher nur für den Porsche 911 lieferbare 4-Gang-Sportomatic und kombiniert technisch gesehen ein mechanisches Dreigang-Getriebe mit einem hydraulischen Drehmomentwandler. Die Kraftübertragung wird über eine unterdruck-servo-gesteuerte Kupplung automatisch getrennt, sobald der Fahrer den Schalthebel betätigt.

911-2.7

Baujahr	Modell Karosse	Typ	Fahrgestell-Nr.	Motor-Nr.	Motor-Typ	Getr.-Typ	Zyl.	Bohrung x Hub	Hubraum	DIN-PS bei U/min.	mkp bei U/min	Verdtg.	Radstand	Spur vorn/hinten	Länge	Gewicht	Produkt. Stck.
1973	Coupé	RS	9113600001-9113601036	6630001-6631551	911/83	915/08	6	90 x 70,4	2687	210/6300	26/5100	8,5:1	2271	1372/1372	4147	1075	1036
	Coupé	SC	9113601590-											1394/1394			
1974	Coupé	911	9114100001-9114104014	6140001-6146625	911/92	911/16	6	90 x 70,4	2687	150/5700	24/3800	8,0:1	2271	1360/1342	4291	1075	4014
	Targa	911	9114110001-9114113110			915/06								1372/1354			3110
	S-Matic	911		6149001-6149517	911/97	925/02								1372/1380		1090	
	Coupé	911S	9114300001-9114301359	6340001-6342804	911/93	915/16	6	90 x 70,4	2687	175/5800	24/4000	8,5:1	2271	1360/1342	4291	1075	1359
	Targa	911S	9114310001-9114310898											1372/1354			898
	S-Matic	911S		6349001-6349236	911/98	925/02								1372/1380		1090	
	Coupé	Carrera	9114600001-9114601036	6640001-6641456	911/83	915/16	6	90 x 70,4	2687	210/6300	26/5100	8,5:1	2271	1372/1354	4291	1075	1036
	Targa	Carrera	9114610001-9114610433			915/06								1372/1380			433
	Coupé	Carrera -US	9114400001-9114400528	6340001-6840169	911/93	915/16	6	90 x 70,4	2687	175/5800	24/4000	8,5:1	2271	1360/1342	4291	1075	528
	Targa		9114410001-9114410246			915/06								1372/1354			246
	S-Matic					925/02								1372/1380		1090	
1975	Coupé	911	9115100001-9115101238	6150001-6152007	911/41	915/48	6	90 x 70,4	2687	150/5700	24/3800	8,0:1	2271	1372/1354	4291	1075	1238
	Targa	911	9115110001-9115110998			915/43								1372/1380			998
	S-Matic	911		6159001-6159252	911/46	925/02										1090	

911-2.7

Baujahr	Modell Karosse	Modell Typ	Fahrgestell-Nr.	Motor-Nr.	Motor-Typ	Getr.-Typ	Zyl.	Bohrung x Hub	Hubraum	DIN-PS bei U/min.	mkp bei U/min	Verdtg.	Radstand	Spur vorn/hinten	Länge	Gewicht	Produkt. Stck.
1975	Coupé	911S-US	9115200001-9115202310	6450001-6452440	911/43	915/45	6	90 x 70,4	2687	165/5800	23/4000	8,5:1	2271	1372/1342	4291	1100	2310
	Targa	911S-US	9115210001-9115211517			915/40								1372/1368			1517
	S-Matic	911S-US		6459001-6459135	911/48	925/10										1115	
	Coupé	911S	9115300001-9115300385	6350001-6350567	911/42	915/45	6	90 x 70,4	2687	175/5800	24/4000	8,5:1	2271	1372/1354	4291	1075	385
	Targa	911S	9115310001-9115310266			915/40								1372/1380			266
	S-Matic	911S		6359001-6359105	911/47	925/02										1090	
	Coupé	Carrera	9115600001-9115600518	6650021-6650712	911/83	915/16	6	90 x 70,4	2687	210/6300	26/5100	8,5:1	2271	1372/1354	4291	1075	518
	Targa	Carrera	9115610001-9115610197			915/06								1372/1380			197
	Coupé	Carrera -US	9115400001-9115400395	6450001-6452440	911/43	915/4	6	90 x 70,4	2687	165/5800	23/4000	8,5:1	2271	1372/1342	4291	1100	395
	Targa		9115410001-9115410174											1372/1368			
	S-Matic			6459001-6459135	911/48	925/10											
1976	Coupé	911	9116300001-9116301868	6360001-6363029	911/81	915/49	6	90 x 70,4	2687	165/5800	24/4000	8,5:1	2271	1372/1354 1372/1380	4291	1075	1868
	Targa	911	9116310001-9116311576			915/44											1576
	S-Matic	911		6369001-6369435	911/86	925/09										1090	
	Coupé-US	911S	9116200001-9116202079	6460001-6462305	911/82	915/44	6	90 x 70,4	2687	165/5800	24/4000	8,5:1	2271	1372/1342	4291	1100	2079
	Targa-US	911S	9116210001-9116212175	6560001-6561837	911/84												2175

Baujahr	Modell Karosse	Typ	Fahrgestell-Nr.	Motor-Nr.	Motor-Typ	Getr.-Typ	Zyl.	Bohrung x Hub	Hubraum	DIN-PS bei U/min.	mkp bei U/min	Verdtg.	Radstand	Spur vorn/hinten	Länge	Gewicht	Produkt. Stck.
	S-Matic-US	911S		6569001-6569160	911/89	925/12										1115	
	Coupé-Japan	911	9116100001-9116100130	6160001-6160140	911/41	915/44	6	90 x 70,4	2687	165/5800	24/4000	8,5:1	2271	1372/1354	4291	1075	130
[1])	Coupé	911	9116609001-9116609123	6668001-6668155	911/83	915/49	6	90 x 70,4	2687	210/6300	26/5100	8,5:1	2271	1369/1380	4291	1100	123
[1])	Targa	911	9116609001-9116609030														30
1977	Coupé	911	9117300001-9117302449	6370001-6373531	911/81	915/60 915/65	6	90 x 70,4	2687	165/5800	24/4000	8,5:1	2271	1369/1354	4291	1120	2449
	Targa	911	9117310001-9117311724														1724
	S-Matic	911		63790001-6379322	911/86	925/15											
	Coupé-US	911S	9117200001-9117203388	6270001-6276041	911/85	915/61	6	90 x 70,4	2687	165/5800	24/4000	8,5:1	2271	1369/1354	4291	1120	3388
	Targa-US	911S	9117210001-9117212747														2747
	S-Matic-US	911S		6279001-6279113	911/90	925/17											
	Coupé-Japan	911S		6170001-6170273	911/94	915/66	6	90 x 70,4	2687	165/5800	24/4000	8,5:1	2271				
	S-Matic-Japan	911S		6179001-6179110	911/99	925/17											

Bemerkungen:
Typ 911-2.7: RS/SC-Coupé mit Motor 911/83: 2,7 Liter, 210 PS, Schaltgetriebe. Getriebe 915/08: 5-Gang mit Ölpumpe.
911/98: 2,7/175 PS, 911S/Carrera-Sportomatic für USA.
Getriebe 915/06: 5-Gang (Sonderwunsch). 915/16: 4-Gang. 925/02: Sportomatic (Sonderwunsch).
Motor 911/41: 2,7/150 PS-911. 911/42: 2,7/175 PS-911S. 911/43: 2,7/165 PS-911S/USA-Carrera. 911/44: 2,7/160 PS-911S/Kalifornien-Carrera. 911/46: 2,7/150 PS-911 Sportomatic. 911/47: 2,7/175 PS-911S-Sportomatic. 911/48: 2,7/165 PS-911S/USA-Carrera mit Sportomatic. 911/49: 2,7/160 PS-911S/Kalifornien-Carrera mit Sportomatic.
911/83: 2,7/210 PS-Carrera.
Getriebe 915/48: 911-4-Gang. 915/43: 911-5-Gang. 925/02: 4-Gang-Sportomatic für 911/911S.

Motor 911/92: 2,7/150 PS -911. 911/93: 2,7/175 PS für 911S und US-Carrera. 911/83: 2,7/210 PS-Carrera. 911/97: 2,7/150 PS, 911-Sportomatic.
915/45: 4-Gang für 911S/USA-911S. 915-40: 5-Gang für 911S/USA-911S/USA-Carrera. 915/16: Carrera 4-Gang. 915/06: 5-Gang für Carrera. 925/10: 3-Gang-Sportomatic für USA-911S/USA-Carrera.
Motor 911/81: 2,7/165 PS-911. 911/86: 2,7/165 PS-911 Sportomatic. 911/82: 2,7/165 PS-911S-USA. 911/84: 2,7/165 PS-911S-Kalifornien. 911/89: 2,7/165 PS-911 S-USA/Kalifornien für Sportomatic.
Getriebe 915/49: 4-Gang für 911. 915/44: 5-Gang für 911/911S-USA. 925/09: 3-Gang-Sportomatic für 911. 925/12: 3-Gang-Sportomatic für 911/911S-USA.

[1]) Sondermodell = 210 PS

564 Front-Heckansicht des ab Herbst 1973 gebauten 911 mit der Bezeichnung »Carrera«

Der amerikanische »Carrera« (Modell ab 74) hatte den 911-S-Motor (2,7 l, 175 PS)

566 Das 75er-Modell des Porsche 911: Basis mit 165 PS, 2,7 Liter, Leichtmetallfelgen

Basismodelle: Porsche 911 mit 150 PS und Stahlfelgen! Oben: Targa, unten: Coupé

Die Ausstattung der 75er-Modelle des 911 wurde aufgewertet, u. a. LM-Felgen

Detailverbesserungen beim Modell '75, z. B. mehr Komfort, Heizung mit Zusatzgebläse

Das Spitzenmodell »Carrera« 2.7 hebt sich durch Extras von den übrigen Modellen ab

570 Ein 2,7-Liter-Carrera mit einem als Sonderwunsch lieferbaren großen Heckspoiler

Aus Anlaß des 25jährigen Marken-Jubiläums gab es eine limitierte Sonderserie 911

Die 500 Exemplare der Porsche-911-2.7-Sonderserie hatten eine Exklusiv-Ausstattung

Das G-Programm der Porsche-911-Modelle erhielt Sitze mit kombinierter Nackenstütze

Änderungen zum 76er-Modell: Verbessertes Türschloß, Türkästen mit Teppich bezogen

Der Türaußenspiegel ist serienmäßig beheizt, in Wagenfarbe lackiert und verstellbar

Überarbeitetes Armaturenbrett ab Modell 1975. Zu beachten: Große gepolsterte Armaturen-Knöpfe

2,7-Liter-Motor mit der K-Jetronic-Anlage. Oben Europa-, unten die USA-Ausführung

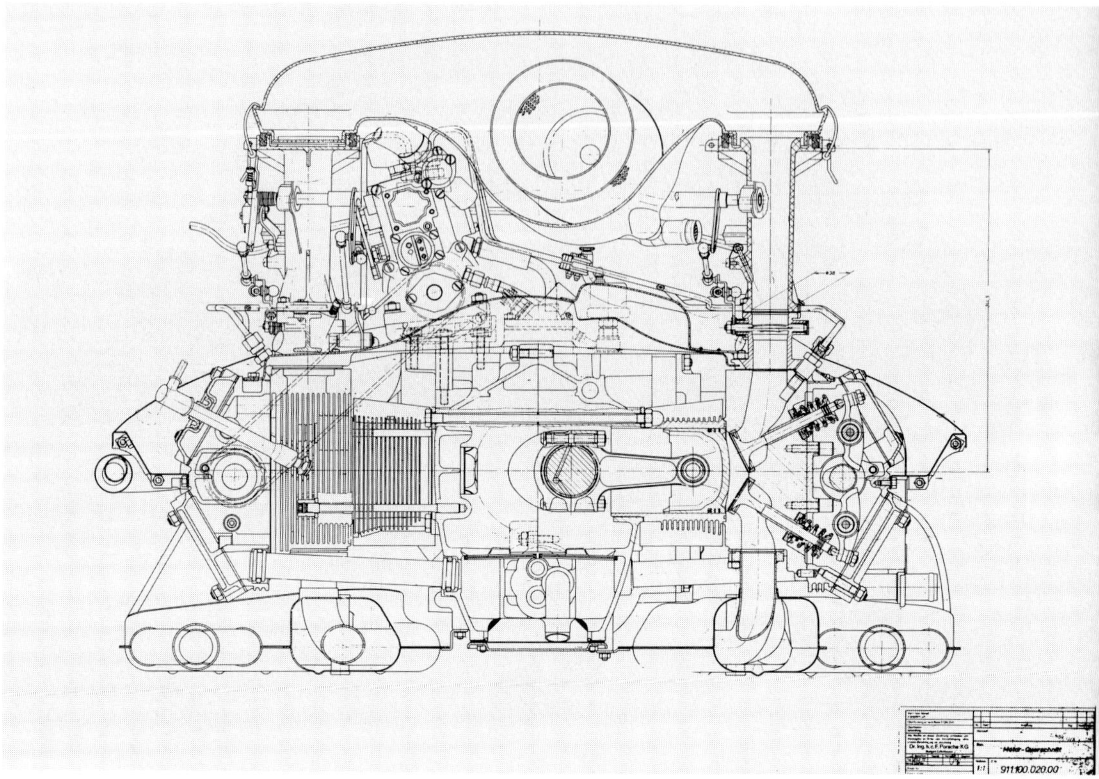

574 **Motorquer- und Längsschnitt des 2,7-Sechszylinders für den Porsche 911 (ab Baujahr 1973)**

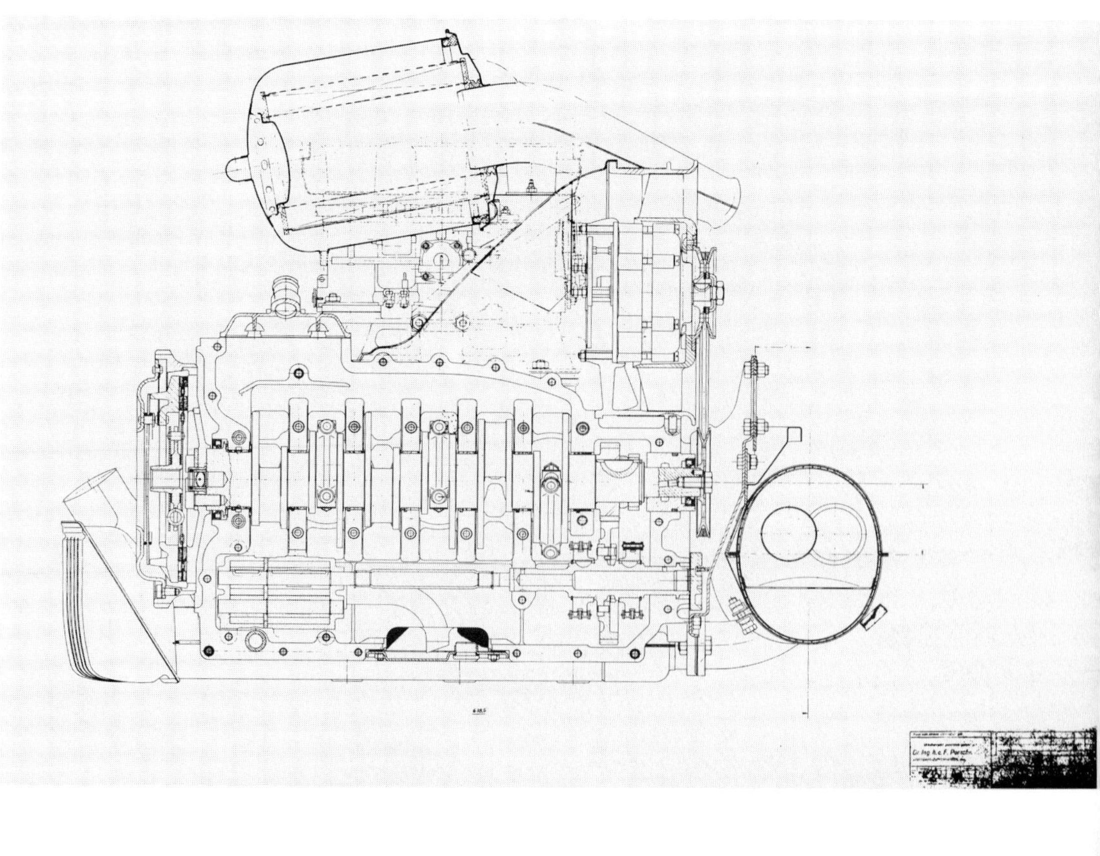

911-Targa, Modell 1977: Änderungen überwiegend in der Innenausstattung

Seitenansicht des 911-Targa 2.7: Ausgereiftes, elegantes Modell, Baujahr ’77

576

Der 250 000. Porsche, ein 911-2.7-Coupé, verließ am 3. 6. 1977 das Werk

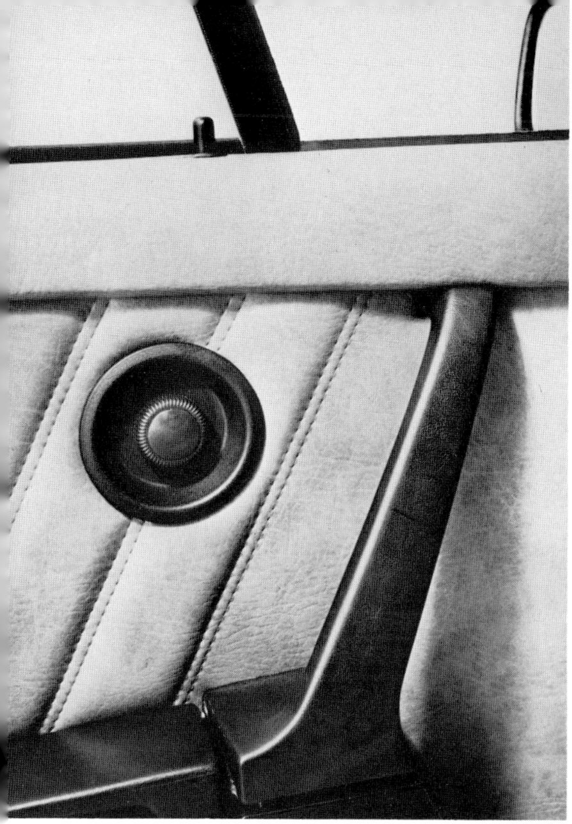

Verbesserte Diebstahlsicherung:
Die Druckknopfentriegelung durch
Drehknopf

577

Eine doppelte Mitteldüse in der Instrumententafel für mehr Frischluft ab '77

Mittelkonsole mit Einschub-
möglichkeit für Radio-Kassetten.
Außerdem Bedienungsknöpfe
für das Radioteil

578 Porsche 911 SC: Das 78er-Modell, eine Mischung aus Carrera und 911-Normal

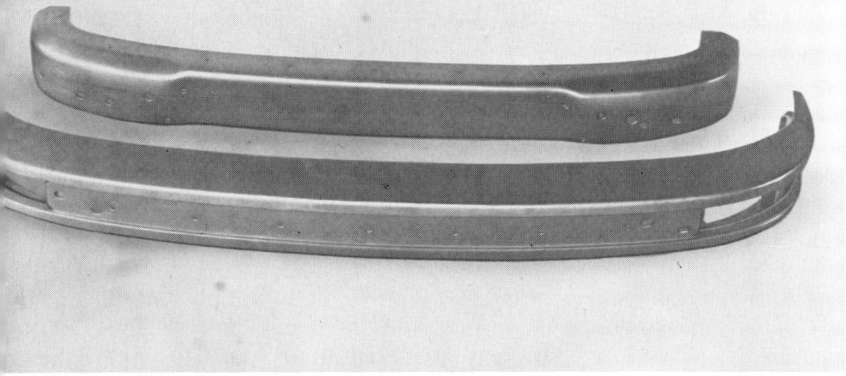

Zunehmend bei Porsche verbaut: korrosionsfeste Aluteile (Stoßstange, Achslenker)

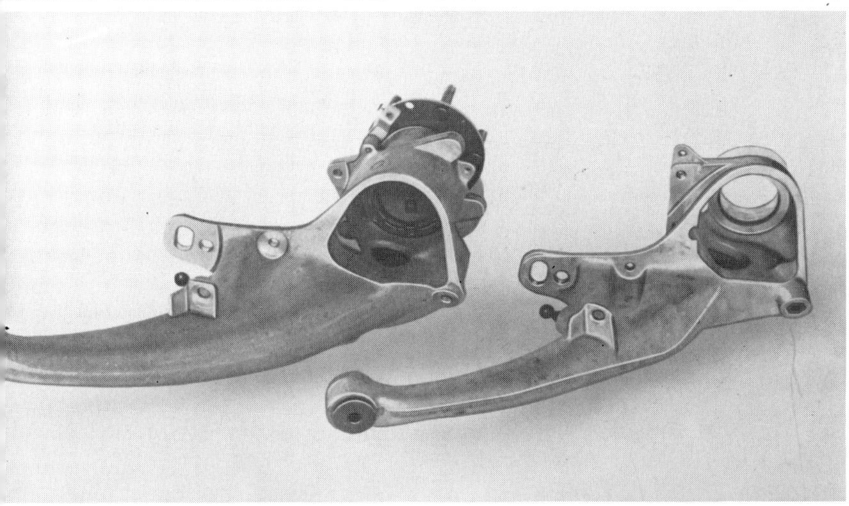

Vorderachse des Carrera 2.7 (links) und die eines »normalen« 911-2.7 (rechts)

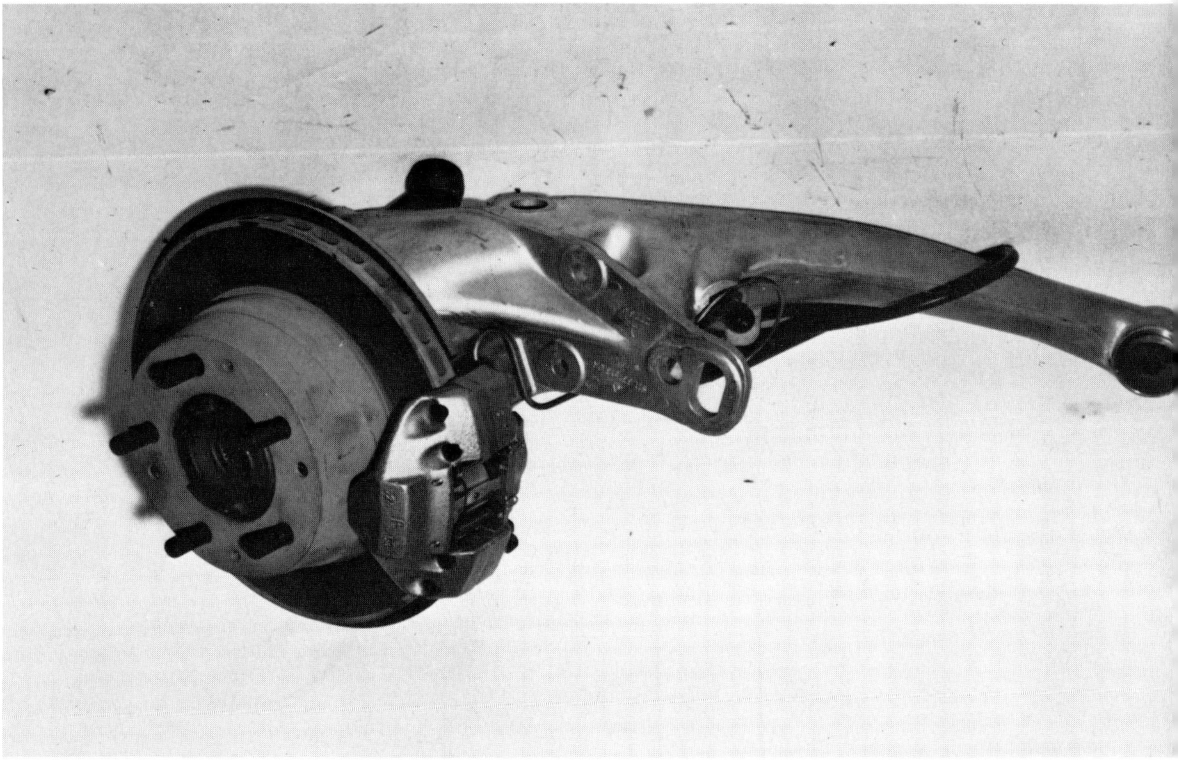

580 Aus Alu ist das Hinterachsteil des 911-2.7 (oben), aus Stahl das vom 911 (unten)

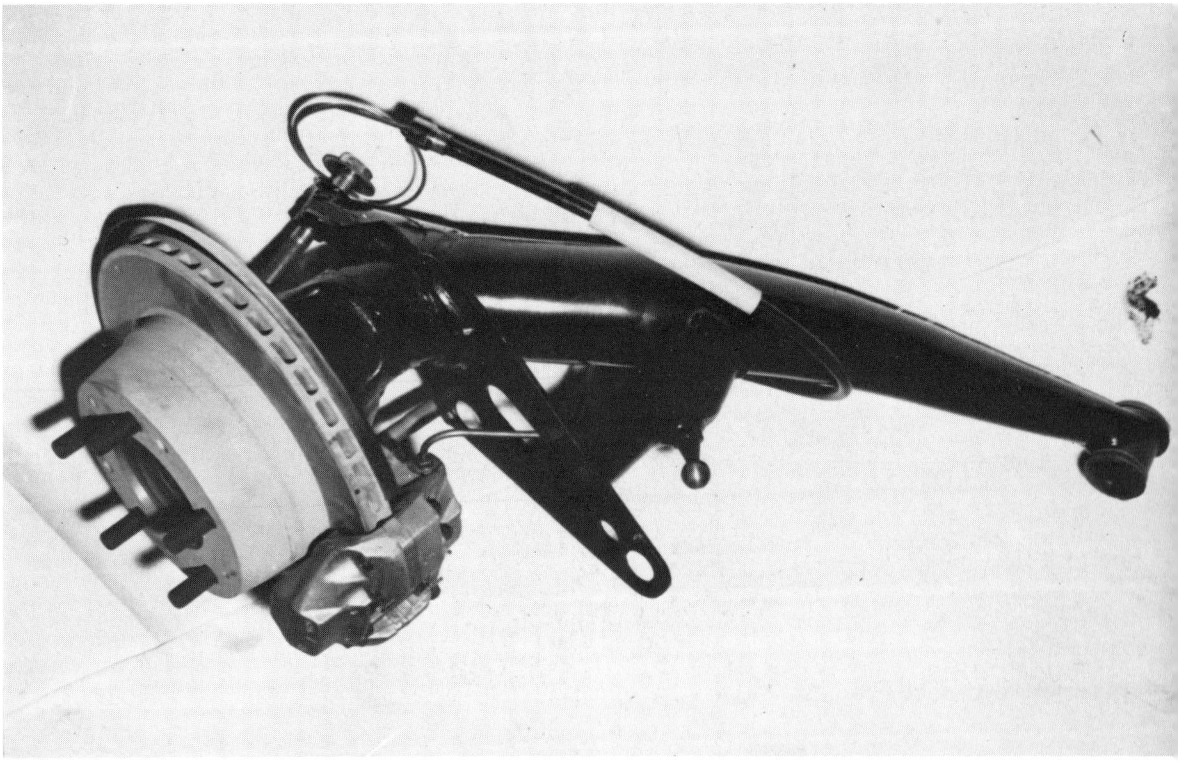

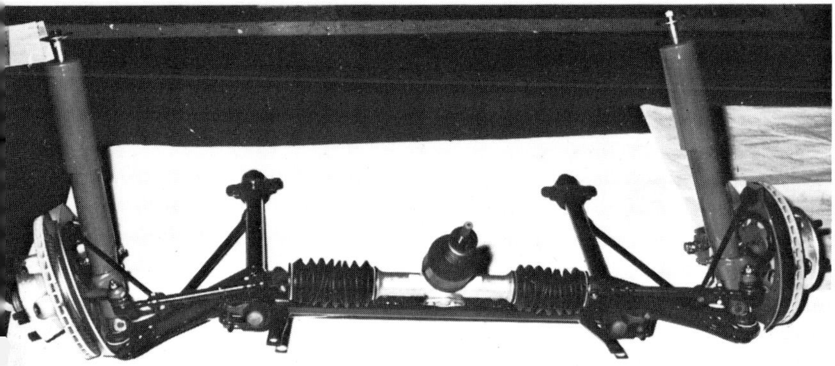

Oben die alte Vorderachse des 911-2.7 (RS); unten die neue Achskonstruktion für den 2.7

Getriebe-Typ 915. Ab dem Modell Porsche 911-2.4 in allen Nicht-Turbo eingebaut

Typ Carrera 3.0 (1975–1977)

Der Porsche Carrera 3.0 trägt den Namen der im Motorsport wohl erfolgreichsten Porsche-Generation weiter. Ihn zeichnen hohe Fahrleistung und Fahrsicherheit aus, die sich im Gegensatz zu allen seinen Vorgängern müheloser, geräuschärmer und komfortabler entfalten.
Durch die Erhöhung des Hubraumes von 2,7 auf 3,0 Liter haben die Elastizität und das Durchzugsvermögen (26 mkg bei 4200 U/min, vorher bei 5100 U/min) spürbar zugenommen. Benötigt der 2,7 Liter Carrera RS noch 34,2 Sekunden um von 40 km/h auf 160 km/h im direkten Gang zu beschleunigen, so schafft dies der 3 Liter Carrera in 30,9 Sekunden. Die Spitzenleistung des 200-PS-Modells stellt sich schon bei 6000 U/min ein. Die Werte für die Beschleunigung und Höchstgeschwindigkeit sind dagegen mit den Werten des direkten Vorgänger-Modelles identisch. Interessantes Detail: Auch der neue Carrera fährt jetzt mit der verbrauchsärmeren K-Jetronic von Bosch.
Auf der Ausstattungsseite hat Porsche den Carrera 3.0 schon serienmäßig mit Attributen versehen, die ansonsten nur in der Luxusklasse zu finden sind. Hervorzuheben sind die automatische Heizungsregulierung, der von innen elektrisch verstellbare und beheizbare Außenspiegel, die Scheinwerfer-Reinigungsanlage und die elektrischen Fensterheber.
Für alle 76er-Modelle (auch Carrera 3.0) gibt Porsche eine Volljahresgarantie ohne Einschränkung durch die Kilometerleistung. Mit der Einführung von feuerverzinkten Blechen – ein Novum im Automobilbau – gibt die Firma Porsche auf die gesamte Karosserie-Bodengruppe einschließlich der tragenden Elemente eine zusätzliche Garantie von sechs Jahren.
Optisch ist der Carrera 3.0 leichter von seinen Vorgänger-Modellen zu unterscheiden als die normalen 911. Alle Chromteile sind in Mattschwarz gehalten, breitere Kotflügel ermöglichen die Verwendung von dicken Gürtelreifen. Serienmäßig sind geschmiedete Leichtmetallräder montiert, die vorn 6 Zoll und hinten 7 Zoll breit sind. Auf Wunsch –

gegen Aufpreis – gibt es auch die Kombination mit 7- bzw. 8-Zoll-Felgen.

ALLGEMEINE BESCHREIBUNG: TYP CARRERA 3.0 (BASISMODELL)

Karosserie/Fahrgestell

Die in ihren Grundzügen unveränderte 911-Karosse wird auch mit diesem Modell weiter aufgewertet und nur in Details geändert. Wichtigste Neuerung: Feuerverzinkte Karosseriebleche. Die beidseitig beschichteten Thyssen-Stahlbleche garantieren auf Jahre hinaus einen Schutz gegen Korrosion dort, wo sie normalerweise auftritt und wo z. B. der TÜV danach sucht.

Porsche entscheidet sich erst nach langen Versuchen für die Feuerverzinkung, für die verschiedene Vorzüge den Ausschlag geben. Die Einführung der verzinkten Bleche ist die jüngste Maßnahme Porsches in einem umfassenden Programm zur Erhöhung der Lebensdauer und Wirtschaftlichkeit. Die bisher praktizierten Langzeit-Vorsorgen wie die permanente Hohlraumversiegelung (keine Nachbehandlung), der Unterbodenschutz, sowie die hochwertige Lackierung mit Elektrophorese-Grundierung bleiben in vollem Umfang erhalten.

Ferner erhöht sich der Anteil von rostfreien Bauelementen aus Aluminium, die jetzt folgende Teile umfassen: Stoßstangen, Räder, Hinterachslenker, Vorderachsquerträger, Motorgehäuse, Zylinder und Kolben, Getriebegehäuse und Lenkgehäuse. Zu den korrosionsfreien Elementen gehört ferner der Targa-Bügel aus Nirosta-Stahl.

Recht wenig ändert sich am Fahrwerk. Der Carrera erhält eine vergrößerte Spreizung der vorderen Dämpferbeine, um die Sturzeinstellung zu erleichtern. Ebenfalls vorn gibt es einen neuen Bremssattel, der aus Grauguß ist und in seinen Abmessungen dem S-Sattel entspricht. Der vordere Drehstab hat 19 mm ∅, der Stabilisator ist 20 mm dick.

Der hintere Drehstab hat 23 mm im Durchmesser und der Stabilisator ist 18 mm im Durchmesser. Die hinteren Kotflügel sind zur Unterbringung der Hochgeschwindigkeitsreifen der Dimension 215/60 VR 15 gegenüber dem 911 verbreitert.

Motor

Für die Humbraumerweiterung auf 2993 cm^3 wurde die Bohrung von 90 auf 95 mm ∅ vergrößert. Dafür gibt es neue Alu-Kasten-Kolben und

Nikasil-Zylinder. Die Verdichtung beträgt nur 8,5:1 und ist damit auf Normalbenzin-Betrieb abgestimmt.
Der Carrera erhält das Nockelwellengehäuse des Porsche Turbo, wobei die Nockenwelle – gegenüber dem 2,7 Liter – vierfach gelagert ist. Auch die Form der Nockenwelle ist neu. Das Einlaßventil hat jetzt 49 mm ∅; das Auslaßventil ist mit dem des Turbo-Motors identisch, jedoch nicht natriumgefüllt. Zur besseren Schmierung erhält der Carrera-Motor eine vergrößerte Druckölpumpe mit höherer Fördermenge. Das Kühlgebläserad besitzt nur noch fünf Luftschaufeln. Der Kraftstoffbehälter und deren -Pumpe werden etwas modifiziert (wie 911-2.7). Die Gemischaufbereitung erfolgt jetzt auch beim Carrera 3.0 durch die bereits vom 2,7-Liter-Modell her bekannte Bosch-K-Jetronic.

Kraftübertragung

Der Carrera 3,0 erhält serienmäßig das Viergang-Getriebe Typ 915/49. Als Sonderwunsch gibt es eine Fünfgang-Ausführung oder die 3-Gang-Sportomatic. Das Kupplungsseil wird im Durchmesser verstärkt; die Führungshülse für das Aurücklager am Getriebe angeschraubt. Das Steuerventil des Drehmomentwandlers erhält eine andere Einstellung – angepaßt dem Saugrohrunterdruck des Motors. Der Servomotor und das Wandlergehäuse sind der höheren Leistung zugeordnet.

Ausstattung

In der Serienausstattung präsentiert sich der Carrera 3.0 außergewöhnlich komplett. Es gehören unter anderem dazu: Leder-Lenkrad, Sitze und Innenausstattung wahlweise in Stoff oder Kunstleder, Teppiche in Hochflor, abgesteppte Türtafeln und Fondverkleidung, Teppichverkleidung an Türablagefächern, automatische Heizungsregulierung. Im Coupé sind die elektrischen Fensterheber serienmäßig. Für Targa und Coupé gehören weiter zum Lieferumfang: von innen elektrisch verstellbarer und beheizbarer Außenspiegel, beleuchteter Tür-Zündschlüssel, sämtliche Zierleisten in Mattschwarz, Scheinwerferringe und Außenspiegel in Wagenfarbe und die Scheinwerfer-Reinigungsanlage.

1977

Innerhalb des Kraftstoffversorgungssystems erhielt auch der Carrera eine verbesserte K-Pumpe von Bosch. Der Kraftstoffdruckspeicher erhielt eine zusätzliche Rücklaufleitung, der K-Filter bekam eine verringerte Maschenweite und einen geänderten Filteraufbau.
Bei der K-Jetronic-Anlage wurde der Gemischregler (Stauscheibenhebel) verbessert, sowie der Anschlag für den Stauscheibenhebel geändert. Das Drosselklappengehäuse bekam einen zusätzlichen Unterdruckanschluß für den Bremskraftverstärker. Zwischen Warmlaufregler und dem T-Stück ist in die Steuerleitung ein elektrisch beheiztes Thermoventil eingesetzt.
Alle nach USA, Japan, Californien und Kanada auszuliefernden Fahrzeuge erhielten folgende Einrichtungen serienmäßig: Zusatzlufteinblasung, Abgasanlage mit zwei Thermoreaktoren und Abgasrückführung (EGR).
Die Carrera-Fahrzeuge erhalten, zusätzlich zur Kupplungshilfsfeder am Fußhebelwerk, eine Unterstützungsfeder am Getriebe. Im Zusammenhang damit steht eine Änderung des Hebels auf der Pedalwelle.
An dem Getriebe Typ 915 wurden einige Änderungen an der Synchronisierung durchgeführt. Die Stabilisatorabmessungen beim Carrera betragen: Vorn 20 mm ∅, hinten 18 mm ∅. Die Federstrebe ist jetzt zweiteilig, um die Höheneinstellung bei der Fahrzeugvermessung zu vereinfachen, und zwar mittels einer Exzenterschraube.
Die Carrera-Modelle werden serienmäßig mit einem Bremskraftverstärker der Baureihe T52 bestückt. Das Bremsgerät ist im Kofferraum untergebracht.
Zur Verbesserung der Diebstahlsicherung ist der bisherige Druckknopf so angeordnet, daß er im gedrückten Zustand nicht mehr von Hand hochgezogen werden kann. Die Entriegelung erfolgt durch den Drehknopf. Die Targamodelle haben kein vorderes Ausstellfenster mehr.
Beim Carrera gibt es auf Wunsch die Mittelkonsole mit Ablagefach. Die Regelung der Frischluft und die Betätigung des Frischluftgebläses erfolgt jetzt durch getrennte Hebel. Zur besseren Innenraumbelüftung wird ab Modell 1977 zusätzlich eine Mitteldüse in der Instrumententafel angebracht. Durch diese Düse strömt nur ungeheizte Frischluft ins Wageninnere, bei Fahrzeugen mit Klimaanlage auch die gekühlte Luft.
Für den Carrera 3.0 ist nicht nur ein 5-Gang-Schaltgetriebe (ohne Aufpreis) lieferbar, sondern auch die 3-Gang-Sportomatic. Sie ersetzt die

bisher bekannte 4-Gang-Sportomatic und kombiniert technisch gesehen ein mechanisches Dreigang-Getriebe mit einem hydraulischen Drehmomentwandler.
Auf der Ausstattungsseite hat das Haus Porsche den Carrera schon serienmäßig, d. h. ohne Aufpreis, mit Attributen versehen, die selbst für die Luxusklasse nicht selbstverständlich ist. Insbesondere sind hervorzuheben: automatische Heizregulierung, von innen elektrisch verstellbarer und beheizter Außenspiegel, die Wahlmöglichkeit zwischen 4-Gang-, 5-Gang- oder 3-Gang-Sportomatic-Getriebe, Scheinwerferreinigungsanlage und elektrische Fensterheber.

1978
Zwischen 924 und 928 bleibt der Klassiker 911 das Rückgrat der Porsche-Produktion: der bisherige Carrera entfällt. Dafür entstand in Weissach unter der Typenbezeichnung »911 SC« ein Allround-911, der annähernd die Fahrleistungen des Carrera erreicht und die Krönung der bisherigen 911-Entwicklung darstellen dürfte.
Bei einem Hubraum von 2994 ccm leistet der vom Carrera abgeleitete Sechszylinder 180 PS bei 5500 U/min, gibt ein maximales Drehmoment von 27 mkp bei 4100 U/min ab und verleiht dem Fahrzeug eine Beschleunigung aus dem Stand auf 100 km/h von sieben Sekunden sowie eine Spitze von 225 km/h. Eine kontaktlose Zündung verringert den Wartungsbedarf.
Die weiteren Änderungen umfassen ein Silumingehäuse und ein verstärktes Differential für das 5-Gang-Getriebe. Auf Wunsch gibt es eine 3-Gang-Sportomatic. Im Bereich des Fahrwerks finden wir serienmäßig Stabilisatoren vorn und hinten sowie die 6- und 7-Zoll-Felgen des Carrera mit 15″ Umfang. Auf Wunsch sind auch die 16″-Felgen für die Reifen der 50er-Serie lieferbar. Sowohl die Bremsen wie auch die Kupplung arbeiten mit Servo.
Auch karosserieseitig hat der neue 911 SC Carrera-Format: breitere hintere Kotflügel schaffen genügend Raum für die 7-Zoll-Felgen. Damit lüftet sich auch das Geheimnis, das sich hinter dem Kürzel »SC« verbirgt – gemeint ist der »Super Carrera«.
Außerdem: Ein neues Farbprogramm. Die hintere seitliche Verglasung, früher Ausstellfenster, ist nun, zum Schutz gegen Diebe, fest.

Das 76er-Modell blieb in den Grundzügen unverändert. Hubraum auf 3 l vergrößert

588 Auf die feuerverzinkten Karosseriebleche gibt Porsche (ab '76) sechs Jahre Garantie

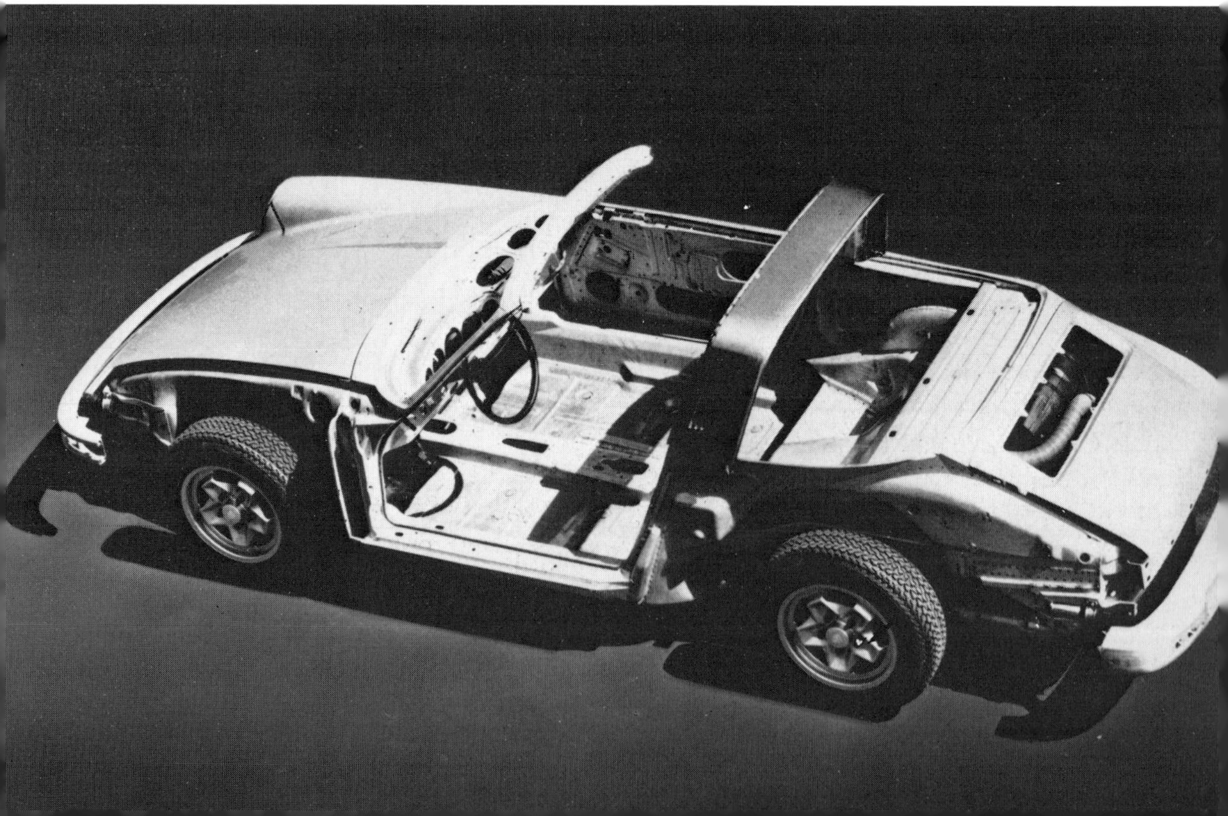

Porsche Carrera 3.0, Modell 1977: Gegenüber Vormodell nur wenig geändert

Carrera: 3-l-Hubraum, 200 DIN-PS und über 230 km/h Höchstgeschwindigkeit

Typ 911 SC-3.0 (1978-1983)
Carrera 3.2 (ab 1983)

Zwischen der neuen Porsche-Sportwagen-Generation 924 und 928 bleibt der Klassiker »911« das Rückgrat der Produktion. Durch die Einführung des 928 konnte das Angebot gestrafft werden: während nun der bisherige 911-Carrera 3.0 entfällt, entstand in Weissach unter der Typenbezeichnung »911 SC« ein Allround-911, der annähernd die Fahrleistungen des Carrera erreicht und die Krönung der bisherigen 911-Entwicklung darstellen dürfte.
Bei einem Hubraum von 2994 cm^3 leistet der vom Carrera abgeleitete Sechszylinder 180 PS bei 5500/min, gibt ein maximales Drehmoment von 27 mkp bei 4100/min ab und verleiht dem 911 SC eine Beschleunigung aus dem Stand auf 100 km/h in sieben Sekunden, sowie eine Spitze von 225 km/h. Eine kontaktlose Zündung verringert den Wartungsbedarf.
Die weiteren Änderungen umfassen ein Silumingehäuse und ein verstärktes Differential für das 5-Gang-Getriebe (auf Wunsch gibt es eine 3-Gang-Sportomatic). Im Bereich des Fahrwerkes finden wir serienmäßig Stabilisatoren vorne und hinten, sowie die 6- und 7-Zoll-Felgen des Carrera mit 15 Zoll Umfang (auf Wunsch sind auch die 16-Zoll-Felgen für die Reifen der 50er-Serie lieferbar). Die Bremse arbeitet servounterstützt, die Kupplung federunterstützt.
Auch karosserieseitig hat der 911 SC Carrera-Format: breitere hintere Kotflügel schaffen genügend Raum für die 7-Zoll-Felgen. Und damit lüftet sich auch das Geheimnis, das sich hinter dem Kürzel »SC« verbirgt – der »Super Carrera«, angesiedelt zwischen »S« und »Carrera«.
Während Fahrwerk und Antrieb sonst keiner größeren Änderung bedurften, hat Porsche den Komfort des 911 SC noch weiter angehoben: er wird jetzt serienmäßig mit einer automatischen Heizregulierung ausgestattet. Schließlich gibt es auch einige neue Farben und eine Verbesserung gegen Diebstahlversuche: die hintere seitliche Verglasung ist nun fest – die bei Autoknackern beliebten Ausstellfenster entfallen. Der Porsche 911 SC ist in Coupé- und Targa-Ausführung erhältlich.

1979

Nach sorgfältig abgestimmten Modellpflegemaßnahmen geht der Porsche 911 in sein sechzehntes Jahr. Der luftgekühlte Dreiliter-Sechszylinder-Boxermotor leistet nunmehr 138 kW/188 PS. Die relativ bescheidene Leistungssteigerung um acht Pferdestärken gegenüber dem 78er-Modell ergab sich durch Detailverbesserungen zur Verbrauchsoptimierung – insbesondere am Zündsystem. Die Fahrleistungsangaben bleiben indessen unverändert: Höchstgeschwindigkeit 225 km/h, Beschleunigung von 0 auf 100 km/h in sieben Sekunden.

Nach wie vor ist der 911 SC als einziger Porsche wahlweise in Coupé- oder Targa-Ausführung lieferbar. Neue Innenausstattungen und serienmäßig schwarze Fenstereinfassungen machen ihn auch optisch noch attraktiver als bisher. Darüber hinaus wurde der 911 SC des Baujahres 1979 noch praktischer und komfortabler. Dazu tragen elektrische Fensterheber und eine Mittelkonsole ebenso bei, wie das Dreispeichen-Lederlenkrad von 380 mm Durchmesser. Außerdem ist der Motorraum jetzt beleuchtet.

Ebenso wie der 911 Turbo verfügt der 911 SC ab sofort über einen Röhrenölkühler, der die Motortemperaturen selbst unter Extrembedingungen auf normalem Niveau hält.

1980

Der wohl sparsamste Dreiliter-Wagen der Welt ist der Klassiker unter den Sportwagen: Porsche hat den 911 SC weiter perfektioniert, seinen schon immer relativ günstigen Verbrauch in überraschendem Maße gesenkt und ihm darüber hinaus zu noch besseren Fahrleistungen verholfen.

Dies sind die aktuellsten Verbrauchswerte (nach DIN 70030) des Porsche 911 SC in seinem 17. Modelljahr (!): bei konstant 90 km/h acht Liter, bei 120 km/h 9,7 Liter, im dichten, gemischten Stadtverkehr 13,4 Liter auf jeweils 100 Kilometer Distanz gerechnet – im Mittel also nur 10,4 Liter. Solche Werte werden selbst bei Mittelklasse-Limousinen stolz vermerkt. Der 911 SC ist indessen ein Hochleistungs-Sportwagen mit Dreiliter-Motor, der nunmehr 150 kW/204 PS produziert und mit einer Spitzengeschwindigkeit von 235 km/h glänzt. Dabei ist er in 6,8 Sekunden von 0 auf 100 km/h.

Die gemeinhin als unvereinbar geltenden Entwicklungsaufgaben, trotz höherer Leistung einen niedrigeren Verbrauch zu erzielen, hat Porsche durch aufwendige Optimierung des bewährten luftgekühlten

Sechszylinder-Boxermotors gelöst. Das Verdichtungsverhältnis wurde von 8,6 auf 9,8:1 erhöht, so daß der 911 SC nun wie alle Porsche-Sportwagen Superbenzin benötigt. Die gewählte neue Kolbenform mit Quetschfläche und Verbrennungsmulde in Zündkerzennähe gewährleistet eine optimale Turbulenz des angesaugten Benzin-Luft-Gemisches mit anschließend besonders effizienter Verbrennung. Außerdem wurden die Ventilsteuerzeiten optimiert. Die so erhaltene neue Motorcharakteristik erforderte auch eine Überarbeitung der Zündung und der Einspritzanlage. Hinzu kam aufwendige Detailarbeit zugunsten von Fahr- und Bedienungskomfort. Trotz der heute erheblich schärferen Abgas-Vorschriften liegt die Motorleistung von 150 kW des neuen 911 SC bei jener der ehemaligen Carrera-Sportversion.

Äußerlich unterscheiden den 911 SC des neuen Jahrganges lediglich Seitenblinkleuchten in den vorderen Kotflügeln und neue Farben von seinem Vorgänger. Innen sind auf Wunsch auch Ganzstoffsitze mit neuem Berberbezug, Sonder-Lederausstattungen in neuen Farben und Narbungen sowie Sportsitze erhältlich.

Ein Langzeitauto ist der unverändert als Coupé oder Targa lieferbare 911 SC nicht nur wegen seiner schon legendären Modellkonstanz (seit 1964 im Programm!). Seine Langzeit-Garantie gegen Durchrostungsschäden hat Porsche jetzt sogar von sechs auf sieben Jahre und von der Bodengruppe auf die gesamte Karosserie erweitert.

Motorschnittbild vom Porsche 911 SC-3.0 – ab Baujahr 1980 mit 204 PS/150 kW

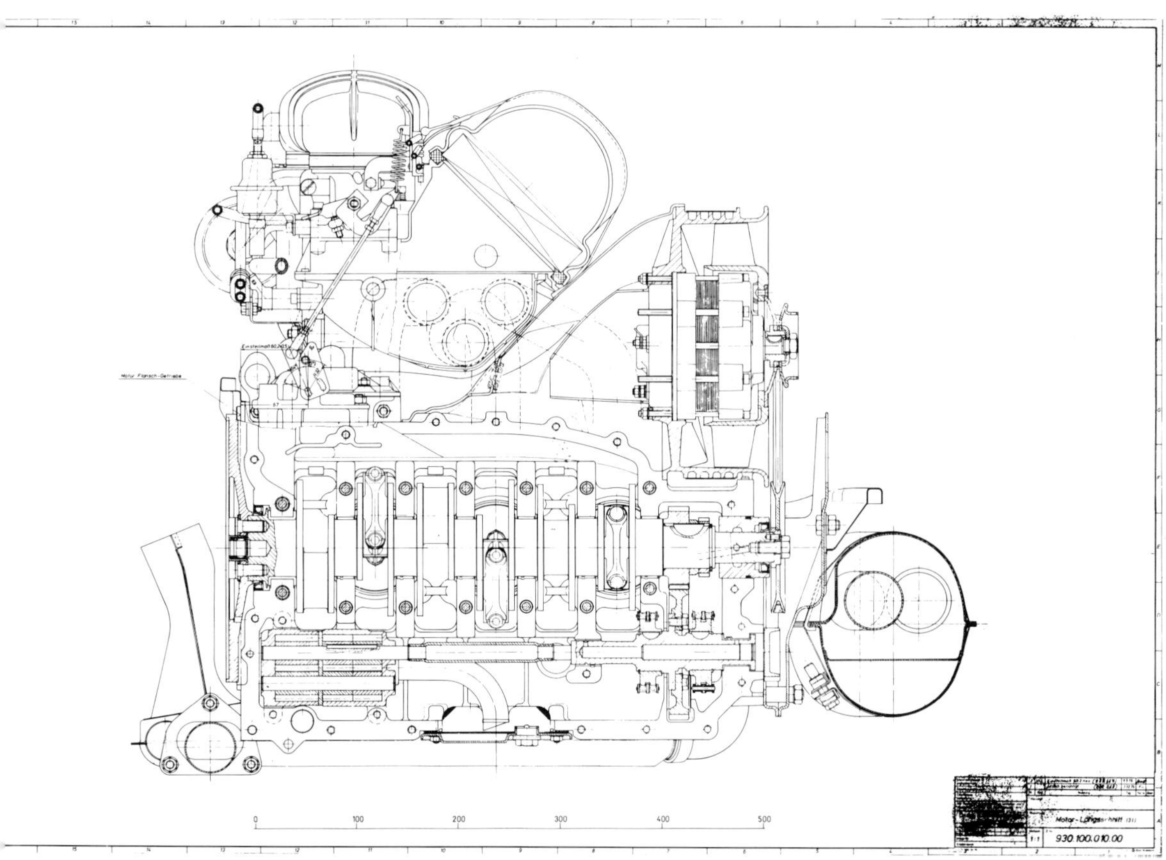

1981

Am 4. September 1981 lieferte Porsche den 200000. Sportwagen des Typs 911 aus, dessen Serienfertigung schon 1964 begann.
Zwei Wochen später, am 18. September, folgte bereits das nächste Jubiläum: Der 300000. Porsche verließ die Zuffenhausener Produktion. In dieser Zahl sind alle Wagen der Typenreihe 911, 928 und natürlich 356 enthalten, die dort gebaut worden sind.
Im Februar des gleichen Jahres konnte die Produktion des 100000. Porsche 924 gefeiert werden und im August das 50jährige Firmen-Jubiläum.
Die Änderungen zum 911 SC beschränken sich hauptsächlich auf Detailverbesserungen am Motor und an der Ausstattung. Im wesentlichen sind dies: Befestigung der Nockenwellen-Kettenräder; Ölabscheider für Kurbelgehäuse-Entlüftung; Drehstrom-Generator mit integriertem Regler; serienmäßig Scheinwerfer-Reinigungsanlage; Heiz- und Frischluft-Regulierung bei Fahrzeugen mit Klimaanlage; Instrumentenskala für Öltemperaturanzeige.
Die Serienräder sind nun schwarz pulverbeschichtet und das Felgenhorn blank. Als Sonderwunsch gibt es für den 911 SC Front- und Heckspoiler vom Turbo 3, 3 Liter (M 473).

1982

Auf dem Genfer Salon im März 1982 stellt Porsche erstmals wieder ein Cabriolet vor – auf der Basis des klassischen Heckmotor-Sportwagens 911 SC. Es ist das erste Voll-Cabriolet von Porsche seit 17 Jahren. Im April 1965 verließ der letzte offene Typ 356 die Zuffenhausener Fertigung.
Durch eine ausgeklügelte, neuartige Dreispriegeltechnik mit 50 Prozent Festdachanteil unter dem geschlossenen Stoffverdeck ergibt sich eine ungewöhlich formstabile Verdeck-Konstruktion. Sie ist 15 Kilogramm leichter als die des Porsche Targa, nicht zuletzt durch die Verwendung von Blechprofilen und Leichtmetallgußteilen. Eine selbstnachstellende Verdeckspannung durch federbelastete Stahlseile sorgt für stets guten Sitz des Stoffverdecks.
Zu den Vorzügen des neuen Cabrioverdecks gehören hohe Formstabilität und Dichtigkeit (kein Temperaturverlust im Innenraum) selbst bei Höchstgeschwindigkeit und niedrige Windgeräusche. Auf schnelles, unkompliziertes Öffnen und Schließen wurde besonderer Wert gelegt. Zusätzlich läßt sich bei geschlossenem Verdeck mittels Reißverschluß das Heckfenster öffnen. Das ermöglicht gegebenenfalls auch eine kostengünstige Erneuerung der Heckscheibe.

Durch die aerodynamische, coupéähnliche Linienführung des Dachaufbaues war es möglich, die Höchstgeschwindigkeit des 911 SC Coupé voll auf das Cabriolet zu übertragen. So präsentiert sich der offene 911 SC mit einer Spitze von 235 km/h als schnellstes Serien-Cabriolet der Welt. Eine ähnlich optimale Lösung gelang hinsichtlich der Raumausnutzung, blieben doch die 2+2-Sitzplätze des Coupé auch beim Cabrio in geschlossenem wie in geöffnetem Zustand uneingeschränkt erhalten.
Zur Serienausstattung gehört eine kleine Persenning, die sich über das versenkte Verdeck knöpfen läßt. Als Sonderwunsch hat Porsche eine große Persenning vorgesehen, die als Staub- und Nässeschutz für das geöffnete Cabriolet dient. Per Reißverschluß ist sie auf der Fahrerseite zu öffnen.
Auf der IAA in Frankfurt 1981 zeigte Porsche bereits die Studie eines vierradangetriebenen 911 Turbo-Cabriolet (!), um die Käuferpräferenzen zu erkunden. Das Ergebnis war damals eindeutig: Mit großem Abstand galt das meiste Interesse der Karosserieform als Cabriolet.
Ansonsten gibt es für den 911 SC des Baujahres 1982 (Modelljahr 1983) ein geändertes Farbenprogramm, erweiterte Innenausstattung, neue Sonderleder und manuelle Fond-Sicherheitsgurte. Als Sonderwunsch sind zu erhalten: Dreispeichen-Lederlenkrad mit um 30 mm erhöhter Nabe (M 018); Radio Köln mit Verkehrsdecoder (M 327); Radio Atlanta (M 330) sowie zwei Tür- und Fondlautsprecher mit 15 statt 8 Watt Leistung bisher (M 441).
Für die USA- und Kanada-Versionen gibt es zusätzlich noch in der Serie: elektrischer Außenspiegel rechts; elektrische Antenne; vier Lautsprecher und Überblendregler; Kälteanlage; getönte Verglasung und wahlweise Ledersitze.
Zum Serienanlauf des 911 SC-Cabriolet gab es noch folgende Änderungen: Außenspiegel rechts; Vordersitze in Leder (kein Stoff lieferbar); nur schwarzes Verdeck; Aufnahmepunkte für einen Überrollbügel; manuelle Heizungsbetätigung und eine Abdeckung fürs Verdeck.

CARRERA 3.2 (ab 1983)

Auf der IAA in Frankfurt stellte Porsche 1963 erstmals den 911 vor – damals mit einer Zweiliter-Maschine, die 130 PS leistete. Zum 20. Geburtstag dieses Klassikers unter den Sportwagen präsentiert ihn Porsche auf der IAA 1983 als 911 Carrera mit nunmehr 3,2 Liter Motor und 231 PS (170 kW).
Gegenüber dem Vorgängermodell 911 SC hat Porsche den Leistungszu-

wachs von 27 PS (20 kW) bei gleichzeitiger Anhebung des maximalen Drehmoments von 267 Nm auf 284 Nm und deutlicher Reduzierung des Kraftstoffverbrauchs durch umfassende konstruktive Maßnahmen an Motor, Gemischaufbereitung und Zündung erreicht.
Zwischen der ersten 911-Motorkonstruktion und dem Motor des neuen 911 Carrera liegen mehr als 20 Jahre. In dieser Zeit ist die allgemeine Motorentwicklung in vielen Disziplinen weit fortgeschritten. Die spezielle Entwicklungsgeschichte des »911« spiegelt dies wider. Allein die konsequente Nutzung modernster Technologie erlaubte dem 911-Motor ständig zu bestehen und trotz erhöhter Umweltforderungen und reduziertem Verbrauch auch in der spezifischen Leistung wieder anzusteigen. Die Hubraumvergrößerungen von 2,0 auf 3,2 Liter waren nur möglich durch die Entwicklung vom Grauguß- zum Grauguß-Aluverbund- und schließlich zum Alu-Zylinder. Die hohen Liefergrade der früheren Motoren, durch Schwingrohraufladung erzielt, werden heute durch Resonanzaufladung übertroffen.
Abgasturboaufladung mit Ladeluftkühlung wurde am Porsche 911 Turbo zum erstenmal in der Welt 1977 serienmäßig eingesetzt. Reihen-Vergaser, mechanische Einspritzung mit der Sechsstempelpumpe waren zur Erzielung hoher Literleistungen notwendig.
K-Jetronic und schließlich elektronisch gesteuerte Einspritzung wurden eingeführt, um zusammen mit elektronisch gesteuerter Zündung die Voraussetzungen zu schaffen, die für die gleichzeitige Verbesserung der Abgasemissionen und des Kraftstoffverbrauchs erforderlich sind.
Die Auslegung des neuen 911-Motors, der die Leistungscharakteristik des Sportwagenmotors, Umweltfreundlichkeit und hohe Wirtschaftlichkeit in sich vereint, wird im folgenden beschrieben: Das Kurbelgehäuse, die sechs einzelnen Zylinder, Zylinderköpfe und die beiden Nockenwellengehäuse sind aus Alulegierungen. Die achtfach gelagerte Kurbelwelle hat zwölf Gegengewichte. Die vierfach gelagerten Nockenwellen werden über Doppelketten angetrieben. Kettenspanner, die an den Motorölkreislauf angeschlossen sind, sorgen für Spannung und Dämpfung der Ketten-Konstruktion. Die beiden Varianten des Motors, Europa und USA, unterscheiden sich im Grundaufbau allein durch die Kolben, die zur Erzielung der unterschiedlichen Verdichtungsverhältnisse andere Bodenformen aufweisen.
Das Resonanz-Ansaugsystem besteht aus den beiden Saugverteilern rechts und links, die durch ein Resonanzrohr verbunden sind und in welches die Ansaugluft senkrecht einströmt. Aus den Saugverteilern saugen die einzelnen Zylinder des Boxermotors über konische Rohre die Verbrennungsluft an. Dem Resonanz-Ansaugsystem vorgeschaltet ist

die Drosselklappe, der zur Motronic gehörende Klappen-Luftmengenmesser und der Luftfilter. Beide Motorvarianten haben dasselbe Ansaugsystem.
Jede Zylinderreihe hat eine Abgaszusammenführung, die daraus weiterführenden Abgasrohre werden auf der linken Motorseite zusammengefaßt. Die Europa-Variante besitzt einen Vorschalldämpfer, die USA-Variante einen Katalysator mit identischen Anschlußmaßen. Im Katalysatoreinlauf befindet sich die Lambdasonde, zur Verkürzung der Anspringzeit wird sie elektrisch beheizt. Mit einem Hauptschalldämpfer, wiederum identisch für beide Motoren, endet die Abgasanlage.
Zündung und Einspritzung werden von einer »Motronic« aus dem Hause Bosch gesteuert. Abweichend zu bekannten Systemen verwendet die Motronic beim 911 Carrera direkt die Zylinderkopf-Temperatur als Maß für die Betriebs-Temperatur. Neu in die Motronic aufgenommen ist die Leerlauf-Drehzahlregelung und eine aktive Antiruckelfunktion.
Die Entwicklungsarbeiten, die zur Erzielung der gewünschten Leistungserhöhung durchgeführt wurden, galten:
- der Hubraumvergrößerung,
- der Ermittlung des leistungsoptimalen Verdichtungsverhältnisses,
- dem Resonanz-Ansaugsystem,
- dem Abgassystem mit geringem Gegendruck.

Mit der für den 911-Motor typischen Brennraum-Anordnung, Kugelkalotte im Zylinderkopf und Höckerkolben, wurden verschiedene Verdichtungsverhältnisse untersucht. Die Erhöhung des Verdichtungsverhältnisses erfolgte durch Verkleinerung des in der Nähe der Zündkerze befindlichen Brennraums, während Höcker und Quetschspalt unverändert blieben. Unter Berücksichtigung der Toleranzen von Zündwinkel, Gemischzusammensetzung und Verdichtungsverhältnis und den verschiedenen anderen Bedingungen auf die Klopfneigung liegt das leistungsoptimale Verdichtungsverhältnis für den Europamotor bei 10,3:1. Bei entsprechender Vorgehensweise erhält der USA-Motor ein Verdichtungsverhältnis von 9,5:1.
Für selbstansaugende Motoren bieten sich im wesentlichen zwei Ansaugsysteme zur Erzielung hoher Zylinderfüllung an. Es sind dies die Schwingrohre und das Resonanz-Ansaugsystem. In Verbindung mit turboaufgeladenen Motoren ist das ansaugseitige Resonanzsystem zur dynamischen Aufladung im unteren Drehzahlbereich als kombinierte Aufladung bekannt. Dieses System besteht aus einem Behälter, der über zwei Resonanzrohre mit zwei weiteren Behältern verbunden ist, von denen die einzelnen Saugrohre zum Einlaß des Motors führen. Das Porsche-Resonanz-Ansaugsystem weist je einen Resonanzbehälter

pro Zylinderreihe auf. Die Behälter sind durch ein Resonanzrohr miteinander verbunden. In dieses Rohr strömt die Ansaugluft rechtwinklig ein. Der Ort der Eintrittsöffnung liegt außermittig. Aus diesem Grund sind die Behälter-Volumen unterschiedlich groß ausgeführt, so daß der Knoten der schwingenden Luftsäule im Bereich der Einmündung liegt. Im System bildet sich bei sinusförmiger Anregung eine stehende Welle aus, deren Druckmaxima an den Anschlußstellen der Einzelsaugrohre auftreten. Die Kolbenbewegung dient zur Erregung und bestimmt die Saugfrequenz. Das Ziel der Abstimmung besteht darin, die Eigenfrequenz des Systems und die Saugfrequenz bei gewünschter Drehzahl in Resonanz zu bringen. Die Auslegung des Systems erfolgte mittels eines Rechenmodells und führte auf Anhieb zu guten Ergebnissen.
Mit 170 kW (231 PS) hat der Europamotor eine der höchsten an Serien-Saugmotoren verwirklichten spezifischen Leistungen. Das gleiche gilt für den USA-Motor.
Damit der 911 Carrera weltweit angeboten werden kann, mußte er alle bestehenden Abgas-Vorschriften erfüllen. Wesentlicher Punkt einer erfolgreichen Auslegung des Motors für bestimmte Abgas-Vorschriften bei gleichzeitig niedrigem Kraftstoffverbrauch ist die Optimierung des Kraftstoff-Luftverhältnisses und des Zündwinkels, unter Beachtung der Randbedingungen, die zur guten Fahrbarkeit eingehalten werden müssen. Dies sind u. a.: Rundlauf-Qualität, aussetzerfreie Verbrennung, harmonisches Übergangsverhalten. Andere wichtige Funktionen, die am 911 Carrera zum Einsatz kommen, sind Schubabschaltung, Leerlaufregelung und bei der USA-/Japan-Version die Kennfeldsteuerung der Lambdaregelung.
In der ECE-Version können Zündwinkel und Kraftstoff-Luftverhältnis nahezu auf niedrigsten Kraftstoff-Verbrauch ausgelegt werden. Gute Fahrbarkeit stellt im wesentlichen die Begrenzung in Richtung noch höherer Luftzahlen für günstigsten Verbrauch dar. Bei der Schweiz-/Schweden-/Australien-Version wird die Motorabstimmung in Richtung günstigem Kraftstoffverbrauch weniger durch die Randbedingungen des Fahrverhaltens als durch die der Abgasvorschriften beeinflußt. Vor allem die Kohlenwasserstoffe sind gegenüber dem Kraftstoffverbrauch zu optimieren. Im Vergleich zur Europa-Ausführung sind im unteren Teillastbereich die Zündwinkel später. Es besteht die Notwendigkeit einer mageren Warmlauffunktion. Unverändert ist dagegen die Auslegung bei Vollastbetrieb.
Zur Erfüllung der Abgas-Vorschriften der USA und Japans (später auch Europa) ist der Einsatz eines Katalysators unumgänglich. Dies erfordert zwangsläufig die Verwendung bleifreien Kraftstoffs, welcher mit der

Mindest-Oktanzahl ROZ = 91 zur Verfügung steht. Deshalb ist das Verdichtungsverhältnis für die Kat-Ausführung auf 9,5:1 verringert.
Das Fünfgang-Getriebe des 911 Carrera verfügt über eine neue, auf die geänderte Motorcharakteristik abgestimmte Übersetzung. Ein externer Getriebe-Ölkühler reduziert möglichen Verschleiß trotz der höheren Motorleistung.
Den spürbar verbesserten Fahrleistungen, die der neue Carrera-Motor ermöglicht, hat Porsche auch das Bremssystem des Wagens angepaßt. Eine weitere Verringerung der Fadingneigung durch Kühlung wurde dabei durch um 3,5 Millimeter breitere Bremsscheiben mit größeren Belüftungsöffnungen erreicht. Der besseren Bremskraftverteilung, die insbesondere der Blockierneigung der Vorderräder bei Nässe entgegenwirkt, dienen größere Bremskolben an den Hinterrädern und der vom 928 S übernommene Bremskraftregler. Eine Bremsbelagverschleißanzeige im Cockpit warnt den Fahrer rund 700 Kilometer vorher, daß sich die Beläge ihrem Ende nähern.
Äußerlich ist der neue 911 durch in die Bugschürze integrierte Nebelleuchten, neue Leichtmetallgußfelgen und den Schriftzug »Carrera« am Heck erkennbar.
Zu den neuen Mehrausstattungen beim 911 Carrera gehört vor allem ein neuer Heckspoiler, der in Verbindung mit dem Bugspoiler wesentlich zur Verbesserung der Fahrstabilität bei hohen Geschwindigkeiten beiträgt. Die Coupé-Version des Carrera ist auf Wunsch auch im Turbo-Look lieferbar. Diese Mehrausstattung beinhaltet auch das Fahrwerk des 911 Turbo und dessen Heckspoiler.
Neben neuen Innenausstattungen für alle 911 Carrera-Versionen sind für das Cabriolet auch zusätzliche Verdeckfarben vorgesehen: neben schwarz nun auch blau oder braun. Außerdem ist für das Cabriolet eine große Persenning in der jeweiligen Verdeckfarbe lieferbar.

1984

Rüstiger und zeitgemäßer denn je präsentiert sich der 911, der als Modell Carrera weiterhin den bereits im Baujahr 1983 eingeführten 231 PS (170 kW) starken 3,2 Liter Motor besitzt und damit rund 245 km/h schnell ist.
Für das Modelljahr 1985 wurde der Sechszylinder-Sportwagen, von dem seit Produktionsbeginn im Jahre 1964 rund 200 000 Exemplare gefertigt wurden, wiederum gründlich überarbeitet. Wie beim Porsche 928 S fällt auch beim Carrera die neue Sitzgeneration optisch besonders auf. Serienmäßig erhält der Carrera auf der Fahrerseite den elektrisch verstellbaren Komfortsitz, der über eine

deutlich bessere Seitenführung verfügt und dessen verlängerte Auflage für die Oberschenkel ein ermüdungsfreies Fahren garantiert. Auf Wunsch kann auch für die Beifahrerseite der Sitz in elektrisch verstellbarer Ausführung geordert werden. Gleichfalls gegen Aufpreis sind die elektrischen Sitze jetzt auch beheizbar lieferbar.
Das reichhaltige Serienpaket im 911 Carrera wurde nochmals kräftig erweitert. So zählen jetzt eine grün getönte Rundumverglasung, beheizte Scheibenwaschdüsen, Teilledersitze, eine besonders leistungsstarke Scheibenantenne, vier Lautsprecher mit Überblendregler, ein Vierspeichen-Lenkrad mit einer mit Leder überzogenen Prallplatte sowie die jetzt gleichfalls aus Leder bestehende Schalthebelmanschette, jeweils in Interieurfarbe, zu jenen Dingen, die bereits ab Werk und ohne Aufpreis offeriert werden.
Besonders die sportlich ambitionierten Liebhaber des fahraktiven Klassikers aus Stuttgart werden jene Neuerung zu schätzen wissen, die das Schalten des Fünfgang-Getriebes noch schneller und präziser macht. Das 85er-Modell besitzt jetzt einen um zehn Prozent verkürzten Schaltweg.
Zu den zusätzlichen Mehrausstattungen beim 911 Carrera zählen neben der Sitzheizung (nur in Verbindung mit den elektrisch verstellbaren Sitzen) eine Sekuriflexfolie für die Windschutzscheibe, eine automatische Kälteanlage, in der Farbe silbereloxierte lackierte Schmiedefelgen und eine Zentralverriegelung mit zentraler Verriegelungstaste auf der Mittelkonsole.
Neu im Sonderprogramm ist nunmehr auch der Turbolook für den Carrera Targa und das Cabriolet, der bislang dem Coupé vorbehalten war. Außerdem gibt es für das Cabriolet, das sich zum Bestseller auf dem Markt der offenen Autos entwickelt hat, neue Farben für das Verdeck: weinrot und graugrün.
Während der Carrera-Motor unverändert blieb, garantieren zahlreiche Detail-Verbesserungen, daß das Fahren in seiner schönsten Form weiterhin seine Gültigkeit hat. So sorgen im Innern des Heckmotorwagens vergrößerte Luftaustrittsdüsen mit neuen Blenden und geänderten Schaltern für eine verbesserte Heizung und Lüftung. Der bislang am oberen Windschutzscheibenrand zwischen den Sonnenblenden integrierte Temperaturfühler wanderte in das Armaturenbrett. Von dort aus läßt sich die Temperatur im Wageninnern noch exakter messen. Auch das Cabrio wird erstmals mit dieser automatischen Heizungsregelung ausgerüstet.
Weitere Änderungen im Innern des Carrera sind Sonnenblenden mit abgedeckten Make-up-Spiegeln und 20 Millimeter tiefer gesetzte Vorder-

sitze, bei denen gleichzeitig die Längsverstellung nach hinten erweitert wurde.
Eine Intensiv-Scheibenreinigungsanlage garantiert auch bei schlechter Witterung optimale Sicht. Der schönen Optik dient dagegen der neue Kofferraum-Teppich, der nunmehr exakt in jenen Farben gehalten ist, die auch im Cockpit des Carrera verwendet werden.
Der Fahrsicherheit ist eine geänderte Fahrwerksabstimmung gewidmet, bei der Stabilisatoren, Dämpfer und die hinteren Drehstäbe überarbeitet wurden, ohne daß der Fahrkomfort darunter gelitten hat.
Im Zeichen »100 Jahre Auto«, das 1986 weltweit gefeiert wurde, erfuhr der Porsche 911 höchste Ehren. Die Leser der spanischen Automobil-Zeitschrift »Motor 16« wählten bei einer Umfrage den seit 22 Jahren produzierten Sportwagen aus Zuffenhausen mit großer Mehrheit zum »Auto des Jahrhunderts«. Insgesamt erhielt der schwäbische Klassiker 24,3 Prozent der Leserstimmen. Begründung für die Auszeichnung: Der Porsche 911 ist ein Traumwagen mit Alltagstauglichkeit und höchster Perfektion sowie einem unverwechselbaren Design.

1986

Ausgereifter und zeitgemäßer denn je fährt der nunmehr vor 23 Jahren vorgestellte Sportwagen-Klassiker in das neue Bau-/Modelljahr. Während der bereits im Modelljahr 1984 eingeführte Carrera-Motor mit 231 PS/170 kW und einem Hubraum von knapp 3,2 Liter unverändert blieb, garantieren viel Detailverbesserungen, daß das Fahren in seiner schönsten Form auch weiterhin seine Gültigkeit hat.
Wichtigste Neuerungen sind die nunmehr hydraulisch betätigte und dadurch leichtgängig wirkende und wartungsfrei arbeitende Kupplung sowie das neue Fünfgang-Getriebe. Letzteres weist ein geändertes Schaltschema auf: Der Rückwärtsgang liegt jetzt in der Ebene links vorn. Bislang mußte der R-Gang in der Ebene rechts unten eingelegt werden. Optisch signalisiert ein neuer und etwas zierlicher ausgefallener Schalthebel das neue Getriebe, das sich zudem leichter und präziser als das bisher verwendete schalten läßt.
Auch das Heck des schnellen Sechszylinders zeigt dezente Unterschiede zum Modelljahr 1986. Im neuen Jahrgang vermißt man die seither links unter der Stoßstange installierte Nebelschlußleuchte, die jetzt in doppelter Ausführung mit zwei Rückwärts-Scheinwerfern in das rote Leuchtband integriert ist.
Breitere Räder auf der Vorderachse – 195/65 VR 15 statt bisher 185/70 – eine griffgerechtere Einstellungsbetätigung der elektrischen Spiegel, ein bei Dunkelheit reflektierender Leuchtpunkt am Türgriff als Orientie-

rungshilfe und – beim Porsche 911 Carrera Targa – verbesserte Türdichtungen sowie eine Regenleiste zählen zu jenen Dingen, die jetzt neu und serienmäßig angeboten werden. Gegen Aufpreis sind außerdem vollelektrisch verstellbare Komfortsitze mit zusätzlicher Lordosenstütze sowie eine vom Armaturenbrett aus zu betätigende Leuchtweiten-Regulierung der Scheinwerfer zu haben.

Mehr Leistung und damit auch mehr Fahrvergnügen bietet im Modelljahr 1987 der Porsche Carrera mit Katalysator: Statt bisher 207 PS/ 152 kW beflügeln den auf bleifreies Euro-Super ausgelegten Kat-Carrera jetzt 217 PS/160 kW – die Höchstgeschwindigkeit klettert damit von bisher 235 auf 240 km/h.

Nur in der Kat-Version rüstet Porsche den Carrera serienmäßig mit einem im vorderen rechten Radkasten installierten und thermostatisch gesteuerten Ölkühlergebläse aus, das auch im Stop-und-Go-Betrieb den Ölhaushalt des umweltschonenden Porsche in Ordnung hält.

Nichts ist so perfekt, als daß es nicht noch besser gemacht werden könnte. Als Porsche den »911« als Cabriolet vorstellte, zeigte sich schnell, daß die Techniker ihre Hausaufgaben gemacht hatten. In Form, Funktion und Bedienung gehört dieses flexible Dach zum Besten, was es auf dem Cabriomarkt gibt. Selbst bei Höchstgeschwindigkeit – immerhin 245 km/h – bleibt das Cabrioverdeck in seiner vorgegebenen Form.

Dennoch, das Öffnen und Schließen ließ sich noch bequemer erledigen, beispielsweise durch eine elektrische Betätigung desselben. So war denn bald ein Forderungs-Katalog an die Entwicklungsabteilung aufgestellt, der folgendes beinhaltete:

Schaffung eines Systems, das ohne manuellen Eingriff die Umwandlung vom geschlossenen zum geöffneten Verdeck und umgekehrt vollziehen kann.

Zielsetzung war weiterhin, den Verdeck-Öffnungs- und Schließvorgang vom Innenraum her ohne Öffnen der Türen oder Türscheiben zu ermöglichen. Die Technik des manuell zu bedienenden Verdecks bot für die Erfüllung dieser Forderungen gute Voraussetzungen, einzig die Dachverschlüsse mußten der elektrischen Betätigung angepaßt werden.

Schwierigkeiten gab es aufgrund der Wünsche, die Apparatur zur elektrischen Betätigung so im Innenraum zu plazieren, daß von dem nicht gerade üppigen Platzangebot im Elfer nichts verloren ging. Entsprechend aufwendig sind die Lösungen ausgefallen.

Der Antrieb erfolgt durch zwei Elektromotoren, die in einer Mulde hinter den Hintersitz-Rückenlehnen angeordnet sind. Die Kraftübertragung erfolgt über zwei flexible Wellen auf links und rechts am Verdeckgestell

wirksam werdende Schwenkgetriebe, die durch die Fondseitenverkleidung abgedeckt sind. Die Verdeckverriegelung ist im Dachrahmen der Windschutzscheibe untergebracht; die Verdeckzentrierung wird von zwei Zapfen übernommen. Durch einen in der Schalttafel angeordneten Tastschalter wird der Vorgang des Öffnens oder Schließens eingeleitet, wobei er in jeder Zwischenstellung unterbrochen werden kann.
Damit nun niemand auf den Gedanken kommt, während der Fahrt dieses Verdeck zu betätigen, reagiert der Mechanismus nur bei stehendem Fahrzeug. Über Jahre hinaus muß bei jedem Schließvorgang unbedingt die Dichtigkeit zum Fahrzeug-Innenraum gewährleistet sein. Keine leichte Aufgabe für die Antriebs- und Verriegelungsmotoren, denn immerhin setzen sie 13 bewegliche Spriegel, Dachrahmen und Steuerhebel mit 22 Gelenkpunkten am Verdeck und an der Karosserie in Bewegung.
Ein solcher Vorgang, egal ob »Auf« oder »Zu«, dauert nur 20 Sekunden, wobei ein Mikroprozessor bestücktes Steuergerät ständig den Bewegungsablauf kontrolliert und sicherstellt, daß alle Befehle in der richtigen Reihenfolge ausgeführt werden! Bei Störungen wird das System sofort abgeschaltet, ebenso wie im Fahrbetrieb. Eine Kontroll-Leuchte im Instrumentenbrett macht den Fahrer darauf aufmerksam, ob das Verdeck korrekt verriegelt ist.
Der Reißverschluß der PC-Kunststoff-Heckscheibe ist wie bei dem manuellen Verdeck weiterhin vorhanden, um den Cabriofreunden die interessante Variante – Verdeck geschlossen, Heckscheibe geöffnet – zu erhalten. Für das »Spiel mit dem Wind« müssen 3950 Mark Aufpreis bezahlt werden, wobei eine Nachrüstung nicht vorgesehen ist.

1987

Zum Auftakt des Modelljahres 1988, das offiziell am 1. August 1987 beginnt, bietet die Porsche AG fünf unterschiedliche Modelle für Individualisten auf Basis 924 S, 944 und 911 Carrera an.
Anläßlich des im Sommer 1987 vom Band laufenden 250 000. Porsche 911 offeriert Porsche ein Jubiläumsmodell in begrenzter Stückzahl, das sowohl als Coupé als auch als Targa und Cabriolet zu haben ist. Die Ausstattung ist wie folgt festgelegt:

Exterieur:
- diamantblaumetallic
- Felgenstern in Wagenfarbe lackiert

Interieur:	– Teilleder-Ausstattung silberblaumetallic – Kopfstützen mit eingesticktem »F. Porsche«-Schriftzug – Teppichauskleidung inklusive Gepäckraum in Seidenvelours silberblau – Jubiläumsplakette auf Handschuhkastendeckel – Lenkrad und Schalthebel mit Leder in Silberblaumetallic bezogen
zusätzlicher Ausstattungsumfang:	– Raffledersitze – verkürzter Schalthebel – elektrisches Schiebedach (Coupé) – elektrische Verdeckbetätigung beim Cabriolet
Preise:	– 911 Coupé 87 950,– DM – 911 Targa 89 800,– DM – 911 Cabrio 99 700,– DM

Auf der IAA in Frankfurt im Jahre 1963 feierte der Porsche 911 sein Debüt, im Modelljahr 1988 präsentierte sich der Sechszylinder mit inzwischen 3,2 Liter Hubraum und einer Leistung von 231 PS/170 kW lebendiger und ausgereifter denn je. Nachdem bereits im vergangenen Modelljahr zahlreiche Modifikationen erfolgt sind, wird der Porsche-Klassiker mit einer deutlich erweiterten Serien-Ausstattung angeboten. Jetzt gehören folgende und zusätzliche Ausstattungen zum serienmäßigen Angebot:

- elektrisch verstell- und beheizbarer Beifahrer-Spiegel
- elektrische Sitzhöhenverstellung auch für den Beifahrer-Sitz
- Zentralverriegelung
- Scheinwerfer-Waschanlage
- Intensiv-Reinigungsanlage für die Frontscheibe
- Geschmiedete Leichtmetallräder 7"/8" mit der Bereifung 195/65 und 215/60 VR 15.

Gegenüber einem identisch ausgerüsteten Porsche 911 Carrera des Modelljahres 1987 bedeuten diese serienmäßig angebotenen Mehrausstattungen für den Kunden einen klaren Preisvorteil.

Neu im Programm für alle Sechszylinder-Modelle ist eine Notbetätigung für die elektrischen Fensterheber, die unterhalb der Fensterheber-Schalter installiert ist und im Falle eines Defekts an der Elektrik das manuelle Öffnen oder Schließen der Fenster garantiert.

An neuen Mehrausstattungen gibt es für die 911-Modelle folgendes:

- Klangpaket mit vier Mitteltiefton- und vier Hochton-Lautsprechern (Mehrweg-Lautsprechersystem)
- Zusatzverstärker (in Verbindung mit Stereo-Kassetten-Radio)

– Raffleder-Sitzanlage
– Vorbereitung für nachträglichen Einbau eines Autotelefon (C-Netz).

Innerhalb der 911 Carrera-Baureihe bietet Porsche eine erleichterte Clubsport-Version des 911 an, die außerdem über ein besonders straffes Sportfahrwerk verfügt und bei der Front- und Heckspoiler serienmäßig vorhanden sind. Die Gewichtserleichterung erfolgt durch Weglassen von Komfortelementen wie elektrisch verstellbaren Sitzen, Dämmaterial, elektrische Fensterheber und anderen Details. Außerdem weist die Clubsport-Variante einen verkürzten Schalthebel auf, und der Motor läßt sich um 300/min höher drehen. Die Nennleistung ist jedoch identisch mit dem Motor des normalen 911 Carrera – mit oder ohne Katalysator.

Der Preis des erleichterten Porsche 911 Carrera, dessen Einsatzgebiet vor allem innerhalb der Clubsport-Szene gesehen wird, entspricht dem serienmäßig angebotenen Carrera.

Der Porsche Speedster feierte 1955 im rundlichen Kleid des »356« Premiere und war vor allem in Amerika ein erfolgreiches Auto. Auf der IAA 1987 feierte diese Karosserievariante als »911 Speedster« ein Comeback. Traditionell zeigt der Stuttgarter Sportwagen-Hersteller in Frankfurt alle zwei Jahre ein als Studie deklariertes Automobil, um auf der größten Automesse der Welt die Reaktionen des Publikums zu erforschen. In dieser Reihe wurden in der Vergangenheit u. a. das 911 Cabriolet, der »959« und auch das »944 Cabriolet« vorgestellt.

Der in Frankfurt präsentierte Speedster basiert auf dem Porsche 911 mit 231 PS/170 kW starkem Sechszylinder. Im Unterschied zum Cabriolet besitzt der um rund 70 kg leichtere und als Zweisitzer ausgelegte Speedster ein ungefüttertes Klappverdeck, das nach dem Öffnen voll unter einer Abdeckung aus Kunststoff verschwindet. Die mit Bordwerkzeugen demontierbare und von einem Alurahmen gehaltene Windschutzscheibe ist gegenüber der Serie um fünf Grad flacher geneigt. Optisches Merkmal außerdem: Bei den mit einfachen Kurbeln zu betätigenden Seitenscheiben fehlen die Dreieckfenster.

Während für das Basismodell mit Anlauf des Modelljahres 1989 im Spätsommer 1988 bereits ein konkreter Produktionsbeginn genannt wird, sind zwei weitere Verwandlungsmöglichkeiten für später vorgesehen.

Geplant ist eine Version mit einem Hardtop, bei dem das Stoffverdeck im Auto verbleibt und das sich dann – mit beheizbarer Heckscheibe – als voll wintertaugliches Auto anbietet. Ganz dem Sport gewidmet ist dagegen eine zweite Variante. Auf der Basis des 911-Speedster wird eine Clubsport-Ausführung vorbereitet, die sich optisch deutlich durch eine verkleinerte Frontscheibe und die Abdeckung des Beifahrerplatzes unterscheidet. In dieser Form erhält der Wagen keine Straßenzulassung und kann ausschließlich auf abgesperrten Strecken benutzt werden. Diese Abdeckung läßt sich allerdings nach Lösen einiger Schrauben gegen die vom TÜV abgesegnete Serienfrontscheibe tauschen.

1988

Auch für das Modelljahr 1989, das nach den Werksferien Anfang August 1988 beginnt, erfuhr der 911 Carrera einige Modifikationen. Serienmäßig wird der »911« nur noch mit Schmiedefelgen und Reifen im Format 6J×16 mit 205/55- und 8J×16 mit 225/50-ZR-Reifen und einem damit nochmals verbesserten Fahrverhalten angeboten.
Neben vielen neuen Farben, Stoffen und Leder sorgt eine überarbeitete und jetzt serienmäßig angebotene Alarmanlage für mehr Schutz und Sicherheit gegen Diebstahl. In Verbindung mit der bereits seit Modelljahr 1988 serienmäßigen Zentralverriegelung wird die Alarmanlage beim Abschließen des Autos automatisch aktiviert. Tür- und Deckelkontakte, Benzinpumpe und das Steuergerät der »Digitalen Motor Elektronik« sind damit abgesichert. Leuchtdioden in den Verriegelungsstiften signalisieren dann gleichzeitig, daß die Anlage scharf ist.
An Mehrausstattungen wird im Modelljahr 1989 folgendes neu angeboten:

- regelbare Sitzheizung links und rechts,
- Radio mit CD-Player.

Auch bezüglich Umweltschutz erfuhr der Porsche Carrera einige Änderungen: Ab sofort sind Bremsbeläge, Kupplungsmitnehmerscheibe, Motor- und Getriebeabdichtungen aus asbestfreiem Material.
Auf der IAA 1987 in Frankfurt war die Studie eines Porsche 911 Speedster einer der Höhepunkte – Ende 1988 startet die Produktion. In-Deutschland wird der 911-Speedster ausschließlich in einer Turbo-Look-Version (ohne Heckflügel) angeboten. Für den Export wird eine kleine Stückzahl mit der in Frankfurt gezeigten, schmalen Karosserie gebaut und verspricht schon vor Produktionsbeginn zu einer automobilen Rarität zu werden.

Äußerlich unterscheiden den 911 SC des Jahrganges 1980 nur die Seitenblinkleuchten in den vorderen Kotflügeln von seinen Vorgängern (oben: Coupé; unten: Targa)

Zusatz-Ölkühler ab Baujahr 1977

Hinterachs-Schwinge mit Bremsscheibe

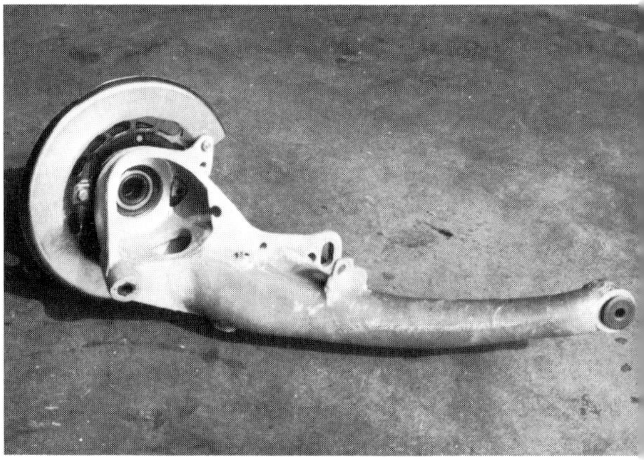

Vordere Dreieckslenker für 911 SC

Seitenansicht des 3-l-Sechszylinder

Auf dem Genfer Salon 1982 steht neben dem bewährten 911 SC Coupé erstmals wieder ein Voll-Cabriolet

609

610 Auf der IAA 1981 als Prototyp gezeigt, entwickelt sich das 911-Cabriolet zu einem Verkaufsrenner ab Januar '83

Auf der IAA 1983 vorgestellt: Der Porsche 911, der jetzt wieder »Carrera« heißt und 3,2-l-Hubraum mit 231 PS anbietet. Oben die Coupé-Ausführung mit breiten Kotflügeln und neuem Heckspoiler, unten der Carrera als Targa in Normalversion.

612 Die 85er-Modelle: Porsche Carrera Cabriolet (oben) und Porsche Carrera Targa (unten) – technisch weitgehend unverändert.

Porsche Carrera: Für alle Ausführungen gibt es ab Baujahr 1985 eine geänderte Fahrwerksabstimmung und Detailänderungen im Innern, z. B. größere Luftaustrittsdüsen

613

Nur kleine Details, wie breitere Reifen auf der Vorderachse, unterscheiden den 911 des Baujahres '86 von seinem Vorgänger

Praktisch unverändert ab dem Baujahr '87: Der Klassiker, 911 Carrera Targa, und die wesentlich jüngere Erfolgsvariante 911 Carrera Cabriolet

Auch ab dem Baujahr 1988 sind die optischen Änderungen der 911-Baureihe (breitere Schmiedefelgen mit entsprechenden Reifen-Dimensionen) am Carrera Coupé, Targa ...

616 . . . und Cabriolet nur wenig auffällig.

Auf der IAA 1987 als Studie präsentiert und ab Ende 1988 in Produktion: Der traditionsreiche »Speedster«

618 ... in den Ausführungen »offen«, »Stoffverdeck« und »Hardtop«

In der sogenannten Clubsport-Version fehlt u. a. die große Windschutzscheibe

Typ 911 Turbo 3.0 (1974–1977)

Porsche stellte den »turbo« als Spitzenmodell des Hauses im Oktober 1974 auf dem Pariser Salon vor. Zu einem Zeitpunkt also, als die gesamte deutsche Automobilindustrie noch stark unter den Folgen der Rezession litt. Doch das Entwicklungsziel war für die Porsche-Techniker klar umrissen: Aufbauend auf den Basistyp 911 sollte das Topmodell in Ausstattung, Aussehen und Leistung eine bis zu diesem Zeitpunkt vorhandene Lücke zu den italienischen Exoten schließen.
Zweifellos hat Porsche das angestrebte Ziel erreicht. Die walzenähnlichen Reifen, die überbreiten Kotflügel, der serienmäßige Frontspoiler, vor allem jedoch der ausladende Heckflügel sichern ihm das notwendige Maß an Beachtung. An der Karosserie selbst findet sich kein Gramm Chrom, sogar Scheinwerferringe und Rückspiegel präsentieren sich in funktionellem Schwarz.
Auch bei der durchweg kompletten Ausstattung steht das Bemühen um technische Perfektion im Vordergrund. Besondere Erwähnung innerhalb der Serienausstattung verdient die automatische Heizregulierung, die dem Turbo einen seiner Preisklasse angemessenen Heizkomfort garantiert. Auf dem Rahmentunnel, zwischen den Sitzen, befindet sich der Heizungshebel, der allerdings nicht von Hand, sondern von einem elektrischen Stellmotor betätigt wird. Der Fahrer wählt an einem Drehknopf die Temperatur vor, der Rest geschieht automatisch durch einen im Wagendach installierten Wärmefühler. Dieser gibt die entsprechenden Signale an den elektrischen Versteller für die Heizluftmenge weiter. Diese Lösung funktioniert nahezu optimal.
Im übrigen Interieur unterscheidet sich der Turbo nicht von seinen Serien-Geschwistern. Die Instrumentierung ist wie bei Porsche üblich, reichhaltig und übersichtlich.
Der Sechszylinder-Boxermotor war als Saugmotor mit drei Liter Hubraum (wie Carrera 3.0) an der Grenze seiner Entwicklungsfähigkeit angelangt. Damit schied eine konventionelle Weiterentwicklung dieses Triebwerkes aus. Allein aus der Aufladung konnte die gewünschte Lei-

stung realisiert werden. Mit dem Ladermotor erreichte Porsche den gewünschten PS-Zuwachs und außerdem ein hohes Maß an Prestige und Exklusivität. Für die richtige Gemischaufbereitung ist die Bosch-K-Jetronic verantwortlich. Eine kontaktlose HKZ-Anlage verhindert auch im Bummelbetrieb ein Verrußen der Zündkerzen.
Mit 6,5:1 scheint das Verdichtungsverhältnis sehr niedrig gewählt, trotzdem verlangt der Turbomotor nach Super-Kraftstoff. Durch die Vorkomprimierung mit einem Ladedruck von ca. 0,8 atü ergibt sich nämlich ein theoretisches Gesamtverdichtungsverhältnis von 11:1.
Naturgemäß erforderte das deutlich höhere Leistungsangebot (260 PS bei 5500 U/min) zum Teil wesentliche Modifikationen an Karosserie, Fahrwerk und Kraftübertragung. Die großen Front- und Heckspoiler verhindern den Auftrieb an Vorder- und Hinterachse. Das äußert sich u. a. in einer spürbaren Verbesserung der Fahrstabilität. Die Vorderachskinematik wurde so geändert, daß nun ein Bremsnickausgleich vorhanden ist. Die Hinterachse erhielt steifere Längslenker und eine Kinematik, die vom Carrera RSR stammt.
In der Spur ist der Turbo deutlich breiter als die Normalmodelle. Vorn steht der Wagen auf sieben, hinten auf acht Zoll breiten LM-Felgen, dazu kommen noch Distanzscheiben. Federung und Dämpfung (Bilstein) wurden härter abgestimmt. Serienmäßig sind Reifen der Dimensionen 185/70 VR 15 (vorn) und 215/60 VR 15 (hinten) montiert. Gegen 800,– Mark Aufpreis werden Pirelli-Gürtelreifen der 50er-Serie offeriert.
Auch das Getriebe in seiner bisherigen Ausführung war in der Weitergabe der enormen Kraft des Ladermotors überfordert. Porsche entwickelte ein eigenes Viergang-Getriebe. Alles in allem waren die Änderungen so zahlreich, daß Porsche den Turbo aus der normalen Modelltypologie herausnahm und als Typ 930 führt.
Einfach und problemlos fährt man los – rollt mit niedriger Drehzahl dahin und bummelt mit 2000 U/min im vierten Gang. Tritt man allerdings das Gaspedal durch, glaubt man sich in einem Rennwagen: 80 km/h werden nach 3,6 Sekunden erreicht. Doppelt so schnell ist der Turbo bereits nach 11,8 Sekunden, und noch nicht einmal 20 Sekunden vergehen, bis die magische 200-km/h-Marke erreicht ist! Die Höchstgeschwindigkeit pendelt sich bei 250 km/h ein, der Drehzahlmesser zeigt dann 6000 U/min. Überraschend bei dieser Beschleunigungs- und Geschwindigkeits-Orgie ist die Art und Weise wie es geschieht. Beeindrukkend dabei ist speziell, daß alles dieses überraschend leise und unerhört kultiviert vonstatten geht.
Der charakteristische Mangel abgasaufgeladener Motoren, das verzögerte Ansprechen aufs Gasgeben, hat Porsche auf ein Minimum redu-

ziert. Es ist nach kurzer Gewöhnung gut einzukalkulieren. Wer als Fahrer die Möglichkeiten des Fahrwerkes in Verbindung mit der Motorleistung voll ausnutzen will, muß letztlich auch ein überdurchschnittliches Fahrkönnen mitbringen.
Die Bremse wird im Turbo nicht geschont. Leider nahm Porsche die ursprünglich geplanten Lochbremsscheiben nicht in Serie. Die Käufer mußten bis zum Erscheinen des 3.3-Liter-Turbo warten. Erst er erhielt die bessere Bremsanlage.
Resumee: Porsche hat mit dem Turbo in Laufkultur und Leistung neue Maßstäbe gesetzt.

ALLGEMEINE BESCHREIBUNG: TYP 930 TURBO (BASISMODELL)

Karosserie/Fahrgestell

Die Karosserie unterscheidet sich nur unwesentlich von der eines normalen Porsche 911. Um die breiter ausladenden hinteren Kotflügel vor Steinschlag zu schützen, erhalten die Turbo-Modelle serienmäßig eine entsprechende Schutzfolie.
Vorn und hinten bestehen die Radaufhängungen aus Querlenkern mit Dämpferbein bzw. Schräglenker, wobei die Kinematik vom Renn-Carrera abgeleitet wurde. Neu sind die steifen Hinterachslenker in Alu-Sandguß. Die Radlager stammen aus dem 917-Rennwagen. Die Federstäbe haben vorn 19 mm ∅ und hinten 26 mm ∅. Rundum sind Bilstein-Gasdruckstoßdämpfer eingebaut. Die querliegenden Stabilisatoren sind vorn und hinten 18 mm dick im Durchmesser. Die Zahnstangenlenkung arbeitet mit einer Übersetzung von 17,8:1. Die Fußbremse arbeitet hydraulisch über vier innenbelüfteten Scheibenbremsen, die nicht gelocht sind. Die Handbremse wirkt mechanisch auf die Hinterräder.
Serienmäßig sind vorn 7J×15 (Reifen: 185/70 VR 15) und hinten 8J×15-Zoll-Felgen (215/60 VR 15) montiert. Als Sonderwunsch gibt es auf derselben Felgenbreite folgende Reifen: Vorn 205/50 VR 15 und hinten 225/50 VR 15.
Der 1140 Kilo schwere Porsche Turbo (interne Bezeichnung: 930) hat ein Leistungsgewicht von 4,4 kg/PS, ist aber nicht für den Anhängerbetrieb vorgesehen. Ein von der Carrera-Bugschürze abgeleiteter Bug- und Heckspoiler reduzieren beim Turbo die Auftriebskräfte um nahezu 100%. Zudem verbessern sie das Brems-, Lenk-, Kurven- und Seitenwindverhalten.

Motor

Als Antriebsquelle dient dem Porsche Turbo der bewährte Sechszylinder-Motor des Porsche 911, dem ein Abgas-Turbolader zu außergewöhnlichen Leistungen und Eigenschaften verhilft. Mit drei Liter Hubraum ist dieser Motor kein Hubraumriese, doch nimmt er es sowohl an Leistung wie auch an Kultiviertheit mit den Sportwagen-Aggregaten der Spitzenklasse auf. Dank seiner im Rennsport gewonnenen Erfahrungen brachte Porsche die Abgas-Turboladung in einem Straßenauto zu einer Reife, wie sie bisher noch nicht anzutreffen war.

Der Abgas-Turbolader sorgt für eine Zylinderfüllung und für einen Mitteldruck, wie er mit üblichen Saugmotoren nicht zu erreichen ist. Zum Antrieb dient ihm die Strömung der Auspuffgase. Das heißt: Turbokraft ist rationell gewonnene Zusatzkraft. Sie ist ferner eine leise Kraft, denn der Abgaslader wirkt im Auspuffsystem wie ein zusätzlicher Schalldämpfer. Darum sind z. B. die Turbo-Rennwagen von Porsche so leise und darum erfüllt nun der Turbo für die Straße die Geräuschvorschriften mit einem wesentlich kleineren Endschalldämpfer als seine Schwestermodelle.

Als erste Firma hat Porsche die abgasgetriebene Aufladung mit kontinuierlicher Benzineinspritzung kombiniert. Turbo und K-Jetronic verbinden sich im Porsche Turbo zu einer wirkungsvollen Kombination.

Das System des Turboladers: Er besteht aus einem Turbinen- und einem Verdichterrad, die auf einer gemeinsamen Welle befestigt sind. Das Turbinenrad wird von den Auspuffgasen des Motors angetrieben und bis auf Drehzahlen von 90000 U/min gebracht. Mit der gleichen Geschwindigkeit dreht sich auch das Verdichterrad. Es saugt über den Luftfilter, den Gemischregler und die Saugleitung Luft an, verdichtet sie bis auf 0,8 atü und führt sie über Druckleitung, Drosselklappe und Ansaugverteiler den Zylindern zu. Die Gemischbildung erfolgt in einer gegenüber den Saugmotoren vergrößerten K-Jetronic-Anlage von Bosch. Diese wiederum wird zusätzlich mit einem Startmagnet versehen, der bei heißem Motor und eventuellem Ausdampfen der Einspritzleitungen kurzzeitig die Einspritzmenge erhöht und somit einen sicheren Heißstart gewährleistet.

Die kontaktlos gesteuerte und damit wartungsfreie Zündanlage wurde für den Motorsport entwickelt und ist hier in die Serie übernommen worden.

Weitere technische Details: Das Kurbelgehäuse ist wie beim Carrera 3.0 aus einer Alu-Legierung. Kolben und Zylinder sind aus Alu bzw. Nikasil. Das Einlaßventil ist aus einem wärmefesten Material, das Auslaßventil ist natriumgefüllt. Die Druckölpumpe wurde vergrößert. Zwei Kraftstoffpumpen (beim 911 nur eine) sorgen jederzeit für ausreichenden Benzindruck.

Getriebe

Das in der 911-Serie verwendete Getriebe ist umkonstruiert. Der höheren Motorleistung wird außerdem durch breitere Zahnräder und widerstandsfähigeren Werkstoff Rechnung getragen. Aus dem gleichen Grund besteht das Getriebegehäuse aus einer Siliumlegierung. Allerdings macht der elastische und durchzugskräftige Turbomotor die Verwendung eines Fünfgang-Getriebes überflüssig. Der 930 ist nur mit Viergang-Getriebe zu erhalten.
Der Durchmesser der Einscheiben-Trockenkupplung wird vergrößert, um die 35 mkg Drehmoment zuverlässig übertragen zu können.

Ausstattung

Der neue Turbo wird ausschließlich als Coupé geliefert. Den exklusiven Charakter des Wagens unterstreichen schwarze Zierleisten und Beschläge, in Wagenfarbe lackierte Scheinwerferringe und Außenspiegel, eine exquisite Farbpalette und eine ebenso erlesene wie komfortable Innenausstattung.
Die rundum getönte Verglasung garantiert im Sommer angenehme Kühlung und im Winter stets klare Sicht. Auch die Frontscheibe ist beheizbar, die Heckscheibe sogar in zwei Stufen. Elektrische Fensterheber sind ebenso serienmäßig wie die Scheinwerfer-Reinigungsanlage, der Heckscheibenwischer, der Wisch-Intervallschalter, die Nebelscheinwerfer und der perfekte Heizkomfort, bei dem eine automatische Regulierung die vorgewählte Innenraum-Temperatur stabilisiert.
Einige weitere Details aus der reichhaltigen Serienausstattung: Die Innenausstattung wird in einer kombinierten Leder-Schottenstoff-Verkleidung geliefert. Ein gestickter »Turbo«-Schriftzug befindet sich auf der linken Rücksitzlehne. Das Auffinden des Schlüsselloches bei Dunkelheit erleichtert der mit einer Minileuchte versehene Türschlüssel(!). Optimaler Stereo-Sound ist vom Radio-Suchlaufgerät zu erwarten, das über vier Lautsprecher in das Wageninnere abstrahlt und seine Impulse über eine elektrisch ein- und ausfahrbare Antenne erhält. Wem die angebotene Metalliclackierung nicht gefällt, kann sich jede beliebige andere Farbe – auch Sonderlack – ohne Aufpreis bestellen.

1976

Alle Fahrzeuge des Hauses, natürlich auch der Turbo, haben ab Modelljahr '76 eine neue Volljahresgarantie – ohne Einschränkung durch die Kilometerleistung. Außerdem eine Garantie von vollen sechs Jahren gegen Korrosion auf die gesamte Karosserie-Bodengruppe. Diese sind, und das ist ein Novum in der Automobilproduktion, aus feuerverzinkten Thyssen-Stahlblechen gefertigt.
Die ohnehin reichliche Serienausstattung des Porsche-Spitzenmodells wurde für 1976 um weitere nützliche Details komplettiert. So u. a.: von innen elektrisch verstellbarer und beheizbarer Außenspiegel, beleuchteter Tür-/Zündschlüssel und sogenannte 50er-Reifen in den Größen 205/50VR15 vorn und 225/50VR15 hinten.

1977

Mit zahlreichen Verbesserungen und Aufwertungen startet das Turbo-Modell auch in das Programmjahr 1977. Neben Farbänderungen bei Außenfarben und Stoffen wurde bei der Ausstattung auf weitere Steigerung der Exklusivität von Porschewagen ein besonderer Akzent gelegt.
Neu ist die Zentralbelüftung, mit deren Hilfe die Frischluft besser verteilt werden kann. Einen wesentlichen Beitrag zum Diebstahlschutz lieferten die Ingenieure mit den versenkten Knöpfen für die Türinnenverriegelung. Die mit Drehrädern zu entriegelnden Türen machen den Autodieben das Öffnen mittels Draht oder Schlinge praktisch unmöglich.
Der Fahrkomfort wurde serienmäßig durch eine Kupplungshilfe und einen Bremskraftverstärker angehoben. Weitere Verbesserungen: beleuchtete Frischluft-Heizluftregulierung, doppelte Frischlufthebel, Zweikammerleuchte für Handbremse und Gurtwarner, Heckscheibenwischer, getönte und zweistufig beheizte Heckscheibe, neue Mittelkonsole, 50er-Reifen auf 16-Zoll-Felgen (bisher 15 Zoll), Ladedruckanzeige.
Technische News beim Turbo, Modelljahr 1977: Zwei verbesserte Kraftstoffpumpen, geänderter Kraftstoff-Druckspeicher und Kraftstoffilter. Zur Ladedrucküberwachung ist neben dem L-Sicherheitsschalter an dem Druckrohrstutzen ein elektrischer Druckgeber angeordnet. Dieser Geber mißt den im Moment herrschenden Ladedruck und gibt diesen Meßwert elektrisch zur Anzeige nach vorne zum Druckanzeigegerät, welches im Drehzahlmesser integriert ist.
Das Drosselklappengehäuse ist neu, da jetzt ein zusätzlicher Unterdruckanschluß für den Bremskraftverstärker vorhanden ist. Ein Ther-

moschaltventil erhalten nur die Motoren, die nach USA oder Japan exportiert werden.
Zudem erhalten die nach USA, Californien, Kanada und Japan ausgelieferten Turbo folgende Einrichtungen serienmäßig: Zusatzlufteinblasung, Abgasanlage mit zwei Thermoreaktoren und Abgasrückführung (EGR).
Am Turbo-Getriebe Typ 930 wurden einige Änderungen an der Synchronisierung vorgenommen. Der Turbo erhält die vereinfachte Stabilisatoraufhängung (ohne Gehänge) an der Vorderachse, wie Typ 911. Serienmäßig werden Felgen der Dimension 7J × 16 mit Reifen 205/55VR16 an der Vorderachse, bzw. 8J × 16 mit Reifen 225/50VR16 auf der Hinterachse montiert.
Um die Höheneinstellung bei der Fahrzeugvermessung zu vereinfachen, wurde an der Federstrebe eine Einstellmöglichkeit mittels Exzenterschraube geschaffen. Serienmäßig erhielt der Turbo den Bremskraftverstärker der Baureihe T52.

Typ 911 Turbo 3.3 (ab 1977)

Seit Januar 1975, als Porsche die ersten Turbos zu bauen begann, konnte die Zurückhaltung des Fachpublikums und seiner kritischen Kundschaft gegenüber Fahrzeugen mit Abgasturboladern weitgehend beseitigt werden. Dies beweisen einerseits die regen Entwicklungsarbeiten auf diesem Gebiet in allen Automobilwerken und die vielen Porsche-Turbo-Fahrer. Denn mit dem Porsche Turbo gelang der Durchbruch, weil dieses Fahrzeug allen einem modernen Sportwagen gestellten Forderungen in hohem Maße gerecht werden konnte.
Den bekannten Nachteilen des turboaufgeladenen Motors, wie z. B. nicht spontanes Beschleunigungsvermögen und nur Leistungsgewinn im oberen Drehzahlbereich, begegnete Porsche von Anfang an durch eine bis dahin ausschließlich bei Rennfahrzeugen eingesetzte Ladedruckregelung über ein Abgasbypassventil. Diese aufwendige Regelung erlaubte eine Abgasturbolader-Anpassung, mit der bereits bei niederen Motordrehzahlen eine deutliche Erhöhung des Drehmomentes erreicht wurde. Eine weitere Anhebung des Drehmomentes bei niederen Motordrehzahlen gelang mit Zunahme der Abgas-Energie und damit der Aufladung durch die Verbrennung der umweltschädlichen Abgasbestandteile.
Porsche konnte mit dem Turbomotor zum erstenmal zwei sonst völlig divergierende Eigenschaften – Umweltfreundlichkeit und Leistungsverhalten – in optimaler Weise verbessern. Parallel zum Motor wurden andere Fahrzeugkomponenten neu entwickelt. So zum Beispiel das Getriebe – eine völlige Neukonstruktion – wurde dem Drehmoment- und Drehverhalten des bulligen Motors angepaßt. Das Fahrwerk erhielt die bei den Rennsportwagen bewährte Vorder- und Hinterachslenker-Kinematik. Aerodynamische Hilfsmittel, wie Spoiler und Bugschürze, wurden in ihrer Wirksamkeit gesteigert. Selbstverständlich, daß äußere und innere Ausstattung des Turbos dem hohen technischen Stand nicht nachstehen durften und somit das Bild dieses Fahrzeuges harmonisch abrunden.

Als der Porsche Turbo 3.0 erschien, glaubte zunächst niemand daran, daß eine Leistungssteigerung für dieses Modell irgendwann wünschenswert wäre. Doch die Wünsche kamen. Sie lösten eine Reihe von technischen Studien aus, mit dem Ergebnis, daß ein neuer Turbo entstand. Im Frühjahr 1976 fiel die Entscheidung für die Entwicklung des Turbo 3.3, im Frühjahr 1977 begannen die Vorbereitungen für die im Herbst 1977 beginnende Produktion. Ende des Jahres 1977 verließen die ersten Porsche Turbo 3.3 – der »Super-Turbo« – das Werk in Zuffenhausen.

ALLGEMEINE BESCHREIBUNG: TYP 930 TURBO 3.3 (BASISMODELL)

Karosserie/Fahrgestell

In vielen Windkanalversuchen sind Form, Anstellwinkel und Lufteinlaßschlitze des neuen Spoilers für den 3.3-Turbo optimiert worden, mit dem Ergebnis, daß bei gleichem Luftwiderstand weniger Auftrieb erzielt wird. Die größere Auflagekraft der Hinterräder besteht bei der Geschwindigkeit Null. Mit zunehmender Fahrgeschwindigkeit bewirken die Luftkräfte an der Karosserie einen Auftrieb, durch welchen die Hinterräder entlastet werden. Aufgabe des Spoilers ist es nun, diesen Auftrieb zu verkleinern. Der neue Spoiler bewirkt außerdem durch die Druckerhöhung über den Lufteinlaßschlitzen verstärkte Durchströmung des Ladeluftkühlers und des Motors mit Kühlluft. Seinem ausladenden Unterbau ist es zu danken, daß Raum für den Ladeluftkühler und im Bedarfsfall für einen leistungsstarken Klimaanlagen-Kompressor im Motorraum vorhanden ist.
Innerhalb des Spoilers befindet sich die Luftführung zum motorfesten Ladeluftkühler und im Bedarfsfall der Kondensator für die Klimaanlage.
Die Vorderradaufhängung arbeitet einzeln über an Querlenkern und Dämpferbein aufgehängte Räder. Die Vorderradfederung übernimmt ein Torsionsstab in Fahrtrichtung mit 19 mm Durchmesser. Zusätzlich ist vorne ein Stabilisator mit 20 mm Durchmesser installiert. Einzeln an Schräglenker aufgehängte Räder bilden die Hinterradaufhängung. Die Hinterradfederung übernimmt ein 26 mm im Durchmesser starker Torsionsstab, der quer zur Fahrtrichtung liegt. Der hintere Stabilisator hat einen Durchmesser von 18 mm.
Vorn und hinten arbeiten doppelt wirkende hydraulische Stoßdämpfer.
Die Fußbremse ist eine hydraulische Zweikreisbremse mit Unterdruckverstärker, mit belüfteten und gelochten Bremsscheiben an allen vier Rädern.

Serienmäßig gibt es Räder/Reifen der Größen VA 205/44 VR 16 auf Felge 7J × 16 Hz, bzw. HA 225/50 VR auf Felge 8J × 16 Hz.
Die Fahrleistungen: Höchstgeschwindigkeit 260 km/h, Beschleunigung von 0 auf 100 km/h in 5,4 Sekunden, der Kilometer mit stehendem Start wird nach 24 Sekunden erreicht.
Beschleunigungsvermögen und Höchstgeschwindigkeit nehmen mit der Motorleistung zu. Daher stiegen auch die Anforderungen an die Bremsanlage des Turbo 3.3. Mit der aus vielen Rennen gewonnenen Erfahrung wurde die Entwicklung der neuen, verbesserten Bremsanlage angegangen. Um ein Optimum an Innenbelüftung zu erreichen, sind die Graugußbremsscheiben vorne und hinten dicker als bisher, damit ausreichend große Belüftungskanäle untergebracht werden können. Eine weitere Maßnahme zur Verbesserung der Belüftung ist die Perforation der Scheiben, mit der außerdem das Ansprechverhalten bei Nässe verbessert wird. Besonders große Aufmerksamkeit bei der Entwicklung der Bremsscheiben mußte der Verbindungsstelle zwischen Nabe und Scheibe geschenkt werden, denn an dieser Stelle entsteht durch stark unterschiedliche Temperaturen die Gefahr der Rißbildung. Dieser wurde an der Vorderradbremse dadurch begegnet, daß Nabe und Scheibe über eine formschlüssige Fingerverzahnung, welche die Dehnungsunterschiede überbrückt, verbunden sind. Vom Rennfahrzeug Typ 917 abgeleitet sind die Festsättel aus Aluminium. Zur besseren Wärmeabfuhr haben sie Kühlrippen. In jedem Sattel befinden sich vier Kolben; vorne mit größerem Durchmesser als hinten zur richtigen Bremskraftverteilung.
Die Bremsfläche beträgt vorne und hinten 48 cm^2, die Bremsbelagdicke ist einheitlich 13,5 mm. Angepaßt an die neue Bremsanlage sind der vergrößerte Hauptbremszylinder und der Unterdruck-Verstärker. Außerdem wurde gleichzeitig die Feststellbremse verstärkt.

Motor

Schon dem Fahrzeugnamen Turbo 3.3 ist der neue Hubraum zu entnehmen. Mit dem Hub von 74,4 mm und der Zylinderbohrung von 97 mm entstand der Hubraum von 3298 cm^2. Diese Hubraumvergrößerung machte eine Reihe neuer Bauteile wie Kurbelwelle, Pleuel, Kolben und Zylinder sowie Ölpumpe notwendig. Der prinzipielle Aufbau des Motors ist jedoch unverändert geblieben. Unverändert blieb auch die gesamte Abgasanlage einschließlich der Abgasturbine. Vergrößert ist dagegen der Verdichter des KKK-Abgasturboladers. Das Verdichterrad und das Verdichtergehäuse ist dem Luftbedarf des größeren und leistungsstärkeren Motors angepaßt.

Die maximale Antriebsleistung des Verdichters – etwa 13% der Nennleistung des Motors, das sind rund 30 kW/41 PS – wird von der Turbine über die Welle bei etwa 90.000/min übertragen. Die Ladeluft verläßt den Verdichter mit Temperaturen bis etwa 130 Grad Celsius.
Zum erstenmal bei einem Serien-Pkw-Motor wird die Ladeluft vorgekühlt. Dieser Ladeluftkühler befindet sich in Strömungsrichtung direkt hinter dem Verdichter. Die gekühlte Ladeluft strömt dann an der Drosselklappe vorbei zu den sechs Zylindern. Zur Kühlung wird die Umgebungsluft genutzt, die durch das Druckgefälle von Spoileroberseite zu Motorraum in letzteren eintritt und dabei zwangsläufig durch den Kühler strömen muß. Danach wird die Kühlluft vom Motorgebläse abgesaugt und zur Kühlung der Zylinder und Zylinderköpfe in der bekannten Weise weitergeführt.
Die Zylinder des 3.3 werden also mit gekühlter Luft geladen. Naturgemäß wird damit die Zylinderfüllung, das ist die Luftmenge, die neben dem Kraftstoff für die vorgesehene Leistung notwendig ist, mit weniger Ladedruck als bei ungekühlter Ladeluft erreicht. Die Ladeluftkühlung ergibt: niedrigere Bauteile-Temperatur, besonders wichtig bei Kolben und Zylindern; niedrige Kompressions-Endtemperatur; kleineren Abgasgegendruck, weil auch der Ladedruck kleiner ist. Dadurch ist es wiederum möglich, die Motor-Verdichtung höher auszulegen. Sie beträgt beim 3.3 nun 7,0:1. Ein Vorteil der höheren Verdichtung ist unter anderem die bessere Kraftstoffausnutzung.
Der Motor wird in zwei verschiedenen Ausführungen gebaut. Eine Ausführung mit einer Leistung von 195 kW/265 PS ist für die Länder USA, Kanada sowie Japan, die andere Ausführung mit 220 kW/300 PS für alle anderen Länder bestimmt.
Die Leistung von 220 kW wird beim Turbo 3.3 mit gleichem Ladedruck erzielt wie die 191 kW des älteren 3.0-Turbo. Die Literleistung des neuen Motors liegt mit 66,7 um 4 kW, d. h. um fast fünf Prozent über der des bisherigen Triebwerkes.

Getriebe

Da die maximale Leistung des Motors nach wie vor bei 5500/min erzielt wird, ist der vierte Gang des neuen Getriebes etwas länger ausgelegt worden. Die Höchstgeschwindigkeit von 260 km/h wird nun bei einer Motordrehzahl von 5750/min erreicht. Die Getriebe-Kupplungsglocke wurde um 30 mm länger, wodurch auch der Motor entsprechend weiter nach hinten rückte.
Die Kupplung ist für den 3.3 in zweifacher Richtung neu entwickelt. Ein-

mal, um das größere Motordrehmoment sicher übertragen zu können. Zum anderen, um mit einem Dämpfer das Getrieberasseln zu reduzieren. Dieses »Rasseln« entsteht, wenn die ungleichförmige Drehbewegung des Motors ohne Dämpfung in das Getriebe weitergeleitet wird. Die gerade nicht im Eingriff befindlichen Gangräder werden zu Schwingungen angeregt und erzeugen dabei das Rasseln. Zur Beseitigung dieses Geräusches erhält die Mitnehmerscheibe einen Drehschwingungsdämpfer.

Ausstattung

Der neue Turbo 3.3 wird ausschließlich als Coupé geliefert. Die Innenausstattung entspricht dem exklusiven Charakter dieses schnellsten Sportwagens innerhalb des Porsche-Modellprogrammes.

ÄNDERUNGEN ZUM BAUJAHR/MODELLJAHR

1978

Porsche geht mit dem Paradepferd seines Serien-Programmes ohne jegliche Änderung ins Modelljahr 1979. Denn am Porsche 930 Turbo 3.3 war nichts zu verbessern. Dieser Wagen ist auf dem Weltmarkt wohl der einzige, der absolute Alltagstauglichkeit mit einem Schuß Rennsport-Charakteristik verbindet. Sein Motor, dessen Hubraum ja schon im Vorjahr von 3.0 auf 3.3 Liter vergrößert wurde, leistet nach wie vor 220 kW/300 PS und beschleunigt das Coupé in nur 5,4 Sekunden von 0 auf 100 km/h.
Der auf der Basis des altbewährten Porsche 911 entstandene Porsche Turbo verdankt seine Existenz direkt der reichlich vorhandenen Rennerfahrung der Schwaben, die hier nicht nur der Leistungssteigerung, sondern auch der Energieersparnis und der Umweltfreundlichkeit zugute kommt.
Energiequelle des Turboladers ist der sonst nutzlos verschenkte Abgasstrom. Er treibt nun die Turbine an, die mit einem Verdichterrad gekoppelt ist. Dies saugt über den Luftfilter, den Gemischregler und die Saugleitung Luft an, verdichtet sie bis auf 0,8 bar Überdruck und führt sie dem Zylinder zu. Die Aufladung des Motors bringt eine noch bessere Energienutzung mit sich und gestattet bei vergleichbarer Leistung niedrigere Drehzahlen.

1979

Im Rahmen der Modellpflege erhält der 930 Turbo 3.3 eine Zweirohr-Auspuffanlage, die seine maximale Geräuschemission von 82 dBA um

25 Prozent auf nunmehr 79 dBA herabsetzt, ohne Leistung einzubüßen. Der »flüsternde Renner« ist jetzt außerdem mit einem neuen Röhrenölkühler ausgerüstet, der die Motortemperatur selbst bei Tropenhitze und Dauervollgasfahrt in zivilen Grenzen hält.
Die Daten und Werte für den 3,3-l-Motor sind unverändert geblieben. Auch der Turbo darf nun als Langzeitauto gelten, denn die Verwendung von feuerverzinktem Stahlblech wie bei jedem anderen Porsche-Modell sorgt dafür, daß der 930 Turbo 3.3 praktisch nicht rostet.

1980

Nach wie vor – seit 1974/75 – ist der Porsche 930 Turbo 3.3 schnellster deutscher Serien-Sportwagen. Für das Modelljahr 1980/81 ist die technische und optische Ausstattung nahezu unverändert vom Vorjahr übernommen worden.
Nach fünfjähriger Erfahrung hat Porsche die Langzeitgarantie für Durchrostungsschäden auf sieben Jahre erweitert - ohne Nachbehandlungsverpflichtungen und auf die gesamte Karosserie.

1981

Im wesentlichen wurden am 911 Turbo nur Details am Motor und an der Ausstattung geändert. Dies sind u.a.: Befestigung der Nockenwellen Kettenräder; Drehstrom-Generator mit 1050 Watt (bisher 980 Watt) und integriertem Regler; bei Kälteanlage Warmluftaustritt durch Seitendüsen; Instrumentskala für Öltemperaturanzeige.

1982

Am 911 Turbo, dem exklusivsten deutschen Serienwagen und einem der schnellsten Sportwagen der Welt, hat Porsche für das Modelljahr 1983 erhebliche Detailarbeit geleistet. Dies betrifft vor allem eine gründliche Optimierung der Gemischaufbereitung, die eine deutliche Verbrauchsminderung im Teillastbereich zur Folge hat. Trotz der Leistung von 300 PS gelang es Porsche, den Verbrauch des 3,3 Liter Sechszylindermotors im Stadtverkehr von 20 auf 15,5 Liter pro 100 Kilometer zu senken. Bei Tempo 120 von 15,3 auf 11,8 Liter. Außerdem wird der 911 Turbo nun mit einem neuen Hauptschalldämpfer mit separatem Bypass-Austritt des Turboladers ausgerüstet.
Dem Komfort des Passagiers dient ein Zusatzgebläse im Fußraum, das die Heizungsmöglichkeiten spürbar verbessert. Serienmäßig wird der 911 Turbo ab September 1982 auch mit einer neuen, leistungsfähigeren Stereo-Radio-Kassettenanlage mit nunmehr vier noch stärker belastbaren Lautsprechern ausgestattet. Außerdem wurde das Farbenprogramm geändert und neue Sonderleder angeboten.

1983

Der Sicherheit, dem Komfort und der Zuverlässigkeit dienen die Modellpflegemaßnahmen, die Porsche dem neuen Jahrgang des 911 Turbo angedeihen ließ. Neben einem geänderten Innenausstattungsprogramm gibt es nun Make-up-Spiegel in den Sonnenblenden links und rechts.
Der Motor des 911 Turbo verfügt über einen neu entwickelten Kettenspanner mit Druckölschmierung, die Lichtmaschine wurde auf 92 Ampere verstärkt. Zur Kontrolle der Bremsbeläge muß man nun nicht mehr hinter die Räder schauen: Die Armaturen vor dem Fahrersitz enthalten ab sofort auch eine Bremsbelagverschleißanzeige.
Langfingern macht die jetzt serienmäßige Diebstahlsicherung der Räder das Handwerk schwer.
Äußerlich ist der neue 911 Turbo an den nunmehr in den Bugspoiler integrierten Nebenscheinwerfern erkennbar.

1984

Das teuerste und mit über 260 km/h auch schnellste Auto im Angebot wurde in einigen Punkten für das Modelljahr 1985 überarbeitet. Neben jenen Dingen, die auch der Porsche 911 Carrera jetzt ab Werk installiert hat, werden beim Turbo zusätzlich auch die Kälteanlage, die Zentralverriegelung und zwei elektrisch verstellbare Komfortsitze ohne Aufpreis angeboten.
Der Porsche 911 Turbo, der zu den schnellsten Autos dieser Welt gehört und von dem bisher rund 10 000 Exemplare vom Band liefen, wurde auch fahrwerksmäßig aufgewertet. Stabilisatoren mit einem Durchmesser von vorn 22 und hinten 20 Millimeter (bisher 20 und 18 Millimeter) sorgen für eine reduzierte Seitenneigung und weiter gesteigerte Kurvenstabilität. Zur Verbesserung des Komforts sind die reduzierten Bremspedalkräfte beim Turbo zu rechnen: Durch einen geänderten Bremskraftverstärker konnte die Pedalkraft der Fußbremse von zuvor 300 N auf 220 N verringert werden. Das entspricht einer Reduzierung um rund 30 Prozent.

1985

Optisch auffälligstes Merkmal der aktuellen Turbo-Generation sind die hinteren Rädern, die nunmehr das stattliche Format 245/45 VR 16 im Verbund mit 9 Zoll breiten Felgen aufweisen. Bislang betrug das Reifenformat 225/50 VR, die Felgenbreite maß 8 Zoll.

Die breiteren Rädern an der Hinterachse des leistungsstarken Sechszylinder-Sportwagens sorgen mit den bereits ein Jahr zuvor eingeführten Fahrwerksverbesserungen für eine noch höhere Kurvengrenzgeschwindigkeit und für einen verbesserten Geradeauslauf.
Im Zuge der Modellpflege wurde auch das Heizungs- und Lüftungssystem überarbeitet. Sichtbar ist das verbesserte System an den vergrößerten Luftaustrittsdüsen mit neuen Blenden und geänderten Schaltern.
Weitere Änderungen: Der bisher dicht über der Windschutzscheibe zwischen den Sonnenblenden angebrachte Fühler für die automatische Regulierung der Heizung ist nun direkt im Armaturenbrett untergebracht.
Um den Anforderungen besonders großgewachsener Porsche-Fahrer noch besser gerecht zu werden, besitzt der 85er Turbo um 20 Millimeter tiefer gesetzte Vordersitze, deren Längsverstellung gleichzeitig nach hinten erweitert wurde.
Eine zusätzliche Intensiv-Scheibenreinigungsanlage, Sonnenblenden mit abgedeckten Make-up-Spiegeln und den Innenausstattungs-Farben angeglichene Teppiche für den Kofferraum gehören zu den weiteren, geänderten Details.

1986

Der 911 Turbo, der als eines der ersten Serienautos mit Aufladung die Turbotechnik maßgeblich beeinflußt und beschleunigt hat, geht mit diversen Komfort-Verbesserungen in das Modelljahr 1987. So gehören jetzt Sitze mit elektrischer Höhen-, Längs- und Lehnenverstellung zur Serienausstattung, gegen Aufpreis sind diese Sitze noch kombinierbar mit einer Sitzheizung und Lordosenstütze. Der Schaltknopf im 911 Turbo hat jetzt eine Lederummantelung.
Neben neuen und auch zusätzlichen Außenfarben und einem erweiterten Angebot an Leder-Ausstattungen steht für den 300 PS starken und über 260 km/h schnellen Turbo, der erst im letzten Modelljahr in zahlreichen Punkten überarbeitet wurde, das neue Spitzenradio Berlin JQR 86 zur Verfügung. Dieses hat, neben einer deutlich erhöhten Ausgangsleistung, zusätzlich eine Diebstahl-Codierung. Im Falle eines Diebstahls ist das so präparierte Radio anschließend nicht mehr funktionstüchtig und damit wertlos.

1987

Bereits im Frühjahr 1987 erhielt das Porsche 911 Turbo Coupé, das wie kaum ein anderes Serienautomobil die Turbotechnik weltweit beeinflußt und auch beschleunigt hat, zwei Varianten zur Seite gestellt: den Targa und das Cabriolet. Damit bietet Porsche innerhalb des Sechszylinder-Programms nunmehr eine lückenlose und aus insgesamt sechs Versionen bestehende Palette an.

Obwohl die 911-Turbo-Modelle ungewöhnlich reichhaltig ausgerüstet sind, und beim Cabriolet beispielsweise das elektrisch zu betätigende Verdeck zur Serien-Ausstattung gehört, wurden für das Modelljahr 1988 nochmals zwei zusätzliche Ausstattungen aufgenommen: ein elektrisch zu verstellender Beifahrer-Spiegel für Coupé und Targa (beim Cabrio grundsätzlich serienmäßig) und ein Lautsprecher-Mehrwegesystem.

An neuen Mehrausstattungen werden künftig für die Turbo-Modelle angeboten:

- Raffleder-Sitzanlage
- Vorbereitung für nachträglichen Einbau eines Autotelefons (C-Netz)
- Zusatzverstärker (in Verbindung mit Stereo-Kassetten-Radio).

Wie auch beim 911 Carrera besitzen die Turbo-Modelle ab dem Modelljahr 1988 eine Notbetätigung für die elektrischen Fensterheber, die im Falle eines Defekts an der Elektrik für das Öffnen und Schließen der Fenster sorgt.

Die Preise in Deutschland:

– Porsche 911 Turbo Coupé	DM 125 000,–
– Porsche 911 Turbo Targa	DM 132 000,–
– Porsche 911 Turbo Cabriolet	DM 145 000,–

1988

Der Porsche 911 Turbo erhält für das neue Modelljahr eine der wichtigsten Änderungen in seiner 1974 (!) begonnenen Geschichte. Ein Fünfgang-Getriebe löst das bisher verwendete Viergang-Getriebe ab, eine hydraulische Kupplungsbetätigung gehört dabei gleichfalls zu den Turbo-Neuheiten.

Mit dem neuen Fünfgang-Getriebe sind beim sportlichen Hochschalten kleinere Drehzahlsprünge realisierbar, so daß der Turbolader am Sechszylinder schneller Druck aufbauen kann. Die Beschleunigungsphase ist damit insgesamt agiler, auch schnelles Fahren im Kurvengrenzbereich verläuft noch harmonischer. Für den Komfort wurde gleichfalls etwas getan: Dank der hydraulischen Kupplungsbetätigung treten für den Fahrer deutlich reduzierte Bedienkräfte auf. Die Fahrwerksabstimmung des Porsche 911 Turbo wurde gründlich überarbeitet. Drehstäbe mit einem größeren Durchmesser an der Hinterachse, ein geänderter Stabilisator und etwas härter abgestimmte Stoßdämpfer sind die wesentlichsten Änderungen am Fahrwerk. Das Ergebnis dieser neuen Abstimmung sind geringere Nickbewegungen beim Bremsen oder Beschleunigen und ein noch neutraleres Kurvenverhalten.

Auch der 911 Turbo, der in drei Karosserie-Varianten angeboten wird, erhält zum Modelljahr 1989 serienmäßig eine neuentwickelte Alarmanlage, deren Bedienung denkbar einfach ist. Beim Abschließen der Tür wird die Anlage automatisch aktiviert, ein weiterer Schlüssel ist nicht mehr notwendig. In Verbindung mit der serienmäßigen Zentralverriegelung ist der 911 Turbo im Bereich Tür- und Deckelkontakte, Benzinpumpen und Zündsteuergerät abgesichert. Optisch wird die eingeschaltete Alarmanlage über Leuchtdioden in den Verriegelungsstiften sichtbar gemacht.

Wie auch beim 911 Carrera sind beim 911 Turbo Bremsbeläge, Kupplungsmitnehmerscheibe und Motor- und Getriebeabdichtungen asbestfrei. An neuen Mehrausstattungen werden angeboten:

- regelbare Sitzheizung links und rechts
- verkürzter Schalthebel
- Radio mit CD-Player.

Typ 911 Turbo II (1990 – 1993)

Mit der Einführung des neuen 911 Turbo hat die 911-Baureihe ihr traditionsreiches Spitzenmodell wieder. Nach Carrera 2 und 4 produziert Porsche auch die Abgas-Turbolader-Version des klassischen Heckmotor-Sportwagens in der neuen Fahrzeugkonzeption, die intern unter der Typbezeichnung 964 bekannt ist. Trotz weitgehender Übereinstimmung der Rohkarosserie mit den Saugmotor-Modellen bleibt die typische Turbo-Optik mit verbreiterten Kotflügeln erhalten. Unter dem kaum veränderten, großen Heckflügel verbirgt sich ein vergrößerter Ladeluftkühler.

Daß der Turbo nach dem Anlauf des neuen Zuffenhausener Karosseriewerks nicht verfügbar war, konnte für die zahlenmäßig kleine, aber anspruchsvolle Turbo-Kundschaft nur ein vorrübergehender Zustand sein. Die Stückzahlen des »alten« Turbo reichten vor dem Auslauf 1989 nicht aus, um die große Nachfrage zu befriedigen. So war es nur eine Frage der Zeit, bis ein neuer Turbo zur Verfügung stand.

Zwei Zielvorgaben waren als Bedingungen für die Wiederaufnahme des begehrten Modells von der Weissacher Entwicklung zu erreichen: Höhere Leistung und Erfüllung strengster Abgasnormen. Der Leistungsabstand des Turbo zum Saugmotor sollte gewahrt bleiben, woraus sich ein Wert von 320 PS ergab. Turbo-Motoren so hoher Leistung sind abgastechnisch nicht leicht zu beherrschen. Aufgrund der langjährigen Porsche-Erfahrungen mit Katalysatoranlagen für Hochleistungsmotoren war es möglich, die Leistungssteigerung in Verbindung mit der USA-Abgasnorm zu realisieren.

Basis für die in kurzer Zeit durchgeführte Entwicklung waren der auf hohe Zuverlässigkeit und Lebensdauer ausgelegte 3,3 Liter Sechszylinder-Boxermotor mit Abgas-Turboaufladung und die Porsche-Metallkatalysator-Technologie. In die Konstruktion von Fahrwerk und Karosserie wurden bei der neuen Baureihe von vorneherein die durch Drehmoment und Leistung bedingten hohen Beanspruchungen der Turbo-Version einbezogen, so daß fahrzeugseitig alle Voraussetzungen gegeben waren. Die im Turbo verwendeten Räder, Reifen und Bremsen wurden in der Cup-Version des Carrera 2 bereits unter Rennbedingungen erprobt.

Motor: Kraftentfaltung im Turbo-Stil

Der 1974 vorgestellte 911 Turbo nahm von Anbeginn eine Sonderstellung ein. Sie ist bedingt durch die unnachahmbare Kombination des Sechszylinder-Boxermotors im Heck mit der Abgas-Turboaufladung. Noch heute ist der Turbolader die Ausnahme bei Fahrzeugen mit Ottomotor. Porsche hatte dieses Prinzip im Rennwagen 917 zu bis dahin nicht bekannter Perfektion und Leistung entwickelt. Über zwei Jahrzehnte hinweg – bis zum erfolgreichsten käuflichen zweisitzigen Rennwagen aller Zeiten, dem Typ 962 – prägte die Überlegenheit der Turbo-Rennfahrzeuge von Porsche das Bild der Rennstrecken in aller Welt - einschließlich der Formel 1 durch den McLaren-TAG-Porsche.

Die Übertragung der Rennerfahrungen auf das Serienfahrzeug gelang in so überzeugender Weise, daß der 911 Turbo als Straßensportwagen sofort eine Klasse für sich darstellte. Dies ist bis heute so geblieben; die Leistungserhöhung von 260 auf 300 PS im Jahr 1978 (3,3 Liter-Motor) und weitere Detailverbesserungen verdeutlichten den Abstand. Wesentlich für die Sonderstellung des 911 Turbo ist – neben der hohen Endleistung – das schon im mittleren Drehzahlbereich verfügbare hohe Drehmoment. Die bei niedrigem Geräuschpegel weich einsetzende Kraftentfaltung machte den Turbo zum idealen schnellen Langstreckenfahrzeug auch auf verkehrsreichen Straßen und Autobahnen. Im Stadt- und Kurzstreckenverkehr kann er nervenschonend und sparsam mit niedrigen Drehzahlen gefahren werden – er ist gebrauchstüchtiges, langlebiges Alltagsfahrzeug und Supersportwagen zugleich.

Die Weiterentwicklung unterstreicht diese Eigenschaften: Bereits bei einer Drehzahl von 2500/min steht ein Drehmoment von 400 Nm zur Verfügung, das Maximum beträgt 450 Nm bei 4500/min. Dieses ungewöhnliche Durchzugsvermögen und die Höchstleistung von 320 PS/235 kW bei 5750/min wurden durch eine neue Druckanlage mit vergrößertem Turbolader, um 50 Prozent größerem Ladeluftkühler und druckgesteuerter Kennfeld-Zündung erreicht. Hierbei konnte Porsche auf Erfahrungen mit der leistungsgesteigerten Kit-Variante des Vorgänger-Modells zurückgreifen, so daß auch auf dem höheren Leistungsniveau unveränderte Zuverlässigkeit und Lebensdauer als wesentliche 911 Turbo-Merkmale gesichert sind.

Zugleich wurde eine Umweltfreundlichkeit verwirklicht, die für Turbo-Fahrzeuge Maßstäbe setzt. Die Abgasanlage ermöglicht mit einem geregelten Dreiwege-Katalysator und vergrößertem Auspuffvolumen

einen niedrigen Abgas-Gegendruck und reduziert damit die katalysatorbedingten Verluste. Der getrennte Ausgang des Bypassventils erhielt einen zusätzlichen, ungeregelten Katalysator. Die von der strengen USA-Norm verlangten Schadstoffwerte werden auf diese Weise noch unterschritten. Von außen ist der Turbo-Motor am zweiten ovalen Auspuffrohr zu erkennen.
Die modifizierte Aufhängung (Hydrolager) von Motor und Getriebe bewirkt eine Schwingungs-Abkoppelung der Antriebseinheit, zur Geräuschreduzierung trägt auch das – aufgrund der guten Erfahrungen beim Carrera 2 und 4 – für den Turbo neu entwickelte Zweimassen-Schwungrad bei. Dies wirkt sich sowohl auf den Innen-Geräuschpegel als auch auf das Außengeräusch positiv aus. Auch die neue Druckanlage bewirkt eine deutliche Minderung der Außengeräusche.
Das Fünfgang-Schaltgetriebe wurde dem höheren Drehmoment angepaßt. Es bietet einen Schaltkomfort, wie ihn nur wenige Fahrzeuge dieser Leistungsklasse besitzen, und ermöglicht eine mühelose, den Verkehrsverhältnissen und der Charakteristik des Motors entsprechende Gangwahl. Gewaltige Kraftreserven und nervenschonendes Fahren sind wesentliche Merkmale dieser im Automobilbau einmaligen Antriebseinheit.

Karosserie: Funktionalität im Turbo-Stil

Wie die Turbo-Kraftentfaltung wurde auch die Turbo-Karosserie zur Manifestation eines unnachahmlichen Stils. Entstanden aus der klassischen 911-Form, erhielt sie durch verbreiterte Kotflügel und den großen Heckspoiler jenen Turbo-Look, der zum Synonym des Außergewöhnlichen im Automobilbau wurde. Er beruht einzig auf funktionellen Attributen: Die Verbreiterung ergibt sich aus Spurweite und Reifenbreite, der Turbo-»Flügel« hat eine wichtige Funktion zur Auftriebsverminderung bei hoher Geschwindigkeit und nimmt den – im neuen Turbo vergrößerten – Ladeluftkühler auf.
Die obere Abschlußkante des Heckspoilers wurde im Zuge der aerodynamischen Neuabstimmung tiefergelegt. In Verbindung mit der neuen, an Bug und Heck aerodynamisch durchgearbeiteten Karosserie, Unterbodenverkleidung bis zum Motor und strömungsgünstigen Außenspiegeln ging es im Windkanal um das Erreichen eines guten Gesamtresultates ohne Überbewertung einzelner Komponenten. Mit dem Auftriebs-Idealwert Null, reduziertem Luftwiderstands-Beiwert (Cw 0,36) und kleiner Querschnittsfläche (A = 1,89 m^2, Cw x A = 0,68) ist der neue 911 Turbo ein Hochgeschwindigkeitsfahrzeug von vorbildlicher aerodynamischer Qualität.

Die auf der neuen Carrera-Baureihe (964) basierende Rohkarosserie bietet den Insassen optimale Unfallsicherheit. Sie erfüllt in Struktur und Ausrüstung alle weltweit bestehenden Sicherheitsanforderungen: Hochfeste Sicherheitszelle, Airbag für Fahrer und Beifahrer (serienmäßig ab 1. Februar 1991), integriertes Stoßfänger-System, Kunststoff-Sicherheitstank mit geschlossener Tankentlüftung.
Die automatisch geregelte Heizung und Lüftung entspricht der hochwirksamen neuen Anlage von Carrera 2/4, die integrierte Klimaanlage gehört beim 911 Turbo zum Serienumfang. Ebenso sind Bordcomputer (mit digitaler Ladedruckanzeige), vollelektrisch verstellbare Sitze, Lederausstattung, das Radio Symphony, das Porsche Alarmsystem, Heckwischer und Metallic-Lackierung im Ausstattungsumfang enthalten. Entsprechend kurz und übersichtlich ist die Liste der wählbaren Zusatzausstattungen.

Neue Fahrwerks-Generation: Der Turbo rollt auf 17 Zoll

Unverkennbar zeigt sich beim Fahren, daß eine neue Turbo-Ära begonnen hat: Die auf exaktes, sportliches Fahren ausgelegte Servolenkung verleiht dem Turbo eine Handlichkeit, die bislang nicht zu den typischen Merkmalen der stärksten 911-Version gehörte. Das Fahrwerk der neuen Generation mit völlig neukonstruierter Hinterradaufhängung und 17 Zoll-Rädern verleiht dem Turbo, über die traditionell hervorragende Bodenhaftung hinaus, einen guten Geradeauslauf bei hoher Geschwindigkeit und ein gutmütiges, leicht beherrschbares Kurvenverhalten.
McPherson-Dämpferbeine vorn, die vorspurkorrigierende Schräglenker-Hinterachse, Schraubenfedern vorn und hinten sowie eine betont sportliche, trotzdem auf langen Reisen komfortable Feder- und Dämpferabstimmung bestimmen den Fahrcharakter dieses echten »Gran Turismo«-Sportwagens. Erstmals beim Turbo wird das Sperrdifferential für die Fahrdynamik eingesetzt: Die Sperrwirkung von 20 Prozent im Zug und 100 Prozent im Schub bewirkt beim Lastwechsel (z. B. Gaswegnehmen in Kurven) eine gutmütige, für jeden Fahrer leicht kontrollierbare Reaktion.
Zur Fahrstabilität wie zum Komfort tragen die 17 Zoll-Räder bei, die der Turbo als erster serienmäßiger Porsche nach dem 959 erhält. Die in Aluminium-Gußtechnik hergestellten Räder (vorn 7J 17, hinten 9J x 17) mit ihrem unverwechselbaren Cup-Design sind vorn mit 205/50 ZR 17, hinten mit der Dimension 255/40 ZR 17 bereift.
Die enorme Sicherheitsreserve des neuen Turbo-Fahrwerks wird durch die großdimensionierte Hochleistungs-ABS-Bremsanlage unterstri-

chen, für die in den 17 Zoll-Rädern ideale Einbau- und Belüftungsverhältnisse gegeben sind. Die innenbelüfteten, quer gelochten Bremsscheiben haben vorn 322 und hinten 299 mm Durchmesser. Vierkolben-Aluminium-Festsattel-Aggregate vorn und hinten sowie eine Verschleißanzeige an allen Einzelbelägen runden das Bremspaket ab. Das auf 16 Zoll vergrößerte Falt-Ersatzrad in bewährter Technik mit der Bereifung 165 – 16 wurde den neuen Bremsdimensionen angeglichen.
Die außerordentlichen Fahrleistungen des neuen Porsche 911 Turbo sind nicht ohne den Hintergrund der hohen Sicherheitsreserven des Fahrwerks und der ausgefeilten Aerodynamik denkbar: Der Höchstgeschwindigkeitswert von 270 km/h und die Beschleunigungszeit von 0 bis 100 km/h in 5,0 Sekunden kennzeichnen die Leistungsreserven eines Fahrzeugs, das im Straßenverkehr die Grenzen seiner Möglichkeiten kaum erreichen kann.

1991

Die Änderungen am 911 Turbo beschränken sich im Modelljahr 1992 auf kleinere Modifkationen. So entfällt der Motoröl- und Filterwechsel sowie die Ventilspiel-Kontrolle beim ersten Wartungsdienst (3000 – 4000 km). Ansonsten keine Änderungen.

1992

911 Turbo S

Auf Basis des in der US-IMSA Supercar-Series erfolgreich eingesetzten 911 Turbo präsentiert Porsche auf dem Genfer Automobil-Salon im März 1992 eine Studie unter dem Namen 911 Turbo Leichtbau. Aufgrund der sehr positiven Resonanz entschließt sich Porsche, diese Version in einer kleinen Stückzahl als Sonderserie zu produzieren.
Die offizielle Typenbezeichnung lautet 911 Turbo S und diese Variante wird in Zuffenhausen in der Exclusiv-Abteilung aufgebaut. Als Basis dient ein serienmäßiger 911 Turbo II. Durch umfangreiche Abstimmungsarbeiten am Serienmotor mit 3,3 Liter Hubraum kann eine Leistungssteigerung um fast 20 Prozent erreicht werden. Beim Sechszylinder-Boxermotor des 911 Turbo S stehen damit 381 PS/280 kW bei 6000/min zur Verfügung, das maximale Drehmoment von 490 Nm erreicht das Kraftwerk bei 4800/min. Verantwortlich für den Kraftzuwachs sind unter anderem ein um 0,1 bar höherer Ladedruck, feinbearbeitete Ansaugwege, Nockenwellen mit geänderten Steuerzeiten sowie eine neuabgestimmte Zündelektronik und Einspritzanlage. Mit diesem Triebwerk beschleunigt der Turbo S von 0 auf 100 km/h in 4,7 Sekunden und erreicht eine Höchstgeschwindigkeit von 290 km/h.

Verantwortlich für diese Fahrleistungen, die nahezu auf dem Niveau des legendären 959 liegen, ist auch das geringe Leistungsgewicht von 4,6 kg/kW oder 3,4 kg/PS. Der Porsche 959 kam auf ein Leistungsgewicht von 3,2 kg/PS. Die Modifikationen gegenüber dem serienmäßigen 911 Turbo beginnen beim Verzicht auf komfortorientierte Ausstattungselemente wie elektrische Fensterheber, Klimaanlage, Zentralverriegelung und elektrische Sitzverstellung.
Die direkte Umsetzung der Rennsporterfahrungen von Porsche dokumentiert sich im gezielten Einsatz von extrem leichten, aber zugleich hochfesten Materialien beim Karosseriebau. So sind beispielsweise der Kofferraumdeckel vorn, beide Türen und der Heckspoiler aus einem glasfaserverstärkten Karbon-Kunststoff-Verbundmaterial gefertigt. Ein zusätzliches Potential zur Gewichtseinsparung wird bei Heck- und Seitenscheiben genutzt – sie bestehen aus einem speziellen Dünnglas. Besonders leichte Sitzschalen vorn, der Entfall der Rücksitzanlage, Verzicht auf Unterbodenschutz und schließlich ein reduzierter Einsatz von Dämmaterial sind weitere gewichtsreduzierende Maßnahmen. Der Leichtbau-Turbo bringt 1290 Kilogramm auf die Waage, 180 kg weniger als das Serienpendant.
Ein leichtes Fahrzeug bietet nicht nur Vorteile beim Beschleunigen, sondern bringt auch gute Voraussetzungen für ein optimales Bremsverhalten mit. Obwohl bereits der Serien-Turbo mit seiner Bremsanlage weltweit eine Spitzenposition einnimmt, ist der Turbo S an der Vorderachse mit nochmals vergrößerten Bremszangen und modifizierten Bremsscheiben ausgerüstet. Das ABS-System zählt auch hier zur Serienausstattung.
Eine straffere Feder- und Dämpferabstimmung ergeben in Verbindung mit einer Tieferlegung des Fahrzeugs um 40 Millimeter ein außergewöhnlich stabiles Fahrverhalten. Die dreiteiligen 18 Zoll-Felgen (vorn 8J x 18, hinten 10J x 18) sind mit Reifen der Dimension 235/40 ZR 18 vorn und 265/35 ZR 18 hinten bestückt.
Daß sich der 911 Turbo S auch bei der Fahrwerksauslegung so eng am Rennsport orientiert, ist kein Zufall. Auslöser für die Genf-Studie ist der Sieg des 911 Turbo in der amerikanischen Sportwagenmeisterschaft, den IMSA Supercar Series, in der seriennahe Sportwagen antreten. Der Erfolg von Hurley Haywood, der mit dem 911 Turbo 1991 und 1992 diese Meisterschaft gewinnen konnte, motivierte die Porsche-Mannschaft zum Bau des 911 Turbo S. 1993 konnte Hans-Joachim Stuck mit dem 911 Turbo 3.6 diese Meisterschaft gewinnen. Die Sonderserie des 911 Turbo S lief im Frühjahr 1993 mit dem Produktionsstart des Turbo 3.6 aus.

1993

911 Turbo 3.6

Im Januar 1993 setzt mit dem Produktionsbeginn des neuen Porsche 911 Turbo 3.6 eine weitere Evolutionsstufe dieser unendlichen Geschichte ein. Mit dem im Herbst 1992 auf dem Pariser Automobil-Salon erstmals präsentierten 911 Turbo 3.6 beweist Porsche erneut, daß ein weiteres Entwicklungspotential im Turbokonzept ruht. Der Antrieb des neuen Topmodells der 911-Baureihe basiert nun auf dem bereits in der Carrera 2-Basisversion eingesetzten 3,6 Liter-Boxermotor mit Doppelzündung.

Die Priorität bei der Entwicklung des 911 Turbo 3.6 liegt auf der Erhöhung des Drehmoments, vor allem auch in unteren Drehzahlbereichen. Der Hubraumgewinn von 3,3 auf 3,6 Liter Zylinderinhalt trägt ebenso zur Drehmomentsteigerung bei wie die Optimierung der Einspritzanlage und die Anhebung des Verdichtungsverhältnisses von 7,0 auf 7,5 : 1. Turbolader, Haupt- und Bypasskatalysator sowie das Ladeluft-Kühlsystem bleiben gegenüber der 3,3 Liter-Version unverändert. So erstarkt registrieren die Ingenieure beim 3,6 Liter-Turbo ein maximales Drehmoment von 520 Nm bei 4200/min gegenüber 450 Nm bei 4500/min beim 3,3 Liter-Turbo. Diese 450 Nm stehen beim neuen Turbo zwischen 2400 und 5500/min ständig zur Verfügung. Gleichzeitig erhöht sich die Leistung auf 360 PS/265 kW bei nur 5500/min (bisher: 320 PS/235 kW bei 5750/min). Als positiver Nebeneffekt dieses Leistungspotentials erreicht der Turbo 3.6 eine Höchstgeschwindigkeit von 280 km/h und beschleunigt auf 100 km/h mit stehendem Start in 4,8 Sekunden.

Das Entwicklungsziel der Drehmomenterhöhung sollte auch zur Reduzierung des Kraftstoffverbrauchs beitragen. Das ist – wie Vergleichsfahrten zeigen – auch gelungen. Im Alltagsverkehr konsumiert der Turbo 3.6 etwa fünf bis zehn Prozent weniger Kraftstoff als sein Vorgänger. Beibehalten hat man bei Turbo 3.6 selbstverständlich den Metallträger-Katalysator, der sich im Rennsport auch extremsten thermischen und mechanischen Belastungen gewachsen zeigt.

Das Sperrdifferential mit der Sperrwirkung bis 100 Prozent im Schub und 20 Prozent im Zug wurde der höheren Leistung ebenso angepaßt wie die stärkeren Antriebswellen. Die wegen der Drehmomentsteigerung vollzogene Erhöhung der Kupplungs-Anpreßkraft erforderte eine Neukonstruktion der Pedalerie. So konnten die Bedienungskräfte am Kupplungspedal im Vergleich zum 3,3 Liter reduziert werden bei gleichzeitig optimiertem Kraftverlauf.

Das Fahrwerk des Porsche 911 Turbo 3.6 bietet jenes Maß an Präzision,

Sicherheit und Komfort, wie es der Kunde von diesem für Langstrecken geeigneten Sportwagen zu Recht erwartet. Optisch auffälligste Änderung sind die neuen, zuvor lediglich im stückzahllimitierten Sondermodell 911 Turbo S eingesetzten 18 Zoll-Räder. Die dreiteiligen Speedline-Räder in der Dimension 8J x 18 vorn und 10J x 18 hinten sind mit Reifen der Größe 225/40 ZR 18 und 265/35 ZR 18 bestückt. Der im Vergleich zum 3,3 Liter-Turbo um 20 Millimeter tiefergelegte 3,6 Liter ist zugleich mit einem strafferen Fahrwerk bestückt. Die Federrate wurde um zwölf Prozent angehoben bei gleichzeitig stark degressiv ausgelegter Dämpfercharakteristik. Diese Maßnahmen sichern eine geringe Nickneigung, minimale Hubbewegungen der Karosserie sowie eine nochmals reduzierte Seitenneigung in Kurven.
Den höheren Fahrleistungen angepaßt wurde die Bremsanlage. An der Vorderachse sind die vom 911 Turbo S bekannten Bremsen montiert: innenbelüftete, perforierte Bremsscheiben mit Vierkolben-Aluminium-Festsattel. Die rote Lackierung der Sättel unterstreicht die optische und technische Kompetenz dieser Anlage.
Die klassische Turbo-Karosserie mit den funktionellen Gestaltungselementen Kotflügelverbreiterungen und Heckflügel präsentiert sich optisch unverändert. Mit dem Auftriebs-Idealwert Null, reduziertem Luftwiderstands-Beiwert (Cw 0,35 gegenüber 0,36 beim bisherigen Modell) und kleiner Querschnittsfläche (Cw x A = 0,67) ist der neue 911 Turbo 3.6 ein Hochgeschwindigkeitsfahrzeug von vorbildlicher aerodynamischer Qualität.
Ansonsten überzeugt auch der Turbo 3.6 mit seinen zahlreichen, serienmäßigen Sicherheitsdetails wie hochfeste Sichheitszelle, integrierte Türverstärkungen und Fahrer- und Beifahrer-Airbag. Dazu kommt beim neuen Turbo 3.6 eine nochmals erweiterte Serienausstattung beispielsweise mit Klimaanlage, elektrischer Sitzverstellung, Volleder-Ausstattung, Radio Symphony RDS mit acht Lautsprechern und Wahlweise ohne Mehrpreis mit CD-Player.
Der 911 Turbo 3.6 nimmt in dieser Form zweifellos eine Spitzenstellung im Bereich der hochklassigen Sportwagen ein.

1993

Im Mittelpunkt des Modelljahres 1994 steht eindeutig der neue Porsche 911 Carrera. Bis zum Jahresende 1993 bleibt der Porsche 911 Turbo 3.6 unverändert in Produktion. Eine aufgeladene Variante des neuen Porsche 911 Carrera ist 1995 möglich.

Erlebt 1990 seine Renaissance: Porsche 911 Turbo im modernen Karosseriekleid des Carrera 2. Der neue 911 Turbo mit bewährtem 3,3 Liter-Aggregat rollt auf 17 Zoll-Rädern

Im charakteristischen Turbo-Outfit: Neuer 911 Turbo mit breiten Kotflügeln und voluminösem Heckflügel. Seine Daten: 3,3 Liter, 320 PS/235 kW, 450 Nm, 270 km/h, Katalysator.

Der Rennsport stand Pate: Sondermodell 911 Turbo S 3.3 in limitierter Sonderserie. Diese Version basiert auf dem Siegerwagen der amerikanischen IMSA-Supercar-Meisterschaft.

Die Evolution geht weiter: Ende 1992 erscheint der neue 911 Turbo 3.6. Er lebt auf großem Fuß (18 Zoll-Räder) und bietet 520 Nm maximales Drehmoment.

Eine fahrende Legende: Porsche 911 Turbo 3.6. Er agiert jetzt mit 3,6 Liter Hubraum, leistet 360 PS/265 kW und erreicht eine Höchstgeschwindigkeit von 280 km/h.

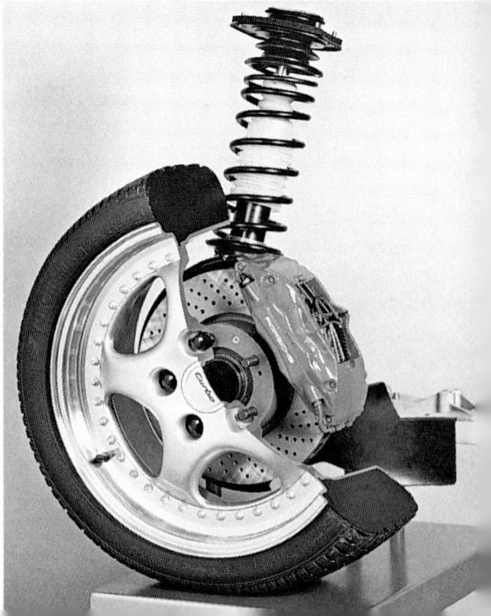

Hat den Turbo fest im Griff: Vierkolben-Festsattel-Aluminiumbremsanlage des 911 Turbo 3.6 mit großer, perforierter und innenbelüfteter Bremsscheibe. Von 100 km/h auf 0: 2,8 s.

Porsche Carrera 4 (ab 1988)

Der 911 »Carrera 4« mit Allradantrieb ist die stärkste Saugmotor-Variante der Elfer-Baureihe. Vorgestellt zum 25. Jubiläum des Porsche 911 ersetzt er – auch auf lange Sicht – nicht den 911 Carrera mit Heckantrieb. Die neuentwickelte fahrdynamisch gesteuerte Allrad-Technologie des »Carrera 4« ist das Ergebnis langjähriger Porsche-Erfahrungen mit variablem Allradantrieb bei Straßen-, Gelände- und Rennfahrzeugen. Erstmals wird dieses auf dem Porsche 959 beruhende Antriebssystem einem größeren Käuferkreis zugänglich gemacht. Acht Jahre technischer Entwicklung und sportlicher Erprobung gingen der Einführung voraus:

1981 Vorstellung der 911-Cabrio-Allradstudie auf der IAA in Frankfurt.

1984 Der Porsche Allrad Carrera mit dem Franzosen René Metge gewinnt als erster Sportwagen die superschwere Rallye Paris-Dakar.
Erster erfolgreicher Einsatz des Porsche 959 mit elektrisch-hydraulisch gesteuertem Allradantrieb bei der Pharaonen-Rallye in Ägypten.

1986 Doppelsieg und sechster Platz der drei eingesetzten Porsche 959 bei der »Paris-Dakar«.

1987 Anlauf der begrenzten Exklusiv-Serie des »959« in Straßenausführung.

1988 Produktionsanlauf des Porsche Carrera 4 mit »dynamischer Allradsteuerung« und weiterentwickeltem variablem Allradantrieb.

Der Allradantrieb hat gegenüber dem Antrieb von nur zwei Rädern Prinzipvorteile. Dies sind:

– hundertprozentige Nutzung des Fahrzeuggewichtes für die Übertragung der Antriebskraft (= Traktion)
– Verteilung der fahrdynamisch wirksamen Antriebseinflüsse auf Vorder- und Hinterachse (= Fahrstabilität).

Diese Vorteile gelten in unterschiedlichem Maß gegenüber allen Formen des Zweiradantriebes. Dieser hat als Vorzüge geringeres Gewicht und geringeren technischen Aufwand aufzuweisen. Die Nachteile des Zwei-

radantriebes für Traktion und Fahrstabilität sind je nach Antriebsart (Front-/Heckantrieb, gemischter Antrieb) unterschiedlich.
Bereits in der Cabrio-Allradstudie von 1981 kombinierte Porsche bei einem Straßen-Sportwagen den Allradantrieb mit dem Heckantriebskonzept: Vom Getriebe an der Hinterachse führt eine zusätzliche Antriebswelle zur Vorderachse. Die Welle wird durch ein Rohr geführt, das eine feste Verbindung zwischen Vorder- und Hinterachse herstellt (= Transaxle). Diese Anordnung wurde bei allen auf 911-Basis entwickelten Allrad-Fahrzeugen beibehalten.
Gegenüber den anderen Formen des Zweiradantriebes bietet der Heckantrieb die größten Vorteile für die Traktion. Bereits beim stehenden, unbeladenen Fahrzeug befindet sich der höhere Anteil des Fahrzeuggewichtes auf den Antriebsrädern. Die beim Beschleunigen bei jedem Kraftfahrzeug auftretende Änderung der Gewichtsverteilung (= dynamische Achslastverlagerung) bringt eine zusätzliche Belastung der Hinterräder mit sich. Aus diesem Grund tritt selbst bei stark motorisierten Heckantriebs-Fahrzeugen wie dem Porsche 911 ein Durchdrehen der Antriebsräder beim Anfahren und Beschleunigen äußerst selten auf.
Die Erfahrungen bei der Rallye Paris-Dakar brachten dennoch den Beweis, daß der zusätzliche Antrieb der Vorderräder auch beim Heckmotor-Sportwagen deutliche Traktionsverbesserungen ergibt. Ebenfalls zeigt sich eine Traktionsverbesserung, wenn auf glattem Untergrund (nasse Fahrbahn, Eis, Schnee) angefahren oder beschleunigt werden muß. Der zweite Prinzipvorteil des Allradantriebs, die erhöhte Fahrstabilität durch Verteilung der Antriebseinflüsse auf beide Achsen, kommt bei Geradeaus- und Kurvenfahrt zum Ausdruck. Bei Geradeausfahrt wird das Durchdrehen einzelner Räder, das die Richtungsstabilität des Fahrzeuges beeinträchtigt, durch einen entsprechend geregelten Allradantrieb zuverlässig verhindert. Bei Kurvenfahrt wird durch den fahrdynamisch gesteuerten Antrieb aller vier Räder das Eigenlenkverhalten (Übersteuern, Untersteuern sowie Lastwechselreaktion) beeinflußt und somit die Fahrsicherheit erhöht.
Beim Sportfahrzeug sind zusätzliche Einflußmöglichkeiten des Fahrers wünschenswert, die von Porsche erstmals im elektronisch gesteuerten, variablen Allradantrieb des »959« beispielhaft verwirklicht wurden. In weiterentwickelter Form wird die »Porsche-dynamische Allradsteuerung« im »Carrera 4« einem größeren Käuferkreis zugänglich gemacht.
Der leistungsstarke Doppelzündungsmotor mit 3,6 Liter Hubraum und einer Leistung von 250 PS/184 kW bei 6100/min ist der stärkste bisher in der 911-Baureihe serienmäßig eingebaute Saugmotor und zugleich eine zukunftsträchtige Neuauflage des klassischen Sechszylinders: Durch

Teilkapselung wird das Motorgeräusch nach außen und innen wirksamer gedämpft. Für alle Länder mit Bleifrei-Kraftstoff wird der Motor serienmäßig in Katalysator-Ausführung geliefert. Die Ausführung ohne Katalysator ist leistungsgleich. Die Verbindung von Hochleistungs- und Katalysator-Technologie bedingte eine völlig neue Abgasanlage. Sie wurde mit neu konstruierten Wärmetauschern kombiniert, die das ebenfalls neue Heizsystem mit – nach dem Kaltstart schnell verfügbarer – Wärme versorgen. Eine Anleihe bei der hauseigenen Flugmotorentechnik ist die Doppelzündung. Sie trägt ebenso zu sauberer und schonender Verbrennung bei wie die Klopfregelung, mit der die Kraftstoffempfindlichkeit des Motors so verringert wird, daß Tankfüllungen mit geringerer als der empfohlenen Oktanzahl keinen Schaden anrichten können. Zündung und Einspritzung werden durch eine Motronic elektronisch geregelt. Im Heck des »Carrera 4« schlägt also das gewohnte Herz – aber mit noch mehr Kraft, verringertem Geräuschpegel und verbesserter Abgasqualität. Das Drehmoment wurde auf 310 Nm gesteigert, die bereits bei 4800/min erreicht werden. Die Verbindung von hohem Durchzugsvermögen mit sportlicher Drehfähigkeit bleibt auch hier ein typisches 911-Merkmal. Übrigens: Die Teilkapselung verändert nichts am unverwechselbaren »Sound« des luftgekühlten Boxermotors. Zugleich verbessert sie durch ihre Glattflächigkeit die Aerodynamik am Wagenboden. Und sie trägt dazu bei, daß der Motor auch bei schlechtem Wetter das saubere Schmuckstück bleibt, als das er die Fabrik verläßt. Der »Carrera 4« hat einen der verschmutzungssichersten Motorräume, die es bisher gegeben hat. Auf der Oberseite wird durch die neue Spoilerform dafür gesorgt, daß Ansaug- und Kühlluft auch unter ungünstigen Bedingungen in sauberer, motorschonender Qualität verfügbar sind.
Schon im Vorserienstadium erblickt der Porsche Carrera 4 im neuen Zuffenhausener Karosseriewerk das Licht der Welt. Vom normalen »911« unterscheidet er sich in der Struktur der Bodenanlage, die auf den vergrößerten Platzbedarf des Allradantriebes ausgelegt wurde. Dies bringt einen vergrößerten Mitteltunnel und veränderte Raumverhältnisse im Bug mit sich. Deutlicher fallen die Neuerungen an der Karosserieform ins Auge: Integrierte Bug- und Heckteile verändern und harmonisieren die Konturen des Fahrzeuges, ohne seinen Charakter zu verändern. Mit den aus nachgiebigen Kunststoffen hergestellten Spoiler-Stoßfängern werden die am »928« gemachten Erfahrungen genutzt. Die aus mehreren austauschbaren Elementen bestehenden, jedoch einheitlich wirkenden Formteile sind in Wagenfarbe lackiert, sie enthalten die Nebelscheinwerfer. Auch die Nebel-Rückleuchten sind in die Heckteile integriert. Die klassischen vorderen Rundscheinwerfer bleiben in der Form

unverändert, das neue Heckleuchtenband wurde schräg gestellt. Wesentlicher Hintergrund der optischen Modifikationen ist die Aerodynamik. Sie ist beim »911« seit jeher nicht nur auf den Luftwiderstand, sondern ebenso auf den Auftrieb ausgerichtet.

Die Auftriebsverringerung durch Front- und Heckspoiler sowie durch Maßnahmen am Wagenboden ist für die Fahrsicherheit bei hoher Geschwindigkeit von großer Bedeutung. Beim »Carrera 4« wurde der Luftwiderstandsbeiwert (cW) von 0,39 auf 0,32 reduziert. Unter Verzicht auf einen möglichen noch günstigeren cW-Wert wurde zugleich der Auftriebsbeiwert (cA) so wirksam herabgesetzt, daß er nunmehr nahe Null liegt. Diese Verbindung von niedrigem Luftwiderstand und Null-Auftrieb unterstreicht die hohe aerodynamische Qualität des »Carrera 4«. Unter den Maßnahmen an der Karosserie trägt hierzu außer der bündig eingesetzten Windschutzscheibe und der glattflächig an die A-Säule angelegten Regenrinne besonders die Verkleidung des Wagenbodens bei, der durch Einbeziehung der Motor-Kapselung und der Abgasanlage bis zum Heckabschluß glattflächig verläuft.

Während der bisherige Heckspoiler die Silhouette des »911« verändert und deshalb nur auf Wunsch montiert wird, erhält der neue »Carrera 4« einen bei stehendem Wagen unauffälligen, ausfahrbaren Heckspoiler. Ziel dieser Neuentwicklung war es, die klassische Linienführung des »911« im Heckbereich zu erhalten und zugleich optimale Strömungsverhältnisse und die Reinhaltung der Motor-Ansaugluft zu gewährleisten. Bei dieser Lösung ist kein zusätzliches Bauteil erforderlich, sondern es wird ein ohnehin vorhandener Teil der Motorhaube ausgefahren. Dabei wird die Fläche des Lufteintritts auf fast das Doppelte vergrößert. Der Spoiler wird bei 80 km/h durch Elektromotoren automatisch aus- und bei 10 km/h wieder eingefahren. Durch diese Regelung wird abgesichert, daß der Spoiler bei hoher Geschwindigkeit stets ausgefahren ist, zugleich wird unnötig häufiges Aus- und Einfahren bei niedriger und mittlerer Geschwindigkeit vermieden.

Neu für die 911-Optik sind auch die aerodynamisch glattflächigen Alu-Scheibenräder mit vergrößerten Öffnungen zur Bremsenkühlung. Sie werden in den Größen 6” vorn und 8” hinten (Durchmesser 16”) in Gußtechnik hergestellt. Es gibt für den »Carrera 4« nur diese Felgenausführung, die auf die Platzanforderungen des Allradantriebs und des serienmäßigen ABS abgestimmt sind. Die Reifengrößen 205/55 ZR 16 vorn und 225/50 ZR 16 hinten sind auf das Fahrverhalten und die Gewichtsverteilung abgestimmt.

Innenraum und Armaturenanlage blieben in der Gestaltung unverändert, enthalten jedoch zahlreiche funktionelle Verbesserungen. Neu ist

die im Armaturenbrett konzentrierte Betätigung der vollautomatisch geregelten Heizung und Lüftung, deren Leistung und Temperaturkonstanz in Verbindung mit luftgekühlten Motoren ein Novum darstellt. Die als M-Nummer erhältliche Klimaanlage ist in die Anlage integriert und bietet verschiedene Möglichkeiten zur Mischung von Frisch- und Umluft je nach Bedarf. Die Rundinstrumente des »Carrera 4« sind in Durchlichttechnik ausgeführt: Symbole und Schriftzüge werden erst sichtbar, wenn sie zur Information des Fahrers notwendig sind. Schaltung, Mittelkonsole und Ablage wurden handgerechter gestaltet, der Lichtschalter wurde im Zuge der Vereinheitlichung als Drehschalter ausgeführt (bisher Zugschalter). Auch der vordere Kofferraum weicht von der gewohnten Optik ab. Er bietet jedoch nach wie vor die Möglichkeit, mehrere kleinere Gepäckstücke oder einen großen Hartschalenkoffer handelsüblichen Formats unterzubringen.
Damit zählt der Porsche Carrera 4 wie der normale »Carrera« zu den wenigen Sportwagen, die außer umlegbaren Fondsitzen einen zusätzlichen, separaten Kofferraum bieten. Der Tankinhalt verringerte sich von 84 auf 76 Liter. Da sich aber auch der Verbrauch aufgrund der verbesserten Aerodynamik reduziert hat, ändert sich der Aktionsradius nur unwesentlich.
Im »Carrera 4« verwirklicht Porsche eine neue Form des Allradantriebs, die auf der weiterentwickelten Technologie des »959« beruht: einen »differentialschlupfgesteuerten« Antrieb aller vier Räder. Das Antriebssystem ist serienmäßig mit einem eigens entwickelten Anti-Blockier-System kombiniert, das bis zum Stillstand des Fahrzeugs ständig voll wirksam bleibt. Das neukonstruierte Fahrwerk wurde speziell auf Allradantrieb und ABS ausgelegt. Die Vorderräder werden bei geänderter Achsgeometrie (negativer Lenkrollradius) einzeln an Dreieckslenkern und Federbeinen geführt. Die serienmäßige Servolenkung weist hohen Fahrbahnkontakt und vorbildliche Leichtgängigkeit und Exaktheit auf. Die neue Hinterradaufhängung erhielt Feder-/Dämpfereinheiten, die inneren Schräglenkerarme wirken beim Auftreten von Seitenkräften spurkorrigierend und erhöhen damit die Fahrstabilität bei Lastwechseln in der Kurve und bei Richtungswechseln.
Der Allradantrieb mit Mittel-Differential verteilt die Antriebskraft im Normalfall bewußt »heckdominant« im konstanten Verhältnis von 31:69 (vorn/hinten), um eine hohe Lenkfähigkeit in Kurven zu erreichen. Der Schlupf an einzelnen Rädern wird durch eine intelligente Elektronik erkannt und durch hydraulisch gesteuerte Sperren verhindert. Dies erfordert ein schnellschaltendes System, das in der Reaktionsgeschwindigkeit der Magnetventile dem Anti-Blockier-System der Bremsen vergleichbar ist und auch Elemente des ABS enthält.

Die Drehzahl der Räder wird über die ABS-Sensoren festgestellt und im Rechner laufend verglichen. Schon durch extrem kleine Schlupfunterschiede ab 0,8 km/h können Sperren ausgelöst werden. Die Schwellwerte, die dieses Auslösen herbeiführen, sind jedoch variabel: Bei hoher Geschwindigkeit läßt das System größere Differenzen zu als bei niedriger. Da Einflüsse wie unterschiedlicher Reifendurchmesser oder Abweichungen im Luftdruck zu Drehzahlunterschieden führen können, ohne daß Schlupf vorhanden ist, werden »lernfähige« Module verwendet, die solche Sonderbedingungen erkennen und berücksichtigen. Die vom Differential vorgegebene Verteilung der Antriebskraft auf Vorder- und Hinterachse wird bei auftretendem Schlupf durch die Wirkung der Sperren verändert: Es wird jeweils der Achse, die im Augenblick mehr Kraft übertragen kann, der höhere Anteil zugemessen. Hierdurch ergibt sich eine automatische Anpassung des Systems an die Fahrbedingungen.
Die Traktion und die Fahrstabilität bei Geradeausfahrt, das Fahrverhalten in Kurven sowie die Lastwechselreaktion werden ständig optimiert. In der Regel bleibt dabei der größere Antriebskraftanteil auf der höher belasteten Hinterachse, so daß stets die sportliche Grundcharakteristik aufrechterhalten wird. Die Vorteile für die Fahrdynamik machen sich besonders vorteilhaft auch auf trockener, griffiger Fahrbahn bemerkbar.

1989

Zum Modelljahr 1990, das bei Porsche traditionsgemäß am 1. August des Vorjahres, also 1989, beginnt, erfolgt eine große Modellbereinigung bei den Sechszylinder-Versionen. Neben dem allradgetriebenen Carrera 4 kommt der mit identischer Karosserie und Technik, jedoch ausschließlich heckgetriebene, neue Carrera 2 auf den Markt. Der 911 Turbo, Turbo Look und Speedster sind nicht mehr im Programm, dafür ist der Carrera 4 jetzt auch als Targa und Cabriolet zu haben. Für den deutschen Markt werden nur Fahrzeuge mit geregeltem Katalysator angeboten.
Optisch geht der Carrera 4 unverändert in sein zweites Produktionsjahr, auch technisch gibt es nur marginale Änderungen. So kommt ein Zweimassen-Schwungrad zur Reduzierung lästiger Getriebegeräusche bei niedrigen Drehzahlen zum Einsatz. Verwendet wird hier ein gummigedämpftes System, das man gemeinsam mit der Firma Freudenberg entwickelt hat. Beim Carrera sind Dreipunkt-Automatik-Sicherheitsgurte für die hinteren Sitze jetzt serienmäßig.

1990

Der 911 Carrera 4 geht mit geringen Änderungen in das Modelljahr 1991. So kommen bei den Carrera-Motoren (Typ M64/01) neue Kolben zum Einsatz. Überarbeitet ist auch die Zylinderkopfabdichtung, der Zündkerzenintervall ist jetzt auf 40 000 km verdoppelt. Beim Fahrwerk kommt an der Hinterachse ein verstärkter Stabilisator mit 20 mm Durchmesser zum Einsatz. Ab Produktionstag 1. Februar 1991 werden alle linksgelenkten Porsche-Modelle mit Airbags auf der Fahrer- und Beifahrerseite serienmäßig ausgestattet. Die Entriegelung der Rücksitzlehnen erfolgt jetzt durch eine Druck-Entriegelungstaste.

1991

Die Änderungen am 911 Carrera 4 im Modelljahr 1992 beschränken sich auf kleinere Modifikationen. So gilt für alle Fahrzeuge: Entfall des Motoröl- und Filterwechsels und Kontrolle des Ventilspiels bei der ersten Inspektion (3000 bis 4000 km). Ansonsten bleibt die Optik des Carrera 4 unverändert, mit Ausnahme der zunächst nur beim 911 Turbo II verwendeten, aerodynamisch gestalteten Außenspiegel, die jetzt bei allen Modellen zum Einsatz kommen.
Im Bereich des Fahrwerks kommt eine geänderte ZF-Servolenkung zum Einsatz mit einer Lenkeinschlagbegrenzung. Der Grund: Für den Carrera 4 kann auf Sonderwunsch die Bereifung des 911 Turbo montiert werden. Vorn sind auf den 7J x 17-Rädern 205/50 ZR 17-Reifen montiert, hinten auf 9J x 17 sind 255/40 ZR 17-Reifen aufgezogen.

1992

Nahezu unverändert wird der Carrera 4 im Modelljahr 1993 weitergebaut. Als Sonderausstattung ist ein 92 Liter fassender Kraftstofftank lieferbar, die Klimaanlage ist jetzt mit dem FCKW-freien Kältemittel R 134a befüllt und als Bremsflüssigkeit kommt die bereits im Gruppe C-962 bewährte DOT 4 Typ 200 mit höherem Siedepunkt und reduzierter Feuchtigkeitsaufnahme zum Einsatz. Dadurch verlängern sich die Bremsflüssigkeits-Wechselintervalle auf drei Jahre. Neu ist ebenfalls die Radiogeneration Symphony RDS (Radio Data System).
Mit dem Ende des Modelljahres 1993 Ende Juli 1993 geht auch die Produktion des serienmäßigen 911 Carrera 4 nach fünf Produktionsjahren zu Ende. Mit dem Stopp des Carrera 4 ist im Hause Porsche nach dem 959 eine weitere, technologisch hochentwickelte Allrad-Ära vorläufig wieder einmal unterbrochen worden.
Das Jahr 1993 bedeutet für Porsche und speziell für den 911 etwas

Besonderes: Der Porsche 911 wird 30 Jahre jung. Angesichts dieses in der Automobil-Geschichte höchst seltenen Jubiläums präsentiert Porsche auf dem Genfer Automobil-Salon im März 1993 das Jubiläumsmodell »30 Jahre 911«. Basis bildet für diese limitierte Sonderserie das Allradmodell Carrera 4, als Karosserie kommt die des 911 Turbo zum Einsatz. Das bedeutet: Breit ausgestellte Kotflügel vorn und hinten, selbstverständlich mit entsprechend vergrößerter Spurweite und dem Vierradantrieb angepaßtem Fahrwerk. Die verwendeten 17 Zoll-Räder im Cup-Design unterstreichen die sportlich-elegante Note dieses speziellen 911, den es nur in der speziell geschaffenen Farbe violametallic sowie rubicongrau für die serienmäßige Leder-Innenausstattung gibt.
Auf den beim 911 Turbo fest montierten Heckspoiler mit integriertem Ladeluftkühler verzichtet man beim Sondermodell. Dafür besitzt dieses Modell den bei höheren Geschwindigkeiten automatisch ausfahrenden Heckspoiler des Carrera 2/4. Im Zusammenspiel mit der innovativen Antriebstechnik sowie der verbreiterten Spur steigert sich die Fahrdynamik des Jubiläumsmodells nochmals. Unverändert bleiben die Leistungsdaten des Motors: 250 PS/184 kW bei 6100/min, 310 Nm bei 4800/min. Als Höchstgeschwindigkeit werden 255 km/h genannt.
Eine Ganzlederausstattung, die auch den Schaltknauf und das Lenkrad einbezieht im Farbton rubicongrau, ziert den Innenraum. Von außen erkennt man den Jubiläums-Elfer zusätzlich noch an einem silbrigmattglänzenden 911-Schriftzug mit der Unterzeile »30 Jahre«, mittig montiert auf dem Motordeckel. Eine silberfarbene Metallplakette – auf der Hutablage angebracht – trägt die Nummer des jeweiligen Fahrzeuges: Nur 911 Exemplare des Carrera 4 in Jubiläumsausstattung werden hergestellt. Darüber hinaus wird es noch einige Carrera 4 mit Turbo-Karosserie in anderen Farben und Ausstattungen geben. Die Gesamtstückzahl des Modells ist jedoch auf 1500 Exemplare begrenzt.

1993

Bis zum Jahresende 1993 bleibt das 911 Carrera 4 Jubiläumsmodell noch in Produktion, vom neuen Porsche 911 Carrera ist vorläufig keine Allrad-Version geplant. Die Produktion der serienmäßigen Carrera 4-Modelle Coupé, Cabrio, Targa und Turbo-Look Cabrio ist im Juli 1993 ausgelaufen.

Parallel zum »911 Carrera« gibt es seit Herbst 1988 den »911 Carrera 4« mit dynamisch gesteuertem Allradantrieb, Anti-Blockier-System und 250-PS-Doppelzündungsmotor (3,6 Liter, 260 km/h)

655

Den Porsche 911 Carrera 4 gibt es auch in den Karosserievarianten Cabriolet und, wie hier abgebildet, Targa.

1993 produziert Porsche das Jubiläumsmodell »30 Jahre 911«. Als technische Basis dient der allradgetriebene Carrera 4, die Karosserie und das Fahrwerk entsprechen dem 911 Turbo.

Porsche 911-Ahnentafel (1963–1988)

Serie von/bis	Typ	Leistung kW/PS	Hubraum ccm	Typ	Sport-version	Leistung kW/PS	Hubraum ccm
O-Serie 9.64/7.67	911 911 S	95/130 117/160	1991 1991	Coupé Targa	911 Monte	117/160	1991
A-Serie 8.67/7.68	911 911 T 911 S	95/130 80/110 117/160	1991 1991 1991	Coupé Targa	911 Rallye 911 R	124/170 153/210	1991 1991
B-Serie 8.68/7.69	911 T 911 E 911 S	80/110 102/140 124/170	1991 1991 1991	Coupé Targa			
C-/D-Serie 8.69/7.71	911 T 911 E 911 S	91/125 113/155 131/180	2195 2195 2195	Coupé Targa	911 Rallye 911-2.3 911-2.4 911-Rallye	131/180 175/240 190/260 131/180	2195 2247 2395 2195
E-/F-Serie 8.71/7.73	911 T 911 E 911 S Carrera RS	95/130 120/165 139/190 153/210	2341 2341 2341 2687	Coupé Targa Coupé	911-2.5 RSR 2.8 Rallye 2.7	197/270 219/300 153/210	2446 2806 2687
G-/H-Serie 8.73/7.75	911 911 S Carrera 911 Turbo	110/150 128/175 153/210 190/260	2687 2687 2687 2994	Coupé Targa Coupé	RS 3.0 RSR 3.0	168/230 241/330	2992 2992
I-/J-Serie 8.75/7.77	911 Carrera 911 Turbo	120/165 146/200 190/260	2687 2994 2994	Coupé Targa Coupé	934-3.0 935-2.8 935-Baby	354/485 431/590 285/390	2993 2857 1425
K-/L-Serie 8.77/7.79	911 SC 911 Turbo	131/180 219/300	2994 3299	Coupé Targa	911 Rallye 934-3.0	183/250 416/570	2992 2992
M-/N-Serie 8.79/7.81	911 SC 911 Turbo	138/188 219/300	2994 3299	Coupé Targa	934-3.0 911 SR	438/600 204/280	2992 2996
O-/P-Serie 8.81/7.83	911 SC 911 Turbo	150/204 219/300	2994 3299	Coupé Targa	930 935 K4	266/365 584/800	3299 3164
Q-/R-Serie 8.83/7.85	911 Carrera 911 Turbo	170/231 219/300	3164 3299	Coupé Targa Cabrio	954 953 959/953	183/250 164/225 168/230	2992 3164 3164
S-/T-Serie 8.85/7.87	911 Carrera 911 Turbo	170/231 219/300	3164 3299	Coupé Targa Cabrio	959 PD 961 IMSA	292/400 420/580	2849 2849
U-/V-Serie 8.87/7.89	911 Carrera 911 Turbo Carrera 4 911 Carrera	170/231 219/300 184/250 160/217	3164 3299 3599 3164	Coupé Targa Cabrio Kat			

911 SC-3.0 / 930 Turbo 3.0 / 930 Turbo 3.3

Baujahr	Modell Karosse	Modell Typ	Fahrgestell-Nr.	Motor-Typ	Getr.-Typ	Zyl.	Bohrung x Hub	Hubraum	DIN-PS bei U/min.	mkp bei U/min.	Verdtg.	Radstand	Spur vorn/hinten	Länge	Gewicht	Produkt. Stck.
1975	Coupé	911-3.0	9116600001-9116601093	930/02	915/44 915/49	6	95x70,4	2994	200/6000	26/4200	8,5:1	2271	1372/1380	4291	1120	1093
	Targa	911-3.0	9116610001-91166110479													479
		911-3.0 Sportomatic		930/12	925/13											
1977	Coupé	911-3.0	9117600001-9117601473	930/02	915/61	6	95x70,4	2994	200/6000	26/4200	8,5:1	2271	1372/1380	4291	1120	1473
	Targa	911-3.0	911761001-9117610646													646
		911-3.0 Sportomatic		930/12	925/16											
1978	Coupé	911 SC-3.0	9118300001-9118302438	930/03	915/61	6	95x70,4	2994	180/5500	27/4200	8,5:1	2272	1369/1379	4291	1160	2438
	Targa	911 SC-3.0	9118310001-9118311729													1729
		911 SC-3.0 Sportomatic		930/13	925/16											
	Coupé-US California	911 SC-3.0	9118200001-9118202436	930/04 930/06	915/61	6	95x70,4	2994	130/5500	27/4200	8,5:1	2272	1361/1367	4291	1160	2436
	Targa-US	911 SC-3.0	9118210001-9118212579													2579
		911 SC-3.0 Sportomatic		930/14	925/16											

911 SC-3.0/930 Turbo 3.0/930 Turbo 3.3

Baujahr	Modell Karosse	Modell Typ	Fahrgestell-Nr.	Motor-Typ	Getr.-Typ	Zyl.	Bohrung x Hub	Hubraum	DIN-PS bei U/min.	mkp bei U/min.	Verdtg.	Radstand	Spur vorn/hinten	Länge	Gewicht	Produkt. Stck.
1975	Coupé	930-3.0	9305700001-9305700284	930/50	930/30	6	95 × 70,4	2994	260/5500	35/4000	6,5:1	2272	1432/1501	4291	1140	284
1976	Coupé	930-3.0	9306700001-9306700644	930/50 930/52	930/30 930/32	6	95 × 70,4	2994	260/5500	35/4000	6,5:1	2272	1431/1501	4291	1140	644
	Coupé-US	930-3.0	9306800001-9306800530	930/51	930/30	6	95 × 70,4	2994	245/5500	35/4000	6,5:1	2272	1431/1501	4291	1140	530
1977	Coupé	930-3.0	9307700001-9307700695	930/52	930/33	6	95 × 70,4	2994	260/5500	35/4000	6,5:1	2272	1438/1511	4291	1195	695
	Coupé-US	930-3.0	9307800001-9307800727	930/54 930/53		6	95 × 70,4	2994	245/5500	35/4000	6,5:1	2272	1431/1501	4291	1195	727
1978	Coupé	930-3.3	9308700001-9308700735	930/60	930/34	6	97 × 74,4	3299	300/5500	42/4000	7,0:1	2272	1432/1501	4291	1300	735
	Coupé US	930-3.3	9308800001-9308800461	930/61		6	97 × 74,4	3299	265/5500	40,3/4000	7,0:1	2272	1432/1501	4291	1300	461
	Coupé Japan	930-3.3	9308709501-9308709561	930/62		6	97 × 74,4	3299	265/5500	40,3/4000	7,0:1	2272	1432/1501	4291	1300	61
1979	Coupé	930-3.3	9309700001-9309700820	930/60	930/34	6	97 × 74,4	3299	300/5500	42/4000	7,0:1	2272	1432/1501	4291	1300	820
	Coupé US	930-3.3	9309800001 9309801200	930/61		6	97 × 74,4	3299	265/5500	40,3/4000	7,0:1	2272	1432/1501	4291	1300	1200
	Coupé Japan	930-3.3	9309709501-9309709532	930/62		6	97 × 74,4	3299	265/5500	40,3/4000	7,0:1	2272	1432/1501	4291	1300	32
1980	Coupé	930-3.3	93A0070001-93A0070840	930/60	930/34	6	97 × 74,4	3299	300/5500	42/4000	7,0:1	2272	1432/1501	4291	1295	840

911 SC-3.0/930 Turbo 3.0/930 Turbo 3.3

Baujahr	Modell Karosse	Modell Typ	Fahrgestell-Nr.	Motor-Typ	Getr.-Typ	Zyl.	Bohrung x Hub	Hubraum	DIN-PS bei U/min.	mkp bei U/min.	Verdtg.	Radstand	Spur vorn/hinten	Länge	Gewicht	Produkt. Stck.
1978	Coupé Japan	911	9118309501-9118309804	930/05 930/15	915/61	6	95x70,4	2994	180/5500	27/4200	8,5:1	2272	1361/1367	4291	1160	304
1979	Coupé	911 SC-3.0	9119300001-9119303319	930/03	915/62	6	95x70,4	2994	188/5500	27/4200	8,6:1	2272	1369/1379	4291	1160	3319
	Targa	911 SC-3.0	9119310001-9119313319													3319
	Coupé US-California	911 SC-3.0	9119200001-9119202013	930/04 930/06	915/63	6	95x70,4	2994	180/5500	25/4200	9,3:1	2272	1369/1379	4291	1160	2013
	Targa-US California	911 SC-3.0	9119210001-9119211965	930/04 930/06												1965
	Coupé-Japan	911 SC-3.0	9119309501-9119309873													373
1980	Coupé	911 SC-3.0	91A0130001-91A0134831	930/09 930/08	915/62	6	95x70,4	2994	188/5500	27/4300	9,8:1	2272	1369/1379	4291	1160	4831
	Targa	911 SC-3.0														
	Coupé-US	911 SC-3.0	91A0140001-91A0144272	930/07		6	95x70,4	2994	180/5500	25/4200	9,3:1	2272	1369/1379	4291	1250	4272
	Targa-US	911 SC-3.0														
1981	Coupé	911 SC	WPOZZZ91ZBS 100001-103181	930/10	915/62	6	95x70,4	2994	204/5900	27/4300	9,8:1	2272	1369/1379	4291	1160	3181
	Targa		WPOZZZ91ZBS 140001-141703													1703
	Coupé Japan	911 SC	WPOZZZ91ZBS 129500-129622	930/17	915/63	6	95x70,4	2994	180/5500	25/4200	9,3:1	2272	1369/1379	4291	1250	122
	Targa		WPOZZZ91ZBS 169500-169510													10
	Coupé USA/Calif. Canada	911 SC	WPOAAO91BS 120001-121573	930/16	915/63	6	95x70,4	2994	180/5500	25/4200	9,3:1	2272	1369/1379	4291	1250	1573
	Targa		WPOEAO91BS 160001-161407													1407
	Coupé	930/3,3	WPOZZZ93ZBS 000001-000698	930/60	930/34	6	97x74,4	3299	300/5500	42/4000	7,0:1	2272	1432/1501	4291	1295	698
	Coupé Canada	930/3,3	WPOJAO93BS 050001-050063	930/60	930/34	6	97x74,4	3299	300/5500	42/4000	7,0:1	2272	1432/1501	4291	1295	63
1982	Coupé	911 SC	WPOZZZ91ZCS 100001-103307	930/10	915/62	6	95x70,4	2994	204/5900	27/4300	9,8:1	2272	1369/1379	4291	1160	3307
	Targa		WPOZZZ91ZCS 140001-141737													1737
	Coupé Japan	911 SC	WPOZZZ91ZCS 109501-709628	930/17	915/63	6	95x70,4	2994	180/5500	25/4200	9,3:1	2272	1369/1378	4291	1250	628
	Targa		WPOZZZ91ZCS 149501-149562													62
	Coupé US/Calif. Canada	911 SC	WPOAAO91CS 120001-122457	930/16	915/63	6	95x70,4	2994	180/5500	25/4200	9,3:1	2272	1369/1379	4291	1250	2457
	Targa		WPOEAO91CS 160001-162426													2426

Baujahr	Modell Karosse	Modell Typ	Fahrgestell-Nr.	Motor-Typ	Getr.-Typ	Zyl.	Bohrung x Hub	Hubraum	DIN-PS bei U/min.	mkp bei U/min.	Verdtg.	Radstand	Spur vorn/hinten	Länge	Gewicht	Produkt. Stck.
1982	Coupé	930/3,3	WPOZZZ93ZCS 000001-000938	930/60	930/34	6	97 x 74,4	3299	300/5500	42/4000	7,0:1	2272	1432/1501	4291	1295	938
	Coupé Canada	930/3,3	WPOJAO93CS 050001-050089	930/60	930/34	6	97 x 74,4	3299	300/5500	42/4000	7,0:1	2272	1432/1501	4291	1295	89
1983	Coupé	911 SC	WPOZZZ91ZDS 100001-102995	930/10	915/62	6	95 x 70,4	2994	204/5900	27/4300	9,8:1	2272	1369/1379	4291	1160	2995
	Targa		WPOZZZ91ZDS 140001-141258													1258
	Cabrio		WPOZZZ91ZDS 150001-152406													2406
	Coupé Japan	911 SC	WPOZZZ91ZDS 109501-109645	930/17	915/63	6	95 x 70,4	2994	180/5500	25/4200	9,3:1	2272	1369/1379	4291	1250	145
	Targa		WPOZZZ91ZDS 149501-149562													62
	Cabrio		WPOZZZ91ZDS 159501-159590													90
	Coupé USA/Calif. Canada	911 SC	WPOAAO91DS 120001-122599	930/16	915/63	6	95 x 70,4	2994	180/5500	25/4200	9,3:1	2272	1369/1379	4291	1250	2559
	Targa		WPOEAO91DS 160001-161430													1430
	Cabrio		WPOEAO91DS 170001-171781													1781
	Coupé	930/3,3	WPOZZZ93ZDS 000001-001015	930/66	930/34	6	97 x 74,4	3299	300/5500	44/4000	7,0:1	2272	1432/1501	4291	1300	1015
	Coupé Canada	930/3,3	WPOJAO93DS 050001-050065	930/66	930/34	6	97 x 74,4	3299	300/5500	44/4000	7,0:1	2272	1432/1501	4291	1300	65
1984	Coupé	911 Carrera	WPOZZZ91ZES 100001-104033	930/20	915/67 915/69	6	95 x 74,4	3164	231/5900	28,6/4800	10,3:1	2272	1372/1380 1432/1501	4291	1160 1230	4033
	Targa		WPOZZZ91ZED 140001-141469													1469
	Cabrio		WPOZZZ91ZES 150001-151835													1835
	Coupé Japan	911 Carrera	WPOZZZ91ZES 109501-109717	930/20	915/63 915/69	6	95 x 74,4	3164	207/5900	26,5/4800	9,5:1	2272	1372/1380 1432/1501	4291	1250	217
	Targa		WPOZZZ91ZES 149501-149564													64
	Cabrio		WPOZZZ91ZES 159501-159577													77
	Coupé US/Calif. Canada	911 Carrera	WPOABO91ES 120001-122282	930/21	915/63 915/70	6	95 x 74,4	3164	207/5900	26,5/4800	9,5:1	2272	1372/1380 1432/1501	4291	1250	2282
	Targa		WPOEBO91ES 160001-162260													2260
	Cabrio		WPOEBO91ES 170001-171191													1191
	Coupé	930/3,3	WPOZZZ93ZES 000001-000804	930/66	930/34	6	97 x 74,4	3299	300/5500	44/4000	7,0:1	2272	1432/1501	4291	1300	804
	Coupé Canada	930/3,3	WPOJAO93ES 050001-050077	930/66	930/34	6	97 x 74,4	3299	300/5500	44/4000	7,0:1	2272	1432/1501	4291	1300	77

911 Carrera/930 Turbo 3.3

Baujahr	Modell Karosse	Modell Typ	Fahrgestell-Nr.	Motor-Typ	Getr.-Typ	Zyl.	Bohrung x Hub	Hubraum	DIN-PS bei U/min.	mkp bei U/min.	Verdtg.	Radstand	Spur vorn/hinten	Länge	Gewicht	Produkt. Stck.
1985	Coupé	911	WPOZZZ91ZFS	930/20	915/72	6	95 x 74,4	3164	231/5900	28,6/4800	10,3:1	2272	1372/1380	4291	1160	3529
	RDW	Carrera	100001-103529	930/26		6	95 x 74,4	3164	231/5900	28,6/4800	10,3:1					
	Targa		WPOZZZ91ZFS 140001-141435	930/21	915/73	6	95 x 74,4	3164	207/5900	26,7/4800	9,5:1					1435
	Cabriolet		WPOZZZ91ZFS													1583
		Turbo Look	150001-151583										1432/1501		1230	
	Coupé USA	911 Carrera	WPOABO91FS 120001-121959	930/21	915/73	6	95 x 74,4	3164	207/5900	26,7/4800	9,5:1	2272	1372/1380	4291	1250	1959
	Targa		WPOEBO91FS 160001-161942													1942
	Cabrio		WPOEBO91FS													
		Turbo Look	170001-171050										1432/1501		1230	1050
	Coupé Japan	911 Carrera	WPOZZZ91ZFS 109501-109722	930/21	915/73	6	95 x 74,4	3164	207/5900	26,7/4800	9,5:1	2272	1372/1380	4291	1250	222
	Targa		WPOZZZ91ZFS 149501-149564													64
	Cabrio		WPOZZZ91ZPO													
		Turbo Look	159501-159575										1432/1501		1230	75
	Coupé	930/3,3	WPOZZZ93ZFS 000001-001063	930/66	930/36/37	6	97 x 74,4	3299	300/5500	44/4000	7,0:1	2272	1432/1501	4291	1300	1063
	Coupé Canada	930/3,3	WPOJAO93FS 0500085-050085	930/66	930/36/37	6	97 x 74,4	3299	300/5500	44/4000	7,0:1	2272	1432/1501	4291	1300	85
1986	Coupé	911	WPOZZZ91ZGS	930/20	915/72	6	95 x 74,4	3164	231/5900	29/4800	10,3:1	2272	1372/1380	4291	1210	4031
	RDW	Carrera	100001-104031	930/21	915/73	6	95 x 74,4	3164	207/5900	26,7/4800	9,5:1					
	Targa		WPOZZZ91ZGS	930/26		6	95 x 74,4	3164	231/5900	29/4800	10,3:1					1758
	Cabrio		140001-141758													
			WPOZZZ91ZGS													
		Turbo Look	150001-152358										1432/1501	4291	1260	2358

911 Carrera/930 Turbo 3.3

Baujahr	Modell Karosse	Modell Typ	Fahrgestell-Nr.	Motor-Typ	Getr.-Typ	Zyl.	Bohrung x Hub	Hubraum	DIN-PS bei U/min.	mkp bei U/min.	Verdtg.	Radstand	Spur vorn/hinten	Länge	Gewicht	Produkt. Stck.
1986	Coupé USA		WPOABO91GS 120001-122619	930/21	915/73	6	95 x 74,4	3164	207/5900	26,7/4800	9,5:1	2272	1372/1380	4291	1250	2619
	Targa		WPOEBO91GS 160001-161976													1976
	Cabrio	Turbo Look	WPOEBO91GS 170001-171986										1432/1501	4291	1300	1986
	Coupé Japan		WPOZZZ91ZGS 109501-109733	930/21	915/73	6	95 x 74,4	3164	207/5900	26,7/4800	9,5:1	2272	1372/1380	4291	1250	233
	Targa		WPOZZZ91ZGS 149501-149579													79
	Cabrio	Turbo Look	WPOZZZ91ZGS 159501-159580										1432/1501	4291	1300	80
	Coupé	930/3,3	WPOZZZ93ZGS 000001-001158	930/66	930/36/37	6	97 x 74,4	3299	300/5500	44/4000	7,0:1	2272		4291	1335	1158
	Coupé Kanada	930/3,3	WPOJAO93GS 055001-055088	930/66	930/36/37	6	97 x 74,4	3299	300/5500	44/4000	7,0:1	2272	1432/1501	4291	1335	88
	Coupé USA	930/3,3	WPOJBO93GS 050001-051424	930/68	930/36/37	6	97 x 74,4	3299	282/5500	40/4000	7,0:1	2272	1432/1501	4291	1350	1424

Bemerkungen:
Motor Typ 930/21 für RDW mit Katalysator in Verbindung mit Getriebe Typ 915/73
Motor Typ 930/26 für Schweden/CH/Australien

911 Carrera/930 Turbo 3.3

Baujahr	Modell Karosse	Modell Typ	Fahrgestell-Nr.	Motor-Typ	Getr.-Typ	Zyl.	Bohrung x Hub	Hubraum	DIN-PS bei U/min.	mkp bei U/min.	Verdtg.	Radstand	Spur vorn/hinten	Länge	Gewicht	Produkt. Stck.
1987	Coupé	911 Carr. RDW	WPOZZZ91ZHS 100001-103381	930/20	650/00	6	95/74,4	3164	231/5900	29/4800	10,3:1	2272	1372/1380	4291	1210	3381
		Kat		930/25	650/02	6	95/74,4	3164	217/5900	27/4800	9,5:1	2272	1372/1380	4291		
	Targa		WPOZZZ91ZHS 140001-141354													1354
	Cabrio		WPOZZZ91ZHS 150001-151464													1464
	Coupé	911 Carr. Japan	WPOZZZ91ZHS 109501-109808	930/25	650/01	6	95/74,4	3164	217/5900	27/4800	9,5:1	2272	1372/1380	4291	1250	308
	Targa		WPOZZZ91ZHS 149501-149579													79
	Cabrio		WPOZZZ91ZHS 159501-159585													85
	Coupé	911 Carr. USA	WPOABO91HS 120001-122916	930/25	650/01	6	95/74,4	3164	217/5900	27/4800	9,5:1	2272	1372/1380	4291	1250	2916
	Targa		WPOEBO91HS 160001-162232													2232
	Cabrio		WPOEBO91HS 170001-172653													2653
		Austr.		930/25	650/01	6	95/74,4	3164	207/5900	26,5/4800	9,5:1	2272	1372/1380	4291	1210	
		Schweden		930/26	650/00	6	95/74,4	3164	231/5900	29/4800	10,3:1	2272	1372/1380	4291	1210	
*	Coupé	911 Carr.	WPOZZZ91ZHS	930/20	650/00	6	95/74,4	3164	231/5900	29/4800	10,3:1	2272	1372/1380	4291	1160	81
		RDW	105001-105081	930/26	650/01	6	95/74,4	3164	231/5900	29/4800	10,3:1	2272	1372/1380	4291		
*	Coupé	911 Carr. USA	WPOABO91HS 125001-125300	930/25		6	95/74,4	3164	217/5900	27/4800	9,5:1	2272	1372/1380	4291	1160	300

Bemerkungen: * Clubsport (M 637)

911 Carrera/930 Turbo 3.3

Baujahr	Modell Karosse	Modell Typ	Fahrgestell-Nr.	Motor-Typ	Getr.-Typ	Zyl.	Bohrung x Hub	Hubraum	DIN-PS bei U/min.	mkp bei U/min.	Verdtg.	Radstand	Spur vorn/hinten	Länge	Gewicht	Produkt. Stck.
1987 *1 *2	Coupé	930 RDW	WPOZZZ93ZHS 000001-000720	930/66	930/36	6	97/74,4	3299	300/5500	44/4000	7,0:1	2272	1432/1501	4291	1335	720
	Targa		WPOZZZ93ZHS 010001-010069													69
	Cabrio		WPOZZZ93ZHS 020001-020142													142
	Coupé	930 Kanada	WPOJAO93HS 055001-055088	930/66	930/36	6	97/74,4	3299	300/5500	44/4000	7,0:1	2272	1432/1501	4291	1335	88
	Targa		WPOEAO93HS 065001-067000													2000
	Cabrio		WPOEAO93HS 075001-077000													2000
	Coupé	930 USA	WPOJBO93HS 050001-051605	930/68	930/36	6	97/74,4	3299	282/5500	42/4000	7,0:1	2272	1432/1501	4291	1350	1605
	Targa		WPOEBO93HS 060001-060087													87
	Cabrio		WPOEBO93HS 070001-070183													183

Bemerkungen: *1 nicht Australien und Japan
*2 ab 10/86 nicht CH

911 Carrera/930 Turbo 3.3

Baujahr	Modell Karosse	Modell Typ	Fahrgestell-Nr.	Motor-Typ	Getr.-Typ	Zyl.	Bohrung x Hub	Hubraum	DIN-PS bei U/min.	mkp bei U/min.	Verdtg.	Radstand	Spur vorn/hinten	Länge	Gewicht	Produkt. Stck.
1988	Coupé	911 Carr. RDW	WPOZZZ91ZJS 100001-103580	930/20	J50/00	6	95/74,4	2164	231/5900	29/4800	10,3:1	2272	1372/1380	4291	1210	3580
	Targa		WPOZZZ91ZJS 140001-141281													1281
	Cabrio		WPOZZZ91ZJS 150001-151501													1501
		CH/+Kat		930/25	J50/01	6	95/74,4	3164	217/5900	27/4800	9,5:1	2272	1372/1380	4291	1250	
	Coupé	911 Carr. Japan	WPOZZZ91ZJS 109501-109930	930/25	J50/01	6	95/74,4	3164	217/5900	27/4800	9,5:1	2272	1372/1380	4291	1250	430
	Targa		WPOZZZ91ZJS 149501-149586													86
	Cabrio		WPOZZZ91ZJS 159501-159581													81
	Coupé	911 USA	WPOABO91JS 120001-122066	930/25	J50/01	6	95/74,4	3164	217/5900	27/4800	9,5:1	2272	1372/1380	4291	1250	2066
	Targa		WPOEBO91JS 160001-161500													1500
	Cabrio		WPOEBO91JS 170001-172116													2116
		Australien		930/25	J50/01	6	95/74,4	3164	207/5900	26,5/4800	9,5:1	2272	1372/1380	4291	1210	
		Schweden		930/26	J50/00	6	95/74,4	3164	231/5900	29/4800	10,3:1	2272	1372/1380	4291	1210	
	* Coupé	911	WPOZZZ91ZJS	930/20/26	J50/00	6	95/74,4	3164	231/5900	29/4800	10,3:1	2272	1372/1380	4291		148
		RDW	105001-105148	930/25		6	95/74,4	3164	217/5900	27/4800	9,5:1	2272	1372/1380	4291		
	* Coupé	911	WPOABO91JS	930/25		6	95/74,4	3164	217/5900	27/4800	9,5:1	2272	1372/1380	4291		82
		USA	125001-125082													

Bemerkungen: * Clubsport (M 637)

911 Carrera/930 Turbo 3.3

Baujahr	Modell Karosse	Modell Typ	Fahrgestell-Nr.	Motor-Typ	Getr.-Typ	Zyl.	Bohrung x Hub	Hubraum	DIN-PS bei U/min.	mkp bei U/min.	Verdtg.	Radstand	Spur vorn/hinten	Länge	Gewicht	Produkt. Stck.
1988	Coupé	930 RDW	WPOZZZ93ZJS 000001-000677	930/66	930/36	6	97/74,4	3299	300/5500	44/4000	7,0:1	2272	1432/1501	4291	1335	677
*	Targa		WPOZZZ93ZJS 010001-010136													136
	Cabrio		WPOZZZ93ZJS 020001-020242													242
	Coupé	930 USA Kanada	WPOIBO93JS 050001-050701	930/68	930/36	6	97/74,4	3299	282/5500	42/4000	7,0:1	2272	1432/1501	4291	1350	701
	Targa		WPOEBO93JS 060001-060141													141
	Cabrio		WTOEBO93JS 070001-070591													591

Bemerkungen: * ab 1/87 nicht Österreich

911 Carrera/930 Turbo 3.3

Baujahr	Modell Karosse	Modell Typ	Fahrgestell-Nr.	Motor-Typ	Getr.-Typ	Zyl.	Bohrung x Hub	Hubraum	DIN-PS bei U/min.	mkp bei U/min.	Verdtg.	Radstand	Spur vorn/hinten	Länge	Gewicht	Produkt. Stck.
1989	Coupé	911	WPOZZZ91ZKS	930/20	650/00	6	95/74,4	3164	231/5900	29/4800	10,3:1	2272	1372/1380	4291	1210*	3532
		RDW	100001–103532	930/25		6	95/74,4	3164	217/5900	27/4800	9,5:1					
		CH			650/02											
	Targa	911	WPOZZZ91ZKS	930/20												1063
		RDW	140001–141063	930/25												
	Cabrio	911	WPOZZZ91ZKS	930/20												2787
		RDW	150001–152787	930/25												
	Speedster	911	WPOEBO91KS	930/25	650/01	6	95/74,4	3164	217/5900	27/4800	9,5:1	2272	1372/1380	4291	1220	3823
		USA	173001–173823													
	Coupé	911	WPOABO91KS	930/25	650/01											1156
		USA	120001–121156													
	Targa	911	WPOEBO91KS	930/25												860
		USA	160001–160860													
	Cabrio	911	WPOEBO91KS	930/25												1361
		USA	170001–171361													
1989	Coupé	930	WPOZZZ93ZKS	930/66	650/50	6	97/74,4	3299	300/5500	44/4000	7,0:1	2272	1432/1492	4291	1335	857
		RDW	000001–000857	930/66S		6	97/74,4	3299	330/5750	47,6/4500	7,0:1					
	Targa	930	WPOZZZ93ZKS	930/66												115
		RDW	010001–010115	930/66S												
	Cabrio	930	WPOZZZ93ZKS	930/66												244
		RDW	020001–020244	930/66S												
	Coupé	930	WPOJBO93KS	930/68		6	97/74,4	3299	282/5500	42/4000	7,0:1	2272	1432/1501	4291	1350	639
		USA	050001–050639													
	Targa	930	WPOEBO93KS	930/68												109
		USA	060001–060109													
	Cabrio	930	WPOEBO93KS	930/68												600
		USA	070001–070600													

Bemerkungen: *Turbolook 1260 kg Sportpaket 1160 kg Speedster 1170 kg Speedster Turbolook 1220 kg

964 Turbo

Baujahr	Modell Karosse	Modell Typ	Fahrgestell-Nr.	Motor-Typ	Getr.-Typ	Zyl.	Bohrung x Hub	Hubraum	DIN-PS bei U/min.	mkp bei U/min.	Verdtg.	Radstand	Spur vorn/hinten	Länge	Gewicht	Produkt. Stck.
1991	Coupé	964 RDW	WPOZZZ96ZNS47 70001–	M30/69	650/51	6	97/76,4	3299	320/5750	45,0/4500	7,0:1	2272	1493/1499	4250	1470	
1992	Coupé	964 RDW Turbo S	WPOZZZ96ZPS47 79001–	M30/ 69SL	650/52	6	97/76,4	3299	381/6000	49,0/4800	7,0:1	2272	1444/1493	4250	1290	
1993	Coupé	964	WPOZZZ96ZRS47	M64/50	650/52	6	100/76,4	3600	360/5500	52,0/4200	7,5:1	2272	1442/1506	4275	1470	

Erste Ausstellungsversion des Porsche Carrera-Turbo – 1973 auf der IAA in Frankfurt gezeigt und im Oktober 1975 auf dem Pariser Salon ausgestellt.

670 Porsche 930 »Turbo«, Modelljahr 1975. Drei Liter Hubraum mit 260 PS und 250 km/h

Die gelochten Bremsscheiben gingen noch nicht in Serie (Bruchgefahr!)

Aufsicht auf den Turbo 3.0 des Modelljahres 1975: Bereit zum Sprung

Zum Modelljahr 1976 gibt es für den Turbo einen verstellbaren Spiegel und 50er-Reifen

Serienmäßig beim Top-Modell von Porsche: Die Scheinwerferreinigungs-Anlage

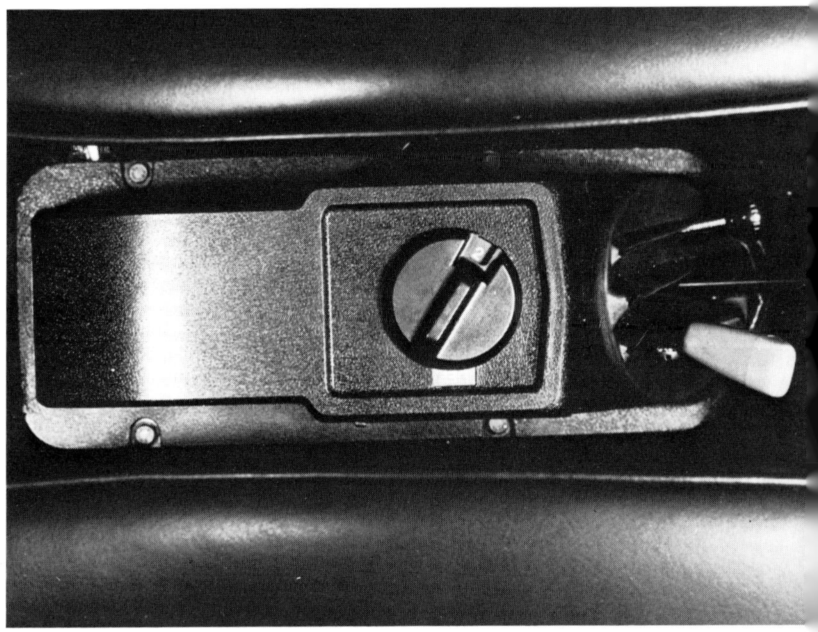

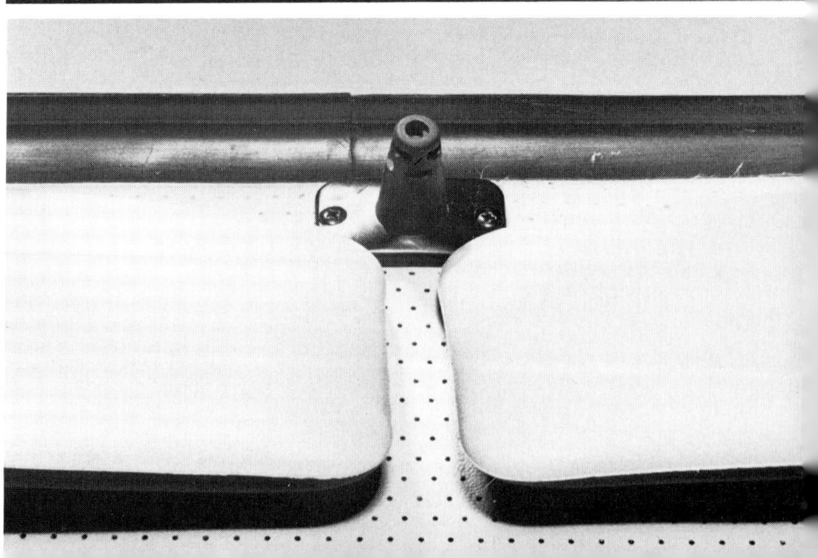

Die mit einem Regler (rechts) einmal eingestellte Temperatur regelt ein Fühler (unten)

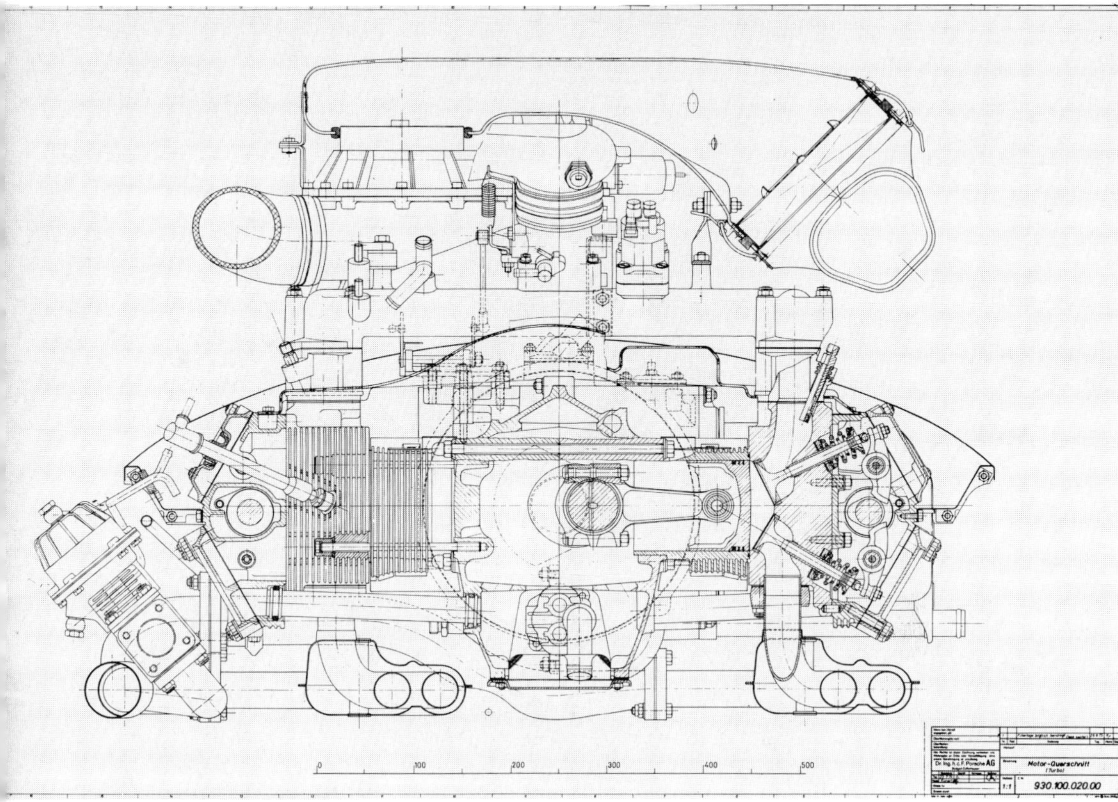

Motorquer- und Längsschnitt des 3,0-Sechszylinders mit Turboaufladung für den Porsche 911 Turbo (ab Baujahr 1975)

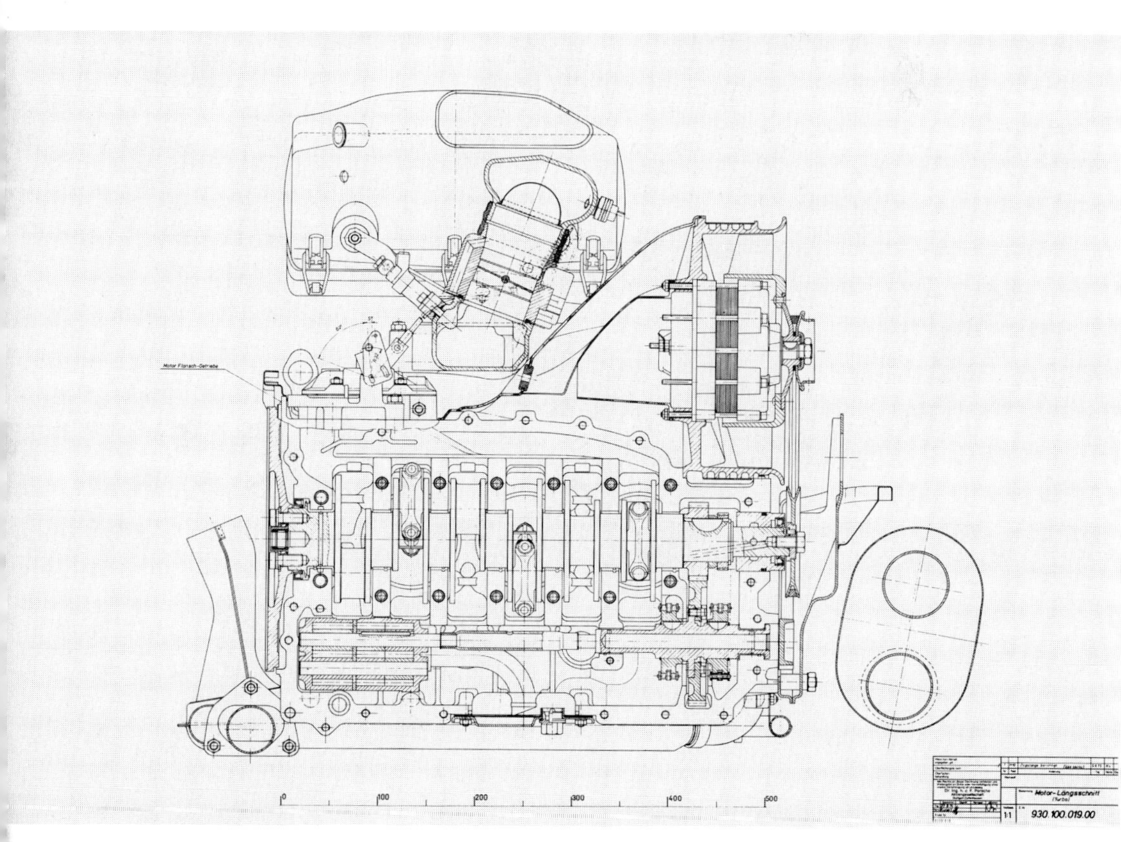

Noch ist die Auspuffanlage für Europa (oben) einfacher als die US-Anlage (unten)

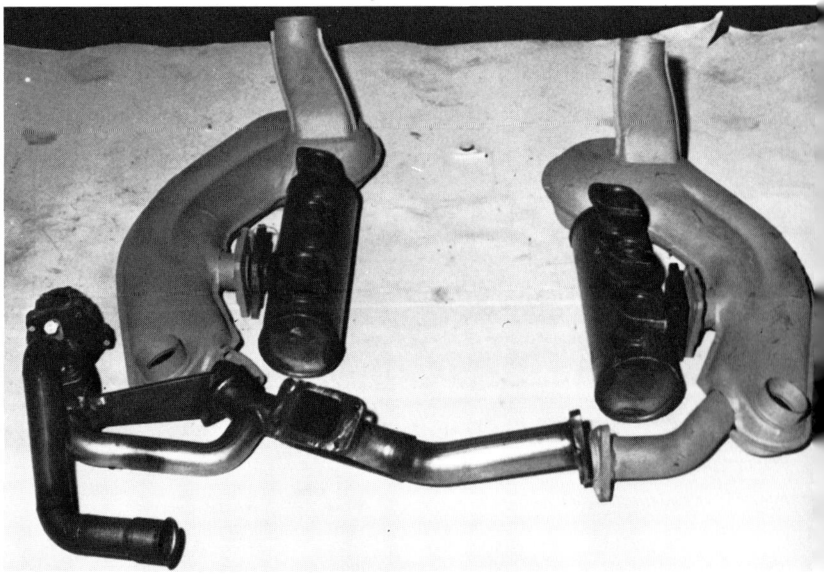

Der Abgas-Turbolader sorgt für eine Zylinderfüllung, die ein Saugmotor nicht erreicht

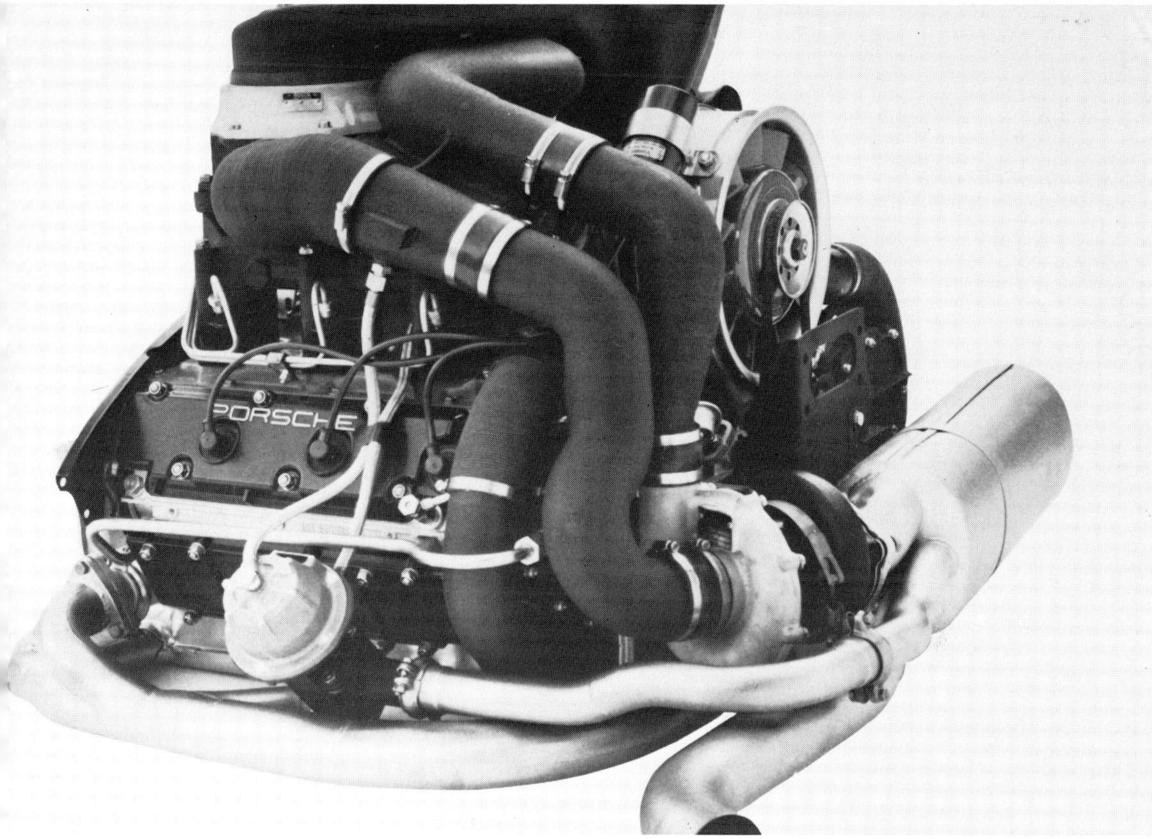

Turbo-Motor 930/50: Das kompakte Kraftpaket leistet in der US-Ausführung 245 PS

Seitenansicht des Getriebe-Typs 930/30–32 wie es in den Turbo eingebaut wird (links)
In dem Heckspoiler des Turbo wird u. a. ein Kühler für die Klimaanlage montiert (rechts)

676 Turbo 1977: Auch hier nur Detailverbesserungen in Technik und Ausstattung

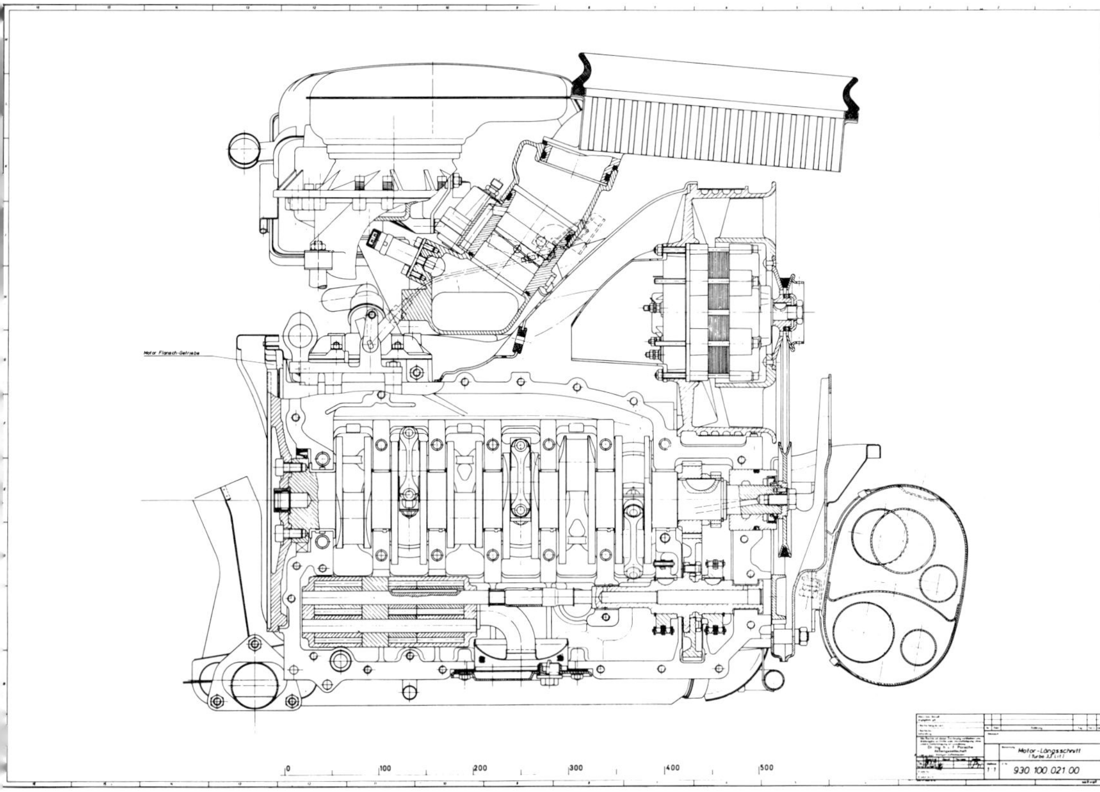

Der 3.3-l-Turbo-Motor mit neuem, großen Ladeluftkühler. 300 PS, 260 km/h 677

Porsche 930 Turbo 3.3: Mit 300 PS in 5,4 Sekunden von 0 auf 100 km/h.
678 Ab Baujahr 1979 mit neuer geräuschmindernder Auspuffanlage (Zweirohr)
und Röhrenölkühler

Porsche 911 Turbo (Baujahr 1985): Neu sind die 9 Zoll breiten Felgen auf der Hinterachse mit 245/45 VR 16 Reifen und Detailänderungen im Innenraum

680 Äußerlich unverändert gibt es im Bereich der Innenausstattung einige Aufwertungen des 911 Turbo, Baujahr 1986

Neu im Programm (ab Baujahr 1987): die Targa- und Cabriolet-Version im kraftvollen Turbo-Look

Fünfgang- statt Viergang-Getriebe, ein geändertes Fahrwerk, hydraulische Kupplungsbetätigung und weitere Verbesserung der Ausstattung für die '89er-Modelle des Porsche 911 Turbo

Typ 911 Carrera 2 (1989 - 1993)

Im September 1989 feiert Professor Ferry Porsche Geburtstag: 80 Jahre wurde das Familienoberhaupt, Seniorchef und Vorsitzender des Aufsichtsrats. Die Porsche-Mannschaft schenkt ihm zu diesem Jubiläum die Studie Panamericana auf Basis des Carrera 4, aber insgeheim freut sich der Porsche-Oberste über eine weitere IAA-Neuheit noch ein wenig mehr: Der neue Porsche 911 Carrera 2 geht in Produktion.
Nach dem die Produktion des bisherigen 911 Carrera im Sommer 1989 ausgelaufen war, stand somit eine große Typenbereinigung auf dem Programm. Neben dem allradgetriebenen Carrera 4 entspricht der neue Carrera 2 technisch und optisch weitgehend dem Carrera 4. Die Karosserie und die Aggregate des heckgetriebenen Carrera 2 sind, mit Ausnahme des Antriebsstranges, identisch mit denen des Carrera 4. 911 Turbo, Turbo-Look und Speedster sind im Modelljahr 1990 nicht mehr lieferbar.
Damit ist die Baureihe 911, Inbegriff des klassischen Porsche-Sportwagens, in einer weiteren Evolutionsstufe bestens gerüstet für den Markt zu Beginn der neunziger Jahre. Der Carrera 2 vertritt das Heckmotor-Heckantriebs-Konzept, das durch den 356 für Porsche-Sportwagen typisch geworden ist. Der geräuschgekapselte 3,6 Liter-Sechszylinder-Boxermotor mit 250 PS/184 kW und serienmäßigem Metallträger-Dreiwege-Katalysator gewährleistet die unverwechselbare 911-Traktion und Charakteristik in Verbindung mit souveränen Fahrleistungen.
Das Fahrwerk des Carrera 2 entspricht in seinem konstruktiven Aufbau dem des Carrera 4, ist jedoch hinsichtlich Abstimmung und Auslegung auf die Anforderungen eines Heckantriebs optimiert. Die Vorderradaufhängung an Dreiecksquerlenkern und Federbeinen mit geänderter Achsgeometrie (negativer Lenkrollradius) sichert in Verbindung mit der jetzt neuen Servolenkung optimale Lenkeigenschaften: Der Fahrer spürt

in Kurven im wesentlichen die aufgrund der jeweiligen Querbeschleunigungen entstehenden Kräfte und kann sie feinfühlig und mit geringem Kraftaufwand ausgleichen. Wesentlich beteiligt am weitgehend problemlosen Fahrverhalten des heckgetriebenen Carrera 2 ist auch die moderne Hinterrad-Aufhängung. Die Schräglenker-Konstruktion mit spurkorrigierend wirkenden Lagern erhöht die Fahrstabilität sowohl bei Geradeauslauf als auch bei Richtungswechseln und Lastwechseln in Kurven. Der Carrera 2 überzeugt durch ein ausgeprägtes Sportwagen-Fahrwerk, das mit exakter Radführung, elastizitätsfreier Aufhängung und auf die Fahrdynamik abgestimmter Dimensionierung von Rädern und Reifen (vorn 6J x 16 mit 205/55 ZR 16, hinten 8J x 16 mit 225/50 ZR 16) hohe Querbeschleunigung in Kurven ermöglicht und ein Maximum an Lenkpräzision bietet. Die leicht ansprechende Federung sichert in Kombination mit straffer Dämpfung einen guten Fahrbahnkomfort. Die hohe erreichbare Bremsverzögerung ist durch die Wirkung des serienmäßig eingebauten ABS auch unter ungünstigen Voraussetzungen nutzbar.

Premiere im Carrera 2: Tiptronic

Die Aufgabe, Motor- und Fahrwerksqualitäten unter verschiedenen Fahrbedingungen durch fortschrittliche Getriebe- und Schalt-Technologien nutzbar zu machen, steht seit jeher im Mittelpunkt der Entwicklungs-Aktivitäten von Porsche.

In der für den Carrera 2 entwickelten Tiptronic verbindet Porsche kraftschlüssige Schaltvorgänge mit müheloser Betätigung und ökonomischer Anpassung an Fahrbedingungen – und zwar in einer Form, die eigens für den Straßenbetrieb bei unterschiedlichsten Verkehrsbedingungen geschaffen wurde. Die Kombination eines automatischen Vierstufen-Wandler-Automatikgetriebes mit einer durch manuelles Tippen betätigten Schaltwippe stellt dem Fahrer Möglichkeiten zur Verfügung, die bis dahin weder bei der herkömmlichen Automatik noch beim Schaltgetriebe gegeben waren.

Der Carrera 2 mit Tiptronic wird als Alternative zur Version mit Fünfgang-Schaltgetriebe angeboten. In der Grundfunktion entspricht die Tiptronic einer herkömmlichen Automatik: Beim Fahren in D-Stellung kann ein großer Teil der Vorzüge genutzt werden. Für manuelles Eingreifen steht die Tip-Betätigung als zusätzliche Ebene zur Verfügung. Somit kann jeder, der mit der normalen Automatik vertraut ist, problemlos auch mit der Tiptronic umgehen.

Die Stellungen des Wählhebels unterscheiden sich in der vollautomatischen Betriebsart nicht von denen einer gebräuchlichen Automatik. Der Unterschied liegt in der Auslegung des Schaltprogramms: Während üblicherweise nur ein Programm oder maximal zwei – ein sportliches und ein ökonomisches – zur Verfügung stehen, paßt sich die adaptive Regelung der Tiptronic so der Fahrweise an, daß der Fahrer nach kurzer Eingewöhnung die Schaltvorgänge gefühlsmäßig über das Gaspedal nach seinen Wünschen beeinflußt. Die üblichen Rückschaltmöglichkeiten durch Gasgeben und das Hochschalten durch Gaswegnehmen werden hier durch eine große Zahl von Abstufungen ergänzt, die sich aus der Fahrweise ergeben. So bewirkt zum Beispiel langsames Gaswegnehmen nach dem Beschleunigen eine Hochschaltung, während bei schnellem Loslassen des Gaspedals der bisherige Gang eingeschaltet bleibt. Dadurch wird das oft unerwünschte Hochschalten vor der Kurve vermieden. Der Drehmomentwandler wird im zweiten, dritten und vierten Gang ab einer bestimmten Geschwindigkeit überbrückt, so daß beim Gasgeben keine Drehzahlüberhöhung eintritt. Die neue Qualität des Fahrens mit der adaptiven Regelung beruht auf der Auswahl und Auslegung der verschiedenen Parameter. Wesentlich ist, daß der Fahrer auch in der vollautomatischen Betriebsart aktiv auf die Schaltlogik des Getriebes Einfluß nehmen kann.
Wünscht der Fahrer alle Schaltvorgänge manuell zu beeinflussen, kann er den Hebel aus der D-Stellung durch Bewegen nach rechts in die manuelle Betätigungsebene bringen. Hier bewirkt kurzes Antippen nach vorn eine Hochschaltung und nach hinten ein Herunterschalten. Der jeweils geschaltete Gang wird über ein Display in der Instrumententafel angezeigt. Die Schaltung erfolgt umgehend – ausgenommen der Fall, daß durch Beibehalten eines unteren Ganges beim Beschleunigen oder durch zu frühes Zurückschalten die Höchstdrehzahl überschritten würde. In diesen Fällen schaltet die Tiptronic automatisch hoch bzw. verzögert die Rückschaltung. Bremst der Fahrer zum Stillstand ab, während noch der dritte oder vierte Gang eingeschaltet ist, geht das Getriebe auch in der manuellen Betriebsart automatisch in den zweiten Gang zurück, der in Verbindung mit dem Drehmoment-Wandler zum Anfahren benutzt werden kann. Zum Erzielen maximaler Beschleunigung kann im ersten Gang angefahren werden. Im zweiten Gang wird der Wandler ab ca. 60 km/h überbrückt, im dritten und vierten Gang ist die Überbrückung bei manueller Betätigung immer wirksam.
Nach den vorliegenden Erfahrungen bevorzugen selbst passionierte 911-Fahrer im dichten Verkehr die vollautomatische Betriebsart. Beim sportlichen Fahren auf kurvenreichen Straßen dagegen wird die

Benutzung der Tip-Wippe favorisiert, da sie den jeweils gewünschten Gang sofort aktiviert. Da die Vollautomatik ebenfalls schnell reagiert und sich der Fahrweise anpaßt, ist auch die Betriebsart für das sportliche Fahren 911-like. Aufgrund der – im Vergleich zum Schaltgetriebe – ungleich zügigeren Schaltvorgänge sehen die Porsche-Ingenieure in der Tiptronic die zukünftige Getriebe-Technologie.
Für die Entscheidung zwischen Tiptronic und Fünfganggetriebe können außer der Frage des kraftschlüssigen Schaltens auch persönliche Auffassungen zur Getriebe-Abstufung eine Rolle spielen. Im Kraftstoffverbrauch sind die Unterschiede zwischen Tiptronic und Schaltgetriebe gering. Durch extrem verbrauchsbewußte Fahrweise mit niedriger Drehzahl kann mit dem Schaltgetriebe noch sparsamer gefahren werden als mit der Tiptronic, im Normalfall ist jedoch die aufgrund vorgegebener Parameter schaltende adaptive Regelung dem gefühlsmäßig schaltenden Fahrer überlegen. Kein Zweifel besteht nach den bisherigen Erfahrungen daran, daß die Tiptronic in der Freude am Fahren dem Schaltgetriebe zumindest ebenbürtig ist. In der Einfachheit der Bedienung und im geringen Materialverschleiß ist sie dem Umgang mit Kupplung und Schalthebel überlegen.

Souveräne Fahrleistungen: 3,6 Liter-Aggregat

Der Doppelzündungsmotor mit 3,6 Liter Hubraum und einer Leistung von 250 PS/184 kW bei 6100/min sowie einem maximalen Drehmoment von 310 Nm bei 4800/min ist identisch mit dem im Carrera 4 eingebauten, bisher stärksten in der 911-Baureihe serienmäßigen Saugmotor. Entsprechend Souverän präsentieren sich die Fahrleistungen – sogar noch eine Spur agiler als im allradgetriebenen Carrera 4. In nur 5,7 Sekunden beschleunigt der Carrera 2 aus dem Stand auf 100km/h, die Höchstgeschwindigkeit liegt bei 260 km/h – auch in diesem Kriterium herrscht Gleichstand zwischen Carrera 2 und 4. Das um rund 80 Kilogramm höhere Leergewicht, bedingt durch den Allradantrieb, egalisiert der Carrera 4 bei der extremen Beschleunigung durch die bessere Traktion der vier angetriebenen Räder. Da die Karosserie ansonsten zwischen beiden Versionen absolut identisch ist, sind auch in der Höchstgeschwindigkeit keine nennenswerten Differenzen meßbar.

Karosserie: Geringer Luftwiderstand und Null-Auftrieb

Die im neuen Zuffenhausener Karosseriewerk gebaute Rohkarosserie von Carrera 2 und 4 ist eine Konstruktion, die hinsichtlich der Steifigkeit und Unfallsicherheit höchste Ansprüche erfüllt. Feuerverzinkter Stahl für den gesamten Aufbau und ein ausgefeiltes Herstellungsverfahren machen den Porsche 911 zu einem der langlebigsten Fahrzeuge der Welt. Hier liegt noch eine der Ursachen für die nach Jahren hohen Wiederverkaufspreise des 911. Ab Modelljahr 1990 sind sowohl der Carrera 2 als auch der Carrera 4 in den Karosserievarianten Coupé, Targa und Cabriolet zu haben. Carrera 2 und Carrera 4 basieren in allen Ausführungen auf der gleichen Grundkarosserie. Das Cabriolet wird ausschließlich mit der bewährten elektrischen Verdeckbetätigung gebaut.

1990

Der Porsche 911 Carrera 2 wird mit geringen Änderungen im Modelljahr 1991 weitergebaut. An den Motoren M64/01 für den Carrera sind neue Kolben im Einsatz, überarbeitet ist auch die Zylinderkopf-Dichtung. Die Wechselintervalle für die Zündkerzen werden auf 40 000 km verdoppelt. Außerdem läuft der Carrera 2 mit einem auf 20 mm Durchmesser verstärkten hinteren Stabilisator vom Band. Gegen Aufpreis sind alle Carrera-Modelle mit Fahrer und Beifahrer-Airbag lieferbar, ab Produktionstag 1. Februar 1991 werden alle linksgelenkten Porsche-Modelle serienmäßig damit ausgerüstet. Schließlich rundet noch die neue Entriegelung der Rücksitzlehnen durch Druckentriegelungstaste die Liste Modifikationen ab.

Porsche 911 Carrera RS

Im Oktober 1990 auf der Auto-Show in Birmingham feiert eine betont sportliche Carrera-Variante, der neue Porsche 911 Carrera RS, seine Weltpremiere. Der sportliche Erfolg des Carrera Cup steigerte das Interesse zahlreicher Sportfahrer, mit dem Carrera im markenübergreifenden Motorsport an den Start gehen zu können. Um dies zu ermöglichen, legt Porsche eine Serie von zunächst 1000 Carrera RS mit 260 PS/191 kW starkem Motor auf, die bis Jahresende 1991 fertiggestellt werden und für 1992 eine Homologierung nach dem Reglement »N/GT« (seriennahe GT) ermöglichen.
Wegen der großen Nachfrage hat sich Porsche aber entschlossen, dieses Modell bis zum Ende des Modelljahres weiterzubauen. Der 911 Carrera RS ist ein voll straßenzugelassener Sportwagen, der mit wenigen vom Reglement vorgeschriebenen Modifikationen im Rennen eingesetzt werden kann. Da der Rennzweck Priorität genießt, ist die Komfortausstattung auf ein Minimum beschränkt. Wegen der notwendigen Gewichtsersparnis entfallen zahlreiche elektrische Verbraucher.

Die Karosserie des Carrera RS wird gegenüber der Serie um 40 mm tiefergelegt. Das RS-Fahrwerk ist in Federung und Dämpfung für den Renneinsatz ausgelegt, bietet jedoch noch einen Federungskomfort, der auf normalen Straßen gerade noch akzeptabel ist. Die 17 Zoll-Cup-Räder – zur Gewichtsersparnis aus Magnesium hergestellt – haben vorn die Dimension 7,5J x 17 mit Reifen 205/50 ZR 17 und hinten 9J x 17 mit 255/40 ZR 17. Der Carrera RS hat eine exakte und direkt ausgelegte Sportlenkung ohne Servounterstützung, die Hochleistungsbremsanlage mit Teilen aus dem 911 Turbo und Cup Carrera ist für die Rennbeanspruchung ausgelegt.
Wegen der gewichtsgünstigen Bauweise ist der Innenraum sehr sportlich orientiert. Dachhimmel und Fließ-Teppiche sorgen für ein Mindestmaß an Wärme- und Geräuschisolierung, Rücksitze sind nicht vorhanden. Die eng geschnittenen, stark konturierten Schalensitze sowie die Sicherheitsgurte sind auf die Außenfarbe abgestimmt, sie lassen den Sportzweck ebenso erkennen wie das kleine Vierspeichen-Lenkrad (360 mm Durchmesser) mit dickerem Kranz und die einfachen Türtafeln mit Öffnerschlaufe, Zuziehgriff und manueller Fensterkurbel. Die Außenspiegel sind manuell einstellbar. Zur auf Wunsch lieferbaren vorgeschriebenen Sicherheitsausstattung für den Einsatz in der Gruppe N/GT gehören ein Überrollkäfig, Sechspunkt-Gurte, Feuerlöschsystem und Batterie-Notschalter.
Der vom Carrera 2 übernommene 3,6 Liter-Sechszylinder-Boxermotor leistet mit ausgewählten Kolben und Zylindern sowie durch Anpassung an den bleifreien Kraftstoff Super Plus (98 Oktan) 260 PS/191 kW bei 6100/min. Das hohe Drehmoment von 325 Nm wird bei 4800/min erreicht. Wegen des geringeren Gewichts (1240 Kilogramm) beschleunigt der RS in nur 5,4 Sekunden von 0 auf 100 km/h, als Höchstgeschwindigkeit werden 260 km/h erreicht.

1991

Technisch betrachtet geht der Carrera 2 als Coupé, Cabriolet und Targa weitgehend unverändert in das Modelljahr 1992. Für alle Versionen entfällt der Motoröl- und Filterwechsel sowie eine Überprüfung des Ventilspiels beim ersten Wartungsdienst (3000 – 4000 km). Äußerlich erkennt man den 92er-Jahrgang an den neugestalteten 16 Zoll-Rädern im Cup-Design und der neuen Spiegelgeneration analog Turbo und Carrera RS. Zusätzlich zum Cassettenradio mit Vierlautsprecheranlage kann ein separater, vom Fahrersitz aus steuerbarer CD-Wechsler eingebaut werden.

Erweitert wird das Carrera 2-Programm durch das neue Carrera 2 Cabriolet Turbo-Look. Diese Bezeichnung läßt erkennen, daß hier die Optik Pate gestanden hat und mit diesem Modell entspricht Porsche dem Wunsch nach einem offenen Sportwagen mit der verbreiterten Karosserie und dem Fahrwerk des 911 Turbo. Dieses Fahrzeug bietet mit dem 250 PS/184 kW Carrera-Motor, dem Fahrwerk und der Bereifung des 911 Turbo einen hohen Grad an Sportwagen-Identität, technischer Funktionalität und aktiver Sicherheit. Komfort und Ausstattung – serienmäßig Servolenkung und Airbags für Fahrer und Beifahrer – entsprechen dem hohen Niveau des Carrera 2, ebenso das vollelektrische Verdeck. Mit den Bremsen des 911 Turbo wird das gegenüber dem Carrera 2 etwas höhere Gewicht voll kompensiert. Das Cabriolet Turbo-Look kann sowohl mit Fünfgang-Getriebe als auch mit Tiptronic ausgerüstet werden.
Da der 911 Carrera RS auch im Modelljahr 1992 nicht für die USA typisiert ist, wird ein US-Sondermodell, der 911 RS America, gebaut. Diese Version besitzt die serienmäßige Antriebstechnik des Carrera 2, hat jedoch ein sportlich abgestimmtes Fahrwerk mit 17 Zoll-Cup-Rädern und einen festen Heckspoiler.

1992

Die Carrera 2-Versionen werden mit geringen Änderungen im Modelljahr 1993 weitergebaut. Mit Beginn dieses Modelljahres setzen Änderungen ein, die überwiegend dem Umweltschutz dienen. In der Klimaanlage wird das FCKW-freie Kältemittel R 134a eingefüllt, die neuen Lacke auf Wasserbasis belasten kaum noch die Atmosphäre und die aus dem Rennsport kommende Bremsflüssigkeit DOT 4-200 verfügt über einen deutlich höheren Naß-Siedepunkt von 182 Grad nach drei Jahren. Das ermöglicht einen Wechselintervall von jetzt drei Jahren. Keylock und Shiftlock wurde in die Tiptronic integriert. Keylock verhindert das Abziehen des Zündschlüssels, solange der Wählhebel nicht in Parkstellung (P) steht. Shiftlock verhindert in Park- und Neutralstellung (P und N) das Einlegen einer Fahrstufe, wenn die Fußbremse nicht betätigt ist.
Im Oktober 1992 erlebt der Porsche Speedster bei Porsche seine dritte Auflage. Nach dem 356 Speedster von 1954 (4.822 Exemplare) und dem 911 Speedster von 1989 (2.100 Exemplare) entschließt sich die Firmenleitung unter Wendelin Wiedeking zu einer limitierten Auflage eines Speedsters auf Carrera 2-Basis. Das neue Modell wird ausschließlich mit der Rohkarosserie des Carrera 2 Cabriolet, also nicht im breiten Turbo-Look, gebaut.

Typisch für den Speedster ist jedoch seit jeher das Verdeck, das nach alter Tradition von Hand geöffnet und geschlossen werden muß. Allerdings ist die Arbeit leichter geworden, denn Mechanik- und Verschlußtechnik wurden gegenüber der 89er-Version deutlich verbessert. Geblieben ist dagegen die typische, geduckte Optik des geschlossenen Speedsters mit der niedrigen Windschutzscheibe, die nunmehr fest montiert ist und ebenso wie die Seitenscheiben mit neuen Dichtungen einen besseren Wetterschutz bietet.
Neu konstruiert haben die Porsche-Ingenieure auch die Verriegelung der Kunststoffabdeckung, unter der das geöffnete Verdeck völlig verschwindet. Mit neuer Linienführung zaubert die in Wagenfarbe lakkierte Doppelhutze das typische Feeling des Offenfahrens im Speedster herbei. Dies bleibt immer eine Sache für höchstens zwei, denn Fondsitze gibt es im Speedster nach wie vor nicht.
Angetrieben vom 250 PS/184 kW starken 3,6 Liter-Carrera 2-Triebwerk, stehen als Getriebe entweder das manuelle Fünfganggetriebe oder die Porsche Tiptronic zur Auswahl. Im lastschaltbaren Tiptronic-Getriebe sind vollautomatisches Schalten und manuelle Gangwahl erstmals eine Verbindung eingegangen – eine sportlich und zugleich mühelose Form des Fahrens, die zweifellos hervorragend mit dem Speedster-Charakter harmoniert.
Auch sonst ist in diesem Fahrzeug mehr Komfort zu finden, als das Speedster-Outfit vermuten läßt: elektrische Fensterheber, Alarmanlage mit Leuchtdioden und auf Wunsch auch eine Klimaanlage verwässern etwas den klassischen Speedster-Gedanken. Als Sitze kommen die vom RS bekannten Schalen zum Einsatz. Während die Lederpolsterung in einem speziellen Design gehalten ist, erhalten die Schalen auf der Rückseite eine Lackierung in Wagenfarbe. Fünf Außenfarben stehen zur Wahl: indischrot, grandprixweiß, schwarz, speedgelb und maritimblau. Die Türtafeln sind vom Carrera RS übernommen und mit Zuziehgriff und Öffnerschlaufe ausgerüstet.
In den Fahrleistungen ist die Neuauflage des Speedsters ein echter Carrera: in 5,7 Sekunden beschleunigt er von 0 auf 100 km/h, die Höchstgeschwindigkeit liegt bei 260 km/h. Servolenkung und 17 Zollräder im Cup-Design gehören zum Serienumfang. Die Felgen sind ebenfalls in Wagenfarbe lackiert. Die mit dem Carrera Cabriolet identische Rohkarosserie zählt in der Steifigkeit zu den besten ihrer Art und bietet dank Vollverzinkung und gründlichem Korrosionsschutz extreme Langlebigkeit. Selbstverständlich gilt auch hier die zehnjährige Garantie gegen Korrosion – demnach dürfte man auch im Jahre 2030 einige Carrera Speedster antreffen.

1993
Im Mittelpunkt des Modelljahres 1994 steht der neue Porsche 911 Carrera, dessen Markteinführung im Oktober 1993 in der Coupé-Version beginnt. Bis zum Jahresende 1993 unverändert im Angebot bleiben der 911 Speedster, das Carrera 2 Cabriolet und das Carrera 4 Jubiläumsmodell, alle vier auf technischer Basis des bisher angebotenen Porsche 911 Carrera 2 und 4. Die Produktion von Carrera 2 und 4 endet im Sommer 1993.

964 Carrera 2/Carrera 4/Carrera RS/Turbo/Turbo S

Baujahr	Modell Karosse	Typ	Fahrgestell-Nr.	Motor-Typ	Getr.-Typ	Zyl.	Bohrung x Hub	Hubraum	DIN-PS bei U/min.	mkp bei U/min.	Verdtg.	Radstand	Spur vorn/hinten	Länge	Gewicht	Produkt. Stck.	
1989	Coupé	964	WPOZZZ96ZKS	M64/01	664/00	6	100/76,4	3600	250/6100	31,6/4800	11,3:1	2272	1380/1374	4250	1450	2068	
		RDW	400001–402068														
		CH			664/01												
		964	WPOJBO96KS	M64/01	664/00	6	100/76,4	3600	247/6100	30,0/4800	11,3:1	2272	1380/1374	4275	1485	1117	
		USA	450001–451117														
1990	Coupé	964	WPOZZZ96ZLS	M64/01	664/01	6	100/76,4	3600	250/6100	31,6/4800	11,3:1	2272	1380/1374	4250	1450	8328	C4
		RDW	400001–408328	M64/02	664/02	6	100/76,4	3600	250/6100	31,6/4800	11,3:1				1350		C2
					A50/01										1380		C2 Tip
					650/03										1475		C4
		964	WPOAB2965LS	M64/01	650/04	6	100/76,4	3600	247/6100	30,0/4800	11,3:1				1375	2116	C2
		USA/Kanada mit Airbag	450001–452116	M64/02		6	100/76,4	3600	247/6100	30,0/4800	11,3:1				1405		C2 Tip
		964 Kanada ohne Airbag	WPOABO966LS 459001–459080													80	
	Cabrio	964	WPOZZZ96ZLS												1420	3410	C2
		RDW	420001–423410												1450		C2 Tip
		964	WPOCB2964LS												1435	2169	C2
		USA/Kanada mit Airbag	470001–472169												1465		C2 Tip
		964 Kanada ohne Airbag	WPOCBO962LS 479001–479061													61	
	Targa	964	WPOZZZ96ZLS													1298	
		RDW	410001–411298														
		964	WPOBB2962LS													727	
		USA/Kanada mit Airbag	460001–460727														
		964 Kanada ohne Airbag	WPOBBO962LS 469001–469061													61	

964 Carrera 2/Carrera 4/Carrera RS/Turbo/Turbo S

Baujahr	Modell Karosse	Typ	Fahrgestell-Nr.	Motor-Typ	Getr.-Typ	Zyl.	Bohrung x Hub	Hubraum	DIN-PS bei U/min.	mkp bei U/min.	Verdtg.	Radstand	Spur vorn/hinten	Länge	Gewicht	Produkt. Stck.	
1991	Coupé	964	WPOZZZ96ZMS	M64/01	650/03	6	100/76,4	3600	250/6100	31,6/4800	11,3:1	2272	1380/1374	4250	1450		C4
					A50/02										1350		C2
		RDW	400001–407839	M64/02	650/04	6	100/76,4	3600	250/6100	31,6/4800	11,3:1				1380	7839	C2 Tip
					664/01												
					664/02												
		964	WPOAB2964MS	M64/01		6	100/76,4	3600	247/6100	30,0/4800	11,3:1				1475		C4
		USA mit	410001–411607	M64/02	A50/03	6	100/76,4	3600	247/6100	30,0/4800	11,3:1				1375	1607	C2
		Airbag													1405		
	Cabrio	964	WPOZZZ96ZMS									2272	1434/1493	4250	1420	3885	C2
		RDW	450001–453885												1450		C2 Tip
		964	WPOCB2969MS														
		USA mit	460001–462206									2272	1434/1493	4250	1435	2206	C2
		Airbag													1465		C2 Tip
	Targa	964	WPOZZZ96ZMS														
		RDW	430001–431195													1195	
		964	WPOBB2961MS														
		USA mit	440001–440745													745	
		Airbag															
	Coupé	964 Turbo	WPOZZZ96ZMS														
		RDW	470001–472287	M30/69	650/52	6	97/74,4	3299	320/5750	45,9/4500	7,0:1	2272	1493/1499	4250	1470	2287	
		964 Turbo	WPOAA2966MS														
		USA mit	480001–480673	M30/69	G50/52	6	97/74,4	3299	315/5750	45,9/4500	7,0:1	2272	1493/1499	4250	1470	673	
		Airbag															
1992	Coupé	964	WPOZZZ96ZNS	M64/01	650/03	6	100/76,4	3600	250/6100	31,6/4800	11,3:1	2272	1380/1374	4250	1450		C4
		RDW	400001–	M64/02	A50/02	6	100/76,4	3600	247/6100	30,0/4800	11,3:1				1350		C2
					650/04										1380		C2 Tip
		964	WPOZZZ96ZNS		664/01							2272	1380/1374	4250	1475		C4
		USA/Kanada	420001–		664/02										1375		C2
					A50/03										1405		C2 Tip
	Cabrio	964	WPOZZZ96ZNS									2272	1434/1493	4250	1420		
		RDW	450001–														
		964	WPOZZZ96ZNS										1434/1493	4250	1435		
		USA/Kanada	460001–														
	Targa	964	WPOZZZ96ZNS														
		RDW	430001–														
		964	WPOZZZ96ZNS														
		USA/Kanada	440001–														
	Coupé	964 RS	WPOZZZ96ZNS	M64/03	650/10	6	100/76,4	3600	260/6100	33,1/4800	11,3:1	2272	1379/1380	4275	1220		
		RDW	490001–														
		964 RS	WPOZZZ96ZNS														
		USA/Kanada	495001–														
	Coupé	964 Turbo	WPOZZZ96ZNS	M30/69	650/52	6	97/74,4	3299	320/5750	45,9/4500	7,0:1	2272	1493/1499	4250	1470		
		RDW	470001–														
		964 Turbo	WPOZZZ96ZNS	M30/69	650/52	6	97/74,4	3299	315/5750	45,9/4500	7,0:1	2272	1493/1499	4250	1470		
		USA/Kanada	480001–														
		964 Turbo S	[illegible]		650/52	6	97/74,4	3299	381/6000	50,0/4800	7,0:1	2272		4250	1290		

Im Herbst 1989 erscheint der heckgetriebene 911 Carrera 2 mit aerodynamisch optimierter Karosserie und idealem Auftriebswert null. Das 3,6 Liter-Triebwerk leistet 250 PS/184 kW bei 6100/min.

Charakteristisch für die neue Carrera 2-Generation ist der im Stillstand eingefahrene Heckspoiler. Der 911 Carrera 2 erreicht eine Höchstgeschwindigkeit von 260 km/h.

Im neuen 911 Carrera 2 feiert die Tiptronic Premiere. Als Basisgetriebe kommt das automatische ZF-Vierstufen-Wandlergetriebe 4HP22 zum Einsatz.

Wählhebel der Tiptronic: In der linken Ebene (Automatik-Ebene) wird die Tiptronic wie ein konventionelles Automatikgetriebe bedient. In der rechten Ebene (Tip-Ebene) werden durch Vor- oder Zurücktippen die Fahrstufen manuell gewählt.

Im Herbst 1990 erscheint mit dem neuen 911 Carrera RS ein chancenreiches Fahrzeug für den Renneinsatz in der seriennahen Gruppe N/GT.

Der 911 Carrera RS ist mit einem strafferen Fahrwerk und breiteren 17 Zoll-Magnesium-Rädern bestückt. Das 3,6 Liter-Aggregat leistet 260 PS/191 kW und der RS wiegt 1120 Kilogramm.

Im Innenraum des Carrera RS sorgen eng geschnittene Schalensitze für optimalen Seitenhalt, auf nicht unbedingt notwendige Komfortdetails verzichtet man beim RS.

Im Modelljahr 1993 präsentiert sich der 911 Carrera 2 mit neugestalteten Außenspiegeln. Auf Wunsch sind die 17 Zoll-Räder des 911 Turbo lieferbar.

Besonders reger Nachfrage erfreut sich das attraktive Carrera 2 Cabriolet. Hier mit den optionalen 17 Zoll-Rädern.

Bis zum Sommer 1993 produziert Porsche den Targa. Allerdings ging der Anteil der Targa-Karosserie auf unter zehn Prozent zurück. Aus diesem Grund erscheint der neue 911 Carrera nicht mehr mit dieser Aufbau-Variante.

Dominanz der Optik: 911 Carrera 2 Cabriolet Turbo-Look. Als Antriebsquelle fungiert der 3,6 Litermotor mit 250 PS/184 kW, Karosserie und Fahrwerk steuert der 911 Turbo bei.

698

Im Modelljahr 1993 läßt Porsche mit dem bis zum Ende 1993 produzierten Carrera 2 Speedster eine faszinierende Idee wieder aufleben. Der Speedster basiert auf dem Carrera 2 Cabriolet.

Charakteristisch für die klassische Speedster-Silhouette sind die flache Frontscheibe, die niedrigen Seitenfenster und das einfache Verdeck. Der Motor: 3,6 Liter, 250 PS/184 kW.

Die Schalensitze aus dem Carrera RS sowie ein kleines Sportlenkrad prägen den optischen Eindruck im Carrera 2 Speedster-Innenraum.

Typ 911 Carrera (ab 1993)

Auf der IAA in Frankfurt im September 1993 präsentiert Porsche – 30 Jahre nach der Premiere des 911 – die jüngste Version des Sportwagentyps 911, den neuen Porsche 911 Carrera. Der Porsche 911 gilt unter den Automobilen dieser Welt als der Klassiker schlechthin. Dies liegt insbesondere an seiner einzigartigen, markanten Form. Dieses Design findet auch im neuen 911 Carrera eine konsequente Fortsetzung. Das Wechselspiel von konkaven und konvexen Formen gehört ebenso zu den Spezifika des 911 wie die spannungsreiche, dynamische Linienführung. Trotz grundlegender formaler Maßnahmen – erstmals in der 911-Geschichte – gibt sich der neue Porsche 911 eindeutig als Porsche 911 zu erkennen.
Markant sind die Änderungen an der Frontpartie. Die neuentwickelten Ellipsoid-Scheinwerfer sind bewußt als große, runde Funktionseinheit entworfen. Mit ihrer tiefen Lage setzt sich die weich ausgebildete Wölbung der vorderen Kotflügel fort. Die Kontur des Stoßfängers mit seinen aus Blinkern und Zusatzscheinwerfern bestehenden Leuchteinheiten sowie die Lufteintrittsöffnung an der Bugunterseite formt das unverwechselbare Gesicht des 911 Carrera. Aus dieser neuen Front ergibt sich eine wesentliche Verbesserung des Luftwiderstands.
Der ausfahrbare Heckspoiler ist nahezu bündig in den Motorraumdekkel integriert. Sein schwarz abgesetzes Luftgitter, das durchgehende Leuchtenband zwischen den Heckleuchten sowie die beiden links und rechts angeordneten Auspuffrohre lassen das Fahrzeugheck in Kombination mit den weiter ausgestellten hinteren Kotflügeln breit und niedrig erscheinen. Weitere Details, durch die sich der neue Porsche 911 gegenüber dem Carrera 2 unterscheidet, sind die neugestalteten, filigraner wirkenden Felgen, die ergonomisch gestalteten und in Wagenfarbe lackierten Türgriffe, die mit der Außenhaut bündige Einpassung der Seitenscheiben sowie die mittige Anordnung der Wischerarme vor der Frontscheibe.

Neben der Optimierung des ausfahrbaren Heckspoilers, dessen Fläche sich gegenüber dem Vorgänger geringfügig vergrößerte, wirkt sich auch die Verkleidung des Fahrzeugunterbodens positiv auf einen günstigen Luftwiderstand aus. Dadurch ist es möglich, die zwischen Fahrbahn und Fahrzeugboden hindurchströmende Luft als Sog zu nutzen. Dieses im Rennsport als »Groundeffect« bezeichnete Phänomen senkt den Auftrieb und reduziert gleichzeitig den Luftwiderstand des Fahrzeugs.
Eine Besonderheit stellt die konstruktive Ausführung der Durchströmung der Kühler im Fahrzeugbug dar. Die Kühlluft strömt über Schlitze im unteren Bugteil ein, fließt durch die Kühler und tritt über speziell gestaltete Öffnungen vor den Vorderrädern aus. Diese Form der Luftführung senkt den Gesamtwiderstand des Fahrzeugs, da die vor den Vorderrädern ausströmende Luft wie ein unsichtbarer Spoiler wirkt. Der neue Carrera ist damit eines der wenigen Fahrzeuge, das mit Kühlluftdurchströmung einen geringeren Luftwiderstand aufweist als ohne. Die Summe dieser und anderer Maßnahmen führt zu einem Cw-Wert von 0,33 mit Auftriebswerten, die nahe Null liegen. Bei einer Stirnfläche von 1,86 m^2 ergibt sich eine Widerstandsfläche (Cw x A) von nur 0,61 m^2.
Die Design-Maßnahmen im Innenraum konzentrieren sich insbesondere auf die Bereiche Funktion und Ergonomie. Beim neuen Airbag-Lenkrad ergibt ein reduziertes Bauvolumen des Airbags eine klare, attraktivere Lenkradform. Ebenfalls neu sind die jetzt noch besser zu bedienenden Lenkstockschalter. Die Schalter für Nebenfunktionen wie Schiebedachbetätigung und Heckscheibenheizung sind übersichtlich in einer Leiste vor dem Schalthebel zusammengefaßt. Die Türtafeln sowie die Sitzpolster erfuhren eine deutliche Überarbeitung und wirken elegant und funktionell.
Die Rohkarosserie des neuen 911 Carrera weist bei gleichem Gewicht gegenüber dem bereits als sehr verwindungssteif geltenden Vorgängermodell eine nochmals um 20 Prozent höhere Torsionssteifigkeit auf. Die von Porsche als erstem Hersteller weltweit eingesetzten, beidseitig feuerverzinkten Stahlbleche sind auch beim neuen Modell ebenso selbstverständlich wie die zehnjährige Garantie gegen Karosserie-Durchrostung.
Durch die Designänderungen im Frontbereich bietet der neue 911 ein um rund 20 Prozent auf jetzt 123 Liter (nach VDA-Norm) vergrößertes Gepäckraumvolumen. Das vorn liegende Reserverad nimmt im Falle eines Unfalls einen erheblichen Teil der Deformationsenergie auf. Der Tank faßt 74,5 Liter, auf Wunsch gibt es einen Tank mit 92 Liter Inhalt, was dann aber das Gepäckraumvolumen verringert. Im Bereich des

Hinterwagens erforderte die neue Hinterachskonstruktion grundlegende Karosserieänderungen. Diese wurden genutzt, um die Steifigkeit der Karosserie zu verbessern und gleichzeitig produktionstechnische Vereinfachungen vorzunehmen.
Während die Dachlinie nahezu unverändert bleibt, erfuhren die Türen eine deutliche Überarbeitung. Die vereinfachte Türbetätigung innen und ein geänderter Türgriff außen (in Wagenfarbe) sind die erkennbaren Zeichen der Änderungen. Nicht sichtbar ist die neue, sogenannte Leitplanke in der Tür. Sie ist gegenüber dem beim 911 bereits seit Mitte der achtziger Jahre serienmäßigen Seitenaufprallschutz nochmals deutlich stabiler ausgelegt. Völlig umgestellt hat Porsche mit dem neuen Carrera das Einglasungskonzept für den 911. Front- und Heckscheibe liegen in schmaleren Gummidichtungen und weiter außen – das verbessert Optik und Aerodynamik. Neue Dichtungen an den Seitenscheiben reduzieren Windgeräusche sowie Türschließkräfte. Der Innenraum wirkt wegen der nach außen verlegten Scheiben im direkten Vergleich zum Carrera 2 großzügiger.
Die beiden Scheibenwischerarme sind jetzt mittig befestigt. Bedingt durch die neue Positionierung ergibt sich neben einem deutlich größeren Wischfeld auch eine Überdeckung des von beiden Wischerarmen bestrichenen Feldes von 80 Prozent. Dieser hohe Anteil doppelt gewischter Scheibenfläche verbessert vor allem die Sicht bei starkem Regen und vermeidet bei Schneefall einen möglichen Schneeaufbau auf der Frontscheibe.
Serienmäßig sind nun auch in der Rechtslenker-Version Fahrer- und Beifahrer-Airbag, das Armaturenbrett mit den fünf großen, übersichtlichen Analog-Rundinstrumenten zeichnet sich seit jeher durch seine unmißverständliche Darstellung aller wichtigen Informationen aus. Die elektronisch geregelte Luft/Luft-gesteuerte Heizungsanlage zeichnet sich durch ihre konkurrenzlos schnelle Erwärmung des Innenraums nach dem Kaltstart aus. Beim neuen Modell serienmäßig ist ein Partikelfilter. Das eingebaute System hält Partikel ab einer Größe von fünftausendstel Millimeter zurück, also auch die meisten Blütenpollen.
Optisch modifiziert sind auch die mit neuem Nahtverlauf gestalteten Vordersitze. Sie erhalten außerdem eine verbesserte Oberschenkelauflage. Die hochwertige Sitzqualität sowie -stabilität in Verbindung mit den integrierten Kopfstützen garantieren höchsten Sitzkomfort sowie größtmögliche Sicherheit.

Motor: stärker und leiser

Beim Triebwerk des neuen 911 Carrera (interne Typenbezeichnung: 993) setzt Porsche auf eine Weiterentwicklung des vom Vorgängermodell bekannten, luftgekühlten Sechszylinder-Boxermotors mit 3,6 Liter Hubraum. In der jüngsten Version leistet der Motor 272 PS/200 kW bei 6100/min und produziert ein maximales Drehmoment von 330 Nm bei 5000/min. Damit ist er rund zehn Prozent stärker als bisher, kann aber durch seinen optimierten spezifischen Kraftstoffverbrauch mit den gleichen guten Verbrauchswerten aufwarten.

Diese Variante des 3,6 Liter-Motors enthält neben bewährten Elementen wie Aluminium-Motorblock und -Zylinderkopf, zweistufiger Resonanz-Sauganlage und Doppelzündung eine Reihe weiterer technischer Innovationen:

- optimierte Kolben und Pleuel, dadurch leichterer Kurbeltrieb
- hydraulischer Ventilspielausgleich
- elektronisches Motormanagement Bosch Motronic 2.10
- Luftmassenmessung durch Heißfilmsensor
- Zweirohr-Abgasanlage mit zwei Metallträger-Katalysatoren.

Eine deutliche Gewichtseinsparung gelang den Porsche-Ingenieuren beim Kurbeltrieb. Zwar legte die verstärkte Kurbelwelle im Gewicht fast ein Kilogramm zu, doch die gewichtsoptimierten Pleuel (je 520 statt 632 Gramm), leichtere Kolben (je 602 statt 657 Gramm) und eine 700 Gramm leichtere Riemenscheibe führten zu weniger Gewicht. Positiv vor allem für den Benutzer wirkt sich der hydraulische Ventilspielausgleich aus. Damit entfällt die bisher alle 20000 Kilometer fällige Kontrolle des Ventilspiels. Gleichzeitig reduzieren sich die Abgasemissionen während der Warmlaufphase des Motors. Beibehalten wurde das bewährte Konzept der Doppelzündung und halbkugeliger Brennräume. Eine neugestaltete Auspuffanlage optimiert die Abgasnachbehandlung und Leistung. In einer gemeinsamen Mischkammer registriert die Lambdasonde die Gemischzusammensetzung. Anschließend teilt sich der Abgasstrom wieder auf und durchströmt je einen Metallträger-Katalysator sowie einen Schalldämpfer. Dadurch ist es gelungen, den Gegendruck zu reduzieren, die Gräuschdämmung zu optimieren, ohne das Volumen der Anlage wesentlich zu vergrößern. Äußeres Kennzeichen sind jetzt zwei Auspuffendrohre.

Das Motormanagement übernimmt mit der Bosch Motronic 2.10 eines der modernsten Systeme. Als Eingangsdaten werden registriert: Luftmasse, Drehzahl, Stellung der Kurbelwelle und Nockenwellen, Motortemperatur, Ansauglufttemperatur, Drosselklappenstellung sowie die Daten der beiden Klopfsensoren. Auf der Ausgangsseite regelt die Motronic die Einspritzventile, die Zündungsendstufen, der Leerlaufsteller und das Tankentlüftungsventil.

Kraftübertragung: Sechsgang-Getriebe und Tiptronic

Neu für den Porsche 911 Carrera ist das Sechsgang-Schaltgetriebe als Standard, während die Porsche-spezifische Alternative, die Tiptronic, eine deutliche Überarbeitung erfuhr. Beim neuen Sechsgang-Schaltgetriebe liegt der sechste Gang im Schaltschema in einer Ebene mit dem fünften Gang. Die Wahl pro Sechsganggetriebe fiel, um das große Geschwindigkeitsspektrum zwischen 0 und 270 km/h optimal abdekken zu können. Andernfalls hätten länger ausgelegte Gänge beim Fünfgang-Pendant die Mehrleistung des Motors wieder aufgezehrt mit Nachteilen in der Elastizität. Durch einige Einzelmaßnahmen liegen die Schaltkräfte beim Sechsgang-Getriebe um rund 35 Prozent niedriger als beim bisherigen Fünfgang-Getriebe. Eine hohlgebohrte Ritzelwelle, ein Getriebegehäuse in Dünnwand-Aluminium-Druckguß sowie einige Detailoptimierungen führten dazu, das Gewicht des neuen Getriebes trotz der zusätzlichen Gangstufe auf dem gleichen Niveau wie das des Vorgängertyps zu halten.
Die von Porsche angebotene Tiptronic kann zum einen wie eine konventionelle Automatik agieren, zum anderen ermöglicht sie dem Fahrer ein manuelles Anwählen der Fahrstufen. In der Automatikebene werden die Fahrstufen automatisch geschaltet. Diese Aufgabe übernimmt ein intelligentes, also lernfähiges Schaltprogramm. Dieses berücksichtigt Meßgrößen wie Quer- und Längsbeschleunigung, Motordrehzahl, Drosselklappenstellung und Geschwindigkeit. Daraus errechnet der Rechner das jeweils günstigste der fünf zur Wahl stehenden Fahrprogramme. Sie unterscheiden sich vor allem durch unterschiedliche Schaltpunkte, also früheres oder späteres Schalten. Zusätzlich verhindert das Programm Schaltvorgänge in Kurven oder Überdrehen des Motors. Im neuen Carrera ist das Programm der veränderten Motorleistung angepaßt. Zusätzlich berücksichtigt es jetzt auch unterschiedliche Fahrwiderstände wie Bergauf- oder Bergabfahrt. Neu ist auch, daß im Automatik-Programm Rückschaltungen durch Bremsen ausgelöst werden können.
Als Sonderwunsch für den Porsche 911 Carrera mit Schaltgetriebe ist – erstmals bei Porsche – ein fahrdynamisch gesteuertes Sperrensystem erhältlich. Es verhindert einseitiges Durchdrehen der Antriebsräder auf unterschiedlich griffigem Fahrbahnbelag. Dieses Sytem besteht aus

zwei Elementen: dem automatischen Brems-Differential (ABD) sowie einer mechanischen Hinterachs-Quersperre. Für die Tiptronic-Version ist das ABD ohne diese Sperre ebenfalls gegen Aufpreis zu haben. Die Funktionsweise: Wenn beim Beschleunigen ein Antriebsrad durchdreht, erkennt das Steuergerät dies über die ABS-Sensoren. Das durchdrehende Rad wird über das selektiv ansteuerbare und auf schnelles Ansprechen optimierte Bremsventil abgebremst. Damit kann das nicht durchdrehende Rad ein höheres Antriebsmoment übertragen. So ist ein problemloses Anfahren auch unter erschwerten Bedingungen möglich. Bei einer Geschwindigkeit von etwa 70 km/h endet der ABD-Regelbereich.

Fahrwerk: neue Hinterachse

Vorne findet man auch beim neuen 911 Carrera die bewährte Konstruktion der McPherson Federbein-Achse. Durch eine Reihe von Detailmaßnahmen ließen sich einige Verbesserungen erzielen. Ein vergrößerter Nachlauf, der negative Lenkrollradius und einige neukonstruierte Achsbauteile ermöglichten spürbare Vorteile im Fahrverhalten. Durch den Einsatz neuer Werkstoffe geriet die Vorderachse insgesamt drei Kilogramm leichter. Ein stabilerer Geradeauslauf, weniger Störkräfte auf die Lenkung und eine erhöhte Bremsstabilität sind die wesentlichen Merkmale der Überarbeitung.

Die Hinterachse des neuen Porsche 911 Carrera ist eine komplette Neukonstruktion. Das aus dem Rennsport bekannte Doppelquerlenker-Prinzip führte durch konsequente Weiterentwicklung zu der jetzt eingesetzten Mehrlenker-Hinterachse mit Fahrschemel. In Anlehnung an die Eigenschaften der Neukonstruktion wie Leichtbau, Stabilität und Agilität bezeichnet Porsche die neue Achse als LSA-System.

Die Radführung übernehmen bei der LSA-Achse vier aus Aluminiumguß gefertigte Lenker, die räumlich in zwei horizontalen Ebenen angeordnet sind. Beim Fahrschemel handelt es sich um einen aus zwei Teilen zusammengesetzten Rahmen in Aluminium-Druckgußtechnik, dessen beide Elemente über drei Querträger miteinander verbunden sind. Der Fahrschemel ist über Gummilager an vier Punkten an der Karosserie befestigt. Bedingt durch diese Form der Aufhängung lassen sich Verbesserungen im Komfort und bei der Handlichkeit ableiten. Außerdem kann die gesamte Hinterachse in einem Arbeitsgang als vormontiertes Bauteil eingebaut werden.

Die Selbstlenkeigenschaften der LSA-Hinterachse stellen eine konsequente Weiterentwicklung der erstmals im 928 eingesetzten, sogenannten Weissach-Achse dar. Beim Lastwechsel geht das kurvenäußere Rad

aufgrund der Querkräfte in Vorspur, lenkt also in die Kurve hinein und baut die Übersteuerneigung ab. Das reduziert spürbar die Lastwechselreaktionen. Bei hohen Querbeschleunigungen und schnellen Fahrspurwechseln wird dadurch eine gewisse Instabilität des Hecks eliminiert.
Die überarbeitete Servolenkung mit elastischen Spurstangen im neuen 911 spricht noch feinfühliger an, kommt mit kleineren Lenkwinkeln aus und erfordert beim Einparken geringere Kräfte. An den positiven Eigenschaften wie exakte Rückmeldung, direktes Ansprechen und angemessener Kraftaufwand hat sich nichts verändert.
Die anerkannt gute Bremsanlage des Carrera 2 präsentiert sich im neuen 911 Carrera nochmals verbessert. Bereits beim ersten Bremsen beginnen die Vorteile. Der Hauptbremszylinder mit Unterdruckverstärker liegt jetzt quer zur Fahrtrichtung und durch die sehr präzise Auslegung einer zusätzlichen Umlenkhebelübersetzung für das Bremspedal erreichte Porsche eine linear ansteigende Übersetzungssteigerung über den gesamten Bremspedalweg.
Erstmals zum Einsatz kommt beim 911 Carrera das neue Bosch ABS 5 mit neuen Regelalgorithmen. Das hat vor allem Vorteile auf schwierig zu berechnenden, weil inhomogenen Fahrbahnoberflächen. Teilweise abgetrocknete Fahrbahnen, Unebenheiten oder verschmutzte Straßen sind solche nur schwer zu beherrschenden Situationen, bei denen ein optimal arbeitendes ABS besonders gefragt ist und bisherige Systeme mitunter überfordert waren. Im Zusammenspiel mit den auf verkürzte Ansprechzeiten hin verbesserten Bremskraft-Regelventilen kann das serienmäßig installierte ABS 5-System eine unter Umständen entscheidende Verkürzung der Bremswege gegenüber herkömmlichen ABS-Anlagen erreichen.
Auch bei der Bremsenhardware gibt es im Neuling Besseres. Im Durchmesser auf 304 mm und in der Dicke von 28 auf 32 mm stärkere vordere Bremsscheiben kommen zum Einsatz. Damit steigt die nutzbare Belagfläche (vier Beläge) um rund 45 Prozent. Vorn und hinten sind Vierkolben-Aluminium-Festsättel aktiv. Die neue Perforation der vier Bremsscheiben erhöht die Wärmeableitung bei gleichzeitig verringerter Ansprechzeit bei Naßbremsungen. Die gezielte Frischluftzufuhr über Luftkanäle im Bug sowie die Wärmeabfuhr über die Leichtmetallräder verbessert die Standfestigkeit der Bremsanlage bei extremen Beanspruchungen.
Dementsprechend sind die Räder konstruktiv so ausgelegt, daß sie bei schneller Fahrt nach außen absaugen, bei langsamen Tempi hingegen möglichst viel Wärme über Abstrahlung abgeben. Die im neuen Design gehaltenen und im Aluminium-Niederdruckguß-Verfahren hergestellten

Räder sind zudem leichter als die bisher montierten Räder. Die als Sonderwunsch angebotenen Räder im sogenannten Cup-Design 93 sind ebenfalls pro Felge etwa 1,5 Kilogramm leichter.
Der Schritt zum neuen Carrera umfaßt auch eine Evolution bei der Wahl der Bereifung. Jeweils um ein Zoll breitere Felgen (vorn 7J x 16, hinten 9J x 16) sind mit Reifen der Größe 205/55 ZR 16 vorn und 245/45 ZR 16 hinten bestückt.

Wie mittlerweile bei Porsche üblich, besticht auch der neue 911 Carrera mit einer umfangreichen Serienausstattung. Die bereits genannten zwei Airbags zählen ebenso dazu wie die Kombination aus Zentralverriegelung und Alarmanlage. Als Audioanlage bietet Porsche im neuen Elfer das Radio Blaupunkt Bremen RCM 43 an. Selbstverständlich ist auch ein CD-Spieler lieferbar und ein spezielles Klangpaket mit insgesamt zehn Lautsprechern. Als weiteres Zusatzangebot kann der Kunde den Einbau eines D-Netz-Telefons mit Freisprecheinrichtung direkt über den Porsche-Händler bestellen. Bei der Sonderposition Klimaanlage gibt es die Einstellmöglichkeit »max. kalt« mit besonders schneller Abkühlung für das nach dem Stand stark aufgeheizte Fahrzeug.
Die Heckscheibenheizung erhält im neuen Carrera eine automatische Zeitsteuerung. Durch Betätigung des entsprechenden Schalters werden zwei Heizkreise zur schnellen Enteisung oder Beschlagverminderung geschaltet. Nach rund zwölf Minuten schaltet sich ein Heizkreis aus, um den Stromhaushalt zu optimieren.
Geringere Lärm- und Abgasemissionen, eine Gewichtsoptimierung bei allen Bauteilen, die auf Langlebigkeit ausgelegte Gesamtkonstruktion sowie ein nach dem Kriterium Recyclierbarkeit vorgenommene Werkstoffauswahl machen aus dem neuen Porsche 911 Carrera ein ausgesprochen umweltverträgliches Automobil.
Die Markteinführung des Porsche 911 Carrera in der Coupé-Version beginnt im Oktober 1993, im Frühjahr 1994 folgt eine Cabrio-Variante, einen 911 Carrera Targa wird es nicht mehr geben.

993

Baujahr	Modell Karosse	Modell Typ	Fahrgestell-Nr.	Motor-Typ	Getr.-Typ	Zyl.	Bohrung x Hub	Hubraum	DIN-PS bei U/min.	mkp bei U/min.	Verdtg.	Radstand	Spur vorn/hinten	Länge	Gewicht	Produkt. Stck.
1993	Coupé	993 RDW	WPOZZZ99ZRS31 0001 –	M64/05	650/21	6	100/76,4	3600	272/6100	33,0/5500	11,3:1	2272	1405/1444	4245	1370	
1993	Coupé	Tiptronic RDW	WPOZZZ99ZRS31 0001 –	M64/06	A50/04	6	100/76,4	3600	272/6100	33,0/5500	11,3:1	2272	1405/1444	4245	1395	
1993	Coupé	993 Cup	WPOZZZ99ZRS39 8001 –	M64/04	650/52	6	102/76,4	3746	300/6500	36,6/5250	11,3:1	2272	1402/1434	4240	1100	

Neuer Auftritt: Erstmals seit 30 Jahren hat Porsche den Klassiker 911 optisch gründlich überarbeitet. Charakteristisch für den neuen Porsche 911 Carrera ist die neugestaltete Front mit flacheren Kotflügeln und neuem Scheinwerfersystem.

Unter dem ebenfalls neugestalteten Heck verbirgt sich beim neuen 911 Carrera das bewährte 3,6 Liter-Boxer-Triebwerk, das jetzt 272 PS/200 kW an das serienmäßige Sechsganggetriebe weiterleitet.

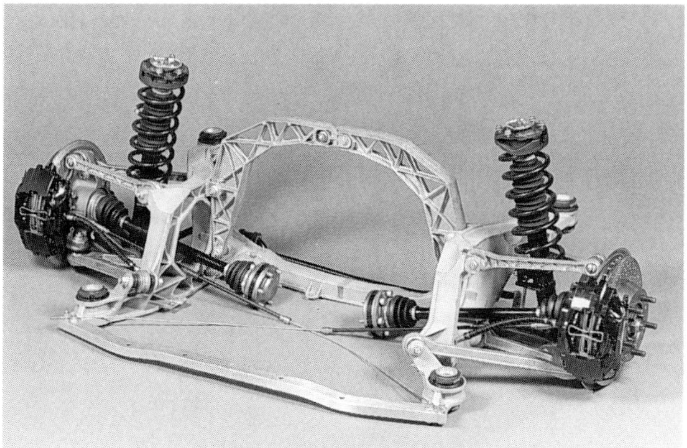

Die neue, ganz aus Leichtmetall gefertigte Mehrlenker-Fahrschemel-Hinterachse des neuen 911 Carrera sorgt für ein nochmals besseres Handling bei optimiertem Komfort.

Das 3,6 Liter-Doppelzündungs-Boxertriebwerk haben die Porsche-Ingenieure weiter verfeinert. Ein modernstes Motormanagement, hydraulischer Ventilspielausgleich und eine voluminösere Auspuffanlage sichern dem Motor weiterhin eine Spitzenstellung.

Typ 928 (1977-1982)

Um 1968, als die Popularitätskurve des 911 ersten Höhepunkten entgegenstrebte, begann die hauseigene Konstruktions- und Stylingabteilung mit den ersten Entwürfen für eine neue Modellgeneration. Parallel dazu lief der VW-Großauftrag für den später eingestampften VW EA 266. Doch mochte man sich zu so einem frühen Zeitpunkt in Weissach noch nicht festlegen, insbesondere weil sich herausstellte, daß der 911 ungemein entwicklungsfähig war und beim Käufer in allen seinen verschiedenen Versionen – bis fast auf den heutigen Tag – sehr gut ankam. Schließlich gab es noch einen, eigentlich wichtigeren Grund für das Zögern. Es kristallisierte sich nämlich gegen Ende der sechziger Jahre klar heraus, daß man in der Frage des technischen Konzepts am Scheideweg angelangt war. Heckmotor und Luftkühlung, Mittelmotor oder sogar Frontmotor mit Wasserkühlung? Der Heckmotor mit der Luftkühlung, eine Domäne von Porsche seit Jahrzehnten, schien am wenigsten geeignet, eine neue Modell-Generation anzutreiben. Der Mittelmotor schied bald aus den Überlegungen aus, weil das Platzangebot – ein reiner Zweisitzer – nicht den europäischen Vorstellungen entsprach. Wie sich ja dann auch deutlich beim VW-Porsche 914 zeigte, der nie zu einem überwältigenden Erfolg kam.
Dann setzte man um 1970 den Hebel bei dem für Volkswagen in Entwicklung befindlichen Kleinwagen an, dem EA 266. Die Arbeiten in Weissach konzentrierten sich nun voll auf einen Sportwagen auf der Basis des EA 266 (hier lag der Vierzylinder-Motor unter den Hintersitzen!) die Geschichte des Porsche 356 schien sich zu wiederholen: Porsche entwickelt einen Großserienwagen und leitet davon einen Sportwagen für die eigene Produktion ab. Damit wurde auch die Idee eines größeren Porsche zuerst einmal begraben.
Dann, im Herbst 1971, überstürzten sich die Ereignisse. Dr. Ernst Fuhrmann wird technischer Direktor in Stuttgart-Zuffenhausen, als fast zum gleichen Zeitpunkt der neue VW-Chef Rudolf Leiding das schon sehr weit gediehene Projekt EA 266 aufgibt. In Stuttgart ist man wieder so weit wie zwei Jahre zuvor.

Wenigstens liegt aus dem Sommer 1970 eine Konzeption vor, die eine Arbeitsgruppe unter Entwicklungsleiter Helmuth Bott erarbeitet hatte. Unter Berücksichtigung aller relevanten Aspekte wurden dabei berücksichtigt: bestehende und zu erwartende gesetzliche Bestimmungen, Fahreigenschaften, Fahrleistungen, Komfort, Kofferraum, Sicherheit, Aerodynamik, Wartungsfreundlichkeit, etc.
Das siegreiche Grundkonzept hat den Motor vorn, das Getriebe liegt zur besseren Gewichtsverteilung hinten. Diese Aggregate sind mit einem starren Rohr verbunden, dem später Transaxle-System genannten Übertragungselement.
Am 21. Oktober 1971, dem Geburtstag von Dr. Fuhrmann, werden diese Ergebnisse präsentiert. Kurz darauf, am 8. November, hält eine Aktennotiz eine wichtige Entscheidung fest: ». . . das vorgeschlagene Fahrzeug mit Frontmotor und hinten liegendem Getriebe, beide durch ein Zentralrohr miteinander verbunden, . . . kann durchgezogen werden . . .«
Die kreative Phase hatte also mit der Festlegung der Grundkonzeption begonnen. Zum Projektleiter wurde der Chef der Fahrgestell-Konstruktion Dipl.-Ing. Wolfhelm Gorissen bestimmt. Er behielt die Projektleitung bis zum Herbst 1975 inne und übergab dann sein Amt an die Verantwortlichen des Versuchs Dipl.-Ing. Peter Falk und Dipl.-Ing. Helmut Flegl. Die Rolle des Projektvaters übernahm Konstruktions-Chef Ing. Wolfgang Eyb.
Noch vor Weihnachten 1971 wurde das Grundkonzept verabschiedet. Kernstück war die bereits erwähnte Transaxle-Bauweise mit starrem Zentralrohr. Beim Motor legte man sich auf einen besonders niedrig bauenden V 8 mit einem Hubraum von knapp fünf Litern fest. Der Öffnungswinkel der beiden Zylinderreihen sollte 90 Grad betragen. Das Aggregat besaß Wasserkühlung, die beiden Nockenwellen – je eine pro Zylinderbank – wurden durch Zahnriemen angetrieben. Als maximale Leistung wurden rund 300 PS erwartet. Anfang 1972 gab es seitens Volkswagens eine interessante Entscheidung, als die Wolfsburger Porsche den Konstruktions-Auftrag für ein Nachfolge-Modell des VW-Porsche 914 erteilten.
Dieses Projekt, es trug die Bezeichnung EA 425, sollte ein vollwertiger Sportwagen unter Verwendung von möglichst vielen Großserienteilen werden. Nach raschem Entwicklungsfortschritt war die Aufnahme der Serienfertigung des EA 425 auf Ende 1975 geplant.
Anfang 1975 aber, der VW-Konzern steckte in einer Krise, entschied Toni Schmücker, Nachfolger von Rudolf Leiding, daß in dieser schwierigen Situation und einer recht unglücklichen Modellpolitik der Bau des EA 425 zu unterbleiben habe.

Porsche kaufte die Rechte für das fast serienreife Produkt zurück, erwarb auch die bereits bestellten Serien-Werkzeuge und vergab die Herstellung im Lohnauftrag unter Porsche-Regie wieder an VW, die es dann in den Neckarsulmer Audi-NSU-Werken fertigen ließen. Auf diese Weise wurde aus dem VW-Prototyp EA 425 der Porsche 924, der Anfang 1976 in Serie ging.

Zurück zum Porsche 928: Ende Januar 1972 lagen vom Studio erfolgversprechende Entwürfe vor. Mitte Februar gingen verschiedene 1:5-Modelle in den Windkanal. Anfang Juni war die Sitzattrappe fertiggestellt.

Als man sich bei Porsche für die Transaxle-Bauweise entschieden hatte, wurden sofort Versuchsausführungen für den Einsatz auf Prüfständen und in einem Erprobungsträger gebaut. Bei diesem »Träger« handelte es sich um einen Mercedes-Benz 350 SL, intern V 1 genannt. Schon am 15. Mai war der Umbau des V 1 mit unmittelbar vor der Hinterachse liegendem Getriebe (aus dem Rennwagen Typ 908.03) fertig.

Eine große Studie über das Schwingungsverhalten des Transaxle-Systems wurde mit besonderer Aufmerksamkeit und Umsicht betrieben, vermutete man doch hier die größten Probleme. Am 6. Oktober lag ein 65seitiger Abschlußbericht vor. Die Auswertung dieser Studie brachte verblüffende Ergebnisse. Im Dezember 1972 war das Schwingverhalten entscheidend verbessert und die Geräuschentwicklung am Erprobungsträger V 1 hatte sich seit Beginn der Versuche um 50 Prozent gesenkt.

Am 26. Juni 1973 konnten die Vorversuche bezüglich des Transaxle-Systems erfolgreich abgeschlossen werden. Damit war der Weg frei für die Konstruktion und den Bau erster Versuchs-Aggregate mit Motor und Getriebe des 928.

Erste Prüfstandsversuche fanden noch im August statt, anschließend wurde der neue Antriebsstrang in den »Träger« V 3 eingebaut, ein Audi 100-Coupé. Der V 3 erhielt die Bodengruppe des 928. Am 19. September war auch dieser Umbau fertig, erstmals trat das vollständige 928-Antriebs-System mit Motor, Transaxle, Zentralrohr und Getriebe/Differential auf Rädern in Aktion. Beim ersten externen Großversuch im November in Algerien bestand diese Einheit die harten Tests mit Bravour.

Im Sommer 1972 waren auch die Arbeiten am Motor recht weit fortgeschritten. Für den Oktober rechnete man mit der Verfügbarkeit der ersten Prototypenteile. Im August entstand eine Zahnriemen-Attrappe, an der die nötigen Prinzipien-Versuche vorgenommen werden konnten. Die Versuche verliefen positiv und konnten bereits im Oktober nach einem 100-Stunden-Dauerlauf abgeschlossen werden. Kurz vor Weih-

nachten 1972 konnte dann mit dem Aufbau des ersten kompletten Motors begonnen werden. Und am 16. Januar 1973 war es dann soweit: der 928-Motor, ein Fünfliter mit Vergaser, lief auf dem Prüfstand in Weissach. Nach wenigen Minuten spritzte Wasser aus dem Kurbelgehäuse, der Versuch mußte abgebrochen werden. Am 5. März war der Motor wieder betriebsfähig und überstand nun den zweiten Probelauf erheblich besser. Eine Woche später begann ein Vollast-Dauerlauf, der nach 25 Stunden als Folge eines Gehäuserisses abgebrochen wurde.
Das zu schwache Gehäuse-Unterteil wurde verstärkt und am 21. März erneut in den Dauerlauf geschickt. Jetzt wurde die vorgesehene Laufzeit von 250 Stunden erreicht, davon 209 Stunden im Vollastbetrieb! Am 11. Mai lief der Motor zum ersten Mal mit der Bosch-K-Jetronic-Einspritzung.
Den neuesten Stand des Stylings hatten die Porsche-Gesellschafter grundsätzlich mit Beifall aufgenommen. Eine weitere Präsentation hatte im Juli 1973 stattgefunden. Dabei wurde eine abschließende Vorstellung für den 19. November vereinbart.
Doch das im Oktober beginnende Ölembargo als Folge des vierten arabisch-israelischen Krieges traf besonders Porsche hart. In dieser Atmosphäre fand wenige Tage später die eigentlich entscheidende Vorstellung der 928-Karosserie statt. Aufsichtsrat und Vorstand entschieden sich für eine Verschiebung des Serienanlaufes und zur Prüfung von Alternativen, wie z. B.: eine viersitzige 928-Variante, 911 mit 928-Technik, überarbeiteter 911 in Form und Technik, hubraumkleinerer Motor auf der Basis des 911-Motors.
Über ein Jahr nach dem Ölembargo, exakt am 15. November 1974, folgte die entscheidende Besprechung: der 928 sollte in seiner ursprünglich geplanten Form gebaut werden und parallel zum 911 in Serie gehen!
Im Januar 1975 wurde der Hubraum dann endgültig auf 4,5 Liter festgelegt.
Die Entwicklung des Fahrwerks wurde zwischenzeitlich ebenso intensiv betrieben wie die Arbeiten an Karosserie, Transaxle und Motor. Die wichtigsten Basisdaten wurden dabei schon Anfang 1972 festgelegt. Im Frühjahr begannen die ersten Fahrversuche in Aggregatträgern, die den ganzen Sommer andauerten.
Es zeigte sich, daß die Probleme an der Vorderachse mit dem vorhandenen Wissen zu lösen waren. Anders verhielt es sich im Bereich der Hinterachse. Hier wurde nämlich ein Phänomen beobachtet, das für leistungsstarke Fahrzeuge mit hohen erreichbaren Querbeschleunigungen typisch ist: das Eindrehen beim Lastwechsel, also beim Gaswegnehmen und Bremsen.

Entsprechende Erfahrungen sollte hier der »V 2« – ein Opel Admiral – liefern, der mit Radaufhängungen ausgerüstet wurde, wie sie für den 928 vorgesehen waren. Im Oktober 1972 liefen diese Versuche an, waren auch recht positiv, bestätigten aber das Problem des Eindrehens. Nach langwierigen Versuchen, mit Rückschlägen, konnte endlich Mitte Oktober 1973 der Versuch einen Bericht vorlegen, in dem es hieß: »Durch eine Vorspuränderung an den Hinterrädern ... kann das Eindrehen des Fahrzeuges unterbunden werden ...«
Aus Zeitgründen wurde beschlossen, die ursprünglich vorgesehene Doppelquerlenkerachse mit Schraubenfeder weiterzuverfolgen. Es zeigte sich dann allerdings, daß die Raumverhältnisse im Heck des 928 mit dieser Achskonstruktion nicht befriedigend waren. Die Schraubenfedern wurden durch einen Doppeldrehstab ausgetauscht, der unter den Hintersitz gelegt werden konnte. Diese Drehstabachse konnte im Januar 1974 konstruktiv abgeschlossen werden, und in den ersten Prototyp – 928 W 1 – eingebaut und ab dem 16. Mai 1974 getestet werden. Noch immer aber wurde intensiv an dem Phänomen des Eindrehens gearbeitet. Obwohl es dabei Erfolge gab, war man in Weissach noch nicht richtig zufrieden. Aufgrund der gesamten gesammelten Erfahrungen fiel Ende Oktober 1974 der Startschuß für eine neue, diesmal grundlegende Überarbeitung der Hinterachse. Jetzt war man sicher, über genügend Grundlagen und Erfahrungen für eine Hinterachse zu verfügen, die den bereits 1972 entwickelten Vorstellungen entsprach.
In einem internen Konkurrenzkampf – zwei Lösungen wurden von zwei Teams verfolgt – schälte sich Anfang 1975 eine Lösung heraus, wie sie jetzt als »Weissach-Achse« in der Modellreihe »928« eingebaut ist.
Im Herbst 1973, zu einer Zeit, als die Fertigung der ersten Prototypen-928 immer näher rückte, zeigte es sich, daß es nicht einfach sein würde, die hohen Ansprüche an Komfort und Sicherheit mit dem gewünschten Fahrzeuggewicht in Einklang zu bringen. Diese Erkenntnis bot den Anreiz, bei der Karosseriefertigung in größerem Umfang Aluminium zu verwenden. Auf diese Weise kann bei gleicher Festigkeit im Vergleich zum Stahlblech 50 Prozent Gewicht eingespart werden. Attraktiv war Alu aber auch im Hinblick auf die Korrosionsfestigkeit.
Bei einer Projektbesprechung am 24. Januar 1974 wurde beschlossen, zwei Kotflügel und eine Motorhaube in Alu zu fertigen. Danach setzte ein intensives Sammeln von Erfahrungsberichten ein. Schwierigkeiten wurden erwartet beim Schweißen der Einzelteile und beim Tiefziehen der Bleche, da Alu stärker als Stahl federt.
Die Alukarosserieteile wurden noch erweitert auf die Türen mit ihren In-

nenrahmen und die Heckklappe. Die Gewichtsersparnis lag rechnerisch bei 42,5 Kilogramm. Dann wurde aus Kostengründen die Heckklappe doch wieder in Stahl gefertigt und die Ersparnis verringert sich um ein paar Kilogramm.

Die ersten Aluteile wurden beim Zusammenbau des Prototyps »928 W 2« verwendet und ab Juni 1974 erprobt. Mit den Aluteilen konnten schlußendlich gegenüber dem Stahlblech 30,7 Kilogramm (= 43 Prozent) Gewicht gewonnen werden.

Der eigentliche Prüf- und Probebetrieb für den 928 erreichte zwischen 1974 und 1976 seine Höhepunkte. Da wären vorrangig die sieben Zeitraffer-Dauertests in Weissach über 8000 Kilometer des erschwerten Rundkurses – die einer normalen Straßen-Fahrleistung von je 150000 Kilometern entsprechen – zu nennen. Dann folgten die spektakulären Dauerläufe auf den Motorenprüfständen. Das bewegte sich zwischen 300 Stunden Vollast-Dauerlauf und fünf Dauerläufen über je 600 Stunden!

Dazwischen lagen Straßen-Dauerläufe über je 80000 Kilometer bei gemischten Verhältnissen mit Ortsverkehr, Landstraße und Autobahn. Außerdem Hochgeschwindigkeits-Versuche auf dem VW-Testgelände und natürlich Abgas-Dauerläufe für die Übersee- und auch Europa-Versionen. Zusätzlich gab es vier Expeditionen nach Nordafrika ins abgeschiedene algerische Hinterland. Diese Algerien-Erprobungen - bei Porsche übrigens inzwischen fester Bestandteil jedes Entwicklungs-Programmes – fordern Mensch und Material bis an die Grenzen der Belastbarkeiten.

Das Gegenstück bildeten die Wintererprobungen an der berüchtigten Turracher Höhe in Österreich und am Polarkreis in Finnland.

Abschluß aller Einzeltests und Dauerläufe bildeten die Erprobung der sicherheitsträchtigen Aspekte, wie sie zur Erfüllung der gesetzlichen Vorschriften in den verschiedensten Ländern nötig ist. Dazu zählen sechs Aufschlagtests des »Fahrers« auf Armaturenbrett und Mittelkonsole, drei Aufpralltests auf Sitzrücklehne und Kopfstütze und sechs Beschleunigungstests für alle Klappen und Fächer. Hinzu kommen fünf Aufpralltests mit unterschiedlicher Stellung auf das Lenkrad.

Noch weit aufwendiger waren drei Frontal-Crash-Versuche mit 0 Grad, sowie je ein Frontal-Crash mit +30 und –30 Grad Aufschlagwinkel zur Fahrzeuglängsachse. Alles in allem nur die Spitze eines Eisberges von vielen hundert kleinen und großen Detailversuchen im Zusammenhang mit der passiven und aktiven Sicherheit.

Ein Großteil der Erprobungs- und Entwicklungsarbeiten wurde mit sogenannten »V-Wagen« durchgeführt, die im Falle des Porsche 928

von 1972 bis Anfang 1977 eingesetzt wurden. Da war zum einen der bereits angesprochene »V 1«, der Mercedes Benz 350 SL. Er diente für Transaxle-Vorversuche und war ab Juli 1972 im Einsatz. Anfang 1974 erhielt V 1 den Daimler-Dreigang-Wandlerautomaten, der für den 928 in der Serie vorgesehen war. Bis etwa zu diesem Zeitpunkt lief der V 1 noch mit dem Originalmotor, erhielt dann aber den 928-Motor und die entsprechende Vorderachse.
Der Opel Admiral als »V 2« gelangte ab Oktober 1972 zum Einsatz und wurde für Fahrwerks-Vorversuche verwendet. Die Limousine erhielt ein 928-ähnliches Fahrwerk, während Motor und Kraftübertragung nicht ausgetauscht wurden. Dagegen erfolgte eine Anpassung an das beim 928 zu erwartende Gewichtsverhältnis. Im Oktober 1973 wurden Grundsatzuntersuchungen mit einer lenkbaren Hinterachse aufgenommen, als das Problem des Eindrehens beim Lastwechsel gelöst werden sollte.
Das Audi 100 Coupé (»V 3«) wurde ab September 1973 zum Erprobungsträger für den Antriebsstrang, die Bodengruppe und den Vorderwagen mit Radhäusern und Achsaufnahmen. Anfang 1975 wurde es auf Getriebeautomatik umgebaut.
Der »V 4« war ebenfalls ein Audi 100 Coupé, wurde aber in der Längsachse der Wagenmitte um 110 mm verbreitert. Der V 4 besaß die vollständige Bodengruppe, den Fünfliter-K-Jetronic-Motor und das Transaxle mit Schaltgetriebe vom 928. Er diente ab Juli 1974 für Fahrwerks- und Motorversuche.
Der »V 5« (Audi 100 Coupé) entsprach im wesentlichen der V 4-Ausführung und war ab 1974 für Fahrwerks-Versuche im Einsatz. Hier befand sich auch die endgültige Hinterachse im Einsatz, allerdings noch ohne Steuerschwinge.
Ein »Munga« entstand im November 1973 und diente für Motor-Erprobungszwecke. Das dem Bundeswehr-Jeep ähnliche Gefährt (daher der Name) war nur bedingt fahrfähig. Es besaß den Fünfliter-Motor mit Vergaser und ein Transaxle mit dem Renn-Getriebe des Porsche 908.03.
Mit 13 Prototypen auf 928-Basis wurde dann ab 1974 das eigentliche Versuchs-Programm durchgezogen. Der erste 928-Prototyp überhaupt – 928 K 1 – besaß eine Kunststoff-Außenhaut und war ebenfalls nur bedingt fahrfähig. Diente für Karosserieversuche und Funktionsprüfungen an Heizung, Lüftung, Elektrik und Abgasen.
Der »928 W 1« (ab April 1974) war der erste voll fahrfähige Prototyp mit Stahlkarosse. Diente zur Fahrwerkserprobung, erhielt den K-Jetronic-Motor und lief mit dem ersten 4,5-Liter-Motor bei Winterversuchen auf der Turracher Höhe. Der »928 W 2« entsprach technisch dem W 1 und lief ab Juni 1974 im Versuch.

Der »928 W 3« (ab November 1974) war wohl der wichtigste Prototyp der gesamten 928-Entwicklung. Er wurde rechtzeitig zur alles entscheidenden Versammlung von Vorstand und Gesellschaftern fertig und diente damit als Entscheidungsgrundlage für das Fortbestehen dieses Modells, wobei der W 3 vor allem wegen seiner guten Fahreigenschaften überzeugte. Eingebaut war ein 5-Liter-K-Jetronic-Motor, Transaxle mit Schaltgetriebe und die schon verbesserte Hinterachse. Der W 3 ging im Sommer 1975 nach Algerien, anschließend folgten getarnte Versuchsfahrten in Deutschland. Danach definierte Auslegung auf die Weissach-Hinterachse, Umbau der Bodengruppe auf den endgültigen Stand und Fahrwerksabstimmung wie später in der Serie gefahren.
Der »928 W 4« (ab Oktober 1975) besaß einen Fünfliter-K-Jetronic-Motor und Transaxle mit Schaltgetriebe. Machte zwei Zeitraffer-Dauerläufe und ging anschließend in den Motorenversuch.
Der »928 W 5» lief ab Mai 1975 und war letzter Prototyp der ersten Baustufe. Ausgerüstet mit dem 4,5-l-K-Jetronic-Motor und Dreigang-Wandlerautomat diente er einer ganzen Reihe von Detailversuchen.
Der »928 W 6« folgte ab Juli 1976 und war gleichzeitig erster Prototyp des zweiten Bauabschnitts. Die Technik entsprach jetzt schon weitgehend der Serie, ebenso die Außenhaut. Der W 6 diente zur Vorstellung. Der Wagen endete in Weissach nach einem Frontalcrash-Versuch.
Der »928 W 7« entsprach im wesentlichen dem W 6 und lief ab September 1976. Er diente Fahrwerksabstimmungen, Karosserie-Versuchen, allgemeinen Messungen, internen Vorstellungen und war auch im Januar 1977 bei der Presse-Vorstellung des 928 in Nizza dabei.
Der ›928 W 8« entsprach dem endgültigen Serienzustand, war im November 1976 fertig und wurde bei einem Crash-Versuch in Weissach zerstört. Der »928 W 9« absolvierte ab November 1976 Straßen-Dauerläufe und entsprach technisch dem W 8.
Der »928 W 10« entsprach ebenfalls dem W 8 und lief ab Januar 1977 als Testmodell bei Schwingungs- und Akustik-Versuchen.
Der »928 W 11« entsprach ebenfalls dem Serienzustand, jedoch mit Getriebeautomatik. Lief ab Januar 1977.
Der »928 W 12« (ab März 1977) war der letzte 928-Prototyp und entsprach der inzwischen aufgelegten Null-Serie. Diente allgemeinen Fahrversuchen.
Zusätzlich zu den 19 Erprobungsträgern und Prototypen wurden sechs Fahrzeuge für Crashversuche gebaut, die aber teilweise nicht komplett waren. Dazu kamen noch verschieden aufgebaute Komponenten für stationäre Versuche und wertvolle Vorarbeit mit Fahrzeugen des Typs 911 als Erprobungsträger.

Karosserie/Fahrgestell

Die konstruktive Ausführung der 928-Karosserie steht ganz im Zeichen modernen Leichtbaues. Der Rohbau ist in selbsttragender Schalenbauweise ausgeführt, wobei die tragende Karosserie wie bei den Typen 911 und 924 aus beidseitig feuerverzinktem Stahlblech hergestellt wird.
Um Gewicht zu sparen, werden die Türen und Kotflügel sowie die Motorhaube des 928 aus hochfestem Aluminiumblech hergestellt. Damit konnte gegenüber Stahlblech das Gewicht dieser Bauteile teilweise bis zu 50% gesenkt werden.
Vergleicht man den Gewichtsanteil der Rohkarosse zum Gewicht des Gesamtfahrzeuges mit den entsprechenden Werten des 911, so konnten die 23% des 911 beim 928 auf 18% abgesenkt werden. Dabei sind die den Fahrkomfort beeinflussenden Biege- und Torsionssteifigkeiten der Karosserie nicht reduziert worden. Wesentlichen Einfluß dabei hat das in die tragende Karosserie integrierte System aus kräftig dimensionierten Trägern mit geschlossenem Profilquerschnitt. Dies ergibt eine sehr steife Fahrgastzelle mit durch die Formgebung begünstigten, rundum vorgelagerten Deformationszonen zur Energieumwandlung bei einem unvermeidlichen Aufprall aus jeglicher Richtung. Dieser Schutz wird bei einem heftigen Frontal- oder Heckaufprall durch die zusätzliche Abstützwirkung des sehr steifen Transaxle-Systems noch verstärkt.
Durch das große Heckfenster, das als Ladeklappe oben angeschlagen und mittels zweier Gasfedern leicht zu öffnen ist, gelangt man zu dem 200 Liter fassenden Kofferraum. Er kann durch die vorklappbaren Rücksitzlehnen auf beachtliche 400 Liter verdoppelt werden. Auch sperrige Güter bis zur Breite von 90 cm, einer Höhe von 36 cm und einer respektablen Länge von 1,40 m können ohne Probleme unter der Gepäckabdeckung verstaut werden. Die Heckklappe läßt sich nur mit dem Schlüssel öffnen. Ist das Schloß betätigt, öffnet sich die Klappe automatisch. Innerhalb oder in der Heckwand ist auch das Werkzeug und der Wagenheber untergebracht und Platz für das Warndreieck reserviert.
Die beiden Alu-Stoßfänger, die einem Aufprall bis 8 km/h verformungsfrei widerstehen, sind in die Karosserie integriert und stützen sich über Prallrohre an den Längsträgern ab. Die Leuchten sind in die Stoßfänger einbezogen. Im vorderen Stoßdämpfer befinden sich die serienmäßigen Nebel- und Zusatz-Scheinwerfer mit H3-Birnen.
Die Klapp-Scheinwerfer (H4-Birnen) liegen weggeschwenkt offen in den Kotflügeln und werden über Lichtschalter durch einen Elektromo-

tor betätigt. Da die Leuchtweite je nach Beladungszustand variiert, kann sie der Fahrer im Innenraum manuell regulieren. Serienmäßig ist eine Scheinwerfer-Waschanlage eingebaut. Ist die Windschutzscheibe stark verschmutzt, dann kann mit einem getrennten Vorwaschgang ein Waschmittel auf die zu reinigende Fläche gespritzt und erst danach mit dem üblichen klaren Wasser nachgespült werden!
Dem gleichen Zweck dient der ebenfalls serienmäßige Heckscheibenwischer, sowie die zweistufig in ganzer Höhe beheizte Heckscheibe (Schnelldefrosterschaltung) aus Einschicht-Sicherheitsglas. Für die Frontscheibe wurde Verbund-Sicherheitsglas benützt. Fest eingeglast sind ebenfalls die gewölbten Seitenfenster hinten, da die Vollventilation der Belüftungsanlage keine Wünsche offenläßt.
Die 12-Volt-Batterie und der 86 Liter fassende Kraftstofftank sind infolge der Transaxle-Bauweise hinter dem Getriebe untergebracht. Der Tank ist aus Polyäthylen geblasen und damit so elastisch, daß er sich bei Druck von außen verformt. Die scharfen US-Sicherheitsnormen und die entsprechenden Crash-Forderungen wurden durch konstruktive Merkmale in der Karosserie ohne Schwierigkeiten erfüllt.
Die Lage der wartungsarmen Batterie mit ihren 25 Kilogramm Gewicht erfüllt zusätzlich einen besonderen Zweck: in einem eigenen Blechkasten am Getriebe hängend, trägt sie mit ihrem Gewicht zur Schwingungsverbesserung des Transaxle bei und belastet außerdem die Hinterachse.
Auf Wunsch wird der 928 mit einem elektrischen Schiebedach geliefert. Es kann hinten angehoben werden und garantiert damit auch bei hohen Geschwindigkeiten eine zugfreie Entlüftung und bleibt trotzdem relativ geräuscharm.
Das zulässige Gesamtgewicht beträgt 1870 kp, das Leergewicht je nach Ausstattung 1450 bis 1540 kp. Für Nutzlasten bleiben folglich rund 375 kp übrig.
Da auch 928-Fahrer Boote oder Wohnanhänger mitführen wollen, ist die zulässige Anhängelast bewußt hoch gehalten worden. Sie beträgt ungebremst 750 kp, gebremst 1600 kp. Die zulässige Dachlast liegt bei maximal 35 kp. Die Anbringung von Skihaltern und einer leicht teilentfernbaren Anhängevorrichtung ist ebenso berücksichtigt wie der Schneekettenfreigang.
Die Querlenker-Vorderradaufhängung macht durch ihren negativen Lenkrollradius die Lenkung unempfindlich gegen abdrehende Fahrbahneinflüsse, wie sie beim Bremsen auf rutschigem Grund oder bei Reifenschäden entstehen können. Die Elastizität der Lenkung ist im Hinblick auf hohe Sensibilität bei Kurvenfahrt genau dosiert. Besondere

Aufmerksamkeit wurde auf ruhigen Geradeauslauf und sauberes Ansprechen bei schnell aufeinanderfolgenden entgegengesetzten Lenkbewegungen (Spurwechsel) verwendet. Der Servo-Unterstützungseffekt verringert sich mit zunehmender Geschwindigkeit. Müheloses Rangieren ist mit zuverlässigem Fahrbahngefühl verbunden. Extrem steife Doppel-Querlenker aus Alugußsichern absolut korrekte und leichte Ansprache auf Bodenunebenheiten.
Beim Bremsen sorgt das sogenannte Antidive für eine um 30 Prozent verminderte Eintauchtiefe des Wagenbugs. Das unangenehme Bremsnicken des Wagens ist durch die großen Antidive-Faktoren an Vorder- und Hinterachse fast völlig unterbunden.
Eine absolute Neuheit stellt die Hinterachse dar. Hier sind es vor allem drei Effekte, die für das Fahrverhalten von Bedeutung sind und zu einem großen Teil das ausgesprochen gutmütige Fahrverhalten ausmachen.
Am unteren Hinterachslenker mit Diagonallenker und Steuerschwinge wird durch eine Anlenkschwinge erreicht, daß das übliche gefährliche Eindrehverhalten eliminiert wurde. Erkennbar ist dieses Verhalten wie folgt: wenn man in eine Kurve hinfährt und dabei das Gas wegnimmt, drehen die meisten Autos stärker in die Kurve hinein, als es dem eingeschlagenen Kurvenradius entspricht. Das kann dazu führen, daß sich das Fahrzeug bei sehr hoher Geschwindigkeit dreht. Je stärker nun der Motor und je geringer die Leistungsgewichte sind, um so deutlicher zeigen diese Fahrzeuge Lastwechselreaktionen. Im Porsche-Versuch wurde außerdem festgestellt, daß eine Reaktion des Fahrers in weniger als 0,3 Sekunden erfolgen muß, um diese oft gefährliche Drehung zu verhindern. Da diese Schnellreaktion eine zu hohe Forderung an den Normalfahrer ist, wurde die Hinterachse so konstruiert, daß sie eine selbsttätige Korrektur der Radstellung vornimmt.
Diese neue Porsche-Hinterachse ist eine technische Leistung ohne Beispiel – ein mehr als richtungweisender Beitrag zur aktiven Fahrsicherheit. Ein weiterer Punkt sind Stabilisatoren vorn und hinten. Sie verringern die Aufbauneigung und fördern die Bodenhaftung. Die Doppelquerlenker-Bauweise ermöglicht eine Sturzcharakteristik, die sportliche Fahreigenschaften sichert und zugleich den Reifenverschleiß gering hält. Der dritte Punkt schließlich ist das sogenannte Antisquat. Es reduziert das Einsacken des Fahrzeuges beim Anfahren um ca. 60 Prozent. Obwohl seit Jahren bekannt ist, daß echter Fahrkomfort zur Fahrsicherheit beiträgt, hält sich die landläufige Meinung, die fälschlicherweise Federungsweichheit mit Fahrkomfort gleichsetzt. Der 928 beweist dagegen nachdrücklich, was unter wirklichem Fahrkomfort

verstanden werden muß. Er wird erreicht durch das gutmütige Fahrverhalten und das kräftesparende, ermüdungsfreie Fahren.
Das Zweikreis-Diagonalbremssystem ist mit vorne und hinten innenbelüfteten Scheibenbremsen ausgerüstet. Die hinteren Schwimmrahmen-Bremsen sind kombiniert mit der Doppelbacken-Handbremse (Duo-Servotrommel, ähnlich der des Typs 911). Versuche in Weissach haben ergeben, daß sich bei der Schwimmrahmen-Bremse die Bremsflüssigkeit auch bei stärkster Beanspruchung der Bremsscheiben nur wenig erwärmt. Ein Fading durch Dampfblasen der Bremsflüssigkeit ist ausgeschlossen. Material und Verlegung der Bremsleitungen sind auf hohe Lebensdauer und maximale Ausfallsicherheit ausgelegt.
Die Räder des 928 haben die Größe 7J×16 Zoll, sind aus Leichtmetall gegossen und mit schlauchlosen 225/50 VR 16 Niederquerschnittsreifen bestückt. Das Reserverad mit Faltreifen liegt im Kofferraumboden.

Motor

Die kompakte Bauweise des wassergekühlten V8-Motors wird erkennbar durch die Außenabmessungen für Länge × Breite × Höhe von 860 × 750 × 710 cm, die deutlich unter den Werten vergleichbarer Motoren dieser Hubraumklasse liegen.
Beachtenswert ist das für einen Serienmotor erzielte Leistungsgewicht von 0,98 kp/PS. Das günstige Motorgewicht von 236 kp, gewogen ohne Wasserkühler, Kupplung, Anlasser und Motoröl, jedoch mit Auslaßkrümmer und allen Neben-Aggregaten, wurde durch Verwendung von viel Leichtmetall (108 kp) und Kunststoff (6,4 kp) erreicht.
Die kompakte Form dieses Motors führte zur Anwendung der Flüssigkeitskühlung, die in Verbindung mit der Leichtmetallbauweise äußerst günstige thermische Verhältnisse ermöglichte und auch für Geräuschdämpfung und Heizung gute Voraussetzungen schafft. Um trotz des großen Hubraumvolumens das Gewicht gering zu halten, entschied sich Porsche für die Verwendung von Aluminium für Zylinderblock und Zylinderkopf. Auch die Zylinderlaufbahnen bestehen aus Aluminium, ihre Oberflächen unterliegen dabei einer Spezialbehandlung und ergeben zusammen mit den Alukolben, deren Lauffläche eine dünne Eisenschicht ist, eine hochverschleißfeste, reibungsarme Paarung.
Je eine obenliegende Nockenwelle pro Zylinderkopf, über Zahnriemen angetrieben, und hydraulische Ventilstößel sorgen für mechanisch leisen Lauf des Motors. Durch eine spezielle Formung der Ölwanne und strömungsgünstige, in den Block eingegossene Ölkanäle wird eine reichliche Ölversorgung des Motors auch unter ungünstigen Umstän-

den gesichert. Die Kurbelwelle besteht aus geschmiedetem Stahl, die Pleuel sind sintergeschmiedet.
Die von Porsche zusammen mit Bosch zu hoher Funktionssicherheit entwickelte K-Jetronic-Benzineinspritzung regelt absolut gleichmäßig die Kraftstoffversorgung der acht Zylinder. Bei einem Verdichtungsverhältnis von 8,5:1 kommt der Motor mit Normalbenzin aus. Die kontaktlose Zündanlage, die selbstnachstellenden Ventilstößel, das geschlossene Kühlsystem mit Viskolüfter und die Ölwechsel-Intervalle von 20000 Kilometer sind bezeichnend für die geringen Wartungsansprüche dieser modernen, zukunftssicheren Motorkonstruktion.
Die Kühlwirkung des Wassers wird durch einen Lüfter unterstützt. Beim 928 erreicht man das mit einer Spezial-Kupplung, die mit viscosem Öl arbeitet. Bei niedrigen Kühlwasser-Temperaturen läuft der Lüfter nur mit sehr geringen Drehzahlen mit. Die Folge ist ein niedriges Geräuschniveau und eine geringe vom Motor abgezweigte Leistung.
Bei hohen Kühlwasser-Temperaturen dagegen läuft der Lüfter bis zu Drehzahlen von ca. 3500/min mit der gleichen Drehzahl wie der Motor, bei noch höheren Drehzahlen des Motors steigt seine Drehzahl nicht weiter an. Die Folge: gute Kühlwirkung, nicht zu hohe Leistungsabnahme, günstiges Geräuschniveau.
Der Motor besitzt eine Zweischeiben-Kupplung, die eigens für dieses neue Triebwerk entwickelt wurde. Wie in vielen anderen technischen Details, so profitiert der 928-Fahrer auch bei der Kupplung von der hauseigenen Rennerfahrung. Der 4,5-Liter-Motor entwickelt ein sehr starkes Drehmoment. Für eine Einscheiben-Kupplung wären deshalb hohe Ausrückkräfte und eine große Kupplungsscheibe notwendig, die wegen ihres enormen Trägheitsmomentes große Schwierigkeiten bei der Getriebe-Synchronisierung hervorgerufen hätte. Deshalb griffen die Porsche-Ingenieure auf die im harten Renneinsatz bewährte komfortablere hydraulisch betätigte Zweischeiben-Kupplung zurück, die es bisher nur in Rennwagen gab. Damit wird das Problem der hohen Pedalkräfte umgangen und gleichzeitig eine Schonung der Synchronisierung des Getriebes erreicht.
Der Motor leistet 240 PS bei 5500/min, entsprechend 36 mkp bei 3600/min. Die Grenzdrehzahl beträgt 6300/min. Die Spitze liegt über 230 km/h, die Beschleunigung von 0–100 km/h bei unter sieben Sekunden.

Getriebe

Motor und Getriebe bilden durch die Transaxle-Verbindung eine Einheit. Das vor der Hinterachse angeordnete Porsche-Fünfgang-Getriebe mit

Synchronisation wurde auf hohe Laufruhe ausgelegt, es hat einen geräuscharmen fünften Gang mit Durchtrieb ohne Zahnradübersetzung. Das steife, exakt arbeitende Schaltgestänge wurde mit einer Anlenkung versehen die Getriebe-Vibrationen vom Schalthebel fernhält. Vom Getriebe-Differentialblock aus treiben Doppelgelenkwellen mit Längenausgleich die Hinterräder an. Ab Herbst 1977 kann der Kunde als Zusatzwunsch auch eine 3-Gang-Vollautomatik bestellen. Hierbei handelt es sich um eine Daimler-Benz-Automatik, deren Schaltprogramm allerdings wesentlich sportlicher abgestimmt ist.
Auf Sonderwunsch wird für besonders sportliche Fahrer ein 40%iges Sperrdifferential – wie beim 911 – angeboten.

Ausstattung

Die geräumige 2/2-Karosserie ist überaus reichhaltig ausgestattet. Die Anordnung und Ausführung der Ausstattungsteile ist funktionell, auf hohen Bedienungskomfort und passive Sicherheit durch weiche und gerundete Gestaltung aller Innenraumteile wurde besonders geachtet.
So können das Lenkrad und der Instrumentträger durch Lösen eines Hebels gemeinsam in der Höhe verstellt werden. Erst dadurch bleibt der Blick auf die reflexionsfrei angeordneten Instrumente immer frei. In unmittelbarer Nähe des Lenkrades sind alle wesentlichen Schalter und Drucktasten griffgünstig angeordnet. Sie sind klar untergliedert und durch verständliche Symbolik gekennzeichnet.
Die Pedalerie kann auf die Beinlänge des Fahrers eingestellt werden. Auf Wunsch werden vertikal, horizontal und in der Lehnenneigung elektrisch verstellbare Vordersitze eingebaut. Die Armlehnen an der Türe lassen sich durch Umkippen in eine individuelle Position bringen.
Der Außenspiegel ist von innen elektrisch verstellbar, sein Glas wird mit Einschalten der Heckscheiben-Heizung elektrisch beheizt. Die Türfensterscheiben und das auf Wunsch eingebaute Schiebedach werden ebenfalls elektrisch betätigt. Das Beifahrer-Türschloß wird von der Fahrertüre aus über Unterdruck ent- und verriegelt. Großdimensionierte schwenkbare Sonnenblenden sind über jedem Sitzplatz angeordnet. Auf der Beifahrerseite ist ein Make-up-Spiegel in den Dachhimmel versenkt eingelassen. Bei Benutzung wird der Betrachter von zwei sich automatisch einschaltenden Leuchten angestrahlt.
Die Leuchtweite der Hauptscheinwerfer kann über ein hydraulisches System manuell vom Fahrersitz aus reguliert werden. Eine Waschanlage mit 0,7 Liter Spezialflüssigkeit zum Lösen von Silikonen und Insekten auf der Windschutzscheibe und eine weitere mit 9 Liter Wasser zum

Reinigen der Windschutzscheibe und der Hauptscheinwerfer beseitigen den lichtschluckenden Schmutzfilm.
Die Heckscheibe wird von einem großen Parallelarm-Wischer gereinigt. Der an der Karosserie montierte Wischermotor treibt den Wischer über eine Kupplung, die beim Öffnen und Schließen des Heckdeckels selbsttätig aus- und einrastet. Bei Bedarf kann die Heckscheibe in zwei Leistungsstufen beheizt werden.
Die Radioanlage beinhaltet das neu entwickelte Porsche-Cassettenradio. Je zwei Lautsprecher sind in den Türen und in der hinteren Seitenverkleidung an akustisch günstigen Stellen untergebracht. Ebenfalls serienmäßig eingebaut wird der Tempomat, um zwischen 50 und 200 km/h jedes gewählte Tempo ohne ständige Tachometerkontrolle bei einer eventuellen Geschwindigkeitsbegrenzung konstant fahren zu können.
Ein zentrales Warnsystem mit einer Anzeigenleuchte im Hauptblickfeld zwischen Tachometer und Drehzahlmesser informiert den Fahrer über eventuelle Störungen. Dabei werden zwölf Überwachungsfunktionen in zwei Warnstufen durchgeführt. In der ersten Stufe wird durch unübersehbares Dauerblinken ein schwerwiegender Defekt angezeigt. Weniger dringliche Mängel werden in der zweiten Stufe gemeldet.
Die Rücksitzanlage besteht aus dick gepolsterten Einzelsitzen mit umlegbaren Sitzlehnen zur flexiblen Ausnutzung des Kofferraumes. Zwischen den Sitzen befindet sich ein abschließbares Ablagefach. Serienmäßig eingebaute automatische Becken-Sicherheitsgurte bei den Rücksitzen unterstreichen den hohen passiven Sicherheitsschutzwert des Porsche 928.
Der Kofferraum ist von innen und außen zugänglich. Als Fangschutz für kleinere Gegenstände kann zwischen den Rücksitzlehnen ein elastisches Netz gespannt werden. Zum Schutz vor unliebsamen Einblicken ist eine ausknöpfbare Kofferraumabdeckung vorhanden.
In einer Mulde des Kofferbodens befindet sich das aufblasbare Falt-Reserverad mit dem elektrischen Kompressor und der Wagenheber. Das Rückwand-Abschlußteil ist abnehmbar, auf seiner Innenseite ist das Bordwerkzeug geordnet untergebracht.
Die Ausstattungsmaterialien des Innenraumes und ihre Verarbeitung erlauben die Erfüllung individueller Wünche wie Teil- oder Ganzleder-Ausstattung. Die Verkleidung des Daches und der Seitenwände sind großflächig, wobei durch weiche Hinterschäumung ein Soft-Effekt erreicht wird.
Die Klimatisierung des Innenraumes erfolgt über eine luftseitig geregelte Anlage. Dabei werden Kalt- und Warmluftströme über Regulier-

klappen dosiert und in einer Mischkammer vermengt. Die Luftmenge wird über fünf Gebläsestufen reguliert, wobei die erste Stufe ständig läuft. Auf Wunsch gibt es eine leistungsstarke Kälteanlage mit Axialkolben-Kompressor. Als Gag besitzt die Klimaanlage eine Verbindung zum Handschuhkasten um Getränke und Süßigkeiten kühl zu halten.
Die Abluft des Innenraumes wird unterhalb der Frontscheiben angesaugt und im Hohlraum der Türschwelle zu den Scharniersäulen geleitet, wo sie über die vordere Türfuge ins Freie austritt. Als Besonderheit haben beide Anlagen eine Programmstellung für Entfrosten und Entfeuchten der Windschutzscheibe.

ÄNDERUNGEN ZUM BAUJAHR/MODELLJAHR

1978
Eine Jury von 51 anerkannten europäischen Fach-Journalisten hat den neuen Porsche 928 zum »Auto des Jahres 1978« gewählt. Diese Auszeichnung wird seit 1965 vergeben und fällt für 1978 zum ersten Mal an einen Sportwagen.
Die Nachfrage nach diesem Wagen, der nun unverändert in sein zweites Produktionsjahr geht, übersteigt noch immer die Fertigungsmöglichkeiten des Werkes – ein Beweis für die Attraktivität des 928, der als der Sportwagen der achtziger Jahre gilt.

1979
Das Automobil der achtziger Jahre geht ohne Veränderungen seiner Fahrleistungen und Fahreigenschaften ins neue Modelljahr. Wesentlich verbessert haben die Ingenieure im Porsche-Entwicklungszentrum Weissach jedoch die Verbrauchs-Charakteristik des 4,5-Liter-Achtzylinder.
Nach der neuen, mehr praxisbezogenen Norm DIN 70.030 verbraucht der Porsche 928 nur noch 9,5 Liter auf 100 Kilometer bei konstant 90 km/h, 11,9 Liter bei konstant 120 km/h und 17,6 Liter im Stadtverkehr. In der Automatikversion beträgt der Stadtverbrauch sogar nur 16,4 Liter auf 100 Kilometer. Zu diesem Ergebnis hat vor allem die Erhöhung der Verdichtung von bisher 8,5:1 auf jetzt 10:1 beigetragen. Sie erfordert gleichzeitig die Umstellung auf Super-Benzin als Kraftstoff.
Der 4,5 Liter V 8 aus Leichtmetall leistet nach wie vor 240 PS/177 kW bei 5250/min. Die robuste, tragende Karosseriestruktur aus Stahl ist vollverzinkt - mit sechsjähriger Porsche-Garantie.

Die neuen Verbrauchswerte des 928 sind nicht etwa rechnerisch ermittelt worden, sondern von Journalisten in der Praxis erfahrene Werte. Damit hat Porsche schon heute das Versprechen eingelöst, das die deutsche Automobil-Industrie am 30. April 1979 gegenüber dem Bundeswirtschaftsminister abgegeben hat: Den Benzinverbrauch der Fahrzeuge bis 1985 gegenüber dem Stand 1977 um durchschnittlich 10 bis 12 Prozent zu verringern.
Der kritischste Bereich in der Verbraucherdiskussion ist heute der Stadtverkehr, aber auch der Überlandverkehr mit seinen Stauungen in der Reisezeit. Hierbei nehmen der Leerlaufanteil und der Teillastteil an der gesamten Fahrtdauer stark zu. Bei Leerlauf verbraucht der Motor Benzin ohne das Fahrzeug überhaupt fortzubewegen, und bei Teillast arbeitet er unter verbrauchsungünstigen Bedingungen. Den im Bezug zur erbrachten Leistung günstigsten Verbrauch hat ein Ottomotor nämlich dann, wenn er voll gefordert wird.
Deshalb hat Porsche neue technische Möglichkeiten gefunden, um den Verbrauch auch unter solchen Bedingungen zu optimieren. Zu den marktreifen Lösungen gehört ein Achtzylinder-Motor, bei dem nur im oberen Leistungsbereich alle acht Zylinder arbeiten. Im Stadtverkehr zum Beispiel und beim langsamen Dahinrollen erhalten nur vier Zylinder Kraftstoff. Deren Leistungsgrad übertrifft den von sonst acht Zylindern, weil sie zur selben Zeit eben doppelt soviel Leistung erbringen müssen.
Darüber hinaus arbeitet Porsche an der Leerlaufverbrauchs-Optimierung. Bereits seit Anfang dieses Jahrzehnts laufen bei Porsche Prototypen im Test mit Leerlaufabschaltung. Vor einer roten Ampel zum Beispiel schaltet der Motor automatisch ab, um bei Grün beim Gasgeben ebenso automatisch und verzögerungsfrei wieder anzuspringen.

1980

Der 928 erhielt serienmäßig zum neuen Baujahr Nebelschlußleuchte, Heckscheibenwischer und Scheinwerfer-Reinigungsanlage. Außerdem gibt es auf Wunsch neue Berber-Ganzstoffsitze oder Leder-Sportsitze.
Noch mehr unterstreicht die Langzeit-Garantie die Wirtschaftlichkeit auch eines Porsche 928: Porsche hat die Garantie gegen Durchrostungsschäden von sechs auf sieben Jahre und von der Bodengruppe auf die gesamte Karosserie erweitert – ohne jede Nachbehandlungsverpflichtung.

1981

Der Porsche 928 bleibt im wesentlichen unverändert, allerdings wurde hier, wie auch bei den anderen Modellen die Dachlast von 35 auf 75 Kilogramm erhöht.
Der 928 erhielt darüber hinaus eine sehr genau arbeitende Bezinverbrauchsanzeige. Dann wurde der Luftdurchsatz um gut 10 Prozent erhöht und ein Fach auf der Fahrerseite links vom Lenkrad vermehrt die Ablagemöglichkeiten.
Serienmäßig gibt es zudem: Kassettenbox und Münzfach auf dem Transaxle-Tunnel, Fond-Sonnenblende, stärkere Batterie (88 Ah) und Vierspeichen-Lenkrad. Außerdem hat der 928 nun die Intensiv-Scheibenreinigungsanlage sowie die Vierlautsprecheranlage mit Überblendregelung und elektrischer Antenne serienmäßig. Der Rückwärtsgang erhielt einen Abweiser (nur bei Schaltgetriebe) und der Kofferraum eine Beleuchtung.

1982

Zum Ende des Baujahres 1982 (etwa August) entfällt der normale Porsche 928. An seine Stelle tritt ein weiter verbesserter und aufgewerteter Porsche 928 S (siehe unter 928 S).

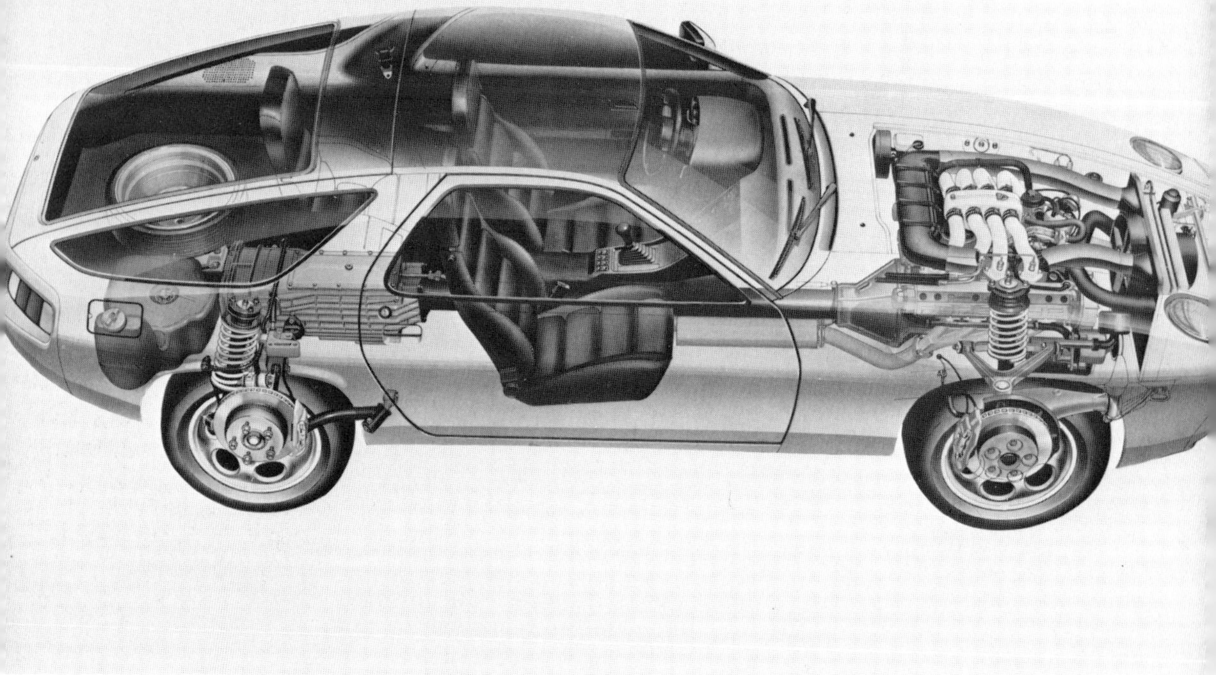

728 Schnittzeichnung und Seitenansicht des neuen Porsche 928 mit V8-Motor

Heck- und Frontansicht des 928. Bemerkenswert die runden Karosserieformen

Cockpit mit verstellbarem Lenkrad/Instrumentenbrett

Die zwei Einzelsitze können zur Kofferraumvergrößerung umgeklappt werden

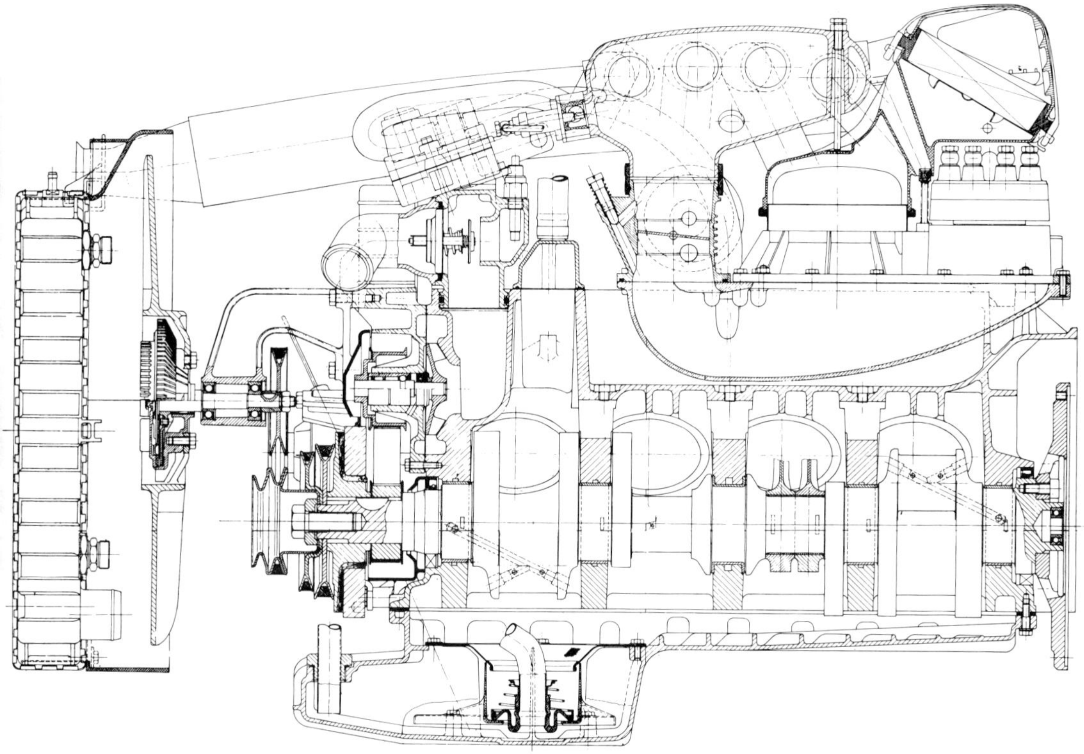

Motor-Längs- und Querschnitt: V8 mit 4,5 Liter Hubraum und 240 PS

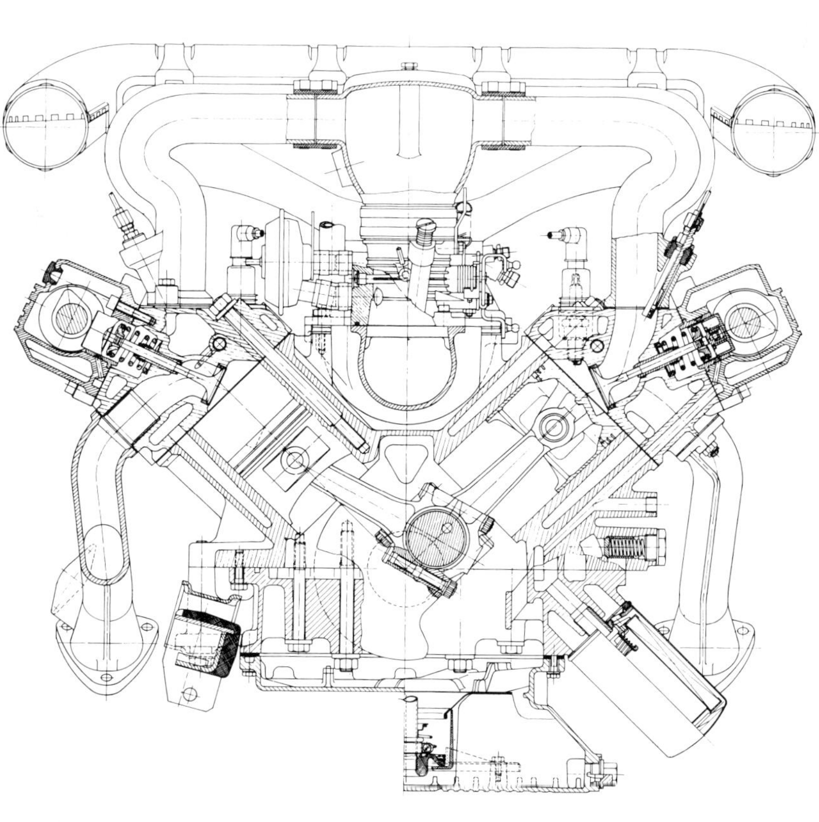

732 Seitenansichten des wassergekühlten Alutriebwerkes

Die Bosch-K-Jetronic regelt auch bei diesem Motor das Kraftstoffgemisch

Frontansicht des Achtzylinder in 90-Grad-V-Anordnung in Kompaktbauweise

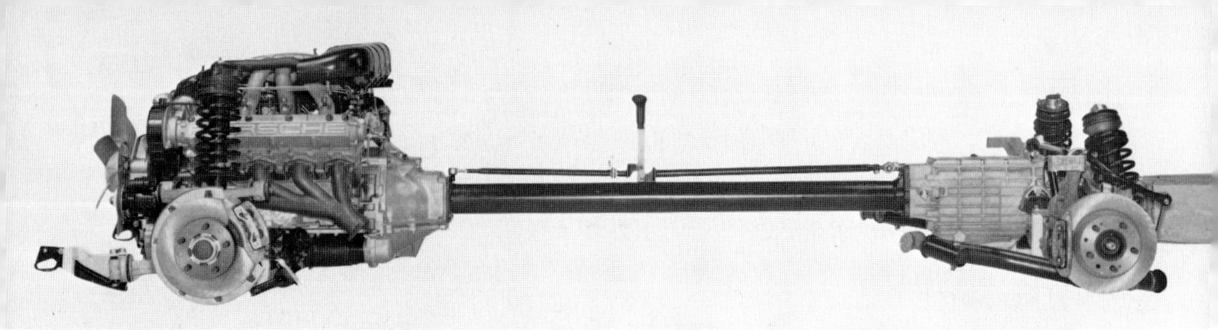

Seitenansicht des Transaxle-Systems: Motor vorn, Getriebe/Differential hinten

Aufsicht auf die Antriebsverbindung zwischen Motor (l) und Getriebe (r)

Die neue Weissach-Hinterachse kompensiert Vorspuränderungen beim Fahren

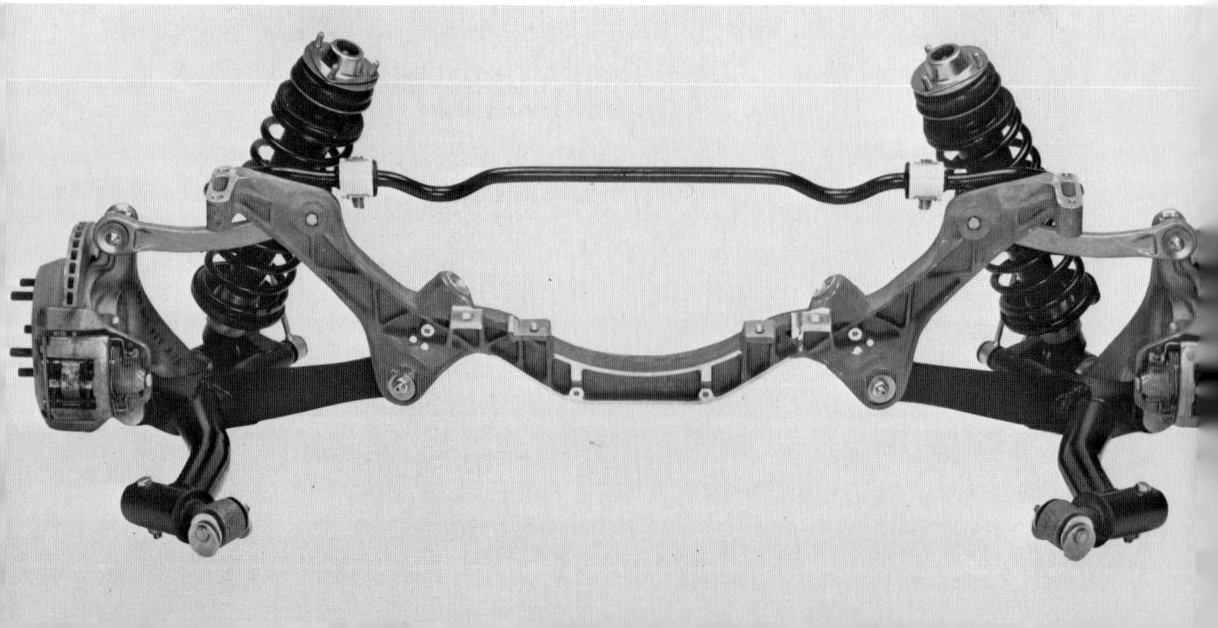

Nebelschlußleuchte und Heckscheibenwischer ab Baujahr 1980 serienmäßig

Äußerlich nahezu unverändert: Porsche 928 mit 4,5-l-V8-Motor (240 PS)

Die Schwimmrahmen-Bremsen verhindern ein Fading durch Dampfblasenbildung

Die Porsche-Hinterachse – ein richtungweisender Beitrag zur Fahrsicherheit

Typ 928 S (1979–1986)

Für Porsche ist es bewährte Tratition, das gleiche Modell mit unterschiedlicher Motorleistung anzubieten. Seit den Zeiten von »Dame« und »Super« (den 356-Versionen mit 60 bzw. 75 PS) wird solche Zweiteilung praktiziert. Beim 911 gab es den »T« (110 PS) und »S« (160 PS), später den Carrera.
Beim 928 wurde die Leistung zunächst bewußt unter den konstruktiven Möglichkeiten des V8-Motors gehalten. Das maßvolle Verdichtungsverhältnis von 8.5:1 erlaubte die Verwendung von Normalbenzin. Jetzt wurde die Verdichtung beim 928 S – und auch beim 928 – auf 10:1 heraufgesetzt. Das ergibt eine Verbesserung des thermodynamischen Wirkungsgrades und entsprechende Verminderung des Verbrauchs – natürlich verbunden mit der Notwendigkeit Super-Benzin zu tanken.
Der Motor im Typ 928 S kommt mit vergrößerter Bohrung (97 statt 95 mm) auf einen Effektiv-Hubraum von 4664 cm^3. Zusammen mit der höheren Verdichtung und freierer Atmung im Ansaug- und Auspufftrakt (durchgehender Doppelauspuff) führt dies zu einer Erhöhung des Leistungs- und Drehzahl-Niveaus: Die Nennleistung von 221 kW/300 PS wird bei einer Drehzahl von 5900/min erreicht. Entsprechend veränderte sich auch der Drehzahl-Verlauf: Während der 928 das Maximum von 380 Nm bei 3600/min erreicht, verläuft die Kurve beim 928 S sportlich-gestreckter und markiert bei 4500/min das Maximum von 385 Nm. Die durch Zündabsteller begrenzte Höchstdrehzahl beträgt 6500/min.
Unten herum fährt sich der 928 S genauso kraftvoll bullig wie der 928. Während man aber beim 928 zum frühen Hochschalten neigt, weil der Motor seine Drosselung spürbar werden läßt, fasziniert beim 928 S die bis in den erlaubten Bereich der Höchstdrehzahl zunehmende Leistungsentfaltung.
Daß echte 60 PS Mehrleistung verfügbar sind, bleibt also nicht verborgen. Jetzt erst offenbart der V8 seine Qualitäten: müheloses Hochdrehen, Leistungs- und Drehfreudigkeit im oberen Bereich. Beim 928 S tritt zutage, daß bei der Konstruktion der Zylinderköpfe mit obenliegenden

Nockenwellen die reichen Rennerfahrungen der Weissacher Konstrukteure nicht ohne Auswirkung blieben.
Auch das Fahrwerk wird nun stärker gefordert, war aber ohnedies auf höhere Leistung ausgelegt. Die Mehrkraft auf den Boden zu bringen ist daher kein Problem: Das Transaxle-System sichert den hohen Achslast-Anteil der angetriebenen Hinterräder. Schnelles Kurvenfahren wird durch die gut dosierbare Kraftreserve und durch die stabilisierenden Eigenschaften der »Weissach-Hinterachse« zu einem Fahrvergnügen.
Bei der Konzeption des 928 stand noch die Frage des Benzin-Bleianteils im Vordergrund der Überlegungen. Aus diesem Grund wurde der Motor auf Normalbenzin ausgelegt, wobei ein höherer Literverbrauch bewußt in Kauf genommen wurde. Inzwischen verlagerte sich der Schwerpunkt der Überlegungen auf den mengenmäßigen Verbrauch, der auch den Verbrauchs-Vorschriften in den USA zugrunde gelegt wird.
Die erhöhte Verdichtung als wichtigste motorseitige Maßnahme wird beim 928 S ergänzt durch die Verringerung des Luftwiderstandes der Karosserie. Zusätzliche Spoiler vorn und hinten reduzieren den cw-Wert auf 0,38. Unzweifelhaft sind darüber hinaus die praktischen Auswirkungen: Verbrauchswerte von 14 bis 19 l/100 km sind beim 928 S normal.
Vierspeichen-Lenkrad, serienmäßige Teilleder-Ausstattung, vergrößerte Auswahl an Polsterstoffen, Metallic-Farben nach Wahl sind einige der Neuerungen der Karosserie und Ausstattung, die dem 928 S zugute kommen – zusätzlich zur Serien-Ausstattung des Typs 928 wie: Tempostat, elektronisches Zentral-Warngerät, Zusatzwaschanlage, Scheinwerfer-Reinigungsanlage, Sonnenblenden im Fond, vier Lautsprecher, Heckscheibenwischer und weitere Details.
Neu, nicht nur beim 928 S, ist das Radio, das durch zusätzliche Funktionen verbessert wurde. Auf Wunsch steigert ein Zusatzverstärker die Ausgangsleistung auf 4×15 Watt. Für Tonband-Kassetten ist nun Platz auf der Mittelkonsole vorhanden. Eine völlige Neuentwicklung ist die automatisch geregelte Klimaanlage. Sie hält ohne Nachregulierung die einmal eingestellte Innen-Temperatur ein. Ein elektronisches Steuergerät verarbeitet die von zwei Fühlern gegebenen Signale, es steuert die Klappen und regelt die vom Gebläse gelieferte Kaltluftmenge. Abhängig von Innen- und Außen-Temperatur kann die Anlage nach verschiedenen, vom Fahrer zu wählenden Programmen arbeiten: Normale Bedingungen, kühles Wetter (Kompressor ausgeschaltet), für feuchtkalte Witterung (Beschlagen der Frontscheibe wird verhindert). Das Gebläse kann zusätzlich von Hand geregelt werden, die Mitteldüse liefert Kalt- oder Warmluft.
Die Spoiler und die Scheibenräder mit neuem Design sind äußere Kenn-

zeichen des neuen 928 S. Die geschmiedeten Felgen mit eloxierter Oberfläche sind von exklusiver Machart und bringen auch Gewichtsvorteile. Dickere Bremsscheiben mit vergrößerten Belägen dienen der Anpassung an die höhere Motorleistung. Im übrigen bleibt das Fahrwerk unverändert. In Fahrkomfort und Fahreigenschaften gibt es keinen Unterschied zwischen 928 und 928 S.
Der Porsche 928 S wird wie auch der 928 wahlweise mit Fünfgang-Schaltgetriebe oder vollautomatischem Getriebe ausgerüstet. Er hat eine sensible, gewöhnungsfreie Servolenkung mit auf die Geschwindigkeit abgestimmtem Unterstützungseffekt.
Der 928 S erreicht eine Spitzengeschwindigkeit von gut 250 km/h und beschleunigt von 0 auf 100 km/h in nur 6,6 Sekunden. Von 0 bis 160 km/h vergehen nur 14,6 Sekunden. Die DIN-Verbrauchswerte: Bei konstant 90 km/h 9,9 Liter, bei konstant 120 km/h 12,5 Liter und bei Stadtfahrt 19,7 Liter.
Die tragende Karosseriestruktur aus Stahl ist vollverzinkt – mit sechsjähriger Porsche-Garantie. Zahlreiche Aluminium-Werkstücke in Karosserie und Fahrwerk, sowie der auf lange Lebensdauer ausgelegte Motor dienen der Gewichtsminderung ebenso wie der Wertbeständigkeit.

ÄNDERUNGEN ZUM BAUJAHR/MODELLJAHR

1980

In die Serien-Ausstattung wurden einbezogen: Scheinwerfer-Reinigungsanlage, Heckscheibenwischer und Nebelschlußleuchte. Auf Sonderwunsch gibt es nun die neuen Berber-Ganzstoffsitze oder die Ganzleder-Sportsitze. Das Blaupunkt-QTS-Radio ist anstelle des bisherigen Porsche-Radios auf Sonderwunsch verfügbar. Zudem gibt es ein neues Farbprogramm.

1981

Auch beim Porsche 928 S wurden, wie beim einfacheren 928, nur Detailänderungen vorgenommen. So gab es für den 928 S unter anderem: Dachlasterhöhung auf 75 Kilogramm, neue Benzinverbrauchsanzeige, stärkerer Luftdurchsatz und erweiterte Ablagemöglichkeiten.
Darüber hinaus ist der elektrisch verstellbare Fahrersitz in die Serienausstattung übernommen worden: Mit einem Fingerdruck läßt sich der Sitz für jeden Fahrer in die optimale Position verstellen.

Das Schaltgetriebe erhielt einen Rückwärtsgang-Abweiser, der Kofferraum eine Beleuchtung und der Motor eine stärkere Batterie (88 Ah). Als Sonderwunsch gibt es abschließbare Radmuttern.

1982

Mit dem Ableben des Porsche 928 wird der 928 S nun das alleinige Topmodell der Porsche-Typenreihe. Sein 4,7-l-V8-Motor leistet 300 PS und verhilft dem Coupé zu einer Spitzengeschwindigkeit von gut 250 km/h. Er beschleunigt dabei in nur 6,6 Sekunden aus dem Stand auf 100 km/h.
Zum Modelljahr 1983 ist das Interieur weiter verfeinert worden. So sind Instrumenteneinheit und Lenkrad, beide gemeinsam der Fahrergröße entsprechend verstellbar, grundsätzlich in der Farbe der übrigen Innenausstattung abgestimmt. Serienmäßig sind nun auch grüngetönte Rundumverglasung sowie eine Ledersitzanlage und elektrisch verstellbarer Fahrersitz. Die Klimaanlage des 928 S sorgt automatisch für die vom Fahrer gewünschte Tempertur. Digitalzeituhr im Mitteltunnel, lederbezogener Kasettenbehälter mit Kleinablage, Einstiegsleuchte und beleuchteter Make-up-Spiegel gehören zu den fast selbstverständlichen Ausstattungsdetails, die jetzt beim 928 S serienmäßig sind.
Aber auch motorseitig wird der Komfort gepflegt. Ein neues Hydro-Motorlager sowie hydraulische Zahnriemen-Regulierung und -Dämpfung tragen hier zu weiterer Geräuschreduzierung bei.
Dem Käufer des 928 S stehen im Modelljahr neben neuen Innenausstattungs-Varianten auch neue Karosseriefarben zur Wahl, darunter fünf neue Metallic-Lackierungen. Serienmäßig hat der 928 S jetzt die Alu-Lochfelgen der bisherigen 4,5-l-Version.
Für USA und Kanada gibt es den 928 S in der Serie mit Automatic, elektrischem Außenspiegel rechts, geschmiedeten Felgen 7Jx16 und 225/50 VR 16-Reifen. Es entfallen dafür die Modellbezeichnung »928 S« am Heck des Wagens und die seitlichen Flankenschutzleisten.

1983

Die gepflegteste Möglichkeit, einen Porsche zu fahren, bietet der 928 S, der für das Modelljahr 1984 einer gründlichen Weiterentwicklung unterzogen worden ist. Sein 4.7 Liter V8 Leichtmetallmotor verfügt jetzt über die Bosch LH-Jetronic mit Schubabschaltung. Diese gewährleistet eine noch genauere Zumessung der Einspritzmenge, eine weitere Verbesserung der Abgaswerte und noch größere Zuverlässigkeit. Zusammen mit einer neuen elektronischen Steuerung des Zündzeitpunktes hat Porsche

dadurch die Leistung von 300 auf 310 PS (228 kW) und das maximale Drehmoment von 385 auf 400 Nm gesteigert, gleichzeitig aber den Verbrauch um weitere zehn Prozent gesenkt. In der Automatik-Version sind es im Mittel sogar mehr als 12 Prozent: Die kleineren Stufensprünge des neuen Viergang-Automaten tragen nicht nur zu besserem Schaltkomfort, sondern auch zu einer Verbrauchsminderung bei.
Bei einer Verringerung des Verbrauches erwarten Porsche-Fahrer traditionell eine Steigerung der Fahrleistungen. Dementsprechend beträgt die Höchstgeschwindigkeit des 928 S nunmehr 255 km/h (bisher 250 km/h). Die Beschleunigungszeit von 0 auf 100 km/h hat Porsche von 6,6 auf 6,2 Sekunden verkürzt. Der 928 S des Modelljahres 1984 ist auch der erste Porsche, der – auf Wunsch – mit ABS ausgestattet wird. Hierbei handelt es sich um eine Weiterentwicklung des bisher bekannten Systems, speziell ausgelegt und optimiert für diesen Hochleistungssportwagen, der im Vergleich zu normalen Limousinen weit höhere Maßstäbe an Geschwindigkeit, dynamisches Verhalten, Beschleunigung und Bremsvermögen setzt.
Dem Komfort großgewachsener 928-Fahrer dient eine Änderung der Vordersitzkonstruktion, die die Kopffreiheit vergrößert. Der Heckdeckel läßt sich nun elektrisch vom Fahrzeuginnern her öffnen. Der Sicherheit im Winter dient nicht nur das Antiblockiersystem, sondern auch die elektrische Beheizung der Scheibenwaschdüsen: Selbst bei strenger Kälte kann die Scheibenwaschanlage nicht mehr einfrieren. Die »innere Sicherheit« wird ebenfalls aktiv und passiv vergrößert: passiv durch eine Sekuriflex Windschutzscheibe, aktiv durch die jetzt von innen bedienbare Zentralverriegelung. Zur Verhinderung ungebetenen Besuches lassen sich so blitzartig per Knopfdruck die Türen verschließen.

1984

Der 310 PS/228 kW starke und über 250 km/h schnelle Porsche 928 S, von dem bisher über 30 000 Exemplare gebaut wurden, geht mit zahlreichen Änderungen in das neue Modelljahr. Das Flaggschiff im Programm ist nunmehr serienmäßig mit elektrisch verstellbaren Komfortsitzen bestückt, die – auf Wunsch – auch mit Sitzheizung lieferbar sind.
Die neue Sitzgeneration, die in dieser Form und Technik auch im Porsche Carrera Verwendung findet, zeichnet sich durch eine deutlich verbesserte Seitenführung aus. Die verlängerte Auflage für die Oberschenkel sorgt für ein ermüdungsfreieres Fahren, und schließlich lassen sich die neuen Sitze dank der stufenlosen Verstellung – Sitzfläche und Neigung sind getrennt elektrisch verstellbar – optimal den ganz persönlichen Wünschen jedes Fahrers und Beifahrers anpassen.

Auch in puncto Sicherheit wurden neue Maßstäbe gesetzt: Die direkt am Sitz befestigten Gurtschlösser sorgen für eine schnelle und mühelose Arretierung der Sicherheitsgurte, und auch im Falle eines Unfalls bietet dieses System nach den neuesten Erkenntnissen der Unfallforschung den besten Schutz.
Dem Wunsch nach mehr Komfort trägt auch eine eher unauffällige Änderung am Porsche 928 S bei: Durch die jetzt um 15 Millimeter tiefer gelegten Sitzschienen haben großgewachsene Passagiere mehr Kopffreiheit.
Schneller und präziser läßt sich im aktuellen 928 S das neu synchronisierte Fünfgang-Getriebe schalten, wobei im Zuge dieser technischen Änderung auch der Schalthebel etwas tiefer gelegt wurde. Neu bei der Automatikversion ist die im Drehzahlmesser-Instrument integrierte Ganganzeige, die dem Fahrer vor allem bei Dunkelheit deutlich besser als bisher den jeweiligen Gangbereich signalisiert. Optisch fällt bei der Automatik die neue Form des nunmehr mit Leder in der jeweiligen Interieurfarbe bezogenen Wählhebels auf.
Wer das Radio im Porsche 928 S aktiviert, wird keine am Heck aufsteigende Automatik-Antenne mehr erleben. Porsche hat sich beim neuen Modelljahrgang für eine leistungsstarke Scheibenantenne entschieden, zu der folgende Zutaten serienmäßig gehören: vier Lautsprecher, Entstörung, Überblendregler und Antennenverstärker.
Zu jenen Details, die Porsche im Zuge der Modellpflege dem Hochleistungs-Sportwagen mit dem geräumigen Kofferabteil und der großen Heckklappe angedeihen ließ, gehören serienmäßig noch die mit Leder überzogene Lenkrad-Prallplatte und eine von bisher 90 bis nunmehr 115 Ampere verstärkte Lichtmaschine. Neu im Programm ist gleichfalls eine Warnanzeige im Armaturenbrett, die dann aufleuchtet, wenn die Spannung des Zahnriemens abfällt.
Das Angebot an Mehrausstattung für den in 6,2 Sekunden von 0 auf 100 km/h beschleunigenden Achtzylinder ist gleichfalls reichhaltiger geworden. Für extrem heiße Länder steht eine zweite Klimaanlage im Wagenfond zur Verfügung. Das Lenkrad kann mit einer um 20 Millimeter verlängerten Nabe bestellt werden und für die Schmiedefelgen gibt es zwei Farben zur Auswahl.

1985

Serienmäßig wird der großvolumige Achtzylinder ab dem Baujahr 1985 mit einem Anti-Blockier-System (ABS) und Tempostat ausgeliefert. Die bisher in der Serie üblichen Leichtmetallfelgen im Telefonscheiben-De-

sign sind nicht mehr im Angebot. Ab Werk werden geschmiedete Scheibenräder 7Jx16 mit Reifen der Dimension 225/50 VR 16 verwendet. Eine Diebstahlsicherung für die hochwertigen Räder ist ohne Aufpreis vorhanden.
Der 928 S wird von einer neu entwickelten Vierkolben-Festsattelbremsanlage verzögert, die auch bei schärfsten Beanspruchungen fadingfrei arbeitet. Schließlich gehört auch eine geänderte Abgasanlage mit reduziertem Geräuschniveau zu den Dingen, die das Fahren angenehmer machen.
Neu im Angebot ist eine Katalysatorversion, wobei auf den für die USA entwickelten 928 S mit Vierventilmotor zurückgegriffen wird. Für europäische Verhältnisse, wo bleifreies Superbenzin bisher nur vereinzelt zu erwerben ist, wurde dieses Aggregat auf den Betrieb mit bleifreiem Normalbenzin umgerüstet. Das fünf Liter große Triebwerk leistet – ausgelegt auf Benzin mit 91 ROZ – 288 PS (212 kW).

Typ 928 S Vierventiler (ab 1985)

Während es bei modernen Rennmotoren in erster Linie um die Steigerung der Drehzahl und damit der Leistung geht, werden bei abgasgereinigten Normalmotoren die Möglichkeiten der Vierventiltechnik für eine Optimierung des Verbrennungsprozesses genutzt. Je zwei Ein- und Auslaß-Ventile pro Zylinder: Das bedeutet günstige Brennraumform mit geringer Klopfneigung bei hoher Verdichtung, gute Verbrennung durch zentrale Zündkerzenlage und geringe Grundemissionen aufgrund günstiger thermodynamischer Verhältnisse.

Die Unterbringung und exakte Steuerung von vier Ventilen erfordert allerdings einen höheren Bauaufwand: also mehr Teile, mehr Platz und höheres Gewicht. Die Entscheidung, den 928 S zuerst auf dem US-Markt mit einem 5-l-Vierventilmotor anzubieten, fiel darum erst, als die verschärften Abgaswerte ohne Nachteile für das Leistungsverhalten des Motors nicht mehr zu realisieren waren. Gegenüber dem bewährten Zweiventilmotor wurden wesentliche Änderungen vorgenommen:

- Hubraumvergrößerung von 4,7 auf 5 Liter
- modifizierter Zylinderkopf mit zusätzlichen Einlaß-Nockenwellen und vier Ventilen
- neue Ansauganlage mit Resonanz-Aufladesystem
- LH-Jetronic mit Luftmassen-Messung
- spezielle Katalysator-Auslegung.

Dieser Motor unterscheidet sich sowohl von der bisherigen USA-Ausführung als auch vom Europa-Motor des 928 S. Die Zylinderbohrung wurde von 97 auf 100 mm vergrößert, was den Abmessungen des 944-Motors entspricht.

Eine interessante Lösung wurde beim Antrieb der Nockenwellen verwirklicht: Um Änderungen am Zylinderkopf gering zu halten und möglichst wenig Raum in Anspruch zu nehmen, wurde der Ventilwinkel so gewählt, daß die Auslaß-Nockenwelle in ihrer Lage genau der Nockenwelle des Zweiventilers entspricht. Die gegenüber angeordnete Einlaß-Nockenwelle wird von der Auslaß-Nockenwelle über eine in der Mitte angeordnete Kette angetrieben. Durch diese platzsparende Bauweise

wurde vermieden, daß in der flachen Motorhaube Ausbuchtungen angebracht werden mußten. Auch beim Viernockenwellenmotor sind die Ventile durch hydraulischen Ausgleich des Ventilspiels wartungsfrei.
Äußerlich unterscheidet sich der Vierventilmotor durch die Ansauganlage mit genau abgestimmten Rohrlängen vom bekannten Bild. Sie hat eine wichtige Aufgabe: Durch wechselseitiges Ansaugen aus den beiden durch ein Resonanzrohr verbundenen Behältern wird die Ansaugluft in Schwingungen versetzt, die mit der Frequenz der Druckschwingung im angeschlossenen Ansaugverteiler übereinstimmen. Dadurch ergibt sich schon bei niedriger Drehzahl ein Aufladeeffekt, der die Zylinderfüllung und somit die Leistung und das Drehmoment günstig beeinflussen.
Für Gemischaufbereitung und Zündung werden die LH-Jetronic und die elektronische Kennfeldzündung von Bosch eingesetzt, die im Europamotor des 928 S bereits seit dem Modelljahr 1984 mit Erfolg integriert sind.
Durch die Hitzedraht-Luftmassenmessung wird die Luftmasse und nicht das Volumen gemessen, weshalb sich eine zusätzliche Höhenkorrektur erübrigt. Die kennfeldgesteuerte Zündung berücksichtigt zahlreiche Informationen im Sinne optimaler, klopffreier Verbrennung. Zusätzlich besitzt der Vierventilmotor eine Lambdaregelung des Sauerstoff-Haushalts, mit der eine optimale Katalysator-Wirksamkeit bezüglich aller Schadstoff-Komponenten erreicht wird.
Der Katalysator besteht aus zwei parallelen Hälften für jede Zylinderreihe mit mittig angeordneter Lambdasonde. So konnten die freie Querschnittsfläche und das Monolithvolumen vergrößert werden. Der USA-Motor ist nach Europa-Gesichtspunkten erprobt worden. Dazu gehört unter anderem ein 80 000 km „Dauerlauf", bei dem auf einer abgesperrten Versuchstrecke 12 000 km Höchstgeschwindigkeit am Stück gefahren werden. Weitere Probeläufe wurden in den USA unter allen dort vorkommenden Bedingungen durchgeführt.
Die Einführung des vierventiligen 928 S in Europa ist für den Herbst 1986 vorgesehen. Er wird dann auch nicht 288 PS, wie in der jetzigen US-Version, sondern etwa 320 PS mit bzw. ohne Katalysator leisten.

In der neunjährigen Bauzeit des 928-V-8-Motors konnte trotz strenger Schadstoffbegrenzung und Oktanzahlverminderung des bleifreien Kraftstoffs die Literleistung um 18,5% auf 47,4 kW/l bzw. 64,5 PS/l angehoben werden.
Neben dem 310-PS-Zweiventilmotor ohne Katalysator gab es bereits ab Ende 1985 eine für die USA und Japan konzipierte 292 PS/288 hp starke Katalysatormotor-Variante mit vier Ventilen pro Zylinder. Der auch 1986 in Deutschland vorgestellte »928 S 4«-Motor ist das Ergebnis der Weiterentwicklung dieses V 8-Aggregates.
Auf Euro-Super bleifrei ausgelegt, erreicht er bei einem Verdichtungsverhältnis von 10:1 weltweit 235 kW/320 PS (316 hp) bei 6000/min, und das wohlgemerkt mit und ohne Katalysator. Im Diagramm erkennt man deutlich im Vergleich zum bisherigen Zweiventilmotor den beachtlichen Drehmomentzuwachs, besonders im unteren Drehzahlbereich.
Im Vergleich zum Vierventilmotor mit Katalysator des letzten Modelljahres ist eine Drehmomenterhöhung ab den mittleren Drehzahlen ohne Absenkung im unteren Bereich erreicht worden.
Dieser fortschrittlichen, umweltbewußten Motorauslegung lagen umfangreiche Lastenheftanforderungen zugrunde. Die wesentlichen waren:
- Auslegung weltweit auf Euro-Super mit den Oktanzahlen ROZ 95/ MOZ 85
- Leistungsgleichheit mit und ohne Katalysator
- Mehrleistung gegenüber dem Vorgängermodell
- Weitere Anhebung des Drehmoments ohne Verlust in einem anderen Drehzahlbereich
- Weltweite Erfüllung der jeweiligen Abgas- und Geräuschvorschriften mit einem Basismotor
- Geschlossenes Tankentlüftungssystem
- Anwendung einer effektiven Klopfregelung
- möglichst geringe Wartungsanforderungen.

Diese Zielsetzungen bedingten umfangreiche konstruktive Änderungen mit entsprechendem Entwicklungsaufwand. Um die thermische Belastung der Kolben in Grenzen zu halten, wurde eine seit vielen Jahren im 911-Motor mit Erfolg angewandte Spritzölkühlung der Kolben eingesetzt. Durch diese Maßnahme sowie der etwa gleichen Wärmeausdehnung von Kolben und Zylindern konnte das Laufspiel der Kolben auf nur 2/100 mm verkleinert werden, was der Motorlaufruhe zugute kommt.
Zur weiteren Verbesserung des Verbrennungsablaufs wurde der Vierventil-Brennraum im Zylinderkopf um 3 mm abgesenkt. Man erhält dadurch zwei Quetschzonen, die etwa 12% der Kolbenbodenfläche ent-

sprechen. Es entsteht eine ausgeprägte Turbulenz des angesaugten Kraftstoffluftgemisches.
Der Aufbau des Zylinderkopfes und der Antrieb der Einlaß-Nockenwelle entspricht dem des »944 S«. Mit der neu entwickelten zweistufigen Resonanzansauganlage wird eine nahezu ideale Zylinderfüllung über den gesamten Drehzahlbereich des Motors ermöglicht. Dieses variable System besteht aus zwei Resonanzbehältern, die durch ein langes und ein kurzes Resonanzrohr verbunden sind. Das kurze Rohr wird durch Öffnen einer Verschlußklappe aktiviert.
Im Zusammenhang mit der Facelift-Entwicklung und den variablen Kühlluftklappen entfiel der vom Motor über Keilriemen angetriebene Visco-Lüfter. Jetzt sorgen zwei elektrische stufenlos regelbare Gebläse für die Durchflutung der verschiedenen Kühler und des Motorraumes. Diese Lösung verbessert entscheidend die Wirksamkeit der Klimaanlage und der Motor- und Getriebeautomatkühlung, speziell im Stop-und-Go-Verkehr. Die Haltezarge für die Gebläse ist ein Musterbeispiel für Leichtbau mittels Kunststoff.
Zum Schutz des Motors gegen Überhitzung und Schmierölmangel hat der »928 S 4« eine elektrische Kühlwasser- und Ölstandsanzeige. Ganz entscheidende Neuerungen sind in die Motorelektronik des »928 S 4« eingeflossen.
Da es für einen Achtzylinder-Motor keine Bosch-Motronic gibt, wird im Gegensatz zu den Vier- und Sechszylinder-Modellen beim »928 S 4« mit zwei Systemen, und zwar einem Einspritzsystem mit Hitzdraht-Luftmassenmessung sowie einem Zündsystem mit integrierter Klopfregelung gearbeitet. Die Besonderheit der neuen Einspritzgeneration LH 2.3 ist die adaptive Leerlauffüllungsregelung und bei Katalysator-Fahrzeugen die ebenfalls adaptive Lambdaregelung. Adaptiv bedeutet, daß laufend der Zustand des Motors überprüft und bei Veränderungen die Regelung dementsprechend angepaßt wird. So sorgt die neuartige Leerlauffüllungsregelung für eine konstante Leerlaufdrehzahl von 675/min über die gesamte Motorlebensdauer. Eine Drehzahleinstellung muß daher weder am Ende des Produktionsbandes noch bei den Inspektionen erfolgen. Beim »928 S 4« mit Katalysator werden ständig mögliche Abweichungen des Lambdasondensignals gegenüber dem Sollniveau im Steuergerät verglichen und notfalls aufgrund der Lernfähigkeit des Systems die Anpassung des Kennfeldes veranlaßt. Dadurch wird die Kohlenmonoxid-Emission im Leerlauf über die gesamte Motorlebensdauer konstant gehalten. Eine Nachstellung entfällt.
Bei Fahrzeugen mit Vorschalldämpfer (ohne Katalysator und Lambdaregelung) muß in der Produktion und bei den Inspektionen gegebenenfalls eine Nachjustierung des CO-Wertes vorgenommen werden.

Auch beim »928 S 4« wurde der Kraftstoffdruck von 2,5 auf 3,8 bar angehoben, damit bei Kraftstoffen mit erhöhten sauerstoffhaltigen Komponenten wie Alkohol und Äther, welche die Klopffestigkeit erhöhen und in unterschiedlichsten Mengen beigemischt werden dürfen, das Heißstartverhalten zuverlässiger wird.
Das neue Bosch-EZK-Zündsystem hat eine zylinderspezifische Klopferkennung und Regelung. Bei erkanntem Klopfen eines Zylinders wird nur an diesem der Zündzeitpunkt schrittweise zurückgenommen. Mit diesem System wird eine hohe und wirtschaftliche Leistungsausbeute ermöglicht und andererseits die Gefahr von Motorschäden bei irrtümlicher Fehlbetankung oder schlechter Kraftstoffqualität so gut wie ausgeschlossen.
Eine weitere Neuigkeit beim »928 S 4« ist die in der EZK einprogrammierte Schutzfunktion für das Automatik-Getriebe. Bei Einleitung einer Hochschaltung im vollastnahen Bereich wird eine etwa 0,5 Sekunden anhaltende 25%ige Drehmomentabsenkung durch Zündzeitpunktrücknahme bewirkt.
Für die Abgasentgiftung müssen immer noch zwei Motorauslegungen entwickelt werden. So verfügt die Variante ohne Lambdaregelung und ohne Katalysator über eine Lufteinblasung in die Auslaßkanäle des Zylinderkopfes. Damit wird durch Nachoxidation eine bis zu 30%ige Herabsetzung der Kohlenmonoxid- und Kohlenwasserstoff-Emissionen erreicht.
Bei der Katalysatorvariante mit je drei parallel angeordneten Keramikmonolithen wird jeweils vor dem letzten Monolith Luft eingeblasen. Der Gesamt-Katalysator ist mit 5,82 Gramm Platin und 1,2 Gramm Rhodium beschichtet. Dieser Edelmetallanteil allein kostet etwa 300 Mark. Auch unter extremster Belastung wie Vollast, wird die maximal zulässige Temperatur von 950 Grad Celsius nicht überstiegen.
Auch der »928 S 4« ist mit einem geschlossenen, geregelten Tankentlüftungssystem ausgerüstet. Jährlich gelangen in der Bundesrepublik über 60 000 Tonnen Kraftstoff durch offene Tankentlüftungen direkt in die Atmosphäre und belasten damit die Umwelt unnötig zusätzlich.
Der »928 S 4« wird mit einem Viergang-Automaten und einem Fünfgang-Schaltgetriebe angeboten. Interessant sind die Anteile der beiden Getriebe im Modelljahr 1986. Weltweit wurden von 100 »928 S« immerhin 70 mit einem Automatikgetriebe ausgeliefert. Es überrascht daher nicht, daß auch beim Automatikgetriebe ein umfangreicher Entwicklungsaufwand betrieben wird. So wurde der Durchmesser des Drehmomentwandlers um 20 mm auf 290 mm vergrößert. Die sich ergebenden Vorteile sind:

- geringere Wandlerverluste
- besseres am »Gas hängen«
- Absenkung der Innen- und Außengeräusche durch den geringeren Wandlerschlupf, und dadurch auch
- Absenkung des Kraftstoffverbrauchs.

Die Übersetzung des Getriebes ist für die USA und Japan gegenüber dem Baujahr 1985 unverändert, für den »Rest der Welt« wurde ein um 8% kürzerer Triebsatz, den es bisher als Sonderwunsch gab, gewählt.

Beim Schaltgetriebe wurden die Radsätze aller Gänge wegen des gesteigerten Drehmomentes verbreitert. Für USA und Kanada blieb die Übersetzung unverändert, wogegen das »RdW«-Getriebe durch Änderung der Zähnezahlen des Kegel-/Tellerrades um 3% gegenüber Modelljahr '86 länger wurde.

Mit den tiefgreifenden Änderungen seit seinem Erscheinen im Jahre 1977 geht der großvolumige und luxuriöse Porsche 928 S in das Modelljahr 1987: Jetzt leistet der auf fünf Liter aufgestockte und mit modernster Vierventiltechnik versehene Achtzylindermotor 320 PS, und auch die Karosserie wurde optisch und funktionell überarbeitet.

Der auf Euro-Superbenzin (95 Oktan) ausgelegte V8-Motor gibt seine volle Leistung von 320 PS auch bei Katalysatorbetrieb ab. Nach den Modellen 924 S, 944 S und 944 Turbo ist der neue »928 S 4« bereits das vierte Modell im Hause Porsche, bei dem der Katalysator kein Leistungsminus mehr verursacht. Neu ist eine Klopfregelung zum Schutz des Motors. Wird Kraftstoff minderer Qualität getankt, so wird über die Klopfregelung der Zündzeitpunkt für jeden einzelnen Zylinder zurückgenommen und damit oft irreparable Schäden vermieden.

In Verbindung mit der dank zahlreicher Karosserie-Modifikationen stark verbesserten Aerodynamik verhilft der drehmomentstarke Vierventilmotor dem neuen »928 S 4« zu hervorragenden Fahrleistungswerten. Mit einer Beschleunigung von nur 5,9 Sekunden von Null auf 100 km/h und einer Höchstgeschwindigkeit von über 270 km/h liegt der in Stuttgart produzierte »928 S 4« in der absoluten Spitzengruppe. Um einen günstigen cW-Wert von 0,34 zu erreichen, erhielt der »928 S 4« ein optimiertes Bugteil mit neuen Nebel- und Zusatz-Scheinwerfern, einen modifizierten Bugspoiler mit Öffnungen für die Bremsenbelüftungen, ein neues Heckteil mit geänderten Heckleuchten und nunmehr auch integriertem Nebelschlußlicht sowie einen aus PU-Schaum bestehenden Heckspoiler, der den Auftrieb am Heck vermindert und dadurch ein problemloses Fahrverhalten auch bei sehr hohem Tempo garantiert. Eine großflächige Unterbodenverkleidung und bis an die Türen hinaufreichende Schwellenverkleidungen sind weitere optisch weniger augenfällige Änderungen am neuen Porsche 928 S 4.

Zur Optimierung des Fahrverhaltens tragen zusätzlich die breiteren Räder an der Hinterachse bei, die auf das stattliche Format von 245/45 VR 16 in Verbindung mit acht Zoll breiten Schmiedefelgen angewachsen sind. Vorne rollt der 1580 Kilogramm schwere Wagen unverändert auf 225/50 VR 16-Reifen, die auf sieben Zoll breiten Felgen montiert sind.
Neu im Angebot für das Achtzylinder-Modell ist eine den Komfort erhöhende Steuerung der Sitzpositionen. Drei unterschiedliche Positionen lassen sich dabei über den in der Fahrertür angeordneten Bedienschalter einprogrammieren und je nach Gelegenheit abrufen. Mit dieser Steuerung hat der Kunde die Möglichkeit, drei verschiedene individuelle Programme von Sitz- und Außenspiegel-Positionen einzuprogrammieren. Steigt beispielsweise die Ehefrau des Porsche-Fahrers ein, genügt ein Knopfdruck und die Steuerung stellt Sitz, Spiegel und – falls vorhanden – auch die Lordosenstütze exakt auf die gewünschten Maße ein.

1987

Nachdem der »928 S 4«erst im Modelljahr 1987 sein Debüt in Europa feierte, zeigt sich der Achtzylinder-Wagen ein Jahr später nahezu unverändert. Der 320 PS/235 kW starke und 270 km/h flotte Sportwagen mit seiner modernen Vierventiltechnik und überarbeiteten Karosserie erhielt zum Modelljahr 1988 zur ohnehin schon sehr reichhaltigen Serienausstattung noch eine Einrichtung zur automatischen Geschwindigkeitsregelung, die gegenüber früheren Systemen durch eine elektronische Steuerung sehr viel präziser arbeitet. Weiter gehören ein Lautsprecher-Klangpaket sowie eine Sitzpositions-Steuerung für die Fahrerseite gleichfalls zur Serienausstattung.
An neuen Mehrausstattungen werden für den Porsche 928 S 4 eine Raffleder-Sitzanlage sowie die Vorbereitung für den nachträglichen Einbau eines Autotelefons für das C-Netz angeboten.

1988

Das schnelle Porsche-Coupé mit seiner modernen Vierventiltechnik geht mit zwei automobilen Weltneuheiten in das Modelljahr 1989. Erstmals wird ein Serienauto mit einem Reifenluftdruck-Kontrollsystem ausgerüstet, das den Fahrer zuverlässig und in jeder Fahrphase über Unregelmäßigkeiten in einem der Reifen informiert. Porsche hat mit diesem System in den vergangenen Jahren viel Erfahrung sammeln können, sind doch alle Porsche-Werkswagen der Gruppe C bereits seit Jahren damit ausgerüstet. Außerdem ist dieses System auch im auf 200 Exemplare begrenzten Porsche 959 installiert.

Zwei Sensoren pro Rad überprüfen dabei permanent den Luftdruck der Reifen. Die Sensoren sind so abgestimmt, daß sie auch den je nach Temperatur wechselnden und dann unterschiedlichen Reifendruck erkennen können, ohne gleich Alarm zu schlagen.

Neu beim Porsche 928 S 4 und gleichfalls erstmals in einem Serienautomobil verwendet ist ein in einem Kombi-Instrument untergebrachtes Informations- und Diagnose-System, das den Fahrer in Text- und Symbolform über bis zu 21 verschiedene Dinge unterrichten kann. Fällt beispielsweise am »928 S 4« das Schlußlicht aus, so leuchtet in einem Display der Text »Schlußlicht-Ausfall« auf, zusätzlich taucht diese Information noch in Symbolform auf. Ein gleichfalls integrierter Bordrechner zeigt – je nach Bedarf – unter anderem den Benzinverbrauch, die Außentemperatur oder die Durchschnittsgeschwindigkeit an.

Ein ebenfalls im Kombi-Instrument untergebrachtes und in dieser Form erstmals in einem Serienautomobil eingebautes Onboard-Diagnose-System nutzt Mikroprozessoren zur Betriebsdaten-Speicherung und Fehlererkennung. Die abgespeicherten Daten lassen sich direkt vom Porsche-Mechaniker abrufen, ein zusätzliches Werkstatt-Diagnosegerät wie bisher ist nicht mehr notwendig.

Ein neues und sportiver abgestuftes Automatikgetriebe sowie eine geänderte Zentralverriegelung gehören ebenso zu den Neuheiten des Jahres 1988 wie ein Klangpaket mit insgesamt zehn Lautsprechern und einem 6-Kanal-Verstärker. Serienmäßig wird der »928 S 4« durch eine neue Alarmanlage geschützt, die automatisch durch Abschließen einer Tür scharf gemacht wird. Leuchtdioden in den Verriegelungsstiften zeigen an, ob die Anlage aktiviert ist.

An zusätzlicher Mehrausstattung für den Porsche 928 S 4 wird nunmehr angeboten:

- regelbare Sitzheizung links und rechts
- Radio mit CD-Player.

1989

Nachdem das schnelle Porsche Coupé erst im letzten Modelljahr mit dem Reifendruck-Kontrollsystem serienmäßig ausgerüstet wurde, geht der 928 S4 weitgehend unverändert in das Modelljahr 1990. Im Frühjahr 1989 bereichert indes Porsche das 928-Programm mit dem neuen 928 GT um eine betont sportlich ausgelegte Version dieses überlegenen Achtzylinder-Sportwagens. Im Gegensatz zum 320 PS/235 kW starken S4-Aggregat bringt es das Triebwerk im 928 GT jetzt auf 330 PS/242 kW bei 6200/min. Erreicht haben die Porsche-Ingenieure die zehn Mehr-PS durch den Einbau geänderter Nockenwellen, anderer Kolben sowie leichten Modifikationen an der elektronischen Motorsteuerung. Außerdem wird der 928 GT ausschließlich mit einem manuellen Fünfganggetriebe ausgerüstet, das bereits im 928 Clubsport seine Bewährungsprobe bestanden hatte. Dem sportlicheren Charakter entsprechend wurde auch das Fahrwerk des GT straffer abgestimmt mit in der Federrate steifer ausgelegten Federn und in der Gesamtcharakteristik strafferen Stoßdämpfern. Äußeres Merkmal des GT-Modells sind zudem noch breitere und in einem anderen Design gehaltene Leichtmetallräder. So rollt der 928 GT vorn auf 7,5 J x 16-Rädern mit 225/50 ZR 16-Reifen, hinten sind 9J x 16-Räder mit Reifen der Größe 245/45 ZR 16 montiert. Das Design dieser Räder entspricht dem der Carerra 2 und 4-Modelle. Der Porsche 928 GT ist vorzugsweise für jene Kunden gedacht, die bei geringfügigem Verzicht auf Komfort gesteigerten Wert auf Leistung und die direkten Reaktionen eines betont sportlich ausgelegten Fahrwerks legen.

1990

Für das Modelljahr 1991 erhalten sowohl die Automatik-Version S4 als auch der noch sportlicher ausgelegte GT (ausschließlich mit Fünfgang-Schaltgetriebe) zahlreiche Verbesserungen. Beide Versionen haben jetzt einen den Einstieg erleichternden, abgerundeten Handbremshebel, der mit Leder in der jeweiligen Interieurfarbe bezogen ist. Das in der Höhe verstellbare Lenkrad erhält einen dickeren Lederkranz, eine neu abgestimmte Servolenkung sorgt in allen Situationen für eine noch exaktere Rückmeldung an den Fahrer und macht den Achtzylinder-Porsche noch handlicher. Den 928 GT des Modelljahres 1991 erkennt man innen an einem ergonomisch günstiger gestalteten Schalthebel. Die Geräuschdämmung ist bei beiden Versionen weiter optimiert worden: Durch den Einsatz von wirksamerem Dämmaterial vor allem im Heckbereich konnte das Innenraum-Geräuschniveau bis zu drei db(A) gesenkt werden. Diese macht sich vor allem durch eine deutliche

Minimierung der auf Querrillen und rauhen Fahrbahnen auftretenden Abrollgeräusche bemerkbar.
Ab Februar 1991 stattet Porsche auch die 928-Modelle serienmäßig mit Fahrer- und Beifahrer-Airbag aus. Gleichzeitig bekommt der 928 S4 die in einem anderen Design gehaltenen und breiteren GT-Räder der Dimension 7,5 J x 16 vorn und 9J x 16 hinten mit entsprechender Bereifung (225/50 ZR 16 vorn und 245/45 ZR 16 hinten).

928 GTS (ab 1992)

Sie sind seit jeher Ausnahme-Automobile: die Porsche 928-Sportwagen. Mit dem auf der IAA 1991 vorgestellten neuen Typ 928 GTS realisiert Porsche hier einen neuen Höhepunkt einer Entwicklung, die 1977 mit dem ersten Achtzylinder-Straßenmodell begann. Seitdem wurde die unverwechselbare Silhouette des 928 zum Inbegriff des souveränen Reisesportwagens. Mehr als jedes andere Auto verkörpert der Porsche 928 das Ideal des klassischen Gran Turismo.
Die Leistungs-Souveränität der neuen 928 GTS-Generation, die ab Frühjahr 1992 in Produktion geht, kommt vor allem im maximalen Drehmoment von 500 Nm zum Ausdruck, das aus einer Hubraumvergrößerung von 5,0 auf 5,4 Liter resultiert. Der Drehmomentwert wie auch die Leistung von 350 PS/257 kW gelten für beide Alternativen der Kraftübertragung: Automatik und Schaltgetriebe. Damit entfällt die bisherige Zweiteilung in die Modelle 928 S4 und 928 GT. Der 928 GTS rollt auf 17 Zoll-Rädern im Cup-Design mit hinten auf 255/40 verbreiterten Reifen. Die sich daraus ergebende Kotflügelverbreiterung und das durchgehende Leuchtenband am Heck sind die optischen Erkennungsmerkmale des 928 GTS.
Der als Sportwagen konzipierte 928 unterscheidet sich in wesentlichen Merkmalen von anderen Coupés seiner Preis- und Leistungsklasse. Die exakt führenden Radaufhängungen und die direkt übersetzte Servolenkung ergeben Fahrsicherheits-Reserven, die erst auf der Rennstrecke voll zum Tragen kommen. Gleiches gilt für den Motor: Das ganz aus Aluminium gebaute Triebwerk verleugnet auch in seiner 5,4 Liter-Version nicht die Verwandtschaft mit den Achtzylinder-Rennmotoren von Porsche. Zwei obenliegende Nockenwellen in jeder der um 90 Grad versetzten Zylinderreihen, vier Ventile pro Zylinder, die aus dem »Ramjet«-Effekt einstiger Renn-Saugmotoren hergeleitete Resonanz-Aufladung mit schwingenden Gassäulen und geringe Schwungmassen verleihen dem 928-Motor jene Spontanität und Drehfähigkeit, die nur bei Motoren sportlicher Konvenienz zu finden ist.
Das bis an 7000/min heranreichende Drehvermögen, Leistungswerte

über 300 PS schon ab 4000/min sind die typischen Daten eines sportlichen Hochleistungsmotors. Der Verlauf der Drehmomentkurve dagegen verrät, daß der Porsche V8 gleichzeitig die Qualitäten eines Komfortmotors der Oberklasse aufzuweisen hat. Auch hierin ist er der Konkurrenz überlegen: Der Traumwert von 500 Nm wird bei 4250/min erreicht, zwischen 1000 und 6000/min liegt das Drehmoment über 400 Nm. Das bedeutet in allen Situationen Durchzugskraft im Überfluß und gestattet ein gelassen-ruhiges Fahren mit niedriger Drehzahl.
Der ideale Massenausgleich des V8-Motors kommt – trotz straffer Motorlagerung – im schwingungsfreien Lauf über den gesamten Drehzahlbereich zum Ausdruck. Die optimale Kraftstoff-Ausnutzung durch Kennfeldzündung mit Klopfregelung und der hohe Füllungsgrad der Zylinder aufgrund der zweistufigen Resonanzaufladung bedingen die Hörbarkeit des Verbrennungsgeräusches. Geräuschloser Motorlauf war kein Bestandteil des Lastenheftes, jedoch wurden durch die akustische Optimierung alle Frequenzen und Lautstärken vermieden, die dem Langstreckenkomfort abträglich sein könnten.
Das Leistungsgewicht des 928 GTS reicht mit weniger als 4,7 kg/PS in Rennsport-Größenordungen hinein. Die dadurch möglichen Beschleunigungsleistungen liegen jenseits der Maßstäbe des Straßenverkehrs: Daß die Kraftreserve im Normalfall nicht voll genutzt werden kann und muß, bildet den Hintergrund der Souveränität des Fahrens im 928 GTS. In Zahlen ausgedrückt: 5,9 Sekunden von 0 auf 100 km/h, 275 km/h Höchstgeschwindigkeit. Die Tatsache, daß fast immer im Teillastbereich gefahren werden kann, ergibt einen günstigen Verbrauch, Werte um 15 L/100 km sind durchaus realistisch.
Die sichere Übertragung der hohen Antriebskraft des 928 GTS beruht auf den Vorteilen der Transaxle-Bauweise: Der Frontmotor und das an der Hinterachse angeordnete Getriebe – Schaltgetriebe oder Automatik – sind durch das Transaxle-Rohr fest miteinander verbunden. Daraus ergibt sich eine gleichmäßige Gewichtsverteilung und günstige Belastung der Antriebsräder bei allen Beladungszuständen. Um das hohe Drehmoment auch bei ungünstigen Fahrbahnzuständen übertragen zu können, wird der 928 GTS serienmäßig mit dem Porsche Sperrdifferential (PDS) ausgerüstet. Diese elektronisch geregelte, variable Quersperre nutzt das ABS-Signal und verhindert automatisch das Durchdrehen eines einzelnen Rades.
Die Vorderradführung übernehmen extrem steife Doppelquerlenker aus Aluminium. Die Hinterräder werden an einem unteren Diagonallenker und einem oberen Querlenker so geführt, daß Vorspuränderungen, die unter dem Einfluß hoher Seitenkräfte auftreten, automatisch korrigiert

werden. Diese als »Weissach-Achse« bekanntgewordene Kinematik ist einer der Gründe für das sichere und unproblematische Fahrverhalten des 928 GTS. Ebenso wie die Fahrwerksqualitäten kommen dem neuen 928 GTS auch überragende Bremsen zugute. Die auf der Basis langjähriger Rennerfahrungen konstruierten Aluminium-Vierkolben-Festsattelbremsen mit innenbelüfteten Bremsscheiben vorn und hinten und definierter Kühlluftzuführung sind die adäquate Ergänzung zur hohen Motorleistung. Sie erreichen in Verzögerung und Bremsweg Bestwerte, natürlich ist das aufwendig geregelte ABS auch hier serienmäßig installiert.
Die 17 Zoll-Räder des 928 GTS im Cup-Design bieten durch ihre offene Bauweise für die Bremsenkühlung optimale Voraussetzungen. Ihre Dimensionen (vorn 7,5J x 17, hinten 9J x 17) sind sorgfältig auf die Reifen abgestimmt, die ebenfalls unterschiedlich dimensioniert sind: vorn 225/45 ZR 17, hinten 255/40 ZR 17. Das Reifendruck-Kontroll-system (RDK) überwacht jedes Rad einzeln und informiert den Fahrer über ein Display bei eventuellem Druckverlust.
Die verwindungssteife Karosserie des 928 bleibt bis auf die hinteren Kotflügelverbreiterungen weitgehend unverändert. Die klassischen Klappscheinwerfer und die neuen strömungsgünstigen Außenspiegel tragen zum geringen Luftwiderstand (Cw 0,35) des 928 GTS bei. Fahrer- und Beifahrer-Airbag, den Porsche als erster deutscher Automobil-hersteller serienmäßig einführte, kommt den Insassen des 928 GTS als zusätzliches Plus zugute und ergänzen die vorbildliche passive Sicherheit der 928-Karosserie.
Das Interieur des 928 GTS ist großzügig für Fahrer und Beifahrer ausgelegt. Ausgesuchtes Material, funktionelle Instrumentierung und Bedienung sowie unverwechselbares Design prägen die Atmosphäre dieses Langstrecken-Reisesportwagens im Stil eines klassischen Gran Turismo. Das Informations- und Diagnosesystem hat Maßstäbe gesetzt. Die umfangreiche serienmäßige Komfortausstattung umfaßt die automatische Klimaanlage und das Symphony-Radio mit RDS und Sender-Identifikation. Der große Umfang exklusiver Farb- und Ausstattungswahlmöglichkeiten und die hohe Lebensdauer des 928 sind nahezu sprichtwörtlich geworden. In der Summe seiner Eigenschaften kommt beim 928 GTS klar zum Ausdruck, was dieser Langstrecken-Sportwagen wie kein anderer verwirklicht: Gran Turismo.

1992
Der soeben erst präsentierte 928 GTS geht unverändert in das Modelljahr 1993, denn er verfügt bereits über eine FCKW-freie Klimaanlage, Lacken auf Wasserbasis, neuer Bremsflüssigkeit mit hohem Naß-Siedepunkt und Fahrer-Airbag auch für die Rechtslenker-Ausführungen.

1993
Neben einigen neuen Serien- und Sonderfarbtönen umfaßt im Modelljahr 1994 die Heizungs- und Lüftungsanlage des 928 GTS jetzt serienmäßig einen integrierten Partikelfilter, der Pollen und andere Partikel zurückhält und so die Luftqualität im Fahrzeuginneren deutlich verbessert.
In der Automatik-Version des Achtzylindermodells 928 GTS wird mit dem Modelljahr 1994 ein sogenannter dynamischer Kick-down eingeführt. Das bedeutet: nicht nur das völlige Durchtreten des Gaspedals löst ein Herunterschalten des Getriebes aus. Bereits jede schnelle Gaspedalbewegung bewirkt ein Zurückschalten sowie ein Hochschalten erst bei höheren Drehzahlen. Dies bedeutet mehr Komfort bei dynamisch betonter Fahrweise. Die klassische Kick-down-Schaltmöglichkeit bleibt selbstverständlich erhalten. Optisch erkennt man den 928 GTS des Modelljahres 1994 an neugestalteten Leichtmetallrädern im Fünf-Stern-Design. Die Dimensionen bleiben unverändert, in Verbindung mit den neuen Rädern entfällt jedoch das Reifenluftdruck-Kontrollsystem.

928/928 S

Baujahr	Karosse	Modell Typ	Fahrgestell-Nr.	Motor-Typ	Getr.-Typ	Zyl.	Bohrung x Hub	Hubraum	DIN-PS bei U/min.	mkp bei U/min.	Verdtg.	Radstand	Spur vorn/hinten	Länge	Gewicht	Produkt. Stck.
1978	Coupé	928	9288100001-2646	M 28/01	G 28/03	8	95 × 78,9	4474	240/5500	35,6/3600	8,5:1	2500	1551/1530	4447	1490	2646
		928 Autom.	9288100001-2646	M 28/02	A 22/01											
		928 USA	9288200001-1139	M 28/03	G 28/03	8	95 × 78,9	4474	230/5250	35,0/3600	8,5:1	2500	1551/1530	4462		1139
		928 Japan	9288209501-9575	M 28/03	G 28/03											75
		928 USA Autom.	9288209001-1139	M 28/04	A 22/01											
		928 Japan Autom.	9288209501-9575	M 28/04	A 22/02											
1979	Coupé	928	9289100001-3059	M 28/01	G 28/03	8	95 × 78,9	4474	240/5500	35,6/3600	8,5:1	2500	1551/1530	4447	1520	3059
		928 Autom.	9289100001-3059	M 28/02	A 22/01											
		928 USA	9289200001-2285	M 28/03	G 28/03	8	95 × 78,9	4474	230/5250	35,0/3600	8,5:1	2500	1551/1530	4462		2285
		928 Japan	9289209501-9623	M 28/03	G 28/03											123
		928 USA Autom.	9289200001-2285	M 28/04	A 22/02											
		928 Japan Autom.	9289209501-9623	M 28/04	A 22/02											

928/928 S

Bau-jahr	Modell Karosse	Modell Typ	Fahrgestell-Nr.	Motor-Typ	Getr.-Typ	Zyl.	Bohrung x Hub	Hub-raum	DIN-PS bei U/min.	mkp bei U/min.	Ver-dtg.	Rad-stand	Spur vorn/hinten	Län-ge	Ge-wicht	Produkt. Stck.
1980	Coupé	928	92A0800001-1192	M 28/09	G 28/03	8	95 × 78,9	4474	240/5250	38,7/3600	10:1	2500	1552/1529	4447	1520	1192
		928 Autom.	92A0800001-1192	M 28/10	A 22/01											
		928 USA	92A0810001-1649	M 28/13	G 28/03	8	95 × 78,9	4474	231/5500	36,7/4000	9:1	2500	1552/1529	4462		1649
		928 Japan	92A0800001-1192	M 28/14	G 28/03											
		928 USA Autom.	92A0810001-1649	M 28/13	A 22/01											
		928 Japan Autom.	92A0800001-1192	M 28/14	A 22/01											
1981	Coupé	928	WPOZZZ92ZBS 800001-800657	M 28/09	G 28/05	8	95 × 78,9	4474	240/5250	38,7/3600	10:1	2500	1552/1529	4447	1450	657
	Autom.			M 28/10	A 22/01										1490	
	Coupé USA	928	WPOJAO92BS 820001-821668	M 28/15	G 28/05	8	95 × 78,9	4474	231/5500	36,7/4000	9:1	2500	1552/1529	4462	1450	1668
	Autom.			M 28/16	A 22/01										1490	
	Coupé Japan	928	WPOZZZ92ZBS 829501-829617	M 28/17	G 28/05	8	95 × 78,9	4474	231/5500	36,7/4000	9:1	2500	1552/1529	4462	1450	117
	Autom.			M 28/18	A 22/01										1490	
	Coupé	928 S	WPOZZZ92ZBS 840001-841418	M 28/11	G 28/05	8	95 × 78,9	4664	300/5900	39,2/4500	10:1	2500	1549/1521	4447	1450	1418
	Autom.			M 28/12	A 22/04										1490	

928/928 S

Baujahr	Modell Karosse	Modell Typ	Fahrgestell-Nr.	Motor-Typ	Getr.-Typ	Zyl.	Bohrung x Hub	Hubraum	DIN-PS bei U/min.	mkp bei U/min.	Verdtg.	Radstand	Spur vorn/hinten	Länge	Gewicht	Produkt. Stck.
1982	Coupé	928	WPOZZZ92ZCS 800001-	M 28/09	G 28/05	8	95 × 78,9	4474	240/5250	38,7/3600	10:1	2500	1552/1529	4447	1450	497
	Autom.		800497	M 28/10	A 22/01										1490	
	Coupé USA	928	WPOJAO92CS 820001-	M 28/15	G 28/05	8	95 × 78,9	4474	231/5500	36,7/4000	9:1	2500	1552/1529	4462	1450	2701
	Autom.		822701	M 28/16	A 22/01										1490	
	Coupé Japan	928	WPOZZZ92ZCS 809501-	M 28/17	G 28/05	8	95 × 78,9	4474	231/5500	36,7/4000	9:1	2500	1552/1529	4462	1450	160
	Autom.		809660	M 28/18	A 22/01										1490	
	Coupé	928 S	WPOZZZ92ZCS 840001-	M 28/11	G 28/05	8	97 × 78,9	4664	300/5900	39,2/4500	10:1	2500	1549/1521	4447	1450	1502
	Autom.		841502	M 28/12	A 22/01										1490	

928/928 S/928 S Vierventil

Baujahr	Modell Karosse	Modell Typ	Fahrgestell-Nr.	Motor-Typ	Getr.-Typ	Zyl.	Bohrung x Hub	Hubraum	DIN-PS bei U/min.	mkp bei U/min.	Verdtg.	Radstand	Spur vorn/hinten	Länge	Gewicht	Produkt. Stck.
1983	Coupé	928 S	WPOZZZ92ZUDS	M28/20	G28/08	8	97x78,9	4664	242/5250	37,2/4000	9,3:1	2500	1549/1521	4462	1450	1972
	RDW		840001-841972													
	Coupé	928 S	WPOZZZ92ZDS	M28/20	G28/08	8	97x78,9	4664	242/5250	37,2/4000	9,3:1	2500	1549/1521	4462	1450	62
	Japan		849501-849562													
	Autom.				A22/01											
	Coupé	928 S	WPOJBO92DS	M28/19	G28/08	8	97x78,9	4664	242/5250	37,2/4000	9,3:1	2500	1549/1521	4462	1490	2145
	USA		860001-862145													
	Autom.			M28/20	A22/01											
1984	Coupé	928 S	WPOZZZ92ZES	M28/21	G28/07	8	97x78,9	4664	310/5900	40,7/4100	10,4:1	2500	1549/1521	4447	1450	2088
			840001-842088													
	Autom.			M28/22	A28/02										1490	
	Coupé	928 S	WPOZZZ92ZES	M28/20	A28/01	8	97x78,9	4664	242/5250	37,2/4000	9,3:1	2500	1549/1521	4462	1490	120
	Japan		849501-849620													
	Coupé	928 S	WPOJBO92ES	M28/19	A28/08	8	97x78,9	4664	242/5250	37,2/4000	9,3:1	2500	1549/1521	4462	1450	3067
	USA		860001-863067													
	Autom.			M28/20	A28/01										1490	
1985	Coupé	928 S														
		BRD	WPOZZZ92ZFS	M28/19	G28/10	8	97x78,9	4664	242/5250	37,2/4000	9,3:1	2500	1549/1521	4447	1450	2228
		Autom.	840001-842228	M28/20	A28/01	8	97x78,9	4664	242/5250	37,2/4000	9,3:1				1490	
		RDW		M28/21	G28/10	8	97x78,9	4664	310/5900	40,7/4100	10,4:1				1450	
		Autom.		M28/22	A28/05/06	8	97x78,9	4664	310/5900	40,7/4100	10,4:1				1490	
		USA	WPOJBO92FS	M28/43	G28/11	8	100x78,9	4957	292/5750	42/2700	10,0:1	2500	1549/1521	4462	1520	2279
		Autom.	860001-862279	M28/44	A28/04	8	100x78,9	4957	292/5750	42/2700	10,6:1				1560	
		Japan	WPOZZZ92ZFS													
		Autom.	849501-849633	M28/44	A28/04	8	100x78,9	4957	292/5750	42/2700	10,0:1	2500	1599/1521	4447	1490	133
1986	Coupé	928 S														
		BRD	WPOZZZ92ZGS	M28/45	G28/10	8	100x78,9	4957	288/5750	40,7/2700	9,3:1	2500	1549/1521	4447	1530	1971
		Autom.	840001-841971	M28/46	G28/09	8	100x78,9	4957	288/5750	40,7/2700	9,3:1				1550	
		RDW		M28/21	G28/11	8	97x78,9	4664	310/5900	40,7/4100	10,4:1				1530	
		Autom.		M28/22	A28/08	8	97x78,9	4664	310/5900	40,7/4100	10,4:1				1550	
		928 S	WPOZBO92GS	M28/43	G28/11	8	100x78,9	4957	292/5750	42/2700	10,0:1	2500	1549/1521	4462	1520	3010
		USA	860001-863010													
		Autom.		M28/44	G28/07	8	100x78,9	4957	292/5750	42/2700	10,0:1				1560	
		Japan	WPOZZZ92ZGS	M28/46	G28/07	8	100x78,9	4957	288/5750	40,7/2700	9,3:1	2500	1549/1521	4447	1530	160
		Autom.	849501-849660													

Bemerkungen: Motor Typ M28/19 / M28/20 mit Katalysator/Automatik A 28/01 und 28/02 = 4-Gang

928/928 S/928 S4

Baujahr	Modell Karosse	Modell Typ	Fahrgestell-Nr.	Motor-Typ	Getr.-Typ	Zyl.	Bohrung x Hub	Hubraum	DIN-PS bei U/min.	mkp bei U/min.	Verdtg.	Radstand	Spur vorn/hinten	Länge	Gewicht	Produkt. Stck.
1987	Coupé	928 S4 RDW Kat	WPOZZZ92ZHS 840001–842244	M28/41	J 28/12	8	100/78,9	4957	320/6000	43,9/3000	10:1	2500	1551/1546	4520	1580	2244
		Autom.		M28/42	A28/14	8	100/78,9	4957	320/6000	43,9/3000	10:1	2500	1551/1546		1600	
	Coupé	928 S4 Japan	WPOZZZ92ZHS 849501–849746	M28/42	G28/12	8	100/78,9	4957	320/6000	43,9/3000	10:1	2500	1551/1546		1580	246
		Autom.			A 28/14										1600	
	Coupé	928 S4 Austr.		M28/47	J 28/12	8	100/78,9	4957	300/6000	42,8/3000	10:1	2500	1551/1546		1580	
		Autom.		M28/48	A28/15	8	100/78,9	4957	300/6000	42,8/3000	10:1	2500	1551/1546		1600	
	Coupé	928 S4 USA	WPOIBO92HS 860001–862481	M28/41	J 28/13	8	100/78,9	4957	320/6000	43,9/3000	10:1	2500	1551/1546	4523	1590	2481
		Autom.		M28/42	A28/12	8	100/78,9	4957	320/6000	43,9/3000	10:1	2500	1551/1546		1610	

Bemerkungen:

928/928 S/928 S4

Baujahr	Karosse	Modell Typ	Fahrgestell-Nr.	Motor-Typ	Getr.-Typ	Zyl.	Bohrung x Hub	Hubraum	DIN-PS bei U/min.	mkp bei U/min.	Verdtg.	Radstand	Spur vorn/hinten	Länge	Gewicht	Produkt. Stck.
1988	Coupé	928 S4 RDW	WPOZZZ92ZJS 840001–842347	M28/41	G28/12	8	100/78,9	4957	320/6000	43,9/3000	10:1	2500	1551/1546	4520	1580	2347
		Autom.		M28/42	A28/14	8	100/78,9	4957	320/6000	43,9/3000	10:1	2500	1551/1546		1600	
		Club-sport	WPOZZZ92ZJS 845001–845070	M28/41	G28/13	8	100/78,9	4957	320/6000	43.9/3000	10:1	2500	1551/1546			70
		Austr.		M28/41	A28/14	8	100/78,9	4957	300/6000	42,8/3000	10:1	2500	1551/1546		1580	
		928 S4 Japan	WPOZZZ92ZJS 849501–849827	M28/41	G28/12	8	100/78,9	4957	320/6000	43,9/3000	10:1	2500	1551/1546			327
		Autom.		M28/42	A28/14	8	100/78,9	4957	320/6000	43,9/3000	10:1	2500	1551/1546		1600	
	Coupé	928 S4 USA	WPOIBO92JS 860001–861852	M28/41	G28/13	8	100/78,9	4957	320/6000	43,9/3000	10:1	2500	1541/1546	4523	1590	1852
		Autom.		M28/42	A28/12	8	100/78,9	4957	320/6000	43,9/3000	10:1	2500	1551/1546		1610	
		Club-sport	WPOIBO92JS 865001–865062	M28/41	G28/13	8	100/78,9	4957	320/6000	43,9/3000	10:1	2500	1551/1546			62
1989	Coupé	928 S4 RDW	WPOZZZ927KS 840001–842488	M28/41	628/12	8	100/78,9	4957	320/6000	43,9/3000	10:1	2500	1551/1546	4520	1580	2488
		Autom. Club-sport		M28/42	A28/16 G28/55	8	100/78,9	4957	320/6000	43,9/3000	10:1	2500	1551/1546		1600	
	Coupé	928 S4 USA	WPOIBO92KS 860001–861249	M28/41	G28/12	8	100/78,9	4957	320/6000	43,9/3000	10:1	2500	1551/1546	4523	1590	1249
		Autom. Club-sport		M28/42	A28/16 G28/55	8	100/78,9	4957	320/6000	43,9/3000	10:1	2500	1551/1546		1610	

928/928 S/928 S4

Bau-jahr	Modell Karosse	Modell Typ	Fahrgestell-Nr.	Motor-Typ	Getr.-Typ	Zyl.	Bohrung x Hub	Hub-raum	DIN-PS bei U/min.	mkp bei U/min.	Ver-dtg.	Rad-stand	Spur vorn/hinten	Län-ge	Ge-wicht	Produkt. Stck.
1990	Coupé	928 S4 RDW Automat.	WPOZZZ92ZLS 840001–842652	M28/42	A28/16	8	100/78,9	4957	320/6000	43,9/3000	10.0 : 1	2500	1551/1546	4520	1600	2652
		928 GT RDW		M28/47	G28/55	8	100/78,9	4957	330/6200	43,9/3000	10,0 : 1	2500	1551/1546	4520	1580	
		928 S4 USA/Kan mit Airbag Autom.	WPOJB2927LS 860001–860517	M28/42	A28/16	8	100/78,9	4957	315/6000	43,9/3000	10,0 : 1	2500	1551/1546	4523	1610	517
		928 GT USA/Kan mit Airbag		M28/47	G28/55	8	100/78,9	4957	326/6200	43,9/3000	10,0 : 1	2500	1551/1546	4523	1590	
		928 S4 USA/Kan ohne Airbag Autom.	WPOJBO929LS 869001–869062	M28/42	A28/16	8	100/78,9	4957	315/6000	43,9/3000	10,0 : 1	2500	1551/1546	4523	1600	62
		928 GT USA/Kan ohne Airbag		M28/47	G28/55	8	100/78,9	4957	326/6200	43,9/3000	10,0 : 1	2500	1551/1546	4523	1580	
1991	Coupé	928 S4 RDW Automatik	WPOZZZ92ZMS 800001–801625	M28/42	A28/16	8	100/78,9	4957	320/6000	43,9/3000	10,0 : 1	2500	1551/1546	4520	1600	1625
		928 GT RDW		M28/47	G28/55	8	100/78,9	4957	330/6200	43,9/3000	10.0 : 1	2500	1551/1546	4520	1580	
		928 S4 USA mit Airbag	WPOAA2927MS 810001–810447	M28/42	A28/16	8	100/78,9	4957	315/6000	43,9/3000	10,0 : 1	2500	1551/1546	4523	1610	447
		928 GT USA		M28/47	G28/55	8	100/78,9	4957	326/6200	43,9/3000	10,0 : 1	2500	1551/1546	4523	1590	
1992	Coupé	928 S4 RDW Autom.	WPOZZZ92ZNS 800001–	M28/42	A28/16	8	100/78,9	4957	320/6000	43,9/3000	10,0 : 1	2500	1551/1546	4520	1600	
		928 GT RDW		M28/47	G28/55	8	100/78,9	4957	330/6200	43,9/3000	10,0 : 1	2500	1551/1546	4520	1580	
	*	928 GTS		M28/49	G28/57	8	100/85,9	5397	350/5700	51,0/4250	10,4 : 1	2500	1551/1616	4520	1620	
				M28/50	A28/18	8	100/85,9	5397	350/5700	51,0/4250	10,4 : 1	2500	1551/1616	4520	1640	
		928 S4 USA	WPOZZZ92ZNS 820001–	M28/42	A28/16	8	100/78,9	4957	315/6000	43,9/3000	10.0 : 1	2500	1551/1546	4523	1610	
		928 GT USA		M28/47	G28/55	8	100/78,9	4957	326/6200	43,9/3000	10,0 : 1	2500	1551/1546	4523	1590	
	*	928 GTS USA		M28/49	G28/57	8	100/85,9	5397	345/5700	51,0/4250	10,4 : 1	2500	1551/1616	4523	1630	
				M28/50	A28/18	8	100/85,9	5397	345/5700	51,0/4250	10,4 : 1	2500	1551/1616	4523	1650	

Die Spoiler und Scheibenräder mit neuem Design sind äußeres Kennzeichen des 928 S

Der 928 S erreicht 250 km/h, beschleunigt von 0 auf 100 km/h in nur 6,6 Sekunden

Nach dem Wegfall des 928 gibt es nur noch den 928 S: 4,7-l-V8-Motor mit 300 PS Leistung (1982)

Der 928 S wird ab September 1983 bei unverändertem Hubraum mit 310 PS angeboten

Porsche 928 S (Baujahr 1984): überarbeitetes Interieur, Detailänderungen in der Technik und aufgewertete Mehrausstattung

Serienmäßig ab 1985 mit dem Anti-Blockier-System (ABS) und ausschließlich geschmiedeten Scheibenrädern 7 J × 16 Zoll inklusive Diebstahlsicherung. Neu außerdem: Vierkolben-Festsattelbremse und eine Katalysatorversion (ab 1985 in den USA mit 5 Liter, Vierventil-Zylinderkopf, 288 PS

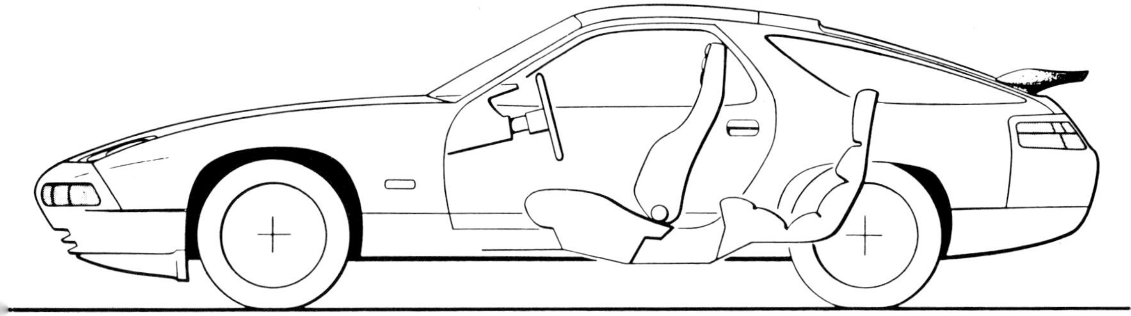

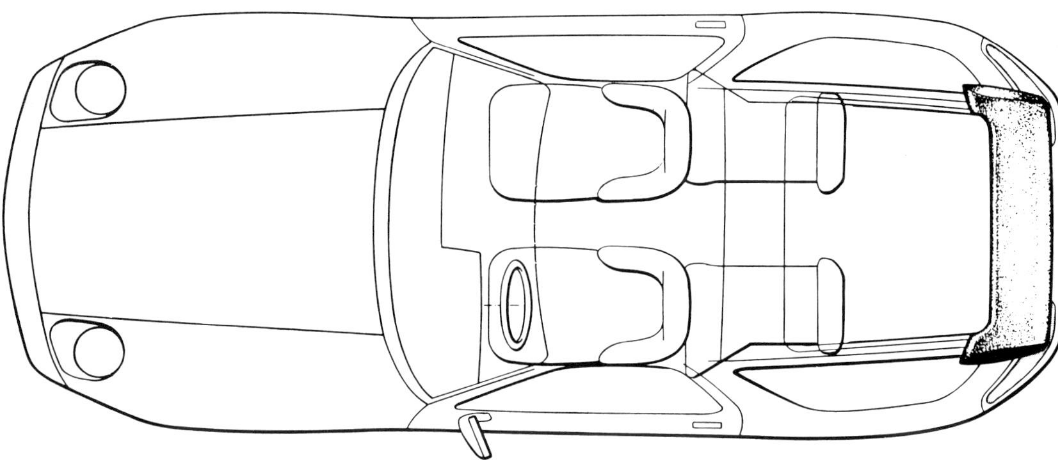

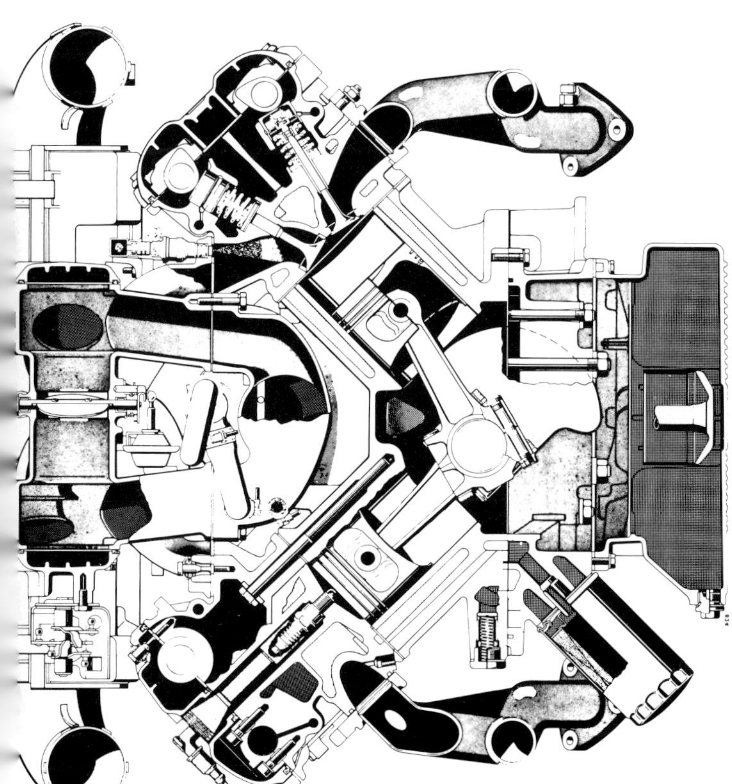

Der Porsche 928 ist nach der Aufwertung mit einem Vierventilmotor (320 PS) einer der schnellsten Sportwagen (= 270 km/h) der Welt

Gründlich, auch im Detail, überarbeitet und mit einem Vierventilmotor-Katalysator bestückt, ist der »928 S4« optisch eleganter geworden, wenn auch die spoilerbewehrte Heckpartie nicht jedermanns Geschmack ist

766

Das Interieur entspricht dem Anspruch in dieser Klasse: Alle Bedienungsfunktionen sind leicht zu erreichen und mit Hilfe der Elektronik mit einem hohen Informationswert ausgestattet

Aus exakt 4957 ccm Hubraum schöpft der vierventilige V8-Motor nun 320 PS, gleich ob mit oder ohne Katalysator. Die ausgeklügelte Brennraumform der Kolben, die 32 Ventile – gesteuert über vier obenliegende Nockenwellen – sorgen dafür, daß sich auch der Benzinverbrauch in Grenzen hält.

768

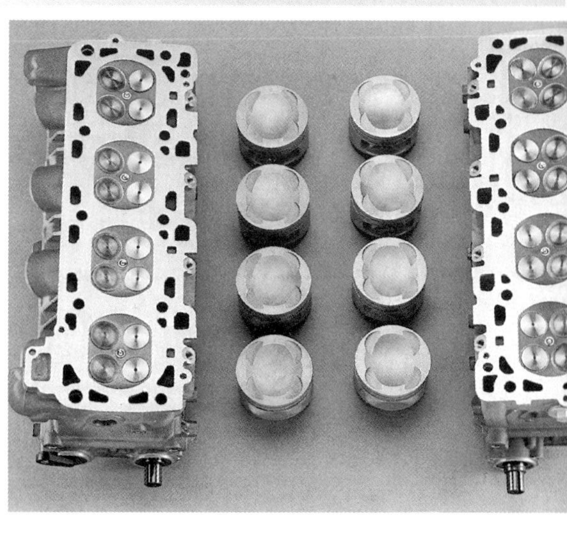

Äußerlich praktisch unverändert geht der Porsche 928 S4 in das Modelljahr 1989. Technisch erwähnenswerte Neuerung: Ein Luftdruck-Kontrollsystem für den 270 km/h schnellen Sportwagen

Sportwagen: Der Porsche 928 GT leistet 330 PS, wird ausschließlich mit Fünfgang-Getriebe geliefert und rollt auf breiteren, neu gestalteten Rädern (vorn 7,5, hinten 9 Zoll).

Hubraum ist durch nichts zu ersetzen: Zum Modelljahr 1992 erscheint der neue Porsche 928 GTS. Sein Leichtmetall-Achtzylinder-Aggregat arbeitet jetzt mit 5,4 Liter Hubraum.

In die Breite gegangen: Der 928 GTS mit jetzt 350 PS/257 kW unterscheidet sich von seinem Vorgänger durch dezente Kotflügelverbreiterungen und 17 Zoll-Räder.

Mit Sicherheit: Das 928 GTS-Interieur überzeugt mit seiner funktionell-luxuriösen Gestaltung und bietet serienmäßig zwei Airbags sowie reichlich Leder bester Qualität.

Kraftwerk: Das ganz aus Aluminium gefertigte Achtzylinder-Aggregat des 928 GTS mit vier obenliegenden Nockenwellen und vier Ventilen pro Zylinder bietet 500 Nm maximales Drehmoment.

Typ 944 (ab 1980)

Zum Sportwagen gehören Individualität und Exklusivität. Zugleich ist er das funktionellste Automobil: Nach wie vor liegt die durchschnittliche Auslastung der Autos zwischen einer und zwei Personen. Für diese Transportaufgabe, die natürlich das Gepäck mit einschließt, bietet der Sportwagen genau die richtige Menge an Raum und Verkehrsfläche.

Fahrtechnisch kann der echte Sportwagen die Vorteile der niedrigen Schwerpunktlage und des günstigen Leistungsgewichts für sich verbuchen. Durch geringe Querschnittsfläche bietet er optimale Voraussetzungen für niedrigen Luftwiderstand. Er kann also mit einem besonders vorteilhaften Verhältnis zwischen der Fahrleistung und der dafür erforderlichen Energie aufwarten.

Mit dieser Funktionalität ist der Sportwagen nicht in erster Linie ein Luxusgegenstand, sondern ein vernünftiges Transportmittel. Darum gehörte es immer zu den Prinzipien des Hauses Porsche, die Merkmale des echten Sportwagens mit vernünftigen Anschaffungs- und Unterhaltskosten zu verbinden. Trotz der unvermeidbar hohen Kosten, die mit anspruchsvoller Technik und hochwertigem Material nun einmal verbunden sind, konnte der neue 944 im Preis unterhalb der Luxusklasse angesiedelt werden: Er rangiert zwischen 924 und 911 SC. Porsche erreicht damit eine engere Abstufung des Programms. Den Freunden des echten Sportwagens wird eine zusätzliche Wahl mit kleinerem Preissprung als bisher geboten. Der 924 bleibt das Basismodell bei dem die Betonung auf Ökonomie in Anschaffung und Unterhalt liegt. Beim 944 werden die Möglichkeiten rationeller Produktion ebenfalls genutzt – in Verbindung mit gesteigerter Exklusivität in Form und Technik. So war es möglich, einen deutlichen Preisabstand zum klassischen Heckmotor-Porsche, dem 911 SC, und zum luxuriösen 928 einzuhalten. Der Preis des 944 liegt sogar noch unter dem des 924 Turbo.

ALLGEMEINE BESCHREIBUNG : TYP 944 (BASISMODELL)

Als im Jahre 1976 der Typ 924 eingeführt wurde, begann für Porsche ein neuer Zeitabschnitt: Das Transaxle-Konzept trat gleichberechtigt neben die bis dahin dominierende Heck- und Mittelmotor-Bauweise. Nach wie vor setzt Porsche außer dem Heckmotor auch den Mittelmotor in speziellen Rennfahrzeugen ein. Beim Straßensportwagen dagegen wird, nach 924 und 928, die Transaxle-Generation mit dem 944 weiter ausgebaut.
Grundlage des Transaxle-Prinzips ist die gleichmäßige Verteilung der gewichtigsten Aggregate Motor, Getriebe und Radantrieb auf Vorder- und Hinterachse. Im Gegensatz zum Standardantrieb mit Kardanwelle bleiben diese Aggregate beim Transaxle eine konstruktive Einheit. Gleichbleibend günstige Gewichtsverteilung bei leerem und beladenem Wagen, Handlichkeit und neutrales Kurvenverhalten sind die Resultate.
Hinzu kommen räumliche Vorteile, auch gegenüber dem Heck- und Mittelmotor: Der Innenraum liegt im bestgefederten Raum zwischen den Achsen, das Heck bleibt als Gepäckraum verfügbar. Porsche führte gleichzeitig mit dem Transaxle die Heckklappe ein und sorgte damit für einen Ladekomfort, der bis dahin bei Sportwagen unüblich war.
Das Transaxlerohr mit der innenliegenden »schnellen Welle« hält Vibrationen vom Innenraum fern, es ermöglicht einen großen Abstand der Lagerungspunkte des Motor-Antriebsaggregates und wirkt so als Rückgrat des Wagens, mit dem die Karosserie schall- und schwingungsisoliert verbunden ist. Zur Abstützung auf dem Aluminium-Vorder-Querträger werden Hydrolager verwendet.

Karosserie

Mit der Erforschung der Aerodynamik von Rennfahrzeugen leistete Porsche bereits Pionierarbeit, bevor die Aerodynamik ihren heutigen Stellenwert beim Serienwagen erhielt. Frühzeitig wurde dabei auch die Wirksamkeit von Spoilern untersucht. Die in die Karosserie des 944 serienmäßig integrierten Spoiler sind ein Resultat dieser Arbeit.
Vorläufer des 944 hinsichtlich der Karosserieform und der Spoiler war der 924 Carrera GT, dessen erste Ausführung auf der IAA 1979 in Frankfurt gezeigt wurde. Im Gegensatz zum Carrera GT, dessen Kotflügel zum Teil aus Kunststoff gefertigt waren, bestehen die auch in der Form anders gestalteten Seitenteile des 944 wie die gesamte Karosserie aus feuerverzinktem Stahl. Die Fronthaube ist glattflächig, weil die für den Turbomotor des Carrera GT notwendige Lufthutze für Ladeluftkühlung hier nicht erforderlich ist.
Obwohl die Karosserie des 944 breiter ist als die des 924, konnte durch

aerodynamische Optimierung der Luftwiderstandsbeiwert auf $c_w = 0{,}35$ reduziert werden. Der Gesamt-Luftwiderstand des 944 liegt damit auf fast gleicher Höhe wie beim 924. Beide Porsche-Modelle belegen beim weltweiten Vergleich Spitzenplätze im Luftwiderstand.
Neben der strömungsgünstigen Gesamtform sind die Spoiler hieran wesentlich beteiligt: Der Frontspoiler verkleinert den Spalt zwischen Fahrzeugfront und Fahrbahn. Er verhindert damit unerwünschte Luftwirbel unter dem Wagen und erzeugt einen Unterdruck, durch den besonders bei hoher Geschwindigkeit die Bodenhaftung verbessert wird. Der große Heckspoiler läßt die Strömung weit hinten am Wagenheck so abreißen, daß ein Unterdruck, der hier auftriebs-erhöhend wirken würde, vermieden wird. Die Heckscheibe liegt außerhalb der Wirbelzone und bleibt auch bei schlechtem Wetter frei, so daß ein Heckwischer während der Fahrt nicht erforderlich ist. Er ist jedoch auf Wunsch lieferbar, weil er das Freihalten der Scheibe von Regentropfen, Nebelniederschlag und Schnee erleichtert.
Die stilistische Arbeit am 944 galt besonders der Einbeziehung der Windkanal-Ergebnisse in die harmonische Gesamtform. Für die Seitenteile wurde eine Flankenleiste entwickelt. Sie besteht aus durchgefärbtem, stoßunempfindlichem Kunststoff.

Motor

Sportwagenmotoren haben in der Zukunft Forderungen zu erfüllen, die scheinbar gegensätzlich sind: Sie sollen sportliche Leistung und Drehfähigkeit mit geringem Verbrauch und der Erfüllung strenger Abgas- und Geräuschvorschriften verbinden.
Dem 944-Motor wurden diese Eigenschaften von Anfang an in die Wiege gelegt. Hinzu kommt der Anspruch an Komfort und Laufruhe, den Porsche an einen Sportwagenmotor der gehobenen Preisklasse stellt. Das Resultat ist eine in vieler Hinsicht richtungsweisende Konstruktion.
Basis des neuen Motors ist ein Vierzylinder-Block aus Aluminium. Er ist in vielen Grundmaßen mit dem V8-Motor des 928 identisch. Dadurch ergibt sich die Möglichkeit, auf die Erfahrungen mit der neuartigen Technologie zurückzugreifen, besonders bei der Bearbeitung der speziell behandelten Aluminium-Laufflächen in den Zylindern und der sogenannten »Open-Deck-Konstruktion«. Auch das Grundteil des Zylinderkopfes gleicht dem des 928.
Auf dieser Basis wurde jedoch ein Konzept entwickelt, das die Vorzüge großer Zylindereinheiten nutzt, sich im übrigen aber vom Achtzylinder ebenso wie vom konventionellen Vierzylinder unterscheidet: Zwei höhenversetzt angeordnete Ausgleichswellen, die mit doppelter Kurbel-

wellendrehzahl laufen, gleichen die sogenannten Massenkräfte zweiter Ordnung aus. Damit wird ein wesentlicher Nachteil normaler Vierzylindermotoren vermieden, während die Vorteile erhalten bleiben: geringe Reibverluste, Freizügigkeit in der Gestaltung des Verbrennungsraumes und der Ansaug- und Auspufftrakte. Relativ weite Zylinderabstände ermöglichen volle Umspülung der Zylinder.
Der höhere Bauaufwand der Ausgleichswellen zahlt sich für den Fahrer fühlbar dadurch aus, daß der Motor die Laufruhe eines Reihensechszylinders aufweist. Gegenüber dem V-Sechszylinder können für den Vierzylinder des 944 sogar Vorteile geltend gemacht werden: Es zeigt sich hier, daß die Zylinderzahl allein kein ausreichender Beurteilungsmaßstab für die Laufruhe eines Motors sein kann.
Mit 2,5 Litern Hubraum ist der 944-Motor einer der großvolumigsten Vierzylinder im modernen Automobilbau. Mit 10,6:1 weist er zudem ein besonders hohes Verdichtungsverhältnis und damit sehr günstige Voraussetzungen für einen hohen thermodynamischen Wirkungsgrad auf. Das Resultat läßt sich an den Kennwerten des Motors ebenso wie am Verbrauch ablesen: Das höchste Drehmoment von 205 Nm wird bereits bei einer Drehzahl von 3000/min erreicht und bleibt über einen weiten Drehzahlbereich hinweg auf dieser Höhe. Die Höchstleistung von 120 kW (163 PS) erreicht der Motor bei 5800/min, die Drehfähigkeit zeigt sich an der elektronisch begrenzten Maximaldrehzahl von 6500/min.
Der flache Drehmomentverlauf läßt die hohe Durchzugskraft erkennen: Dieser Motor hat einen »bulligen« Charakter, er kann im Normalbetrieb mit niedriger Drehzahl und entsprechend geringem Verbrauch gefahren werden. So wartet der 944 mit Verbrauchswerten auf, die für einen 2,5-Liter-Motor sehr ungewöhnlich sind: bei 90 km/h 7,0 Liter/100 km, bei 120 km/h 8,7 Liter, im Stadtzyklus 11,4 Liter.
Möglich sind diese Werte nur durch souveräne Beherrschung des Verbrennungsablaufes: Der 944-Motor arbeitet dichter als konventionelle Motoren an der Klopfgrenze, weil durch exakte Regelung von Kraftstoffmenge, Luftmenge und Zündzeitpunkt eine genaue Anpassung an die jeweiligen Druck- und Temperaturverhältnisse erreicht wurde. Voraussetzung dafür ist die Mikroprozessor-geführte Digitale Motor-Elektronik (DME), die in Verbindung mit der elektronischen Einspritzung (L-Jetronic) genauer und schneller als herkömmliche Systeme die Gemischbildung und Zündung steuert. Die Wirksamkeit der DME umfaßt auch schwierige Betriebsbedingungen wie Kalt- und Heißstart, die sonst zu erhöhtem Verbrauch führen können. Ein weiterer Vorteil: Alle Einstellwerte bleiben auf die Dauer konstant, Verbrauch und Abgasemissionen können sich nicht verändern, besondere Wartung ist nicht erforderlich.

Der 944-Motor ist durch sein hohes Drehmoment ein guter Partner für das automatische Getriebe: Weiches Schalten, geräuscharmes und sparsames Fahren in Verbindung mit hohem Bedienungskomfort schließen es nicht aus, bei Bedarf die Leistungsreserven zu nutzen.

Getriebe

Das serienmäßige Fünfganggetriebe wurde so ausgelegt, daß die Gangbereiche sich weit überdecken: Es besteht immer die Wahl zwischen niedertourigem, gleichmäßigem Fahren und sportlichem Beschleunigen. Die Höchstgeschwindigkeit von 220 km/h erreicht der 944 im fünften Gang. Der gleiche Gang kann aber auch als drehzahlsenkender Spargang im mittleren Geschwindigkeitsbereich eingesetzt werden. Beim Zurückschalten steht das Temperament des echten Sportwagens zur Verfügung: 8,4 Sekunden von 0 auf 100 km/h (mit Automatikgetriebe 9,6 Sekunden), 22,0 Sekunden auf 160 km/h.

Ausstattung

Wie alle Porsche-Sportwagen wurde der 944 als Zweisitzer ausgelegt, der für Fahrer und Beifahrer optimalen Sitzkomfort und auf hinteren Kindersitzen zusätzlichen Transportraum bietet. Kompromisse wurden hier nicht eingegangen: Zusätzlicher hinterer Sitzraum auf Kosten der Vordersitze widerspricht der Porsche-Auffassung vom funktionellen Sportwagen.
Umso mehr Aufmerksamkeit galt der vielseitigen Nutzung im Rahmen der sportlichen Verwendungszwecks: Der unter der Heckklappe gut zugängliche Gepäckraum übertrifft bei umgelegten Fondlehnen in der Fläche und in den Staumöglichkeiten so manchen Limousinen-Kofferraum und erreicht Kombiwagen-Maßstäbe.
Hinzu kommt das neuentwickelte Dachtransportsystem, dessen Aufnahmepunkte im 944 bereits serienmäßig vorgesehen sind. Die abschließbaren Basisträger sind für viele Verwendungszwecke ausbaufähig: als Skihalter, als Fahrradhalter, für Surfbretter und für Spezial-Gepäckboxen. Die zulässige Dachlast von 75 kg wird diesen Möglichkeiten voll gerecht. Wem sie nicht ausreicht, der kann den 944 als starkes Schleppfahrzeug einsetzen: Die zulässige Anhängelast (gebremst) beträgt 1200 kg, mit Ausnahmegenehmigung sogar 1500 kg.
Der 944 erfüllt individuelle Ansprüche an Ausstattung und Ausrüstung: Porsche-typisch sind die farblich sorgfältig abgestimmten Lackierungen, Posterstoffe und Innenverkleidungen. Selbstverständlich sind Sportsitze lieferbar, Lederlenkräder gibt es in zwei Ausführungen von 380 und 360 mm Durchmesser. Hohe Klangansprüche erfüllen die drei

Lautsprecher, die auf das mit exakter digitaler Frequenzanzeige versehene Radio abgestimmt sind.
Für die Luft und Wärme sorgt die neu entwickelte Heizungs- und Lüftungsanlage mit hohem, zugfreiem Luftdurchsatz und starkem, geräuscharmen Gebläse. Sie kann durch eine leistungsfähige Klimaanlage ergänzt werden. Ebenfalls neu ist die Verbrauchsanzeige, die exakt den Augenblicksverbrauch angibt.
Das für sportliche Allround- und Reisezwecke abgestimmte Fahrwerk hat serienmäßig belüftete Scheibenbremsen vorn und hinten. Es kann durch ein Sportpaket mit härteren Dämpfern und zwei verstärkten Querstabilisatoren (serienmäßig ein Stabilisator) modifiziert werden. Das Serien-Leichtmetallrad 7Jx15 mit Reifen 185/70 VR 15 ist vom 911 SC bekannt, ebeno das als Alternative verfügbare Alu-Flügelrad (»Fuchs-Rad«) 7Jx16 Reifen 205/55 VR 16. Das Falt-Ersatzrad 165-15 mit Kompressor und Druckprüfer ist platzsparend im Heck untergebracht.
Wie alle Porsche-Sportwagen unterliegt der 944 der siebenjährigen Garantie auf Durchrostungsschäden. Diese Gewährleistung ist übertragbar und nicht an die Ausführung von Konservierungs- und Nacharbeiten gebunden. Die aus feuerverzinktem Stahl hergestellte Karosserie wird im Normalfall eine noch weit höhere Lebensdauer erreichen. Das Gleiche gilt für die Technik und Ausstattung des 944.

PORSCHE 944-MOTOR

Helmuth Bott, Vorstands-Mitglied Entwicklung der Porsche AG

Wie der Typ 944 zustande kam, weshalb unsere Entscheidung zugunsten eines 4-Zylinder-Motors und gegen einen 6-Zylinder-Motor getroffen wurde, darüber will ich Ihnen berichten.
Der Typ 924 – inzwischen in über 110000 Exemplaren produziert – und vom Markt gut aufgenommen, brachte uns Erfahrungen, die dann dem 944 zugute kamen. Konzeption, Aussehen, Fahrleistungen und Fahreigenschaften, ganz besonders aber die Wirtschaftlichkeit, wurden von den vielen, zum großen Teil auch neuen Porsche-Käufern, akzeptiert.
Als neues zusätzliches Modell wurde frühzeitig an ein Fahrzeug mit höherem Leistungsangebot gedacht, dessen Motor eine zukunftsorientierte neue Entwicklung sein sollte.
Wie konnte ein solcher Motor aussehen, in dessen Lastenheft eine Reihe schwer erfüllbarer Forderungen standen:

1. Der neue Motor sollte zur Entwicklungs-, Produktions- und Kundendiensterleichterung und vor allem zur Qualitätssicherung vom Konzept des 928-Motors abgeleitet werden. Insbesondere sollten Zylinderkopfkonstruktion, Ventiltrieb, Kurbelgehäuse-Konstruktion und Kurbelgehäusematerial der Baureihe 928 zugrunde gelegt werden.
2. Der Motor sollte in den vorhandenen Einbauraum passen.
3. Die Fahrleistungen des neuen Fahrzeuges sollten mit dem neuen Motor deutlich über denen des Typs 924 liegen.
4. Die günstigen Verbrauchswerte des Typs 924 sollten trotz des höheren Leistungsangebotes erhalten bleiben.
5. Der neue Motor sollte in Hubraum und Leistung ausbaufähig und für spätere Aufladung geeignet sein.
6. Vibrationen, Geräuschniveau und Abgaswerte sollten zukunftsgerecht niedrig liegen.

Die Forderung der »Motorenfamilie« war eine besonders wichtige aus folgenden Gründen:

Die Brennraumentwicklung steht auch in den kommenden Jahren im Mittelpunkt unserer Bemühungen.

Gleichgültig, ob es sich um noch höhere Verdichtung, Schichtladungseffekte, neue Zündkerzenanlage oder Ventilanordnung handelt, so lange die geforderte Verwandtschaft dieser Motoren besteht, kann mit dem Ein-Zylinder-Versuchsmotor die Vorentwicklung einer neuen Auslegung gemacht und mit dem kostengünstigsten Vollmotor der Motorenfamilie die Entwicklung bis zur Serienreife betrieben werden. Das Ergebnis ist dann mit geringem Aufwand auf die anderen Motoren übertragbar.

Dadurch können Entwicklungskosten und Entwicklungskapazität in Grenzen gehalten werden. Durch gleiche oder ähnliche Bearbeitung kann die Fertigung kostengünstiger und flexibler sein. Gleichteile reduzieren den Aufwand in Entwicklung, Produktion und Ersatzteiledienst.

Organisation und Kundendienst profitieren durch geringeren Schulungs- und Betreuungsaufwand. Das wichtigste Argument jedoch ist, daß diese Voraussetzungen die Zuverlässigkeit und Qualität des Produktes fördern, was unmittelbar dem Kunden zugute kommt.

Mehr als je zuvor werden in Zukunft neben der Wirtschaftlichkeit die Zuverlässigkeit und Qualität eine wesentliche Rolle bei der Kaufentscheidung spielen und dazu ist die erläuterte Konzentration auf eine Motorenfamilie die wesentliche Grundlage.

Doch nun zurück zu unserem Entscheidungsprozeß:

Ein 5- oder 6-Zylinder-Reihenmotor mit dem Zylinderabstand und Durchmesser des 928-Motors kamen wegen zu großer Baulänge nicht in Frage.

Interessant waren deshalb nur 2 Konzepte:

1. Ein 6-Zylinder-V90 (wie 928) mit einem Hubraum von circa 3,5 Liter.
2. Ein 4-Zylinder-Reihenmotor mit einem Hubraum von circa 2,5 Liter.

Der 6-Zylinder-Motor wurde 1976 skizziert und ein Fahrzeugtyp 924 wurde mit dem 6-Zylinder-V90 Europa-Motor (Peugeot, Renault, Volvo) mit 2,7 Liter Hubraum ausgerüstet, um eine Beurteilung des Schwingungs- und Geräuschverhaltens zu ermöglichen.

Versuchs- und Untersuchungsergebnisse waren nicht ermutigend.

Folgende Erkenntnisse gaben den Ausschlag, den 6-Zylinder V90 zu den Akten zu legen:

1. Der Ausgangshubraum von circa 3,5 Litern in Verbidung mit dem Gewichts- und Bauaufwand entsprach nicht der angepeilten Fahrzeugklasse und der geplanten extremen Wirtschaftlichkeit.
2. Größere Änderungen im Vorderbau des Wagens waren notwendig. Der Einbau des Motors im Produktionsablauf war nur von oben möglich (keine komplette Transaxlemontage).
3. Es waren deutliche Nachteile im Schwingungsverhalten im Vergleich zum 4-Zylinder-Reihenmotor mit Ausgleichswellen zu verzeichnen.

Ein eventueller Imagevorteil des 6-Zylinder-Motors und die Einbaumöglichkeit in die Baureihe 928 konnten die erwähnten Nachteile nicht ausgleichen.

So blieb das Konzept des 4-Zylinder-Reihenmotors mit 2,5 Litern Hubraum Favorit.

Von Anfang an stand fest, daß auch im Hinblick auf die Möglichkeit späterer Hubraumvergrößerung der Motor mit Ausgleichswellen versehen werden sollte (Lanchester-Ausgleich). Um dazu eine erste Aussage zu bekommen, wurde ein Motortyp 924 mit Ausgleichswellen versehen, die in der Höhenanordnung einstellbar waren.

Die Versuchsergebnisse wurden mit dem Serienstand verglichen. Die Ergebnisse waren positiv und wurden später durch die ersten Prototyp-Motoren bestätigt. Alle Erkenntnisse unserer Schwingungsexperten konnten in das neue Konzept eingearbeitet werden, insbesondere auch die für das Transaxle-Konzept optimale Motor-Aufhängung mit Hilfe von Hydrolagern.

Mitsubishi Motors hat sich Ende der 60iger Jahre intensiv mit der Anwendung des aus dem Jahre 1912 stammenden Lanchester-Ausgleichs mit 2 gegenläufigen Ausgleichswellen beschäftigt. Es wurden entsprechende konstruktive Lösungen erarbeitet und patentiert. Porsche hat eigene Lösungen entwickelt, ist jedoch auch im Zusammenhang mit der freundschaftlichen Beziehung beider Häuser (Porsche vertreibt Mitsubishi in Frankreich) einen Lizenzvertrag mit Mitsubishi eingegangen.

Konstruktion, Entwicklung und Erprobung der Ausgleichswellenanordnung des 944 fanden ausschließlich im Porsche-Entwicklungszentrum in Weissach statt.
Die ersten 944 4-Zylinder-Motoren wurden im Frühjahr 1977 konstruiert und ab Frühjahr 1978 erprobt. Bei der Entwicklung konnten wir uns durch die Verwendung der erprobten 928-Teile auf die 4-Zylinder-spezifischen Probleme konzentrieren. Umfangreiche Versuche auf Prüfständen, Prüfstrecken und in Straßendauerläufen, 5 Algerien-Prüfungen mit mehreren Fahrzeugen, jeweils über 10000 Kilometer und 4 große USA- und Kanada-Erprobungsfahrten rundeten das Routine-Programm ab.
Schließlich wurde schon im Juni dieses Jahres, also vor Serieneinsatz des 944, ein GT-Prototyp mit einem 944-Motor mit 420 PS Leistung und Ausgleichswellen, die bis 13000 Umdrehungen pro Minute liefen, in Le Mans eingesetzt. Dieses Fahrzeug, mit dem zum ersten Mal sowohl die beschriebenen Ausgleichswellen wie auch eine elektronische Einspritzung im Rennen eingesetzt wurden, bestand die Feuertaufe hervorragend und belegte gegen die leistungsstärkere Konkurrenz (auch aus dem eigenen Hause) den 7. Platz im Gesamtklassement. Es war außerdem das Fahrzeug mit dem geringsten Boxenaufenthalt aller angekommenen Wagen.

ÄNDERUNGEN ZUM BAUJAHR/MODELLJAHR

1982

Der neue Vierzylinder-Porsche 944, vor Jahresfrist vorgestellt und seit dem ersten Quartal 1982 ausgeliefert, brachte weltweit hervorragende Verkaufszahlen. Das Konzept wurde auf Anhieb in der Fachpresse und beim Publikum akzeptiert.
So wurde denn naturgemäß für das Modelljahr 1983 noch nichts wesentliches geändert. Es stehen u. a. neue Farben und Innen-Ausstattungen zur Wahl. Außerdem bietet Porsche neben einer neuen Stereo-Radio-Kassetten-Kombination eine neue Beschallungsanlage mit vier wesentlich höher belastbaren Lautsprechern an. Zwei sind in den Türblenden und zwei im Fond angeordnet.
Der elektrisch beheizte und von innen verstellbare Außenspiegel gehört nun zur Serienausstattung, ebenso die Kraftstoffverbrauchsanzeige. Hierbei handelt es sich um ein äußerst präzise arbeitendes Durchfluß-Meßgerät, daß in jeder Gangstufe und in jedem Fahrzustand den exakten Verbrauch in Litern und je 100 Kilometern angibt (im Leerlauf und bei sehr niedrigen Geschwindigkeiten in Litern pro Stunde).

Für den Markt in USA und Kanada hat der 944 zusätzlich noch serienmäßig erhalten: 215/60 VR 15-Reifen; 63 Ah-Batterie; elektrischer Außenspiegel rechts; Dreispeichen-Lederlenkrad; elektrische Antenne mit vier Lautsprechern und Überblendregler; getönte Verglasung; Kälteanlage; herausnehmbares Dach; elektrische Fensterheber und Nebellampen in der Bugschürze als Lichthupe gestaltet.

1983

Der 2,5 Liter Vierzylinder-Porsche 944 hat seit Beginn seiner Produktion Anfang 1982 bereits rund 30000 Käufer gefunden. Seine weltweit starke Nachfrage verdankt er dem zukunftsweisenden Konzept: er verbindet alle Eigenschaften, die Sportwagenliebhaber von ihrem Fahrzeug verlangen, mit der Laufruhe von Sechs- oder Achtzylindern und der Sparsamkeit fast von Kleinwagen. Trotz seiner Motorleistung von 163 PS (120 kW) und seiner Höchstgeschwindigkeit von 220 km/h verbraucht er bei Tempo 90 nur 7 Liter, bei Tempo 120 8,7 Liter und im dichten Stadtverkehr 11,4 Liter Kraftstoff auf 100 Kilometer.
Die aerodynamisch optimierte Form des 944 mit großen Spoilern vorn und hinten, kleiner Querschnittsfläche und einem hervorragenden c_W-Wert von 0,35 ergibt den sehr niedrigen Gesamt-Luftwiderstand c_W x A = 0,64. Wie der 924 gehört der 944 zu den strömungsgünstigsten Serienwagen auf dem Weltmarkt. Die Transaxle-Bauweise vereinigt die Vorzüge gleichmäßiger Gewichtsverteilung, hoher Antriebs-Traktion und günstiger Raumverhältnisse.
In sein drittes Jahr geht der Porsche 944 nach weiterer sorgfältiger Modellpflege, die sich auch auf die lieferbaren Sonderwünsche erstreckt. Die Heckklappe kann der Fahrer nun von seinem Sitz aus elektrisch entriegeln, ohne den Zündschlüssel abzuziehen und aussteigen zu müssen.
Make-up-Spiegel finden sich in den Sonnenblenden links und rechts. Außerdem hat auch das Innenausstattungsprogramm Änderungen erfahren. Der zusätzlichen Sicherheit dient eine Bremsbelagverschleißanzeige.
In Verbindung mit den auf Wunsch lieferbaren Schmiedefelgen sind die Felgensterne auch in »grand prix weiß« oder »platin-metallic« lackiert erhältlich. Ebenfalls als Sonderwunsch ist der 944 nun mit der automatischen Geschwindigkeitsregulierung »Tempostat« erhältlich. Das herausnehmbare Dach verfügt ab sofort über eine elektrische Hubeinrichtung: man kann es auch während der Fahrt hinten hochstellen oder schließen.

Ungewöhnlich intensiv fiel die Modellpflege beim derzeitigen Erfolgsmodell der Vierzylinder-Baureihe, dem Porsche 944 aus, das mit zahlreichen Modifikationen in das Jahr 1985 geht. Der Porsche 944 als markanter Vertreter der Transaxle-Baureihe und von dem seit Produktionsbeginn im Januar 1982 über 60 000 Exemplare vom Band liefen, präsentiert sich nicht nur technisch geliftet. Das 220 km/h schnelle und 163 PS starke Auto, das von Beginn an die Abgasgrenzwerte in Europa erfüllt und sogar unterschreitet, unterscheidet sich in vielen Punkten auch optisch vom Vormodell.
Dem Zug der Zeit folgend ist er jetzt auch als Katalysator-Modell zu haben, außerdem verläßt jeder 944 ab Februar das Werk mit einer Vorrüstung, die den nachträglichen Einbau eines Katalysators gestattet. Neu für Europa ist eine weitere Maßnahme, mit der Porsche dem Bemühen um mehr Umweltschutz Rechnung trägt: Serienmäßig besitzt jeder neue 944 einen im Tanksystem installierten Aktivkohlefilter, der das Verdunsten von Benzin nachdrücklich verhindert.
Zur neuen Optik zählen in erster Linie neben der nunmehr aus Aluminium bestehenden Regenleiste (bisher Kunststoff) die Felgen, die schon beim Carrera Verwendung finden. Die 7 Zoll breiten Alufelgen im markanten Telefondesign gehören zur Serienausstattung.
Als optische Differenzierung gegenüber dem 83er-Modell ist ferner die bündig mit der Karosserie abschließende Windschutzscheibe zu nennen – eine Maßnahme, die vor allem der Verbesserung des Cw-Wertes dient. Um Vandalismus auszuschließen, besitzt der Porsche 944 der zweiten Generation eine aktive Windschutzscheiben-Antenne, die in Verbindung mit einem Leistungsverstärker optimalen Empfang garantiert. Deutlich größer ist nunmehr der Aktionsradius. Mit dem von bisher 66 Liter auf 80 Liter vergrößerten Benzintank des als sparsam bekannten Vierzylinders lassen sich je nach Fahrweise zwischen 700 bis 1000 Kilometer ohne Tankstopp zurücklegen. Wer sich für eine Katalysatorversion entscheidet, kann mit dieser Reichweite sogar Fahrten ins benachbarte, aber bleifreiarme Ausland wagen.
Auch in puncto passive Sicherheit wurde der 944 wirksam verbessert. In den beiden Türen sind stabile Planken installiert, die bei einem seitlichen Aufprall einen hohen Schutz für die Insassen garantieren. Diese bisher nur in Amerika vorgeschriebene Maßnahme bietet Porsche nun auch in Europa ohne Aufpreis an.
Die Modellpflege setzt sich auch unter dem Auto fort. So präsentiert sich das Fahrwerk des agilen und dennoch so wirtschaftlichen Vierzylinders jetzt mit Vorder- und Hinterachslenker aus Aluguß. Diese

Fahrwerkselemente, die wesentlich leichter und dabei steifer sind als die bisher verwendeten, befinden sich auch im Porsche 944 Turbo.
Zu jenen Dingen, die das Autofahren leichter und angenehmer gestalten, gehören auch die serienmäßig eingebauten getönten Scheiben rundum sowie die beheizten Waschdüsen.
Das laufruhige und elastische Triebwerk, das von der Charakteristik her einem Sechszylinder-Motor entspricht, wurde gleichfalls gründlich überarbeitet. Dank des neugestalteten Brennraums begnügt sich die Maschine mit einer Superbenzin-Qualität von 96 ROZ (bisher 98 ROZ). Außerdem spendierten die Techniker dem Motor eine neue Nockenwellenform sowie eine Leerlauffüllungsregelung.
Um zu gewährleisten, daß auch in der kalten Jahreszeit und bei Einsatz aller stromschluckenden Zusatz-Aggregate die Batterie nicht über Gebühr belastet wird, erhielt der 944 eine Lichtmaschine, die jetzt 115 Ampere leistet (bisher 90 A).
Für den reduzierten Lärmpegel ist eine zweistufige Lüfterschaltung für das Kühlgebläse verantwortlich: Bei geringer Belastung läuft ausschließlich die kaum hörbare erste Stufe.
Am nachdrücklichsten macht sich die Modellpflege am 944 im völlig neu gestalteten Innenraum bemerkbar. Das auffälligste Merkmal der neuen 944-Generation sind die Schalttafel mit einer dem Typ 928 ähnlichen Instrumenteneinheit sowie die Mittelkonsole, die mit der bisher verwendeten keine Ähnlichkeit mehr aufweist. Alle Schalter am Armaturenbrett sind neu gestaltet sowie geordnet und damit noch funktionsgerechter. Außerdem sorgt eine stärkere Belüftungs- und Heizungsanlage in Verbindung mit einer optimierten Verteilung der Luft für das Wohlbefinden der Insassen.
Wichtig für großgewachsene 944-Fahrer: Durch die Neugestaltung des kompletten Armaturenbretts konnte die Lenkung um exakt 12 Millimeter nach oben versetzt und damit die Kniefreiheit verbessert werden.
Komfortabler als bisher geht es auch auf den Sitzen zu, die seit einigen Monaten auch im Porsche Carrera, Turbo und Porsche 928 S eingebaut werden. Die nach modernsten ergonomischen Gesichtspunkten gestaltete neue Sitzgeneration weist besonders griffgünstige Betätigungshebel für feinstufige Längs- und Lehnenverstellung auf. Der Fahrersitz ist beim 944 zudem serienmäßig mit elektrischer Höhenverstellung ausgerüstet. Die Sitzaufnahmen sind vorn und hinten getrennt stufenlos regulierbar.
Zum neuen Interieur gehört neben den beiden in den Sonnenblenden untergebrachten abdeckbaren Make-up-Spiegeln auch der griffgünsti-

ger plazierte Handbremshebel sowie das vom Carrera vertraute Vierspeichen-Lenkrad mit dem Porsche-Schriftzug auf der Prallplatte.
Das Angebot an sinnvollem Zubehör für den Porsche 944 ist beträchtlich erweitert worden. Unter anderem kann eine elektrische Sitzheizung (nur für den Fahrersitz oder in Verbindung mit Sportsitzen) sowie Sportsitze links und rechts mit elektrischer Höhenverstellung geordert werden. Die Heizung und auch die Klimaanlage kann in automatischer Version eingebaut werden. Es gibt das automatische Getriebe mit einer zusätzlich im Kombi-Instrument untergebrachten Ganganzeige sowie ein Vierspeichen-Lenkrad mit einem Durchmesser von nur 360 Millimeter. Neu im Zubehör-Programm: Porsche 911-Turboräder, die vorne 7 Zoll mit 205/55 VR 16 und hinten 8 Zoll mit 225/50 VR 16 breit sind.
Für sportlich orientierte Fahrer bietet Porsche ein Clubsport-Fahrwerk an, das folgende Teile umfaßt: härtere und kürzere Schraubenfedern vorn, stärkere Drehstäbe hinten, Sport-Stoßdämpfer, tiefer gelegtes Fahrwerk und Belüftungsöffnungen zur vorderen Bremsenkühlung.

1985

Der Porsche 944, zwischen den beiden Vierzylinder-Modellen 924 S und 944 Turbo angesiedelt, zählt zu den erfolgreichsten Sportwagen der Welt: seit dem Produktionsbeginn im Januar 1982 wurden von dem 163 PS starken Transaxle-Coupé deutlich über 50 000 Exemplare abgesetzt. Obwohl der wirtschaftliche Sportwagen bereits Anfang 1985 in zahlreichen Punkten überarbeitet wurde, unterscheidet sich der 944 des Modelljahres 1986 nochmals in einigen Punkten vom Modell des Vorjahres.
So rollt der Porsche 944 jetzt serienmäßig auf Breitreifen der Dimensionen 195/65 VR 15, als Mehrausstattung gibt es eine Zentralverriegelung sowie die Sekuriflex-Windschutzscheibe, die z. B. bei einem Unfall oder Steinschlag ein höheres Maß an Sicherheit bietet als bisherige Windschutzscheiben.

1986

Der Porsche 944, zwischen den Vierzylindern »924S«, »944S« und 944 Turbo angesiedelt, zählt inzwischen zu den erfolgreichsten Sportwagen der Welt – seit Produktionsbeginn im Januar 1982 wurden von dem 162 PS/120 kW starken Transaxle-Automobil bereits über 75 000 Exemplare verkauft.
Obwohl das Stuttgarter Coupé, das sich trotz der hohen Leistung und der damit verbundenen Höchstgeschwindigkeit von über 220 km/h mit lediglich acht Liter Super-Benzin bei 120 km/h begnügt, erst im Frühjahr 1985 in vielen Punkten überarbeitet und modernisiert wurde, gibt es auch im Modelljahr 1987 einige Neuerungen.
Neben so nützlichen Mehrausstattungen wie Zentralverriegelung, Sekuriflex-Windschutzscheibe oder Kälteanlage werden werkseitig einige neue Farben angeboten. Eine Lederausstattung, die außer den Sitzen auch Türverkleidungen, Mittelkonsole, Kassettenbox-Deckel, Armaturenbrett und Türzuziehgriff umfaßt, ist ebenfalls neu für 1987. Gleichfalls als Mehrausstattung werden für den Porsche 944 nun vollelektrische Sitze offeriert, die auf Wunsch mit elektrisch einstellbarer Lordosenstütze lieferbar sind.
Ein gewichtiger Sicherheitsfaktor ist das Anti-Blockier-System, das ab Modelljahr 1987 lieferbar ist und vor allem bei nasser oder schneebedeckter Straße in Notsituationen entscheidende Vorteile bringt. Durch das ABS-System war es notwendig, dem Porsche 944 eine geänderte Vorderachse mit negativem Lenkrollradius anzupassen. Serienmäßig ist der »944« mit Leichtmetallfelgen im porschetypischen Lochscheiben-Styling bestückt, geschmiedete sieben und acht Zoll breite Felgen im Scheiben-Styling (Reifengröße 205/55 VR 16 und 225/50 VR 16) sind als Mehrausstattung im Programm.

1987

Im Modelljahr 1988 erfuhr der Erfolgsrenner, von dem inzwischen 100 000 Exemplare gebaut wurden, im Rahmen einer neuen Angebotsstrategie eine deutliche Aufwertung. So zählen jetzt folgende bisher nur gegen Aufpreis übliche Ausstattungen ab Baujahr 1987 zur Serienausstattung:
- elektrisch verstell- und beheizbarer Beifahrer-Spiegel
- vier Lautsprecher und Leistungsverstärker für Scheibenantenne
- Heckscheibenwischer
- Stabilisatoren hinten
- elektrische Fensterheber
- Kassetten- und Münzbehälter

- Servolenkung
- Zentralverriegelung
- Vierspeichen-Lederlenkrad 360 mm Durchmesser
- Lederbezug für Schalt- und Handbremshebel.

Gegenüber einem identisch bestückten Porsche 944 des Modelljahres 1987 bedeutet dieses zusätzliche Ausstattungspaket einen Preisvorteil für den Kunden. Überarbeitet wurde für das neue Modelljahr auch das Motorenkonzept. Gab es bisher noch einen leichten Leistungsunterschied zwischen den Modellen mit und ohne Katalysator, so entspricht nunmehr auch der Porsche 944 der Philosophie des Hauses, Neuentwicklungen grundsätzlich nur noch mit identischer Leistung anzubieten.

Ab sofort leisten die Motoren mit und ohne Katalysator im »944« jeweils 160 PS/118 kW. Während die Kat-Version ausschließlich mit bleifreiem Euro-Super (95 ROZ) gefahren wird, kann die katlose Version nunmehr auch mit bleifreiem Super-Benzin betrieben werden. Komfortbetonter geht es bei dem gleichfalls angebotenen Exklusivmodell »944« zu. Der schwäbische Erfolgsrenner, von dem seit seinem Debüt im Jahre 1982 bereits über 100 000 Autos gefertigt wurden, ist wie folgt zu haben:

	Version 1	Version 2
Exterieur:	– satinschwarzmetallic	– zermattsilbermetallic
Interieur:	– Kunstleder schwarz – Ganzstoff-Sitzanlage mit Sonderstoff multicolor grau – Türtafeln in Stoff – Teppichauskleidung silbergrau – zusätzliche Fußmatten vorn.	
Zusätzlicher Ausstattungsumfang:	– Flankenschutzleisten in Wagenfarbe lackiert – geteilte Fondsitzlehne – automatische Heizungsregelung – herausnehmbares Dach – Leichtmetallräder gegossen 7 + 8 J x 16 mit Reifen 205/55 bzw. 225/50 VR 16 – Nebelscheinwerfer.	
Preis:	– 65 900,– DM.	

1988

1988 präsentiert sich der Porsche 944 vor allem technisch stark überarbeitet. Der Hubraum des Vierzylinder-Aggregates wurde von 2,5 Liter auf 2,7 Liter erhöht und das Drehmoment von bisher 210 Nm bei 4500/min auf 225 Nm bei 4200/min deutlich angehoben. Das Leistungspotential von bisher 160 PS stieg auf 165 PS, wobei in Verbindung mit dem weitaus besseren Drehmoment vor allem bullige Durchzugskraft und Beschleunigung zu registrieren sind. Die Beschleunigung von 40 km/h auf 160 km/h im fünften Gang wurde beispielsweise um vier Sekunden verbessert.

Eine neu angepaßte digitale Motor-Elektronik, eine höhere Verdichtung, vergrößerte Einlaßventile und neue Nockenwellen mit geänderten Steuerzeiten sind dabei die auffälligsten technischen Neuheiten des 2,7-l-Motors im Porsche 944. Neben fünf neuen Außenfarben und neuen Stoffen sowie Farben für den Innenbereich des »944« gehören eine stärkere Batterie, eine automatische Heizungsregulierung sowie der Beifahrersitz mit elektrischer Höhenverstellung zur Serienausstattung. Gegen Aufpreis bietet Porsche neue und zusätzliche Mehrausstattungen an:

- regelbare Sitzheizung links und rechts
- Alarmanlage mit Einschlüsselsystem und Leuchtdioden
- Radio mit CD-Player.

Typ 944 S (ab 1986)

Umweltschonende Technik und sportliche Faszination sind keine unvereinbaren Gegensätze – das beweist Porsche aufs Neue mit dem »944 S«. Beim neuen Modell der Vierzylinder-Transaxle-Baureihe wird konsequent die Porsche-Philosophie weiterverfolgt, Katalysator-Motoren mit gleicher Leistung anzubieten wie ohne Katalysator. Dieses Konzept wird durch moderne Motoren-Technologie erreicht, beim 190 PS/ 140 kW starken »944 S« durch Vierventiltechnik in Verbindung mit optimierter Verbrennung und Klopfregelung.
Der »944 S« rangiert in Leistung und Preis zwischen »944« und »944 Turbo«. Für alle 944-Modelle werden zugleich neue Ausstattungs-Wahlmöglichkeiten und Fahrwerks-Modifikationen angeboten, darunter ABS, Sportfahrwerk und HiFi-Anlage.
Die von Porsche vertretene Energieformel im Automobilsport hat bereits in den vergangenen Jahren zu Verbrauchseinsparungen bis zu 35 Prozent bei Rennmotoren geführt. In der Rennsaison 1986 beweist Porsche mit dem hart umkämpften Porsche 944 Turbo-Cup, an dem ausschließlich Fahrzeuge mit Katalysator teilnehmen dürfen, daß sportliche Leistung und größtmögliche Schonung der Umwelt auf einen gemeinsamen Nenner zu bringen sind.
Beim neuen »944 S« wird das Vierventil-Konzept eingesetzt, um bei erheblich gesteigerter Leistung (27% gegenüber der Katalysatorversion des 944) geringe Schadstoffemissionen und günstigen Kraftstoffverbrauch zu erreichen. Der Doppelnockenwellen-Zylinderkopf mit 16 Ventilen, der neugestaltete Brennraum mit zentraler Zündkerzen-Anordnung und die beim »944 Turbo« bewährte Klopfregelung ermöglichen eine hohe Verdichtung von 10,9:1 und damit eine hervorragende Ausnutzung kultivierten Laufverhaltens des sportlichen Vierzylinder-Motors mit Ausgleichswelle.
Die gleichzeitig in der Vierzylinder-Baureihe eingeführten zusätzlichen Ausstattungs-Angebote erstrecken sich auf die Sicherheit ebenso wie auf Sportlichkeit und Luxus: »944«, »944 S« und »944 Turbo« werden auf Wunsch mit einem Anti-Blockier-System (ABS) geliefert, das – wie bis-

her schon beim »928 S« – speziell auf die Sportwagen-Verhältnisse abgestimmt wurde. Der ABS-Einbau bedingte die Umstellung der Vorderachse auf einen negativen Lenkrollradius und Felgen mit größerer Einpreßtiefe. Auf Wunsch sind außer den serienmäßigen Leichtmetall-Lochfelgen für alle Vierzylinder-Modelle Schmiederäder im Scheiben-Styling lieferbar. Die sportlichen Ausrüstungsmöglichkeiten wurden durch ein Sportfahrwerk für alle Vierzylinder-Modelle und ein Clubsport-Paket für »944 S« und »944 Turbo« erweitert.
Im Klangpaket kann die Klangfülle von zehn Lautsprechern über einen Verstärker-Equalizer individuell an die Tonquelle und die Hörgewohnheiten angepaßt werden. Die Lautsprecher in Tief-, Mittel- und Hochtonlage sind in das Innenstyling integriert. Der hohe Ladekomfort der Porsche-Vierzylinder-Modelle kann durch eine neuentwickelte Rücksitzanlage mit einzeln umklappbaren Lehnen noch gesteigert werden. Die auf Wunsch lieferbaren Komfortsitze sind nunmehr mit elektrischer Längs-, Höhen- und Lehnenverstellung lieferbar, als Ergänzung mit Sitzheizung und elektrisch einstellbarer Lordosenstütze. Zunächst für den USA-Markt wurde eine Airbag-Anlage für Fahrer und Beifahrer entwickelt, die in die Typen »944« und »944 S« auf Wunsch und in den »944 Turbo« serienmäßig eingebaut wird.
Das Vierventilkonzept des »944 S« entspricht technisch dem des »928 S«: Die Zylinderköpfe der wassergekühlten Vier- und Achtzylindermotoren sind in ihren Grundmaßen identisch. So konnte auch die Anordnung der Nockenwellen und Ventile, die sich in der Katversion des Achtzylindermotors bereits bewährt hat, übernommen werden. Der Grundmotor entspricht dem Vierzylinder des »944«, neu sind außer dem Zylinderkopf mit zwei Nockenwellen auch der verstärkte Nockenwellenantrieb, der Ansaugtrakt mit Magnesium-Ansaugspinne, die Abgasanlage, die Ölwanne sowie die Funktionen der digitalen Motorelektronik (DME), die durch die Klopfregelung erweitert wurden. Gegenüber dem 944-Motor mit Katalysator (Zweiventil-Technik) wurde die Leistung um 27 Prozent gesteigert, im Vergleich zur bisherigen Ausführung ohne Kat sind es 16,5 Prozent – bei jeweils nur um drei Prozent erhöhter Nenndrehzahl. Das Drehmoment wurde um 21 bzw. 12 Prozent angehoben: Die Vierventiltechnik bietet alle Voraussetzungen, um das Ziel eines gleichen Leistungsangebotes bei den Porsche-Sportmotoren mit und ohne Katalysator zu erreichen.
Die jeweils in Reihe angeordneten Aus- und Einlaßventile werden mit je einer Nockenwelle betätigt, wobei die Auslaß-Nockenwelle wie die bisherige Nockenwelle angeordnet ist. Sie wird über einen breiteren und verstärkten Zahnriemen mit mechanischem Riemenspanner von der

Kurbelwelle angetrieben. Die Einlaß-Nockenwelle wird über eine mittig angeordnete Kette mit hydraulischem Kettenspanner von der Auslaß-Nockenwelle angetrieben. Beibehalten wurden die bewährten Tassenstößel mit hydraulischem Spielausgleich, die alle 16 Ventile direkt betätigen.
Die Vierventiltechnik ermöglicht durch den insgesamt größeren Querschnitt der Ein- und Auslaßöffnungen besonders günstige Strömungsverhältnisse der angesaugten Luft und der Verbrennungsgase. Ein weiterer Vorteil liegt in den konstruktiven Möglichkeiten bei der Gestaltung des Brennraumes: Die Zündkerze kann in der Mitte angeordnet werden. Der dadurch erreichte, in allen Richtungen gleichmäßige Ablauf der Verbrennung wurde zugunsten des hohen Verdichtungsverhältnisses von 10,9:1 genutzt, das einen günstigen thermischen Wirkungsgrad, hohes Drehmoment und niedrigen spezifischen Verbrauch mit sich bringt.
Ein risikoloser Betrieb im wirkungsgünstigsten Bereich nahe der Klopfgrenze wird durch die automatische Klopfregelung ermöglicht. Die auch beim »944 Turbo« bewährte Klopfregelung stellt in der digitalen Motorelektronik (DME) für jeden Zylinder einzeln den jeweils günstigsten Zündzeitpunkt ein. Der Motor ist – mit und ohne Katalysator – auf Euro-Super (95 Oktan) ausgelegt. Die Klopfregelung schützt den Motor bei Verwendung minderwertiger Kraftstoff-Qualität durch Zurücknahme des Zündzeitpunktes bei spürbarer Leistungsminderung vor Schäden.
Einzelne Bauteile des Getriebes wurden der höheren Motorleistung angepaßt, die Getriebeübersetzungen wurden neu abgestimmt und sind weltweit gleich. Höhere Maximalgeschwindigkeiten in den Gängen ergeben sich auch durch die auf 6800/min angestiegene Höchstdrehzahl, wobei die Höchstgeschwindigkeit 228 km/h beträgt.
Der Zuwachs an Leistung und Drehmoment zeigt sich besonders deutlich im oberen Drehzahlbereich. Das hohe Drehmoment bei niedrigen Drehzahlen, das den Motor des »944« auszeichnet, wird beim 16-Ventiler durch sportliche Kraftentfaltung im mittleren und oberen Drehzahlbereich ergänzt. Hier liegt die Leistungskurve deutlich über der des »944«. Die Kraftentfaltung steigt gleichmäßig bis zur Höchstleistung von 140 kW bei 6000/min. Im Interesse der Motorlebensdauer wird durch sanftes Abschalten der Kraftstoffzufuhr die maximale Motordrehzahl bei 6800/min begrenzt.
Dieser Motorcharakteristik entsprechend kann der »944 S« sowohl mit niedriger Drehzahl und frühzeitigem Hochschalten als auch mit sportlichem Ausnutzen der Drehzahl- und Leistungsreserven in den Gängen gefahren werden. Die Beschleunigungszeit von 0 auf 100 km/h verringerte sich – gegenüber 8,4 Sekunden beim »944« – auf 7,9 Sekunden.

Der große nutzbare Drehzahlbereich bringt die Komforteigenschaften des Motors in jeder Fahrsituation zur Geltung: geringes Motorgeräusch, vibrationsarmes, kultiviertes Verhalten mit Sechszylinder-Charakteristik. Die aufwendige Konstruktion mit gegenläufigen Ausgleichswellen wirkt sich hier zugunsten nervenschonenden Fahrens aus.
Porsches neues Vierzylinder-Modell unterscheidet sich in der äußeren Erscheinung nur geringfügig vom normalen »944«: Die Kennzeichnung beschränkt sich auf das »944 S« am Heck und einen seitlich vor den Vordertüren im Zuge der Flankenschutzleisten angebrachten Schriftzug »16 Ventiler«, der auf Sonderwunsch angeboten wird. Der Einbau der Servolenkung ist auf Sonderwunsch möglich – sie entspricht ebenso wie die modifizierte Vorderachse (negativer Lenkrollradius 13,8 mm) den Modellen »944« und »944 Turbo«. Die Radlagerzapfen und die Kolbenstangen-Durchmesser der Vorderachs-Federbeine wurden verstärkt.
Das ebenfalls für alle 944-Modelle lieferbare Anti-Blockier-System entspricht in Funktion und Bauweise der im »928 S« eingebauten Anlage. Es wurde auf die Verhältnisse des Porsche 944 abgestimmt. Die Steuergeräte sind im Innenraum am rechten Seitenteil geschützt untergebracht, das Hydro-Aggregat im Kotflügel vorn rechts. Die Felgen wurden den Achsänderungen angepaßt. In der Grundausstattung erhalten alle Vierzylinder-Modelle Lochfelgen mit der Einpreßtiefe 52,3 mm: beim »924 S« in der Größe 6J x 15 mit Reifen 195/65 VR 15, bei »944« und »944 S« in der Größe 7J x 15 mit der gleichen Reifengröße und beim »944 Turbo« in der Größe 7 bzw. 8J x 16 mit Reifen 205/55 VR 16 vorn und 225/50 VR 16 hinten. Die auf Wunsch lieferbaren Schmiederäder im Scheiben-Styling entsprechen den Felgen des »928 S«.
Das Sportfahrwerk läßt sich mit allen angebotenen Felgen- und Reifengrößen kombinieren, es ist – bei nur geringfügig reduziertem Federungskomfort – für den Straßenbetrieb voll tauglich und bietet beim Einsatz auf der Rennstrecke sportliche Eigenschaften in Handling und Kurvenverhalten. Außer härterer Abstimmung von Federn, Dämpfern und Stabilisatoren sowie härteren Lagern der Radlenker enthält es Einstellmöglichkeiten für Dämpferkraft, Fahrzeughöhe und Hinterachs-Stabilisator.
Während das Sportfahrwerk für alle Vierzylinder-Modelle angeboten wird, ist die Clubsport-Ausstattung auf die Typen »944 S« und »944 Turbo« beschränkt. Sie ist vorrangig für sehr sportliche Fahrweise beim Einsatz in Renn- und Clubsport-Wettbewerben gedacht und entspricht der Ausrüstung der beim 944 Turbo Cup eingesetzten Fahrzeuge. »944« und »944 Turbo« werden damit zur Sportgeräten, die zwar für den Straßenverkehr zugelassen, jedoch für den Sporteinsatz optimal abge-

stimmt sind. Komfortausstattungen wie Klimaanlage, elektrische Fensterheber und Sitzverstellungen gibt es für diese Fahrzeuge nicht. Zur Gewichtsersparnis wurde die Geräuschdämmung reduziert und der PVC-Unterschutz weggelassen. Sportliches Zubehör wie Überrollkäfig, Schalensitz und Sechspunktgurte steht auf Wunsch zur Verfügung.
Ein Gegenstück zu diesen ausgeprägt sportlichen Ausrüstungen bildet das Klangpaket für die Vierzylinder-Modelle. Der Verstärker/Equalizer Blaupunkt BEA 80 weist eine Musikleistung von 4 x 20 Watt und einen Frequenzgang von 20 bis 30 000 Hertz auf. Er ist unterhalb des Radios in der Mittelkonsole eingebaut. Von den insgesamt zehn Lautsprechern sind je drei in den Türen untergebracht, wobei Mittel- und Tieftöner eine gemeinsame, in das Türdesign integrierte Verkleidung erhielten. Je zwei weitere Tief- und Hochtöner sind in den Fond-Seitenteilen montiert. Die Lautsprecher sind in der Tür über ein Dreiwege-System, im Fond über ein Zweiwege-System und entsprechende Frequenzweichen an den Verstärker angeschlossen.
Die als Sonderausstattung vorgesehene neue Rücksitzanlage verbessert die Gepäckunterbringungs-Möglichkeiten im Fond. Sie ist mit einer an der Heckklappe montierten Gepäckraum-Abdeckung (ähnlich der des 928 S) verbunden. Ebenfalls als Sonderausstattung sind die vorderen Komfortsitze mit elektrischer Höhen-, Längs- und Lehnenverstellung auch für »944«, »944 S« und »944 Turbo« lieferbar. Zusätzlich können die Sitzheizung und die elektrisch verstellbare Lordosenstütze eingebaut werden.
Porsche hat für die Vierzylinder-Baureihe eine völlig neue Airbag-Anlage entwickelt, die auch die Beifahrerseite umfaßt. Vorerst ist diese Anlage nur dem US-Markt zugeordnet, wo sie im »944« und »944 S« auf Wunsch, im Porsche 944 Turbo serienmäßig eingebaut wird. Die Einführung für Europa ist zu einem späteren Zeitpunkt vorgesehen.
Das umfangreiche neue Programm mit dem 16-Ventilmotor des »944 S« und den vielfältigen Kombinationsmöglichkeiten wurde bewußt auf die unterschiedlichen individuellen Ansprüche der Porsche-Kunden ausgerichtet: Es reicht vom luxuriösen Komfort-Fahrzeug bis zum fahrwerksoptimierten Sportgerät.
Der Preis für den neuen Porsche 944 S wurde auf 58 950 Mark festgelegt.

1987

Im Modelljahr 1988 präsentiert sich der Vierventil-944, der sich optisch vom schwächeren »944« mit Zweiventiltechnik nur durch ein zusätzliches »S« am Heck unterscheidet, mit deutlich reichhaltigerer Serienausstattung als bisher. Porsche hat sich damit an den Wünschen der Kunden orientiert, die diese zusätzlichen Ausstattungen in der Vergangenheit schon weitgehend gegen Aufpreis bestellt haben. Zusätzlich zur bisherigen Serienausstattung sind in diesem Modelljahr folgende Ausstattungen jetzt serienmäßig:

- elektrisch verstell- und beheizbarer Beifahrer-Spiegel
- vier Lautsprecher und Leistungsverstärker für Scheibenantenne
- Heckscheibenwischer
- Stabilisator hinten
- elektrische Fensterheber
- Kassetten- und Münzbehälter
- Servolenkung
- Zentralverriegelung
- Vierspeichen-Lederlenkrad 360 mm Durchmesser
- Lederbezug für Schalt- und Handbremshebel

1988

Technisch und optisch als neues Auto marschiert der Porsche 944 S2 in das Modelljahr 1989. Kernstück des »944 S2« ist zweifellos der drei Liter große und völlig neuentwickelte Vierventilmotor, der mit und ohne Katalysator 211 PS leistet und das eindrucksvolle Drehmoment von 280 Nm bei 4000/min vorweisen kann.

Der Charakter des »944 S2« wird so auch von seinem bärenstarken Drehmoment-Motor bestimmt. Der Leistungszuwachs in Verbindung mit dem in dieser PS-Klasse vorzüglichen Drehmoment sorgen beim »944 S2« für eindrucksvolle Daten: Die Höchstgeschwindigkeit kletterte von bisher 228 km/h auf 240 km/h, aus dem Stand auf Tempo 100 km/h eilt der Vierventil-Sportwagen in nur 6,9 Sekunden (bisher 7,9 Sekunden).

Der S2-Motor zählt zu den hubraumgrößten und leistungsstärksten Vierzylindern im modernen Motorenbau. Dank Ausgleichswellen besticht er in dieser Version durch seinen runden, schwingungsarmen Lauf.

Die besonderen Kennzeichen des neuen Triebwerks, das von seinem Hubraumvolumen neue Maßstäbe in der Geschichte der Vierzylinder-Motoren setzt:

– geschmiedete Kolben
– ein neues, quaderförmig gestaltetes Ansaugsystem mit optimalem Ansprechverhalten
– eine aktive, gesteuerte Motorraumbelüftung durch eine dreistufige Gebläseschaltung
– ein großer, externer Leichtmetall-Ölkühler mit thermostatischer Regelung
– eine modifizierte digitale Motorelektronik mit Eigendiagnose und eigenständiger Nachregelung.

Eine automatische Klopfregelung, die Porsche neben dem »944 S2« auch im »944 Turbo« und im »928 S4« einsetzt, erweist sich vor allem dann als besonders nützlich, wenn viel in Ländern mit nicht immer qualitativ einwandfreiem Kraftstoff gefahren werden muß. Die Klopfregelung schützt dann, wenn minderwertiges Benzin getankt wird, den Motor vor meist irreparablen Schäden durch Zurücknahme des Zündzeitpunktes bei gleichzeitiger Reduzierung der Leistung.

Der hohen Leistung und dem bulligen Drehmoment des neuen Triebwerks angepaßt wurden auch das Fahrwerk und die Karosserie, wobei sich Porsche der bewährten Technik des 220 PS starken »944 Turbo« bediente. Getriebe, Gelenkwellen, die wettbewerbserprobte Vierkolben-Bremsanlage mit Stauluftkühlung, Dämpfer, Federung und Stabilisatoren sowie die breiten Sieben- und Acht-Zoll-Felgen mit 205/55 und 225/50 ZR 16-Reifen des »944 Turbo« machen das Fahren mit dem »944 S2« noch sicherer und sportlicher.

Auch optisch unterstreicht der Porsche 944 S2 den Status als Turbo-Nachfolger. Karosserie und Interieur entsprechen in allen Details dem bisher gültigen Turbo-Standard, was zusätzliche Vorteile mit sich bringt:
– verbesserte Aerodynamik: cW 0,33 statt bisher 0,35
– hochgezogenes PU-Bugteil und damit weniger Steinschlagschäden
– Auffahrschutz bis vier km/h
– integrierte Nebelleuchten
– verbesserte Be- und Entlüftung der Aggregate durch Unterflurspoiler.

Der Ausstattungsstandard wurde gleichfalls erweitert. Der Beifahrersitz ist künftig wie bereits der Fahrersitz elektrisch in der Höhe verstellbar, die automatische Heizungsregelung ist jetzt Serie, und grundsätzlich wird eine stärkere Batterie ab Werk eingebaut.

Neben neuen Außenfarben und neuen Farben und Stoffen für das Wageninnere können ab dem Modelljahr 1989 zusätzlich und gegen Aufpreis geordert werden:

– regelbare Sitzheizung links und rechts
– Alarmanlage mit Einschlüsselsystem und Leuchtdioden in den Verriegelungsstiften
– Radio mit CD-Player.

Eine weitere attraktive Bereicherung des Vierzylinder-Programms ist für Januar 1989 vorgesehen, wenn die Produktion des Porsche 944 Cabriolets anläuft. Der offene »944« basiert auf dem Modell »944 S« und wird wie die gesamte Porsche-Vierzylinderreihe in Neckarsulm montiert. Die komplette Antriebseinheit kommt aus dem Stammhaus in Zuffenhausen, die für die Cabrioletversion notwendigen Karosserie-Einbauten übernimmt die Firma ASC (American Sunroof Corporation) in ihrem deutschen Werk in Weinsberg. Das »944 Cabriolet« wird bei seiner Einführung 76 700 Mark kosten. Es kann ab Dezember 1987 bei den Händlern bestellt werden.

1989

Im Grunde seiner hochkarätigen Technik geht der erst im letzten Jahr neu vorgestellte 944 S2 weitgehend unverändert in das Modelljahr 1990. Optisches Kennzeichen des Dreiliter-Vierzylinder-Coupés sind jetzt die neugestalteten Leichtmetallräder im sogenannten »Design 90«, die in dieser Form auch bei den Carrera 2 und 4-Modellen sowie beim 928 GT zum Einsatz kommen. Das Design dieses Rades beruht auf jener Alufelge, die in dieser Form erstmals beim 944 Turbo S die Optik attraktiver wirken ließ.

Der bärenstarke Dreiliter-Motor mit seiner ausgesprochenen Drehmoment-Auslegung bleibt unverändert, lediglich die Aluminium-Ölwanne wird durch eine Kunststoff-Ölwanne ersetzt. Grund für diese Maßnahme ist ein größeres Ölvolumen von rund acht Litern sowie eine Gewichtsersparnis um etwa 32 Prozent auf 3,6 Kilogramm. Die Ölwechselmenge beträgt jetzt 7,5 Liter.

Neben den unveränderten Farben und Innenausstattungen können für das Modelljahr 1990 zusätzlich und gegen Aufpreis geordert werden:
– Ledersitze
– Lederinnenausstattung
– Antiblockier-System (ABS)
– geteilte, einzeln umklappbare Rücksitzlehnen
– Dreipunkt-Automatikgurte hinten.

Das im Frühjahr 1989 auf dem Markt eingeführte 944 S2 Cabriolet präsentiert sich im Modelljahr 1990 sowohl optisch als auch technisch unverändert. Wie auch beim Coupé kann der attraktive Offen-944 auf

Wunsch und gegen Aufpreis noch mit den geschmiedeten Leichtmetallrädern im sogenannten »Scheibendesign« geliefert werden.

1990

Der Porsche 944 S2 mit dem äußerst durchzugskräftigen Dreiliter-Saugmotor präsentiert sich im Modelljahr 1991 mit dezenten optischen Modifikationen. Eine neue Optik erhält das S2 Coupé in diesem Herbst durch den vom 944 Turbo bekannten Heckspoiler. Stilistisch angelehnt an die 959-Lösung, sorgt dieser Heckspoiler vor allem im oberen Geschwindigkeitsbereich für eine nochmals verbesserte Aerodynamik. Er ist mit der vom Fahrersitz auch elektrisch zu entriegelnden Heckklappe verbunden und schwenkt beim Öffnen mit nach oben.
Das seit 1989 in Serie gebaute und auf dem Markt erfolgreiche Porsche 944 Cabriolet bleibt unverändert. Auf dem deutschen Markt werden im Modelljar 1991 folgende Versionen der 944-Baureihe angeboten:

- Porsche 944 S2 Coupé
- Porsche 944 S2 Cabriolet mit der Technik und Ausstattung des S2 Coupés,
- Porsche 944 Turbo mit dem 250 PS starken 2,5 Liter-Zweiventil-Turbomotor.

Die 944-Modelle rüstet Porsche von nun an serienmäßig mit einem Antiblockier-System (ABS) aus. Damit ist Porsche der erste Automobil-Hersteller der Welt, der alle im Serienprogramm befindlichen Modelle ausschließlich mit ABS anbietet.
Auch das kombinierte Zentralverriegelungs– und Alarmanlagensystem gehört zum Serienumfang der gesamten 944-Baureihe. Automatische Dreipunkt-Gurte auch auf den Rücksitzen, Verzögerungsschalter bei der Innenbeleuchtung, abschließbare Radmuttern sowie eine vom Fahrersitz aus bedienbare Scheinwerfer-Höhenverstellung runden die reichhaltige Serienausstattung des 944 S2 ab.
Für Porsche-Fahrer, die mit ihrem 944 S2 sportliche Wettbewerbe bestreiten wollen, bietet Porsche ein aus drei Komponenten bestehendes Fahrwerkspaket an, das neben einer strafferen Federung und Dämpfung auch die Bremsen und Räder des 944 Turbo (vorne 225/50, hinten 245/45 ZR 16 auf 7,5 bzw. neun Zoll breiten Felgen) beinhaltet.
In der 944-Baureihe bietet Porsche, wie in allen anderen Modellreihen auch, gegen Aufpreis das passive Rückhaltesystem Airbag sowohl für Fahrer als auch für den Beifahrer (vorläufig nur Linkslenker) an.
Neben den bereits bekannten Extras kann ab Modelljahr 1991 zusätzlich und gegen Aufpreis geordert werden:

– Porsche-Radio Symphonie mit Festcodierung,
– Porsche-CD-Radio.

Ab Februar 1991 entschließt sich der Porsche-Vorstand unter dem Vorsitz von Arno Bohn zum Start einer neuen Sicherheits-Kampagne und stattet alle Modelle einschließlich der Vierzylinder-Modelle serienmäßig mit Fahrer- und Beifahrer-Airbag aus. Damit setzt Porsche auch im Bereich der passiven Sicherheit wieder einmal Akzente und findet in den folgenden Jahren zahlreiche Nachahmer.

Im April 1991 schließlich läuft im Audi-Werk Neckarsulm der letzte dort im Lohnauftrag produzierte Porsche 944 S2 vom Band, aus Gründen einer effektiveren Produktion sollen in Zukunft auch die Vierzylinder in Zuffenhausen produziert werden. Ab Mai 1991 läuft der 944 in Zuffenhausen, kann nun auch mit sämtlichen Farben des Serien- und Sonderfarbenprogramms lackiert werden und ist damit fest in die Porsche-Modellfamilie integriert.

Doch die Zeit des Porsche 944 nähert sich ihrem Ende – der Nachfolger in Form des 968 steht bereits in Startlöchern: Der neue Porsche 968 feiert auf der IAA 991 sein vielbeachtetes Debüt.

Typ 944 Turbo (ab 1985)

Es war beim 24-Stunden-Rennen in Le Mans/Frankreich, im Sommer 1981: Erstmals startete ein 2,5 Liter Vierzylinder der neuen Generation im härtesten Langstreckenrennen der Welt. Das Fahrzeug, das Walter Röhrl und Jürgen Barth inmitten der leistungsüberlegenen Konkurrenz auf den 7. Gesamtrang steuerten, hatte die Tarnbezeichnung »Porsche 924 GTP«. In Wirklichkeit war es eine erste Versuchs-Rennversion des künftigen Serien-944-Turbo. Er erwies sich als der zuverlässigste Wagen des gesamten Starterfeldes und erhielt folgerichtig den Preis für die kürzesten Boxen-Aufenthalte. So manches superstarke Rennmobil, das lange Standzeiten mit Reparaturen verbrachte, wurde von ihm überrundet.

Drei Jahre später startete im 24-Stunden-Rennen von Nelson Ledges in Ohio/USA ein Vorserienwagen des Typ 944-Turbo. Dieses auf einem strapaziösen Landstraßenkurs ausgetragene Rennen ist Serienwagen und Serien-Prototypen vorbehalten, die den strengen Regeln der amerikanischen Straßenverkehrszulassung entsprechen. Dazu gehört der Abgaskatalysator. Auch hier hatte der Porsche 944 Turbo hubraum- und leistungsstarke Konkurrenz, aber das Team Baker/Busby/Knoop gewann mit über 40 Runden (!) Vorsprung im problemlos laufenden Stuttgarter Sportwagen. Die Fahrer konnten unterwegs sogar Musik aus dem Bordradio hören, denn dieser schnellste Wagen im Feld war auch einer der leisesten.

»Turbo« bedeutet für Porsches Motorenbauer aber nicht nur Leistungssteigerung beim Rennwagen, sondern auch kultivierte Kraftentfaltung beim sportlichen Straßenfahrzeug. Der geschmeidig laufende, durchzugskräftige Vierzylinder mit Ausgleichswellen bot sich für ein neues Turbo-Konzept an, bei dem hohes Drehmoment, Sparsamkeit und Geräuschdämpfung im Vordergrund stehen. Die angestrebten Fahrleistungen zu erreichen (Höchstgeschwindigkeit 245 km/h, Beschleunigung von 0 bis 100 km/h in knapp über 6 Sekunden) war dabei das geringste Problem, denn es mußte lediglich der Rennmotor auf die Leistungsansprüche des Straßenfahrzeuges reduziert werden.

Das Katalysator-Konzept gehörte von Anfang an zum Entwicklungsumfang des 944 Turbo. Die Ausführung mit Katalysator mußte die gleichen Dauerläufe mit Höchstgeschwindigkeit auf einer Spezialstrecke absolvieren wie die Version ohne Katalysator. Beide wurden auf die gleiche Leistung von 220 PS ausgelegt. Damit nahm Porsche auf die unterschiedliche Situation bei den Abgasvorschriften und dem Kraftstoffangebot Rücksicht. Bei der Ausführung ohne Katalysator konnten ebenfalls vorbildliche Abgaswerte realisiert werden.
Ein anderes Stichwort für die Entwicklung des 944 Turbo hieß: Transaxle. Dieses Konzept ermöglicht ein ungewöhnliches Maß an Fahrsicherheit und Fahrkomfort durch ausgewogene Gewichtsverhältnisse, schwingungsarme Aufhängung von Motor und Getriebe und ein großes Raumangebot für Passagiere und Gepäck.
Der Porsche 944 Turbo rangiert in der Transaxle-Baureihe zwischen dem »Sauger«-944 und dem 928 S. Im Preis liegt er auf dem Niveau des 911 Carrera, jedoch konkurriert er nicht mit dem klassischen Heckmotor-Porsche. Er spricht Fahrer an, denen über die Wirtschaftlichkeit und Fahrkultur des 944 hinaus an noch höherer Leistung und vermehrtem Bedienungs- und Fahrkomfort liegt. Zugleich wird im 944-Turbo ein umweltfreundliches Motorenkonzept verwirklicht, das auf die gesetzlichen Anforderungen und Umwelttrends der nächsten Jahre zugeschnitten ist.
Keine andere Automobilfirma hat so langjährige Erfahrungen mit der Abgas-Turboaufladung in Renn- und Serienmotoren wie Porsche. Mit dem 911-Turbo von 1974 kam schon frühzeitig der erste und bis heute erfolgreichste Turbo-Straßensportwagen auf den Markt. Er wurde berühmt nicht nur für seine hohen Fahrleistungen, sondern auch für die komfortable und kultivierte Leistungsentfaltung des Turbo-Triebwerkes.
Der damit erbrachte Beweis, daß die Turbotechnologie keineswegs auf den Renneinsatz beschränkt bleiben muß, führte zu ständiger Weiterentwicklung und Verfeinerung. Daraus ergab sich die Konsequenz, auch für den Motor des neuen 944 eine Turboversion zu entwickeln. Die Rennausführung wurde schon 1981 erprobt und für den amerikanischen Markt kam rechtzeitig eine Katalysator-Version in die Entwicklung. Damit konnte zugleich der sich in Europa abzeichnende Trend zur Übernahme der US-Abgasnormen berücksichtigt werden. Das Ziel der Techniker war dabei, auch mit der Katalysatorversion auf die gleichen Leistungswerte zu kommen wie ohne Abgasreiniger.
Der laufruhige Vierzylinder mit Ausgleichswellen bietet durch seine moderne Konstruktion und die auf neuesten Forschungen beruhende

Brennraumform ideale Voraussetzungen ebenso für die Leistungssteigerung durch Turboaufladung wie für die Erzielung schadstoffarmer Abgase. Der Sauger 944 gehört zu den anerkannt weltbesten Fahrzeugen hinsichtlich der Abgasemission. Dieser Vorsprung wurde auch beim 944 Turbo aufrechterhalten.

Die Beherrschung des Verbrennungsablaufes ist eine der wichtigsten Voraussetzungen für gute Abgasqualität ebenso wie für die Leistungs-Charakteristik des Turbomotors. Durch die relativ hohe Grundverdichtung ergibt sich ein günstiger Drehmomentverlauf schon im unteren Drehzahlbereich, in dem der Turbolader erst in geringem Maße die Füllung der vier Zylinder erhöht. Mit steigender Drehzahl und zunehmender Aufladung bedingt diese Verdichtung einen Betrieb nahe der Klopfgrenze. Ein Klopfsensor verhindert jedoch, daß diese Grenze bei Verwendung von Kraftstoff mit zu niedriger Oktanzahl erreicht oder überschritten wird. Der Motor arbeitet somit ständig im Bereich des günstigen thermischen Wirkungsgrades, was Leistung, Verbrauch und Abgaszusammensetzung in gleicher Weise positiv beeinflußt. Dazu tragen, wie beim Saugmotor, auch die kleinstmöglichen Fertigungstoleranzen bei, die ein sehr schmales Streuband der Verdichtung der Serienmotoren bewirken. Dies ermöglicht wiederum sehr exakte Einstellwerte des Zündzeitpunktes und der Kraftstoff-Einspritzmenge. Die Verbrennungs-Optimierung geschieht wie beim Saugmotor durch eine integrierte Zünd- und Einspritzelektronik mit berührungslos und verschleißfrei arbeitenden Sensoren (Bosch Motronic).

Das im programmierbaren Festwertspeicher der Motronic festgehaltene Kennfeld mit 256 Stützstellen ist auf die besonderen Verhältnisse des Turbomotos ausgelegt.

Eine wichtige Rolle für optimale Betriebsbedingungen spielt die genaue Einhaltung der günstigsten Temperaturen. Der 944 Turbo erhielt einen wassergekühlten und daher mit geringer Betriebswärme arbeitenden Turbolader. Ein Ladeluftkühler sorgt für niedrige Temperatur der angesaugten und verdichteten Luft. Damit werden volumetrisch und thermisch günstige Verhältnisse im Brennraum geschaffen, was sich positiv auf die Leistung und auf die Schadstoffbildung auswirkt – z. B. geringer Anteil der Stickoxyde. Ein externer Motorölkühler hält auch motorseitig die Betriebstemperatur im optimalen Bereich.

Der Motor kann mit Kraftstoff von 96 ROZ in bleifreier oder verbleiter Qualität betrieben werden – in der Ausführung mit Dreiweg-Katalysator selbstverständlich nur mit bleifreiem Kraftstoff. Mit seinem Tankinhalt von 80 Liter erreicht der 944 Turbo Reichweiten von mindestens 500 Kilometer, so daß bei entsprechender Planung Tankprobleme auf Aus-

landsreisen weitgehend vermieden werden können. Die hohen „Blei-frei-Benzin"-Fahrleistungen kennzeichnen den Porsche 944 Turbo als souveränen Sportwagen. Sein Fahrer kann sich mit Recht zur kleinen Gruppe derjenigen zählen, für die Geschwindigkeit, Beschleunigung und Leistungsnutzung beim Überholen oder am Berg keine Frage der technischen Möglichkeiten sind. Das dokumentiert die Höchstgeschwindigkeit von 245 km/h ebenso wie die Beschleunigung in 6,3 Sekunden von 0 auf 100 km/h.
Diese Möglichkeiten werden nicht durch spektakuläre Optik oder Geräuschentwicklung zur Schau getragen. Zu den positiven Charakter-Merkmalen des 944 Turbo gehört ein Understatement, das durch motorische und fahrwerkstechnische Voraussetzungen überhaupt erst möglich wird.

Die Karosserie mit ihren hervorragenden aerodynamischen Eigenschaften betont die Verwandtschaft zum 944, wurde aber in vielen Punkten differenziert und verfeinert: So im neuen Bugteil mit integrierten Leuchteinheiten, in der bündig aufgesetzten Frontscheibe, den seitlichen Schwellerblenden und der organisch in die Gesamtform einbezogenen Heckschürze.
Die aerodynamischen Vorzüge wurden ausgebaut: Niedriger Luftwiderstand durch einen günstigen Cw-Wert von 0,33 und eine geringe Querschnittsfläche von 1,89 qm, niedrige Auftriebswerte durch im Windkanal optimierte Front- und Heckspoiler sowie die als Unterflurspoiler wirkende Heckschürze. Daß der Porsche 944 Turbo zu den strömungsgünstigen Fahrzeugen auf dem Weltmarkt gehört, beweisen die niedrigen Verbrauchswerte bei hoher Dauergeschwindigkeit.
Zu den Werten, die auf den ersten Blick nicht zu erkennen sind, gehört die ausgefeilte Komfort-Technik. Das Innen-Styling entstand im Weissacher Studio in enger Zusammenarbeit mit ergonomischen, orthopädischen und klimatechnischen Untersuchungen.
Sitzposition, Sitzanlage, Armaturentafel und Instrumentenanordnung, Heizung, Lüftung und Klimatisierung sind also in erster Linie funktionell optimiert worden und erhielten dann ihr einheitliches Design. Der Fahrersitz hat getrennte elektrische Höhenverstellung vorn und hinten, so daß er in jeder Position der Körpergröße angepaßt werden kann. Zum Serienumfang gehören die Servolenkung mit Lederlenkrad, die Vierlautsprecheranlage mit aktiver Scheibenantenne, die elektrischen Fensterheber, die automatische Regulierung der Innentemperatur und heizbare Scheibenwaschdüsen.
Körperfreundlich gestaltet wurden auch die Fondsitze, die zwar für erwachsene Mitfahrer nur einen begrenzten Sitzraum bieten, aber als be-

queme und sichere Kindersitze auch für lange Strecken geeignet sind. Sie sind Bestandteil des variablen Raumkonzeptes, mit dem der 944 Turbo unterschiedlichen Transportaufgaben angepaßt werden kann. Als 2+2-Sitzer kurzzeitig auch für vier erwachsene Personen nutzbar (bei dann eingeschränktem Beinraum für die Vornsitzenden), ermöglicht er in seinem Gepäckteil die Unterbringung von Transportgut aller Art, das durch die serienmäßige Jalousie dem Einblick von außen entzogen werden kann. Es ist durch die Heckklappe leicht zugänglich: Be- und Entladen macht keine Mühe. Bei umgelegten Rücksitzlehnen wird aus dem 944 Turbo ein Zweisitzer mit großer Ladefläche, auf der auch größere Ausrüstungen verstaut werden können. Die großzügigen vorderen Sitzverhältnisse, der Fahrkomfort und die Fahreigenschaften bleiben von der vollen Nutzung der Ladekapazität unbeeinflußt.
Das vielseitig nutzbare Raumangebot gehört zu den Vorteilen des Frontmotor-Transaxle-Konzeptes, das bei Porsche gleichwertig neben dem Heck- und künftig auch Allrad-Antriebskonzept der 911-Baureihe steht. Der Frontmotor ermöglicht, im Vergleich zum Heckmotor und zum Mittelmotor, eine bessere Raumausnutzung im hinteren Wagenteil. Zu starke Frontlastigkeit wird durch die Anordnung des Getriebes an der Hinterachse vermieden: Es entsteht eine gleichmäßige Gewichtsverteilung, die sich auch bei besetztem und beladenem Wagen nur unwesentlich verändert. Neben sicherem Geradeauslauf und neutralem Kurvenverhalten wird damit eine gute Traktion der hinteren Antriebsräder gesichert: Der Fahrer des 944 Turbo kann die hohe Motorleistung problemlos auf die Fahrbahn bringen.
Ein weiterer Vorzug des »Transaxle« ist die schwingungs- und geräuscharme Kraftübertragung vom Motor zur Hinterachse: Verbunden durch das Transaxlerohr mit der innenliegenden schnellen Antriebswelle, bilden Motor, Getriebe und Achsantrieb eine Einheit, die an schwingungstechnisch günstigen Aufhängungspunkten mit der Karosserie verbunden ist. Der Motor ist über resonanzfreie Aluminium-Tragarme und hydraulisch gedämpfte Gummilager so befestigt, daß störende Motorschwingungen oder Resonanzen zu Fahrbahnunebenheiten unterbleiben. Hierin liegt ein Teil der Gründe für das auch auf langen Strecken ermüdungsfreie Fahren im 944 Turbo – hinzu kommen die einem Sechszylinder entsprechende Laufruhe des Vierzylinders-Motors (Kompensierung der Massenkräfte 2. Ordnung) und die aufwendige Geräuschisolation des Innenraums.
Wie in jedem Porsche-Sportwagen ist im 944 Turbo eine hochwertige Bremsanlage installiert. Vierkolben-Scheibenbremsen vorn und hinten ermöglichen die Übertragung hoher Bremskräfte. Aufgrund der ausge-

glichenen Gewichtsverteilung kann auch die Hinterachse in großem Umfang an der Bremsarbeit beteiligt werden, wobei Überbremsen durch einen Bremskraftregler verhindert wird. Die Vorderradbremsen erhielten eine Stauluftkühlung.
Wirksame Stabilisatoren (vorn 22 mm, hinten 18 mm) und eine straffe Dämpferabstimmung kennzeichnen den sportlichen Gesamteindruck des 944-Turbo-Fahrwerks. Die serienmäßigen Niederquerschnittsreifen der Größen 205/55 VR 16 vorn und 225/50 VR 16 hinten, sind auf Lochscheiben-Alufelgen montiert, deren Styling nicht ohne Absicht eine Affinität zum 928 S erkennen lassen.

1985
Der Porsche 944 Turbo, erstmals im Februar 1985 der internationalen Presse vorgestellt und seit Juli offiziell im Handel, gilt als erstes Auto der Welt, das mit und ohne Katalysator gleiche PS-Leistung und identische Fahrleistungen hat: 220 PS (162 kW) und über 245 km/h Höchstgeschwindigkeit.
Seit seinem Debüt Anfang 1985 hat der superschnelle Vierzylinder mit der wassergekühlten Turbotechnik viel Anerkennung und auch bereits einige motorsportliche Erfolge zu verbuchen. Die Fachwelt feierte den Debütanten als das »schnellste Kat-Auto der Welt«, als »saubersten Sportwagen der Welt« und andere resümierten: »Die Super-Technik von Porsche«.
In den USA, wo eine Rennserie mit seriennahen Automobilen aus dem Verkaufsraum heraus beachtlich viele Zuschauer anlockt, fahren die 944 Turbo mit Katalysator stets auf den vorderen Rängen ins Ziel und in Deutschland holte sich ein serienmäßiger 944 Turbo bei der Hunsrück-Rallye in der Sonderwertung für Kat-Autos den ersten Platz.
Spektakulär aber auch ein anderes Turbo-Ereignis: Mit einem 944 Turbo mit Katalysator wurden im Sommer 1985 in nur 33 Tagen 50 000 Kilometer auf bundesdeutschen Straßen zurückgelegt. Ziel der Schnellfahrt war, die Zuverlässigkeit eines Katalysators auch bei höchsten Belastungen unter Beweis zu stellen – was mit diesem Versuch auch gelungen ist.

1986
Im Februar 1986 senkt der Stuttgarter Sportwagen-Hersteller drastisch die Preise für Modelle mit Katalysatorausrüstung: Statt bisher 2190,– DM kostet bei den Typen 924 S und 944 diese Ausrüstung nur noch 1300,– DM, bei den Modellen 944 Turbo und 911 Carrera beträgt der Mehrpreis jetzt 1500,– DM.

Diese Preissenkung zählt zu einem ganzen Bündel von Maßnahmen seitens Porsche, um das Katalysator-Konzept populärer zu machen und für eine deutlich größere Verbreitung von Kat-Autos zu sorgen. So hat der Vorstand der Porsche AG in Abstimmung mit dem Betriebsrat beschlossen, daß künftig alle Dienstwagen ausschließlich mit Katalysator bestellt werden müssen. Ab März 1986 wird deshalb an sämtlichen firmeneigenen Tankstationen bleifreies Super-Benzin angeboten.
In den USA fahren die 944-Turbo aus Stuttgart innerhalb einer Rennserie mit seriennahen Automobilen stets auf den vorderen Rängen, und in Deutschland gilt der Porsche Turbo Cup als spektakulärste Rennformel des Jahres: Die Piloten im mit bleifreiem Benzin betriebenen Katalysator-Porsche liefern sich spannende Positionskämpfe.
Spektakulär aber auch zwei andere Ereignisse, mit denen Porsche die Zuverlässigkeit und Haltbarkeit des Katalysators in einem Hochleistungs-Fahrzeug dokumentieren wollte. In nur 33 Tagen legte ein absolut serienmäßiger »944 Turbo« auf bundesdeutschen Schnellstraßen 50 000 km zurück, einige Monate später umrundete exakt das gleiche Auto die Erde in der schnellsten Zeit der automobilen Geschichte – 42 000 km bleifrei in 31 Tagen.
Wichtigste Neuerung im Modelljahr 1987 ist die Einführung der ABS-Anlage für den »944 Turbo«. Serienmäßig wird dieses Modell mit der von Anfang an verwendeten Leichtmetallfelge im Lochscheiben-Styling ausgeliefert, gegen Aufpreis ist die vom Porsche 928 S bekannte Schmiedefelge zu haben. Neu im Programm sind außerdem vollelektrisch verstellbare Sitze mit gleichfalls elektrisch einzustellender Lordosenstütze.

1987

Neu im Modelljahr 1988 ist die nunmehr erweiterte und damit sehr reichhaltige Serienausstattung beim »944 Turbo«. Zusätzlich wurden in die Serienausstattung aufgenommen:
- elektrisch verstell- und beheizbarer Beifahrer-Spiegel
- Heckscheibenwischer
- Zentralverriegelung
- Vierspeichen-Lederlenkrad 360 mm Durchmesser.

Als besonders sportliches Spitzenmodell der Vierzylinder-Baureihe bietet Porsche ab November 1987 den »944 Turbo S« an. Die Stückzahl des ebenso schnellen wie exklusiven Sportwagens ist auf 1000 Einheiten begrenzt. Gegenüber dem normalen »944 Turbo« besitzt das S-Modell einen 2,5-l-Motor mit 250 PS/184 kW und ein noch sportlicher abgestimmtes Fahrwerk. Das mit Katalysator bestückte und damit aus-

schließlich für bleifreies Benzin bestimmte Aggregat ist eine direkte Ableitung des Turbo-Cup-Wettbewerbsmotors, der sich unter extremer motorsportlicher Belastung hervorragend bewährt hat.
Neben der um 30 PS angehobenen Leistung unterstreichen vom »944 Turbo« abweichende Details wie breitere Räder in ausgefrästem Scheiben-Styling (7 x 16 mit 225/50 VR 16 vorn und 9 x 16 mit 245/45 VR 16 hinten), eine dem »928 S4« entnommene Bremsanlage und ein verstärktes Getriebe mit externem Ölkühler den besonders sportlichen Charakter des über 260 km/h schnellen Sportwagens. Während die Cup-Autos in spartanischer Ausrüstung auf die Rennstrecke geschickt werden, präsentiert sich die limitierte Straßenversion in exklusiver Aufmachung. So gehören folgende Ausstattungsdetails zur Serie:

- Metallic-Lackierung
- Sportfahrwerk
- Scheinwerfer-Reinigungsanlage
- Anti-Blockier-System
- Sperrdifferential
- Sekuriflex-Windschutzscheibe
- stärkere Batterie
- automatische Klimaanlage
- Flankenschutzleisten
- geteilte Fondsitzlehne
- Komfortsitze
- Sitzheizung
- Zentralverriegelung
- Servolenkung
- elektrische Fensterheber
- Radio Berlin.

Die unverbindliche Preisempfehlung für den Porsche 944 Turbo S in Deutschland beträgt 99 800 Mark.

1988

Das Spitzenmodell der Porsche Vierzylinder-Baureihe gehört ab Modelljahr 1989 mehr denn je und unbestritten zum kleinen Kreis der Top-Automobile dieser Welt. Der aus dem Porsche Turbo Cup-Fahrzeug entnommene Motor mit 2,5 Liter Hubraum und 250 PS Leistung setzt in Verbindung mit dem exzellenten Fahrwerk neue Maßstäbe – und dies wie gewohnt von Porsche umweltfreundlich: Das 260 km/h schnelle Transaxle-Auto erreicht seine Spitzenwerte mit bleifreiem Benzin und Katalysator. Die Beschleunigung aus dem Stand auf Tempo 100 km/h absolviert das Vierzylinder-Kraftpaket in nur 5,7 Sekunden.

Die Leistungssteigerung gegenüber dem bisher angebotenen Porsche 944 Turbo von 220 PS auf 250 PS wurde durch einen größeren Turbolader, höheren Ladedruck und eine überarbeitete digitale Motorelektronik erreicht. Seine Standfestigkeit hat dieser kraftvolle Motor, der sein maximales Drehmoment von 350 Nm bei 4000/min bereitstellt, im Rahmen des Turbo-Cups mehr als nachhaltig bewiesen: Motorschäden sind in den Rennen so gut wie nicht zu registrieren. Neben einem verstärkten Fünfgang-Getriebe, einem externen Ölkühler und einem serienmäßig installierten Sperrdifferential erhielt der neue »944 Turbo« auch eine besondere Bereifung. Vorn sind 7J x 16 Felgen mit 225/50 ZR-Reifen und hinten 9J x 16 und 245/465 ZR-Reifen montiert. Optisch ist der »944 Turbo« an den ausgefrästen Schmiederädern erkennbar, die bereits das Sondermodell »Turbo S« charakterisierten.

Der hohen Fahrleistung angepaßt sind desgleichen die Bremsen, die in ähnlicher Güte den Porsche 928 S4 verzögern. Neben dem sportlich abgestimmten Fahrwerk und den breiteren Schmiederädern weist der »944 Turbo« eine deutlich umfangreichere Serienausstattung auf. Neu im Serienumfang sind:

- Anti-Blockier-System (ABS)
- Sperrdifferential
- elektrisch verstellbare Sitze
- Alarmanlage mit Einschlüsselsystem und Leuchtdioden in den Verriegelungsstiften
- Flankenschutzleisten
- stärkere Batterie.

An Mehrausstattungen gibt es sofort für den Porsche 944 Turbo:

- regelbare Sitzheizung links und rechts
- Radio mit CD-Player.

1989

Im Modelljahr 1990 präsentiert sich der Spitzensportwagen mit seinem leistungsstarken 250 PS-Vierzylinder-Aggregat technisch und optisch weitgehend unverändert. Lediglich die Breite der vorderen Räder wurden im Zuge einer rationelleren Fertigung denjenigen des Porsche 928 GT angeglichen. Sie tragen jetzt die Dimension 7,5J x 16, die Reifenbreite bleibt mit 225/50 ZR 16 unverändert. In der Aufpreisliste für den 944 Turbo findet man im Modelljahr 1990 noch folgende Features:

- regelbare Sitzheizung links und rechts
- Teilledersitze
- Lederinnenausstattung
- Radio mit CD-Player.

1990

Das Modelljahr 1991 beschert dem 944 Turbo nochmals einige Ausstattungs-Aufwertungen. So rüstet Porsche den Vierzylinder-Turbo nun auch mit automatischen Dreipunkt-Gurten auf den Rücksitzen aus, einzeln umklappbare Rücksitzlehnen sowie eine vom Fahrersitz zu bedienende Scheinwerfer-Höhenverstellung runden die reichhaltige Serienausstattung dieses hochkarätigen Sportwagens ab. Ab August 1990 ist der 944 Turbo auf Wunsch und gegen Aufpreis ebenfalls mit dem passiven Rückhaltesystem Airbag für Fahrer und Beifahrer lieferbar, ab Februar 1991 zählt diese aufwendige und die Insassen-Sicherheit erhöhende Technik zum serienmäßigen Lieferumfang aller Porsche-Modelle. Doch auch die Tage des 944 Turbo sind gezählt: Die Produktion endet im Frühjahr 1991 – einen 968 Turbo wird es erst ab 1993 geben. Mit dem Ende des 944 Turbo geht damit im Hause Porsche eine technologisch höchst interessante Ära zu Ende.

944 Turbo Cabrio

Stückzahl und Zeitraum sind begrenzt: Vom Spätherbst 1990 bis Sommer 1991 baut Porsche das Cabrio-Sondermodell mit dem aufgeladenen, 250 PS starken 2,5 Liter-Motor des 944 Turbo.
Das 944 Cabriolet mit seiner typischen Silhouette hat sich längst den Ruf eines echten Sportwagens erworben. Mit dem Turbo-Motor rückt es in die Region der Leistungs-Exklusivität vor: 5,9 Sekunden von 0 auf 100 km/h und eine Höchstgeschwindigkeit von 260 km/h lassen die Kraftreserven ahnen, die in diesem Automobil stecken. Daß sie umweltfreundlich zu realisieren sind, dafür sorgt außer dem serienmäßigen Dreiwege-Katalysator auch der Luftwiderstand des niedrigen Fahrzeugs, das zu den strömungsgünstigsten der Welt zählt.
Der 944 Turbo-Motor, dessen Entwicklung einst mit dem Rennfahrzeug 924 GTS begann, ist mit seiner hochentwickelten Turbo-Technik und perfektionierten elektronischen Regelung ebenfalls ein Spitzenprodukt. Seine Qualitäten kommen nicht allein in hoher Leistung zum Ausdruck – gleichmäßige Kraftentfaltung schon aus unteren Drehzahlregionen und souveränes Durchzugsvermögen gehören ebenso wie die sportliche Höchstleistung zum Charakter des aufgeladenen Vierzylinders. Die flach verlaufende Drehmomentkurve mit ihrem schon bei 4000/min erreichten Maximum von 350 Nm spricht für sich.
Das auf hohe aktive Sicherheit ausgelegte Fahrwerk und die Bremsanlage mit serienmäßigem ABS entsprechen dem 944 Turbo Coupé. Ein Sperrdifferential wird serienmäßig eingebaut. Zur elektrischen Verdeckbetätigung und umfangreichen Serienausstattung des 944 Cabriolet

kommen beim Turbo Cabriolet noch die automatische Klimaanlage, Flankenschutzleisten (wahlweise), das Radio Symphonie und die Scheinwerfer-Reinigungsanlage.
In dem bereits genannten Zeitrahmen von knapp neun Monaten entstehen 500 Exemplare dieses Sondermodells, das die Reize des Offenfahrens mit der einzigartigen Kraftentfaltung eines kultivierten Turbotriebwerks in unnachahmlicher Form kombiniert.

Der Typ »944« erscheint 1980 auf dem Markt und wird von Beginn an ein Renner im In- und Ausland – ein echter Porsche mit allen Qualitäten für eine lange erfolgreiche Karriere

Die Schnittmodelle zeigen sehr gut die optimale Position der Passagiere, quasi zwischen Motor vorne und der Getriebe-Differentialeinheit hinten

Übersichtliches, funktionelles Cockpit (oben).
Der Vierzylinder-Reihenmotor mit zwei Ausgleichswellen ist aus dem V8-Motor des Porsche 928 entwickelt und leistet bei 2,4-l-Hubraum exakt 163 PS

Im Juni 1984 setzte Porsche einen 944 Turbo der Vorserie mit Katalysator beim 24-h-Rennen für Serienwagen in Nelson Ledges/USA ein. Gefahren von den Amerikanern John Busby/Rick Knoop/Freddy Baker beendete der Porsche 944 Turbo dieses Test-Rennen mit über 40 Runden Vorsprung als Sieger

Gründlich überarbeitet wurde der 944 Sauger (ab Baujahr 1984): Neue Felgen, bündig abschließende Windschutzscheibe inklusive Antenne, vergrößerter Benzintank, Katalysatorversion, Vorder- und Hinterachslenker aus Aluguß, Motor

Porsche 944: Neue Schalttafel mit einer dem 928 ähnlichen Instrumenteneinheit, Komfortsitze und erweitertes Zubehör

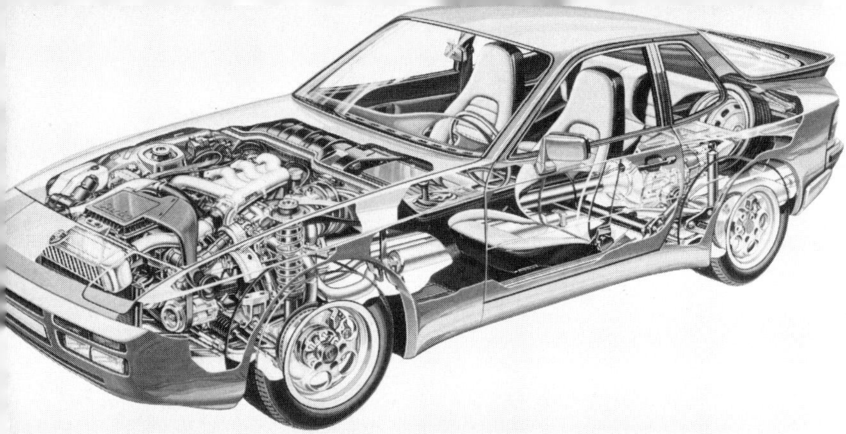

Durchsichts-Zeichnung des neuen Porsche 944 Turbo (ab 1985): 220 PS und ca. 245 km/h Höchstgeschwindigkeit

Die Karosserie mit ihren guten aerodynamischen Eigenschaften (Cw 0,33) betont die Verwandtschaft zum 944.

Heckteil mit bekanntem Spoiler und, ganz neu, eine als Unterflurspoiler wirkende Heckschürze

Neu für den 944 Turbo: Bugteil mit integrierten Leuchteneinheiten, Lufteinlässen, seitliche Schwellerblenden

Serienmäßig Niederquerschnittreifen der Größen 205/55 VR 16 vorn und 225/50 VR 16 hinten auf Lochscheiben-Alufelgen

Das Transaxle-System mit den Vorteilen schwingungs- und geräuscharmer Kraftübertragung vom Motor (links) zur Hinterachse bewährt sich auch beim Porsche 944 Turbo

Der Vierzylinder mit 2,5 Liter Hubraum leistet 220 PS (mit und ohne Katalysator): Bosch Motronic, wassergekühlter Turbolader, Ladeluftkühler, externer Motorölkühler, Klopfsensor in Verbindung mit hoher Verdichtung

Der bewährte Porsche 944 Turbo erfuhr in den Baujahren 1986, 1987 und 1988 (Abbildungen diese und nächste Seite) ...

816 ... nur geringfügige optische Modifikationen

Der Porsche 944 S kam ab August 1986 neu ins Programm: Mit vierventiligem Zylinderkopf produziert der 2,5 Liter 190 PS und eine Höchstgeschwindigkeit von 228 km/h

944 S-Motor: In Reihe angeordnete Aus- und Einlaßventile werden mit je einer Nockenwelle betätigt; die Zündkerze ist in der Mitte angeordnet; digitale Motorelektronik; automatische Klopfregelung

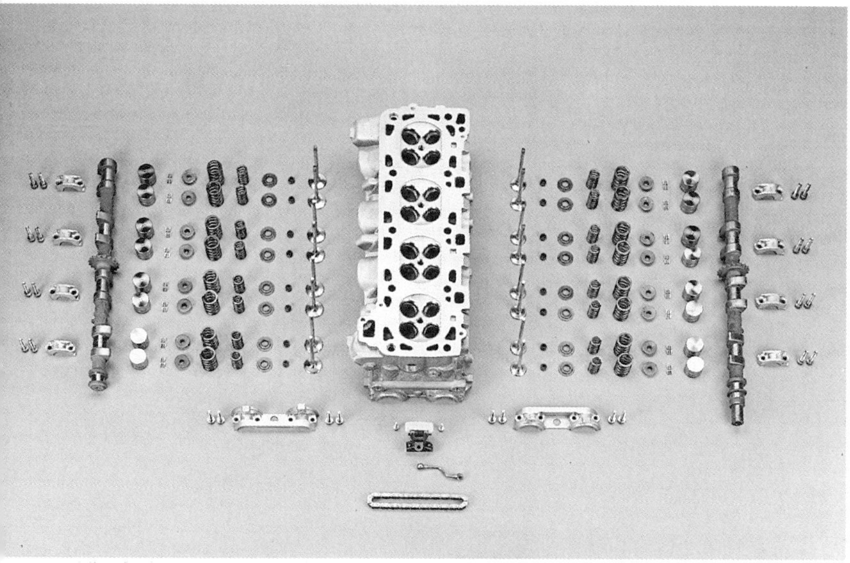
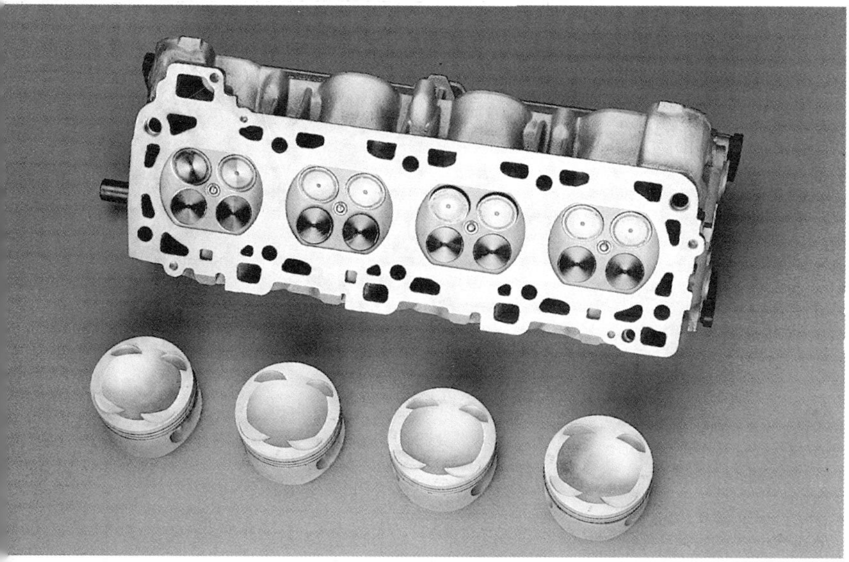
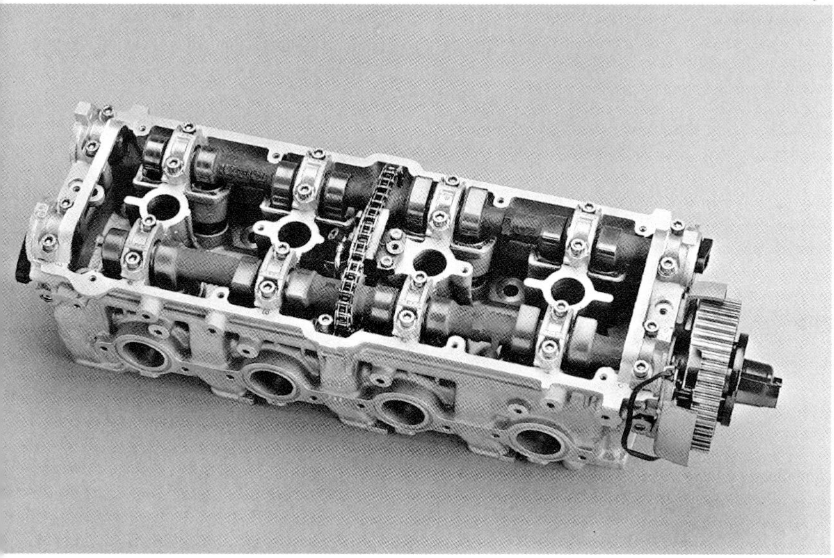

820 Der Super-944: Ab Ende 1988 im Programm ist der Porsche 944 S2 mit 211 PS aus drei Liter Hubraum und einer Spitze von 240 km/h. Ab Januar 1989 angeboten wird das 944 S2-Cabriolet, gebaut von der Firma ASC in Weinsberg

Neben dem Porsche 944 Turbo (220 PS) gibt es ab November 1987 eine auf 1000 Exemplare limitierte Auflage eines »944 Turbo S« auf der Basis des Renn-944: 250 PS, über 260 km/h und knapp 100.000 Mark teuer

Im Modelljahr 1991 präsentiert sich der Porsche 944 S2 mit einem neuen, an die 959-Optik erinnernden Heckspoiler.

Auf Basis des 944 S2 Cabriolet erscheint im Herbst 1990 das in limitierter Stückzahl (500) produzierte 944 Turbo Cabriolet mit dem 250 PS/184 kW starken 2,5 Liter-Turbo-Triebwerk.

Typ 968 (ab 1991)

Der neue Sportwagen der Vierzylinder-Reihe trägt auch eine neue Modellbezeichnung: 968. Dabei ist die Zahl in der Heckmitte mehr als nur eine neue Zahl in der Porsche-Modellpalette. Sie steht für mehr Porsche-Identität, für Motorleistung und Drehmoment, für ein neues Konzept der Kraftübertragung in Verbindung mit Sparsamkeit und hoher Umweltverträglichkeit.
Mit 240 PS/176 kW und einem maximalen Drehmoment von 305 Nm ist der Vierzylinder-Vierventiler mit der von Porsche neuentwickelten VarioCam-Einlaßnockenwellensteuerung zu diesem Zeitpunkt der drehmomentstärkste Dreiliter-Saugmotor im Serienfahrzeugbau. Wahlweise Sechsganggetriebe oder Tiptronic bedeuten neue Alternativen für sportliche und ökonomische Leistungsnutzung. Das auf optimalen Fahrbahnkontakt abgestimmte Fahrwerk, die rennerprobte Bremsanlage, die serienmäßigen Airbags für Fahrer und Beifahrer und die optimierte Struktur der Karosserie kennzeichnen das hohe Niveau der aktiven wie passiven Sicherheit.

Porsche-Identität im Design
Der sichtbare Teil der Aufgabe, eine neue Identität zu realisieren, war von den Designern zu lösen. Die Frontgestaltung kann hierfür als Beispielhaft gelten: Die großen, runden Hauptscheinwerfer sind als Klappscheinwerfer ausgeführt, aber immer voll sichtbar. Wie beim 911 bilden sie einen Teil der gewölbten Kotflügel, die durch pfeilförmig nach vorn zulaufende Haubenfugen begrenzt werden. Unter den elegant nach außen schwingenden Fugen, den konsequent in die Karosserieform einbezogenen Stoßfängern, den Zusatzscheinwerfern und der strömungsgünstigen Kühleröffnung wird das Porsche-typische Erscheinungsbild an der Bugunterseite durch die beiden waagerechten Lufteinlaß-Schlitze vervollständigt.
Wesentlich für die Ausgewogenheit der Karosserieform ist die neu interpretierte Seitenansicht: Die tiefliegende, aerodynamisch optimierte Schwellerblende mit integriertem Steinschlagschutz vor dem Hinterrad und die neue Seitenfenster-Grafik mit bündig zur Außenhaut eingesetzten Fond-Seitenscheiben leiten über zum funktionsorientierten Design des Heckbereichs. Die Zugehörigkeit zur Produktfamilie signalisiert die mittige Anordnung der Typbezeichnung. Türaußengriffe und Spiegel wurden durch Farb- und Formgebung in das Gestaltungskonzept einbezogen.

Auch das in Leder- oder Kunstleder ausgeführte Steppnaht-Design der Türinnentafeln hat der 968 mit dem 911 gemeinsam. Schalthebel und Handbremsgriff sind auch beim neuen Vierzylinder mit Leder bezogen. Das Motorraum-Design verbindet in neuartiger Weise funktionelle und optische Gesichtspunkte: Durch bewußte Gestaltung technischer Komponenten wurden in diesem Bereich Ordnung und Übersichtlichkeit hergestellt. Der Motor als »Herz« des Fahrzeugs dominiert durch die Wirkung der Aluminium-Oberfläche in der originalen Farb- und Gußstruktur, die sich bei der Bearbeitung ergibt, und mit betonter Identifikation durch den Porsche-Schriftzug. Die durchdachte Geometrie des Ansaugtraktes tritt auch optisch in Erscheinung. Zusatzaggregate und Anbauteile wurden dagegen in dunklem Finish gehalten. Leitungen und Kabel sind übersichtlich angeordnet, Ölmeßstab und Öleinfüllstutzen sind durch ihre hellgelbe Kennzeichnung auf den ersten Blick erkennbar. Ein im vorderen Bereich gut zugängliches Ablagefach dient der Unterbringung von hellen Service-Handschuhen.

Aerodynamisches Karosserie-Konzept

Mit einem Luftwiderstands-Index (Cw x A) von 0,64 zählt das 968 Coupé weltweit zu den Fahrzeugen mit sehr geringem Gesamt-Luftwiderstand. Daß der niedrige Cw-Wert von 0,34 nicht auf Kosten der Fahrsicherheit geht, zeigt der für die Fahrstabilität wichtige, mit nur Cah = 0,06 sehr niedrige Hinterachs-Auftriebswert. Mit dem Konzept für die Kühlluftführung und deren Eintritt in den Motorraum konnte einerseits die Kühlung bei allen Betriebszuständen sichergestellt, andererseits der Anteil der inneren Durchströmung am Gesamtwiderstand auf den in dieser Leistungsklasse sehr günstigen Wert von Cw = 0,016 gebracht werden. Die Kühlluft-Führung der vorderen Bremsen erfolgt über Kanäle im Bugunterteil und eine Kombination aus Lenkerspoiler und Umlenkhut direkt auf die Vorderachs-Bremsscheiben.

Auf Steinschlagschutz und die Verhinderung von Karosserieschäden durch leichte Stöße und Berührungen wurde großer Wert gelegt. Dazu zählen die Konstruktion des Bug- und Heckteils mit integrierten Pralldämpfern bzw. Prallelementen, die nach der Stoßbeanspruchung in ihre ursprüngliche Form zurückkehren. Die gesamte Karosserie besteht aus beidseitig feuerverzinktem Stahlblech, für Karosserie und Lackierung übernimmt Porsche eine Zehnjahres-Garantie gegen Korrosionsschäden.

In den runden Hauptscheinwerfern wird – erstmals bei Porsche – ein Reflektorsystem mit variablem Brennpunkt eingesetzt, das die Licht-

ausbeute wesentlich erhöht. Der Scheinwerfer mit Konsole bilden eine komplette Vormontage-Einheit, die leicht montiert und ausgewechselt werden kann. Die Reflektoren der Zusatz-Fernscheinwerfer und die Projektions-Nebelscheinwerfer sind auf optimale Leuchtwirkung für den jeweiligen Spezialzweck ausgelegt. Die Heckleuchten, außen einheitlich rot, strahlen durch spezielle Optikeinsätze und Farbfilter weißes Rückfahrlicht und gelbes Blinklicht ab.
Die Karosseriestruktur bietet durch die in Crash-Versuchsreihen optimierte Gestaltung der Bug-, Heck- und Seitenteile, durch die energieaufnehmende Konstruktion von Lenksäule, Lenkrad und Schalttafel sowie durch die hochfeste und formstabile Innenraum-Zelle bestmöglichen Unfallschutz. Die Dreipunkt-Automatikgurte gewähren im 968 wie in allen Porsche-Typen durch die Kombination mit den serienmäßig eingebauten Airbags für Fahrer und Beifahrer einen nach dem aktuellen Stand bestmöglichen Schutz bei einer Vielzahl von Unfallarten.

Differenzierung in Ausrüstung und Ausstattung

Die 16 Zoll-Räder im Cup-Design dienen durch ihre offene Gestaltung der Bremsenkühlung. Sie sind zugleich ein Kennzeichen der neuen Porsche-Generation. Traditionell wurden die Reifengrößen vorn und hinten differenziert: In der Serienausrüstung ist vorn die Dimension 205/55 ZR 16 (Felge 7J x 16) montiert, hinten das Format 225/50 ZR 16 (Felge 8J x 16). In Verbindung mit einem Sonderfahrwerk sind entsprechende Räder im originalen Carrera Cup-Design in 17 Zoll-Ausführung mit 225/45 ZR 17 (7,5J x 17) vorn und 255/40 ZR 17 (9J x 17) hinten lieferbar.
Coupé und Cabriolet sind in Design und Ausstattung bis auf Dach, Seiten- und Heckfenster sowie Gepäckraum identisch. Das Cabrio-Verdeck bietet durch seine gute Wärmeisolierung und hochwertige Konstruktion auch an kalten Tagen vollen Fahrkomfort. Die elektrische Betätigung des Daches ermöglicht jederzeit den schnellen Wechsel zwischen offenem und geschlossenem Fahren. Diese benutzerfreundliche Konvertibilität macht das 968 Cabriolet, das selbstverständlich auch mit einer automatischen Klimaanlage ausgerüstet werden kann, zum universellen Sportfahrzeug für alle Klimazonen.
Das Kombiinstrument im 968 wurde im sachlichen Design, das gute Ablesbarkeit an erste Stelle setzt, den Baureihen 911 und 928 angeglichen. Die mit der Zentralverriegelung kombinierte Alarmanlage wird automatisch mit dem Schließen geschärft. Die Blinkfolge der Leuchtdioden signalisiert den jeweiligen Betriebszustand. Das zum

Radioangebot gehörende Kassettengerät Symphony RDS kann auf Wunsch noch mit einem CD-Wechsler kombiniert werden. Die Auswahl zwischen bis zu sechs CDs und die Bedienung erfolgen am Gerät. Auf Wunsch ist noch ein Klangpaket mit speziellen Hoch- und Tieftönern lieferbar.
Im vielseitigen Angebot an Serien- und Sonderfarben entsprechen 968 Coupé und Cabriolet voll den Modellreihen 911 und 928. Die weltweit anerkannte Flexibilität der Zuffenhausener Fertigung garantiert eine prompte Erfüllung auch sehr individueller Kundenwünsche.

Fahrwerk und Bremsen: sporterprobte Abstimmung

Mit seiner sportlichen Fahrwerks-Abstimmung lehnt sich der 968 eng an den 911 an. Das Fahrwerk wird damit nicht nur den außergewöhnlichen Fahrleistungen gerecht, sondern vermittelt auch in hohem Maße Fahrfreude und ein sicheres Gefühl für das Fahrverhalten und den Fahrbahnkontakt. Die McPherson-Vorderachse mit unteren Leichtmetall-Querlenkern wurde den hohen Anforderungen entsprechend ausgelegt. In Verbindung mit der exakt arbeitenden Servolenkung erreichte Porsche ein agiles, sicheres Lenk-Ansprechverhalten. Die Schräglenker-Hinterachse mit elasto-kinematischer Auslegung des Fahrschemels ist mitbestimmend für das unproblematische, gut kontrollierbare Kurvenverhalten des 968 und die mögliche hohe Querbeschleunigung. Die Zweirohr-Gasdruck-Stoßdämpfer ergeben in Verbindung mit der leicht ansprechenden, jedoch bewußt straffen Vorderachsfederung und den kräftig dimensionierten Hinterachs-Drehstäben eine sportliche Gesamtabstimmung, die zugleich einen guten Reisekomfort bietet. Auf Wunsch ist eine ausgeprägt sportliche Fahrwerksabstimmung mit am Federteller einstellbarer Fahrzeughöhe, im Zugbereich verstellbaren Stoßdämpfern und modifizierten Federn und Stabilisatoren erhältlich. Dieses Sportpaket ist nur mit 17 Zoll-Rädern und einer nochmals größeren Bremsanlage zu haben.
Die ABS-Bremsanlage arbeitet wie im 911 mit bewährten Vierkolben-Festsätteln sowie belüfteten Bremsscheiben vorne und hinten. In ihrer Wirkung zählt diese Anlage zum Besten. So vergehen nur 2,8 Sekunden von 100 km/h bis zum Stillstand, was einer mittleren Bremsverzögerung von knapp über 10 m/s^2 entspricht oder etwas über einem g. Das geringe Gewicht der hochwirksamen Bremsanlage ermöglicht kleine ungefederte Massen und damit ein gutes Ansprechen der Federung. Die asbestfreien Bremsbeläge in aufgrund der Rennerfahrung weiterentwickelter Qualität zeichnen sich durch hohe Reibwertstabilität aus. Der Verschleiß wird an jedem Belag durch einen Kontaktgeber überwacht.

Kraftübertragung: Sechsgang-Schaltgetriebe oder Tiptronic

Mit der Zunahme von Leistung und Drehmoment wurde es notwendig, in allen Gängen eine gute Beschleunigung zu bieten. Porsche ging als einer der ersten Hersteller zum serienmäßigen Einbau von Fünfganggetrieben über. Die Aufteilung eines 200 km/h überschreitenden Fahrbereiches auf fünf Gänge ermöglicht in jedem Gang eine nahezu optimale Übersetzungsanpassung. Der 968 jedoch erreicht mit dem Dreiliter-Aggregat eine Höchstgeschwindigkeit von 250 km/h. Diese Geschwindigkeit entspricht einem Gleichgewichtszustand zwischen der für den Vortrieb verfügbaren Motorleistung und dem Fahrwiderstand, der bei hoher Geschwindigkeit hauptsächlich durch den Luftwiderstand gebildet wird. Der 968 erreicht seine höchste Geschwindigkeit im sechsten Gang. Zielsetzungen nach Sparsamkeit im Kraftstoffverbrauch, hoher Motorleistung im praktischen Fahrbetrieb und betont sportlicher Fahrleistungen waren entscheidend für die Abstufung der sechs Vorwärtsgänge über den gesamten Fahrbereich. Das hierfür entwickelte, im Transaxle-System vor der Hinterachse eingebaute Getriebe besitzt eine Außenkonus-Synchronisierung mit hohem Schaltkomfort. Durch aufwendige Fertigungsverfahren erreichte Porsche ein niedriges Getriebegeräusch. Weitere Geräuschverbesserungen bewirkt das Zweimassen-Schwungrad. Die relativ kleine Schwungmasse der Kupplungsscheibe verringert die Schaltarbeit. Da neben der Leistung besonders das Drehmoment des Motors entscheidend ist, liegen die Vorteile des Sechsganggetriebes sowohl für das sportliche als für das ökonomische Fahren auf der Hand: Das hohe Durchzugsvermögen ermöglicht es, den sechsten Gang auch bei mittleren, sogar niederen Geschwindigkeiten als besonders sparsamen Fahrgang zu nutzen. Für die Höchstgeschwindigkeit ist der sechste Gang auf den Punkt ausgelegt. Zum Beschleunigen stehen die übrigen Gänge zur Verfügung, die jweils bis weit über 6000/min ausgefahren werden können (Höchstdrehzahl 6700/min). Dies bedeutet für den Fahrer vielseitige Möglichkeiten des gekonnten und bewußten Umganges mit dem Schalthebel.

Tiptronic – die neue Art einer Automatik

Die Porsche Tiptronic als Lastschaltgetriebe mit der Wahlmöglichkeit zwischen automatischem und manuellem Fahren stellt eine in vieler Hinsicht ideale Alternative zum Sechsganggetriebe dar. Basierend auf dem ZF Vierstufen-Getriebeautomaten 4HP 18FL, erfüllt es alle Ansprüche, die an den Bedien- und Schaltkomfort einer Vollautomatik gestellt werden. Von Porsche zum Tiptronic-System weiterentwickelt, bietet es in seinen Automatik-Funktionen wesentliche, beim sportlichen Fahren zum Tragen kommende Verbesserungen; darüber bietet es durch seine manuelle Schaltbarkeit dem Fahrer die Möglichkeit, den Schaltzeitpunkt selbst zu bestimmen. Beide Betriebsarten haben sich im Porsche Carrera 2 Tiptronic in der Praxis bereits hervorragend bewährt.

Wie das Schaltgetriebe ermöglicht auch die Tiptronic jederzeit die Wahl zwischen verschiedenen Gangstufen. Das Zurückschalten zum Beschleunigen, zum Beispiel beim Überholen, kann sowohl mit dem Gaspedal (Wählhebel in der Automatikgasse) als auch durch Schalten von Hand (Wählhebel in der Manuellgasse) herbeigeführt werden.

Um die automatischen Funktionen zu ergänzen und das manuelle Schalten ohne Zugkraftunterbrechnung zu ermöglichen, wurde die rein hydraulische Steuerung des Basisgetriebes durch einen elektrisch-elektronischen Teil mit Selbstüberwachung ergänzt. Die Mikroprozessor-Elektronik mit adaptiver Drucksteuerung repräsentiert den derzeit höchstmöglichen Stand der Technik. Das von Bosch hergestellte Steuergerät mit 8 bit-Mikroprozessor und externem 32 kB Eprom-Speicher besitzt zur Kommunikation mit den Systemkomponenten und der Motronic 55 Ein- und Ausgänge. Es ist absolut störsicher und unempfindlich gegen alle Einflüsse im Fahrbetrieb.

Erst mit der hochentwickelten Steuerung konnten die Anforderungen des sportlichen Fahrens so für die Praxis umgesetzt werden, daß die Nachteile des konventionellen Automatik-Fahrens nicht mehr zur Auswirkung kommen. Statt einem oder maximal zwei hat die Tiptronic fünf Schaltkennfelder, die ohne zusätzlichen Programm-Wählschalter aufgrund der Fahrbedingungen und der Fahrweise automatisch aktiviert werden.

Unerwünschte Schubhochschaltungen vor oder in Kurven werden vermieden. Durch Motoreingriff via Motronic und Reduzierung der Schaltstöße beim Zurückschalten mit Kickdown wird der Schaltkomfort erhöht. Durch die optimale Wandlerkennung wird ein agiles Anfahrverhalten erreicht. Bedienungsfehler beim manuellen Schalten sind durch die Getriebesteuerung ausgeschlossen.

Die Bedieneinheit mit den beiden Schaltebenen »Automatikgasse« und »Manuellgasse« ist auf dem Mitteltunnel untergebracht, der Wählhebel liegt ebenso griffgünstig wie der Schalthebel des Sechsganggetriebes. Der Übergang vom automatischen zum manuellen Fahren wird durch Querbewegung des Wählhebels aus der D-Stellung nach rechts erreicht; es kann beliebig zwischen beiden Betriebsarten gewechselt werden. Im manuellen Betrieb wird Hochschalten durch Drücken nach

vorn und Herunterschalten durch Ziehen nach hinten bewirkt. Eine elektronische Überwachung der Drehzahlgrenzen verhindert ein Überdrehen des Motors. Es können jedoch in der manuellen Gasse alle Gänge bis zur Höchstdrehzahl ausgefahren werden, so daß der Fahrer den Zeitpunkt des Hochschaltens selbst bestimmen kann. Vergißt der Fahrer indes diesen Vorgang und erreicht der Motor seine Höchstdrehzahl, schaltet das Getriebe automatisch in die nächste Stufe.
In der automatischen Betriebsart wird die Anpassung an die Fahrbedingungen unter anderem durch Meßdaten der Gaspedalbetätigung und der Quer- und Längsbeschleunigung bewirkt: Schnelles Gasgeben und -wegnehmen bewirkt spätes Hoch- und frühes Herunterschalten, bei hoher Querbeschleunigung werden unerwünschte Hoch- und Herunterschaltungen vermieden. Langsames Gasgeben und geringe Querbeschleunigung dagegen bewirken ein frühes Hochschalten und ökonomisches Fahren mit niedriger Drehzahl. Die Anzeige im Kombi-Instrument informiert auch beim automatischen Schalten darüber, in welchem Gang sich das Getriebe gerade befindet.

Der Dreiliter-Motor: mit VarioCam-Nockenwellensteuerung

Das Herzstück des Porsche 968, der Dreiliter-Vierventil-Vierzylindermotor, zählt ohne Fragen zu den besten Sportmotoren der Welt. Er liegt in seinen spezifischen Kennwerten günstiger als die meisten hubraumgleichen Motoren mit sechs oder acht Zylindern. Die Leistung von 240 PS/176 kW bei einer Drehzahl von 6200/min und einem höchsten Drehmoment von 305 Nm bei 4100/min macht ihn zu einem der drehmomentstärksten Dreiliter-Saugmotoren in einem Serienfahrzeug. Zwei gegenläufige Ausgleichswellen kompensieren die Massenkräfte und Momente zweiter Ordnung und verleihen dem Vierzylinder die Laufkultur von Motoren mit höherer Zylinderzahl. In Verbrauch und Umweltverträglichkeit zählt dieses Triebwerk ebenfalls zur Elite – auch gegenüber hubraumkleineren Motoren.
Ziele für die Entwicklung des leistungsstarken Spitzenmotors waren: günstige spezifische Verbrauchswerte und ein optimaler Drehmomentverlauf im unteren und mittleren Drehzahlbereich ohne Einbußen an der Drehfreude. Durch die erreichte Leistung von 240 PS/176 kW bei 6200/min und dem Drehmoment von 305 Nm bei 4100/min bietet dieser Motor in allen Geschwindigkeitsbereichen eine gute Elastizität. Zugleich bietet der Vierzylinder einen sehr günstigen spezifischen Kraftstoffverbrauch. Diese Resultate ließen sich nur durch ein Bündel von Maßnahmen erreichen, die an verschiedenen Stellen ansetzten: Motorelektronik, Sauganlage, Ventiltrieb, Ventilsteuerung, Abgasan-

lage. Hinzu kamen Gewichtsreduzierungen einzelner Teile und Aggregate.
Die exakte Gemischaufbereitung zugunsten niedriger Abgasemissionen bedingt eine exakte Messung der angesaugten Luftmasse zur Bestimmung der jeweils eingespritzten Kraftstoffmenge. Beim 968-Triebwerk übernimmt diese Aufgabe ein Hitzdraht-Luftmassenmesser. Ein lernfähiges Steuergerät innerhalb der Bosch Motronic gleicht individuelle Toleranzen aus und liefert exakte Werte für die sequentielle Kraftstoffeinspritzung. Im Ansaugtrakt nutzt eine Sauganlage mit Bypass-Leitung die Druckschwingungen, die durch die Ansaugfolge eines Vierzylinder-Motors angeregt werden. Daraus resultiert eine Füllungsverbesserung insbesondere im mittleren und oberen Drehzahlbereich. Dies ist am fülligen Verlauf der Drehmomentkurve deutlich abzulesen.
Wesentlichen Anteil an der erreichten Leistung haben die speziell ausgebildeten Ansaugkanäle und die Einlaßventile sowie die bei Porsche neuentwickelte Einlaßnockenwellen-Verstellung VarioCam. Sie bewirkt bei niedrigen Drehzahlen eine geringe Überschneidung der Ventilhubkurven, die für die HC-Rohemission günstig ist und auch den Leerlauf vorteilhaft beeinflußt. Oberhalb von 1500/min wird auf eine für das Drehmoment günstige Stellung umgestellt (stärkere Überschneidung). Bei 5000/min regelt die Elektronik wieder, zugunsten einer hohen Maximalleistung, auf die Grundsteuerzeit.
VarioCam arbeitet mit einer Verstellvorrichtung im Kettenspanner, die – gesteuert von der Motronic – eine Verzögerung im Antrieb der Einlaßnockenwelle bewirkt. Dieses einfache, zuverlässige und leichte System ist für Porsche patentiert. Es wirkt sich, außer auf Leistung und Drehmoment, auch auf die Abgasqualität vorteilhaft aus: Bei großer Überschneidung pulsiert heißes Abgas auf die Saugseite, was einen der Abgasrückführung ähnlichen Effekt ergibt.
Der hohe Luftdurchsatz des Motors erforderte besondere Maßnahmen an der Abgasanlage. Dem wurde durch Entdrosselung Rechnung getragen. Ein vergrößerter Rohrdurchmesser sowie ein weiterentwikkelter Metallträger-Katalysator ermöglicht bei gleichem Durchmesser einen geringeren Abgasgegendruck. Der Isolationsmantel erhielt tragende Funktion, ein neuer Katalysator-Einlauftrichter verbessert das Anspringen des Kats. Diese Abgasanlage sorgt für ein niedriges Außengeräusch, an den Fahrer indes dringt beim Gasgeben im mittleren und oberen Drehzahlbereich ein sportlicher Sound. Obwohl es sich hier um einen leistungsstarken Motor handelt, blieb das Motorgewicht recht niedrig. Auf den Einbau eines Drehschwingungstilgers konnte durch einen gewichtsoptimalen Kurbeltrieb, geschmiedete

Pleuel und leichte Kolben verzichtet werden.
Diese innermotorischen Maßnahmen wirken als Beitrag zur Umweltverträglichkeit mit guten Werten der Abgas-Rohemissionen (vor dem Katalysator). Zum niedrigen Verbrauch tragen neben der optimierten Füllung auch die auf 11,0 : 1 erhöhte Verdichtung bei. Die Verbreitung des bleifreien Kraftstoffs Super Plus (98 ROZ) ermöglichte es, den Motor des 968 weltweit auf diesen Kraftstoff abzustimmen. Damit erreicht er seine besten Verbrauchs- und Abgaswerte. Aufgrund der automatischen Klopf-Regelung ist es möglich, den Motor – mit geringen Einschränkungen der Maximalleistung – auch mit bleifreiem Superkraftstoff (95 ROZ) zu betreiben.
Der neue Porsche 968 stellt einen wichtigen Schritt auf dem Weg zur Porsche-Identität dar – gleichzeitig setzt er Maßstäbe in Design, Leistung und Umweltverträglichkeit.

1992
Im Modelljahr 1993 präsentiert sich die Vierzylinder-Reihe von Porsche, das 968 Coupé und das attraktive 968 Cabriolet, in den feinen Linien ihres Designs und im konstruktiven Aufbau ihrer hochkarätigen Technik unverändert. Mit Beginn des Modelljahres 1993 setzen bei Porsche aber eine Anzahl von Verbesserungen ein, die überwiegend der Umweltverträglichkeit und Sicherheit dienen: FCKW-freie Klimaanlage für alle Modelle, Recycling-Kennzeichnung der Kunststoffbehälter, Einsatz von Lacken auf Wasserbasis, neue Bremsflüssigkeit mit hohem Naß-Siedepunkt, Fahrer-Airbag auch für Rechtslenker-Fahrzeuge. Darüber hinaus bereichert eine neue Version die Vierzylinder-Baureihe: der 968 CS.

Typ 968 CS

Mit dem neuen 968 CS (CS = Clubsport) schließt Porsche an die Tradition der gewichtserleichterten Zuffenhausener Sportversionen an. Noch mehr aber als beim Carrera RS steht bei diesem Auto die Wirtschaftlichkeit im Vordergrund. Ein Bündel von kostensenkenden Maßnahmen ermöglicht es, den 968 CS trotz seiner hochwertigen Spezialausrüstung deutlich preisgünstiger als die mehr komfortbetonte Serienversion anzubieten. Dies wurde unter anderem durch den Verzicht auf gewichts- und kostenintensive Servomotoren für Fensterheber und Sitzverstellung und die dazugehörige Stromversorgung erreicht.

So ergibt sich – gegenüber der Serienausstattung – ein um mehr als 50 Kilogramm verringertes Gewicht. Bei gleicher Motorleistung von 240 PS/176 kW fährt sich der 968 CS deutlich agiler und kommt in der Praxis auf noch günstigere Verbrauchswerte als der bereits vorbildlich sparsame 968. Den 968 CS gibt es ausschließlich als zweisitziges Coupé mit Sechsgang-Schaltgetriebe. In der neu strukturierten Zuffenhausener Produktion erweitert er die 968-Baureihe – eine Stückzahlbeschränkung ist nicht vorgesehen.
Der 968 CS rollt serienmäßig auf 17 Zoll-Rädern im bekannten Cup-Design. Als optisches Kennzeichen des CS sind die Räder in Wagenfarbe lackiert. Zur Wahl stehen die fünf Unifarben grandprixweiß, speedgelb, indischrot, schwarz und maritimblau. Das schwarze Fahrzeug wird mit Felgen in Silber kombiniert.
Im Innenraum dominieren die vom Carrera RS bekannten Schalensitze. Sie verbinden sicheren Halt mit geringem Gewicht. Mit der serienmäßig schwarzen Innenausstattung kontrastiert die in Wagenfarbe lackierte Rückseite der Sitzschalen. Die großflächige Gepäckablage reicht bis an die Sitze heran – beim CS verzichtet man auf die hinteren Sitze. Der Fahrersitz ist in der Höhe individuell durch Schrauben einstellbar, hinzu kommt die mechanische Längsverstellung. Wie beim Carrera RS kommt ein Dreispeichen-Sportlenkrad ohne Airbag mit 360 mm-Durchmesser zum Einbau. Die Airbag-Anlage für Fahrer und Beifahrer steht auf besonderen Wunsch zur Verfügung.
Die vereinfachten und daher erheblich leichteren Kabelstränge bedingen den Verzicht auch elektrische Goodies. Nicht lieferbar sind beim 968 CS: Elektrische Fensterheber, elektrisch betätigte Außenspiegel, Scheibenwaschdüsen-Beheizung, Türknöpfe mit Leuchtdioden, Motorraumbeleuchtung, automatische Temperaturregelung, elektrische Heckklappen-Entriegelung, Hecklautsprecher. Aufgrund der stark reduzierten Zahl der elektrischen Verbraucher reicht für die Stromversorgung eine erheblich leichtere Batterie mit 36 Ah-Kapazität aus. Die Außenspiegel sind wie beim Carrera RS manuell einstellbar, die Heckklappe wird von innen durch Bowdenzug mechanisch entriegelt.
Weitere Zusatzausstattungen sind jedoch möglich: Klimaanlage (in Verbindung mit 63 Ah-Batterie), Hubdach, Radio Paris mit zwei Lautsprechern, Serien-Vordersitze mit mechanischer Einstellung. Weitere Maßnahmen zur Gewichtsreduzierung sind Vereinfachungen des Stylings im Motorraum, der Entfall von Abdeckungen und Dämmatten. Die Karosserie erhält jedoch den vollen PVC-Unterbodenschutz und alle zum Langzeitschutz notwendigen Abdichtungen und Beschichtungen. Für die beidseitig feuerverzinkte Karosserie gelten die identischen

Garantiebedingungen einschließlich der Zehnjahres-Garantie gegen Durchrostung.
Das Transaxle-Fahrwerk ist um 20 mm tiefergelegt und vermittelt dank strafferer Abstimmung in Verbindung mit der direkten Servolenkung ein nochmals gesteigertes Fahrvergnügen mit betont sportivem Charakter.
Die im Sporteinsatz bewährten 17 Zoll-Räder mit unterschiedlichen Dimensionen vorn und hinten zählen beim 968 CS zur Serienausstattung: vorn 7,5J x 17 mit 225/45 ZR 17, hinten 9J x 17 mit 255/40 ZR 17. Für den realen Sporteinsatz ist ein nochmals strafferes Sportpaket einschließlich Sperrdifferential zu haben.
Unverändert geblieben ist dagegen der Vierzylinder-Leichtmetall-Reihenmotor mit 2990 cm^3 Hubraum, vier Ventilen pro Zylinder und Einlaßnockenwellen-Verstellung VarioCam. Die Leistung von 240 PS/ 176 kW bei 6200/min und das maximales Drehmoment von 305 Nm bei 4100/min sichert dem 968 CS überlegene Fahrleistungen. Die Qualitäten dieses Sportmotors, kombiniert mit dem Sechsgang-Schaltgetriebe, setzen sich in der leichteren CS-Karosserie noch besser in Szene: müheloseres Beschleunigen, kürzere Bremswege, sichere Kraftreserve beim Überholen, niedrigerer Kraftstoffverbrauch. Von 0 auf 100 km/h beschleunigt der 968 CS in nur 6,5 Sekunden, die Höchstgeschwindigkeit liegt bei 252 km/h im sechsten Gang bei einer Drehzahl von 6330/min. Mit dem 968 CS wendet sich Porsche an eine betont sportlich orientierte Klientel und natürlich an den aktiven Sportfahrer.

Basismodell für den Sporteinsatz: 968 Turbo S in limitierter Auflage

Mit dem 968 Turbo S bietet das Haus Porsche eine deutlich leistungsgesteigerte Version des 968 CS an. Ursprünglich unter der Bezeichnung 968 Turbo RS als Basis für den neugeschaffenen ADAC GT-Cup geschaffen, gibt es unter der Bezeichnung 968 Turbo S auch eine kleine Stückzahl einer Straßenversion für sportlich sehr engagierte Fahrer. Vom 968 Turbo S mit 305 PS/224 kW sollen insgesamt nur zwischen 50 und 100 Exemplaren entstehen, die ausschließlich in der Rennsportabteilung in Weissach aufgebaut werden.
Wie die Leistungsdaten bereits erkennen lassen, ist die reine Nennleistung kein Thema bei diesem Sondermodell. Der Dreiliter-Vierzylinder-Motor des 968 nimmt unter den Vierzylinder-Saugmotoren eine Spitzenposition ein. Kein anderer Vierzylinder erreicht den vom 968 gesetzten Leistungswert von 240 PS/176 kW. Die Porsche-Rennsportabteilung hat auf dieser Basis eine Turbovariante entwickelt, die unter der Bezeichnung 968 Turbo S stolze 305 PS/224 kW entwickelt.

Während in der Sauger-Grundversion vier Ventile pro Zylinder den Gaswechsel steuern, gibt Porsche beim Turbo S dem Zweiventilkonzept den Vorzug. Der von KKK hergestellte Abgasturbolader ist wassergekühlt und mit einem Bypassventil versehen, das mit einem zusätzlichen Katalysator zur optimalen Abgasreinigung versehen wurde. Die Ladedruckregelung erfolgt über ein Taktventil, der maximale Ladedruck erreicht ein bar. Ein zusätzlicher Ladeluftkühler optimiert die Leistungsfähigkeit des aufgeladenen Vierzylinders. Auch dank dieser Maßnahme erreicht dieses Kraftwerk einen überaus respektablen Drehmomentbestwert von 500 Nm bei relativ bescheidenen 3000/min, die 305 PS oder 224 kW liegen bei nur 5400/min an.
Für die Kraftübertragung stellt das Sechsganggetriebe des 968 eine hervorragende Ausgangsbasis dar. Es konnte weitgehend unverändert bleiben. Lediglich Teller- und Kegelrad wurden länger übersetzt sowie der fünfte und sechste Gang länger ausgelegt.
Ein Sperrdifferential an der Hinterachse ermöglicht eine Sperrwirkung bei Zug und Schub von maximal 75 Prozent. Der höheren Leistung angepaßt wurde die Sportkupplung. Mit nur 1300 Kilogramm (Leergewicht mit vollem Tank) wiegt die sportliche Version 70 Kilogramm weniger als das 968-Basismodell. In Kombination mit der hohen Motorleistung ergeben sich somit sozusagen zwangsweise beeindrukkende Fahrleistungen. Der 968 Turbo S erreicht die 100 km/h-Marke aus dem Stand in nur fünf Sekunden, als Höchstgeschwindigkeit werden 280 km/h genannt.
Um den hohen Fahrleistungen kompromißlos entsprechen zu können, erfuhr das Fahrwerk beim Turbo S zahlreiche Änderungen. Die Karosserie wurde gegenüber dem 968 CS nochmals 20 mm tiefergelegt und mit einer strafferen Feder- und Dämpferabstimmung versehen. Die Bremsanlage an der Vorderachse wurde vom Sondermodell 911 Turbo S übernommen. Das heißt: Vierkolben-Aluminium-Festsattelbremsen mit innenbelüfteten und gelochten Scheiben. Die hintere Bremsanlage ist nach gleicher Technik aufgebaut und damit ebenfalls zur Bewältigung extremer Anforderungen ausgelegt. Die Bremssättel vorn und hinten sind rot beschichtet.
Das serienmäßige ABS-System wurde den geänderten Anforderungen angepaßt, ebenso die in ihrer Übersetzung etwas direkter ausgelegte Servolenkung. Bei den aus dem Carrera Cup bekannten Felgen handelt es sich um dreiteilige Speedline-Räder der Größe 8J x 18 (vorn) und 10J x 18 (hinten). Darauf sind Pneus der Dimension 235/40 ZR 18 an der Vorderachse sowie hinten 265/35 ZR 18 aufgezogen.
Optisch unterscheidet sich der 968 Turbo S vor allem durch zwei

zusätzliche Öffnungen in der Motorhaube. Sie gestatten dem thermisch hochbelasteten Turbo-Triebwerk eine erhöhte Luftzufuhr. Zudem ist die vordere Öffnung im Bugteil vergrößert, um eine optimale Kühlung auch unter extremen Belastungen sicherzustellen. An der unteren Kante des Bugteils fällt beim Turbo S eine neue Kunststofflippe auf. Sie entstand nach umfangreichen Versuchen im Windkanal und fügt sich harmonisch an den Spoiler an. Zusammen mit dem neuen, in seiner Neigung um bis zu zehn Grad verstellbaren Heckflügel ergibt sich damit eine spürbare Verbesserung der Abtriebswerte des Fahrzeugs.
Aus Gewichtsgründen verzichtet Porsche beim 968 Turbo S auf die PVC-Beschichtung des Unterbodens. Eine weitere Erleichterung bringt der Verzicht auf Komfortextras wie elektrische Fensterheber, Zentralverriegelung und Rücksitzanlage. Die Vordersitze sind als Kunststoff-Sitzschalen ausgeführt, ohne Mehrpreis sind auch Normalsitze verfügbar. Der 968 Turbo S entspricht damit im Innenraum weitgehend dem CS, trägt allerdings auf der Ablage hinter den Vordersitzen einen markanten, farbigen Turbo S-Schriftzug. Auf Wunsch sind aber auch für den 968 Turbo S einige Zusatzausstattungen zu haben.

1993
Technisch und optisch weitgehend unverändert geht die 968-Baureihe in das Modelljahr 1994 – sieht man einmal von einigen Innovationen ab. So umfaßt die Heizungs- und Lüftungsanlage jetzt serienmäßig einen integrierten Partikelfilter. Dies verschafft vor allem Allergikern eine spürbare Erleichterung, da der Filtereinsatz Pollen und andere Partikel zurückhält und so die Luftqualität im Innenraum deutlich verbessert.
Mit einer für Porsche neuen, dem Kunden entgegenkommenden Idee geht auch der 968 ins neue Modelljahr. Auf Basis der bekannten Kundenwünsche wurden sinnvolle Ausstattungspakete geschnürt, die dem Käufer als Zusatznutzen auch einen Preisvorteil gegenüber der Einzelbestellung bieten. Das Paket Sitze beispielsweise beinhaltet Ledersitze mit beidseitiger Sitzheizung. Im Paket Sonderfahrwerk sind 17 Zoll-Räder in neuem Design (Fünf-Stern-Design) und eine verbesserte Bremsanlage mit gelochten Bremsscheiben enthalten. Das Klangpaket umfaßt einen Zusatzverstärker sowie beim Cabrio geschlossene Lautsprecherboxen im Fond.
Auf Wunsch wird die bisher nur als Zweisitzer gelieferte sportliche Variante 968 CS nun auch mit Rücksitzanlage angeboten. Die vorderen Schalensitze sind dann als Seriensitze ausgeführt. Gleichzeitig erhöht sich das zulässige Gesamtgewicht des Fahrzeugs um 70 Kilogramm auf 1640 Kilogramm.

Auch für den 968 CS sind im Modelljahr 1994 Ausstattungspakete lieferbar. Beim Sportpaket kommt neben verstärkten Bremsen mit gelochten Bremsscheiben sowie den strafferen Federn und Dämpfern auch ein Sperrdifferential zum Einsatz. Das Sicherheitspaket umfaßt Zentralverriegelung, Alarmanlage und abschließbare Radmuttern. Das Komfortpaket schließlich besteht aus elektrisch verstellbaren Außenspiegeln sowie elektrischen Fensterhebern. Als Radio kommt in den 968-Modellen das Blaupunkt Bremen zum Einsatz, das mit einer KeyCard verbesserten Diebstahlschutz bietet. Der 968 CS ist weiterhin mit dem Blaupunkt Paris bestückt.

944/944 Turbo

Bau- jahr	Modell Karosse	 Typ	Fahrgestell-Nr.	Motor- Typ	Getr.- Typ	Zyl.	Bohrung x Hub	Hub- raum	DIN-PS bei U/min.	mkp bei U/min.	Ver- dtg.	Rad- stand	Spur vorn/hinten	Län- ge	Ge- wicht	Produkt. Stck.
1982	Coupé	944	WPOZZZ94ZCN 400001-403921	M44/01 M44/01B	OK	4	100x78,9	2479	163/5800	20,9/3000	10,6:1	2400	1452/1451	4200	1180	3921
	Autom.			M44/03 M44/03B	RCA											
	Japan Autom.			M44/02 M44/04	QM RCB	4	100x78,9	2479	150/5500	19,6/3000	9,5:1	2400	1452/1451	4290	1260	
1983	Coupé	944	WPOZZZ94ZDN 400001-409127	M44/01 M44/01B	OK	4	100x78,9	2479	163/5800	20,9/3000	10,6:1	2400	1452/1451	4200	1180	9127
	Autom.			M44/03 M44/03B	RCA											
	Japan Autom.			M44/02 M44/04	QM RCB	4	100x78,9	2479	150/5500	19,6/3000	9,5:1	2400	1452/1451	4290	1260	
	Coupé USA/Can.	944	WPOAAO94DN 450001-465506	M44/02	QM	4	100x78,9	2479	150/5500	19,6/3000	9,5:1	2400	1452/1451	4290	1260	5506
	Kaliforn. Autom.			M44/04	RCB											
1984	Coupé	944	WPOZZZ94ZEN 400001-409921	M44/01 M44/01B	OK	4	100x78,9	2479	163/5800	20,9/3000	10,6:1	2400	1452/1451	4200	1180	9921
	Autom.			M44/03 M44/03B	RCA											
	Japan Autom.			M44/02 M44/04	QM RCB	4	100x78,9	2479	150/5500	19,6/3000	9,5:1	2400	1452/1451	4290	1260	
	Coupé US/Can.	944	WPOAAO94EN 450001-466618	M44/02	QM	4	100x78,9	2479	150/5500	19,6/3000	9,5:1	2400	1452/1451	4290	1260	16618
	Californ. Autom.			M44/04	RCB											
1985	Coupé	944	WPOZZZ94ZFN 400001-404967	M44/05	016J	4	100x78,9	2479	163/5800	20,9/3000	10,6:1	2400	1477/1451	4200	1210	4967
		RDW Autom.	WPOZZZ94ZFN 420001-423524	M44/06	RCE	4	100x78,9	2479	163/5800	20,9/3000	10,6:1	2400	1477/1451	4200	1210	3524

Bemerkungen: Motor M44/0B = Belgienausführung. M44/03B = Belgienausführung

944/944 Turbo

Bau-jahr	Modell Karosse	Typ	Fahrgestell-Nr.	Motor-Typ	Getr.-Typ	Zyl.	Bohrung x Hub	Hub-raum	DIN-PS bei U/min.	mkp bei U/min.	Ver-dtg.	Rad-stand	Spur vorn/hinten	Län-ge	Ge-wicht	Produkt. Stck.
	Coupé	944	WPOAAO94OFN 450001-459062	M44/07	016K	4	100x78,9	2479	150/5500	19,6/3000	9,5:1	2400	1477/1451	4290	1260	9062
		USA/Jap. Autom.	WPOAAO94OFN 470001-476167	M44/08	RCF	4	100x78,9	2479	150/5500	19,6/3000	9,5:1	2400	1477/1451	4290	1260	6167
	Coupé	944 T RDW	WPOZZZ95ZFN 100001-100178	M44/50	016R	4	100x78,9	2479	290/5800	33,6/3500	8,0:1	2400	1477/1451	4230	1280	178
1986	Coupé	944 RDW	WPOZZZ94ZGN 400001-406109	M44/05	54/52	4	100x78,9	2479	163/5800	20,9/3000	10,6:1	2400	1477/1451	4200	1210	6109
		Autom.		M44/06	RCE	4	100x78,9	2479	163/5800	20,9/3000	10,6:1	2400	1477/1451	4200	1260	
	Coupé	944 USA	WPOAAO94OGN 450001-460901	M44/07	5S/7V	4	100x78,9	2479	150/5800	19,9/3000	9,7:1	2400	1477/1451	4290	1260	10901
		Autom.		M44/08	RCF	4	100x78,9	2479	150/5800	19,9/3000	9,7:1	2400	1477/1451	4290	1260	
	Coupé	944 T RDW	WPOZZZ95ZGN 100001-102760	M44/51	016R 016R	4	100x78,9	2479	220/5800	33,6/3500	8,0:1	2400	1477/1451	4230	1280	2760
	Coupé	944 T USA	WPOAAO95OGN 150001-157513	M44/51	016R	4	100x78,9	2479	220/5800	33,6/3500	8,0:1	2400	1477/1451	4290	1315	7513

944/944 Turbo/944 S

Baujahr	Modell Karosse	Modell Typ	Fahrgestell-Nr.	Motor-Typ	Getr.-Typ	Zyl.	Bohrung x Hub	Hubraum	DIN-PS bei U/min.	mkp bei U/min.	Verdtg.	Radstand	Spur vorn/hinten	Länge	Gewicht	Produkt. Stck.
1987	Coupé	944 RDW	WPOZZZ94ZHN 420001–422343	M44/05	016J	4	100/78,9	2479	163/5800	20,9/3000	10,6:1	2400	1477/1451	4200	1240	2343
		Autom.		M44/06	087M											
		Kat		M44/07												
		Autom.		M44/08	087M											
		Belgien		M44/05B	087M											
		Autom.		M44/06B												
		944 USA	WPOAAO94OHN 470001-478246	M44/07	016K	4	100/78,9	2479	150/5800	19,4/3000	9,7:1	2400	1477/1451	4200	1260	8246
		Autom. Airbag	WPOAAO94OHN 480001-480100	M44/08	087M	4	100/78,9	2479	150/5800	19,4/3000	9,7:1	2400	1477/1451	4200	1260	100
		944S RDW	WPOZZZ94ZHN 400001-402635	M44/40	083D	4	100/78,9	2479	190/6000	23,5/4300	10,9:1	2400	1477/1451	4230	1280	2635
	(946)	944S Sportpa.	WPOZZZ94ZHN 4080001–4080100	M44/40	083D	4	100/78,9	2479	190/6000	23,5/4300	10,9:1	2400	1477/1451	4230	1280	100
		944S USA	WPOAAO94OHN 450001–453127	M44/40	083D	4	100/78,9	2479	190/6000	23,5/4300	10,9:1	2400	1477/1451	4290	1300	3127
		944T RDW Kat	WPOZZZ95ZHN 100001-101546	M44/51	016R 016D	4	100/78,9	2479	220/5800	33,6/3500	8,0:1	2400	1477/1451	4230	1350	1546
		Sportpa.	WPOZZZ95ZHN 104100–104188													
		944T USA	WPOAAO95OHN 150001–153210	M44/51	016R 016D	4	100/78,9	2479	220/5800	33,6/3500	8,0:1	2400	1477/1451	4290	1360	3210
		Sportpa.	WPOAAO95OHN 165101–165111													11

Bemerkungen:

944/944 Turbo/944 S

Baujahr	Modell Karosse	Modell Typ	Fahrgestell-Nr.	Motor-Typ	Getr.-Typ	Zyl.	Bohrung x Hub	Hubraum	DIN-PS bei U/min.	mkp bei U/min.	Verdtg.	Radstand	Spur vorn/hinten	Länge	Gewicht	Produkt. Stck.
1988	Coupé	944 RDW	WPOZZZ94ZJN 420001–422226	M44/09	016J	4	100/78,9	2479	160/5900	21,4/4500	10,2:1	2400	1477/1451	4200	1260	2226
		Autom.		M44/10	087M	4										
		944 USA	WPOAAO94OJN 470001–473731	M44/09	016J	4	100/78,9	2479	160/5900	21,4/4500	10,2:1	2400	1477/1451	4320	1290	3731
		Autom.		M44/10	087N	4										
		Sportpa.													1230	
		944 Belgien		M44/09B	016J	4										
		Autom.		M44/10B	087M	4										
		944 Austr.*1		M44/09	016J	4	100/78,9	2479	155/5900	20,9/4500	10,2:1	2400	1477/1451	4300	1280	
		944S RDW	WPOZZZ94ZJN 400001-401305	M44/40	083D	4	100/78,9	2479	190/6000	23,5/4300	10,9:1	2400	1477/1451	4200	1280	1305
		Sportpa.													1240	
		Austr. *2		M44/40	083D	4	100/78,9	2479	184/6000	22,9/4300	10,9:1	2400	1477/1451	4200	1280	20
		944S USA	WPOAAO94OJN 460001–465561	M44/40	083D	4	100/78,9	2479	190/6000	23,5/4300	10,9:1	2400	1477/1451	4320	1300	5561
		Canada	WPOAAO94OJN 450001–450188	M44/40	083D	4	100/78,9	2479	190/6000	23,5/4300	10,9:1	2400	1477/1451	4320	1300	188
		Sportpa.													1260	

Bemerkungen: 1* Sonderserie: 8 Fahrzeuge
2* Sonderserie: 20 Fahrzeuge

944/944 Turbo /944 Turbo S

Baujahr	Modell Karosse	Modell Typ	Fahrgestell-Nr.	Motor-Typ	Getr.-Typ	Zyl.	Bohrung x Hub	Hubraum	DIN-PS bei U/min.	mkp bei U/min.	Verdtg.	Radstand	Spur vorn/hinten	Länge	Gewicht	Produkt. Stck.
1988	Coupé	944T RDW	WPOZZZ95ZJN 100001–101875	M44/51	016R 016D 016S	4	100/78,9	2479	220/5800	33,6/3500	8,0:1	2400	1477/1451	4230	1350	1875
	(M637)	Sportpa.	WPOZZZ95ZJN 104001–104094	M 44/51	016S	4	100/78,9	2479	220/5800	33,6/3500	8,0:1	2400	1477/1451	4230	1250	94
		944T USA	WPOAAO95OJN 150001–151874	M44/51	016R 016D	4	100/78,9	2479	220/5800	33,6/3500	8,0:1	2400	1477/1451	4289	1360	1874
	(M637)	Sportpa.	WPOAAO95OJN 165001–165098		016S	4	100/78,9	2479	220/5800	33,6/3500	8,0:1	2400	1477/1451	4289	1315	98
		Canada	WPOAAO95OJN 160001–160126		016R 016D	4	100/78,9	2479	220/5800	33,6/3500	8,0:1	2400	1477/1451	4289	1360	126
		Austr. *3														30
		944TS *4 mit Kat		M44/52	016R	4	100/78,9	2479	250/6000	35,6/4000	8,0:1	2400	1477/1442		1350 1360	

Bemerkungen: *3 Sonderserie: 30 Fahrzeuge
*4 944 Turbo S in obrigen FGNr. enthalten und nicht speziell aufgeschlüsselt

944/944 Turbo/944 S2/968

Baujahr	Karosse	Modell Typ	Fahrgestell-Nr.	Motor-Typ	Getr.-Typ	Zyl.	Bohrung x Hub	Hubraum	DIN-PS bei U/min.	mkp bei U/min.	Verdtg.	Radstand	Spur vorn/hinten	Länge	Gewicht	Produkt. Stck.
1989	Coupé	944	WPOZZZ94ZKN	M44/13	016J	4	104/78,9	2681	165/5800	22,9/4200	10,9:1	2400	1477/1451	4200	1290	
		RDW	400001–404941													
		Autom.		M44/12	087M	4										
		Belgien		M44/12–13B		4	104/78,9	2681	158/5800	22,9/4200	10,9:1	2400	1477/1451	4200	1290	
		944	WPOAA094KN	M44/13	016J	4	104/78,9	2681	165/5800	22,9/4200	10,9:1	2400	1477/1451	4320	1300	
		USA	450001–452691													
		Autom.		M44/12	087N											
		Airbag	WPOAA294KN													
			450001–452691													
		944T	WPOZZZ95ZKN	M44/52	016S	4	100/78,9	2479	250/6000	35,6/4000	8,0:1	2400	1457/1436	4230	1350	
		RDW	100001–101333		016R											
		944T	WPOAA295KN	M44/52	016S	4	100/78,9	2479	250/6000	35,6/4000	8,0:1	2400	1457/1436	4298	1360	
		USA	150001–151385		016R											
		Kanada	WPOAA095KN	M44/52	016S	4	100/78,9	2479	250/6000	35,6/4000	8,0:1	2400	1457/1436	4298	1360	
			150001–151385		016R											
1990	Coupé	944 S2	WPOZZZ94ZLN	M44/41	083F	4	104/88	2990	211/5800	28,5/4100	10,9:1	2400	1472/1451	4230	1310	
		RDW	400001–402872													
		944 S2	WPOAB294LN	M44/41		4	104/88	2990	208/5800	28,5/4100	10,9:1	2400	1472/1451	4298	1330	
		USA	450001–450449													
		944 Turbo	WPOZZZ95ZLN	M44/52		4	100/78,9	2479	250/6000	35,6/4000	8,0:1	2400	1457/1436	4230	1350	
		RDW	100001–101107													
		944 Turbo	WPOAB295LN	M44/52		4	100/78,9	2479	250/6000	35,6/4000	8,0:1	2400	1457/1436	4230	1360	
		USA	150001–150144													
	Cabrio	944 S2	WPOZZZ94ZLN	M44/41		4	104/88	2990	211/5800	28,5/4100	10,9:1	2400	1472/1451	4230	1390	
		RDW	430001–432114													
		944 S2	WPOBA294LN	M44/41		4	104/88	2990	208/5800	28,5/4100	10,9:1	2400	1472/1451	4298	1410	
		USA	480001–481824													

944 Turbo/944 S2/968

Baujahr	Modell Karosse	Modell Typ	Fahrgestell-Nr.	Motor-Typ	Getr.-Typ	Zyl.	Bohrung x Hub	Hubraum	DIN-PS bei U/min.	mkp bei U/min.	Verdtg.	Radstand	Spur vorn/hinten	Länge	Gewicht	Produkt. Stck.
1991	Coupé	944 S2 RDW	WPOZZZ94ZMN 400001–402608	M44/41		4	104/88	2990	211/5800	28,5/4100	10,9:1	2400	1472/1451	4230	1310	
		944 S2 USA	WPOAB294MN 410001–410510	M44/41		4	104/88	2990	208/5800	28,5/4100	10,9:1	2400	1472/1451	4298	1330	
		944 Turbo RDW	WPOZZZ95ZMN 100001–100250	M44/52		4	100/78,9	2479	250/6000	35,6/4000	8,0:1	2400	1457/1436	4230	1350	
	Cabrio	944 S2 USA	WPOBA294MN 440001–440562	M44/41		4	104/88	2990	208/5800	28,5/4100	10,9:1	2400	1472/1451	4298	1410	
		944 S2 RDW	WPOZZZ94ZMN 430001–431140	M44/41		4	104/88	2990	211/5800	28,5/4100	10,9:1	2400	1472/1451	4230	1390	
		944 Turbo RDW	WPOZZZ95ZMN 130001–130625	M44/52		4	100/78,9	2479	250/6000	35,6/4000	8,0:1	2400	1457/1436	4230	1430	
1992	Coupé	968 RDW	WPOZZZ96ZNS 800001–	M44/43 M44/44	G44/00 A44/00	4	104/88	2990	240/6200	31,0/4100	11,0:1	2400	1472/1450	4320	1370 1400	 Tiptronic
		968 USA	WPOAB296NS 820001–	M44/43 M44/44	G44/00 A44/00	4	104/88	2990	240/6200	31,0/4100	11,0:1	2400	1472/1450	4340	1400 1430	 Tiptronic
	Cabrio	968 RDW	WPOZZZ96ZNS 830001–	M44/43 M44/44	G44/00 A44/00	4	104/88	2990	240/6200	31,0/4100	11,0:1	2400	1472/1450	4320	1440 1470	 Tiptronic
		968 USA	WPOCB296NS 840001–	M44/43 M44/43	G44/00 A44/00	4	104/88	2990	240/6200	31,0/4100	11,0:1	2400	1472/1450	4340	1470 1500	 Tiptronic

968 Turbo S/968 Turbo RS

Baujahr	Modell Karosse	Modell Typ	Fahrgestell-Nr.	Motor-Typ	Getr.-Typ	Zyl.	Bohrung x Hub	Hubraum	DIN-PS bei U/min.	mkp bei U/min.	Verdtg.	Radstand	Spur vorn/hinten	Länge	Gewicht	Produkt. Stck.
1993	Coupé	968 RDW	WPOZZZ96 ZPS8 90001–	M44/ 60	644/ 00	4	104/88	2990	305/5400	50,0/3000	8,5:1	2400	1522/1500	4320	1300	
1993	Coupé	968 RDW	WPOZZZ96ZPS8 96001–	M44/ 60	644/ 02	4	104/88	2990	337/5400	50,0/3000	8,5:1	2400	1530/1510	4320	1350*	

* Nach ADAC Cup-Reglement

Evolution: Im Herbst 1991 erscheint mit dem neuen Porsche 968 eine technisch und optisch tiefgreifende Neuinterpretation des erfolgreichen Vierzylinder-Sportwagens.

Neu Identität: Zeitgleich mit dem Coupé präsentiert Porsche auch das attraktive 968 Cabriolet. Das elektrisch betätigte Verdeck erinnert geschlossen an die legendäre Speedster-Silhouette.

Klarer Stil: Sportlich-funktionell gestaltet ist das Cockpit des neuen Porsche 968. Serienmäßig sind auch hier zwei Airbags eingebaut, neu sind das Sechsgang-Getriebe und die Tiptronic.

Das Dreiliter-Triebwerk arbeitet im 968 mit der VarioCam genannten Nockenwellen-Verstellung und leistet 240 PS/176 kW. In seinen spezifischen Werten setzt dieser Vierzylinder Maßstäbe.

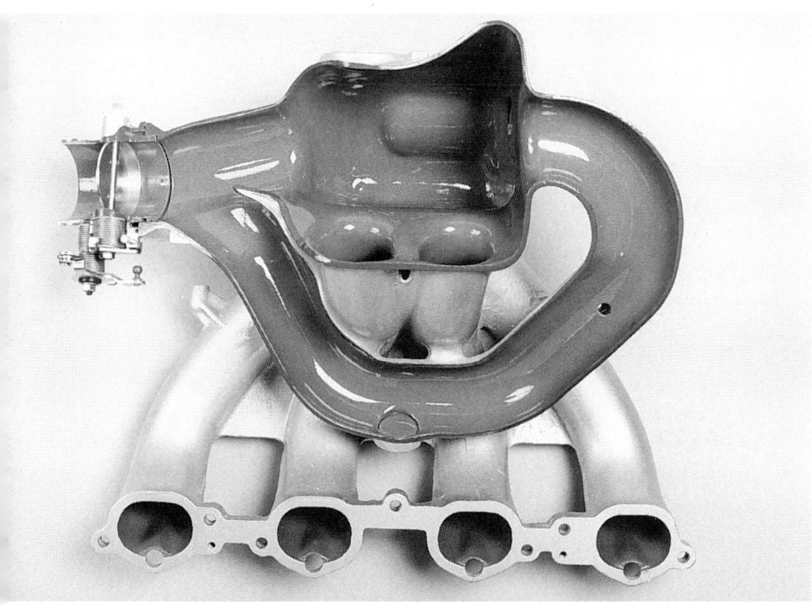

Das ausgeklügelte Bypass-Ansaugrohr ist, im Zusammenspiel mit der Einlaß-Nockenwellenverstellung, verantwortlich für den günstigen Drehmomentverlauf und das hohe Maximum von 305 Nm des 968.

Im Herbst 1992 erweitert der 968 CS die Vierzylinder-Baureihe. Mit seiner betont sportlichen Ausstattung unter Verzicht nahezu sämtlicher Komfortextras verkörpert der 968 CS in idealer Weise die Philosophie des reinen Sportwagens.

SERIEN-SPORTWAGEN

Porsche 911-2.0 / 911 S-2.5

Die erfolgreichen Aktivitäten der Werks- und Privatfahrer mit den serienmäßigen oder auch getunten Modellen aus der 356-Bauserie fanden nach fast 15 Jahren ihren Abschluß. Doch der Übergang zum Nachfolgemodell geschah fast nahtlos. Kaum war der Neue, der Porsche 911-2.0, auf dem Markt, wurde er in den Motorsport eingeführt. Die Auslieferung und Produktion des Sechszylinders begann im September 1964. Kaum drei Monate später, im Januar 1965, erschien ein vom Werk in Zuffenhausen vorbereiteter 911 bei der »Rallye Monte Carlo«. Mit dem erst zum 1. 1. 65 als Grand Tourisme homologierten Porsche 911 wurden die Porsche-Angestellten aus dem hauseigenen Versuch Peter Falk und Herbert Linge in die französischen Seealpen geschickt. Nach 4600 Kilometer Rallyestrecke beendeten diese beiden Routiniers die »Monte« an fünfter Stelle im Gesamtklassement! Die Geschichte des Porsche 911 im Motorsport begann mit einem ebensolchen Knaller wie 1951 die Karriere des Porsche 356, das als einziges teilnehmendes Porsche-Modell bei den 24 Stunden von Le Mans einen Klassensieg nach Hause fuhr. Bei der »Monte« 1965 gewannen übrigens die BMC-Mini-Cooper-Piloten Mäkinen/Easter vor Eugen Böhringer/Rolf Wütherich auf einem Porsche 904 GTS!
Die Zwei-Liter- 911 feierten danach Sieg auf Sieg. Insbesondere in Rallyes und Langstrecken-Veranstaltungen kamen die Vorzüge des luftgekühlten Sechszylinders und die Zuverlässigkeit des Produkts aus Stuttgart voll zum tragen. Die Porsche-Werksfahrer der sechziger Jahre wie Pauli Toivonen (Finnland), Vic Elford (England) und Günther Klass (Deutschland) fuhren ungezählte Einzelsiege und eine Reihe von nationalen und internationalen Titeln heraus.
So kassierte das englische Team Vic Elford mit Beifahrer David Stone 1967 auf dem 2-Liter-911 S (170 PS) die Rallye-Europameisterschaft. Der damals international noch unbekannte Pole Sobieslav Zasada sicherte sich im selben Jahr den Titel eines Europa-Rallyemeisters bei den Serien-Tourenwagen mit einem Porsche 912.

Es folgten andere, nicht weniger spektakuläre Erfolge mit dem Porsche 911. Zum ersten Mal in der Geschichte des Motorsportes gewann ein Rennwagen mit einem in Serie hergestellten Automatic-Getriebe (»Sportomatic«) gleich beim ersten Einsatz ein internationales Rennen. Porsche gelang dies auf Anhieb bei den 84 Stunden »Marathon de la Route« auf dem Nürburgring. Die Piloten: Hans Hermann, Vic Elford und Jochen Neerpasch.
Ende 1967 legte Porsche für einen kleinen Kreis von Top-Privatfahrern – und natürlich auch für das Werk selbst – eine Kleinserie Wettbewerbswagen vom Typ 911 R (R = Racing) auf. Der 911 R war ausschließlich für den rennsportlichen Einsatz bestimmt und kostete ab Werk in der Grundausstattung 45000 Mark. Er wurde 19mal an Kunden verkauft, drei Wagen verblieben im Werk. Der »R« war ein auf dem Serien-Coupé aufgebauter Prototyp mit Carrera-6-Motor von 210 PS und wog dank vieler Kunststoffteile und einer extremen Magerausstattung 830 Kilo! Doch der 911 R blieb im Hintergrund. Werksseitig tauchte 1969 bei der Targa Florio noch einmal ein »R« auf. Eingebaut war ein Viernockenwellen-Sechszylinder-Motor. Es blieb, außer bei der »Tour de France«, bei diesem Werkseinsatz.
Zur gleichen Zeit liefen natürlich die serienmäßigen oder leicht frisierten Porsche-Serienmodelle im Renn- oder Rallyesport weiter. Dabei gab es zeitweise die eigenartige Situation, daß ein Modell als Tourenwagen (911 L/T mit 130 PS) und mit etwas mehr Leistung (160 PS, Typ 911 S) als Grand Tourisme homologiert war.
Als besonders erfolgreich erwies sich 1968 der Porsche-Einsatz auch auf dem Rallyesektor. Pauli Toivonen – meist ohne Teamunterstützung startend – gewann auf einem Werks-911 T die Rallye-Europa-Meisterschaft und die damals noch nicht offizielle Rallye-Weltmeisterschaft für die Zuffenhausener. Bei der »Monte« gab es einen Porsche-Doppelsieg auf dem Typ 911 T durch Vic Elford/David Stone und Pauli Toivonen/Martti Tiukkanen. Aufgrund der hervorragenden Plazierungen der Porsche- 911-Modelle bei Langstreckenrennen verlieh die FIA den Stuttgartern 1968 die »Internationale Konstrukteurs-Trophäe für Grand Tourisme Wagen«.
Mit Paukenschlägen begann auch die Saison 1969. In der Rallye Monte Carlo gab es einen Porsche-Doppelsieg durch das schwedische Team Björn Waldegaard/Lars Helmer und die französische Paarung Gerard Larrousse/Jean Perramond. Die Schweden setzten mit dem Sieg bei der rund vier Wochen nach der »Monte« laufenden Schweden-Rallye ein weiteres Glanzlicht. Das französische Team konterte mit einem Erfolg bei der Rallye »Neige et Glace«.

Der Einlauf beim Großen Preis der Tourenwagen 1969 auf dem Nürburgring ist typisch für die komplizierte Einreihung der Porsche-911-Typen in Homologationsgruppen. Gesamtsieger wurden damals die Holländer Gijs van Lennep/Toine Hezemans auf einem in der Gruppe 5 startenden Porsche. Fünfter wurden Kremer/Gall auf einem privaten 911, der allerdings in der Gruppe 2 lief und das Tourenwagen-Klassement gewann!
Die Erfolge addierten sich. Sobieslav Zasada gewann die 2110 km lange Polen-Rallye auf einem 911 T und die Franzosen Chasseuil/Ballot-Lena siegten als echtes Privatteam gegen prominente Werksteams beim 24-Stunden-Rennen in Spa-Francorchmaps/Belgien. Bei der »Tour de France« für Automobile dominierten dann zur Abwechslung wieder einmal der Werksfahrer Gerard Larrousse mit seinem neuen Beifahrer Maurice Gelin. Mit ihrem Porsche 911 R blieben sie nach sechs Etappen mit rund 5000 Kilometer von Nizza nach Biarritz siegreich. Auch die Korsika-Rundfahrt gewann der Franzose Gerard Larrousse, der seinen privat eingesetzten Werks-911 R vor den echten Werksteams von Alpine, Ford und Lancia ins Ziel brachte.
Bei der Rallye Monte Carlo von 1970 wiederholte sich der Einlauf von 1969 – wieder gab es einen Porsche-Doppelsieg! Björn Waldegaard gewann anschließend auch die Schweden-Rallye und die Österreichische Alpenfahrt. Als dann Larrousse bei der RAC-Rallye trotz Schwierigkeiten als Sechster ins Ziel kam, war für Porsche auch die Rallye-Marken-Weltmeisterschaft 1970 gewonnen. Das Erfolgsmodell war ein 2,2-Liter- Porsche 911 S mit 180 PS in der Rallye-Ausführung.
Mit Beginn der Saison '71 verlagerten sich die Erfolgsserien von den internationalen Rallyes mehr auf die Rundstrecken. Der auf 2,3 Liter erweiterte 911-S-Motor leistete gut 240 PS und überzeugte insbesondere in den Langstreckenrennen durch seine Zuverlässigkeit. So nimmt es nicht weiter wunder, wenn der Sieger des 1971 zum zweiten Mal ausgetragenen »Porsche Cup« aus dem Lager der 911-S-Rundstrekkenpiloten kam. Der Kölner Privatfahrer und Eigner einer Porsche-Reparatur- und Tuning-Werkstatt Erwin Kremer gewann in jenem Jahr u. a. die GT-Klassements bei den Marken-WM-Rennen in Monza, Spa und Nürburgring. Grand-Tourisme- Gesamtsiege gab es außerdem für ihn beim 500-km-Rennen auf dem Nürburgring, bei den 1000-km-Rennen in Paris und Barcelona, sowie bei den 6 Stunden von Jarama!
Werksseitig zog sich Porsche zusehends aus dem Serienwagen-Rennsport zurück. Man konzentrierte sich darauf, Sportwagen- und Prototypen-Entwicklung zu betreiben und den Privatfahrern dann eine konkurrenzfähige Variante des jeweils aktuellen Serien-Modelles anzubieten.

Die letzten werksseitig beschickten Rennen bzw. Rallyes mit 911-Modellen waren 1970 die »Tour de France« mit einem 260-PS-2,4-Liter-Motor und 790 Kilo leichten Wagen. Außerdem die »Safari-Rallye« mit einem 2,2-Liter-911 S und später Carrera RS, sowie die »Monte«, die allerdings nur noch halboffiziell über die Strecke ging.
Für den Kunden legte man Kleinserien auf »Band«, deren Basisentwicklung bei Porsche gemacht worden war. Der letzte echte 911 mit alter Karosserie wurde 1972 zum letzten Mal in einer speziellen Sportfahrer-Version auf den Markt gebracht. Der mit einem 2,5-Liter-Triebwerk bestückte und erleichterte 911 S mit 270 PS Leistung kostete ab Werk 49000 Mark. Doch schon als dieser 2,5-Liter seine erste Rennsaison anging, zeichnete sich ab, daß dieses Modell kaum längere Zeit dem Konkurrenzdruck standhalten würde. Die Tourenwagen-Streiter verfügten zunehmend über schnelleres Material – der Porsche 911 geriet ins Hintertreffen. Um diese Entwicklung zu bremsen, tauchte dann für die Saison 1973 ein neues Sportgerät für den Kunden auf, der Porsche Carrera 2.7 RS. Er fand ein Jahr später in dem Nachfolgemodell Carrera 3.0 RS eine würdige Fortsetzung.

Typ 911-2.0 »Monte«

Karosserie/Fahrgestell

Die Karosserie für die ersten Rallye-Monte-Carlo-Einsatzwagen war weitgehend identisch mit dem Serien-Modell. Die signalroten Wagen erhielten einen Beifahrersitz aus schwarzem Kunstleder mit Stoff und Kopfstütze. Der Fahrer agierte in einem Schalensitz aus dem Typ 356 C. Die Innenverkleidung war etwas spartanischer. Die Fronthaube wurde mit zusätzlichen Gummizügen fixiert. Fahrer und Beifahrer erhielten Sicherheitsgurte. Der Inhalt der Scheibenwaschanlage wurde durch einen zweiten Behälter verdoppelt. Die Heckscheibe erhielt eine Klarsichtscheibe verpaßt (»Antibeschlag«).
Hinten an der Karosserie wurde ein Abschlepphaken angeschweißt, außerdem eine Trittstange an der hinteren Stoßstange und zwei Griffe zum Festhalten. Für Utensilien gab es eine spezielle Kiste zwischen den Sitzen. Der Fahrer hatte eine extra angebrachte Fußstütze für den linken Fuß. Die Heizung arbeitete ohne Regler. Als Reserve war eine zusätzliche Tachowelle vormontiert und die Scheibenwischer lagen in der Endstellung nicht wie in der Serie vor dem Fahrerfenster, sondern auf der Beifahrerseite.

Ebenfalls eingebaut: Heckscheibenwischer, Tripmaster, leichteres Lenkrad (Holz) und ein 100-Liter-Benzintank. Weggelassen wurden der Teroson-Unterbodenschutz, die Antidröhnmassen und die Schalldämmatten.
Am Fahrwerk gab es folgende Modifikationen: Federbeine inklusive Stoßdämpfer von Boge, Stabilisator hinten, keine Bremsschutzbleche. Außerdem größere Bremszangen hinten, Rennbremsflüssigkeit, speziell gesichertes Gasgestänge mit Gaspedalanschlag, Luftschächte für vordere Bremsen.

Motor

Der serienmäßige 2-Liter-Sechszylinder-Motor mit 130 PS wurde durch leichtes Tuning auf knapp 160 PS angehoben. Dazu gehörten u. a.: Polierte Einlaßkanäle, möglichst kleiner Verdichtungsraum, andere Nockenwellen, kompletter Vergaserset mit polierten Saugrohren, Platinkerzen, anderer Abgasschalldämpfer, freie Entlüftung des Öltanks, erleichtertes Schwungrad, präparierte Lichtmaschine und Zündkerzenstecker.

Kraftübertragung

Serien-Fünfgang-Getriebe mit kürzerer Übersetzung für die Rallye Monte Carlo. Die Kupplung wurde der etwas höheren Belastung durch einen anderen Belag angepaßt und die Getriebeschubwelle vom Typ 904 übernommen. Ein ZF-Sperrdifferential war ebenfalls eingebaut.

Erfolgreiche Rundstrecken-Einsätze auf dem Nürburgring (unten) und in Spa (rechts)

Ein Vierteljahr nach Produktionsbeginn gab es für den 911-2.0 die Rallye-Premiere

Linge/Falk im Porsche 911-2.0: Erster Test bei der Rallye Monte Carlo 1965

Typ 911 S-2.0 »Rallye«

Karosserie/Fahrgestell

Auch der 911-S-2.0 blieb in seiner Rallyeversion – erstmals 1967 eingesetzt – dem Serientyp recht nahe. Die vom Werk eingesetzten poloroten 911 S mit schwarzer Innenausstattung erhielten eine beheizte Heckscheibe mit Scheibenwischer, Catacolor-Rundumverglasung und für den Beifahrer einen Liegesitz mit »Schlummerrolle« (Kopfstütze), sowie für den Fahrer einen Schalensitz. Es entfielen: die vorderen Stoßstangenverstärkungen, Nebellampen, Notsitzrücklehnen, Antidröhnmasse (die Karosserieunterseite wurde nur schwarz gestrichen!), Schalldämmmatten und Velourteppiche.

Eingebaut waren dafür: Ein 100-Liter-Benzintank, Außenthermometer, etwas geänderte Instrumente, vorn Versuchsbremsen (andere Druckkolben), hinten wie Serie. Die Bremsanlage erhielt Racing-Bremsflüssigkeit; das Fahrwerk Federbeine und Koni-Stoßdämpfer wie es sie für den Typ 912 auf Sonderwunsch gab. Das Gasgestänge wurde wieder speziell gesichert.

Motor

Die Leistung am Motortyp 2000 S wurde mit einem Umbausatz von 160 PS auf etwas über 170 PS angehoben. Dazu nahm man Lufttrichter mit 34 mm Durchmesser, größere Luftkorrekturdüsen, Kerzen mit höherem Wärmewert, spezielle Vergaserabdeckungen und einen fast offenen Auspufftopf.

Kraftübertragung

Das Serien-Fünfgang-Getriebe wurde für den Rallyebetrieb kürzer übersetzt. Das Sperrdifferential und die Antriebswellen kamen von Typ 904.

 Toivonen bei der Castrol-Rallye 1968: 911-S-2.0-Einspritzung und langer Radstand

Porsche 911 S-2.0: Französisches Team bei der Rallye Lyon–Charbonnieres 1969

»24 h von Spa« 1969: Es gab einen Gesamtsieg durch Chasseuil/Ballot Lena auf 911-2.0

Typ 911 R-2.0

Karosserie/Fahrgestell

Die kleine Sonderserie für den 911 R (R = Racing) wurde bei der Stuttgarter Karosseriefirma Karl Baur in Zusammenarbeit mit Porsche gefertigt. Die Blechdicke bleibt wie Serie, dafür sind Deckel- und Türscharniere aus Aluminium und Türen, Haubendeckel, die vorderen Kotflügel und beide Stoßstangen aus Kunststoff. In den Schweller werden die Ölleitungen von dem unter dem vorderen rechten bzw. linken Kotflügel stehenden Ölkühler zum Motor und zurück geführt. Vorn waren keine Kotflügelwülste erforderlich, jedoch wurde der innenliegende Falz abgeschliffen. Hinten wurden die Kotflügel etwas nach außen getrieben, zur Aufnahme der breiteren Felgen.

Die Windschutzscheibe war nur 4 mm dick. Die Türfenster aus Plexiglas, 2 mm dick. Sie hatten Klappfenster wie der Porsche 906. Die Fondseitenscheiben waren ebenfalls aus 2 mm starkem Plexiglas mit Kiemen und Wasserablauf. Aus Plexidur (2 mm) war die Heckscheibe.

Eingebaut wurden zusätzlich bzw. gegenüber der Serie an anderer Stelle montiert: Der Öltank aus Alu wanderte vor die Hinterachse, wobei die Befüllung und Belüftung von der Seite (rechts) erfolgte. Sportsitze in spezieller Anfertigung wurden von der Firma Scheel angeliefert. Die Hecksitzlehnen fielen weg. Eine Fremdheizung gab es nur auf Sonderwunsch. Die Sonnenblende fehlte auf der Beifahrerseite. Der 100-Liter-Kraftstofftank (wahlweise Stahl- oder Kunststoff) wurde über einen Mittelstutzen betankt. Die Elektrik blieb nahezu wie beim 911 S-Serie. Die Schalttafel präsentierte sich jedoch in Magerausstattung. Es fehlten der Ascher und Zigarettenanzünder, auch gab es nur noch drei Instrumente (Drehzahlmesser, Tachometer und Kombi-Instrument), eine Kontrolllampe für die Benzinstandsanzeige in der Mitte der Schalttafel, ein Monza-Lenkrad (ohne Hupenknopf, der wanderte an die Schalttafel!) und eine Lenksäulen-Kombination mit Zündschloß ohne Lenkschloß.

Wurde eine andere als die serienmäßig vorgenommene weiße Lackierung gewählt, mußte der Kunde dies mindestens drei Wochen vor Fertigstellung schriftlich bekanntgeben.

Das Fahrwerk blieb nahezu serienmäßig, so u. a. die Stoßdämpfer, die Stabilisatoren und die Federstäbe vorn. Hinten maßen die Federstäbe 22 mm im Durchmesser. Die Bremszangen für die vier Scheibenbremsen wurden der höheren Leistung angepaßt. Als Bremsflüssigkeit mußte »Girling Racing Brake Fluid« verwandt werden. Die Räder waren in der Serienausstattung vorn 6 Zoll und hinten 7 Zoll breit.

Motor

In die Fahrzeuge wurde der Motortyp 901/22 eingebaut. Dieser Sechszylinder entsprach in seinem Grundaufbau dem Serien-Triebwerk vom 911-S-2.0. Der Sechszylinder hat eine achtfach gelagerte Kurbelwelle, die geschmiedet ist. Leistung des R-Triebwerkes: 210 PS bei 8000 U/min. Die Zylinderköpfe sind aus Leichtmetall, die Laufflächen der Zylinder hartverchromt. Der Nockenwellenantrieb erfolgt über Ketten. Zwei elektrische Benzinpumpen fördern den Kraftstoff zu den zwei Weber-Dreifach-Vergasern vom Typ 46 J. Trockensumpfschmierung. 12-Volt-Drehstrom-Lichtmaschine mit 840 Watt Leistung und verlängerter Achse zum Antrieb des Axialgebläses. Zündanlage teiltransistorisiert und als Doppelzündung ausgeführt (zwei Zündkerzen pro Zylinder).

Kraftübertragung

Fünfgang-Getriebe mit Nürburgring-Übersetzung eingebaut und wahlweise zwei weitere Getriebevarianten. Außer dem 7:31-Teller-Kegelrad gab es noch ein 6:32. Die Antriebswellen waren vom 906-Getriebe und das Sperrdifferential hatte Nadella-Wellen. Die Einscheiben-Trockenkupplung war speziell bearbeitet.

856 Porsche 911 R-2.0. Erste Ausführung der Sonderserie »R« (Racing) mit nur 830 Kilo

Seitenansichten der Porsche 911 R. Verkaufsausführung (oben) und Prototyp (unten)

858 Türen, Haubendeckel, vordere Kotflügel und beide Stoßstangen waren aus Kunsstoff

Gerard Larrousse mit einem Porsche 911 R bei der »Tour de France« 1969

»Tour de Corse«-Rallye 1969: Am Start ein Werks-911-R mit Viernockenwellen-Motor

Sechszylinder-Motor mit Viernockenwellen, 220 PS (1991 cm^3 Hubraum) und Saugrohreinspritzung oben.

Porsche 911 R mit Sportomatic. Gewinner der »84 h Marathon de la Route« 1969

Typ 911 S-2.2/2.3

Karosserie/Fahrgestell

Ab der Renn- und Rallyesaison 1970 wurde bevorzugt der Porsche 911 S-2.2 eingesetzt. Während in der Rallye-Ausführung (z. B. für die Safari-Rallye) das Serien-Triebwerk nahezu unverändert im Heck des 911 S verblieb, erweiterte man für den Rundstrecken-911 den Hubraum um 52 cm^3 und steigerte die Leistung von 180 PS auf 240 PS. Der Renn-Porsche 911 S (intern »ST« genannt), unterschied sich in folgenden Punkten vom Serientyp: Dünnblechteile beim Dach, bei den Fondseitenteilen links und rechts, bei der Sitzmulde und dem Sitzmulden-Oberteil. Bei der Karosserie wurden außerdem weggelassen: Rastenblech auf dem Tunnel, sämtliche serienmäßigen Aufnahmepunkte für Gurtbefestigung, Motorheizungs-Luftführungen, Aschergehäuse, Handschuhkastendeckel und die Rohre für Deckelzüge vorn und hinten. An den Stoßstangen wurden die Zierleisten entfernt, ebenso an den Türen. Die Schlösser für vordere und hintere Haube entfielen genauso wie die Dekkel für die Nebellampen, Stirnplatten vorn, Federdeckel und die Sonnenblende für den Beifahrer. Die Karosserie wurde nicht »verputzt« und verlötet, es fehlte der Unterbodenschutz, die Formmatten und Schmelzfolien. Die Lackierung wurde so einfach – sprich dünn – wie möglich gehalten.
Zu dieser Einfach-Ausstattung konnte der Kunde noch folgende Veränderungen zusätzlich vornehmen: Kunststoffteile für vordere Haube, Stoßstange vorn und hinten und Kotflügelverbreiterung vorn; Alu-Türen, wobei das Innenblech 0,75 mm dick aus Stahl war. Plexiglas konnte eingebaut werden für Heckscheibe, Türscheiben, Türdreieckscheiben und Fondseitenscheiben.
Zur Versteifung gab es eine Querstange zwischen den Kotflügeln unter der Fronthaube. Auf Wunsch einen Rallye- oder Rundstreckentank, der durch die Haube betankt werden konnte und 80 bzw. 110 Liter faßte. In der Standardausstattung gab es den Benzintank nur mit 62 Liter Fassungsvermögen und Betankung durch den Kotflügel. Scheibenbremsen an allen vier Rädern. Geschmiedete LM-Felgen die 6″ bzw. 7″ beim Rallyeeinsatz breit sind, und 7″ bzw. 9″ bei Rundstreckenrennen. Auf Wunsch im ST-Angebot: Zusatzheizung (nur Rallyes), Lüftungsgebläse, zwei Recaro-Sportsitze, Klebeband über Zierleistenlöcher (!), magere Innenausstattung, dünnere Frontwindschutzscheibe, leichtere Knieschutzleiste, Gummihaubenhalter vorn und hinten, zweite Batterie (nur Rallyes), Alu-Überrollbügel, Hosenträgergurte, 15″-Faltrad und Kotflügelverbreiterung aus Stahl an der Hinterachse.

Für Langstrecken-Rallyes wie z. B. die Safari-Rallye kamen 911 S folgender Ausstattung zum Einsatz: Die abgemagerte Serienkarosserie wurde durch Verwendung von Kunststoff weiter erleichtert. Stoßstangen vorn und hinten aus Kunststoff, ebenso die vordere Haube. Alle Scheiben – nicht Frontscheibe – waren aus Plexiglas. Der Beifahrer erhielt einen Sportsitz, der Fahrer einen Schalensitz von Recaro. Weiteres Zubehör: Leselampe, Speedpilot, Anschluß für Handlampe, Fanfaren, Plexiabdeckung der Zusatzlampen, alle Scheinwerfer 100-Watt-Birnchen, große Kartentasche, Werkzeugtasche an der Rückwand, drei Wagenheber, großes Rallyewerkzeug, Schlüssel für vorderen Stoßdämpferwechsel, zwei Feuerlöscher, Feuerlöschanschluß für Kupplung, normaler, aber ausgeräumter Auspuff, zusätzlich mit Gitter gesicherter Öltank und Spritzlappen hinten.
Das Serien-Fahrwerk wurde wenig verändert. An der Vorderachse übernahm man den Seriendrehstab. Der Stabilisator war 15 mm im Durchmesser; die Vorspur betrug 0°, der Sturz –30'. Die Dämpferbeine übernahm man von Koni und montierte verschiedentlich Bremszangen vom Renntyp 908.02. An der Hinterachse kam ein 23-mm-Drehstab zum Einbau, der Stabi war 16 mm dick. Die Federstrebeneinstellung übernahm man original von der Serie. Vorspur 0°, Sturz –1°30'', außerdem: Koni-Dämpfer, Bremssattel aus Alu und Radnaben mit verlängerten Bolzen.
Für den Safari-Rallyewagen gab es noch zusätzliche Änderungen. Koni lieferte stärkere Stoßdämpfer, die »Tropenausführung«. Verstärkt wurden an der Vorderachse der Dreieckslenker, Lenkung und Spurstangen. Der vordere Drehstab wurde in der 20- oder 21-mm-Durchmesser-Ausführung eingebaut. Die Hinterachse und Hinterachsführung verstärkte man ebenfalls. Die Bremsleitungen wurden nicht wie bei der Rennversion zusätzlich umwickelt. Die vorderen Stoßdämpfer erhielten eine Abstützverstärkung und die Vorder- sowie Hinterachse einen Alu-Unterschutz. Zur Reserve wurden ein zweites Kupplungsseil und Gaszug verlegt und der Zahnriemen eingekapselt.

Motor

Für Rallyeeinsatz wie Serie mit 2195 cm^3 und 180 PS bei 6500 U/min. Für die Rennversion bohrte man die Zylinder um einen Millimeter weiter auf und erhielt so 2247 cm^3 Hubraum bei gleichem Hub. Bei einer Verdichtung von 10,3:1 leistet das Aggregat 240 PS bei 7800 U/min. Das Kurbelgehäuse ist aus Magnesium-Druckguß. Die Zylinder hatten eine Chromal-Lauffläche und der Zylinderkopf ist aus Leichtmetall. Die aus Stahl geschmiedete Kurbelwelle ist achtfach gleitgelagert. Ebenfalls aus Stahl sind die Pleuel, die auch gleitgelagert sind. Trockensumpfschmierung. Zwei elektrische Benzinpumpen. Die Einspritzung übernimmt eine 6-Stempel-Doppelreihenpumpe von Bosch, die auch die Doppelzündanlage fertigten.

Kraftübertragung

Fünfgang-Getriebe mit Ausgleichsgetriebe in einem Gehäuse. Verschiedene Übersetzungen je nach Rennstrecke. Das Ausgleichsgetriebe hat spiralverzahnte Kegelräder. Lamellen-Sperrdifferential. Der Achsantrieb wird über Doppelgelenkwellen mit Längenausgleich vorgenommen; die Leistung über eine Einscheiben-Trockenkupplung weitergegeben (verstärkte Ausführung).

Porsche 911 ST-2.2. Dieses Modell war eine erleichterte Serienversion des 911 S-2.2

Das Basismodell wurde auf Kundenwunsch mit Kunststoff- und Plexiteilen geliefert

Bei der »RAC-Rallye« in England 1970 brachte G. Larrousse einen »ST« auf Platz fünf

In der Rundstreckenversion wurde der Hubraum bis auf 2,3 Liter (240 PS) erweitert

Mit einem 2,2-Liter-ST-Rallye (180 PS) gewannen Waldegaard/Helmer die Alpenfahrt

1970 erfolgreich: Sieg bei der Schweden-Rallye (oben); Zweiter bei der »Monte« (unten)

Typ 911 S 2.4 (Tour de France)

Karosserie/Fahrgestell

Die Bodengruppe, der Aufbau und die hinteren Kotflügel entstammen nach wie vor der Serie. Allerdings fehlt jegliches Isoliermaterial. Seiten- und Heckscheiben aus Plexiglas. Die vorderen Kotflügel, die Türen, Hauben und Stoßstangen sind aus Kunststoff. Im Inneren des Wagens wich jeglicher Hauch von Luxus dem Renntrimm. Alle nichttragenden Teile wurden erleichtert und zum Teil aufgebohrt. Extrem leichte Schalensitze kamen zum Einbau und die hintere Sitzeinrichtung fehlt vollkommen.

Am Fahrgestell und an der Aufhängung veränderte man nichts Wesentliches. Nur vorn ist eine zusätzliche Rohrverstärkung, zur Aufnahme der oberen Aufhängungspunkte für die Koni-Dämpfer angebracht. Die vorderen LM-Felgen sind 7″×15″, die hinteren 9″×15″ breit, und stammten von der englischen Firma Minilite.

Aus der Serie sind die zwangsentlüfteten Bremsen, welche allerdings mit Rennbelägen ausgerüstet sind. Fahrfertiges Gewicht: 789 Kilo!

Motor

Ein größerer Unterschied ist jedoch beim Motor des »Tour de France«-Wagens spürbar. Dieser wurde von 84 auf 85 mm aufgebohrt und der Hub von 66 auf 70,4 mm erhöht. Der neue Hubraum beträgt 2395 cm^3. Die Pleuel sind aus Titan. Die Einspritzanlage muß zwei Weber-Dreifach-Vergasern weichen. Die Verdichtung liegt bei 10,3:1 und die Zündung ist transistorisiert. Überarbeitet ist u. a. die Ventilsteuerung und der Auspuff bläst fast ohne Dämm-Material ins Freie. Dreht man den Sechszylinder bis 8000 U/min, so ergeben sich laut Drehzahldiagramm 245 PS und im fünften Gang 243 km/h Höchstgeschwindigkeit!

Kraftübertragung

Das Serien-Fünfgang-Getriebe ist in den ersten vier Gängen recht eng abgestuft. Nur der fünfte Gang bleibt lang. Als Achsantriebs-Übersetzung wählte man 7:31. Die Kupplung ist gegenüber der Serie verstärkt, hält jedoch den Beanspruchungen des 245-PS-Aggregates noch stand. Dazu gibt es ein 40%iges Sperrdifferential.

Bei der »Tour de France« 1970 startete ein erleichterter 911 ST (780 kg) mit 2,4 Liter

Larrousse fuhr den Prototyp mit dem 245-PS-Motor (243 km/h!) auf den zweiten Platz

Typ 911 S-2.2 (Safari)

Karosserie/Fahrwerk

Der Aufbau von Karosserie und Fahrwerk ist weitgehend mit dem serienmäßigen Porsche 911 S-2.2 identisch. Für den »East African Safari«-Wagen gab es folgende Änderungen: Im Innenraum befindet sich auf der Beifahrerseite eine Leselampe, Twinmaster, zweiter Betätigungsknopf (am Boden) für die außenliegende Preßluft-Fanfare und Ablage für Landkarten. Sonstige Unterscheidungsmerkmale: Sicherheits-Hauptschalter im Wagen (auch außen auf dem Kotflügel), Reserve-Zündanlage, Zusatzscheinwerfer (Weit und Breit), zwei Wagenheber, Radkreuz, Flaschenzug, Pannenkoffer, Feuerlöscher, Spezial-Werkzeug, teilgepolsterter Überrollbügel, Hosenträgergurte für Fahrer und Beifahrer.

Das Serienfahrwerk, hier ausgerüstet mit Spezial-Bilstein-Dämpfern, ist höher gestellt. Unter dem vorderen linken Kotflügel ist ein zusätzlicher Ölkühler angebracht. Ein Unterbodenschutz aus Aluminium schützt Vorderachse, Hinterachse, Motor und Getriebe. Der Öltank ist speziell geschützt, außerdem sind Reserveölleitungen verlegt. Unter dem Bug befindet sich ein 100-l-Benzintank und ein 20-l-Reservetank (fest installiert). Die Benzinpumpen – zwei ständig in Betrieb und eine in Reserve – sind eingebaut. Die maximale Geschwindigkeit ist auf 180 km/h ausgelegt.

Motor

Serienmäßiger 911 S mit 180 PS bei 7200 U/min.

Kraftübertragung

Serienmäßiges Fünfgang-Getriebe mit Monte-Carlo-Übersetzung (Spitze: 180 km/h). Das Differential hat eine 40%-Sperre.

Porsche 911 S-2,2 »Safari«. Unter dem Bug: 100-l-Tank mit separatem Reservetank

Im Aufbau von Karosserie und Fahrwerk weitgehend mit dem Serien-911 S identisch

Der Porsche 911 S-2.2 bei der Safari-Rallye 1971 unter dem Schweden Aake Andersson

Typ 911 S-2.5

Karosserie/Fahrgestell

Die Karosserie ist weitgehend identisch mit dem Serien-911. Die Innenausstattung (schwarz) ist vereinfacht, für Fahrer und Beifahrer gibt es Schalensitze. Die Kotflügel sind vorn und hinten ausgestellt. Die vordere Stoßstange ist aus Kunststoff und mit einem Spoiler versehen. Dach- und Innenverkleidung sind aus schwarzem Filz. Das nur 380 mm im Durchmesser messende Lenkrad ist mit Leder aufgepolstert. Der Drehzahlmesser reicht bis 10000 U/min. Unter der Fronthaube befindet sich ein 110-Liter-Benzintank mit einem großen Einfüllstutzen.
Radaufhängung: vorn Einzelradaufhängung an Dreiecksquerlenkern und Dämpferbeinen, hinten Einzelradaufhängung an Längslenkern. Federung und Dämpfung übernehmen längsliegende Drehstäbe und Dämpferbeine. Hinten liegen die Drehstäbe quer, dazu kommen doppelwirkende hydraulische Teleskopdämpfer. Zudem gibt es vorn und hinten auswechselbare Stabilisatoren. Hydraulisch betätigte Scheibenbremsen an allen Rädern, Zweikreissystem, vorderer und hinterer Kreis getrennt. Sportbremsbeläge und Racing-Bremsflüssigkeit. Das gesamte Fahrwerk ist tiefergelegt und steht vorn auf 7″-Felgen (Reifen 4.75/10.00-15) und hinten auf 9″-Felgen (Reifen 4.30/11.60-15).

Motor

Der serienmäßige 2,4-Liter-Motor des Porsche 911 S ist im Rahmen des internationalen Sportgesetzes umgebaut und auf höhere Leistung gebracht. Die Modifikationen umfassen folgende Punkte: Kurbelgehäuse, Kurbelwelle und Pleuel bleiben serienmäßig. Die Leichtmetallzylinder sind so aufgebohrt, daß der Gesamthubraum jetzt 2492 cm^3 beträgt. Eingebaut sind Rennkolben, Zylinderköpfe mit großen Ventilen und feinbearbeiteten Ein- und Auslaßkanälen. Der Motor wird entweder mit Weber-Vergaser Typ 46 IDA oder Bosch-Benzineinspritzung geliefert. Weitere Änderungen: Renn-Nockenwellen, Rennauspuffanlage, Sportkupplung und Transistor-Doppelzündung. Als Leistung wird werksseitig 270 PS bei 8000 U/min angegeben, wobei sich das maximale Drehmoment mit 26,5 mkp bei 6300 U/min einstellt.

Kraftübertragung

Das Fünfgang-Getriebe bleibt serienmäßig, aber alle Radpaare sind austauschbar. Die Hinterachse ist 7:31 übersetzt, mit Sperrdifferential. Das Getriebe wird mit einer separaten Ölpumpe geschmiert. Der Antrieb erfolgt über Doppelgelenkwellen mit Längenausgleich.

Die Karosserie des Porsche 911 S-2.5 basierte auf den Serien 911 mit 2,4-Liter-Motor

Die Kotflügel sind vorn und hinten ausgestellt, die Stoßstange aus Kunststoff etc.

Renn-Porsche 911 S: Der auf 2,5 Liter aufgebohrte Motor brachte 270 PS

Vor dem kleinen Frontspoiler ist bei diesem 911 S der Motorölkühler montiert

Bei der Rallye Monte Carlo 1972 traten zwei Porsche 911 S-2.5 mit Fremdsponsor an

Die »Monte«-Wagen waren nach bewährtem System vorbereitet – der Sieg blieb aus

911

Baujahr	Modell Karosse	Modell Typ	Fahrgestell-Nr.	Motor-Typ	Getr.-Typ	Zyl.	Bohrung x Hub	Hubraum	DIN-PS bei U/min.	mkp bei U/min.	Verdtg.	Radstand	Spur vorn/hinten	Länge	Gewicht
1965	Coupé	911-2.0 „Monte"	303075-076 303085	901/02	902/2	6	80 x 66	1991	160/6600	18,2/5200	9,8:1	2211	1367/1339	4163	1030
1967	Coupé	911S-2.0 „Rallye"	306655S-657S	901/30	901/30	6	80 x 66	1991	170/7300	18,5/5200	10:1	2211	1367/1339	4163	1030
1967	Coupé	911R-2.0	307670-671/ 305876 11899001R-118990019R	901/22	901/54 901/50 901/53	6	80 x 66	1991	210/8000	21/6000	10,5:1	2211	1370/1370	4100	800
1970	Coupé	911S-2.2 2.2 „Rallye"	9110300001-0003 9110300949-0950	911/02	901	6	84 x 66	2195	180/6500	20,3/5200	9,8:1	2268	1374/1355	4163	960
1970	Coupé	911S-2.3	9110300001-0003	911/20	901	6	85 x 66	2247	240/7800	23/6300	10,3:1	2268	1374/1355	4163	840
1970	Coupé	911S-2.4 „Proto"	911030949	911/21	901	6	85 x 70,4	2395	260/8000	25/6500	10,3:1	2268	1402/1421	4100	790
1971	Coupé	911S-2.2 „Safari"	9111300637 9111300683 9111300612 9111300589 9111300561	911/02	901	6	84 x 66	2195	180/6500	20,3/5200	9,8:1	2268	1374/1355	4163	980
1972	Coupé	911S-2.5	9112300041/047	911/73	915	6	89 x66	2466	270/8000	26,5/6300	10,3:1	2271	1402/1421	4147	960
				911/70		6	86,7x70,4	2492	270/8000	26,5/6300	10,3:1				

Porsche Carrera 2.7/934 Turbo

Ein neues Auto mit einem traditionsreichen Typennamen wurde gleich in seiner ersten Rennsaison zu einem Hit: Der Carrera RS, ein gut 900 Kilo schwerer Porsche 911. Bereits am Ende der Saison konnten Privat- und Werksfahrer auf diesem Typ drei internationale und sieben nationale Meisterschaften in aller Welt verbuchen.
In seiner Kategorie, der Grand-Tourisme-Gruppe, fand der Porsche Carrera RSR bald keine Gegner mehr. Die Rennen um die Europa-Meisterschaft für diese Rennwagen gerieten 1973 zu einem Porsche-Festival. Nichts destoweniger gab es spannende Rennen mit großen Feldern gleichwertiger Wagen. Die meist privat eingesetzten Gruppe-4-Carrera machten die Rennen der GT-Europa-Meisterschaft unter sich aus. Mit zwei Ausnahmen: Die Läufe in Imola und Hockenheim gewann jeweils ein Werks-Pantera von De Tomaso unter Mike Parkes bzw. Clay Regazzoni. Punktegleich wurden dem Deutschen Clemens Schickentanz und dem Franzosen Claude Ballot-Lena das Championat zugesprochen. Bei der Europa-Bergmeisterschaft sicherte sich der 58jährige Sepp Greger auf seinem Porsche Carrera RSR das GT-Klassement.
Zur Erprobung des Carrera RS 2.7 auch auf staubigen Rallye-Pfaden setzte Porsche zwei Werkswagen bei der überaus strapaziösen Safari-Rallye ein. Beide Wagen scheiterten nur an Kleinigkeiten. Weder die Schweden Waldegaard/Thorszelius noch die Polen Zasada/Bien erreichten das Ziel. Mit einem der Safari-Wagen fuhr wenig später der Finne Leo Kinnunen in seiner Heimat die 1000-Seen-Rallye und wurde Gesamtdritter. Aber es blieb schließlich einem Privatteam vorbehalten, die Rallyequalitäten des Carrera RS unter Beweis zu stellen. Der 34jährige Hotelier Gerd Behret gewann mit seinem Beifahrer Willi-Peter Pitz die Deutsche Rallye-Meisterschaft. Mit sieben Klassensiegen und drei Gesamtsiegen sicherten sich Behret/Pitz diesen umkämpften Titel.
Insgesamt verhalf der Carrera RS in seinem ersten Rennjahr sieben nationalen Meistern zu Titelehren. Hervorzuheben ist der Sieg des Amerikaners Peter Gregg in der TransAm-Serie, die der Tourenwagen-Mei-

sterschaft europäischer Prägung nahekommt und zwischen Camaro-, Corvette- und Porsche-Fahrern heiß umstritten war. Gregg holte auch noch die amerikanische GT-Meisterschaft, das sogenannte IMSA-Championat.

In der Saison 1974 dominierten auf den internationalen Rennstrecken in fast aller Welt die zwei Kölner Porsche-Privatteams von Erwin Kremer und Georg Loos. Loos kommt dabei das zusätzliche Verdient zu, daß er mit Tim Schenken, Jody Scheckter und Arturo Merzario neue und gute Namen in den GT-Sport brachte. Durch den beinahe regelmäßigen Gewinn der GT-Wertung in den Rennen der Marken-Weltmeisterschaft fiel dann auch der FIA-Pokal für Grand Tourisme an das Haus Porsche.

Mit einem Werkswagen unternahm Porsche bei der Safari-Rallye noch einmal einen Vorstoß. Die Schweden Björn Björn Waldegaard und Hans Thorszelius führten dann auch bis kurz vor dem Ziel souverän. Es war ihr Pech, daß der einzige ernsthafte Fahrwerksdefekt sie bei Nacht und schwerem Wolkenbruch ereilte. Die Reparatur nahm soviel Zeit in Anspruch, daß es für sie nur noch zu einem zweiten Platz reichte. War dieses Einsatzauto noch immer weitgehend mit dem Carrera RS 2.7 von 1973 identisch, so rannten auf der Rundstrecke bereits die neuen Carrera-Modelle, die Carrera RS bzw. RSR 3.0.

Spannende Rennen gab es wieder bei den Läufen zur Europa-GT-Meisterschaft. Die meisten Punkte sammelte wie im Vorjahr John Fitzpatrick, der die Carrera RSR von Kremer und Loos meist siegreich ins Ziel fuhr. Auch das GT-Championat bei der Europa-Bergmeisterschaft fiel erneut an Porsche. Dieses Mal gewann der Bergspezialist Anton Fischhaber. Ebenfalls wie 1973 holte der Amerikaner Peter Gregg zwei nationale Titel auf dem Carrera.

Noch spannender verlief die 75er-Saison für die Porsche-Carrera-Fabrikate. Schuld daran war die IMSA-Serie in Amerika. Durch die Beteiligung von BMW-Werkswagen und Formel-1-Piloten wollten die Bayern den Schwaben den Titel abjagen, den Porsche-Privatfahrer in der fünfmaligen Austragung fünfmal gewonnen hatten! Auch der US-Autogigant General Motors empfand die Dominanz der Stuttgarter Sportwagen in dieser Rennserie mehr und mehr als störend und sorgte indirekt dafür, daß die Chevrolet-Typen Corvette, Camaro und Monza immer schneller und standfester wurden. Doch die Porsche-Piloten dominierten weiterhin. Insbesondere Peter Gregg (bereits dreimal Sieger dieser Meisterschaft!) und sein zweiter Fahrer Hurley Haywood. Porsche-Fahrer gewannen acht von insgesamt 14 Läufen; die BMW-Werks-Coupé rollten fünfmal als Sieger über die Ziellinie; einmal blieb eine Chevrolet-Corvette siegreich. Als am Ende addiert wurde, hatte Peter Gregg zum

vierten Mal die IMSA-Meisterschaft gewonnen, und zwar immer auf Porsche-Typen! Platz zwei und drei gingen ebenfalls an Porsche-Fahrer, erst dann folgte Hans Stuck auf einem BMW-Coupé.
Für den Carrera RSR mit 3 Liter (am Ende der Saison rund 345 PS) gab es noch weitere Titel, so u. a.: Europa-GT-Meisterschaft mit dem Deutschen Hartwig Bertrams, die Europa-Bergmeisterschaft für GT-Wagen mit dem Schweizer Jean-Claude Bering, erneut den Marken-Weltpokal für GT-Wagen und die deutsche Rallye-Meisterschaft durch Reiner Altenheimer/Hanno Menne auf einem Serien-Carrera RS.
International war mit dem Ende der Saison 1975 auch das Ende der Carrera-Ära gekommen, die nur knapp drei Jahre gedauert hat. Denn für die Saison 1976 bietet Porsche seinen Privatkunden einen neuen Knüller an: Eine Rennversion von Deutschlands schnellstem Serien-Sportwagen, dem Porsche Turbo (Typ 934). Wer international ganz vorn mitmischen will, muß diesen 485-PS-Renner aus Zuffenhausen kaufen, auch wenn der Stückpreis 108000 Mark beträgt. Seine richtige Rennpremiere hatte der Porsche-934-Turbo, wie auch so viele andere Porsche-Renntypen vor ihm, beim 24-Stunden-Rennen in Daytona/USA. Anfang Februar 1976 mischte im Feld der amerikanischen Tourenwagen und Stock Cars, sowie drei 480-PS-BMW-Werks-Coupé und ungezählten Carrera RSR, auch ein einziger Turbo mit. Die Deutschen Sepp Greger/Egon Evertz und Helmut Lässig lagen lange Zeit auf Rang vier bzw. fünf, bis nach einem Ölkühlerschaden als Folge eines Ausrutschers der Motor defekt ging. Doch dieser Aufgalopp konnte überzeugen. Der Porsche-Turbo knüpft an die Erfolgs-Ära der »normalen« Carrera der Jahre 1973 bis 1975 an.

Typ Carrera 2.8 RSR

Karosserie/Fahrgestell

In der Basisversion, als Carrera 2.7 RS, wurde das sportliche Modell über 1000mal verkauft, aber nur 49 Exemplare wurden zu echten Rennversionen umgebaut. Trotzdem errangen die Fahrer dieser Renn-Carrera weltweit vielbeachtete Erfolge.
Der Aufbau des RS und RSR war im Prinzip wie beim Serien-911-S mit 2,4 Liter und 190 PS. Um aber auf ein konkurrenzfähiges Verhältnis zwischen Gewicht und Leistung zu kommen, magerte man den Carrera kräftig ab. Bei nichttragenden Karosserieteilen verwandte man dünne-

res Blech. Im Gegensatz zu früheren Jahren sah man aber von der großzügigen Verwendung von Kunststoffteilen ab. Einzig die beiden Stoßstangen sind aus dem leichten Material, während der 85-Liter-Tank aus Kunststoff ist (Rundstreckenversion: 110 Liter mit Zentralbetankung durch die Fronthaube). Die Kotflügelverbreiterungen (hinten allein sieben Zentimeter mehr als beim 911 S) sind aus Stahl. Es fehlen Dämmatten, man verarbeitete weniger Zinn, nahm spartanisch ausgestattete Polyester-Schalensitze für Fahrer und Beifahrer, ließ die Notsitze ganz weg und vereinfachte die Türschlössermechanismen. Anstelle der sonst üblichen zwei Batterien in den vorderen Radkästen gab es nur noch deren eine. Das Serienfensterglas wurde gegen leichteres, aber auch teureres Spezialglas ausgetauscht. Der Innenraum ist mit schwarzem Filz ausgeschlagen, nackte Türtafeln verkleiden die Türen von innen, die über einfache Zugriffe aus Leder betätigt werden.
Der vordere Heckspoiler ist zur Aufnahme eines Ölkühlers für die Rennversion vorbereitet. Am Heck befand sich ebenfalls ein Spoiler, der sogenannte »Birzel«. Er brachte Geschwindigkeit, Richtungsstabilität und ein verbessertes Gesamthandling.
Beim Fahrwerk verblieb der Aufbau wie beim 911-2.7-Liter. Nur an der Hinterachse wurde folgendes geändert: Die Anlenkpunkte – in der Serie aus Gummi – waren aus Delrin und in Unibalgelenken geführt. Auch die vordere Federung übernahm man vom Serien-911, allerdings kam eine Zusatzfeder zum Einbau. An der hinteren Federung kam ein Drehstab mit 26 mm Durchmesser zum Einbau und ebenfalls eine Zusatzfeder. Vorderer bzw. hinterer Stabilisator waren verstell- und auswechselbar. Die Stoßdämpfer arbeiteten nach demselben Prinzip wie die Seriendämpfer, hatten allerdings eine wesentlich härtere Abstimmung.
Die Bremsanlage basierte im wesentlichen auf der Ausführung wie sie beim Porsche 917 für Kurzstreckenrennen eingebaut war. Die Scheiben waren innenbelüftet und zusätzlich gelocht. Montiert waren Alu-Bremszangen und Sportbremsbeläge. Die Bremskraftverteilung konnte eingestellt werden.
Die geschmiedeten Leichtmetall-Räder haben 15 Zoll Durchmesser und sind 9 Zoll (vorn) bzw. 11 Zoll (hinten) breit. Bei dem 2,8-Liter-RSR waren Rennreifen folgender Größen aufmontiert: vorn 230/600-15, hinten 260/600-15.

Motor

Durch Vergrößerung der Bohrung von 84 auf 90 mm wurde das Hubraumvolumen auf 2687 cm^3 in der Basisversion gebracht. Für die Rennversion bohrte man noch einmal um 2 mm auf und kam so auf 2806 cm^3. Kurbelgehäuse, Kurbelwelle und Pleuel übernahm man vom 911. Die Nockenwellen hatten geänderte Steuerzeiten und waren zudem vierfach gelagert. Die Ventile blieben wieder serienmäßig. Die serienmäßige Einspritzpumpe wurde dem Motor angepaßt. Es gab Doppelzündung für die zwei Kerzen pro Zylinder; das Kühlgebläse wurde im Durchmesser kleiner und zur Bewältigung der höheren Motoröltemperaturen baute man in den Wagenbug einen Ölkühler ein. Mit weiteren detaillierten Tuningmaßnahmen leistete das Renntriebwerk gut 300 PS bei 8000 U/min, bei einer Verdichtung von 10,3:1. Das maximale Drehmoment stieg auf satte 26 mkp bei 5100 U/min.

Kraftübertragung

Der Kupplungsbelag und Durchmesser blieben wie in der Serienausführung. Die Kupplungsdämpfung übernahm eine Stahlfeder anstelle von Gummi. Auch die Anpreßkraft wurde erhöht. Das Getriebegehäuse war, wie auch beim 911-2.7, aus Magnesium. Die Zahnräder bespritzte man zur Kühlung direkt mit Öl, welches über einen separaten Ölkühler auf normalen, konstanten Temperaturen gehalten wurde. Achswellen und Schaltung blieben serienmäßig. Das Sperrdifferential hatte 80% Wirkung. Für das Fünfgang-Getriebe gab es eine Reihe von Wahlmöglichkeiten in jedem Gangbereich.

Typische Carrera-Heckansicht. Mit Heck-Birzel und 11″-Felgen auf der Hinterachse

Porsche Carrera RSR 2.8. Für Rundstrecken-Rennen gebaute Kleinserie mit gut 300 PS

Nur ein Einzelstück: Ein Carrera 2,8 RSR mit Langheckansatz als Prototyp

Auch im Innenraum kräftig erleichtert. Schwarzer Filz verdeckt das nackte Blech

Sechszylinder-Motor mit 2,8 Liter (Drosselklappen-Version) und Doppelzündung

Porsche Carrera 2.8 RSR des Amerikaners Peter Gregg mit tiefgezogenem Frontspoiler

Exzellent präparierter Carrera 2.8 des Penske-Teams aus den USA. Pilot G. Follmer

Typ Carrera 2.7 »Safari«

Karosserie/Fahrgestell

Aufbau und Ausstattung der Karosserie wie beim Serien-Carrera RS. Für den 1973er-Safari-Einsatzwagen gab es folgende Änderungen: Spezielle Rallye-Ausstattung im Innenraum, wie Leselampe, Twinmaster, Ablagekästen für Helme und Kartenmaterial, Spezial-Werkzeug, Flaschenzug, Überrollbügel und Hosenträgergurte für Fahrer und Beifahrer. Äußerlich unterschieden sich die Safari-Wagen durch Rammschutzbügel an vorderer und hinterer Stoßstange, vier großen Zusatzscheinwerfer in mattschwarz auf der Fronthaube, Zweitonfanfare (ebenfalls auf der Haube), seitlicher Betankung durch ein Loch in der Haube, das mit einer Gummiklappe abgedeckt wurde, und einen kräftigen Unterbodenschutz aus Aluminium für Vorder- und Hinterachse sowie Getriebe und Motor.

Das Serienfahrwerk war einige Zentimeter höher gelegt, stand auf Bilstein-Stoßdämpfern, die mit zusätzlichen Anschlägen versehen waren und eine andere Abstimmung hatten. Der Drehstab hatte vorn 19 mm Durchmesser und hinten 24 mm (vorgespannt).

Die vier Leichtmetallfelgen der Größen 6″×15″ waren mit M&S-Reifen der Dimensionen 185/70 HR 15 bestückt. Die vier innenbelüfteten Scheibenbremsen blieben serienmäßig. Der Stahltank faßte 100 Liter – verständlich, denn der Verbrauch des 1000 Kilo schweren Rallyewagens betrug rund 25 Liter Normalbenzin auf 100 Kilometer Afrikastraßen.

Motor

Das Antriebsaggregat blieb komplett serienmäßig. Es wurde nur durch Filter und verschiedenen Abdichtungen auf seinen Staubstraßen-Einsatz vorbereitet. Der 2,7-Liter-Sechszylinder leistete 210 PS bei 6300 U/min. Die Verdichtung betrug 8,5:1. Die Zündung war eine HKZ-Anlage von Bosch, die zur Sicherheit einmal als Reserve montiert war. Ebenfalls von Bosch: die mechanische Einspritzpumpe.

Kraftübertragung

Porsche-Fünfgang-Getriebe (vollsynchronisiert) arbeitete über eine Fichtel-&-Sachs-Einscheiben-Trockenkupplung mit Stahlfederdämpfung, Sinterbelag und erhöhte Anpreßkraft. Die Höchstgeschwindigkeit war auf 210 km/h übersetzt, wobei das Getriebe wegen der hohen

Außentemperaturen und der starken Belastung einen speziellen Ölkühler erhielt. Der »Safari« beschleunigte von 0–100 km/h in sechs Sekunden und war nach 24 Sekunden bei der 200-km/h-Marke. Das Sperrdifferential arbeitete mit 40% Wirkung.

Porsche Carrera RS 2.7. Aufbau und Ausstattung des 73er-Safari-Wagens ähnlich Serie

Rammschutzbügel vorn und hinten, Zusatzscheinwerfer, Fanfare, höheres Fahrwerk

Unter der Fronthaube: 100-l-Benzintank, plus 20 l Reserve, Scheibenwaschbehälter (6 l)

888 Auf dem Dach führten die 1974er-Safari-Porsche Sand-Schienen mit

Typ Carrera RS 3.0/RSR 3.0

Karosserie/Fahrgestell

Wie beim 2,7-Liter-Carrera RS brachte man auch den 3-Liter durch Dünnblechteile und Magerausstattung auf ein niedrigeres Leergewicht von rund 900 Kilo. Dünnere Bleche wurden genommen für: Dach-Außenhaut, Türen-Außenhaut, Sitzmulde und Schalttafel. Aus Kunststoff (GFK-Teile) sind: Stoßfänger vorn mit integriertem Ölkühlerschacht, Stoßfänger hinten, Kofferraumhaube mit Serienschloß, Heckspoilerdekkel mit umlaufender Gummileiste und Serienschloß. Für die Rennversion ist der Heckspoiler noch einmal größer und die GFK-Stoßfänger sind den weiter verbreiterten Kotflügeln angepaßt. In der straßentauglichen RS-Version sind die vorderen Kotflügel mit Stahlteilen für eine 9-Zoll-Bereifung verbreitert, hinten für 11 Zoll.

Die Frontscheibe blieb wie Serie, seitlich und hinten nahm man Dünnglas, wobei die Fondfenster fest eingeglast wurden. Die Innenausstattung ist weitgehend identisch mit dem 2,7-Liter-RS, so u. a. schwarzer Nadelfilz, einfache Türverkleidung ohne Schlüsselleiste, Schloßbetätigung durch Zugriemen. Der Fahrer verfügt über eine verstellbare Recaro-Leichtbauschale, der Beifahrer über einen Recaro-Rennsitz. Der Dachhimmel ist mit schwarzem Filz beklebt; das Armaturenbrett wie beim 911-Carrera, jedoch ohne Zeituhr. Montiert sind Vierpunkt-Sicherheitsgurte. Vorbereitet ist der Einbau eines Überrollbügels.

In der RSR-Ausführung geändert gegenüber dem Basismodell: Spezial-Recaro-Rennsitz mit hochgezogenem Rücken- und Kopfteil. Für den 3 Zoll breiten Sechspunkt-Sicherheitsgurt sind Durchbrüche in dem Fahrersitz vorhanden. Der Drehzahlmesser reicht bis 10000 U/min; eine Feuerlöschanlage von Heinzmann ist eingebaut, ebenso ein Überrollbügel, ein 110-Liter-Benzintank aus Sicherheits-Kunststoffmaterial und zwei Benzinpumpen.

Die Fenstereinfassungen und der Außenspiegel sind schwarz eloxiert, die Scheinwerferringe dagegen in der Wagenfarbe lackiert. Es fehlen die Dämmatten und der Karosserieboden ist nur teilweise mit einem speziellen Unterschutz besprüht. Bei der Kofferraumhaube fehlen die Gasfedern zur Haubenaufstellung und serienmäßig ist der 911-Originaltank mit 6-Zoll-Faltrad eingebaut.

In der RS-Version sind Pirelli-CN-36-Reifen folgender Größen montiert: Vorn 215/60 VR 15 (8″) und hinten 235/60 VR 15 (9″). In der heißeren RSR-Version wurden vorn 9-Zoll- und hinten 14-Zoll-Felgen gefahren. Zum Ende der Saison 1975 liefen die Spitzenwagen auf vorn und hinten meist zwei Zoll breiteren Felgen.

Zum Stückpreis von 64980 Mark konnte der Carrera RS 3.0 käuflich erworben werden. Porsche verkaufte 109 Exemplare in alle Welt, von denen 50 Wagen mit einem Aufpreis von mindestens 30000 Mark zu Renn- oder Rallyezwecken umgebaut wurden.
Das Fahrwerk entspricht weitgehend dem des 73er-Carrera RSR. An der Vorderachse kam ein Alu-Hilfsträger zum Einbau, die Lenker wurden verstärkt, ebenso die Bilstein-Dämpferbeine. Die Lenkung wurde unterlegt und die Vorspur auf Null Grad geändert. Die Vorderradfederung übernimmt ein 19 mm dicker Drehstab. Der 18 mm im Durchmesser starke Stabilisator ist nicht verstellbar. An der Hinterachse verstärkte man die kurzen Stahllenker, die Lagerung übernahmen Schwenklager. Die Bilstein-Dämpfer haben die Einstellung wie der Carrera RS 2.7. Hinterachsfederung: Drehstab 26 mm ∅, Stabilisator 18 mm ∅ (nicht verstellbar) und eine serienmäßige Federstrebenlagerung. Für die Hinterachse sind auf Wunsch Schraubenfedern lieferbar. Zur Wahl stehen Stahl- oder Titanfedern zum Stückpreis von gut 1000 Mark. In letzterem Fall werden hinten Leichtmetalldämpfer eingesetzt.
Die Bremsanlage entspricht in Ausführung und Größe der des Porsche 917. Die Porsche-Bremszangen (Vierkolben) sind querverrippt, die Bremsscheiben axial und radial belüftet. Die Bremskraftverteilung ist einstellbar durch Waagebalken. Die Handbremse wirkt als Backenbremse auf die Hinterräder.
Das Fahrwerk des 3-Liter-RSR unterscheidet sich nur in wenigen Punkten vom Basismodell. Vorder- und Hinterachslenker erfahren eine exaktere Lagerung durch Delrinbüchsen. Die Radnaben haben Zentralverschluß. Die Felgen sind aus einer Magnesium-Legierung in Speichenausführung wie beim Typ 917 verwandt. Die Bremse wurde vorn vergrößert, um eine höhere Leistungsreserve auf Langstreckenrennen zu schaffen.

Motor

Mit dem Bohrung-Hub-Verhältnis von 95×70,4 mm erreichte man 2992,55 cm^3 Hubraum. Das ergab in der Serienversion bei einer Verdichtung von 9,8:1 230 PS bei 6200 U/min. Der Motortyp 911/77 hat ein Leichtmetall-Kurbelgehäuse. Die Kurbelwelle ist geschmiedet und gleitgelagert. Aus Stahl sind die geschmiedeten Pleuel, die ebenfalls gleitgelagert sind. Kolben, Zylinder und Zylinderkopf sind aus Leichtmetall. Je Zylinder gibt es ein Auslaß- und ein Einlaß-Ventil. Die Ventilsteuerung übernehmen je eine obenliegende Nockenwelle je Zylinderreihe mit Kipphebel. Der Nockenwellenantrieb erfolgt über zwei Doppelket-

ten. Die Motorschmierung übernimmt die Trockensumpfanlage mit separatem Ölbehälter (16 Liter Inhalt). Über einen Bugölkühler wird dieses Motoröl gekühlt. Das Saugsystem besteht aus: Ein Drosselklappen-Gehäuse je Zylinderreihe, ein Dreifach-Einlaufrohr je Zylinderreihe, Luftfilteranlage, Doppelreihen-Einspritzpumpe, die durch Zahnriemen angetrieben wird. Elektrik und Abgasanlage sind wie beim serienmäßigen 911.
Der RSR-Motor (Typ 911/75) ist mit einer Reihe von Maßnahmen auf 330 PS bei 8000 U/min gesteigert worden. Das Drehmoment wuchs von 28 mkp bei 5000 U/min auf 32 mkp bei 6500 U/min. Angehoben wurde auch die Verdichtung, auf 10,3:1. Kurbelgehäuse und Kurbelwelle sind identisch mit dem RS. Kolben, Zylinder und Zylinderkopf sind aus Leichtmetall. Anzahl der Ventile, Ventildurchmesser und Ventilfedern sind gleich mit dem Carrera RS 3.0. Allerdings haben die Zylinderköpfe zwei Kerzen pro Zylinder (Doppelzündung) und die Kanäle wurden poliert. Ventilsteuerung und Nockenwellenantrieb sind im Arbeitsprinzip gleich geblieben. Die Nockenwelle ist vierfach gelagert und hat das Kennprofil aus dem ehemaligen Carrera-6-Motor. Für die Filterung des Motoröls gibt es einen zusätzlichen Filter.
Die Treibstoffversorgung erledigt eine mechanische Einspritzanlage von Bosch. Wesentlich anders ist das Saugsystem. Hier gibt es einen Flachschieber je Zylinderreihe und einen Einlauftrichter je Zylinderkopf. Die Doppelreihen-Einspritzpumpe wird durch Zahnriemen angetrieben. Die Abgasanlage faßt je eine Zylinderreihe in einem Einzelrohr zusammen. Die Doppelzündanlage von Bosch arbeitet mit kontaktlosem Zündverteiler und einstellbarem elektronischen Drehzahlabsteller.

Kraftübertragung

Schon der RS 3.0 hat für das Fünfgang-Getriebe eine Öleinspritzung mit separater Ölpumpe. Die Kühlung erfolgt durch eine Kühlrohrschlange im linken vorderen Radlauf. Die Ölfüllmenge beträgt 3,75 Liter. Das Sperrdifferential arbeitet mit 80% Sperrfaktor. Getriebe- und Achsübersetzungen sind austauschbar und stammen vom Serien-Programm. Die Fichtel-&-Sachs-Kupplung bleibt weitgehend serienmäßig, nur die Druckplatte stammt vom 2,8-Liter-Renn-Carrera. Der RSR hat eine Rennkupplung von Fichtel & Sachs, eine Einscheiben-Trockenkupplung mit verstärkter Anpreßkraft. Die Kupplungsscheibe hat einen Federtorsionsdämpfer und einen Kerasinter-Belag. Das Getriebe ist mit der RS-Ausführung identisch.

Typ 911 SC »Safari«

»In Afrika will sich Porsche einen langgehegten sportlichen Wunsch erfüllen«, verriet Sportchef Manfred Jantke über den in der Rallyewelt mit Überraschung aufgenommenen Entschluß, daß Porsche mit zwei Werkswagen bei der 26. Safari-Rallye in Kenia starten wolle. »Von der Marken-Weltmeisterschaft über die 24 h Le Mans bis zur Rallye Monte Carlo und das CanAm-Championat haben wir fast alle Trophäen im Schrank; doch der Lorbeer aus Afrika fehlt noch immer in der Sammlung.«
Dreimal hatten Werks-Porsche vorher an der afrikanischen Edelrallye teilgenommen, die zudem als eine der härtesten in der Welt gilt. Heraus kamen bis dahin die Plätze zwei, vier und wieder zwei – eine Bilanz, die Appetit machte auf einen endgültigen, totalen Erfolg. Nach dreijähriger Abstinenz versuchten es die Zuffenhausener auf's neue.
Zwei Werkswagen vom Typ 911 SC-3.0 in den Farben des Haus-Sponsors Martini – hochbeinig und mit ausgeklügeltem Afrikatrimm versehen – sollten während der Osterfeiertage 1978 durch Kenia stauben, springen und »schwimmen«. Eine Bodenfreiheit von 28 cm, langhubige Radaufhängungen und ein massiver Unterschutz unter dem Wagenbauch sollten es den ca. 1200 Kilogramm schweren Safari-Porsche erlauben, mit bis zu 200 km/h über die afrikanische Steppe zu rasen, sich im Kriechtempo durch den berüchtigten roten Schlamm zu wühlen und steinige Wasserfurten zu durchklettern. Neben der Leistungsfähigkeit und Robustheit der Autos ist es aber gerade in Afrika die Erfahrung der Piloten, die stark mit über einen Erfolg entscheidet. Bei Porsche war man daher froh, daß mit Waldegaard/Thorszelius die Wunschmannschaft verpflichtet werden konnte, die für Porsche bereits 1974 den zweiten Platz in Afrika errang und 1977 die Safari-Rallye gewinnen konnte – allerdings nicht auf Porsche. Diese Verpflichtung war im übrigen ein Glücksfall, denn die Schweden waren für 1979 komplett bei Ford unter Vertrag, konnten von dort für die Safari entliehen werden, weil Ford selber nicht werksseitig teilnahm. Den zweiten Martini-Porsche steuerten Preston junior/Lyall, die in der afrikanischen Rallyeszene zu den Topstars zählen.

Theoretisch hatten damit die beiden 250 PS starken, überaus liebevoll vorbereiteten 911 SC jede Chance ihre Gegner zu deklassieren – die Autos waren leichter, schneller und sicherer, trotzdem noch robuster als die Konkurrenz-Wagen; die Fahrer Waldegaard und Preston den Mitstreitern gleichwertig, wenn nicht sogar überlegen. Die Organisation in Kenia hatte Preston senior übernommen. Profis auf dem Gebiet der Rallye-Vorbereitung wie Jürgen Barth, Ing. Roland Kußmaul und die Technik-Spezialisten Bott und Falk waren anwesend. Ungezählte Mechaniker aus Weissach sollten dazu schrauben. Neuneinhalb Tonnen Material, einschließlich der beiden Einsatzwagen waren eingeflogen worden, Funkgeräte verbanden die 911er mit dem Troß, in der Luft kurbelten unermüdlich zwei Flugzeuge.
Und wieder hat die erneute Niederlage von Porsche viele Namen. Zum Beispiel: Hinterachsschwinge. Eigentlich hatten die Porsche-Mannen schon ihre Erfahrungen mit dem Ding und sie wollten keine weitere Safari deswegen verlieren. Also wurde alle Ingenieurs-Weisheit in dieses heikle Teil gesteckt.
Um den Steinschlaggefahren vorzubeugen beschichtete man den Alu-Gußlenker mit glasfaserverstärktem Kunststoff. Trotzdem: als Waldegaard, klar in Führung liegend, von einer Spurrille zur anderen wechselte, gab es exakt jene Art von Schlag, die diese Schwinge einfach nicht verträgt. »Kerbschlag-Empfindlichkeit« ist der Fachausdruck dafür.
Über eine Stunde dauerte die Reparatur, dazu kamen noch Dämpferwechsel und ein festgegangenes Gasgestänge: Am Ende Platz vier für Waldegaard. Nicht ganz so hart traf es Preston junior, er kämpfte »nur« mit defekten Halbwellen und ebenfalls mit weichgeprügelten Dämpfern. Er wurde knapp geschlagen vom Überraschungs-Sieger Jean-Pierre Nicolas auf Peugeot 504.
Noch ein paar Details zur Ausstattung der Werks-911 SC-»Safari«: Fahrfertiges Rallyegewicht 1180 Kilogramm. Dieses hohe Gewicht resultiert u. a. aus: Rammschutz vorn und hinten, zweiteiliger Unterschutz am gesamten Unterwagen, Zusatzscheinwerfer, verstärktes Serienfahrwerk, Dunlop-Spezial-Safari-Reifen auf geschmiedeten 6-Zoll-Leichtmetallfelgen, zwei Recaro-Schalensitze, Überrollkäfig, zwei Feuerlöscher á 2,5 kg, zwei Warndreiecke, ein Sanikasten, Radkreuz, hydraulischer Wagenheber, zweites Ersatzrad im Innenraum, Leselampe für Beifahrer, Twinmaster, zusätzliche Frischluftschläuche für Fahrer und Beifahrer, zwei Thermosflaschen mit Trinkschlauch, Repa-Hosenträgergurte und eine Funkausrüstung. Außerdem ein 110-l-Benzintank, 20-l-Öltank im Kofferraum und ein 16-l-Wassertank für die Scheinwerferreinigung.

Typ 911 SC RS 3.0

Seine Geschichte geht weit zurück: Schon 1967 gab es einen »911 R« mit dem 210-PS-Sechszylindermotor aus dem Carrera 6. Damals wurden von dieser Ausführung 22 Exemplare gebaut, das mit rund 830 kg ein echtes Leichtgewicht war. Mit dem getunten Serienmotor kam der 911 S 2.3 drei Jahre später schon auf 240 PS in der Rennausführung, die Rallyeversion hatte 180 PS.

Die Dünnblech-Karosserie konnte mit Kunststoffhauben und Alutüren weiter erleichtert werden. Das Fahrwerk entsprach bis auf geringe Abweichungen der Serie. Mit dem »ST« von 1970 kam man sogar auf etwa 780 kg runter. Diese Ausführungen waren unmittelbare Vorläufer der Carrera RS und RSR von 1973 bzw. 1974. Vom »RS« wurden über 1000 Exemplare gefertigt, vom »RSR« waren es gerade etwas über 50 Stück. Damals kam auch der »Birzel« auf, jener Spoiler, der sich dann zum heutigen Heckflügel weiter entwickelte. Der 2,8 Liter RSR hatte etwa 300 PS, beim seriennäheren Carrera 3.0 RS blieben immerhin noch 230 PS übrig. Stärkste Saugmotorversion war der 3.0 RSR mit bis zu 330 PS. Der 3.0 RS in »Serienausführung«, von dem 109 Exemplare verkauft wurden, nahm mit Heckflügel und verbreiterten Radhäusern bereits die Turbo-Optik vorweg.

Danach dominierte auf den Rennstrecken der Turbo in seinen Ausführungen »934« und »935«, während der 911 seine Rolle als Sportfahrzeug längere Zeit im Rallyegeschehen festigen konnte. Und so kam es, daß Ende 1983 wieder 20 Autos gebaut wurden, die starke Ähnlichkeit mit dem klassischen Carrera aufweisen. Homologiert in der Gruppe B (Evolution), zählt aber der »911 SC RS« mit dem 3-l-Motor technisch noch zur Serie – daher die Bezeichnung SC (= Super Carrera).

Als noch straßentaugliches Fahrzeug für den Rallyeeinsatz bestimmt, erhielt er neben Karosserie, Fahrwerk und Bremsen des Turbo ein 40%-Sperrdifferential, Verstärkungen am Fahrwerk und, im Rahmen spezieller Wettbewerbsausrüstungen, zusätzlichen Schutz am Wagenboden. Durch Aluteile, Dünnglas und Kunststoff wurde das Gewicht nach bewährtem Muster reduziert. Mit rund 900 kg ist der 911 SC RS etwa 300 kg (!) leichter als ein Serien-Turbo.

Die Motorleistung wurde allerdings nur maßvoll gesteigert: mit größerem Ventilhub, mechanischer Einspritzung und 935-Zylinderköpfen kommt der RS-Saugmotor auf gut 250 PS bei 7000/min.
Mit seiner weißen Karosserie und integrierten Kunststoff-Spoilern macht der serienmäßige RS einen eher dezenten als spektakulären Eindruck. Die Gewichtserleichterungen bringen es mit sich, daß er sich auch innen recht schlicht präsentiert: Mit schwarzen Verblendungen, einfachen Teppichen, reduzierter Instrumentierung und leichten Schalensitzen ist das alles auf den reinen Fahrzweck abgestimmt. Für einen Überrollkäftig sind Befestigungspunkte vorhanden, ebenso für Fünfpunkt- statt der serienmäßigen Dreipunkt-Hosenträgergurte. Die normale Heizung fehlt, sie ist durch ein leichteres benzinelektrisches Aggregat ersetzt. Der rote Hebel zwischen den Sitzen betätigt den Choke und muß beim Kaltstart mit Feingefühl aktiviert werden.
Es handelt sich mithin um ein Sportgerät reinster Ausführung: Der Motor läuft nicht gerade leise, die Kupplung erfordert Muskelkraft, aber in der Beschleunigung läßt der 911 SC RS so ziemlich alles hinter sich, was auf der Straße zugelassen ist. Von 0 auf 100 km/h sind es 5 Sekunden und die 160 km/h sind bereits nach 11,7 Sekunden erreicht.
Dennoch kann man diese Basisversion eines Wettbewerbswagens im normalen Straßenverkehr unauffällig bewegen, weil das Durchzugsvermögen des 3-l-Aggregates so gut ist, daß ab mittleren Drehzahlen schon reichlich Leistung angeboten wird. Nicht weniger Vergnügen bereitet das Fahrwerk: Bereift mit 205/55 vorn und 225/50 hinten auf 16-Zoll-Felgen, zeigt sich der „RS“ auch im Grenzbereich noch gut kontrollierbar. Er kann mit Gas und Lenkung sehr schnell auf einer sauberen Linie gefahren werden, ohne dabei so spektakuläre Driftwinkel zu produzieren wie seine indirekten Vorgänger. Die Möglichkeiten dieses Sportwagens lassen sich erst auf einer abgesperrten Strecke voll auskosten – und dafür ist er ja schlußendlich auch gedacht.

896 Seiten-, Heckansicht des Porsche Carrera RS 3.0. Basiswagen für die RSR-Ausführung

Mit dünnen Blechen und magerer Ausstattung auf 900 Kilo Leergewicht. Großer Heckspoiler

Optisch ist der Unterschied vom RS zum RSR nicht sehr groß, u. a. breitere Kotflügel

Entlüftung bei den vorderen und hinteren Kotflügeln

Vorderachse des Carrera RSR 3.0 mit Zentralverschluß und Langstrecken-Rennbremse

In dem vorderen, großen Spoiler aus Kunststoff sitzt der breite Motorölkühler

Drei-Liter-Motor mit Schieber im Carrera RSR mit anfänglich 315, später 340 PS

Arbeitsplatz des Carrera-RSR-Piloten. Drehzahlmesser 10 000 U/min, Tacho 300 km/h

Typ 911 SC-3.0 in der Ausführung für die Safari-Rallye 1978

Bodenfreiheit von gut 28 cm für die »Safari«

Ramm- und Unterbodenschutz gegen Tiere und Steine

Speziell ausge-
stattetes Cockpit
für Rallyes

20-l-Öltank und
16-l-Wassertank
im Kofferraum

3-l-Motor,
ca. 250 PS,
1180 Kilo Kampf-
gewicht

Typ Carrera 4 x 4 (»Paris–Dakar«)

Der Plan von Jacky Ickx bei der »Rallye Paris – Dakar« auf einem Porsche zu starten, stieß in Weissach auf lebhaftes Interesse. Denn die Arbeiten am Vierradantrieb der für Renn- und Rallyeeinsätze ausgelegten Gruppe-B-Version des Carrera (= Typ 959) waren bereits soweit fortgeschritten, daß es vertretbar erschien, diese Neuentwicklung einem realistischen Test zu unterziehen.
Zwar ist diese Wüsten-Rallye als fast unberechenbares Abenteuer bekannt, aber die Erfahrungen von Jacky Ickx, dem Sieger von 1983, und des von ihm ins Team genommenen Franzosen René Metge, Sieger von 1981, ergaben gute Voraussetzungen. Hinzu kam die Wüsten- und Dschungelpraxis, die Porsche zu Beginn der 70er Jahre bei der Safari-Rallye gesammelt hatte.
Ickx hatte zudem den Zigarettenhersteller Rothmans als Sponsor gewonnen. Nachdem die Rahmenbedingungen geklärt waren, stellte Porsche drei Fahrzeuge bereit und sorgte für die fachkundige Besetzung der beiden MAN-Service-Lkw, die reglementsgemäß in der Wertung fahren mußten. Projektleiter für den Aufbau und die Erprobung der drei Allrad-Carrera war der rallyeerfahrene Porsche-Techniker Roland Kußmaul. Er bildete zusammen mit Erich Lerner auch das dritte Team, gedacht als schneller Service für die beiden anderen Allrad-Porsche.
Wie aber sah das Fahrzeug aus, das als erster Sportwagen in der Geschichte der Rallye Paris – Dakar mit Erfolg die enorm strapaziösen 11 000 km absolvierte?
Im technischen Aufbau blieb es ein Porsche (911) Carrera, der allerdings den speziellen Bedingungen der Rallye angepaßt wurde. Vorteil: Rücksichten auf irgendwelche Homologationen mußten nicht genommen werden, denn der populäre Wüstenritt gilt nicht als Rallye im Sinne des Motorsportgesetzes und orientiert sich deshalb an den eigenen Gesetzmäßigkeiten.
Die bis dahin vorwiegend von Geländewagen, Lastwagen und Motorrädern bewältigte Strecke enthält nur wenige normale Straßen. Dies erfordert vor allem eine rikeros erhöhte Bodenfreiheit (27 cm beim Carrera 4 x 4!), was eine aufwendige Änderung des Fahrwerks nötig machte.

Lenkung und Drehstabfederung stammen aus der Serie, jedoch werden die Vorderräder an Doppelquerlenkern geführt und sind mit je zwei Stoßdämpfern versehen – ähnlich sieht es auch unter dem Blech des »959« aus. Stärkere Stabilisatoren wurden vorne und hinten installiert. Bei der Hinterachsaufhängung griff man wieder ins Regal: Die Schwingen des 911 Turbo wurden zusätzlich kunstoffbeschichtet um Steinschläge abzuwehren, die Antriebswellen hohl gebohrt und die Gelenke abgedreht – das alles um Gewicht zu sparen. Am hinteren Stoßdämpfer kam eine Zusatzschraubenfeder zum Einsatz.
Verschleißschäden gab es an den Fahrwerksteilen praktisch keine: Beim Siegerwagen wurde allerdings ein Stoßdämpfer sicherheitshalber gewechselt und bei allen Einsatzwagen mußten die Gelenkwellenbälge einige Male erneuert werden. Erst nach zwei Dritteln der Wüsten-Rallye wurden die Bremsbeläge gewechselt. Die axial gebohrten Scheiben stammen im Aufbau aus dem Serien-Carrera und waren im Ziel noch einwandfrei.
Dunlop lieferte spezielle Sandreifen, die sich hervorragend bewährten und erst nach 8000 km Strecke verschlissen waren. Den Luftdruck ließ man stets zwischen 1,5 bis 1,9 bar – im kalten Zustand. An allen drei Carrera 4 x 4 gab es zusammengerechnet nur fünf Plattfüße.
Erhebliche Umbauten erfuhr die Karosserie des Carrera: ein Mitteltunnel für das Transaxlerohr und Verstärkungen für Hinterachslenker, Stoßdämpfer und Motoraufhängung wurden installiert. Der Vorderbau mußte für die Doppelquerlenker umgebaut werden. Die Lenktechnik brachte man wegen der enormen Bodenfreiheit im Kofferraum unter. Die Serienstoßstange im Heck erhielt Löcher zur Entlüftung für den Ölkühler. Die vorderen Kotflügel bestanden aus glasfaserverstärktem Kunststoff (GFK) und Kohlefasern, was allein eine Gewichtsersparnis von rund 10 kg je Seite einbrachte. Ebenso waren Kofferraumdeckel und Türen aus GFK.
Die serienmäßige Frontscheibe verkraftete die Steinschläge klaglos. Das Heckfenster war als großer Deckel herausnehmbar, um an die Reservereifen zu gelangen, die im Fahrzeuginnern untergebracht wurden. Auch der Motordeckel mit dem Heckspoiler bestand aus Gewichtsgründen aus Kunststoff, die Seitenfenster aus Plexiglas hatten Schiebeöffnungen.
Viel Platz mußte den Benzintanks geopfert werden: Fast den gesamten Kofferraum füllte ein 120 Liter Sicherheitstank, der Raum hinter den Frontsitzen nahm den zweiten Tank mit etwa 150 Liter Inhalt auf. Raffiniert dazu das Leitungssystem: Um nach Wunsch die Gewichtsverteilung zwischen Vorder- und Hinterachse zu ändern, konnte über einen

Mehrwegehahn das Benzin auch während der Fahrt beliebig umgepumpt werden. Den Fahrzeugunterboden schützt eine Kohlenstoff-Kevlarplatte von gut 10 mm Stärke. Kevlar, weil dieses Material zäh-elastisch, bruch- und abriebfest sowie leichter als Aluminium ist.
Der Überrollkäfig aus Stahl ist verschweißt. Ferner sorgten Recaro-Sportsitze und Hosenträgergurte für die Sicherheit der Fahrer, eine Feuerlöschanlage mit vier Litern Halon war ebenfalls vorhanden.
Außerdem führte jeder Einsatzwagen mit: zwei Ersatzräder, einen hydraulischen Wagenheber, einen Luftdruck-Kompressor, Spezial-Werkzeuge, zwei 5-l-Wasserkanister. Dazu ein Sicherheitspaket mit Signalspiegel, Kompaß, Feuerzeug, Rettungsdecke, Turban, Leuchtraketen, Rauchbomben, Schlafsäcken, Notsender, Radio, Funkgerät, Verbandskasten, Medikamenten, Schlangen- und Skorpionserum, Abschleppgurten, Sandschaufel. Hinzu kamen das persönliche Gepäck sowie die Fahrtunterlagen. Kein Wunder, daß die Allrad-Carrera auch ohne Benzin schon 1210 kg wogen. Dennoch erreichten sie alle noch eine Bergsteigfähigkeit von rund 45 Grad, weswegen man auf die Mitnahme von Sandblechen zum Unterlegen im tiefen Sand verzichtete.
Der Motor mit 3,2 Liter Hubraum wurde völlig serienmäßig aus dem Carrera übernommen. Lediglich die Verdichtung reduzierten die Motorentechniker, um die zu erwartenden schlechteren Benzinqualitäten schadlos zu verarbeiten. Auch wurde die Auspuffanlage zum Leistungsausgleich geringfügig geändert. Von der Möglichkeit, die Gemischbildung und den Zündzeitpunkt des 225-PS-Sechszylinders manuell beeinflussen zu können, machten die Fahrer während der Rallye keinen Gebrauch – die Serien-Motronic paßte optimal.
Auch der Benzinverbrauch hielt sich in Grenzen: Roland Kußmaul errechnete für die gesamte Strecke einen Verbrauch von 18 l/100 km. Erstaunlich wenig für die teilweise hohen Durchschnittsgeschwindigkeiten oder die mühsamen Berg- und Talfahrten im Sand.
Selbst bei quälend langsamer Fahrt durch tiefen Sand unter voller Motorlast stieg die Motoröltemperatur nie über 100 Grad Celsius. Am meisten verblüffte jedoch der Ölverbrauch, denn selbst der stark belastete Siegerwagen von Metge/Lemoyne konsumierte über die gesamte Distanz von 11 000 km nur fünf Liter – Ölwechsel gab es überhaupt keinen.
Gravierende Änderungen erfuhr die Kraftübertragung. Zum Getriebe kam der zusätzliche Ausgleich für den Antrieb der Vorderräder; dieses Zwischen-Differential ist manuell zu 100 Prozent sperrbar. Das Differential der Hinterachse wurde auf starren Durchtrieb umgebaut, das Vorderachs-Differential beließ man ohne Sperrwirkung, weil darunter die Handlichkeit stark leidet. Das Getriebe erhielt einen Ölkühler im Heck-

spoiler. Als Kupplung verwendete man eine Rennkupplung mit Sintermetallbelag. In der Beschleunigung und der auf ebenen Strecken erreichbaren Geschwindigkeit waren die Carrera den meisten Konkurrenten überlegen. Entscheidend für den Erfolg (Sieg durch Metge/Lemoyne, Sechster Ickx/Brasseur und Rang 26 für Kußmaul/Lerner) war die hohe Leistung in Verbindung mit dem geländegängigen Fahrwerk und dem Vierradantrieb.

Carrera 4 × 4: Schnittzeichnung des Ickx/Brasseur-Wagens, einer von drei bei der Rallye Paris – Dakar 1984 eingesetzten erfolgreichen Porsche-Allrad-Carrera

Ickx/Brasseur in Aktion. Für sie gab es im Ziel nach rund 11 000 km und kleineren Problemen „nur“ Rang sechs

Der erste fertige Carrera 4 x 4 in seinem Rallyetrimm. Bemerkenswert die mit 27 cm sehr hohe Bodenfreiheit und die speziellen Dunlop-Sandreifen

Details des Carrera 4 × 4: gelochte Kunststoff-Stoßstangen . . .

. . . Unterbodenschutz (Front)

. . . sowie rallyetypische Accessoires

Der aus Kevlar und GFK bestehende Unterbodenschutz unter dem Motor schützte dieses empfindliche Teil erfolgreich

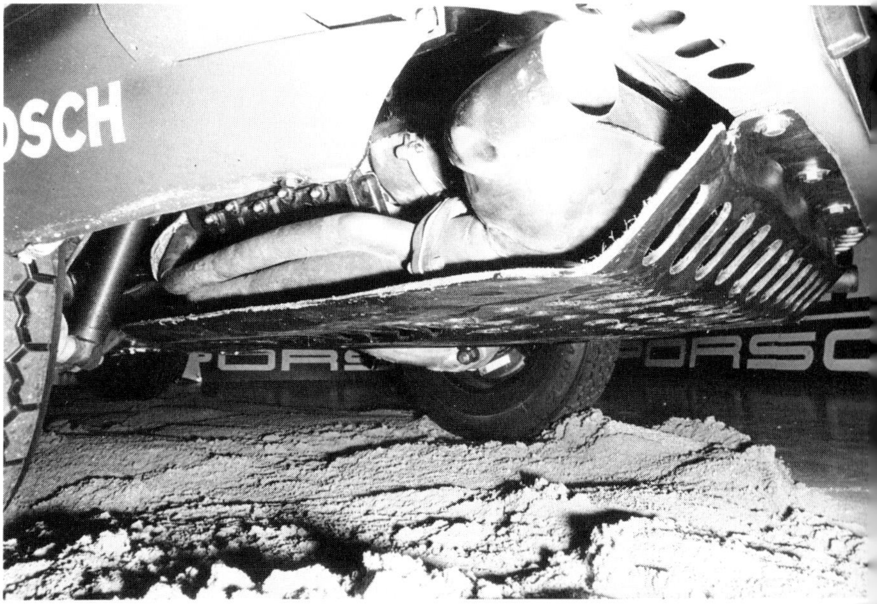

Im ehemaligen vorderen Kofferraum ist u. a. ein 120 Liter fassender Sicherheits-Benzintank installiert

Der Raum hinter den Frontsitzen nimmt den zweiten Benzintank mit ca. 150 Liter Inhalt und zwei Reserveräder auf – zugänglich durch eine große Heckklappe

Der 3,2 Liter Sechszylindermotor wurde völlig serienmäßig aus dem Carrera entnommen. Lediglich die Verdichtung wurde etwas zurückgenommen und der Auspuff geringfügig geändert, so daß diese Motoren etwa 225 PS leisteten

Der Arbeitsplatz für Fahrer und Beifahrer für knapp drei Wochen: Mager, aber zweckmäßig in der Ausstattung

Die Türen, ebenso wie der Motordeckel, bestehen aus Kunststoff, die Seitenfenster mit Schiebeöffnung sind aus Plexiglas

Der Carrera 4 × 4 bei Test- und Abstimmungsfahrten im winterlichen Weissach, wenige Tage vor dem Start der Rallye Paris – Dakar, die Metge/Lemoyne gewannen

Typ 930 (ab 1982)

Für die aktiven Porsche-Kunden, die sich den neuen Porsche 956 für einen Einstandspreis von 630000 Mark nicht leisten können, gab es zu Beginn der Saison kaum Möglichkeiten, Rennen zu fahren. Das ab dem 1. 1. 1982 gültige neue Motorsport-Reglement ließ eigentlich nur einem Modell aus dem Programm des Hauses Porsche noch eine Chance: dem 911-Turbo, oder wie seine Typenbezeichnung richtig heißt »Porsche 930«.
Um in der Gruppe B (Mindestproduktion 200 Fahrzeuge in maximal 12 Monaten) eingesetzt zu werden, muß aber auch ein Typ 930 noch etwas verbessert werden, obwohl dieses Modell schon in der Straßenausführung mit reichlich Leistung (300 PS) bedacht wurde.
So wird der Motor mit 3,3 Liter Hubraum geringfügig in der Verdichtung erhöht, eine steilere Nockenwelle eingepaßt und im Innern des Motorblocks penible Feinarbeit geleistet. In Verbindung mit einer Erhöhung des Ladedrucks von 0,7 auf 0,8 bar stellen sich 65 Mehr-PS ein.
Um den erhöhten Motor- und Ansaug-Temperaturen Herr zu werden, installiert Porsche einen größeren Ladeluft- und Ölkühler. Das Ziel aller dieser Tuningarbeiten ist eine Mindesthaltbarkeit von 24 Stunden – im Rennbetrieb natürlich. Dafür verlangt das Werk vom Kunden 20000,– Mark.
Der Kunde bekommt dafür einen Porsche 930, der unter fünf Sekunden benötigt, bis er aus dem Stand die 100 km/h-Marke erreicht und gerade 15 Sekunden verstreichen, bis 200 km/h durcheilt werden. Schwierigkeiten mit dem für den Rennsport zulässigen Nettogewicht hat der Turbo – eine Seltenheit im Renngeschäft – nicht. Da sein Turbomotor laut Sportgesetz mit dem Faktor 1,4 multipliziert werden, ergibt das einen rechnerischen Hubram von 4,6 Liter. Abhängig vom Hubraum ist das Gewicht gestaffelt und deshalb sind die gut 1300 Kilogramm Kampfgewicht auch von diesem Wagen jederzeit leicht zu halten.
Trotz Felgenbreiten von 9,5 Zoll vorne und 11 Zoll (16 Zoll Durchmesser) hinten mit entsprechenden Rennreifen, ist der 930 im Rennbetrieb nur

mit sehr kundiger Hand schnell zu bewegen, da das Heck – noch stärker als in der Serienversion – die ständige Tendenz hat, den Vorderwagen am Kurvenausgang zu überholen.
Eine kleine Gruppe von rennbegeisterten Kunden hat sich 1983 ernsthafter mit dem Einsatz des Porsche 930 in der Gruppe-B-Rennversion beschäftigt und sind in den Läufen zur Marken-Weltmeisterschaft angetreten. Mit unterschiedlichen Erfolgen, denn der ebenfalls noch immer fahraktive BMW M1 ist dem Porsche meist eine Nasenlänge voraus.
Die längst nicht optimale Fahrwerksabstimmung – Kosten im Werk rund 8000 Mark – ließe sich mit einem erheblich höheren finanziellen Aufwand und aufwendige Nachhomologation ändern. Kosten von 40000 Mark und mehr wären dann allerdings normal. Derzeit ist ein nagelneuer Porsche 930-Turbo für etwa 150000 Mark rennfertig zu erwerben. Ein noch passabler Preis, wenn zudem sich der Verschleiß in Grenzen hält. Porsche empfiehlt alle 4000 Kilometer eine genaue Durchsicht.

Gruppe-B-Version des Porsche 911-Turbo (»930«) mit 365 PS ab Werk für etwa 150000 Mark rennfertig zu erwerben

Typ 934-Turbo

Karosserie/Fahrgestell

Die Seriennähe des neuen Turbo RSR wird besonders durch die Karosserie unterstrichen. Die äußeren Unterscheidungsmerkmale zum Serien-Fahrzeug sind die Kunststoff-Kotflügelverbreiterungen, die reglementskonform 50 mm breit und 100 mm hoch halbkreisförmig auf den Serien-Kotflügel aufgesetzt sind. Außerdem die Bugschürze mit den Öffnungen für die beiden Ladeluftwasserkühler, den Ölkühler und die Bremsbelüftungen. Kaum sichtbar sind einige Karosserieverstärkungen, die erlaubt sind. Ebenso wie die im Kofferraum befindliche kreuzförmige Verstrebung, die Torsion- und Biegesteifigkeit der Karosserie wesentlich erhöht.

Zur besseren Gewichtsverteilung wurde der Öltank nach vorn in den Kofferraum gelegt, der dort neben einem 120-Liter-Kraftstofftank nach FIA-Spezifikation, der Batterie und Feuerlöschanlage, den Kofferraum ausfüllt. Der Tank ist mit einer für Langstreckenrennen erforderlichen Schnelltankanlage ausgerüstet. Die Innenausstattung ist einfach gehalten. Das Armaturenbrett ist mit zusätzlichen Instrumenten für Ladedruck, Benzinsystem und Benzinsteuerdruck versehen, während Drehzahlmesser, Druck- und Temperaturanzeige der Serie entsprechen.

Ein von Porsche entwickelter Rennsitz in Verbindung mit dem mittlerweile obligatorischen Sicherheitspaket, bestehend aus Überrollkäfig und Sechspunkt-Sicherheitsgurt, vervollständigen die Ausstattung. Die erste von Porsche aufgelegte Kleinserie beläuft sich auf 30 Stück, die pro Exemplar 108000 Mark kosten.

Bei einem seriennahen Wettbewerbsfahrzeug beschränken sich die erlaubten Fahrwerksänderungen auf die Verbesserung der Radführungen, der Federung und Dämpfung, auf den Einbau verstärkter Achsteile und eine Rennbremsanlage. Die Kinematik der Radaufhängungen ist bereits beim Serien-Turbo gegenüber der 911-Reihe modifiziert, so daß auch hier günstige Voraussetzungen geschaffen wurden.

Die exakte Radführung an der Hinterachse ist durch den steifen Alugußlenker des Turbos gewährleistet. Die Gummilager, die bei Serienwagen stoß- und geräuschisolierend wirken, werden durch Gelenklager ersetzt. Dasselbe gilt für die Vorderradaufhängung. Federbein und Lenker sind in Gelenklager bzw. Kunststoffbuchsen gelagert. Bemerkenswert ist die Verwendung der serienmäßigen Radlager.

Die Federung und Dämpfung ist dem hohen Fahrzeug-Gewicht (1120 Kilo!) angepaßt. Eingebaut sind Serien-Torsionsstabfedern in Verbin-

dung mit zusätzlichen Schraubenfedern, die koaxial zum Stoßdämpfer liegen. Die Federn stützen sich über Federteller am Stoßdämpfer bzw. Federbein ab und sind durch das am Dämpferrohr aufgeschnittene Gewinde in der Höhe verstellbar. Ein Rohrstabilisator für die Hinterachse und der vom Carrera bekannte vordere Stabilisator vervollständigen die Federung. Beide sind verstellbar.
Die Lenkung bleibt wie bei den bisherigen Renn-Carrera serienmäßig, ebenso die Spurstangen und Gelenke. Um echte Rennteile handelt es sich dagegen bei der Bremsanlage. Hier wird die bekannte 917-Bremse, mit innenbelüfteten Lochscheiben und den verrippten Alu-Bremszangen verwendet. Die zwei Bremskreise sind in Vorderachs- und Hinterachskreis aufgeteilt. Zur Feinabstimmung der Bremskraftverteilung ist das bekannte Waagebalkensystem eingebaut.
Zur Bremsenkühlung sind zwei Luftschläuche vom Bugspoiler zur Bremsscheibe geführt. Für den Rennbetrieb geändert sind die Radnaben. Die Serien-Naben sind durch die verstärkten Naben mit Zentralverschluß ersetzt. Eine Maßnahme, die neben dem Vorteil höherer Festigkeit schnelleres Radwechseln zuläßt.
Die Felgen sind dreiteilig; Außen- und Innenbett mit einem Magnesiumstern verschraubt und haben 16 Zoll Durchmesser. Der Wechsel von den bislang verwendeten Felgen mit 15 Zoll Durchmesser zu den größeren ist ein Zugeständnis an die Reifenbreiten-Limitierung. Um für das schwere Fahrzeug sichere und haltbare Rennreifen zu entwickeln, ist die Vergrößerung des Durchmessers vorteilhaft. Außerdem besteht langfristig gesehen die Möglichkeit, größere Bremsscheiben und -Zangen einzubauen.

Motor

Die Motoren-Entwicklung konnte dank der Erfahrungen mit dem 2,1-l-Rennturbo und natürlich dem Serien-Turbo ohne größere Probleme durchgeführt werden. Der Grundmotor, wie Kurbelgehäuse, Kurbelwelle, Pleuel, Zylinder und Zylinderköpfe, ist vom Serien-Turbo übernommen und lediglich den erlaubten Änderungen unterzogen, wie z. B. das Vergrößern der Ein- und Auslaßkanäle.
Die Nockenwellen stammen vom Rennturbo, während die Ventile im Ventildurchmesser und Schaftdurchmesser den Serienventilen entsprechen. Um die Laderschmierung zu verbessern, ist eine Ölpumpe mit einer größeren Saugpumpe eingebaut.
Mit der Einspritzanlage, der Bosch-K-Jetronic, wurde durch die Anwendung bei Rennmotoren Neuland betreten. Schwierigkeiten ergaben

sich einerseits durch das begrenzte Platzangebot im Motorraum und andererseits in der Auslegung des Luftmengenmessers, galt es doch immerhin gegenüber dem Serien-Turbo den doppelten Luftdurchsatz zu bewältigen. Nach Abstimmungsversuchen auf dem Prüfstand bestimmte man die Form des Luft-Ein- und -Auslasses. Durch eine kegelförmige Stauscheibe in Verbindung mit einem vorgesetzten Drallapparat löste man auch das Problem der Luftmengenmessung.
Bestimmend für die Anordnung des Turboladers und der dazugehörenden Luftführungen ist das Raumangebot, deshalb übernahm man prinzipiell die Serienlösung. Turbolader und Bypassventil sitzen unterhalb der Heckschürze. Die Drosselklappe zwischen Verdichter und Ladeluftkühlung.
Das größte Problem war die Unterbringung eines Ladeluftkühlers. Etwas skeptisch wurde der Vorschlag aufgenommen, die Ladeluft mit Wasser zu kühlen. Nach der ersten rechnerischen Auslegung wurde außerhalb des Fahrzeuges der Wasserkreislauf aufgebaut und die Wasserpumpe ausgelegt. Die erforderlichen Kühler waren im Fahrzeug gut unterzubringen und das Mehrgewicht von etwa 20 Kilo konnte in Kauf genommen werden. Die Versuche verliefen vielversprechend: Die Ladeluft wurde von 150 Grad auf 50 Grad zurückgekühlt. Da die ersten Ausführungen dieses Systems noch einen recht abenteuerlichen Eindruck machten – ein Gewirr von Rohren und Schläuchen – taufte man den Vorläufer des Renn-Turbo »Wasserwerk«. Bleibt noch hinzuzufügen, daß der Wasserkreislauf von einer von der Nockenwelle angetriebenen Wasserpumpe betrieben wird und das Wasser im Wagenbug durch zwei Wasserkühler rückgekühlt wird.
Zur besseren Motorkühlung und Luftverteilung wurde das erprobte Horizontalkühlgebläse eingesetzt. Dieses Gebläse in Verbindung mit dem relativ geringen Ladedruck von 1,3 bar garantieren genügend thermische Reserven.
Erwähnenswert, daß es sich beim Turbolader um das Aggregat des 917-Turbo handelt, das dort allerdings nur eine Zylinderreihe versorgte. Serienmäßig sind Zündanlage und das Abblasventil. Bei 2993 cm^3 Hubraum (mal 1,4 Turbo-Faktor = 4200 cm^3), einer Verdichtung von 6,5:1 und 7000 U/min ergibt das 485 bis 580 PS (Ende 1976).

Kraftübertragung

Nur geringe Änderungen waren am Getriebe erforderlich. Triebsatz, Gangräder und Wellen des Serien-Turbos sind für ein Antriebsmoment von 65 mkp ausgelegt. Das Renngetriebe arbeitet mit der serienmäßi-

gen Synchronisierung. Ein zusätzlicher Getriebeölkühler sorgt für niedrige Betriebstemperaturen. Der dazu gehörende Kühler ist im Heckspoiler untergebracht. Das Druckgefälle zwischen Ober- und Unterseite des Spoilers sorgt für den erforderlichen Luftdurchsatz.
Zur besseren Schmierung wird das gekühlte Öl direkt in den Zahneingriff gespritzt. Nur drei Übersetzungen pro Gang, einschließlich Serienübersetzung, sind nach dem Sportgesetz noch erlaubt. Für das Viergang-Getriebe sind lieferbar drei Übersetzungen pro Gang und drei Hinterachsübersetzungen. Das Differential ist mit einem Sperrfaktor von 80% ausgerüstet.
Die Schaltwege sind gegenüber der Serie erheblich verkleinert. Zur besseren Schaltexaktheit sind Motor und Getriebe in der Karosserie starr gelagert. Die Abmessungen der Kupplung entsprechen denen des Serien-Turbos, nur die Anpreßkraft ist erhöht worden. Wie bei allen Rennkupplungen ersetzt ein Sinterbelag den organischen Serienbelag.

ÄNDERUNGEN ZUM BAUJAHR/MODELLJAHR

1979/80

Beim ersten Betrachten eines Porsche 934-Rennturbo ist nach wie vor kaum ein Unterschied zum Serienturbo Typ 930 festzustellen. Ein Blick unter's Blech offenbart jedoch tiefgreifende Änderungen und viele Detailverbesserungen. So fehlt im Innenraum die hintere Notsitzbank, das abgemagerte Armaturenbrett informiert den in einen Rennschalensitz gepreßten Fahrer ausschließlich über die nötigsten Funktionen wie Ladedruck, Drehzahl und Öldruck. Der fest mit der Karosserie verschraubte Überrollbügel dient mehr der Festigkeit des Fahrzeuges als der Sicherheit des Piloten. Dicke Alurohre lassen keinen Zweifel an seiner Wirksamkeit.
Sämtliche Scheiben sind aus Serienglas, da die Gruppe 4 – in der der 934 aktiv ist – die Verwendung von Plexiglas nicht zuläßt. Der Motorraum ist bis auf den letzten Zentimeter ausgefüllt. Das in der Serie verwendete Horizontalgebläse mußte einem Radialgebläse weichen. Die zwei, links und rechts angebrachten Wasserkühler, würden jeden Serien-Porschefahrer in Erstaunen versetzen. Sie sind mit den im Frontspoiler integrierten Kühlern verbunden und beseitigen die durch den erheblich höheren Ladedruck des Rennmotors entstehenden thermischen Probleme einigermaßen zufriedenstellend.
Die gravierensten Änderungen am Motor beschränken sich ohnehin auf die Verstärkung der Kühlsysteme. Es werden größere Einlaß- und Auslaßventile mit Bronzelegierung verwendet und auch die Verdichtung

von früher 6,5 auf 7:1 angehoben. Serienmäßig blieb jedoch zum Beispiel die Kurbelwelle. Auch das Bohrung-Hub-Verhältnis ist mit 95 mm zu 70,4 mm ebenfalls gleich geblieben. Ohnehin erlaubt das Gruppe-4-Reglement nur ein Übermaß – sprich Toleranz – von 0,6 mm.

Erhebliche Änderungen wurden am Ladesystem vorgenommen. Der verstärke Lader erlaubt Drücke bis maximal 1,7 bar. Zum Vergleich: Beim Serien-930 sind 0,8 bar die Grenze. Die bereits angesprochenen Wasserkühler sind für die Kühlung der Ladeluft zuständig, der auf 22 Liter vergrößerte Öltank – in Verbindung mit einem größeren Ölkühler – versucht die Temperaturen des 3-l-Aggregates in Grenzen zu halten.

Im Gegensatz zu der mit dickeren und gelochten Scheiben versehenen Rennbremsanlage mußte das Fahrwerk keine gravierenden Änderungen über sich ergehen lassen. Verstärkte Bilstein-Gasdruck-Stoßdämpfer, zusätzliche Schraubenfedern und stufenlos verstellbare Stabilisatoren sorgen in Verbindung mit der 10,5-Zoll Bereifung auf der Vorder- und den 12,5-Zoll Felgen auf der Hinterachse für Kurvengeschwindigkeiten, die ohne weiteres rennwagenlike, wenn auch nicht ganz ohne Problematik sind.

Der Sechszylinder-Motor leistet bei 7200/min rund 600 PS. Geschaltet wird über ein Serien-Viergang-Getriebe, das Sperrdifferential wirkt mit 80 Prozent. Rennfertig bringt der Porsche 934 Turbo mindestens 1130 Kilogramm auf die Waage und läuft mit der längsten Übersetzung rund 305 km/h.

	911 2,4/2,7	Carrera 2,7 RS	2,8 RSR	Carrera 2,7	2,7 Safari	3,0 RS	3,0 RSR	Turbo RSR	Turbo
Motor									
Kurbelgehäuse	Magnesium	wie 911	wie 911	wie 911	wie 911	Silumin	Silumin	Mg (Le Mans Silum.)	Silumin
Kurbelwelle	Hub 70,4	wie 911	wie 911	wie 911	wie 911	wie 911	wie 911	Hub 66 w. 911 2,0 ltr.	wie 911
Pleuel	Stahl	wie 911	wie 911	wie 911	wie 911	wie 911	wie 911, 2,0, Titan	wie 911	wie 911
Nockenwelle	3fach gelagert	wie 911	geänd. Hub+Zeiten 4fach gelagert	wie 911	wie 911	wie 911	geänd. Hub+Zeiten 4fach gelagert	geänd. Hub+Zeiten 4fach gelagert	4fach gelagert
Ventile	46/40 Ø	wie 911	wie 911	wie 911	wie 911	größerer Ø	wie 3,0 RS	Ø wie 911, 2,0 Liter	gleich wie 3,0 RS
Einspritzung	2,4 mech. 2,7 K-Jetronic	mechanisch	mechanisch	mechanisch	mechanisch	mechanisch	mechanisch	mechanisch	K-Jetronic
Zündung	einf. m. Unterbre.	wie 911	dopp. m. Unterbre.	wie 911	wie 911	wie 911	doppelt, kontaktlos	doppelt, kontaktlos	einfach, kontaktlos
Kühlgebläse	11schaufelig	wie 911	Ø kleiner	wie 911	wie 911	wie 911	wie 2,8 RSR	wie 2,8 RSR/horiz.	geänd. Übersetzung
Ölkühlung	–	Kühlschlange	Bug-Ölkühler	Kühlschlange	Kühlschlange	Bug-Ölkühler	Bug-Ölkühler	Bug-Ölkühler	Kühlschlange
Fahrwerk									
Vorderachse	Mc Pherson	wie 911	wie 911	wie 911	wie 911	wie 911	wie 911	geänd. Querlenker andere Kinematik	wie 911, Kinematik wie Turbo RSR
Hinterachse	Schräglenker	wie 911	geänd. Kinematik	wie 911	wie 911	wie 2,8 RSR	wie 2,8 RSR	Schräglenker aus Alublech geschw.	neuer Alulenker, Kinemat., wie 2,8 RSR
Anlenkpunkte	in Gummi	wie 911	Delrin/Unibal	wie 911	wie 911	wie 911	Delin/Unibal	Unibal	wie 911
Federung vorne	Drehstab 19 Ø	wie 911	wie 911+Zusatzfed.	wie 911	wie 911 mit End-	wie 911	wie 911+Zusatzfed.	Schraubenfeder	wie 911
Federung hinten	Drehstab 23 Ø	wie 911	Drehstab 26 Ø + Zusatzfeder	wie 911	wie 911 anschläg.	Drehstab 26 Ø	wie 2,8 RSR + Zusatzfeder	Schraubenfeder	wie 3,0 RS
Dämpfer	hydraulisch doppelt wirksam	wie 911, andere Einstellung	wie 911, andere Einstellung	wie 911	wie 911, andere Einstellung	wie 2,7 RS	wie 2,8 RSR	andere Einstellung	wie 2,7 RS
Bremse vorne	GG-Zange 911	Aluzange 911	917 Kurzstrecke	wie 911	wie 911	wie 2,8 RSR	917 Langstrecke	917 Langstrecke	wie 2,7 RS
Bremse hinten	GG-Zange 911	wie 911	917 Kurzstrecke	wie 911	wie 911	wie 2,8 RSR	917 Kurzstrecke	917 Langstrecke	wie 911
Bremsscheiben	nicht gelocht	wie 911	gelocht	wie 911	wie 911	gelocht	gelocht	gelocht	gelocht
Felgenbreiten	6″/6″	6″/7″	9″/11″	6″/7″	5½″ f. M+S-Reifen	8″/9″	10½″/14″	10½″/17″	7″/8″
Kupplung									
Größe	225 Ø	wie 911	wie 911	wie 911	wie 911	wie 911	wie 911	wie 911	240 Ø
Belag	organisch	wie 911	wie 911	wie 911	Sinter	wie 911	Sinter	Sinter	wie 911
Dämpfung	Gummi	wie 911	Stahlfeder	wie 911	Stahlfeder	wie 911	Stahlfeder	ohne Dämpfer	Stahlfeder
Anpreßkraft	Serie	erhöhte Anpreßkraft	erhöhte Anpreßkraft	wie 2,7 RS	wie 2,8 RSR	wie 2,8 RSR	erhöhte Anpreßkraft	erhöhte Anpreßkraft	wie 3,0 RSR
Getriebe									
Gehäuse	Magnesium	wie 911	wie 911	wie 911	wie 911	wie 911	wie 911	wie 911	neues Mg-Gehäuse
Öleinspritzung + Kühlung	–	–	ja	–	ja	ja	ja	ja	–
Sperrdifferential	Sonderwunsch	wie 911	80 %	wie 911	40 %	80 %	80 %	80 % oder starr	wie 911
Achswellen	Gleichlaufwellen	wie 911	wie 911	wie 911	wie 911	wie 911	wie 911	Kreuzgelenke + Guibogummi	wie 911
Schaltung	Alu-Schaltblock	wie 911	wie 911	wie 911	wie 911	wie 911	wie 911	vereinf. Schaltbock, Kulissenführung	wie 911
Karosserie									
Kotflügelverbreiterung	Serie	hinten breiter	vorne und hinten breiter	wie 2,7 RS	wie 2,7 RS	wie 2,8 RSR	Kunststoffverbreit. vorne und hinten	hinten breiter als 3,0 RSR	wie 3,0 RS
Spoiler	-	Entenbürzel	Entenbürzel	Flachsp., M-Wunsch	Entenbürzel	Flachspoiler	Flachspoiler	Flügel	Flachspoiler
Innenausstattung	Serie	sparsam	Rennlook	Serie Luxus	sparsam	sparsam	Rennlook	extr. Rennlook	Serie Luxus

Frontansicht des Porsche 934 mit Turbo-Triebwerk. Bugschürze mit Kühleröffnungen

Bei der Seitenansicht des Porsche-Turbo sieht man deutlich die Seriennähe

Die Verbreiterungen sind aus Kunststoff und auf den Serienkotflügeln aufgenietet

Rennfertig mit 3-l-Turbo-Motor und 485 PS zum Preis von 108 000 Mark: Porsche 934

Porsche 934/5: Technisch wie 934, aber mit größerem Heckspoiler, Kotflügel 921

Carrera 2.7 RS / 2.8 RSR / 3.0 RS / 3.0 RSR / 911 SC-3.0 / 934 Turbo

Baujahr	Modell Karosse	Modell Typ	Fahrgestell-Nr.	Motor-Typ	Getr.-Typ	Zyl.	Bohrung x Hub	Hubraum	DIN-PS bei U/min.	mkp bei U/min.	Verdtg.	Radstand	Spur vorn/hinten	Länge	Gewicht	Produkt. Stck.
1973	Coupé	Carrera 2.7 „Safari“	9113600288/285	911/83	915	6	90x70,4	2687	210/6300	26/5100	8,5:1	2271	1372/1394	4147	980	2
1973	Coupé	Carrera 2.8 RSR	9113600386-1549	911/72	915	6	92x70,4	2806	300/8000	30/6500	10,3:1	2271	1402/1421	4147	900	49
1974	Coupé	Carrera 3.0 RS	9114609001-9109	911/77	915	6	95x70,4	2993	230/6200	28/5000	9,8:1	2271	1437/1462	4235	900	109
1974	Coupé	Carrera 3.0 RSR	9114609001-9109	911/74 911/75	915	6 6	95x70,4 95x70,4	2993 2993	315/8000 330/8000	32/6500 32/6500	10,3:1 10,3:1	2271	1472/1528	4235	920	109
1978	Coupé	911 SC 3.0 Safari	9113300789 9118301416 9118301476 9118301474	911/77	915/R	6	95x70,4	2994	250/6800	30,5/5500	9,1:1	2272	1369/1379	4291	1300	4
1976	Coupé	934 Turbo	9306700151-0180 0540	930/25	930/75	6	95x70,4	2993	485/7000	60/5400	6,5:1	2269	1481/1496	4291	1120	31
1977	Coupé	935 Turbo	9307700901-9307700913	930/72	930/51	6	92,8x70,4	2857	590/7900	60/5400	6,5:1	2271	1502/1558	4680	970	13
	Coupé US	934 Turbo	9307700951-9307700960	930/73	930/25	6	95x70,4	2993	540/7000	60/5400	6,5:1	2271	1481/1496	4680	1120	10

Typ 928 S (ab 1982)

Beim Auftakt zur englischen »Production Sports Car« Serie 1983 konnte ein Porsche 928 S, Debütant dieser Meisterschaft, gefahren vom Engländer Tony Lanfranchi, gleich seinen ersten Sieg verbuchen. Auf dem englischen Rennkurs von Silverstone startete Lanfranchi mit dem vom größten englischen Porsche-Händler, der Firma A.F.N. Ltd., eingesetzten 928 S von der Position des Trainingsschnellsten und ließ seinen Verfolgern auf Porsche 911 SC und Lotus Esprit Turbo keine Chance.
In Deutschland versuchte sich der Essener Knuth Mentel als einer der ersten schon 1982 am Porsche 928 S für den Einsatz im Rundstrecken-Rennsport. Aus einem Unfallschaden wurde der Wagen neu aufgebaut und durch penible Feinarbeiten am Motor das Serien-Aggregat mit 4,7 Liter Hubraum auf gebremste 320 PS gebracht.
Da das nun so aufgemöbelte Coupé auch um gut 250 Kilogramm leichter wurde, sind die Fahrleistungen recht respektabel geworden. Der jetzt 1200 Kilogramm schwere 928 S beschleunigt in etwa sechs Sekunden aus dem Stand auf 100 km/h und bis zur 200 km/h-Marke vergehen nur etwa 23 Sekunden – vier Sekunden weniger als die Serien-Version.
Die Kraftübertragung verlangte nach einer Sonderanfertigung: Eine Zweischeiben-Sintermetall-Kupplung und eine kurze Gesamtübersetzung wurden eingebaut. Sehr schwierig war die sogenannte denkende Hinterachse – auch Weissach-Achse – auf den Rennbetrieb einzustellen. Selbst mit härteren Dämpfern von Koni und stärker dimensionierten Stabilisatoren an Vorder- und Hinterachse ist die auf reinen Straßenbetrieb zugeschnittene Hinterachse teilweise mit den an sie gestellten Anforderungen überstrapaziert.
Das das Sportgesetz für die Gruppe B keine Kotflügelverbreiterungen erlaubt, außer den serienmäßig vorhandenen, passen unter den 928 S von Mentel vorne nur 9,5 Zoll breite Felgen und hinten 10,5 Zoll. Geeignete Reifen für dieses schwere und starke Auto zu finden, erwies sich als anfänglich fast unlösbar. Fast alle Produkte zeigten, speziell an der Hinterachse, sehr schnell Auflösungs-Erscheinungen.

Für die Motorsportsaison 1983 versuchte Porsche den 928 S in der Gruppe A (fast serienmäßige Tourenwagen) zu homologieren. Während Jaguar es mit dem Modell XJS und BMW mit dem 635 CSi schafften, blieb Porsche im ersten Anlauf der Gruppe-A-Segen verwehrt – die notwendige Mindeststückzahl von 5000 Einheiten in 12 Monaten konnte Porsche nicht bieten. Sie blieb mit dem Modell 928 S um rund 1200 Einheiten darunter.

924 **Front- und Heckansicht des Porsche 928 S, nach dem Sportgesetz als Gruppe-B-Fahrzeug privat vorbereitet**

Typ 944 GTR (»LeMans«) (1981)

Eines der interessantesten Autos beim 24h-Rennen von LeMans, den »Porsche 944 GTR« mit der Start-Nummer Eins fuhren Rallye-Weltmeister Walter Röhrl und Jürgen Barth.
Hinter der Tarnbezeichnung GTR verbarg sich der Prototyp des künftigen Porsche 944 mit dem neuentwickelten 2,5-l-Vierzylindermotor. Wie ein Uhrwerk spulte die mit Turboaufladung auf 410 PS getrimmte Rennversion der brandneuen Maschine die komplette 24-Stunden-Distanz ab.
4401 Kilometer mit einem Schnitt von 183,527 km/h und Rang sieben im Gesamtklassement waren für den Debütanten eine stolze Leistung. Obendrein gewann der 944 den Preis für den Teilnehmer mit dem kürzesten Boxenhalten: 56 Minuten stand der Porsche 944 insgesamt nur an der Boxe – zum Tanken, Warten und Fahrerwechsel.

Porsche 944 »LeMans«: Aus 2,5 Liter gut 410 PS. Mit diesem Auto wurde Röhrl/Barth bei den 24h LeMans 1981 siebte im Gesamtklassement

Mit dem erfolgreichen LeMans-Wagen versuchte sich Rallyespezialist Walter Röhrl zwei Wochen später auf dem Norisring – nur Platz elf.

Porsche 944 Turbo Cup (ab 1986)

Mit dem Porsche 944 Turbo Cup möchte Porsche einen Beitrag zum Breitensport leisten. Bei sieben Rennen, die schwerpunktmäßig im Rahmen des neuen »ADAC Super Cup« (Gruppe-C-Rennen) laufen, treten erfahrene Piloten und erfolgshungrige Nachwuchsfahrer gegeneinander an. Pro Lauf werden 45 000 Mark an die 40 Bewerber verteilt, der Sieger erhält 5000 Mark, der Zweitplazierte 4500 Mark und für den 25. Rang sieht das Punktesystem noch 100 Mark vor. Der Markenpokal ergänzt das traditionelle Porsche-Angebot von Spitzen-Renntechnik für den internationalen Rennsport (Porsche 956/962 C, Porsche 959, Gruppe B), das sich in Leistung und Kosten an professionelle Rennteams wendet.
Porsche wäre nicht Porsche, hätte man diesem Markenpokal nicht einen besonderen technischen Inhalt gegeben: Die 944 Cup-Turbos sind grundsätzlich und obligatorisch mit dem serienmäßigen geregelten Dreiweg-Katalysator ausgerüstet. Die sieben Rennen werden entsprechend mit bleifreiem Benzin (Euro-Super 95 Oktan) und serienmäßiger Auspuffanlage bestritten. Ziel dieser Rennserie mit umweltfreundlichen Serien-Fahrzeugen ist u. a., die Erfahrungen mit Katautos bei Betrieb mit Vollast und hohen Geschwindigkeiten zu erweitern und zu vertiefen.
Für rennmäßiges Fahren mit dem 944 Cup-Turbo nahmen die Porsche-Techniker am Fahrwerk nur geringe Änderungen vor. Die Pokal-Turbos verfügen in den Radaufhängungen über härtere Gummilager, stärkere Stabilisatoren (vorn 27 mm, hinten 21 mm Durchmesser). Die Feder/Dämpfer-Abstimmung wurde gegenüber der Serie geringfügig straffer gewählt. In Abweichung zur Serienausführung rollen die Cup-Fahrzeuge vorn auf acht Zoll breiten Leichtmetallfelgen, auf denen Reifen des Formats 245/45 VR 16 aufgezogen sind, hinten sind Neun-Zoll-Räder mit Pneus der Größe 255/40 VR 16 montiert.
Porsche ist naturgemäß an der Chancengleichheit bei diesem Wettbewerb sehr viel gelegen. Deshalb will das Werk eventuelle Manipulationen an den Cup-Fahrzeugen konsequent aufspüren bzw. überhaupt

nicht ermöglichen. Das Steuergerät der Motronic, der Sensor für die Klopfregelung sowie das Ladedruck-Regelventik sind deshalb verplombt. Zudem werden Porsche-Inspektoren vor jedem Rennen technische Stichproben vornehmen. Nach der Zieldurchfahrt werden drei Wagen plombiert und ins Porsche-Entwicklungszentrum Weissach zur Überprüfung gebracht.
Mit dem früheren Porsche-Werksfahrer und Tourenwagen-Europameister Dieter Glemser als Projektleiter für den »944 Turbo Cup« hat Porsche zudem einen fundierten Kenner der Motorsportszene verpflichtet.
Vor dem letzten, von insgesamt sieben Rennen hatten noch vier Fahrer Chancen auf den Titel: Joachim Winkelhock, Jörg van Ommen, Roland Asch und Harald Grohs. Asch schied wegen eines Getriebedefekts vorzeitig aus, Grohs griff in den Kampf um die Spitze nie ein. 13 Runden lang sah van Ommen wie der sichere Sieger aus. Zwei Runden vor Schluß nutzte Winkelhock dann eine Unachtsamkeit van Ommens, preßte sich an seinem schärfsten Widersacher vorbei und gab die Führung bis ins Ziel nicht mehr ab.
Aufgrund des großen (Medien)-Interesses im Premierenjahr 1986 beschloß Porsche den »944 Turbo Cup« auch in den folgenden Jahren auszufahren. Europaweit werden 1987 zehn Rennen (fünf in Deutschland, die übrigen in Zolder, Spa, Salzburgring, Brünn und Monza) ausgetragen. Pro Lauf ist ein Preisgeld von 54 000 Mark vorgesehen. Der Hauptsponsor für den Cup wird Blaupunkt sein. Die Fahrzeuge, identische »944 Turbo«, erhalten mehr Leistung (250 PS statt 220 PS) und ein strafferes Fahrwerk, das dem Kraftzuwachs angepaßt wurde.
Weil bei Porsche alle Motorsport-Aktivitäten stets auch einen technischen Inhalt haben, werden die Cup-Fahrzeuge des Jahrgangs 1987 mit einem Bremsen-Anti-Blockier-System ausgerüstet, das nun auch im Renneinsatz erprobt werden soll. Wie in der abgelaufenen Saison werden die Rennen mit einem geschlossenen serienmäßigen Auspuff mit Katalysator bestritten. Die Porsche-Techniker im Entwicklungszentrum Weissach haben dadurch 1986 die erhofften Erfahrungen über den Betrieb von Katautos im Hochleistungsbereich sammeln können.
In Frankreich organisiert der Porsche-Importeur Sonauto für 1987 ebenfalls einen »944 Turbo Cup«. Wegen der unzureichenden Versorgung mit bleifreiem Benzin wird dort allerdings ohne Katalysator gefahren. Die Verantwortlichen in Frankreich haben sich für einen offenen Auspuff und das damit erzeugte Renngeräusch entschieden. Geplant sind acht Rennen.
Der schnellste und zweifellos beständigste Fahrer 1987 gewann den Porsche 944 Turbo Cup: Roland Asch (36) aus Ammerbuch bei Tübingen

genügte beim Finallauf auf dem Nürburgring ein zweiter Rang zum endgültigen Titelgewinn, der mit einer halben Million Mark dotierten Rennserie. Bei den zehn Läufen waren Asch und sein vom Max-Moritz-Team (Reutlingen) vorbereiteter »944 Turbo« nicht nur stets topfit – sie taktierten auch am erfolgreichsten.

Der 36jährige gewann dreimal, erzielte sechsmal die schnellste Trainingszeit und markierte einmal die schnellste Runde im Rennen. Bis zum Nürburgring-Saisonfinale hatte auch der Münchner Peter Oberndorfer Chancen auf den Titelgewinn (= zwei Siege). Er konnte jedoch nach einem verpaßten Training im Rennen nichts mehr zulegen und fuhr einer sicheren Vizemeisterschaft entgegen.

930 Seit 1986 gibt es den »Porsche 944 Turbo Cup«, in dem rund drei Dutzend identische »944 Turbo« mit 220 bzw. 250 PS (ab 1987) an den Start gehen

BLAUPUNKT
thiel
Plochinger
Waldhornbräu
Shell mit M 2000.
DUNLOP
Hein Gericke
BOSCH
Shell
TOSHIBA
TOSHIBA
Computer + Copier
16
STRÄHLE
autosport
25
R. BILLEN
ORIGINAL ARDENNER SCHINKEN
20
Hertz

Typ 959 Street

Das Automobil ist noch nicht am Ende seiner Entwicklungsmöglichkeiten angekommen: Dies demonstriert Porsche mit dem Typ 959. Vor zwei Jahren stand er noch als Studie »Gruppe B« auf der IAA, 1985 lief die Straßenerprobung zur Vorbereitung der kleinen Serie von 200 Exemplaren, die im Jahre 1986 an ihre Besteller ausgeliefert wurden. Der im September 1985 auf der IAA in Frankfurt gezeigte Wagen entspricht dem fortgeschrittenen Stand der Arbeiten. Detailänderungen sind auch weiterhin noch zu erwarten.

Rennwagentechnik wird hier konsequent in Fahrsicherheit des Straßenfahrzeuges umgesetzt. Fahrleistungen und Fahreigenschaften übertreffen alle gewohnten Maßstäbe. »Trotzdem«, sagt Porsche-Entwicklungschef Helmuth Bott, »haben wir als Ergebnis einen Wagen, der sich bei hoher Sicherheitsreserve mit all dem Komfort, der Laufruhe und dem Innengeräusch fahren läßt, wie wir es vom Straßenfahrzeug erwarten.«

So hat der 959 einen Motor, der sich trotz seiner gewaltigen Leistung von 450 PS elastisch mit niedriger Drehzahl fahren läßt. Der 959 bietet bei allen Fahrbedingungen ein ungewöhnliches Beschleunigungsvermögen, aber er erreicht auch kürzere Bremswege, als sie mit normalen Automobilen möglich sind. Stoßdämpferhärte und Bodenfreiheit werden automatisch auf unterschiedliche Anforderungen bei niedriger und hoher Geschwindigkeit eingestellt. Der elektronisch geregelte, in der Momentenverteilung variable Allradantrieb ermöglicht optimale Fahrsicherheit im Sommer und Winter, auf trockener, nasser oder glatter Fahrbahn. Das Antiblockiersystem (ABS) wurde auf die besonderen Verhältnisse des Allradantriebs mit Differentialsperren ausgelegt.

Während die Aerodynamik von Automobilen in der Regel auf geringen Luftwiderstandsbeiwert (c_W) abzielt, war bei der Entwicklung der Karosserieform des 959 die Vermeidung von Auftrieb das wesentliche Kriterium. Es entstand ein auftriebsfreies Fahrzeug, das bei hoher Geschwindigkeit praktisch den gleichen Anpreßdruck der Räder auf die Fahrbahn aufweist wie bei niedrigem Tempo. Trotzdem konnte der Luftwiderstandsbeiwert auf 0,32 reduziert werden, was zusammen mit der

geringen Stirnfläche einen sehr niedrigen Luftwiderstand ergibt. Dieses günstige Verhältnis von (c_W) zu (c_A) und F trägt in großem Maße zur ungewöhnlichen Richtungsstabilität, Fahr- und Bremssicherheit bei.
Den Anstoß für die Entwicklung des 959 gab die 1980 im Automobilsport eingeführte Reglements-Gruppe B. Sie umfaßt Wettbewerbsfahrzeuge mit einer Mindeststückzahl von 200 Wagen. Porsche wollte hier, anders als bei den teuren Einzelstücken der Gruppe C, ein seriennahes Fahrzeug bauen, das für Rallyes und Rennen ebenso geeignet ist wie für den Straßenbetrieb. »200 Wagen können wir nicht nur an aktive Sportfahrer verkaufen«, sagt Helmuth Bott. Darum fiel frühzeitig die Entscheidung, kein teures Spezialfahrzeug zu bauen, sondern den Gruppe-B-Wagen an eine vorhandene Modellreihe anzulehnen.
Dafür bot sich der Anschluß an den 911 an, der sich ebenso im Straßenbetrieb wie als Rallyefahrzeug und als Grundlage für die Rennsportwagen der früheren Gruppen 4 und 5 bewährt hatte. Das Heckmotor-Konzept gab dabei den Ausschlag: »Wir sahen in der Gruppe B, in der zum Beispiel die Rallye-Weltmeisterschaft ausgetragen wird, keine Chancen für Frontmotorwagen«, sagt Bott. »Auf dem Rallyesektor hat sich abgezeichnet, daß man nur noch mit allradgetriebenen Fahrzeugen konkurrieren kann. So ergaben sich sehr früh die Voraussetzungen Allradantrieb und Ableitung eher aus einem Heckmotor- als einem Frontmotor-Konzept.«
Anders als bei den vorausgegangenen 911 Rennversionen 934 und 935 zielte die Entwicklung auf ein Fahrzeug ab, das über seine Straßenneigung hinaus zum Träger neuer Technologie werden konnte. »Wir entschlossen uns, das Fahrzeug mit technischen Systemen anzureichern, die mehr bieten als alles bisher Bekannte. Denn die 200er-Serie ist eine hervorragende Bandbreite für Neuentwicklungen, die später einmal für Serienwagen in Frage kommen. Der ohnehin geplante Allrad-911 wurde dabei von vornherein einbezogen.« In diesem Stadium entschloß sich der Vorstand dazu, das Projekt 1983 in Frankfurt vorzustellen, um ein Echo der Öffentlichkeit und der Porsche-Kunden zu erhalten. Es fiel so positiv aus, daß die Arbeiten intensiv fortgesetzt wurden.
Ein erstes Resultat war der Einsatz des Allrad-911 in der Rallye Paris – Dakar 1984. In dieser extrem schweren Rallye sind unhomologierte Fahrzeuge zugelassen, während der Einsatz in der Gruppe B erst nach Fertigstellung der 200er-Serie zulässig ist. Nach dem unerwarteten Sieg 1984 folgte 1985 ein weiterer Versuchseinsatz mit 959-Prototypen bei der Dakar-Rallye. Auch wenn die Fahrzeuge nach unsanften Berührungen mit Felsbrocken damals nicht ins Ziel kamen, wurden ermutigende Erfahrungen gemacht. Umso besser lief es wieder im Januar

1986: Drei Porsche 959 am Start in Paris, drei im Ziel in Dakar – Platz eins für Metge/Lemoyne, Platz zwei für Ickx/Brasseur und Rang sieben für Kußmaul/Unger.
Neben dieser harten Geländeerprobung stand der Straßenbetrieb im Vordergrund der Entwicklung. Parallel mit der Entwurfsarbeit liefen die Windkanal-Erprobung – zunächst mit Modellen 1:5, dann 1:1 – und die Erforschung neuer Werkstoff-Kombinationen aus verzinktem Stahlblech, Aluminium und Kunststoff. Diese Mischbauweise ist nicht nur wichtig, um eine aerodynamisch optimale und ästhetisch schöne Form zu verwirklichen. Sie ermöglicht es auch, das Karosseriegewicht so niedrig zu halten, wie es im Interesse hoher Fahrleistung bei günstigem Kraftstoffverbrauch notwendig ist.
Bei diesen Arbeiten wurden die Weichen für die erhöhte Fahrsicherheit durch auftriebsfreie Aerodynamik gestellt. Durch Ausfeilen aller Details wurde zugleich der Luftwiderstandsbeiwert gedrückt, ohne Auftrieb in Kauf zu nehmen. Porsche kommt dabei ohne separate Spoiler aus: Die Gestaltung von Bug und Wagenunterseite sowie der in die Karosserieform integrierte Heckflügel bestimmen Aerodynamik und Optik des 959.
Die Aerodynamik steht beim Straßenfahrzeug in engem Zusammenhang mit dem Fahrverhalten. Ihre Qualitäten können zum Beispiel erst dann voll zur Auswirkung kommen, wenn die Bodenfreiheit auf die Strömungsverhältnisse abgestimmt ist und konstant eingehalten wird. Für das Fahren auf ebener Schnellstraße ist eine geringe, im Gelände dagegen eine große Bodenfreiheit erforderlich. Beim Manövrieren im Bereich von Randsteinen oder in Parkhäusern sollen das Aufsetzen und die dadurch möglichen Beschädigungen des Wagenbodens vermieden werden. Dies war der Ausgangspunkt für die Entwicklung eines geschwindigkeitsabhängigen Niveauregelungssystems für den 959. Es senkt bei hohen Geschwindigkeiten das Fahrzeug automatisch auf den aus Sicherheitsgründen erforderlichen Wert ab, bei niedrigem Tempo kann der Fahrer die Bodenfreiheit wählen. Eine zusätzliche höchste Stellung ist für besondere Situationen wie das Freikommen im Gelände vorgesehen. Die Niveauregulierung erfolgt über ein elektronisch geregeltes Hydraulik-System.
Um Fahrsicherheit und Geradeauslauf bei hohem Tempo zu gewährleisten, ist eine entsprechend harte Stoßdämpfereinstellung unumgänglich. Da andererseits Fahrzeuge mit sportlicher Dämpfung bei geringer Geschwindigkeit im Fahrkomfort nicht befriedigen, wurde in das Konzept des 959 ein regelbares Dämpfungssystem einbezogen. Auch hier wird die Einhaltung der optimalen Einstellung bei hoher Geschwindigkeit automatisch sichergestellt. Bei langsamer Fahrt kann der Fahrer

die Einstellung wählen. Die automatische geschwindigkeitabhängige Regelung erfolgt elektronisch vom Tachometer aus, die Funktion wird über eine Kontrollampe überwacht. Dieses System ist eine gemeinsame Entwicklung von Porsche mit der Stoßdämpferfirma Bilstein.
Sind bei einem Fahrzeug mit hoher Motorleistung nur zwei Antriebsräder vorhanden, dann sollten sie mit einem möglichst hohen Anteil am Gesamtgewicht des Fahrzeuges belastet sein. Dennoch kann es, besonders bei reduzierter Bodenhaftung, vorkommen, daß die Antriebsräder beim Anfahren oder Beschleunigen durchdrehen. Erst bei der Verteilung der Antriebskraft auf vier Räder läßt sich hohe Leistung auch unter ungünstigen Bedingungen sicher auf die Fahrbahn bringen.
Dies ist einer der wesentlichen Gründe, weshalb sich im Rallyesport in den letzten Jahren der Allradantrieb zunehmend durchgesetzt hat. Der Sieg eines allradangetriebenen Porsche 911 bei der Rallye Paris – Dakar 1984 hat erwiesen, daß sogar ein Straßensportwagen unter den schwierigen Fahrbedingungen in Wüste und Urwald erfolgreich konkurrieren kann. Aus diesem Grund stand die Einbeziehung des Allradantriebes in Porsches Gruppe-B-Projekt von vornherein fest. Der Allradantrieb bietet sowohl im Wettbewerb als auch im Straßenbetrieb eindeutige Vorteile.
Im Unterschied zum Paris-Dakar-Wagen von 1984 wurde jedoch beim 959 ein Antriebssystem vorgesehen, bei dem die Antriebskraft auf Vorder- und Hinterachse nicht konstant gleichmäßig 50:50 verteilt ist, sondern je nach Fahrbedingungen unterschiedlich gewählt werden kann. Mit dieser variablen Momentenverteilung kann die Manövrierbarkeit unter schwierigen Fahrbedingungen und im Winterbetrieb erheblich verbessert werden. Eine Automatik sorgt außerdem dafür, daß sich abhängig von den dynamischen Achslasten, also den Änderungen beim Beschleunigen oder Bremsen, stets eine optimierte Antriebsmomentenverteilung ergibt.
Um das Parkieren zu erleichtern, wird bei sehr niedriger Geschwindigkeit das Antriebsmoment der Vorderräder zurückgenommen. Der Fahrer kann die Einstellung für Verhältnisse wie trockene oder nasse Fahrbahn, Eis und Schnee oder schweres Gelände wählen. Die Funktion der Lastverteilung zwischen den Achsen übernimmt eine Lamellenkupplung im Gehäuse des Vorderachsgetriebes am vorderen Ende des Transaxle-Rohrs, in dem die Antriebswelle läuft. Sie ist elektronisch gesteuert, überträgt das korrigierte Drehmoment an die Vorderräder und wirkt als Längssperre. Der Hinterachsenantrieb enthält eine weitere Lamellenkupplung als Quersperre. In der Einstellung für schweres Gelände sind beide Sperren geschlossen, so daß zwischen Vorder- und

Hinterachse sowie an der Hinterachse ein starrer Durchtrieb besteht. Die Kupplung und ihre Steuerung sind Porsche-Eigenentwicklungen.
Die Bremsanlage des 959 mit innenbelüfteten Vierkolben-Scheibenbremsen entspricht der Porsche-Renntechnik. Darüber hinaus wurde sie auf die besonderen Verhältnisse des Allradantriebs abgestimmt. Das serienmäßige Antiblockiersystem bildet beim Bremsen einen wirksamen Ausgleich zu den Möglichkeiten des Allradantriebs im Beschleunigungs- und Bergsteigebereich. Es wurde so ausgelegt, daß es auch bei eingelegter Differentialsperre wirksam bleiben kann – eine wichtige Verbesserung des Fahrens unter schweren Bedingungen.
Die Magnesiumräder mit Zentralverschluß sind ein Resultat der Rennwagen-Sicherheitstechnik. Sie sind als Hohlspeichenräder ausgebildet, deren Hohlräume mit dem Luftraum der Reifen in Verbindung stehen. Die Warnleuchten der Reifendruckanzeige, die für jedes Rad einzeln bei Druckabfall aufleuchten, zeigen somit nicht nur Reifendefekte, sondern auch Felgenschäden an. Dieses System wurde in Zusammenarbeit mit Bosch entwickelt. Die Höchstgeschwindigkeits-Sicherheitsreifen vom Typ Dunlop Denloc geben auch bei Druckverlust soviel Seitenführung, daß der Wagen richtungsstabil bleibt. Sie sind auf Geschwindigkeiten von deutlich über 300 km/h ausgelegt und bieten, in Verbindung mit der einstellbaren Dämpfung, dennoch ausreichenden Langsamfahrkomfort.
Das System Räder-Reifen-Bremsen ist wesentlich dafür mitverantwortlich, daß der 959 im Hochgeschwindigkeitsbereich eine ungewöhnliche Sicherheitsreserve bietet. Der geringe Luftwiderstand ermöglicht es, auch bei über 200 km/h noch stark zu beschleunigen. Geradeauslauf und Bremswege sind dabei mit den Werten vergleichbar, die andere Fahrzeuge im Bereich unter 200 km/h erreichen.
Die Technik der Turbo-Rennmotoren ist bei Porsche zu so hoher Zuverlässigkeit und Laufkultur entwickelt worden, daß sich eine Übertragung auf den Straßenbetrieb anbot. Im 959 kommt eine weiterentwickelte Turbotechnik zur Anwendung, die schon aus niedriger Drehzahl heraus eine ungewöhnliche Elastizität und Durchzugskraft ermöglicht. Der 450 PS starke 2,85 Liter Sechszylinder mit Vierventil-Zylinderköpfen und vier Nockenwellen läuft mit seinem hydraulischen Ventilspiel-Ausgleich mechanisch leise wie ein Tourenwagenmotor. Er ist anspruchslos in der Wartung und erfüllt sowohl in seinem Laufverhalten als auch in den Geräusch- und Abgas-Spezifikationen alle Anforderungen des Straßenverkehrs und der gesetzlichen Vorschriften (verschärfte EG-Norm R 15/04) und kann mit dem neuen und Euro-Super genannten bleifreien Benzin mit 95 Oktan ohne Leistungsverlust betrieben werden.

Im Sport entsprechen 2,85 Liter aufgrund des Turbo-Handicap-Faktors einem Saugmotor-Hubraum von 4 Litern. Im Leistungsverhalten hat der 959-Motor Ähnlichkeit mit großvolumigen Saugmotoren: Ein Turbo-Ruck ist nicht spürbar, das Durchzugsvermögen ist schon bei geringer Drehzahl hoch und nimmt gleichmäßig zu. Mit einer Beschleunigung in weniger als 5 Sekunden von 0 auf 100 km/h liegt der 959 außerhalb der üblichen Maßstäbe, kann aber aufgrund seiner Laufkultur auch im dichten Verkehr problemlos gefahren werden.
Die Aufladung durch zwei Turbolader mit elektronischer Ladedruckregelung und Ladeluftkühlern ist eine Porsche-Eigenentwicklung, die elektronische Zündung und Einspritzung mit Bosch-Motronic wurde in den Porsche-Rennfahrzeugen bereits erfolgreich eingesetzt. Die Mischkühlung mit wassergekühlten Zylinderköpfen und der bewährten Axialgebläse-Luftkühlung der Zylinderblöcke ermöglicht als Nebenprodukt eine wirksame Wasserheizung des Wageninnern.
Die Aufgabe des 959 als Träger für Sicherheitsentwicklungen im Hochgeschwindigkeitsbereich kommt in der Straßenversion besonders deutlich zum Ausdruck. Es war von vornherein geplant, neben dem Einsatz im Sport einen möglichst großen Teil der 200er-Serie Fahrern anzubieten, die Freude an einem ungewöhnlichen Automobil haben.
Die Straßen-Sportversion des 959 wird in Ausstattung und Design höchsten Ansprüchen gerecht: Stil und Materialwahl entsprechen dem ausgeprägt sportlichen Charakter des Fahrzeuges, Geräuschdämpfung und ausgefeilte Bedienungstechnik sichern einen angenehmen Langstreckenkomfort. Heizung und Klimaanlage sind elektronisch geregelt, elektrische Sitzverstellung, Zentralverriegelung und elektrische Fensterheber gehören zur Serienausstattung.
Im Design sind alle Flächen des Innenraums sorgfältig aufeinander abgestimmt, es werden nur wertvolle Materialien in hochwertiger Handarbeit verwendet. Der Innenraum ist mit zur Außenfarbe passendem Leder ausgekleidet, von der Rücksitzanlage zieht sich eine Mittelkonsole nach vorn bis unter die Schalttafel. Die Schalter – unter anderem für Niveauregulierung, Stoßdämpfer-Einstellung und Zentralverriegelung – sind in einer Schalterblende zusammengefaßt, die Vorwahl für den Allradantrieb erfolgt über einen Lenkstockschalter.
Porsche unterstreicht mit dieser sorgfältigen Ausstattung die Aufgabe des 959 als komfortables und sicheres Straßenfahrzeug. Die hier verwirklichten technischen Entwicklungen werden künftig auch anderen Porsche-Produkten zugute kommen.

Porsche 959 (Paris–Dakar)

Bereits seit 1983 wird im Schwäbischen der Auftrag »Rallye Paris–Dakar« generalstabsmäßig bearbeitet: Im Januar 1984 stürmten drei 959-Vorläufer (Porsche 911 4x4) gen Dakar: Unter ihrem Blech: Allradtechnik und der bewährte 911-Saugmotor. Die Bilanz der ersten Wüsten-Attacke von Porsche: Sieg für den Franzosen René Metge.
Gegenüber dem 84er-Wagen nahm sich der nächstjährige Porsche schon ausgesprochen anspruchsvoll aus: Optisch und fahrwerksseitig bereits zum »959« gereift, vertraute man im neuen Prototyp aber immer noch auf den alten Saugmotor und baute wie im Jahr zuvor auf das noch nicht elektrisch gesteuerte Allradsystem. Einige Fehler – überwiegend strategischer Natur – vereitelten einen Durchmarsch wie im Vorjahr: Ausfall für Jacky Ickx nach Unfall, Ausfall für Jochen Mass nach Unfall und Ausfall für René Metge, der ein Leck im Ölsystem erst dann feststellte, als sich im Motor kein Rädchen mehr drehte.
Die 85er-Version wirkt bei einer vergleichenden Betrachtung wie Neandertal zu Silicon Valley: Das Weissacher Wüstenauto ist technisch auf dem Level des Serien-959, mit Biturbomotor und neuartiger Register-Aufladung. Das Allradsystem verfügt über vier elektronisch gesteuerte Fahrprogramme. Im Jahr zuvor konnte nur manuell zwischen starrem Durchtrieb an allen Rädern und einer 50:50-Aufteilung der Leistung zwischen Vorder- und Hinterachse gewählt werden. Anti-Blockier-System und Niveau-Regelung wurden im anspruchsvollsten Katalog, der je für eine Wüsten-Expedition aufgestellt wurde, gestrichen.
Mit dieser High-Tech-Ladung im Auto pflanzt Porsche einen Meilenstein in die unwegsame Wüste Afrikas: Noch nie zuvor gab es ein ähnlich aufwendiges und technisch anspruchsvolles Automobil in dieser Motorsport-Disziplin.
Wohin und in welchem Verhältnis die 400 PS verteilt werden, darüber befindet der Fahrer nicht mehr alleine – der Computer leistet Entscheidungshilfe. Ausgiebige Wüsten-Tests und der Einsatz bei der »Paris–Dakar«-ähnlichen Pharaonen-Rallye im Oktober 1985 ließen bei Por-

sche die Konzentration auf vier verschiedene Fahrprogramme als angeraten erscheinen.
Stufe »Eins« wird gewählt, wenn es besonders »dicke« kommt, heißt »Traktion« und macht ihrem Name alle Ehre: Während an der Hinterachse bei der Paris-Dakar-Version ständig ein starrer Durchbruch herrscht, stellt der Betriebszustand »Traktion« auch eine starre Verbindung zwischen Hinter- und Vorderachse her. Projektleiter Roland Kußmaul: »Zu empfehlen, wenn aus einer sandigen Kuhle herausgefahren werden muß und alle vier Räder die gleiche Kraftzuteilung bekommen sollen.«
Stufe »Zwei« heißt sinnigerweise »Eis«, stammt vom 959-Serienmodell und ermöglicht eine kontinuierliche Steigerung des Sperrfaktors von Null bis 100 Prozent. Null Prozent heißt totaler Heckantrieb, während 100 Prozent starrer Durchtrieb bedeutet, gleichzusetzen ist mit der ersten Fahrstufe »Traktion«.
Stufe »Drei« und »Vier« sind Automatik-Funktionen, anhand der drei Parameter Zugkraft (= Motorleistung), Differenz-Drehzahl zwischen Vorder- und Hinterachse und gefahrener Geschwindigkeit wird die Kraft zwischen den beiden Achsen verteilt.
In der Automatikstufe »Eins« ist die Kraftverteilung mittels Potentiometer manuell zu variieren, in der Stufe »Zwei« erfolgt die Verteilung geschwindigkeitsabhängig. Alle vier Fahrprogramme haben eins gemeinsam: Sobald der Fahrer aufs Bremspedal tritt, herrscht starrer Durchtrieb rundum und die Bremskraft verteilt sich gleichmäßig auf alle vier Räder. Kein überbremsendes Heck mehr, keine blockierenden Vorderräder. Kußmauls Kommentar: »Nach ABS die zweitbeste Möglichkeit, sicher abzubremsen.« Schlichter Porsche-Gag: Die einzelnen Traktions-Programme sind per Hebel von der Lenksäule aus zu kommandieren. Das 400 PS starke Biturbo-Aggregat im Heck des Rallye-Porsche 959 für die Paris-Dakar stellt ein nicht minder beeindruckendes technisches Wunderwerk dar.
Was der Sechszylinder alles in sich vereint, beschert dem Technik-Freund Freude: Die siebenfach gelagerte Kurbelwelle wird von sechs Titan-Pleueln bedient. Zwei obenliegende Nockenwellen an den beiden Zylinderköpfen des Boxers halten pro Brennraum vier Ventile in Takt. Während die Kopfarbeit in wasserummantelter Umgebung erledigt wird, sind die Zylinder luftgekühlt.
Technischer Höhepunkt ist zweifelsohne die von Porsche entwickelte und patentrechtlich geschützte Register-Aufladung: Zwei Turbolader verrichten ihre Arbeit erst einzeln und dann zu zweit. Im unteren Drehzahlbereich wird nur ein Lader bedient, der mittels des gesammelten

Abgasdrucks aus sechs Zylindern schneller auf Drehzahlen kommt, als das bei der herkömmlichen Doppelturbo-Anordnung der Fall ist. Ist der gewünschte Druck vorhanden, öffnet sich das sogenannte Verdichter-Zuschaltventil und setzt den zweiten Lader in Betrieb.
In seiner Leistungs-Charakteristik zeigt sich der 959-Motor dann dank der Register-Idee alles andere als turbotypisch. Bei Porsche behauptet man, »er fährt sich wie ein Achtzylinder-Saugmotor«, und selbst Professor Helmuth Bott (bis 30. September 1988 Vorstand Technik), zeigt sich begeistert von der gelungenen Leistungsabgabe dieses Biturbo-Motors.
Daß im Falle der Paris-Dakar-Version die Leistung auf 400 PS begrenzt wurde, hat einen guten Grund: In der Wüste ist man gelegentlich auch auf Sprit mit nur 86 Oktan angewiesen, also wählte man weniger Ladedruck und justierte die elektronische Zündung entsprechend ein.
Drei Porsche 959 – wie 1985 – mit den Fahrern Jacky Ickx, René Metge und Roland Kußmaul, fuhren wieder auf den Gesamtsieg, wobei der Projektleiter Kußmaul als sogenannter »fliegender Service« hauptsächlich zur Unterstützung der beiden Profis aus Belgien respektive Frankreich eingesetzt wurde.
Bei der Rallye »Paris-Dakar« 1986, der bis dato schwersten überhaupt, blieben die Porsche 959 von den harten Bedingungen praktisch unbeeindruckt: Metge vorn, Ickx unmittelbar dahinter und mit kurzem Sicherheitsabstand der Techniker Kußmaul. Eindrucksvoller als hier in der Wüste war das neue Allradsystem nicht zu demonstrieren. Obwohl Porsche die komplizierteste Technik im ganzen Feld durch die Wüste fuhr, waren bei den schwäbischen Sportwagen die wenigsten Defekte zu beklagen: Porsche bewies damit, daß der »959« das technisch anspruchsvollste Serienauto der Automobilgeschichte, auch bei brutalsten Bedingungen der Maßstab ist.
Nach 14 000 Kilometer (!) in 22 Tagen meldeten sich im Zielort Dakar von 488 gestarteten Teilnehmern nur noch 67 Teams. Es gewannen Metge/Lemoyne vor Ickx/Brasseur (beide Porsche 959), während Kußmaul/Unger einen hervorragenden sechsten Platz belegten. Eine vorzügliche Rehabilitation nach dem Debakel 1985 und ein Beweis der Extraklasse dieses Rallye-Protrotyps. Mit diesem Doppelsieg war der Auftrag des »959« erledigt und Porsche beteiligte sich in den folgenden Jahren nicht mehr an dieser und ähnlichen Wüsten-Rallyes.

Porsche 959: Bereits auf der IAA 1983 erstmals dem Publikum gezeigt, wird er voraussichtlich im Frühjahr 1987 ausgeliefert. Vorgesehene Stückzahl: 200 Exemplare zum Kaufpreis von jeweils knapp unter 500 000 Mark für die Straßenversion

Im voluminösen Heck verbirgt sich ein 2,85 Liter Sechszylinder mit 450 PS (!), der dank elektronisch variablem Allradantrieb den 959 in rund 5 Sekunden auf 100 km/h beschleunigt und über 300 km/h als Höchstgeschwindigkeit realisiert

e Durchsichts-
ichnung erlaubt
ne gute
rstellung von der
chkomplizierten
echanik von
otor, Antrieb,
aftübertragung
wie Steuerung
rch die reichlich
rhandene
ektronik

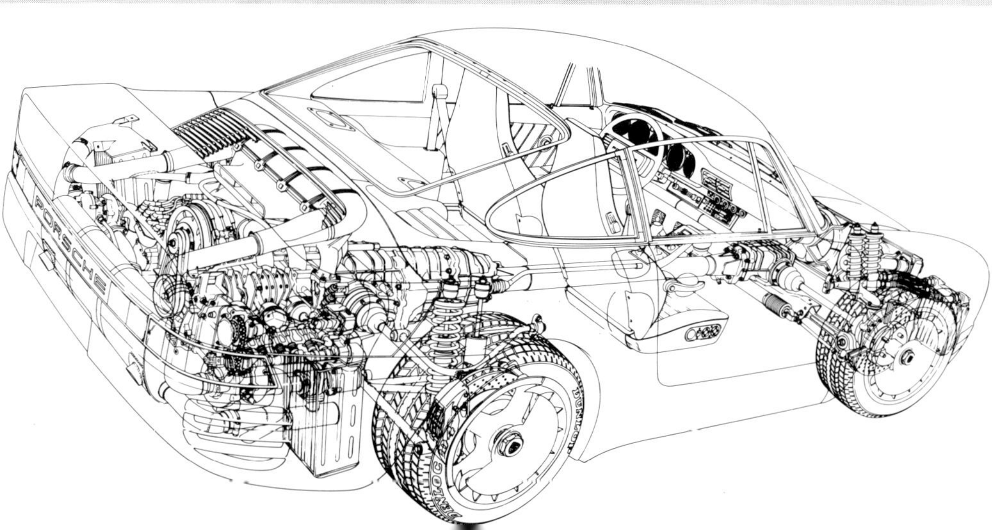

Im Innenraum ist noch viel vom Ausgangs-Modell Porsche 911 zu erkennen. Dazu kommen die in der Mittelkonsole plazierten Schalter für die Niveauregulierung, Stoßdämpfer-Einstellung und Zentralverriegelung. Die Vorwahl für den Allradantrieb erfolgt über einen Lenkstockschalter

Im 959 kommt eine weiterentwickelte Turbotechnik zur Anwendung: Die Aufladung erfolgt durch zwei Turbolader mit elektronischer Ladedruckregelung und Ladeluftkühlern. Die Mischkühlung mit wassergekühlten, vierventiligen Zylinderköpfen und luftgekühltem Motorblock erbringt eine hohe Zuverlässigkeit

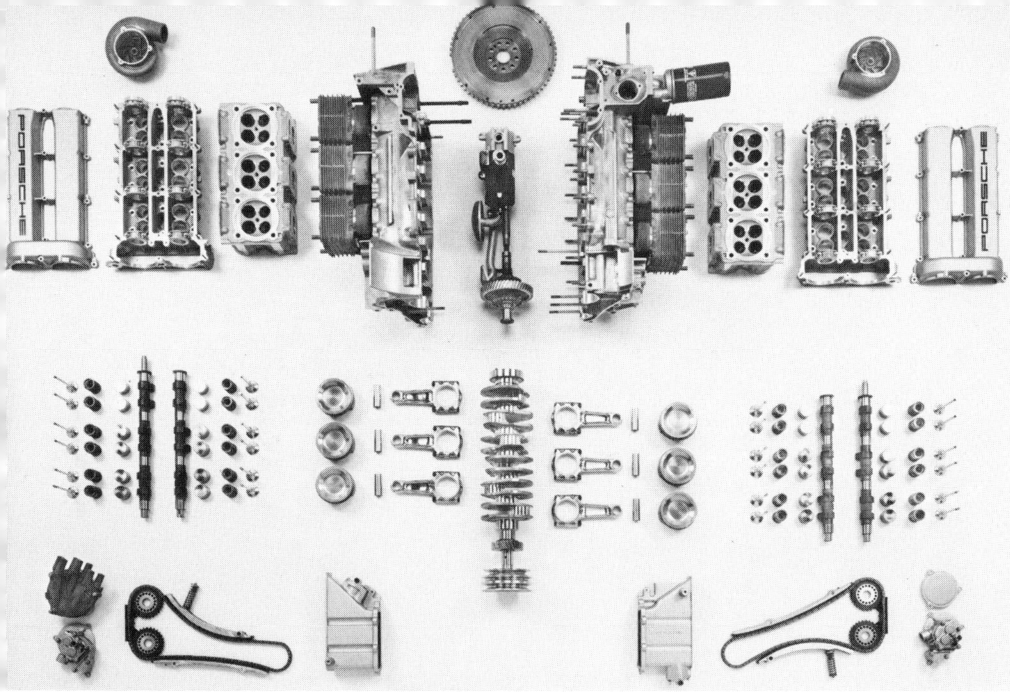

Der gestrippte Sechszylinder-Doppelturbomotor für den 959 offenbart den mechanisch einfachen Aufbau – kompliziert wird es erst durch die Nebenaggregate und die Steuertechnik für Verbrauch und Abgasreduzierung

Die „Produktion“ der ersten von über 200 Exemplaren, die überwiegend in aufwendiger Handarbeit fertiggestellt werden

Shell
vsd
NASA
186
DUNLOP
BILSTEIN

Rothmans
DUNLOP
BILSTEIN
DUNLOP
BILSTEIN

Rothmans
RECARO

Aufbau des Porsche 959 für die Rallye »Paris – Dakar« 1986: mit dem 400-PS-Biturbomotor unter dem teils aus Plastik geformten Kleid kamen die drei Einsatzwagen zu einem Doppelsieg und einem sechsten Platz

High-Tech-Mobil 959 (intern 961), welches, sehr erfolgreich, zur Erprobung des elektronischen Allradsystems, des Fahrwerks und des Motors in die Wüste geschickt wurde

Typ 959/961

Die Entwicklung des Porsche 959 machte im Sommer 1985 einen Schritt auf neues Terrain. Während die Straßenversion des künftigen Hochleistungs-Porsche kurz vor dem Produktionsbeginn steht (April 1986) und die Rallye-Ausführung ihre Bewährungsprobe bei der Rallye »Paris-Dakar« bereits abgelegt hat, wird ein erster Test mit der Rennversion vorbereitet.

Beim Vortraining zu den »24 Stunden von Le Mans« am 9. Mai 1986 sollte die Weissacher Entwicklungs-Mannschaft unter der Typbezeichnung »961« das erste Rennfahrzeug mit 959-Konzept an den Start bringen. 959-Konzept bedeutet elektronisch geregelter Vierradantrieb, auftriebsfreie Aerodynamik bei Höchsttempo, Porsche-Doppel-Turboaufladung, Sechsgang-Getriebe, Hochleistungsbremsen und weitere technische Neuheiten erstmals auf der Rennstrecke. Die Kennzahl 961 steht für 680 PS Motorleistung, rund 1150 kg Gewicht und eine Höchstgeschwindigkeit von annähernd 400 km/h!

Beim Le Mans-Vortraining sollte das Fahrzeug von dem Franzosen René Metge, dem dreifachen Sieger von »Paris-Dakar«, der die Rallye auf dem Porsche 959 auch 1986 gewann, pilotiert werden. Porsches Wahl des Testpiloten fiel auf Metge nicht nur, weil er mit der 959-Technik bereits vertraut ist, sondern nach fünfmaliger Teilnahme auch mit den Anforderungen von Le Mans.

Das kleine Problem: Die Typen 959 bzw. 961 sind zwar von Anfang an für die Gruppe B vorgesehen. Weil aber für einen Start in der Gruppe B 200 produzierte Fahrzeuge nachzuweisen sind, aber die Produktion erst später anläuft, mußte Porsche für Le Mans in die Kategorie IMSA-GTX ausweichen.

Als erster Schritt wurde im August 1985 unter größter Geheimhaltung ein Holzmodell im Maßstab 1:5 gefertigt, bevor es in der Werkstatt, unter Leitung von Ekkehard Kiefer, in die Vollen ging.

Das Ziel der Karosserie-Formgebung lautete: Wir brauchen viel Abtrieb. Reglementbedingt wuchs gleichzeitig die Querschnittsfläche des Fahrzeugs: der »961« ging gegenüber dem Straßen-959 um 50 mm in die

Breite. Eine Verschlechterung des cW-Wertes von 0,30 (Serie) auf rund 0,35 (Le Mans-Version) nahmen die Techniker in Kauf, denn es wurden bessere Abtriebswerte realisiert.
Die Karosserie wurde um 10 mm niedriger. Zur besseren Beatmung von Bremsen, Turbolader und Motor wurden zusätzliche Lüftungskanäle geschaffen, die während der Testfahrten, wie dem Le Mans-Vortraining am 9. Mai 1986, weiter optimiert wurden. Auffällig beim Blick auf den »961« sind die hochgezogenen Radhäuser. Rennleiter Peter Falk: »Wir haben anfänglich 19"-Räder geplant. Weil der Reifenlieferant in 17"besser bestückt ist, sind wir auf 17" zurückgegangen. Zudem ist diese Größe in den USA, wo das Auto künftig eingesetzt werden soll, verbreiteter.«
Zur Gewichtseinsparung um 350 kg, die das Regelwerk erlaubt, entschieden sich die Verantwortlichen für eine Kunststoff-Außenhaut. Trotzdem bringt der »961« noch 1150 kg (ohne Benzin und Fahrer) auf die Waage. Unter dem Blech bzw. dem Kunststoff gab es Zuwachs, vor allem in Form von Pferdestärken. Der 2,8-Liter-Doppelturbomotor leistet rund 640 PS bei 7800 U/min.
Mit verhältnismäßig geringen Mitteln war diese Leistungssteigerung um knapp 200 PS zu realisieren. Der Ladedruck beträgt im Rennwagen 3,25 bar (Serie 0,8 bar). Zugleich stimmten die Techniker die Motronic neu ab, paßten das Kennfeld an, sorgten für zusätzliche Ladeluftkühlung des Motors und montierten einen offenen Auspuff ohne jegliche Dämpfung. Das Innenleben des Motors entspricht ansonsten weitgehend dem des »959«. Wie beim »962« finden sich im 959/961-Motor Titanpleuel und wassergekühlte Vierventilköpfe.
Während im 956/962 die Nockenwellen über Zahnräder angetrieben werden, ist im 959/961 eine Doppelkette eingebaut.
Um die erhöhte Kraft auf den Boden zu bringen, ersetzten die Weissacher die Serienkupplung durch eine mit Sinterbelägen, Teller- und Kegelrad erhielten eine andere Zähnezahl zugunsten einer längeren Übersetzung. Der elektronische Allradantrieb mit seinen vier speziell auf Rennzwecke ausgelegten Fahrprogrammen kommt mit dem Kraftzuwachs gut zurecht. An der Hinterachse ist wie beim Dakar-959 ein starrer Durchtrieb eingebaut. Im Serienzustand belassen wurde das Sechsganggetriebe.
Zur optimalen Verzögerung dient eine aufwendige Bremsanlage: Die Bremszangen stammen vom »959«, die Scheiben wurden vom 959/962 übernommen und stellen derzeit das Optimum im Rennwagenbau dar. Vergleichsweise milde fielen die Korrekturen an den Radaufhängungen aus. Die Radträger entsprechen bis auf die Höhenlage dem Paris-Dakar-Fahrwerk.

All diese genannten Änderungen und Neuerungen brachten für die Techniker das Problem der harmonischen Abstimmung der Aggregate aufeinander. Dies erfordert viel Feinarbeit und eine Vielzahl von Testkilometern. Der »961« reagierte auf jede kleine Änderung sensibel. Ein dünnes Aluprofil zum Beispiel, das währnd des Le Mans-Vortrainings als Abrißkante auf den Heckspoiler genietet wurde, verbesserte den Geradeauslauf und das Kurvenverhalten.
Gleichzeitig aber sank die Höchstgeschwindigkeit – ein Beispiel für die mühevolle Kleinarbeit der Abstimmung von Aerodynamik und Fahrverhalten.
Renn-Weltpremiere feierte Porsches jüngster Rennwagen bei den »24 h Le Mans« 1986 – gefahren von René Metge und Claude Ballot-Lena. Der »961« fuhr in der separaten IMSA-GTX-Klasse. Mit einer fast fehlerfreien Fahrt belegte der erste allradgetriebene Rennwagen, der jemals in Le Mans die Ziellinie kreuzte, den siebten Rang in der Gesamtwertung. Dabei schöpfte der »961« sein wahres Leistungspotential lange Zeit nicht voll aus, weil der Motor statt 7800/min nur 7200/min drehte. Nach Änderung des Kennfeldes und Austausch der Motronic war dieses Übel verschwunden. Ein weiteres Mal rollte der brandneue Porsche außerplanmäßig an die Box. Nach einem Reifenschaden mußte zusätzlich eine dadurch in Mitleidenschaft gezogene Achswelle gewechselt werden.
Weniger glücklich verlief der Einsatz ein Jahr später. Nach gut zwei Dritteln der Distanz (Sonntagmorgen 8.50 Uhr) stoppte ein ungewöhnlicher Unfall den fahrwerksseitig überarbeiteten »961«. Der kanadische Gastfahrer Kees Nierop, ursprünglich mit Price Cobb und Vern Schuppan für den dritten Porsche 962 vorgesehen (der nach einem Trainingsunfall nicht antrat), hatte sich vom sechsten in den zweiten Gang verschaltet, das Getriebe blockierte, es folgten unkontrollierte Dreher und ein frontaler Anprall in die Leitplanken. Dabei lief wohl heißes Öl auf den Auspuff oder Turbolader – der »961« fing Feuer. Die Heckpartie war bereits völlig abgebrannt, ehe der Wagen gelöscht werden konnte – dem Fahrer passierte nichts. Zu diesem Zeitpunkt lag der »961« schon wieder auf einem hervorragendem 10. Gesamtrang.
Der »961« leistete in Le Mans 1987 gut 650 PS und rollte auf breiteren Felgen in den Dimensionen 11 x 19 vorne und 13 x 19 hinten.

959

Bau-jahr	Modell Karosse	Typ	Fahrgestell-Nr.	Motor-Nr.	Motor-Typ	Getr.-Typ	Zyl.	Bohrung x Hub	Hub-raum	DIN-PS bei U/min.	mkp bei U/min.	Ver-dtg.	Rad-stand	Spur vorn/hinten	Län-ge	Ge-wicht	Produkt. Stck.
1986	Coupé	959 RDW	WPOZZZ95ZHS* 900001–900254		959/50	959	6	95/67	2850	450/6500	500/5500	8,3:1	2272	1504/1550	4260	1450	200
1987		959 USA	WPOZZZ95HJS 905001–905030		959/50											1350	30

Bemerkungen: * ab 1. November 1987 WPOZZZ95ZJS unst.

911 San Remo 81/911 SC RS/911 Paris–Dakar/959/961/953

Baujahr	Modell Karosse	Modell Typ	Fahrgestell-Nr.	Motor-Typ	Getr.-Typ	Zyl.	Bohrung x Hub	Hubraum	DIN-PS bei U/min.	mkp bei U/min.	Verdtg.	Radstand	Spur vorn/hinten	Länge	Gewicht	Produkt. Stck.
1981	Coupé San Remo	911	WPOZZZ91ZCS 100338	911/81R	915/70	6	95/70,4	2996	280/7800	272/5600	10,5:1	2272	1432/1501	4291	1070	1
1984	Coupé Paris-Dakar 84	953	WPOZZZ91ZES 100020 100021 100022	953/84	953	6	95/74,4	3164	225/6000	275/4700	9,6:1	2280	1420/1366	4291	1215	3
1985	Coupé	954 SC/RS	WPOZZZ91ZES 110001-110021	930/18	915/71	6	95/70,4	2996	255/7000	26/6500	10,3:1	2272	1432/1501	4291	960	21
1985	Coupé Paris-Dakar 85	959/953	WPOZZZ93ZFS 010001 010014 010015	953/85	959	6	95/74,4	3164	230/6000	280/5000	9,6:1	2290	1514/1526	4260	1185	3
1986	Coupé Paris-Dakar 86	959	WPOZZZ93ZFS 010068 010077 010078	959/50	959	6	95/67	2849	400/6500	400/4500	8,0/1	2290	1514/1526	4260	1260	3
1986	Coupé Imsa GTX	961	WPOZZZ93ZFS 010016	961	959	6	95/67	2849	640/7800	630/5000	9,5:1	2310	1522/1580	4380	1150	1
1988	Coupé Paris-Dakar 88 (Foltène)	953	WPOZZZ91ZES 100020 100021	953/84	953	6	95/74.4	3164	225/6000	275/4700	9,6:1	2280	1420/1366	4291	1215	2

Der Porsche 961 feierte bei den 24 Stunden von Le Mans 1986 seine Rennpremiere. Sie endete für das Allradauto, nach nur minimalen Problemen, mit einem siebten Rang

Eine fahrwerkseitig überarbeitete Version startete ein Jahr später bei dem populären Langstreckenrennen. Ausfall nach zwei Drittel der Distanz, an zehnter Stelle liegend, infolge eines Unfalls

RENNWAGEN

Porsche Carrera RSR »Proto«/935

Die Karriere der Carrera im Werkseinsatz begann 1973 in Daytona/Florida, und sie begann gleich sehr aufregend. Porsche schickte zwei der damals noch nicht homologierten Carrera RSR zum 24-Stunden-Rennen nach Daytona. Gefahren wurden die Wagen von den Amerikanern Mark Donohue/George Follmer und Peter Gregg/Hurley Haywood.
Nach 16 Stunden schien die Sensation perfekt. Gegen die überlegenen Prototypen von Matra und Mirage lagen die beiden Carrera-Teams auf Platz eins und zwei! Zwar schieden Donohue/Follmer später noch mit Motordefekt aus, doch Gregg/Haywood gewannen die 24 Stunden von Daytona für Porsche.
Die Fortsetzung der Marken-WM in Europa nahm Porsche selbst in die Hand. Acht Läufe wurden vom Carrera-Werksteam – in den Farben des Sponsor Martini – bestritten. Da die Carrera teilweise als Prototypen starteten, wurden einige Neuerungen erprobt, die zum Großteil dann im 74er-Carrera wieder zufinden sind.
Gegen die überlegene Leistung der Matra, Ferrari, Mirage, Alfa Romeo und Lola setzte das Martini-Porsche-Team eine faszinierende Zuverlässigkeit. Ein einziges Mal, bei den 1000 km von Monza, fielen die Standard-Werksfahrer von 1973, der Schweizer Herbert Müller und sein Teampartner, der Holländer Gijs van Lennep, aus. Alle übrigen Rennen beendeten sie gut plaziert ohne jeden Defekt und ohne Unfall. Zweimal schoben sich die Carrera ganz weit nach vorn: Bei der Targa Florio siegten Müller/van Lennep. Auf den Plätzen vier und sechs liefen ebenfalls Carrera ein. Nicht weniger eindrucksvoll war der vierte Platz im Gesamtklassement bei den 24 Stunden von Le Mans, ebenfalls durch Müller/van Lennep.
Unter dem Strich ergab das für Porsche Rang drei in der Marken-Weltmeisterschaft hinter Matra und Ferrari. Durch den beinahe regelmäßigen Gewinn der GT-Wertung in den Rennen zur Marken-WM durch Privatkunden, wo Porsche mit seinen »Martini-Carrera« antrat, fiel ferner der FIA-Pokal für Grand-Tourisme-Wagen an Porsche. Die FIA ver-

lieh Porsche auch den Weltcup für Geschwindigkeit und Ausdauer aufgrund der Erfolge in Langstrecken-Rennen – zum siebten Mal übrigens.
Für die Saison 1974 standen die Porsche-Ingenieure am Scheideweg. Um die 500 PS-Wagen aus Frankreich und Italien schlagen zu können fehlten die nötigen PS, ganz zu schweigen davon, daß die Carrera wesentlich schwerer als die reinrassigen Prototypen waren. Da sich 1973/74 abzeichnete, daß zu Beginn der Rennsaison 1975 das Reglement kräftig geändert werden würde, wobei unter anderem eine neue Formel, der sogenannte »Produktionswagen« Premiere feiern sollte, entschied Porsche, kein großes Geld in eine Prototypen-Entwicklung zu stecken. Man erinnerte sich an das mit dem Porsche 917-Turbo gewonnene Know-how (der 917-Turbo war nach der Verbannung aus der CanAm-Serie arbeitslos), und baute einen aufgeladenen Sechszylinder-Motor Typ 911 in den Carrera RSR. Das Ganze packten die Porsche-Techniker in eine fast serienmäßige Carrera-Karosserie, bei der am Heck ein enormer Flügel für den benötigten Abtrieb sorgte.
Die Langstreckenrennen der Markenweltmeisterschaft waren 1974 für Porsche in jenem Jahr das Prüffeld für den Produktions-Rennwagen der neuen Gruppe 5, den Porsche-Turbo. Wieder in den Farben von Martini Racing wurden ein, teilweise auch zwei Werkswagen mit den Fahrern van Lennep/Müller und Koinigg/Schurti eingesetzt.
Obwohl das Porsche-Coupé mit annähernd 500 PS etwa die gleiche Motorleistung besaß, konnte es die leichteren und wendigeren Prototypen nicht schlagen. Aufgrund der gelungenen Mischung zwischen Schnelligkeit und Zuverlässigkeit gab es in den neun Starts eine Reihe von hervorragenden Plazierungen. Müller/van Lennep fielen nur zweimal aus und plazierten sich ansonsten immer im Vorderfeld. Die besten Ränge gab es bei den 24 Stunden von Le Mans und bei den 6 Stunden Watkins Glen, wo es beide Male zweite Ränge gab. Vor ihnen lagen jeweils nur die schnellen Matra-Sportwagen.
In der Gesamtwertung der Marken-WM lag Porsche bis zum vorletzten Lauf auf dem zweiten Rang. Erst beim Finalrennen in Südafrika, wo die Martini-Porsche nicht mehr starteten, wurden sie durch Mirage-Ford auf den dritten Platz verdrängt. Am Ende der Saison präsentierte sich der Turbo-Porsche für die ab 1975 angekündigte Produktionswagen-Weltmeisterschaft in Topform. Leider wurde das neue Championat dann entgegen den ursprünglichen Ankündigungen um ein Jahr auf 1976 verschoben. Das Werksteam entschloß sich daraufhin, in der Saison 1975 nicht anzutreten und ein Jahr zu pausieren.
Und sie kamen, wie versprochen, in der Saison 1976 zurück. Zwar sah das lang erwartete Reglement für Gruppe-5-Rennwagen doch in eini-

gen wesentlichen Punkten anders aus, als man es allgemein erwartet hatte, doch Porsche stellte sich auch darauf ein. Die 1974 gewonnenen Erkenntnisse wurden in einem Auto verarbeitet, das heute das Basismodell des Renn-Coupé 935 darstellt: Der Porsche Turbo, Typ 930.

Im ersten Jahr der neuen Rennformel brachte nur Porsche ein Fahrzeug nach diesen Bestimmungen an den Start. Hartnäckigster Konkurrent waren die ehemaligen Gruppe-2-BMW-Coupé, die den Gruppe-5-Bestimmungen angepaßt wurden. In München vorbereitet traten meist drei oder mehr Coupés an und hofften, daß das einsame Porsche-Coupé durch Kinderkrankheiten gehandicapt bei dem einen oder anderen Rennen ausfallen würde. Porsche fand dagegen nur eine minimale Unterstützung bei einem privaten Team, den Gebrüdern Kremer aus Köln, die in ihrer Werkstatt ein Gruppe-5-Coupé präparierten und sich damit der Konkurrenz stellten. Die BMW-Rechnung ging beinahe schon zu Mitte der Saison 1976 auf. Denn durch ein während der laufenden Saison sich ständig änderndes Reglement verloren die Porsche Zuverlässigkeit und mußten mehrere Gesamtsiege den Bayern überlassen. Trotzdem gelang es Porsche die Marken-Weltmeisterschaft 1976, nach 1969, 1970 und 1971, als sie noch mit Rennsportwagen ausgetragen wurde, zum vierten Mal zu gewinnen. Der Umstieg von den abstrakten Rennsportwagen auf die Produktionswagen der Gruppe 5, in Zuffenhausen rechtzeitig in Angriff genommen, gelang Porsche damit fast reibungslos.

Aber nicht ganz so glatt verlief die Saison 1977. Von acht Läufen zur Marken-Weltmeisterschaft gewannen die Werks-Martini-Porsche »nur« vier. Der Einsatz eines einzigen Werkswagens, aufgrund der schwachen Beteiligung konkurrierender Marken, schien Porsche vertretbar, machte auch das Werksteam verwundbar. Kleinere Defekte bedeuteten einige Male das vorzeitige Aus.

Zum Glück gingen in solchen Fällen zwar ein wenig Glanz aber für Porsche nicht die wichtigen WM-Punkte verloren. Denn dicht hinter dem Martini-Porsche standen in breiter Front die privaten Porsche 935-Teams, die sich 1977 hervorragend in Szene setzen konnten. Wie Fortuna das Glück und Pech auf die einzelnen verteilte, darf als gekonnt und gerecht angesehen werden: Ihr Heimrennen in Daytona gewannen die Amerikaner John Graves/Hurley Haywood/Dave Helmick auf einem Carrera RSR (!), den Lauf am Nürburgring Rolf Stommelen/Toine Hezemans/Tim Schenken auf einem Loos-Porsche und das zweite deutsche WM-Rennen in Hockenheim der Kremer-Porsche 935 unter Bob Wollek/John Fitzpatrik/Claude Haldi. Nur einmal, nämlich in Mosport/CDN, gewann mit BMW ein Fremdfabrikat.

Parallel zu den Einsätzen mit dem »935« in der Marken-WM – ohnehin nur noch halbherzig betrieben – hatten die Weissacher Renn-Ingenieure schon vor Beginn der Saison 1976 nach neuen Betätigungsfeldern Ausschau gehalten. Da man in Stuttgart eine Zeitlang sogar befürchtete, daß die ab 1977 neu ins Leben gerufene Marken-WM mit Produktionswagen (Gruppe 5) aus Mangel an Beteiligung eingestellt würde, baute man in aller Eile einen zweisitzigen Spyder für die Sportwagen-WM (Gruppe 6). Hier traf man zumindest bei einigen Rennen auf die französischen Werks-Alpine-Renault. Allerdings gelang der »936« getaufte Spyder auf Anhieb so gut, daß auch er in seinen Rennen meist klar dominierte.

Erster Höhepunkt war 1976 das 24-Stunden-Rennen in Le Mans/F. Von den beiden, wieder von Martini gesponsorten 936-Spydern, fiel zwar einer nach 14 Stunden aus, aber der zweite Wagen unter Jacky Ickx und Gijs van Lennep gewann überlegen.

In seiner ganzen mitreißenden Dramatik zeigte sich der Langstrecken-Rennsport ein Jahr später – erneut in Le Mans. Noch immer diskutieren die Beteiligten, ob der Martini-Porsche 1977 mit Glück oder trotz Pech gewonnen hat. Doch wie es auch sei, Freund und Feind imponierte die 18stündige Parforce-Jagd des Martini-Porsche 936 mit der Start-Nummer 4 vom aussichtslosen Platz 41 auf das Siegertreppchen! Zu den geschlagenen im Feld gehörten u. a. wieder die starken Renault-Alpine-Sportwagen.

Selten aber wurden Le Mans-Sieger stürmischer gefeiert als Jacky Ickx, Jürgen Barth und Hurley Haywood. Ickx fuhr bei seinem vierten Sieg in Le Mans (!) eines der härtesten und besten Rennen seiner Karriere. Auch für das Haus Porsche war es der vierte Erfolg im berühmtesten Langstrecken-Rennen der Welt.

Nachdem abzusehen war, daß die Marken-WM mit Gruppe-5-Wagen kaum zu einem großen Erfolg würde, ließ Porsche mit Ende der Saison 1977 seinen Werks-935 »einmotten«. Das Feld übernahmen nahezu nahtlos die privaten 935-Teams, die zu Beginn der Saison 1977 auf eine im Werk gebaute Kleinserie »935-77« zurückgreifen konnten. Private Porsche-Teams gewannen in jenem Jahr die Deutsche Rennsport-Meisterschaft (Rolf Stommelen/Loos-Porsche), die Deutsche Rallye-Meisterschaft (Kuhn/Hopfe, Carrera RS), TransAm-Meisterschaft in den USA (Peter Gregg/Porsche 934), Europa-Bergmeisterschaft (Anton Fischhaber/Carrera RS), sowie eine Reihe international bedeutender Gesamt- und Klassensiege.

Auch 1978 war im Sport wieder ein Porsche-Jahr. Außer der Marken-WM – zum sechsten Mal – wurden noch fünf internationale und 21 nationale Meisterschaften mit Rennwagen aus Zuffenhausen gewonnen. Damit festigte Porsche weiter seine Position als sportlich erfolgreichster Automobil-Hersteller der Welt.

Die Erfolgsserie des Jahres 1978 bedeutete einen Höhepunkt in der seit 1973 zielstrebig betriebenen Entwicklung von Rennsportwagen der Gruppen 4 und 5 auf der Basis des Porsche 911. Entgegen den ursprünglichen Absichten wurde der Martini-Werks-Porsche 935 doch noch, wenn auch nur sporadisch, eingesetzt. Der mit einem Vierventil-Sechszylindermotor ausgerüstete 935-78 erwies sich dann als der mit Abstand schnellste Gruppe-5-Wagen des Jahres.

In der Marken-WM gewann er auf Anhieb unter Mass/Ickx in Silverstone/GB. Beim Finalrennen in Vallelunga/I, unter Ickx/Schurti am Start, fiel er nach überlegenem Rennen kurz vor Schluß mit Keilriemendefekt aus.

Die Marken-WM 1978 fuhren die 935-Teams von Loos und Kremer für die Zuffenhausener Marke »ein«. Schon seit dem dramatischen Regenrennen von Watkins Glen/USA, das Hezemans/Fitzpatrick/Gregg und Stommelen/Schurti/Barbour vor dem BMW von Stuck/Quester gewannen, war dem 935 und damit Porsche das Marken-Championat nicht mehr zu nehmen.

Zu der Titelsammlung kamen noch zwei Europa-Bergmeisterschaften durch die Brüder Jean-Marie und Jacques Almeras (934 und 935), der FIA-Grand-Tourisme-Cup durch Angelo Palavicini (934) und die amerikanische IMSA-Meisterschaft durch Peter Gregg (935) – neben zahlreichen weiteren nationalen Meisterschaften hinzu.

Zwei große Erfolge konnte der modifizierte »911« im Rallyesport verbuchen: Jean-Pierre Nicolas gewann überraschend die »Rallye Monte Carlo« gegen werksunterstützte Weltklasse-Konkurrenz auf einem privat eingesetzten Carrera 3.0. Preston/Lyall und Waldegaard/Thorszelius beendeten die »Safari-Rallye« auf den Plätzen zwei und vier. Von 70 Startern kamen 1978 nur neun in Wertung an – darunter beide Werks-Porsche 911 SC. Ein Husarenstück besonderer Art gelang dem Deutschen Reinhold Jöst: Mit dem modernisierten Porsche 908/3 von 1970 (!) gewann Jöst die Sportwagen-Europa-Meisterschaft. Ein Turbomotor und die exakte Vorbereitung des nur in der Basis alten, aber sehr handlichen 908 (er hatte einst die Targa Florio gewonnen) machten dieses »Wunder« möglich.

Porsches modernster Renn-Sportwagen, der »936«, wurde 1978 nur bei den 24 Stunden von Le Mans eingesetzt. Im Duell mit Renault, das Porsche in den Jahren zuvor für sich entscheiden konnte, war diesmal das Glück mehr auf der Seite der Franzosen. Bei den beiden Vierventil-

936 streikte das Getriebe (jeweils der 5. Gang) und die über halbstündigen Reparaturen warfen Wollek/Barth/Ickx auf den zweiten und Gregg/Haywood auf den dritten Platz im Gesamtklassement zurück. Schnellstes Auto auf der berühmten langen Geraden in Le Mans war übrigens nicht einer der 936-Spyder, sondern der Werks-935/78 mit 366 km/h.

Porsche kam, sah und siegte: Dieser bekannte Ausspruch gilt dann wieder für die Rennsaison 1979. Aus mehr als 20 nationalen, internationalen und Welt-Meisterschaften sind Porsche-Serien-, Produktions- und Rennsportwagen als Sieger hervorgegangen.

Vielleicht bemerkenswert in diesem Zusammenhang ist die wohl einmalige Tatsache, daß alle diese vorgenannten Erfolge nicht werksseitig, sondern von Porsche-Kunden, von Privatfahrern und -Teams errungen worden sind. Die Marken-Weltmeisterschaft, wenn auch nicht sehr stark von Konkurrenzfabrikaten frequentiert, ist immer noch ein Aushängeschild für einen Automobil-Hersteller. 1979 endete diese Prädikatserie mit großem Vorsprung zugunsten von Porsche, zum siebten Mal. In neun von zehn Läufen kam als Erster ein Porsche ins Ziel, und in allen Rennen stammten unter den ersten sechs Wagen durchschnittlich vier aus Stuttgart-Zuffenhausen.

Die erfolgreichsten Teams in der Marken-WM bildeten 1979 Fitzpatrick, Schurti und Wollek, die in Mugello, am Nürburgring und in Silverstone (hier fuhr Heyer statt Schurti) den Siegerwagen fuhren, sowie die Gebrüder Whittington mit Klaus Ludwig (Watkins Glen und Le Mans).

Die einzigen beiden Werks-Einsätze verliefen dagegen glücklos. In Silverstone/GB schied der Essex-gesponsorte 936-79 durch Unfall aus, in Le Mans machten simple Defekte die klar gegebene Siegeschance zunichte.

Dieses Le Mans-Erlebnis wurde Porsche allerdings mehr als ausgeglichen: Erstmals in der Geschichte des professionellen Rennsportes siegte in dieser mörderischen Langstrecken-Distanz ein Privatteam, und erstmals auch belegten Wagen einer einzigen Marke die ersten vier Plätze im Gesamtklassement.

Die wohl attraktivste europäische Rennserie war 1979 die Deutsche Rennsport-Meisterschaft. Konstante Perfektion in technischer und fahrerischer Hinsicht gekoppelt mit dem notwendigen Quentchen Glück und Selbstvertrauen machten Klaus Ludwig und das Porsche-Kremer-Team zur überlegenen Meister-Paarung.

Außerhalb Europas gilt die amerikanische IMSA-Serie als »die« Fahrer-Meisterschaft, ausgeschrieben für modifizierte Produktionswagen (entspricht im Reglement weitgehend der europäischen Gruppe 5). Von

fünfzehn Läufen der Saison 1979 gingen 14 mit Erfolgen von Porsche-Fahrern aus. Allein acht davon konnte Peter Gregg auf einem Brumos-Porsche 935 für sich entscheiden. Damit gewann er diese Meisterschaft zum sechsten Mal in ihrer neunjährigen Geschichte.
Dieselben Fahrer und Wagen, die das IMSA-Championat bestreiten, können auch an der TransAm-Meisterschaft teilnehmen. Diese Serie, vom SCCA organisiert und in sieben Läufen zwischen Mexiko und Kanada ausgetragen, sah ebenfalls durchweg nur Porsche vorn. Überlegener Sieger wurde John Paul auf einem Porsche 935-Turbo.
Jean-Marie und Jacques Almeras, die Europa-Bergmeister des Vorjahres, schafften es auch 1979 wieder in der Gruppe 4 (911-Turbo) und Gruppe 5 (935 mit Carrera-Saugmotor) siegreich zu bleiben.

ALLGEMEINE BESCHREIBUNG: TYP CARRERA RSR »PROTO«

Karosserie/Fahrgestell

Mit dem Einsatz des Porsche Carrera RS 2.7 für die Privatkunden beschäftigte sich auch das Werk intensiv mit diesem Modell. Um aber den Kunden nicht die GT-Plazierungen streitig zu machen, meldete das Werk ihren Carrera in der Sport-Prototypen-Klasse. Anfänglich blieb der Carrera auch in der Serienversion, doch mit Fortschreiten der Saison experimentierte man kräftig am Wagen herum – was ja die Einstufung in die Prototypen-Kategorie erlaubte.
Die Karosseriestruktur des »Martini Racing Porsche« blieb weitgehend erhalten, aber das Fahrwerk wurde den Anforderungen des Renneinsatzes angepaßt. Die erstmals für die Renn-Carrera verwendeten steiferen und leichteren Radlenker wurden für alle Porsche ab dem Jahrgang 1974 serienmäßig eingebaut. In der Rennausführung wurden die Gummigelenke im Interesse einer genaueren Radführung durch metallische Unibal-Gelenke ersetzt. Vorn sind die Abstützungen der Federbeine verstellbar, so daß Sturz und Nachlauf eingestellt werden können. Zur Tieferlegung des Fahrzeuges sind die Achsschenkel etwas höher am Federbein angebracht. Die Bremsen mit von Porsche konstruierten Vierkolbenzangen, belüfteten und gelochten Scheiben sind wie die Radnaben vom 917-10-Turbo übernommen. Von ihm stammen auch die Magnesium-Räder mit Zentralverschluß, allerdings mit schmaleren Felgen: 9 Zoll vorn und 11 Zoll hinten. Mehr durften die Kotflügel laut CSI-Vorschrift für Grand Tourisme nicht breiter werden.
Die serienmäßigen Drehstabfedern blieben unverändert. Allerdings wurde die Federung durch zusätzliche, konzentrisch angeordnete, pro-

gressiv wirkende Titan-Schraubenfedern wesentlich härter gemacht (Bilstein-Dämpfer). Der innere Anlenkpunkt der hinteren Radlenker wurde nach hinten versetzt, wodurch die Sturzänderung beim Einfedern vergrößert wurde und sich das kurvenäußere Rad in Kurven weniger mit dem Wagenkörper neigt.
Zu diesen Änderungen kommen noch eine direkter übersetzte Lenkung, verstellbare Stabilisatoren vorn und hinten. Dazu alles was zu einer Rennausrüstung gehört, wie ein größerer Kraftstofftank mit 120 Liter Fassungsvermögen und Schnelltankverschluß, eine Feuerlöschanlage mit Spritzdüsen, ein Überrollbügel und weitere Details.
Als erstes verbreiterte Porsche die Kotflügel über das erlaubte Maß hinaus, um vorn 11 Zoll bzw. hinten 14 Zoll breite Felgen mit Rennreifen unterbringen zu können. Der kleine »Birzel« des Serien-Carrera wurde zu den Seiten hin verbreitert und beim 1000-km-Rennen von Zeltweg in Österreich sogar mit zusätzlichen Seitenflossen versehen. Durch Verwendung von Kunststofftüren, Kunststoff-Fronthaube, Plexiglas-Seitenscheiben und den Fortfall des Reserverades wurde das Gewicht auf ca. 890 Kilo heruntergedrückt. Das waren rund 50 Kilo weniger als der Serien-Carrera RS mit sich herumschleppte.

Motor
Das Serien-Aggregat aus dem 2,7-Liter-Carrera wurde im Laufe der Saison 1973 in drei verschiedenen Stufen im Heck des Werks-Carrera eingebaut. Man startete mit 2806 cm^3 und 300 PS (wie Carrera RSR), bohrte um drei Millimeter auf 95 mm auf (der Hub blieb mit 70,4 mm gleich), erreichte in der ersten Version 315 PS und hatte am Ende der Saison gut 330 PS zur Verfügung.
Die Konstruktion der Zylinderköpfe entspricht den serienmäßigen Porsche-Typen. Die Köpfe sind jedoch für Doppelzündung eingerichtet. Ventile und Kanäle sind größer als im Serien-Carrera, und die Renn-Nockenwellen haben geänderte Steuerzeiten. Die Verdichtung beträgt 10,3:1, und die Einspritzung erfolgt durch eine Bosch-6-Stempelpumpe mit Raumnockensteuerung. Schieber ersetzen jedoch die üblichen Drosselklappen, so daß bei voller Öffnung die Luft ohne jegliche Behinderung angesaugt werden kann. Um Kosten zu sparen, sind die Pleuelstangen aus Stahl und nicht aus Titan. Sie entsprechen der Serie, sind jedoch aus Festigkeitsgründen poliert.
In der Rennversion ist der sonst im rechten vorderen Kotflügel untergebrachte Ölkühler durch einen größeren, unter der vorderen Stoßstange liegenden Kühler ersetzt.

Kraftübertragung

Fünfgang-Porsche-Getriebe Typ 915. Das Getriebeöl fließt durch einen separaten Kühler. Dafür wurde auf das ansonsten serienmäßige Getriebe (bis auf die anderen Übersetzungen) ein neuer hinterer Deckel aufgeschraubt, der eine Umlaufpumpe enthält. Eine Einscheibenrennkupplung und ein Sperrdifferential gehören selbstverständlich ebenfalls zur Ausrüstung.

Porsche Carrera RSR 2,8 Liter. Prototypenversion mit provisorischem Heckansatz

Das Carrera-Langheck in der Aufsicht und ohne seitliche Zusatzbleche – (1973)

Mit diesem Wagen, einem Werks-Carrera RSR, begann 1973 die Karriere dieses Typs

Da Porsche werksseitig meist bei den Prototypen startete, erprobte man Neuerungen

Die Heckansicht zeigt die ersten Versuche in die Richtung der Carrera-3-Liter

Karosserie/Fahrgestell

Die Karosserie des Turbo-Carrera läßt noch die Grundzüge des Porsche 911 erkennen. Aber bei näherer Betrachtung zeigt sie mehr Unterschiede als nur den spektakulären Heckflügel. Die hinteren Kotflügelverbreiterungen ließen das ursprünglich 161 Zentimeter breite Coupé auf stattliche zwei Meter anwachsen. Auffälliges Detail von der Seite sind die abgedeckten hinteren Seitenfenster, deren Verkleidung eine Luftbeschleunigerdüse enthält. Von hier aus wird der Fahrtwind über groß dimensionierte Schläuche zum Motorraum geleitet. (In den ersten Versionen des Turbo-Carrera fehlte diese Abdeckung noch). Weniger auffällig ist eine Veränderung in der hinteren Dachpartie des Coupé. Sie wurde wegen besserer Aerodynamik angehoben – geringerer Neigungswinkel nach hinten – und das Rückfenster lagert nicht mehr in einer Vertiefung, sondern ist bündig mit der Dachkontur eingeklebt.

Auch unter der Hülle von Polyester und Blech wandelte sich einiges. Der Tank verschwand aus dem Wagenbug ins Cockpit, wo er die Rücksitze einnimmt und noch ein Stück in den Raum des Beifahrers hineinragt. Der Sicherheitstank ist mit Alu verkleidet und faßt 120 Liter Benzin. Der Öltank wanderte vom Heck des Wagens in den vorderen Kofferraum. Die neue Gruppierung sorgt für ausgeglichene Fahreigenschaften über die gesamte Renndistanz.

Viel aufwendiger als beim Gruppe-4-Carrera ist auch die Ausführung des Überrollkäfigs. Den von Treibstoff umgebenen Fahrer schützt ein vielstrebiges Rohrgerüst. Übrigens muß er hier sein Augenmerk auf zwei Instrumente mehr als sonst in Rennwagen üblich richten. Denn im Turbo gilt es, ein Manometer für den Ladedruck und ein zweites für den Steuerdruck zu beobachten.

Um das Leergewicht von unter 800 Kilo zu erreichen, mußte der Turbo drastisch abgemagert werden. Außer den schon beschriebenen Maßnahmen geschah dies bei sämtlichen nichttragenden Teilen der Karosserie wie Kotflügel, Hauben und Türen, die aus papierdünnem Kunststoff gefertigt sind. Selbst der Überrollkäfig mußte dran glauben – er ist aus dem leichteren Aluminium anstelle des sonst verwendeten Stahlbügels. Dieser Aufwand geht bis in winzige Details. So ist z. B. der Verstellmechanismus des Fahrersitzes aus dem leichten und teuren Titan gefertigt.

Gebaut wurden vier Wagen. Der Turbo-Carrera erreichte rund 300 km/h Höchstgeschwindigkeit, wobei er die 100-km/h-Marke aus dem Stand

nach 3,2 Sekunden und die 200-km/h-Marke nach 8,8 Sekunden erreichte.
Bei den Radführungen läßt sich nur noch eine prinzipielle Verwandtschaft zwischen dem Basiswagen, dem Porsche 911 und dem Turbo feststellen. An beiden Achsen beseitigte Porsche die Drehstabfederung. Vorn baute man dem Turbo leichte Rohrquerlenker, die sich gegen Bilstein-Federbeine in Stahlausführung mit verstellbarer Schraubenfeder abstützen. Auch an der Hinterachse verschwand das Serienmäßige fast komplett. Schräglenker und Federstrebe wichen einem schräg gestellten Dreieckslenker – einer sehr aufwendigen Konstruktion aus Leichtmetall (geschweißt). Die hier nicht mit Führungsaufgaben betrauten Bilstein-Dämpfer haben Alu-Rohre und sind ebenfalls mit einer verstellbaren Schraubenfeder kombiniert. Im wesentlichen unverändert blieb die Lenkung, und auch an den Bremsen änderte sich gegenüber dem Carrera RS nichts (vier belüftete und gelochte Scheibenbremsen mit verrippten Alu-Bremssätteln). Die gründlich geänderte Hinterachse erlaubte die Verwendung recht breiter Felgen. Die einteiligen Sterngußfelgen haben Zentralverschluß und sind vorn 10,5 Zoll breit und hinten je nach Rennstrecke zwischen 15 bis 17 Zoll. Der Durchmesser beträgt 15 Zoll. Entsprechend groß sind die Dimensionen der Rennreifen: vorn 245/575-15, hinten 340/575-15.

Motor

Das Antriebsaggregat des Turbo-Carrera muß sich mit einem relativ kleinen Hubraum begnügen. Der Handicap-Faktor von 1,4 für aufgeladene Triebwerke erlaubt ihm, um in der Drei-Liter-Klasse zu fahren, nur ein Hubraumvolumen von 2142 cm^3. Diese im Porsche-Programm neue Größe realisierte die Versuchsabteilung mit einer vorhandenen Kurbelwelle von 66 mm Hub und einer neuen Kolbengröße für die 83-mm-Bohrung.
In seinem Kern unterscheidet sich das Turbo-Triebwerk recht wenig von den gebräuchlichen Sechszylinder-Motoren der Zuffenhausener. Beim 2,1-Liter sind die Pleuel aus Titan vom Carrera 6 eingebaut, geschmiedete Kolben und die Zylinder sind Nikasil-beschichtet. Die Zylinderköpfe sind bearbeitete Rohlinge aus der laufenden Serie. Die Nockenwellen sind gegenüber dem normalen Carrera-Motor etwas zahmer in der Öffnungsdauer und im Ventilhub gehalten.
Auf der thermischen Seite bereitete der aufgeladene Sechszylinder keine unangenehmen Überraschungen. Das vorhandene Kühlgebläse reichte für den Wärmeabbau ebenso wie der vom Carrera RSR her

bekannte 908-Motorölkühler im Wagenbug. Lediglich die hochbelasteten Auslaßventilführungen wurden zur besseren Wärmeabführung verrippt. Während der laufenden Entwicklungen erfuhr die Luftkühlung jedoch eine Änderung. Anstelle des praktisch serienmäßigen Gebläses mit senkrecht stehendem Lüfterrad baute man ein solches mit liegendem Lüfterrad ein. Dies bedingte einen recht komplizierten Antrieb, der zwei umlaufende Keilriemen erforderlich machte – einen für die Lichtmaschine und einen für den Lüfter. Von der oberen Riemenscheibe des Lüfterantriebes führt eine Welle waagegerecht bis zur Mitte des Motorgehäuses zu einem Winkeltrieb, auf dem das liegende Gebläserad aus Kunststoff montiert ist. Die Turboanlage arbeitet mit einem Lader von der Firma Kühnle, Kopp und Kausch »KKK« und entspricht im Prinzip der des Porsche 917 (detaillierte Erklärung: siehe Porsche 917-10-Turbo). Der spinnenartige Luftverteiler über dem Motor – bei der Version mit dem liegenden Gebläserad – ist relativ groß, doch bringt er eine gleichmäßige Luftzuführung zu den sechs Zylindern. Weiteren Volumenzuwachs im Frischluftsystem brachte ein Ladeluftkühler, der beim Turbo im Birzel installiert ist. Seine Wirkung ist nicht unerheblich: die vom Verdichter mit 160 Grad angelieferte Luft verläßt ihn mit Temperaturen zwischen 60 und 90 Grad. Das brachte zusätzlichen Leistungsgewinn.
Die Leistungsdaten dieses Motors: 500 PS bei 7600 U/min in der letzten Motorversion, das entspricht 233 PS/l. Das höchste Drehmoment beläuft sich auf 56 mkp bei 5400 U/min. Die Nebenaggregate des Turbomotors stammen hauptsächlich von Bosch. Die mechanische Saugrohreinspritzung kommt aus diesem Haus und ist bis auf eine spezielle Abstimmung baugleich mit der aus dem Serien-Carrera. Ebenfalls von Bosch: Die Doppelzündung.

Kraftübertragung
Die Übertragung der strammen Leistung obliegt einer Einscheiben-Trockenkupplung von Fichtel & Sachs, die bis auf einen etwas höheren Anpreßdruck der des Grupp-4-Carrera entspricht. Das Porsche-Fünfgang-Getriebe (Typ 915) blieb prinzipiell serienmäßig. Um Überlastungen zu vermeiden, führte man das Getriebeöl mittels einer Pumpe zu einem Kühler, der in einer hinteren Kotflügelverbreiterung sitzt.
Das Differential wurde gänzlich eliminiert und durch den sogenannten starren Durchtrieb des Porsche 917-10-Turbo ersetzt.

Erste Abstimmungsversuche mit dem RSR-Turbo-Carrera Ende 1973 in Frankreich

967

Durchsichts-Zeichnung des Porsche Carrera RSR-Turbo. Prototyp mit Sechszylinder

968 Front- und Heckansicht des RSR-Turbo der Saison 1974: 2,1-Liter-Sechszylinder, 500 PS

Seitenansichten des RSR-Turbo. Am Heck wurde ständig weiter experimentiert

Der Österreicher Helmut Koinigg beim 1000-km-Rennen auf dem Nürburgring 1974

Bei hochgeklappter Motorhaube ist der Ladeluftkühlerkasten zu erkennen

Unaufgeräumter Eindruck um Cockpit eines RSR-Turbo. Ganz rechts: PS-Schraube

Gleich hinter dem Fahrerrücken und bis zur Mitte des Beifahrersitzes: der Benzintank

Die Hinterachse war aus Alu und handgeschweißt. Die Achswelle stammt vom Typ 917

Die RSR-Turbo-Vorderachse mit Bremsenkühlung (Langstreckenausführung)

Bug des Prototypen-Turbo: Hier befand sich u. a. ein Öltank.

Erste Ausführung des abgasaufgeladenen Sechszylinders mit stehendem Gebläse

972

Ausführung mit über dem Motor liegendem Gebläserad. Vorteil: Bessere Luftzuführung

Typ 935 (ab 1976)

Die Marken-Weltmeisterschaft für Automobile wurde 1976 erstmals mit sogenannten Produktionswagen der Gruppe 5 (»Silhouette«) gefahren. Porsche hatte sich auf diese neue Marken-WM langfristig vorbereitet. Schon 1973 und 1974 wurden zu Testzwecken Vorläufer des heute als »935« bekannten Porsche-Renn-Coupés eingesetzt. Der Porsche 935 war von seinem ersten Start an erfolgreich. Sowohl in der Leistung, als auch in der Standfestigkeit zeigte er sich der sporadisch antretenden Konkurrenz überlegen.
In diesem Zusammenhang ist erwähnenswert, daß bei Porsche außer der gründlichen Vorbereitung auf Prüfständen, hauseigener Versuchsstrecke und gemieteter Rennstrecke mit jedem neu entwickelten Rennfahrzeug seit 1966 eine 1000-km-Prüfung auf einer Rüttelstrecke mit Schlaglöchern, Asphaltbuckeln und Sprungschanze gefahren wird, die zur Schwachstellenfindung dient. Was dort hält, hält auch normalerweise auf jeder Rennstrecke. Auch der Typ 935 mußte diese Prüfung vor seinem ersten Renneinsatz bestehen – zusätzlich zu etwa 6000 Versuchs-Kilometern in Paul Ricard und Weissach.
Die ersten Einsätze verliefen makellos. Beim dritten Rennen versagte allerdings bei stehendem Start die Kupplung durch Überhitzung. Nach einem unerwarteten CSI-Beschluß mitten in der laufenden Rennsaison mußte der Heckspoiler für den 935 geändert werden. Laut »Anhang J« im Reglement ist bei der Gruppe 5 die Gestaltung des Heckspoilers nicht an das Basis-Fahrzeug gebunden. So war es naheliegend, außer den Kühl- und Ansaugluftöffnungen auch die Ladeluftkühler im neu gestalteten Spoiler unterzubringen. Jeder Konstrukteur würde auch bei einem Produktionsfahrzeug diese Lösung wählen. Beim Gruppe-4-Fahrzeug war eine solche Lösung nicht möglich, weil der Heckspoiler identisch mit dem des Serienfahrzeuges sein muß. Der CSI-Beschluß besagte nun, daß der Spoiler für die Gruppe 5 zwar verändert werden darf, daß jedoch der Spoiler des Grundfahrzeuges (Typ 930) auf das Wettbewerbsfahrzeug montierbar sein muß! Ähnlich wie beim Gruppe-4-Fahrzeug blieb nur der Weg, die Ladeluftkühlung mit Wasserkühlern

durchzuführen, die ja weniger Platz beanspruchen. Im einzelnen entstand dadurch folgender Aufwand: Konstruktion und Erprobung neuer Ladeluftkühler mit entsprechenden Leitungen und Anschlüssen. Völlig neue Abstimmung des Motors auf dem Prüfstand und im Fahrbetrieb unter Verwendung eines neuen Regelraumnockens in der Einspritzpumpe. Entwicklung und Erprobung neuer Bedienungsgestänge wegen der geänderten Anordnungen. Die Zeit vom 9. 4. bis zum 30. 5. 1976 für diesen Entwicklungsaufwand war viel zu kurz. Der am Nürburgring (1000-km-Rennen) noch nicht voll abgestimmte Motor zeigte im Teillastbetrieb starke Vibrationen, die zum Verschleiß des Verteilerantriebes, des Verteilerfingers und schließlich zum Ausfall führte.
Mit Hilfe größerer Kühler und Druckrohre gelang für Zeltweg die Motorabstimmung. Die Drosselklappenbedienungsteile mußten jedoch der knappen Zeit wegen behelfsmäßig angefertigt werden. Sie brachen im Rennen an allen eingesetzten Fahrzeugen und führten zum Ausfall. Die Wellen wurden verstärkt. Ein Dauerlauf in Weissach lief noch mit einem umgebauten Gruppe-4-Fahrzeug, so lange die beiden Einsatzwagen schon per Luftfracht nach Watkins Glen unterwegs waren. In Amerika gab es dann keine Probleme mehr mit dem Motor. Es gab jedoch beim führenden Fahrzeug unter Ickx/Mass einen anderen Defekt. Kurz die Details: Im Zuge der Weiterentwicklung war die Kühlung der vorderen Bremse durch stärkere Belüftung (Schaufelräder) deutlich verbessert worden. Da die Bremsbeanspruchung vorn höher ist als hinten, werden bei Boxenstopps immer die vorderen Bremsbeläge kontrolliert. So auch in Watkins Glen. Was jedoch nicht erwartet wurde, war der hohe Verschleiß der hinteren Beläge. Nach der 4. Rennstunde waren sie völlig verschlissen. Der notwendige außerplanmäßige Boxenstopp kostete soviel Zeit, daß Mass/Ickx den ersten Platz an die Teamkameraden Stommelen/Schurti verloren. Bei diesem Fahrzeug war das Problem vorher entdeckt worden, und brachte daher keine Probleme mit sich.
In Dijon traten keine technischen Probleme auf, mit Ausnahme eines Bremsleitungsdefektes, der einen zusätzlichen Boxenhalt erforderte.
Der CSI-Beschluß vom April 1976 belastete das Rennbudget des Hauses Porsche mit nahezu einer halben Million Mark. Zusätzlich entstanden durch die fehlende Erprobungszeit nicht vertretbare Risiken für die Fahrer.
Porsche bestritt 1976 die beiden zur Weltmeisterschaft ausgeschriebenen Gruppe-5- bzw. Gruppe-6-Championate. Beide Prädikate konnten auch gewonnen werden, doch blieb die betrübliche Erkenntnis, daß man sich in den folgenden Jahren aus Mangel an Konkurrenz nur noch auf eine Weltmeisterschaft würde konzentrieren müssen. Für 1977 fiel

die Entscheidung zugunsten der Marken-WM mit Produktionswagen (Gruppe 5). Hier sollte der aus dem Vorjahr weiterentwickelte Porsche 935-77 die Kastanien für das Werk aus dem Feuer holen.
Zur Unterstützung dieser Aktivitäten baute Porsche für Kunden eine Kleinserie vom Typ 935 in der technischen Ausführung dem 76er-Werksmodell annähernd entsprechend. Für das Traditionsrennen in Le Mans sollten zusätzlich modifizierte »936« die Erfolgsbilanz positiv verbessern.
Das erste Rennen der Saison 1977, die 24 h Daytona/USA, begann vielversprechend, bis Jochen Mass einen Unfall in der berühmten Steilwand hatte. Unfallursache: Reifenschaden hinten rechts. Nach einer Reparaturzeit von 30 Minuten wurde das Rennen an 22. Position wieder aufgenommen. Nach einer dramatischen Aufholjagd lag der Werks-935 schon wieder an zweiter Stelle, als ein Unfall an derselben Kurve das endgültige Aus brachte. Wieder war ein schleichender Luftverlust die Ursache.
Der zweite Lauf der Marken-WM fand in Mugello/I statt. Hier wurden zwei Fahrzeuge eingesetzt: der neue 935-77 mit Mass/Barth/Ickx und der 935-76 mit Stommelen/Schurti. Durch die schlechten Erfahrungen aus den Vorjahren mit der technischen Abnahme in Italien, hatte Porsche für das ganze neue Modell vorher eine spezielle Abnahme durch Vertreter der CSI in Weissach durchführen lassen. Das Ergebnis: ein alle Einzelheiten umfassender Wagenpaß, der bescheinigte, daß das komplizierte Reglement richtig ausgelegt und der 935-77 korrekt aufgebaut worden war! Mit diesem Dokument gab es dann auch tatsächlich keine Schwierigkeiten bei der Abnahme. Allerdings mußten später auf Protest von technischen Kommissaren einige Deteils an der Karosserie geändert werden.
Nach Bremsproblemen zerstörte Jürgen Barth den 935-77 im Rennen, wobei er noch John Fitzpatrick im Kremer-Porsche mit »abschoß«. Das Rennen gewannen dann Stommelen/Schurti problemlos. Ebenso problemlos gewannen Mass/Ickx den dritten Marken-WM-Lauf, durchgeführt in Silverstone/GB. Hier, wie in den folgenden Rennen wurde dann nur noch ein Werks-935-77 eingesetzt.
Dann traf man sich beim 1000-km-Rennen auf dem Nürburgring. Auch hier ging der Werks-935 von der Pole-Position ins Rennen. Schon nach acht Runden erfolgte aber ein außerplanmäßiger Boxenstopp: Dem Motor fehlte es an Leistung. Bei der Fehlersuche wurde soviel Zeit verloren, daß ein Weiterfahren sinnlos war. Der Werkswagen war damit recht früh aus dem Rennen.
Die nächsten beiden Marken-WM-Läufe fanden in Übersee statt. Hierzu

wurde der Werks-935 mit rund drei Tonnen Material nach New York geflogen. Von hier aus ging es per Lkw nach Watkins Glen zum fünften Lauf. Dieses Rennen verlief wieder ohne größere Probleme und konnte sicher von Ickx/Mass gewonnen werden.
Vier Wochen später standen die 6 h Mosport in Kanada auf dem Programm. Nach 50 Rennminuten brannte die Zylinderkopfdichtung durch – Aus. Zurück in Europa wurde die WM in Brands Hatch/GB fortgesetzt. Als nach $1^1/_4$ Stunden wegen Regen abgebrochen wurde, lag der 935-77 bereits mit über 20 Sekunden Vorsprung in Front. Nach einer Stunde Wartezeit erfolgte der Neustart: Das Rennen wurde zu einer sicheren Beute für den Martini-Werks-Porsche.
Das achte und letzte Rennen für das Porsche-Team fand in Hockenheim statt. Hier wurde zum ersten Mal ein Sechsstunden-Rennen in zwei mal drei Stunden ausgetragen. So verlief denn auch der Beginn des ersten »Halb«-Rennens recht spannend, da fast alle Teams die Kurzdistanz wie ein Sprintrennen angingen und sich sehr schnell selbst eleminierten. Aber auch das Werk hatte kein Glück: Nach 2:35 Stunden, man hatte gerade einen bequemen Vorsprung von über 70 Sekunden, kam das Aus: Zylinderkopfdichtung durchgebrannt!
Außer Konkurrenz – und nach einem nächtlichen Motorwechsel – startete das Werk auch zu den zweiten drei Stunden. Bis 50 Minuten vor Schluß lief alles optimal, dann blieb der vierte Gang stecken und Manfred Schurti umrundete das Motodrom Hockenheim nur noch im vierten Gang – trotzdem gewann er die »zweite Halbzeit«.
Die Bilanz zur Marken-WM 1977: Von acht Rennen konnten vier gewonnen werden, bei den anderen Einsätzen schied der Werks-935 jeweils in Führung liegend aus.
Zum Einsatz kam der 935-77 auch bei den 24 h Le Mans, wo er die Funktion eines Back-up-Fahrzeuges übernehmen sollte, d. h. die beiden »936« unterstützen. Doch manchmal kommt es anders als man denkt: Bereits nach wenigen Runden zog der »935« eine leichte Ölfahne hinter sich her. Ein außerplanmäßiger Boxenstopp war nötig, wo sich herausstellte, daß aus einem Kipphebelbolzenlager Motoröl ins Freie drückte. Der Porsche 935 wurde zurück ins Rennen geschickt, bis nach weiteren $2^1/_2$ Stunden eine Zylinderkopfdichtung durchbrannte und die Weiterfahrt endgültig stoppte.
Mit dem Ende der Marken-Weltmeisterschaft 1977 fiel dann bei Porsche eine wichtige Entscheidung: In diesem Championat sollte der Werks-935 nicht mehr eingesetzt werden, das Feld wird komplett den Kunden überlassen. Der Werks-935 wird nur noch bei den 24 h Le Mans zum Einsatz und eventuell zu Ehren kommen.

1978 stand der »Moby Dick« – so wurde der 935 jetzt scherzhaft wegen seiner Form genannt – dann tatsächlich in Le Mans. Technisch mit einem 3,2-l-Vierventil-Sechszylinder noch einmal kräftig aufgemöbelt, brachten Stommelen/Schurti das Coupé auf den achten Platz im Gesamtklassement. Wobei zu berücksichtigen ist, daß der 935 nach einem Motorschaden im Training mit einem neuen Motor in den ersten Stunden des Rennens nicht mitmischen konnte und später mit einem Riß im Kurbelgehäuse angeschlagen war. Eine langwierige Fahndung nach einem Fehler in der Elektrik- und Benzinversorgung warf den 935 noch weiter zurück.
Vor Le Mans hatte es eine Rennerprobung des 935-78 beim 6-Stunden-Rennen in Silverstone gegeben, daß mit Ickx/Mass hinterm Lenkrad auch gewonnen werden konnte.
Der neue Gruppe-5-Porsche unterschied sich vom bisherigen Modell durch eine aerodynamisch verbesserte Karrosserie sowie einen modifizierten Motor mit zwei obenliegenden Nockenwellen und Vierventilzylinderköpfen. Ein interessantes und technisch ungewöhnliches Detail ist die Wasserkühlung der Zylinderköpfe, die im Verbund mit der traditionellen Zylinder-Luftkühlung für das thermische Wohlbefinden der bisher leistungsfähigsten Version des klassischen Porsche-Sechszylinders sorgt. 3,2 Liter Hubraum, 750 PS, 1030 Kilogramm Gewicht und eine Höchstgeschwindigkeit von über 350 km/h sind die Eckdaten des neuen Martini-Porsche 935. Um auf im Uhrzeigersinn gefahrenen Rundstrecken bei der Kurvenfahrt eine bessere Gewichtsverteilung zu erzielen, wurde die Lenkung und damit auch die Fahrerposition im 935-78 auf die rechte Seite verlegt.
Nach seinem nicht ganz erfolgreichen Einsatz in Le Mans 1978 verschwand »Moby Dick«, der 3,2-l-935, ins Museum. 1979 traten bei den französischen Langstrecken-Rennen nur noch zwei 936-Spyder für Porsche – in Farben des Sponsors Essex – an. Ein Jahr später folgte die Premiere der 924 Carrera GT-»Le Mans«. Der Porsche 911 mit all seinen Evolutionen im Verlauf von anderthalb Jahrzehnten ist damit für das Haus Porsche – zumindest im Rennsport – Vergangenheit.
In Kundenhand sind die »935«, auch ohne den superstarken Vierventiler-Sechszylinder, noch so gut, daß sie in Le Mans gewinnen können (1979 Porsche-Kremer) und national wie international noch ungezählte Meisterschaften und Siege holen werden.
Das Vertrauen in den Porsche 935 zeigt sich auch darin, daß in der Jahreswende 1980/81 das Werk noch einmal Entwicklungs- und Forschungsarbeit am »935« betrieben hat, um den Kunden einen noch zuverlässigeren Gruppe-5-Wagen für die nächsten zwei bis drei Jahre

anbieten zu können. Denn solange wird es voraussichtlich noch dauern, bis der Porsche 924 in die Rolle des 935-Coupé hineingewachsen ist.

Karosserie/Fahrgestell

Das oberste Gebot für das neue Gruppe-5-Auto hieß Leichtbau. Man nahm dafür eine Rohkarosserie des Serienwagens Typ 930 und speckte weiter gründlich ab. Beim 935 fehlt daher sämtliches Isolationsmaterial, alle Dämmatten, Unterbodenschutz etc. Aus GFK-Kunststoff sind Front- und Heckhaube, Türen und die Kotflügel. Vorn sind die Kotflügel und der große Spoiler aus einem, schnell montierbarem Einzelteil gefertigt. Hinten kann im Bedarfsfall auf das normale Heck ein Langheckansatz aufgesteckt werden, ohne an der Karosserie etwas zu verändern. Von der Fronthaube existiert eine Version, an der die seitlich hochstehenden Kotflügel mit den darin liegenden Scheinwerfern fehlen. Aus aerodynamischen Gründen verläuft die neue Haube von der Windschutzscheibe nach vorn schräg ab, ohne die typischen Porsche-Kotflügel. Die Scheinwerfer wanderten dafür tief nach unten, in den großen Frontspoiler!
Aus Alu und Kunststoff ist der Heckflügel gestaltet. Er stammt im Prinzip vom Serien-Turbo ab, hat aber im Gegensatz zu diesem einen verstellbaren Spoilerlappen mit zwei senkrecht stehenden Flächen links und rechts. In diesen Spoiler ist auch der Ladeluftkühler integriert. Front- und Seitenscheibe auf der Fahrerseite sind aus Sicherheitsglas – die restlichen Fensterflächen aus Plexiglas. Beifahrersitz, Reserverad und Dachhimmelverkleidung fehlen ganz. Der Innenraum präsentiert sich ohnehin gänzlich »nackt«. Nur an den Seitenflächen und am Armaturenbrett sind Andeutungen von Polstermaterial vorhanden. Aus Aluminium sind der Überrollbügel, bzw. -käfig und der Schaltknüppel einschließlich Schaltknauf! Aus Titan ist das Gestell, in dem die leichte Rennschale für den Fahrer hängt. Von hier aus hat der Pilot als beherrschendes Instrument den Drehzahlmesser vor sich. Dazu kommen Anzeigegeräte zur Überwachung des Turbo-Aggregates und das berühmte PS-Handrad. Mit diesem kann während der Fahrt (!) der Ladedruck des Motors kurzfristig erhöht werden.
Durch die rigorosen Abmagerungsversuche rutschte der 935 unter 900 Kilogramm Renngewicht. Allerdings legte ein neues Motorsport-Reglement seit dem 1. 1. 1976 auch Mindestgewichte für Gruppe-5-Wagen fest. Diese orientieren sich am Hubraum des teilnehmenden Fahrzeuges. Der Porsche 935 – als Vier-Liter-Rennwagen eingestuft – mußte danach mindestens 970 Kilogramm wiegen, oder anders ausgedrückt:

mit 970 kg die Ziellinie überqueren! Die Differenz zum Sollgewicht glichen die Ingenieure mit Bleibalast aus. So erreichte man eine fast ideale Achslastverteilung von 47% vorn und 53% hinten. Bei den ersten Testfahrten im Dezember 1975 in LeCastellet (Paul Ricard) verstaute man die fehlenden Kilogramm in den Fahrzeugbug und unter das Armaturenbrett im Innenraum, auf der Beifahrerseite. Unter der Fronthaube wurden plaziert: 120-l-Polyester-Benzintank, Öltank, Batterie und Feuerlöscher.
Unverändert übernommen wurde das Prinzip der hinteren Radaufhängung vom Serien-Turbo 930, doch nahm man eine Reihe von Detailänderungen vor. Am meisten fällt das Fehlen der hinteren Federstäbe ins Auge. Die Federung wird ausschließlich durch Titan-Schraubenfedern übernommen. Ein Stabilisator kann vom Fahrersitz aus während des Rennens verstellt werden. Änderungen auch bei der Vorderachse: hier fallen vor allem die neuen Anlenkpunkte auf.
Die Bremsanlage übernahm man vom Typ 917. Sie hat die bekannten gelochten und innenbelüfteten Scheiben (an allen vier Rädern) mit vier Kolbenzangenbremsen in Aluguß-Ausführung und mit Längsrippen. Die Pedalerie hat einen Waagebalkenausgleich, um die Bremskraft auf Vorder- und Hinterachse optimal verstellen zu können. Die Felgen sind einteilig mit Zentralverschluß und vorn 11 × 16 Zoll groß, hinten entweder 14,5 × 16 bzw. 19 Zoll im Durchmesser.

Motor

Das Sechszylinder-Triebwerk mit dem Abgas-Turbolader basiert auf dem Serien-Aggregat des Porsche 930. Aus 2857 ccm Hubraum holt Porsche gut 590 PS bei 7900 U/min heraus. Das maximale Drehmoment erreicht 60 mkp bei 5400 U/min. Der Ladedruck variiert zwischen 1,35 und 1,55 atü. Im Rennbetrieb werden im Schnitt 52 Liter Superbenzin auf 100 Kilometer Distanz geschluckt.
Auch in diesem Motor finden viele Serienteile Verwendung, darunter Kurbelwelle, Motorgehäuse und Ventile. Änderungen gab es bei den Nockenwellen, Saugwegen, Auspuffsystem, Gebläse (horizontal!), Schmierung und Pleuelstangen. Fünf Benzinpumpen sorgen für ausreichend Brennstoff in die indirekte Saugrohreinspritzung (mechanische Bosch-Einspritzpumpe). Anders als beim Gruppe-4-Porsche arbeitet die Ladeluftkühlung, denn hier ließen die Platzverhältnisse einen sogenannten Luft-Luft-Kühler zu. Der Frontspoiler beherbergt den thermostatisch geregelten Motorölkühler.

Kraftübertragung
Das Getriebe ist mit jenem des Gruppe 4 identisch, arbeitet jedoch im 935 ohne Differential, besitzt also eine totale Sperrfunktion. Die Einscheiben-Rennkupplung mit Federtorsionsdämpfung und Sinterbelag ist von Fichtel & Sachs. Das Viergang-Getriebe kann – erstmals bei einem Porsche der Typenreihe 911 – den Streckenverhältnissen entsprechend übersetzt werden, ohne dafür den Motor auszubauen. Der Getriebeölkühler sitzt rechts hinten seitlich in einem Kotflügel.

ÄNDERUNGEN ZUM BAUJAHR/MODELLJAHR

1977
Bei der Marken-Weltmeisterschaft nahm Porsche werkseitig an acht von neun Wettbewerben teil. Der erste Lauf dieses Championates waren die 24 Stunden von Daytona/USA. Da dieses Rennen schon Anfang Februar stattfand und der neue Typ 935/77 noch nicht fertig war, trat Porsche mit dem Vorgängermodell an. Das Fahrzeug entsprach in Karosserie, Fahrwerk und Getriebe dem Stand, wie die Saison 1976 beendet wurde. Mit einer Ausnahme: der Motor hatte eine geänderte Druckanlage, um das Ansprechen des Turbos zu verbessern. Allerdings war das Aggregat noch ohne Doppelladeranlage, die erst später dazu kam.
Nach dem Rennen wurden zwei Wochen lang ausgiebige Tests mit dem 935/77 in Paul Ricard/Südfrankreich gefahren. Die Piloten legten dabei über 3500 km mit der Doppelladeranlage zurück, wobei keine Motor- oder Laderschäden zu beklagen waren! Eine hervorragende Leistung, weil jede Runde mit vollem Ladedruck und so schnell wie möglich gefahren wurde. Als schnellste Rundenzeit schaffte Manfred Schurti 1.53,3 Minuten, 3,4 Sekunden schneller als im Frühjahr 1976 mit dem Vorläufer-Modell. Die Höchstgeschwindigkeit lag dabei um 10 km/h höher, und zwar bei gemessenen 305 km/h.
Von den zwei in Mugello/Italien eingesetzten Fahrzeugen sollte der neue 935-77 von Mass/Ickx/Barth gefahren werden. Den älteren 935-76 pilotierten Stommelen/Schurti. Allerdings schmiß Barth den »77er« nach einem Boxenstopp mit mangelndem Bremsdruck raus. Bei Untersuchungen im Werk wurden leichte Freßspuren im Hauptbremszylinder sowie eine defekte Gummimanschette als Ursache für dieses Versagen gefunden.

Auch beim 1000-km-Rennen auf dem Nürburgring ging der Werks-935 von der Pole-Position aus ins Rennen. Aber nach dem ersten Routine-Boxenstopp gab es Schwierigkeiten: Der Motor produzierte nur ungenügend Leistung. Bei der Fehlersuche wurde soviel Zeit verloren, daß ein Weiterfahren sinnlos schien – frühes Aus für den Werkswagen. Der Defekt war, wie sich dann später herausstellte, auf einen Schaden an der Druckdose der Einspritzpumpe zurückzuführen.
Watkins Glen/USA sah dann wieder einen problemlosen Sieg von Mass/Ickx. Weniger gut lief es vier Wochen später in Mosport/CDN. Schon nach 20 Minuten traf das Werks-935-Coupé einen Reifenschaden, dann folgte 30 Minuten später ein technischer Defekt der zur Aufgabe zwang: Eine Zylinderkopfdichtung war durchgebrannt. Da dieser Schaden im Verlaufe der Saison noch mehrmals eintraf, signalisierte er den Porsche-Ingenieuren, daß mit der bisher verwendeten Technik an diesem Motor eine thermische Grenze erreicht war. Obwohl man aus Sicherheitsgründen beim Ladedruck nie über den Wert von 1,5 bar gegangen war. Weitgehend Änderungen am Sechszylinder für das folgende Rennjahr wurden in die Wege geleitet.
Anschließend lief die Marken-WM in Europa weiter, und zwar in Brands Hatch/GB. Das Rennen wurde nach 1:14 Stunde wegen starken Regens abgebrochen. Nach dem Restart hielt der Werks-935 die Spitze und gewann diesmal ohne Probleme auch die restliche Distanz des Rennens.
Den letzten Marken-WM-Lauf der Saison 1977 zog man in Hockenheim durch. Erstaunlicherweise gingen alle Teams das Rennen sehr schnell an und hatten als Folge davon sehr früh technische Probleme zu beklagen. Aber auch das Werk blieb nicht von Defekten verschont. Nach 2.35 Stunden versagte wieder einmal eine Zylinderkopfdichtung ihren Dienst. Aus – weit in Führung liegend.
Da das Rennen in zweimal Dreistunden-Läufe geteilt war, gab der Veranstalter Porsche die Möglichkeit – ohne Wertung – auch den zweiten Lauf mitzufahren. Man baute über Nacht einen neuen Motor ein und lag bis 50 Minuten vor Schluß deutlich in Führung. Dann kam Schurti an die Boxe und meldete Schwierigkeiten mit dem Getriebe. Trotz eines defekten vierten Ganges fuhr er die zweiten drei Stunden des Sechs-Stunden-Rennens überlegt zu Ende und konnte sie auch tatsächlich vor starker privater Konkurrenz gewinnen. Nachträglich lokalisierte Schadensursache am Getriebe: die Führungsmuffe des 3.- und 4.-Ganges war gebrochen.
In Le Mans hatte der 935-77 auch nicht sehr viel Glück. Bereits nach wenigen Runden zog das Coupé eine permanente, leichte Ölfahne hin-

ter sich her. Bei einem außerplanmäßigen Boxenstopp wurde der Fehler lokalisiert: Ein Kipphebelbolzen war aus seinem Lager gewandert und drückte dort Motoröl ins Freie. Gut 2:30 Stunden später kam das endgültige Aus, nachdem wieder einmal eine Zylinderkopfdichtung ihren Geist aufgab!

1978

Erstmals in der Geschichte des Hauses Porsche gibt es Rennmotoren mit wassergekühlten Zylinderköpfen, in denen pro Zylinder vier Ventile arbeiten. Die Entwicklung dazu begann mit einem 2,8-l-Sechszylinder aus der Ahnenreihe der bekannten Boxertrieblinge. Um auf eine gesündere Thermik zu kommen – mit Blick auf eine kräftige Turboaufladung – wurden die Zylinderköpfe von Beginn der Entwicklung an mit Wasser gekühlt. Der Zufluß des Kühlwassers erfolgt von unten und wird oben auf der Kopfreihe abgeleitet. Jede der beiden Zylinderreihen verfügt über eine von einer der zwei Nockenwellen betriebene Wasserpumpe, die zwischen Zylinderköpfen und den links und rechts in den hinteren Kotflügeln angebrachten Kühlern für Zirkulation sorgt.

Mittels dieses Wassertricks – der beschrittene Weg ist noch reglementsgerecht, weil die Zylinder weiterhin luftgekühlt bleiben – konnten die Temperaturen am Kopf, der ohne Dichtung mit den Zylindern verschweißt ist, um 60 Grad gesenkt werden.

Nach dem 2,8 Liter entstand ein 3,2-l-Motor für den Werks-935. Für die Werks-936 wurden 2,1-l-Motoren entwickelt. Ein aufgeladener 1,4-l-Sechszylinder (aber nur mit zwei Ventilen pro Zylinder) werkelte erfolgreich in zwei Rennen im Baby-Porsche und weitere Motoren für die ab 1980 vorgesehene Beteiligung an Indianapolis-Rennen mit 2,65-l-Hubraum und Aufladung sollten 1980 fertig sein.

Die wasser-luftgekühlten Motoren sind rundherum fast neu. Geblieben ist allein ein modifiziertes Kurbelgehäuse mit größeren Lagerbohrungen. Kolben, Pleuel, Nockenwellen – die rädergesteuert arbeiten – sind Neuentwicklungen. Im Prinzip bekannt ist allein jener sich wieder vertikal drehende Ventilator, der nunmehr nur noch ein Drittel der früher vom Horizontallüfter bewegten Kühlluft über die Zylinder bläst.

Drehen lassen sich die Motoren bis 9000/min, weitgehend wird man einen Ladedruck von 1,6 bar fahren, wobei kurzfristig auch 1,8 bar denkbar sind.

Passend zum neuen Motor wurde auch der »935« für die Saison 1978 überarbeitet. Projektleiter Norbert Singer nutzte dabei die Möglichkeiten des Gruppe-5-Reglements in vorher nicht gekannter Konsequenz aus. So wurde der 935 unten rund sechs Zentimeter abgeschnitten, um

ihn flacher zu machen, denn an der Dachform darf ja nichts geändert werden. Es gibt kein Bodenblech mehr, sondern nur einen Alu-Rahmen, der mit extrem dünner Glasfibermatte belegt ist. Das Getriebe wurde umgedreht eingebaut. Grund: Damit verbessert man die Beugung der Halbwellen, die durch Einfederbewegungen immer gefährdet waren. Zusätzlich verbessert man den gesamten Schwerpunkt.
Ein umfassender Überrollkäfig bildet quasi die tragende Struktur des 935, wobei hinten im Alurahmen der Motor hängt und vorne ein neuer 120-l-Tank untergebracht wurde. Vor ihm sitzt der Motorölkühler, vor dem sich wiederum die beiden Wasserkühler des dritten Wasserkreislaufes – für die Ladeluftkühlung des Turboladers – spreizen.

1979

Nach dem Ausfall bzw. der Disqualifikation der beiden Werks-936 bei den 24 h Le Mans schlug die große Stunde der privaten Porsche-Teams. Über ein Drittel, genau 21 von 55 Startern, verließen sich diesmal auf das Zuffenhausener Produkt. Besonders die von Georg Loos und den Gebrüdern Kremer eingesetzten Porsche 935 unterstrichen bereits in der Anfangsphase, daß sie keineswegs gewillt waren, gute Plazierungen nur durch die Ausfälle der Sportwagen zu erzielen.
Klaus Ludwig im Kremer-935 war im Training nach den beiden Werks-936 die drittschnellste Trainingszeit gefahren und er hielt sich auch während des Rennens mit seinen Partnern – den Whittington-Brüdern – unbeeindruckt von allen Wettbewerbern an die vorher ausgearbeitete Marschtabelle. Das Trio war so schnell, daß man z. B. ständig den beiden Ford Mirage M 10 hart im Nacken bleiben konnte. Schon nach einem Viertel der Distanz sah sich das Kremer-Team belohnt: Ihr Spitzenauto lag an erster Stelle, ein weiterer Wagen mit Plankenhorn/Winter/Gurdjian an vierter Position.
Kremer brachte schließlich alle drei gestarteten Wagen ins Ziel: An erster, dritter und 13. Stelle. Aber auch Loos agierte heftig mit. Von der achten bis zur 14. Stunde lagen seine beiden Wagen mit Schurti/Heyer und Fitzpatrick/Grohs/Lafosse abwechselnd auf den Plätzen 1, 2, 3 oder 4. Innerhalb einer Stunde – am frühen Sonntagmorgen, erleiden beide Loos-Porsche 935 jedoch irreparable Motorschäden.
Die Rollen für den Zieleinlauf scheinen danach verteilt. Doch dann hat auch das Kremer-Team seine Zitterphase: Der Zahnriemen zur Einspritzpumpe ist gerissen. Don Whittington montiert den mitgeführten Ersatz. Doch der reißt – ähnlich wie bei Ickx und dem Werks-936. Don, ausgebildeter Ingenieur, läßt sich eine andere Lösung einfallen. Er montiert den Lichtmaschinenantrieb ab und läßt damit die Einspritz-

pumpe antreiben. Es funktioniert nur halbwegs, da dieser Zahnriemen eine andere Länge hat, doch es langt um sich an die Boxe zu schleppen – der Sieg ist gerettet. Denn der zweitplazierte Porsche 935 vom amerikanischen Barbour-Team muß etwa zur gleichen Zeit einen Radträger an der Boxe auswechseln lassen. Auf den Plätzen eins bis vier rangieren Porsche-Fabrikate, insgesamt sind es 12 von 22 Überlebenden die aus Stuttgart-Zuffenhausen stammen.

1980 – 82

Nachdem das Werk Kunden den Typ 935 in einer Basisversion angeboten hatte, gingen die begabteren unter den Tunern bald daran, dieses urgewaltige Fahrzeug nach allen Regeln der erlaubten Kunst weiter zu verbessern. Neben der Langheck-Version, dem sogenannten 935-Moby-Dick vom Werk (auch vom Joest-Team gebaut), taten sich insbesondere die Kremer-Brüder hervor.

Die Kölner modifizierten den Basis-935 und fügten ihrerseits der Typenbezeichnung 935 ein K (für Kremer) und eine fortlaufende Nummer für die jeweilige Entwicklungsstufe hinzu. Auf den 1976 gebauten K1 folgten die Weiterentwicklungen K2 (1977) und K3 (1979), insgesamt 17 komplette Wagen. Als krönender Abschluß folgte im Juni 1981 der K4.

Begonnen hatten die Arbeiten zum 935 K4 im Oktober 1980, als den Kremers klar wurde, daß die Ford-Turbo-Capri mit den noch halbwegs konventionellen Porsche 935 nicht mehr zu halten waren. Die Aufgabenstellung war klar: Bessere Verwindungssteifheit des Chassis; Entwicklung und Einbau einer reglementsgerechten neuen Hinterachs-Konstruktion; optimales Leergewicht, möglichst sogar unter den erlaubten Werten, um mit entsprechender Zuladung auch eine bessere Gewichtsverteilung zu erreichen; Installation von Nebenaggregaten und Plazierung des Fahrersitzes möglichst weit vorne; Ausformung der Bodenunterseite zum Groundeffekt; Verbesserung des CW-Wertes und bei einem Maximum an Spurbreite so flach wie möglich.

Die Auflagen konnten erfüllt werden. Beim K4 lassen sich Vorspur und Radsturz sehr fein verstellen, Vorder- und Hinterachs-Stabilisatoren sind vom Cockpit aus zu verstellen, ebenso das Bremskraftverhältnis. Gegenüber dem K3 wurden deutlich größer dimensionierte Luftschächte auf bessere Belüftung der Bremsen, sowie eine nochmals verstärkte Durchflutung des Ladeluftkühlers geachtet.

Um Gewicht zu sparen, wurde der K4 ganz exakt auf den Fahrer zugeschnitten. Dadurch konnten auf Pedal-, Lenkrad- und Sitzverstellung verzichtet werden. Beim Aufbau des Rohrrahmens wurden quasi zwei

Versuche gestartet, ehe der dritte allen Ansprüchen gerecht wurde. Aus rund 45 Meter Leichtmetallrohr wurde der Rahmen gebaut, der nur 65 Kilogramm wiegt. Der Plastik-Spezialist Eckehard Zimmermann fertigte in sechs Wochen eine dreiteilige Karosserieform. Bei dem gesamten Aufwand wurde immer darauf geachtet, auch die Vorschriften der Gruppe 5 einzuhalten. So hätten bei Bedarf – wie es das Reglement verlangte – Serientüren, -hauben und -glasflächen an den K4 gepaßt.
Das Werk Porsche überarbeitete den 935-Motor im Bereich der Pleuel, Kolben und Brennräume, sowie das Schmiersystem, die Kühlleistung des Gebläses, Benzin-Einspritzung und Turbolader. Für den 3,1-l-Sechszylinder in dieser Ausführung wurden 79000 Mark verlangt plus 12000 Mark für den Ladeluftkühlset. Dafür garantierte Porsche bei einem Ladedruck von 1,5 bar zwischen 750 bis 800 PS. Die Kremers verkauften den 1025 kg schweren Porsche 935 K4 zum Abholpreis von 400000 Mark. Über Aufträge konnten die Brüder nicht klagen. Speziell die Amerikaner legten sich einige dieser »911-Dinosaurier« zu, die mit diesem Modell einen absoluten Höchststand erreichten und dessen Ende – durch ein neues Motorsport-Reglement – 1982 besiegelt war. Wenn auch in einigen Ländern, durch nationale Gesetzgebungen, der 935 und seine Mutationen noch ein paar Monate länger leben durften.

Typ 935-Baby (1977)

Im Frühjahr 1977 entschloß sich Porsche für das Norisring-Rennen einen extrem leichten 935 einzusetzen. Bedingung war dazu einen 1,4 Liter Turbomotor zu entwickeln und ein Fahrzeug aufzubauen, das möglichst nahe an dem geforderten Mindestgewicht von 735 kg lag.
Im März begannen in aller Stille die Arbeiten an diesem Projekt. Es entstand der erste 1,4-l-Sechszylinder-Turbomotor mit einer Leistung von 370 PS. Am Fahrzeug wurde das Vorder- und Heckteil und die Bodengruppe durch einen Alu-Rohrrahmen ersetzt und mit der noch verbleibenden Rohkarosse verbunden. Alle Teile die ins Fahrzeug eingebaut wurden prüfte man vorher, ob man sie nicht weglassen oder zumindest stark erleichtern konnte. Nach viermonatiger Entwicklung wurde das fertige »Baby« auf die Waage geschoben. Das Mindestgewicht wurde gut erreicht (750 kg).
Beim Rennen gab es wegen der kurzen zur Verfügung stehenden Zeit Probleme mit der Abstimmung (Motor und Fahrwerk). Wegen nicht vorhandenen kurzen Getriebeübersetzungen mußten die hinteren Räder von 19 Zoll auf 16 Zoll umgestellt werden. Nach dem Training stand Jacky Ickx mit dem kleinen 935 nur an 13. Position. Im Rennen gab er, an sechster Stelle liegend, aber wegen der großen Hitze indisponiert, auf.
Drei Wochen später, in Hockenheim, wurde das »Baby« zum zweitenmal an den Start gebracht. Durch intensive Arbeit am Prüfstand konnte dem Motor eine breitere Leistungsspitze verpaßt werden. Am Fahrzeug selbst wurde die Steifigkeit der Verbundkonstruktion von Rohrrahmen und Blechkarosserie weiter verstärkt. Des weiteren gab es auch eine bessere Fahrwerksabstimmung. Der Erfolg: Trainingsschnellster mit 2,8 Sekunden Vorsprung und ein Sieg mit 52 Sekunden Vorsprung durch Jacky Ickx in der kleinen Division der Deutschen Rennsport-Meisterschaft. Der Beweis für Porsche war erbracht: Wenn man nur wolle, könne man auch die Konkurrenz in der eigentlich nicht mehr Porschetypischen Hubraumklasse (bis 2000 cm^3) bezwingen. Das »Porsche-Baby« verschwand nach nur zwei Einsätzen ins Museum!

Seitenansicht des ersten Fahrmodelles. Am Heckflügel gab es Änderungen

Aufsicht auf den Typ »935« mit dem Langheckansatz

Der Porsche 935 in den Farben des Sponsors Martini & Rossi

Blick in den Innenraum des »935«. Rund um den Pilotenstuhl nur nacktes Blech

Nach Demontage des kompletten Vorderteils liegt der Benzintank (120 l) und Öltank frei

Aufsicht auf das Heck des Porsche 935 mit dem großen Ladeluftkühler

Der aufgeladene 2,8-Liter-Sechszylinder-Motor (590 PS) mit Horizontalgebläse im »935«

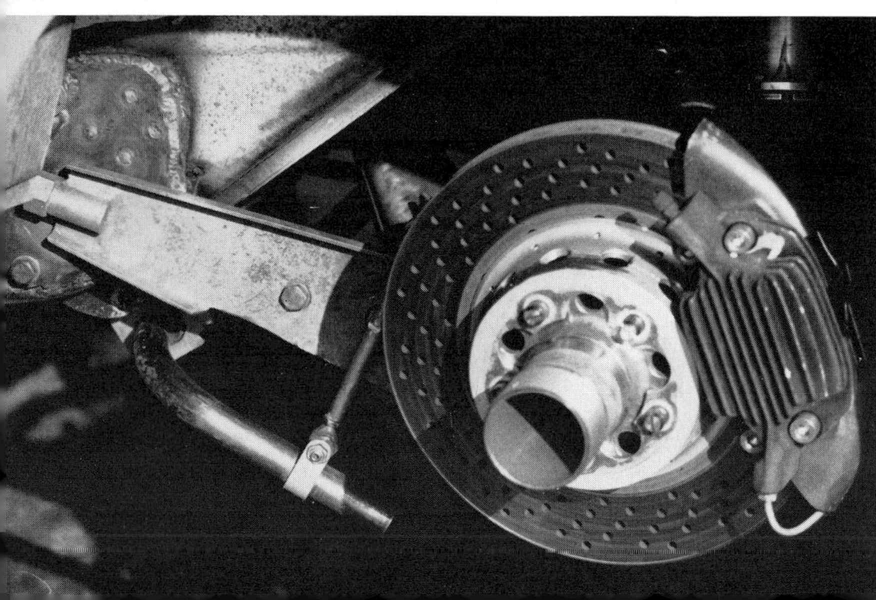

Hinterachse des »935« mit der Langstreckenbremse und dem Zentralverschluß

990 Überarbeitete Karosserie des Porsche 935 in der Ausführung für 1977

Flach abfallende Fronthaube mit integrierten Rückspiegeln (links und rechts)

Kaum geänderter Innenraum beim 935-77. »Trittbretter« zwischen den Kotflügeln

Erste Ausführung des Porsche 935: Noch mit Scheinwerfer-Kotflügel

Zweite Ausführung: Flach abfallende Fronthaube tiefliegende Scheinwerfer

Dritte Ausführung: Geänderter Heckspoiler und hintere Kotflügel eckig

Vierte Ausführung (1977): Trittbretter, Heck, hintere Dachneigung flacher

Porsche 935-»Baby« mit gestrippter Karosserie – nur 750 kg schwer

Nach nur viermonatiger Entwicklung erster Start in Nürnberg 1977

Zur bessern Gewichtsverteilung kamen Benzin- und Öltank nach vorne

Sechszylinder-Porsche-Motor mit 1,4-l-Hubraum, Aufladung und 370 PS

Erste Versuche von Porsche Kremer Racing/ Köln mit einem, nach eigenen Ideen aufgebauten Porsche 935-Turbo (1977)

Porsche 935, Ausführung 1977, wurde mit Bob Wollek vom Kremer-Team (unten) auf Rang zwei in der Deutschen Rennsport-Meisterschaft gefahren

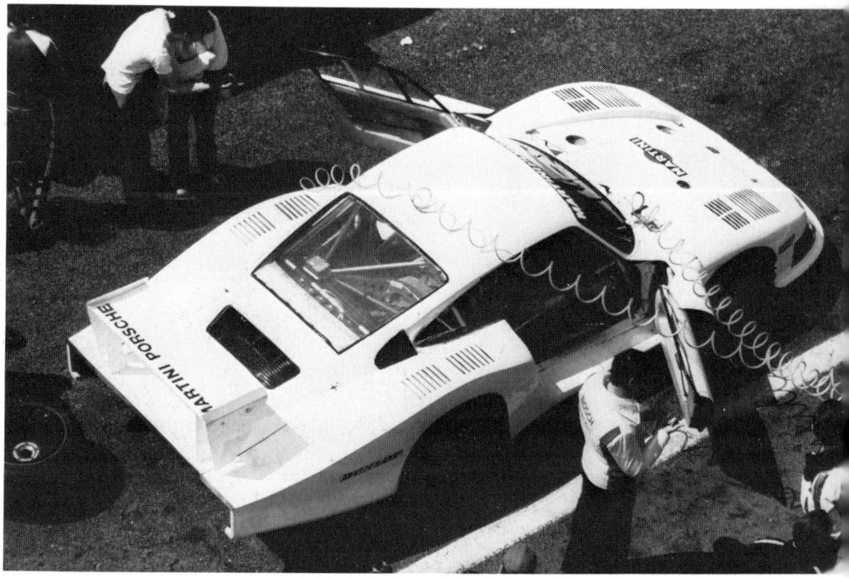

1978 entstand im Porschewerk der »Moby Dick«, ein 935 mit 3,2-l-Motor

Der Werks-935-78 hatte eine erheblich verbesserte Aerodynamik

Nach den 24 h von Le Mans 1978 verschwand »Moby Dick« ins Porsche-Museum

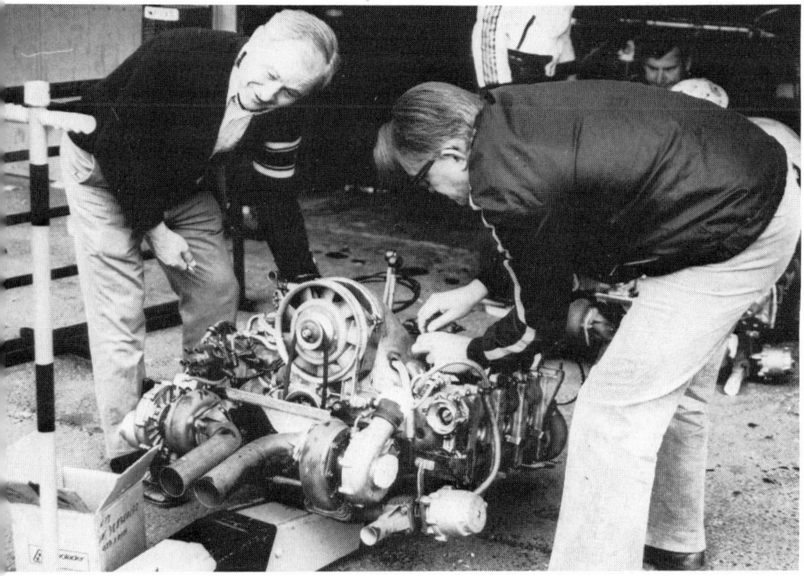

Ex-Porsche-Vorstand Ernst Fuhrmann (links) begutachtet den neuen Motor

3,2-l-Sechszylinder: zwei Nockenwellen, wassergekühlte Köpfe, Block luftgekühlt

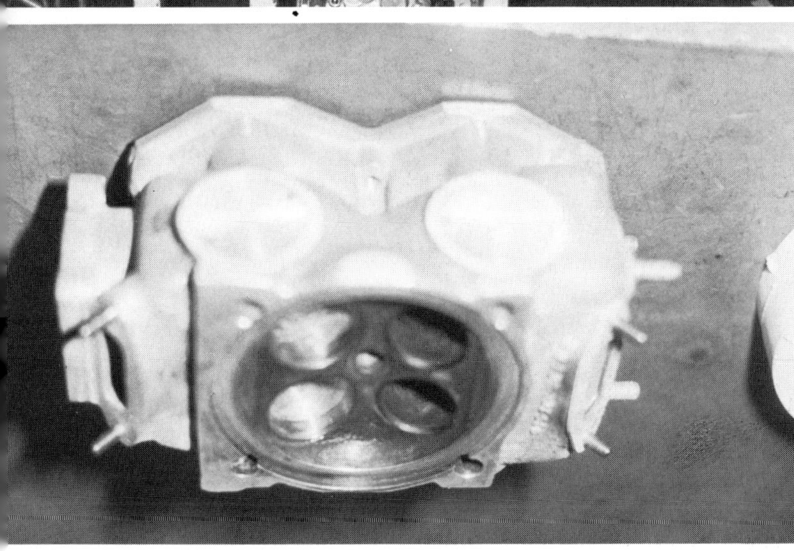

Vierventilzylinderkopf verhalf dem Sechszylinder zu standfesten 750 PS

Der kompakte Sechszylinder-Motor mit 3,2-l-Hubraum, Vierventilzylinderköpfen, Wasser-Luft-gekühlt, 750 PS bei 8200/min

Der Werks-Porsche 935 in den Farben des Sponsors »Martini & Rossi« für die Rennsaison 1978

Bei seinem ersten Start – in Le Mans 1978 – erreichte der 935 den achten Platz

Um eine bessere Gewichtsverteilung zu erzielen, liegt das Lenkrad rechts

Heckansicht des Werks-935-78: 1030 Kilogramm, über 350 km/h schnell

Erste Ausführung des 935-78, mit Türen die später geändert werden mußten

Nach Problemen mit dem neuen Motor in Le Mans 1978 nur Rang acht

Erste Ausführung des Porsche 935-Turbo für Kunden (Loos-Team, 1977)

Von Porsche-Kremer überarbeitete Version des Porsche 935 (1979)

Liqui-Moly-Porsche 935
unter Rolf Stommelen
in der Saison 1979

Sechszylinder-Porsche-Motor für Kunden mit 3,1 Liter und 720 PS

Heckansicht des 935, Ausführung 1980, vom Porsche-Kremer-Racing-Team

Joest-Porsche 935 »Moby Dick« für die Saison 1981

Porsche-Kremer K 3: Unter Dören/Lässig 1981 mit Erfolg in der Marken-WM eingesetzt

John Fitzpatrick im P-Kremer K3: 3164 m^3 und 700 bis 800 PS (1981)

Typ Carrera Cup (ab 1990)

Mit dem neuen Porsche Carrera Cup leistet Porsche einen Beitrag zum Breitensport und setzt damit die mit dem 944 Turbo Cup begonnene Tradition fort. Bei den zehn Rennen, schwerpunktmäßig im Rahmen der Deutschen Tourenwagen-Meisterschaft (DTM), stehen erfolgshungrige Nachwuchsfahrer und gestandene Profis an der Startlinie. Pro Lauf stehen für die rund 40 Carrera Cup-Piloten 80 000 Mark zur Disposition. Allein für den ersten Platz gibt es 9000 Mark. Dieser attraktive Markenpokal bietet sehr spannende Rennen von der ersten bis zur letzten Minute, 40 bunte Carrera 2 im Cup-Trimm, Fernsehübertragungen, ein Preisgeldtopf mit 800 000 Mark für die gesamte Saison, ein perfektes Management durch Cup-Organisator Herbert Linge und mindestens zehn Fahrer, die bei jedem Rennen für einen Sieg in Frage kommen.

Die Fahrzeug-Basis bildet der im Herbst 1989 erschienene 911 Carrera 2, den man in der Weissacher Rennabteilung unter der Projektleitung von Roland Kussmaul für den speziellen Renneinsatz entwickelt hat. Im Innenraum dominiert lackiertes Blech, sämtliche Komfortextras glänzen durch Abwesenheit. Ein Recaro-Rennsitz und ein vom Sicherheitsexperten Winfried Matter gefertigter Überrollkäfig, der gleichzeitig die Karosserie nochmals versteift, umgeben den Cup-Fahrer nach dem Einsteigen. Armaturentafel, Pedalerie, Lenkrad und Schalthebel sind identisch mit der Serienversion.

Als Antriebsaggregat fungiert im Carrera Cup das bekannte 3,6 Liter-Boxertriebwerk mit Doppelzündung. Die weitgehend serienmäßige Maschine leistet jedoch dank einer leicht modifizierten Zündelektronik (die Vorzündung liegt näher an der Klopfgrenze) sowie eines etwas geänderten Auspuffs (der Mittelschalldämpfer entfällt) in der Cup-Version 265 PS bei 6100/min, unverändert geblieben ist das maximale Drehmoment von 310 Nm bei 4800/min. Selbstverständlich wird auch im Carrera Cup mit dem serienmäßigen und wegweisenden Metallträger-Katalysator gefahren, ebenso ist auch in den Cup-Rennern das ABS-System serienmäßig installiert.

Für rennmäßiges Fahren mit dem Porsche 911 Carrera Cup nahmen die Porsche-Techniker nur geringe Änderungen vor. Die Cup-Carreras liegen gegenüber der Serienversion um 40 mm tiefer, sind mit strafferen Federn und speziellen Bilstein-Gasdruckstoßdämpfern bestückt und deutlich straffere Radaufhängungspunkte reduzieren die Elastizitäten der Lenker. In Abweichung zur Serie rollen die Cup-Fahrzeuge vorn auf 8J x 17 Speedline-LM-Rädern im neuen Cup-Design, auf die Pirelli-Rennslicks des Formats 245/620 – 17 aufgezogen sind, hinten sind auf 9,5J x 17-Rädern Rennreifen der Größe 265/630 – 17 montiert.
Porsche ist naturgemäß an der Chancengleichheit bei diesem Wettbewerb sehr gelegen. Deshalb will das Werk eventuelle Manipulationen an den Cup-Carreras konsequent aufspüren bzw. überhaupt nicht erst ermöglichen. Aus diesem Grund wird beispielsweise das Steuergerät der Motronic vor jedem Rennen unter den Teilnehmern verlost. Die Porsche-Elektronik-Spezialisten haben zu diesem Zweck 50 absolut identische Steuergeräte programmiert, so daß keine nennenswerte Leistungsstreuung feststellbar ist. Außerdem werden die drei erstplazierten Carreras nach jedem Cup-Rennen auf Porsche-Kosten nach Weissach gebracht und dort gründlichst auf ihre Reglementseinhaltung kontrolliert. Diese Methode hat sich auf jeden Fall bewährt, denn weder 1990 noch 1991 waren nennenswerte Manipulationen zu beanstanden.
Der beständigste und schnellste Fahrer im Premierenjahr 1990 war der Bonner Routinier Olaf Manthey. Er sicherte sich in diesem Jahr vor dem Youngster Rüdiger Schmitt den erstmals ausgetragenen Porsche Carrera Cup. 1991 trat im Strähle-Team mit Roland Asch ein erfahrener Cup-Kämpfer an den Start. Der in der DTM einen Werks-Mercedes 190 bewegende Schwabe Asch sicherte sich im letzten Lauf im Hokkenheimer Motodrom in einem dramatischen Finale den Carrera Cup 1991. Ein Jahr später, 1992, war Roland Asch nochmals erfolgreich und gewann, nachdem er bereits 1987, 1988 und 1989 den 944 Turbo Cup gewinnen konnte, zum zweitenmal den Porsche Carrera Cup 1992.
1992 gingen die rund 40 Cup-Carrera erstmals mit leichten technischen Modifikationen an den Start. Es gab mehr Leistung und größere Räder. Ausgesuchte Kolben und Zylinder, ein auf bleifreien Superplus-Kraftstoff mit 98 Oktan abgestimmtes Motor-Management sowie ein aus Kunststoff gefertigtes Ansaugrohr mit geglätteten Kanälen garantiert eine Leistung von 275 PS bei 6100/min sowie ein maximales Drehmoment von 314 Nm bei 5000/min. Realisiert wird die Mehrleistung über ein geändertes Steuergeät. Über den gesamten Drehzahlbereich wird mehr Frühzündung gegeben.

Dem Trend der Zeit entsprechend rollt der Cup-Carrera '92 auf Rädern mit 18 Zoll Durchmesser, die Breite bleibt unverändert. So kommt man auf der Vorderachse mit der Dimension 8J x 18 aus, bestückt mit Pirelli-Rennreifen der Größe 235/635 x 18, an der Hinterachse sind auf die Speedline-Magnesiumräder des Formats 9,5J x 18 Pirelli-Slicks 265/645 x 18 montiert. Durch den Einsatz der Magnesium-Räder konnte man pro Felge rund zwei Kilogramm Gewicht einsparen. Gleichzeitig verlangen die 18 Zoll-Räder nach geänderten Radeinstellungen. Vorne und hinten gibt es mehr Sturz, die Vorderachse erhält mehr Vorspur.
Der Cup-Sieger des Jahres 1992 heißt Uwe Alzen. Er bewegt seinen vom Porsche-Zentrum Koblenz eingesetzten Cup-Carrera in den zehn Rennen, wovon auch fünf Rennen im Rahmenprogramm der Grand Prix-Veranstaltungen laufen, stets am Limit und kann sich den begehrten Carrera Cup erstmals in seiner noch jungen Karriere sichern.
Das Jahr 1993 erlebt der Porsche Carrera Cup, der jetzt auf den Namen Supercup hört, weitgehend unverändert und mit Altfried Heger steht zum Saisonende ein ehemaliger DTM-Fahrer als Gesamtsieger dieser überaus spannenden Rennserie fest. Altfried Heger kann seinen Teamkollegen Uwe Alzen erst im letzten Rennen auf den Ehrenplatz verweisen. Mit diesem letzten Supercup-Rennen im Motodrom von Hockenheim verläßt auch der Carrera 2 in Cup-Version die Rennsportbühne – der Nachfolger steht schon bereit.
Zeitgleich mit der Weltpremiere des neuen Porsche 911 Carrera auf der IAA in Frankfurt im September 1993 präsentiert die Porsche AG bereits die Rennversion des neuen Coupés für die Supercup-Saison 1994. Der neue Cup-Carrera wird in der Rennsportabteilung im Entwicklungszentrum Weissach aufgebaut. Im Gegensatz zum bisherigen Cup-Fahrzeug agiert der neue Cup-Carrera mit einem Hubraum von 3,8 Liter, analog zum Triebwerk des Carrera 3.8 RS. Als Motorleistung nennt Porsche 300 PS/221 kW, das maximale Dremoment liegt bei 360 Nm, entsprechende Drehzahlen sind bei Redaktionsschluß im Herbst 1993 noch nicht bekannt.
Im Vergleich zum bisherigen Cup-Fahrzeug wird der neue Cup-Carrera noch mehr Rennfahrzeug sein, was sich unter anderem auch in den Fahrwerksmodifikationen niederschlagen wird. Auch der neue Supercup-Carrera liegt rund 40 mm tiefer, ist mit strafferen Federn sowie speziell abgestimmten Bilstein-Gasdruckstoßdämpfern bestückt und das neue Bosch ABS.5 ist auf die Pirelli Slick-Rennreifen abgestimmt. An der Vorderachse rollt der Supercup-Carrera '94 auf dreiteiligen Speedline-Rädern der Dimension 8,5J x 18, hinten sind Räder des Formats 10J x 18 montiert. Welche Reifendimension zum Einsatz

kommt, wird während der Wintertestfahrten von Porsche-Werksfahrer Walter Röhrl und Renn-Ingenieur Roland Kussmaul festgelgt werden. Im Rahmen dieser Tests wird auch die endgültige Fahrwerksabstimmung eruiert werden. Ebenfalls neu ist der fest montierte Heckspoiler des auf 1100 Kilogramm Leergewicht abgespeckten Renn-Carrera.
Im Innenraum dominiert lackiertes Blech, für die Sicherheit garantieren ein Recaro-Rennsitz, ein Sechspunktgurt, der Matter-Überrollkäfig sowie eine Feuerlöschanlage. Spezielle Dünnglas-Seiten- und Heckscheiben sowie eine pneumatische, fest installierte Dreikolben-Wagenhebeanlage sind weitere Neuerungen des Supercup-Carrera 1994. So gerüstet soll der neue Porsche 911 Carrera im Supercup-Trimm in nur 4,7 Sekunden von 0 auf 100 Km/h beschleunigen und – je nach Übersetzung – eine Höchstgeschwindigkeit von 280 km/h erreichen.
Als Hauptsponsoren konnte Porsche, wie bereits in den letzten Jahren, Pirelli und Shell gewinnen. Die Saisonplanung sieht vor, den 911 Carrera Supercup 1994 noch internationaler im Rahmenprogramm der Formel 1 anzusiedeln.

Porsche Carrera Trophäe/ Carrera Cup (ab 1991)

Porsche Carrera Trophäe – das bedeutet in erster Linie spannenden Motorsport mit dem Carrera 2 in Cup-Spezifikation. Womit wir schon beim Ursprung der Carrera Trophäe wären, dem Porsche Carrera Cup. Dieser hat in der Saison 1990 alle in ihn gesetzten Erwartungen übertroffen und sich auf Anhieb zum populärsten Markenpokal der Welt entwickelt. Bis zu 40 identische Carrera 2 Cup waren bei jedem Rennen am Start, spannender Motorsport mit dem 265 PS starken Sportwagen war garantiert. Entsprechend begehrt ist der Carrera Cup auch bei den aktiven Motorsportlern. So waren die Cup-Verantwortlichen Herbert Linge und Jost Capito zu Beginn der Saison 1991 mit rund 100 Einschreibungen für den Carrera Cup konfrontiert. Doch im Cup sind aus organisatorischen Gründen und grundsätzlichen Sicherheitsstandards pro Rennen 40 Autos die oberste Grenze. Damit war die Porsche Carrera Trophäe geboren. Sie entstand für all jene, die im Carrera Cup aufgrund des großen Andrangs keinen Platz gefunden haben. Doch auch hier bietet man den Lenkrad-Artisten nach dem Bundesliga-Vorbild eine Qualifikationsmöglichkeit für die Top-Klasse. Wer in der Carrera-Trophäe erfolgreich ist, steigt für die nächste Saison

in den Carrera Cup auf. Das ist kein Problem: Die in der Trophäe eingesetzten Autos sind absolut identisch mit den Cup-Carreras.
Oberstes Gebot der technisch identischen Trophäen-Carreras ist auch hier eine peinlich genaue Reglement-Überwachung. Die bei jedem Rennen anwesenden Porsche-Techniker unter der Leitung von Trophäen-Manager Helmut Greiner sind hart und unerbittlich. Aus diesem Grund werden auch hier die Steuergeräte für das elektronische Motormanagement vor jedem Rennen ausgelost.
Geld verdienen kann man in der Porsche Carrera Trophäe natürlich auch – am Saisonende können die Besten reichlich Geld mit nach Hause nehmen. Preisgeld nach jeder Veranstaltung wird nicht gezahlt.
Gedacht ist die Carrera Trophäe nicht nur als Aufsteigerklasse für den Carrera Cup, sondern auch als weitere Basis für den Breitensport, dem sich das Haus Porsche seit jeher eng verbunden fühlt.
Nach 10 Rennen zur Carrera Trophäe kann sich Wolfgang Destrée als Gesamtsieger des Jahres 1991 ein Preisgeld von 11 500 Mark abholen, vor Reinhold Schelle und Giacomo Jacoma. Im Jahr 1992 fahren die Trophäen-Kämpfer weiter mit unveränderten Autos, also auch mit 17 Zoll-Rädern, nach Saisonende trägt sich der Schweizer Enzo Calderari vor Stefan Oberndorfer in die Siegerliste der Carrera Trophäe 1992 ein.
In der Saison 1993 hat der Porsche Carrera Cup die Nachfolge der bisherigen Carrera Trophäe auf nationaler Ebene angetreten, während der jetzige Carrera Supercup noch internationaler geworden ist. Mit der Aufwertung kommt der nationale Carrera Cup auch in den Vorteil einer großzügigeren Preisgeldverteilung. Für einen Rennsieg sind immerhin 4000 Mark fällig und selbst auf dem 20. Platz dürfen noch 350 Mark in Empfang genommen werden. Bilstein hat zusätzlich noch Preisgelder und Pokale für die Gesamtwertung ausgeschrieben. Den Porsche Carrera Cup 1993 sichert sich mit Wolfgang Land ein erfahrener Carrera Cup-Kämpfer.
Technische Basis für den Carrera Cup bleibt weiterhin der Carrera RS im Cup-Trimm. Die betont seriennahe Rennausführung liefert kräftige 275 PS/202 kW und hat ein zulässiges Mindestgewicht von 1120 kg. Weiterhin vorgeschrieben sind unter anderem Bilstein-Gasdruckstoßdämpfer, 17 Zoll-Räder und Pirelli-Rennreifen. Die Änderungen gegenüber 1992 bestehen lediglich in einer neu abgestimmten Auspuffanlage und ausfahrbaren Wagenhebern. Auch in der Saison 1993 liegt die Carrera Cup-Organisation in den bewährten Händen von Helmut Greiner, dessen perfektes Management bislang wesentlich zum Erfolg der Carrera Trophäe beigetragen hat. In der Saison 1994 wird man im Carrera Cup mit den 93er-Modellen an den Start rollen.

Porsche 911 Carrera Cup 1990: Die Karosserie liegt um 40 mm tiefer, steht auf 17 Zoll-Rädern mit Pirelli-Rennreifen und ist mit einem Matter-Überrollkäfig versteift

Porsche 911 Carrera Cup 1992: Mit neuen Hauptsponsoren (Shell und Pirelli) geht der erfolgreichste Markenpokal in seine dritte Saison. Die Motoren leisten jetzt 275 PS gegenüber 265 PS im Debütjahr.

Porsche 911 Carrera Cup 1993: Spannende Rennen mit packenden Positionskämpfen charakterisieren den Carrera Cup. In dieser Saison rollen die Heckmotor-Sportwagen auf 18 Zoll-Rädern.

1009

Porsche 911 Carrera Supercup 1993: Der aufgewertete Carrera Supercup gastiert auch im Rahmenprogramm der Formel 1-Rennen. Gesamtsieger wird der Essener Altfried Heger.

Porsche 911 Carrera Supercup 1994: Der Carrera Supercup wird ab der Saison 1994 mit dem neuen 911 Carrera in spezieller Cup-Version ausgefahren.

1010

Porsche 911 Carrera Supercup 1994: Der neue Cup-Renner rollt auf 18 Zoll-Rädern, das Sechszylinder-Boxeraggregat agiert mit 3,8 Liter Hubraum und leistet rund 300 PS. Cup-Sponsoren bleiben Pirelli und Shell.

Typ Carrera 4 Leichtbau
(1990 – 1991)

Bereits im Herbst 1988 äußerten einige amerikanische Kunden den Wunsch, mit einem erleichterten, aber technisch weitgehend serienmäßigen, Carrera 4 bei Clubrennen an den Start gehen zu können. Am 7. Dezember 1988 fiel die Entscheidung: Mit dem Bau einer kleinen Serie Porsche 911 Carrera 4 Leichtbau, so die offizielle Bezeichnung, konnte begonnen werden. Von Dezember 1988 bis April 1989 erstellte das Team um Projektleiter Jürgen Barth das Lastenheft, der Carrera 4 Lightweight gewann an Form und umrundete im August 1989 erstmals die Weissacher Teststrecke.
Da die mechanischen Komponenten, auch vor dem Hintergrund günstiger Wartungskosten, weitgehend unverändert bleiben sollten, mußte das angestrebte Ziel Fahrspaß pur über das Gewicht erreicht werden. Deshalb entsteht jeder Carrera 4 Leichtbau aus einer nackten Stahlkarosserie, die aus dem Rohbau von Zuffenhausen nach Weissach gebracht wird. Die beiden Türen und Hauben aus Aluminium steuert der 911 SC/RS ebenso bei wie der turboähnliche, fixe Heckspoiler. Kunststoff-Türscheiben mit Schiebefenster, leichte Türtafeln mit Zuziehgriff und der Verzicht auf die Heizung sparen weitere Kilogramm ebenso wie fehlendes Dämmaterial. Dafür gibt es für den Sporteinsatz einen Aluminium-Sicherheitskäfig.
Als Antriebsquelle fungiert im Carrera 4 Lightweight der bekannte 3,6 Liter-Doppelzündungs-Boxermotor. Im Gegensatz zur Serie verfügt das ansonsten serienmäßige Triebwerk über einen – getrennt für jede Zylinderreihe – Einzelrohrauspuffkrümmer aus Edelstahl mit zwei Schalldämpfern und ohne Katalysator. Daß Porsche den Kunden dieser handgefertigten Einzelstücke dann auch schonungslos klarmacht, daß dieses Fahrzeug nicht für eine Straßenzulassung geeignet ist, beweist ein entsprechendes Papier, dem der Besitzer entnehmen darf, daß »das betreffende Fahrzeug nur für die Rennstrecke konzipiert und gebaut ist und alle Garantien bei anderer Benutzung hinfällig werden.«

Ansonsten bleibt das Innenleben des 3,6 Liter-Motors unverändert, die Leistung klettert dank der modifizierten Auspuffanlage auf 265 PS/195 kW bei 6750/min, unverändert bleibt das maximale Drehmoment von 310 Nm bei 4800/min. Vollkommen modifiziert präsentiert sich dagegen der Antriebsstrang. Ein spezielles Fünfganggetriebe, 1984 für die Paris-Dakar-Fahrzeuge entwickelt, mit der Bezeichnung 953 findet hier Verwendung. Dieses Getriebe ist nicht nur strapazierfähiger, sondern auch kürzer übersetzt. So erreicht der C4 LB, so die interne Kurzbezeichnung, eine Höchstgeschwindigkeit von 210 km/h, beschleunigt aber in knapp unter fünf Sekunden von 0 auf 100 km/h.
Die Einscheibentrockenkupplung mit Sintermetallbelägen entstammt ebenfalls der Rennabteilung – auch beim Mitten- und Querdifferential gibt es gravierende Unterschiede gegenüber dem Straßen-Carrera 4: Die Sperren beider Differentiale sind mittels je eines Drehrades mechanisch stufenlos regulierbar. Die am Armaturenbrett installierten Drehräder sind während der Fahrt verstellbar – entsprechend läßt sich das Fahrverhalten in Richtung Über- oder Untersteuern verändern. Das Fahrwerk selbst entspricht dem der Carrera 2 Cup-Version, die Servolenkung stammt aus dem Serien-Carrera 4. Deutlich überarbeitet wurde die Bremsanlage, die ihre Ursprünge im 917 hat. An die Pedalerie mit Waagebalken schließen sich zwei Bremszylinder mit 17,78 mm Durchmesser an, auf das ABS hat man bei diesem Sondermodell bewußt verzichtet. Die Felgen und Bereifung entsprechen wieder dem Serien-Carrera 4: Vorne werden 205/55 ZR 16-Pneus auf 6J x 16-Felgen montiert, während an der Hinterachse 225/50 ZR 16-Reifen auf acht Zoll-Felgen zum Einsatz kommen.
Zweckentsprechend präsentiert sich auch das Interieur. Inmitten von nacktem Blech stehen die beiden Recaro-Rennschalen mit 5-Punkt-Hosenträgergurten und Feuerlöscher. Am vereinfachten Armaturenbrett dominiert der große Serien-Drehzahlmesser, während das Fehlen der Uhr beweist, das Zeit auch Gewicht sein kann. Dirigiert wird der Leichtbau-Carrera 4 mit einem Momo-Sportvolant und der Fahrersitz ist um 38 mm weiter nach rechts zur Mitte versetzt. Ansonsten dominiert nacktes Blech, denn nur so ließ sich die Gewichtsersparnis von 350 Kilogramm (1100 kg gegenüber 1450 kg des Serien-Carrera 4) erzielen. Rund 20 Exemplare dieses Porsche 911 Carrera 4 Leichtbau entstanden in der Rennabteilung in Weissach, die mit diesem Projekt den Beweis führen konnte, daß man mit entsprechendem Know-how praktisch nur mit Serienteilen ein wirkliches Fun-Car auf die Räder stellen konnte.

Der Carrera 4 Leichtbau brachte nur 1100 Kilogramm auf die Waage. Diese Version entstand in rund 20 Exemplaren und war nicht für den Straßenverkehr zugelassen.

Optische Carrera 4 Leichtbau-Kennzeichen waren der starre Heckflügel vom 911 SC/RS, die doppelten Auspuffrohre, die um 40 mm tiefergelegte Karosserie sowie die Schiebefenster.

Typ 911 Carrera RS 3.8/RSR 3.8 - 911 Turbo S Le Mans/3.6 IMSA - 968 Turbo RS (ab 1993)

Der internationale Motorsport hat sich gewandelt. Die Formel 1 dominiert den internationalen Spitzen-Motorsport, auf nationalen Ebenen etablieren sich die Tourenwagen-Meisterschaften und nach dem Ende der Gruppe C gewinnt wieder – auch international – der Rennsport mit seriennahen GT-Sportwagen an Bedeutung. Porsche begrüßt die Tatsache, daß echte Straßensportwagen wieder internationale Einsatzmöglichkeiten erhalten. Deshalb hat sich Porsche entschieden, zusammen mit seinen Kunden von Beginn an im neuen GT-Sport präsent zu sein.
Reinrassige Werkseinsätze gibt es 1993 und 1994 nicht, aber Porsche hat im Entwicklungszentrum Weissach Rennfahrzeuge konzipiert und gebaut, die interessierten Kunden zum Kauf angeboten werden. Der Porsche 968 Turbo RS und der Carrera RSR 3.8 können weltweit in nationalen GT-Meisterschaften eingesetzt werden. Für beide Typen offeriert Porsche ein Langstreckenpaket beispielsweise für die 24h-Rennen am Nürburgring, in Spa oder Le Mans. Speziell für das in Le Mans gültige GT-Regelwerk hat Porsche außerdem einen 911 mit Biturbo-Motor entwickelt, der die offizielle Bezeichnung 911 Turbo S Le Mans GT trägt.

Porsche 911 Turbo S Le Mans GT

Der Porsche 911 Turbo S Le Mans GT, so die offizielle Bezeichnung, basiert auf der Sonderserie des 911 Turbo S. Wie die Typenbezeichnung schon verrät, ist dieses Modell speziell für den Einsatz beim berühmten Klassiker an der Sarthe aufgelegt. Da in Le Mans 1993 erstmals wieder eine GT-Klasse ausgeschrieben ist, wird der 1000 Kilogramm schwere Turbo Le Mans bei diesem 24h-Rennen von einem Kundenteam gemeldet.

Das Le Mans-Reglement ist – auch aus Kostengründen – eng gefaßt. Porsche als Pionier der Turbo-Technik hat sich für den Einsatz eines Biturbo-Aggregats mit 3,16 Liter Hubraum entschieden, der mit einem Air-Restriktor-Durchmesser von 2 x 24 Millimeter reglemententsprechend 474 PS leistet. Eine Besonderheit gegenüber früheren Renn-Versionen des 911 ist die Frischluftansaugung über die Außenseiten des Heckdeckels. Der Ladeluftkühler sitzt unmittelbar unter dem Doppel-Heckflügel und erinnert in seinen Ausmaßen stark an die früheren Gruppe 5-Autos.
Die zulässige maximale Räderbreite ist auf 12 Zoll begrenzt. Porsche verwendet hier dreiteilige BBS-Räder mit 18 Zoll Durchmesser, an der Hinterachse 11 Zoll breit, vorne 9,5 Zoll. Gemeinsam mit dem amerikanischen Reifenkonzern Goodyear hat Porsche für diese Fahrzeuge exklusiv ein Reifenprogramm entwickelt.
Der Kraftstofftank faßt 120 Liter, ebenfalls vorn installiert sind zwei Ölkühler und der Öltank. Kunststoffverglasung kommt bei den Seitenfenstern und der Heckscheibe zum Einsatz, das Bugteil ist mit schnell wechselbaren Spoilern bestückt. Eine Schnellhebe-Anlage ist ebenfalls obligatorisch. Gegenüber dem Carrera RSR verfügt der Turbo S Le Mans über noch mehr Renntechnik. Das Lastenheft sieht beispielsweise verstärkte Achswellen, eine erleichterte Lenksäule und einen vom Cockpit aus verstellbaren vorderen Stabilisator vor. Den 911 Turbo S Le Mans GT bietet Porsche in kleiner Stückzahl interessierten Rennsportkunden zum Kauf an.
Das GT-Comeback von Porsche in Le Mans begann vielversprechend, doch nach rund sechs Stunden kam das überraschende Aus. Walter Röhrl konnte einem sich drehenden Zweiliter-Spider nicht mehr rechtzeitig ausweichen – die Kollision war sozusagen programmiert und leider mußte die Porsche-Crew vorzeitig das Rennen beenden.

Porsche Carrera RSR 3.8

Für den Einsatz bei Langstrecken- als auch bei Sprintrennen bietet Porsche ein neues, gleichermaßen gut geeignetes Wettbewerbsfahrzeug an: den 911 Carrera RSR 3.8.
Dieser Rennsportwagen ist für die Aktivitäten im GT-Sport konzipiert. Mit der Typenbezeichnung RSR trägt er den Namen eines großen Vorgängers im Rennsport. Der RSR des Jahres 1993 verfügt über einen Saugmotor mit 3,8 Liter Hubraum und einer Leistung von rund 350 PS. Äußeres Erkennungsmerkmal ist ein spezieller Heckflügel, der für zusätzliche aerodynamische Einflüsse sorgt. Unter den breiten Turbokotflügeln sind Speedline-Felgen der Dimensionen 9J x 18 (vorn) und

11J x 18 (hinten) montiert. Gegenüber dem Cup-Carrera ist das Fahrwerk noch konsequenter für den Renneinsatz abgestimmt. Uniballgelenke finden ebenso Verwendung wie Bilstein-Rennstoßdämpfer, eine Rennkupplung, einstellbare Stabilistoren und die große Bremsanlage des 911 Turbo S, selbstverständlich mit Renn-ABS.

Porsche Carrera RS 3.8 Straßenversion

In einer limitierten Sonderserie, aufgebaut in der Sportabteilung im Entwicklungszentrum Weissach, bietet Porsche den 911 Carrera RS 3.8 an. Der Zweisitzer unterscheidet sich vom Carrera RS vor allem durch sein im Hubraum erweitertes und in der Leistung auf 300 PS/221 kW gesteigertes Sechszylinder-Triebwerk, dem auffälligen Heckflügel sowie einer grundlegend überarbeiteten Fahrwerksabstimmung. Der RS 3.8 dient als Basisversion für die Motorsportvariante 3.8 RSR.

Um die Hubraumsteigerung von 3,6 auf 3,8 Liter mit der gemeinsamen Leistungssteigerung umzusetzen, war eine grundlegende Überarbeitung des gesamten Motors notwendig. Die zusätzlichen Kubikzentimeter Hubraum resultieren aus einer größeren Bohrung (102 mm anstatt 100 mm) bei unverändertem Hub von 76,4 mm. Die neuen Kolben des RS 3.8 sind, trotz größerem Durchmesser, gegenüber dem 3,6 Liter leichter wegen einer nochmaligen Optimierung und niedrigerer Bauhöhe. Ebenfalls gewichtserleichrt präsentieren sich die Kipphebel, jetzt produziert in einer aufwendigen Feinguß-Technik. Überarbeitet haben die Motorentechniker unter Entwicklungschef Paul Hensler auch die Ventile. Die Schwingungstilger an der Kurbelwelle sind in ihrer Dimensionierung den neuen Anforderungen angepaßt. Zwei Ölkühler gewährleisten auch bei extremen Anforderungen eine sichere Schmierung.

Die Steuerung von Zündung und Einspritzanlage übernimmt im RS 3.8 – als Vorgriff auf den neuen 911 Carrera – eine Bosch Motronic 2.10. Das bedeutet auch eine adaptive Klopfregelung, eine optimierte Kennfeldkennung mit näher an die Klopfgrenze verlegter Vorzündung im Zusammenspiel mit der Auslegung auf bleifreien Superkraftstoff mit 98 Oktan. Zahlreich und umfassend sind die Änderungen im Ansaug- und Abgastrakt. Eine im Gasstrom optimierte Luftfilteranlage sowie eine in den Kanälen erweiterte Ansauganlage mit sechs Einzeldrosselklappen sichern gemeinsam mit der sequentiellen Benzineinspritzung eine bestmögliche Zylinderfüllung in jedem Drehzahl- und Lastbereich. Bei der Luftmassenmessung als wichtigem Parameter für die Motorsteuerung kommt im 3,8 Liter-Motor moderne Heißfilm-Technik zum Einsatz. Hauptaufgabe bei der neuen Auspuffanlage war eine deutliche Reduktion des Abgasgegendrucks. Deshalb verfügt die RS 3.8-Anlage über zwei Katalysatoren und Endrohre. In der Summe aller Maßnahmen ergibt dies eine Leistung von 300 PS/221 kW bei 6500/min und ein maximales Drehmoment von 360 Nm bei 5250/min. Die Abriegelgrenze liegt jetzt bei 7100/min.

Das Fünfgang-Schaltgetriebe entspricht der im Carrera RS verwendeten Einheit, allerdings mit gewichtsoptimiertem Schwungrad und anderer Kupplung.

Die Fahrwerksauslegung des RS 3.8 orientiert sich eindeutig am betont sportlichen Fahrer. Das bedeutet: Eine betont sportliche, straffe Auslegung von Federn und Dämpfern bei gleichzeitig durchaus vorhandener Komfortkomponente für Langstreckenfahrten. Der gewichtsbedingte Verzicht auf die Servolenkung ändert derweil an den Allroundeigenschaften dieses reinrassigen Sportwagens nichts. Zur Fahrwerksoptimierung des RS 3.8 gehören einstellbare Stabilisatoren vorne und hinten. Die vordere Version mit einem Durchmesser von 24 mm ist in fünf Stufen verstellbar, das hintere Pendant mit 21 mm Durchmesser bietet drei Positionen. Eine Domstrebe vorne sorgt für zusätzliche Fahrstabilität.

Bei der Bremsanlage kommt eine hydraulische Bremskraftverstärkung zum Einsatz. Die Vierkolben-Aluminium-Festsattelbremsen vorn und hinten wirken auf perforierte und innenbelüftete Bremsscheiben. Die Bremsteile vorne entstammen aus dem 911 Turbo S, hinten aus dem Carrera RS.

Der 911 Carrera RS 3.8 rollt auf Reifen der Dimension 235/40 ZR 18 (vorn) und 285/35 ZR 18 (hinten) und montiert sind diese Pneus auf dreiteiligen Speedline-Rädern des Formats 9J x 18 vorn und 11 J x 18 hinten. Eine Reifenfreigabe besteht für Reifen von Dunlop und Pirelli.

Die Karosserie hat der 3.8 RS mit dem Turbo gemeinsam. Ein zusätzlicher Spoiler vorne erhöht den Abtrieb, zwei Lufteintritte im Stoßfänger führen gezielt Kühlluft zu den Ölkühlern. Integriert in den neugestalteten Kunststoff-Motordeckel ist ein großer Heckflügel mit sechsfach verstellbaren Leitflächen. Hauben und Türen sind zur Gewichtserleichterung aus Aluminium gefertigt, dem gleichen Zweck dienen Dünnglas Seiten- und Heckscheiben. Weitgehend verzichtet wird im Innenraum auf Komfortextras, sportliche Akzente setzen die Recaro-Schalensitze sowie der Verzicht auf die Rücksitze. Der RS 3.8 ist ausschließlich in den Farben Indischrot, Grandprixweiß, Maritimblau, Speedgelb sowie Schwarz zu haben. Der erleichterte 911 Carrera RS 3.8 bringt nur ein Leergewicht von 1210 Kilogramm (vollgetankt) auf die Waage, das sind 140 Kilogramm weniger als beim 911 Carrera 2. Der

auf 92 Liter vergrößerte Tank kommt hier als Standard zum Einsatz. Mehr Leistung und weniger Gewicht ergeben natürlich bessere Fahrleistungen. So erreicht der RS 3.8 eine Höchstgeschwindigkeit von 270 km/h, Tempo 100 wird nach nur 4,9 Sekunden erreicht. Der in Handarbeit in der Porsche Rennsportabteilung in Weissach montierte 911 Carrera 3.8 RS ist seit April 1993 auf Sonderwunsch lieferbar. Eine Rechtslenker-Version sowie eine US-Variante ist nicht geplant.
Gleich in seinem ersten Motorsport-Jahr 1993 agierte der Carrera RSR 3.8 sehr erfolgreich. So siegte er in der GT-Klasse beim 24h-Rennen Le Mans mit Jürgen Barth/D. Dupuy/Joel Gouhier, gewannen Konrad/Irmgartz/Wirdheim das 24h-Rennen auf dem Nürburgring und das Trio Alzen/Jarier/Fittipaldi die Hatz rund um die Uhr im belgischen Spa-Francorchamps, wo die ersten sechs Plätze allesamt Porsche Carrera RS belegten. Schließlich sicherte sich Jürgen von Gartzen im deutschen ADAC Cup mit seinem Carrera RSR 3.8 noch den Vizemeister-Titel. Eine überaus erfolgreiche Bilanz für das Premierenjahr des 911 Carrera RSR 3.8.

Porsche 968 Turbo RS

Porsche offeriert mit dem 968 Turbo RS ein Modell, das sowohl bei Sprint- als auch bei Langstrecken-Rennen weltweit chancenreich eingesetzt werden kann. Die Weissacher Rennsportabteilung hat dieses Fahrzeug für private Kunden-Teams entwickelt, die damit im ab 1993 neu definierten GT-Sport antreten wollen. Die Basis für den 968 Turbo RS bildet der 968 Turbo S, von dem Porsche eine Sonderserie in kleiner Stückzahl produziert hat.
Vom 968 Turbo RS liefert Porsche eine Langstreckenversion, vorbereitet nach dem sogenannten Le Mans GT-Reglement und die Ausführung für den deutschen ADAC GT-Cup. In beiden Versionen agiert ein Dreiliter-Vierzylinder-Reihenmotor mit Turboaufladung. In der Langstreckenausführung leistet er rund 350 PS, im ADAC-Cup sind es reglementbedingt 337 PS. Ähnlich verhält es sich mit dem Gesamtgewicht. Für die ADAC-Cup-Rennen kommen zum Basisgewicht von 1200 kg nochmals 150 kg Zusatzgewicht. Weitere Unterschiede zwischen Langstrecken- und ADAC-Version sind ein größerer Tank mit Schnelltankventilen, eine Lufthebeanlage sowie eine Gewichtsoptimierung durch Kunststoffteile.
Die Startberechtigung für den 968 Turbo RS ist international. Auch in Ländern wie beispielsweise England, Japan und USA, die ab 1993 Rennen nach dem sogenannten Le Mans GT-Reglement ausschreiben,

ist der 968 Turbo RS genauso startberechtigt wie beim 24h-Rennen in Le Mans.
Der 968 Turbo RS unterscheidet sich in einigen Punkten deutlich von der Straßenversion. So sind in der ADAC GT-Cup-Version der fünfte und sechste Gang kürzer ausgelegt. Die Kraft wird über eine Rennkupplung, ein Rennfahrwerk, härtere Bremsbeläge und noch breitere Felgen (vorne 10J x 18, hinten 11J x 18) auf die Fahrbahn übertragen. Sechspunkt-Renngurte, Feuerlöschanlage, eine Rennsitzschale, ein eingeschweißter Überrollkäfig, verschiedene Bugspoiler und das Fehlen jeglicher Innenausstattung (nur Armaturenbrett und Türverkleidungen) sind obligatorisch. Der Porsche 968 Turbo RS wird ausschließlich über die Porsche Rennsportabteilung angeboten und vertrieben.

Porsche 911 Turbo 3.6 IMSA Supercar
Es ist eine gute Porsche-Tradition, daß sich alle Modelle für den Einsatz im Motorsport eignen. Auch der Porsche 911 Turbo 3.6 tritt ab 1993 in der amerikanischen IMSA Supercar-Meisterschaft gegen die PS-stärksten Seriensportwagen an. In dieser Rennserie mit praktisch serienmäßigen Fahrzeugen ist Porsche seit dem Beginn 1991 aktiv vertreten und sie kann als Vorläufer für europäische GT-Bemühungen angesehen werden.
Porsche vertraut diese Einsätze in den USA dem erfahrenen Brumos-Racing-Team aus Jacksonville an. Als Fahrer stehen 1993 der amerikanische Routinier Hurley Haywood und die beiden deutschen Porsche Werks-Piloten Walter Röhrl und Hans-Joachim Stuck zur Verfügung. Das Brumos-Porsche-Team gilt nach seinen beiden Titelgewinnen 1991 und 1992 als Favorit. Die Vorgaben in der US-Supercar-Meisterschaft sind sehr eng gesteckt. So müssen beispielsweise alle Teilnehmer auf identischen Straßenreifen von Bridgestone antreten. Deshalb wird von den Technikern ein bis ins kleinste Detail optimal vorbereitetes Fahrzeug gefordert. Die Fahrer wiederum sollten das Auto optimal am Limit bewegen und müssen dabei die Fahrbahnhaftung der serienmäßigen Gürtelreifen so einteilen, daß sie bis zum Zieleinlauf optimal haften.
Mit dem Einsatz des 3,6 Liter-Turbotriebwerks ist das Drehmoment von 490 Nm auf 535 Nm gestiegen, was auf engen, besonders kurvigen Strecken von Vorteil ist; gleichzeitig wurde von der verantwortlichen Sportbehörde IMSA das Fahrzeugewicht auf 1431 kg (ohne Benzin) festgelegt. Damit muß der Supercar-911 Turbo 100 kg Ballast mitschleppen. Das Tankvolumen hat sich gegenüber der Serienversion

verkleinert – die IMSA schreibt einen 61 Liter-Sicherheitstank vor. Ansonsten muß der 911 Turbo 3.6 mit Ausnahme einer geänderten Auspuffanlage und strafferen Federn und Dämpfern sowie der obligatorischen Sicherheitsausstattung (Überrollkäfig, Rennschalensitz, Feuerlöschanlage) absolut serienmäßig an den Start gehen.
Auch die erste Saison des 911 Turbo 3.6 in der IMSA Supercar-Meisterschaft endet wieder mit einem vollen Erfolg. Das Brumos-Porsche-Team sichert sich 1993 zum drittenmal in Folge die Markenwertung, mit Hans-Joachim Stuck gewinnt zum zweitenmal ein Porsche-Pilot die Fahrerwertung.

Die Straßenversion des in limitierter Stückzahl produzierten Porsche 911 Carrera RS 3.8 leistet 300 PS/221 kW und arbeitet mit einem auf 3,8 Liter Hubraum erweiterten Triebwerk.

Der 911 Carrera RS 3.8 verbirgt unter der Turbo-Karosserie acht und zehn Zoll breite Räder mit 18 Zoll Durchmesser. Auf dem Heck thront ein voluminöser, verstellbarer Flügel.

Die Rennversion des 911 Carrera RSR 3.8 gewinnt 1993 die 24h-Rennen von Spa und Nürburgring sowie die GT-Wertung beim 24h-Rennen von Le Mans und den zweiten Platz im ADAC GT-Cup.

Speziell für den Einsatz beim 24h-Rennen von Le Mans entsteht der 911 Turbo S Le Mans GT. Unter dem mächtigen Heckflügel agiert ein 3,16 Liter-Biturbo-Triebwerk mit 474 PS.

Unter der Bewerbung von Joest-Racing tritt im deutschen ADAC GT-Cup in der Saison 1993 erstmals der Porsche 968 Turbo RS an. Sein Dreiliter-Aggregat leistet reglementskonforme 335 PS.

Mit dem 911 Turbo 3.6 tritt das Brumos-Team in der seriennahen IMSA Supercar-Series in USA an. 1993 gewinnt Porsche zum dritten Mal die Markenwertung, H.J. Stuck sichert sich den Fahrertitel.

964 Carrera 3.8 RS/RSR/911 Turbo S LeMans GT/IMSA Supercar

Baujahr	Modell Karosse	Modell Typ	Fahrgestell-Nr.	Motor-Typ	Getr.-Typ	Zyl.	Bohrung x Hub	Hubraum	DIN-PS bei U/min.	mkp bei U/min.	Verdtg.	Radstand	Spur vorn/hinten	Länge	Gewicht	Produkt. Stck.
1993	Coupé	964 RS 3.8 RDW	WPOZZZ96ZPS 97001	M64/04	650/52	6	102/76,4	3746	300/6500	36,0/5250	11,3 : 1	2272	1442/1530	4275	1210	
1993	Coupé	964 RSR 3.8 RDW	WPO7ZZ96ZPS 96001	M64/04	650/52	6	102/76,4	3746	325/6900	36,0/5500	11,4 : 1	2272	1444/1535	4275	1200	
1993	Coupé	964 RDW Turbo S	WPOZZZ96ZPS47 79001 – und 964 80001 –	M30/ 69SL	650/52	6	95,5×74,4	3164	474/6900	550/5200	7,5	2272	1450/1480	4250	1000	
1993	Coupé	964 RDW Turbo	WPOZZZ96ZRS47 00001 –	M64/50	650/52	6	100×76,4	3600	370/6000	535/4600	7,5	2272	1444/1493	4275	1431 + 100 Ballast	

Typ 956 (ab 1982)

Die Premiere eines Rennwagens ist bei Porsche zwar kein ungewöhnliches, trotzdem aber recht seltenes Ereignis. Eine echte Neukonstruktion für den motorsportlichen Wettbewerb gibt es bei den sparsamen Schwaben deshalb nur alle Jubeljahre zu bewundern. So wurde das Vorgänger-Modell des Porsche 956, der Typ 936, schon 1975 auf die Rennstrecken der Welt losgelassen – erfolgreich, wie man sicher noch weiß. Denn auch in Privathand lief diese Spyderversion, noch bis 1982 national und international eingesetzt, mit einer beachtenswert positiven Bilanz.
Als aber 1982 ein neues Motorsport-Reglement gültig wurde, war es auch bei Porsche an der Zeit, sich Gedanken darüber zu machen, wie ein entsprechender Rennsportwagen eigentlich aussehen könnte.
Über die, für dieses Rennwagen-Projekt gewählte Typen-Bezeichnung „956" ist ein, wenn auch nicht ganz ernst gemeinter Einstieg in die Zusammenhänge möglich, wie Weissach und seine verantwortlichen Techniker an diesem „Fall" gearbeitet haben. Den „956" definiert man dort so: Gebaut in neun Monaten, getragen von fünf geistigen Vätern und angetrieben von sechs Zylindern.
Während die Auflösung der bildhaften Darstellung für Bauzeit und Antrieb schnell gefunden sind, gilt es den Schleier über die fünf verantwortlichen Männer hinter den Kulissen ein wenig mehr zu lüften.
Sozusagen an der Spitze steht Peter Falk (52), Porsche-Rennleiter und schon fast ein viertel Jahrhundert im Renngeschäft aktiv; außerdem Norbert Singer (45), Projektleiter des Porsche 956 und schon für den „935" in dieser Eigenschaft verantwortlich. Außerdem noch Konstrukteur Horst Reitter (51); Motoren-Papst Valentin Schaeffer (53) und Karosserie-„Bauer" Eugen Kolb (49). Allen gemeinsam ist, daß sie, ähnlich wie Peter Falk, seit mindestens zwei Jahrzehnten im Dienste des Sport- und Rennwagen-Herstellers Porsche stehen.
Begonnen hat alles unmittelbar nach den „24h Le Mans" 1981, als der für die Konstruktion von Rennchassis und -fahrwerk verantwortliche Ingenieur Horst Reitter sich mit ersten Grundsatzüberlegungen und Studien beschäftigt. Dies, obwohl zu jenem Zeitpunkt weder ein annähernd

präzises Reglement, noch eine Genehmigung seitens der Geschäftsleitung vorliegt.
Im Spätherbst 1981, als endlich aus unpräzisen Andeutungen ein greifbares Reglement geformt wird, erhält auch die sogenannte „Gruppe C" ihr endgültiges Gesicht. Unmittelbar danach erfolgt das offizielle Startzeichen im Haus Porsche für einen Neueinstieg in die „World Endurance Championship" (WEC) oder Langstrecken-Weltmeisterschaft, wie sie später dann auch heißt. Neueinstieg deshalb, weil Einsätze in diesem Championat werksseitig mit dem Typ 936 nur noch sporadisch in Le Mans erfolgt waren. Ansonsten hatte sich Porsche aus der Weltmeisterschaft herausgehalten und dieses Feld den erfolgreichen Kunden und ihren Porsche 935 bzw. 936 überlassen.
Die endgültigen Vorgaben der „Gruppe C" bringen für die Ingenieure noch einige Überraschungen. Aufgrund der neuen Fakten wird zunächst eine Zeichnung auf der Basis der Eckdaten erstellt und anschließend davon ein Modell im Maßstab 1:5 geschnitzt. Mit dem „956" zieht sich Singer für einige Tage an die Universität Stuttgart zurück, um dort am Modell-Windkanal zu arbeiten. Als er wieder herauskommt, hat er seitenweise neue Erkenntnisse gesammelt. Singer weiß in diesem Moment auch, daß dieses Wissen, richtig umgesetzt, zu einem Fahrzeug führen muß, das auf Anhieb Siegeschancen haben wird.
Doch so weit ist es noch lange nicht, denn eine konstruktive Auseinandersetzung, nur zu verstehen aus der langen Renntradition des Hauses, ist noch durchzustehen. So gibt es eine Reihe ernsthafter Leute mit scheinbar gewichtigen Argumenten, auch beim „956" mit dem bei Porsche zur Perfektion getriebenen Rohrrahmen-Konstruktionen als Chassis zu arbeiten. Dagegen steht die vorausschauende Erkenntnis, daß aufgrund der zu erwartenden hohen Abtriebswerte des Bodenansaug-Effektes, weder Steifigkeit noch Präzision des Rohrrahmens ausreichen werden. Als Maßstab für die Steifigkeit gilt dabei überraschend nicht der Rohrrahmen-936, sondern der aus der Blechkarosserie des Porsche 911 abgeleitete „935", dessen Werte über denen des echten Rennzweisitzers 936 liegen.
Die Argumente für das aus Aluminium gefertigte Monocoque (= Kastenrahmen) überzeugen schließlich, weil die technischen Zukunftsperspektiven damit einfach besser sind. Porsches Mechaniker stürzen sich unbefangen in das Abenteuer, der für dieses Haus vollkommen neuen Technologie einer Monocoque-Fertigung.
Im nachhinein stellt sich übrigens heraus, daß der Zusammenbau nicht so schwierig war, wie das Beschaffen der richtigen Materialien seitens der Zulieferanten. Als aber die ersten, den Anforderungen der Techniker

entsprechenden Alubleche im Hause sind, entsteht umgehend das erste Porsche-Monocoque. Dieses wird allerdings noch ohne die vielen Anlenkpunkte und integrierten Überrollkäfig ausgeführt. Damit soll den Handwerkern Gelegenheit gegeben werden, sich mit der Materie vertraut zu machen. Das gelingt mit kleinen Einschränkungen (Bodenkontur, Materialstärke) auf Anhieb so gut, daß bereits das zweite Monocoque die Basis für das Chassis „001“ bildet.
Übrigens: In den ersten Tagen des November 1985 wird dieses allererste Monocoque – ohne Motor, Karosserie, Achsen etc. – bei einem Crashversuch zum Zwecke der Materialprüfung zerstört.
Zurück zum Porsche 956.001: Sein Monocoque und alle folgenden hat, im Gegensatz zum Typ 936, sehr schmale Seitenteile. Das ist möglich, weil hier jetzt keine Benzintanks mehr untergebracht sind. Das dafür zur Verfügung stehende Reservoir faßt 99,5 Liter Super-Benzin und befindet sich im Rücken des Fahrers, am theoretisch sichersten Ort.
Die Fahrgastzelle ist von einem Überrollkäfig überspannt, was sowohl der Sicherheit, als auch der Versteifung des Unterbaus dient. An die Tankrückwand ist der breit bauende Sechszylindermotor angeschraubt. Zwischen Motor und Getriebe sitzt in Richtung Hinterachse ein etwa 40 Zentimeter langes Distanzstück mit einem angegossenen Querträger, an den vom Überrollbügel aus Rohrstreben führen. Der Querträger ist auch Anlenkpunkt für die oberen hinteren Querlenker der Hinterradaufhängung. Das Motorgehäuse und die obere Rohrkonstruktion bilden als Hilfs-Chassis somit eine tragende Einheit.
Bei der Vorder- und Hinterachs-Konstruktion werden bewußt bekannte Wege beschritten, weil die obligatorisch vorgeschriebene Bodenplatte unter dem Wagen von 100 cm Breite und mindestens 80 cm Länge ganz andere Luftströmungsverhältnisse ergibt, als bis zu diesem Zeitpunkt bekannt – z. B. aus der Formel 1.
Da beim Porsche 956 die anströmende Luft sehr tief unter der Platte und damit dem Wagenboden und noch unter dem unteren Querlenker hindurch nach hinten geführt wird, müssen die gar nicht im Luftstrom stehenden Vorderachselemente auch nicht besonders aerodynamisch ausgeformt werden.
Auch die Hinterachse ist nur auf den ersten Blick ungewöhnlich, weil die Bilstein-Gasdruck-Stoßdämpfer nicht, wie bei der Vorderachse, außenliegend angeordnet sind, sondern V-förmig innenliegend. Auch hier ist der Grund einleuchtend.

Hinter der reglementsbedingten Bodenplatte führen am Wagenboden, rechts und links unter dem Motor hindurch, zwei nach hinten ansteigende und sich dabei etwas verbreiternde Luftschächte, durch die sich die vom Bugteil her eng anliegende Luftströmung nach hinten absetzen kann. Diesen komplizierten Weg hätten zwangsläufig außenliegende Dämpfer-Feder-Einheiten gestört. Weil der untere Dreiecksquerlenker in diesen Luftstrom aber noch hineinragt, ist er verkleidet, ebenso wie das Getriebegehäuse.
Neben der Bodenplatte ist für die Porsche-Ingenieure anfänglich der Sechszylinder-Boxermotor das größte Handicap bei der Gestaltung eines Bodeneffekt-Rennwagens. So glaubt man noch heute in Weissach, mit einem schmal bauenden V6-Motor bessere Abtriebswerte erzielen zu können. Aber es gibt zum Zeitpunkt der 956-Auslegung kein anderes, verfügbares Aggregat im Haus als den klassischen Sechszylinder. Inzwischen sind aber die dadurch eine Zeitlang vorhandenen Nachteile gegenüber Konkurrenzfabrikaten nach viel Detailarbeit mehr als aufgehoben.
Die außenliegenden, an den Magnesium-Radnabenträgern angeschraubten Bremsen sind eine Porsche-Entwicklung. Die aus einem Stück gefertigten Festbremssättel aus Leichtmetall weisen vier Kolben pro Einheit auf. Die 33 Zentimeter im Durchmesser großen und etwa 3 Zentimeter dicken Bremsscheiben sind innenbelüftet und – mit Ausnahme bei 12-/24-Stunden-Rennen – auch gebohrt.
Die Felgen, der Kunde erhält serienmäßig dreiteilige BBS-Felgen, sind von Horst Reitter gezeichnete und von Speedline/GB gegossene, einteilige Magnesium-Felgen. Diese Felgen sind leichter und haben den Vorteil, daß sie in das Reifendruckwarnsystem mit einbezogen werden können. Wenn dieses Überwachungssystem aufleuchtet – angezeigt durch vier rote Lämpchen im Cockpit – kann ein Reifen, aber auch eine Felge Luft verlieren. Grund genug für den Fahrer, in gemäßigtem Tempo seine Boxe anzufahren und dort wechseln zu lassen, bevor ein größerer Schaden eintritt.
Bei dem Sechszylindermotor handelt es sich im Prinzip um das Aggregat, das schon 1981 in Le Mans, im Typ 936, siegreich blieb. Die sechs vierventiligen, wassergekühlten Zylinderköpfe sind einzeln auf die luftgekühlten Leichtmetall-Zylinderlaufbuchsen aufgeschweißt. Zwei obenliegende Nockenwellen pro Zylinderreihe steuern die Verbrennungsluft des Boxer-Triebwerkes. Der Hubraum des durch zwei Turbolader samt Ladeluftkühlung beflügelten Motors beträgt 2,65 Liter.
Valentin Schaeffer, der Leiter der Rennmotoren-Entwicklung, läßt vorrangig diesen Motoren eine Überarbeitung angedeihen, um den Ver-

brauch zu reduzieren. Das gelingt bereits zum Einstieg in die Rennszene 1982, durch eine Rücknahme der Höchstdrehzahl bei gleichzeitiger Anhebung der Verdichtung. Dazu kommt noch das erfolgreiche Bemühen, einen optimalen Kompromiß zwischen Ladedruck und Verdichtung zu erreichen.
Das Vorhaben gelingt so gut, daß der luft-wassergekühlte Sechszylinder in seiner ersten Ausführung im Porsche 956 bei einer Verdichtung von 7,2:1 rund 620 PS leistet. Inzwischen (Ende 1985) ist die Verdichtung in mehreren Stufen bis auf 9,0:1 erhöht, die Leistung in etwa gleich geblieben, aber der Benzinverbrauch so reduziert, daß er auch dem verschärften – seit 1985 gültigen – Limit genügt.
Die Benzinverbräuche bei den Werks-Porsche 956/962 liegen in der Saison 1985 durchweg bei unter 50 Liter Superbenzin pro 100 km Renndistanz! Das entspricht übrigens – bei aller Vorsicht des Vergleichs – dem Wirkungsgrad eines quasi mit Vollast fahrenden 100 PS-Serienmobils und einem dabei erzielten Verbrauch von 8 Liter pro 100 Kilometer!
Aus Zeitgründen startet der Werks-Porsche 956 seine Rennkarriere noch mit der mechanischen Bosch-Einspritzanlage. Doch schon im September 1982 läuft beim 1000 km-Rennen in Spa/Belgien erstmals das vollelektronische System von Bosch, die begehrte Motronic. Heute ist dieses System, das nach Meinung aller Experten erst am Anfang einer großartigen Entwicklung steht, nicht mehr wegzudenken. Oder anders: Ohne die Kennfeld-Zündanlage aus der Motronic wäre es nicht möglich gewesen, den Motor in diese Verbrauchswerte hineinzufahren.
In Abwandlung der bisherigen Praxis, die Turbolader hinter dem Motor anzuordnen, sind diese beim „956" aufgrund etwas besserer Platzverhältnisse und damit kürzerer Wege, seitlich neben den Zylinderköpfen angebracht. Das bringt u. a. ein besseres Ansprechverhalten und auch ein kleines Plus an Leistung. Die entsprechend kurzen Auspuffrohre enden an beiden Seiten der Karosserie.
Sämtliche Kühler (auf jeder Seite ein Wasserkühler für die Zylinderköpfe, der Ladeluftkühler für den jeweiligen Lader und je ein Ölkühler) befinden sich beidseits des Benzintanks. In der ersten 956-Ausführung strömt die Kühlluft noch durch je einen, in die horizontale Fläche der Türen eingelassene NACA-Einlässe und durch horizontale Öffnungen im Karosserie-Heckteil nach oben aus. Diese Ausführung kam im Rennen nie zum Einsatz, da sie sich schon bei ersten Tests als nicht praxisnah erwies.
Der „aufgeputzte" und, wie sich dann zeigt, auch wieder sehr zuverlässige Motor wiegt mit allen Nebenaggregaten 192 kg und kostet ab Werk über 150 000 Mark (plus Mwst.) das Stück.

Das verkleidete, synchronisierte Fünfgang-Schaltgetriebe von Porsche hat ein speziell auf den „956“ zugeschnittenes Magnesium-Gehäuse, das alle Anschlüsse für die Befestigung der Hinterachselemente aufweist. Die Übersetzungen bzw. Zahnräder stammen im wesentlichen vom Typ 935. Den Antrieb besorgt entweder ein starrer Durchtrieb, oder ein Sperrdifferential.
Die von Porsches Kunststoffwerkern realisierte Karosserie besteht überwiegend aus glasfaserverstärktem Kunststoff (GFK) mit Verstärkungsrippen aus Kohlefaser.
Schwierigkeiten gibt es mit der Form der Windschutzscheibe. Weil die Oberkante der Scheibe als Punkt zur Höhenvermessung vorgesehen ist (maximal 1,10 Meter über dem Boden), wählen die Techniker eine gewölbte Scheibe, um den Wagen so niedrig wie möglich zu halten (ca. 1,03 Meter an diesem Punkt). Gemäß dieser Vorstellung muß das Sicherheits-Verbundglas in zwei Ebenen gewölbt sein. Eine Aufgabe, die die Firma Südglas in Bietigheim bei Stuttgart im 31. Anlauf schafft. Die ersten 30 Exemplare gehen nämlich sämtlich zu Bruch, weil es bis dahin weder eine Form noch ausreichend Erfahrung mit dieser zweifach gewölbten Windschutzscheibenform gibt.

1982
Die Stunde Null für den Porsche 956 schlägt am 27. März. Da wird der „001“ zuerst im kleinen Kreis von Rennleiter Peter Falk mit dem Inhalt einer kaltgestellten Flasche Champagner getauft, anschließend aus der Baubaracke ins Freie gerollt, eifrig fotografiert und dann vom Porsche-Kundensportleiter und Ex-Rennfahrer Jürgen Barth die ersten Meter über den Asphalt der Versuchsstrecke in Weissach bewegt.
Die erste Runde des noch jungfräulichen Porsche 956.001 mit Jürgen Barth am Lenkrad ist für die Ingenieure und beteiligten Mechaniker nur eine Generalprobe. Der optische und akustische Beweis dafür, daß sich alles dreht, daß die Bremsen richtig zupacken und natürlich ganz wichtig, der Motor läuft. Aber es geht hier auch schon um prinzipielle Dinge. So, ob das im Windkanal und Versuch Erprobte und Entwickelte, nun auch auf der Rennstrecke funktioniert.
In Weissach, bei diesem sogenannten „Roll out“, gibt es kaum technische Probleme, die den engen Zeitplan durcheinander bringen könnten. Deshalb zieht die Crew unter Leitung vom Projektleiter Norbert Singer vom 31. März bis 2. April 1982 mit verständlichem Optimismus auf den Kurs der südfranzösischen Rennstrecke Paul Ricard. Hier soll der 956 mit der Chassis-Nummer „001“ zum erstenmal ernsthaft auf Rundenzeiten gefahren werden. Es gilt herauszufinden, wie dieses von Grund

auf neue Auto wirklich geht, wo man schlußendlich technisch steht und wie groß die Verbesserungen gegenüber dem direkten Vorläufer, dem Typ 936, eigentlich sind.
Natürlich gibt es am Ende dieses Dreitage-Tests mehr zu tun, als nach dem Einrollen in Weissach, doch grundsätzlich sind alle Beteiligten mit dem Erreichten zufrieden. So entsteht in der Öffentlichkeit später der Eindruck, der „956" sei von Beginn an ein perfektes Auto, ohne „Kinderkrankheiten" gewesen. Doch es gibt viel, viel Arbeit im Detail. Kleine Änderungen wie das Tankventil, die Wagenheberaufnahme, Be- und Entlüftung des Fahrer-Cockpits, Fahrwerk, Bremsen, Aerodynamik, Flügel, usw., bringen auch die routinierten Mechaniker zum Schwitzen.
In Paul Ricard beginnen die Tests unprogrammgemäß auf dem kleinen Kurs, weil der eigentlich bevorzugte große Kurs von der dort ansässigen Rennfahrerschule noch blockiert ist. Auf dem Mini-Kurs schaffen die Werksfahrer Jacky Ickx und Derek Bell „nur" 1.14 min – mehr ist nicht drin. Als auf die Mistral-Geraden gewechselt wird, schaffen die Fahrer auch nur 1.48,8 min. Für Projektleiter Norbert Singer eine Enttäuschung, hat er sich doch auf seinem kleinen Hand-Computer eine Zeit um 1.44 min, eventuell sogar 1.43 min ausgerechnet. Doch diese Zeitvorstellungen lassen sich an den drei Testtagen, davon ein Tag Regen, nicht realisieren. Singer mach notgedrungen Abstriche. Warum die Fahrer seine Idealzeit jetzt nicht erreichen, stellt sich erst viel später heraus. Aber immerhin: Der Motor mit 7,2 : 1 Verdichtung und etwa 620 PS sowie einer mechanischen Einspritzanlage läuft problemlos. Nur mit den Bremsen gibt es scheinbar Schwierigkeiten, weil der Bremsdruck mit der Zeit nachläßt. Nach längerem Suchen wird der Grund gefunden: Eine Bremsscheibe hat einen Seitenschlag. Damit ist klar, daß es kein Problem der ja ebenfalls recht neuen Bremsanlage ist. Ein echtes Handicap ist dagegen die relativ hohe Wasser-Temperatur des Motors: Bis 90, teilweise 100 Grad, bei nur 15 Grad Außentemperatur, steigt das Kühlwasser an. Den Motorleuten ist klar: Hier muß noch etwas getan werden. Doch die dazu notwendigen Änderungen können nur in Weissach erfolgen und ausprobiert werden.
Nach der Rückkehr in das Weissacher Rennzentrum gibt es tagelange Arbeit, der Änderungs-Katalog ist recht umfangreich. Um das Kühlproblem in den Griff zu bekommen, werden immer neue und größere Kühlereinläufe probiert. Solange bis es diesbezüglich keine Überhitzungs-Tendenzen mehr gibt. Entscheidend hilft dabei die Veränderung der Bodenkontur des Kühlereinlaufes. Diese verläuft zunächst ganz flach, dann wird bei den vielen Versuchen festgestellt, es muß da statt einer ebenen Fläche ein kleiner Buckel sein.

Tatsächlich kommt die Luft anschließend bis hinter zum Wasserkühler. Die gefundene Form, an den Türen vorbeilaufend, sieht zwar ein bißchen willkürlich aus, aber diese Linie ist sehr mühsam in Weissach erarbeitet worden.
Eine Anmerkung: Bei den Tests und beim ersten Rennen fährt der 956.001 mit Entlüftungsschlitzen unterhalb des Motors. Eine wesentliche Voraussetzung, wie man in Weissach glaubt, zur Erhaltung der Standfestigkeit des teilluftgekühlten Sechszylindermotors. Doch die heiße Abluft aus den engen Motorraum zu bringen gestaltet sich anfänglich schwierig. Insbesondere weil unter dem Motor alles geschlossen ist und die erhitzte Luft nur über sehr lange Wege nach draußen findet. Unpassenderweise verschlechtert sich auch die Abluft der Wasserkühler, weil auch für diese kein optimaler Abluftweg vorhanden ist. Es gibt zwar Schächte links und rechts vom Motor, doch bis dahin ist der Weg für die aufgeheizte Luft zu lang.
Andererseits zeigte sich bereits in Paul Ricard, was Windkanalversuche angedeutet hatten: Wenn die Schlitze im Unterboden des „956" geschlossen sind und damit die Unterströmung nicht stören, dann geht der Wagen gleich „um Welten besser".
Bei dieser Anordung bestätigen sich recht deutlich die Ergebnisse aus dem Windkanal. Luft, an der Oberfläche eingeblasen, kommt wie gewünscht unter dem Wagen wieder heraus. Es ist dabei sehr schön zu sehen, um was der Abtrieb abnimmt und wie sich die Balance von Vorder- zu Hinterachse verschiebt. Genau das hat sich auch auf der Rennstrecke bestätigt.
Was die Ergebnisse aus dem Windkanal angeht, werden nun durch diese Aussagen auch die Verantwortlichen ein bißchen sicherer. Vorher war man doch sehr skeptisch an die Meßwerte herangegangen, weil sich keiner so recht sicher war, ob diese Ergebnisse so einfach auf die Rennstrecke übertragbar sind. Aber an all diesen „Kleinigkeiten" hat man dann gesehen, da stimmt die Richtung, das paßt in etwa, damit können wir arbeiten.
Eine zusätzliche Kontrolle ist auch der Fahrer. Er wird für einige Testrunden rausgeschickt, z. B. mit geöffneten Motorraum-Schlitzen. Dann, ohne ihn darüber zu informieren, diese Schlitze bei einem Routinestopp mit einem Schieber geschlossen. Meist kommt der Fahrer schon nach wenigen Runden an die Box und verlangt mehr Flügel, weniger Abtrieb, oder ähnliches. Das ist für den Ingenieur ein Beweis, daß es durch diese Veränderung in diesem Bereich eine spürbare Reaktion gegeben hat.
Weil man sich noch nicht ganz sicher ist, ob der Motor nicht doch zu heiß wird, läuft bei den ersten Versuchen der „956" noch mit offenen

Entlüftungs-Schlitzen. Doch dann ringt sich Porsche durch, zumindest im Training (erstmals nach Silverstone), diese Schlitze zu schließen. Das geht überraschend gut und ohne Probleme mit der Temperatur. Aber erst 1983, in Verbindung mit der Installation des Unterbodens aus Kunststoff, werden „Kiemen" in die Karosserie im Bereich der Hinterachse eingesetzt. Damit kann die Luft nun direkt hinter dem Motor rausziehen und die Unterströmung wird nicht gestört. In dieser Ausführung laufen die Porsche 956/962 noch heute.

Die ursprünglichen Entlüftungsschlitze sind heute bei den Rennen eigentlich immer zu. Nur noch beim Langstreckenlauf in Kyalami (Südafrika), wegen der großen Höhe und dadurch geringeren Luftdichte, werden die Schieber geöffnet, um die Motorraum-Durchströmung zu verbessern. Das stört zwar die Unterströmung, da aber auch die Fahrer wegen der klimatischen Bedingungen keinen optimalen Einsatz bringen können, fällt das nicht so ins Gewicht. In Kyalami ist die Luftdichte jedenfalls so gering, daß man sich schon etwas einfallen lassen muß, um keine thermischen Probleme zu bekommen.

Vorbeugend entwickelt Porsche deshalb einen sogenannten „Kyalami-Set", der z. B. einen größeren Wasserkühler beinhaltet. Bei den beengten Platzverhältnissen im Motorraum ist die Unterbringung gar nicht so einfach, wie sie sich anhört. Weil es dann aber doch funktioniert und die Lösung überzeugt, wird der „Kyalami-Kühler" zur Standard-Ausführung erklärt. Aufgrund seines besseren Wirkungsgrades ergibt sich nun die Möglichkeit, die Schlitze – bis auf die besagten Ausnahmen – immer geschlossen zu lassen.

Die seitliche Auspuffanlage ist im Vergleich dazu ein ganz heißes Thema. Sie werden sich vielleicht noch erinnern: Schon der Porsche 917 wurde mit seitlich, links und rechts austretenden Auspuffrohren vorgestellt. Doch die damals auftretenden Schwierigkeiten zwangen die Ingenieure, die zwei Auspuffrohre des Zwölfzylindermotors schnell wieder nach hinten herauszuführen.

Auch beim „956" gab es anfänglich Probleme. Warum es trotzdem wieder ausprobiert wurde? Ganz einfach: Vom Motor zum Lader und von dort zum Ladeluftkühler, sind die Wege alle recht kurz, ebenso vom Ladeluftkühler zum Motor und auch vom Motor zum Lader. Wenn aber nun hinter der Turbine noch ein zwei Meter langes (Auspuff-)Rohr unterzubringen ist, ist das eine schlechte (End-)Lösung. Das bringt Gewicht und in der Nähe dieser Rohre wird alles zu heiß. Ganz anders die Situation, wenn die "Rohre" gleich hinter dem Lader, wie im „956" praktiziert, nach draußen führen. Porsche hat anfangs Bedenken, ob die Abgase nicht irgendwo auf den Reifen blasen und diesen dadurch schädigen.

Doch man hat Glück, es gibt keinerlei Probleme beim „956“. Das gesamte System inklusive Lader funktioniert in der Kurzversion von Anfang sehr gut.
Etwas schwerer tut man sich da mit dem Unterblech unter dem Auspuff. Es soll anfänglich aus Titan sein. Dieses ist aber bei der Fertigung des „001“ in der zur Verfügung stehenden Zeit nicht zu bekommen. So wird Stahlblech genommen, weil die Fachleute glauben, daß sonst die vom Motor und Lader abstrahlende Hitze alles schmelzen läßt. Als der Stahlblechboden ohne Probleme funktioniert, wird er aus Aluminium gefertigt (1982 bis 1983). Als auch diese Ausführung hält, sagt man sich, dann nehmen wir für die Saison 1984 einmal Kunststoff. Seit zwei Jahren fahren nun die „956“ ohne Schwierigkeiten mit einem Unterboden aus Kunststoff. Nur an den kritischen Stellen schützt noch eine Blecheinlage. Das hält – auch bei den 24 Stunden Le Mans. Denn durch den guten Luftstrom auf der Außenseite des Bodenblechs, wovon ja der Bodeneffekt lebt, wird dieses gut gekühlt. Außerdem bläst die Motorkühlung auch von innen etwas Luft auf die heißen Stellen.
Nachdem in Weissach die wichtigsten Änderungen aus dem Ergebnis des Paul-Ricard-Test durchgeführt sind, gehen Jacky Ickx und der hauseigene „Testpilot“ Roland Kußmaul mit dem „956.001“ auf die Rüttelstrecke.

Das überraschende Ergebnis: Der Hinterachslenker, obwohl bereits schon zwei-, dreimal verstärkt, bricht erneut. Er wird wieder verstärkt, doch er hält die Techniker weiter auf Trapp – wie wir noch lesen werden.
Die 1000 Kilometer auf der Rüttelstrecke sind in vier Tagen geschafft, aber auch nur weil es kaum unplanmäßige Stopps mit dem Wagen gibt. Obwohl die Strecke so brutal ist, daß Ickx und Kußmaul eher Probleme bekommen, als der „956“. Doch wie gesagt, der „956“ enttäuscht auch hier nicht. Die Fahrer beklagen allerdings die enorm hohen Lenkkräfte. Erst nach einer Änderung der Lenkhebel sind sie zufrieden. Nach Abschluß dieser Materialmarterstrecke geht es zum zweiten Mal nach Paul Ricard. Die Arbeit der letzten Wochen macht sich bezahlt. Auf dem kleinen Kurs werden deutlich bessere Zeiten als noch etwa einen Monat zuvor registriert. Als Bestzeit trägt Norbert Singer 1.11,9 min ein, über zwei Sekunden schneller. Auf dem großen Kurs bleiben die Uhren bei 1.47,5 min stehen. Schneller als mit dem Typ 936, der bis dahin die Grenzen setzte. Aber: die Zeiten vom CanAm-Auto (917-30) sind immer noch etwas besser, liegen bei etwa 1.46 min. Und, bemerkenswert: Es geht wieder ein Hinterachslenker fliegen. Es erfolgt eine weitere Änderung und Verstärkung – bis Ende 1985 werden es deren acht sein!

Die Bodenbefestigung wird geändert und das Le Mans-Heck (= Langheck/LH) erstmals ausprobiert, denn bis dahin kommt nur das Kurzheck (KH) zu Testeinsätzen, weil ja wenige Wochen später schon das erste Rennen in Silverstone/GB mit dem 956-Kurzheck vorgesehen ist.
Nachmittags wird dann also zum erstenmal von Kurzheck auf Langheck umgebaut und am nächsten Tag wieder zurück in die Ursprungsversion. Der Umbau beinhaltet ein anderes Heck- und Bugteil sowie die Verkleidung der „Singer-Delle" am Fahrzeugboden und eine Änderung am Endstück des Unterbodens.
Mit der LH-Version wird das Fahrwerk dann so abgestimmt, daß es praktisch zwei Rennsaisons, also bis Ende 1984, unverändert bleibt. Auch für die Langheck-Version ist wieder einiges bezüglich der Balance zwischen Vorder- und Hinterachse aus dem Windkanal übertragbar.
Wenn man sich da an die Probleme erinnert, die Anfang der 70er Jahre speziell das 917-Langheck mit der Aerodynamik sowie dem Abtrieb hatte und wie lange es dauerte, bis es dann so halbwegs funktionierte, muß man den „956-LH" für auf Anhieb gelungen bezeichnen.
Auch wenn es nie so ausgesehen hat, der Porsche 956-Langheck gilt als eigenständiger Rennwagen. Er hat einen eigenen Widerstandswert, anderen Abtrieb und eine geänderte Fahrwerks-Einstellung (Radstellung, Feder/Dämpfung). Porsche legt deshalb Wert darauf, daß er keine Variante, sondern ein eigenes, wenn auch dem 956-Kurzheck sehr ähnliches Modell ist.
Der eigentliche Auslöser für den Bau einer Langheck-Variante ist das Verbrauchs-Reglement. Denn mit dem Hochabtriebs-Rennwagen 956-Kurzheck, in der Ausführung bis Ende 1984, gibt es nur einen mäßigen Widerstand (Cw = knapp 0,5). Es besteht deshalb die Gefahr, daß der Verbrauch zu hoch steigt, will man mit der Konkurrenz mithalten. Da für die 24 Stunden von Le Mans aber sowieso eine spezielle Ausführung benötigt wird, plant Porsche die verbrauchsgünstigere Alternative, die Langheck-Version. Sie ist quasi eine widerstandsoptimierte Fassung des Kurzheck, mit einem Cw-Wert knapp um 0,4. Porsche hat, nach eigenen Angaben, bis zu diesem Zeitpunkt keinerlei Erfahrung, was eine Widerstandsverringerung auf den Benzinverbrauch für einen Einfluß hat. Die anderen Rennwagen-Hersteller wohl auch nicht, wie man heute weiß.
Es gibt bis dato nur Erfahrungen mit Serienwagen auf öffentlichen Straßen. In diesem Metier ist bekannt, daß anständige Verbrauchswerte und eine höhere Geschwindigkeit möglich sind, wenn nur der Luftwiderstand verringert wird. Für die Serie mag das noch immer stimmen, weil die Pkw-Eigner doch selten mit einer konstant hohen Geschwindigkeit

fahren. Aber ein Rennen läuft ganz anders, z. B. mit langen Vollast-Passagen auf geraden Streckenabschnitten. Allerdings: Nimmt man ein Auto von der Stange und fährt es unter Vollast von Stuttgart bis Hamburg, gibt es, in der Relation von Leistung zu Geschwindigkeit, ähnliche Verbrauchswerte wie bei den reinrassigen Rennwagen.
Doch es ist so oder so ein beruhigendes Gefühl, eine Alternative zu haben, die innerhalb einer dreiviertel Stunde von Kurz- auf Langheck umgebaut werden kann. Der Optimismus der Ingenieure ist kaum zu bremsen: Jetzt kann kommen was will, wir sind gerüstet. Auch wenn in Paul Ricard anhand der Rundzeiten deutlich wird, daß die Kurzheck-Variante schneller ist. In Paul Ricard sind es etwa 2,5 Sekunden! Trotz der etwa zwei Kilometer langen Geraden auf diesem Kurs, die ja eigentlich für das Langheck spricht. Damit ist aber die Entscheidung gefallen: Außer dem Rennen in Le Mans wird alles mit dem Kurzheck-956 gefahren.
Die Erkenntnisse aus zwei Test-Terminen: Porsche hat neben einer sehr guten Kurzheck-Version, eine ebensolche in Langheck-Ausführung, die zudem problemlos Rennen und Fahrspaß für die Fahrer vermitteln, auch wenn sie nicht ganz einfach zu fahren sind. Die meisten Fahrer mögen mehr die LH-Version, weil diese ein bißchen mehr Abtrieb hat als der bekannte „936“, aber nicht soviel wie das 956-Kurzheck.
Und da ist noch die Sache mit dem Abtrieb. Es dauert über ein Jahr, ehe in Paul Ricard vernünftige Rundenzeiten gefahren werden. Was, laut Porsche, zu 80 Prozent den Fahrern zuzuschreiben ist. Da gibt es zum Beispiel das schnelle „S“ in Paul Ricard. Ickx hat es zuerst gesagt und Mass dann später bestätigt: Das geht voll, aber nicht auf Anhieb. Ickx nach den ersten Runden: „Ich kann jetzt noch nicht. Soll es ein anderer vorher probieren, dann fahr ich es auch!“ Erst etwa 1983 war das „S“ kein Thema mehr unter den Toppiloten.
So gab es in den Jahren von 1982 bis 1985 kaum eine Veränderung beim Abtrieb des 956/962, und dennoch fuhren alle schneller, selbst wenn man die verbesserten Reifen berücksichtigt. Um aber von den 1.47 min auf die 1.42 min zu kommen (die Zeiten vom großen Kurs in Paul Ricard, von 1982 zu 1983) hätte ein erheblich höherer technischer Aufwand stattfinden müssen, als tatsächlich geschehen. Inzwischen ist der Porsche 956/962 von den Topfahrern wohl bis an seine technischen Grenzen gebracht worden. Als Beweis gilt die Erhöhung des Abtriebswertes vom „956“ zum „962“, zu Beginn der Saison 1985. Damit wird auch die Grenzgeschwindigkeit etwas hinaus geschoben und an den Rundenzeiten ist abzulesen, daß die Fahrer dieses Plus an mehr Abtrieb auch in ein Plus von zehntel Sekunden umgesetzt haben.
Die Rundenzeiten der Fahrer sind im Training bis auf 1/10 Sekunden

identisch, aber die Wege dahin manchmal recht unterschiedlich. So z. B. in der Fahrwerks-Abstimmung. Allerdings sind die Verstellbereiche beim „956„ erheblich kleiner geworden, als noch beim „935". Während beim Porsche 935 ohne weiteres ein oder zwei Stufen an Federhärten verändert wurden, gibt es beim „956" eigentlich nur noch den Verstellbereich des Stabilisators. Dieser ist aber deutlich geringer, als die Möglichkeiten mit Federn zu variieren.
Selten nur, so zu Beginn der Saison 1985, werden aufwendigere Fahrwerksänderungen vorgenommen. Da aber ab jenem Jahr mit mehr Abtrieb gefahren wird, verändert sich auch das Auto komplett. Bei den Tests vor Beginn der Saison in Paul Ricard wird deshalb eine neue Feder-Dämpfer-Abstimmung herausgefahren – quasi die Basis, die sogenannte Null-Linie für den Techniker.
Normalerweise wird ein Rennwagen so ausbalanciert, daß man festlegt: Der schwerere Teil des Wagens ist hinten, also muß da die härtere Feder hin – vorne ist sie im Vergleich dazu weicher. Diese Lehrmeinung wird schon bei den ersten Versuchen von Porsche auf den Kopf gestellt. Es stellt sich nämlich heraus, daß es besser ist, genau umgekehrt mit den Federhärten abzustimmen. Das ist, zugegeben, theoretisch zunächst nicht ganz logisch. Doch es kristallisiert sich bei den Tests heraus, daß, wenn der Stabilisator vorne härter gemacht wird, die Untersteuertendenz abbaut – beim Bodeneffekt ist die technische Welt scheinbar „anders herum" geordnet. Das gilt übrigens auch für andere Rennwagen, die mit einem Bodenansaugeffekt arbeiten, so die starken Monoposto in der amerikanischen CART-Serie (vergleichbar der Formel 1).
Wenn es also bei zwei so unterschiedlichen Rennwagen wie dem Porsche 956-Coupe und dem CART-Einsitzer auftritt, dann muß es dafür auch eine nachweisbare Erklärung geben – sozusagen einen gemeinsamen Nenner haben. Noch gibt es keine gesicherten Erkenntnisse, doch wahrscheinlich liegt es daran, daß durch die härteren Federn vorne das Auto beruhigt wird. Es gibt weniger Rollbewegungen (= Seitenneigung) und die Unterströmung, die ja den Ansaugeffekt erzeugt, wird beruhigt. Insbesondere da am Vorderteil des „956" die Aerodynamik sehr fein ausgeklügelt ist.
Allerdings wissen auch die Rennspezialisten bei Porsche bisher nicht, ob es ganz genau so ist, denn während der Fahrt kann man bisher nur sehr schwer unter einen Wagenboden schauen.
Nur soviel ist schon deutlich geworden, die Federhärten lassen sich nicht beliebig härter machen, weil sonst die gesamte Vorderachse unruhig wird. Ein Problem, das speziell beim Bremsen auftaucht. Es wäre ansonsten ein einfaches die Vorderachse starr zu machen.

Zu Beginn der Saison 1985 werden die Unterschiede in der Federhärte zwischen vorn und hinten sogar noch größer. Was zunächst wieder einmal verblüfft, weil auch das keine gültige Ingenieurs-Meinung ist. Da mag allerdings inzwischen auch ein wenig die Reifen-Entwicklung hineinspielen. Was aber auch wieder in keinem Fachbuch steht. Die überwiegende Zahl der Ingenieure haben nur Kenntnisse aus dem Serienwagenbau, auf die sie dann auch diesbezügliche Überlegungen abstimmen. Die dabei verwandten Kennlinien stammen wieder von Prüfständen, die mit Werten von der Straße nicht vergleichbar sind.
So hat Porsche für den „956" ab 1985 hinten etwas schmalere Reifen montiert – in Verbindung mit der Umstellung auf 19-Zoll Durchmesser für die Felge. Damit gibt man den hinteren Reifen natürlich eine harte Zeit, wenn er dasselbe leisten soll wie sein breiterer Vorgänger. Auch wenn er im Umfang etwas größer ist und dadurch etwas kälter läuft. Der Reifen wird aber auch etwas entlastet, weil auf der Hinterachse zur gleichen Zeit weichere Federn zum Einsatz kommen. Der insgesamt beschrittene Weg ist dennoch gesund, gab es doch mit der Bereifung selten Probleme.

Die erste Bereifung:	VA 280/600-16 x 12"
	HA 350/650-16 x 15"
	(max. 16" = 406 mm)
gegen Untersteuern:	VA 305/600-16 x 13"
Aktuelle Bereifung (1985):	325/625-13 x 17
	330/730-13,5 x 19

Als der zweite Testeinsatz in Paul Ricard durchgezogen ist, gibt es allgemein ein Aufatmen. Zwar liegt eine Liste mit 31 Änderungen vor, doch ist kein grober Fehler dabei.
Diesen hätte man sich auch gar nicht erlauben können, denn in Weissach läuft parallel zum Ricard-Test bereits die „Produktion" für die Le-Mans-Einsatzwagen an (Termin Mitte Juni 1982). Mit großen Änderungswünschen hätte es hier ein Chaos gegeben.
Auf der Änderungsliste steht u. a. die Installation eines besonderen Beifahrersitzes. Dieser hat, so lautet die Forderung, auch die Bordelektrik abzudecken. Porsches Mechaniker kleiden den Beifahrersitz hinten mit Blech aus und funktionieren damit diesen „Sitz" als Deckel für die Elektrikinstallation um. Zwar wundern sich einige Abnahme-Kommissare über dies Lösung, doch sie ist erlaubt!
Weiterhin muß der Schaltbock verstärkt werden, weil dieser mehrfach bei den Tests abgerissen ist. Es gibt andere Außenspiegel, weil die erste Ausführung nicht genügend Sicht nach hinten ergibt. Wieder wird der Hinterachslenker verstärkt – der berühmte, der uns schon einige Male

„begegnete“. Türschlösser werden überarbeitet, die Felgen sandgestrahlt. Dafür gibt es mit der Motorkühlung keine Probleme mehr, weil die inzwischen neuen Kühlereinlässe sehr gut funktionieren.
Noch einmal zurück zu den sandgestrahlten Felgen, weil es sich um ein interessantes Randgebiet einer Rennwagen-Entwicklung handelt. Sandgestrahlt werden die Felgen, damit sich der Reifen nicht mehr auf der Felge dreht, bzw. die Haftung zwischen Felge und Reifen erhöht wird. Denn es passiert doch recht häufig, daß sich ein Reifen auf einer normalen Rennfelge dreht. Meist zuerst hinten, wegen des enorm hohen Drehmoments des Motors. Es ist aber auch von der Vorderachse bekannt, weil von dieser zwangsläufig die hohen Bremskräfte aufgenommen werden müssen.
Manchmal gibt es Reifen/Rad-Kombinationen, da geht nichts zusammen. Der Fahrer fährt zwei Runden und der Reifen hat sich eine viertel Umdrehung (!) auf der Felge gedreht und erzeugt damit eine wenig angenehme Unwucht, die alles abschüttelt. Passiert so etwas in einem Rennen, gibt es einen unnötigen Boxenstopp.
Deshalb wird dort, wo der Reifen am Felgenhorn aufsitzt, dieses aufgerauht (= sandgestrahlt). Bei der anschließenden Montage durch den Facharbeiter darf dieser auch keine Schmierpaste benutzen. Dazu darf er nur sauberes Wasser nehmen. Diese Reifen müssen außerdem bereits einen Tag vor dem Einsatz montiert sein, damit das Wasser bis zum Rennen abgetrocknet ist.
Vor nicht allzu langer Zeit wurde das Felgenhorn, das heute sandgestrahlt wird, noch lackiert. Damit konnten ebenfalls Toleranzen zwischen Felge und Reifen ausgeglichen werden.
Seit Verwendung der Denloc-Sicherheitsfelge von Dunlop ist es ein bißchen besser geworden, aber im Prinzip gibt es diese Probleme immer noch. Es treten eben sehr große Kräfte auf, die ein Reibschluß (zwischen Felge und Reifen) allein nicht mehr aufnehmen kann. Scherzhafte Erkenntnis eines Porsche-Ingenieurs: „Bevor sich ein Rennreifen heute auf der Straße dreht, dreht er sich auf der Felge.“
Um ein echtes 800-kg-Rennauto zu bauen, muß sich auch ein Werk mit der Erfahrung Porsches kräftig strecken. Dennoch: Mit den ersten Ausführungen des „956“, die zwischen 810 bis 815 kg wiegen, ist man hart dran am Mindestgewicht.
Dabei ist ein Vergleich, ob dabei der Rohrrahmen nicht doch besser abschneidet als das Monocoque, aus dem Wissen der Porsche-Renningenieure nicht korrekt darzustellen. So umfaßt das Monocoque heute nur noch die Fahrerzelle mit dem Überrollkäfig, plus Hilfsrahmen vorne und hinten. Der Rohrrahmen beinhaltet die komplette innere Struktur des

Rennwagens, in den dann alles hineingehängt wurde. Ein solches Monocoque wiegt für den „956“ allein 65 kg. Der Rohrrahmen aus dem Porsche 917, ohne „Zubehör“ etwa 50 kg. Es werden häufig Überlegungen angestellt, wie sich das Gewicht zur Steifigkeit des Chassis verhält. Aber auch hier hinken alle angestellten Vergleiche ein wenig. Zudem sprechen gewichte Punkte für den Kastenrahmen: Wird nach der Neuanfertigung eines Monocoque (= Kastenrahmen) und eines Rohrrahmens bezüglich der Maßgenauigkeit verglichen, so ist das Monocoque einfach besser. Der geforderte Anlenkpunkt sitzt plus/minus auf einen Millimeter genau. Am Rohrrahmen sind das schon mal zehn Millimeter. Einfach deshalb, weil am Rohrrahmen soviel Schweißarbeit notwendig ist und er sich trotz aller Vorrichtungen dabei gerne verzieht. Da kann der beste Schweißer nichts dafür, da helfen auch seine Fertigkeiten nicht weiter.

Zudem die Vorbereitung zur Monocoque-Fertigung einfacher, insbesondere dann, wenn das Team einmal eingespielt ist. So können Teile vorgefertigt (zuschneiden, abkanten, vorbohren, etc.), und eingepaßt werden. Beim Rohr muß jedes Teil individuell in die Hand genommen werden (zuschneiden, abpassen, ablängen, etc.) wobei niemand dem Schweißer helfen kann.

Um zum Beispiel in drei Monaten die zehn Kunden-956 für die Saison 1983 fertigzustellen, bedurfte es deshalb auch der Monocoque-Basis, denn mit dem Rohrrahmen wäre das nicht zu schaffen gewesen. Einfach schon deshalb, weil die (Schweiß-)Fachkräfte dafür nicht zu bekommen sind. Für eine Monocoque-Fertigung können dagegen ganz „normale“ Flaschner in der Vorbereitung eingesetzt werden.

Noch ein gravierender Unterschied: Wenn es am Monocoque einen großen (Unfall-)Schaden gegeben hat, dann schmeißt man es komplett weg, oder macht höchstenfalls noch ein Ausstellungsauto daraus. Beim Rohrrahmen schnitten die Mechaniker die beschädigten Teile einfach ab und setzten neue Rohre dran.

Aber ein solches Auto hatte von da ab immer einen „Schuß“. Wenn es vorher um zehn Millimeter ungenau war, dann konnten es jetzt 20 Millimeter sein. Auch damit konnte man noch fahren und es brach nichts ab, aber perfekt war diese Lösung sicher nicht. Vielleicht hatte man sogar Glück, wenn sich nach dem Schlag das werksseitig „krumme“ Rohrrahmen-Auto plötzlich gerade stellte. Aber das war dann ein großer Zufall.

Wenn also sauber und präzise gebaut werden muß, dann kommt man am Monocoque heute nicht mehr vorbei. Je präziser hier die Vorarbeit ist, umso besser kann nachher gearbeitet werden. In diesem Zusammenhang hielten sich die Renn-Ingenieure für einmal ans Lehrbuch, das besagt: Das Chassis kann nicht steif genug sein.

Die Betonung auf dieses früher eher nebensächlich behandelte Detail ist in letzter Zeit viel stärker geworden. Weil zum Beispiel aufgrund der Aerodynamik (Bodenansaugeffekt) sehr harte Federn eingebaut und möglichst wenige Rollbewegungen gewünscht sind. Alles das bedingt ein steifes Chassis. Sonst federn nicht die Federn, sondern das Chassis – übertrieben formuliert.

Porsche weiß natürlich was ein „935" und „936" an Steifigkeitswerten hat und auch die Entwicklung, angefangen beim Typ 904 bis eben zum Typ 936, ist jederzeit nachvollziehbar. Daher sind den Ingenieuren die Mindestanforderungen für den „956" schnell bekannt. Unter dieser Meßlatte darf mit dem Bau des Monocoque erst gar nicht begonnen werden. Aber es entsteht ein besonderer Zielkonflikt: Gewicht zu Steifigkeit.

Normalerweise ist jeder Chassisbauer bestrebt, einen leichten Unterbau für einen Rennwagen zu liefern. Gelingt das Vorhaben dann tatsächlich, wird häufig genug festgestellt, daß das Chassis nicht steif genug ist. Erstaunlicherweise wird das von einigen Rennwagen-Herstellern immer noch nicht als so wichtig erachtet. Wahrscheinlich glauben diese „Techniker", daß das Gewicht, das im Wagen nicht herumgeschleppt werden muß, ausschließlich Vorteile bringt. Aber es wird dann gerne unterschlagen, daß eigentlich das Chassis zu weich ist und deshalb der Rennwagen schlußendlich keine korrekten Rundenzeiten schaffen kann.

Dazu eine Binsen-Wahrheit: Eine Rennstrecke besteht aus Kurven und Geraden. Auf der Geraden und beim Bremsen ist es ja schon wichtig, kein Übergewicht zu haben. Aber auch durch die Kurven kommt man mit einer „steifen Kiste" einfach schneller auf die folgende Gerade. Insbesondere bei einem Rennwagen mit Bodenansaugeffekt, wo in den Kurven irrsinnige Belastungen auftreten, muß großer Wert auf die Grundfestigkeit gelegt werden.

Da gibt es bei Porsche ein Lasten-Labor, das über eine große Erfahrung, auch mit Rennwagen bis hin zum Typ 936, verfügt. Als aber die Ingenieure Singer und Reitter feststellen, daß alle diese Werte für den „956" nicht mehr gelten, stoßen sie zuerst auf Unverständnis.

Ein Beispiel mag klarmachen warum: Die Felgen für den „956" werden mit sehr hohen Abtriebs- und Querbeschleunigungskräften kalkuliert. Nach der entsprechenden Auslegung für die erste Musterfelge muß diese natürlich noch geprüft werden. Das ist, so zeigt sich schnell, im hauseigenen Lasten-Labor nicht mehr möglich. Dazu muß der Versuch ausgelagert werden – im Fall der Rennfelge zum Lkw-Prüfstand nach Darmstadt!

Das Ergebnis der Biege- und Lastwechsel-Festigkeit ist wie erwartet: Sie liegt um einiges über der vom „917". Bis heute hat sich gezeigt, daß die Vorsorge nicht falsch war, denn die gerechneten Lasten treten tatsächlich auf – und die Felgen halten.
Aber keine falschen Illusionen. Rennwagen, auch die von Porsche, sind nicht so ausgelegt wie Serien-Fahrzeuge. Alle markengebundenen Rennwagen haben nur eine sogenannte Zeithaltbarkeit. Serienwagen halten dagegen unendlich lange, wenn nicht andere Einflüsse (Pflege, Unfall, Rost) durchschlagen. Am Rennauto sind dagegen Kompromisse üblich, die so aussehen, daß bestimmte Teile nur ein oder zwei Saisonen gefahren werden. So brauchen, um im Vergleich zu bleiben, die Superfelgen nur eine Saison halten.
Kontrolle ist dabei wichtig, aber auch schwierig, denn kein Konstrukteur kann einen Rennwagen so bauen, daß er direkt hinter der Ziellinie zusammenbricht. Aber auch nicht so, daß es Ewigkeitswerte erreicht. Deshalb baut er so, daß ein Rennwagen – bei normalem Verlauf – mehrere Rennen hintereinander durchhält. Dann werden, je nach Beanspruchung, die Teile getauscht, auch wenn noch kein Verschleiß zu erkennen ist.
Porsche prüft sehr viel – nach jedem Rennen. Aber auch nicht den kompletten Wagen, denn sonst langen die zwei Wochen Pause zwischen zwei Rennen nicht mehr. Die Mechaniker nehmen eine Überholung vor, in Verbindung mit einer Rissenprüfung. Nur für die „24 Stunden Le Mans" treibt Porsche noch den ganz großen Aufwand. Trotzdem flutscht immer wieder einmal ein Teil unkontrolliert durch.
Im Kunden-Porsche wird dagegen schon mal solange mit einem Teil gefahren, bis es bricht. Zwar gibt es von Porsche jeweils am Jahresende, und in dringenden Fällen auch mit Rundschreiben, an alle 956-Besitzer entsprechende Informationen. Ob diese Anweisungen auch befolgt werden, kann das Werk nicht näher nachprüfen. So sollen aus Sicherheitsgründen jedes Jahr alle Fahrwerkslenker gewechselt werden, doch nur die wenigsten Porsche 956 kommen zur Kontrolle bzw. Wechsel ins Werk.
Bei Porsche hat man sich darüber viele Gedanken gemacht. Und so gab es auch schon einmal den Versuch, alle solchen Sicherheitsteile mit einer Kenn-Nummer und einem Datum zu versehen. Aber leider war dieses System nicht durchführbar.

Porsche-Vorstandsmitglied Helmuth Bott führt persönlich Regie, als am Sonntagnachmittag des 16. Mai 1982 der neue Gruppe-C-Renner

des Typs 956 sein erstes Rennen bestreitet. Beim 6-Stunden-Rennen in Silverstone, dem zweiten Lauf zur Marken-Weltmeisterschaft, belegt der Rothmans-Porsche 956 problemlos den zweiten Platz im Gesamtklassement und den ersten in der Marken-Weltmeisterschaft: Der vor dem Porsche plazierte Lancia wird als Gruppe-6-Wagen nicht für die WM-Wertung berücksichtigt.
Gegen starke Konkurrenz, darunter Wagen von Aston Martin, Ford, Lola, Rondeau, Sauber und Peugeot, ist der Werks-Porsche unter Jacky Ickx bereits Trainingsschnellster. Sein bester Rundenschnitt beträgt dabei mehr als 210 km/h. In den sechs Stunden legen Ickx und sein Partner Derek Bell exakt 1.115,9 Kilometer zurück.
Angesichts des fehlerlos laufenden Wagens besteht für Porsche das einzige Risiko darin, zu schnell zu fahren und dabei mehr Benzin zu verbrauchen, als das neue Gruppe-C-Reglement erlaubt. Danach darf der 100 Liter fassende Benzintank eines „C-Wagens" während der gesamten Renndistanz nur fünfmal aufgefüllt werden. Nach sehr hohem Anfangstempo der ersten Stunde nehmen Ickx und Bell deshalb den Gasfuß leicht zurück, um nicht den Sieg zu riskieren.
Vom Verbrauch her gesehen ist Silverstone eine „Katastrophe" (Singer), da in sechs Stunden über 1100 km gefahren werden, aber Sprit nur für exakt 1000 km zugeteilt wurde. Über diese ursprünglich geplante Distanz hätte es solche Probleme nicht gegeben.
Die Änderungsliste nach dem Premieren-Rennen in Silverstone umfaßt 40 Punkte, wobei ein Teil davon allerdings schon im Hinblick auf Le Mans spezifisch sind. Nachdem es beim ersten Rennen Bremsvibrationen gegeben hat – wieder ist der Grund Scheibenschlag – werden die Bremsscheiben verstärkt. Die brandneuen Porsche 956 mit den Fahrgestell-Nummern 002, 003 und 004 werden auf die Langheck-(Le Mans)-Version umgebaut. Der Sieger von Silverstone (956.001) bleibt als Reservewagen für das Le-Mans-Spektakel im Transporter.
Auch sonst gibt es noch einiges bis zum nächsten Rennen zu tun. So wird das Reifendruck-Warnsystem installiert, die Achswellenbälge gewechselt, die Tankklappe erneut überarbeitet und – sehr wichtig – ein Ölfilter im Getriebe eingebaut. Porsche hatte nämlich herausgefunden, daß die Räder im Getriebe deutlich länger halten, also mehrere Rennen laufen können, wenn die durch Abtrieb entstandenen Metallteilchen und Späne mit einem besonderen Ölfilter zurückgehalten werden. Dieser Filter sammelt nun alle diese Teilchen auf und läßt sie nicht mehr in den Ölkreislauf. Das hat sich als sehr wirksam erwiesen.
Auch am Öltank ist eine Überarbeitung fällig, und zwar lief, wenn der Motor abgestellt wurde, immer etwas Öl zurück in den Turbolader. Das

daraus resultierende Nachqualmen hat die peniblen Ingenieure gestört. Nach der Installation eines besonderen Saughebels bleibt nun das Öl im Schlauch bzw. im Tank.
Auf das Rennen, das die drei Werks-Porsche 956 in der Reihenfolge 1, 2 und 3 gewinnen, näher einzugehen, hieße „Eulen nach Athen tragen“. Nur soviel: Aus der Sicht von Porsche gestalten sich die 24-Stunden recht langweilig, weil es kaum Probleme gibt!
Die einzige greifbare Aussage zur Frage „ist das Kurzheck in Le Mans vielleicht doch besser als die Langheck-Version?“, kommt vom Rechner. Da allerdings sieht das Kurzheck nicht so schlecht aus. Es bietet sich auch ein Vergleich mit Lancia an, die auch keine spezielle Le-Mans-Version aufbieten und trotzdem immer seht flott unterwegs sind. Nur in Le Mans bringt das Langheck überhaupt noch einen Vorteil, weil damit auf der Geraden problemlos schnell gefahren werden kann. Das Kurzheck ist dafür in der Kurve sehr schnell, doch kann das der Fahrer im Rennen nicht immer nutzen, weil einfach zu viele langsamere Teilnehmer auf der Strecke sind. Diese halten ihn insbesondere im Kurvenbereich auf, da, wo er eigentlich schnell sein könnte. Auf der Geraden, wo es dann darum geht schnell zu sein, erreicht das Kurzheck aber nicht die Höchstgeschwindigkeit der Langheck-Ausführung.
Mit Berücksichtigung des Verkehrs macht deshalb ein Langheck mehr Sinn, einfach weil er den langsameren Wagen auf der Geraden locker davon zieht und in den Kurven schadet es weniger, wenn das Langheck hinter einem etwas langsameren Teilnehmer herfahren muß. Nur für die Qualifikation sähe das anders aus, aber für's Rennen gelten die vorgenannten Regeln.
Für den nächsten offiziellen Werkseinsatz, das Norisring-Rennen in Nürnberg, bleibt nach Le Mans nicht viel Zeit. Deshalb wird der „001“ (Reservewagen in Le Mans) wieder startklar gemacht und für den Norisring eine Abspeckaktion durchgeführt, da dort nur ein Sprintrennen angesagt ist. Der Bordfunk wird ausgebaut, statt Stahlblech unterm Wagenboden ein Aluboden eingesetzt, die große Batterie gegen eine kleinere getauscht und die Hälfte der Scheinwerfer ausgebaut.
Bezüglich des Motors gibt es in den ersten drei Rennen der Saison 1982 keine großen Änderungen. Das resultiert auch daraus, daß selbst nach den Rennen in Silverstone und Le Mans keine exakten Verbrauchswerte vorliegen. In Silverstone hatte es wegen der überlangen Distanz (1115 km statt 1000 km) teilweise ein „Economy Run“ gegeben und Le Mans war zu leicht(!), das heißt die Wagen waren dort nicht bis zum Letzten gefordert.
In Silverstone lief der „956“ mit einem Motor, wie er noch in Paul Ricard

gefahren wurde (Verdichtung 7,2:1). Die Verbrauchswerte lagen damit bei rund 62 Liter, in Le Mans waren es dagegen nur 54 Liter. Das erste realistische Rennen bezüglich Verbrauch ist deshalb der Norisring. Hier wird es denn auch ungemütlich knapp. Nach dem, von Jochen Mass gewonnenen Rennen sind nur noch 1,8 Liter Superbenzin im Tank – weniger als eine Runde! Der Verbrauch: 60,1 Liter auf 100 Rennkilometer. Die Motorverdichtung beträgt zu diesem Zeitpunkt bereits 7,5:1, allerdings immer noch mit der mechanischen Motor-Einspritzanlage.

Auf dem belgischen Rennkurs in Spa laufen zwei Werks-956-Veteranen aus der Le-Mans-Schlacht. Auch jetzt umfaßt die Änderungsliste wieder mehrere Seiten (33 Punkte), doch die wichtigste ist die Einführung der vollelektronischen Motor-Einspritzanlage, der „Motronic" von Bosch. Allerdings hat nur der „004" (Bell/Schuppan) die Motronic, während der „003" (Ickx/Mass) noch mit dem mechanischen System antritt. Die Motronic ist eine gemeinsame Entwicklung von Porsche mit Bosch und unterscheidet sich deutlich von der Anlage auf dem Formel-1-Motor von BMW.

Die bayerischen Motorentechniker benutzen das mechanische Einspritzsystem mit einem aufgepropften Elektronikteil, während Porsches Motor in diesem Bereich überhaupt nichts Mechanisches mehr hat. Mit dem von der Elektronik her absolut neuen System gibt es einige Abstimmungsprobleme – hier haben die Ingenieure anfänglich einiges Lehrgeld zu zahlen.

Aber sie lernen schnell, denn in Spa läuft der Motronic-Wagen sehr gut. Nach dem Training ist Bell zweiter, nur 5/10 Sekunden zurück hinter Ickx. Ein Erfolg der Monate vorher gelaufenen Tests mit dem Motronic-Motor im 956.001 in Weissach.

Die Motronic spart Benzin, weil es eben möglich ist, der Motronic sehr genau zu „sagen", wann und wieviel Sprit der Motor verlangt und wieviel für ihn noch gesund sind. Das so exakt in den Griff zu bekommen, hat beim Porsche 956 mit Bosch-Motronic etwa bis Ende 1982 gedauert. Die Aussage der Werksfahrer war von Beginn an, daß der Motor unter Vollast kerniger, gesünder geht, besser anpackt. Nur im Teillastbereich mußte lange probiert werden, weil hier auch die Regelvorgänge sehr schwierig zu beherrschen sind.

Porsche betreibt aus diesem Grund auf dem Motor-Prüfstand einen erheblich höheren Aufwand als noch beim Vormodell. Bei jeder Änderung am Motor muß gleich das Einspritz-Kennfeld geändert, außerdem das Zündkennfeld dazu passend eingeregelt werden. Aber jetzt kann man tatsächlich bis in die letzten „Ecken" des Motors hineinleuchten, was bis dahin alles viel toleranter gesehen werden mußte. Auf dem Prüf-

stand laufen die Motoren mit Klopfsensoren exakt der Klingelgrenze nach. Darauf werden die Kennfelder abgestimmt und damit ist das Aggregat für's Rennen schon sehr gut eingestellt.
Porsche ist heute soweit, die Motoren abzumagern, bis sie eigentlich nicht mehr laufen – bis nahezu kein Ansprechverhalten mehr gegeben ist, bis der Motor zäh auf der Geraden wird und fast nicht mehr anspringt. Das war früher alles nicht möglich. Da hat der Kolben durchgeschossen, weil der Motor geklingelt hat. Da war man als Motorenmann schnell „am Ende einer Stange".
Porsche installiert inzwischen, vor wenigen Jahren noch undenkbar, einen Verstellknopf im Cockpit, damit der Fahrer den Motor während der Fahrt „Mager" oder „Fetter" stellen kann. Die Grenze ist dabei so exakt geregelt durch die Elektronik, daß man hier den Fahrer ranlassen kann, ohne das er etwas zerstört.
Aber: Ein Motor, so wie er 1985 gefahren wird, hätte noch 1984 jeder Fahrer als unfahrbar deklariert, weil die neue Motor-Generation ein spürbar schlechteres Ansprechverhalten und scheinbar dadurch auch keine Leistung mehr hat. Die Fahrer haben zurückgesteckt, weil sie wissen, daß dem tatsächlich nicht so ist und daß sie, um Sprit zu sparen, keine Krämpfe mehr machen müssen. Sie können, wenn sie sich an die neue Motorencharakteristik gewöhnt haben, sogar wieder richtig Gas geben.
Zudem hat, seit dem Versuch in Spa 1982, die Motronic große Schritte vorwärts gemacht. Damals war es ein Erfolg, auf der Rennstrecke mit einer elektronischen Benzin-Einspritzung so schnell zu fahren, wie mit der mechanischen Einspritzanlage – das war ein Meilenstein. Heute ist es selbstverständlich, daß erfolgreiche Rennwagen mit der Motronic bestückt sind. Ohne diese braucht ein Konstrukteur heute eigentlich gar nicht mehr anzutreten.
Die letzten drei Rennen der Saison 1982 bringen für Porsche keine besonderen Überraschungen. Es wird hart daran gearbeitet, bei gleicher Motorleistung den Verbrauch zu reduzieren. So läuft in Brands Hatch erstmals der Sechszylinder-Motor mit einer Verdichtung von 8,0:1.
Nach Fuji wird wieder der Hinterachslenker verstärkt, ebenso ein neues Türscharnier montiert – diesmal geklebt und nicht geschweißt. Doch damit ist diese Angelegenheit immer noch nicht erledigt und es wird bei einem späteren Rennen sogar noch richtiger Ärger daraus entstehen.
Beim Final-Rennen in Kyalami ist der Werks-Porsche 956.003 erstmals mit den neuen Denloc-Sicherheitsfelgen ausgerüstet.
Der 956.003 ist es auch, der nach dem Sieg in Spa die Rennen in Fuji, Brands Hatch und Kyalami für sich entscheiden kann. Im Cockpit je-

weils Jacky Ickx mit Jochen Mass, nur in Brands Hatch tauscht Mass mit Derek Bell.

1983

Durch die Umrüstung auf Räder mit 6.80 Durchmesser (vorher 6.50) auf der Hinterachse, sind auch Änderungen am Heckteil der Karosserie notwendig. Da auch auf der Vorderachse erstmals die 13-Zöller zum Einsatz kommen, muß das Fahrwerk neu feinabgestimmt werden. Die größeren Räder bedingen an der Vorderachse Änderungen, da die Lenkhebel im Weg stehen.
Beim Auftakt-Rennen in Monza, das das Werk gegen das Jöst-Team verliert, sind beide Weissacher-956 mit der Motronic ausgerüstet. Erstmals verfügt die Werks-Mannschaft neben den zwei Einsatzwagen auch über ein sogenanntes Reserve-Fahrzeug, den 956.004 in der 82er-Ausführung.
Silverstone bringt das erste WM-Rennen für Stefan Bellof im Porsche-Rothmans-Werksteam. Er kann sich auch gleich richtig in Szene setzen: Trainings-Bestzeit und Gesamtsieg sind der Lohn für seine „frische" Fahrweise.
Nach Monza gibt es für die Motoren eine Umstellung von sechs großen Einspritzdüsen, die einfach zu ungenau sind, auf zwölf kleinere Einspritzdüsen. Das heißt: Pro Zylinder besorgen jetzt zwei Einspritzdüsen die erheblich präzisere Mengenzuteilung. In einer stabileren Ausführung wird auch ein neuer Unterboden montiert, da in Monza die kohlefaserverstärkte Version nicht überzeugen konnte. Sie war zwar sehr leicht, leider aber auch etwas instabil. Bei einer späteren Überprüfung der Wagen wird festgestellt, daß der Unterboden zuviele Eigenbewegungen macht und damit die Unterströmung stört. Das wird für das Rennen in Silverstone natürlich schnell geändert.
Die Änderungsliste nach dem verlorenen Rennen in Monza umfaßt auch viele Kleinigkeiten, denn erst in Weissach wird analysiert und geprüft. So wird zum Beispiel das Lagerfett geändert, weil es in Monza einen Lagerschaden gegeben hat. Auch die Kupplungsglocke ist nun aus Aluminium und nicht mehr aus Magnesium – einfach um den „956" im Heckbereich noch leichter zu machen. Die berühmten Türscharniere sind dagegen wieder aus Stahlblech ...
Bei einem Vortraining auf dem Nürburgring läuft der Test-956 mit einem neuen, steileren Bugteil, um mehr Abtrieb auf der Vorderachse zu erhalten. Als damit die Rundenzeiten deutlich absinken, wird dieses Bugteil für alle „956" übernommen. Das Rennen, das letzte 1000 km-Rennen auf dem alten Nürburgring, verläuft nicht so glücklich für das Werk.

Zwar gewinnen Ickx/Mass, doch stehen sie einige Minuten an der Boxe, weil wieder einmal ein gebrochener hinterer Lenker gewechselt werden muß.
Gar nicht erst soweit kommt Stefan Bellof. Er hebt mit dem „007“ am Streckenabschnitt Pflanzgarten ab, steigt spektakulär in die Luft und zerstört diesen Werks-956 gründlich – ohne das ihm dabei etwas passiert. Im Training hatte Bellof mit 6.11 Minuten noch eine unglaubliche Rundenzeit auf den buckeligen Asphalt geknallt.
Durch den Unfall des 956.007 kommt für das nächste Rennen, die 24 Stunden Le Mans, wieder der altbewährte „003“ zum Einsatz. Der 956.004 in Kurzheck-Ausführung ist als Reservewagen dabei, wird im Training auch einige Runden gefahren und bleibt unter 3.30 min – nur knapp eine Sekunde langsamer als die spätere Sieger-Mannschaft Holbert/Haywood/Schuppan auf dem Rennschlacht-erprobten 956.003!
Im Rennen hat Porsche mit seinen drei Einsatzwagen einige Schwierigkeiten, so zum Beispiel mit den schon x-mal geänderten Türenscharnieren. Das Problem ist hausgemacht: Die Scharniere zu den 956-Türen liegen auf dem Dach, in einer Gegend, wo sehr hohe Strömungs-Geschwindigkeiten anliegen. Da wird auch einiges vom mühsam reduzierten Widerstand zerstört, weil die Verwirbelung durch ein zu klotziges Türscharnier bis in den Bereich des Heckspoilers die Luft beeinflußt!
Deshalb ist die Forderung von Ingenieur Singer verständlich, diese Scharniere so klein wie möglich zu machen. Ursprünglich sind richtige Flügeltüren („Gullwing“) zum Einsteigen geplant. Diese Türen mögen aber die Fahrer nicht besonders, weil sie Probleme beim Ein- und Aussteigen machen. Außerdem muß man eine Gasfeder anbringen, damit die Tür im Bedarfsfall offen bleibt – aber auch das ist wieder Gewicht, das man sparen kann. Also entschließt sich Porsche, die Türmittelachse so zu legen, daß, wenn die Türe aufgemacht wird, sie von allein offen bleibt. Wenn man nur den Drehpunkt der Tür raffiniert genug legt, spart man sich sogar die Gasaufstellfeder. Da die Türe in ihrer Form aber recht exotisch ist, liegt nun diese Achse ganz eigenartig: Sie ergibt zwangsläufig ein Scharnier pro Tür auf dem Dach.
In Le Mans kommt dazu, daß es dort sehr hohe Auftriebskräfte auf der Türe gibt. Da die Türe nur durch drei Punkte gehalten wird – zwei Scharniere und ein Schloß – zieht der Unterdruck bei rund 360 km/h die Türe immer etwas nach außen. Halten die Scharniere nicht, gibt es Ärger. Jedes Jahr abfliegende Türen in Le Mans, quer durch alle Marken, beweisen das immer wieder.
Wenn nun die Türe noch weiter hochkommt, wie im Fall des späteren Siegerwagens (956.003), weil sie aufgrund der zu schwachen Schar-

niere nicht mehr präzise sitzt, verdeckt sie bis zur Hälfte des Lufteintritts den Wasserkühler. Folge: Der Motor wird an dieser Seite warm und es gibt einen Motorschaden – ausgelöst von einer Türe. Genau diese Situation trifft den Wagen von Holbert/Haywood/Schuppan. Die Fahrertüre zieht sich auf, mehrere Reparaturen an der Boxe lassen den ausgefahrenen Vorsprung rasch schmelzen. Die Provisorien machen ihrem Namen alle Ehre, der Motor wird zu heiß und mit einem beginnenden Exitus dieses Aggregats rettet sich dieses Team noch soeben über die Ziellinie.

Auch die beiden anderen Werks-956 haben ihre Schwierigkeiten: Ickx übersteht gleich in der zweiten Runde eine Kollision mit einem privaten „956" unter Jan Lammers am Lenkrad. Nach 24 Stunden ist Ickx, zusammen mit Derek Bell, wieder Zweiter, nur 1.04 Minuten zurück! Mass/Bellof trifft dagegen ein Motorschaden. Am Motor in ihrem „956" wird recht bald ein Wasserverlust registriert und deshalb eine Dichtflüssigkeit eingefüllt. Diese schließt auch die ursprüngliche Undichtigkeiten, schleift aber dafür noch intakte Dichtungen durch – Aus.

Beim Norisring-Rennen, Porsche ist durch Mass und Bellof mit zwei „956" vertreten, hat das Klauen-Getriebe Premiere. Und damit die Wagen für das Kurzstrecken-Rennen auch leicht genug sind, ist wieder die Magnesium-Kupplungsglocke eingebaut. Das Klauen-Getriebe arbeitet im Prinzip wie das Hewland-System. Dieses läßt sich viel schneller schalten als das normale Porsche-Getriebe, hat aber auch einen viel höheren Verschleiß. Mithin ist dieses Klauen-Getriebe nicht für Langstrecken-Rennen geeignet. Das war aber bei Porsche schon vor diesem Test auf dem Norisring klar: Das Klauen-Getriebe wird nie in Le Mans eingesetzt, aber ein 1000 km-Rennen müßte es schon schaffen. Um eben diesen Verschleiß, sprich Beanspruchung, zu testen, laufen beide Wagen mit dem Klauen-Getriebe. Und da beide Fahrer richtig Gas geben, ist bei der anschließenden Demontage schon eine deutlich sichtbare Abnutzung zu erkennen – obwohl das Rennen nur etwa eine Stunde dauert. Doch die Vorteile kristallisieren sich dabei schon heraus: Kurze Wege, geringere Schaltkräfte und schneller im Durchreißen der Gänge.

Das Klauen-Getriebe liegt dabei im Wettstreit mit dem sogenannten PDK-Getriebe (= Porsche-Doppel-Kupplung). Am Ende der Saison steht es unentschieden zwischen diesen beiden Lösungen, denn das Klauen-Getriebe hatte seine Chancen – ebenso wie das PDK-Getriebe – ohne sie jedoch zu nutzen. So sollte das Klauen-Getriebe schon 1983 in Australien ein 1000 km-Rennen laufen.

Aber bereits im Training gibt es Getriebesalat, der Schaden ist vor Ort

nicht reparabel. Deswegen erfolgt die Rückrüstung auf das Normal-Getriebe. Das Klauen-Getriebe wird danach noch einmal verbessert, doch genau derselbe Fehler passiert später wieder. Danach wird die Entwicklung am Klauen-Getriebe auf unbestimmte Zeit zurückgestellt.
Auch das „PDK" lief bisher nicht optimal, dennoch zeigte dieses System andeutungsweise schon seine Fähigkeiten und Vorteile. Der wichtigste: Es gibt beim Schalten keine Zugkraftunterbrechung. Im Klartext: Es gibt keine Schaltpause mehr. Das Getriebe hat dafür zwei Kupplungen. Über die eine Kupplung ist der eine Gang geschaltet und über einen Wählhebel, ähnlich einem Automatik-Schaltknüppel (rauf oder runter, ohne einen Gang zu überspringen), wird der gewünschte Gang, zum Beispiel vom 4. auf den 5. Gang vorgegeben. Blitzschnell wird der in diesem Beispiel höhere Gang eingelegt, dabei auch synchronisiert und die zweite Kupplung, die bis zu diesem Zeitpunkt noch offen ist, geht zu. Gleichzeitig geht die zweite Kupplung auf. Weil dabei die Motordrehzahl runtergeholt werden muß – der Fahrer bleibt auch beim Schalten auf dem Gas! – gibt es keinen Einbruch beim Schalten und der Vortrieb des Wagens ist nicht unterbrochen. Nur über einen leichten Kick im Rücken spürt der Fahrer diesen „Schalt"-Vorgang.
Bei einer Reihe von Messungen auf dem Nürburgring arbeitet sich dieser Vorteil des verlustfreien Schaltens sehr schön heraus. Ein weiterer Vorteil: Weil es ruckfrei schaltet, kann das „PDK" auch in der Kurve bedient werden, ohne daß es den Wagen aus der Spur reißt – es gibt keine Lastwechselreaktionen. Die „PDK" kennt nur die Auf- oder Abwärts-Schaltbewegung sowie einen Leerlauf und eine Rückwärtsgang-Stellung. Zwar ist bei der Porsche-Doppel-Kupplung sehr viel Elektronik integriert, doch die Schwierigkeiten kommen mehr aus der Umsetzung von den mechanischen Sensoren auf die Elektronik. Fällt z. B. ein Hydraulikschalter aus, geht aus Sicherheitsgründen nichts mehr. Der Fahrer kann sich mittels eines Notprogramms nur noch an die Box retten.
Es gibt eine Reihe weiterer Einrichtungen, um die Bedienung möglichst narrensicher zu machen. So kann nicht aus Versehen der erste Gang eingeschoben werden, wenn dabei der Motor überdreht würde. Die Elektronik schaltet diesen Gang dann gar nicht, weil eine Geschwindigkeits-Information an die Computer-Zentraleinheit den Versuch des Fahrers nicht akzeptiert. Diese Kontrolle funktioniert auch umgekehrt, also wenn die Geschwindigkeit zu niedrig ist, verweigert die Elektronik in diesem Fall den Wechsel in einen höheren Gang.
Wenige Stunden vor der Abfahrt zum Langstrecken-Rennen in Spa verunfallt bei einer Probefahrt in Weissach der 956.008 mit Roland Kußmaul am Lenkrad. Dadurch kommt der eigentliche Reservewagen

956.004 wieder zu Ehren. Die Motoren sind bereits 8,5:1 verdichtet, allerdings erhält auch die Einspritzanlage ein geändertes Kennfeld, nachdem es Probleme mit dem Kaltlauf des Motors gegeben hat. Bei Versuchen stellt sich heraus, daß mit der Montage von sogenannten Lüfterrädern auch auf den Hinterrädern die Bremsflüssigkeit um ca. zehn Grad abgekühlt wird. Bis dahin haben nur die Vorderräder die Lüfterräder.
Weil einige Kunden Probleme mit den Radnaben am „956" haben, werden diese sicherheitshalber geändert. In Kyalami erhält der 956.003 erstmals das PDK-Getriebe. Allerdings läuft es nicht im Rennen, weil es Schwierigkeiten mit dem System gibt.
Eine Porsche-Fahrgestell-Nummer taucht nie in den Siegerlisten auf: Der 956.006 lief bisher noch keinen Meter außerhalb des Werksgeländes. Es ist ein reines Versuchsauto mit einem superleichten Chassis. Dieses, auf Kosten der Steifigkeit gebaute Chassis beinhaltet einige interessante Details. Gebaut im Frühjahr 1983, ist es hauptsächlich dafür da, um mit ihm ständig zu prüfen, wo eventuell die kritischen Stellen beim „956" liegen. So hat man an jeder zweiten Stelle die Nieten im Monocoque weggelassen, um leichter zu werden. Dieses Versuchsauto läuft in dieser Funktion auch noch 1985, ist aber inzwischen zum echten Windkanalauto umgebaut worden.

1984

Weil sich Porsche 1984 fast ausschließlich um die Fertigstellung des 962-IMSA kümmert sowie eine ganze Reihe Kundenautos für die neue Saison fertigstellen muß, steht das Werk selbst hintenan.
Doch Monza im April wird trotzdem gewonnen, auch wenn der Sieg wegen Untergewicht des Wagens aberkannt wird. Diese Disqualifikation wird aber aufgehoben, als bewiesen werden kann, daß die Waage nicht exakt arbeitet. In Monza läuft die Ausführung mit den größeren Kyalami-Kühlern, die danach in allen Wagen zum Standard werden. In Monza startet auch eine neue Benzin-Verbrauchsregelung. Danach wird nicht mehr nach Tankstopps getankt, sondern eine vorbestimmte Menge kann, verteilt auf beliebig viele Tankstopps, eingefüllt werden.
Monza geht aber in die Geschichte ein, weil die Porsche-Teams (auch Private) von anfänglich unerklärlichen Motorschäden gebremst werden. Nach genauen Untersuchungen ist es klar: Die Motoren haben schlichtweg geklingelt. In einer Zeit, wo Porsche in Sachen „Motorklingeln" noch einiges dazu lernt, eigentlich nicht verwunderlich, aber ärgerlich und teuer. Warum das aber speziell in Monza so stark auftritt, ist nie ganz geklärt worden. Die Schuldzuweisungen wechseln, bringen aber keine brauchbaren Ergebnisse.

Die erste Erklärung: schlechter Treibstoff, läßt sich nicht halten, weil die Motorschäden nicht alle Teams gleichmäßig treffen. Porsche allein hat dagegen drei Motorschäden. Um alle Eventualitäten auszuschließen, bleibt der Porsche 956.010, bei dem alle Schäden aufgetreten sind, stehen.

Da der 956.009 davon praktisch nicht betroffen ist und auch nicht der ursprüngliche Reservewagen „004", kommen diese beiden zum Einsatz. Später stellt sich heraus, hat der im „009" eingebaute Motor eine Spur niedrigere Verdichtung als die anderen Triebwerke. Dadurch hat er nicht geklingelt, lief astrein und hatte nie Probleme. Er lief alle Trainingssitzungen und das Rennen mit einem Motor (Verdichtung 8,5:1). In Weissach werden nach Monza alle Motoren neu abgestimmt und die Klingelgrenze ausgefahren.

Da auch in Silverstone wieder Motorenschäden zu vermelden sind, gibt es danach überarbeitete Zündkennfelder. Beim Vortraining zum Rennen auf dem neuen Nürburgring sind auch Tests mit dem Klauen-Getriebe angesetzt. Die Werkswagen erhalten eine weitere Versteifungsstrebe im Motorraum und haben damit, ähnlich wie beim „962", zwei Längstreben eingebaut. Der Laderansaugtrichter wird geändert: Nicht mehr pilzförmig mit Rohr, sondern als Schacht in einem Stück. Das bringt kleine Vorteile im Ansprechverhalten des Motors. In Spa bricht am Bellof-Wagen ein Hinterachslenker – der wievielte? In Imola läuft wieder einmal ein Wagen mit dem PDK-Getriebe. Aber schon im Training gibt es damit reichlich Schwierigkeiten. Es können nicht mehr als vier Runden am Stück gefahren werden. Im Rennen ist es dann gar nur eine Runde.

Noch schlimmer kommt es am Nürburgring, wo der 956.003 wieder als Versuchsauto mit PDK-Getriebe laufen soll. Doch auf dem Weg zum Start wird die Kupplung undicht und der „956" muß zurück ins Fahrerlager.

Die allgemeine Versteifungs- und Verstärkungsaktion geht Stück für Stück weiter: In Sandown/Australien erfolgt der Einsatz eines verstärkten Getriebegehäuses zur weiteren Versteifung. Das resultiert daraus, daß der Porsche 956 im hinteren Teil einen leichten Knick in der Torsionslinie hat und um diesen aufzufangen, einiges zur Stabilisierung getan werden muß. Das Getriebe ist dabei ein problematischer Körper, weil es ein kleiner und schmaler Körper ist, der auch noch die ganzen Hinterachs-Kräfte aufnehmen muß.

Das 1:5-Modell des Porsche 956 wurde Mitte August 1981 fertig. Gleichzeitig Beginn der Windkanalversuche

Porsches erster Versuch ein Monocoque zu bauen. Hier die zweite Ausführung, intern »Stachelschwein« genannt

Projektleiter Norbert Singer erklärt dem mehrfachen LeMans-Sieger Jacky Ickx das Auto und testet die Sitzposition

Der Prototyp des 956, der W oo1 dreht elf Wochen vor dem 24h-Rennen in LeMans seine ersten Runden in Weissach

Jürgen Barth dreht mit dem »W oo1« in Weissach erste tastende Runden mit dem noch unfertigen Wagen (1982)

Heckaufsicht des aerodynamisch sauber durchgearbeiteten Porsche 956. Luftschächte und Öffnungen entsprechen nicht der späteren Rennversion

Der Motor des Porsche 956: aus einem Hubraum von 2,65 Liter schöpft der Sechszylinder über 600 PS bei 8200/min

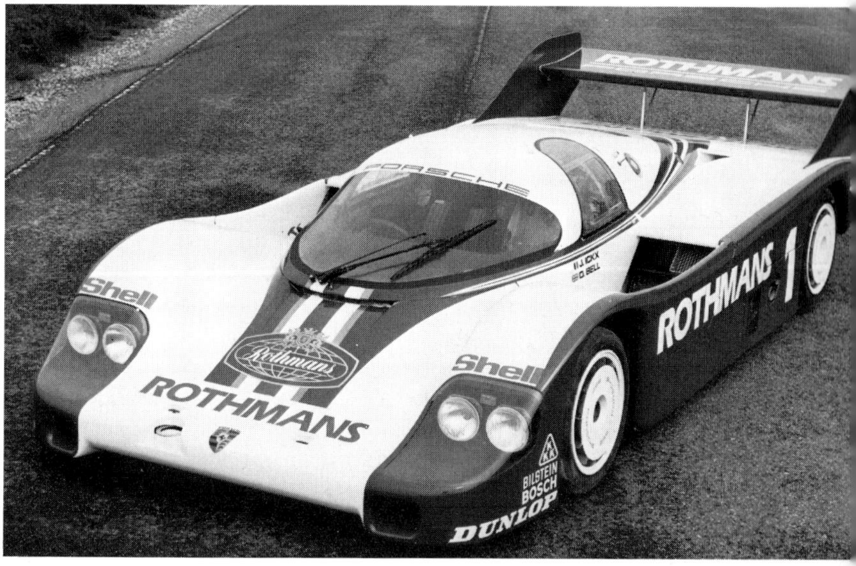

Eine Durchsichtszeichnung des Rothmans-Porsche 956 in seiner Spezifikation von 1982 (Copyright AUTO ZEITUNG)

Nach Test in Weissach und Paul Ricard wird knapp fünf Wochen vor LeMans beim Proberennen in Silverstone/GB ein zweiter Platz gesamt von Ickx/Bell erreicht

Harter Zweikampf: Bell/Schuppan im Porsche 956 (vorne) und daneben Merl/Schornstein/Heyer im Joest 1936 C (Südafrika 1982)

Boxenstop des siegreichen Porsche 956-Teams unter Ickx/Mass bei den 24h LeMans 1982. Links Projektleiter Norbert Singer

1057

Ein sensationelles Ergebnis: Drei brandneue Rennwagen am Start und drei, in der Reihenfolge der Start-Nummern, im Ziel bei den 24h LeMans 1982

TYP 956 – STENOGRAMM EINER BLITZKARRIERE

	Tage nach Beschluß	Tage vor LeMans	
Vorstandsbeschluß, Budgetfreigabe 22. 6. 81	0		
Entwurf 1:5	8		
Eintrag Typenverzeichnis als Porsche Typ 956	28		
Offizielle Auftragseröffnung	38		
Erstellung der Sitzkiste	46		
1:5-Modell fertig, Beginn Windkanalversuche	55		
Fertigstellung 1. Monocoque 1:1	153		
Fertigstellung Gesamtmodell 1:1 Hartschaum	181	181 Halbzeit	
1. Prüfabstimmung Motor		137	
1. 956-Getriebe fertig montiert		108	
Beginn Windkanalversuche 1:1 W 001		89	
1. Probefahrt Weissach Prototyp W 001		84	
1. Probefahrt Paul Ricard mit W 001		80	
Beginn Rüttelstreckendauerlauf W 001		57	
Ende Rüttelstreckendauerlauf W 001		44	
1. Rennen Silverstone mit W 001 1. Gruppe C 2. Gesamtwertung		34	
30-Stunden-Rollendauerlauf LeMans-Programm W 001 (zusätzlich zu bisherigen Rennen und Versuchen)		29	
Ende Dauerlauf LeMans-Programm		28	
Fertigstellung Wagen 002 mit Probefahrt		8	
Fertigstellung Wagen 003 mit Probefahrt		8	
Fertigstellung Wagen 004 mit Probefahrt		5	
Fertigstellung Wagen 001 (als Ersatzteillager für LeMans)		5	
LeMans-Sieg 1., 2., 3. Gesamtklassement 19./20. 6. 1982		0	
Norisring W 001: Gesamtsieg		8	Tage n.
Spa Wagen 003 + 004: 1. und 2. Gesamt		77	Le Mans
Fuji Wagen 003 + 004: Gesamtsieg		104	
Markenweltmeisterschaft		115	
Brands-Hatch-Wagen 003: Gesamtsieg Fahrerweltmeisterschaft		119	
Motorsport-Automobil des Jahres am 27. 10. 82		129	

Weissach, den 27. Oktober 1982

Nobody's perfect.

1983 Le Mans results

1st Porsche
2nd Porsche
3rd Porsche
4th Porsche
5th Porsche
6th Porsche
7th Porsche
8th Porsche
9th Sauber/BMW
10th Porsche

There's no tougher endurance race than Le Mans. Over 3,000 punishing miles in 24 hours at speeds often in excess of 200 mph. Last year, Porsche took the first five places. This year, the first eight. Next year, who knows? There's always room for improvement. Even at Porsche.

PORSCHE + AUDI
NOTHING EVEN COMES CLOSE

© 1983 Porsche Audi

Nach dem sensationellen Dreifach-Erfolg des Porsche 956 bei den »24 h von Le Mans« 1982, dominierten die Porsche ein Jahr später noch eindeutiger. Den Amerikanern war es dieses Plakat wert

Der Werks-Porsche 956 (Fahrgestell-Nummer 009) in Monza 1985: Zweiter Platz für Derek Bell/Hans Stuck

Die ersten Testkilometer des Porsche 962 für die amerikanische IMSA-Serie in Paul Ricard Anfang 1984

Bei den 24 Stunden von Daytona im Februar gab es die Premiere für den Porsche 962.001. Der von Mario und Mike Andretti gefahrene Wagen erreichte sein Ziel nicht

In Spa 1985 schafften Stuck/Bell mit dem Werks-Porsche 962.003 den zweiten Platz

TYP 956 (KUNDEN) – AB 1983

Getreu einer Tradition, ausgereifte Rennwagen auch privaten Rennkunden verfügbar zu machen, hat Porsche während der Wintermonate 1982/83 eine Kleinserie von elf 956 gebaut und verkauft. Die Mehrzahl dieser Gruppe C-Wagen befindet sich im Besitz professioneller Teams und wird mit internationalen Fahrer-Besetzungen weltweit eingesetzt.
Im Mittelpunkt steht auch für diese Teams die Marken-WM, wo sie den Werkswagen nicht nur Unterstützung geben, sondern sicherlich auch Konkurrenz machen. Ein weiterer Schwerpunkt bildet die Deutsche Rennsport-Meisterschaft, wo die 956-Piloten allerdings weitgehend unter sich sind.

Fahrgestell-Nummern Porsche 956 – Privat-Teams 1983/84			
956-101	Gebrüder Kremer	956-107	Werkswagen (Bellof)
102	J. Fitzpatrick	108	Trust-Japan
103	Preston Henn	109	Jürgen Lässig
104	Reinhold Joest	110	J. Fitzpatrick
105	D. Schornstein	111	Walter Brun
106	Richard Lloyd	112	Yoshiho Matsuda

1062 **Hochbetrieb in der Rennabteilung von Weissach: Elf Porsche 956 werden 1982/1983 für Privatfahrer gebaut und verkauft**

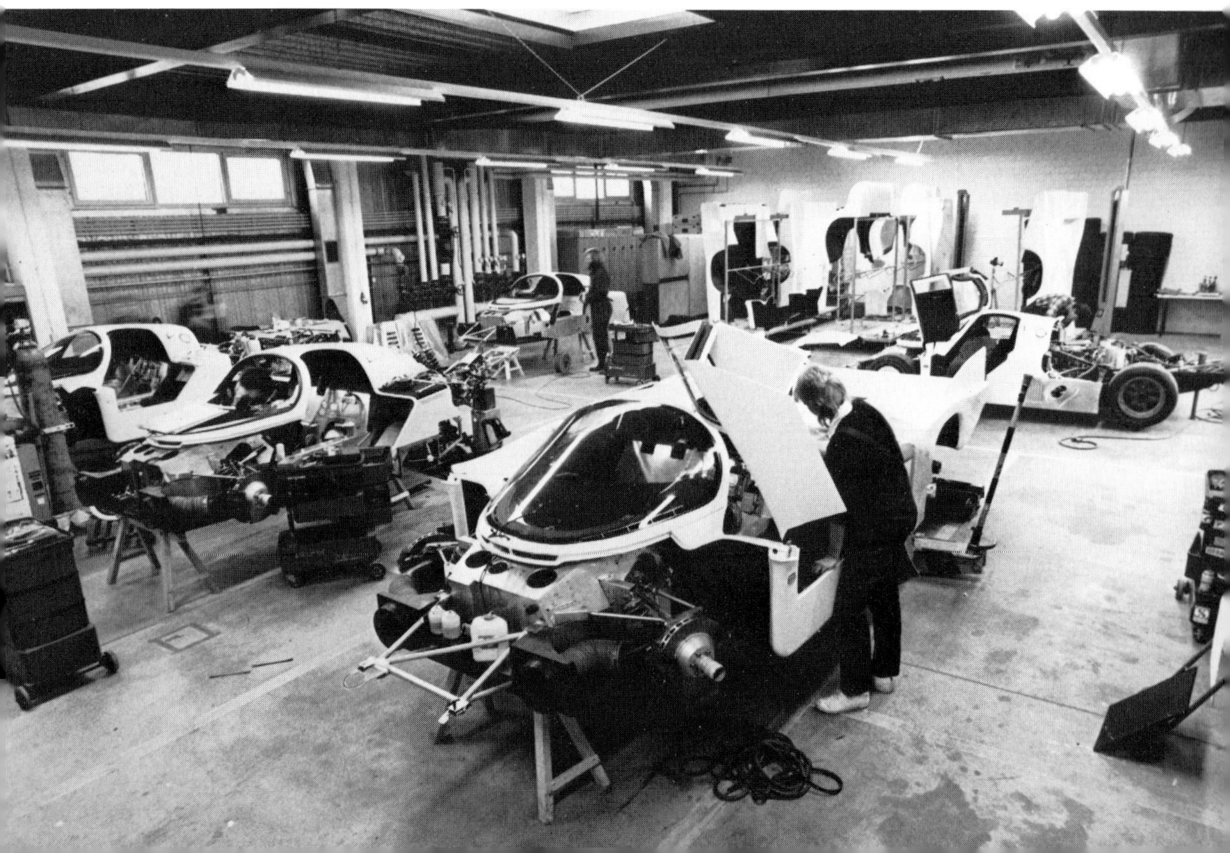

Premiere der Kunden-956 beim 1000-km-Rennen 1983 in Monza.
Oben Lässig/Plankenhorn (4. Gesamt) und darunter
Wollek/Boutsen (Gesamtsieger)

1063

Englischer Privat-956 mit der holländisch-belgischen Fahrer-Besetzung Jan Lammers/Thierry Boutsen

1064

Für die Porsche-Privatfahrer im Rundstrecken-Rennsport wurde ein neuer Service-Transporter angeschafft (1983)

Dieser von John Fitzpatrick eingesetzte Porsche 956 hatte die Fahrgestellnummer 114 und lief 1985 erfolgreich mit dem Sponsor Carlton

Den letzten komplett aufgebauten Porsche 956, die Fahrgestellnummer 117, setzte das Jöst-Racing-Team 1985, z. B. mit Jochen Mass, in nationalen Rennen ein.

Typ 962-IMSA/Typ 962 C (ab 1984)

Warum hat Porsche einen neuen Rennwagen entwickelt, wo es doch ein so erfolgreiches Fahrzeug wie den Typ 956 schon seit Frühjahr 1982 gibt? Die Frage ist schnell beantwortet: Der „956“ ist für Rennen in der IMSA-Meisterschaft, einer in Amerika populären Rennserie, nicht zugelassen. Dieses Championat umfaßt 14 bis 16 Rennen verschiedener Anforderungen, verbreitet über den ganzen nordamerikanischen Kontinent.
Trotz aller Bemühungen der Europäer schließen sich die Amerikaner nicht an, als 1982 das Reglement der Gruppe-C-Wagen in Kraft tritt. Im Gegenteil, sie erarbeiten ihre eigenen Vorschriften. Diese sind, so behaupten Insider, exakt so ausgelegt, daß die favorisierten Porsche 956 gar nicht erst antreten können.
Die markanten Unterschiede der „amerikanischen“ zur „europäischen“ Gruppe C: Eine Handicap-Formel für die verschiedenen Motor-Konstruktionen, kein Verbrauchslimit, andere Karosserieformen und Auslegung der aerodynamischen Hilfsmittel sowie verschiedene Sicherheitsanforderungen. Diese deutlichen Differenzen haben große Auswirkungen – kein Porsche 956 kann in der Original-Ausführung an IMSA-Rennen in der GTP-Kategorie teilnehmen. Porsche beschließt deshalb Ende 1983, nach einer Reihe vergeblicher Interventionen, für die Saison 1984 ein Fahrzeug zu bauen, daß exakt in die amerikanischen Bestimmungen paßt.
Ein Grund ist es, der entscheidend dazu beiträgt, daß der für Amerika gedachte Renn-Porsche eine eigene Typen-Nummer erhält. Ein Teil des IMSA-Reglements besagt nämlich, daß die Füße des Fahrers nicht weiter nach vorne (über)ragen dürfen, als bis zur Mitte der Vorderachse. Beim „956“ sind die Pedale aber ca. 12 cm vor der Mitte der Vorderachse plaziert.
Um hier konform mit den Vorschriften zu werden, ergeben sich zwangsläufig eine Reihe von weitreichenden Änderungen, die aus dem „956“ den „962“ werden lassen. Zunächst muß die Vorderachse 12 cm nach vorne versetzt werden. Damit ergibt sich ein auf 2,77 Meter verlängerter

Radstand und ein neues verlängertes Monocoque. Da aber die Gesamtlänge des Fahrzeugs beibehalten werden soll, wird der vordere Überhang entsprechend gekürzt. Das hat wiederum Folgen für die Aerodynamik, den Unterboden und die Oberseite des Fahrzeugs. Durch den längeren Radstand ergeben sich auch Änderungen im Mittelteil des „962". So wird das Fahrzeugheck entsprechend dem Regelbuch geändert, da laut IMSA aerodynamische Hilfen – dazu zählen Heckflügel und Flossen – nicht aus der Fahrzeugkontur (von oben betrachtet) herausragen dürfen.
Motorseitig fällt nach reiflicher Überlegung die Entscheidung für den zweiventiligen 2,86 Liter Sechszylindermotor mit einem Turbolader, da dieser ein besseres Drehmoment als der 2,65 Liter verspricht – bei etwa gleicher Höchstleistung. Diese Motorvariante bietet auch den Vorteil, daß das Fahrzeug-Mindestgewicht nur 850 kg betragen muß, statt 900 kg mit einem 2,1 Liter Zweiventil-Motor und zwei Turboladern. Für die in Amerika recht häufigen Sprint-Rennen (3 Stunden) erweist es sich aber bald als erfolgreicher mit einem 3,2 Liter vergrößerten Motor, verbunden mit der vollelektronischen Einspritzung, zu fahren.
Der Basismotor im „962" stammt aus dem bekannten „935". Die Zylinder und Zylinderköpfe sind luftgekühlt. Für den Einbau in den Porsche 962 erhält der Turbolader einen zentralen Platz auf dem Getriebe.
Die Druckanlage vom Turbolader zum Motor und die Abgasanlage werden neu für dieses Fahrzeug erstellt. Die elektrische Bosch-Einspritzung muß an die neuen Motorgegebenheiten angepaßt werden. Die Kupplungsglocke und das Getriebe können allerdings vom Porsche 956 übernommen werden. Ebenfalls übernommen: Radaufhängung an Vorder- und Hinterachse, jedoch mit neuer Feder- und Dämpferabstimmung, da die aerodynamischen Abtriebswerte nicht mit denen des „956" übereinstimmen. Es ist auch ein größerer Kraftstoff-Tank mit 120 statt 100 Liter, plus geändertem Absaugsystem nötig, um den Spielraum des IMSA-Reglements auszunutzen.
Damit die amerikanischen Privatteams auch die Möglichkeit haben, an der Langstrecken-WM nach FISA-Reglement teilzunehmen, ist auch der Einbau des verbrauchsgünstigeren 2,65 Liter Vierventilmotors mit zwei Turbolader und wassergekühltem Zylinderkopf vorgesehen (= Typ 962 C).
Das Startzeichen für das Projekt „Porsche 962" kommt erst Mitte Oktober 1983. Ziel ist es, ein Fahrzeug für die „24 Stunden Daytona" am 5. Februar 1984 vorzubereiten. Eigentlich sind die zur Verfügung stehenden knapp drei Monate wieder einmal zu kurz für die Konstruktion, Entwicklung und Erprobung. Daytona soll aber unbedingt eine General-

probe unter echten Bedingungen werden, bevor die ersten „962" zur Auslieferung kommen.
Am 17. Oktober 1983 beginnen die Zeichenarbeiten am neuen Monocoque. Mitte November kann mit dem Bau des Chassis begonnen werden. Parallel dazu werden ein Versuchsmotor aufgebaut sowie ein Attrappemotor zum Aufbau von Druckanlage und Auspuff in ein Fahrzeugmuster installiert. Dazu ein Modell im Maßstab 1 : 5 im Windkanal der Stuttgarter Universität erprobt.
Anfang Dezember 1983 sind die ersten Karosserie-Positiv-Modelle fertig, von denen Negativwerkzeuge zur Teilfertigung hergestellt werden. Einen Tag vor Heiligabend ist das Monocoque fertig – Startzeichen für den Aufbau des ersten „962" mit der Chassis-Nr. 001.
Elektrik- und Kraftstoffanlage werden eingebaut, der erste Testmotor angeliefert. Am „962" arbeiten jetzt gleichzeitig Motoren-Mechaniker zur Anpassung von Druckanlage und Auspuff, Elektriker, Fahrwerks-Mechaniker (für Vorder- und Hinterachs-Montage, Leitungen- und Schlauch-Verlegung), „Kunststoffer" und Flaschner, die den Unterboden unter dem Motor einsetzen.
Einige der eigens für dieses Fahrzeug gefertigten Teile werden aufgrund der Feiertage verspätet und teilweise noch fehlerhaft geliefert! Montag, den 24. Januar 1984, abends 18 Uhr ist der erste „962" fahrfertig, ohne bisher jedoch einen Meter geprüft zu sein. Auch nicht mit dem sonst üblichen 30stündigen Motor-Dauerlauf.
Noch in der Nacht wird der „962", zusammen mit einem 962 C und einem 956 mit PDK-Getriebe, mit dem Transporter zur Rennstrecke von Paul Ricard geschafft, da zu dieser Zeit die Weissacher Prüfstrecke unter einer Schneedecke liegt. Am 25. Januar beginnen die ersten Abstimmungsarbeiten mit dem brandneuen, unlackierten Auto.
Quasi im Schichtbetrieb kommen die vier Werksfahrer Jacky Ickx, Jochen Mass, Derek Bell und Hans Stuck an die Cote d'Azur zur Testarbeit gereist. Der Grainauer Stuck, Benjamin in der Weissacher Werksmannschaft, sitzt als einziger an allen Tagen hinter dem Lenkrad. Diese Entscheidung hat auch einen praktischen Grund: Stuck sammelt so sehr schnell praktische Erfahrung. Aus seiner Präsenz ergibt sich, daß er das Dauerlauf-Programm für das PDK-Getriebe absolviert. In der Paul-Ricard-Testwoche spult er beinahe 5000 Kilometer herunter und schwärmt später von dieser Technik. Nach kleineren Schwierigkeiten starten die Tests und am Abend sind in Paul Ricard immerhin 450 Versuchs-Kilometer im Renntempo zurückgelegt.
Am nächsten Morgen erschüttert ein Motorschaden die Zuversicht der Porsche-Mannschaft, nachdem bis dahin fast alles planmäßig verlau-

fen ist: Ein Kolbenauge ist ausgerissen. Der Motor wird gewechselt und parallel dazu in Weissach die beiden Daytona-Motoren (für Einsatz und Reserve) wieder zerlegt, um mit neuen, geänderten Kolben bestück zu werden. Am Abend sind die Tests mit dem 962-IMSA trotzdem zu Ende. Fazit: Der Porsche 962 hat gute Fahreigenschaften und ist fast so schnell wie die 956-Kurzheck-Version.
Während so der 962-IMSA seine ersten Rennkilometer abspult, stehen für den 962 C hauptsächlich Reifenversuche auf dem Programm sowie Versuche mit geänderter Nockenwelle und höherer Motorenverdichtung (9,0:1). Reifen-Hersteller Dunlop, mit Porsche eng zusammenarbeitend, schickt für die drei Autos 220 Pneus und eine eingespielte Mannschaft mit Dipl.-Ing. Dieter Glotzbach an der Spitze nach Südfrankreich. Zehn Runden absolvieren die Fahrer pro Reifensatz, bevor sie zum Wechsel an die Boxe rollen, neue Gummis montiert erhalten, um dann erneut zu starten. Eigens für das Werk hat Dunlop Reifen in besonderem Format entwickelt und gefertigt, mit einem Durchmesser von 19 Zoll. Durch eine neue Heckpartie, die etwas höher liegt und bei der dadurch die Luft anders geführt wird als beim „956“, ist diese Neuerung erforderlich geworden. Das neue Hinterteil produziert zwar einen höheren Bodenansaugeffekt, dennoch nicht so viel, daß die USA-Ausführung auf der langen Mistral-Geraden zu langsam wäre: Für ihn registriert der Computer mit 314 km/h die höchste Geschwindigkeit. In den Kurven und beim Beschleunigen hat der 962 C aber eindeutig die Nase vorn.
Mit Blick auf die verschärfte Benzinspar-Regelung kommt diesen aerodynamischen Veränderungen eine wesentliche Bedeutung zu, weil mit weniger Motorleistung sogar noch bessere Rundenzeiten erzielt werden sollen.
In der folgenden Nacht wird alles wieder nach Weissach zurücktransportiert, einige noch notwendige Änderungen durchgeführt und der erste „962“ ist betriebsbereit. Am 27. Januar, nach drei Monaten harter Arbeit, steht der 962.001 abholfertig für seine Reise nach Amerika.
Porsche vertraut den Wagen für diesen Versuchseinsatz Mario Andretti und seinem Sohn Mike an – in Anerkennung der hervorragenden Leistung, die beide bei den 24 Stunden von Le Mans auf einem privaten Porsche 956 gezeigt hatten. Beim ersten offiziellen Vergleich im Training gelingt Mario mit 1.50,9 Minuten die schnellste Runde. Damit ist er fast zwei Sekunden schneller als der zweitplazierte und spätere Sieger des Rennens.
Da die Strecke von Daytona zum ersten Mal mit einer Schikane versehen ist, lassen sich keine Vergleiche zu früheren Rundenzeiten herstellen. Das Rennen selber endet mit einer Enttäuschung. Schon nach

knapp zwei Stunden muß das Fahrzeug, in Führung liegend, mit Getriebeschaden einen Boxenstopp einlegen. Erst nach zwei Stunden, mit 40 Runden Rückstand, kann das Rennen fortgesetzt werden. Bei der anschließenden Aufholjagd kollidiert Mario Andretti mit einem Konkurrenten und muß das beschädigte Bugteil ersetzen lassen. Kurz danach kommt das endgültige Aus: Motorschaden.

Dennoch, die Vorstellung ist gut genug, um zu zeigen, daß Porsche ab 1984 auch in Amerika gewillt und in der Lage ist, ganz vorne mitzufahren – was ja dann auch geschieht. Als ab dem 1. Januar 1985 auch für die FIA-reglementierten Gruppe-C-Wagen, der IMSA-Beschluß mit den Sicherheitsmerkmalen gültig wird, ist das das Aus für den so überaus erfolgreichen Porsche 956 und gleichzeitig ein nahtloser Übergang zum „Weltmodell“ Porsche 962.

Auch im 100. Jahr des Automobils blieb die sportliche Bilanz von Porsche ohne Makel. In allen Wettbewerben, an denen Porsche-Konstruktionen beteiligt waren, blieben sie siegreich: bei der Rallye Paris-Dakar, den 24 Stunden von Le Mans, der Sportwagen-Weltmeisterschaft für Teams, der Sportwagen-Weltmeisterschaft für Fahrer, beim Sport-Auto-Super-Cup, der amerikanischen IMSA-Serie und in der Fahrer-Weltmeisterschaft der Formel I (TAG-Motor).

Angesichts der Dominanz der Werks- und Kundenfahrzeuge in den Sportwagenrennen wurde die Entscheidung getroffen, neue Technologien auch dann im Rennsport ersten Bewährungsproben zu unterziehen, wenn damit das Risiko von Zeitverlusten oder sogar Ausfällen verbunden war. Während die privaten Porsche-Teams in der Gruppe C die erprobten Fahrzeuge mit – teilweise in Weissach entwickelten – Verbesserungen versahen und damit ihre Erfolgschancen erhöhten, arbeitete Porsche bei den Werkswagen an Neuentwicklungen wie dem halbautomatischen Doppelkupplungs-Getriebe (PDK-Getriebe), dem renntauglichen Anti-Blockier-System und – beim 959/961 – dem elektronisch geregelten Allradantrieb.

Damit dienten die 86er-Werkseinsätze mehr dem Test als dem Rennerfolg und dem Gewinn von Meistertiteln. Für die Werksfahrer Hans-Joachim Stuck, Derek Bell, Jochen Mass und Bob Wollek bedeutete dies die Bereitschaft, sich in den Dienst der Sache zu stellen. Standvermögen und Zuverlässigkeit bewiesen die Porsche Gruppe C-Sportwagen auch 1986 beim schwersten Langstreckenrennen der Welt.

Das 24 Stunden-Rennen von Le Mans gewannen Stuck/Bell/Holbert. Mit neun Fahrzeugen auf den ersten zehn Plätzen blieb Porsche der Maßstab in Le Mans. Dieser elfte Sieg in Frankreich bedeutet zudem Le Mans-Rekord.

Dominierend war Porsche in der Sportwagen-Weltmeisterschaft und im neuen »Sport-Auto«-Super-Cup mit dem Typ »962 C«, der während des ganzen Jahres (außer Le Mans) mit dem PDK-Getriebe ausgestattet war. Der »962 C« mit Stuck/Bell schaffte beim ersten Saisonrennen in Monza/Italien den Durchbruch und gewann. Für die Porsche-Techniker war dies nach langer und schwieriger Entwicklungsarbeit ein großer Erfolg, denn seit 1968 (!) hatte kein automatikgetriebener Wagen ein Rennen in dieser Kategorie gewonnen. Umso bemerkenswerter ist, daß Werksfahrer Hans-J. Stuck mit einem solchermaßen ausgerüsteten Porsche auch die Super-Cup-Wertung für sich entschied. Das private Joest-Team gewann die Team-Wertung. Fahrer war Porsche-Cup-Sieger Klaus Ludwig. Bell verteidigte erfolgreich die Fahrer-Weltmeisterschaft. Gemeinsam mit seinem Kollegen erzielte er 82 Punkte. Den Ausschlag zugunsten Bells gab jedoch dessen bessere Plazierung beim Sprintrennen auf dem Norisring in Nürnberg, dem einzigen Rennen, das sie nicht gemeinsam auf einem Auto bestritten. Das junge Brun-Porsche-Team wurde für seinen großen Einsatz in dieser Saison mit dem Gewinn der Sportwagen-Team-Weltmeisterschaft belohnt.
Sieht man von den zukunftsweisenden Neuerungen, die in den Werkswagen erprobt wurden, ab, so bestand zwischen den privaten »962 C« und den Werkswagen aus Weissach 1986 praktisch kein technischer Unterschied. Traditionsgemäß wurden auch in diesem Jahr komplette Wettbewerbs-Fahrzeuge an Kunden verkauft und die Betreuung bzw. der weltweite Ersatzteileverkauf dafür übernommen. Ein Beispiel: In der amerikanischen Sportwagen-Meisterschaft IMSA waren Kunden-Porsche »962« die zuverlässigsten Fahrzeuge. Der Amerikaner Al Holbert sicherte sich 1986 zum fünften Mal den Titel.
Die privaten Porsche-Teams traten gegen die Werkswagen von Chevrolet, Ford, Buick, Nissan, Jaguar und BMW an. Die Porsche 962-Teams gewannen 12 von 17 Rennen, womit Porsche erneut die Camel-GT-Meisterschaft für »Motor und Fahrwerk« gewann.
Das Porsche-Motorsportjahr 1987 war geprägt durch eine Phase des Umbruchs. Die 1986 getroffene Entscheidung, nach den überaus erfolgreichen Jahren der Porsche Gruppe-C-Fahrzeuge werkseitig eine neue Herausforderung anzunehmen, versprach eine Reihe von Vorteilen. Das Triebwerk für die amerikanische CART-Rennserie sollte nämlich gleichzeitig verbessert werden, um dadurch den Motorsport für Porsche wirtschaftlicher und technisch überschaubarer zu machen. Aus dem 90-Grad-V8-Motor mit einem Turbolader und einem vorgegebenen Hubraum von 2,65 Liter hätte nicht nur ein Doppelturbo Gruppe-C-Motor mit 3,3 Liter Hubraum, sondern vor allem ein 3,5-Liter-Saugmotor für

die Formel 1 entstehen können. Die dann vorgenommene Reglementsänderung vom 1,5-l-Turbo-Motor auf eine 3,5-l-Saugmotorvariante war ja mit dem Wunsch nach einer Begrenzung der Leistung und vor allem mit der Vorstellung geringerer Kosten begründet. Obwohl sich fast alle Formel-1-Teams für die Begrenzung auf acht Zylinder aussprachen, wurden überraschend 12 Zylinder zugelassen, was die Voraussetzung für eine kostengünstigere Entwicklung schlagartig ins Gegenteil umkehrte.

In der Marken-Weltmeisterschaft waren ursprünglich nur vier Rennen geplant, letztlich wurden es dann sechs Läufe. Es zeigte sich nämlich, daß Porsche trotz weiterer Verbesserungen des Standes von 1986 mit dem inzwischen sechs Jahre alten Gruppe-C-Konzept sich gegen den neu konzipierten Jaguar nicht durchsetzen konnte.

Die forcierte Neuentwicklung des Gruppe-C-Wagens war aber neben der Belastung durch den TAG-Motor und das Indy-Projekt nicht möglich. Dazu kam die Unsicherheit des Reglements mit der kurz zuvor getroffenen Entscheidung, die Sportwagen-Weltmeisterschaft abzuwerten.

Die Sportkunden siegten durch Baldi/Palmer mit dem Liqui-Moly-Porsche am Norisring, und das Brun-Team konnte die Vize-Weltmeisterschaft erringen. Das Rothmans-Porsche-Werksteam verabschiedete sich mit dem großartigen Le Mans-Sieg durch Stuck/Bell/Holbert aus der Weltmeisterschaft. Mit dem Abschluß der Rothmans-Porsche-Kooperation ergab sich in sechs Jahren Zusammenarbeit:

- 9 Weltmeisterschaften
- 4 Le Mans-Erfolge
- 2 Paris-Dakar-Siege.

Die »962« drückten erneut der amerikanischen Sportwagen-Meisterschaft IMSA ihren Stempel auf. Die »962« siegten in 13 von 16 Rennen und sicherten sich dabei die Camel-GTP-Markenmeisterschaft 1987 – es war der 26. Titel für Porsche in 17 IMSA-Jahren. Chip Robinson, Fahrer des Holbert-Löwenbräu-Porsche, entschied die Fahrerwertung für sich. Es war sein erster IMSA-Titel. Die ersten sieben Plätze wurden von Porsche-Piloten belegt.

Im Gegensatz zu den Fahrzeugen, die in der Sportwagen-Weltmeisterschaft fahren, verfügen die IMSA-Porsche 962 – vom Reglement vorgeschrieben – über einen voll luftgekühlten Motor mit Zweiventil-Zylinderköpfen und nur einem Turbolader. Die von den einzelnen Teams eingesetzten Porsche haben 1987 nur noch Hubräume von 3,0 Liter (1986: 3,2 l).

Wie zahlreiche technische Neuerungen zuvor wird auch das »Porsche-Doppelkupplungs-Getriebe« (PDK) im Rennsport getestet und einer Bewährungsprobe unterzogen. Schon 1987 gilt ein Porsche 962 C mit PDK-Getriebe einem identischen Fahrzeug mit herkömmlichem Schaltgetriebe als überlegen. Ausgiebige Vergleichsfahrten ergaben für das PDK-Getriebe einen Zeitgewinn – abhängig von der Rennstrecke – zwischen 0,6 und 1,2 Prozent pro Runde.

Es war 1984, als erstmals ein Porsche 956 mit PDK auf der Rennstrecke von Imola und auf dem Nürburgring zum Renneinsatz auftauchte. Erwartungsgemäß gab es technische Probleme und kein zählbares Ergebnis. In der Saison 1985 standen zwei Testrennen in Brands Hatch und Malaysia auf dem Programm. In Brands Hatch war ein defekter Schalter der Ausfallgrund, in Malaysia brachen die Antriebswellen. Das folgende Jahr wurde von Porsche klar als Testsaison deklariert. Die Ziele in der Sportwagen-Weltmeisterschaft und im Super-Cup-Wettbewerb lauteten: Funktionssicherheit prüfen, Festigkeit erproben und Optimierung des PDK-Getriebes. Stuck/Bell gewannen das Weltmeisterschafts-Rennen in Monza/Italien.

Das PDK-Getriebe vereint die Vorteile des Handschalt-Getriebes mit denen des Automatikgetriebes – und umgeht dabei die jeweiligen Nachteile (hoher Verbrauch, Schlupf, Leistungsverlust, hohes Gewicht). Dies war auch die Vorstellung, die Porsche zur Entwicklung des PDK-Getriebes geführt hat.

Das PDK ermöglicht ein Schalten ohne Gaswegnehmen. Hierfür zieht oder drückt (Hoch-/Zurückschalten) der Fahrer lediglich einen elektrischen Schalthebel. Die Kupplung wird dabei nicht betätigt. Sie wird lediglich zum Anfahren in konventioneller Weise gedrückt. Im Werkswagen entfiel sogar der Schalthebel – er wurde durch zwei Drucktasten am Lenkrad ersetzt!

Die daraus resultierenden Vorteile sind eine geringere Ablenkung des Fahrers beim Schalten und eine bessere Beschleunigung, die besonders bei Fahrzeugen mit Turbolader zum Tragen kommt, weil es keine Schaltpausen mit abfallendem Ladedruck mehr gibt. Das PDK-Getriebe mit seinem hohen Wirkungsgrad, kompakten Abmessungen und geringem Gewicht besteht aus folgenden Grundelementen:

- Zahnradsatz ähnlich einem konventionellen Schaltgetriebe
- Doppelkupplung
- elektronische Steuerung und hydraulische Betätigung.

Unüblich sind zwei Eingangswellen, denen je eine Kupplung zugeordnet ist. Die Zahnräder des 1., 3. oder 5. Ganges liegen auf einer Welle, die von der Kupplung 1 aktiviert wird. Kupplung 2 schließt die Verbindung für die Gänge 2 und 4 auf der anderen Welle. Es können gleichzeitig zwei Gänge vorsynchronisiert sein, wobei das Schalten von einem zum ande-

ren Gang durch gleichzeitiges Öffnen der einen und Schließen der anderen Kupplung erfolgt.
Das PDK-Getriebe wurde bei Prototypen-Rennen im Gruppe-C-Sportwagen 962, bei Rallyes im Audi Quattro Sport und im Alltagsbetrieb im Porsche 944 Turbo erprobt. Vergleichsfahrten auf Landstraßen ergaben gleichen Verbrauch bei Wagen mit PDK-Vollautomatik und Fünfgang-Schaltgetrieben und einen Verbrauchsvorteil von ca. 13 Prozent gegenüber einem Fahrzeug mit Dreigang-Wandler-Automatikgetriebe.

Die Plazierungen von Porsche-Werkswagen mit PDK-Getriebe

1984	Testrennen Imola (Ausfall)
1985	Testrennen Brands Hatch (Schalter defekt)
	Testrennen Malaysia (Achswellen gebrochen)
1986	Monza (WM): 1. und 6. Platz
	Nürburgring (Super-Cup): 1. Platz
	Silverstone (WM): 2. Platz
	Le Mans (Vorerprobung): 1. Platz
	Le Mans (WM): Ausfall Getriebe
	Hockenheim (Super-Cup): 1. Platz
	Norisring (WM/Super Cup): 14. Platz
	Nürburgring (WM): Unfälle
	Spa (WM)· 2. und 7. Platz
	Nürburgring (Super Cup): 2. Platz
	Fuji (WM): 25. Platz, Ausfall Getriebe
1987	Jarama (WM): 2. Platz
	Jerez (WM): 2. Platz
	Monza (WM): Ausfall Getriebe
	Nürburgring (Super Cup): 1. Platz
	Silverstone (WM): 3. Platz
	Norisring (Super Cup/WM): 3. Platz/Ausfall
	Hockenheim (Super Cup): 1. Platz
	Diepholz (Super Cup): 2. Platz

Aus der Sportwagen-Weltmeisterschaft bestritt Porsche werksseitig 1988 nur ein Rennen, nämlich Le Mans, mit drei Fahrzeugen. Gegen Jaguar reichte es nach großem Kampf nur zu einem zweiten Platz. Auch im Supercup gelang nur noch ein einziger Sieg, zu wenig, um Jean-Louis Schlesser im Sauber-Mercedes am Gesamtsieg zu hindern. Die Ära des Porsche 962 C scheint damit definitiv zu Ende zu gehen.

In der Saison 1989 gehen die Porsche 962 C nur noch unter Kundenbewerbung an den Start bei der Sportwagen-WM, der deutsche Supercup leidet unter der zunehmenden Popularität der DTM und erlebte 1988 seine letzte Saison. In der Sportwagen-WM dominieren 1989 Mercedes und Jaguar, aber der 962 ist immer noch für Top-Plazierungen und Überraschungen gut: Beim WM-Lauf in Dijon gewinnen Bob Wollek/Frank Jelinski mit ihrem Joest-Porsche den einzigen WM-Lauf für den 962 in dieser Saison. Doch dieser Sieg und einige gute Ergebnisse setzen Signale in Weissach. Bei Porsche glaubt man immer noch an das Potential dieses erfolgreichsten Rennsportwagens aller Zeiten. Sportchef Helmut Flegl und Entwicklungsvorstand Dr. Ulrich Bez erarbeiten ein Optimierungspaket für die Saison 1990 und schließen mit dem Joest-Team einen Kooperations-Vertrag. Im Klartext: Sämtliche Werksentwicklungen werden mit Joest gemeinsam getestet und von der Abtsteinacher Crew für einige Rennen exklusiv eingesetzt, bevor auch andere Kundenteams in den Genuß der Neuentwicklungen kommen können.
Darüber hinaus gewinnt Porsche für das werksunterstützte Joest-Team Michelin als exklusiven Reifenlieferanten, Blaupunkt bleibt als langjähriger Hauptsponsor ebenfalls an Bord. Renningenieur Norbert Singer und seine Mannschaft optimieren den 962 für die Saison 1990 in zahlreichen Details. Dazu zählen auch eine geänderte, auf die Michelin-Pneus abgestimmte Vorderachs-Geometrie sowie eine entsprechende Hinterachs-Auslegung. Leichte Karosserie-Retuschen besonders im Bereich der Frontpartie verbessern die Aerodynamik und das Abtriebsverhalten des Gruppe C-Klassikers.
Letztlich unterzieht Porsche das bewährte Sechszylinder-Aggregat nochmals einer Leistungskur. Eine von 9,5 auf 9,7 : 1 erhöhte Verdichtung sorgt in Verbindung mit einer noch leistungsfähigeren Bosch Motronic sowie weiteren Detailarbeiten auf der Lader- und Ansaugseite für einen neuen Leistungszenit von 760 PS bei unverändert 8200/min. Gleichzeitig profitiert von diesen Maßnahmen vor allem das Drehmoment. Als Maximalwert stehen den Fahrern bei unverändert 5400/min kräftige 690 Nm zur Verfügung. Eine 750 PS-Version für den Le Mans-Einsatz wuchtet gar 715 Nm bei 5800/min an das Getriebe.
Doch die Konkurrenten der Saison 1990, Sauber-Mercedes, Jaguar, Nissan und Toyota, sind für den mittlerweile nicht mehr taufrischen 962 C zu stark geworden. Einen Sieg, wie noch 1989, kann Porsche leider nicht erringen. Auch beim 24h-Rennen von Le Mans, das Porsche immerhin 12mal gewinnen konnte und 1990 nicht zur Sportwagen-WM zählt, erreichen Stuck/Bell/Jelinski auf dem werksunterstützten Joest-

962 leider nicht das anvisierte Ergebnis. Fehlende Haftung und mangelnde Seitenführung der Reifen bremsen den von vielen als Geheimtip genannten Joest-Porsche. Ein gebrochenes Abblaseventil am Turbolader zwingt den Joest-Porsche am Sonntag um 13.45 Uhr für 17 Minuten an die Box, damit ist der dritte Rang hinter den Werks-Jaguar endgültig außer Reichweite. Diesen belegt am Ende das japanische Alpha-Team mit den Fahrern Needell/Sears/Reid, nachdem die bis dahin auf Rang drei fahrenden Pareja/Brun/Larrauri des Schweizer Brun-Teams drei Runden vor Rennende mit Motorschaden auf der Hunaudières-Geraden ausrollen.
Ohnehin rollt zum Ende der Saison 1990 der Porsche 962 C sozusagen auf Weisung der FISA von den Pisten der Gruppe C-WM. Im Herbst 1990 hat der Internationale Automobilsport-Verband FISA ein Handicap-Reglement für Gruppe C-Renner mit Turbomotoren beschlossen. Ab 1991 wird das Mindestgewicht der turbogeladenen Sportprototypen von bisher 900 auf 1000 kg angehoben, das Verbrauchslimit von 51 Liter auf 100 km wird beibehalten. Von dieser Entscheidung sind Porsche und die privaten Kunden-Teams, die 1990 in der WM bei jedem Lauf rund 15 Porsche 962 C an den Start brachten, direkt betroffen.
Das neue Reglement läßt dem 962 C keine Chance mehr. Speziell das hohe Wagengewicht von 1000 kg liegt vom Ausgangsgewicht dieser Fahrzeugkonstruktion – 1982 war der 962 für 800 kg konzipiert worden – so weit entfernt, daß diverse Komponenten aus Sicherheitsgründen überarbeitet werden müssen. So sind für Bremsen, Reifen oder Aufhängungsteile neue konstruktive Maßnahmen erforderlich, deren Aufwand den Porsche-Rennexperten nicht mehr gerechtfertigt erscheint.
Porsche ist daher der Ansicht, daß ein weiterer Einsatz nach dem neuen Reglement der Sportwagen-WM nicht mehr angeraten ist und empfiehlt deshalb den Kunden, von einem Einsatz in der Sportwagen-WM Abstand zu nehmen. In anderen internationalen Championaten wie der Interserie, der amerikanischen IMSA-Serie oder der japanischen Sportwagenmeisterschaft kann der Porsche 962 weiter mit Siegchancen an den Start rollen. Dafür garantiert Porsche auch weiterhin die gewohnte logistische Betreuung mit Teilen und Service.
Porsche konzentriert seine werksseitigen Motorsport-Aktivitäten 1991 auf die Formel 1, denn dort werden zunächst alle Kapazitäten gebunden. Die Rennerfolge des 956/962 seit 1982 waren nicht nur Triumphe des Porsche-Werksteams, sondern auch der Kunden-Teams. Sie hatten wesentlichen Anteil daran, daß der 962 C zum erfolgreich-

sten Rennsportwagen aller Zeiten reüssieren konnte. Doch zum Ende der Saison 1990 ist es endgültig: Nach 41 Siegen in der Sportwagen-Weltmeisterschaft und sechs Triumphen beim 24h-Rennen von Le Mans tritt der Porsche 962 C von der WM-Bühne ab. Die Ära des Porsche 962 C ist damit, nach insgesamt 176 produzierten Exemplaren, auf WM-Ebene definitiv zu Ende.

956/962 C/962 IMSA

Bau-jahr	Modell Karosse	Typ	Fahrgestell-Nr.	Motor-Typ	Getr.-Typ	Zyl.	Bohrung x Hub	Hub-raum	DIN-PS bei U/min.	Nm bei U/min.	Ver-dtg.	Rad-stand	Spur vorn/hinten	Län-ge	Ge-wicht	Produkt. Stck.
1982	Coupé	956	956001–956005	935/76	956	6	92,3×66	2649	620/8200	630/5400	7,2:1	2650	1648/1548	4770	840	4
1983	Coupé	956	956005–956008	935/76	956	6	92,3×66	2649	620/8200	630/5400	7,2:1	2650	1648/1548	4770	820	4
											7,5:1					
											8,0:1					
	Coupé	956	956101–956112	935/76	956	6	92,3×66	2649	620/8200	630/5400	7,2:1	2650	1648/1548	4770	820	12
											7,5:1					
											8,0:1					
1984	Coupé	956	956009–956010	935/76	956	6	92,3×66	2649	620/8200	630/5400	8,0:1	2650	1648/1548	4770	850	2
	Coupé	956	956113–956117	935/76	956	6	92,3×66	2649	620/8200	630/5400	7,5:1	2650	1648/1548	4770	850	5
	Coupé	962	962101–962104	962/70	956/62	6	93×70,4	2869	680/8200	660/5800	7,5/1	2770	1634/1548	4770	850	5
			962106	935/79		6	92,3×66	2649	640/8200	660/5800	8,5/1					
	Coupé	962	962105/108	935/76	956	6	92,3×66	2649	620/8200	630/5400	7,5:1	2770	1634/1548	4770	850	2
1985	Coupé	962	962001–962004	935/76	956	6	92,3×66	2649	620/8200	630/5400	8,5:1	2770	1634/1548	4770	850	4
	Coupé	962	962107/110	935/76	956	6	92,3×66	2649	620/8200	630/5400	8,5:1	2770	1634/1548	4770	850	2
	Coupé	962	962109	962/71	956/60	6	95×74,4	3164	720/7300	830/4800	7,5:1	2770	1634/1548	4770	850	1
	Ersatz-			935/79		6	92,3×70,4	2826	700/8200	690/5400	9,5:1					
	monocoque	962	962111–962117	935/79		6	95,0×74,4	2986	750/8200	735/5800	9,5/1					7
1986	Coupé	962	962005	935/76	956	6	92,3×66	2649	620/8200	630/5400	9,0:1	2770	1634/1548	4770	850	1
	Coupé	962	962006	935/76	PDK	6	92,3×66	2649	620/8200	630/5400	9,0:1	2770	1634/1548	4770	850	1
	Ersatz-			935/79		6	92,3×70,4	2826	700/8200	690/5400	9,5:1					
	monocoque	962	962118–962129	935/79		6	95,0×74,4	2986	750/8200	735/5800	9,5:1					12
				935/79		6	95,0×74,4	3164	760/8200	745/5800	9,5:1					
1987	Coupé	962	962007	935/82	PDK	6	95×70,4	2994	700/8200	710/5400	9,0:1	2770	1634/1548	4770	850	1
	Coupé	962	962130–962131	935/76	956	6	92,3×70,4	2800	650/8200	650/5400	9,0:1	2770	1634/1548	4770	850	2
1988	Coupé	962	962008–962010	935/82	956	6	95×70,4	2994	700/8200	710/5400	9,0:1	2770	1634/1548	4770	850	3
	Coupé	962	962132–962134													
			962138–962139	935/82	956	6	95×70,4	2994	700/8200	710/5400	9,0:1	2770	1634/1548	4770	850	5
1989	Coupé	962	962141–962143	935/83		6	95×70,4	2994	720/8200	640/5400	9,5:1					
			962145–962146	935/79		6	95×74,4	3164	760/8200	745/5800	9,5:1					6
			962150													

956/962 C/962 IMSA

Baujahr	Modell Karosse	Modell Typ	Fahrgestell-Nr.	Motor-Typ	Getr.-Typ	Zyl.	Bohrung x Hub	Hubraum	DIN-PS bei U/min.	Nm bei U/min.	Verdtg.	Radstand	Spur vorn/hinten	Länge	Gewicht	Produkt. Stck.
1990	Coupé	962	962151–962152	935/83		6	95×70,4	2994	720/8200	640/5400	9,5:1	2770	1634/1548	4770		13
			962154–962155	935/84		6	95×74,4	3164	760/8200	690/5400	9,7:1					
			962157	935/85		6	95×70,4	2994	745/8200	685/6000	9,5:1					
			962159–962165	935/86		6	95×74,4	3164	750/8200	715/5800	9,5:1					
			962167													
	Coupé		962011–962015									2770	1634/1548	4770		5
1991	Coupé	962	962166/962168	935/83		6	95×70,4	2994	720/8200	640/5400	9,5:1	2770	1634/1548	4770		8
			962170–962172	935/84		6	95×74,4	3164	760/8200	690/5400	9,7:1					
			962174–962175	935/85		6	95×70,4	2994	745/8200	685/6000	9,5:1					
			962177	935/86		6	95×74,4	3164	750/8200	715/5800	9,5:1					
	Ersatz-monocoque		962169/173/176													3

Für die Saison 1990 kehrt Porsche über das Joest-Team indirekt wieder in die Gruppe C-WM zurück. Der 962 wird im Werk technisch und optisch gründlich überarbeitet. Sponsoren sind Blaupunkt und Michelin.

1080 Der in der Saison 1990 auf Michelin-Reifen rennende, werksunterstützte Joest-Porsche 962 erreicht mit den Fahrern Wollek/Jelinski einige gute Plazierungen in der Gruppe C-WM und gewinnt die 24 Stunden von Daytona.

Jenseits von Gut

Nur selten einmal gibt es für einen Nichtprofi die Gelegenheit, einen Rennwagen auf einer entsprechenden Strecke zu fahren. Wenn das dann noch der Porsche 962 C mit einem halbautomatischen Getriebe ist, wie ihn Hans Stuck 1987 erfolgreich bewegt hat, ist die Aufgabe umso reizvoller.

Rennen fahren und gewinnen heißt, um jede Zehntelsekunde feilschen, dem Fahrer alle Möglichkeiten geben, das Potential seines Rennwagens optimal zu nutzen. Je weniger die Gedanken, die Hände und Füße abgelenkt oder mit weniger sinnvollen Aufgaben als das reine Schnellfahren beschäftigt sind, umso eher wird dieses Vorhaben gelingen. Neueste Errungenschaft für eine Erweiterung des Bedienungskomforts, auch im Rennwagen, ist die von Porsche entwickelte Doppelkupplung (»PDK«), ein halbautomatisches Getriebe, das nach nur einer rund zweijährigen Reifezeit in diesem Jahr seine Bewährungsprobe mit einem Gesamtsieg im »Würth Super Cup« glänzend bestanden hat.
Hans Stuck: »Auf dem Grand-Prix-Kurs des Nürburgrings sind pro Runde eine knappe Sekunde gegenüber einem identischen Fahrzeug mit einem herkömmlichen Fünfganggetriebe zu realisieren. Oder: je nach Rennstrecke zwischen 0,6 bis 1,2 Prozent pro Runde, obwohl die PDK-Anlage derzeit noch etwa 15 kg mehr an Gewicht bringt.«
Die Aussagen von Stuck zu überprüfen bzw. sich diesen anzunähern, gab es nach dem letzten Rennen der »Super-Cup«-Serie 1987 auf dem Nürburgring Gelegenheit. Nach einer kurzen Einweisung eines Porsche-Technikers folgte der Einfädelakt ins Cockpit, das Einzwängen in die breiten Sechspunktgurte, die Eigenjustierung für eine korrekte Sitzposition, das Schließen der Türen und der aufwärts gestreckte Daumen, der die Bereitschaft zur Fahrtaufnahme signalisiert.
Obwohl die »Porsche-Doppel-Kupplung« theoretisch ganz ohne Kupplungspedal auskommen könnte, ist auf Wunsch der Profi-Rennfahrer ein solches noch installiert, weil sich u. a. damit der Anfahrvorgang individueller gestalten läßt. Dieser noch recht konventionelle Start, also mit

ersten Gang »ziehen« und Kupplung treten, war denn auch fast das schwierigste Teil, denn die hart zupackende Kupplung verlangt eine feine Dosierung, sonst mißlingt in der Regel mindestens ein Start.
Vorsichtig durch die Boxengasse und dann den 720 Pferden die Zügel lassen, gelang mit dem PDK-Getriebe in bisher nicht gekannter Art: Gangwechsel nur durch Ziehen oder Drücken (Hoch- bzw. Zurückschalten) mittels einer Schaltwippe, oder wie im Werkswagen, durch zwei Druckknöpfe am Lenkrad!
Dabei wird weder die Kupplung getreten, noch gibt es Schaltpausen oder eine Zugkraftunterbrechung. Bereits nach zwei, drei Runden wird die geringere Ablenkung beim Schalten und die nicht von Schaltpausen unterbrochene Beschleunigung als vorteilhaft registriert. Letzteres ist insbesondere bei einem aufgeladenen Motor wie dem Sechszylinder von Porsche eine angenehme Lösung, weil man nicht mehr ständig den Ladedruck beobachten muß.
Praktisch heißt das: Beim Beschleunigen bleibt das Gaspedal immer voll durchgetreten, während man bei rund 8100/min nur kurz an der Schaltwippe zieht, oder den entsprechenden Knopf am Lenkrad drückt – ein leichter Ruck und der Gang ist eingelegt. Weil das mit dem Hochschalten so zügig geht, muß man sich beeilen, um mit dem Schalten nachzukommen, so vehement schieben die etwa 720 PS das gut 860 kg schwere Renncoupé vorwärts. Noch angenehmer ist die Funktion des PDK-Getriebes jedoch beim Runterschalten.
Hans Stuck: »Auf der Geraden des GP-Kurses drücke ich nach dem Erreichen des fünften Ganges dreimal den Knopf für Zurückschalten (also ohne vom Gas zu gehen!), konzentriere mich auf den Bremspunkt bei etwa 200 Meter vor der Kurve, während die PDK, wenn die jeweilige Geschwindigkeit respektive Motordrehzahl erreicht ist, die gespeicherten Gänge nacheinander ›abruft‹.«
Dies ist nur möglich, weil die Steuerungs-Elektronik ein Überdrehen des Motors dadurch verhindert, daß sie den gewünschten, nächst niedrigen Gang erst dann akzeptiert, wenn keine Gefahr mehr besteht, daß dabei die Maximaldrehzahl des Motors überschritten wird. Allein das Wissen darum, macht so sicher (ein Motorschaden schlägt mit einem sechsstelligen Betrag zu Buche!), daß man sich gleich mehr zutraut.
Hans Stuck: »Wenn es heiß hergeht, beispielsweise bei den Trainingssitzungen für die Startaufstellung, bremse ich auch schon mal mit dem linken Fuß eine schnelle Passage kurz an, während der rechte Fuß voll auf dem Gas bleibt – das bringt wieder zehntel Sekunden!«
Ganz so schnell gings beim Testen nicht zu, aber rund 75 Prozent der Stuck-Zeit konnten fast auf Anhieb realisiert werden – nicht zuletzt auch

ein Verdienst der Porsche-Doppel-Kupplung, die es erlaubte, sich als Nichtprofi mehr auf das relativ schnelle Fahren, die Strecke und das Auto zu konzentrieren, Fehler nicht übel nahm und trotzdem jeden Schaltvorgang präzise und rechtzeitig ausführte – ja sogar noch den Spritverbrauch günstiger gestaltete.
Was heißt nun eigentlich genau »Doppel-Kupplung« und worin liegt ihr praktischer Wert außerhalb des Rennsports? Das PDK-Getriebe besteht aus bekannten Grundelementen wie einem Zahnradsatz, ähnlich einem konventionellen Getriebe, einer doppelten Kupplung und einer elektronischen Steuerung sowie hydraulischer Betätigung. Mit Hilfe dieser Technik können gleichzeitig zwei Gänge synchronisiert sein, wobei das Schalten von einem zum anderen Gang durch gleichzeitiges Öffnen der einen und Schließen der anderen Kupplung erfolgt.
Erprobt wurde das PDK-Getriebe außer im Porsche 962 C bereits im Audi Sport Quattro von 1986 (letzte Rallyeversion) sowie derzeit auch in mehreren Porsche 944 Turbo. Daraus darf abgeleitet werden, daß zu einem absehbaren Zeitpunkt ein solch sportliches Getriebe (keine Automatik im klassischen Sinn!) auch in leistungsstarken Personen- und Sportwagen zu finden sein wird.

1986: Joest-Porsche 962 mit Klaus Ludwig, verfolgt von Stuck im Werks-Porsche, im Super-Cup. Joest gewann die Team-Wertung, Stuck den »Super-Cup«

Liqui-Moly-Porsche 962, erfolgreich in der Saison 1987 mit Baldi/Palmer

Stuck im Werks-962 C gewann den ersten Lauf des Super-Cup-Rennens (Eifelrennen auf dem Nürburgring) am 26. April 1987

Der Rothmans-Porsche 962 C mit Stuck/Bell/Holbert gewann die 24 Stunden von Le Mans im Juni 1987

1988: Porsche-Werks
962 C für den Super-Cup
mit PDK-Getriebe
(Fahrer: Hans-J. Stuck)

Die Garde der erfolgreichen IMSA-Porsche 962, die 1986 und 1987 in Amerika nahezu alle Rennen gewannen, bei denen sie antraten, und sich damit natürlich das jeweilige Championat überlegen sicherten (Abbildungen Seite 519–522)

JOEST RACING PORSCHE 962

HENN'S SWAP SHOP PORSCHE 962

BRUN MOTORSPORTS PORSCHE 962

LOWENBRAU SPECIAL PORSCHE 962

WYNN'S SPECIAL PORSCHE 962

BRIDGESTONE BAYSIDE DISPOSAL 962

BFGoodrich PORSCHE 962

BFGoodrich PORSCHE 962

BAYSIDE DISPOSAL PORSCHE 962

COCA-COLA PORSCHE 962

LOWENBRAU SPECIAL PORSCHE 962

DYSON RACING PORSCHE 962

Der Autor dieses Buches erhält Gelegenheit, den siegreichen »962 C« auf dem Nürburgring zu »testen«

... Stuck gewann damit 1987 den Super-Cup

Verwirrende Vielfalt der Instrumente im Cockpit des 962 C-PDK. Die wichtigsten Rundinstrumente (v.l.n.r.): Motor-/Getriebe-/Hydraulik-Temperatur; Öl-/Benzindruck; Ladedruck; Wasser-Temperatur (links/rechts); Drehzahlmesser. Im Lenkradkranz deutlich zu sehen sind die beiden Knöpfe zum Auf-/Abwärtsschalten sowie rechts davon die Schaltwippe mit identischer Funktion

Porsche-Indy (1980)

Fast fünf Jahre – seit 1975 – war das Projekt »Indy-Porsche« ein fester Bestandteil bei den Überlegungen der Firma Porsche, sich im Motorsport zu engagieren. Aber dann bekam der USAC (United States Automobile Club) als Organisator der Indy-Serie – mit dem alljährlichen Höhepunkt, den 500 Meilen von Indianapolis – interne Schwierigkeiten, die bis zur Spaltung in eine Gruppe USAC und eine Gruppe CART eskalierten. Diese Reibereien brachten schlußendlich Porsche 1980 um den fest eingeplanten Start – doch der Reihe nach.
Porsches Einstieg in die Branche der Ovalrennen und spektakulären Geschwindigkeiten erfolgte in Zusammenarbeit mit dem amerikanischen Interscope-Team. Beide Partner kannten sich aus der amerikanischen IMSA-Serie, wo Interscope zwei Porsche 935 mit den Fahrern Danny Ongais und Ted Field einsetzte und unter anderem die 24 h Daytona 1980 gewinnen konnte.
Der als Testfahrzeug dienende erste Interscope-Indy-Porsche ist ein modifiziertes Parnelli-Chassis mit Porsche-Sechszylindermotor. Als Einsatzfahrzeug war ein von Porsche und Interscope gemeinsam entwickelter Rennwagen in Arbeit (Ende 1979/Anfang 1980). Es war vorgesehen, daß der in Hawaii gebürtige Ongais diesen Indy-Porsche fahren sollte.
Obwohl für Porsche der Schwerpunkt auf den »500 Meilen von Indianapolis« liegt, sollte der Interscope-Porsche die komplette USAC-Meisterschaft bestreiten. Weniger zunächst mit Blick auf den Gewinn des Championates als auf die technische Erprobung und Weiterentwicklung des Fahrzeuges.
Nach dem erfolgreich bestandenen CanAm-Abenteuer der Jahre 1971 bis 1973 ('72 und '73 wurde die Serie von Porsche gewonnen) sollte Indy der zweite Kreuzzug der Schwaben nach USA werden. Mit von der Partie beim Projekt »Indy 1980« waren Porsches langjährige Partner im Motorsport Shell, Bosch sowie Kühnle, Kopp & Kausch (KKK). Auf dem Reifensektor wollte Porsche mit dem Indy-Spezialisten Goodyear kooperieren.

Im Entwicklungszentrum Weissach wurde seit 1978 wieder schwäbisch-gründlich an dem Indy-Projekt gearbeitet, dessen Leitung Helmut Flegl zugeteilt war. Motorenspezialist Valentin Schäffer arbeitete seitdem intensiv an der Entwicklung des Indy-Motors, der in einem sehr engen Leistungsbereich für einen Rundenschnitt von 320 km/h sorgen sollte.
Rennleiter Manfred Jantke: »Der Motor ist praktisch die Endstufe der Entwicklung unseres Sechszylinders, ein Ableger unserer Gruppe-5- und Gruppe-6-Triebwerke.« Allerdings unterscheiden sich die Indymotoren in einem Punkt wesentlich von den bisher in Europa gefahrenen Versionen: Der vierventilige Sechszylinder mußte von Superkraftstoff auf Alkohol umgerüstet werden, denn in Indianapolis heizt Methanol die Maschinen an.
Bis zum Februar 1980 sollte das Gespann Interscope/Porsche den neuen Indy-Renner fertiggestellt haben, wobei die Montage in den USA vorgesehen war, da die Interscope-Truppe (in Santa Ana/Californien ansässig) in optimaler Lage zwischen der Rundstrecke in Riverside und dem Oval in Ontario plaziert wurde.
Doch kaum hatte sich Porsche – im Dezember 1979 – offiziell entschlossen, an der Indy-Serie 1980 teilzunehmen und alle technischen Vorbereitungen ins Laufen gebracht, eskalierten die Probleme zwischen USAC und CART erneut. Als sich der USAC mit einem neuen Reglement für Treibstoffverbrauch, Ladedruck und Flügelgrößen über die CART-Interessen hinwegsetzte, war der Bruch besiegelt. So gab es dann 1979 erstmals zwei Meisterschaften mit zwei verschiedenen Meistern.
Anfang 1980 setzten sich beide Partner wieder an den Verhandlungstisch, nachdem man festgestellt hatte, daß insbesondere die Zuschauer und die Medien die Spaltung nicht honoriert hatten, eher im Gegenteil. Doch man wurde sich schon bei Personalfragen für eine neue gemeinsame Organisation nicht einig. Dazu kamen technische Differenzen. So wollte die CART-Truppe 1980 aufgeladene Achtzylinder-Motoren mit maximal 60 ins Ladedruck, aufgeladene Vierzylinder-Motoren mit max. 70 ins fahren lassen.
Dementgegen lauteten die vergleichbaren Werte beim USAC 48 ins und 58 ins.
Dann erlaubte die CART Plastikschürzen, während sie der USAC verbot. Beiden gemeinsam war nur der vorgeschriebene Benzinverbrauch von nicht mehr als 1,8 Meilen per Gallone (1 US-Gallone = 3,786 Liter).
Das Durcheinander wurde erst am 21. April 1980 geklärt, spät, zu spät für Porsche. Der maximal erlaubte Ladedruck für Turbo-Sechszylinder wurde auf 48 ins festgelegt. Daraufhin beschloß Porsche für 1980 seine Zusage in der Indy-Serie zu starten zurückzuziehen. Porsche: »Unsere

Entscheidung mußte so ausfallen, weil wir bei der Entwicklung des Motors von anderen Voraussetzungen (höherer Ladedruck!) ausgegangen waren.« Noch im Dezember 1979 hatten die Amerikaner den Porsche-Leuten zugesagt, daß aufgeladene Sechszylinder bis maximal 60 ins Ladedruck fahren dürften. Laut Porsche errechnet man unter diesen Bedingungen eine Leistung von 630 PS. Als dann der USAC das Indy-Reglement veröffentlichte, war nur noch von 54 ins die Rede, was die Leistung um 60 PS reduziert hätte. Dann, Anfang März 1980, kam völlig überraschend für die Zuffenhausener der nächste USAC-Beschluß: 60 ins Ladedruck für Vierzylinder, 48 ins für Sechs- und Achtzylinder-Turbomotoren!

Porsche-Rennleiter Jantke jettete in die USA, um zu retten, was noch zu retten war: »Bei einem maximalen Ladedruck von nur noch 48 ins müssen wir den Motor umkonstruieren. Das kostet viel Geld und Zeit. Damit wäre aber Indy '80 für uns gestorben.«

Inzwischen hatten sich zwar – nicht zuletzt auf Druck von Goodyear, das nicht weiter bereit war, bei zwei Rennserien (USAC und CART) als Reifenausstatter aufzutreten – die zwei rivalisierenden Organisationen in der CRL (Championship Racing League) neu formiert, doch beim Reglement spalteten sich die Interessen nach wie vor. CART-Funktionäre bestanden auf 60 ins, die USAC-Bosse auf 48 ins. Weder mit der einen noch mit der anderen Lösung war Porsche geholfen – das Indy-Projekt wurde schweren Herzens gestoppt. Ob nur für ein Jahr, länger oder immer, war im April 1980 noch nicht zu erfahren.

Im Oktober 1980 wurde es dann offiziell: »In absehbarer Zeit ist kein Einsatz in Indianapolis oder der entsprechenden Serie vorgesehen. Die organisatorische Situation hat sich gegenüber 1980 nicht verändert.« (Porsche-Rennleiter Jantke)

1096 Im November 1979 fällt die Firma Porsche offiziell den Beschluß mit einem eigenen Wagen an der Indy-Serie 1980 teilzunehmen. Partner in USA: Interscope und Ongais

Der Motor für den Indy-Porsche 1980: 2,65-l-Hubraum, aufgeladen, 630 PS

Der Motor ist praktisch die Endstufe der Entwicklung des Porsche-6-Zylinders

Der erste Indy-Porsche (Testwagen) war ein modifiziertes Parnelli-Chassis

Das Indy-Kraftpaket ausgebaut: Um den Ladedruck gab es viel Aufregung

Dieser Interscope-Porsche sollte Indianapolis und die USAC-Serie bestreiten

In dieser Ausführung, die nie ein Rennen fuhr, ging der Indy-Porsche ins Museum

Porsche Indy (Typ 2708)

Was seit Monaten bruchstückhaft bekannt war, wurde am 3. Februar 1987 im Parker Meridien Hotel in New York City offiziell: das Porsche-Indy-Projekt. In Anwesenheit der Firmenchefs Peter W. Schutz und Quentin E. Wood präsentierten die Porsche AG und die Quaker State Oil Company/USA das Rennprojekt der amerikanischen Presse. Porsche ist für Konstruktion, Entwicklung und Einsatz des Fahrzeugs zuständig, die in Pennsylvania beheimatete Mineralölgesellschaft Quaker State ist der Sponsor.

Das Porsche-Projekt »Indianapolis« nahm Gestalt an. Die IAA in Frankfurt 1987 erlebte die Weltpremiere des ersten Porsche Monoposto-Rennwagens seit 1962! Entwickelt wurde das Fahrzeug für die CART-Rennserie, das amerikanische Pendant zur Formel 1. Dort will Porsche ab 1988 werkseitig konkurrieren.

C.A.R.T. steht für »Championship Auto Racing Teams«. Die auf dem nordamerikanischen Kontinent äußerst populäre Rennserie umfaßt üblicherweise 15 Rennen pro Saison, die etwa je zur Hälfte auf Oval-Rennstrecken und Straßen-Rennstrecken ausgetragen werden. Höhepunkt und wichtigstes Rennen der Saison sind die »500 Meilen von Indianapolis«. Dieser Klassiker mit weitreichender Tradition ist Synonym für die gesamte CART-Serie. Hier wurden und werden die Helden der amerikanischen Rennszene gemacht.

Der Startschuß für das Projekt »Indy-Porsche« fiel am 5. November 1985. An diesem Tag erhielt der neue Rennwagen die interne Typennummer 2708. Es begann mit einem generellen Entwurf des einsitzigen Rennwagens nach den sehr detailliert gefaßten Bauvorschriften von CART. Ein verkleinertes Modell dieses Entwurfs im Maßstab 1:5 ging in den Windkanal für erste aerodynamische Prinzipversuche. Danach beschäftigte sich die Konstruktion mit dem technischen Layout und der Struktur des künftigen Rennfahrzeuges. In einem 1:1-Modell aus Holz befaßten sich die Ingenieure gleichzeitig mit Einbauversuchen, d. h. es wurden die Platzfragen geklärt für Tanks (Kraftstoff, Öl), Kühler, Rohrverlegung, Verlegung von Elektrik und Elektronik, die Sitzposition des Fahrers, die Gurtbefestigung, den Schalthebel.

Parallel dazu verlief seit Herbst 1985 die Motorenentwicklung. Exakt am 11. Dezember 1986 um 11.36 Uhr wurde das Triebwerk zum ersten Mal erfolgreich gezündet. Gemäß dem CART-Reglement ist das Triebwerk als Achtzylinder-V-Motor mit 2,6 Liter Hubraum und Abgasturbolader ausgelegt. Der Zylinderwinkel beträgt 90 Grad und mit zwei obenliegenden Nockenwellen mit Zahnradantrieb, vier Ventilen pro Zylinder sowie einer besonders kompakten Baugröße trägt die Maschine alle Merkmale eines reinrassigen Rennmotors. Die erwartete Rennleistung mit dem von CART auf 0,6 bar begrenzten Ladedruck wird über 700 PS liegen.
Als im August 1987 das erste Monocoque-Chassis ins Haus kam (es wird aufgrund seiner Kunststoff-Sandwich-Konstruktion im Porsche-Auftrag bei MBB in München gefertigt) leistete der neukonstruierte V8-Rennmotor bereits gut 700 PS – er war ein Baby bei den ersten Gehversuchen. Mittlerweile steht das Triebwerk bei ca. 750 PS, einer etwa durchschnittlichen Leistung im Rahmen der CART-Konkurrenz.
Interessanterweise wird es vom CART-Porsche zwei Versionen geben, die sich in gewissen Abmessungen und in der Aerodynamik voneinander unterscheiden. Grund ist, daß die Rennen zum Teil auf Oval und zum Teil auf Straßenkursen gefahren werden. Da sich die Ovalkurse auch noch in kurze (1 Meile, Rundenzeit ca. 20 s) und lange Strecken (2,5 Meilen, Rundenzeit ca. 40 s) teilen und die Straßenkurse auch Stadtpisten wie Long Beach oder Miami einschließen, werden verschiedene Fahrzeuge benötigt, die sich den unterschiedlichen Streckenanforderungen anpassen. Die Version auf der IAA 1987 zeigte das Rundstreckenauto.
Bei der Chassis-Konstruktion erlaubt das CART-Reglement keinen vollen Groundeffect, doch läßt sich durch die Luftströmung unter dem Fahrzeug ein Abtrieb in begrenztem Maße erzeugen.
Beinahe so wichtig wie das Rennauto ist bei CART-Rennen eine gut funktionierene Boxencrew, denn Tankstopps sind häufig. Das Tankvolumen beträgt 150 Liter Methanol. Da Methanol gegenüber Benzin nur etwa den halben Heizwert besitzt, ist der Verbrauch etwa doppelt so hoch. Ergebnis: ein Tankstopp rund alle 30 Minuten. Die besten Teams schaffen ihn inklusive Reifenwechsel in 12 Sekunden! Die Boxenmannschaft von Porsche wird sich aus Weissacher Technikern sowie Pitroutiniers von PMNA (Porsche Motorsport North America) zusammensetzen.
Das erste fertig montierte Fahrzeug präsentierte Porsche auf der IAA 1987. Mit einem zweiten wollen die Weissacher noch Anfang September den ersten Funktionstest fahren, sobald alle Bauteile komplett verfügbar sind. Danach beginnt die Entwicklungsarbeit in Amerika mit Testfahrten auf verschiedenen Rennstrecken. Zu diesem Testprogramm zählen auch die drei letzten CART-Rennen der Saison 1987 in Nazareth/

Pennsylvania am 20. September, in Monterey/Kalifornien am 11. Oktober und in Miami/Florida am 1. November. Hinter dem Erststart in Nazareth steht wegen des knappen Termins allerdings noch ein Fragezeichen.
Auf den Rennstrecken wird sich Porsches CART-Rennwagen in den Farben grün und weiß als Quaker-State-Porsche präsentieren. Es sind die Farben der Quaker State Oil Company, die auf eine lange Tradition im amerikanischen Rennsport zurückblickt und als offizieller Sponsor unterstützt.
Bei den Testfahrten wird Al Unser sen., Indianapolis-Sieger von 1987 und mit 39 Indy-Car-Siegen einer der erfahrensten Piloten der Branche, den Quaker-Porsche steuern. Ende Juni 1987 wurde der 48jährige aus Albuquerque/New Mexiko für die Testfahrten in 1987 einschließlich der restlichen Saisonrennen von Porsche verpflichtet.
Aus Zeitgründen schaffte Porsche 1987 nur noch zwei Rennen, die beide mit vorzeitigen Ausfällen endeten. Über die Wintermonate wurde das Fahrzeug gründlich modifiziert. Projektleiter Norbert Singer: »Es ist praktisch alles neu: Monocoque, Radaufhängungen und die Aerodynamik.« Erst wenn die Testergebnisse zufriedenstellend ausfallen, soll das neue Chassis zum Einsatz kommen. Als Alternative und zu Vergleichszwecken wird der Motor auch in CART-Chassis anderer Hersteller (March) erprobt.
Mit dem Einstieg des Quaker-Porsche-Teams am Beginn der Saison 1988 erhielt der Indy-Porsche die Startnummer 2. Sie gehörte eigentlich Michael Andretti, dessen Krako-Team die Saison 1987 mit der Vizemeisterschaft abschloß. Doch Andretti jun. möchte auch 1988 mit seiner Stammnummer 99 weiterfahren und so gelang es Porsche-Motorsportdirektor in USA, Al Holbert, Krako-Eigner Maurice Krains die Nr. 2 abzuhandeln.
Für die Saison 1988 verpflichtet Porsche den Italiener Teo Fabi, der seine Schnelligkeit nicht nur in der Formel 1, sondern auch mit der Trainingsbestzeit 1983 in Indianapolis nachhaltig bestätigte. Ende Januar 1988, bei Tests im südfranzösischen Paul Ricard, machte er erstmals Bekanntschaft mit dem CART-Porsche.
Fabi: »Die Basis ist okay. Wir müssen jetzt die Aerodynamik verbessern und am Fahrzeug feilen. Das bekommen wir hin. Ich investiere gern ein Jahr in die Entwicklung, damit ich 1989 damit gewinnen kann.«
Die berühmten »500 Meilen von Indianapolis« am 29. Mai 1988 waren der erste große Prüfstein. Teo Fabi geht mit dem Indy-Porsche vom 17. Startplatz ins Rennen – was allgemein als großer Erfolg gesehen wird, da sich nicht weniger als 97 Fahrzeuge um die 33 Startplätze beworben

hatten. Der rund vier Kilometer lange Indy-Kurs mit seinen 90-Grad-Kurven ist, gemeinsam mit der Michigan-Strecke, der schnellste Ovalkurs der Welt. Rundenschnitte bis zu 220 Meilen (ca. 350 km/h) werden dort realisiert. Die maximal 277 Gallonen Methanol sollten in neun Tankstopps eingefüllt werden. Doch alles kam ganz anders: Fabi hatte sich auf Rang neun vorgefahren, als er zum ersten Boxenstopp abbog, Methanol und Reifen nachfaßte, den Gang einlegte und voll beschleunigte. Doch er kam nur wenige Meter weit – das linke Hinterrad trudelte davon, der Porsche drehte sich auf drei Rädern und stand vor der Boxenmauer – das Aus kam überraschend.
Wesentlich besser placiert Teo Fabi seinen Indy-Porsche im nächsten Rennen in Milwaukee: Rang neun ist ein Ergebnis, das neue Hoffnungen aufkeimen läßt. Dann das Rennen in Portland. Teo Fabi erreicht auf Platz sieben das Ziel. Es scheint, als sei jetzt endgültig der Knoten geplatzt. Doch dem ist nicht so. Die nächsten Rennen lassen die Porsche-Crew wieder in die Talsohlen der CART-Serie abstürzen. Dem Motor mangelt es noch an Topleistung, im wesentlichen aber gründen die Probleme im Chassis-Bereich. Ständige Weiterentwicklungen bringen das Team gegen Ende der Saison wieder nach vorne (Platz acht jeweils in Mid Ohio und Elkart Lake, Platz vier in Nazareth), doch der große Erfolg bleibt aus.
Das Team unter der Führung von Sportchef Helmut Flegl reagiert und gibt, unterstützt von Entwicklungsvorstand Dr. Ulrich Bez, bei March in England den Bau eines neuen Chassis für die Saison 1989 in Auftrag. Die Weichen für eine erfolgreichere Zukunft von Porsches Engagement in der amerikanischen CART-Serie waren also im schwäbischen Weissach in die richtige Richtung gestellt worden. Mit einer gewissen Portion Optimismus blickt die Porsche-Truppe auf die Saison 1989.
Doch March hat Probleme während der Herstellung des aufwendigen Chassis. Eine kurzfristige Reglementänderung erlaubt Porsche nicht den Einsatz des auch in der Formel 1 üblichen Kohlefaser-Monocoques – kurzfristig mußte man wieder auf das konventionelle Aluminium-Honeycombe-Chassis zurückrüsten. Das neue Auto von March ist daher später als erwartet fertig – die ersten Testfahrten mit dem neuen Porsche-March 89 P konnten erst zwei Wochen vor dem ersten Rennen 1989 in Phoenix beginnen. Ein Regentag und ein kapitaler Motorschaden sorgten für längere Unterbrechungen, ein Radlagerschaden am vierten Testtag schließlich sorgte für einen frühzeitigen Abbruch.

Das Rennen im Wüstenstaat Arizona auf dem Oval von Phoenix ging bei Temperaturen von knapp über 40 Grad Celsius über den Asphalt und

endete für die Porsche-Crew mit Teo Fabi am Volant des erstmals eingesetzten Porsche-March 89 P auf Rang sechs. Damit war man insgesamt zufrieden. Bereits eine Woche später gastierte der CART-Zirkus an der Ostküste auf dem Stadtkurs von Miami Beach. Innerhalb dieser kurzen Zeit mußte man das Auto auf einen reinen Straßenkurs abstimmen – keine leichte Aufgabe. Doch ein Motorschaden kurz nach dem Start durch die Häuserschluchten von Miami Beach beendete das zweite Rennen vorzeitig.
Aber das wichtigste Rennen der Saison, die 500 Meilen von Indianapolis, kamen für Porsche, trotz 23 Tage Trainings- und Qualifikationszeit, zu früh – das war jedem im Team klar. Nach dem Training stand Fabi auf dem 13. Startplatz, beim sogenannten Caburation Day am Donnerstag vor dem Rennen, vergleichbar mit dem Aufwärmtraining in Europa, war Teo Fabi mit 217,134 mph sogar Drittschnellster des ganzen Feldes. Doch in der 22. Runde kam für den schnellen Italiener Fabi auf Rang zwölf liegend das Aus: Eine Ventilfeder war gebrochen.
Bei den folgenden Rennen konnten die Porscheaner endlich beweisen, das ihr Auto das Potential besaß, vorne mitzufahren. Teo Fabi fuhr beim 200 Meilen-Rennen von Milwaukee auf den dritten Rang. Eine Woche später in Detroit belegte Teo Fabi den vierten Platz. Das gleiche Resultat stand für Porsche auf der Habenseite bei den Rennen in Portland und Cleveland. In Michigan schließlich war ein Sieg nicht ausgeschlossen, am Ende war es Rang zwei für den Porsche-March 89 P mit Teo Fabi am Steuer. Im August in Pocono erkämpfte sich der kleine Italienier mit dem großen Kämpferherzen den vierten Platz. Dann schlug für Porsche in Mid Ohio am 3. September 1989 die große Stunde: Der erste Sieg in der CART-Serie nach einer 23monatigen Lern- und Entwicklungszeit. Aber es sollte auch ein historischer Sieg werden, denn es blieb leider bis heute bei diesem einzigen Sieg in Mid Ohio.
Doch der Reihe nach. Die nächste Dienstfahrt im Porsche-March 89 P endete für Teo Fabi kaum minder erfolgreich – in Elkart Lake passierte er auf Rang zwei die Ziellinie. Wieder gab es in der Porsche-Box reichlich Gründe zum Feiern. Die Truppe hatte sich in der Spitzengruppe nun endgültig etabliert. Die beiden letzten Rennen in Nazareth und Laguna Seca beendete man auf Rang 16 und 30. Trotz dieser Rückschläge blickte die Porsche-Mannschaft optimistisch in die Saison 1990.
Entwicklungsvorstand Dr. Ulrich Bez ging persönlich auf Sponsorsuche für die neue Saison und fand in dem belgischen Börsenmakler und Spekulationsgenie Jean-Pierre van Rossem und dessen Firma Moneytron einen offensichtlich potenten Geldgeber. Doch wie man sich

täuschen kann. Kurz vor Saisonbeginn 1990 kollabierte das Finanzimperium des belgischen Hasadeurs. Jetzt war schnelles Handeln angesagt, schließlich wollte die Porsche-Truppe mit zwei Autos die Saison 1990 bestreiten. In letzter Minute wurde man mit der australischen Brauerei Fosters handelseinig. Teo Fabi und der neuverpflichtete John Andretti, ein Neffe der amerikanischen Rennlegende Mario Andretti, rollten in den Fosters-Farben blauweiß lackierten CART-Monoposti an den Start.

Derweil konzentrierte sich der Porsche Werkssport nicht mehr auf die CART-Serie in den USA, der ehrgeizige und motorsportorientierte Entwicklungsvorstand Dr. Ulrich Bez führte Porsche wieder mit werksunterstützten 962 C des Joest-Teams in die Gruppe C und hatte für 1991 die Formel 1 im Visier. Doch drei internationale Rennserien überforderten die wackeren Schwaben. Das motorsportliche CART-Engagement mit dem Zwei-Wagen-Team hatte 1990 durchaus das Potential für Siege – schließlich hatte man den Gewinn der CART-Meisterschaft im Visier. Aber leider fehlte auch die notwendige Portion Glück. Es reichte in der Saison 1990 zu keinem Sieg – man mußte sich mit guten Plazierungen unter den Top Ten zufrieden geben. Da man in Stuttgart dem Formel 1-Projekt für die Saison 1991 absolute Priorität einräumte und das CART-Engagement ohnehin auf drei Jahre projektiert war, fiel Mitte der Saison 1990 die Entscheidung, auch aufgrund der kurzfristigen Reglementänderung in Sachen Kohlefaser-Chassis, zum Saisonende aus der CART-Serie auszusteigen. Ein Sieg in Mid Ohio 1989 und einige gute Plazierungen von Teo Fabi und Teampartner John Andretti in der Endabrechnung der Saison 1990 sind das Ergebnis eines Engagements, von dem sich Porsche eine erfolgreichere Teilnahme erhofft hatte.

Erste Zeichnung zum Porsche-Indywagen, Typ 2708, für den im August 1985 grünes Licht gegeben wurde

Das 1:5-Modell, mit dem die Prinzipversuche im Windkanal erarbeitet wurden

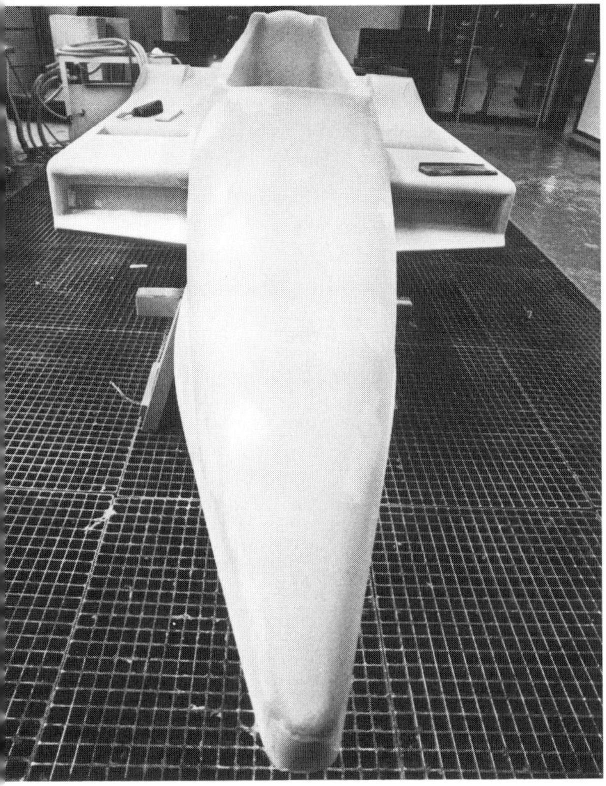

Der CART-Rennwagen im Aufbau. Rennerfahrung, die Porsche im Lauf von über 35 Jahren Motorsport gesammelt hat, flossen in die Neukonstruktion ein

Montage des ersten Fahrzeugs.
Der »2708« war nach einjähriger Konstruktions- und Bauzeit fertiggestellt

Der Porsche-Indymotor auf dem Prüfstand. Die erste Zündung des 2,6-l-Triebwerks (700 PS) erfolgte am 11. 12. 1986, 11.36 Uhr

Der erste fertige Monoposto wurde im September 1987 auf der IAA in Frankfurt – noch ohne Sponsornamen – der Öffentlichkeit vorgestellt.

Die ersten zwei Rennen 1987 liefen im Rahmen eines umfassenden Testprogramms. Die Ergebnisse waren so enttäuschend, daß während der Jahreswende 1987/88 ein nahezu komplett neuer Indy-Porsche entstand

In der amerikanischen CART-Serie geht Porsche in der Saison 1990 mit einem Zweiwagen-Team und den Fahrern Teo Fabi und John Andretti an den Start. Der von Foster's gesponserte CART-Porsche bleibt 1990 ohne Sieg, Ende 1990 zieht sich Porsche zurück.

TAG Turbo Engine (1982–1987)

600 PS unter dem Fuß Niki Laudas. So lautete das erste Ziel der Firma TAG TURBO ENGINES, einer Tochtergesellschaft der TAG-Gruppe. Dieses Ziel setzte man sich, als vor 17 Monaten in Zusammenarbeit mit McLaren und Porsche die Konstruktion eines Turbo-Motors in Angriff genommen wurde. Der »TTE-PO1« wurde mittlerweile mehrere Wochen lang auf dem Prüfstand getestet. Mitte 1983 soll er in dem neuen Marlboro McLaren MP4/2 auf Rennstrecken erprobt werden.
Die TAG-Gruppe hat sich in der Formel 1 einen Namen gemacht. Sie fungiert als Hauptsponsor für das TAG-Williams-Team, dem Weltmeister von 1980 und 1982 sowie Gewinner des F1-Konstrukteurspokals der Jahre 1980 und 1981.
Die TAG befaßt sich mit langfristigen technologischen Projekten jeder Art, die sie initiiert, entwickelt, finanziert und vertreibt. Die Aktivitäten der TAG-Gruppe erstrecken sich auf die Gebiete Finanzierung und Investitionen, Handelsförderung und Unterstützung, Aeronautik, Transport zu Wasser und zu Land, Konstruktion und Ausrüstung, Schiffsbau, Tourismus und Hotelwesen sowie Agrar-Industrie auf weltweiter Ebene. Die engen Beziehungen der TAG zur hochentwickelten Technologie sowie ihre Präsenz in der Formel 1 waren die grundlegenden Faktoren, die zur Gründung des Unternehmens TAG TURBO ENGINES führten. Das Ziel der Gesellschaft unter der Leitung ihres Präsidenten, Mansour Ojjeh, und des McLaren-Vizepräsidenten, Ron Dennis, war es, einen Hochleistungsmotor mit Turbolader auf den Markt zu bringen. Nachdem sich der Motor in der Formel 1 bewährt hat, soll er später auch kommerziell genützt werden.
Es begann 1981. Auf seiner Suche nach einem Motor, der in das McLaren Projekt paßt, setzte sich Ron Dennis mit dem Porsche-Management in Verbindung, dem Deutschen Automobil-Hersteller, dessen Entwicklungszentrum genau seinen Vorstellungen entsprach. Am 12. Oktober 1981 unterzeichneten Ron Dennis und Peter W. Schutz, der Vorstandsvorsitzende von Porsche, den ersten Vertrag. Fünf Tage später began-

nen John Bernard, technischer Direktor bei McLaren, und Hans Mezger, verantwortlicher Konstrukteur bei Porche, die grundlegenden Eigenschaften des geplanten Turbo-Motors zu definieren. Am 18. Dezember 1982 feierten TAG, McLaren und Porsche den ersten Probelauf des TTE-PO1. Der Terminplan wurde nie mehr als zehn Tage überzogen, was Peter W. Schutz zu folgender Bemerkung veranlaßte:
»Die Formel 1 und die damit verbundene technische Investition waren der Entwicklung der Automobilindustrie schon immer von Nutzen. Hiermit wurde bestätigt, daß TAG und McLaren für dieses Projekt die idealen Partner sind.«
Seit Anfang 1983 wird der Motor mit elektronischer Einspritzung getestet. Bei den ersten Versuchsfahrten richtet sich das Augenmerk auf die Funktionstüchtigkeit des Motors, wobei Motor und Komponenten auf ihr Zusammenwirken und ihre Zuverlässigkeit getestet werden. Während der anschließenden Tests wird die maximale Leistung angestrebt werden. Am 28. März dieses Jahres soll der Motor in den Marlboro-McLaren MP4/ID eingebaut und 4000 Meilen auf der Porsche-eigenen Versuchsstrecke im Entwicklungszentrum Weissach gefahren werden.
Anschließend wird es Nicki Laudas Aufgabe sein, am Steuer des McLaren MP4/2 den 600 PS starken TTE-PO1 zum Erfolg zu führen. Erst kürzlich erklärte er: »Der unerbittliche Formel-1-Kampf erlaubt keinen Kompromiß.«
Der V6-TAG-Turbo (Winkel 80 Grad), vom Ingenieur Hans Mezger ab Oktober 1981 in Weissach konstruiert, war gleichzeitig mit dem Honda-Motor 1983 rennfertig geworden. Aber als die Japaner im fünften Jahr ihren ersten Fahrer-WM-Titel schafften (N. Piquet) hatten die McLaren-Porsche-Piloten Niki Lauda (1981) und Alain Prost (1985/86) schon drei WM-Titel gewonnen. Für TAG-Chef Mansour Ojjeh konnte es keinen besseren Beweis dafür geben, daß er seinen Auftrag an der richtigen Stelle plaziert hatte.
Den ersten Prüfstandtest (Dezember 1982), ersten Proberunden von Roland Kußmaul in Weissach und ersten Lauda-Tests in Weissach und Silverstone folgten 1983 die ersten vier Testrennen: Zandvoort, Monza, Brands Hatch, Kyalami. »Wir hatten damals schon 700 PS«, erinnert sich der für den Test und Rennbetrieb zuständige Ralf Hahn. »200 PS mehr als die Cosworth-Saugmotoren«. Der Premierenmotor war mit 6,9 verdichtet, in Kyalami bereits 7,2. Der Ladedruck betrug damals 3,1 bar.
Die McLaren-Porsche sahen 1983 noch keine Zielflagge. Es gab Probleme mit den Kühlern und Bremsen – beide waren ja ursprünglich für den Saugermotor konstruiert worden. Der McLaren-Konstrukteur John Barnard vergrößerte die Kühler mit jedem Rennen, aber wegen der un-

terdimensionierten Bremsen mußten Niki Lauda und John Watson jeweils 150 Meter früher in die Eisen steigen, worauf es entsprechend länger dauerte, die Motordrehzahl wieder hochzubringen. In Kyalami hatte McLaren erstmals die Bremsen im Griff – und prompt hätte Lauda fast gewonnen.
Nach den zehn Versuchsmotoren 1983 galt es, die Triebwerke für 1984 auf die 220-l-Benzinformel einzustellen: mit auf 7,8 höhergesetzter Verdichtung, viel effizienterer Elektronik und sequentieller Einspritzung. Ab sofort spritzte nicht mehr die ganze Zylinderreihe, sondern jeder Zylinder zeitgetaktet ab. Durstig war der Porsche-Motor nie: Als Prost Anfang 1984 in Rio erstmals gewann, wurden noch 20 Liter aus dem Tank gepumpt.
In Kyalami gab es sogar einen Doppelsieg: Lauda vor Prost. Es folgten viele Triumphe und kaum Niederlagen: Die McLaren-Porsche rasten 1984 von Sieg zu Sieg. Siebenmal gewann Prost, fünfmal Lauda. Letzterer stand nach dem Finalrennen in Estoril/Portugal als erster Porsche-Weltmeister der Formel 1 fest – ein halber Punkt vor Prost! Die 113,5 Punkte blieben bis einschließlich 1987 Weltrekord.
1985 bekamen die McLaren-Porsche eine neue Motronik-Generation von Bosch: Mit vier statt zwei Kennfeldern und elektronischer Ladedruckregelung. Oft muß der Pilot im Zweikampf den Ladedruck erhöhen, aus Verbrauchsgründen aber wieder zurücknehmen. Normaler Rennladedruck: 3,3 bar. Im Qualifikations-Training bis 3,8 bar. Leistung im Rennen: 800 PS. Eine Premiere gab es zur Saisonmitte, ab dem französischen Grand Prix in Le Castellet: symmetrische, spiegelgleiche anstatt zuvor nur in eine Richtung (rechts) drehende Lader – die übrigens immer von KKK kamen.
Prost wurde 1985 souverän Weltmeister, während Lauda oft durch Vibrationsschäden (Steuergerät, Lichtmaschine) ausfiel. 1985 war die Spritkühlung bereits verboten; 1986 wurde das Tankvolumen auf 195 Liter reduziert. Nach anfangs störenden Nebengeräuschen wie Klopfen und Klingeln hatte Porsche zusammen mit Shell andere Spritsorten getestet und auch angewandt. Die Verdichtung wurde auf 8,0 erhöht, die 3,4 bar Ladedruck im Rennen entsprachen 850 PS. Im Qualifikations-Training fuhren Prost und Lauda-Nachfolger Keke Rosberg mit 4,2 bar. Man freute sich über die dritte Motronic-Generation – mit einem kleinen Speicher gab es die ersten Anfänge der Datenaufzeichnung der Motor-Paramter und der geniale John Barnard hatte die Lader nach innen verlegt, um den Staueffekt auszunützen.
Mehr und mehr waren die Großen Preise zu Spritrennen geworden. Der Spruch: »Wer im Verbrauch besser ist, kann mit mehr Leistung länger

fahren«, war das Kampfmotto in der Saison 1987. Für McLaren-Porsche hieß das: 900 PS, 3,5 bar Ladedruck, bei einer Verdichtung von 8,7. Prost und der neue zweite Mann Stefan Johansson hatten die Möglichkeit, aus dem Cockpit heraus das Gemisch abzumagern (drei Positionen). Aber Prost, der von allen Piloten den geringsten Materialverbrauch hat, am wenigsten Reifengummi, Bremsbeläge und Sprit verbraucht, mußte nie umstellen. Alain fuhr immer etwas fetter, denn mehr Innenkühlung hieß kleineres Risiko.
Die Drehzahl war in kleinen Schritten von 11 200/min im Jahre 1983 auf kurzfristig 12 600/min, ja sogar 13 000/min geklettert. Die Datenübertragung wurde immer perfekter und in Mexiko 1987 feierte die Funkübertragung Premiere. Der Sender steckte im Fußbereich, der Empfänger an der Boxenmauer.
Was Prost, McLaren und Porsche 1987 den WM-Titel kostete, war der berühmte Pfennig-Defekt: ein gerissener Keilriemen in Imola und Hokkenheim. Warum, klärten Hochfrequenz-Kameras mit Stroboskopie auf einem extra aufgebauten Prüfstand. Die Konsequenz daraus: Der Twin-Belt-Riemen. Damit war das zweite Bagatell-Problem gelöst, nachdem man die Serienstecker schon 1985 durch Militärstandard ersetzt hatte.
Was Prost und Johansson im 68. und letzten Porsche-Rennen stoppte, waren Bremsdefekte. Mit Wehmut verabschiedet sich die Porsche-Crew Ende 1987 vom Grand-Prix-Zirkus, die 25 TAG-Turbomotoren »made by Porsche« wanderten ins Museum. Doch die Statistik wird auch die Nachwelt von einer hervorragenden Bilanz informieren: Zwischen 1983 und 1987 gab es 25 Grand-Prix-Siege, drei WM-Titel und Alain Prost wurde mit dieser Kombination zum überragenden Fahrer der Formel 1 Mitte der 80er Jahre.

Technische Daten
TAG TTE-PO1 Turbo Motor

1,5 l ATL V 6 Motor

V-Winkel:	80 Grad
Hubraum	1499 cc
Bohrung:	82 mm
Hub:	47,3 mm

4 Ventile pro Zylinder
4 Nockenwellen über Zahnräder angetrieben
Zylinderkopf Aluminium-Legierung einteilig
Kurbelgehäuse Aluminium/Magnesium-Legierung
Titanpleuel
Wasserkühlung, 2 Wasserpumpen
Gewicht 150 kg komplett
elektronische Zündung und Kraftstoffeinspritzung
Wasser- und Ölpumpen sind an der Vorderseite des Motors angebracht und werden von den Zahnrädern des Nockenwellenantriebs direkt angetrieben
Motorleistung: 600 PS (Rennen)

TAG-TTE-PO 1: Eine Auftragsarbeit der Firma TAG an Porsche – ein
V6-Rennmotor für die Formel 1. Premiere beim GP von Holland in Zandvoort 1115
Ende August 1983

1116 Erstes Foto vom McLaren Formel 1 mit dem TAG-Porsche-Motor. Voraus gingen erfolgreiche Testfahrten im Juni und Juli 1983 in Weissach und Silverstone/GB

Porsche V-12 Motor (1990 – 1991)

Keine Frage: Die Formel 1 ist die Krönung im Motorsport. Dort fahren die Besten und das Medienecho ist unerreicht. Gründe genug für Porsche, die Motorsport-Aktivitäten auf die Formel 1 zu konzentrieren. 1991 ist für das neue Footwork-Porsche-Team mit neuem Motor und Fahrzeug ein Entwicklungs- und Lernjahr. Mit der Entscheidung der FISA, für die Formel 1 bis zum Jahr 2000 ausschließlich 3,5 Liter-Saugmotoren verbindlich vorzuschreiben, ist es für Porsche keine Frage, ein solches Triebwerk zu konzipieren. Zudem: Das Verhältnis der Kosten zur öffentlichen Resonanz spricht eindeutig für den Grand Prix-Sport. Das ist auch ein Grund, weshalb Porsche für 1991 kein neues Gruppe C-Fahrzeug gebaut hat. Im Fall des neuen Formel 1-Triebwerks hat Porsche wieder einen potenten und kompetenten Partner gesucht und gefunden. Gegenüber der Zusammenarbeit mit McLaren-TAG von 1984 bis einschließlich 1986 gibt es eine wesentliche Änderung: War der TAG-Motor ein Entwicklungsauftrag für Porsche, so tritt Porsche bei der Zusammenarbeit mit dem englischen Formel 1-Team Footwork, gesponsort vom japanischen Geschäftsmann Wataru Ohashi, erstmals als Bewerber auf.
Seit 1989 hat ein kleines Team um Konstrukteur Hans Mezger, der bereits den TAG-Turbo konstruiert hatte, mit Hochdruck am neuen Grand Prix-Triebwerk gearbeitet. Für den Vater aller modernen Porsche-Rennmotoren ist von Anfang klar, daß es nach seinen Erkenntnissen nur ein Zwölfzylinder sein kann. Wie bei allen Porsche-Rennmotoren sind vier Ventile pro Zylinder vorgesehen. In der Frage des Zylinderwinkels entscheidet sich Porsche für eine V-Konfiguration mit einem Winkel von 80 Grad. Die Motoren-Experten haben von 60 bis 120 Grad alle Öffnungswinkel in V-Anordnung untersucht, weil bei einem Zwölfzylinder-Rennmotor praktisch jeder Winkel möglich ist. Wegen der Struktur eines Formel 1-Boliden und der besonderen Bedeutung der Aerodynamik entscheidet man sich für einen Zylinderwinkel von 80 Grad. Der neue Rennmotor weist zudem ein Konstruktionsmerkmal auf, das Porsche bereits beim legendären 917 verwendet hat: der Mittelabtrieb. Bei diesem Konzept werden gefährliche Drehschwingungen vermieden, die bei hohen Drehzahlen zu großen mechanischen Problemen führen können.
Drehzahl, Drehzahl und nochmals Drehzahl ist das Leistungsthema in der Formel 1. Aus diesem Grund sind moderne Werkstoffe gefragt. Das gilt auch für die Peripherie des Triebwerks. So sind beispielsweise die

Halterungen für die Zündspulen aus Kohlefaser gefertigt, um Gewicht zu sparen.
Exakt um 17.07 Uhr am 6. September 1990 gibt der neue Grand Prix-Motor sein erstes Lebenszeichen von sich. Professor Ferry Porsche drückt auf dem Prüfstand im Entwicklungszentrum Weissach den Startknopf. Am 19. Oktober 1990 um 11.00 Uhr startet Bernd Schneider zum ersten Rollout. Installiert ist der V12-Motor in einem Footwork-Arrows-Chassis und die ersten Runden auf der Weissacher Teststrecke verlaufen ohne Probleme. Über die Wintermonate absolviert das neuformierte Footwork-Porsche-Team zahlreiche Testfahrten mit den Fahrern Michele Alboreto und Alex Caffi, die auch in der Saison 1991 für Footwork fahren. Footwork-Konstrukteur Alan Jenkins zeichnet derweil ein neues Chassis für den gegenüber dem bislang verwendeten Ford Cosworth V8-Aggregat längeren und schwereren Porsche-Zwölfzylinder.
Der erste Grand Prix für den Porsche V 12 steht am 10. März 1991 in Phoenix/Arizona auf dem Programm. Bernd Schneider kann sich mit dem alten Arrows-Chassis für den Grand Prix qualifizieren, muß jedoch wegen technischer Probleme das Rennen vorzeitig beenden. Das Grand Prix-Engagement für Porsche mit Footwork und dem neuen FA 12 entwickelt sich jedoch für die englisch/deutsche Crew alles andere als positiv. Wenn sich Michele Alboreto oder Alex Caffi denn wirklich für die Startaufstellung qualifizieren können, sehen sie in keinem der Rennen die Zielflagge. Probleme mit der Ölzirkulation im Motor und dem von Footwork gebauten Sechsganggetriebe bremsen den Vorwärtsdrang des neuen Teams ebenso wie Fahrwerksmängel.
Ab Juli 1991 fehlt dann im Konzert der Zwölfzylinder der Sound des Porsche Formel 1-Aggregats. Footwork-Porsche hat eine Auszeit von den Rennen genommen, um das unter zu großem Zeitdruck entstandene und daher mit diversen Kinderkrankheiten belastete neue Fahrzeug einer seriösen Entwicklungskur zu unterziehen. Das geht nur ohne den permanenten Druck der Renntermine. Das exakt definierte Entwicklungsprogramm umfaßt Chassis und Aerodynamik ebenso – die Fahrer beklagen vor allem eine schlechte Balance – wie den Antrieb. Bei Porsche konzentriert man sich auf Motor und Getriebe, Footwork in England erledigt die Chassis- und Aerodynamikarbeit. Der Große Preis von Japan im Oktober 1991 ist als Termin für die Rückkehr des Footwork-Porsche FA 12 geplant.
Doch es kommt anders: Mitte Oktober 1991 haben sich Footwork und Porsche auf die einvernehmliche Auflösung des am 4. Februar 1990 in Tokio geschlossenen Vertrages über ein Formel 1-Engagement ge-

einigt. In Anbetracht der begrenzten finanziellen Mittel hat Porsche beschlossen, die Entwicklungsarbeit am V 12 Formel 1-Motor einzustellen und für die Saison 1992 keine Formel 1-Aktivitäten vorzusehen. Das Formel 1-Projekt von Porsche stand von Beginn an unter keinem guten Stern. Nach den Rückschlägen am Beginn der Saison wurde deutlich, daß man ohne ein Jahr Vorentwicklung die gesteckten Ziele kaum erreichen könne. Deshalb die Auszeit mit dem klaren Entwicklungsziel: 700 PS bei einem Motorengewicht von etwa 150 Kilogramm. In die Saison gestartet war man mit rund 630 PS und knapp 180 kg Motorgewicht. Im Mittelpunkt der Entwicklungsphase zwischen Juni und Oktober 1991 standen die Haltbarkeit des Triebwerks und die Leistung. Parallel dazu lief ein Programm zur Gewichtsoptimierung. Probleme mit der Ölversorgung konnten beseitigt werden. Die Drehzahlfestigkeit (14500/min waren Bestandteil des Lastenhefts) wurde über die Werkstofforschung mit dem Einsatz extrem leichter und haltbarer Bauteile stabilisiert. Der Erfolg dieser Maßnahmen bestätigte sich im August, als bei Testfahrten in Paul Ricard mehrere Grand Prix-Distanzen ohne Motorprobleme absolviert werden konnten.
Breit angelegt war auch ein Programm zur Leistungssteigerung. Eine spezielle Airbox-Entwicklung sorgte für kontrollierten Luftstrom zum Motor bei schneller Fahrt. Zusammen mit Partner Shell arbeitete man an hocheffektiven Rennkraftstoffen. Die Mitte Oktober 1991 gezogene Zwischenbilanz kann sich sehen lassen: Das zeitliche begrenzte Programm erbrachte einen Leistungszuwachs von 50 PS und eine Gewichtsverringerung von 15 kg. Weitere Entwicklungsschritte waren konzipiert und vorbereitet.
Aber die Früchte dieser Arbeit konnten nicht mehr geerntet werden. Denn weit weniger günstig als die Technik hatte sich im gleichen Zeitraum die Beziehung zwischen Porsche und Footwork entwickelt. Angesichts des problematischen Projektanlaufs, des ungünstigen Zeitrahmens sowie der damit verbundenen Rückschläge war es den Partnern nicht gelungen, jenes gegenseitige Vertrauen aufzubauen, das für eine große Leistung und ihre langfristige finanzielle Sicherung unerläßlich ist. Die Konsequenz war eine vorzeitige Beendigung der Partnerschaft und damit auch das Ende für die Entwicklung eines aktuellen Porsche Formel 1-Motors.

Technische Daten

Porsche V12-Formel 1-Motor
3,5 Liter V12-Saugmotor
V-Winkel: 80 Grad
Hubraum: 3499 ccm
4 Ventile pro Zylinder,
4 obenliegende Nockenwellen über Zahnräder angetrieben
Zylinderkopf Aluminium-Legierung, einteilig
Kurbelgehäuse Aluminium- (Oberteil)/Magnesium- (Unterteil)-Legierung
Titanpleuel
Wasserkühlung, 2 Wasserpumpen
Gewicht ca. 165 kg komplett
elektronische Zündung und Kraftstoffeinspritzung
Motorleistung: ca. 670 PS

Carrera RSR-Proto/RSR-Turbo/936-Turbo/936-Turbo

Baujahr	Modell Karosse	Modell Typ	Fahrgestell-Nr.	Motor-Typ	Getr.-Typ	Zyl.	Bohrung x Hub	Hubraum	DIN-PS bei U/min.	mkp bei U/min.	Verdtg.	Radstand	Spur vorn/hinten	Länge	Gewicht	Produkt. Stck.
1973	Coupé	Carrera RSR „Proto“	911360019-R1 0020-R2 0307-R3 0328-R4 0576-R5 0588-R6 0686-R7 0974-R8	911/72 911/74 911/75	915	6 6 6	92 × 70,4 95 × 70,4 95 × 70,4	2806 2993 2993	300/8000 315/8000 330/8000	30/6500 32/6500 32/6500	10,3:1	2271	1472/1528	4147	850	8
1974	Coupé	Carrera RSR-TC	9113600576-R5 4609016-R9 9101-R12 9102-R13	911/76 911/78	915/50	6 6	83 × 66 83 × 66	2142 2142	500/7600 450/8000	56/5400 46/5500	6,5:1 6,5:1	2271		4235	750 820	4
1976	Coupé	935 TC „Proto“ Gr. 5	9305700002-R15	930/72	930/25	6	92 × 70,4	2806	590/5400	60/5400	6,5:1	2271	1502/1558	4680	970	1
	Spyder	936 TC „Gr. 6“	936001/936002	911/78	930/25	6	83 × 66	2142	520/8000	48/6000	6,5:1	2400	1580/1510	4200	700	2
1976	Coupé	935	9305700002 (R 15)	930/72	930/25	6	92 × 70,4	2857	590/7900	60/5400	6,5:1	2271	1502/1558	4680	970	Test- wagen
		Turbo	Neu: 935.001 935.002		930/51							2265	1500/1560	4655	970	
1977	Coupé	935-77	935.77003/ 04/05	930/78	930/50	6	92 × 70,4	2857	630/8000	60/5400	6,5:1	2271	1502/1558	4680	970	3
	Coupé	935- 77-20	935.2.001	65/2	915/2	6	71 × 60	1425	370/8000		6,5:1	2271	1502/1457	4680	750	„Baby“
1978	Coupé	935-78	935.78006/07													2
1977	Spyder	936-77	936001/02	911/78	917	6	83 × 66	2142	540/8000	50/6000	6,5:1	2410	1530/1480	4250	700	2

Carrera RSR-Proto/RSR-Turbo/936-Turbo

Bau-jahr	Modell Karosse	Typ	Fahrgestell-Nr.	Motor-Typ	Getr.-Typ	Zyl.	Bohrung x Hub	Hub-raum	DIN-PS bei U/min.	mkp bei U/min.	Ver-dtg.	Rad-stand	Spur vorn/hinten	Län-ge	Ge-wicht	Produkt. Stck.
1976	Spyder	936	936001/936002	911/78	917	6	83x66	2142	520/8000	48/6000	6,5:1	2400	1580/1510	4200	700	2
1977	Spyder	936/77	936001/936002	911/78	917	6	83x66	2142	540/8000	50/6000	6,5:1	2400	1530/1480	4250	700	2
1978	Spyder	936/77	936002	911/	917	6	87x60	2140	580/8500		7,0:1	2400	1540/1515	4960	780	2
		936/78	936001/936003	911/78	917	6	83x66	2142	540/8000	50/6000	6,5:1	2400	1530/1480	4250	700	1
1979	Spyder	936/78	936001/936003	911/	917	6	87x60	2140	580/8500		7,0:1	2400	1540/1515	4950	780	2
1980	Spyder	936/80	936004/936005	911/78	917	6	83x66	2142	540/8000	50/6000	6,5:1	2400	1530/1480	4250	700	2
			Joest/Kremer	911/	917	6	87x60	2140	580/8500		7,0:1					
1981	Spyder	936/81	936001/936003	935/76	917	6	92,3x66	2649	620/8200	610/8400	7,2:1	2400	1540/1515	4950	780	2

Carrera RSR-Proto/RSR-Turbo/935-Turbo/936-Turbo/Indy-Porsche/Typ 2708 (Indy)

Baujahr	Modell Karosse	Modell Typ	Fahrgestell-Nr.	Motor-Typ	Getr.-Typ	Zyl.	Bohrung x Hub	Hubraum	DIN-PS bei U/min.	mkp bei U/min.	Verdtg.	Radstand	Spur vorn/hinten	Länge	Gewicht	Produkt. Stck.
1978	Coupé	935/78	9308900011-	930/72[1)]	930/50	6	92,8×70,4	2857	600/8000	60/5400	6,5:1	2271	1502/1558	4680	970	23
		„Kund."	0033	930/78[2)]	930/60	6	95 ×70,4	2994	875/8000	73/5600	6,5:1				1025	
				930/79[1)]		6	97 ×70,4	3124	680/8000	72/5800	6,5:1				1025	
				930/80[2)]		6	95 ×74,4	3160	720/8000	75/5500	7,0:1				1025	
1979 79[2)]	Coupé	935-79	00000009-13[3)]	930/	G30/60	6	97 ×70,4	3124	680/8000	72/5600	6,5:1	2271	1502/1558	4680	1025	5
		„Kund."	00016-17	930/		6	95 ×74,4	3160	720/8000	75/5500	7,0:1				1025	2
80[2)]			00022-25 00027-28													6
1978 „Werk"	Coupé	935-78	935006-007	935/3,2[2]	G30/60	6	95,7×74,4	3211	750/8200	85/6500	7,0:1	2279	1630/1575	4890	1025	2
1977 „Baby"	Coupé	935-02	935/020001	935/02	915/02	6	71,0×60,0	1425	390/8500	31/6800	7,0:1	2271				1
1979	Monoposto	Indy P6B	P6BF05/P1		Hewland	6	92,3×66,0	2650	630/9000	57/6400	9:1	2654	1524/1575	4547	680	1
1987	Monoposto	Indy 2708	2708001 2708002 2708003	2708/80	Porsche	8	88,2/54,2	2649,2	733/11000	465/8500	12:1	2800	1755/1624	4660	703	3
1988	Monoposto	March Porsche (March, Kundenchassis)	88C-14 88C-20	2708/81	Hewland	8	88,2/54,2	2649,2	733/11000	465/8500	12:1	2850	1725/1615	4660	704	2

Carrera RSR-Proto/RSR-Turbo/935-Turbo/936-Turbo/Indy-Porsche/Typ 2708 (Indy)

Bau-jahr	Modell Karosse	Modell Typ	Fahrgestell-Nr.	Motor-Typ	Getr.-Typ	Zyl.	Bohrung x Hub	Hub-raum	DIN-PS bei U/min.	mkp bei U/min.	Ver-dtg.	Rad-stand	Spur vorn/hinten	Län-ge	Ge-wicht	Produkt. Stck.
1989	Monoposto	March Porsche	89P-01Speedway 89P-02 Road Race 89P-03 Short Oval 89P-04	2708	Hewland	8	88,2/54,2	2649,2	733/11000	465/8500	12:1	2850	1725/1615	4660	704	4
1990	Monoposto	March Porsche	90P-01Speedway 90P-02 Road Race 90P-03 Short Oval 90P-04 90P-05 90P-06	2708	Hewland	8	88,2/54,2	2649,2	733/11000	465/8500	12:1	2851	1734/1616	4660	704	6

[1] Einfach-Lader – [2] Doppel-Lader – [3] Wurden nur als Ersatz-Karosserien ausgeliefert

In der Formel 1-Saison 1991 geht das englisch/deutsche Footwork- Porsche-Team mit dem neuen Porsche V 12-Triebwerk an den Start. Viele Probleme bremsen das Formel 1-Engagement, Mitte der Saison zieht sich Porsche aus dem Grand Prix-Abenteuer zurück.

1125

Charakteristisch für den Footwork-Porsche FA 12 ist die sehr spitze, hohe Frontpartie mit darunter plaziertem Vorderflügel.

Das aus Aluminium und Magnesium gefertigte Porsche Zwölfzylinder-Formel 1-Triebwerk mit 3,5 Liter Hubraum und Mittelabtrieb erweist sich gegenüber den Konkurrenten als nicht Wettbewerbsreif.

Porsche Boxster (1993)

Zukunftsweisende Sportwagenstudie

Porsche hat die technische und stilistische Entwicklung von Spyder, Speedster und Roadster-Sportwagen immer wieder entscheidend geprägt und will das auch in Zukunft fortsetzen. Vor diesem Hintergrund präsentiert Porsche auf der Detroit Motorshow im Januar 1993 seine jüngste Idee zu diesem Thema: die Sportwagen-Studie Boxster. Hier handelt es sich um einen offenen Zweisitzer mit Mittelmotor, der nicht nur durch seine attraktive Karosserieform besticht, sondern auch mit einer Reihe pfiffiger Detaillösungen aufwartet.

Wie beim 550 Spyder und beim RS 60 aus den fünfziger Jahren ist der optische Auftritt geprägt von spannungsvollen Proportionen. Vom Mittelmotor-Konzept ausgehend, ergaben sich eine Reihe von Vorgaben, die das Erscheinungsbild prägen. Hierzu zählen vor allem der im Verhältnis zur Fahrzeugdimension lange Radstand sowie das relativ weit vorn placierte Cockpit. Während der Karosserieüberhang des Hecks extrem kurz geraten ist, reicht die Frontpartie mit dem darin integrierten Kühler deutlich über die Vorderachse hinaus. Diese unterschiedliche Auslegung der Überhänge unterstützt »das visuelle Spannungserlebnis, das sich beim Betrachten des Boxsters einstellt«, interpretiert Porsche Design-Chef Harm Lagaay sein Werk.

Die Auspuffanlage ist als integraler Bestandteil in die Karosserielinie einmodelliert. Andere mit dem Porsche-Design verbundene Elemente wie die Frontscheinwerfer, Heckleuchten, Blinker und Kotflügel erfahren eine neue Interpretation in der Porsche-typischen Ausstrahlung. Innovative Lichttechniken unterstreichen den Zukunftscharakter des Boxsters. Während das Abblendlicht im waagerecht geteilten Hauptscheinwerfer oben liegt, befindet sich die Fernscheinwerfer-Einheit im unteren Teil des asymmetrischen Gesamtelementes. Die Nebelscheinwerfer in Elipsoid-Technik sind seitlich im gleichen Gehäuse integriert. Selbst die Scheinwerfer-Waschdüsen sind in das Gesamt-Design integriert. Die Heckleuchten mit ihren flächenhaft angeordneten Leuchtdioden gewährleisten eine sehr gleichmäßige Helligkeitsverteilung. Die hinteren Blinker sind wie kleine Lichtinseln in die Gesamtleuchte eingearbeitet.

Seinem Konzept für die Innenraumgestaltung legte Chefdesigner Harm Lagaay die Erkenntnis zugrunde, daß Fahrer und Beifahrer unterschiedliche Ansprüche an ihren Sitz stellen. Die Sitze entsprechen sich zwar im Polsterdesign, weisen aber ein unterschiedliches Format auf. Der Fahrersitz ist auf maximalen Halt ausgelegt. Zusätzliche Beinabstützungen sichern die Sitzposition auch bei zügiger Kurvenfahrt. Ein Teil des rechten Beinpolsters am Fahrersitz dient gleichzeitig als Handbremshebel. Hingegen genießt der Beifahrersitz höchste Priorität bei den Themen Beinfreiheit, Bewegungsspielraum und Ablagemöglichkeiten. Die Rückenlehne beispielsweise bietet in einem durch Reißverschluß zugänglichen Fach Platz für eine leichte Jacke.

Der zentral an der Armaturentafel angeordnete LCD-Bildschirm ist für Fahrer und Beifahrer gleichermaßen erreichbar. Er besitzt folgende Funktionen: Radio, TV/Video, CD-Anzeige, Navigationssystem, Uhr, Bordcomputer, Telefon-Bedienung, Equalizer, Zusatzinstrumente. Selbstverständlich bietet auch der Boxster zwei Fullsize-Airbags. Der Fahrer-Airbag ist im Dreispeichen-Lenkrad in neuartiger, raumsparender Weise untergebracht.

Porsche-typisch präsentiert sich die Instrumentierung mit den klassischen fünf Rundinstrumenten in Analogtechnik. Diese sind – in der Mitte wie immer der Drehzahlmesser – ineinander verschmolzen, ohne dabei ihre formale Eigenständigkeit zu verlieren. Zur besseren Ablesbarkeit kommt dabei eine neue Beleuchtungstechnik zum Einsatz. Die Ziffern und Zahlen sind in das Abdeckglas eingraviert und heben sich durch entsprechend gestaltete Hinterglasausleuchtung ab. Die Zeiger werden von hinten beleuchtet und erscheinen als Schatten auf dem Instrumentenglas.

Außergewöhnliche Designideen finden sich auch in der Gestaltung der Türen und Verkleidungen, wiederum unterschiedlich für Fahrer und Beifahrer. Die als schlankes Metallrohr ausgeformten Türgriffe dienen sowohl zum Zuziehen der Tür als auch integraler Bestandteil des Seitenaufprallschutzes. Die Schalter für die Fensterheber sind im Griff integriert, einfach zu bedienen und wie die anderen Schalter aus besonders griffsympathischem Horn gefertigt. Alle vier als Designelement gestalteten Frischluftdüsen sind mit eigenem Ventilator bestückt und individuell einstellbar.

Die Verkleidung hinter den Sitzen ist im zentralen Teil zur Mittelkonsole

ausgeformt und reicht nach vorn bis zwischen die Sitze. Neben zwei Ablagefächern in der Konsole finden sich hinter den Sitzen in dieser Verkleidung zwei zum Fahrzeugdesign passende, herausnehmbare Taschen.
Elegant und innovativ präsentiert sich das Farb- und Materialkonzept dieser Studie. Das silbern lackierte Außenblech findet sich im Innenraum bei Türtafeln, Instrumententräger und Mittelkonsole wieder. Neben den gestalterischen Möglichkeiten bieten die bewußt verwendeten Metallelemente im Innenraum die Chance zur Gewichtsersparnis und auf schwierig recyclingfähige Polstermaterialien zu verzichten. In Kombination mit dem erwähnten Horn ergibt sich bei den Schaltern ein haptisches Erlebnis, das vom Bediener nicht nur als angenehm empfunden wird, sondern auch die Bediensicherheit steigert. Die sinnliche und stilvolle Gesamtoptik entsteht beim Boxster auch durch den Einsatz von rotbraunem Anilinleder, das überall im Griffbereich mit einer Prägung versehen ist.
Da der Boxster in erster Linie als Designstudie zu einem zukünftigen Sportwagen unterhalb der 911-Baureihe konzipiert ist, können derzeit zum Antriebskonzept noch keine klaren Aussagen getroffen werden. Nach dem Willen der Porsche-Führungscrew unter Vorstandsvorsitz von Wendelin Wiedeking soll aber der Boxster, sollte er denn in der Tat in der zweiten Hälfte der neunziger Jahre in Produktion gehen, als Antriebsquelle auf jeden Fall, wie auch die Bezeichnung schon zum Ausdruck bringt, über einen Boxermotor verfügen. Ob diese für Porsche so charakteristische Triebwerk-Konfiguration dann mit vier oder sechs Zylindern agiert, ist derzeit noch völlig offen.
Der Boxster ist auf jeden Fall Ausdruck der Motivation der Porsche-Designer und der Kompetenz des Sportwagen-Herstellers. Diese Studie zeigt gleichzeitig das eindeutige Bekenntnis, daß der Sportwagen aus dem Hause Porsche über eine klar definierte Zukunft verfügt.

In der Sportwagenstudie Boxster, im Januar 1993 in Detroit erstmals präsentiert, sieht Porsche einen realistischen Zweisitzer für die zweite Hälfte der neunziger Jahre.

1130

Bei der Gestaltung des Boxsters ließ sich Chefdesigner Harm Lagaay von der Linie des legendären RS 550 inspirieren. Welcher Motor zum Einsatz kommt, ist noch nicht entschieden.

Der Boxster ist als zweisitziges Spaßauto konzipiert und offeriert auch im Innenraum innovative Lösungen wie beispielsweise die unterschiedliche Gestaltung der beiden Sitze.

Porsche: Typen-Nummern-Verzeichnis

Konstruktionsbüro für Motoren, Fahrzeuge, Luft- und Wasserfahrzeuge

7 Wanderer: 1,7 l/1,8 l; Sechszylinder-Limousine
8 Wanderer: Achtzylinder-Coupe (Motor 3250 ccm)
9 Wanderer: Typ 7 mit Strömlinien-Karosse; Prototyp
10 Horch: Hintere Schwingachse
12 Zündapp: 5-Zyl.-Radialmotor für Heckeinbau in Limousine. 3 Prototypen (VW-Käufer-Vorläufer)
16 Röhr: 8-Zyl.-Motor
18 Luftgekühlter Lkw-Motor, 3500 ccm Radialmotor
19 Dreiachsvariante für Typ 18
20 Teves: Drehstab-Federung/Aufhängung
22 Auto Union: Grand-Prix-Wagen, 16 Zylinder, Mittelmotor, 4360 ccm
24 Zündapp: Dreirad-Fahrzeug
27 Mattis-Ford: Limousine
28 Typ 18/19: Überarbeitung
30 Hanomag: Vordere Schwingachse
31 Wanderer: Vordere Schwingachse
32 NSU: 4-Zyl.-Flachmotor, luftgekühlt für Heckeinbau in Limousine. 3 Prototypen (VW-Käfer-Vorläufer)
36 Röhr: aufgeladener 8-Zyl.-Motor und Chassis
38 Modifikation eines Ottomotors für einen 2-Achs-Lkw
39 Modifikation eines Ottomotors für einen 3-Achs-Lkw
52 Sportwagen: Entwurf auf der Basis Typ 22
56 ERA: Frontachse
57 Zündapp: Motorradmotor
59 Roger Schneider: Vordere Schwingachse
60 Volkswagen/KdF-Wagen: 22 PS, luftgekühlter Heckmotor, Heckantrieb
61 Volkswagen: schmalere Version des Typ 60
62 Volkswagen: Kübelwagen-Prototyp

64 Sportwagen: Stromlinienform, basierend auf VW 60 (auch Typ 60 K10). 3 Prototypen
65 Volkswagen: Fahrschul-Einrichtung
66 Volkswagen: Rechtslenkung
67 Volkswagen: Invaliden-Fahrzeug
68 Volkswagen: Lieferwagen »Reichspost«
70 Flugzeugmotor: 32 Zylinder
72 Flugzeugmotor: 16 Zylinder
76 Laborgerät
78 Flugzeugmotor: Schiebersteuerung
80 Daimler Benz: Weltrekordwagen, drei Achsen, 2200 PS, bis 600 km/h
81 Volkswagen: Kastenwagen-Fgst. (Aufbau 286)
82 Volkswagen: Kübelwagen, 1130 ccm, Einachsantrieb, Sperrdifferential
83 Volkswagen: Kraftübertragung System »Kreis«
84 Volkswagen: Kraftübertragung System »Dr. Hering«
85 Volkswagen: Allradantriebs-Studie
86 Volkswagen: Kübelwagen mit Vierradantrieb (Studie)
87 Volkswagen: Vierradantrieb für Kommandeurwagen (Typ 82)
88 Volkswagen: Modifizierter Bus auf Kübelwagen-Chassis
89 Volkswagen: Automatik-Getriebe System »Beier« (Studie)
92 Volkswagen: Geländeversion des Typ 82
93 Begrenztes Schlupf-Differential
94 Daimler Benz: Rennmotor
95 Bus-Aufhängung/Fahrwerk
96 Hydraulische Kraftübertragung
97 Daimler Benz: Schwer-Lkw
98 Volkswagen: Schwimmwagen (Typ 128) mit Typ 62-CL-Aufbau
99 Studie zu Typ 91 und Typ 95
100 Leopard-Tank mit 7,5 cm Kanone, zwei luftgekühlte V10-Motoren (10 l Hubraum) und Otto-Elektrik-Getriebe
101 Tiger-Tank mit 15-l-Zweimotor und Otto-Elektrik-Getriebe im Mixbetrieb
102 Tiger-Tank mit Voith-Elektrik-Getriebe
103 Tiger-Tank mit Voith-Hydraulik-Getriebe
106 Volkswagen: Versuchs-Kraftübertragung PIM (Typ 60)
107 Volkswagen: Aufgeladener Motor
108 Daimler Benz: Doppel-Kompressor-Motor
109 Zwei Motorradmotoren
110 Klein-Traktor »Volkspflug«

111 Traktor mit 2-Zyl.-Motor
112 Verbesserte Ausführung des Typ 111
113 Traktor mit 15-PS-2-Zyl.-Reihenmotor
114 Sportwagen: Studie mit 1,5-l-Motor (72 PS), V10-Zweinockenwellenmotor
115 Volkswagen: VW-Motor mit Kompressor, obenliegenden Nockenwellen und hemisphärischen Brennräumen (Basis 1,1 l)
116 Volkswagen: Studie eines Rennwagens auf Basis Typ 114
120 Volkswagen: Motor als Notstrom-Aggregat (RLM)
121 Volkswagen: Stationärer VW-Motor (HWA)
122 Volkswagen: Stationärer VW-Motor mit Batterie-Zündung (RP)
124 Kübelwagen: Modifiziert für Schienenbetrieb
125 Studie für einen Wind-Dynamo
126 Volkswagen: Vollsynchronisierte Kraftübertragung
128 Volkswagen: Schwimmwagen (Typ 87), 1. Version
129 Volkswagen: Kurz-Chassis-Version des Typ 128
133 Vergaser, selbstansaugend
135 Wind-Dynamo mit 130 Watt
136 Wind-Dynamo mit 736 Watt
137 Wind-Dynamo mit 4550 Watt
138 Volkswagen: Schwimmwagen (Typ 87), 2. Version
139 Volkswagen: Schwimmwagen, 2. Version B (Typ 138 S), ohne Mittelrahmen
151 Volkswagen: Kraftübertragung System „Plus“
152 Volkswagen: Kraftübertragung System „Stieber“
153 Skoda: Ostradschlepper, luftgekühlter 6-Zyl.-Motor
155 Typ 82: Ausführung Halbketten-Fahrzeug
156 Typ 166: Ausführung mit Schienen-Laufwerk
157 Typ 82/Typ 87: Ausführung mit Schienen-Laufwerk
158 Holzgas-Generator
160 Volkswagen: Selbsttragender Aufbau (Untersuchung)
162 Volkswagen: Kübelwagel mit selbsttragendem Aufbau
164 Gelände-Lkw mit sechs Rädern und zwei Motoren
166 Volkswagen: Schwimmwagen (Serie)
170 Sturmbootmotor: Basis-VW-Motor mit 40 PS (Modell 1)
171 Sturmbootmotor (Modell 2)
174 Sturmbootmotor (Normal-Ausführung)
175 Ostrad-Schlepper: Militärzugmaschine mit Stahlrädern
177 Typ 82/Typ 87: Fünfgang-Getriebe
179 Volkswagen: Einspritzanlage für VW-Motor
180 Tiger-Tank mit Otto-Elektrik-Getriebe

181 Typ 100: Hydraulik-Getriebe
182 Volkswagen: Kübelwagen (Serie)
187 Typ 182: Vierradantrieb
198 Panzeranwerfgetriebe für Typ 82
200 Dieselmotor, 10-l-Hubraum, luftgekühlt
205 Maus-Tank mit 15-cm-Kanone, 1080 PS, 44,5-l-Diesel, Elek.-Getriebe
209 Daimler Benz: 44,5-l-Dieselmotor, V12, luftgekühlt
212 16-Zyl.-Diesel, luftgekühlt, Basis für den Typ 205
220 V16-Diesel, luftgekühlt, aufgeladen, 36,8 Liter
225 Volkswagen: elek. Kraftübertragung von Brown, Boverie & Cie
230 Volkswagen: Holzgas-Generator
231 Volkswagen: Acetylen-Gemisch
235 Volkswagen: Elektrik-Getriebe
236 Volkswagen: Gitter für den Gebrauch des Typ 230
238 Volkswagen: Seilzuggerät
239 Typ 82: Holzgas-Generator
240 Volkswagen: Propangas-Betrieb des VW-Motors
245 18-t-Mehrzweck-Panzer (Zeichnungen, Modelle)
247 Flugzeugmotor: Basis VW-Motor
250 Turmloser Panzer mit 10,5-cm-Geschütz
252 Volkswagen: Kraftübertragung System »PIV«
261 Heizung für Panther-Tank
276 Typ 82: Protzhaken
283 Typ 82: Ausführung für Holzgas-Generator
285 Wasserturbine mit 3,5 PS
287 Kommandeurwagen auf Vierradantrieb-Chassis
288 Wasserturbine mit 13 PS
289 Wasserturbine mit 15 PS
291 Windtunnel mit 600 mm
292 Windtunnel mit 300 mm
293 Raupenschlepper (rad- und schienentauglich)
294 Ski-Bindung
298 Radio-Empfänger für Volkswagen
307 Schwerstoff-Vergaser
309 Zweitakt-Dieselmotor für Volkswagen oder/und Traktor
312 Traktor mit Benzinmotor
313 Typ 312 mit 17 PS luftgekühltem Dieselmotor
315 Skitau für VW-Motor
323 Traktor mit 11 PS Dieselmotor
328 Traktor mit 28 PS

335 Winde
336 Spillseilwinde
339 Transportriemen
340 2rädriger Handkarren
352 von Senger: Limousine (Studie)
355 Volkswagen: Lieferwagen auf Typ 81/83
356 **Porsche-Sportwagen:** Mittelmotor-Roadster, Serie 356, A, B, C von 1947 bis 1964 gebaut
360 Cisitalia: 12-Zyl.-Flachmotor, luftgekühlt, aufgeladen, 1,5 Liter, zuschaltbarer Vierradantrieb
361 Typ 360: Einzylinder-Testmotor
362 Typ 360: Zweiliter-Saugmotor
369 Porsche: 1,1-l-Motor
370 Cisitalia: 1,5-l-Sportwagen (Studie)
372 Cisitalia: 2-l-Sportwagen, luftgekühlt, 100 PS, VB-Motor, Fünfgang-Getriebe, Fünfsitzer (Studie)
383 Porsche: Synchronisierung für VW-Getriebe (»Schmid«)
384 Porsche: Alternative zu 383
385 Cisitalia: Wasserturbine
425 20-PS-Dieseltraktor
502 Porsche: 1,5 Liter, Hirth-Kurbelwelle, 55 PS
506 Porsche: 1,3 Liter, (506/0 = 1286 ccm und 506/1 = 1290 ccm) sowie 506/2 = dreiteiliges Kurbelgehäuse
509 Porsche: 1,3-Liter-Prototyp (aus Serie 506)
514 Porsche: Werks-Rennwagen für 24 h LeMans 1951
519 Porsche: Synchronisiertes Viergang-Getriebe (aus dem VW-Getriebe)
522 Porsche: Federbein-Vorderachse in der Kombination aus VW-Armen und Mc-Pherson-Federbein. Versuchswagen bekannt als »Storch«
524 Porsche: 1,3 Liter mit Bosch-Einspritzung
527 Porsche: 1,5 Liter für LeMans (später Serie)
528 Porsche: 1,5 Liter, als 528/1 mit zweigeteiltem Kurbelgehäuse und 528/2 mit dreigeteiltem Kurbelgehäuse
530 Porsche: Viersitzer-Modell mit 2400 mm Radstand
531 Porsche: 1,3 Liter mit neuer Nockenwelle
532 Porsche: Einfach-Vergaser für Typ 369
533 Porsche: 1,1 Liter Rennmotor
534 Volkswagen: Klein-Sportwagen
539 Porsche: 1,5 Liter
540 Porsche: America Roadster

541 Porsche: Spezial-Sportversion des Typ 356
542 Studebaker: luft- und wassergekühlter V6-Motor
543 Porsche: 1,5 Liter Industriemotor
544 Porsche: 1,5 Liter Industriemotor
546 Porsche: Gleitlager-Version des Typ 527 (1500 N), als 546/2 mit dreigeteiltem Kurbelgehäuse
547 Porsche: Viernockenwellenmotor mit 1,5 Liter (547/1) in der Serie. Typ 718 und 718/2 (547/2), jeweils 1,5 Liter; 1,6 Liter Rennmotor für Typ 718 (547/4); 1,7 Liter Rennmotor für 718 (547/5)
550 Porsche: Spyder, zweisitziger Rennsportwagen. 550 A mit Gitterrohrrahmen
555 Volkswagen: Prototypen
557 Porsche: 1,5 Liter für die USA
559 Porsche: Kraftübertragung (Studie)
568 Porsche: Abgaskühlung (»Fletscher«)
574 Porsche: Elek. Kupplung für Typ 356
575 Porsche: Abstützbügel (Serie)
577 Porsche: Scheibenbremsen für Typ 356 (Dunlop)
587 Porsche: 2-Liter-Version des Typ 547
588 Porsche: Kraftübertragung für Typ 587
589 Porsche: 1,3 Liter S-Motor für Typ 356 mit zweiteiligem Kurbelgehäuse; 589/2: dreiteiliges Kurbelgehäuse
592 Porsche: 2 Liter (?)
593 Porsche: Viergang-Getriebe (?)
596 Porsche: Zweizylinder-Industriemotor
597 Porsche: Jagdwagen mit Allradantrieb (1,5 Liter)
606 Volkswagen: 1,5 Liter Unterflurmotor
616 Porsche: 1,6 Liter für Typ 356 A – 616/2 mit 1,6 Liter (1600 S) – 616/3 für 1,6 Liter Industriemotor – 616/7 für 90 PS (356 B) – 616/12 für 616/2 mit Grauguß-Zylinder für 356 B – 616/15 für 1,6 Liter des Typ 356 C (1600 C) – 616/16 für 1,6 Liter (1600 SC) – 616/36 für 1,6 Liter Porsche 912 – 616/39 für 912-Motor mit US-Abgasentgiftung
619 Volkswagen: Dieselmotor-Studien
621 Porsche: 1-Zylinder-Traktor (Allgaier)
622 Porsche: 2-Zylinder-Traktor
623 Porsche: 3-Zylinder-Traktor
624 Porsche: 4-Zylinder-Traktor
627 Volkswagen: Pendelachse mit Strebenlage am Rahmen
628 Volkswagen: Frischluft-Heizung
631 Porsche: Dieselmotor (Studien)

632 Porsche: Entwicklungsstudien zum Typ 356
633 Studebaker: Limousine
638 Volkswagen: Studie für V6-Motor mit 1,2 und 1,6 Liter
643 Porsche: Viergang-Getriebe für Typ 356
644 Porsche: Modifikationen vom 356- zum 356-A-Chassis, mit Tunnelgetriebe
645 Porsche: Spyder, Prototyp »Micky Mouse« unter Richard von Frankenberg
654 Motorboot-Studie
655 Porsche: 50-ccm-Mopedmotor
672 Volkswagen: Kleinwagen mit Unterflurmotor (Studie)
673 Volkswagen: 6-Zyl.-Unterflurmotor mit 1,2 und 1,6 Liter
675 Volkswagen: Kleinwagen
678 Flugmotoren: 678/1 für 65 PS mit Untersetzungs-Getriebe – 678/3 für 53 PS mit Direktantrieb – 678/4 für 75 PS mit Untersetzungsgetriebe
690 Porsche: Fünfgang-Getriebe für RSK 718 (Rennausführung des 644-Tunnel-Getriebe)
691 Porsche: Spyder für 1956 (550 RS)
692 Porsche: Viernockenwellenmotor in überarbeiteter Ausführung. 692/0: 1,5 Liter mit Rollenlager-Kurbelwelle – 692/1 für Gleitlager-Kurbelwelle – 692/2 für Carrera-Serie – 692/3 für Sportversion des 692/2 und als 692/3A mit Nockenwellen-Ausgleichsgewichten
693 Porsche: 1,3 Liter basierend auf Typ 547
694 Porsche: Geländeversion als Studie zum Typ 597
695 Porsche: Vorentwicklung (T 7) zum Porsche 911
700 Volkswagen: Großraumwagen (Studie)
702 Einmann-Helikopter mit 678/3-Motor
703 Porsche: 1,6 Liter Versuche
704 Porsche: Dieselmotor
709 Porsche: Getriebestudien
710 Porsche: Getriebe für Typ 356 mit verbesserter Synchronisierung
715 Porsche: Prüfstands-Getriebe
716 Porsche: Ring-Synchronisierung
718 Porsche: Spyder RSK mit Mittelmotor. 718/2 für 1,5-l-Rennwagen
719 Porsche: Rennmotor mit Einspritzung, Nachfolger des RSK-Vergasermotors
722 Porsche: Flachmotor für Unterflur-Montage (VW Typ 3)
724 Volkswagen: 1,4 Liter, Flachmotor

726 Volkswagen: Karosserien auf VW-Fahrgestell
728 Volkswagen: Weiterentwicklung des Typ 675
729 Bootsmotor, abgeleitet vom Typ 616
737 Porsche Außenbordmotor
741 Porsche: Viergang-Getriebe für 356 B; 741/A für 356 B und C
742 Porsche: Vierradantriebsstudien
745 Porsche: 6-Zyl.-Versuchsmotor, der 2-l-Prototyp steht im Museum
751 Volkswagen: Getriebe mit automatischer Kupplung
752 Volkswagen: Flachmotor mit 1000 ccm
753 Porsche: 1,5 Liter, Achtzylinder, für Formel 1
756 Karosserie und Chassis für die Sonderserie (20 Stück) Carrera Abarth
759 Porsche: Viergang-Getriebe (»Wende-Getriebe«)
763 Konstruktion für Seriensitz
764 Volkswagen: Sechssitzige Limousine
768 Porsche: 1,6 Liter mit Einspritzung
769 Porsche: Differential
771 Porsche: 2- und 2,2 Liter, Varianten des Typ 753
775 Porsche: Sechsgang-Getriebe für Diesel
787 Porsche: Formel-1-Chassis
792 Innenliegender Bootsmotor
798 Porsche: Chassis und Getriebe für »LeMans GT« (2000 GS/GT-Dreikantschaber)
801 Porsche: 1,6 bis 1,8 Liter Boxermotor (4 Zylinder)
802 Vierzylinder-Einspritzmotor (May?)
804 Porsche: Formel 1, endgültige Version für Typ-753-Motor
806 Leopard-Panzer
814 Leopard-Panzer
820 Volkswagen: VW-Getriebe mit Porsche-Synchronisierung
821 Porsche: Motor für den Typ 901 (911)
822 Porsche: Getriebe für den 771-Motor (5/6-Gang)
901 **Porsche-Sportwagen:** verkauft als »911« (T 8)
/00: Fünfgang-Getriebe für 911
/01: 130-PS-Motor
/02: 160-PS-Motor
/03: 110-PS-Motor
/05: 901/01 mit Weber-Vergaser
/06: 901/05 mit verbessertem Ventileinstell-Mechanismus
/07: 901/06 vorbereitet für Sportomatic
/08: 901/02 vorbereitet für Sportomatic

/09: Einspritzmotor für 911 E
/10: Einspritzmotor für 911 S
/13: 901/03 vorbereitet für Sportomatic
/14: 901/06 (130 PS) für Amerika
/17: 901/14 vorbereitet für Sportomatic
/20: 210-PS-Motor für Typ 906
/21: 901/20 als Einspritzer für Typ 906 und Typ 910/6
/22: 210-PS-Motor für 911 R
/30: 150-PS-Motor für 911-L-Rallye

902 Porsche: Viergang-Getriebe für 911/912
/01: Viergang-Getriebe für 912
/02: Fünfgang-Getriebe für 912
/1: Fünfgang-Getriebe für 912/911

903 Automatik-Kupplung für Sportwagen

904 Porsche: GT-Mittelmotor-Coupe mit 592-Motor
/6: 6 Zylinder
/8: 8 Zylinder

905 Porsche: Viergang-Sportomatic-Getriebe
/01: Viergang-Sportomatic-Getriebe (neu)
/13: Viergang-Sportomatic, dto. /20, /21

906 Porsche: Wettbewerbswagen, entwickelt aus dem Typ 904
/8: 8 Zylinder
/E: Einspritzmotor

907 Porsche: Renncoupe mit Rechtslenkung, entwickelt aus dem Typ 910, mit 901- und 771-Motor
/L: 907-Langheck

908 Porsche: Spyder, entwickelt aus dem Typ 907 und 8 Zyl.-Motor
/01: Coupe mit Langheck
/02: offener Spyder
/03: Spyder mit geänderter Sitzposition, entwickelt aus dem Typ 909
/K: Kurzheck-Coupe
/L: Langheck-Coupe

909 Porsche: Bergrennwagen mit 2 Liter

910 Porsche: Rennsport-Coupe, entwickelt aus dem Typ 906
/6: mit 901/2.0-Motor
/8: mit 2,2 Liter 8 Zylinder
/8 B: Leichtversion des 910/8 (Bergwagen)

911 Externe Bezeichnung des Typ 901
/00: Viergang-Getriebe für 911 T
/01: 2,2 Liter für 911 E

/02: 180-PS-Motor für 911 S
/03: 130-PS-Motor für 911 T
/04: 911/01-Motor vorbereitet für Sportomatic
/06: 911/03-Motor, dto.
/07: 2,2 Liter für 911 T-USA
/08: 911/07 vorbereitet für Sportomatic
/20: Rennmotor mit 2247 ccm für 911 S
/21: Rennmotor mit 2381 ccm für 911 S
/22: 911/20 in Vergaserausführung
/41: 2,7 Liter für 911
/42: 2,7 Liter für 911 S
/43: 2,7 Liter für 911-USA
/44: 2,7 Liter für 911-Kalifornien
/46: 911/41 vorbereitet für Sportomatic
/47: 911/42, dto.
/48: 911/43, dto.
/49: 911/44, dto.
/51: 2,4 Liter für 911-USA
/52: 2,4 Liter für 911 E
/53: 2,4 Liter für 911 S
/57: 2,4 Liter für 911 T
/61: 911/51 vorbereitet für Sportomatic
/62: 911/52, dto.
/63: 911/53, dto.
/67: 911/57, dto.
/70: Rennmotor mit 2494 ccm für 911 S
/72: Rennmotor mit 2,8 Liter für 911 S/Carrera RSR
/73: Rennmotor mit 2466 ccm für 911 S
/74: Rennmotor mit 3,0 Liter für Carrera RSR
/75: 911/74 mit geändertem Vergaser
/76: Turbomotor mit 2,1 Liter für Carrera RSR
/77: Motor mit 3,0 Liter für Carrera RS
/81: 2,7 Liter für 911
/82: 2,7 Liter für 911 S-USA
/83: 2,7 Liter für Carrera RS
/84: 2,7 Liter für 911 S-Kalifornien
/86: 911/81 vorbereitet für Sportomatic
/89: 2,7 Liter USA-Motor mit Sportomatic
/91: 2,4 Liter mit K-Jetronic (911 T-USA)
/92: 2,7 Liter für 911 mit K-Jetronic
/93: 2,7 Liter für 911 S

/96: 911/91 Sportomatic
/97: 911/92 Sportomatic
/98: 911/93 Sportomatic

911 E: Einspritzmodell
L: Ausführung für USA
R: Leichtbau-Wettbewerbsausführung
S: Hochleistungsversion des 911 Basis
T: Sparausführung des 911

912 Porsche: 4 Zyl.-Version des 911, mit Motor 616, aber auch Typennummer für den 4,5 Liter 12-Zylinder-Rennmotor des Typ 917
E: Einspritzversion des 912 für USA

914 Mittelmotor-Sportwagen (Zweisitzer)
/6: 2,0 Liter, Typ 901
/8: 3,0 Liter, Typ 908
/11: Fünfgang-Getriebe für 914/914-6
/12: Fünfgang-Getriebe für 914

915 Porsche: verstärktes Vier-/Fünfgang-Getriebe für 911/06: Fünfgang-Getriebe für 911/911 S und Carrera

916 Porsche: Rennversion des Typ 901 (2 OHC), aber auch Typennummer für Fünfgang-Getriebe für 908/01 und 908/02

917 Porsche: Renn-Coupe mit 4,5 Liter, 12 Zylinder (Typ 912)
/10: Spyder
/20: Kurzversion mit Sera-Karosserie (»Sau«)
/30: 917/10 in stärkerer Ausführung
/K: Kurzheck
/L: Langheck
/PA: Spyder für die CanAm-Serie in USA

920 Porsche: Vier-/Fünfgang-Getriebe für Typ 917

923 Porsche: 2,0 Liter für 912 E

924 Volkswagen (Porsche): Sportwagen, anfänglich entwickelt für Volkswagen unter der Nummer EA 425 und von Porsche zurückgekauft

925 Porsche: Viergang-Sportomatic für 911 T/E
/09: Dreigang-Sportomatic für 911

928 Porsche: Sportwagen mit VB-Motor, 4,5 Liter
S: Hubraum- und leistungsgesteuerte 928-Version

930 Porsche: turboaufgeladene Version des 911

931 Porsche: 924 mit Motoraufladung (Motor 047)

932 Porsche: 924 Turbo mit Rechtslenkung

934 Porsche: Gruppe-4-Rennversion des Typ 930

935 Porsche: Gruppe-5-Rennversion des Typ 930

936 Porsche: Gruppe-6-Rennversion mit 2,1 Liter Turbo
937 Porsche: 924 Carrera GT
/50: Getriebe für 939
938 Porsche: 924 Carrera GT (Rechtslenker)
939 Porsche: 924 Carrera GT »Le Mans«
944 Porsche: Serien-Sportwagen mit 2,5 Liter, 4 Zylinder
945 Porsche: 944-Rechtslenker
951 Porsche: 944 Turbo
953 Porsche: 911 4 × 4 Paris – Dakar
954 Porsche: 911 SC RS
956 Porsche: Gruppe-C-Sportwagen mit 2,65 Liter Turbo
959 Porsche: Gruppe-B-Straßensportwagen mit 450 PS, Registeraufladung, Allradantrieb
960 Experimantalauto auf der Basis des 928
961 Porsche: Rennausführung des Typs 959
962 Porsche: Sportwagen Gruppe C und IMSA
964 Porsche: Carrera 4
995 Zukunftsauto für die 90er Jahre (Studie)

1764 Volkswagen: Fahrzeug und Motor
1778 Volkswagen: 1,3 Liter
1817 Volkswagen: Bus mit Dieselmotor (Studie)
1821 Volkswagen: Sportomatic-Getriebe für Typ 1 (VW)
1834 Volkswagen: Fahrzeug mit 1,3 Liter
1837 Volkswagen: 2,5 Liter und Getriebe für Typ 1764
1866 Volkswagen: Käfer-Nachfolger
1872 Volkswagen: Variante zu Typ 1866 (Studie)
1906 Leopard-Panzer
1966 Volkswagen: Kleinwagen mit 4-Zyl.-Unterflurmotor (Prototypen)
2539 Rettungswagen »Save« (Forschungs-Projekt)
2567 Feuerwehrsystem Orbit (Forschungs-Projekt)
2708 Porsche: Monoposto für CART-Serie USA (Indy-Projekt)

PORSCHE-MODELLE Typen- und Stückzahlen-Liste 1950–1988*

Typ	Bauzeit	Hubraum	PS	Karosserie (Bauart)	Stück-zahlen	Bemerkungen
Porsche 356 – 356 C						
356 – 1100	1950–1954	1100 ccm	40	Coupé, Cabriolet	4670	–
1300	1951–1957	1300 ccm	44	Coupé, Cabriolet	7085	ab 1955: 356 A
1500	1951–1952	1500 ccm	60	Coupé, Cabriolet	632	–
1500	1952–1955	1500 ccm	55	Coupé, Cabriolet, Speedster	3869	–
1300 S	1953–1957	1300 ccm	60	Coupé, Cabriolet, Speedster	2669	ab 1955: 356 A
1500 S	1952–1955	1500 ccm	70	Coupé, Cabriolet, Speedster	116	–
356 A – 1600	1955–1959	1600 ccm	60	Coupé, Cabriolet, Speedster	8367	–
1600 S	1955–1959	1600 ccm	75	Coupé, Cabriolet, Speedster, Convertible*	5981	*) bis 1958/59
356 B – 1600	1959–1963	1600 ccm	60	Coupé, Cabriolet, Roadster*	18609	*) bis 1962
1600 S	1959–1963	1600 ccm	75	Coupé, Cabriolet, Roadster*	6637	*) bis 1962
S 90	1960–1963	1600 ccm	90	Coupé, Cabriolet, Roadster*	5694	*) bis 1962
356 C – 1600 C	1963–1965	1600 ccm	75	Coupé, Cabriolet	13509	–
1600 SC	1963–1965	1600 ccm	95	Coupé, Cabriolet	3165	–
				GESAMT	81003	
Porsche 356 A – 356 C Carrera						
356 A – 1500 GS	1955–1956	1500 ccm	100	Coupé, Cabriolet, Speedster	ca. 700	incl. »1600 GS«
1600 GS	1958–1959	1600 ccm	105	Coupé, Cabriolet (Hardtop)		
356 B – 1600 GS	1960–1961	1600 ccm	115	Coupé	40	–
1600 GTL	1960	1600 ccm	115	Coupé	18	incl. Abarth
Abarth	1960	1600 ccm	128	Coupé		bis 135 PS
2000 GS	1961–1963	2000 ccm	130	Coupé	310	–
356 C – 2000 GS	1963–1964	2000 ccm	130	Coupé	126	–
				GESAMT	1194	
Porsche 904 GTS						
904 GTS	1964	2000 ccm	155	Coupé GESAMT	110	–

*) bis 31. 12. 1988

PORSCHE-MODELLE Typen- und Stückzahlen-Liste 1950–1985*

Typ	Bauzeit	Hubraum	PS	Karosserie (Bauart)	Stückzahlen	Bemerkungen
(VW)-Porsche 914-4/6, 916						
914-4	1969–1975	1700 ccm	80	Roadster	118.900	–
		1800 ccm	85	Roadster		–
		2000 ccm	100	Roadster		–
914-6	1969–1972	2000 ccm	110	Roadster	3350	–
916	1972	2400 ccm	190	Hardtop	11	–
		2600 ccm	210	Hardtop		–
				GESAMT	122261	
Porsche 912/912 E						
912	1965–1968	1600 ccm	90	Coupé, Targa	30300	Targa ab 1967
912 E	1975	2000 ccm	90	Coupé	2100	nur für USA
				GESAMT	32400	
Porsche 928/928 S						
928	1977–1979	4500 ccm	240	Coupé (Normal-Benzin)	9268	1 Wagen: 3,9 l
928	1979–1982	4500 ccm	240	Coupé (Super-Benzin)	8442	US: 230 PS
928 S	1979–1983	4700 ccm	300	Coupé	10205	USA: 252 PS, ab 1982
928 S	1983–1985*	4700 ccm	310	Coupé	6572	USA: 272 PS/292 PS
				GESAMT	34487	
Porsche 944/944 Turbo						
944	1981–1984	2500 ccm	163	Coupé (altes Interieur)	63132	USA: 150 PS
944	1985*	2500 ccm	163	Coupé (neues Interieur)	9633	USA: 150 PS
944 Turbo	1985*	2500 ccm	220	Coupé	54	KAT: 220 PS
				GESAMT	72819	
Porsche 924/924 Turbo/924 Carrera GT/GTS/GTR						
924	1976–1985*	2000 ccm	125	Coupé	121672	USA: 100/115 PS
924 Turbo	1978–1980	2000 ccm	170	Coupé	8153	USA: 150 PS
924 Turbo	1980–1982 (i. Italien bis 10.83)	2000 ccm	177	Coupé	5275	USA: 154 PS
924 Carrera GT	1980	2000 ccm	210	Coupé	400	–
924 GTS/GTR	1981	2000 ccm	245	Coupé	50	Sport: 270 PS Rallye: 280 PS Rennen: 375 PS
				GESAMT	135550	

*) bis April 1985

PORSCHE-MODELLE Typen- und Stückzahlen-Liste 1950–1985*

Typ	Bauzeit	Hubraum	PS	Karosserie (Bauart)	Stückzahlen	Bemerkungen
Porsche 911/911 Turbo (930)						
911	1964–1967	2000 ccm	130	Coupé, Targa	10723	Targa ab 1967
911 T	1967–1969	2000 ccm	110	Coupé, Targa	6318	–
911 L	1967–1968	2000 ccm	130	Coupé, Targa	11610	–
911 S	1966–1968	2000 ccm	160	Coupé, Targa	2950	–
911 E	1968–1969	2000 ccm	140	Coupé, Targa	2826	–
911 S (E)	1968–1969	2000 ccm	170	Coupé, Targa	2106	–
911 T 2.2	1969–1971	2200 ccm	125	Coupé, Targa	15082	–
911 E 2.2	1969–1971	2200 ccm	155	Coupé, Targa	4972	–
911 S 2.2	1969–1971	2200 ccm	180	Coupé, Targa	4691	–
911 T 2.4	1971–1973	2400 ccm	130	Coupé, Targa	13687	USA: 140 PS
911 E 2.4	1971–1973	2400 ccm	165	Coupé, Targa	4406	–
911 S 2.4	1971–1973	2400 ccm	190	Coupé, Targa	5094	–
911 SC	1972–1973	2700 ccm	210	Coupé	1590	»Carrera RS 2.7«
911 2.7	1973–1975	2700 ccm	150	Coupé, Targa	9360	–
911 S 2.7	1973–1975	2700 ccm	175	Coupé, Targa	7904	USA: 165 PS
911 SC	1973–1975	2700 ccm	210	Coupé, Targa	2184	»Carrera 2.7«
911 2.7	1975–1977	2700 ccm	165	Coupé, Targa	18177	–
911 SC	1975–1977	3000 ccm	200	Coupé, Targa	3646	»Carrera 3.0«
911 Turbo (930)	1974–1977	3000 ccm	260	Coupé	2873	USA: Carrera Turbo mit 245 PS
911 SC	1977–1979	3000 ccm	180	Coupé, Targa	19012	–
911 Turbo (930)	1977–1985*	3300 ccm	300	Coupé	8195	USA: 265 PS, bis 1979
911 SC	1973–1974	3000 ccm	230	Coupé	109	»Carrera RS 3.0« Street: 58 Expl. RSR: 51 Expl. (320 PS)
911 SC	1979–1980	3000 ccm	188	Coupé, Targa	9083	USA: 180 PS
911 SC	1980–1983	3000 ccm	204	Coupé, Targa	25861	USA: 180 PS
911 SC	1980–1983	3000 ccm	204	Cabriolet	4097	USA: 180 PS
911 Carrera	1983–1985*	3200 ccm	231	Coupé, Targa, Cabriolet	15605	USA: 207 PS
911 SC RS	1984	3000 ccm	250	Coupé	20	Rallye: 280 PS
				GESAMT	212181	

*) bis April 1985

Stückzahlen nach Typen

Porsche 356 – 356 C	81 003	
Porsche 356 Carrera	1 194 (incl. Abarth)	82 197
Porsche 904 GTS	110	110
VW-Porsche 914-4		118.900
Porsche 914-6	3 350	
Porsche 916	11	3 361
Porsche 912	30 300	
Porsche 912 E	2 100	32 400
Porsche 928	17 710	
Porsche 928 S	16 777	34 487
Porsche 944	72 765	
Porsche 944 Turbo	54	72 819
Porsche 924	121 672	
Porsche 924 Turbo	13 428	
Porsche 924 Carrera GT/GTS/GTR	450	135 550
Porsche 911 2.0	36 533	
Porsche 911 2.2	24 745	
Porsche 911 2.4	23 187	
Porsche 911 2.7	39 215	
Porsche 911 3.0	61 828	
Porsche 911 3.2	15 605	201 113
Porsche 911 Turbo (930)	11 068	11 068
GESAMT	573 105*)	692 005

*) ohne VW-Porsche 914-4

Porsche's Zukunft in aller Offenheit: Im Automobilmekka Detroit enthüllte der Vorstandsvorsitzende Wiedeking höchstpersönlich die aktuellste Variante der 993er Elfer-Evolution. Diese hohe Ehrerbietung scheint angebracht: Schließlich soll der schönste aller Elfer vierzig Prozent der gesamten Carrera-Käufer für sich gewinnen. Schwer fallen wird es ihm angesichts seiner hervorragenden Erbanlagen sicher nicht, zumal sein Preis bei der Markteinführung exakt dem des Vorgängers entspricht.